Alltagsrassismus

Interkulturelle Bildungsforschung

herausgegeben von
Ingrid Gogolin
und Marianne Krüger-Potratz

Band 9

Waxmann Münster / New York
München / Berlin

Rudolf Leiprecht

Alltagsrassismus

Eine Untersuchung bei Jugendlichen in Deutschland und den Niederlanden

Waxmann Münster / New York
München / Berlin

Die Deutsche Bibliothek – CIP-Einheitsaufnahme

Leiprecht, Rudolf:
Alltagsrassismus : eine Untersuchung bei Jugendlichen in Deutschland und den Niederlanden / Rudolf Leiprecht – Münster ; New York ; München ; Berlin : Waxmann, 2001
(Interkulturelle Bildungsforschung ; 9)
ISBN 3-89325-620-2

Interkulturelle Bildungsforschung, Bd. 9

ISSN 1432-8186
ISBN 3-89325-620-2

Postfach 8603, D-48046 Münster

http://www.waxmann.com
E-Mail: info@waxmann.com

Umschlaggestaltung: Thea Ross
Druck: Zeitdruck GmbH, Münster
Gedruckt auf alterungsbeständigem Papier, DIN 6738

Die Veröffentlichung wurde durch finanzielle Zuschüsse
des Duitsland Instituut (Amsterdam),
der Stichting BeeldVorming Internationaal (Amsterdam)
und der Max-Traeger-Stiftung (Frankfurt a.M.) ermöglicht.
Hierfür möchte ich mich bedanken.

Danksagung

Mit dem obigen Dank an die Zuschussgeber zur Ermöglichung der Veröffentlichung ist es nicht getan. Vielen anderen Institutionen und Personen bin ich ebenfalls zu Dank verpflichtet. So haben vier Institutionen die Grundlage dafür geliefert, dass die vorliegende Arbeit durchgeführt und abgeschlossen werden konnte: Da ist die Deutsche Forschungsgemeinschaft (DFG) zu nennen, die mir ein insgesamt dreijähriges Stipendium zur Verfügung stellte; weiterhin die Sektion Sociale Pedagogiek (Vrije Universiteit) in Amsterdam, die mich für diesen Zeitraum als 'Gastforscher' aufgenommen hatte; der Arbeitsbereich Pädagogische Psychologie am Institut für Erziehungswissenschaften an der Universität Tübingen, der dem Projekt 'Internationales Lernen' und damit auch meiner Person einen wichtigen Ausgangs- und Stützpunkt in Deutschland bot; und schließlich das Seminar für Interkulturelle Pädagogik an der Erziehungswissenschaftlichen Fakultät der Universität zu Köln, durch dessen Unterstützung ich meine Untersuchung als Habilitationsarbeit einreichen konnte. Allen vier Institutionen bin ich zu Dank verpflichtet.

Nun sind Institutionen Gebilde, die weder aufgrund von Dankesworten emotionale Reaktionen zeigen noch ohne wirkliche Menschen aus 'Fleisch und Blut' funktionieren können. Deshalb gilt mein besonderer Dank zunächst einigen Personen, deren Namen für mich mit diesen Institutionen verbunden sind:

- Dr. Jan Laurens Hazekamp (Sozialpädagoge) aus Amsterdam vermittelte mir nicht nur eine Position als Gastforscher an der dortigen Vrijen Universiteit. Die Forschung in den Niederlanden hätte ohne seine umfassenden Netzwerke, Vermittlungsbemühungen, fachmännischen Ratschläge und Kenntnisse der Situation 'vor Ort' nie stattfinden können. Mehr noch: Seine menschliche Wärme und großzügige Kollegialität vermisse ich jeden Tag mehr, seitdem wir nicht mehr unter einem Dach arbeiten, durch eine offenstehende Bürotüre mehr verbunden als getrennt.
- Dr. habil. Josef Held (Psychologe) aus Tübingen begleitete mich durch alle Höhen und Tiefen meiner Arbeit und gab mir als Leiter des Projekts 'Internationales Lernen' in Deutschland stets geduldig und sachkundig wertvolle Ratschläge.
- Prof. Dr. Günter L. Huber (Psychologe), ebenfalls aus Tübingen, förderte meine Forschungsarbeit nicht nur durch wichtige Gutachten, sondern ermöglichte meinem Vorhaben auch eine institutionelle Anbindung in der Abteilung Pädagogische Psychologie.
- Prof. Dr. Georg Auernheimer (Interkultureller Pädagoge) aus Köln vermittelte mir Lehraufträge an der dortigen Erziehungswissenschaftlichen Fakultät, sah in meiner Untersuchung einen wichtigen Beitrag zu seinem Arbeitsgebiet 'Interkulturelle Pädagogik' und nahm die Mühe auf sich, meine Arbeit durch das Habilitationsverfahren in Köln zu führen.

Doch noch andere haben unmittelbar zum Gelingen der Arbeit beigetragen. Ich bin ihnen allen zum Dank verpflichtet. Da ist zunächst Christoph Huber zu nennen, der mich bei der Auswertung der quantitativen Daten zu den ungünstigsten Zeiten mit sicherer Hand durch alle Tücken des SPSS führte. Britta Lassen assistierte geschickt und gekonnt bei der Datensammlung in den Schulklassen und der anschließenden Datenaufbereitung. Die Ausrüstung zur audio-visuellen Aufnahme der Gruppendiskussionen und Interviews ermöglichte mit viel technischem Fingerspitzengefühl Eric van Rossum. Bei der Transkription des qualitativen Materials halfen in Amsterdam Sabine Roming, Dan van Driel und Juliane Niebor. Die Eingabe der quantitativen Daten in den Computer erfolgte in Tübingen durch Barbara Zeppenfeld, Christine Riegel und Michael Schaller. Letzterer unterstützte mich auch bei einigen Graphiken. Der auf der Grundlage der Zwischenauswertung produzierte Videofilm war nur mit Hilfe meines Freundes, des Dokumentarfilmers Erik Willems, möglich. In Bezug auf die niederländische Situation habe ich mich immer wieder durch die Amsterdamer Jugendforscherin Pauline Naber und die Erziehungswissenschaftlerin Yvonne Leeman beraten lassen, ebenso wie durch das landesweite Netzwerk zur Rassismus- und Migrationsforschung, dessen Arbeitsgruppe sich regelmäßig an der Universität Utrecht traf, und durch das Anti-Rassismus Informations- und Dokumentationszentrum (ARIC, jetzt LBR) in Rotterdam. Hier möchte ich vor allem Marcel Kreuger hervorheben. Während meiner häufigen und oft hektischen Aufenthalte in Tübingen konnte ich in den letzten Jahren zudem auf einen Freundeskreis zurückgreifen, aus dem heraus mir nicht nur freundliche Übernachtungs- und Rückzugsmöglichkeiten zur Verfügung gestellt wurden, sondern ein emotionaler und solidarischer Rückhalt, ohne den ich diese Arbeit kaum zu Ende gebracht hätte. Zu nennen sind hier vor allem Ulla Renken, Henning Roß, Carlos Lächele, Carsten Thiesies, Dr. Athanasios Marvakis, Dr. Gerrit Kaschuba und Dr. Susanne Maurer. Die drei letzteren standen mir auch mit konstruktiven Hinweisen und der kritischen Durchsicht einiger Textteile zur Seite, ebenso wie Dr. Kathy Davis in Amsterdam.

Weiterhin will ich mich bei Prof. Dr. Marianne Krüger-Potratz (Arbeitsstelle Interkulturelle Pädagogik/Münster) bedanken, die durch ihr Engagement für meine Arbeit die Veröffentlichung unterstützt hat; bei Prof. Dr. Kersten Reich (Universität Köln) und Prof. Dr. Brita Rang (Universität Frankfurt a.M.), die mit ihren Gutachten den erfolgreichen Abschluss des Habilitationsverfahrens mit ermöglicht haben; bei der Lektorin des Waxmann-Verlages - Birgitta Stratmann -, ohne deren Hilfe die Druckvorlage voller kleiner Fehler gewesen wäre. Schließlich gilt mein Dank allen Lehrerinnen und Lehrern, die mir großzügig erlaubt haben, in ihren Schulklassen tätig zu werden, und natürlich allen Schülerinnen und Schülern, die an der Untersuchung teilgenommen haben. Besonders erwähnen möchte ich hier Selma, Jikke, Jarine, Ian und Theo, die mit ihrer Aufrichtigkeit, ihrer Risikobereitschaft und ihrem Engagement zum Gelingen des Filmes beigetragen haben.

Der letzte - und wie ich zugeben muss - wichtigste Dank gilt meiner Lebensgefährtin Helma Lutz. Als promovierte und habilitierte Soziologin und Pädagogin arbeitet sie in den Niederlanden und in Deutschland seit langen Jahren zu einem ähnlichen Themenbereich. Sie gab mir nicht nur wichtige inhaltliche Anregungen, sondern las auch die verschiedenen Versionen des sich entwickelnden Textes Korrektur. Nicht zuletzt förderte sie die vorliegende Arbeit auch materiell, indem sie ihrem Partner über die einkommenslosen und schuldenreichen Perioden hinweg half. Nicht hoch genug eingeschätzt werden kann jedoch die Unterstützung, die mir aus liebevoller Zuneigung zuteil wurde.

Übersicht

Gliederung

---

[1] Der ausführliche Anhang (471 Seiten) ist *nicht* veröffentlicht. Er ist jedoch u.a. in den Bibliotheken der Universitäten in Köln (Bibliothek der Erziehungswissenschaftlichen Fakultät), Tübingen (Bibliothek des Instituts für Erziehungswissenschaften), Münster (Erziehungswissenschaftliche Bibliothek), Hamburg (Bibliothek des Fachbereichs Erziehungswissenschaften), Kassel (Universitätsbibliothek) und Amsterdam (Bibliotheek Psychologie en Pedagogische wetenschappen Vrije Universiteit) einzusehen.

Einleitung

1. Das Projekt 'Internationales Lernen'

Die vorliegende Arbeit entwickelte sich aus dem größeren Zusammenhang einer internationalen Projektzusammenarbeit heraus. Kolleginnen und Kollegen aus Griechenland, Kroatien, Lettland, Deutschland und den Niederlanden hatten sich Anfang der neunziger Jahre unter dem Projekttitel 'Internationales Lernen' zusammengefunden (vgl. Leiprecht/Held 1995, 8ff.). Das Projekt gliederte sich von Anfang an in drei Arbeitsfelder: exemplarische Jugendbildungsarbeit (auch in Form von internationalen Jugendbegegnungen), exemplarische Beratungs- und Unterstützungspraxis für die Jugend- und Bildungsarbeit und international vergleichende Jugendforschung.[2] Die Untersuchung *"Alltagsrassismus"* ist dem letztgenannten Arbeitsfeld zuzuordnen. Es handelt sich hierbei um den ersten *deutsch-niederländischen Vergleich*, der in der Jugendforschung im Themenzusammenhang durchgeführt wurde.

2. Alltagsrassismus

"Leider ist es nur allzu einfach, kollektive Phrasen zu wiederholen, denn allein schon der Gebrauch einer Nationalsprache (zu der es keine Alternative gibt) bindet einen an das Nächstliegende, stimmt einen auf die fertigen Redensarten und populären Metaphern für 'uns' und 'sie' ein, die von so vielen Institutionen, einschließlich des Journalismus und des akademischen Berufsstandes, mit ihrem willfährigen Bemühen um Allgemeinverständlichkeit immer wieder in Umlauf gesetzt werden. All dies gehört zur Aufrechterhaltung nationaler Identität." (Edward W. Saïd 1994/1997^II, 38)

Ein Hauptaugenmerk der vorliegenden Untersuchung gilt den subjektiven Umgangsweisen mit ethnisierenden, rassialisierenden und nationalisierenden Diskursen und Repräsentationen. Dabei geht es *nicht* in erster Linie um rassistische Gewalt oder um rassistisch motivierte oder rechtsextreme Kriminalität (vgl. hierzu beispielsweise Schoppen 1997; Bol/Wiersma 1997). Eine entsprechende Definitionsbeschränkung, die unter Rassismus "*kriminelles Verhalten* versteht, wobei die Opfer oder Ziele ausgewählt wurden, weil sie zu einer ethnischen Minderheitsgruppe gehören oder diesbezüglich eine symbolische Funktion erfüllen" (Bol/Wiersma 1997, 9; Hvh. R.L.), mag im juristischen Bereich nützlich sein. Keineswegs ausreichend ist sie jedoch für *sozial- und erziehungswissenschaftliche* Analysen, bei denen es auch darum gehen muss, die alltäglichen Denk- und Handlungsweisen in den Blick zu bekommen. So wichtig die Bekämpfung rassistischer Gewalttaten oder das im Auge behalten von rechts-

---

[2] Verschiedene Veröffentlichungen aus dem Projektzusammenhang liegen mittlerweile vor, und zwar aus dem Arbeitsfeld international vergleichender Jugendforschung Leiprecht 1995, Švob/Held/Katunarić 1997 und Špona/Held 1999; und aus dem Arbeitsfeld exemplarischer Jugendbildungsarbeit Held/Horn/Marvakis/Spona/Zeppenfeld 1993. Als praktische Hilfsmittel und Materialien für die Jugendbildungsarbeit wurden verschiedene Filme produziert, u.a.: A) Leiprecht/Willems: "Auf den Straßen waren die Menschen ganz anders als jetzt ..." Jugendliche in Lettland und Wege in die Unabhängigkeit. Ca. 30 Minuten. Jobfilm Amsterdam 1992. B) Leiprecht/Willems: "Wie es sein sollte und wie es nicht ist". Internationales Lernen auf einer Jugendbegegnung mit Jugendlichen aus Zagreb, Stuttgart, Riga und Amsterdam. Jobfilm Amsterdam 1999.

extremen Organisationen auch ist, genauso deutlich zeigt sich leider, dass mit der einseitigen Hinwendung zum Extremen und Auffälligen oft das Alltäglichere und Näherliegendere ausgeblendet wird. Genau hier - bei alltäglichen Formen - liegt indessen ein Schwerpunkt der vorliegenden Arbeit.

In den Niederlanden hat die Rassismusforscherin Philomena Essed Anfang der achtziger Jahre den Begriff *Alltagsrassismus* eingeführt (Essed 1984; 1986). Dies geschah zu einem Zeitpunkt, da die neuere Rassismusforschung in Deutschland noch in den Kinderschuhen steckte. Mit diesem Begriff, der sich ausdrücklich "auf verschiedene Typen und Äußerungsformen von Rassismus" bezog, versuchte Essed die Perspektive derjenigen in den Mittelpunkt zu stellen, die von Rassismen unmittelbar betroffen sind. Die Erfahrung und Wahrnehmung von Eingewanderten und ethnischen Minderheiten "im alltäglichen Umgang" mit (Angehörigen) der Mehrheitsgesellschaft stand im Zentrum ihrer Untersuchungen (Essed 1984, 43).[3]

Alltägliche Äußerungsformen von Rassismus, Ethnizismus und Nationalismus spielen auch in meiner eigenen Arbeit eine wichtige Rolle. Aus folgenden Gründen eignet sich der Begriff Alltagsrassismus denn auch als Titel für die vorliegende Untersuchung: Erstens hat der Begriff Alltagsrassismus eine Signalfunktion, um auf alltägliche und banale, aber folgenreiche Konstruktionen von 'Wir' versus 'Sie' aufmerksam zu machen. Zweitens beziehe ich mich auf vorherrschende Artikulationen bei (Angehörigen) der Mehrheitsgesellschaft in Deutschland und den Niederlanden, um *auf dieser Seite* Anknüpfungspunkte für eine verändernde Praxis und für Lern- und Bildungsprozesse zu finden. Drittens kennzeichnet der Begriff Alltagsrassismus die alltäglichen und vorherrschenden Formen von Rassismen der Mehrheitsgesellschaft, die keineswegs nur in extremer oder offener Weise auftreten, sondern auch subtil, unauffällig, verdeckt und latent sein können. Nicht immer handelt es sich dabei um bewusste und gewollte Prozesse, und oft geht es um ein Verhalten innerhalb bestimmter Strukturen, das (möglicherweise unbeabsichtigt) rassistische Effekte zur Folge haben kann. 'Geschlossene' Welt- und Menschenbilder sind bei Alltagsdiskursen weniger zu erwarten, und vielfach geht es um ambivalente und widersprüchliche Äußerungen und Haltungen. Der Begriff *Alltag* verweist in seiner Verbindung mit *Rassismus* auf Artikulationen, die an 'allen Tagen' vorkommen und relativ verbreitet sind und von den Angehörigen der Mehrheitsgesellschaft häufig *nicht* als Rassismus identifiziert werden, sondern als selbstverständlich erscheinen und unhinterfragt hingenommen werden.

3. Autochthon - allochthon

Will man nicht wichtige Aspekte der Lebensrealität von Menschen übersehen, sind Unterscheidungen vorzunehmen. So ist es zur Erforschung von vorherrschenden Rassismen, Ethnizismen und Nationalismen unabdingbar, zwischen einer Gruppe, die mit einer bestimmten Wahrscheinlichkeit der Zumutung entsprechender Zuschreibungen und Ausgrenzungen ausgesetzt ist und einer Gruppe, die kaum in diese Lage kommen dürfte, zu differenzieren. Zweifellos sind die Einteilungen, die sich aus dieser unterschiedlichen Möglichkeit ergeben, recht grob; genauso wie die Begriffe, die hier benutzt werden, keineswegs unproblematisch sind, da

---

[3] Untersuchungen zu Rassismuserfahrungen von Betroffenen in Deutschland stellen ein vernachlässigtes Forschungsfeld dar. Umso mehr sind die entsprechenden Arbeiten von Oguntoye, Opitz und Schultz (1986) und von Mecheril, Beckmann und Caspari zu begrüßen (in: Mecheril/Teo 1997).

sie auch im Rahmen ausgrenzender Logiken und kulturalisierender Zuschreibungen benutzt werden können.

In den Niederlanden ist seit einigen Jahren das Begriffspaar *autochthon* und *allochthon* verbreitet.[4] Die Frage, die sich beim Begriff *autochthon* stellt, ist, auf wie viele Generationen zurückgeblickt wird. Würde man weit genug in die Geschichte zurückgehen, blieben vermutlich kaum noch Autochthone in den Niederlanden (oder in Deutschland) übrig. Zudem ergibt sich die Bedeutung der Herkunft oft in Verbindung mit rassistischen, ethnizistischen oder nationalistischen Zuschreibungen und Ausgrenzungen. Solche Zuschreibungen verdeutlicht der Cartoon "Herkunft" des Karikaturisten Tom (Joker Edition Berlin) recht gut: Der Cartoon zeigt einen schwarzen Jugendlichen, der von einem weißen Angehörigen der Mehrheitsgesellschaft aufgefordert wird, doch dorthin zurückzugehen, wo er herkomme. Gleichzeitig ist die Antwort des Jugendlichen überaus treffend für die Situation von vielen Jugendlichen, deren Eltern oder Großeltern eingewandert sind: "Was soll ich in Dortmund?"

Obwohl ich diesem Begriffspaar also skeptisch gegenüberstehe, kann ich mangels besserer Alternativen kaum darauf verzichten. Es gibt Begriffe, die noch ungenügender sind. So werden im Alltagsdiskurs in den Niederlanden (ähnlich wie in Deutschland) meist die Bezeichnungen *Niederländer* und *Ausländer* (buitenlander) gebraucht. Dabei ist fast durchgängig gleichgültig, ob jemand die niederländische Staatsangehörigkeit besitzt oder nicht. Als Kriterien für das *Ausländer-Sein* werden meist äußere Merkmale (Hautfarbe, Kleidung etc.) benutzt. Inzwischen wird in den Sozialwissenschaften und der Verwaltung zunehmend auch die Bezeichnung *ethnisch* eingeführt, etwa als *ethnische versus niederländische Jugendliche* (so etwa bei Saharso 1992). Dadurch entsteht dann allerdings der merkwürdige Eindruck, dass die Jugendlichen, die als *niederländisch* gekennzeichnet werden, im Gegensatz zu den Jugendlichen, deren Eltern oder Großeltern aus Surinam, den Antillen, Marokko oder der Türkei einwanderten, keiner Ethnie zuzuordnen sind (vgl. auch Adriani 1993).

4. Relevanz für pädagogische Arbeitsfelder

Wer in pädagogischen Arbeitsfeldern (Schule, Jugendarbeit, Bildungsarbeit, etc.) einen Beitrag zur Verbesserung der Qualität des Zusammenlebens in der Einwanderungsgesellschaft leisten will, muss sich auch mit den Behinderungen und Gefährdungen, die sich im Zusammenleben zeigen, auseinander setzen. Die Beschäftigung mit Rassismen und Nationalismen in verändernder Perspektive gehört hier zweifellos dazu. Nun sind beim Aufgreifen und der Bearbeitung von gesellschaftlichen Problemfeldern die besonderen Lebensbedingungen, Erfahrungs- und Handlungsräume, die Interpretations- und Wahrnehmungsmuster und Interessen der am Bildungs- und Lernprozess Beteiligten zu berücksichtigen; und zurecht wird als eine wichtige Voraussetzung für Bildungs- und Lernprozesse die gelingende Verständigung der Beteiligten genannt (vgl. etwa Klafki 1998, 249). Für in pädagogischen Arbeitsfeldern Tätige ist dies mit verschiedenen Herausforderungen verbunden: Sie müssen über die Behinderungen und Möglichkeiten, die sich aus der gesellschaftlich-strukturellen Positionierung spezifischer Lerngruppen ergeben, Bescheid wissen; sie sollten in der Lage sein, günstige Voraussetzungen zu einer gelingenden Kommunikation zwischen Lehrenden und Lernenden zu schaffen; und sie sind darauf angewiesen, über Kenntnisse zum Problemfeld zu verfügen.

---

[4] *Autochthone* = ursprüngliche Einwohner/-innen; *Allochthone* = von fremder Herkunft. Ausführlicher siehe III.4.4.5 und V.5.2.4.

Hieraus ergeben sich auch Konsequenzen für eine empirische Jugendforschung, die sich von ihrem Selbstverständnis her als nützlich für pädagogische Arbeitsfelder erweisen will. Quantitative Daten, die etwa die Verbreitung von rassistischen und nationalistischen Begründungen und Rechtfertigungen erkennen lassen und bestimmte Zusammenhänge mit Hilfe weiterer quantitativer Daten aufzuzeigen versuchen, können zwar hilfreich sein, um wichtige Aspekte eines Problemfeldes ins Bild zu bringen. Sie alleine reichen jedoch keineswegs aus und unterstützen im ungünstigen Fall dichotomisierende Vereindeutigungen und pauschale Etikettierungen. Die Versuchung ist groß, solche Informationen über einzelne Jugendliche oder Gruppen zu stülpen, wodurch im Bildungs- und Lernprozess kontraproduktive Ergebnisse erzielt werden (vgl. Leiprecht 1994, 179). Da eine qualitative Forschung hier wesentlich differenziertere Einsichten in Konstellationen bieten kann, die in aller Regel eben nicht durch Eindeutigkeit und Starrheit, sondern durch Widersprüchlichkeit, Ambivalenz und Bewegung gekennzeichnet sind, beschränkt sich die vorliegende Untersuchung nicht auf quantitative Methoden, sondern kombiniert diese in einer besonderen Anordnung mit qualitativen Methoden (siehe unten): Mit Hilfe von Gruppendiskussionen und Interviews können *praxis-* und *alltagsnah* Argumentationsweisen und Begründungsmuster von Jugendlichen erfasst, deren Effekte nachgezeichnet, subjektive Funktionalitäten rekonstruiert und Verbindungen mit gesellschaftlichen Diskursen und Strukturen aufgezeigt werden. Solche Informationen sind unverzichtbar für eine auf Veränderung ausgerichtete Praxis, die in der Arbeit mit Einzelnen und Gruppen auf Anhaltspunkte angewiesen ist, um *reflexive Suchbewegungen* durchführen und eine *untersuchende Haltung* fördern zu können. Die Ergebnisse der vorliegenden Untersuchung leisten hier einen wichtigen Beitrag. Aus dem themenbezogenen Vergleich Deutschland - Niederlande kann viel für eine verändernde Praxis gelernt werden. Und da die vertiefende Untersuchung in den Niederlanden zeigt, dass die alltäglichen Argumentations- und Begründungsmuster von Jugendlichen in den Niederlanden sich in ihrem Aufbau, ihrer Logik und ihrer Wirkung nicht so sehr von denjenigen der altersgleichen Gruppe in Deutschland unterscheiden, sind in dieser Hinsicht auch die Anknüpfungspunkte für die Arbeit mit Jugendlichen in beiden Ländern recht ähnlich.

5. Aufbau des Textes

Der nachfolgende Text ist in mehrere große Abschnitte gegliedert. Der Abschnitt II. umfasst eine Auseinandersetzung mit *themenbezogenen* Begriffen, die in enger Weise auf das Thema der Arbeit bezogen sind (Rassismus, Nationalismus, Ethnizismus und Sexismus). Es wird gezeigt, dass Rassismus, Nationalismus usw. *nicht* nur auf der Ebene von Einzelnen und Gruppen zu untersuchen ist, sondern dass die Ebenen gesellschaftlicher Bedeutungen und gesellschaftlich-struktureller Bedingungen miteinzubeziehen sind und die Zusammenhänge zwischen den drei Ebenen nicht vernachlässigt werden dürfen. Diesem Abschnitt vorangestellt ist eine Auseinandersetzung (Abschnitt I.), die sich auf *allgemeintheoretische* Konzepte konzentriert (Soziale Repräsentation, Diskurs, Ideologie, Orientierung, subjektiver Möglichkeitsraum). In der Anordnung dieser Konzepte verdeutlicht sich die zentrale Ausgangsfrage der empirischen Untersuchung: Wie beziehen sich Jugendliche auf Soziale Repräsentationen, Diskurse und Ideologien, die mit rassistischen, nationalistischen und ethnizistischen, aber auch mit sexistischen Bedeutungsmustern zu tun haben? Wie gehen sie damit um und welche Effekte hat dies?

Nach diesen allgemeintheoretischen und themenbezogenen, auf die Herausarbeitung begrifflicher "Denkwerkzeuge" (Memmi 1982/1987[II]) ausgerichteten Abschnitten, folgt in einem weiteren Abschnitt (III.) eine Übersicht von Methoden und Ergebnissen der Jugendforschung in Deutschland und den Niederlanden zu - je nach Konzeptualisierung - ethnozentrischen, autoritär-nationalisierenden, rassistischen Einstellungen, Vorurteilen, Stereotypen etc. Vor diesem Hintergrund werden die zentralen Forschungsfragen für die eigene Untersuchung dargelegt. Aus den Mängeln und Lücken der gegebenen Forschungslandschaft ergeben sich die Vorzüge der vorliegenden Untersuchung, die anschließend in ihren methodologischen und methodischen Aspekten detailliert beschrieben wird (Abschnitt IV.): Es wird auf die Besonderheit des Forschungsdesigns (*Datenerhebung im Methodenmix*) und seine Begründung (*Gegenstandsadäquatheit* und *Subjektbezug*) aufmerksam gemacht. Auch werden die benutzten Forschungsmethoden (*quantitativ und qualitativ*) und Forschungsinstrumente (Fragebogen, Itemauswahl beim internationalen Vergleich, Skalenkonstruktion zu 'eindimensional-nationalen' und 'multiperspektivischen' Orientierungen, Produktion eines Portraitfilms mit Jugendlichen, Vorgehensweise bei den Gruppendiskussionen und Interviews) genauso wie die ausgewählten Untersuchungsregionen und die untersuchte Stichprobe vorgestellt.

Als Hauptteil der Arbeit finden sich schließlich zwei Abschnitte, in denen das gewonnene Datenmaterial dargestellt und analysiert und im Kontext anderer Untersuchungen diskutiert wird. Zuerst geht es um den *internationalen Vergleich Deutschland-Niederlande* (V.). Auf der Grundlage quantitativer Daten der eigenen Jugendbefragung werden *allgemeine* Tendenzen untersucht. Es wird auf methodische Schwierigkeiten und die Fallstricke internationaler Vergleiche hingewiesen und es werden - in Bezug auf verschiedene Vergleichsbereiche - Erklärungen für internationale Unterschiede diskutiert. Ein besonderer Nutzen des internationalen Vergleichs wird darin gesehen, dass Erklärungsmodelle daraufhin überprüft werden können, ob sie auch tatsächlich die Besonderheiten der jeweiligen Gesellschaften erfassen oder auf einer allgemeinen Ebene verharren. Vor diesem Hintergrund geht es schließlich um eine *vertiefende Untersuchung der niederländischen Gesamtstichprobe* (VI.). Hier werden neben den quantitativen Daten aus der Fragebogenuntersuchung auch die qualitativen Daten aus den Gruppendiskussionen und Einzelinterviews mit den Jugendlichen herangezogen. Ein besonderes Gewicht gilt dabei der Definition, Wahrnehmung und Bewertung von 'Ausländern' durch die Jugendlichen, dem Zusammenhang der Argumentationsweisen und Begründungsmuster der Jugendlichen mit Diskursen in den Medien, den verbreiteten Diskursen zur Anpassung von Eingewanderten und Benachteiligung von Niederländern, den Widersprüchen in den Orientierungen der Jugendlichen, den Erklärungsmodellen zu Rassismus, den geschlechtsbezogenen Formen von Rassismus, Ethnizismus und Nationalismus und deren Verbindung mit Sexismus.

6. Verlauf der empirischen Untersuchung

Bei der Gewinnung verbaler Daten von Jugendlichen wurden in einer besonderen Anordnung quantitative und qualitative Methoden mit Methodenaspekten aus der Handlungsforschung kombiniert. Neben einem Auswertungsschwerpunkt, in dem die *niederländische Stichprobe* auf der Grundlage dieser *verschiedener* Datentypen *genauer* untersucht wird, konzentriert sich ein weiterer Auswertungsschwerpunkt auf einen *internationalen Vergleich* (Niederlande - Deutschland), der auf quantitativen Daten basiert. Die Vergleichsdaten aus Deutschland wurden von Kolleginnen und Kollegen des Projektes 'Internationales Lernen' (siehe oben) erhoben.

Die Datengewinnung in den Niederlanden erfolgte überwiegend in Schulklassen. Verschiedene Methoden der Sozialforschung (standardisierte schriftliche Befragung mit einem

Fragebogeninstrument, Gruppendiskussionen, Interviews mit Einzelnen) wurden miteinander verbunden und in besonderer Weise angeordnet: Die Gewinnung der Daten war in *zwei* Untersuchungsrunden gegliedert. In der *ersten Runde*, die von November 1992 bis März 1993 stattfand, füllten die Jugendlichen zunächst den Fragebogen aus. Anschließend bildete der Fragebogen, der u.a. Items zu 'eindimensional-nationalen' und 'multiperspektivischen' Orientierungen enthielt, den Fokus für eine Gruppendiskussion im Klassenverband. Das Ausfüllen des Fragebogens und die anschließende Diskussion beanspruchten jeweils etwa zwei Schulstunden. Zu einem späteren Zeitpunkt fanden zusätzlich vertiefende Einzelinterviews mit 40 Jugendlichen statt. Fünf Jugendliche - auf der Grundlage einer ersten Zwischenauswertung aus der Runde der Interviewten ausgewählt - wurden schließlich in einem kurzen Dokumentarfilm (27 Minuten) portraitiert. In der *zweiten Runde*, abgeschlossen im November 1993, fand ein - weiterer zweistündiger Besuch *derselben* Klassen statt. Diesmal bildeten erste Einzelergebnisse aus der Fragebogenrunde und der Dokumentarfilm Anlass und Fokus der Gruppendiskussionen.[5]

Die Untersuchung in den Niederlanden wurde in der sogenannten Randstad-Region (in den Provinzen Noord- und Zuidholland) durchgeführt. Insgesamt 575 Jugendliche nahmen an der Befragung teil. Die Stichprobe umfasst im wesentlichen Jugendliche im Alter zwischen 16 und 20 Jahren. Eine erste (größere) Gruppe stammt aus dem berufsbildenden Schulwesen, eine zweite (kleinere) besucht Schultypen, die in etwa dem allgemeinen Sekundarunterricht der Oberstufe bzw. den Gymnasien in Deutschland entsprechen.

Der *internationale Vergleich* richtet sich anhand der eigenen Daten auf die Jugendlichen aus dem berufsbildenden Schulwesen. Die herangezogenen quantitativen Paralleluntersuchungen des Projektes 'Internationales Lernen' in Deutschland waren im gleichen Zeitraum in Baden Württemberg (Westdeutschland) und in Sachsen (Ostdeutschland) realisiert worden. 624 bzw. 305 Berufsschülerinnen und Berufsschüler der gleichen Altersgruppen hatten dort an einer Befragung mit einem (teilidentischen) Fragebogeninstrument teilgenommen.

7. Lesehinweise

Ich habe versucht, möglichst bewusst mit dem Gebrauch der männlichen und weiblichen Form umzugehen. Dort, wo es inhaltlich angebracht ist, benutze ich in der Regel beide Formen (also *"Leserinnen und Leser"*). Um der sprachlichen Einfachheit willen bin ich jedoch nicht soweit gegangen, bei zusammengesetzten Begriffen in ähnlicher Weise zu formulieren (also nicht *"Leserinnenschaft und Leserschaft"*).

Bei den Zitaten aus der niederländischen Fachliteratur handelt es sich um eigene Übersetzungen, ebenso wurden die angeführten Passagen aus den Gruppendiskussionen und Interviews mit Jugendlichen in den Niederlanden von mir übersetzt.

Die Namensangaben der Jugendlichen sind anonymisiert. Wurde bei der Darstellung der Passagen ausnahmsweise eine Auslassung vorgenommen, wird dies mit *(...)* markiert. Die entsprechende Auslassung hat dann für die Interpretation keine Bedeutung (dieses Zeichen steht übrigens auch bei Auslassungen in Zitaten aus der Fachliteratur). Pausen oder offene Enden in Gruppendiskussionen und Einzelinterviews sind mit drei Punkten ohne Klammer vermerkt.

---

[5] Zur Transkription waren in beiden Runden die Gruppendiskussionen jeweils auf Tonband *und* Video aufgezeichnet worden, um die jeweiligen Sprecherinnen und Sprecher zuverlässig feststellen zu können. Bei den Interviews mit den Einzelnen reichte die Aufnahme mit dem Tonband aus.

I. Allgemeintheoretische Begriffe

Im folgenden Abschnitt (I.) stelle ich die wichtigsten *allgemeintheoretischen* Begriffe dar, die bei der Analyse des empirischen Materials eine Rolle spielen. Die Konzepte Soziale Repräsentation, Diskurs, Ideologie, Orientierung und subjektiver Möglichkeitsraum werden in aller Kürze diskutiert und aufeinander bezogen. Die Darstellung mündet in einer Grafik, die diese Konzepte den Ebenen gesellschaftlich-struktureller Bedingungen, gesellschaftlicher Bedeutungen und subjektiver Begründungen zuordnet und auf ihren besonderen Zusammenhang aufmerksam macht. Dieser Zusammenhang verschiedener Ebenen verweist wiederum auf die Notwendigkeit einer interdisziplinären Herangehensweise, bei der gesellschafts- *und* individualwissenschaftliche Konzepte integriert werden. Ein Ausgangspunkt ist hier die Feststellung, dass eine empirische Forschung, die sich im Themenbereich Rassismus und Nationalismus als nützlich für Fragestellungen in Arbeitsfeldern der Pädagogik (Schule, offene/verbandliche Jugendarbeit, Weiterbildung usw.) erweisen will, *subjektbezogene* Überlegungen nicht vernachlässigen darf.

1. Das Konzept Soziale Repräsentation

In einer jüngeren Veröffentlichung beklagt der Berliner Psychologe Uwe Flick, dass mit der kognitiven Wende in der Sozialpsychologie sich auch die Tendenz durchgesetzt habe, unter dem Etikett der sozialen Kognition die Aufmerksamkeit zu sehr auf Prozesse der (inneren) Informationsverarbeitung zu richten (Flick 1995, 11). Zunehmend sei dabei "das Soziale an der Psychologie aus dem Auge verloren" worden (ebd., 12). Flick plädiert vor diesem Hintergrund für eine *Psychologie des Sozialen*, die die Inhalte von (sozialem) Wissen, dessen Bedeutung für Individuen und Gruppen und seinen Entstehungskontext stärker in den Mittelpunkt rückt. Um dies zu forcieren, schlägt Flick vor, das Konzept der Sozialen Repräsentation, wie es vom französischen Sozialpsychologen Serge Moscovici begründet wurde, als eine integrative Basistheorie einer Psychologie des Sozialen weiterzuentwickeln.

Die Theorie der Sozialen Repräsentationen geht davon aus, dass es innerhalb einer Gesellschaft allgemeine und gruppenspezifische Vorstellungen, Wissensbestände, Alltagstheorien oder Interpretationssysteme zu bestimmten Sachverhalten, Ereignissen, Gegenständen, Gruppen und Handlungen gibt. Mit Sozialer Repräsentation ist einerseits ein verinnerlichtes soziales Wissen gemeint, m.a.W. eine bildhafte Repräsentation (Darstellung, Vertretung) sozial geteilten Wissens *'im Inneren'*, eine "Projektion eines komplexen Phänomens auf einen konkreten, weniger komplexen und meist bildhaft präsenten Vorstellungsinhalt" (W.Wagner 1994, 133). Andererseits können Soziale Repräsentationen, so Moscovici, nicht nur in der Vorstellung und im Denken von Einzelnen, sondern auch 'in der Welt' (beispielsweise in Zeitungen, Fernsehberichten, Gesetzestexten, Schulbüchern usw.) verortet und dementsprechend getrennt untersucht werden (vgl. Moscovici 1988, 214).[6]

Soziale Repräsentationen ermöglichen zum einen eine Orientierung in der materiellen und sozialen Welt, zum anderen bilden sie eine Grundlage für die Kommunikation, indem sie bestimmte Codes für den sozialen Austausch und zur Benennung und Klassifikation liefern. Sachverhalte, Ereignisse, Gegenstände, Gruppen und Handlungen werden mit Hilfe verein-

---

[6] Gleichsam als "geronnene Spuren oder externe Speicher von Wissensbeständen" (Kruse 1995, 254).

fachender Bilder oder Repräsentationen interpretiert. Soziale Repräsentationen tragen zu einer problemlosen Kommunikation innerhalb einer Gruppe bei und stärken den gruppenspezifischen Konsens (vgl. Moscovici 1973; 1995).

Das Konzept der Sozialen Repräsentation zielt auf den Inhalt und die Bedeutung von Informationen und verweist auf eine *gesellschaftliche* Bedeutungsebene. Es befasst sich mit Verstehensprozessen in der Kommunikation und ist eine Theorie der Konstruktionen: Sachverhalte, Ereignisse, Gegenstände, Gruppen und Handlungen werden, so lässt sich ein wichtiges Moment des Konzepts der Sozialen Repräsentation zusammenfassen, nicht unmittelbar wahrgenommen, sondern Menschen haben über Konstruktionen anhand gemeinsamer Repräsentationen mit diesen Sachverhalten, Gegenständen usw. zu tun (vgl. hierzu auch Potter/Wetherell 1995, 183; W.Wagner 1996, 95ff.).

Die Theorie der Sozialen Repräsentationen war von Serge Moscovici Anfang der 60er Jahre "als ein dynamisch-soziales Gegengewicht gegen den individualisierten Begriff der Einstellung (...), der als zu statisch und a-sozial erschien", entworfen worden (W.Wagner 1994, 129).[7] Moscovici reformulierte hierbei den Begriff der Kollektiven Repräsentation des Soziologen Emile Durkheim (Durkheim 1967) und entwickelte ein *sozialpsychologisches* Konzept, das der Sozialpsychologie den *Blick für das Soziale* wiedergeben sollte (vgl. auch im Rückblick Moscovici 1995, 271ff.). Dies ist ein Anliegen, welches offenbar nichts von seiner Aktualität eingebüßt hat, und sich mit Hilfe des vorgeschlagenen Konzepts auch in der empirischen Forschung realisieren lässt. Betrachtet man die Untersuchungen, die inzwischen mit dem Konzept Soziale Repräsentation durchgeführt wurden, und vergleicht sie mit Arbeiten kognitiv ausgerichteter (Sozial-)Psychologie, die sich im wesentlichen auf Codierung, Verarbeitung und Speicherung von Informationen konzentriert, so zeigt sich, dass die Forschungen um das Konzept Sozialer Repräsentation nicht nur größere Bereiche menschlichen (Alltags-)Lebens mit einbeziehen, sondern auch andere Forschungsstrategien bevorzugen.[8]

So sehr psychologische Konzepte zu begrüßen sind, in denen versucht wird, die Bedeutung des Sozialen angemessen zu berücksichtigen, so gibt es doch auch *Interpretationen* von Sozialer Repräsentation, die überaus problematische Seiten aufweisen. Beispielsweise geht die australische Psychologin Martha Augoustinos so weit, aus dem Hinweis von Moscovici, demzufolge Soziale Repräsentationen sich sowohl im Denken von Einzelnen als auch " 'in der Welt' finden und als solche getrennt untersuchen" (Moscovici 1988, 214) lassen, abzuleiten, dass sich die "Sozialpsychologie mit der Beschaffenheit einer 'denkenden' Gesellschaft befassen" und in diesem Sinne zu "einer 'Psychologie der Sozialen' werden" solle (Augoustinos 1995, 201). Die Gefahr der psychologisierenden und personalisierenden Reduktion von gesellschaftlichen Prozessen ist mit einer solchen Redeweise von einer *'denkenden' Gesellschaft* gegeben, und es ist verwunderlich, dass Augoustinos auf eine solche Begriffsformulierung

---

[7] In den USA formulierten übrigens William I. Thomas und Florian Znaniecki kurz nach der Jahrhundertwende im Rahmen ihrer berühmten Studie "The Polish Peasant" einen Einstellungsbegriff, der - zumindest von der Intension her - gerade auf die Erfassung von Individualität unter dem Aspekt ihres *sozialen Bezuges* zielte (Thomas/Znaniecki zuerst 1918/1958[II]). In der Sozialpsychologie wurde dieses Verständnis von Einstellung zwar zunächst aufgegriffen, geriet in der weiteren Entwicklung allerdings in den Hintergrund (vgl. W.Wagner 1994, 131; Markard 1984, 37ff.).

[8] Ausgehend vom Konzept der Sozialen Repräsentationen greift etwa die Gruppe von Forscherinnen und Forschern um Lenelis Kruse gezielt auf eine "multimethodale Vorgehensweise" zurück, um die sozialen Repräsentationen des Mannes in der alltäglichen Rede zu erfassen (Kruse 1995, 264).

zurückgreift, da sie im selben Text nur wenige Seiten später *kritisch* beschreibt, wie in alltäglichen Denk- und Redeweisen komplexe soziale Prozesse fälschlicherweise als 'handelnde Personen' vorgestellt werden (ebd., 214).[9] Konzeptionelle Anklänge an eine 'denkende' Gesellschaft sollten besser vermieden werden, da von hier aus genau solche Psychologisierungen und Personalisierungen nahegelegt werden, vor denen auch Augoustinos warnt.

Auf eine weitere Lesart von Sozialer Repräsentation, die ebenfalls problematische Züge aufweist, machen Jonathan Potter und Margret Wetherell, beide befasst mit der sozialpsychologischen Diskursanalyse, aufmerksam. Es gibt Interpretationen des Konzepts, so ihr warnender Hinweis, die in "Repräsentationen nichts anderes als *kognitive* Konstruktionen" sehen (Potter/Wetherell 1995, 183). Bedeutungen werden dann als ein "Ergebnis konstruktiver, im Kopf ablaufender Prozesse" aufgefasst (ebd.). Offenbar wird, so auch der Sozialwissenschaftler Wolfgang Wagner, "in manchen Arbeiten (...) alter Theorie-Inhalt in den neuen Schlauch" des Begriffs Sozialer Repräsentation gefüllt (W.Wagner 1994, 131). Wenn damit zugleich die *gesellschaftlichen* Prozesse der Bedeutungsbildung vernachlässigt werden, kann dies zweifellos zu 'blinden Flecken' in Theoriebildung und empirischer Forschung führen. Man kommt also bei wissenschaftlichen Texten, in denen der Begriff Soziale Repräsentation benutzt wird, nicht darum herum, genau zu prüfen, um welche Lesart es sich im Einzelnen handelt.

2. Keine Reduktion auf kognitive Prozesse

Obwohl die moderne Vorurteilsforschung nicht mehr *alleine* Einstellungsforschung ist oder sich *ausschließlich* auf die Untersuchung kognitiver Prozesse beschränkt, so der Sozialpsychologe Andreas Zick, tut sie sich überaus schwer, wenn es darum geht, gesellschaftliche Diskurse und Ideologien mit subjektiven Repräsentationen und Umgangsweisen in einem *integrierten* Zusammenhang zu konzeptualisieren (vgl. Zick 1997, 383ff.). Auch in der neueren Forschung der Social Cognition Tradition ist oft immer noch eine *Reduktion* auf kognitive Prozesse zu konstatieren (vgl. hierzu in kritischer Perspektive etwa Duckitt 1992, 81 oder D. Schneider 1996, 431). Insofern sind kritische Hinweise, wie sie beispielsweise von Gabi Löschper vorgebracht werden, durchaus hilfreich. Ihr zufolge stellen sich negative Einstellungen oder Vorurteile gegenüber sozialen Gruppen in vielen Konzepten als ein "Ergebnis von Stereotypisierungs- und Schematisierungsprozessen bei der Informationsverarbeitung über Personen dar, bei denen nicht nur reale Merkmale der Kategorisierten perzipiert, sondern fälschlicher- oder verzerrenderweise auch andere Eigenschaften für 'wahr' genommen werden" (Löschper 1994, 173ff.). Löschper charakterisiert den Entwurf des denkenden Individuums in solchen Konzepten als *sozial isoliert*: "Andere Personen kommen nur als Wahrnehmungs*objekte* vor, von sozialen Strukturen ist gar nicht die Rede. Obwohl sich das Individuum im sozialen Vakuum befindet und die Welt und offenbar seine Bilder von ihr immer wieder allein neu bilden muss, greift es unerklärterweise bei den Vereinfachungen, die es tagtäglich zur Reduktion von Komplexität vornehmen muss, stets zu den Stereotypisierungen und Mustern, die schon unzählige andere Individuen vor ihm und wohl ebensoviele neben und

---

[9] Diese Lesart ist übrigens bei Moscovici durchaus angelegt, so etwa in seinen Hinweisen zur Notwendigkeit einer "kollektiven Psychologie" (Moscovici 1994, 13). Auch andere Vertreter des Konzepts Sozialer Repräsentationen sprechen (leider) "vom 'Denken' einer Gesellschaft oder einer Organisation" (vgl. W. Wagner 1994, 135).

nach ihm verwend(et)en. Irren ist menschlich, aber seltsamerweise irren so viele so gleich." (ebd., 175)

Nun scheint es überzogen zu sein, der Vorurteils- und Stereotypenforschung generell die Konzeption eines sozial isolierten Individuums vorzuwerfen. Beispielsweise stellten die australischen Psychologen Martha Augoustinos und Ian Walker unlängst ein *integriertes* Modell vor, welches Vorurteile und Stereotype mit ideologie- und repräsentationstheoretischen Überlegungen verbindet (Augoustinos/Walker 1995, 207ff.; vgl. ebenso Stangor/Schaller 1996, 3ff.). Und auch die deutschen Sozialpsychologen Bernd Schäfer und Bernd Six, die sich sehr stark auf die Arbeiten Henri Tajfels beziehen, entwickelten ein Schema für die Analyse vorurteilsvollen Verhaltens, in dem an prominenter Stelle makrosoziale und mikrosoziale Faktoren genannt werden (vgl. Schäfer/Six 1978, 12).

Dennoch macht die Kritik von Löschper einigen Sinn, betrachtet man sich beispielsweise die folgende Definition von Schäfer und Six: "Vorurteile lassen sich als Soziale Kategorisierungsprozesse kennzeichnen, bei denen Informationen (über soziale Gruppen/Sachverhalte) derart aufgenommen und verarbeitet werden, dass Prozesse der Akzentuierung und Generalisierung entscheidend durch Evaluierungsprozesse gesteuert und stabilisiert werden." (Schäfer /Six 1978, 50) Es gibt *Lesarten* dieser Definition, von denen aus eine Reduktion auf das Kognitive geradezu geboten scheint, schließlich scheint es vor allem darum zu gehen, wie Informationen von den einzelnen Menschen aufgenommen, verarbeitet und bewertet werden. Entscheidend scheint hierbei auch zu sein, wie das Präfix 'sozial' im Zusammenhang mit Kategorisierungsprozessen verstanden wird (vgl. Condor 1990). Sind mit 'sozial' lediglich die Objekte (*soziale* Gruppen/*soziale* Sachverhalte) gemeint, über die Vorurteile gebildet werden?[10]

In der neueren Sozialpsychologie der Intergruppenbeziehungen wird, *gegen* eine individualistische Sozialpsychologie argumentierend, die sich zu sehr auf eine intra- und interpersonale Perspektive beschränkt, betont, dass Vorurteile Urteile sind, "die Menschen als Mitglieder einer Gruppe über eine andere Gruppe und deren Mitglieder abgeben" (U. Wagner 1994, 141): Der Sozialpsychologe Ulrich Wagner weist dementsprechend darauf hin, dass, wenn relevante Gruppenmitgliedschaften in den Fokus der Aufmerksamkeit einer Person rücken, *neue Inhalte der Selbstdefinition* aktualisiert werden, die auf *Gruppenideologien* zurückgreifen. Diese Gruppenideologien geben beispielsweise an, "was definitorische Aspekte der eigenen Gruppe sind, welche relevanten fremden Gruppen für diese Gruppe existieren ... und wie diese fremden Gruppen ... zu betrachten sind." (ebd., 142) Mit dem *'Einschalten'* solcher Selbstdefinitionen, so Wagner, wird "auch die Kollektivität des Verhaltens und Urteilens eingeschaltet" (ebd.).[11] 'Sozial' bedeutet in dieser Perspektive also auch das Urteilen und Verhalten *als* Gruppenmitglied.

---

[10] Eine Annahme, die von Henri Tajfel keineswegs geteilt werden dürfte: "Die Sozialpsychologie *kann* und *muss* in ihrer theoretischen und empirischen Arbeit die Beziehung zwischen der menschlichen psychologischen Funktionsweise und den Prozessen und Ereignissen der Gesamtgesellschaft direkt berücksichtigen, die diese Funktionsweise beeinflussen und von ihr beeinflusst werden." (Tajfel 1982, 17)

[11] Als Ergebnis von Experimenten zeigt Ulrich Wagner beispielsweise, dass "Personen ihre Meinung an die Meinung" von solchen "Kommunikator-Personen" angleichen, die als der eigenen Gruppe zugehörig betrachtet werden: "Sie tun das aber nur dann, wenn 1. das Thema für die eigene Gruppe von Bedeutung ist und 2. *die eigene Gruppe für die Personen, die die persuasive Nachricht empfangen, eine bedeutsame Kategorie für die Selbstdefinition darstellt.*" (U. Wagner 1994, 109)

Darüber hinaus wird deutlich, dass es sich bei den Informationen, die aufgenommen und verarbeitet werden, um *gesellschaftliche* Bedeutungsmuster handeln muss, die bereits von 'irgendwoher' kommen und selbst keineswegs neutral und inhaltsleer sind, sondern bestimmte *Denkangebote* enthalten.[12] Auch in Bildern und Vorstellungen *von sozialen Gruppen*, die 'in der Welt' vorzufinden sind, stecken spezifische Inhalte und Wertungen. Allein die Tatsache, dass man stets auf eine bestimmte Konstellation von Bildern und Vorstellungen über soziale Gruppen und Sachverhalte trifft, die schon 'vor einem da war', weist darauf hin, dass die gesellschaftliche Ebene nicht vernachlässigt werden darf.

Genau dieser Zusammenhang wird in der Vorurteilsforschung einer *individualistischen* Sozialpsychologie, womöglich auch als Folge einer tradierten Trennung zwischen unterschiedlichen Zuständigkeitsbereichen, die entweder der Psychologie oder der Soziologie zugeordnet werden, wenig beachtet (vgl. Estel 1983, 281; Leiprecht 1990, 86). Es setzt sich immer wieder die Tendenz durch, gesellschaftliche Phänomene wie rassistische oder nationalistische Vorurteile bzw. Stereotypen, so Löschper, "mit dem Blick in den Kopf des Individuums" erklären zu wollen: "Der Blick in den Kognitionsapparat eröffnet aber keineswegs den Zugang *in* die Gedanken. Gerade die Frage nach den Inhalten des Rassismus wird - trotz immer ausgeklügelterer Modelle und zunehmend präziserer mathematischer oder logischer Abbildungen des Kognitionsprozesses - nicht beantwortet. Zwar wird die Form des Stereotyps und seine Struktur betrachtet, nicht aber die *Inhalte* der *Form*. Eben diese machen aber die soziale Relevanz der Kognition aus." (Löschper 1994, 174) Sollen die benutzten "Inhalte der Form" mit berücksichtigt werden, muss mindestens auf zweierlei geachtet werden: Erstens darauf, welche spezifischen Bewertungen und Zuschreibungen in den gesellschaftlichen Denkangeboten für die verschiedenen Gruppen enthalten sind, und zweitens, vor dem Hintergrund welcher Modelle oder Konzepte die gesellschaftlichen Gruppen präsentiert (also bestimmte Vorstellungen über 'Rasse', Kultur, Nation, Ethnie/Volk) und welche Sichtweisen damit nahegelegt werden (siehe II.).

3. Soziale Repräsentation und Diskurs

Um reduktionistische Lesarten des Konzeptes Sozialer Repräsentationen zu vermeiden, schlagen Wetherell und Potter eine Einbettung des Konzepts der Sozialen Repräsentation im Rahmen diskursanalytischer Ansätze vor.[13] Eine produktive Verbindung von Diskursanalyse und Sozialer Repräsentation sehen sie bereits in einer ihrer früheren Untersuchungen in Neuseeland angelegt. In dieser empirischen Studie zu Rassismus hatten Wetherell und Potter unterschiedliche Repräsentationsmuster und -themen bei Angehörigen der Mittelschicht identifiziert und analysiert (Wetherell/Potter 1992). Bei der Beschreibung ihrer Vorgehensweise heben Potter und Wetherell einige zentrale Merkmale des Ansatzes hervor: Es geht "um den *Inhalt* des Diskurses und (...) die *Organisation* dieses Inhalts (...). Obwohl stilistische und grammatikalische Elemente gelegentlich eng mit der Organisation des Inhalts verwoben sind,

---

[12] Auch Ulrich Wagner weist auf diesen Gesichtspunkt hin, wenn er etwa betont, dass die "alltägliche massenmediale 'Kommunikation' definitorisch wirken (kann ...): Gruppenmitgliedschaften und die Identifikationen mit ihnen (werden hier) neu geschaffen und die Relevanz von Themen für Gruppen neu definiert und verändert." (U. Wagner 1994, 123)

[13] Auch Wolfgang Wagner, der Moscovici zufolge das erste grundlegende Buch zum Thema "Sozialer Repräsentation" geschrieben hat (vgl. Moscovici 1994, 12), bettet den Begriff in eine Theorie gesellschaftlicher Diskurse ein, allerdings ohne diese Theorie näher zu bestimmen (vgl. W. Wagner 1994, 135).

ist die Analyse *nicht* linguistisch orientiert. Es geht vielmehr um Sprachgebrauch und gesellschaftliches Handeln: Was wird durch diesen Sprachgebrauch bewirkt, und welche Interpretationsressourcen werden dazu eingesetzt?" (Potter/Wetherell 1995, 189; Hvh. R.L.)

So hilfreich die Ausführungen von Potter und Wetherell sind, legt ihre Formulierung an dieser Stelle nahe, dass es gilt, eine *linguistische* Orientierung zu vermeiden. Obwohl sie hiermit für eher traditionellere Ansätze in der Linguistik recht haben mögen, werden damit die neueren Entwicklungen, die gerade auch *innerhalb* dieser Disziplin zu beobachten sind und sich in der Analyse keineswegs auf stilistische und grammatikalische Elemente beschränken wollen, nicht berücksichtigt. So hat beispielsweise der Sprachwissenschaftler Siegfried Jäger Ansätze für eine sprachwissenschaftlich-diskurstheoretische Fundierung empirischer Forschung vorgelegt. Jäger plädiert für eine Linguistik, die bei der Untersuchung von Sprache und Texten die damit transportierten *Inhalte* stärker berücksichtigt. Die kommunikativen Funktionen *und* die Wirkungsweisen von Sprache und Texten können, so Jäger, ohne den Bezug auf ihre spezifische Bedeutung nicht angemessen erfasst werden (vgl. S. Jäger 1993b, 10ff.). Jäger formuliert unter dieser Perspektive einen sprachwissenschaftlichen Ansatz, der das Konzept Sozialer Repräsentation in wichtigen Punkten modifizieren könnte. Der Begriff Diskurs nimmt in diesem Konzept eine Schlüsselposition ein.

Dieser Begriff ist mittlerweile auch im Alltag verbreitet. Häufig ist mit Diskurs lediglich ein Wortwechsel oder eine sprachliche Äußerung bzw. eine entsprechende schriftliche Fixierung in einer Debatte gemeint.[14] Daneben gibt es explizit sozialwissenschaftliche Konzepte, in denen Diskurs als sprachliche Seite des Ensembles einer speziellen Wissensproduktion (so etwa bei Foucault 1988) oder als eine möglichst herrschaftsfreie, rational argumentierende und öffentliche Debatte über bestimmte Gegenstände gefasst wird (so etwa bei Habermas 1988). Im Gegensatz zum letztgenannten Begriffsverständnis legt der Sprachwissenschaftler Jürgen Link in einer eigenen Definition - sich berufend auf Foucaults Arbeiten - einen Schwerpunkt auf den *Machtaspekt*: Diskurs ist Link zufolge "eine institutionell verfestigte Redeweise, insofern eine solche Redeweise schon Handeln bestimmt und verfestigt und also auch schon Macht ausübt" (Link 1983, 60).

Diskurse sind nach Siegfried Jäger "für Link (...) von Interesse (...), weil sie bestimmten Zwecken dienen: Machtwirkungen ausüben. Dies tun sie, dies 'passiert', nach Link, weil sie institutionalisiert und geregelt sind, weil sie an Handlungen *angekoppelt* sind." (S. Jäger 1993b, 152) Die Frage, wann genau ein Diskurs als institutionalisiert, geregelt und verfestigt angesehen werden kann, wird - so kritisiert Jäger - von Link nicht weiter erörtert (ebd.).

Als Forscher, der selbst *subjektbezogene* Ansätze bevorzugt, muss ich zugeben, dass ich in einer ersten Reaktion zu einer bestimmten Lesart von Links Definition neige. Ich vermute ein deterministisches Verständnis, sehe das subjektive Denken und Handeln, welches doch erst untersucht werden soll, bereits durch den Diskurs *festgelegt*. Die Analyse von Diskursen scheint auszureichen, um Aussagen über Subjekte machen zu können. Die Subjekte scheinen nur noch Anhängsel und Produkte von Diskursen zu sein. Wenn ich im zweiten Anlauf versuche, genauer hinzusehen, entdecke ich, dass in Links Definition das Wort "insofern" eine zentrale Rolle spielt: Link scheint nur eine solche institutionell verfestigte Redeweise als Diskurs zu definieren, "*insofern*" sie Handeln bestimmt und Macht ausübt. Erst *nach* dem Handeln der Menschen scheint sich also zu erweisen, ob es sich bei bestimmten sprachlichen

---

[14] Einen ausführlichen und nützlichen Überblick über verschiedene Diskursbegriffe und Ansätze geben Link/Link-Heer 1990 und Marvakis 1996.

Äußerungen für die 'Empfangenden' um einen Diskurs gehandelt hat. Allerdings: Es bleibt die Frage, welches die Kriterien sind, anhand deren Link erkennen kann, ob ein Handeln von Menschen durch einen Diskurs *bestimmt* war oder nicht. Offenbar, und damit bin ich wieder bei meiner ersten Reaktion, braucht Link solche Kriterien überhaupt nicht. An anderer Stelle formuliert er nämlich: "Für empirische Subjekte (kann es) keinen Subjektivitätsraum gänzlich außerhalb jeglicher Diskurse geben (...)." (Link 1986, 6)

In einem sehr allgemeinen Sinn, wenn Diskurs mit gesellschaftlichen Bedeutungen gleichgesetzt wird, ist dies keineswegs falsch. Außerhalb jeglicher gesellschaftlicher Bedeutungssysteme sind Menschen gewissermaßen wort- und sprachlos. Dies heißt jedoch *nicht*, dass man sich die Frage ersparen kann, warum Menschen in welchen Zusammenhängen *bestimmte* Diskurse übernehmen und andere abweisen, warum *bestimmte* Diskurse erfolgreich und handlungswirksam sind und andere nicht und - sehr wichtig - in welcher Weise Menschen Diskurse *produzieren*, also nicht nur von Diskursen bestimmt sind, sondern auch Diskurse *(mit-)bestimmen.*

Jäger schlägt, anders wie Link, einen offeneren Diskursbegriff vor: Er definiert Diskurs als "Fluss von Text und Rede bzw. von Wissen durch die Zeit" (S. Jäger 1993b, 153). Diese Grundbestimmung[15] lässt sich mit Jäger um zusätzliche Merkmale erweitern. Bei Diskurs handelt sich um eine artikulatorische Praxis, die soziale Verhältnisse konstituiert und organisiert (ebd., 17). Diskursfragmente sind nicht primär als etwas Individuelles zu betrachten, sondern sind gesellschaftliche Produkte mit gesellschaftlichen Bedeutungen (ebd., 18). Ein Diskurs transportiert gesellschaftliche Bedeutungen und gesellschaftliches Wissen (ebd., 153 u. 209). Diskurse sind mit Macht und Gegenmacht verbunden, wobei Macht eher als die Möglichkeit zur 'Einwirkung' auf Menschen/Gegenstände/Realität verstanden wird (ebd., 171).[16]

Mit der Metapher *"Fluss"* sucht Jäger anzugeben, dass Diskurse eine Geschichte haben und sich in einer Richtung durch die Zeit bewegen.[17] Allerdings scheint es in einer gesellschaftlichen Situation, in der ähnliche Natur-Metaphern gebraucht werden, um asylsuchende Flüchtlinge als Bedrohung darzustellen (siehe unten), sinnvoller zu sein, auf diese Metapher zu verzichten. Ich bevorzuge deshalb eine entsprechend korrigierte Fassung von Jägers Grundbestimmung: Diskurs wird im Folgenden als '*Bewegung* von Text und Rede bzw. von Wissen durch die Zeit' formuliert.

---

[15] Diese Grundbestimmung deckt sich übrigens mit derjenigen von Potter und Wetherell: "all forms of spoken interaction, formal and informal, and written texts of all kinds" (Potter/Wetherell 1987, 7).

[16] Jäger unterscheidet mit Foucault zwischen Macht und Herrschaft. Macht "überzieht die gesamte Gesellschaft wie ein Netz (...), so dass man sagen kann, dass alle Menschen in einer Gesellschaft über Macht verfügen, und sei ihr Anteil daran noch so gering; von Herrschaft ist dagegen zu sprechen, wenn aufgrund der ungleichen Verteilung von Macht Menschen über Menschen bestimmen können etc." (S. Jäger 1993b, 414).

[17] Das Vergangene kann in neuen Diskursen aufgenommen, verschwiegen, uminterpretiert usw. werden, niemals kann sich jedoch die *zeitliche* Richtung und Abfolge umkehren. Diskurse bauen, sehr allgemein gesprochen, auf der Geschichte gesellschaftlicher Bedeutungen auf. Stets handelt es sich um historisch produzierte und geformte Diskurse, die sich - in den Worten Jägers - "durch die Geschichte fortschleppen und die Basis für weitere Diskursverläufe darstellen" (S. Jäger 1993b, 208). Neue Diskurse finden bereits Bedeutungskonstellationen vor, auf die sie sich positiv beziehen, von denen sie sich abgrenzen, sich abheben können usw. Selbst die ausdrücklichste Abgrenzung gegenüber vorgefundenen Bedeutungskonstellationen setzt sich noch in Beziehung zu diesen.

Die *offenere* Bestimmung von Diskurs, wie sie von Jäger vorgeschlagen wird, bietet gute Anschlussmöglichkeiten zum Konzept Sozialer Repräsentation. Anhaltspunkte für diese Verbindung lassen sich bei verschiedenen Vertreterinnen und Vertretern des Konzepts finden (Moscovici 1988, 214; Augoustinos 1995, 201): Soziale Repräsentationen können in gesellschaftswissenschaftlicher Perspektive ('in der Welt') analysiert werden. Soziale Repräsentationen werden hier als ein Bestandteil von gesellschaftlichen Bedeutungsmustern, die über Diskurse *transportiert* werden, untersucht: Diese Diskurse enthalten Bilder, die in vereinfachender Weise *Vorstellungen* von Phänomenen und Zusammenhängen oder von sozialen Gruppen (Ethnien/Völker, 'Rassen', Nationen, soziale Klassen, Geschlechtergruppen) repräsentieren.

Die Verbindung zu einer individualwissenschaftlichen Perspektive (also Soziale Repräsentationen in der Vorstellungswelt von Einzelnen) lässt sich jedoch nicht ganz so einfach bewerkstelligen. Zwar ist es ein Vorteil, dass für diskursanalytische Ansätze, wie die Sozialpsychologin Gudrun Aexeli Knapp zeigt, "nicht mehr Individuen und ihre Eigenschaften oder kognitive Mechanismen der Wahrnehmung (...) im Zentrum des Interesses stehen" (Knapp 1995, 168). Allerdings, und dies betont Knapp ebenfalls, liegt ein Nachteil diskursanalytischer Herangehensweisen darin, dass die Aufmerksamkeit sich zu sehr auf die rhetorische Pragmatik eines "kommunizierenden 'Intersubjekts'" beschränkt. Damit besteht die Gefahr, dass das "wahrnehmende (...) und Realität erfahrende (...), sie unter spezifischen Verhältnissen aneignende (...) und deutende (...) Subjekt" aus dem Blick verloren wird (ebd., 170). Um dies zu vermeiden, wird eine besondere Aufmerksamkeit also gerade einer angemessenen theoretischen Verbindung zwischen Diskursanalyse und subjektbezogener Analyse gelten müssen. Bevor ich mich dieser Verbindung zuwende (siehe I.5), will ich mit der Einführung des Ideologiebegriffs eine inhaltliche Differenzierung zwischen verschiedenen Momenten in der Bedeutungs- und Wirkungsstruktur von Diskursen vorschlagen.

4. Diskurs und Ideologie

Obwohl "Vertreter der Theorie der sozialen Repräsentation (...) immer wieder Repräsentationen mit bestimmten Gruppen in Verbindung gebracht" haben,[18] wurden - so die Diskursanalytiker Potter und Wetherell - "Repräsentationen *von* Gruppen" kaum untersucht. Für Rassismusstudien ist indes gerade die Frage, "wie Gruppen und soziale Kategorien im Reden und in Texten konstruiert werden", überaus wichtig, "denn die Fragen 'Wer gehört zu wem und wer nicht?' und 'Wodurch zeichnen sich die Grenzen zwischen den Gruppen aus?' betreffen zumeist den Kern derartiger ideologischer Praktiken" (Potter/Wetherell 1995, 186). Das Ziel von Potter und Wetherell ist dementsprechend, die Verwendung von Repräsentationen über Gruppen und die darin enthaltenen Interpretationsressourcen sichtbar zu machen, die Auswirkung auf das Handeln zu analysieren und die ideologischen Implikationen zu untersuchen (ebd., 195). Entscheidend ist also nicht nur eine Einbettung des Konzeptes Sozialer Repräsentation im Rahmen eines diskursanalytischen Ansatzes, sondern auch eine angemessene Verbindung zwischen Sozialer Repräsentation *und* Ideologie-Theorie.

Wenn man die Diskussion um den Diskursbegriff betrachtet, dann sieht man, wie von sprachwissenschaftlicher Seite betont wird, dass Diskurs *nicht* auf Ideologie *reduziert* werden

[18] Gemeint sind Untersuchungen zur Verteilung und unterschiedlichen Bewertung von Wissenbeständen (etwa über die Psychoanalyse, Erklärungsweisen von Krankheiten usw.) bei verschiedenen Gruppen der Gesellschaft (vgl. die Beispiele bei Flick 1995, 15ff.).

darf, wohl aber ideologisch befrachtet sein kann (S. Jäger 1993b, 168). Es geht hier um eine besondere Qualität eines Diskurses. Als untauglich für die Diskurs-Theorie hat sich jedoch, so Jäger, das "Konzept 'Ideologiekritik' klassisch marxistischer Ansätze" erwiesen. Der dort hantierte Ideologiebegriff geht von einer unzureichenden Gegenüberstellung zwischen sozialer Realität und ideologischer Bedeutungsverweisung aus und *reduziert* Ideologie auf Propaganda und Verführung, auf Verfälschung und Vernebelung (vgl. auch Van den Berg/Reinsch 1983; Leiprecht 1990, 63ff.). Der ideologisch befrachtete Diskurs stellt hingegen, so betont Jäger, "eine eigene Wirklichkeit dar, die gegenüber der 'wirklichen Wirklichkeit' keineswegs nur (als) Schall und Rauch, Verzerrung und Lüge" begriffen werden kann (S. Jäger 1993b, 168).

Theoretiker des Konzepts der Sozialen Repräsentation haben nun ihrerseits bereits darauf aufmerksam gemacht, dass die Theorie Sozialer Repräsentation um eine Ideologie-Theorie zu ergänzen ist. Entscheidend ist allerdings auch hier das genaue Verständnis von Ideologie. So weist Augoustinos darauf hin, dass die Theorie Sozialer Repräsentation darauf abhebt, der Sozialpsychologie einen sozialen Fokus zurückzugeben, *indem* auch die vorrangige Stellung des kollektiven Konzepts Ideologie betont wird (Augoustinos 1995, 200; vgl. ähnlich auch Augoustinos/Walker 1995, 288). *Bestimmte* Soziale Repräsentationen müssen nach Augoustinos indes als *Ideologien* charakterisiert werden. Augoustinos will dabei Ideologie *nicht* als ein formales System politischen Denkens verstanden sehen (ebd., 205), vielmehr identifiziert sie "ideologische Bedeutungssysteme und Praktiken als zentrale Mittel (...), mittels derer Machtbeziehungen und Dominanz in modernen Gesellschaften (...) aufrecht erhalten und wieder hergestellt werden" (ebd., 204). Augoustinos betont, dass Ideologien "aufs engste mit alltäglichen Handlungsweisen verknüpft" sind und sich nur deshalb ausbreiten können, "da sie den alltäglichen, gelebten Erfahrungen der Menschen einen Sinn geben" (ebd.). Im Prozess der ideologischen Hegemonisierung können sich bestimmte Welt- und Menschenbilder durchsetzen, die den Grundstock dessen bilden, "was als Wissen des 'gesunden Menschenverstandes' (...) beschrieben wird" (ebd.).[19]

Allerdings warnt Augoustinos vor zu einfachen Versionen ideologischer Hegemonie: Die menschliche Handlungsfähigkeit verschwindet allzu oft in solchen Konzeptionen und das Bewusstsein wird nur noch als durch mächtige strukturelle Kräfte bestimmt gesehen. Die menschliche Fähigkeit zu eigenständigem Deuten und Denken wird unterbewertet und die Menschen werden "als passive, leichtgläubige Schachfiguren behandelt, welche von zahllosen ideologischen Führungskräften und Institutionen, die dem Interesse der dominanten Klassen dienen, gesetzt und dabei betrogen werden" (ebd., 207). In solchen *Bedingtheitsmodellen* (Holzkamp 1983), so lässt sich hinzu fügen, wird kaum berücksichtigt, welche Anknüpfungspunkte Ideologien im Alltag der Menschen haben müssen, um übernommen oder reproduziert zu werden. Zudem wird die potentielle Fähigkeit der Menschen, Neues und Eigenständiges zu entwickeln und sich auch *gegen* dominante Muster zu stellen, vernachlässigt (vgl. Leiprecht 1990, 66).

Als nützlich erweist sich an dieser Stelle ein Ideologie-Verständnis, das in *analytischer Absicht* einen Doppelbegriff bereitstellt, um *Kräfteverhältnisse* angemessener berücksichtigen zu können und zudem die *Subjektseite* nicht außer acht lässt. Das Projekt Ideologie-Theorie um den Philosophen Wolfgang Fritz Haug hat eine Begrifflichkeit entwickelt, die neben dem

---

[19] Augoustinos weist an dieser Stelle auf die Konzepte von Antonio Gramsci zur Hegemonisierung hin (vgl. hierzu auch das Stichwort 'Hegemonie' im Kritischen Wörterbuch des Marxismus mit vielen weiteren Literaturangaben zur Diskussion um die Arbeiten Gramscis, verfasst von Christine Buci-Glucksmann, 474ff.; eine nützliche Auswahl von Texten Gramscis findet sich bei Gramsci 1967).

Ideologiebegriff einen solchen Gegenbegriff formuliert und zugleich anschlussfähig ist für eine subjektbezogene Perspektive (vgl. Behrens et al. 1979). Mit dem Ideologiebegriff wird dort die Funktion von Ideologien im Rahmen eines "Wirkungszusammenhangs ideeller Vergesellschaftung-von-oben" gefasst (W. F. Haug 1979a, 181). Die Theorie geht davon aus, dass die Regelung des gesellschaftlichen Zusammenhalts im Rahmen des Ideologischen durch die 'vertikale' Dazwischenkunft übergeordneter Mächte wahrgenommen wird. In diesen Wirkungszusammenhang des Ideologischen hinein werden konkrete Ideologien produziert, die eine *'vertikale' Form der Vergesellschaftung* unterstützen und soziale und politische Herrschafts- und Ungleichheitsstrukturen einer Gesellschaft legitimieren. Als *Gegenbegriff* zum Ideologischen wird der Begriff der *'horizontalen' Vergesellschaftung* entworfen, bei der der gesellschaftliche Zusammenhalt durch die Gesellschaftsmitglieder selbst geregelt wird (vgl. W. F. Haug 1987, 47ff.). Hierbei handelt es sich um eine Vergesellschaftungsform, die *nicht* auf die Teilhabe an übergeordneter Macht auf Kosten anderer untergeordneter Gruppen ausgerichtet ist.[20]

Mit diesem begrifflichen Instrumentarium können also jetzt *ideologische Diskurse* und *Diskurse der Selbstvergesellschaftung* unterschieden bzw. - besser - entsprechende *Momente* in der Bedeutungs- und Wirkungsstruktur von Diskursen und Sozialen Repräsentationen analysiert werden.[21] Da solche Momente von Bedeutungsverweisung von den Einzelnen nur übernommen, gebraucht und reproduziert werden, wenn sie ihnen in ihren jeweiligen Lebenszusammenhängen in irgendeiner Weise als nützlich, sinnvoll oder bedeutsam erscheinen[22] bzw. - in den Worten des Projektes Ideologie-Theorie - der Einzelne "seine *Orientierung* darin wieder erkennen" kann, ist die Anknüpfungsfähigkeit der Bedeutungsverweisung für deren Wirksamkeit mitentscheidend (W. F. Haug 1979b). Damit wird jedoch auch deutlich, dass die Diskurse auf der Ebene der gesellschaftlichen Bedeutungen *nicht* als aparte Subjekte konzipiert werden dürfen. Diskurse müssen stets durch 'die Köpfe der Menschen hindurchgehen' bzw. werden von konkreten Menschen im Rahmen der gesellschaftlichen Verhältnisse produziert und reproduziert (vgl. Leiprecht 1990, 32ff.). Dementsprechend geht es im Folgenden darum, einen angemessenen Begriff zum Verhältnis von Subjekt und Gesellschaft heranzuziehen.

---

[20] Eine ausführliche Zusammenfassung findet sich bei Leiprecht 1990, 50ff.

[21] Beide Begriffe sind ausdrücklich als *analytische Instrumente* zu verstehen. In der Empirie wird weder die eine noch die andere Vergesellschaftungsform in reiner Form zu finden sein, sondern stets muss mit widersprüchlichen Konstellationen gerechnet werden. Nora Räthzel, die mit diesem theoretischen Ansatz arbeitet, beschreibt beispielsweise, wie ein "Aufruf zur Selbstvergesellschaftung ... als Unterordnung unter den (nationalen) Staat" artikuliert werden kann: "Das Versprechen von Gleichheit macht vielleicht die entscheidende Anziehungskraft einer 'nationalen Identität' aus. Antagonistisch ist dieser Bezug auf das Gemeinwesen, weil er zugleich Handlungsfähigkeit und Unterstellung bedeutet. Da die Nation mit politischer Autonomie verknüpft ist, enthält sie das Versprechen an diejenigen, die als zugehörig definiert sind, ihre Angelegenheiten selbst in die Hand zu nehmen." (Räthzel 1997, 41)

[22] Und sei es auch nur deshalb, weil mit bestimmten Bedeutungsverweisungen vielleicht etwas gesagt wird, 'was alle sagen', was einem bekannt oder selbstverständlich vorkommt, etc., also in einer Form, die sich auf das offenbar 'fraglos Gegebene' (Schütz 1981) bezieht und einem u.U. ein (unreflektiertes) 'Mit-dem-Strom-schwimmen' erleichtern kann; oder aber auch deshalb, weil es zur aktualisierten Selbstdefinition als Mitglied einer bestimmten Gruppe zu 'passen' scheint, diese Selbstdefinition erleichtert; usw.

5. Subjekt und Gesellschaft: der Begriff des subjektiven Möglichkeitsraumes

Eine subjektbezogene Forschung ist auf eine Theorie über den Zusammenhang von Subjekt und Gesellschaft angewiesen, die weder das Subjekt in Form eines Bedingtheitsmodells entwirft, noch die gesellschaftlichen Verhältnisse, zu denen sich das Subjekt verhält, aus den Augen verliert. Ein Konzept, welches diese Voraussetzungen erfüllt, wurde von dem Psychologen Klaus Holzkamp vorgelegt. Ein zentraler Begriff, um den Zusammenhang zwischen Subjekt und Gesellschaft zu denken, ist der des 'subjektiven *Möglichkeitsraumes*', eines jeweils spezifischen Feldes von Möglichkeiten und Behinderungen (Holzkamp 1983, 368ff.).

Die Besonderheit der subjektiven Möglichkeiten und Behinderungen ergibt sich in der Perspektive dieses theoretischen Konzeptes aus der Lage und Position der Einzelnen, dazu gehören *allgemeine* formationsspezifische Lage- und Positionsmerkmale innerhalb einer Gesellschaft wie soziale Klasse, Geschlecht, Generation, nationale oder ethnische Zugehörigkeit, Zugehörigkeit zu Mehrheits- oder Minderheitsgruppen, regionale Positionierung usw., aber auch der Standort der jeweiligen Gesellschaft in der Weltgesellschaft. Gleichzeitig sagen diese allgemeinen Merkmale *noch nichts aus über das besondere Verhältnis* der Einzelnen zu den jeweiligen gesellschaftlichen Positionierungen und Lagebestimmungen, den damit vermittelten Möglichkeiten und Behinderungen, den entsprechenden gesellschaftlichen Bedeutungsverweisungen, ja, insgesamt, den gesellschaftlichen Bedingungen: "Mein mir jeweils aktuell vorliegender Möglichkeitsraum ist", so Holzkamp, "sowohl in seinen Dimensionen wie in seiner Reichweite, obwohl durch gesellschaftliche Bedeutungszusammenhänge bestimmt, dennoch ein individueller, nur von meinem konkreten subjektiven Standort innerhalb der gesellschaftlichen Bedeutungskonstellation ausmachbarer Handlungsspielraum." (ebd.)

Im subjektiven Möglichkeitsraum können ein personaler und ein situationaler Pol unterschieden werden. Der *personale Pol* bezieht sich auf die jeweilige Biographie und das spezifische Verhältnis zum gesellschaftlichen und soziokulturellen Hintergrund der eigenen Lebensgeschichte; auf die Bedeutungsverweisungen, die in ideologischen Diskursen und Diskursen der Selbstvergesellschaftung enthalten sind und die übernommen, abgewiesen, umgedeutet, bearbeitet wurden; auf die Erfahrungen mit und Verarbeitungsformen von fremd- und selbstbestimmten Tätigkeiten; auf frühere Realisierungen und Nicht-Realisierungen von Handlungsmöglichkeiten; usw. Der *situationale Pol* bezieht sich auf die jeweils aktuelle handlungsbezogene Konstellation von gesellschaftlichen Möglichkeiten und Behinderungen, vor die sich die Einzelne oder der Einzelne gestellt sieht.

Grundlegend ist an diesem theoretischen Konzept, dass die gesellschaftlichen Bedingungen und Bedeutungen, die sich in den subjektiven Möglichkeitsräumen niederschlagen, *nicht* als Bestimmungen gedacht werden, die die Denk- und Handlungsweisen der Einzelnen festlegen, sondern als *Prämissen*, auf deren Grundlage sich das Denken und Handeln *begründet* (Holzkamp 1983, 352ff.; Holzkamp 1993, 21ff.). Aus den über die subjektiven Möglichkeitsräume zu spezifizierenden gesellschaftlichen Bedingungen und Bedeutungen ergeben sich für die Einzelnen also weder automatisch bestimmte Denk- und Handlungsweisen noch sind diese als völlig beliebig zu charakterisieren, sondern die Einzelnen *verhalten* sich zu den darin liegenden Möglichkeiten und Behinderungen.

6. Orientierungen

Repräsentationen und Diskurse enthalten bestimmte Orientierungen (sprich: inhaltliche Ausrichtungen) und die in die Möglichkeitsräume der Einzelnen hineinragenden Diskurse und Soziale Repräsentationen können 'Hinweise' und 'Angebote' zur subjektiven Orientierung geben. *Orientierungen haben also eine Diskurs- und eine Subjektseite.*

Für Wolfgang Wagner legen Soziale Repräsentationen "nicht nur die Richtung von Handlungen, also Appetenz oder Aversion, nahe, sondern meist auch die konkrete Art der Handlung" (W. Wagner 1994, 133). Und obwohl in der Definition des Konzepts Sozialer Repräsentation das Wort *orientieren* eine zentrale Position einzunehmen scheint,[23] spielt der Orientierungsbegriff in der weiteren Entwicklung des (sozial-)psychologischen Forschungsfeldes zu Sozialen Repräsentationen keine bedeutsame Rolle (vgl. Moscovici 1995). Auch diskursanalytische Theorien, die Sprache und Texte als gesellschaftliche Bedeutungsmuster untersuchen, greifen im Allgemeinen nicht auf einen Orientierungsbegriff zurück.

Hingegen findet in der Jugendforschung in Deutschland der Orientierungsbegriff eine - wenn auch in unterschiedlicher Bedeutung - vielfache Verwendung (so beispielsweise bei Fischer/Fuchs/Zinnecker 1985; Lenz 1986; Heitmeyer 1987; Mangold/Bohnsack 1988; Krampen 1991; Scherr 1995).[24] Orientierungsprobleme, Orientierungslosigkeit, Desorientierung u.Ä. sind Themen, von denen in Deutschland offenbar besonders häufig in Verbindung mit Jugendlichen gesprochen wird. Josef Held fasst in einer Arbeit zur praxisorientierten Jugendforschung den Orientierungsbegriff als *'Orientierung in der Welt'* und differenziert zwischen drei Aspekten: "Orientierung ist zum einen eine explorative Tätigkeit ('sich orientieren'), zum anderen eine innere Ausrichtung ('sich in eine Richtung orientieren'), und zum dritten ein inneres Schema ('orientiert sein, sich an etwas orientieren')." (Held 1994, 52)

Einen hohen Stellenwert hat der Orientierungsbegriff auch in handlungstheoretischen Konzepten. Der Psychologe Gerhard Kaminski charakterisiert die Bedeutung von Orientierung in seinem Beitrag zur "Funktion von Handlungstheorien in der Psychologie" folgendermaßen: "Eine als 'Handlung' bezeichnete Tätigkeit führt über eine Zeitstrecke hin zu einem Zustand, den man als 'Zielzustand' ansehen kann. Wenn die Tätigkeit sich an diesem Endzustand *orientieren* soll, muss er, bevor er verwirklicht ist, schon irgendwie als *Repräsentation* verfügbar sein, als Antizipation, mit der das Tätigsein in seinen *Zwischenergebnissen* zu *vergleichen* sein muss." (Kaminski 1981, 95ff.) Der Begriff Repräsentation ist hier also eng mit der Orientierung verbunden - und zwar als Orientierung am Ziel der Handlung, an etwas Zukünftigem, an etwas, das erwartet wird. Wie auch Athanasios Marvakis in einer Übersicht über den Orientierungsbegriff feststellt, werden in Handlungstheorien mit dem Begriff 'Orientierung' "die antizipatorischen und ausrichtenden Momente/Aspekte des Handlungsvollzugs" gefasst (Marvakis 1996a, 24).

Nun konzentrieren sich die genannten Orientierungsbegriffe zunächst noch auf einen *psychologischen* Orientierungsbegriff. Da Fühlen, Denken und Handeln zwar unauflösbar mit

---

[23] Die Individuen werden mit Hilfe Sozialer Repräsentationen, so Moscovici, "in die Lage versetzt, sich in ihrer materiellen und sozialen Welt zu *orientieren*" (Moscovici 1973, XVII; Hvh. R.L.). Wagner spricht davon, dass Soziale Repräsentationen "wertende und handlungsleitende Elemente beinhalten" und deshalb "das Handlungsgefüge der Gruppenmitglieder sowohl untereinander als auch gegenüber Außenstehenden (...) *orientieren*" (W. Wagner 1994, 135; Hvh. R.L.).

[24] Obwohl die Bedeutung der Worte 'oriëntatie' und 'oriënteren' in den Niederlanden recht ähnlich ist (Van Dale 1986, 914), spielt der Orientierungsbegriff in der Jugendforschung des Landes so gut wie keine Rolle (vgl. die Inventarisierung zur Jugendforschung bei SWIDOC/Didde 1989).

konkreten Menschen verbunden ist, sich jedoch in der Gesellschaft stets auf einen übergeordneten Zusammenhang beziehen muss, der von den Einzelnen nicht 'überschaut' werden kann, sind sie auf gesellschaftlich produzierte 'Orientierungshilfen' angewiesen (vgl. Marvakis 1996a, 45ff.). Dies bedeutet, dass Orientierungen nicht ausschließlich als etwas Individuelles betrachtet werden können, sondern sowohl auf der Ebene gesellschaftlicher Bedeutungen als auch auf individueller Ebene analysiert werden müssen und beide Ebenen in ihrem Zusammenhang zu sehen sind.

Da es in der vorliegenden Arbeit um Rassismus, Nationalismus und Ethnizismus geht und entsprechende Bedeutungsverweisungen auf bestimmte Formen zielen, mit denen das *Zusammenleben geregelt* und die gesellschaftlichen *Verhältnisse gestaltet* werden sollen, liegt es zudem nahe, den Begriff 'Politische Orientierungen' heranzuziehen. Als 'politisch' können Aussagen, Denkweisen, Handlungen, Texte usw. identifiziert werden, die explizit oder implizit auf die *Regelung* des Zusammenlebens und die *Gestaltung* der gesellschaftlichen Verhältnisse zielen.[25] Politische *Orientierungen* können jetzt als Antizipationen und Ausrichtungen hinsichtlich der Regelung und Gestaltung des Zusammenlebens und der gesellschaftlichen Verhältnisse gefasst werden: Auf der *gesellschaftlichen* Ebene geht es dabei um *Diskurse* und *Soziale Repräsentationen* mit diesbezüglichen Bedeutungsmustern. Es kann hier zusätzlich nach solchen Momenten gefragt werden, die eine 'vertikale' oder 'horizontale' Form der Vergesellschaftung zum Ausdruck bringen. Auf der *subjektiven* Ebene geht es um das *Verhältnis* von Einzelnen zu diesen gesellschaftlichen Bedeutungen. Auch auf dieser Ebene kann analytisch zwischen verschiedenen Momenten differenziert werden.

Zur Verdeutlichung ist eine Konzentration auf solche politische Orientierungen, die *ideologische* Momente beinhalten, hilfreich. Marvakis beschreibt hier auf der Ebene der Subjekte recht anschaulich eine Konstellation der *doppelten Möglichkeit*: "Die Subjekte können vorgegebene politische Orientierungsbedeutungen (...) entweder 'akzeptieren' und in ihren subjektiven Orientierungen 'reproduzieren', oder sie können solche Bedeutungen für nicht 'überzeugend' einschätzen und versuchen, diese zu 'überschreiten' oder andere anzunehmen. Die konkrete subjektive Bezugnahme zu politischen Bedeutungen kann entweder als 'konventionell' bezeichnet werden, sie stellt vorgegebene dominierende Bedeutungen also nicht in Frage, sondern richtet das Handeln mit Hilfe dieser Bedeutungen aus: oder wir können in den subjektiven Orientierungen Versuche rekonstruieren, die vorhandenen/vorherrschenden gesellschaftlichen Orientierungsbedeutungen (zumindest gedanklich) zu überschreiten." (Marvakis 1996a, 56ff.) Subjektive politische Orientierungen sind nach Marvakis dementsprechend als ein Verhältnis zwischen den Momenten einer (reproduzierenden) Übernahme und einer (überschreitenden) Verweigerung zu untersuchen. Es geht hierbei um Umgangsweisen mit Bedingungen und Bedeutungen, wie sie von den jeweiligen Subjekten wahrgenommen werden.[26]

---

[25] Im oft beklagten Desinteresse, das Jugendliche (angeblich) an Politik haben, wird meist von einem eher traditionellen Politikbegriff ausgegangen. Doch auch in diesem Verständnis muss ein solches Desinteresse keineswegs als unpolitisch charakterisiert werden. Hierin kann sich auch eine (politische) Abwendung von bestimmten *institutionalisierten* Formen von Politik, die im Rahmen *anonymer Großorganisationen* (Gewerkschaften, Parteien, Verbände) praktiziert wird, ausdrücken (vgl. Leiprecht 1987).

[26] Wenn auch die Formulierungen von Marvakis den missverständlichen Eindruck erwecken könnten, als würde hier eine Art alternativer Entscheidung beschrieben, die aufgrund reiflicher Überlegung schließlich in dieser oder jener Weise und unter Berücksichtigung des sich jeweils darbietenden Raumes von Behinderungen und Möglichkeiten getroffen wird, so ist dies nicht gemeint. Die von Marvakis dargestellte Alternative zwischen *(reproduktiver) Übernahme* und *(überschreitender) Verweigerung* von Orientierungsbedeutungen beschreibt zum einen eine *analytische Frage* nach einem Verhältnis und wird

7. Analyse- und Begriffsschema: Bedingungen, Bedeutungen und Begründungen

Die bisherigen Überlegungen können in schematischer Weise in einer Graphik zusammengefasst werden (siehe unten, Übersicht 1). Die Darstellung bekommt ihren eigentlichen Sinn allerdings erst durch zwei grundlegende Prinzipien:[27]

*** Die Einzelnen stehen den gesellschaftlich-strukturellen Bedingungen *nicht direkt* gegenüber, sondern die Bedingungen werden *vermittelt* über gesellschaftliche Bedeutungen wahrgenommen und interpretiert. Diese Bedeutungen werden von den Einzelnen nicht jeweils neu 'erfunden', sie existieren bereits, jedoch 'machen' die Einzelnen etwas mit den vorgefundenen Bedingungen und Bedeutungen. Soweit die Bedingungen und Bedeutungen in den Möglichkeitsräumen der Einzelnen präsent sind, beziehen sie sich (implizit und explizit) in den Begründungen ihres Denkens und Handelns auf diese Bedingungen und Bedeutungen und entwickeln spezifische Umgangsweisen. Grundlegend ist der Gedanke, dass die Bedingungen und Bedeutungen einerseits nicht eindimensional-kausal zu einer bestimmten Denk- und Handlungsweise führen, andererseits aber auch nicht völlig vernachlässigt werden dürfen, da sie die *Prämissen* darstellen, anhand derer die Einzelnen ihre Denk- und Handlungsweisen begründen (vgl. Holzkamp 1993, 28ff.).

*** Die Einzelnen sind in die Herstellung von gesellschaftlichen Bedeutungen und gesellschaftlich-strukturellen Bedingungen involviert. Darin steckt der wichtige Gedanke, dass die Menschen, auch wenn sie durch übermächtig erscheinende Strukturen bestimmt scheinen, (potentiell) ihre Geschichte selbst (mit-)machen und die Verhältnisse selbst (mit-)bestimmen können. Lässt man sich auf diesen Gedanken ein, dann muss allerdings genauso die Kehrseite dieser Medaille zur Kenntnis genommen werden: Geht es beispielsweise um Rassismen und Nationalismen, dann ist damit zu rechnen, dass die Menschen an der Existenz, Herstellung, Reproduktion und Durchsetzung entsprechender Vorstellungen, Praxisformen und Strukturen (mit-)beteiligt sind.

Die beiden genannten Prinzipien geben der *Anordnung* in drei unterscheidbaren Spalten (Bedingungen, Bedeutungen, Begründungen) also erst ihren Sinn. Jeder der drei dargestellten Spalten markiert einen Bereich, auf den sich empirische Forschung in durchaus adäquater Weise arbeitsteilig beziehen kann - unter der Voraussetzung allerdings, dass die Verbindungen und Zusammenhänge zwischen den drei Spalten nicht vernachlässigt werden. In die einzelnen Spalten der obigen Graphik sind - so zurückhaltend wie möglich - die wichtigsten Begriffe, die bisher vorgestellt wurden, vermerkt (Kategorisierung, Diskurs, Ideologie, subjektive Orientierung, Möglichkeitsraum usw.). Besonderes Augenmerk gilt dabei dem Begriff *Soziale Repräsentation.*

---

in der Empirie kaum in der einen oder anderen Reinform vorzufinden sein, zum anderen geht es auch um Prozesse, die beispielsweise auf Gewohnheitsmäßigem und Kaum-Bewusstem beruhen. Zudem kann sich die von Marvakis erwähnte 'Akzeptanz' und 'Übernahme' auch in der Form eines eigentlich unbeabsichtigten Effekts darstellen.

[27] Aufbauend auf eigenen früheren Ausführungen (Leiprecht 1992c, 286ff.) und in Weiterentwicklung einer graphischen Darstellung von Held/Horn/Marvakis 1996, 24.

Übersicht 1: Analyse- und Begriffsschema I

Gesellschaftlich-strukturelle Bedingungen	**Gesellschaftliche Bedeutungen**	**Subjektive Begründungen**
Kategorisierungen, Positionierungen und Einteilungen vor dem Hintergrund von	***Diskurse*** als Bewegung von Text und Rede bzw. Wissen durch die Zeit (enthalten u.a. Orientierungsangebote in Form von *Ideologien*)	***Subjektive Orientierungen*** als Umgangsweisen mit und Bezugnahmen auf Bedeutungen und Bedingungen (als Prämissen), wie sie im jeweiligen *Möglichkeitsraum* präsentiert sind
* ökonomischen Verhältnissen * politischen Verhältnissen * rechtlichen Verhältnissen * Institutionen auf verschiedenen Ebenen (Sozialverwaltung, Gesundheit, Wissenschaft, Bildung/Erziehung ...) * ...	transportieren ***Soziale Repräsentationen*** 'in der Welt' (sozial geteilte 'Bilder' über Zusammenhänge und Gruppen)	darunter als Interpretationsressourcen ***Soziale Repräsentationen*** 'im Inneren' (sozial geteilte 'Bilder' über Zusammenhänge und Gruppen)

Soziale Repräsentationen finden sich auf der Ebene gesellschaftlicher Bedeutungen und zugleich auf der Ebene subjektiver Begründungen (als Interpretationsressourcen) und sind deshalb in den entsprechenden Spalten eingetragen.[28] Damit kann auch genau angegeben werden,

[28] Analyse- und Begriffsschemata stellen notwendigerweise Vereinfachungen wissenschaftlicher Konzeptionen dar. Auch Wissenschaftlerinnen und Wissenschaftler sind zur Verständigung also - und - eine solche Bemerkung dürfte ganz im Sinne Moscovicis sein (1995, 298) - auf vereinfachte 'Bilder' über Begriffe und Theorien angewiesen. Vor einigen Missverständnissen, die sich aus dem Schema ergeben könnten, soll jedoch gewarnt werden. So könnte das Sachbild den Eindruck erwecken, als stünde die Menschen als Monaden den gesellschaftlichen Bedingungen und Bedeutungen gegenüber. Dies ist nicht der Fall: Der soziale Gruppenbezug gehört ebenfalls mit in den Möglichkeitsraum der Einzelnen. In diesem Zusammenhang muss beispielsweise mit einer Ausrichtung an Gruppennormen und der Übernahme von Erklärungsangeboten, die im Kontext der jeweiligen Gruppe geläufig, anerkannt usw. sind, gerechnet werden. Die sozialpsychologischen Erkenntnisse zu Intergruppenbeziehungen und zum Gruppenverhalten können hier in reinterpretierter Form einen Stellenwert bekommen (vgl. etwa Mummendey 1985, 186; ausgeführt bei Biechele/Leiprecht 1996). Stereotype Repräsentationen über andere Menschen und Gruppen, die als (Mitglieder von) Ethnien, Nationalitäten, Völkern etc. eingeordnet werden, können Vorstellungen, Urteile und Orientierungsmuster enthalten, die von den Einzelnen *als*

auf welchen Bereich sich die vorliegende Untersuchung richtet. Sie konzentriert sich aus *subjektbezogener Perspektive* auf die *Schnittstelle* Sozialer Repräsentationen. Das zentrale Augenmerk gilt dabei der Frage, wie Jugendliche sich auf Soziale Repräsentationen 'in der Welt' und im 'Inneren' beziehen, wie sie damit umgehen und welche Effekte dies hat. Im Besonderen wird es sich hier um solche Repräsentationen handeln, die mit Rassismen, Nationalismen und Ethnizismen zu tun haben (siehe II.).

Dabei hat der theoretische Hinweis auf *subjektive Umgangsweisen* und *Bezugnahmen* eine große Bedeutung für Fragestellungen in Arbeitsfeldern der Pädagogik zum Themenbereich. Auch hier dürfen selbstverständlich weder strukturelle und institutionelle Rahmenbedingungen noch vorherrschende Diskurse vernachlässigt werden. Ein *Eingreifen* auf diesen Ebenen ist für die Pädagogik unerlässlich. Allerdings würde eine *einseitige Reduktion* auf diese Ebenen der pädagogischen Arbeit die Grundlage entziehen. In pädagogischen Arbeitsfeldern müssen schließlich gerade auch bei Einzelnen und Gruppen *Anknüpfungspunkte* gefunden werden, die eine Perspektive der Veränderung eröffnen können (vgl. Leiprecht/Lang 2000, 271). Ein Verständnis, das die Subjekte als vollständig determiniert durch strukturelle und diskursive Verhältnisse betrachtet, bietet einem Ansatz, der die Subjekte in die Veränderung von Verhältnissen einbeziehen möchte, keinerlei Möglichkeiten. Positiv formuliert: Eine empirische Forschung zu Rassismus, Nationalismus und Ethnizismus ist für pädagogische Arbeitsfelder dann in besonderer Weise nützlich, wenn sie gesellschaftlich-strukturelle Bedingungen und vorherrschende Diskurse nicht außer acht lässt und zugleich Erkenntnisse und Einsichten über subjektive Umgangsweisen und Bezugnahmen liefert.

Mitglieder einer (ethnischen, nationalen etc.) Gruppe geäußert werden (siehe oben , I.2.) (vgl. U. Wagner 1994, 141).

Außerdem ist darauf hinzuweisen, dass die von den Einzelnen reproduzierten und möglicherweise in abgewandelter Form neu entworfenen Repräsentationen für andere wiederum - sofern sie *wahrnehmbar* sind - ein Orientierungsangebot darstellen können. Auch kann die Gruppe eine Möglichkeit darstellen, in der in besonderer Weise auf die gesellschaftlich-strukturellen Bedingungen und auf die gesellschaftlichen Diskurse *Einfluss* genommen wird. Über die Gruppe können die subjektiven Aktivitäten zur Regelung des Zusammenlebens und der Gestaltung der gesellschaftlichen Verhältnisse zusätzliche Macht und Wirksamkeit erhalten.

Das Schaubild könnte zudem missverständlicherweise so interpretiert werden, als ob es auf der subjektiven Seite nur um Kognitionen ginge. Dies ist *nicht* gemeint. Mit dem Begriff subjektiver Orientierungen sollen sowohl kognitive als auch motivationale und emotionale Prozesse erfasst werden. In einem früheren Analyseschema wurde ausführlich auf die emotionalen Aspekte bei der subjektiven Orientierung und den unterschiedlichen Möglichkeiten der Realitätsbewältigung eingegangen (vgl. Held/Huber/Leiprecht 1986, 12ff.).

Die in Sozialen Repräsentationen enthaltenen Orientierungsangebote sollten weiterhin *nicht* als *eindeutige* Orientierungen verstanden werden. Im Gegenteil. Bereits die Tatsache, dass Gesellschaften keine homogenen Gebilde sind, sondern sich jeweils spezifische (möglicherweise umstrittene) (Kräfte-) Verhältnisse zwischen verschiedenen sozialen Klassen, zwischen verschiedenen sozialen und politischen Bewegungen, zwischen nationalen oder ethnischen Mehr- und Minderheiten, zwischen den Geschlechtern usw. ausbilden, lässt erwarten, dass die 'angebotenen' Orientierungen sich durch Widersprüchlichkeit, Uneinheitlichkeit und Uneindeutigkeit auszeichnen und eher von einer *Orientierung in Widersprüchen* auszugehen ist. Nicht umsonst sind die vorgestellten Konzepte, die nach Bedeutungsverweisungen 'vertikaler' versus 'horizontaler' Regelungen des Gemeinwesens und nach 'reproduktiver Übernahme' versus 'überschreitender Verweigerung' fragen, ausdrücklich als *analytische Fragerichtungen* gefasst, die (dynamische) Verhältnisse in den zu untersuchenden Konstellationen zu fassen suchen.

II. Themenbezogene Begriffe: Rassismus, Nationalismus, Ethnizismus und Sexismus

1. Vorbemerkungen

Die bisherigen Ausführungen zu einer allgemeintheoretischen Interpretationsfolie (I.) reichen noch keineswegs aus, um die spezifischen Einteilungen und Konzepte, die auf den verschiedenen Ebenen gesellschaftlich-struktureller Bedingungen, gesellschaftlicher Bedeutungen und subjektiver Begründungen zu finden sind, untersuchen zu können. Soziale Repräsentationen von autochthonen und allochthonen Gruppen sind auch mit inhaltlichen Schlussfolgerungen und Zusammenhangsannahmen verbunden, die durch Begriffe wie 'Rasse', Nation, Ethnie und Volk vermittelt werden. Hierbei kann es sich sowohl um alltägliche als auch um wissenschaftliche Begriffsverständnisse handeln, und in beiden Fällen sind keineswegs einheitliche Fassungen dieser Begriffe im Umlauf.[29]

In den Sozial- und Geschichtswissenschaften bewegen sich die Wissenschaftlerinnen und Wissenschaftler meist in voneinander getrennten Forschungsbereichen: Rassismusforschung auf der einen Seite und Nationalismusforschung auf der anderen Seite entwickelten sich lange Zeit eher nebeneinander her. Von einer gegenseitigen Ergänzung konnte kaum gesprochen werden und die Texte und Arbeiten des jeweils anderen Forschungsbereichs wurden in aller Regel nicht rezipiert und diskutiert. Die folgende Klärung *und* Integration von Begriffen, die in einem *engeren Sinne* auf das Thema der vorliegenden Arbeit bezogen sind, ist also unverzichtbar. Dabei wird auf die Theoriebildung sowohl in der Rassismusforschung als auch in der Nationalismusforschung Bezug genommen. Da die neueren Untersuchungen zu Sexismus zeigen, dass es Verbindungen und Ähnlichkeiten zwischen sexistischen und rassistischen bzw. nationalistischen Konstruktionen und Praxisformen gibt, werden zudem Ansätze der Sexismusforschung diskutiert. Anschließend wird eine Einordnung der Begriffe in das im vorigen Abschnitt entwickelte Analyse- und Begriffsschema zu gesellschaftlich-strukturellen Bedingungen, gesellschaftlichen Bedeutungen und subjektiven Begründungen vorgenommen.

---

[29] Während die Konstruktionen zu Nation, Ethnie, 'Rasse' und Geschlecht in den folgenden Kapiteln diskutiert werden, können andere im Rahmen der vorliegenden Arbeit nicht einmal angedeutet werden. Dies ist leider auch bezüglich der gesellschaftlichen Konstruktion von 'Behinderung' der Fall. Mit diesem Begriff kann auch auf die Ebene der *gesellschaftlichen Zuschreibungen* gegenüber körperlichen oder geistigen Behinderungen aufmerksam gemacht werden; Zuschreibungen, die mit bestimmten (nahezu alltäglichen) benachteiligenden Umgangsweisen oder (in extremen Fällen) gar mit Gewalttätigkeiten gegenüber Behinderten verbunden sind. In ihrem Aufsatz "KrüppelInnenland ist nirgendwo" diskutieren Jutta Rütter, Katrin Metz und Thomas Schmidt die Verbindungen zwischen Rassismus und Behindertenfeindlichkeit (vgl. Rütter/Metz/Schmidt 1992; Rütter 1995). Oft wird Behinderung auf eine biologische Größe reduziert und als eine Art 'Betriebsunfall der Natur' aufgefasst: "Diese 'Betriebsunfälle' erscheinen immer als individuelle und isolierte Probleme." (Rütter 1995, 130) Gesellschaftliche Strukturen und Bedeutungsmuster und gesellschaftliche Verantwortlichkeiten werden auf diese Weise vernachlässigt. Es wäre zu untersuchen, inwiefern und in welcher Weise sich aktuelle ideologische Diskurse um den 'gesunden' und 'reinen' Körper, die 'natürliche Körpernormalität' und der Eugenik mit umlaufenden Rassismen verbinden und /oder entsprechende Rassismen unterstützen können (vgl. auch W. F. Haug 1986).

1.1 Zum identifizierenden und analytischen Charakter von Begriffen

Begriffe und Theorien müssen im Rahmen einer empirischen Forschung stets für identifizierende *und* analytische Aspekte offen sein. Wird der Nachdruck auf das *identifizierende* Moment gelegt, so bedeutet dies beispielsweise, dass kommunikationsfähige und vergleichbare Begriffsfassungen zu Nationalismus oder Rassismus verfügbar sein müssen, um zu verschiedenen historischen Zeiten oder in unterschiedlichen Ländern Nationalismus oder Rassismus feststellen zu können. Dementsprechend weist etwa Albert Memmi darauf hin, dass ein Begriff eine Art Denkwerkzeug ist, das dazu dient, ein Phänomen zu benennen und zu identifizieren und zugleich wesentliche Aspekte zu erkennen, die mit dem Phänomen zu tun haben (vgl. Memmi 1982/1987^{II}, 103). Mit einem derartigen Begriff wird eine Identifizierung vorgenommen und eine Verständigung ermöglicht.

Dies kann für eine empirische Forschung allerdings nur ein erster Ausgangspunkt sein. Denn in der *analytischen* Arbeit geht es weniger darum, ein soziales Phänomen mit Ist-Fragen festzulegen und einzuordnen. Vielmehr muss es möglich sein, ausgehend von Identifizierungen in analysierender Weise neue Fragen zu entwickeln, die die gesellschaftlichen und subjektiven Wirklichkeiten in besonderer Weise aufschließen und eine Untersuchung der oft widersprüchlichen Bewegungen und Konstellationen sozialer Phänomene fördern (vgl. Elfferding 1989, 107). Die zur Identifizierung benutzen Begriffe müssen also gleichzeitig einen *fragenden* Charakter haben und sollten (zumindest) keine eindimensionalen Kausal- und Ableitungsregeln vorschreiben (vgl. Bader 1995, 42).

1.2 Zum Begriff soziale Konstruktion

In den folgenden Abschnitten wird an verschiedenen Stellen von der *sozialen Konstruiertheit* von 'Rasse', Ethnie/Volk, Nation oder Geschlecht (sex/gender) gesprochen. Dabei geht es keineswegs darum, die wissenschaftstheoretische Position eines radikalen Konstruktivismus zu verteidigen, sondern es handelt sich dabei um Hinweise, die darauf zielen, eine angebliche natürliche oder biologische *Reduktion* dieser Kategorien zu vermeiden und statt dessen Prozesse einer gesellschaftlichen Entstehungs- und Wirkungsgeschichte hervorzuheben. Dabei steht nicht nur die Tatsache der sozialen 'Gemachtheit' im Mittelpunkt, sondern auch *die Art und Weise* der spezifischen Konstruktionen und die im Einzelnen festzustellenden Konstruktionsmerkmale.

Freilich ist beim Wort 'Konstruktion' die Nähe zu 'Erfindung' nicht zu leugnen. Dies kann den sehr missverständlichen Eindruck vermitteln, als ob irgendwelche Personen oder Gruppen eines Tages die Idee hatten, 'Rassen', Ethnien oder Nationen zu erfinden und andere Personen oder Gruppen diesen Einfallsreichtum belohnten, indem sie begannen, sich gemäß dieser Erfindung zu verhalten. Gleich nach mehreren Seiten hin werden hier Geschichte und gesellschaftliche Prozesse auf die leichte Schulter genommen. Geht es um die Entstehungsgeschichte von solchen *Bedeutungen* wie 'Rassen' oder Nationen, die zu einem bestimmten geschichtlichen Zeitpunkt in der Tat *neu* waren, dann muss berücksichtigt werden, dass die Möglichkeit zur spezifischen sozialen Konstruktion stets in jeweils besonderen historisch-gesellschaftlichen Konstellationen und Bewegungen begründet ist und keineswegs beliebig war.

Ähnliches gilt auch für die Gegenwart. In Bezug auf entsprechende Selbst- und Fremdkategorisierungen sollten die jeweiligen Einteilungen nicht als 'in der Luft schwebend' verstanden werden. In den Worten des Soziologen und Sozialphilopsophen Veit Michael Bader: "Sie sind verankert in gesellschaftlich institutionalisierten Kategorisierungen und Prestigehierarchien (sozial stabilisierten und kulturell überlieferten Prägeformen jener Kategorisierungsprozesse), sie finden in spezifisch historisch-gesellschaftlichen Situationen statt, haben eine durch die objektiven Lebenslagen klar strukturierte Interessengrundlage." (Bader 1995, 35) Wird dieser Sichtweise gefolgt, so ist es fast schon eine Selbstverständlichkeit, sich bei der Frage nach der Wirksamkeit sozialer Konstruktionen und Kategorisierungen klar zu machen, dass es sich hierbei keineswegs um bloße Hirngespinste oder 'irreale' Angelegenheiten handelt. Das Gegenteil ist der Fall: Soziale Konstruktionen greifen überaus nachhaltig und wirksam in gesellschaftliche Prozesse und soziale Beziehungen ein.

1.3 Rassismus, Nationalismus und die Pluralform

Sowohl in der Rassismusforschung als auch in der Nationalismusforschung wird die Notwendigkeit der Berücksichtigung unterschiedlicher historischer und gesellschaftlicher Formen hervorgehoben. Der Nationalismusforscher Peter Alter schlägt vor diesem Hintergrund für den Begriff Nationalismus die Pluralform vor (vgl. Alter 1985, 11). Ähnliche Vorschläge gibt es auch in der Rassismusforschung. Nach Hall gibt es zwar "bestimmte *allgemeine* Züge des Rassismus. Aber noch bedeutsamer sind die *Formen*, in denen diese allgemeinen Züge durch den *historisch spezifischen Kontext* und die *jeweilige Umwelt*, in denen sie wirksam werden, modifiziert und transformiert werden" (Hall 1989, 84; Hvh. R.L.). Hall empfiehlt deshalb, nicht allgemein über Rassismus, sondern über *Rassismen* zu sprechen.[30] Ganz ähnlich argumentiert Miles. Der Rassismusbegriff bezeichnet "keinen spezifisch historischen Gehalt. Er bestimmt vielmehr die *allgemeinen* Merkmale, die ein Diskurs besitzen muss, um als ein Beispiel für Rassismus gelten zu können. Der Rassismus ist, mit anderen Worten, keine einförmige, statische Ideologie, die man anhand einer bestimmten Reihe von Behauptungen, bildlichen Vorstellungen und Klischees identifizieren kann." (Miles 1991a, 109; Hvh. R.L.) Miles warnt allerdings davor, aus dem Wunsch heraus, die *besonderen* Formen angemessen berücksichtigen zu wollen, auf eindeutige Definitionen allgemeiner Merkmale völlig zu verzichten, da ansonsten nicht angegeben werden kann, "was die historisch-speziellen Fälle von Rassismus gemeinsam haben, um diese Bezeichnung zu rechtfertigen" (Miles 1991b, 197).

2. Rassismus - 'Rasse' und Rassialisierung

2.1 Zentrale Sachverhalte des Rassismusbegriffs

Es dürfte die Lektüre der folgenden Abschnitte vereinfachen, sich den begrifflichen Ausgangspunkt der Darstellung zu verdeutlichen. An anderer Stelle habe ich - mich unter anderem beziehend auf die Arbeiten von Richard C. Lewontin et al. (1984/1988[II]), Robert Miles (1989; 1991a), Stuart Hall (1989; 1994), Annita Kalpaka und Nora Räthzel (1986/1990[II]) -

---

[30] Zu nahezu parallelen Schlussfolgerungen führten Diskussionen in Frankreich (vgl. etwa Poliakov et al. 1976/1984[II], 43) und in den Niederlanden (vgl. etwa Bader 1995, 9).

einen Rassismusbegriff vorgeschlagen, der sich sowohl auf das Phänomen eines *biologischen*[31] bzw. *genetischen* oder *naturalisierenden* Rassismus als auch auf das Phänomen eines *kulturalisierenden* Rassismus bezieht (vgl. Leiprecht 1990). Mit diesem Rassismusbegriff werden die folgenden Sachverhalte angesprochen:

- Die soziale Konstruktion von 'Rassen' (Rassialisierung) bzw. 'Kulturen' (Kulturalisierung), wobei die Begriffe 'Rasse' und 'Kultur' jeweils mit bestimmten Vorstellungen verbunden sind. So werden hier 'Kulturen' als statische und homogene Gegebenheiten dargestellt und es wird bei der Konstruktion von 'Rassen' zusätzlich die angeblich naturgegebene Dimension hinter diesem Konzept hervorgehoben, wobei Natur als unveränderliche Größe gesetzt wird.
- Naturalisierende bzw. kulturalisierende Determinismen und Reduktionismen.
- (Explizite oder implizite) Negativbewertungen der auf diese Weise als andere 'Rassen' und 'Kulturen' konstruierten sozialen Gruppen.[32]

Zusätzlich muss darauf geachtet werden, dass Rassismen sowohl der Rechtfertigung von Verhältnissen gesellschaftlicher Ungleichheit als auch der Legitimierung von Herrschaft und Unterwerfung dienen können. Rassismen sind aus diesem Grund eng mit der Frage nach der gesellschaftlichen Macht und Herrschaft verbunden, da es sehr darauf ankommt, welche soziale Gruppe ihre Konstruktionen über andere soziale Gruppen durchsetzen kann und welche Konstruktionen in einer Gesellschaft schließlich von einer Mehrheit sozial geteilt werden und zu den dominierenden Vorstellungen und Repräsentationen gehören.[33]

Außerdem sind als wichtige Elemente in rassistischen Bedeutungen und Praxen verschiedene Formen der *Zuschreibung* zu nennen. Zum einen werden hier Menschen bestimmten Gruppen zugeordnet und werden diese Gruppen für allerlei Missstände in einer gegebenen Gesellschaft verantwortlich gemacht. Zum anderen wird dabei von der äußeren Erscheinung von Menschen oder aber der Behauptung bestimmter äußerer (Gruppen-)Merkmale auf bestimmte *innere* psychosoziale Eigenschaften und Fähigkeiten geschlossen.

---

[31] Das Wort 'biologisch' in diesem Begriff hat freilich den Nachteil, dass es so aussieht, als würde eine ganze Wissenschaftsdisziplin in Diskredit gebracht. Dies ist nicht beabsichtigt. Gerade auch die neuere Biologie liefert unverzichtbare Beiträge zur Überwindung des 'Rasse'-Denkens. Aus diesem Grund ist die Begriffsbildung *naturalisierender* Rassismus vorzuziehen.

[32] Wobei Negativwertung nicht so zu verstehen ist, dass die entsprechenden Eigenschaftszuschreibungen in jedem Fall auch negativ geladene Adjektive enthalten müssen; oft geht es in der dichotomen Gegenüberstellung um die Bewertung der anderen als (letztlich) unterlegen, minderwertig, niedriger stehend u.Ä. Eine derartige Negativ-Konstruktion ist auch bei der Zuschreibung *positiver* Eigenschaften möglich. Man kann sich dies am Beispiel einer Satire des bayrischen Kabarettisten Gerhard Polt veranschaulichen. Polt spielt in dieser Szene einen Mann, der eine ostasiatische Frau aus dem Versandkatalog bezogen hat und nun die Vorzüge seines 'neuen Besitzes' preist: "Sie ist sehr sauber. Wie ja überhaupt: die Asiatin schmutzt nicht." Die gebrauchten Adjektive sind für sich genommen keineswegs negativ.

[33] Bei Rassismen der Mehrheitsgesellschaft, die in der vorliegenden Arbeit im Mittelpunkt des Interesses stehen, kann von *herrschenden* Rassismen gesprochen werden. Bei dominierten Gruppen kann es gegenüber anderen Gruppen ebenfalls verschiedene Formen von Rassismen geben, die allerdings von herrschenden Rassismen zu unterscheiden sind (vgl. hierzu ausführlicher Leiprecht 1992d, 704).

2.2 Praxisformen und Ideologien, Verhältnisse und Haltungen

Für die Analyse bestimmter Verhältnisse erweist sich die Unterscheidung zwischen *konkreten Praxisformen* und *konkreten Ideologien* als überaus nützlich. Veit Michael Bader schlägt vor, entsprechende Formen von Diskriminierung, Unterdrückung, Ausbeutung, Ausschließung und Ausrottung als rassistische *Praxen* zu definieren und von rassistischen *Ideologien* zu unterscheiden (Bader 1995, 74). Rassistische Praxen sind denkbar, ohne dass sie - so Bader - in jedem Fall rassistisch legitimiert werden müssen. Umgekehrt müssen rassistische Ideologien nicht automatisch zu rassistischen Praxen führen. Die Unterscheidung lässt das gegenseitige Verhältnis zwischen konkreter Praxis und konkreter Ideologie zunächst offen und fordert zu theoretischen Überlegungen und empirischen Forschungen heraus.

In der Folge früherer Untersuchungen habe ich bereits darauf hingewiesen, wie wichtig es ist, auf möglicherweise unbeabsichtigte *ideologische Effekte* zu achten. Auch Denkweisen und Handlungen, die nicht explizit rassistisch begründet sind, können in rassistischen Verhältnissen rassistische Entwicklungen unterstützen. Redeweisen können rassistische Bilder transportieren oder entsprechende Wirkungen zur Folge haben, obwohl dies durch die jeweilige Sprecherin oder den jeweiligen Sprecher keineswegs gewollt ist (Leiprecht 1990, 446). In ähnlicher Weise sollte nicht von einer allzu direkten Verbindung zwischen rassistischen Verhältnissen und rassistisch begründeten oder legitimierten Denk- und Handlungsweisen ausgegangen werden. In der Diskussion sogenannter Push- und Pull-Faktoren werden in der sozialpsychologischen Literatur seit langem Konstellationen beschrieben, in denen gesellschaftliche Diskriminierungen gegenüber Minderheiten so selbstverständlich sind, dass sie auch dann erfolgen, wenn die unmittelbaren Akteure oder Akteurinnen der Mehrheitsgruppe keine ausgesprochen rassistischen Haltungen oder Motive zeigen. Umgekehrt können Einzelne zu deutlich rassistischen Haltungen neigen, ohne dass diese Haltungen in jedem Fall in einer Weise wirksam werden müssen, dass die jeweilige Situation dadurch geprägt wird: Die Realisierung (offen) diskriminierenden Verhaltens wird gedämpft oder gar verhindert, wenn starker sozialer Druck (etwa angedrohte Sanktionen) oder vorrangige Interessen (wenn etwa Mitglieder der diskriminierten Gruppe Käufer von Waren sind, die von Personen angeboten werden, die diese Gruppe ablehnen) die Situation bestimmen (vgl. Schäfer/Six 1978, 224ff.).

2.3 (K)eine naturwissenschaftliche Rechtfertigung von 'Rasse'

Der Gebrauch des Wortes Rassismus als wissenschaftlicher Begriff lässt sich nur rechtfertigen, da damit gerade auf *soziale* Konstruktionen von 'Rassen' bzw. auf *Rassialisierung* aufmerksam gemacht werden soll. Vorstellungen über 'Rassen' sind mit einem gesellschaftlichen Prozess der Bedeutungskonstitution verbunden. Einzelnen Körpermerkmalen werden bestimmte Bedeutungen zugeschrieben, und sie werden zu einem besonderen Einteilungskriterium gemacht: "'Rassen' sind sozial imaginierte, keine biologischen Realitäten." (Miles 1989, 355) Im Rahmen von 'Rassen'-Konstruktionen wird, ausgehend von tatsächlichen oder fiktiven Gruppenunterschieden in der phänotypischen Erscheinung, auf psychische und psychosoziale Eigenschaften geschlossen. Äußerlich sichtbare Unterschiede werden als ein Kennzeichen für ein 'inneres' biologisches Äquivalent und damit verbundene psychische und psychosoziale Merkmale und Fähigkeiten behauptet. Allerdings gibt es viele historische Fälle von 'Rassen'-Konstruktionen, in denen auch die Sichtbarkeit in besonderer Weise konstruiert werden musste, und zwar nicht nur hinsichtlich einer bestimmten Kette von Bedeutungen, die ein phänotypisches Merkmal auslösen sollte, sondern auch in Bezug auf die mögliche äußerliche Unsichtbarkeit. So wurde in den antisemitischen Ideologien des deutschen Faschismus zwar eine jüdische 'Rasse' mit spezifischen Körpermerkmalen (bestimmte Nasenform, Haarfarbe usw.) konstruiert, zusätzlich wurde allerdings die Möglichkeit einer 'versteckten Rasse' eingeräumt (und mit dem 'Judenstern' entsprechende Mittel der Sichtbarmachung eingeführt). Das wichtigere 'Rassen'-Merkmal lag in dieser Konstruktion letztlich im 'Inneren' des Menschen.

2.4 Ein neuer Rassismus

Martin Barker (1981) stellt in seinen Untersuchungen zu Diskursen der 'Neuen Rechten' in Großbritannien fest, dass dort in aller Regel jeder offene Bezug auf eine biologische Minderwertigkeit von Eingewanderten vermieden und lediglich von angeborenen Unterschieden zwischen verschiedenen Bevölkerungsgruppen gesprochen wird. Allerdings wird in solchen Diskursen das rassistische Verhalten selbst naturalisiert: Wenn durch die Anwesenheit von Eingewanderten der Fortbestand der Lebensweise der Alteingesessenen in Gefahr geriete, dann würde mit einem feindlichen und aggressiven Verhalten gegenüber Eingewanderten geantwortet, ein Verhalten, welches angeblich eine *natürliche* Grundlage besitze. Barker bezeichnet solche Diskurse als *neuen Rassismus*, da sie sich von alten rassistischen Diskursen unterscheiden, in denen 'Rasse' zugleich mit einer *biologisch/naturhaft begründeten* Hierarchie von Überlegenheit und Minderwertigkeit konstruiert wurde.

Auch Étienne Balibar identifiziert in Frankreich, sich u.a. auf Taguieff (1984) beziehend, einen ideologischen Diskurs, den er als neuen Rassismus kennzeichnet. Es ist ein *'Rassismus ohne Rassen'*, "dessen vorherrschendes Thema nicht mehr die biologische Vererbung, sondern die Unaufhebbarkeit der kulturellen Differenzen ist". Dieser "Neo-Rassismus" postuliert "nicht mehr die Überlegenheit bestimmter Gruppen oder Völker über andere (...), sondern 'beschränkt' sich darauf, die Schädlichkeit jeder Grenzverwischung und die Unvereinbarkeit der Lebensweisen und Traditionen zu behaupten" (Balibar 1989, 373). Kulturvermischungen werden hier (wie früher 'Rassevermischungen') als geistiger Tod der Menschheit behauptet und haben angeblich Degeneration und Untergang zur Folge. Auch wird hier das rassistische Verhalten selbst zu einem natürlichen und unvermeidlichen Faktor erklärt. Balibar, entsprechende Sichtweisen paraphrasierend: "Wolle man den Rassismus verhindern, müsse (man) die 'Toleranzschwellen' beachten und die 'natürlichen' Distanzen einhalten, d.h. man müsse - gemäß dem Postulat, dass die Individuen ausschließlich die Erben und Träger einer einzigen Kultur sein dürfen - die kollektiven Zusammenhänge voneinander abgrenzen (...)" (ebd.).[34]

2.5 Reden über 'Kultur' als Sprachversteck für 'Rasse'

> "Das vornehme Wort 'Kultur' tritt anstelle des verpönten Ausdrucks Rasse, bleibt aber bloßes Deckbild für den brutalen Herrschaftsanspruch." (Theodor W. Adorno 1955)

Nun verbergen sich hinter dem Phänomen, dass in Diskursen über Einwanderung und Flucht immer häufiger das Wort 'Kultur' und immer weniger das Wort 'Rasse' gebraucht wird,

[34] Solche Rassismen wurden auch mit verschiedenen anderen Bezeichnungen zu fassen versucht, etwa mit Kulturrassismus (vgl. Tsiakalos 1983) oder Kulturalismus (vgl. Auernheimer 1990).

durchaus verschiedene Entwicklungen. Eine bestimmte Form, in der in solchen Zusammenhängen das Wort Kultur benutzt wird, habe ich als *Sprachversteck für 'Rasse'* charakterisiert (Leiprecht 1992a, 103). So wird beispielsweise in Deutschland (oft von politisch Rechts stehenden Gruppierungen und Parteien) auf fremde Kulturen hingewiesen, die mit der deutschen Kultur unvereinbar seien und deren Vertreterinnen und Vertreter von daher - manchmal sogar als Eigeninteresse von Eingewanderten formuliert - in ihr Heimatland zurückkehren müssten, um dort ihre eigene Kultur zu 'bewahren', genauso wie durch eine solche Separierung eine vorgestellte angeblich homogene deutsche Kultur vor negativen und verfremdenden Einflüssen 'geschützt' werden müsse, damit sie gewissermaßen in 'reiner' Form erhalten bliebe. In solchen öffentlichen Erklärungen, Schriften und Proklamationen wird zwar meist statt 'Rasse' das Wort Kultur benutzt, unterschiedliche kulturelle Lebensformen werden jedoch letztlich auf genetische und naturhafte Größen reduziert.[35] Die Untersuchung verbreiteter Diskurse zu Einwanderung und Flucht in Politik, Medien und Alltag in Deutschland zeigt, dass das Wort 'Rasse' in (ver-)öffentlichen Redeweisen eher selten zu finden ist. Sehr oft lassen sich allerdings Redeweisen finden, in denen zwar 'Rasse' nicht erscheint, "'Kultur' jedoch wie 'Rasse' als Natureigenschaft gedacht wird" (vgl. Kalpaka/Räthzel 1986/1990[II], 50).

Dies hat auch damit zu tun, dass mit dem Begriff 'Rasse' allzu deutlich die Erinnerung an die Sprache und Praxis des deutschen Faschismus wachgerufen wird: "Da die 'Endlösung' explizit mit einer Theorie biologischer Minderwertigkeit legitimiert wurde, haftet" - so Miles - "dem Wort 'Rasse' der Geruch der Krematorien an." (Miles 1991b, 193) Die Konferenzen der UNESCO in den fünfziger und sechziger Jahren, auf denen Wissenschaftlerinnen und Wissenschaftler von internationalem Rang aus Biologie, Genetik, Sozialwissenschaft, usw. die Befunde über das Konzept 'Rasse' zusammentrugen und feststellten, dass dieser Begriff, auf den sich (nicht nur) die Rassenideologen des Nationalsozialismus berufen hatten, wissenschaftlich unhaltbar ist (vgl. Lévi Strauss 1952/1996[II]), unterstützte vor diesem Hintergrund in Deutschland und auch in den Niederlanden eine Entwicklung, die zu einer tendenziellen Tabuisierung des Wortes 'Rasse' führte. In beiden Ländern ist im sozialwissenschaftlichen, aber auch im öffentlichen Diskurs eine gewisse Zurückhaltung beim Gebrauch des Wortes 'Rasse' festzustellen.

Allerdings scheint diese Zurückhaltung in Deutschland noch ausgeprägter zu sein als in den Niederlanden. Für die Niederlande konstatiert der Kulturanthropologe Jan Rath, dass mitunter der angelsächsische 'Rasse'-Diskurs in Nordamerika und Großbritannien ohne Nachzudenken mehr oder weniger kopiert wird (Rath 1991, 105). Außerdem stellt Rath fest, dass gerade bei Angehörigen der Gruppen, die aus den ehemaligen Kolonialgebieten in die Niederlande einwanderten, 'Rassen'-Diskurse überaus *en vogue* sind. Rath führt dies u.a. auf die "noch lebendige Erfahrung" mit kolonialen Verhältnissen zurück, die eng mit rassialisierenden Diskursen und entsprechenden Fremd- und Selbstzuschreibungen verbunden waren (ebd., 104). Im übrigen gilt - so Jan Rath - auch für die Niederlande, dass es sich im Allgemeinen "nicht gehört, die menschliche Gattung unverblümt in 'Rassen' einzuteilen" (ebd., 105). Der Soziologe Han Entzinger weist darauf hin, dass seit dem Zweiten Weltkrieg

---

[35] So zum Beispiel zu beobachten in den "Heidelberger Manifesten" äußerst rechts stehender Wissenschaftler. Dort gab es eine interne Version, die von 'Rassen' und Biologischem sprach, während in der veröffentlichten Fassung für dieselben Textpassagen Redewendungen verwendet wurden, die sich - zumindest auf den ersten Blick - auf Kultur zu beziehen schienen (vgl. kritisch hierzu Elfferding 1983; Kalpaka/ Räthzel 1986/1990[II], 15).

eine Kategorisierung nach 'Rassen' auch in den Niederlanden mit unguten Gefühlen und Erinnerungen verbunden ist (Entzinger 1980, ähnlich Vuijsje 1986).

Anders als in Deutschland und den Niederlanden stellt sich die Lage bezüglich der Redeweisen zu 'Rasse' im angelsächsischen Sprachraum dar. In Großbritannien ist auch heute noch das Wort 'Rasse' im politisch-öffentlichen Diskurs und in der Verwaltungspraxis sehr verbreitet. Miles macht darauf aufmerksam, dass in Diskursen, in denen Einwanderung als Problem dargestellt wird, in Nord-West-Europa von einer 'Minderheitenfrage', einer 'Einwanderungsfrage' oder einer 'Ausländerfrage' gesprochen wird, während in Großbritannien jedoch explizit von einer 'Rassenfrage' die Rede ist (Miles 1990, 171ff.). Auch im wissenschaftlichen Diskurs in Großbritannien ist es keineswegs unüblich, über 'Rassenbeziehungen' oder 'Rassenkonflikte' zu sprechen (vgl. Miles 1991b, 193).

Der niederländische Anthropologe Frank Bovenkerk merkt hier zwar zu Recht an, dass der Begriff 'Rasse' im angelsächsischen Sprachgebiet eine breitere Bedeutung hat: Während im Niederländischen oder im Deutschen 'Rasse' unmittelbar an biologisierende oder naturalisierende Konnotationen gekoppelt ist, hat das englisch-amerikanische Äquivalent auch kulturelle und politische Bedeutungen (vgl. Bovenkerk 1984). Allerdings lässt sich der 'Rasse'-Diskurs in Großbritannien auch skeptischer beurteilen: Britische Akademiker haben, so Miles, als sie sich nach 1958 als Reaktion auf zunehmend feindlichere Haltungen gegenüber einer Migration aus den (ehemaligen) Kolonien verstärkt innerbritischen Entwicklungen zuwandten, Konzepte und Theorien aus den USA und Südafrika übernommen, ohne den 'Rasse'-Begriff und seine biologisch/naturhaft reduktionistischen und verdinglichenden Implikationen genauer zu überprüfen. 'Rasse' wurde auch in der Sozialwissenschaft des Vereinigten Königreiches im Allgemeinen *nicht* als ein Ergebnis rassialisierender Prozesse begriffen (Miles 1990, 162ff.).

2.6 Von der Rede über Kultur zum kulturalisierenden Rassismus

Ein anderer Grund, warum das Wort 'Rasse' im europäischen Diskurs nicht mehr generell dominiert, mag in der zunehmenden Bedeutung dieses Wortes liegen. Der Kulturbegriff hat in Wissenschaft, Politik und Gesellschaft eine weite Verbreitung gefunden und ist im Allgemeinen äußerst unverdächtig. Bei einem *bestimmten Verständnis* von Kultur sind viele Anknüpfungspunkte für die Formulierung von kulturalisierenden Rassismen zu entdecken. Der 'Rasse'-Begriff erscheint hier nicht nur als überflüssig, sondern gar als störend.

Dabei handelt es sich keineswegs ausschließlich um eine strategisch-taktische Einverleibung des Kulturbegriffs in rassistische Konzeptionen (wie etwa in den 'Heidelberger Manifesten'). Viel gefährlicher ist ein scheinbar neutraler Kulturbegriff, dessen Implikationen sich zu einem kulturalisierenden Rassismus entwickeln können. Ein solcher Kulturbegriff, der in unterschiedlichen Ausprägungen weit verbreitet ist, lässt sich mit einem Schaubild verdeutlichen (vgl. Leiprecht 1992a, 93ff.; Biechele/Leiprecht 1997, 28ff.):

Reduktionistisch-determinierender Kulturbegriff

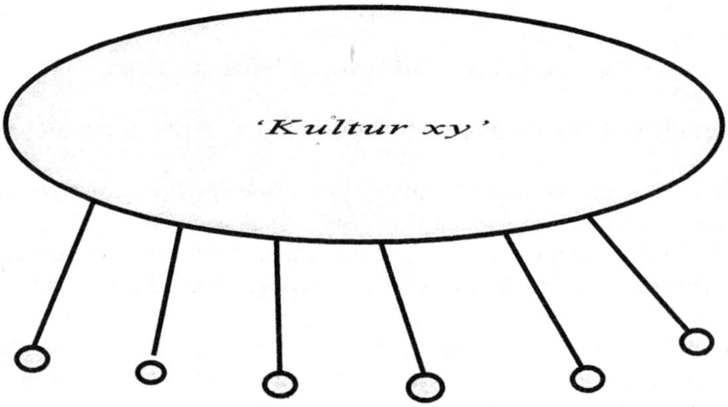

Personen, die der 'Kultur xy' zugeordnet werden

- *Kultur erscheint als statische, homogene und verdinglichte Größe;*
- *diejenigen, die der 'Kultur xy' zugeordnet werden, werden als durch die 'Kultur xy' determiniert betrachtet;*
- *ihre Lebensäußerungen werden auf die Wirkung der 'Kultur xy' reduziert;*
- *Kultur kann auf diese Weise als 'Nationalkultur' oder als 'Rasse'(als naturhafte Größe) konstruiert werden.*

Das eiförmige Gebilde symbolisiert ein reduktionistisch-determinierendes Verständnis der 'Kultur xy'. Bei einem solchen Verständnis handelt es sich um eine Art *Marionettenmodell* von Kultur. Die einzelnen Personen, die der 'Kultur xy' zugeordnet werden, scheinen hier in der Tat wie Marionetten am Draht 'ihrer Kultur' zu hängen. Ihr Handeln und Denken wird als durch die 'Kultur xy' determiniert betrachtet, und umgekehrt werden ihre Lebensäußerungen durch die Brille des Konstrukts 'Kultur xy' gelesen und darauf reduziert. Auch wird die Beziehung zwischen Kultur und den einzelnen Personen nur als Einrichtungsverkehr interpretiert. Die Tatsache, dass Menschen in irgendeiner Weise an der Produktion und Reproduktion von sozialen Makrostrukturen und symbolischen Ordnungen, die als Kultur definiert werden, beteiligt sein könnten, wird aus der Wahrnehmung ausgeklammert. Zudem wird Kultur in dieser Vorstellung Statik und Homogenität unterstellt. Kultur bekommt so einen dinglichen und essentiellen Charakter. Bewegungen, Entwicklungen, Gegensätze, Konflikte, unterschiedliche Standpunkte usw. werden in der 'Kultur xy' genauso wenig wahrgenommen wie Überlagerungen und Verbindungen mit anderen Kulturen.[36] Ausgehend von einem solchen Kultur-

---

[36] Nicht ganz unschuldig an der Verbreitung und Existenz solcher Deutungsmuster sind Konzeptionen, die lange Zeit im Bereich von Migrationsforschung, praktischer 'Ausländerarbeit' und gut gemeinter pädagogischer Begegnungsarbeit dominierend waren und immer noch sehr verbreitet sind. Dort wurden häufig in einer reduktionistisch-determinierenden Weise kulturspezifische Besonderheiten und Eigentümlichkeiten von Eingewanderten formuliert, über die dann Multiplikatoren im Bildungs- und Sozialbereich informiert wurden. Auch definierte man Eingewanderte im Rahmen von Defizittheorien

begriff lässt sich Kultur schließlich auch als naturhafte Größe - eben als 'Rasse' - und/oder als einheitliche Nationalkultur konstruieren.[37]

3. Nationalismus - Nationen und Nationalisierung

3.1 Nationalismus und Patriotismus

Ein Konsens in den Sozial- und Geschichtswissenschaften darüber, was eigentlich mit 'Nation' und 'Nationalismus' genau gemeint ist, existiert nicht (vgl. Alter 1985, 13; Dann 1993, 11). Die Zahl der Definitionen von Nation ist Peter Alter zufolge nicht weniger groß als diejenige von Nationalismus: "Keine von ihnen hat sich allgemeinverbindlich durchsetzen können" (Alter 1985, 16).

Häufig wird in der Literatur zwischen *Patriotismus* und *Nationalismus* unterschieden. So versteht Otto Dann unter Nationalismus die "Steigerung und Radikalisierung eines nationalen Verhaltens" (Dann 1993, 17). Nationalismus stellt für ihn eine "Gefährdung für jeden nationalen Patriotismus" dar (ebd., 21). Patriotismus wird als positiver Gegenbegriff formu-

---

nicht selten (explizit oder implizit) als *ein Problem* für das Einwanderungsland und zog Ausführungen über eine kulturelle Differenz heran, um die Realität gesellschaftlicher Ausgrenzung zu erklären. Die Sozialwissenschaftler Wolf-Dietrich Bukow und Roberto Llaryora haben solche "Kulturdifferenzhypothesen" recht treffend in ihrer Kritik auf den Punkt gebracht. Derartige Hypothesen und Argumentationsweisen basieren "auf einem unausgewiesenen Vorverständnis der eigenen Kultur und formulieren von dort her Distanzen, Konflikte usw. in der Weise, dass sie das Verständnis der eigenen Kultur als Maßstab benutzen. (...) Das Distanztheorem rationalisiert (dabei) einen Abstand, der gesellschaftlich gewollt wird, politisch behauptet und hergestellt, dann soziokulturell eingeschrieben wird. (...) Entscheidend", so Bukow/Llaryora weiter, "ist die vorliegende Reduktion der Wandersituation, die Reduktion der Problematik auf ethnische Elemente und in diesem Zusammenhang auf den Zustand der Distanziertheit und damit auf Andersartigkeit, die dann vom Migranten sozialisatorisch über Akkulturation und berufliches Arrangement überwunden werden müssen (...). Auf diese Weise lenkt das Distanztheorem auf ethnische Fragestellungen und fundiert einen Integrationsdruck, oktroyiert ethnische Entfremdung auf, macht daraus eine psychische Notwendigkeit, entschuldigt den Druck sogar noch damit" (Bukow /Llaryora 1988, 17ff.).

Die Kulturkonflikthypothese transportiert zudem in aller Regel das 'sozialpädagogische Paradigma' der Migrationsforschung in seinen schlechtesten Ausprägungen: Dieses Paradigma erklärt die kulturellen Lebensweisen von Eingewanderten als 'rückständig' und 'weniger zivilisiert', definiert diese als Integrations- und Partizipationshemmnisse und konstruiert damit Eingewanderte als 'rückständige' und 'weniger entwickelte' Wesen, denen gewissermaßen von den 'entwickelten' und 'modernen' Pädagogen/Pädagoginnen und Sozialarbeitern /Sozialarbeiterinnen geholfen werden muss. Eingewanderte werden so zu Menschen gemacht, die nahezu ausschließlich unter dem Gesichtspunkt von Defiziten betrachtet werden können (vgl. hierzu Kalpaka 1986, 4ff.; Lutz 1991a, 6ff.).

[37] Hinweise zu einem angemessenen Kulturbegriff, der solche Kulturalisierungen vermeiden hilft, finden sich bei Clarke et al. (1979, 40ff.), Auernheimer (1990/1996[II], 110ff.) und Leiprecht (1996, 256ff.). Von entscheidender Bedeutung ist es, wie die Beziehung zwischen Kultur und Einzelnen beschrieben wird. Auch aus dem in der vorliegenden Arbeit entwickelten Analyse- und Begriffsschema (siehe I.7) ergibt sich, dass die Einzelnen durch ihren jeweiligen kulturellen Kontext in ihrem Denken und Handeln nicht als festgelegt betrachtet werden können. Allerdings stehen sie in einem bestimmten *Verhältnis* zu diesem Kontext. Die Art und Weise und der genaue Inhalt dieses spezifischen Verhältnisses darf *nicht* aus der Zugehörigkeit zu einer kulturellen Gruppe abgeleitet werden.

liert, der in einem demokratischen und humanen Grundkonsensus seiner Akteure begründet ist. Obwohl Differenzierungen zwischen verschiedenen Formen von Nationalismen unverzichtbar sind, da sie zur Beschreibung und Analyse unterschiedlicher empirischer Phänomene dienen können,[38] ist es überaus problematisch, gerade den in *politischen* Diskursen oft gebrauchten Begriff des Patriotismus als regelrechten Gegenbegriff einzuführen. Nicht selten wird - und dies zeigen sowohl ältere als auch aktuelle Konflikte - die nationale Ideologie der jeweils eigenen Seite als vorbildlicher und abzustrebender Patriotismus ausgegeben, während die nahezu spiegelbildliche Ideologie der Gegenseite als abzulehnender und verwerflicher Nationalismus dargestellt wird (vgl. Leiprecht/Held 1995, 9). Offenbar kommt es bei beiden Begriffen auf den jeweils eigenen nationalen Standort an, von dem aus die Phänomene eingeordnet werden. Die historische Erfahrung zeigt, dass Patriotismus ein Begriff ist, der zwar recht positiv und auf jeden Fall besser als Nationalismus zu klingen scheint, sich jedoch (vermutlich gerade deshalb) vorzüglich zur Verschleierung nationalistischer Tendenzen gebrauchen lässt (vgl. Hobsbawm 1991, 109).

3.2 Nationale Ursprungsmythen und die Nation als vorgestellte Gemeinschaft

"Eine 'Nation' ist eine Gemeinschaft, die ein gemeinsamer Irrtum über ihre Herkunft und eine gemeinsame Abneigung gegen ihre Nachbarn zusammenhält." (Huxley & Haddon bei Klineberg 1966, 64)

Der Geschichtswissenschaftler Dann bezeichnet als Nation "eine Gesellschaft, die aufgrund gemeinsamer geschichtlicher Herkunft eine politische Willensgemeinschaft bildet." (Dann 1993, 12) Und der Vorschlag seines Fachkollegen Alter geht in eine ähnliche Richtung. Er versteht unter Nation "eine soziale Gruppe (...), die sich aufgrund vielfältiger historisch gewachsener Beziehungen sprachlicher, kultureller, religiöser oder politischer Art ihrer Zusammengehörigkeit und besonderer Interessen bewusst geworden ist." (Alter 1985, 23)

Bei beiden Definitionen fällt vor allem auf, dass die *gemeinsame geschichtliche Herkunft* bzw. die *historisch gewachsenen Beziehungen*, aufgrund derer sich "eine soziale Gruppe (...) ihrer Zusammengehörigkeit (...) bewusst geworden ist", zur *Realität* erklärt wird.[39] Sollten nicht gerade Historiker hinsichtlich einer 'gemeinsamen geschichtlichen Herkunft' vorsichtiger formulieren? Dieter Oberndörfer zeigt, dass die Geschichtswissenschaften selbst eine wichtige Rolle bei der Herausbildung von Ideen über jeweils eigene nationale Gemeinsamkeiten spielten und spielen: "Für alle modernen Nationalstaaten ist charakteristisch, dass sie ihre eigene, sie von anderen Staaten abgrenzende Identität aus der je eigenen nationalen Geschichtsschreibung begründen. Die Geschichtswissenschaft und Archäologie (...) werden zu den die nationalen Identitäten produzierenden Identitätsdisziplinen. Die von ihnen konstruierten Mythen oder besser Märchen einer kontinuierlichen 'nationalen' geschichtlichen

---

[38] Als verschiedene Formen von Nationalismus werden beispielsweise einschließende vs. ausschließende, ethnische vs. republikanische, defensive vs. offensive Nationalismen und Befreiungs- vs. Eroberungsnationalismen unterschieden (vgl. etwa Bader 1995; Lutz et al. 1995).

[39] Auch die benutzte Bildsprache bei Alter - "historisch *gewachsene* Beziehungen" (Hvh. von R.L.) - ist mehr als unglücklich. Nimmt man Alters Gesamttext zur Kenntnis, dann zeigt sich allerdings, dass Alter geschichtliche Vorgänge keineswegs analog zu natürlichen beschreibt und analysiert (ebd., 44).

Tradition, deren wahre Ursprünge in der Vergangenheit zunächst verfälscht wurden und sich in der Gegenwart erst wieder neu entfalten, werden zum Maßstab und zur Richtschnur für die inhaltlichen Bedingungen der eigentlichen, der 'wahren' nationalen Substanz. Die nationale Geschichte wird dabei stets zwangsläufig zur bloßen geschichtsvereinfachenden und verfälschenden 'Konstruktion', da bei der Bestimmung 'der' nationalen Identität die immer vorhandene Vielgestaltigkeit der Völker und Staaten im Nachhinein selektiv eingeschränkt, bestimmte partielle Aspekte ausgewählt und in einer künstlich zurecht konstruierten Zwangsjacke nationaler Kontinuität und Identität festgeschrieben und für die Zukunft verbindlich gemacht werden." (Oberndörfer 1989, 5)

Auf der Grundlage ähnlicher Überlegungen weisen auch viele andere Autorinnen und Autoren nachdrücklich auf die soziale Konstruiertheit von Nationen hin (so etwa Hobsbawm, Anderson, Smith, Balibar). Bader betont, dass der Hinweis auf 'Konstruktion' nicht dazu führen muss, Entstehung und Realität von Nationen als *unwirklichen Prozess* zu analysieren (Bader 1995, 94). Es lässt sich im Gegenteil sehr präzise zeigen, dass und in welcher Weise nationale Ideen sich *konstruierter* Gemeinsamkeiten von Sprache, Tradition, Religion, Kultur, Volkstum, Geschichte und Abstammung bedienten und bedienen. Entscheidend ist jedoch, dass es nicht um im Grunde *beliebige* Erfindungen geht: "Die wirklichen Ereignisse", so Bader, "werden vielmehr als 'Fakten' je verschieden wahrgenommen, ausgewählt und interpretiert und vor dem Hintergrund verschiedener - in Konflikten: gegensätzlicher - Interessen, Wertmuster und kognitiver Deutungsmuster, und vor allem: zukunftsgerichteter politischer Handlungsstrategien, als sehr verschiedene 'Geschichten' konstruiert" (ebd., 109). Allerdings können diese Geschichten oder Geschichtsbilder sich recht weit von den wirklichen Ereignissen gelöst und sich als Geschichtsmythen nahezu verselbstständigt haben.

In ähnlicher Weise spricht Étienne Balibar vom Mythos des nationalen Ursprungs. Ein nationales Volk existiert keineswegs naturwüchsig, sondern es wird regelrecht *hergestellt*. In Balibars Worten *erschafft* sich das Volk im Rahmen von Nationalstaaten permanent selbst als nationale Gemeinschaft. Bevölkerungen werden für "die Vergangenheit und Zukunft so dargestellt, als würden sie eine natürliche Gemeinschaft bilden, die per se eine herkunftsmäßige, kulturelle und interessenmäßige Identität hat, welche die Menschen und die gesellschaftlichen Bedingungen transzendiert" (Balibar 1990, 118). Von besonderer Bedeutung ist, dass nicht nur *im Nachhinein*, gewissermaßen vom aktuellen Standpunkt der jeweiligen Nation aus, Verbindungen und Beziehungen in der Geschichte konstruiert werden, sondern auch *in die Zukunft* hinein projiziert wird. "Die Illusion", so Balibar, "ist eine zweifache. Sie besteht einmal in der Annahme, dass sich die Generationen, die jahrhundertelang auf einem annähernd gleichbleibenden Territorium unter einer annähernd einheitlichen Bezeichnung aufeinander gefolgt sind, eine unveränderliche Substanz übermittelt haben. Und sie besteht außerdem in der Überzeugung, dass die Entwicklung, deren Elemente wir im Nachhinein so anordnen, dass wir uns selbst als ihr Resultat begreifen, die einzig mögliche war, dass sie schicksalhaft war. Projekt und Schicksal sind die beiden symmetrischen Figuren der Illusion über die nationale Identität." (ebd., 107)

Auch von Benedict Anderson wird Nationalismus als ein metaphysisches Ideengebäude gefasst, welches ein Gefühl der gemeinschaftlichen Kontinuität vermitteln soll: "Dies ist unser Land, welches schon immer bestand und immer bestehen bleiben wird. Ohne, dass wir allzu viele der Angehörigen unserer Nation kennen, haben wir den Eindruck, dass wir ein gemeinsames Los tragen." (Anderson 1988, 15) Anderson zufolge ist eine Nation "eine vorgestellte politische Gemeinschaft" ('imagined community'; R.L.) - vorgestellt *als* begrenzt und souverän. "*Vorgestellt* ist sie deswegen, weil die Mitglieder selbst der kleinsten Nation die meisten anderen niemals kennen, ihnen begegnen oder auch nur von ihnen hören werden, aber im Kopf eines jeden die Vorstellung ihrer Gemeinschaft existiert." (ebd.) Anderson will damit *keineswegs* nahelegen, wie er ausdrücklich betont, "dass es 'wahre' Gemeinschaften gebe, die sich von Nationen vorteilhaft absetzen" (ebd., 16). Alle Gemeinschaften, die durch ihre Größe unüberschaubar werden und sich nicht auf bloße Face-to-Face-Kontakte beschränken lassen, sind nach Anderson vorgestellte Gemeinschaften. Worum es Anderson geht, ist die *Art und Weise*, wie eine Nation als *politische* Gemeinschaft imaginiert wird. Sie wird "als *begrenzt* vorgestellt, weil selbst die größte von ihnen (...) in genau bestimmten (...) Grenzen lebt, jenseits derer andere Nationen liegen" (ebd.). Und sie wird "als *souverän* vorgestellt, weil ihr Begriff in einer Zeit geboren wurde, als Aufklärung und Revolution die Legitimität der als von Gottes Gnaden gedachten hierarchisch-dynastischen Reiche zerstörten. (...) Deshalb träumen Nationen davon, frei zu sein (...)" (ebd., 17).

Der Nationalismus entwirft nach Anderson also eine "*imaginäre Gemeinschaft*". Diese wird durch zahllose Symbole, Rituale und Institutionen, zu welchen Anderson nicht nur die Nationalflagge oder den Volkstanz zählt, sondern auch nationale Armeen, das Schulwesen, Sportmannschaften, Medien, Kriegerdenkmäler etc., ausgedrückt und stets von Neuem produziert.

3.3 Nationalisierung und Homogenisierung

"Nationalismus ist keineswegs das Erwachen von Nationen zu Selbstbewusstsein: man erfindet Nationen, wo es sie vorher nicht gab." (Gellner 1964, 169).

Der Prozess der Nationen-Bildung und der Konstruktion von Nationen kann als *Nationalisierung*[40] gefasst werden (Nairn 1981, 281). Politisch-strukturell gesehen geht es hier um die Schaffung und Durchsetzung einer Staatsstruktur, die innerhalb eines bestimmten Gebietes "Anspruch auf Autorität erhebt und diese organisiert" (Miles 1992, 25). Allerdings sind Nationalstaaten und Nationen, so wie sie heute verstanden werden, und obwohl sie eine weit zurückreichende Vorgeschichte haben, historisch relativ junge Phänomene. Die Anfänge von Nationalismen werden von der Fachliteratur denn auch im ausgehenden 18. Jahrhundert datiert (vgl. etwa Anderson 1983/1988[II], 20; Alter 1985, 60; Hobsbawm 1990/1991[II], 97; Couwenberg 1994, 29).

Eric J. Hobsbawm beschreibt die Entwicklung hin zu Nationen und Nationalstaaten als ein Zusammenwirken von *protonationalen* Grundlagen, die sich zum einen als Identifikationen im Alltag 'gewöhnlicher Leute', zum anderen als Verbindungen und Vokabularien bei privilegierteren Gruppen analysieren lassen und einem *Nationalismus von oben*, der von Regierungen und Wortführern nationaler Bewegungen als politisches Projekt vorangetrieben wur-

---

[40] Vorhaben der Verstaatlichung (etwa von Privateigentum an Land und Produktionsmitteln) werden häufig ebenfalls als Nationalisierungen bezeichnet, auch Einbürgerungsakte (sogenannte Naturalisierungen) werden nicht selten mit diesem Begriff belegt. Beides ist mit dem vorgestellten Nationalisierungsbegriff selbstverständlich nicht gemeint.

de. Dieses *Zusammenwirken* fand "im Kontext einer bestimmten Phase der technischen und wirtschaftlichen Entwicklung" statt (Hobsbawm 1990/1991[II], 21). Der Motor der kapitalistischen Ökonomie, so auch Benedict Anderson, trug beispielsweise zur Herausbildung mechanisch reproduzierbarer Schriftsprachen bei, die das Druckereiwesen zunehmend in die Lage versetzte, ihre Produkte über einen Buchmarkt zu verbreiten. Die neuen Schriftsprachen ihrerseits stellten ein Element für die Entwicklung eines Nationalbewusstseins dar. Sie bildeten "die einheitliche Grundlage für den Austausch und die Kommunikation unterhalb des Lateinischen und oberhalb der gesprochenen Umgangssprachen" (Anderson 1988, 50ff.). Der Buchmarkt verlieh der Sprache zudem "eine neue Fixierung, die auf lange Sicht jenes Bild vergangener Zeiten zu errichten half, das für die subjektive Vorstellung der Nation von zentraler Bedeutung ist" (ebd., 51). Auch schuf der Buchmarkt "neue 'Machtsprachen', die sich von den Verwaltungssprachen früherer Zeiten grundlegend unterschieden" (ebd., 52).

Die Nationenbildung in Europa lässt sich als einen *kollektiven* Vorgang beschreiben, bei dem die sich selbst als 'Erwecker der Völker' sehenden Schriftsteller, Philosophen, Historiker und Politiker in der Regel davon ausgingen, dass sich die jeweilige Nation *als einheitliches* Volk beispielsweise auch in einer gemeinsamen Nationalsprache zu manifestieren hatte (Alter 1985, 64ff.). Anders als ältere politische Organisationsformen (etwa die lokalen Feudalgewalten oder die 'Reichsform'), die hinsichtlich der Zusammensetzung ihrer Bevölkerungen noch relativ gleichgültig waren, wird eines der wesentlichen Ziele der entstehenden Nationalstaaten die Homogenisierung 'ihrer' jeweiligen Bevölkerungen: "Der schwer zu fassende Vorgang der Nationsbildung (...), der von Minderheiten getragen wird und der auf die soziale Gruppe in ihrer Gesamtheit zielt, ist in der Regel ein überaus langwieriger sozialer und politischer Integrationsprozess. Er kann zu keinem Zeitpunkt, auch nicht nach der Gründung des eigenen unabhängigen Staates der Nation, als abgeschlossen betrachtet werden. Die Entwicklung eines einheitlichen, über innere Gegensätze hinwegreichenden politischen Bewusstseins verläuft nicht geradlinig, sondern ist von Verzögerungen und Rückschlägen begleitet. Ziel des Nationsbildungsprozesses ist die Integration und die Homogenität sozial, regional oder sogar politisch-staatlich voneinander getrennter Teile eines Volkes." (ebd., 27) Alter betont die Unabgeschlossenheit des Prozesses der Nationsbildung. Allerdings erweckt er durch seine Formulierungen den Eindruck, als sei ein nationales Volk im Prinzip bereits vorhanden, jedoch noch voneinander getrennt. Hierdurch wird in unkritischer Weise eine Logik reproduziert, auf die auch die sog. 'Erwecker der Völker' aufgebaut haben.

Nun bezeichnet der Begriff Nationalisierung nicht nur Konstruktionsprozesse der Nationenbildung in historischer Perspektive. In *ideologischer Hinsicht* werden mit Nationalisierung auch die *aktuellen* Versuche bezeichnet, innerhalb eines Nationalstaates ein Gefühl der Gemeinsamkeit zwischen der nach Klasse, Geschlecht, Region, Generation usw. differenzierten Bevölkerung eines Territoriums zu schaffen: "Diese Imagination einer Gemeinschaft wird wiederum nicht nur durch eine ständige Bezugnahme auf die 'eigene Nation' aufrechterhalten, sondern auch durch die Realität der anderen Nationen, die außer 'unserer eigenen' existieren" (Miles 1992, 25).

Nationalisierungen beziehen sich bei solchen Prozessen der 'Gemeinschaftsbildung' keineswegs in gleicher Weise auf alle Gruppen in einer nationalen Gesellschaft: Während eine *einschließende* Form von nationalisierender Identitätsstiftung und Homogenisierung sich auf eine Mehrheitsgruppe, die als zugehörig definiert wird, richtet, werden gleichzeitig durch *ausgrenzende* Formen Minderheiten konstruiert, die nicht als (vollwertige) Angehörige der Nation betrachtet werden (vgl. Bukow/Llayora 1988; Rath 1991; Heckmann 1991).

3.4 Neue politische Beziehungen zwischen 'Oben' und 'Unten'

Übereinstimmend wird in der Literatur davon ausgegangen, dass die Entstehung von Nationalstaaten wichtige Veränderungen in der Art und Weise von Herrschaftslegitimationen und politischen Beziehungen zwischen 'Oben' und 'Unten' mit sich brachten. So hebt Anderson hervor, dass das frühere "Königtum (...) seine Legitimität von einer Gottheit (erhielt), nicht von den Menschen, die nur Untertanen, aber keine Bürger" waren (Anderson 1988, 28). Entsprechend betont Nairn, dass das "Auftauchen des Nationalismus in einem entschieden modernen Sinne (...) an die politische Taufe der unteren Klassen gebunden" war (Nairn 1977, 41). Die Bedeutungsstrukturen, Diskurse und Orientierungsangebote der Politik änderten sich dahingehend, dass sie "die unteren Klassen in das politische Leben einzubinden" suchten (ebd.). Alle Staatsbürger[41] (und dies ist nicht gleichbedeutend mit der gesamten Bewohnerschaft eines Landes) werden als im Prinzip frei zur Mitgestaltung innerhalb des Nationalstaates definiert.

Die vorhandenen sozialen Gegensätze müssen indes nach wie vor in einer Weise reguliert werden, dass der gesellschaftliche Zusammenhang erhalten wird. Im Nationalstaat, der freie und gleiche Bürger proklamiert, tritt der Stellenwert von offener und direkter Gewalt und unmittelbarer Abhängigkeit zur Durchsetzung von Herrschaftsverhältnissen in den Hintergrund zugunsten neuer Formen der Legitimierung und Konsensbildung. Dabei kommt der Konstruktion einer *nationalen Gemeinschaft* eine besondere Bedeutung zu. Sie vermittelt den als zugehörig definierten Einzelnen den Eindruck, in einem Land zu leben, das ihnen *eigen* ist und in dem sie *frei* und *gleich* sind - und *schweigt* zugleich über die sozialen Herrschaftsverhältnisse von Klasse und Geschlecht (vgl. Räthzel 1997, 82). Der Nationalstaat tritt der eigenen Bevölkerung gegenüber als neutrale Instanz auf, in der alle Interessen aufgehoben sind und alle Bürger vertreten sind: "Da dies nur durch die Entnennung der sozialen Gegensätze möglich ist, muss die Einheit der Nation unter Absehung des Sozialen konstituiert werden, über kulturelle oder natürliche Merkmale der zur Nation zusammengeschlossenen Individuen." (ebd., 111)

Gleichzeitig veränderte sich mit den Nationalstaaten auch der Zugriff auf 'ihre' jeweiligen Bevölkerungen: "Nach moderner Vorstellung wird (jetzt) die staatliche Souveränität vollständig, umfassend und gleichmäßig über jeden Quadratmeter eines legal abgegrenzten Territoriums ausgeübt. Früher hingegen, als Staaten durch Zentren definiert wurden, waren die Grenzen durchlässig und unklar; Souveränitäten gingen kaum wahrnehmbar ineinander über." (Anderson 1988, 28) Die neuen Regierungsformen verknüpfte in viel größerem Ausmaß als zuvor die Einwohnerschaft "als Objekt der Verwaltung" mit den jeweiligen Staatsregierungen. Der Umfang von Verwaltungs- und Behördenapparaten nahm rasch zu.

Interessanterweise trug - so merkt Hobsbawm an - gerade "die Verwandlung von Untertanen in Bürger" auch dazu bei, dass "ein populistisches Bewusstsein" erzeugt wurde, "das sich in mancher Hinsicht von einem nationalen oder gar chauvinistischen Patriotismus kaum unterscheiden lässt - denn wenn 'das Land' irgendwie 'meines' ist, dann wird es eher als etwas empfunden, das der Heimat von Ausländern vorzuziehen ist ..." (Hobsbawm 1990/1991[II], 106). Nora Räthzel zeigt, dass in der Tat die Konstruktion einer nationalen Einheitlichkeit über die sozialen Gegensätze hinweg unterstützt wird durch Konstruktionen von anderen Gruppen, die *nicht* zur nationalen Gemeinschaft gehören. Über die Bestimmung der (angebli-

---

[41] Bewusst belasse ich es hier bei der männlichen Form, da zu Beginn der Nationalstaaten in der Tat nur Männer als Bürger zugelassen waren.

chen) Eigenschaften und Verhaltensweisen dieser *Nicht-Zugehörigen* kann auch die Einheit der Nation bestimmt werden: "Deren negative Eigenschaften zeigen der Nation ihr umgekehrtes Spiegelbild." (Räthzel 1997, 111)

3.5 Zur politischen Handlungsfähigkeit im Nationalstaat

Der nationalstaatliche Rahmen stellt ein bestimmtes historisch- und länderspezifisches Feld für die politische Handlungsfähigkeit von Staatsangehörigen dar (vgl. Anderson 1993, 7).[42] Es würde zu weit führen, die lange Liste der Arbeiten, die sich um eine angemessene Theorie zum Thema 'Staat' und 'politische Handlungsfähigkeit' bemühen, zu diskutieren. Auf einige zentrale Gesichtspunkte, die sich auf den Nationalstaat parlamentarisch-demokratischer Prägung zentrieren, möchte ich dennoch hinweisen.

Wie Nira Yuval-Davis und Floya Anthias betonen, ist es für eine Analyse wenig sinnvoll, ausschließlich einer Betrachtungsweise zu folgen, die von vorne herein die Funktionen des Nationalstaates in Bezug auf die verschiedenen sozialen Kräfte festgelegt hat: "Die Staat wird (dort) als eine Art Schlachtfeld angesehen, auf dem für die Funktionalisten allerdings die Gewinner immer bereits im voraus bekannt sind" (Yuval-Davis/Anthias 1994, 14). Yuval-Davis und Anthias schlagen vor, den Staat weder in Bezug auf seine Praktiken noch in Bezug auf seine Wirkungen als ein einheitliches Gebilde zu betrachten.

Andere Autorinnen und Autoren betrachten den Nationalstaat als eine Form, in der sich soziale Gegensätze (zwischen den Geschlechtern, zwischen arm und reich, zwischen Klassen, Regionen usw.) in einer Weise bewegen können, die den gesellschaftlichen Zusammenhalt intakt hält und die Gegensätze stabilisiert (obwohl die Schwächung oder Zerstörung des Zusammenhalts potentiell stets gegeben ist) (Kalpaka/Räthzel 1990, 20; ähnlich Räthzel 1997, 80). Der Nationalstaat wird hier in seinen Funktionen als ideologische Macht untersucht, eine Macht, die zwar mit einem Gewaltapparat gepanzert ist, jedoch stets versuchen muss, Konsens und Zustimmung zu erzielen (vgl. W. F. Haug 1979a, 185).

Vor dem Hintergrund dieser Beschreibung fällt auf, dass Nira Yuval-Davis und Floya Anthias unter Nationalstaat "eine besondere 'Maschinerie' zur Ausübung von 'Herrschaft' über eine gegebene Bevölkerung, die (...) territorial und national definiert ist" verstehen (Yuval-Davis/Anthias 1994, 15) - und sie ausgehend von dieser Formulierung im Fortgang ihrer Argumentation den Schwerpunkt auf *'Kontrolle und Zwang'* legen: Beispielsweise kann der Staat - so Yuval-Davis und Anthias - "eine Anzahl von verschiedenen Prozessen - einschließlich ideologischer - durch juristische und repressive Mechanismen unter seiner Befehlsgewalt kontrollieren" (ebd.).

Nun ist nicht zu bestreiten, dass nationalstaatliche Regierungen zur Ausübung von Herrschaft auch repressiv und gewalttätig 'nach innen' reagieren. Allerdings hebt sich der Nationalstaat *historisch* von früheren Formen zur "Ausübung von 'Herrschaft'" gerade dadurch ab, dass er behauptet, Freiheit und Mitbestimmung für alle zu verwirklichen. Als Vergesell-

---

[42] Wobei das politische Handlungsfeld derjenigen, die zwar auf dem Territorium eines Nationalstaates leben, jedoch *nicht* als Staatsbürgerinnen oder Staatsbürger zugelassen werden, durch gesetzliche Bestimmungen meist deutlich eingeschränkt ist (kein aktives und passives Wahlrecht; kein Recht, politische Vereinigungen zu bilden; usw.).

schaftungsform bedeutete er - neben dem Verlust von Schutzfunktionen, übersichtlichen Beziehungen und unmittelbaren Abhängigkeiten in feudalen Strukturen - längerfristig durchaus - wie Räthzel formuliert - auch "Erweiterung der Einflusssphäre der Individuen, Ausdehnung der Handlungsmöglichkeiten nicht nur in räumlicher Hinsicht, sondern auch in Bezug auf die jeweiligen Lebensbereiche: Wohnort, Arbeit, soziale Beziehungen - alles steht zur Disposition. Die Durchsetzung von Demokratisierungsprozessen erhöhten die Einflussmöglichkeiten auf die gesellschaftlichen Verhältnisse und auf die Formen der Herrschaft." (Räthzel 1997, 83) Gleichzeitig sind die Einflussmöglichkeiten in der formalen Struktur des Nationalstaats, in der die Mitglieder frei und gleich sind, durch zwei wichtige Unterordnungsstrukturen eingeschränkt:

– Die erste bezieht auf die Kompetenzen zur gesellschaftlichen Regulierung des (Zusammen-)Lebens. Staatliche Instanzen entziehen den Einzelnen in zunehmenden Maße die Zuständigkeit und Fähigkeit zur unmittelbaren Regulierung. Es entstehen "neue Kompetenzen, nämlich die Kompetenz, sich in der Inkompetenz zurechtzufinden" (Kalpaka/Räthzel 1990, 41), also - um einige aktuellere Beispiele zu nennen - die Fähigkeit, sich bei Rechtsstreitigkeiten an den richtigen Anwalt zu wenden, mit den Sozialbehörden umzugehen und die entsprechenden Anträge zu stellen, den öffentlichen Nahverkehr zu benutzen, sich im Schul- und Bildungssystem zurechtzufinden usw. Die "Einzelnen können (und müssen) Kompetenzen *in* den jeweiligen Staatsapparaten entwickeln, haben aber keine Kompetenz für das gesellschaftliche Ganze" (Räthzel 1997, 110).
– Die zweite bezieht sich auf die ökonomische Sphäre. Auf dem Markt treten sich die Einzelnen zwar als formal Gleiche gegenüber, "aber diese Gleichheit hat ein Ende, sobald sie in die Sphäre der Produktion eintreten. In der Produktion gelten die demokratischen Prinzipien der politischen Sphäre nicht." (ebd.)

'Von unten' gesehen ist die Staatlichkeit für die einzelnen Gesellschaftsmitglieder die vorgegebene Form, in der sie sich in die Verhältnisse fügen müssen. Es gibt keine Alternative: Man kann zwar eine bestimmte Partei abwählen, nicht aber den Staat (vgl. W. F. Haug 1979, 182). Ganz entscheidend ist allerdings, dass diese Form *nicht* als ein Verhältnis erlebt wird, in dem die Einzelnen mit Befehlsgewalt repressiv-kontrolliert werden. Im Gegenteil: Die Regulierung des Zusammenlebens und der Entzug von unmittelbaren Kompetenzen vollzieht sich in aller Regel in friedlichen und offenbar freiwilligen Formen, ohne offene Gewalt, ohne direkten Befehl und ohne direkte Anweisung.

Mit der zunächst paradox anmutenden Rede von der "freiwilligen Unterwerfung" legen Kalpaka/Räthzel den Nachdruck der Analyse auf die Frage, wieso die Einzelnen Staatlichkeit akzeptieren, eine Form, in der doch ihr Leben reguliert und über sie verfügt wird und in der sie für unzuständig gelten, ihre Belange selbst zu regeln (vgl. Kalpaka/Räthzel 1990, 21). Der Nationalstaat greift, so Balibar, in den gesamten Raum des 'Privatlebens' ein (in die Bildung und Ausbildung, in die Strukturen der Familie, des Gesundheitswesens usw.) (Balibar 1990, 114). Die nationalstaatlichen Institutionen, Einrichtungen und Infrastrukturen sorgen auch für das (Über-)Leben und können sich für die Einzelnen in ihrer alltäglichen Lebenpraxis durchaus als nützlich und hilfreich darstellen. Die Staatsbürgerinnen und Staatsbürger erwarten umgekehrt, dass 'ihr' Staat für sie sorgt und den Zugang zu den Funktionen und Leistungen des Sozialstaates, den Bildungseinrichtungen, dem Arbeitsmarkt etc. in 'ihrem' Sinne regelt. Diese legitime Erwartung, die allerdings in aller Regel mit der Nicht-Thematisierung von

Unterordnungsstrukturen und begrenzten Einflussmöglichkeiten verbunden ist, kann auch eine Öffnung für ausgrenzende Denk- und Verhaltensmuster und entsprechende populistische Ideologien darstellen: Wer gehört dazu und - vor allem - wer nicht? Wer darf Ansprüche auf Versorgung, Unterstützung usw. formulieren und - vor allem - wer nicht?

3.6 Die Beziehungen zwischen Nationalismus und Rassismus

Es ist deutlich, dass in einer Welt von Nationalstaaten Rassismen sich *innerhalb* von Nationalstaaten artikulieren, bewegen, ausformen, etc.. Dort kann es zu verschiedenen *Verbindungen* zwischen Nationalismen und Rassismen kommen.

Allerdings besteht nach Anderson keine selbstverständliche Beziehung zwischen Nationalismus und Rassismus, im Gegenteil. Anderson begreift Rassismus und Nationalismus als einen *Gegensatz*: Eine Nation kann aus verschiedenen ethnischen Gruppen zusammengesetzt sein, die durch ein gemeinsames Bildungswesen, nationale Radiosender, ein gemeinsames Rechtssystem usw. - kurz: einen nationalen Staat - miteinander verbunden sind. Auch eine 'rassische' Gemeinschaft ist nach Anderson zwar eine imaginäre Gemeinschaft: "Sie ist vielleicht weniger phantasiereich, da es leichter zu sein scheint, sich eine Vorstellung von einer rassischen Verbundenheit zu machen als von einer nationalen Verbundenheit. Ich kann nämlich nicht in einem Augenaufschlag sehen, was Du gelesen hast oder welche Geschichte Du Dir gibst oder von welchen Helden Du schwärmst. Aber ich sehe sofort Deine Hautfarbe." (Anderson 1992, 7) Doch gerade hierin sieht Anderson eine rassialisierende *Störung* der nationalistischen Ideologie: Während ein Nationalismus verschiedene Gruppen miteinander verbindet und in aller Regel die Möglichkeit der Einbürgerung anbietet, lässt - idealtypisch gesehen - ein Rassismus dies nicht zu. Nach Anderson bestimmt sich die Nation "nicht über das Blut (...), d.h. man kann in die vorgestellte Gemeinschaft 'eingeladen' werden" (Anderson 1988, 146). Und an anderer Stelle: "Der Nationalismus denkt (...) in historisch-schicksalhaften Begriffen, während der Rassismus von immerwährenden Verunreinigungen träumt, die sich vom Ursprung der Zeiten an in einer endlosen Folge ekelerregender Kopulationen fortpflanzen: außerhalb der Geschichte." (ebd., 150)

Anderson übersieht meines Erachtens nationalistische Konzepte, die selbst rassialisierend oder ethnisierend begründet sind und auf die - keineswegs zufällig - vor allem deutsche Autorinnen und Autoren immer wieder aufmerksam machen: Gerade bei der Geschichte der Begründungen einer deutschen Nation ist - so etwa auch Otto Dann - "der Unterschied zwischen der ethnisch definierten Sprachgemeinschaft und der politisch definierten Nation nicht aus dem Auge zu verlieren", denn es hat historisch "immer wieder Versuche gegeben, die deutsche Nation (...) von völkisch-ethnischen Kriterien her zu definieren" (Dann 1993, 22ff.). Darüber hinaus vernachlässigt Anderson in seiner idealtypischen Gegenüberstellung historische Prozesse, in denen sich nationalistische und rassistische Ideologien nicht nur ergänzten, sondern geradezu aufeinander angewiesen schienen. Dies war auch bei solchen Nationalstaaten der Fall, die ihre Nation *nicht* mit ethnisierenden oder rassialisierenden Konstruktionen begründet hatten.

Hobsbawm weist auf diesen *empirischen Zusammenhang* hin, wenn er die verschiedenen politischen Kräfte innerhalb der entstandenen Nationalstaaten diskutiert: "Staaten und Regime hatten allen Grund, einen Staatspatriotismus mit den Gesinnungen und Symbolen der 'vorgestellten Gemeinschaft' nach Kräften zu verstärken, wo immer und wie immer diese entstanden, und sie auf sich selbst zu konzentrieren. Wie der Zufall wollte, war die Zeit, als die Demokratisierung der Politik es erforderlich machte, 'unsere Herren zu erziehen', 'Italiener zu schaffen', 'Bauern zu Franzosen zu machen' und alle auf die Nation und die Fahne einzuschwören, zugleich auch die Zeit, da volksnationalistische oder jedenfalls fremdenfeindliche Gesinnungen und solche einer nationalen Überlegenheit, wie sie von der neuen Pseudowissenschaft des Rassismus gepredigt wurden, leichter zu mobilisieren waren. Denn die Zeit von 1880 bis 1914 war auch die Zeit der größten bislang erlebten Wanderungsbewegungen innerhalb von Staaten und zwischen ihnen, des Imperialismus und der zunehmenden Rivalitäten, die in den Weltkrieg mündeten. Sie alle unterstrichen die Unterschiede zwischen 'ihnen' und 'uns'. Und es gibt kein wirksameres Mittel, die zerstreuten Gruppen ruheloser Völker zusammenzuschließen, als sie gegen Außenstehende zu vereinigen." (Hobsbawm 1990/1991^{II}, 109)

Ganz anders als Anderson betont auch Balibar gerade den *Zusammenhang*, der zwischen Nationalismen und Rassismen besteht, obwohl es sich keineswegs um identische Phänomene handelt: Rassismen tragen nach Balibar zu Herausbildung von Nationalismen bei, indem sie fiktive 'Rassen' und/oder Ethnizitäten erzeugen, um die herum sich Nationalismen bilden (vgl. Balibar 1990, 63): "Was der theoretische Rassismus 'Rasse' oder 'Kultur' nennt (oder beides zusammen), ist (...) eine Quelle, aus der die Nation fortwährend hervorgeht, ein Konzentrat von Qualitäten, die den Staatsangehörigen 'wesenseigen' sind: in der 'Rasse ihrer Kinder' kann die Nation ihre eigene Identität im Reinzustand betrachten. Und damit ist es die 'Rasse', die sie zu ihrem inneren Bezugspunkt machen muss." (ebd., 75)

Gleichwohl können nach Balibar rassistische und nationalistische Konzepte - und hier sind auch Andersons Hinweise durchaus nützlich - in einen Widerspruch zueinander geraten: "In seinem Bestreben, das gemeinsame innere Wesen der Staatsangehörigen zu umgrenzen, macht sich der Rassismus zwangsläufig auf die besessene Suche nach einem 'Kern' unauffindbarer Authentizität, engt die Nationalität ein und destabilisiert die historisch gewordene Nation." (ebd., 77)

Am Beispiel des Kolonialismus kann Balibar zeigen, wie sich ein *universelles* Moment[43] eines kolonialen Rassismus über *partikulare* Nationalismen zu stellen vermochte: "Die Kolonialkasten der verschiedenen Nationen (...) haben *gemeinsam* die Idee von einer 'weißen' Überlegenheit, von der Verteidigung der Zivilisation gegen die Wilden aufgebaut", zusammengefasst in der Rede von der 'Bürde des weißen Mannes' (ebd., 56). Die moderne Vorstellung einer "europäischen oder westlichen, supranationalen Identität" wurde geschaffen. Gleichzeitig wurde allerdings, in der Konkurrenz der Herrschenden der jeweiligen Nationen zueinander, "der andere Weiße" zum "schlechte(n) Weiße(n)": "Jede weiße Nation ist ideell die 'weißeste'" (ebd.). Diese Feststellung Balibars hat auch eine überaus aktuelle Bedeutung: Wenn kulturelle Rassismen über einzelne Nationalstaaten hinweg versuchen, Identitäten zu konstruieren (etwa die Europäischen Staaten und die USA/Kanada als 'christlicher, zivilisierter und kulturell-hochstehender Westen'), können sie mit den engeren Vorstellungen der Nationalismen, die sich in Bezug auf die Konkurrenz der Nationalstaaten untereinander ausformen, in Konflikt geraten.

---

[43] Balibar weist noch auf ein anderes *universelles* Moment in rassistischen Ideologien hin: Neorassistische Argumentationen rechtfertigen die rassistische Reaktion auf Einwanderung und Fremdheit als natürliche und notwendige, genuin allen Menschen eigene Reaktionsweise. Rassismus ist damit weniger eine Extremform des Partikularismus, sondern auch eine Form von Universalismus (Balibar 1991, 175ff.).

Grundsätzlich können Rassismen und Nationalismen also *nicht* als unvereinbare Gegensätze betrachtet werden, da sie sich häufig in einem komplizierten Zusammenwirken ergänzen. Allerdings können die inhaltlich-theoretischen Implikationen und die praktischen Schlussfolgerungen von Rassismen und Nationalismen im konkreten Fall durchaus in einer Widerspruchsbeziehung zueinander stehen. Bei der Analyse muss jedenfalls auf beide Beziehungen geachtet werden: Das Verhältnis von Rassismen und Nationalismen ist sowohl als *Ausschlussverhältnis* als auch als *Ergänzungsverhältnis* zu untersuchen.

4. Ethnizismus - Ethnien und Ethnisierung

4.1 'Rasse' versus Ethnizität

In der neueren Diskussion um den Begriff Ethnizität setzt sich in den Sozialwissenschaften stets stärker eine Entwicklung durch, die den Pädagogen Georg Auernheimer zu der Formulierung veranlasst: "Nicht mehr zu umgehen ist die sozialwissenschaftliche Einsicht, dass Ethnizität *ein soziales Konstrukt* ist, das somit historischen Charakter hat, Entwicklungen unter-liegt und entwicklungsfähig ist, nicht etwas Naturgegebenes." (Auernheimer 1990, 108; Hvh. R.L.) Der Hinweis auf die soziale Konstruiertheit bedeutet, dass Ethnizität ein soziales Phänomen ist, bei dessen Analyse *in jedem Fall* vom Prozesshaften, sozial Gemachten und Veränderbaren ausgegangen werden muss.[44]

Viele Beiträge zum Begriff Ethnizität zeichnen sich dementsprechend dadurch aus, dass versucht wird, Ethnizität als empirische Kategorie ohne naturalisierende Argumentationen und in deutlicher Abhebung vom 'Rasse'-Begriff zu fassen. Beispielsweise ist für Phil Cohen "'Rasse' (...) das Objekt des rassistischen Diskurses, außerhalb dessen sie keine Bedeutung besitzt; sie ist ein ideologisches Konstrukt und keine empirische Gesellschaftskategorie, und bezeichnet von daher eine bestimmte Reihe imaginärer Eigenschaften genetischer Vererbung, mittels derer tatsächliche Positionen gesellschaftlicher Herrschaft oder Unterordnung unter Verweis auf die Genealogie arteigener Differenzen festgeschrieben und legitimiert werden. Im Gegensatz dazu fehlt dem Begriff Ethnizität jede Konnotation bezüglich angeborener Eigenschaften, sowohl höher- als auch minderwertiger. Es handelt sich hier um einen Ursprungsmythos, der nicht über ein genetisch festgelegtes Schicksal spekuliert, sondern sich - im Unterschied zu 'Rasse' - auf einen realen Prozess geschichtlicher Individuation bezieht, insbesondere auf die durch Sprache und Kultur vermittelten Praxisformen, die ein Gefühl für kollektive Identität oder 'Heimat' hervorbringen, welches von Generation zu Generation überliefert wird *und sich im Prozess dieser Überlieferung verändert*." (Cohen 1990, 97)

Die Begriffe 'Rasse' und Ethnizität haben hier unterschiedliche Bedeutungen und verweisen auf verschiedene Diskurse. Im Zentrum von 'Rassen'-Kategorisierungen stehen sozial de-

---

[44] Nimmt man die deutsche (und auch die niederländische) Begriffsgeschichte zu Ethnizität, dann fällt auf, dass es einen zweiten Begriff gibt, der in der Alltagssprache geläufiger ist und der auch in der Wissenschaft nicht selten synonym zum Begriff 'ethnische Gruppe' gebraucht wird (so etwa bei Dann 1993, 13): Es handelt sich um 'Volk'. Die folgenden Ausführungen gelten selbstverständlich auch für Volk, insofern Volk, Völkerschaft, Volksgruppe usw. gleichbedeutend mit Ethnie und ethnischer Gruppe benutzt wird.

finierte Sichtbarkeiten und Eigenschaften, die auf ein angebliches 'inneres' (arteigenes) Substrat hinweisen. Im Zentrum von ethnischen Kategorisierungen stehen sozial-historische Kategorien und Überlieferungen (vgl. Bader 1995, 67). Beide Begriffe sollten also *auseinander gehalten* werden. Dies ist nicht immer einfach, da - wie Phil Cohen ebenfalls anmerkt - der rassistische Diskurs die Tendenz hat, entweder Ethnizität vollständig in sich einzuschließen, indem er sprachliche und kulturelle Merkmale auf ein biologisches Substrat reduziert, oder aber diese Merkmale "innerhalb einer festgelegten Hierarchie 'sozialer Charaktereigenschaften' naturalisiert": "Ethnizität kann als biologische oder kulturelle 'Rasse' konstruiert werden" (Cohen 1990, 98).[45]

4.2 Neuere Definitionen von Ethnizität

Ethnizität ist ein theoriegeschichtlich relativ junger Begriff[46], mit dessen Hilfe versucht wird, eine Form menschlicher Vergesellschaftung zu fassen (vgl. Heckmann 1991, 52). Ethnizitäten werden von unterschiedlichen Wissenschaftsdisziplinen (Kulturanthropologie, Soziologie, Sozialpsychologie, Pädagogik) thematisiert sowohl in 'alten' und 'traditionellen' als auch in 'jüngeren' und 'modernen' (Teil-)Gesellschaften, sowohl in ihrer 'vormodernen' Form als auch in ihrer Form als Minderheitengruppen in 'modernen' Nationalstaaten (vgl. Heinz 1993, 211ff.; Eriksen 1993, 7ff.).[47]

In einer Übersicht über die aktuelle Fach-Diskussionen zum Begriff Ethnizität zeigt Auernheimer, dass heute vor allem ein Konsens über die *mögliche Vielfältigkeit* der Merkmale, die zu Ethnizität gehören können, zu bestehen scheint (Auernheimer 1990, 107). Ethnizität wird dementsprechend auch als ein "Container-Begriff" charakterisiert (Bader 1995, 66).[48] Eine solche Vielfalt kann, wenn nicht *zentrale Markierungspunkte* in der Definition angegeben werden, zu einer begrifflichen Beliebigkeit führen. Es ist daher angemessen, eine Liste

---

[45] Beispielsweise kann Gita Steiner-Khamsi für Entwicklungen in den USA sehr materialreich zeigen, wie sich ein Konzept von Ethnizität in Programme und Ideologien einfügen lässt, die von (kultur-)rassistischen Zügen geprägt sind (Steiner-Khamsi 1992).

[46] Der erstmalige Gebrauch des Wortes 'Ethnizität' wird gemeinhin auf 1953 datiert und dem u.s.-amerikanischen Soziologen David Riesman zugeschrieben. Seinen Eingang in das Oxford English Dictionary gar fand 'Ethnizität' jedoch erst 1972. Das Wort 'ethnisch' hingegen ist sehr viel älter und wurde in der englischen Sprache bereits im 14. Jahrhundert in der Bedeutung von *heidnisch* oder *barbarisch* gebraucht (vgl. Eriksen 1993, 3ff.).

[47] In der klassischen Anthropologie wurden lange Zeit die Begriffe *Stamm* und *Sippe* benutzt (tribes), während heute der Begriff *ethnische Gruppe* vorherrscht. Diese Veränderung wird von kritischen Anthropologen überaus positiv gewertet: "Wenn wir über Stämme reden, dann machen wir implizit eine scharfe, qualitative Unterscheidung zwischen uns selbst und den Menschen, die wir erforschen. Diese Unterscheidung korrespondiert im Allgemeinen mit der Unterscheidung zwischen modernen und traditionellen (oder sog. primitiven) Gesellschaften. Wenn wir statt dessen über ethnische Gruppen reden, ist eine solche scharfe Trennung nur schwer aufrechtzuerhalten, denn im Grunde gehören alle Menschen zu einer ethnischen Gruppe." (Eriksen 1993, 10)

[48] Offenbar kann die Vielfalt hier sehr weit gehen. So werden in der u.s.-amerikanischen Enzyklopädie ethnischer Gruppen von Thernstrom bereits vierzehn Charakteristika vorgeschlagen, die in wechselnder Zusammenstellung für ethnische Gruppen bezeichnend sein können (Thernstrom 1980; Haarmann 1983; gefunden bei Auernheimer 1990, 108).

definierender Konstruktionsmerkmale ethnischer Gruppen vorzulegen, wie sie Bader in Anlehnung an Anthony Smith (1986) vorschlägt. Danach geht es bei der Konstruktion ethnischer Gruppen in jeweils historisch spezifischer Weise um einen unterscheidbaren Namen, um gemeinsame Ursprünge und Abstammungen, um historische Überlieferungen, um ein historisches Gebiet oder die Verbindung hierzu, um eines oder mehrere Momente einer gemeinsamen Kultur (Sprache, Bräuche, Religion) und um Gruppensolidarität und -identität (vgl. Bader 1995, 82). Auch hier steht, ähnlich wie bei der sozialen Konstruktion von Nation, die Wahrnehmung und Interpretation, also eine *gemeinsame Vorstellung* von 'Fakten' und 'Ereignissen', aber auch 'Erfindungen' und 'Phantasien' im Vordergrund (siehe II.3.2).

Ergänzend lässt sich darauf hinweisen, dass diejenigen, die sich einer bestimmten ethnischen Gruppe zuordnen, über ein Wissen oder eine Ahnung darüber verfügen, dass es andere ethnische Gruppen gibt. Mit anderen Worten: Gruppen werden immer definiert im Verhältnis zu dem, was sie nicht sind, nämlich im Verhältnis zu anderen Gruppen. Ein wichtiges Merkmal ethnischer Gruppen ist dementsprechend die *Grenzziehung* (Barth 1970, 15). Da die Konstruktion von Ethnizität ein Prozess ist, bei dem die Grenzziehung zwischen den Gruppen eine Rolle spielt, ist auch zu erwarten, dass - möglicherweise in einer wechselseitigen Beziehung - sowohl 'von innen' als auch 'von außen' spezifische Konstruktionselemente formuliert werden. Hiermit sind Prozesse der *Selbstethnisierung* und *Fremdethnisierung* angesprochen.

4.3 Ethnien und Nationen

Im Prozess der Nationen- und Nationalstaatsbildung werden bestimmte Ethnien 'nationalisiert' und 'verstaatlicht' (vgl. Bader 1995, 89). In diesem Sinne wird von Nationen auch als zum Staat 'aufgestiegene' Ethnien gesprochen. Bereits Karl W. Deutsch (1972) vertrat ein solches Konzept: Nation charakterisierte er als ein Volk bzw. eine Ethnie im Besitz eines Staates (nach Alter 1985, 16). Allerdings beinhaltet ein solche Redeweise die Gefahr, bereits den ideologischen Implikationen eines ethnischen Nationalismus aufzusitzen und dessen Modell als allgemein gültig zu akzeptieren. Der ethnische Nationalismus propagiert eine Norm, wonach Nationen ethnisch und kulturell-sprachlich *homogene* Gebilde zu sein haben und (aus Gründen, die in einer naturalisierenden Variante als naturhaft behauptet werden) aus *einer* Ethnie entspringt (bzw. entspringen wird oder ursprünglich entsprungen ist).

Gerade deshalb kann es missverständlich sein, Ethnien und Nationen zu unterscheiden, indem man wie Bader formuliert: "Zum 'ethnischen Kern', der die definierenden Eigenschaften ethnischer Gemeinschaften umfasst, kommen bei Nationen als 'moderne' Charakteristika hinzu (...) " (Bader 1995; 83). Es ist zu befürchten, dass hier auch die Anführungszeichen nicht weiterhelfen. Die Rede vom 'Kern' scheint auf eine substanzielle und ursprüngliche Gegebenheit hinzuweisen, entsprechend einer Vorstellung von Primordialität. Besser ist es deshalb, von sozialen 'Einheiten' zu sprechen, die *Prozesse der Ethnisierung* durchlaufen (haben), als deren Resultat sie durch andere als Ethnien oder ethnische Gruppen definiert werden und/oder sich selbst so definieren. Zu den beschriebenen Konstruktionsmerkmalen von Ethnien und ethnischen Gruppen (siehe II.4.2) kommen bei Nationen und Nationalstaaten - und hier kann Baders nützliche Anregung wieder aufgegriffen werden - hinzu: eine gemeinsame Ökonomie, eine allgemeine Volksbildung und eine gemeinsame Rechtsstruktur (vgl. hierzu Bader 1995; 83; bezugnehmend auf Smith 1986, 129).

4.4 Ethnische Vereinheitlichung und Nationalisierung

Friedrich Heckmann hebt den Zusammenhang zwischen Prozessen ethnischer Vereinheitlichung und Nationalisierungen hervor: Ethnische Vereinheitlichung "findet im Nationalstaat einen Höhepunkt. (...) Vereinheitlichungsstreben und Nationalismus lassen das (noch) nicht 'Vereinheitlichte' zum nicht erwünschten 'Abweichenden' werden; ethnisches Vereinheitlichungsstreben konstituiert ethnische Minderheitenlagen." (Heckmann 1991, 65) Heckmann unterscheidet an dieser Stelle zwar zwischen einem *'ethnisch'* (mit dem Beispiel Deutschland) und einem *'politisch'* begründeten Konzept (mit dem Beispiel Frankreich) von Nationalstaat und Nation. Er unterstreicht jedoch, dass auch im Rahmen einer *nicht-ethnisch* formulierten Nationalstaatskonzeption aufgrund der "zentralen Staatsideen eine Vereinheitlichungs- und Assimilierungstendenz 'angelegt' (ist), die ethnische Vielfalt prinzipiell als problematisch erscheinen lässt" (ebd., 71).

Vor diesem Hintergrund können auch Ergebnisse aktueller empirischer Analysen, die den Prozess der *Ethnisierung* betonen, eingeordnet werden. Noch deutlicher als bei Heckmann stellt sich hier ethnische Vereinheitlichung als ein Konstruktionsprozess von Ethnien dar. So wird in den Arbeiten von Wolf-Dietrich Bukow und Roberto Llayora zur "Soziogenese ethnischer Minderheiten" (1988) und von Jan Rath zur "Minorisierung" (1991) versucht - im ersten Fall für Deutschland, im zweiten für die Niederlande - nachzuvollziehen, in welcher Weise Politik, Verwaltung, Wissenschaft und Alltag im heutigen Nationalstaat *grundlegend* zur Ethnisierung bzw. zur Schaffung ethnischer Minderheiten beitragen. Eingewanderte werden - so die Grundthese - im *nationalstaatlichen* Rahmen als eine *Minorität* kategorisiert und stigmatisiert und geraten dabei in einen dynamischen Prozess der Fremd- und Selbstethnisierung (vgl. Bukow/Llayora 1988, 51ff.): "Durch die Minorisierung", so Jan Rath, "werden alle Menschen innerhalb eines Nationalstaates in 'Minderheiten' und 'Mehrheit' aufgeteilt. (...) 'Ethnische Minderheiten' sind hierbei Kategorien von Menschen, die nicht wirklich als vollwertige Mitglieder der imaginären Gemeinschaft, die die (...) Nation formt, gesehen werden, die dies jedoch unter ganz bestimmten Voraussetzungen werden können." (Rath 1991, 240)

4.5 Ethnizität und Selbstpositionierung

Der Rassismusforscher Stuart Hall, der selbst auf Erfahrungen aus der multiethnischen Kolonialgesellschaft Jamaikas *und* seine Erfahrungen als Einwanderer in Großbritannien zurückgreift, verteidigt eine andere Version des Ethnizitätsbegriffs. Hierbei betont er das Moment der *Positionierung.*

Hall bestreitet - wie Cohen - die Allgemeingültigkeit einer weit verbreiteten Vorstellung von Ethnizität, die diese mit 'Rasse' und Nation verknüpft. Ethnizität kann ihm zufolge auch der Anfang "einer positiven Konzeption" sein, "die Anerkennung dessen, dass wir alle *von einer bestimmten gesellschaftlichen Position aus* sprechen, aus einer bestimmten Geschichte heraus, aus einer bestimmten Erfahrung, einer bestimmten Kultur" (Hall 1994, 23; Hvh.R.L.). Dabei sieht Hall durchaus die Gefahren, die mit Konzepten wie Ethnizität oder ethnischer Identität verbunden sein können. Beispielsweise verbindet die politisch-nationale Rechte angesichts der dauerhaften Anwesenheit von Eingewanderten diese Begriffe mit der Forderung, eine eigene ethnisch-nationale Identität zu bewahren, zu schützen oder wieder aufzubauen, eine Identität, die als einheitlich und ursprünglich entworfen wird und frei von den als zerstörerisch dargestellten Einflüssen fremder Kultur sein soll (ebd., 216). Gerade deshalb betont Hall jedoch die positiven Möglichkeiten, die in einem nicht-naturalisierenden, nicht-nationalisierenden und nicht-kulturalisierenden Konzept von Ethnizität liegen können. Sein Modell gewinnt er zum einen aus den eigenen Erfahrungen in verschiedenen Einwanderungsgesellschaften und Beobachtungen bei Eingewanderten, zum anderen formuliert er mit diesem Modell *für* Eingewanderte eine positive Möglichkeit. Für diese bietet sich nach Hall im Zeitalter der Globalisierung nämlich nicht nur die Alternative, "entweder zu ihren 'Wurzeln' zurückzukehren oder in der Assimilation oder Homogenisierung zu verschwinden." (ebd., 218) Hall beschreibt die Möglichkeit von Identitätsbildungen, "die nicht einheitlich sind und sich auch nie im alten Sinne vereinheitlichen lassen wollen, weil sie unwiderruflich das Produkt mehrerer ineinander greifender Geschichten und Kulturen sind und zu ein und derselben Zeit mehreren 'Heimaten' und nicht nur einer besonderen Heimat angehören. Menschen, die zu solchen *Kulturen der Hybridität* gehören, mussten den Traum oder die Ambition aufgeben, irgendeine 'verlorene' kulturelle Reinheit, einen ethnischen Absolutismus, wiederentdecken zu können." (ebd.)

Hall hofft hier auf eine Konzeption von Ethnizität, die nicht zwangsläufig zu Marginalisierung, Ausgrenzung und Enteignung und zum Verdrängen und Vergessen anderer Ethnizitäten führen muss (ebd., 23). Nun ist der positive Impuls, der von Halls Konzeption ausgehen kann, zweifellos sehr wichtig. Gleichzeitig muss jedoch vor Missverständnissen gewarnt werden: Prozesse der ethnischen Selbstpositionierung können mit Prozessen einer (hegemonialen) Fremdpositionierung verbunden oder durch solche Prozesse überlagert oder gar hervorgerufen sein. Zudem sind Ethnien bzw. ethnisierte Gruppen nicht frei von *internen und externen "Strukturmuster(n) positionaler Ungleichheiten"* (Bader 1995, 86). Klassen-, Eliten-, Gender-, Generationsverhältnisse usw. gehen quer durch ethnische Gruppen hindurch. Interne ethnische Vereinheitlichungen können auch mit den Bedürfnissen und (Macht-)Interessen einer Teilgruppe innerhalb der 'eigenen' Gruppe zu tun haben, und externe Versuche zur Absonderung und Unterscheidung sind darauf hin zu überprüfen, ob sie die Funktion haben, beispielsweise Klassen- und/oder Genderpositionen, die verschiedene ethnische Gruppen möglicherweise gemein haben, vergessen zu machen.

4.6 Ethnizität ist ...

Zusammenfassend lässt sich sagen, dass es sich bei Ethnizitäten um soziale Konstruktionen handelt, die durch historisch-soziale Formbestimmungen geprägt und durch *unterschiedliche* Konstruktionsmerkmale bestimmt sind. Beim Gebrauch des Begriffs als empirische Kategorie ist darauf zu achten, dass Ethnizität *keinen* homogenen, statischen und 'naturgegebenen' Zusammenhang beschreibt und historischen Veränderungsprozessen unterworfen ist.

Entgegen dem Anspruch, der sich mit einer *kritischen* Begriffsfassung verbindet, werden ethnische Gruppen allerdings häufig in rassialisierender und kulturalisierender Weise konstruiert. Es handelt sich hier jeweils um besondere Formen der Konstruktion von Ethnizität, die in jedem Fall auf ihre *ideologischen* Bedeutungen hin befragt werden müssen.

Im Zentrum der Konstruktion von Ethnizität stehen soziale Prozesse der Überlieferung und der Grenzziehung. Dabei geht es im wesentlichen um sozial-historische Kategorisierungen, um reale oder vermeintliche Verbundenheiten, um das 'kollektive Gedächtnis' einer Gruppe, um Deutungen, Mythen oder auch Erfindungen. Die Mitglieder einer Gruppe oder Teilgesellschaft berufen sich hierbei auf (vorgestellte) Verbundenheiten, von denen sie annehmen, dass diese ihre heutige soziale, kulturelle, ökonomische und politische Position und das zukünftige Schicksal beeinflussen. Solche Konstruktionen können sowohl 'von außen' als auch 'von innen' erfolgen und sind als Prozesse von Fremd- und Selbstethnisierung zu analysieren.

Im Rahmen von Nationalstaaten werden ethnische Minderheiten (als 'nicht richtig zur Nation gehörig') und ethnische Mehrheiten (als 'Kern' der eigentlichen Nation) *konstruiert*. Bedeutsam ist Ethnizität hier für die *Positionierung* innerhalb einer Gesellschaft. Ethnizität kann ebenso eine Voraussetzung für Gruppensolidarität wie für Gruppendiskriminierung sein. Allerdings unterliegen ethnische Gruppen nicht nur *externen* Ungleichheitsstrukturen und entsprechenden Positionierungen. Auch innerhalb einer ethnische Gruppe ist auf Ungleichheiten und benachteiligende Positionierungen (etwa nach Geschlecht, Klasse, Generation etc.) zu achten.[49]

4.7 Ethnozentrismus und Ethnizismus

Von den beiden Begriffen Ethnizismus und Ethnozentrismus ist letzterer zweifellos der geläufigere. Vor allem in der sozialpsychologischen Vorurteilsforschung und in der Psychologie der Intergruppen-Beziehungen ist der Ethnozentrismusbegriff ein oft benutztes Konzept (vgl. Schäfer/Six 1978, 60). Häufig wird hier auf William Graham Sumner (1906) Bezug genommen, der mit seiner Arbeit die Basis für spätere Ethnozentrismus-Konzepte legte (Adorno et al. 1950; Hagendoorn 1986; Eisinga/Scheepers 1989). Sumner kennzeichnete all jene Sichtweisen als Ethnozentrismus, in denen die (traditionelle) Lebensweise der eigenen Gruppe ('folkways') der allein gültige Maßstab für die Einordnung und Beurteilung der Lebensweisen aller anderen Gruppen ist. Dabei wird die Lebensweise der eigenen Gruppe als überlegen bewertet, während man auf die Lebensweisen der anderen Gruppen mit Verachtung herabsieht (vgl. Sumner 1906/1979^{II}, 13). M.a.W. wird beim Ethnozentrismus vom beschränkten Horizont der eigenen Gruppe aus geurteilt und findet ein Vergleich zwischen der eigenen Gruppe und anderen Gruppen statt, wobei von vorne herein feststeht, dass das Vergleichsergebnis zugunsten der eigenen Gruppe und zu Ungunsten der anderen Gruppen ausfällt (vgl. Hagendoorn 1986, 129). Ähnlich wie die meisten seiner Nachfolger führte Sumner den Begriff Ethnozentrismus zwar ein, macht sich aber nicht die Mühe, genauer zu klären, was mit *Ethno* eigentlich gemeint ist. Dadurch wird eine umfassende *begriffliche* Breite nahegelegt, und es entsteht oft der Eindruck, als könnten alle möglichen Ingroup-/Outgroup-Verhältnisse mit dem Begriff Ethnozentrismus analysiert werden. Dabei steht beim Ethnozentrismusbegriff der Bezug auf ganz bestimmte soziale Phänomene im Vordergrund: Die sozialen Gruppen, um die es hier geht, sind - sonst würde der Begriff *Ethno*zentrismus kaum einen Sinn machen - *ethnische* bzw. *ethnisierte* Gruppen.

Mit Hilfe der beschriebenen Begriffsfassung von Ethnizität lässt sich der Ethnozentrismusbegriff in dieser Hinsicht präzisieren. Ethnozentrische Bedeutungsmuster folgen den vorherrschenden sozialen Konstruktionen von der eigenen und den anderen ethnischen Gruppen und sind in die (Re-)Produktion entsprechender Konstruktionen involviert. Allerdings steht im

[49] In diesem Zusammenhang ist es auch problematisch, die Begriffe 'ethnische Gruppe' und 'kulturelle Gruppe' als mehr oder weniger synonym aufzufassen. Mit einer solchen Gleichsetzung entsteht die Schwierigkeit, beispielsweise nicht mehr zwischen ethnischen Gruppen und Jugendkulturen unterscheiden zu können und es wird vernachlässigt, dass Jugendkulturen auch innerhalb von ethnischen Gruppen eine Rolle spielen können (und umgekehrt).

Vordergrund des Begriffs Ethno*zentrismus* meist die eindimensionale *Zentrierung* und der positive Bezug auf die eigene ethnische Gruppe, das unkritische *ethnische Wir-Gefühl*, von dem aus andere ethnische Gruppen negativ bewertet werden (vgl. Essed 1984, 18).

Vor diesem Hintergrund erscheint es mir sinnvoll, auf einen neueren Begriff zurückzugreifen, der in den letzten Jahren immer häufiger in der Fachliteratur zu finden ist. Es handelt sich um den Begriff *Ethnizismus (ethnicism)* (vgl. etwa Essed 1986/1991[II], 14; Auernheimer 1992, 121; Benda-Beckmann/Verkuyten 1995, 21; Hanf 1995, 47). Analog zum Rassismusbegriff definiere ich Ethnizismus folgendermaßen: Ethnizismus umfasst soziale Konstruktionen von Ethnien (Ethnisierungen), ethnisierende Determinismen und Reduktionismen und (explizite oder implizite) Negativbewertungen der als andere Ethnien konstruierten sozialen Gruppen. Zusätzlich ist es - wie bei Rassismus - wichtig, den Machtaspekt zu berücksichtigen und darauf zu achten, welche sozialen Konstruktionen über welche ethnische Gruppen in einer Gesellschaft *vorherrschend* sind. Außerdem ist auch hier nach verschiedenen Rechtfertigungsmustern und Zuschreibungsformen zu fragen. Vor dem Hintergrund dieser Definition kann Ethno*zentrismus* als eine bestimmte 'Ausrichtung' von Ethnizismus betrachtet werden.

4.8 Rassismus, Nationalismus und Ethnizismus

Die bereits dargestellten Zusammenhänge und Widerspruchsbeziehungen zwischen Nationalismus und Rassismus siehe II.3.6) gelten in vergleichbarer Weise auch für das Verhältnis von Nationalismus und Ethnizismus. Diese Vergleichbarkeit hat zweifellos auch damit zu tun, dass mit dem hier vorgestellten Ethnizismusbegriff Phänomene beschrieben werden, die denen recht ähnlich sind, die als *kulturalisierende Rassismen* gefasst wurden.[50] Nun wurde zwar betont, dass in einer kritischen Begriffsfassung Ethnizität nicht mit Kultur gleichgesetzt werden darf. Jedoch ist davon auszugehen, dass in *ideologischen* Diskursen und Repräsentationen beide Begriffe entweder synonym benutzt werden oder aber von Kultur die Rede ist, und mit der sozialen Konstruktion von Kultur ein bestimmtes Merkmal hervorgehoben wird, das als entscheidend oder vorrangig für Ethnizität angesehen wird. Aus dieser Tatsache ergibt sich allerdings noch kein Argument, dass gegen die Verwendung *beider* Begriffe spricht. Beispielsweise konnte gezeigt werden, dass es sich beim kulturalisierenden Rassismus häufig um eine ideologische Form handelt, die um die Existenz eines naturalisierenden Rassismus 'weiß' und - um nicht mit dem 'Geruch von Krematorien' assoziiert zu werden - nach respektableren Ausdrucksmöglichkeiten sucht.

Grundlegend ist zu erwarten, dass in der empirischen Realität die Überlagerungen und Überschneidungen zwischen Rassismus, Nationalismus und Ethnizismus sehr vielfältig sein können. Es wurde darauf hinwiesen, dass Ethnizitäten in kulturalisierender und rassialisierender Weise konstruiert werden können, Nationen in ethnisierender und rassialisierender Weise, usw. Die im 'Marionettenmodell' zu Kultur beschriebenen Merkmale der Homogenisierung und Verdinglichung und die deterministisch-reduktionistischen Logiken (siehe II.2.6) zeigen sich nicht nur bei Rassismus, sondern auch bei Nationalismus (in der Folge einer bestimmten

[50] Dies zeigt sich auch in den Formulierungen der Rassismusforscherin Philomena Essed. Beim Begriff Ethnizismus geht es ihr zufolge um "rassismusähnliche Phänomene", um eine "'kulturelle' oder 'ethnische' Form des Rassismus" (Essed 1991, 14).

Konstruktion *der* Kultur einer Nation) und Ethnizismus (in der Folge einer bestimmten Konstruktion *der* Kultur einer Ethnie). Und auch die impliziten und expliziten Negativbewertungen der jeweils 'anderen' gelten im Prinzip sowohl für Rassismus als auch für Nationalismus und Ethnizismus. Dennoch macht es einen Unterschied, *ob* 'Rassen', Ethnien oder Nationen konstruiert werden und *in welcher Art und Weise* dies geschieht. Es gibt Konzepte von Nation oder Ethnie, die weder von naturalisierenden noch von kulturalisierenden Modellen ausgehen. Die Tatsache der sozialen Konstruiertheit allein ist also nicht das entscheidende Moment.

Die Zusammenhänge und Widerspruchsbeziehungen zwischen Rassismen, Nationalismen und Ethnizismen können recht unterschiedlich aussehen und sind mit der spezifischen Form verbunden, die die genannten *-Ismen* annehmen können. Beispielsweise zeigt sich, dass Nationalismen eine integrierende Funktion haben können, wenn sie verschiedene ethnische Gruppen unter einer gemeinsamen Nationalflagge zu vereinen suchen.[51] Allerdings können auch Nationalismen beobachtet werden, die erst zur Konstruktion von ethnischen Minderheiten auf dem als 'eigen' beanspruchten Territorium führen und/oder ethnische Minderheiten innerhalb des Nationalstaates in ausgrenzender Weise behandeln. Zugleich ist deutlich, dass sich nationalistische Diskurse innerhalb 'ihres' Nationalstaates in anderer Weise auf strukturelle Gegebenheiten beziehen als ethnizistische Diskurse von Minderheiten, die sich auf dem Territorium dieses Nationalstaates befinden und Widerstand gegen dessen Vorherrschaft artikulieren.

5. Sexismus und die Konstruktionen von *sex* und *gender*

Weitere Einteilungs- und Kategorisierungsmuster, die im vorliegenden Zusammenhang zwar häufig vernachlässigt werden, jedoch eine bedeutsame Rolle spielen, zentrieren sich um den Begriff Geschlecht. Um die Zusammenhänge, Ähnlichkeiten und Unterschiede zwischen auf der einen Seite Sexismus und auf der anderen Seite Rassismus, Nationalismus und Ethnizismus zu verdeutlichen, werden im Folgenden einige im Themenzusammenhang bedeutsame Ansätze aus der Sexismusforschung dargestellt und diskutiert.

5.1 Gegen Naturalisierungen: Das Begriffspaar *sex* und *gender*

Naturalisierende Erklärungs- und Rechtfertigungsmuster für ungleichwertige und hierarchische Verhältnisse zwischen den Geschlechtern schleppen sich bis in die Gegenwart fort.[52] Obwohl sich die Geschlechterverhältnisse in vielen Gesellschaften auch dank der Frauenbewegungen durchaus gewandelt haben, sind noch immer sind gesellschaftliche Bedeutungsmuster und Strukturen zu konstatieren, in deren Rahmen Frauen benachteiligt und im Vergleich zum Mann als im Prinzip minderwertige Wesen betrachtet und behandelt werden.

Als Reaktion auf diesen unbefriedigenden Zustand unterlagen Autorinnen, die den emanzipatorischen Frauenbewegungen nahestanden, immer wieder der Versuchung, in einer

---

[51] Bestimmte Versionen des Nationalismus im heutigen Südafrika verstehen sich in dieser Hinsicht als Versuche zur Überwindung oder Milderung von spaltenden Rassismen und Ethnizismen.

[52] Eine aufschlussreiche historisch-orientierte Untersuchung zur *Naturalisierung von Geschlecht* findet sich bei Verena Stolcke (1987).

Art Gegenwehr Frauen als die 'besseren Menschen' zu beschreiben. Allerdings wurde dieser Versuch schon sehr früh auch aus der Frauenbewegung heraus als bloße Umkehrung kritisiert: Die "propagierte und de facto auch durchgesetzte Bewertung des Mannes als höherwertig" - so beispielsweise die Philosophin und Sprachwissenschaftlerin Hilde Heinz - und "der Frau als minderwertig wird exakt verkehrt; nun wird die Frau als höherwertig, der Mann umgekehrt als minderwertig behauptet" (Heinz 1976, 28). In einer Analyse mehrerer Texte, die im Kontext der Frauenbewegung erschienen sind, stellt Heinz Mitte der siebziger Jahre fest, dass sich diese Wendung häufig mit *naturalistischen* und *essentialistischen* Konzepten verbindet, in denen die behauptete Höherwertigkeit der Frau und die Minderwertigkeit des Mannes als ursprünglich und natürlich dargestellt wird (ebd., 33ff.). Es handelt sich hier - wenn auch unter umgekehrten Vorzeichen - im Grunde um die bloße Übernahme des dominanten Diskurses, in dem das Geschlechterverhältnis naturalisiert wird.

Die Naturalisierungsversuche, die Hilde Heinz feststellen musste, verweisen auf die Stärke und Verbreitung eines Begründungsmusters, von dem auch emanzipatorische Bewegungen nicht verschont bleiben. "Der feministisch-politische Impetus", so Käthe Trettin, "Frauenerfahrungen aufzuwerten, und der feministisch-wissenschaftliche Impetus, dies stichhaltig begründen zu müssen, mündete oft ungewollt in Bio-Ontologisierungen: Alle sozial und kulturell relevanten 'guten' Eigenschaften wurden ursprungslogisch aus der weiblichen Gebärfähigkeit, der Mutter-Kind-Symbiose, der 'natürlichen' Hege-, Nähr- und Fürsorgehaltung von Frauen deduziert. Der historisch weitgehend unfreie Status von Frauen, ihre politische Ohnmacht wurde umgedeutet in die Voraussetzung eines friedfertigen, naturnahen, ökologischen Geschlechtscharakters." (Trettin 1994, 210)

Dabei wurden in der Frauenbewegung schon seit langem Texte rezipiert und formuliert, die es ablehnten, mit dem Verweis auf biologische Unterschiede zwischen den Geschlechtern ohne weiteres den gesellschaftlichen Zustand der ungleichwertigen Verteilung von Geschlechterrollen zu rechtfertigen. Erinnert sei nur an die berühmte These von Simone de Beauvoir, dass Frauen nicht als Frauen zur Welt kommen, sondern erst durch die gesellschaftlichen Verhältnisse zu Frauen gemacht werden (vgl. de Beauvoir 1949/1987^{II}).[53] Besonders die Einführung des *gender*-Konzepts[54] richtete sich - in den Worten von Barbara Hey - "gegen die Reduzierung des Geschlechterunterschiedes auf die Biologie bzw. seine Naturalisierung und betont(e) die grundlegende soziale Qualität dieser Unterscheidung, wobei *sex* für den biologischen, *gender* für den sozialen bzw. kulturellen Aspekt der Geschlechtsidentität steht." (Hey 1994, 7; vgl. ähnlich Trettin 1994, 210) Diese begriffliche Unterscheidung hatte immense Bedeutung angesichts der gesellschaftlichen Dominanz naturalisierender Reduktionismen und Determinismen. Die Kategorie Soziales Geschlecht (*gender*) sollte die Kategorie biologisches Geschlecht (*sex*) nicht ersetzen, sondern ergänzen. Gleichzeitig konnte mit Hilfe von *gender* das Primat des sozialen Geschlechts gegenüber dem biologischen formuliert werden: Die Gestaltung und Veränderung der sozialen Geschlechterverhältnisse sollten nicht durch Grenzen aufgehalten werden, die angeblich in der Natur begründet lagen (vgl. Nicholson 1994, 200; Hey 1994, 7).

---

[53] Dieser Klassiker, 1951 in deutscher Übersetzung erschienen, hatte in der BRD bis August 1975 eine Auflage von 115 000 Exemplaren erreicht.

[54] Von vielen Autorinnen wird in diesem Zusammenhang auf den Psychologen Robert Stoller hingewiesen, der in einer Veröffentlichung von 1968 die sex/gender-Unterscheidung prägte, um darzulegen, warum und inwiefern die Geschlechtsidentität nicht zwangsläufig mit dem biologischen Geschlecht übereinstimmt (vgl. McIntosh 1991, 845).

5.2 Gegen ein dichotomisierendes Konzept von *sex* und *gender*

Noch ganz im Zeichen dieser begrifflichen Gegenüberstellung stehen auch die Ausführungen von Michele Barrett und Mary McIntosh, die den Unterschied zwischen den Konstruktionen zu Geschlecht und 'Rasse' zu verdeutlichen suchen. Die Konstruktion einer imaginären 'Rasse' ist ihrer Auffassung nach nicht wirklich analog zu den sozial konstruierten Kategorien des Geschlechts zu begreifen, denn diese beziehen sich, "trotz aller grotesken Verzerrungen in zahlreichen Lesearten von Geschlecht tatsächlich auf einen biologischen Unterschied zwischen Frauen und Männern. Die soziale Kategorie der 'Rasse' hat keinen vergleichbaren biologischen Bezug; die geringfügigen phänotypischen Unterschiede, auf die rassistische Ideologien die soziale Kategorie 'Rasse' gründen, sind wissenschaftliche Chimären" (Barrett/McIntosh 1987, 350). Allerdings wird das *Ausmaß* des *biologischen* Unterschieds zwischen Frauen und Männern unter Biologinnen und Biologen keineswegs mit einem solch eindeutigen Ergebnis diskutiert, wie dies Barrett und McIntosh suggerieren. Die hormonelle Bestimmung des Geschlechterunterschieds ist, so schreiben beispielsweise Lewontin, Rose und Kamin, "nicht das Ergebnis ausschließlich männlicher oder weiblicher Hormone. Wichtiger sind wohl veränderliche Unterschiede im Verhältnis der Hormone zueinander und ihre Wechselwirkung mit Zielorganen. Das genetische Geschlecht, das chromosonal determiniert ist, wird während der Entwicklung vom hormonellen Geschlecht überlagert. (...) Natürlich unterliegt die Hormonproduktion ebenfalls Prozessen, die durch Gene in Gang gesetzt werden. Aber sie ist in viel stärkerem Maße Umwelt- oder zielgerichteten Einflüssen unterworfen." (Lewontin et al. 1988, 123)

Offenbar führte die Verbreitung des *gender*-Begriffes und eine dichotomische Betrachtungsweise des Verhältnisses zwischen *sex* und *gender* in Analogie zur alten Dichotomie von Natur und Kultur dazu, *sex* als einen Bereich der reinen Natur zu betrachten und - noch wichtiger - zugleich Natur als eine *unveränderliche* Größe einzusetzen. *Gender* hingegen wurde im Gegensatz zu *sex* als ein Bereich der Kultur konzipiert. Während das biologische Geschlecht mehr oder weniger implizit und kaum thematisiert weiterhin als Resultat von biologischen Festlegungen galt, wurde das soziale Geschlecht als ein 'offenes' Feld von potentiellen *Veränderungsmöglichkeiten* interpretiert; ein Feld, das zwar gegenwärtig noch von dominanten Strukturen und Bedeutungen, die in eine Unterdrückung der Frau mündeten, besetzt, doch entlang spezifischer Kräfteverhältnisse umkämpft und voll neuer Möglichkeiten und Perspektiven war (vgl. Hauser 1991, 827; Nicholson 1994, 199).

Barbara Hey kritisiert, sich berufend auf Judith Butler (1990/1991^II), diese gängige Dichotomie, denn "gerade die Bedeutungen, die wir Natur, sex, gender, Biologie geben, (müssen) weiter dekonstruiert werden (...): 'Geschlecht' ist weder Folge noch Äquivalent der Anatomie. Die anatomische Differenzierung ist ein rein deskriptives Faktum, eine von vielen möglichen Beobachtungen über physische Unterschiede. Es stellt sich die Frage, warum so viele komplexe Bedeutungen gerade um diesen Unterschied gruppiert werden." (Hey 1994, 15) Auch das biologische Geschlecht unterliegt in diesem Zusammenhang sozialen Konstruktionen. Die angeblich natürlichen Sachverhalte, so betont Butler, werden (beispielsweise im Rahmen wissenschaftlicher Einzeldisziplinen) "diskursiv produziert" (Butler 1990/1991^II, 67). Auch "der Körper (entgeht) der Repräsentation nicht, sondern (ist) ständig in ihr befangen" (Hey 1994, 16). Ausgestattet mit einem "kulturellen Konstruktionsapparat", in dem bestimmte (historisch-gesellschaftlich sich entwickelnde) Vorstellungen und Praxisformen über das Geschlechterverhältnis bereits eingeschrieben sind, wird das biologische Geschlecht (sex) als eine Gegebenheit entworfen, die außerhalb jeder Bedeutungsproduktion stehen soll. Dabei umfasst das soziale Geschlecht in Wirklichkeit "auch jene diskursiven/kulturellen Mittel, durch die eine 'geschlechtliche Natur' oder ein 'natürliches' Geschlecht als 'vordiskursiv', d.h. als der Kultur vorgelagert oder als politisch neutrale Oberfläche, auf der sich die Kultur einschreibt, herstellt und etabliert wird." (Butler 1990/1991[II], 23ff.)[55] Butler wendet sich von hier aus grundlegend gegen jede Form des Determinismus und fordert dazu auf, die Gründe zu hinterfragen, die zu biologischen, aber auch zu soziokulturellen Determinismen führen: "Der feministische Einspruch gegen den Biologismus", so formuliert Hey, "wandte sich ursprünglich gegen die Festschreibung des Inhalts, der Bedeutung von Weiblichkeit auf bestimmte, eben körperliche Funktionen. Eine Festschreibung auf bestimmte Bedeutungen resultiert aber auch aus der Betonung der kulturellen Determiniertheit von Weiblichkeit. Es lässt sich beobachten, dass angesichts der Frage nach der Herkunft der Determination (also durch die Biologie oder durch die Kultur; R.L.) die Kritik an dieser selbst in den Hintergrund tritt; biologischer Determinismus droht durch soziokulturellen Determinismus abgelöst zu werden." (Hey 1994, 15)[56] Statt Determinismen verschiedenster Art aufzusitzen, muss nach Butler stärker auf die *Möglichkeitsbeziehungen* geachtet werden, die durch deterministische Konstruktionen verdeckt werden.[57]

Barbara Hey, die die beschriebene Position Butlers weitgehend teilt, weist indes darauf hin, dass "wir angesichts der biologistischen und in Dichotomien befangenen Umgebung nicht ganz aufhören (können), auf der Unterscheidung zwischen Natur und Kultur, *sex* und *gender* zu bestehen." (Hey 1996, 14) Gegen die mächtige Tendenz der *naturalisierenden Reduktion* von gesellschaftlichen Gegebenheiten ist der *gender*-Begriff ein wichtiges Instrument. Jedoch darf dies nicht "den Blick auf die soziale Verursachung und Verwurzelung der Einschätzung von Natur oder Biologie verstellen" (ebd.). Mit Joan W. Scott schlägt sie vor, grundlegend ein Augenmerk auf die sozialen Repräsentationen zu legen, d.h. auf die Weisen, wie Gesellschaften und Individuen sich 'Geschlecht' vorstellen: "Ohne Bedeutung gibt es keine Erfahrung; ohne Signifikationsprozesse gibt es keine Bedeutung." (Scott 1986, 1063) Bei der Untersuchung von Geschlecht ist also ein Nachdruck auf die Vorstellungen über die gesellschaftli-

---

[55] In einer Untersuchung über die Ratgeberliteratur zur Sexualerziehung stellen beispielsweise Frigga Haug et al. fest, "dass es den 'rein' biologischen Blick nicht gibt. Auch über scheinbar sachliche, neutrale Faktenvermittlung wird zeit- und kulturgebundene Ideologie transportiert. Gleichzeitig ist es ein Effekt und Produkt eben dieser Kultur, dass ein überwiegend biologischer Blick auf Sexualität und Fortpflanzung unter Auslassung der Geschlechterverhältnisse möglich wird." (Haug/Hauser 1991, 101).

[56] Kathy Davis stellt übrigens fest, dass - was immer wir von der kosmetischen Chirurgie auch halten mögen -, diese Technik das Bild über 'die-Natur-die-Grenzen-stellt' langsam verändert in ein Bild über 'die-Natur-die-verbessert-werden-muss': "Die kosmetische Chirurgie bringt uns in die Lage, nicht mehr unbedingt an unser Alter oder unsere 'Rasse', selbst nicht an unser Geschlecht gebunden zu sein." (K.Davis 1996, 29)

[57] Die m.E. berechtigte Kritik an Butlers Texten würde den Rahmen der vorliegenden Darstellung sprengen. Eine informative Zusammenfassung hierzu findet sich bei Trettin 1994. Hilge Landweer kritisiert beispielsweise Butlers 'Diskursontologie' und einen daraus resultierenden Mangel an differenzierender Begrifflichkeit für "gestalthaft konstruierende Wahrnehmung, Körperformierung, eigenleibliches Spüren, generative Impulse und diskursive Symbolisierung" (Landweer 1993, 16; hier nach Trettin 1994, 215; ähnlich Landweer 1994). Trotz aller Kritik wird der Impuls, der davon ausgeht, darauf aufmerksam gemacht zu haben, dass die "Relation Sex und Gender ... keine ontologische, sondern eine diskursive" ist, meist auch von den Kritikerinnen als nützlich bewertet (Trettin 1994, 220).

chen Beziehungen zwischen Frauen und Männern zu legen, ohne die Bedingungen, Strukturen und Praxisformen zu vernachlässigen, die in Alltag und Wissenschaft eine bestimmte Geschlechtszuschreibungs- und Interpretationspraxis[58] nahelegen. 'Geschlecht' als solches ist nie absolut oder beständig, sondern immer kontextabhängig und (möglicherweise) umkämpft und umstritten (vgl. Hey 1994, 19).

5.3 Von *sex* und *gender* zu Sexismus

In vielen Veröffentlichungen, die die gesellschaftliche Unterdrückung und ungleichwertige Positionierung von Frauen zum Gegenstand haben und zugleich die Unterdrückung und Benachteiligung von Eingewanderten, Schwarzen[59], ethnischen Minderheiten, anderen Kulturen usw. thematisieren, wird der Begriff Sexismus als eine Art Parallelbegriff zu Rassismus gebraucht.[60] Sexismus und Rassismus weisen bestimmte Übereinstimmungen und Ähnlichkeiten auf, ohne dass sie jedoch ineinander fallen würden oder auf die Erörterung wichtiger Unterschiede verzichtet werden könnte (dazu im Einzelnen später). Insgesamt kann Sexismus als ein Begriff bezeichnet werden, der analog zum Rassismusbegriff gebildet wurde (vgl. Schmerl 1987, 965).

Linda Nicholson macht darauf aufmerksam, dass in der feministischen Forschung die Vorstellung einer im wesentlichen sozialen Konstitution des Menschen nicht nur dazu benutzt wurde, die *Reduzierung* auf und die *Determinierung* durch ein biologisches Geschlecht (*sex*) in Frage zu stellen, sondern zugleich diese Reduktionen und Determinismen "korrekt als begrifflichen Unterbau des 'Sexismus' zu erkennen. Denn mit der implizit darin enthaltenen Behauptung, dass die Geschlechterdifferenz in der Biologie verwurzelt ist, werden diese Unterschiede festgeschrieben und alle Veränderungsversuche zum Scheitern verurteilt." (Nicholson 1994, 199) Ähnlich wie beim Rassismusbegriff wird hier mit dem Sexismusbegriff *auf den gesellschaftlichen Prozess der Produktion von Vorstellungen und Praxisformen über Geschlecht (und seine Folgen) verwiesen.* "Sexismus", so Helma Lutz, "stützt sich in erster Linie auf genetische Differenzen zwischen Mann und Frau, und konstruiert daraus den sozialen Unterschied." (Lutz 1992a, 65) In ähnlicher Weise charakterisiert Margret Jäger Sexismus als einen Prozess der Bedeutungskonstruktion, "der Frauen aufgrund körperlicher Eigenheiten andere Eigenschaften und Fähigkeiten zuschreibt" (M. Jäger 1996, 83). Solche Zuschreibungen werden sexistisch, da "die sozialen Eigenschaften von Frauen als deren natürliche und unveränderbare Eigenschaften angesehen werden" und mit Hilfe dieser zugeschriebenen Eigenschaften Frauen der "Zutritt zu bestimmten gesellschaftlichen Sektoren versperrt oder schwergemacht" wird (ebd., 84).
Ausgehend von diesen begriffsbildenden Elementen der Geschlechterkonstruktion wird Sexismus als eine Form gesellschaftlicher Unterdrückung gefasst, in der sich asymmetrische Machtverhältnisse und Handlungsmöglichkeiten zwischen den Geschlechtern ausdrücken. So

---

[58] Die beiden Begriffe finden sich bei Trettin 1994, 230.

[59] Mit 'schwarz' ist hier nicht die Hautfarbe gemeint, sondern ein politischer Begriff zur Selbstbezeichnung einer Gruppe. Dennoch kann dieser Begriff zu recht problematischen Vereinfachungen, ja auch zu Naturalisierungen führen; zur kritischen Auseinandersetzung vgl. Leiprecht 1992b, 707ff.

[60] So etwa bei A.Davis (1981/1982[II]), Maynard/Brittan (1984) und Meulenbelt (1986).

benutzt Cornelia Mansfeld einen Sexismusbegriff, der zum einen auf die Unterdrückung von Frauen in patriarchalen Gesellschaften[61], zum anderen auf die Legitimation dieser Unterdrückung zielt (Mansfeld 1987). Helma Lutz setzt einen etwas anderen Akzent. Sie formuliert Sexismus als ein handlungsrelevantes Ausschlusskonzept und als Ideologie (Lutz 1992a, 58). Das Geschlecht wirkt dabei einerseits als ein sozialer Platzanweiser, andererseits ist es ein Resultat von gesellschaftlichen Konstruktionen und Zuschreibungen (ebd., 57).

5.4 Der Sexismusbegriff und Frauen als Opfer

Ein Problem, das mit einer bestimmten Begriffsfassung von Sexismus transportiert werden kann, zeigt sich beispielsweise in einem Handbuch gegen Jugendgewalt für Sozialarbeiter/innen, Erzieher/innen und Eltern. Die u.s.-amerikanischen Pädagogen Allan Creighton und Paul Kivel definieren dort Sexismus als "das System von Einstellungen, Vorurteilen, Handlungen und Institutionen, die Frauen zu Opfern von Gewalt, Diskriminierung und Herabsetzung machen" (Creighton/Kivel 1993, 37).

In dieser Definition wird die Opferrolle von Frauen hervorgehoben. Dies ist keineswegs *falsch*, denn es ist nicht zu bestreiten, dass Frauen in der Tat häufig zu Opfern werden. Man denke nur daran, dass in Deutschland im Durchschnitt alle vier Minuten eine Frau vergewaltigt wird (vgl. F. Haug et al. 1991, 56), oder dass durch ein immer noch dominantes Muster geschlechtsspezifischer Arbeitsteilung viele Frauen in schlecht bezahlte, unsichere Jobs ohne Aufstiegsmöglichkeiten gedrängt werden (vgl. McIntosh 1991, 858; Schunter-Kleemann 1992). Allerdings legt der Sexismusbegriff von Creighton und Kivel nahe, sich auf eine bloße Opfer-Perspektive zu beschränken und damit ein bestimmtes Frauenbild zu reproduzieren.

Dies kann zu verschiedenen Widersprüchen führen. Einerseits sollen Frauen stets dann auf eine aktive Rolle angesprochen werden, wenn es um Selbstbestimmung, Emanzipation, Befreiung usw. geht, und andererseits werden sie mit den Konzepten, die einer solchen Entwicklung positiv gegenüberstehen und die gegebenen Verhältnisse kritisch unter die Lupe zu nehmen suchen, ausschließlich als Opfer der Verhältnisse betrachtet.[62] Vor diesem Hintergrund

[61] Der Begriff Patriarchat wird von Autorinnen wie Maria Mies, Claudia von Werlhof, Veronika Bennholdt-Thomsen et al. dazu verwandt, um eine männliche Herrschaftsform sowohl in ihrer historischen Gewordenheit als auch in ihrer Kontinuität zu fassen. Mies zufolge geht es hierbei um die "HERRschaft von Ehemännern, von männlichen Vorgesetzten, von leitenden Männern in den meisten gesellschaftlichen Institutionen, in Politik und Wirtschaft" (Mies 1988, 55). Zweifellos sind - schaut man sich etwa in Deutschland und den Niederlanden um - führende Positionen in der Gesellschaft überwiegend von Männern besetzt. Dies bestreitet auch Mary McIntosh nicht, die wichtige Kritikpunkte am Patriarchatsbegriff anführt. Der Begriff verleite u.a. dazu, sich auf eher *interpersonelle* Herrschaftsbeziehungen zu beschränken. Ein solches Modell neige dazu, zu vernachlässigen, dass die analytische Aufmerksamkeit bei Frauenunterdrückung oft auf eher diffuse gesellschaftliche Praxisformen (Repräsentationsformen, Sprechweisen u.Ä.) gerichtet werden müsse (McIntosh 1991, 857; vgl. auch Coward 1983, 272).

[62] Auf diese widersprüchliche Konstellation weist auch die Pädagogin Susanne Maurer hin:

> "Frauen (müssen) angesichts des Ausmaßes sexistischer Gewalt vor allem als Opfer von Männergewalt und Männerherrschaft erscheinen (...), andererseits sich selbst aber auch als handelnde, schöpferische Subjekte erfahren, die ihr Leben selbst gestalten - und sei es in noch so geringem Maße. Beides zugleich, womöglich sogar 'ineinander' zu denken und als Realität anzuerkennen, scheint nicht gerade einfach zu sein. Nicht von ungefähr werden Versuche unternommen, die Spannung, die in dieser wider-

ergibt sich für die Formulierung des Sexismusbegriffs eine *besondere* Schwierigkeit. Der Begriff soll zur Benennung und Analyse einer spezifischen Unterdrückungsdimension dienen. Obwohl es hierbei nicht dienlich ist, Frauen lediglich als Opfer von Verhältnissen zu beschreiben, müssen Täter-Opfer-Verkehrungen vermieden werden, die sich leider nicht nur in schlecht gemachten Boulevard-Blättern finden lassen. Solchen Umdrehungen zufolge sind Frauen und Mädchen letztlich selbst schuld, wenn es zu sexuellen Übergriffen und Vergewaltigungen kommt, da sie dies durch ein aufreizendes Verhalten selbst verursachen und die entsprechenden Männer, die angeblich ihrer männlichen (Trieb-)Natur ausgeliefert seien, regelrecht zur Tat treiben würden.

Ohne solchen Verkehrungen das Wort reden zu wollen, darf der Sexismusbegriff jedoch nicht verhindern, beispielsweise danach zu fragen, inwiefern und in welcher Weise Frauen (Mit-)Täterinnen ihrer eigenen Unterdrückung sein können; Fragen, wie sie etwa von Christina Türmer-Rohr (1987) oder Frigga Haug (1980) gestellt werden: "Die einzelnen Frauen finden selbstverständlich die Unterdrückungsstrukturen, die gesellschaftlichen Verhältnisse, in die sie hineinwachsen (...), zunächst fertig vor. Aber diese Strukturen existieren nur weiter, wenn sie von denen, die in ihnen leben, immer wieder hergestellt werden. Dass dies so ist, heißt auch, dass diese Strukturen von denen, die sie herstellen, geändert werden können. D.h., der Gedanke, dass Frauen ihre eigenen Verhältnisse ändern können, setzt voraus, dass sie diese Verhältnisse auch mit herstellen und also (...) die Unterdrückung, wenn sie nicht mit äußerem Zwang arbeitet, die Zustimmung der Unterdrückten braucht." (F. Haug 1980, 646) Nun muss 'Zustimmung' nicht unbedingt als ausdrückliche Zustimmung gedacht werden, sondern kann sich auch eher implizit und stillschweigend ausdrücken. Auch sind die verschiedenen Zustimmungsformen, auf die Frigga Haug aufmerksam macht, wohl eher als Formen zu begreifen, in denen die eigene Unterdrückung auf *widersprüchliche Weise gelebt* wird.

Gleichzeitig ist indes zu konstatieren, dass unter den gegebenen Bedingungen Frauen gegenüber anderen Frauen auch zu sexistischen (Mit-)Täterinnen werden können. Darauf verweist beispielsweise Margret Jäger: "So ist zu beobachten, dass die gesellschaftlichen Zuschreibungen, denen Frauen begegnen, diese auch miteinander verbinden und/oder dass Frauen diese Zuschreibungen positiv aufgreifen und ihre Weiblichkeit zum Mythos erheben. Eine andere Variante solcher sexistischen Identitätsfindung liegt dann vor, wenn Frauen, gerade weil sie als Frauen über Einfühlungsvermögen und soziale Phantasie verfügten, für Führungs- und Managmentaufgaben der Industrie als besonders geeignet angesehen werden." (M. Jäger 1996, 85) In einer solchen *Übernahme* sexistischer Zuschreibungen durch Frauen kann sich auch der Wunsch nach gesellschaftlicher Anerkennung ausdrücken. Und möglicherweise lassen sich die Praxisformen, die hiermit gerechtfertigt werden können, dahingehend interpretieren, dass die individuelle Hoffnung auf eine bessere Positionierung zu einer Teilhabe an der vorherrschenden männlichen Macht auf Kosten anderer Frauen führen kann. Jedenfalls kann es von derartigen Praxisformen aus zu regelrechten Vorhaltungen von Frauen gegenüber anderen Frauen kommen, die inhaltlich durchaus sexistisch geprägt sind.

Doch noch auf eine weitere Form der (Mit-)Täterinnenschaft ist zu achten. Ausführungen hierzu finden sich beispielsweise bei Helma Lutz (vgl. Lutz 1992a): Die einzelne Frau wird in

---

sprüchlichen Gleichzeitigkeit liegt, einseitig aufzulösen - mit dem Ziel, Eindeutigkeit herzustellen. Dabei 'verschwinden' allerdings die einzelnen, konkreten Frauen mit ihren besonderen, widersprüchlichen Existenzen und Erfahrungen (...)." (Maurer 1996, 2ff.)

sexistischen Eigenschaftszuschreibungen als Teil einer homogenen Gruppe gesehen, deren Besonderheit in ihrer natürlichen Anlage begründet liegt. Diese vereinheitlichende Zuschreibung kann auch ein gemeinschaftsstiftendes Gefühl provozieren: 'Wir Frauen' werden unterdrückt. Gleichzeitig gehören Frauen allerdings den verschiedensten sozialen Klassen und ethnischen Gruppen an, haben unterschiedliche sexuelle Orientierungen, wohnen in der Stadt oder auf dem Land, sind in Ländern aufgewachsen, die kolonisiert waren oder in Ländern, die zu den kolonisierenden Mächten gerechnet werden müssen, etc. Die Geschlechterzugehörigkeit läuft jeweils quer durch die verschiedenen Klassen und Gruppen hindurch und all diese Frauen werden nicht gleichermaßen unterdrückt, ja, Frauen dominierender Gruppen beteiligen sich an der Unterdrückung von Frauen dominierter Gruppen.

5.5 Zum Machtaspekt

Autorinnen wie Joan Scott (1988) oder Sandra Harding (1990) verbinden den Begriff *gender* sehr eng mit der Dimension *Macht*. Für Scott ist *gender* "ein primäres Mittel zur Bezeichnung von Machtverhältnissen" (Scott 1988, 45). Harding charakterisiert *gender* als ein grundlegend *asymmetrisches* Verhältnis: "Männlichkeit bedeutet vor allem den Ausschluss all dessen und die rechtmäßige Herrschaft über all das, was kulturell als weiblich definiert ist." (Harding 1990, 56) Nimmt man die vorherrschenden Formen der Geschlechterverhältnisse und die entsprechenden Konstruktionen von Männlichkeit etwa in Deutschland und den Niederlanden in den Blick, so ergeben diese Aussagen einigen Sinn: Es sind gewissermaßen Zustandsbeschreibungen über dominierende Gegebenheiten. Bei Scott und Harding geht die Verbindung zwischen *gender* und Macht indes über eine empirische Feststellung hinaus und verschmilzt in ihrer Begriffsfassung von *gender* zu einer offenbar untrennbaren Größe.

Autorinnen wie Mary McIntosh (1991) und Gayle Rubin (1975) betonen demgegenüber, dass es wichtig ist, "- selbst angesichts der deprimierenden Geschichte -, auch weiterhin zu unterscheiden zwischen der menschlichen Fähigkeit und Notwendigkeit, geschlechtsspezifische Welten zu errichten, und den empirischen Unterdrückungsstrategien, die zur Strukturierung dieser geschlechtspezifischen Welten eingesetzt worden sind" (Rubin 1975, 6; zitiert nach McIntosh 1991, 847). Es erscheint wenig sinnvoll, die Machtasymmetrie bereits als ein universelles Merkmal von *gender* zu fassen. Die Kategorie *gender* würde damit für alle Zeiten, für alle Gesellschaften und für alle Gruppen auf eine bestimmte Form des Geschlechterverhältnisses *als* Frauenunterdrückung festgeschrieben.

Gerade der Begriff Sexismus erweist sich an dieser Stelle als überaus nützlich, schließlich soll mit Sexismus nach bestimmten Formen von *Unterdrückung* und *Benachteiligung* gefragt werden. *Gender* und *sex* bekommen im sexistischen Rahmen eine besondere Bedeutung, beziehungsweise bestimmte Konstruktionen von *gender* und *sex* führen zu Zuschreibungen, Positionierungen und Ausgrenzungen, die als sexistisch charakterisiert werden müssen. Die Möglichkeit von Geschlechterverhältnissen, die *nicht* durch sexistische Strukturen, Bedeutungen und Begründungen bestimmt sind, bleibt bestehen.

5.6 Zentrale Sachverhalte des Sexismusbegriffs

Anders als beim Konzept 'Rasse', aber ähnlich wie beim Konzept 'Kultur' bei der Darstellung wichtiger Merkpunkte zur Analyse von Rassismen (siehe II.2.), beanspruchen die Kategorien *sex* und *gender* bei der Charakterisierung des Sexismusbegriffs die potentielle

Möglichkeit einer Bedeutung *außerhalb* sexistischer Ideologien und Positionierungen. Daraus ergibt sich eine gewisse Komplizierung, wenn analog zum Rassismusbegriff ein Sexismusbegriff formuliert werden soll. Ich schlage also vor, bei der Identifizierung und Untersuchung von Sexismen auf die folgenden Sachverhalte zu achten:[63]

- Es geht um die soziale Konstruktion biologischer (*sex*) und sozialer Geschlechter (*gender*), wobei es sich um Elemente von Sexismus handelt, wenn Geschlecht auf Natur reduziert wird (Naturalisierung). Die Konstruktion des sozialen Geschlechts kann jedoch auch eine kulturalistische Form annehmen, wenn sie zwar die Reduktion auf bloße Natur abzulehnen scheint, jedoch ebenfalls durch Essentialismus, Ungeschichtlichkeit und die universelle Festlegung auf eine bestimmte soziale Vorstellung von weiblich oder männlich zu charakterisieren ist. Bei der Konstruktion des biologischen Geschlechts kann versucht werden, vergessen zu machen, dass die Erkenntnisse von Natur und Biologie ebenfalls in einem gesellschaftlichen Kontext gewonnen wurden. Auch in diesen beiden Fällen handelt es sich um Elemente von Sexismus.
- Im Zusammenhang mit den beschriebenen Konstruktionen kommt es zu weiteren Reduktionismen und Determinismen: Ein naturalisierendes oder kulturalisierendes Bild von Geschlecht wird über die Einzelnen gestülpt, um deren psycho-soziale Eigenschaften und ihre Denk- und Handlungsweisen als entsprechend festgelegt zu interpretieren.
- Die beschriebenen Konstruktionen werden mit Bewertungen und Eigenschaftszuschreibungen 'gefüllt', die als soziale Platzanweiser (Positionierung) dienen und Benachteiligung und Ausgrenzung zur Folge haben bzw. zu ihrer Rechtfertigung und Begründung beitragen.
- Sexismen sind eng mit der Frage nach der gesellschaftlichen Macht verbunden, da es sehr darauf ankommt, welche Konstruktionen und Geschlechterzuschreibungen sich mit welchen Konsequenzen durchsetzen und welche Konstruktionen in einer Gesellschaft schließlich zu den dominierenden Vorstellungen und Repräsentationen gehören.

5.7 Das Verhältnis von Sexismen zu Rassismen, Nationalismen und Ethnizismen

Zwischen Rassismen, Nationalismen, Ethnizismen einerseits und Sexismen andererseits lassen sich durchaus Ähnlichkeiten feststellen. Dies hat zweifellos damit zu tun, dass in ihrem Rahmen 'soziale Einheiten' konstruiert werden, die sich in nationalen Gesellschaften als Momente struktureller Positionierung ausdrücken bzw. auf der Bedeutungs- und Begründungsebene auf entsprechend positionierte 'Einheiten' Bezug genommen wird, um weitere Konstruktionen zu produzieren oder bereits vorhandene zu untermauern. In der Struktur, Wirkung und Funktion gibt es Ähnlichkeiten aufgrund der Tatsache, dass es sich auf der Bedeutungsebene um konkrete Ideologien handelt, die in Sozialen Repräsentationen verdichtet sind. Gleichzeitig fassen sie, und hieraus ergeben sich wichtige Unterschiede, mit ihrem inhaltlichen Gehalt jeweils bestimmte Phänomenbereiche.

Die Ähnlichkeiten zwischen Rassismen, Nationalismen, Ethnozentrismen und Sexismen liegen auf der Hand: Stets werden in einem gesellschaftlich-historischen Prozess bestimmte

[63] Mit Hilfe dieser Merkpunkte können übrigens sowohl Formen von Frauenunterdrückung und männlicher Dominanz untersucht werden als auch Geschlechterkonstruktionen, in denen homosexuelle Männer und Frauen als unnatürlich, krankhaft und abnormal bewertet werden (vgl. hierzu Foitzik/Seid/Wegner 1991, 93; Creighton/Kivel 1993, 38).

feste und festlegende Repräsentationen, Bilder und Vorstellungen über 'andere' produziert. Häufig 'materialisieren' sich diese in bestimmten Praxisformen und in ökonomischen, politischen und juristischen Verhältnissen oder beziehen einen Gutteil ihrer Wirkungskraft aus den bereits vorhandenen und offenbar 'fraglos gegebenen' Einteilungen und Positionierungen. Zudem werden - wenn auch in jeweils spezifischer Weise - mit diesen Repräsentationen, Bildern und Vorstellungen Menschengruppen nach Maßgabe bestimmter Wertungen aufgeteilt (in höher- oder minderwertige, bessere und schlechtere, dazugehörige und nichtdazugehörige, geeignete und ungeeignete usw.). Die 'Übernahme' von entsprechenden (ideologischen) Orientierungsangeboten in subjektive Begründungsmuster unterstützt in allen vier Fällen eine 'vertikale' Form der Vergesellschaftung und trägt zur Rechtfertigung sozialer und politischer Herrschafts- und Ungleichheitsstrukturen bei. Bei der Untersuchung der Ursache subjektiver 'Übernahmen' ist auf die jeweiligen Lebenspraxen und Handlungsweisen, auf die Felder von Möglichkeiten und Behinderungen zu achten, aus denen heraus den Einzelnen entsprechende Orientierungsangebote als 'nützlich', 'sinnvoll', 'bedeutsam', 'anschlussfähig', 'passend' etc. erscheinen.

Über diese Ähnlichkeiten hinaus gibt es jedoch Unterschiede und Besonderheiten, die aus den je verschiedenen Phänomenbereichen herrühren. Sexismus unterscheidet sich hier in besonderer Weise sowohl von Rassismus als auch von Nationalismus und Ethnizismus. Werden beispielsweise die gesellschaftlichen Konstruktionen von Geschlecht mit den 'Rasse'-Konstruktionen, die aus der Geschichte bekannt sind, verglichen, dann wird deutlich, dass nicht jeweils eine männliche und eine weibliche 'Rasse' konstruiert wird, sondern das Konstruktionsmerkmal Geschlecht quer durch alle 'Rasse'-Konstruktionen hindurchgeht. Das weibliche Geschlecht bekommt innerhalb von 'Rasse'-Konstruktionen jeweils eine besondere Aufgabe zugeteilt: Frauen sollen die 'Rasse' gebären und deren Reinheit und Existenz sichern. Nicht von ungefähr zeigt sich in rassistischen Ideologien ein besonderes Interesse an der Kontrolle über weibliche Sexualität und Fruchtbarkeit (Stolcke 1987).

Doch auch im Rahmen nationalistischer und ethnizistischer Bedeutungsmuster ist die Tendenz zu beobachten, Frauen für den Fortbestand der 'eigenen' Nation oder Ethnie in *spezifischer* Weise einzubinden. Mit Nira Yuval-Davis und Floya Anthias lassen sich fünf Bereiche identifizieren, in denen Frauen angesprochen werden (vgl. Yuval-Davis/Anthias 1994, 17ff.):

- als biologische Reproduzentinnen der 'eigenen' nationalen oder ethnischen Gruppe (durch die Ermutigung, Kinder zu haben, um den Fortbestand der Nation oder der Ethnie zu sichern);
- als Reproduzentinnen der Grenzen der 'eigenen' nationalen oder ethnischen Gruppe (durch die Aufforderung, nur mit Männern der 'richtigen' Gruppe Kinder zu zeugen);
- als Akteurinnen bei der ideologischen Reproduktion der nationalen oder ethnischen Gemeinschaft und als Überträgerinnen von Kultur (als Übermittlerinnen der 'richtigen' national- oder ethnisch-kulturellen Werte an die nächste Generation);
- als ein zentrales Symbol in nationalen oder ethnischen Diskursen (beispielsweise dadurch, dass Männer zum Kämpfen für das Wohl der 'eigenen' Frauen aufgerufen und die Frauen der Gegner als besonders wirksames Ziel der Aggression betrachtet werden);
- als Teilnehmerinnen an Kämpfen der 'eigenen' nationalen oder ethnischen Gruppe (wobei in militärischen Verbänden im Allgemeinen ein eher unterstützendes und sorgendes Verhältnis zu den mit Waffen kämpfenden Männern überwiegt).

Die Ähnlichkeit zwischen den innergesellschaftlichen Funktionen von Sexismen auf der einen Seite und Rassismen und Nationalismen auf der anderen, soziale Platzanweiser zu sein und soziale Ausgrenzung in bestimmten Bereichen durchzusetzen und zu rechtfertigen, impliziert zugleich auch einen weiteren wichtigen *Unterschied*: Während beispielsweise in rassistischen Ideologien der völlige Ausschluss (oder gar die Vernichtung) der als anders konstruierten 'Rasse' aus der 'eigenen' Gesellschaft projektiert und verkündet wird, sollen Frauen in sexistischen Ideologien "nicht gänzlich aus der Gesellschaft hinausgeworfen werden" (M.Jäger 1996, 95; ähnlich Räthzel 1993). Gerade die sexistische Zuweisung einer besonderen Zuständigkeit für den Fortbestand und das Erbe der 'eigenen' 'Rasse', 'Nation' oder 'Ethnie' innerhalb rassistischer, nationalistischer und ethnizistischer Ideologien macht die 'eigenen' Frauen unverzichtbar.

Dies weist allerdings zugleich auch auf eine bestimmte *Verknüpfung* der verschiedenen Konstruktionsbereiche hin: Beispielsweise beinhalten 'Rasse'-Konstruktionen über die'anderen' stets auch bestimmte Geschlechter-Konstruktionen innerhalb der anderen 'Rasse'. Solche Konstruktionen können parallel zu den Geschlechter-Konstruktionen für die 'eigene' Gruppe verfasst sein und damit einen übergreifenden Sexismus produzieren, der inhaltlich nahezu identische Grundaussagen über Frauen und Männer macht. Sie können aber auch für die 'eigene' und 'fremde' Gruppe besondere Unterscheidungen vornehmen, etwa wenn die 'fremde' Frau in einer Form des Orientalismus als besonders attraktiv und geheimnisvoll, aber auch als besonders unterdrückt wahrgenommen und den 'eigenen' Männern die Aufgabe zugedacht wird, sie von dem Joch der 'fremden' Männer zu befreien (vgl. Lutz 1989a; Lutz 1989b; M. Jäger 1996).

Helma Lutz macht in diesem Zusammenhang darauf aufmerksam, dass nicht nur die Vorstellungen über das Geschlecht in unterschiedlichen historischen Perioden und (Teil-)Gesellschaften sehr unterschiedlich sein können, sondern die Geschlechterkonstruktionen auch in einer dichotomisierenden Weise stattfinden und gleichzeitig die rassialisierten, ethnisierten oder nationalisierten Gruppen verschiedener (Teil-)Gesellschaften einander gegenübergestellt werden. Beispielsweise wird die Männlichkeit der 'eigenen' Gruppe sowohl in Abgrenzung zur Weiblichkeit der 'eigenen' Gruppe als auch in Abgrenzung zur Männlichkeit und Weiblichkeit von 'anderen' Gruppen konstruiert. Eine Eigenschaft oder Erscheinung wird als positiv bewertet, indem eine andere negativ besetzt wird (vgl. Lutz 1992a, 68). Auch die Frauenbewegung entkommt solchen Dichotomien offenbar kaum. Zur Konstruktion des Bildes einer emanzipierten westlichen Frau wird der islamische Kulturkreis als regelrechtes Gegenbild entworfen: "Das konstruierte Ideal der westlichen Frau (wird) zum Maßstab aller Dinge. Die westeuropäische Frau wird sozusagen erst zur fortschrittlichen, emanzipierten, autonomen *Person*, indem sie Frauen des islamischen Kulturkreises zu *Unpersonen* reduziert." (ebd., 73)

In einem weiteren wichtigen Punkt können sich Sexismus, Rassismus, Nationalismus und Ethnizismus gegenseitig *verstärken und ergänzen*. Nach Joan W. Scott erleichtert ein Unterdrückungsverhältnis, das gesellschaftlich 'anerkannt' und 'fraglos gegeben' scheint, auch die Einrichtung anderer und weiterer Unterdrückungsverhältnisse, die in ähnlicher Weise legitimiert werden. Eine Form der Rechtfertigung und Begründung hierarchischer Verhältnisse *zwischen den Geschlechtern* ist mit spezifischen Vorstellungen über die "*natürlichen* Beziehungen zwischen männlich und weiblich" verbunden (Scott 1986, 1073; Hvh.R.L.). Gerade die Selbstverständlichkeit der Naturalisierung im Kontext von Geschlechterkonstruktionen kann Naturalisierungen auch in anderen Bereichen unterstützen (vgl. Leiprecht 1990, 109).

6. Analyse- und Begriffsschema: Rassistische, nationalistische, ethnizistische und sexistische Phänomene auf verschiedenen Ebenen

Nach der Diskussion zentraler *themenbezogener* Begriffe können diese in das Analyse- und Begriffsschema, das auf der Grundlage der Diskussion *allgemeiner* Begriffe entwickelt wurde (siehe I.7.), eingetragen werden.

Deutlich ist, dass Phänomene wie Rassismus, Nationalismus, Ethnizismus und Sexismus heute unter den Bedingungen einer Welt wirken, die in *Nationalstaaten* aufgeteilt und organisiert ist. Und es fällt auf, dass auf der Ebene gesellschaftlich-struktureller Bedingungen zwar eine Weltwirtschaft ins Verhältnis zu National*ökonomien* gesetzt werden kann, den National*staaten*, also den Strukturen, in denen sich politische Regelungen des (nationalen) Zusammenlebens auch in demokratischer Weise formieren können, kein Gebilde wie 'Weltstaat' gegenübergestellt werden kann.[64]

In der Spalte gesellschaftlich-struktureller Bedingungen finden sich die Begriffe Zentrum und Peripherie (vgl. Wallerstein 1990). Sie sind nicht als wertende Einteilungen gemeint, sondern verweisen auf internationale Ungleichheiten in der Verteilung von Ressourcen und Macht.[65] In einer Welt, die in Nationalstaaten gegliedert ist, ergibt sich die jeweilige Besonderheit der Möglichkeiten und Behinderungen für die Einzelnen *auch* daraus, welche Position die nationale Gesellschaft, in der die Einzelnen leben, in diesem internationalen Verhältnis hat (vgl. Kreckel 1992). Gleichzeitig ist der Möglichkeitsraum der Einzelnen dadurch gekennzeichnet, welche Position sie *innerhalb* dieser Gesellschaft einnehmen. Soziale Segmentierungen und Ungleichheitsverhältnisse zwischen sozialen Klassen, nationalen oder ethnischen Mehr- oder Minderheiten, den Geschlechtergruppen usw. spielen hier eine wichtige Rolle (vgl. Bader/ Benschop 1989). Um zu betonen, dass es sich hierbei nicht um naturgegebene, sondern um historisch-gesellschaftlich produzierte Einteilungskategorien handelt, die mit bestimmten Inhalten belegt sind, wurde der Begriff der gesellschaftlichen Konstruiertheit gewählt (siehe II.1.3).

Diese gesellschaftlichen Einteilungsmöglichkeiten werden im Rahmen konkreter ökonomischer, politischer und rechtlicher Verhältnisse zu *gesellschaftlichen Positionierungen*, die, unterstützt und begleitet durch institutionelle Regelungen in Bereichen wie Bildung/Erziehung, Wissenschaft, Verwaltung, usw. den Einzelnen *als Bedingungen* gegenüber stehen und *vermittelt* über spezifische gesellschaftliche *Bedeutungen* wahrgenommen und interpretiert werden.

---

[64] Sofern man nicht die Zusammenarbeit oder besser Gegnerschaft und Konkurrenz der Regierungen von Nationalstaaten in der UN als 'weltstaatliches Gebilde' interpretieren möchte (was an dieser Stelle *nicht* getan wird).

[65] Wobei natürlich zu klären wäre, wie 'Reichtum' definiert wird. Wird beispielsweise in den oft gebrauchten internationalen Vergleichslisten das Kriterium Bruttosozialprodukt ersetzt durch andere (zweifellos ebenfalls noch genauer zu bestimmende) Kriterien (wie schonenden Umgang mit Naturressourcen, gerechte Verteilung von Arbeit und Bildung, Verwirklichung von Menschenrechten, Höhe von Arbeitslosigkeit, Lebensqualität, gleichberechtigte Teilhabe an gesellschaftlichen Möglichkeiten usw.), dann kommen ganz andere Listen und Rangfolgen zustande.

Übersicht 2: Analyse- und Begriffsschema II

Gesellschaftlich-strukturelle Bedingungen	**Gesellschaftliche Bedeutungen**	**Subjektive Begründungen**
Verhältnis Zentren - Peripherien: Weltwirtschaft - Nationalökonomien Weltgesellschaft - Nationalstaaten ***Nationalstaat/ nationale Gesellschaft:*** Gesellschaftliche Konstruktionen und Zuordnungen zu Nation, 'Rasse', Ethnie, Geschlecht usw. als Momente struktureller Positionierung und Einteilung, im Rahmen ökonomischer, politischer, juristischer Verhältnisse	***Diskurse*** als Bewegung von *Text und Rede* bzw. *Wissen* durch die Zeit (enthalten u.a. Orientierungsangebote) rassistische, nationalistische, ethnizistische und sexistische Bedeutungsmuster (Ideologien) in entsprechenden *Sozialen Repräsentationen* verdichtet	***Subjektive Orientierungen*** als Umgangsweisen mit /und Bezugnahmen auf Bedeutungen und Bedingungen (als Prämissen), wie sie im jeweiligen Möglichkeitsraum präsentiert sind rassistische, nationalistische, ethnizistische und sexistische Bedeutungsmuster (Ideologien), in entsprechenden *Sozialen Repräsentationen* verdichtet

Insgesamt wurden bisher mehrere wichtige Unterscheidungen vorgenommen:

- Das entwickelte Analyse- und Begriffsschema zu Bedingungen, Bedeutungen und Begründungen ist grundlegend *für die Forschung*. Es zeigt nicht nur die zentralen Untersuchungsebenen verschiedener Einzelwissenschaften auf, sondern ermöglicht auch die Integration und Anordnung von Begrifflichkeiten auf einer allgemeintheoretischen und themenspezifischen Ebene. Damit ist auch die theoriebezogene Bestimmung der zentralen Untersuchungsfrage möglich: Wie beziehen sich Jugendliche auf Soziale Repräsentationen und Diskurse, die von Rassismus, Nationalismus und Ethnizismus geprägt sind und in ihre subjektiven Möglichkeitsräume hineinragen? Wie gehen sie damit um und welche Effekte hat dies (siehe I.7.)?
- Mit der theoriebezogenen Anordnung von Rassismus, Nationalismus und Ethnizismus in drei Spalten (Bedingungen, Bedeutungen und Begründungen) werden *unterschiedliche*

Handlungsebenen markiert. Damit lässt sich auch verdeutlichen, dass - obwohl die Handlungsebenen miteinander verbunden sind und sich aufeinander beziehen - eine politische Arbeit zur Veränderung von institutionellen und/oder juristischen Rahmenbedingungen andere Herangehensweisen als eine pädagogische Arbeit mit Einzelnen und Gruppen verlangt (vgl. Leiprecht 1997, 24ff.).

- Die Unterscheidung von Rassismus, Nationalismus und Ethnizismus und die gleichzeitige Anordnung nach Bedingungen, Bedeutungen und Begründungen fordert zu der Frage heraus, auf welcher Ebene die vorgenommene Differenzierung in welcher Weise relevant ist? In Bezug auf gesellschaftlich-strukturelle Bedingungen ist es zweifellos von Bedeutung, ob das Staatsangehörigkeitsrecht national-republikanischen oder völkisch-rassischen Traditionen folgt. Bei der Analyse ausformulierter Ideologien ist es wichtig, zwischen kulturrassistischen und nationalistischen Konzepten zu trennen, da beide vermutlich zu unterschiedlichen Konsequenzen führen dürften. Und auch bei subjektiven Auffassungen, Einstellungen und Orientierungen o.ä., die sich im Alltag zeigen, ist eine solche Unterscheidung - so kann angenommen werden - von Bedeutung. Jedenfalls hat die empirische Forschung hier viele Instrumente entwickelt, die - unterschiedlichen Konzeptualisierungen folgend - etwa nach autoritär-nationalisierenden, ethnozentrischen und rassistischen Mustern differenzieren. Wie sich im folgenden Abschnitt (III.1.) zeigen wird, liegen allerdings bislang noch kaum überzeugende Unterscheidungen vor, denn viele Items, die beispielsweise in Skalen zu 'autoritär-nationalisierenden Auffassungen' eingesetzt werden, können im gesellschaftlichen Diskurs auch zur Begründung und Rechtfertigung ethnozentrischer oder rassistischer Auffassungen benutzt werden.

III. Forschungsstand und Forschungsfragen

Der nachstehende Abschnitt setzt sich aus zwei Teilen zusammen: Im ersten Teil (Forschungsstand) wird eine Übersicht über Jugenduntersuchungen zum Themenbereich Rassismus, Nationalismus und Ethnizismus in Deutschland und den Niederlanden vermittelt. Im zweiten Teil (Forschungsfragen) werden Fragen und Hypothesen für die eigene empirische Untersuchung dargelegt.

1. Methoden und Ergebnisse von empirischer Forschung zu Rassismus, Nationalismus und Ethnizismus bei Jugendlichen in Deutschland und den Niederlanden

Zunächst konzentriert sich der Überblick zum Forschungsstand auf die *methodische Ausrichtung* der empirischen Arbeiten in beiden Ländern. Anschließend werden einige zentrale Untersuchungen und Resultate, die einen Eindruck über die *Entwicklung in den letzten drei Jahrzehnten* geben können, vorgestellt.[66] Die Darstellung der deskriptiven Ergebnisse ist verbunden mit Überlegungen zum Nutzen und zur Problematik dominierender Methoden.

1.1 Methodische Ausrichtung von empirischer Forschung in den Niederlanden

Sucht man in den Niederlanden nach Arbeiten, die im engeren Sinne das Gegenstandsgebiet aufgreifen, also etwa Untersuchungen zu Ethnozentrismus, Ethnizismus, Rassismus oder Nationalismus und entsprechenden subjektiven Repräsentationen und Orientierungen (- oder auch, je nach Konzeptualisierung - Fremdenhass oder Ausländerfeindlichkeit und entsprechenden Einstellungen, Auffassungen, Vorurteilen, Stereotypen etc.), dann lässt sich sehr schnell feststellen, dass die Forschung zu diesen Phänomenen nur einen sehr schmalen Bereich innerhalb der sozialwissenschaftlichen Forschungslandschaft einnimmt und lange Zeit vor allem auf *extreme* Formen ausgerichtet war (vgl. Verberk 1995, 54). Die Existenz und Verbreitung von subtileren und alltäglicheren Formen wird zwar durch qualitative und quantitative Untersuchungen aufgezeigt, allerdings stellen diese Arbeiten keineswegs die Hauptrichtung des ohnehin relativ kleinen Forschungsbereiches dar (vgl. etwa Essed 1991; Meertens/Pettigrew 1991).

Wird der diesbezügliche Stand der niederländischen *Jugend*forschung betrachtet, entdeckt man ein durchaus ähnliches Bild. Der Jugendforscher Jan Hazekamp resümiert: "Rassistische Ideologien in der Gesellschaft und ihre Wirkungsweisen im alltäglichen Leben sind in der Jugendforschung bisher kaum ein Thema." (Hazekamp 1992, 6) In den letzten Jahren entstanden (im Jugendbereich) zwar einige *unterrichtssoziologische* Studien, die mit Methoden der teilnehmenden Beobachtung und Interviews arbeiteten und interethnisches Zusammenle-

---

[66] Dabei beschränkt sich der Überblick noch auf Entwicklungen auf Länderebene, also *ohne* Ergebnisse über Teilgruppen in den Ländern (etwa in Bezug auf Geschlecht oder soziale Klasse) zu präsentieren. Auch werden zunächst vor allem *deskriptive* Ergebnisse vorgestellt und noch *keine* Ergebnisse über Zusammenhangsannahmen und Erklärungsmodelle. Beides folgt an anderer Stelle (siehe V.5.3.9).

ben und Diskriminierung in der Schulklasse untersuchten (vgl. Saharso 1992; Leeman 1994). Erwähnenswert sind auch die qualitativ orientierten empirischen Arbeiten, die das Erleben und Erfahren von ausgrenzenden Verhältnissen auf der Seite von allochthonen Jugendlichen unter die Lupe nahmen (vgl. etwa Sansone 1992). Dennoch: Eine *qualitativ* orientierte Jugendforschung, die sich auf Ethnozentrismen, Ethnizismen, Rassismen und/oder Nationalismen bei *autochthonen* Jugendlichen richtet, gibt es kaum (vgl. hierzu Leeman/Saharso 1997, 58).

Insgesamt sticht für das Gegenstandsgebiet also immer noch die deutliche Dominanz quantitativer Methoden der Datengewinnung und Datenauswertung ins Auge. Empirische Untersuchungen wurden hier vor allem in der Tradition der *quantitativ* orientierten sozialpsychologischen Vorurteilsforschung durchgeführt (vgl. etwa Eisinga/Scheepers 1989; Dekker 1991; Hagendoorn 1993). Dies gilt auch, wenn sich die Untersuchungen auf Jugendliche konzentrieren (vgl. etwa Hagendoorn/Janssen 1983; Raaimakers 1986; Kleinpenning 1993). Auffällig ist, dass in den Untersuchungen nach *alternativen Orientierungen* gegenüber ethnozentrisch, ethnizistisch, rassistisch oder nationalistisch ausgerichteten Diskursen *nicht* gefragt wird.

1.2 Methodische Ausrichtung von empirischer Forschung in Deutschland

Eine ähnliche Dominanz quantitativer Methoden lässt sich auch für Deutschland beobachten. Dies gilt besonders, wenn die empirischen Forschungen im Gegenstandsbereich *insgesamt* betrachtet werden. Differenziert man nach verschiedenen Einzeldisziplinen, so zeigt sich diese Dominanz deutlich im Bereich der sozialpsychologischen Vorurteilsforschung (so etwa bei Zick 1997) und der politikwissenschaftlichen Rechtsextremismus- und Antisemitismusforschung und etwas weniger deutlich in der erziehungswissenschaftlichen Forschung (vgl. hierzu Falter et al. 1996, 16).

In der *Jugendforschung* zum Gegenstandsbereich überwiegt ebenfalls immer noch eine quantitative Ausrichtung.[67] Vergleichsweise wenige Untersuchungen greifen auf qualitative Methoden zurück, auch wenn hier in den letzten Jahren eine steigende Tendenz zu verzeichnen ist (so etwa Leiprecht 1990; Heitmeyer et al. 1992; Birzer/Gessenharter 1996; Rieker 1997). Forschungen, die quantitative und qualitative Ansätze im Methodenmix kombinieren, sind die große Ausnahme (so z.B. Held et al. 1996). International vergleichende Untersuchungen, und dies gilt auch für die niederländische Forschungslandschaft, gibt es kaum.[68] Zudem wird auch in Deutschland vor allem nach Einstellungen, Auffassungen, Orientierungen etc.

[67] Seit dem Überblick über die Forschungslandschaft von 1992 (Leiprecht et al. 1992) ist hier *keine* wesentliche Veränderung eingetreten. Dies spiegelt sich auch in der Synopse von Kai Uwe Schnabel von 1993 und im Sonderband der Zeitschrift PVS (Politische Vierteljahresschrift) von 1996 wieder. Im Versuch, den aktuellen Stand der Forschung im Bereich 'Jugend und Rechtsextremismus' zu beschreiben, werden ganz überwiegend Untersuchungen zu Fremdenfeindlichkeit, rechten Einstellungen, autoritär-nationalisierenden Orientierungen u.Ä. dokumentiert und diskutiert, die mit Hilfe *quantitativer* Erhebungs- und Auswertungsmethoden arbeiten (vgl. Falter et al. 1996, 97-190).

[68] Es gibt zwar durchaus Veröffentlichungen, in denen Analysen aus mehreren Ländern mehr oder weniger unverbunden nebeneinander gestellt werden (vgl. Hazekamp/Popple 1997). Mit international vergleichenden Untersuchungen sind hier jedoch solche gemeint, in denen mit übereinstimmenden theoretischen Konzepten und Forschungsinstrumenten Stichproben mit ähnlichen Charakteristika in verschiedenen Ländern untersucht werden.

geforscht, die eine Zustimmung zu ethnozentrisch, autoritär-nationalisierend u.Ä. ausgerichteten Diskursen signalisieren, und meist geschieht dies in quantitativen Untersuchungen mit Items, die in entsprechender Weise formuliert sind. Untersuchungen hingegen, die gleichzeitig nach *alternativen Formen* fragen, sind überaus rar.

Im Vergleich mit den Niederlanden muss für die Forschungslandschaft in Deutschland außerdem konstatiert werden, dass sie sich wesentlich *unübersichtlicher* darstellt. Es gibt nicht nur eine Vielzahl an Jugenduntersuchungen, da spätestens mit dem Anstieg rassistisch motivierter Straf- und Gewalttaten Anfang der neunziger Jahre verstärkt empirische Forschungen zu Rechtsextremismus, Ethnozentrismus, Ausländerfeindlichkeit, Autoritarismus etc. bei Jugendlichen durchgeführt werden. Die Forschungsarbeiten sind darüber hinaus in Bezug auf die benutzten Forschungsinstrumente und die untersuchten Stichproben als auch in Bezug auf die benutzten Begriffe und Konzeptualisierungen überaus heterogen (vgl. hierzu etwa Stöss 1994, 28; Scherr 1996, 98).[69]

Die Situation verkompliziert sich für Deutschland noch zusätzlich: Vor 1990 sind die Entwicklungen in *zwei* staatsförmigen Systemen - in der BRD *und* der DDR - zu berücksichtigen. Seit der Vereinigung kann dann zwar von *einem* National*staat*, muss aber von aufgrund der unterschiedlichen Nachkriegsgeschichte und der jeweils spezifischen sozialen und ökonomischen Ausgangslage zum Zeitpunkt des Anschlusses von fünf neuen Bundesländern an die gegebene förderale Struktur der Bundesrepublik Deutschland von zwei zu unterscheidenden *Teilgesellschaften* gesprochen werden.[70] Die Forschung muss sich für die neue Bundesrepublik deshalb sowohl auf die Entwicklungen in Ostdeutschland als auch in Westdeutschland beziehen. Eine ähnliche Vergleichsebene ist für die niederländische Gesellschaft *nicht* gegeben.

1.3 Nutzen und Problematik quantifizierender Ergebnisse

Die empirischen Forschungen zum Gegenstandsbereich signalisieren sowohl in Deutschland als auch in den Niederlanden, dass entsprechende Einstellungen, Vorurteile, Auffassungen, Orientierungen o.ä. innerhalb der eigenen Gesellschaft weit verbreitet sind. Im Versuch, einen generellen Überblick über den aktuellen Stand der heterogenen empirischen Jugendforschungen in Ost- und Westdeutschland zu geben, stellt beispielsweise Albert Scherr fest: "Alle Untersuchungen weisen erhebliche Zustimmungen zu fremdenfeindlichen Aussagen nach, wobei bei einzelnen Items Größenordnungen von 30% bis 40% vorliegen." (Scherr 1996, 103)[71] Für die Niederlande schätzt Quinten Raaimakers auf der Grundlage einer eigenen

---

[69] Auch der Jugendforscher Heitmeyer beklagt sich in der Veröffentlichung seiner Forschungsergebnisse zu rechtsextremistischen Orientierungen bei Jugendlichen bereits Ende der achtziger Jahre - also noch in der 'alten' Bundesrepublik - über die heterogene Forschungssituation (Heitmeyer 1987, 48).

[70] Ein westdeutscher Soziologe formuliert dies etwas missverständlich wie folgt: "Seither sind wir auf einen Schlag *eine* deutsche Nation, *ein* deutscher Staat mit dem Namen 'Bundesrepublik Deutschland'. Aber wir sind nicht mehr nur eine deutsche Gesellschaft, sondern mindestens zwei, nämlich eine Gesellschaft Deutschland-Ost und eine Gesellschaft Deutschland-West." (Kudera 1993, 133)

[71] Scherr bezieht sich hier auf die empirischen Arbeiten von Heitmeyer (1987; 1992), Melzer (1992), Melzer/Schubarth (1993), Oesterreich (1993), Held et al. (1994b), Utzmann/Krombholz (1994), Lederer/Schmidt 1995, Hopf et al. (1995), Hoffmann-Lange (1995) und Birsl (1995).

Untersuchung, dass ungefähr 38% der befragten Jugendlichen politisch intolerante und fremdenfeindliche Haltungen aufweisen (vgl. Raaimakers 1993, 127).[72] Eine andere quantitative Untersuchung in den Niederlanden kommt zu einem noch höherem Resultat. Gerard Kleinpenning konstatiert, dass etwa 45% der befragten Schülerinnen und Schüler verschiedenen Typen von Rassismus zuzuordnen sind, während ebenfalls etwa 45% eine nicht-rassistische Einstellung zeigen (Kleinpenning 1991, 167).[73]

Nun sind zum einen die Begriffe in all diesen Untersuchungen anders gewählt, definiert und operationalisiert, zum anderen werden unterschiedlich charakterisierbare Stichproben befragt. Die genannten Prozentangaben sind also *keineswegs* direkt miteinander vergleichbar. Immerhin liefern sie einen Hinweis darauf, dass entsprechende Einstellungen, Vorurteile, Orientierungen o.ä. in der empirischen Forschung in *beiden* Ländern nicht nur konstatiert werden, sondern auch einen beachtlichen Verbreitungsgrad aufzuweisen scheinen.

Vor diesem Hintergrund betont Scherr zunächst zu Recht, dass quantitative (Jugend-)Untersuchungen ein überaus nützliches Instrument sein können, um die "Landschaft fremdenfeindlicher Meinungen und Einstellungen zu kartographieren" (Scherr 1996, 116). Da quantitative Jugendforschungen zum Gegenstandsbereich oft in besonderer Weise eng mit massenmedialen und politischen Aufmerksamkeiten verschränkt sind, kommt auch der Präsentation und Rezeption ihrer Ergebnisse eine besondere Bedeutung zu. Hiermit setzen sich Forscherinnen und Forscher allerdings kaum auseinander. Dabei ist bedauerlicherweise zum einen zu beobachten, dass in beiden Ländern die Gefahr besteht, das Problem auf ein spezifisches Jugendproblem zu *reduzieren* (vgl. hierzu kritisch in Deutschland etwa Wahl 1993, 5; Klönne 1994, 141; Leiprecht 1996, 241; Scherr 1996, 97; in den Niederlanden Raaimakers 1993). Zum anderen lassen sich, so warnt Scherr, immer wieder "pauschale Etikettierungen sozialer Teilgruppen" feststellen, die dann "massenmedial aufgegriffen werden" (Scherr 1996, 100).[74]

Die Frage der *Ergebnispräsentation* und *-rezeption* ist jedoch noch in anderer Weise von Bedeutung. Beispielsweise nimmt Kleinpenning in seiner Untersuchung eine klare Aufteilung zwischen einer 'rassistischen' und einer 'nicht-rassistischen' Gruppe vor (siehe oben). Zweifellos verfehlt das hohe Ergebnis in Bezug auf rassistische Einstellungen seine mediale Wirkung nicht: "Die Hälfte niederländischer Schüler hat rassistische Ideen" titelte beispielsweise das Massenblatt De Telegraaf (15.10.93). Erschrockenheit, aber auch ein wenig Ungläubigkeit kennzeichnete die öffentlichen Reaktionen; und insgeheim dürften die meisten Journalistinnen und Journalisten, Politikerinnen und Politiker, Pädagoginnen und Pädagogen, obwohl es in der Untersuchung um Schülerinnen und Schüler ging, sich selbst vermutlich der Hälfte zugeordnet haben, für die eine 'nicht-rassistische' Einstellung festgestellt wurde.

Nun setzt die quantitative Methodik zweifellos exakte Einteilungen und klare Zuordnungen voraus. Anders wären statistische Berechnungen kaum durchführbar. Die Mathematik liefert denn auch entsprechende Resultate. Allerdings spiegeln diese Resultate eine *Genauigkeit* vor,

---

[72] In der 1992 durchgeführten quantitativen Untersuchung wurden 2 769 Jugendliche verschiedener Schulniveaus befragt.

[73] Diese Untersuchung wurde 1987/88 durchgeführt. Die repräsentative Stichprobe umfasst 1 588 Schülerinnen und Schüler von HAVO und VWO; ein Abschluss an diesen Schultypen entspricht in etwa dem Gymnasialabschluss in Deutschland, siehe IV.4.1.2.

[74] Etwa wenn das Problem auf arbeitslose und/oder schlecht ausgebildete Jugendliche am Rande der Gesellschaft reduziert wird (hierzu kritisch Leiprecht 1996, 241ff.).

die, gemessen an all den immanenten Methodenproblemen quantitativer Forschung, völlig illusorisch ist: nicht 44,7% oder 44,9%, nein, genau 44,8% werden bei Kleinpenning als 'Rassisten' eingeordnet. Wichtiger noch ist indes, dass es - folgt man einer solchen Ergebnisdarstellung - widersprüchliche und ambivalente Konstellationen, die Verstrickungen in rassistische Diskurse und zugleich Momente, die sich gegen Rassismus richten könnten, aufweisen, nicht zu geben scheint. Die Widersprüche und Ambivalenzen, die in Kleinpennings Einteilung nicht nur auf der 'rassistischen', sondern eben auch auf der 'nicht-rassistischen' Seite vorhanden sein dürften, verschwinden. Die Rezeption solcher Untersuchungsberichte ist voraussehbar: Es gibt offenbar 'Rassisten' und 'Nicht-Rassisten'. Rassismus kann als eine Art persönlicher Eigenschaft angesehen werden: manche Menschen sind es, andere sind es nicht. Auf beiden Seiten scheint es *eindeutige* Gruppierungen zu geben.

Abgesehen davon, dass hier das Problem vereinfacht und in statischer Weise festgelegt wird und simple Zuschreibungen unterstützt, erweisen sich solche Ergebnisdarstellungen und -rezeptionen für den Umgang mit Jugendlichen in pädagogischen Arbeitsfeldern geradezu als Behinderung. Pädagoginnen und Pädagogen, die in dichotomisierender Weise entweder 'Rassisten' oder aber 'Nicht-Rassisten' wahrnehmen, neigen nicht nur dazu, sich in der Problembearbeitung auf eine bestimmte Gruppe, die auffällig ist und rassistische Äußerungen offen zeigt, zu beschränken. Sie erkennen vermutlich auch nicht die gegenteiligen Momente und Anknüpfungspunkte, die auf der als 'Rassisten' wahrgenommenen Seite zu finden sind, genauso wenig wie die rassistischen Elemente, die auf der - gewissermassen 'freigesprochenen' und 'entlasteten' - offenbar 'nicht-rassistischen' Seite ausgemacht werden können.

Wichtige Erkenntnisse und Einsichten sind hier von einer *qualitativen* Forschung zu erwarten. Die Analyse des qualitativen Materials kann praxisnah zeigen, dass die soziale Wirklichkeit im vorliegenden Gegenstandsgebiet weniger durch Eindeutigkeiten, sondern eher durch Widersprüchlichkeiten und Ambivalenzen gekennzeichnet ist. Zugleich liefert das genaue Nachzeichnen solcher sich oft in Bewegung befindlicher Konstellationen konkrete und nachvollziehbare Anhaltspunkte, um die eigene Praxis zu untersuchen.

Damit ist jedoch keineswegs gesagt, dass die quantitative Forschung nutzlos ist. Quantitative Erhebungen, die Daten über eine große Zahl von Jugendlichen und ihre Stellungnahmen gegenüber einem Fragebogeninstrument ermitteln, können eine Übersicht über Ausmaß und Verbreitung von Zustimmung oder Ablehnung zu bestimmten Diskursrichtungen geben. Zugleich können sie, wenn über mehrere Jahre hinweg mit identischen Forschungsinstrumenten Stichproben mit ähnlichen Charakteristika untersucht wurden, einen Eindruck von Entwicklungen über eine bestimmte Periode vermitteln. Die Ergebnisse einiger solcher 'Vergleiche über die Zeit' in beiden Ländern sollen deshalb im Folgenden dargestellt werden. Allerdings ergeben sich hier, wie zu sehen sein wird, neue methodische Schwierigkeiten.

1.4 Ist in den Niederlanden bei Jugendlichen eine *allgemeine* Entwicklung nach 'Rechts' zu beobachten?

Eine Arbeit zu politischen Auffassungen bei Jugendlichen, auf die in der Diskussion in den Niederlanden immer wieder Bezug genommen wird, stellt die Untersuchung von Louk Hagendoorn und Jacques Janssen dar. Als Ergebnis einer 1981 durchgeführten quantitativen Befragung von Schülerinnen und Schülern[75] wird in dem Buch, welches unter dem vielsagenden

[75] In Schulklassen auf HAVO- und VWO-Niveau; siehe IV.4.1.2.

Titel "Rechtswende" (Rechtsomkeer) publiziert wurde, die These einer 'Rechtsentwicklung' bei Jugendlichen aufgestellt. Die Jugend sei Ende der Siebziger und Anfang der achtziger Jahre nicht mehr, wie früher, 'links, radikal und progressiv', sondern hätte, entsprechend dem herrschenden Zeitgeist, eine 'Entwicklung nach Rechts' gemacht (Hagendoorn/Janssen 1983). Eine Aussage, die bei vielen große Besorgnis auslöste, in ihrer Pauschalität innerhalb der Jugendforschung jedoch schon bald in Zweifel gezogen wurde. Zu sehr, so beispielsweise Quinten Raaimakers, beruhe die These auf der Beobachtung einer stärker gewordenen Neigung von Jugendlichen, auch Parteien auf dem rechten Spektrum zu wählen. Zu wenig seien die politischen Auffassungen der Jugendlichen wirklich in ihrer ganzen Breite untersucht worden. Quantitative Untersuchungen bei Jugendlichen, die kurze Zeit später durchgeführt wurden, zeigten denn auch, dass Jugendliche zwar weniger tolerant gegenüber Eingewanderten zu sein schienen als früher, ihre Auffassungen über Frauenemanzipation oder traditionelle Autoritäten jedoch keineswegs eine entsprechende Rechts-Tendenz aufwiesen (vgl. Raaimakers 1986, 65).

In der Tat setzen sich politische Auffassungen (nicht nur) bei Jugendlichen aus sehr unterschiedlichen inhaltlichen Elementen zusammen (vgl. Middendorp 1979, 104ff.). Deshalb wird in der niederländischen Jugendforschung mittlerweile häufig zwischen 'politisch-ökonomischen' und 'politisch-kulturellen' Fragen unterschieden (vgl. Raaimakers 1986, 59).[76] Nicht immer verlaufen die Auffassungen hier parallel zu einem eindeutigen politischen Rechts-Links-Kontinuum. Beispielsweise zeigen sich die Wählerinnen und Wähler der beiden Rechtsaußen-Parteien - der sogenannten Centrumparteien (CD, CP'86) - zwar im 'politisch-kulturellen' Bereich meist als sehr rechts, im 'politisch-ökonomischen' Bereich haben sie jedoch oft eher Auffassungen, die gemeinhin als 'links' gelten (vgl. Raaimakers 1993, 121).[77] Die CD-Parole "Das eigene Volk zuerst" kann aus dem gleichen Mund kommen wie der Wunsch nach einer gerechteren Verteilung von Einkommen zugunsten "kleiner Leute".

Außerdem sagt auch die Vorliebe für eine Partei, die im Allgemeinen eher dem linken Spektrum zugeordnet wird, nicht unbedingt in jedem einzelnen Punkt etwas über die politischen Auffassungen aus. So stellte etwa eine Wählerbefragung fest, dass der schroffen CD-Parole *"Ausländer müssen sich anpassen oder verschwinden"* jeweils auch große Mehrheiten der befragten Wählerinnen und Wähler der Sozialdemokraten (PVDA) (67%) und der Sozialisten (SP) (82%) zustimmten (Nipo & Volkskrant vom 19.2.94).

Es ist also zwischen *Parteipräferenzen* und *politischen Auffassungen* zu unterscheiden. Obwohl es hier natürlich Zusammenhänge gibt, dürfen keine allzu direkten Umsetzungen und Entsprechungen erwartet werden. Der Umfang derjenigen, die in Untersuchungen intolerante

---

[76] Der *'ökonomische Bereich'* umfasst beispielsweise die Haltung gegenüber dem freien Unternehmertum und dem Handlungsspielraum der Gewerkschaften, gegenüber der Verteilung von Einkommen und Besitz, der Gesetzgebung im sozialen Bereich und der Steuerpolitik, gegenüber staatlichen Eingriffen in die Ökonomie usw. . Der *'kulturelle Bereich'* bezieht sich auf die Haltung gegenüber der Meinungsfreiheit, den moralischen Freiheiten und dem sogenannten Familientraditionalismus (hier geht es um den Standpunkt zu Abtreibungen, Geburtenregelungen, Euthanasie usw.), gegenüber religiösen Werten und Normen, bezieht sich auf politische Toleranz, auf die Toleranz gegenüber sexuellen Vorlieben, auf die Haltung gegenüber der Geschlechtsrollen-Verteilung, der Emanzipation und Partizipation von Minderheiten usw. Neben diesen beiden Bereichen wäre die Überprüfung weiterer Bereiche - etwa eines *'ökologischen Bereiches'* - sicher nützlich.

[77] Es geht hier also um *die Auffassungen der Wählerinnen und Wähler*, und *nicht* um *die reale Politik der Abgeordneten* dieser Parteien. Diese erweist sich nämlich, betrachtet man das Abstimmungsverhalten in den lokalen und nationalen Parlamenten, auch im ökonomischen Bereich als sehr 'rechts'.

und ausgrenzende Haltungen gegenüber Eingewanderten aufweisen, ist stets um ein vielfaches höher als die potentielle und reale Präferenz für die CD oder die CP'86 (vgl. Raaimakers 1993, 127).

1.5 Entwicklung ethnozentrischer, autoritärer und sexistischer Auffassungen bei Jugendlichen in den Niederlanden

Um nun zu überprüfen, ob es zwischen 1970 und 1994 wirklich einen Trend 'nach Rechts' bei Auffassungen zu 'politisch-kulturellen' Fragen gegeben hat, wurden von Wilma Vollebergh, Quinten Raaimakers und Wim Meeus mehrere quantitative Repräsentativ-Befragungen bei Jugendlichen, die zu verschiedenen Zeitpunkten durchgeführt worden waren, nochmals unter die Lupe genommen und das Antwortverhalten ausgewählter Vergleichsgruppen untersucht (Vollebergh/Raaimakers/Meeus 1995). Ihre Aufmerksamkeit richtete sich dabei auf die Entwicklung von Autoritarismus, Sexismus und Ethnozentrismus, zusammengefasst unter dem Begriff *"traditionelle Auffassungen"* (ebd., 6).[78] Vollebergh et al. konzentrieren sich also auf einen bestimmten Politikbereich (dem 'politisch-kulturellen') und differenzieren zusätzlich zwischen drei unterschiedlichen 'Strängen'. Außerdem untersuchen sie zunächst die Entwicklung politischer Auffassungen, bevor sie sich der Entwicklung rechtsextremer Parteipräferenzen bei Jugendlichen zuwenden.

Damit Unterschiede oder Ähnlichkeiten zwischen den Generationen deutlich werden können, vergleichen Vollebergh et al. zuerst mehrere Befragungen, in denen sowohl ältere als auch jüngere Altersgruppen miteinbezogen waren (ebd., 8). Sie stellen hierbei fest, dass seit 1970 die Niederländer im Allgemeinen stets weniger autoritär und sexistisch geworden sind. Die mittlerweile stärkere Ablehnung von traditionellen Lebenstilen, Geschlechtsrollenverteilungen und Autoritäten wird dabei am stärksten durch die jüngeren Generationen getragen (ebd., 11). Deutlich abweichend von diesem Trend konstatieren sie für Ethnozentrismus eine *andere* Entwicklung: "Zwischen dem Ende der 60er Jahre und dem Anfang der 80er Jahre sehen wir ein starkes Ansteigen der Neigung, ethnische Minderheiten zu diskriminieren. Und nach einer kurzen Periode des Rückgangs nimmt nach 1985 die Zustimmung zu Diskriminierung wieder zu, sowohl bei den jungen Erwachsenen als auch bei den älteren Generationen (...). Auch sehen wir, dass die jüngste Generation (von 18 bis 29 Jahren) sich stets weniger von der darauf folgenden Generation (30 bis 44 Jahren) unterscheidet (...)." (ebd., 11ff.)

Die Forschungsgruppe konstatiert - neben dem Trend über eine Zeitphase - spezifische Unterschiede zwischen den Generationen. Im Allgemeinen sind heute die jüngeren weniger autoritär und sexistisch als die älteren. Und während vor 1975 bei Jugendlichen im Vergleich mit älteren Generationen weniger Neigung zur ethnischen Diskriminierung bestand, gibt es 1992 kaum noch Unterschiede zwischen den Altersgruppen.

---

[78] *Autoritarismus* wird von den genannten Autorinnen und Autoren gefasst als Identifikation mit den herrschenden Konventionen und Normen und der Neigung, sich abzugrenzen von denjenigen, die sich nicht der herrschenden Macht unterwerfen; *Sexismus* als Feindlichkeit gegenüber (einer gleichwertigen gesellschaftlichen Position von) Frauen; *Ethnozentrismus* als der Glaube an die Überlegenheit der eigenen (Sub-)Kultur und die negative Stereotypisierung von Angehörigen anderer (Sub-)Kulturen (Vollebergh et al. 1995, 4).

Nach diesem ersten Zwischenresultat konzentrieren sich Vollebergh et al. schließlich auf eine im engeren Sinne jugendliche Gruppe (Schülerinnen und Schüler im Alter von 14 bis 19 Jahren) und wählen einen anderen Zeitrahmen (1981 bis 1994). Sie führen mit Hilfe identischer Itemlisten eine vergleichende Neuanalyse der Daten von vier quantitativen Schülerbefragungen durch, wobei die Untersuchung von Hagendoorn und Janssen von 1981 den Ausgangspunkt für einen Vergleich mit teils eigenen Untersuchungen von Vollebergh et al. von 1986, 1991 und 1994 bildet. Das Ergebnis: "Die Jugendlichen aus unserer Untersuchung von 1994 denken genauso (wenig) autoritär und genauso (wenig) ethnozentrisch wie die Schüler der Untersuchung von 1981 (...)." (ebd., 18) Der "Umschlag in der Haltung (...) gegenüber ethnischen Minderheiten fand" - so notieren Vollebergh et al. weiter - "vor dieser Zeit statt" (ebd., 19). Und: "Zusammenfassend zeigen die Untersuchungsergebnisse, dass zwischen 1981 und 1994 nicht von einer Verhärtung der Standpunkte bei Schülern beispielsweise gegenüber ethnischen Minderheiten gesprochen werden kann. Aber gleichzeitig bestätigen unsere Analysen die wichtigste Feststellung der Untersuchung von Hagendoorn und Janssen: Noch immer stimmt ein substantieller Teil der Schüler bei Ethnozentrismus und Autoritarismus zu.[79] Dieser Teil ist im Laufe der letzten dreizehn Jahre nicht größer geworden, aber auch nicht kleiner. Wenn die Untersuchung von 1981 Anlass zur Beunruhigung gab, dann gibt es dafür noch stets Gründe." (ebd., 16)

Schließlich untersuchen Vollebergh et al. auch das *potentielle* Wahlverhalten der Jugendlichen. Ihr Resultat zeigt hier eine etwas andere Entwicklung wie noch bei den politischen Auffassungen: Das "rechtsextremistische Potential unter Schülern" ist nicht "zu vernachlässigen. (...) Von den 1994 durch uns untersuchten Schülern ist ein wichtiger Teil, vor allem diejenigen, die sich für keine Partei aussprechen wollen, genauso autoritär und ethnozentrisch wie die Schüler, die eine Vorliebe für die CD oder die CP zum Ausdruck bringen. (...) Der Anteil an Schülern, die in unseren Untersuchungen für die CD oder die CP gestimmt haben, hat 1994 zugenommen auf 3,7%, der höchste Prozentsatz seit 1981." (ebd., 19) Damals hatte dieser Wert noch bei 1,7% gelegen (ebd., 18).

Werden zusätzlich die *tatsächlichen* Ergebnisse bei den Wahlberechtigten insgesamt zu Rate gezogen, dann lässt sich ebenfalls eine deutliche Steigerung erkennen. In den Wahlen zum nationalen Parlament von 1994 verbuchten diese beiden Parteien in der Tat einen erheblichen Stimmenzuwachs: Sie erzielten im Durchschnitt 2,9%, gegenüber noch 0,9% von 1989. Das Profil der Wählerinnen und Wähler rechtsextremer Parteien zeigt zudem, dass unter Jugendlichen der Prozentsatz derjenigen, die sich für diese Parteien entschieden haben, höher ist als in anderen Altersgruppen (ebd., 3).[80]

Insgesamt stellen Vollebergh und Kollegen in Bezug auf *ethnozentrische* Auffassungen bei Jugendlichen also fest, dass zwischen 1981 und 1994 die Zustimmung zu solchen Auffassungen in ihrem Umfang im großen und ganzen unverändert geblieben ist, während hingegen eine

[79] Zu wenig Untersuchungen hatten mit (identischen) Skalen zu Sexismus gearbeitet. Eine Aussage zu diesem 'Strang' war hier also nicht möglich.

[80] Wobei die Parlamentswahl von 1998 für die Rechtsaußen-Parteien glücklicherweise eine deutliche Niederlage ergab. Die CD ist nicht mehr im nationalen Parlament vertreten.

deutlich stärkere potentielle Präferenz und ein stärkeres Wahlverhalten für rechtsextreme Parteien zu verzeichnen ist.[81]

1.6 Entwicklung ethnozentrischer und autoritärer Auffassungen bei Jugendlichen in der (alten) Bundesrepublik Deutschland

Leider gibt es in der Bundesrepublik Deutschland keine Jugenduntersuchungen, die in *vergleichbarer* Weise zur soeben zitierten niederländischen Forschungsgruppe Sekundäranalysen parallelisierter Stichproben oder Replikationsuntersuchungen durchgeführt haben: In Deutschland wird in der quantitativen Jugendforschung zum hier interessierenden Gegenstandsbereich nicht mit einer Kombination von Skalen zu Ethnozentrismus/Autoritarismus *und* Sexismus gearbeitet, auch lässt sich für eine ähnliche Periode ein 'Vergleich über die Zeit' weder in Verbindung mit einem 'Generationenvergleich' noch mit einer Unterscheidung zwischen politischen Auffassungen und Parteipräferenzen finden.

So stellt zwar der Jugendforscher Wilhelm Heitmeyer im Vergleich der Ergebnisse der Befragung von Schülerinnen und Schülern im Alter von 15 bis 17 Jahren der Shell-Jugendstudie von 1981 mit seinen eigenen Ergebnissen von 1984 eine "höhere Akzeptanz autoritär-nationalisierender Orientierungen" fest (Heitmeyer 1987, 180).[82] Er beobachtet eine Zunahme der durchschnittlichen Zustimmung zu entsprechenden Items von 37% auf 46%. Allerdings empfiehlt der Autor selbst eine zurückhaltende Interpretation, da schon aufgrund der Stichprobenunterschiede kein "strenger Maßstab der Replikation" angelegt werden dürfe (ebd.). Zudem umfassen die Stichproben eine recht junge Altersgruppe und beschreiben die beiden Messpunkte nur eine sehr kurze Periode, so dass die Ergebnisse für den im vorliegenden Kontext interessierenden 'Vergleich über die Zeit' wenig geeignet erscheinen.

Aussagen über einen längeren Zeitraum, die zudem eine Altersgruppe umfassen und auf einer konzeptuellen Grundlage beruhen, die noch am ehesten mit der Untersuchung von Vollebergh et al. in den Niederlanden kompatibel scheint, lassen sich aus den *Trendanalysen* einer Forschungsgruppe um Gerda Lederer gewinnen (Rippl/Seipel/Lederer 1995). Susanne Rippl, Christian Seipel und Gerda Lederer vergleichen insgesamt drei Messpunkte: 1945 (westliche Zone), 1979 (BRD) und 1991 (alte Bundesländer). Allerdings beschränkte sich die Befragung von 1945 im wesentlichen auf Skalen zur Messung autoritärer Einstellungen. Die beiden letzten Messpunkte sind im vorliegenden Zusammenhang von besonderem Interesse, da hier

[81] Für die Zeit nach 1994 liegen keine vergleichbaren Daten zu den Auffassungen von Jugendlichen vor. Allerdings ist offenkundig, dass die Wahlentscheidung zugunsten rechtsextremer Parteien zurückgegangen ist. Die Zerstrittenheit und schlechte Selbstdarstellung dieser Parteien könnte hierfür genauso ein Grund sein wie die Politikangebote demokratischer Parteien zu den Themen Einwanderung und Asyl, die einen deutlich repressiveren Gehalt bekommen haben (siehe V.5.3).

[82] Für die Gruppe der 15- bis 17-jährigen hat Heitmeyer eigene Berechnungen auf Grundlage der Daten der Shell Jugendstudie durchgeführt. Er vergleicht die Antworten auf sechs Items mit autoritär-nationalisierenden Aussagen dieser Altersgruppen in der Shell Studie (n = 351) und in seiner eigenen Untersuchung (n = 1257).

neben verschiedenen Autoritarismus-Skalen zusätzlich auch eine sogenannte "Ausländerablehnungsskala zur Messung ethnozentrischer Einstellungen" eingesetzt wurde (ebd., 66).[83] Befragt wurden Jugendliche im Alter zwischen 14 und 19 Jahren.[84]

Für den Zeitraum von 1945 bis 1979 stellen Rippl et al. fest, "dass in den 34 Jahren, die zwischen den Erhebungen lagen, eine demokratische Entwicklung stattgefunden hat und ein starker Rückgang autoritärer Einstellungen zu verzeichnen ist" (ebd., 132). Dieses Ergebnis entspricht, so die Forschergruppe, einer Vielzahl von anderen empirischen Studien.[85] Für den Zeitraum von 1979 bis 1991 lässt sich jedoch keine ähnlich große Veränderung im Bereich Autoritarismus beobachten. Die Skalenmittelwerte zu den sechs verschiedenen Autoritarismus -Skalen zeigen auch beim jüngsten Messpunkt "noch immer" eine "eher anti-autoritär(e)" Ausrichtung. Die entsprechenden Mittelwerte sind seit 1979 "entweder gleichgeblieben"[86] oder signalisieren einen zwar statistisch signifikanten, aber im Vergleich zu der Periode zwischen 1945 und 1979 doch eher geringen Anstieg autoritärer Ansichten (ebd., 132).[87]

Für das Antwortverhalten gegenüber den 1979 zum ersten Mal eingesetzten Items der "Ausländerablehnungsskala" ist 1991 ein ebenfalls geringer, statistisch signifikanter "Anstieg an Ausländerfeindlichkeit" zu erkennen (ebd., 122). Immer noch zeigen die Mittelwerte jedoch "vorwiegend Ablehnung von Ausländerfeindlichkeit" (ebd., 113). Bei genauerer Betrachtung der Ergebnisse fällt jedoch eine deutlich zunehmende Polarisierung "der Einstellungen zu Ausländern" auf: Es gibt 1991 sowohl mehr Zustimmung als auch mehr Ablehnung gegenüber einzelnen Items als noch 1979 (ebd., 132). Diese Tendenz zur verstärkten Polarisierung zeigt sich auch in den Ähnlichkeitsurteilen und Bewertungen verschiedener Nationalitäten (ebd., 124ff.).

1.7 Entwicklung ethnozentrischer und autoritärer Auffassungen bei Jugendlichen in der Deutschen Demokratischen Republik (DDR)

Die DDR-Jugendforschung wurde zweifellos durch die Bevormundung der politischen Führung und die vorherrschende Staatsideologie erheblich behindert (Friedrich 1991, 11). Bis kurz vor der Wende im Herbst 1989 gab es in der DDR keine Forschungen zu Ethnozentrismus und Autoritarismus. Beide Phänomene, deren theoretische Konzepte und Messinstrumen-

---

[83] Außerdem sind die Stichproben der beiden späteren Untersuchungen besser miteinander vergleichbar: "Die Erhebungen fanden 1979 an verschiedenen Schulen und Ausbildungsstätten statt, die in fast jedem Fall bei der Replikation 1991 wieder aufgesucht wurden." (Rippl/Seipel/Lederer 1995, 108)

[84] Das Durchschnittsalter lag bei ca. 16,5 Jahren. In die Auswertungen wurden 1979 919 und 1991 552 Jugendliche einbezogen. Der Anteil weiblicher und männlicher Jugendlicher war ausgewogen. Es wurden möglichst repräsentative Gruppen von Jugendlichen befragt. Die verschiedenen Schulformen wurden gleichermaßen berücksichtigt und bezüglich der regionalen Verteilung wurden ländliche Gebiete, mittelgroße Städte und Großstädte ausgewählt (ebd., 60).

[85] Auch die Shell-Studie von 1985 kommt zu dem Ergebnis, dass die Jugendlichen der "50er Jahre ... autoritär" waren. Die "westdeutsche Jugend der 80er Jahre" hat sich im Vergleich hierzu "zu einer Generation toleranter, liberal gestimmter Demokraten ... entwickelt" (Zinnecker 1985, 323).

[86] Dies bezieht sich auf die Messungen zu "Respekt nicht-spezifischer Autorität", zu "Respekt vor Staatsautorität" und die "Autoritäre-Familienstruktur-Skala" (ebd., 112).

[87] Dies bezieht sich auf die "Allgemeine Autoritarismus-Skala", die "Kern-Autoritarismus-Skala" und die Messung zu "Respekt vor elterlicher Autorität" (ebd.).

te eine Traditionslinie mit Forschungen zum Faschismus der Dreißiger und Vierziger Jahre aufweisen (vgl. Fromm et al. 1936; Adorno et al. 1950), wurden offenbar ähnlich wie auch "der Rechtsextremismus in allen seinen Erscheinungsformen (...) als dem System wesensfremd" betrachtet (Brück 1991, 197). So lassen sich nur einige wenige punktuelle Hinweise zum hier interessierenden Gegenstandsbereich finden.

Nachdem 1987 eine Gruppe von Skinheads die Ost-Berliner Zionskirche überfallen hatte, erhielt "die Jugendforschung (...) die Erlaubnis, partiell das Geschehen zu analysieren" (ebd., 198). So konnten ein Jahr später 3000 Jugendliche zu ihrer Meinung gegenüber der "Skinhead-Jugend" befragt werden. Das Ergebnis: Eine kleine Minderheit von 4% bezeichnete sich als "Sympathisant", 2% als "Bekenner" (ebd., 199). Allerdings ist dieses Ergebnis nur schwer im Kontext der vorliegenden Untersuchung einzuordnen, da über die ethnozentrischen oder autoritären Meinungen, Einstellungen etc. der übergroßen Mehrheit keine Rückschlüsse gezogen werden können.

Etwas näher an diesem Themenbereich liegen die Befragungen, auf die in den Veröffentlichungen der Jugendforscher Peter Förster, Walter Friedrich, Harry Müller und Wilfried Schubarth hingewiesen wird (dieselben 1993, 125ff.; Friedrich/Förster 1996, 130ff.).[88] Als ein Indikator für "nationalistische Einstellungen" wird dort das Antwortverhalten auf das Item "Die Deutschen waren schon immer die Größten in der Geschichte" bezeichnet. Dieses Item wurde vergleichbaren Gruppen von Schülerinnen und Schülern in Sachsen bereits 1988 vorgelegt. Während zu DDR-Zeiten die Zustimmung 10% betrug, stieg sie 1992 um mehr als das Doppelte auf 23%, um sich 1994 mit 12% wieder auf das ursprüngliche Niveau einzupendeln (vgl. Friedrich/Förster 1996, 130).

Auch zu einem Item, das, so Friedrich und Förster, auf die "Einstellung zum Nationalsozialismus" hinweist, liegen aus denselben Untersuchungen Vergleichsdaten vor. Der Aussage "Der Nationalsozialismus hatte auch seine guten Seiten" stimmten 1988 12% der befragten Schülerinnen und Schüler zu. 1992 war dieser Anteil mit 24% mehr als doppelt so groß, und 1994 ist ein Rückgang der Zustimmung auf 16% zu verzeichnen (ebd., 132). Zu beiden Items ist zwischen 1988 und 1994 also eine ähnliche Auf- und Abbewegung zu beobachten.

Als ein weiteres Maß, das die zunehmende Ablehnung "bestimmter Ausländergruppen" durch Jugendliche in der DDR dokumentieren kann, nennen Förster und Kollegen Untersuchungen zu nationalen Stereotypen in Sachsen (Förster/Friedrich/Müller/Schubarth 1993, 155). So lassen die Stereotypen der befragten Schülerinnen und Schülern im Alter von 14 bis 17 Jahren etwa zur Gruppe der Vietnamesen über drei Messpunkte (1968, 1988, 1992) hinweg eine stets negativer werdende Bewertung erkennen (ebd., 156).

Kurz vor der formalen Vereinigung der beiden deutschen Staaten wurden in der DDR Untersuchungen durchgeführt, die allerdings leider keinen verlässlichen Rückblick zulassen. So führten das Deutsche Jugendinstitut in München (DJI) und das Zentralinstitut für Jugendforschung (ZIJ) in Leipzig 1990 ("an der Schwelle zur deutschen Einheit") ein Gemeinschaftsprojekt durch. Die vergleichende Jugenduntersuchung in Ost- und Westdeutschland[89] meldet,

---

[88] Diese Autoren arbeiteten im Leipziger Zentralinstitut für Jugendforschung. Walter Friedrich war der langjährige Leiter des Instituts.

[89] Insgesamt 2 280 Schülerinnen und Schüler der Altersgruppen 15 bis 16 Jahre wurden in Großstädten der DDR und der (alten) BRD befragt.

eine "größere Anfälligkeit ostdeutscher Jugendlicher für Nationalismus und Ausländerfeindlichkeit" festgestellt zu haben (DJI 1992). Allerdings wird "Ausländerfeindlichkeit" nur durch ein einziges Item erhoben. Im Vergleich mit einer Befragung des ZIJ von 1989 in der DDR, wird für die ostdeutschen Jugendlichen eine Zunahme von 10% konstatiert, wobei - wie Kai Uwe Schnabel in einer Synopse zu "Ausländerfeindlichkeit bei Jugendlichen" zu Recht anmerkt - "unklar bleibt, ob die jeweils zugrunde liegenden Populationen überhaupt vergleichbar sind" (Schnabel 1993, 806).

Eine Untersuchung, die sich etwas besser im vorliegenden Zusammenhang einordnen lässt, stammt von der bereits erwähnten Forschungsgruppe um Gerda Lederer (siehe oben). Ihnen gelang es ebenfalls, noch kurz vor der Vereinigung eine Jugendbefragung in der DDR durchzuführen (Lederer/Kindervater 1995).[90] Die Ergebnisse von Mai 1990 zeigen für die verschiedenen Skalen[91] jeweils Mittelwerte, die zwischen einer "Ablehnung der 'autoritären Antwort' und 'nicht entschieden' liegen" (ebd., 172). Im Vergleich mit den Ergebnissen für die alten Bundesländer von Anfang 1991 (siehe oben) stellt die Forschungsgruppe - entgegen ihren Erwartungen über eine stärkere Verbreitung autoritärer Muster in der DDR - ein Überwiegen "verblüffend ähnlicher Einstellungen" fest (Lederer/Nerger/Rippl/Schmidt/Seipel 1991). Ein größerer Unterschied wird jedoch für die "Staatsautoritarismusskala" und die "Ausländerablehnungsskala" festgestellt: "Staatstreue und blinde Vaterlandsliebe (sind bei den Jugendlichen) aus der DDR ausgeprägter als in der westdeutschen Vergleichserhebung", zudem, so die Autorinnen, lehnen "die Jugendlichen aus der DDR (...) Ausländer signifikant stärker ab" (Lederer/Kindervater 1995, 172).

1.8 Entwicklung ethnozentrischer und autoritärer Auffassungen bei Jugendlichen im Vergleich zwischen Ost- und Westdeutschland (nach 1990)

Es gibt viele Jugendstudien, in denen über Unterschiede und Gemeinsamkeiten in Ost- und Westdeutschland *nach dem Fall der Mauer* geforscht wird.[92] In der bereits erwähnten kritischen Synopse empirischer Befunde seit 1990 stellt Schnabel fest, dass sich u.a. ein Ergebnis über die sehr heterogenen Operationalisierungen der unter die Lupe genommenen Untersuchungen hinweg "als außerordentlich stabil" erwiesen hat: "Ablehnung von Ausländern ist unter ostdeutschen Jugendlichen eher anzutreffen als unter westdeutschen" (Schnabel 1993, 818).

Allerdings vergisst Schnabel hier zu erwähnen, dass die Untersuchungen für verschiedene 'Messgrößen' zum Themenbereich teilweise *gegenläufige* Ergebnisse zeigen. Einige Beispiele: Unter der Nutzung von Daten des ersten gesamtdeutschen Jugendsurveys, die 1991 erhoben wurden, führte Wolfgang Melzer einen Ost-West-Vergleich durch (vgl. Melzer

[90] Befragt wurden 319 Jugendliche im Alter zwischen 15 und 18 Jahren aus neun Schulen im städtischen wie ländlichen Raum.

[91] Die bereits erwähnte sog. Ausländerablehnungsskala und die Autoritarismus-Skalen (siehe Fußnoten 84 und 85).

[92] Allein im Jahr 1992 erschienen drei größere Studien, nämlich die Jugendstudie des Jugendwerks der Deutschen Shell (1992), die IBM-Jugendstudie des Institutes für empirische Psychologie (1992) und die Jugendstudie des Deutschen Jugendinstitutes (1992).

1992).[93] Zwar ergab der Vergleich, dass die Befragten in Ostdeutschland einen deutlich höheren Grad an negativen Nationalitätsstereotypen und eine ausgeprägtere Zustimmung zu "Autoritarismus" zeigten als die Befragten in Westdeutschland (vgl. Melzer/Schubarth 1993, 65ff.). Auch wurde bei den zwei Items, die eine "manifeste Ausländerfeindlichkeit" erfassen sollten, eine "größere Intoleranz gegenüber Ausländern bei ostdeutschen Jugendlichen" festgestellt (ebd., 72). Jedoch dreht sich das Bild bei den Ergebnissen der Indizes zu "Antisemitismus" (ebd., 67) und "historisch-nationalisierenden Einstellungen" (ebd., 70) um: Hier waren die Zustimmungen bei den westdeutschen Jugendlichen stärker ausgeprägt waren als bei den ostdeutschen.

Doch nicht nur *innerhalb* einer Untersuchung, sondern auch *zwischen* verschiedenen Untersuchungen ergeben sich gegenläufige Befunde. So führte Detlef Oesterreich, sich ebenfalls auf eine (allerdings eigene) Erhebung von 1991 beziehend, eine vergleichende Untersuchung zu politischen Orientierungen an Gymnasien und Berufsschulen des Baugewerbes in Ost- und West-Berlin durch (vgl. Oesterreich 1993).[94] Im Gegensatz zum Ost-West-Vergleich von Melzer konnte Oesterreich bei den Werten zu den "Beurteilungen von verschiedenen Bevölkerungsgruppen und Angehörigen anderer Nationen"[95] und zu "Autoritarismus" *keine* signifikanten Unterschiede zwischen den Jugendlichen aus West- und Ost-Berlin feststellen und bei den Werten zu "Rechtsextremismus" wird eine "äußerst gering(e)" Differenz beobachtet (ebd., 185). Allerdings zeigen sich signifikante Unterschiede in einem Bereich, der als "Ausländerfeindlichkeit" konzeptualisiert und mit drei Items abgedeckt wurde (ebd., 184). Oesterreich in seiner Zusammenfassung: "Ostberliner Jugendliche (...) sind (...), was die Beurteilung fremder Nationen betrifft, nicht rassistischer (als Westberliner Jugendliche; R.L.), und sie sind insgesamt gesehen auch nicht rechtsextremistischer, andererseits sind sie jedoch ausländerfeindlicher." (ebd., 186)

Immerhin scheinen beide Studien in Bezug auf die wenigen Items, mit denen "Ausländerfeindlichkeit" gemessen werden sollte, übereinzustimmen: Beide Studien ermitteln hier signifikant höhere Zustimmungen bei den befragten Jugendlichen in Ostdeutschland.

Gegenläufige Ergebnisse zeigen sich auch bei einem Ost-West-Vergleich von jugendlichen Arbeitnehmerinnen und Arbeitnehmern des Projekts 'Internationales Lernen' von 1993.[96] Während sich bei den Skalen zu "Autoritarismus", 'klassischem' (= naturalisierenden) Rassismus, ausgrenzend-nationaler und völkisch-nationaler Orientierung jeweils eine signifikant stärkere Zustimmung bei den befragten Jugendlichen in Ostdeutschland erkennen lässt, finden sich bei den Skalen zu expansiv-nationaler und internationaler Orientierung keine Unterschie-

---

[93] Einbezogen wurden 1 523 Jugendliche aus West- und 1 225 Jugendliche aus Ostdeutschland. Die befragten Jugendlichen im Alter zwischen 14 und 21 Jahren besuchten in Westdeutschland Hauptschulen und Gymnasien, in Ostdeutschland die Polytechnische Oberschule und die Erweiterte Oberschule.

[94] 1 396 Jugendliche im Alter von 16-21 Jahren wurden mit einem Fragebogeninstrument befragt.

[95] Hiermit versucht Oestereich Rassismus zu fassen. Diese Operationalisierung lässt auf eine sehr reduzierte Begriffsfassung von Rassismus schließen.

[96] Im Raum Leipzig wurden 511 und im mittleren Neckarraum 466 jugendliche Arbeitnehmer und Arbeitnehmerinnen im Alter von 16 bis 22 Jahren befragt.

de zwischen den Jugendlichen in Ost- und Westdeutschland (Held et al. 1996, 77).[97] Ein Vorzug der Untersuchung des Projekts 'Internationales Lernen' liegt zweifellos darin, dass mehrere quantitative Untersuchungen zu früheren Zeitpunkten (in Westdeutschland 1988 und 1989, in West- und Ostdeutschland 1992) mit ähnlicher Forschungsinstrumenten durchgeführt wurden: Vor diesem Hintergrund treffen die Autoren denn auch eine Feststellung über die Entwicklung 'über die Zeit': Ein "allgemeiner 'Ruck nach Rechts' (ist) bei einem Vergleich unserer Untersuchungsergebnisse der letzten Jahre *nicht* (zu verzeichnen). Vom Ende der 80er Jahre bis 1992 fanden wir (in Westdeutschland; R.L.) kaum Hinweise auf Änderungen in den politischen Orientierungen der Jugendlichen. Erst zwischen 1992 und 1993 kam es zu deutlichen Veränderungen. (...) In politischen Grundeinstellungen scheinen sich ost- und westdeutsche Jugendliche derzeit eher auseinander zu entwickeln." (Held et al. 1995a, 128)

Auch die bereits erwähnte Studie von Oesterreich ist vor allem deshalb besonders interessant, da der Autor nach 1991 noch weitere Untersuchungen mit vergleichbaren Stichproben und Forschungsinstrumenten (zu "Autoritarismus", "Rechtsextremismus" und "ausländerfeindlichen Orientierungen") durchgeführt hat.[98] Spätere Datenerhebungen fanden jeweils im Frühjahr der Jahre 1993, 1995 und 1997 statt (vgl. Oesterreich 1999a, Oesterreich 1999b).[99]

In Bezug auf die Ergebnisse zu "Autoritarismus" stellt Oesterreich bei allen vier Vergleichsgruppen über den gemessenen Zeitraum hinweg *keine* signifikanten Veränderungen fest. Auch haben die Jugendlichen aus Ost und West zu keinem Zeitpunkt sich signifikant unterscheidende Autoritarismuswerte. Der einzige signifikante Unterschied ergibt sich sowohl in Ost-Berlin als auch in West-Berlin zwischen den Berufsschülern/Berufsschülerinnen und den Gymnasiasten/Gymnasiastinnen. Die ersteren weisen meist höhere Autoritarismuswerte auf (vgl. Oesterreich 1999a, 16ff.).

Während sich beim "Autoritarismus" für keine der vier Vergleichsgruppen *Veränderungen über die Zeit* zeigen, ergibt sich bei den Daten zu "Rechtsextremismus" für die Gruppe der Berufsschülerinnen und Berufsschüler in Ost-Berlin ein deutlich anderes Bild: Hier ist eine überaus *wechselhafte Entwicklung* zu erkennen: Zwischen 1991 und 1993 steigen die Rechtsextremismuswerte deutlich an, 1995 fallen sie auf ein ähnliches Niveau wie 1991, und 1997 erhöhen sich die Rechtsextremismuswerte wiederum, wenn sie auch nicht mehr den hohen

---

[97] Die (klassische) Rassismus-Skala sucht mit sechs Items, biologisch argumentierende Abwertungs- und Ausgrenzungsbegründungen zu erfassen. In den (vier) Items der Skala zur 'ausgrenzend nationaler Orientierung' wird, so die Autoren, die soziale Bedrohung durch 'Ausländer' betont, in den (fünf) Items der Skala zur 'völkisch-nationalen Orientierung' die nationale Gemeinsamkeit der Deutschen und in den (drei) Items zur Skala 'expansiv-nationale Orientierung' die nationalen Interessen Deutschlands in der Welt (Held et al. 1996, 13ff.). Da sich die Autoren "nicht auf politisch rechte Orientierungen beschränken" wollen, wurde eine weitere Skala (mit neun Items) zur 'internationalen Orientierung' konstruiert (ebd., 14). Die benutzen Skalen entsprechen übrigens *nicht* denen, die für die hier vorliegende deutsch-niederländische Untersuchung benutzt wurden, wenn auch einige Items übernommen worden sind (siehe IV.4.2 und IV.4.5).

[98] Die Messung von "Rassismus" gibt Oesterreich in diesem Zeitvergleich ohne Angabe von Gründen auf.

[99] Wiederum wurden Schülerinnen und Schüler an Gymnasien und an Berufsschulen des Baugewerbes in Ost- und West-Berlin befragt. Die Stichproben umfassten Jugendliche im Alter von 16 bis 21 Jahren. 1991 wurden 1398 Jugendliche in die Untersuchung einbezogen, 1993 599, 1995 410 und 1997 408 (Oesterreich 1999a).

Wert von 1993 erreichen. Bis auf den letztgenannten Anstieg werden diese Veränderungen als signifikant ausgewiesen. Für die anderen drei Vergleichsgruppen zeigen sich indes - ähnlich wie beim "Autoritarismus" - *keinerlei* signifikanten Veränderungen.

Dementsprechend stellt sich auch das Ergebnis im *Ost-West-Vergleich* dar: 1991 lassen sich in Bezug auf rechtsextremistische Tendenzen zwischen den Vergleichsgruppen aus Ost-Berlin und West-Berlin keine signifikanten Unterschiede feststellen (siehe oben); und nach 1991 ergeben sich signifikante Unterschiede nur im Vergleich mit den befragten Berufsschülern/Berufsschülerinnen aus Ost-Berlin (ebd., 11ff.).

Die Ergebnisse zur Skala "Ausländerfeindlichkeit", die sich aus vier Items zusammensetzt, die auch bei der zehn Items umfassenden Rechtsextremismusskala benutzt werden, zeigen jedoch ein "sehr viel dramatischeres Bild der Entwicklung" (ebd., 13). Die Veränderungen bei den Berufsschülern/Berufsschülerinnen fallen an jedem einzelnen Messpunkt noch deutlicher aus als bei den Werten zu Rechtsextremismus. Auffällig ist, dass sich bezüglich der Werte zu "ausländerfeindlichen Orientierungen" im Ost-West-Vergleich bereits 1991 ein signifikant höherer Wert für die Gruppe der Berufsschüler/Berufsschülerinnen aus Ost-Berlin ergibt (vgl. hierzu auch Oesterreich 1993, 186).[100]

1.9 Zeitgebundene Bedeutung von Items

'Vergleiche über die Zeit' im Rahmen quantitativer Einstellungs- und Vorurteilsforschung sind mit einem wichtigen methodischen Problem belastet: Es kann sein, dass eine aktuell interessierende Frage nicht mit Ergebnissen früherer Untersuchungen verglichen werden kann, da diese Frage zum damaligen Zeitpunkt kein Thema für die Forschung war. So mussten in der BRD die Jugendforscher Allerbeck und Hoag bei einem Zeitvergleich von Messungen 1962 und 1983 konstatieren, dass Ergebnisse von 1983, die als "Einstellungen zu Gastarbeitern" umschrieben wurden, nicht mit Ergebnissen von 1962 verglichen werden konnten, da diese Frage damals noch kein strittiges Thema war und dementsprechend keine vergleichbaren Daten erhoben worden waren (Allerbeck/Hoag 1983/1986[IV], 138ff.). Gültige Aussagen über die Entwicklung von (je nach Konzeptualisierung) Auffassungen, Einstellungen, Vorurteilen etc. über die Zeit können nur durch Messungen mit einem identischen Messinstrument bei vergleichbaren Populationen gemacht werden. Doch auch in diesem Fall ergeben sich nicht zu unterschätzende Schwierigkeiten.

So konnten die dargestellten Untersuchungen von Vollebergh und Kollegen in den Niederlanden zwar auf identische Messinstrumente und vergleichbare Populationen bei ihrer Messung über die Zeit zurückgreifen, und die Entwicklung, die sie im Antwortverhalten der befragten Jugendlichen feststellen, ist keineswegs beliebig und spiegelt (mehr oder weniger

---

[100] So wertvoll Oesterreichs Untersuchung in Bezug auf die beobachtbare Entwicklung über die Zeit auch ist, muss einschränkend doch darauf hingewiesen werden, dass sich die Untersuchungen *nur auf Berlin* beziehen. Durch die "starke Konzentration der sogenannten Intelligenz in Ost-Berlin ist das Gebiet", so Kai Uwe Schnabel bereits zur Studie von 1991, "wenig repräsentativ für das Gebiet der ehemaligen DDR" (Schnabel 1993, 813). Insgesamt kommt Schnabel in seiner kritischen Durchsicht empirischer Jugendforschungen zwischen 1990 und 1993 zu dem Schluss, dass es bis zur Drucklegung seiner Arbeit keinen "haltbaren empirischen Beleg (...) für die These einer Zunahme der Ausländerfeindlichkeit seit 1990" gibt (ebd., 818). Der Grund für diese Feststellung ist jedoch vor allem in methodischen Schwächen der vorliegenden Forschungsarbeiten und dem Mangel an methodisch fundierten 'Vergleichen über die Zeit' zu suchen.

grob) *bestimmte Aspekte* sozialer Wirklichkeit in dem beobachteten Zeitrahmen wieder. Dennoch gibt es keine Sicherheit dafür, *welche konkrete Bedeutung* die in den Items enthaltenen Aussagen zu einem bestimmten historischen Zeitpunkt hatten. Beispielsweise fällt auf, dass in der ausgewählten Skala zu Ethnozentrismus bei Vollebergh et al. *keine* Items enthalten sind, die sich auf aktuelle Diskurse über Flucht und Asyl Anfang der neunziger Jahre beziehen. Dies kann auch gar nicht sein, da 1981, dem ersten Messpunkt in ihrem 'Vergleich über die Zeit', solche Diskurse noch keine vergleichbare gesellschaftliche Bedeutung hatten. Dementsprechend können Vollebergh et al. diesen 1993 sehr wichtigen Diskurs *nicht* in ihre Forschung mit einbeziehen. Die gesellschaftliche Diskussion Anfang der neunziger Jahre im Gegenstandsbereich und die Reaktionen von Jugendlichen werden dementsprechend bei Vollebergh et al. nur unvollständig erfasst. Dieses methodische Problem stellt sich im Prinzip auch für die anderen Untersuchungen, deren deskriptive Ergebnisse hier vorgestellt wurden. Es geht hierbei um ein Problem, dass sich mit den Mitteln der quantitativen Einstellungs- und Vorurteilsforschung *nicht grundsätzlich* lösen lässt,[101] sondern bei der Reflexion der Ergebnisse stets mit bedacht werden muss. Mit der Interpretation entsprechender Ergebnisse muss also sehr zurückhaltend umgegangen werden. Es handelt sich, entgegen den gängigen Vorstellungen von quantitativer Forschung, keineswegs um 'harte Fakten', sondern um eher grobe und provisorische Hinweise.

1.10 Items können in unterschiedlichen Diskursen als Begründungen dienen

Die Überprüfung der Formulierung von Items, die in den Untersuchungen zur Anwendung kommen, ergibt, dass viele mit Skepsis betrachtet werden müssen, da sie zur Reproduktion des Problems beitragen können. So erwecken die üblichen Eigenschaftslistenverfahren, die in der nationalen Stereotypenforschung benutzt werden,[102] den Befragten gegenüber den Eindruck, als sei es wissenschaftlich zulässig, einzelne Nationen und deren Angehörige mit festlegenden Eigenschaften zu etikettieren (zur Kritik solcher Verfahrensweisen vgl. Markard 1984, 64ff.; Leiprecht 1990, 82). Auch Items, in denen Eingewanderte und Flüchtlinge in deutlich beleidigender Weise angesprochen werden, sind als ungeeignet zu bezeichnen.[103]

Der Blick auf die Formulierung von Items zeigt gleichzeitig, dass Items zwar in bestimmte Itemlisten und Skalen eingeordnet werden und beispielsweise autoritär-nationalisierende Einstellungen, Auffassungen etc. messen sollen, dies auch gemäß messtechnisch-statistischer Kriterien in durchaus zulässiger Weise geschieht, dieselben Items im gesellschaftlichen Diskurs aber auch zur Begründung und Rechtfertigung ethnozentrischer oder rassistischer Auffassungen benutzt werden können. Aussagen wie "Deutschland den Deutschen" (Heitmeyer

---

[101] Allenfalls können die Korrelationen zwischen Skalen mit 'alten' und 'neuen' Items überprüft werden und von hier aus vorsichtige Einschätzungsversuche vorgenommen werden.

[102] So etwa zu finden bei Förster et al. 1993, 156; in den Niederlanden bei L.Jansen 1993, 60.

[103] Beispielsweise Items wie *"Türken sind schmutzig"* (Zimmer et al. 1985) oder *"Kanaken raus"* (Shell-Studie 1982; Heitmeyer 1987). Für die Niederlande nennt Tinnemans 1993 jüngere Beispiele. Anders wie in Deutschland fand in den Niederlanden übrigens eine relativ bereite Diskussion darüber statt, ob und inwiefern Items in Fragebögen zur 'Messung' von Rassismus eine 'Gefahr' im untersuchten Feld darstellen, indem durch 'ungeeignete' Formulierungen oder eine Ansammlung von ausschließlich negativen Aussagen ablehnende Haltungen gegenüber Allochthonen unterstützt oder stimuliert werden (vgl. Verberk 1995, 60).

1987) oder "Ausländer raus" (Förster et al. 1993) oder "Die Deutschen sind anderen Völkern von Natur aus überlegen" (DJI-Jugendsurvey 1995) finden sich nicht nur in autoritär-nationalisierenden oder nationalistischen Diskursen. Obwohl die empirische Forschung also viele Instrumente entwickelt hat, die - unterschiedlichen Konzeptualisierungen folgend - etwa nach autoritär-nationalisierenden, rassistischen und ethnozentrischen Mustern differenzieren, sind die Unterscheidungen auf Item-Ebene oft wenig überzeugend.

1.11 Zusammenfassender Überblick: Forschungsstand

Wie sich zeigte, dominieren in beiden Ländern quantitative Datengewinnungs- und Auswertungsmethoden das Forschungsfeld zum Gegenstandsbereich. Dabei wird vor allem nach Einstellungen, Auffassungen, Orientierungen etc. gefragt, die von den jeweiligen Forscherinnen und Forschern als problematisch angesehen werden. Nach alternativen Formen wird in aller Regel *nicht* geforscht. Zudem erweckt die gängige Präsentation quantitativer Daten oft den Eindruck, als lasse sich bei denjenigen, die als ethnozentrisch, nationalisierend-autoritär, rassistisch u.Ä. eingestuft werden, keine Widersprüchlichkeiten und Ambivalenzen in ihren Einstellungen, Auffassungen, Orientierungen finden. Es werden vereindeutigende und dichotomisierende Bilder über 'Problemgruppen' produziert. Dies dürfte sich für Praktikerinnen und Praktiker in pädagogischen Arbeitsfeldern, die auf Einsichten in widersprüchliche und ambivalente Konstellationen angewiesen sind, um Ansatzpunkte für eine verändernde Praxis zu finden, als wenig hilfreich erweisen.

Um Hinweise über die Entwicklung in beiden Ländern zu erhalten, wurden nach empirischen Forschungsarbeiten gesucht, die Aussagen zu einem 'Vergleich über die Zeit' zulassen. Dies erwies sich vor allem für das Forschungsfeld in Deutschland als schwierig. In der DDR gab es keine Untersuchungstradition zu Ethnozentrismus und Autoritarismus, und in der (alten und neuen) BRD finden sich keine Sekundäranalysen oder Replikationsuntersuchungen, die wirklich mit den niederländischen Arbeiten der Jugendforschung vergleichbar wären. Bei der parallelen Darstellung von Ergebnissen aus beiden Ländern handelt es also sich um keinen *internationalen* Vergleich. Es gibt weder gemeinsame Begriffsfassungen und Messinstrumente noch aufeinander abgestimmte Stichproben. Leider zeigte sich, dass es aus denselben Gründen auch bereits bei den verschiedenen Untersuchungen in der alten BRD und der neuen BRD sehr schwierig ist, gültige Aussagen über Entwicklungen zu machen. Entgegen weit verbreiteten Vorstellungen liefert die quantitative Forschung hier *keine* 'harten Fakten', sondern äußerst 'weiche Hinweise', die entsprechend zurückhaltend interpretiert werden müssen.

Immerhin lässt sich erkennen, dass die quantitative Forschung in beiden Ländern mit 30% bis 40% einen beachtlichen Verbreitungsgrad von Zustimmungen zu ethnozentrischen, fremdenfeindlichen o.ä. Aussagen registriert. Gleichzeitig wird allerdings deutlich, dass in beiden Ländern die Mehrheit der befragten Jugendlichen entsprechenden Aussagen *nicht* zustimmt. Wichtig ist an dieser Stelle, noch einmal auf die Unterscheidung zwischen politischen Auffassungen, potentiellen Parteireferenzen und wirklichem Wahlverhalten hinzuweisen. Zwischen diesen Bereichen gibt es zwar Zusammenhänge, allerdings dürfen keine vollständigen Übereinstimmungen erwartet werden. Entsprechendes gilt selbstverständlich auch für das Antwortverhalten gegenüber einer Liste von Fragebogenitems und dem wirklichen Verhalten (siehe IV.3.1).

In Bezug auf die Entwicklungen von Auffassungen, Orientierungen o.ä. zeigen die quantitativen Jugenduntersuchungen das folgende Bild:[104]

In den Niederlanden lässt sich aus Sekundäranalysen konstatieren, dass bei Jugendlichen zwischen 1970 und 1981 eine Zunahme von "Ethnozentrismus" und eine Abnahme von "Autoritarismus" stattgefunden hat.[105] Zwischen 1981 und 1992 bleibt die Zustimmung zu "Ethnozentrismus" und "Autoritarismus" auf einem ähnlichem Niveau.

Für Jugendliche in der alten Bundesrepublik wird zwischen 1945 und 1979 ein deutlicher Rückgang von "autoritären Einstellungen" festgestellt, während sich hier zwischen 1979 (alte BRD) und 1991 (alte Bundesländer) ein geringer Anstieg beobachten lässt. Für den zuletzt genannten Zeitraum wird für eine sog. "Ausländerablehnung" ebenfalls ein leichte Erhöhung konstatiert, wobei im Antwortverhalten gegenüber den Items der Skala zur "Ausländerablehnung" eine zunehmende Polarisierung der befragten Jugendlichen registriert wird. Für den Zeitraum von 1990 bis 1993 wird für "Autoritarismus" keine weitere Zunahme signalisiert, allerdings weisen einige Untersuchungen auf eine Zunahme von "Rechtsextremismus" und "Ausländerfeindlichkeit" hin.

Der Ost-West-Vergleich in Deutschland liefert ein Bild, das von *konträren* Ergebnissen bestimmt ist: Während die eine Untersuchung eine ausgeprägtere Zustimmung zu "Autoritarismus" bei ostdeutschen Jugendlichen zu erkennen gibt, heben andere Untersuchungen eine verblüffende Ähnlichkeit der "Autoritarismuswerte" hervor. Während die eine Untersuchung eine höhere Zustimmung zu "negativen Nationalitätsstereotypen" bei ostdeutschen Jugendlichen konstatiert, zeigt die andere Untersuchung hier eine höhere Zustimmung bei westdeutschen Jugendlichen. Gleichzeitig zeigen unterschiedliche Teilbereiche im Themenzusammenhang (autoritärer Nationalismus, Rassismus, Antisemitismus usw.), operationalisiert in der Form unterschiedlicher Messskalen, auch *innerhalb* der jeweiligen Untersuchungen Ergebnisse, die in *gegensätzliche* Richtungen weisen. Einig scheinen sich verschiedene Untersuchungen jedoch in ihren Ergebnissen zu "Ausländerfeindlichkeit" zu sein: Signifikant höhere Werte ergeben sich übereinstimmend bei den befragten Jugendlichen in Ostdeutschland. Gleichzeitig signalisieren die Untersuchungen für Ostdeutschland allerdings eine Entwicklung, die sehr viel dynamischer und von schnell wechselnden Zustimmungen zu entsprechenden Auffassungen, Einstellungen, Orientierungen o.ä. gekennzeichnet ist.

2. Forschungsfragen für die eigene Untersuchung

Ausgehend von dem Bedürfnis, geeignete (subjektbezogene) Anknüpfungspunkte für die Arbeit in pädagogischen Handlungsfeldern zu finden (siehe I.7.), zielt die *allgemeine* Ausgangsfrage meiner eigenen Untersuchung darauf, wie sich Jugendliche im Gegenstandsbereich Rassismus, Ethnizismus und Nationalismus auf Soziale Repräsentationen und Diskurse beziehen, wie sie damit umgehen und welche Effekte dies hat. Eine solche Ausgangsfrage verlangt Konsequenzen bei der Methodenauswahl, da deutlich ist, dass eine bloße Fragebogenuntersu-

---

[104] Um zu verdeutlichen, dass die Ergebnisse in den verschiedenen Ländern und zwischen den Untersuchungen in Deutschland auf verschiedenen Begriffsfassungen, Operationalisierungen und Itemlisten beruhen, sind Autoritarismus, Ethnozentrismus usw. hier mit Anführungszeichen gekennzeichnet.

[105] Die Ergebnisse zu Sexismus werden hier zunächst außer acht gelassen, da in Deutschland nicht mit entsprechenden Skalen gearbeitet wurde (siehe jedoch VI.3.7.2).

chung hier nicht weiterführen dürfte. Anders als dies in dominierender Weise in der Jugendforschung zu Ethnozentrismus, ethnischen Vorurteilen, autoritär-nationalisierenden Einstellungen etc. der Fall ist, beschränkt sich die vorliegende Untersuchung deshalb *nicht* auf quantitative Methoden, sondern kombiniert diese in einer besonderen Anordnung mit Gruppendiskussionen und Interviews (siehe IV.). Ein solches Vorgehen verspricht zudem besonders *praxisnahe* Einsichten und Erkenntnisse und ermöglicht es, alltägliche Rede- und Argumentationsweisen von Jugendlichen, die als Begründungen und Rechtfertigungen für unterschiedliche Orientierungen zum Zusammenleben in der Einwanderungsgesellschaft dienen, auch tatsächlich zu erfassen. Ausgehend von den zentralen Mustern, die sich hier feststellen lassen, soll geprüft werden, in welcher Weise auf aktuelle gesellschaftliche Diskurse und Strukturen und auf subjektive Möglichkeitsräume Bezug genommen wird und welche Effekte sie haben.

Ohne die Untersuchung in ein allzu enges Hypothesenkorsett einzuengen (siehe IV.1.), lassen sich unterhalb der allgemeinen Ausgangsfrage für die vorliegende Untersuchung weitere Teilfragen und Hypothesen formulieren:

a)
Modelle der Rechtsextremismus- und Ethnozentrismusforschung in Deutschland, die die Verbreitung und Zunahme nationalistischer, ethnozentrischer und rassistischer Orientierungen zu erklären versuchen, bedienen sich oft *sehr allgemeiner* Ursachenbeschreibungen. Häufig werden als Erklärungsmuster genannt: Prozesse der Individualisierung und Modernisierung in Verbindung mit einem Verlust traditioneller Milieus (vgl. Heitmeyer 1992, 16ff.), Prozesse der ökonomisch-sozialen Deprivation von Angehörigen der Mehrheitsbevölkerung (vgl. hierzu J. Winkler 1996, 33ff.) und/oder Folgeprozesse gegenüber der 'Zumutung' von 'unverhältnismäßiger Einwanderung' (vgl. Eckert et al. 1996, 163ff.). Ein internationaler Vergleich zwischen Ländern, bei denen zwar Ähnlichkeiten in den jeweils *als ursächlich* vermuteten gesellschaftlichen Prozessen bestehen, sich jedoch keine ähnlichen Folgen ergeben, kann hilfreich sein, um solche Erklärungsmuster auf ihre Plausibilität hin zu überprüfen und zu Erklärungen zu kommen, die die Entwicklungen in einem konkreten Land genauer erfassen.

b)
In der Interkulturellen Pädagogik und der Migrationsforschung in Deutschland ist die Auffassung weit verbreitet, dass - im Gegensatz zur Bundesrepublik Deutschland - in den Niederlanden eine multikulturelle Gesellschaft mit den dazugehörigen Institutionen entstanden ist und real gelebt wird (vgl. Meinhardt 1985; 1989; Bukow 1989; Bukow & Llaryora 1995; Yildiz 1997). Eine von Toleranz und Humanismus geprägte Alltagskultur wird genauso hervorgehoben wie eine liberale Minderheitenpolitik. Anknüpfend an die Existenz von herausragenden interkulturellen und antirassistischen Projekten, Institutionen und Materialien ist der Blick auf die *gesamte* 'multikulturelle Landschaft' der Niederlande sehr positiv. Dieses positive Fremdbild findet seine Entsprechung in einem Selbstbild, das von vielen Expertinnen und Experten im Migrations- und Bildungsbereich in den Niederlanden geteilt wird. So spricht beispielsweise der Migrationssoziologe Han Entzinger in Bezug auf Multikulturalität und Minderheitenpolitik gar von einem 'ideellen' Exportprodukt der Niederlande (Entzinger 1992). Geht man von diesen Fremd- und Selbstbildern aus und unterstellt einen Zusammenhang zwischen einem 'multikulturellen Gesamtklima' und den Orientierungen von Jugendlichen, dann ist zu erwarten, dass sich auch zwischen Jugendlichen in Deutschland und den Niederlanden deutliche Unterschiede in der Verbreitung und Unterstützung von entsprechen-

den Repräsentationen und Diskursen finden lassen: Bei den niederländischen Jugendlichen ist einerseits eine im Durchschnitt geringere Verbreitung von eindimensionalen Orientierungen, die mit Rassismen oder Nationalismen verknüpft sind, zu vermuten; und andererseits eine stärkere Verbreitung von Orientierungen, die der multikulturellen Einwanderungsgesellschaft positiv gegenüberstehen und von Multiperspektivität geprägt sind. Ausgehend von dem tatsächlich festzustellenden Vergleichsergebnis soll nach dem Zusammenhang zwischen vorherrschenden Diskursen und Strukturen hinsichtlich der multikulturellen Einwanderungsgesellschaft und den Orientierungen von Jugendlichen gefragt werden.

c)
In den Niederlanden werden immer wieder personalisierende Ressentiments und Negativbilder gegenüber *den* Deutschen festgestellt (vgl. Renckstorf/Lange 1990, 53ff.; L. B. Jansen 1993; Dekker/Dubbelink 1995). Die Erinnerung an die Geschichte der Besatzung durch die Truppen des nationalsozialistischen 'Deutschen Reiches' ist in solchen Diskursen auch heute noch ein wichtiges Moment, genauso wie eine gewisse 'David-Perspektive', die von vielen - besonders nach der Vereinigung von BRD und DDR - gegenüber dem 'Goliath Deutschland' eingenommen wird. Es ist zu vermuten, dass sich entsprechende Repräsentationen auch bei Jugendlichen finden lassen. Möglicherweise handelt es sich hierbei um eine widersprüchliche Diskurskonstellation, die sich mit antinationalistischen und antirassistischen Elementen verbinden kann und auch bei solchen Jugendlichen Anklang findet, die eher eine 'multiperspektivische' Orientierung zeigen und in Bezug auf andere nationale Gruppen großen Wert auf Toleranz und Respekt legen. Für eine Forschung zu Alltagsrassismus dürfte es besonders interessant sein, solchen widersprüchlichen Konstellationen nachzugehen und zu prüfen, welche Erklärungsmuster von den Jugendlichen benutzt werden, um sich die vorgestellten und/oder realen Entwicklungen im Nachbarland zu erklären.

d)
In der Forschung zu Rassismus, Ethnizismus und Nationalismus wird häufig das Niveau formaler Bildung als ein wichtiger Einflussfaktor angenommen (vgl. U. Wagner 1982; Raaimakers 1993): Eine geringere Bildung, so die These, führt zu einer erhöhten Neigung, entsprechenden Praxisformen, Ideologien und Weltbildern aufzusitzen. Auf der Grundlage früherer qualitativer Untersuchungen (Leiprecht 1990) bezweifele ich diese pauschale Annahme. Es ist zu vermuten, dass der oft behauptete und genauso oft auch tatsächlich festgestellte Zusammenhang mit den benutzten Forschungsmethoden zu tun hat. Dies soll überprüft werden.

e)
Relativ neu in der Forschung zu Rassismus, Ethnizismus und Nationalismus sind Fragen, die dem Zusammenhang zwischen der Zustimmung und Ablehnung von diesen Praxisformen, Ideologien und Weltbildern und der Geschlechtszugehörigkeit nachgehen (vgl. Möller 1991; Rommelspacher 1992; 1995; Birsl 1993; Siller 1994; Vollebergh 1995). Meist wird hierbei festgestellt, dass Rassismus, Ethnizismus und Nationalismus auf weibliche Jugendliche eine geringere Anziehungskraft ausüben als auf männliche Jugendliche. Dieser Zusammenhang soll überprüft werden; ebenso die Frage, ob 'weibliche' und 'männliche' Ausdrucksformen festzustellen sind. Sollte dies der Fall sein, dann hat dies auch Konsequenzen für geschlechtsbezogene Arbeitsansätze. Zu einer empirisch nur wenig erforschten Frage gehört in diesem Kontext auch die Verbindung von Rassismus und Sexismus, eine Frage, die auf begrifflicher Ebene bereits aufgeworfen wurde (II.5.8). Dieser Frage wird ebenfalls nachgegangen werden.

f)
Obwohl eine Operationalisierung, die entlang der entwickelten Begriffe zu Rassismus, Ethnizismus und Nationalismus differenziert, wünschenswert gewesen wäre, habe ich mich aus theoretischen und forschungsstrategischen Gesichtspunkten heraus für ein anderes Vorgehen entschieden (ausführlicher siehe IV.4.2, insbesondere auch IV.4.2.5 und IV.4.5 und IV.4.6). So viel schon vorweg: Den einzelnen Argumentationen, Begründungen und Rechtfertigungen ist es nicht unbedingt anzusehen, ob sie rassistische, ethnizistische oder nationalistische Orientierungen unterstützen. Wie bei der Übersicht zum Forschungsstand bereits deutlich wurde, ist zudem die Zuordnung von Items in vielen Instrumenten sehr unbefriedigend. Da es sich beim geplanten Vorhaben um den ersten deutsch-niederländischen Vergleich dieser Art handelte und ich darauf angewiesen war, auf vorhandene Instrumente des Projektes 'Internationales Lernen' in Deutschland zurückzugreifen, habe ich mich für eine einfachere Lösung entschieden. Ich differenziere nur zwischen *zwei* Itemlisten: Eine Liste zu 'eindimensional-nationalen' Orientierungen, die sich durch einen einseitigen Bezug auf den nationalen Kontext charakterisieren lassen und - im Gegensatz dazu - eine Liste zu 'multiperspektivischen' Orientierungen, die sich durch eine breitere und vielfältigere Perspektive auszeichnet. Mit diesen beiden Itemlisten werden Begründungen und Rechtfertigungen abgebildet, die sowohl in rassistischen und nationalistischen als auch ethnizistischen Diskursen zu finden sind bzw. entsprechende Alternativen hierzu benennen.

IV. Forschungsdesign, Forschungsmethoden und Forschungsinstrumente

1. Gestaltung von Forschung und das Prinzip Gegenstandsadäquatheit

Die vorliegende Arbeit geht von dem Grundsatz aus, dass Methoden stets auch allgemeine Voraunahmen über den damit zu untersuchenden Gegenstand enthalten und zunächst zu überprüfen ist, ob mit einer ausgewählten Methode ein bestimmter Gegenstand angemessen untersucht werden kann (vgl. etwa Holzkamp 1983, 521; Von Kardorff 1991, 4). Da ein zentrales Augenmerk der Untersuchung der Frage gilt, wie Jugendliche sich auf Soziale Repräsentationen[106] 'in der Welt' und im 'Inneren' beziehen und wie sie damit umgehen, muss - sehr allgemein gesprochen - berücksichtigt werden, dass es in der Forschung um menschliche Subjekte geht. Bereits die Feststellung, dass Menschen im Prinzip handelnde Wesen sind, die sich mit den gesellschaftlichen Verhältnissen auseinander setzen und *nicht* lediglich durch äußere Umstände, Reizkonstellationen oder gesellschaftliche Umwelt *bedingt* sind, hat Konsequenzen für die allgemeine *Gestaltung* und *Ausrichtung* der Forschung (vgl. Terhart 1997, 29).

So charakterisiert beispielsweise der Psychologe Richard S. Lazarus das Verhältnis zwischen Person und Umwelt als *transaktional*: Es wirkt "nicht nur die Situation auf die Person ein (analog der S-R-Sequenz), sondern (...) auch die Person (bestimmt) die Situation" (Lazarus 1981, 204).[107] Von hier aus kommt Lazarus zu Anforderungen, die eine Forschung erfüllen muss: Sollen die aktiven und gestaltenden Momente menschlichen Handelns erfasst werden, so ist nach Lazarus eine Forschung zu bevorzugen, die nicht nur im Labor oder in künstlich hergestellten Situationen stattfindet, sondern den Alltag und die Lebenswelt der Menschen mit einbezieht.[108] Die dynamischen Momente der Auseinandersetzung mit der Umwelt dürfen nicht vernachlässigt und verschiedene Analyseebenen (gesellschaftswissenschaftliche, geschichtswissenschaftliche, individualwissenschaftliche usw.) müssen in ihrem Zusammenhang berücksichtigt werden, um nicht der Vorstellung eines statischen und isolierten Psychischen aufzusitzen (ebd., 204ff.).

In der kritischen Diskussion um eine bessere Sozialforschung wurde versucht, in den Forschungskonzepten und den methodischen Ansätzen solchen allgemeinen Anforderungen gerecht zu werden. Diejenigen, die einer interpretativen Sozialforschung den Vorzug gaben, hoben für die Forschungsphase der Datengewinnung den Stellenwert von Prinzipien wie *Offenheit* und *Kommunikation* hervor: Zu Beginn der Forschung sollte auf ein enges Korsett von festen Hypothesesätzen verzichtet werden, um die Forschung nicht vorzuprogrammieren und die Entdeckung von Neuem zu ermöglichen. Außerdem wurde eine Kommunikationsbe-

---

[106] Spezifiziert auf den Bereich Rassismus, Nationalismus und Ethnizismus.

[107] Lazarus weist auf die grundsätzliche Möglichkeit einer wechselseitigen Beziehung zwischen Situation und Person hin. Über den konkreten Charakter dieser Beziehung und das Ausmaß von Einwirkung und Bestimmung ist damit noch nichts ausgesagt.

[108] Lazarus benutzt im Originaltext - wie viele andere - den Begriff *naturalistische* Forschung (vgl. etwa Schatzmann/Strauss 1973). In der Diskussion um die Begriffe Rassismus, Nationalismus, Ethnizismus und Sexismus wurde der Begriff naturalistisch bzw. Naturalisierung ebenfalls eingeführt, allerdings mit völlig anderer Bedeutung. Mit naturalistisch ist dort *nicht* die notwendige Nähe einer subjektbezogenen Sozialforschung zum gesellschaftlichen Alltag angesprochen, sondern die Reduktion von gesellschaftlichen Gegebenheiten auf Prozesse der Natur.

ziehung zwischen Forschenden und Erforschten angestrebt, die das kommunikative Regel- und Bedeutungssystem der Erforschten angemessen zu berücksichtigen hatte (vgl. Hoffmann-Riem 1980/1994[II], 29ff.; Terhart 1997, 29).

Nun hat es in der Diskussion um diese Prinzipien vor allem beim Prinzip *Offenheit* sehr unterschiedliche Lesarten gegeben. Oft zitiert werden die Formulierungen von Barney Glaser und Anselm L.Strauss, den Begründern der *Grounded Theory* (vgl. Glaser/Strauss 1967; 1976). Die Grounded Theory trägt deshalb diesen Namen, "weil ihr Schwerpunkt auf der Generierung einer *Theorie* und auf den *Daten* liegt, in denen diese Theorie gründet" (Strauss 1991, 50). Die Theorie ist also bereits in den Daten selbst verborgen und muss durch die Forschung entdeckt und offengelegt werden ["the discovery of theory from data" (Glaser/Strauss 1967, 1)]. Solche Formulierungen haben - in der Abgrenzung zu deduktiv-nomologischen Ansätzen - teilweise zu einer einseitigen Pointierung des *induktiven Prinzips* beigetragen. Eine theorielose empirische Forschung erschien vielen gar als methodische Notwendigkeit. Ein gewisses Maß an Aufmerksamkeit und Empathie für die zu Untersuchenden und Interesse und Sensibilität für das untersuchte Feld schienen als Kriterien für eine adäquate Forschung bereits auszureichen (vgl. Kelle 1992, 254).

Die Sozialwissenschaftlerin Bettina Dausien betont, dass es sich hierbei zumindest um eine Fehlinterpretation handelt, die - vor allem mit dem Blick auf die späteren Arbeiten von Glaser und Strauss - nicht aufrecht zu erhalten ist. Auch bei Glaser und Strauss wird Theorie - so Dausien - "keineswegs allein aus den Daten (emergiert) oder (...) sonst wie induktiv aus ihnen hervorgebracht (...), sondern spielt von Anfang an eine wichtige Rolle im Forschungsprozess" (Dausien 1996, 97). Theoretische Vorannahmen "lenken die Aufmerksamkeit des Forschers und sensibilisieren ihn für bestimmte Phänomene im Feld, die immer nur eine Auswahl aus der Vielzahl möglicher Beobachtungsgegenstände darstellen. Darüber hinaus begleiten sensibilisierende theoretische Konzepte den Forscher durch die gesamte Phase der empirischen Arbeit hindurch." (ebd.) Theoretische Annahmen stehen also am Ausgangspunkt der Forschung. Sie stellen eine Art *Interpretationsfolie* dar, die allerdings nicht starr und unveränderlich ist, sondern sich im Laufe der Forschung weiter entwickelt.

Diese Feststellung über theoretische Vorannahmen hat eine besondere Bedeutung auch deshalb, weil ein wichtiges theoretisches Konzept der vorliegenden Arbeit - ein modifiziertes Konzept Sozialer Repräsentation - auf Soziales Wissen abhebt. Dieses Konzept betont, dass sowohl die Forschenden als auch die Untersuchten sich auf (Alltags-)Theorien über Gegenstände und Prozesse in Natur und Gesellschaft beziehen. Es wäre demnach also völlig verfehlt, von theorielosen Voraussetzungen auszugehen. Stets werden in der Interpretation und Auseinandersetzung mit den Phänomenen vorhandene (Alltags-)Theorien aktualisiert. Zur spezifischen Aufgabe von Wissenschaftlerinnen und Wissenschaftlern gehört es jedoch zweifellos, die eigenen Theorien in Bezug auf einen bestimmten Forschungsgegenstand *auszuweisen* und zu *reflektieren* und auf ein bereits vorhandenes *wissenschaftliches* Wissen zu beziehen.

Eine ausführliche Rekonstruktion der kritischen Diskussionen um angemessene Forschungsansätze und Methoden kann hier freilich *nicht* geleistet werden. Sie stellt sich auch äußerst kompliziert dar, und für die Erziehungswissenschaft betont Ewald Terhart, dass die Methodendiskussion nur "unter dem Gesichtspunkt der Interdisziplinarität" nachzuvollziehen ist (Terhart 1997, 29). In der Tat verlief die Diskussion auf der Ebene unterschiedlicher Einzeldisziplinen (Pädagogik, Psychologie, Soziologie, Ethnologie, usw.), haben verschiedene Wissenschaftsrichtungen einen Beitrag geleistet (symbolischer Interaktionismus, Hermeneutik, phänomenologische Ansätze, usw.) und wirkten sich wissenschaftstheoretische Grundsatzdebatten (Positivismusstreit) aus. Darüber hinaus waren nationale Besonderheiten und internationale Einflüsse zu verzeichnen (neben den dominanten, etwa im Bereich pragmatischer Sozialpsychologie aus den USA, auch Ansätze aus der sogenannten Dritten Welt, etwa Freires Pädagogik der Unterdrückten) und machten sich zeitgenössische gesellschaftskritische Bewegungen bemerkbar (beispielsweise die Bürgerrechtsbewegung in den USA, antikoloniale Bewegungen, antiautoritäre Studentenbewegungen, Frauenbewegungen in verschiedenen Ländern, usw.).

Vor allem in der Pädagogik wurden als Alternative zu traditionellen Forschungsansätzen Herangehensweisen und Methoden aus der Aktions- und Handlungsforschung, die Ende der 60er Jahre auch in Europa zunehmend an Gewicht bekamen, vorgeschlagen (vgl. Altrichter/Lobenwein/Welte 1997, 640ff.). Ohne diesen Forschungsansatz angemessen würdigen zu können,[109] ist vor allem ein Moment für den Zusammenhang der vorliegenden Arbeit von Bedeutung: Den traditionellen Erhebungsmethoden wurde hier ein anderer Stellenwert zugeschrieben. Sie sollten nicht nur der Datengewinnung und Datensicherung dienen, sondern auch die Funktion haben, eine *Selbstreflexion bei den Untersuchten* anzuregen (vgl. U. Schneider 1980, 8; Altrichter/Lobenwein/Welte 1997, 640). In der *intersubjektiven Beziehung* zwischen Untersuchern und Untersuchten sah man zudem eine Chance, in einer gemeinsam untersuchenden Haltung Erkenntnisse zu erzielen, die beiden Seiten gerecht werden können (vgl. Held 1994, 130ff.).

Insgesamt wird der Ansatz der Handlungsforschung heute jedoch wenig beachtet (vgl. Gstettner 1991; Altrichter/Gstettner 1993). Der vorherrschende Disput richtet sich auf die Gegenüberstellung zwischen qualitativer und quantitativer Sozialforschung (vgl. Von Kardorff 1991, 4ff.; Engler 1997, 124ff.). In sich heterogene Ansätze qualitativ-empirischer Ausrichtung, die als Ansätze kommunikativer, verstehender, narrativer, interpretativer oder hermeneutischer Sozialforschung eingeordnet werden, verbindet als Gemeinsamkeit vor allem die Abgrenzung zu quantitativ-statistischen Vorgehensweisen (vgl. Graz/Kraimer 1991). Es sind immer noch Grundsatzdiskussionen zu beobachten, in denen - häufig unter einem reduktionistischen Blickwinkel - der jeweils anderen Seite die Begriffe 'quantitativ' und 'qualitativ' als regelrechte Schimpfworte vorgehalten werden (in dieser Weise kritisch beschrieben bei Villar/Marcelo 1992, 178; J. Jansen 1990, 3ff.). Doch obwohl Positionen vorzuherrschen scheinen, denen zufolge sich quantitative und qualitative Perspektiven gegenseitig *ausschließen* (vgl. hierzu in einer Übersicht Lamnek 1988), wird inzwischen stets deutlicher und von verschiedenen Einzelwissenschaften aus für eine Überwindung der qualitativ-quantitativen Dichotomie plädiert (vgl. Jüttemann 1985; Greene/Caracelli/Graham 1989; G. L. Huber 1992; Maiers 1992; Fischer 1999). Auch gibt es in zunehmender Zahl mehr oder weniger gelungene Versuche zur Integration quantitativer und qualitativer Methoden innerhalb eines Forschungsvorhabens (vgl. Du Bois-Reymond/Peters 1990; Hoffmeister/Sill 1992).

Grundlegend erscheint hier die Frage, welche Besonderheiten bei einer gewählten Einzelmethode in Bezug auf den zu untersuchenden Gegenstand zu berücksichtigen sind, denn nicht

[109] Wobei vor allem aus den *Fehlentwicklungen* dieses Ansatzes zu lernen wäre: Beispielsweise zeigte sich in der kurzen Geschichte der Aktions- und Handlungsforschung, dass die Rolle der Theorie oft völlig *unterschätzt* wurde. Häufig kam es zu einem regelrechten Praxisfetischismus oder wurde Praxis und Forschung so verbunden, dass letztlich die Praxis dominant wurde. Der jeweilige Forschungsprozess wurde dabei oft in individualisierender Weise betrachtet und blieb blind gegenüber übergreifenden Zusammenhängen. Zudem wurde in der Handlungsforschung zwar meist das konkrete Handeln der Forscherinnen und Forscher thematisiert, nicht aber das subjektive Handeln als grundlegender Gegenstand der Forschung (vgl. U. Schneider 1980; Leiprecht 1990, 143ff.).

jeder Gegenstand kann mit jeder Methode erfasst werden (vgl. Engler 1997, 129). Außerdem ist mindestens zu klären, in welches Forschungskonzept eine Einzelmethode eingebaut wird, welche Konsequenzen dies für die konkrete Untersuchungssituation hat und in welchem theoretischen und methodologischen Rahmen die Daten der jeweiligen Einzelmethode interpretiert werden. Insgesamt ist davon auszugehen, dass die Überprüfung der *Gegenstandsaqäuatheit* von Forschungskonzepten und Einzelmethoden die oft formulierte Ausschlussbeziehung zwischen quantitativen und qualitativen Ansätzen überwinden helfen kann.

2. Datenerhebung als Methodenmix

Für die vorliegende Untersuchung wurde ein Verfahren zur Datengewinnung gewählt, das versucht, den oben beschriebenen allgemeinen Anforderungen gerecht zu werden, ohne sich der dichotomisierenden Diskussion zwischen quantitativen und qualitativen Methoden anzuschließen. Der Unterschied zwischen quantitativen und qualitativen Methoden wird im Folgenden im Grad und in der Art und Weise der Reduzierung von komplexer Wirklichkeit, aber auch in der Schaffung unterschiedlicher Situationsmerkmale bei der Datengewinnung gesehen (vgl. Held 1994, 126). Die gesamte Sozialforschung mit ihren Einzelmethoden wird dabei als ein Reservoir betrachtet, aus dem in dem Bemühen, dem Gegenstand in einem konkreten Forschungsvorhaben gerecht zu werden, Anleihen gemacht werden können, wobei allerdings stets die besonderen Möglichkeiten und Begrenzungen der jeweiligen Einzelmethoden zu berücksichtigen sind.

Für die Untersuchung wurden im *Methodenmix* Einzelmethoden aus der quantitativen und qualitativen Forschung mit Methodenaspekten aus der Handlungsforschung verbunden und in einer besonderen Weise *angeordnet*. Aus der Konfrontation und Auseinandersetzung mit ähnlichen Fragen in unterschiedlichen (Forschungs-)Situationen und in der Stimulierung einer untersuchenden Haltung war eine bessere Qualität und Gegenstandsbezogenheit der gewonnenen empirischen Daten zu erwarten. Das Verfahren sah deshalb in einer ersten Untersuchungsrunde neben der Durchführung einer standardisierten schriftlichen Befragung auch Gruppendiskussionen im Klassenverband und Einzelinterviews vor, die zur Transkription aufgezeichnet wurden. Auf Grundlage einer *vorläufigen* Zwischenauswertung der so gewonnenen Daten wurden fünf Jugendliche zur Mitarbeit an einem Film ausgewählt, um typische Denk- und Redeweisen und Begründungsmuster im Gegenstandsbereich zum Zwecke der Rückvermittlung an die untersuchte Gruppe in anschaulicher Weise festzuhalten. In einer zweiten Untersuchungsrunde wurden mit Hilfe des Films und der Daten aus der Fragebogenuntersuchung erste Ergebnisse an die untersuchte Gruppe zurückgegeben und erneut Gruppendiskussionen durchgeführt, die - wiederum aufgezeichnet und transkribiert - in die Auswertung mit einbezogen wurden. Im Folgenden werden nun zunächst *allgemeine* Merkmale der ausgewählten Einzelmethoden im Kontext der vorliegenden Untersuchung beschrieben.[110]

---

[110] Zur genauen Darstellung der Vorgehensweisen mit diesen Einzelmethoden (Fragebogen, Gruppendiskussionen, Film, Interviews mit Einzelnen) siehe IV.4.3.

2.1 Methodenaspekt aus der Handlungsforschung

Der Bezug auf die Handlungsforschung beschränkte sich auf einige wenige Aspekte. Bei der Gestaltung des Fragebogens darauf geachtet, dass er die Befragten auch zur Reflexion anregte. Erste Forschungsergebnisse aus eben dieser schriftlichen Befragung und den Gruppendiskussionen und Einzelinterviews der ersten Untersuchungsrunde wurden in einer zweiten Untersuchungsrunde an die Untersuchten zurückgegeben, um zu einem vertieften Nachdenken beizutragen. Für die Jugendlichen ergab sich so die Möglichkeit, sich mit den von ihnen selbst produzierten Daten nochmals auseinanderzusetzen. Ein wichtiger Aspekt der Untersuchung ließ sich also durch das Bemühen kennzeichnen, das Forschungsverfahren so zu gestalten, dass nicht nur Daten produziert wurden, die auf Ad-hoc-Antworten beruhten. Eine *untersuchende Haltung* wurde zumindest von der Untersuchungsanlage her auch auf Seiten der Untersuchten gefördert.

2.2 Quantitative Einzelmethode: Fragebogenbefragung

Generell konzentrieren sich quantitative Befragungen auf das Häufige und Weitverbreitete. Mit quantitativen Instrumenten lassen sich beispielsweise sozialstatistische Gegebenheiten (Alter, Geschlecht usw.), materielle Merkmale der Lebenssituation (Wohnverhältnisse, Einkommen, Arbeitslosigkeit usw.) und manifestes Verhalten, soweit es sich im Rahmen von Gewohnheiten, Routinen u.Ä. bewegt, in aller Regel gut erfassen.

Schwieriger ist dies bei Vorstellungs- und Bewusstseinsinhalten. Diese sind meist komplex, dynamisch und widersprüchlich und können mit einem standardisierten Fragebogen, der auf vorgegebene Formulierungen jeweils bestimmte Antwortmöglichkeiten zulässt, nur *ausschnitthaft*, d.h. vor allem in dem Aspekt erfasst werden, der gesellschaftlich vorherrschend ist und sich bereits im Fragebogen widerspiegelt (vgl. Kleining 1991, 16). Kaum erfassbar sind jedoch Vorstellungs- und Bewusstseinsinhalte, die Neues abbilden (vgl. G. L. Huber 1992, 7). Die Struktur der Befragungssituation gegenüber einem Fragebogeninstrument entspricht zudem weitgehend dem Handeln unter festgelegten Bedingungen. Um jedoch subjektive Begründungen für Denk- und Handlungsweisen zu erfassen, die über das Ankreuzverhalten gegenüber vorformulierten Items im Fragebogen hinausgehen und in diesem Sinne offeneres und differenzierteres Datenmaterial zu gewinnen, müssen weitere Methoden der Datengewinnung herangezogen werden.

2.3 Qualitative Verbalisierungsmethoden: Gruppendiskussion und Interview

Mit qualitativen Methoden der Verbalisierung sollen das Alltagswissen, die Bedeutungs- und Wahrnehmungsmuster und die Sinnzusammenhänge der Befragten erschlossen werden (vgl. Hron 1982, 128; Friebertshäuser 1997, 371). Im Gegensatz zur quantitativen Befragung mit einem Fragebogeninstrument kann die offenere Verbalisierung den Informatinnen und Informanten die Möglichkeit bieten, eigene thematische Verknüpfungen und Argumentationsketten einzubringen, die eigenen Sichtweisen auszudrücken und eigene Formulierungen zu benutzen. Dadurch bekommen die gewonnenen Daten nicht nur eine größere Nähe zum Alltag, sondern liefern u.U. auch Hinweise auf *neue* Zusammenhänge und *zusätzliche* Fragenbereiche.

Gerade zur Erfassung von subjektiven Begründungsmustern, die sich auf soziale Repräsentationen beziehen und damit in besonderer Weise umgehen, sind Verbalisierungsmethoden unverzichtbar. Einen wichtigen Stellenwert hat hier die *Argumentation* als Begründung: In der Diskussion und im Gespräch können die Einzelnen ihren Standpunkt einbringen. Sie beziehen sich dabei auf gesellschaftliche Auseinandersetzungen und entsprechende Denkangebote. Im Argumentationsgang kann die eigene Sicht- und Handlungsweise dargelegt und begründet werden und der Bezug auf und die Umgangsweise mit spezifische(n) Soziale(n) Repräsentationen und Diskurse(n) zum Ausdruck kommen.

Auch bei der *Gruppendiskussion* handelt es sich um eine Verbalisierungsmethode (vgl. Dreher/Dreher 1982; 1991). Für eine subjektbezogene Forschung kann sie dazu beitragen, eine günstige Forschungssituation herzustellen: "Das Verhaltensmodell der Gruppendiskussion ist die spontane und selbststimulierte Interaktion. Deshalb setzt die Methode Bereitwilligkeit, Aktivität und Interesse der Teilnehmer voraus." (Held 1987, 81) In der Gruppendiskussionssituation *können* die einzelnen Teilnehmerinnen und Teilnehmer sich äußern, sie *müssen* es jedoch nicht. Der Schutz der vertrauten Gruppe ist zudem eine gute Voraussetzung für ein selbstbewusstes Argumentieren. In der Gruppe sind "die Äußerungen häufig offener, spontaner und unkontrollierter. Dies gilt auch für Handlungsbegründungen" (ebd., 82).

Die Gruppendiskussion wird zudem als eine Methode eingeschätzt, die es erlaubt, Sichtweisen und Begründungsmuster zur Artikulation zu verhelfen, in denen nicht nur Oberflächliches reproduziert wird: "Dem Einzelnen werden sie häufig erst während der Auseinandersetzung mit anderen Menschen deutlich. Sie mögen zwar latent vorhanden sein, gewinnen aber erst Kontur, wenn das Individuum (...) sich gezwungen sieht, seinen Standpunkt zu bezeichnen und zu behaupten." (Pollock 1955, 32) Darüber hinaus besitzt die Gruppendiskussionsmethode ökologische Validität und liefert Ergebnisse für Alltagssituationen, in denen sich interaktiv Bewusstseinsformen und Handeln konstituieren (vgl. Dreher/Dreher 1982, 142ff.; Bohnsack 1991, 117; Mayering 1993, 54). Für die vorliegende Untersuchung wurde das Gruppendiskussionsverfahren in *alltäglichen Gruppen* (Schulklassen ohne Lehrerinnen und Lehrer) angewandt. *Stimuliert* wurde die Diskussion durch den strukturierten Fragebogen bzw. - in der zweiten Untersuchungsrunde - durch Ergebnisse aus dem Fragebogen und dem produzierten Film. Hierdurch ergab sich auch eine *thematische Fokussierung* (Friebertshäuser 1997, 378).

Zusätzlich zu der Verbalisierungsmethode Gruppendiskussion wurden *Interviews mit Einzelnen* durchgeführt. Die oft als "Königsweg empirischer Sozialforschung" (König 1952) bezeichnete Methode wurde in einer Form benutzt, die sich an narrativen und offenen Interviewverfahren anlehnt (Mayering 1993, 45; Friebertshäuser 1997, 386). Da die Interviews regelmäßig *nach* den Gruppendiskussionen erfolgten, ergab sich ein *stimulierendes und themenzentrierendes Moment* aus dem Verlauf der jeweiligen Gruppendiskussionen. Abgesehen von diesem Einstieg wurde die Gespräche in der Anfangsphase so offen wie möglich gestaltet. Erst in einer späteren Phase wurden Nachfragen gestellt, die auch auf Begründungszusammenhänge zielten (vgl. G. L. Huber/Mandl 1982, 130ff.).

3. Zur Datenanalyse

Nur ein Bruchteil der sozialwissenschaftlichen Literatur zu qualitativen Methoden befasst sich mit Fragen der Datenanalyse, während sich sehr viel mehr zur Datenerhebung finden lässt (vgl. G. L. Huber 1992, 8). Im Gegensatz zu quantitativen Methoden, wo sich neben wissenschaftlich ausgearbeiteten Verfahrensweisen etwa bei der Konstruktion von Messinstrumenten auch solche zur analytischen Verarbeitung der gewonnenen Daten vorliegen, ist gerade letzterer Bereich bei qualitativen Methoden noch recht unterentwickelt.

In der vorliegenden Forschungsarbeit wurde - wie bereits erwähnt - explizit mit einer Kombination quantitativer und qualitativer Methoden gearbeitet. Die Analyse der Daten erfolgte dabei nicht nach dem Modell traditioneller Sozialforschung, sondern orientierte sich an interpretativen Ansätzen. Die empirischen Ergebnisse galten nicht als Beweis oder Widerlegung vorher festgelegter Hypothesensätze und feststellbare statistische Korrelationen und Signifikanzen im quantitativen Datenmaterial wurden nicht als Bestätigung oder Widerlegung von Hypothesen oder Theorien interpretiert. Sie dienten u.a. zur Anregung weiterer Analysen und wurden in den fortlaufenden Prozess eines Theorie-Empirie-Vergleichs einbezogen. Dort galt die Aufmerksamkeit der Entwicklung von *bereichsbezogenen* Aussagen, die mit den jeweiligen empirischen Ergebnissen übereinstimmen und jeweils für *bestimmte* Konstellationen und Gruppen eine Erklärungskraft besitzen.

Zur integrativen Analyse unterschiedlicher Datentypen bot hier der qualitative Analysestil der Grounded Theory wertvolle und grundlegende Anregungen. Die Grounded Theory ist - obwohl sie immer noch eher Forscherinnen und Forscher mit qualitativen Präferenzen anzusprechen scheint - *keineswegs* zwangsläufig an spezielle Datentypen gebunden (vgl. etwa Strauss 1991, 30). Im wesentlichen handelt es sich bei der Grounded Theory um einen Kanon methodologischer Leitlinien, der sich um die Codierung von Daten und stetigen Vergleichen in einem sich entwickelnden Analyseprozess zentriert. Auf der Basis *von Datenmaterialien unterschiedlichen Typs* können in einem Prozess sich entwickelnder Hypothesen integrierte Theorien gebildet werden, die hinsichtlich Reichweite, Gültigkeit und Status bestimmt sind. In der Form von Triaden wird von der Grounded Theory ein Analyseverfahren beschrieben, das aus Kreisbewegungen zwischen Datenerhebung/Datenmaterial, dem eigentlichen Codieren des Materials und der Theorieentwicklung besteht (ebd., 47ff., 240ff.). Besonders hervorgehoben werden die Verfahrensmodi der Induktion (Theoriebildung nach Datenlage), der Deduktion (Implikationen aus der Theorie mit Blick auf das Datenmaterial) und der Verifikation (Überprüfung anhand des Materials) (ebd., 38ff.).

Ein Beispiel, wie in der vorliegenden Arbeit über verschiedene Datentypen hinweg (quantitative Daten, qualitative Daten aus verschiedenen Einzelmethoden, zusätzliche Daten aus einer Medienanalyse) analysierende Kreisbewegungen (*Analyseschleifen*) durchgeführt werden, findet sich in der folgenden Übersicht (siehe Übersicht 3). Dabei wird von einer Feststellung anhand des empirischen Materials auf Grundlage eines bestimmten Datentyps (dem quantitativen) ausgegangen, um schließlich nach mehreren Kreisbewegungen zu einer theoriebezogenen Diskussion der Ergebnisse in ihrem Zusammenhang zu kommen.[111]

Bei analysierenden Kreisbewegungen über verschiedene Datentypen hinweg ist allerdings auf die Besonderheit der jeweiligen Analyseebene zu achten. Unterschiedliche Datentypen beruhen auf unterschiedlichen Einzelmethoden der Datengewinnung, und unterschiedliche Einzelmethoden führen zu unterschiedlichen Situationsmerkmalen in der Forschung und zu unterschiedlichen Äußerungssituationen auf der Seite der Untersuchten. Was dies für die vorliegende Untersuchung bedeutet, soll im Folgenden (IV.3.1) erörtert werden.

---

[111] Der auf die Darstellung zugeschnittene Text zu diesem konkreten Beispiel einer Analyseschleife findet sich unter VI.3.2.

Übersicht 3: *Beispiel einer Analyseschleife über mehrere Datentypen*

Analyseebene der quantitativen Daten: Fragenbogenuntersuchung (mit Hilfe von SPSS)	**Analyseebene der qualitativen Daten: Gruppendiskussionen und Interviews (mit Hilfe von AQUAD)**	**Analyseebene zusätzlicher Daten: z.B. andere Untersuchungen, weitere Forschungsliteratur**
Quantitative Feststellung: *Erhebliche Überschätzung bezüglich der Anzahl von Flüchtlingen im eigenen Land* ⇓⇓ ⇓⇓		
Quantitative Prüfung: *Suche nach Zusammenhängen zwischen Überschätzung und 'eindimensional-nationalen'/ 'multiperspektivischen' Orientierungen* ⇒⇒ ⇒⇒ ⇓⇓ ⇓⇓	Qualitative Prüfung: *Suche und Codierung von Passagen, in denen über Flüchtlinge und Flüchtlingszahlen diskutiert wird* ⇓⇓ ⇓⇓	
Quantitative Feststellung: *Signifikante Zusammenhänge zwischen Überschätzung und 'eindimensional-nationaler' Orientierung feststellbar, allerdings schwer interpretierbar: auch eine große Gruppe mit 'multiperspektivischen' Orientierungen neigt zur Überschätzung* ⇒⇒ ⇒⇒ Quantitative Prüfung: a) *Zusammenhänge mit der Ablehnung von asylsuchenden Flüchtlingen?* b) *Überprüfung der Antworten zu den offenen Fragen in Bezug auf die Ablehnungsbegründungen gegenüber Flüchtlingen* ⇓⇓ ⇓⇓	Qualitative Feststellung: *Deutliche Verbindung zu* ⇒⇒ *Mediendiskursen* ⇒⇒ Qualitative Prüfung: *Besondere Qualität der Verbindung* a) *in Bezug auf 'eindimensional-nationale'/* ⇐⇐ *'multiperspektivische'* ⇐⇐ *Orientierungen?* b) *in Bezug auf* ⇐⇐ *'Manipulation durch ...',* ⇐⇐ *'Rechtfertigung mit ...',* *'Entschuldigung mit ...',* *'Bestätigung durch ...',* *usw.?* ⇓⇓ ⇓⇓	a) *Prüfung von Literatur und Untersuchungen zu entsprechenden Mediendiskursen* b) *Eigene Untersuchung von solchen Mediendiskursen kurz vor und während des Untersuchungszeitraums* ⇐⇐ ⇐⇐ ⇐⇐ ⇐⇐ ⇓⇓ ⇓⇓
Theoriebezogene Diskussion der Ergebnisse in ihrem Zusammenhang		

3.1 Datenanalyse von Datenmaterialien aus unterschiedlichen Einzelmethoden

Es ist eine geläufige Erkenntnis aus der sozialpsychologischen Einstellungsforschung, dass eine gemessene Einstellung, Überzeugung oder Meinung noch nichts über wirkliches Handeln aussagt. Ein Situationsmerkmal, das sich im Verhältnis zu einer bestimmten Einstellung als fördernd oder behindernd darstellt, beeinflusst ein Handeln oder Nicht-Handeln gemäß dieser Einstellung (vgl. hierzu im Themenbereich der Vorurteilsforschung etwa Schäfer/Six 1978, 224ff.; Stroebe 1985). Obwohl in der vorliegenden Arbeit nicht vom Einstellungsbegriff, sondern von einem modifizierten Konzept Sozialer Repräsentationen ausgegangen wird, gilt zweifellos, dass mit den gewonnenen diversen Datenarten und ihrer Analyse in Bezug auf die Aussagekraft über *wirkliches Handeln* äußerst zurückhaltend umgegangen werden muss. Doch nicht nur das.

Der Hinweis über einen Zusammenhang zwischen Einstellungen *und* Situationsmerkmalen stellt auch eine Anregung dar, auf einer *forschungsmethodischen Ebene* über den Zusammenhang zwischen subjektiven Äußerungen und der Art der Datengewinnung beziehungsweise den damit verbundenen Rahmenbedingungen der Forschungssituation nachzudenken. Es ist grundsätzlich davon auszugehen, dass jede einzelne der benutzten Methoden zur Datensicherung (Fragebogen, Gruppendiskussion, Interviews mit Einzelnen) zu bestimmten Besonderheiten der Untersuchungssituation führt. Diese Besonderheiten können wiederum - auch bei ein und derselben Person - zu jeweils verschieden akzentuierten Äußerungen über den gleichen Gegenstand beitragen. Dabei geht es keineswegs nur darum, dass sich Befragte beispielsweise in einer Fragebogenuntersuchung zu bereits vorgegebenen und vorformulierten Antwortmöglichkeiten zu verhalten haben, während sie in einer Gruppendiskussion und in einem Einzelinterview eigene Formulierungen benutzen und eigene Antwortalternativen einbringen können. Die unterschiedlichen Rahmenbedingungen aufgrund unterschiedlicher Methoden der Datengewinnung 'wirken' noch in einer anderen Weise: Im 'Selbstgespräch' beim Ausfüllen eines Fragebogens unter Zusicherung der Anonymität tendieren dieselben Befragten unter Umständen zu anderen Antwortakzenten als in einer Gruppendiskussion; und in einer Gruppendiskussion äußern sie sich möglicherweise anders als in einem Einzelinterview, in dem sie nur dem Forscher oder der Forscherin gegenübersitzen.

Solche situativen Unterschiede kennt jede und jeder vermutlich auch aus dem jeweils eigenen Alltag. Man äußert sich in unterschiedlichen Situationen zum gleichen Gegenstand oft in unterschiedlich akzentuierter Weise. Im Gespräch mit Freunden formuliert man anders als im Gespräch mit Fremden. Vorgesetzten wird man in anderer Weise die Meinung sagen als Kolleginnen und Kollegen. In einer größeren Gruppe wiederum argumentiert man oft nicht in derselben Weise wie in einem Zweiergespräch. Nun lässt sich zwar schwer sagen, in welcher dieser Situationen die jeweiligen Äußerungen zum gleichen Gegenstand am 'authentischsten' gewesen sind. Was aber in jedem Fall gesagt werden kann, ist, dass die Äußerungen und Argumentationsweisen jeweils in einem *bestimmten Verhältnis zur Situation* standen.

Diese einfache Feststellung ist aus *zweierlei* Gründen sehr wichtig: Zum einen, insofern es den Vergleich zwischen Untersuchungssituation und ähnlichen Situationen außerhalb der Forschung betrifft, um den Erklärungsbereich auf Grundlage der vorhandenen Daten zu bestimmen. Zum anderen, insoweit es auf die Notwendigkeit verweist, die Bandbreite möglicher Äußerungssituationen im Alltag auch wirklich mit unterschiedlichen Methoden, die unterschiedliche Einblicke in die Wirklichkeiten gewähren, zu erfassen.

Zunächst zum erstgenannten Gesichtspunkt: Um den möglichen Erklärungsbereich der Analysen und Schlussfolgerungen aus dem jeweiligen Datenmaterial zu bestimmen, müssen mindestens die Rahmenbedingungen für die Untersuchungssituation, die sich aus der jeweiligen Methode der Datengewinnung ergeben, auf strukturell/dynamisch ähnliche Rahmenbedingungen von Situationen außerhalb der Forschung hin überprüft werden (vgl. etwa Kempf 1992, 103). So kommt beispielsweise das Antwortverhalten in einer Fragebogenuntersuchung, die Anonymität garantiert, den eher verdeckten Äußerungsformen aus einer Menschenmasse heraus, für das die Einzelnen oft keine direkteren Konsequenzen erwarten, recht nahe. Die Methode der Gruppendiskussion ist - ich habe bereits darauf hingewiesen (siehe oben) - den alltäglichen Diskussionen und Interaktionen, wie sie in anderen Gruppenzusammenhängen stattfinden, zumindest von der Struktur her ähnlich.

Doch noch ein weiterer Gesichtspunkt verweist auf die Verbindung zwischen unterschiedlichen Äußerungssituationen im Alltag und in der Forschung. Das vorliegende Forschungsdesign, das in einem Prozessmodell verschiedene Methoden im Methodenmix verbindet und anordnet, bietet hier *große Vorteile*. Mit Hilfe verschiedener Einzelmethoden werden nämlich unterschiedliche Äußerungssituationen, so wie sie auch im Alltag vorkommen, erfasst. Damit wird eine wichtige Grundlage für einen besseren und umfassenderen Einblick in soziale Wirklichkeiten geschaffen. Im Vorgriff auf einzelne Ergebnisse der Untersuchung kann dies recht anschaulich am Material aus verschiedenen Datentypen demonstriert werden.

3.1.1 Was im ungünstigsten Fall in Gruppendiskussionen nicht gesagt wird ...

Beim Ausschnitt aus einer Gruppendiskussion, der im Folgenden vorgestellt wird, ist die Methode der Datengewinnung selbst zum Gegenstand der Diskussion geworden.[112] Es wurde zuerst über den Film diskutiert, und in der ausgewählten Passage wird gerade damit begonnen, Ergebnisse aus der Fragebogenuntersuchung zurück zu vermitteln. Eine Jugendliche interveniert an dieser Stelle:

Magda: *"... es gibt einfach sehr viel Menschen, die trauen sich nicht, ihre Meinung zu äußern. Ich denke, dass das Schriftliche, das ist natürlich viel anonymer, das ist auch viel ehrlicher .... .*

Interviewer:[113] *Aber hast du das Gefühl, wenn hier in der Klasse diskutiert wird, dass da ...?*

Magda: *Na ja, sicher, es gibt immer welche, die sich im Hintergrund halten: 'Ich sag besser nichts, weil ... .' Das hab' ich voriges Jahr selbst erlebt. Damals saß ich eigentlich als Einzige in einer Gruppe, wo sich alle eigentlich einig waren, und ich dachte, ich stimme damit nicht überein, aber das war wirklich schwierig, sich dann zu behaupten... ." (m2.8:1149-1174)*[114]

---

[112] Es geht hier noch *nicht* um eine inhaltliche Auswertung der Gruppendiskussionen und Interviews, sondern um eine *methodische* Betrachtung.

[113] Bei 'Interviewer' (in der männlichen Form) handelt es sich - wie in der gesamten vorliegenden Arbeit - um den Autor und Forscher.

[114] Bei den in Klammern angefügten Angaben handelt es sich um ein Verweisungssystem, mit dem die entsprechenden Passagen im Datenmaterial verortet werden können. Der erste Buchstabe kennzeichnet bei Gruppendiskussionen die Schulart: '*l*' steht für LBO und KMBO, '*m*' für MBO und '*v*' für HAVO

Voriges Jahr liegt acht Monate zurück und bezieht sich auf die erste Gruppendiskussion in Magdas Klasse. Magda ist auch in der aktuellen Diskussion sehr zurückhaltend. Die obige Wortmeldung ist ihr erster Diskussionsbeitrag, obwohl bereits seit einer halben Stunde diskutiert wird. Magdas Einwurf scheint für ihre Klassenkameradin Lydia wenig später jedoch ein Anlass zu sein, sich folgendermaßen zu Wort zu melden:

Lydia: *"Ja, ich genauso ... ich gebe zu, ich bin selbst auch ein bisschen rassistisch." (m2.8:1219-1220)*

Und kurz darauf:

Lydia: *"Ich halte mich auch zurück mit manchen Sachen.*
Magda: *Ja, das habe ich auch.*
Lydia: *Ich habe auch eine starke Meinung über diese Dinge, das weiß ich einfach. Aber dann denkst du einfach ... .*
Interviewer: *Über was für Dinge?*
Lydia: *Nun, zum Beispiel die Anzahl der Ausländer hier in den Niederlanden, oder so. Ich denke, dass die ganze Gegend es vielleicht prima findet, aber ich nicht, ich finde, dass ein bisschen zu viel herein geholt wird, in der Tat. Ich finde auch (...), ja, wir müssen warten, als Niederländer musst du ein Jahr auf eine Wohnung warten und sie kriegen auf einmal eine Wohnung." (m2.8:1237-1263)*

Mit solchen und ähnlichen Beiträgen zieht Lydia in der Klasse viele Gegenargumente auf sich. Es entwickelt sich schließlich eine Diskussion zwischen ihr und fünf anderen Jugendlichen, die stellenweise sehr erregt geführt wird. Magda, deren Beitrag für Lydia mit ein Anlass gewesen ist, sich nicht mehr 'zurückzuhalten', meldet sich erst gegen Ende dieser Diskussion wieder zu Wort. Sie ist empört.

Magda: *"Ich bin teilweise ihrer (Lydias; R.L.) Meinung ... und wenn man dann jeden hier hört, entschuldigt, das kann ich wirklich nicht ertragen. Man hat doch seine eigene Meinung, das darf sie doch sagen ... .*
Wim: *Natürlich.*
Magda: *... und warum muss dann jeder darüber herfallen?" (m2.8:1740-1750)*

Obwohl Lydia und Magda in dieser Diskussionsrunde schließlich dennoch ihre ablehnende Haltung gegenüber Eingewanderten und Flüchtlingen zum Ausdruck bringen, zeigt diese Passage, dass verschiedene Methoden und Datenarten im Verhältnis zu bestimmten Konstellationen im untersuchten Feld zu unterschiedlichen Einblicken in die Wirklichkeiten führen können. Im ungünstigsten Fall hätte es in der beschriebenen Situation geschehen können, dass nur die dominanten Stimmen in der Klasse zum Ausdruck gekommen und wichtige Informationen verloren gegangen wären.

---

und VWO (zu den Schularten siehe IV.4.1.2). Ist der erste Buchstabe ein '*e*' handelt es sich um ein Einzelinterview. Die Zahlen nach dem Doppelpunkt geben die Zeilenmarkierung und den Zeilenabstand im transkribierten Text wieder.

3.1.2 Soziale Erwünschtheit: Fragebogen versus Gruppendiskussion

Da in Gruppendiskussionen in den Niederlanden in besonderer Weise damit gerechnet werden muss, dass - wie deutlich werden wird - das gesellschaftliche Tabu, nicht rassistisch sein *zu dürfen* (zumindest nicht in offener und ausgesprochener und schon gar nicht in gewalttätiger Weise; siehe V.5.3.6), seine Wirkung zeigt, entstünde ein schiefes Bild, wenn ausschließlich Daten aus Gruppendiskussionen zur Verfügung stehen würden.

Dies lässt sich sehr gut anhand der im quantitativen Untersuchungsteil gestellten ‘Gewaltfrage’ beobachten.[115] Der Fragebogen wurde anonym ausgefüllt und die Jugendlichen brauchten deshalb keine direkten Reaktionen auf ihre Äußerungen zu erwarten. Fast siebeneinhalb Prozent der befragten autochthonen Jugendlichen geben zu erkennen, dass sie ‘Straßengewalt gegenüber Ausländern’ im Prinzip befürworten. Dieses Zustimmungsverhalten korreliert in stimmiger Weise mit den ‘eindimensional-nationalen’ und ‘multiperspektivischen’ Orientierungen, nach denen im Fragebogen ebenfalls gefragt wurde (dazu IV.4.2.5). In den Gruppendiskussionen und den Interviews mit Einzelnen finden sich hingegen an keiner Stelle Äußerungen, die eine entsprechende Gewalt *offen* unterstützen würden. Allenfalls sind Argumentationsweisen zu entdecken, die implizit gewalttätige Konsequenzen beinhalten oder aber offenbar nach respektablen oder verdeckten Ausdrucksformen suchen.

Werden die Passagen in den Gruppendiskussionen untersucht, in denen das Fragebogenergebnis zur Gewaltfrage angesprochen wurde (dies geschieht in elf Klassen), dann lässt sich eine ganze Bandbreite verschiedener Reaktionsweisen erkennen. Oft zeigen sich Jugendliche erschrocken über das Ausmaß der Zustimmung. Auch ist die Situation, die in der Gewaltfrage dargestellt wird, in manchen Fällen ein Anlass, andere Geschichten, in denen es auf die ein oder andere Weise ebenfalls um Gewalt geht, zu schildern. Daneben werden von autochthonen Jugendlichen *als Reaktion* auf die Ergebnisse zur Gewaltfrage auch *gegensätzliche* Erlebnisse berichtet, in denen ‘Niederländer’ die Opfer und ‘Ausländer’ die Gewalttäter sind. In einem Fall hält ein Jugendlicher das Ergebnis für zu niedrig und begründet seine Einschätzung mit einem interessanten Argument, welches auch die oben geführte Diskussion um Methoden berührt:

Hans: *“Eigentlich ist es ein bisschen wenig. Ich denke, dass mehr Menschen das finden, aber es nicht aufgeschrieben haben.*
Interviewerin:[116] *Wie meinst du das?*
Hans: *Nun, ich denke, dass es mehr gibt, die das im Prinzip gut finden, aber dass sie es dann doch nicht auf den Fragebogen gesetzt haben, weil sie es dann doch ein bisschen grob finden ... .” (v2.38:816-832)*

In einem anderen Fall entsteht eine kleine Kontroverse, da ein Jugendlicher eine höhere Prozentzahl und ein anderer eine niedrigere vermutet. In einem weiteren Fall zeigen sich Jugendliche erstaunt angesichts dieser Höhe der Zustimmung zur Gewalt und geben an, weniger erwartet zu haben. Ein solches Erstaunen ist der Ausgangspunkt für eine kurze Diskus-

---

[115] Die folgenden Ergebnisse werden hier zum Zwecke methodischer Verdeutlichungen *im Vorgriff* auf ihre ausführlichere Darstellung und Diskussion präsentiert.

[116] Bei ‘Interviewer*in*’ (weibliche Form) handelt es sich - wie in der gesamten Arbeit - um die Forschungsassistentin Britta Lassen. Sie leitete einige der Gruppendiskussionen.

sionspassage, in der ebenfalls der Realitätsgehalt des Ankreuzverhaltens im Fragebogen zur Sprache kommt.

Bob:	*"Find ich viel.*
Helen:	*Viel.*
Jaap:	*Ich denke schon, dass eine ganze Menge das einfach ausgefüllt haben, um sich ein bisschen aufzuspielen oder so.*
Bob:	*Okay, aber dann bleiben immer noch ungefähr fünf Prozent ... .*
Jaap:	*Ja, aber trotzdem, das sind nicht alles wirkliche Meinungen.*
	(...)
Bob:	*Ja, aber warum sollte man sich in einem anonymen Fragebogen aufspielen?*
Jaap:	*Na ja, so: 'Weißt du, ich hab' das und das ausgefüllt.'*
Bob:	*Aber das kann man doch auch dann sagen, wenn man etwas anderes ausgefüllt hat." (v2.32:881-923)*

Nun wurden die quantitativen Daten daraufhin überprüft, ob und in welchem Ausmaß die Angaben zu den Antworten auf verschiedene Items *inhaltlich konsistent* sind. Insoweit 'stimmen' die quantitativen Ergebnisse also durchaus. Dennoch ist das Misstrauen der Jugendlichen gegenüber dem Fragebogen aufschlussreich. Jaap geht (in der soeben zitierten Diskussionsrunde) davon aus, dass die Befragten sich aufgespielt haben und das Ergebnis deshalb nicht das wirkliche Meinungsbild repräsentiert, sondern übertrieben hoch ausfällt. Auch Hans vermutet (in der zuerst zitierten Diskussionsrunde), dass im Fragebogen nicht die wirkliche Meinung zum Ausdruck gebracht wird. Allerdings argumentiert Hans in entgegen gesetzter Weise wie Jaap. Mehr Befragte als schließlich im Ergebnis zum Ausdruck kommt, stimmen Hans zufolge einer offenen Gewalt gegen 'Ausländer' eigentlich zu, finden eine solche Zustimmung - im 'Selbstgespräch' offenbar konfrontiert mit einer Art inneren Instanz - *"dann doch ein bisschen grob"* und wählen eine 'mildere' Antwort. Das Ergebnis fällt - so Hans - deshalb zu niedrig aus und untertreibt hinsichtlich der wirklich vorhandenen Meinungen.

Obwohl ich dazu neige, davon auszugehen, dass die Jugendlichen dem anonymen Fragebogen gegenüber mit *weniger* Rücksicht auf dominante soziale Erwünschtheiten antworten, weil sie in der Situation der Äußerung keine direkten Konsequenzen zu erwarten haben, kann daraus dennoch nicht der Schluss gezogen werden, dass im Fragebogen 'alles' gesagt wird (noch ganz abgesehen davon, dass es sich hierbei um vorgegebene Antwortmöglichkeiten handelt). Solche Nuancierungen, von denen Jaap und Hans sprechen, sind für den Einzelfall im Grunde kaum kontrollierbar, wenn sie dazu führen, dass die Einzelnen entweder weniger extrem antworten, als sie dies vielleicht insgeheim gerne tun würden oder aber - umgekehrt - im Verhältnis zur eigenen Haltung wesentlich extremer ankreuzen. Allerdings habe ich die begründete Hoffnung, dass durch die *Logik der großen Zahl* im quantitativen Verfahren sich diese Gegensätzlichkeiten im Durchschnitt aufheben oder aber nicht in nennenswerter Weise ins Gewicht fallen - es sei denn, bei diesem Ankreuzverhalten handelt es sich um eine *grundsätzliche* und *ausgeprägte* Tendenz, die stets in *dieselbe* Richtung weist. Es gibt keinen Grund, letzteres für die vorliegende Untersuchung anzunehmen.

Insgesamt dürfte der anonyme Fragebogen sich dann als vorteilhaft erweisen, wenn man Informationen bekommen will, die von ihrer inhaltlichen Ausrichtung durch die dominierende Stimmung und/oder das Kräfteverhältnis in der jeweiligen Gruppe und/oder weil ein wichtiges gesellschaftliches Tabu verletzt wird, in einer Gruppendiskussion nicht (ohne weiteres) zur Sprache kommen würden.

3.1.3 Dominierende und dominierte Gruppen: Gruppendiskussion vs. Einzelinterview

Das Interview mit Einzelnen kann zu weiterführenden Einblicken in die Wirklichkeiten einer Gruppe führen. Dies wird, wie bereits festgestellt wurde, bei solchen Inhalten wie der oben genannten Gewaltfrage eher nicht der Fall sein. Bei welchen Inhalten das Einzelinterview seine Vorzüge zeigt, wird in der folgenden Passage aus dem Interview mit Jerry deutlich. Zunächst berichtet Jerry, der sich als *"Niederländer surinamisch-kreolischer Herkunft"* bezeichnet, über den Rassismus in der eigenen Schulklasse.

Jerry: *"Ja, Rassismus, das passiert auch in unserer Klasse, da gibt es ein paar... .*
Interviewer: *Ja?*
Jerry: *Ja klar, es gibt ein paar Jungs, die machen ... die sind auch mir gegenüber so. Aber ich mache mir da nichts draus, ich tue als ob sie ..., ja, ich steh' da eigentlich einfach drüber.*
Interviewer: *Was tun sie denn?*
Jerry: *Sie.., na ja, dann machen sie Affengeräusche oder so, oder, was weiß ich, einfach beschimpfen, und wenn ich sie etwas frage oder so, dann werde ich komplett negiert oder so, oder ausgelacht oder was auch immer.*
(...)
Interviewer: *Aber warum denkst du, dass sie das tun, ich meine ... ?*
Jerry: *Das weiß ich nicht, wirklich nicht. Manchmal frage ich mich, merken die das eigentlich? Oder sind sie eigentlich wirklich so hart? Dann machen sie Sachen, da verschlägt es einem die Sprache. Wie ist so etwas eigentlich mit einem menschlichen Herzen möglich? Das begreife ich einfach nicht." (eje.5:32-71)*

Untersucht man die entsprechende Gruppendiskussion *(m1.5)*, so lassen sich weder von Jerry noch von anderen allochthonen Jugendlichen Äußerungen entdecken, die so klar über rassistische Vorfälle in dieser Klasse berichten. In der Gruppendiskussion sind zwar wichtige Informationen über Argumentationsweisen und Begründungsmuster zu finden, die auf rassistische Orientierungen hinweisen. Doch sind die Kräfteverhältnisse so, dass die allochthonen Jugendlichen bereits rein zahlenmäßig deutlich in der Minderheit sind und die dominierenden Wortführer auf Seiten der autochthonen Jugendlichen eine Stimmung verbreiten, die es weder Jerry noch anderen allochthonen Jugendlichen erlauben, vor der Gesamtgruppe auf rassistische Alltagsereignisse in der Klasse zu verweisen.

Noch interessanter ist vielleicht, dass Jerry sich im Einzelinterview auch gegenüber seiner 'eigenen' kreolisch-surinamischen Gruppe sehr viel kritischer als noch in der Klasse gibt. So etwa in der folgenden Passage:

Interviewer: *"Und denkst du, dass es Rassismus nur auf der einen Seite gibt, also vor allem bei weißen Niederländern?*
Jerry: *Na ja, der Rassismus kommt nicht nur von der weißen Seite, der kommt auch von unserer Seite, weil es gibt auch schwarze Familien, die, schau, da hast du wieder so einen Weißen, das sie darauf gucken. Was das betrifft, es kommt nicht nur von einer Seite, es kommt von allen Seiten." (eje.5:956-968)*

Im diesem Einzelinterview berichtet Jerry auch von seiner 'weißen' Freundin und den gemeinsamen negativen Erfahrungen mit der 'schwarzen' Gemeinschaft, der sich Jerry zuordnet. 'Gemischte' Freundschaften werden auch in der eigenen Gruppe nicht von allen gut geheißen. Jerry schildert ein Erlebnis während eines surinamischen Festes:

Jerry: *"Aber meine Freundin, die hat davon auch ... die ist einfach ein weißes Mädchen, ich meine, sie hat niemandem etwas Böses getan, sie schaut, sie tut nichts und dann geht die ganze Gruppe auf sie los." (eje.5:218-229)*

Mit solchen Informationen alleine weiß man - wenn man misstrauisch sein will - noch nichts über die reale Situation in Jerrys Klasse oder seiner 'eigenen' Gruppe. Dennoch beleuchten sie, und zwar auch dadurch, dass sie in der Gruppendiskussion in der Klasse *nicht* zur Sprache gebracht werden, einen bestimmten Aspekt der Wirklichkeit. Es ist kaum vorstellbar, dass man solche und ähnliche Informationen von Jerry bekommen hätte, wenn man ausschließlich auf die Gruppendiskussion (oder den Fragebogen) angewiesen gewesen wäre. Die Verbalisierungsmethode Einzelinterview hat also schon aus diesen Gründen im vorliegenden Methodenmix ihre Berechtigung.

3.1.4 Gruppendiskussionen sind alltagsnah und doch keineswegs alltäglich

Allerdings bieten auch die Gruppendiskussionen wichtige Vorteile gegenüber Fragenbogen und Einzelinterview, auf die nicht verzichtet werden kann. Die Rede- und Argumentationsweisen in Gruppendiskussionen können denen in 'öffentlichen' Räumen recht nahe kommen. Durch die Gruppendiskussion im Klassenverband ergibt sich hinsichtlich pädagogischer Prozesse in der Schule eine große Praxis- und Alltagsnähe. Die Dominanzverhältnisse in den jeweiligen Klassen und die Argumentationsweisen von Meinungsführerinnen/Meinungsführern und Wortführerinnen/Wortführern können gut erfasst werden. Im günstigsten Fall entwickeln sich lebhafte Diskussionsprozesse, führt Rede und Gegenrede, Zustimmung und Widerspruch zu einer Dynamik in der Argumentation und werden auch 'unterhalb' der jeweils dominanten 'Stimmung' Phänomene sichtbar.

Freilich reicht das Bestimmungsmerkmal Gruppendiskussion alleine zur Charakterisierung der benutzten Verbalisierungsmethode nicht aus, denn es handelte sich hierbei um eine *bestimmte Form* der Methode Gruppendiskussion, mit deren Hilfe versucht wurde, soweit möglich eine untersuchende Haltung, Nachdenklichkeit und Ernsthaftigkeit zu fördern. Die Gruppendiskussion stellte zudem ein *besonderes* Ereignis dar und ging insofern über den Unterrichtsalltag hinaus. Dies zeigt auch das folgende Beispiel aus einem Einzelinterview. Juan, ein spanischer Jugendlicher, reflektiert in dieser Passage über die Gruppendiskussion in seiner Klasse.

Juan: *"Nun schau, der Karel, das ist auch einer dieser Jungs. (...) Der sprach richtig normal darüber, der sprach nicht so, wie er bei uns in der Klasse spricht. Wenn er bei uns in der Klasse sitzt, dann ärgert er uns immer mit Ausländer hier und Ausländer da (...) und wenn man ihn hört, was er jetzt alles sagt, also in so einer Gruppendiskussion, das ist einfach ganz anders. Das ist sozusagen der wirkliche Karel und nicht der Karel, den wir kennen. Man lernt in so einer Gruppendiskussion einfach eine andere Seite der Jungs aus seiner Klasse kennen.*

Interviewer: *Aber warum denkst du, ist das so? Weil ich da sitze und er denkt, bestimmte*

Dinge sage ich jetzt besser nicht oder ... ?

Juan: *(dazwischen) Nein, nein.*

Interviewer: *... ist es gerade andersrum, dass er, nun, dass er wirklich auch ein bisschen probiert nachzudenken ...?*

Juan: *Ja, er denkt darüber nach.*

Interviewer: *... ein bisschen ernsthafter?*

Juan: *Genau, ernsthafter. Und er will einfach sagen, was er gerade sagen will und nicht, was er uns immer probiert weis zu machen. Er ist nun eher er selbst. Das merkt man auch, allein die Art, wie er redet, weil normalerweise redet er sehr laut, und jetzt war er sehr ruhig, ganz schön normal, kann man sagen.*

Interviewer: *Aber gibt es dann auch eine Veränderung in der Klasse. Ich meine, wie war er dann später, als wir weg waren?*

Juan: *Nein, nicht wirklich. An diesem Tag hat er sich ruhig gehalten (...). Aber am Freitag war er wieder der alte Karel." (eju.12:25-74)*

Und im Folgenden beschreibt Juan ausführlich, dass Karel - wie zuvor - wieder die Mitschüler allochthoner Herkunft in der Klasse ärgert *(eju.12:75-105)*.

Die Passage insgesamt trägt dazu bei, den Unterschied, aber auch den Zusammenhang zwischen der Gruppendiskussion im Forschungssetting und den alltäglichen Interaktionen in der Klasse zu verdeutlichen. Es ist von untergeordneter Bedeutung, ob der 'wirkliche' Karel der ernsthafte und ruhige Karel der Gruppendiskussion ist oder ob es sich hierbei um den Karel handelt, der im Alltag der Klasse laut herumschreit und die allochthonen Mitschüler provoziert. Bedeutsamer für Juan dürfte der Alltag sein, wenngleich der neue Eindruck von Karel, den Juan gewonnen hat, sich auch auf die Interaktionen zwischen den beiden auswirken könnte. In ähnlicher Weise könnte auch für die Lehrerinnen und Lehrer der Schule die Erkenntnis wichtig sein, dass Karel noch andere Seiten hat, die offenbar im üblichen Unterrichtsalltag nicht zur Geltung kommen.

In der Tat stellte die Gruppendiskussion etwas besonderes dar und in Bezug auf Karel wäre vielleicht ein allzu beschönigendes Bild entstanden, wenn nicht durch den Methodenmix noch zusätzliche Daten und Informationen über den Alltag in der Klasse gesichert worden wären. Gleichzeitig gilt allerdings, dass Karel in der Tat über beide Seiten (und vermutlich noch sehr viel mehr) verfügt und in unterschiedlichen Situationen und Konstellationen jeweils verschiedene Seiten zur Geltung kommen können.

Bei jeder Äußerung (und dies gilt nicht nur für die vorliegende Untersuchung) ist also *grundsätzlich* auf den Zusammenhang und das Verhältnis zwischen (sozialer) Situation und Person zu achten. Da in der vorliegenden Arbeit die Datengewinnung in verschiedenen Äußerungssituationen erfolgt, müssen die jeweiligen Ergebnisse in angemessener Weise auf diese bezogen werden.

3.2 Methodische 'Breite' und Umfang des Datenmaterials

Ein Ziel der Untersuchung ist es zu erfassen, in welcher Weise sich Jugendliche auf Soziale Repräsentationen und Diskurse beziehen, die mit dem Themenbereich Rassismus, Ethnizismus und Nationalismus zu tun haben, und wie sie damit umgehen. Es geht darum, die verschiedenen Argumentationsweisen, Begründungs- und Erklärungsmuster in diesem Bereich *möglichst umfassend* aufzuspüren und soziale Prozesse bzw. Konstellationen, in denen sie sich entwickeln und verändern, mit einzubeziehen. Um dieses Anliegen zu erreichen, wurde eine besondere *methodische 'Breite'* und eine besondere Anordnung in einem Prozessmodell gewählt. In der unter *methodischen* Gesichtspunkten durchgeführten Analyse des auf diese Weise gewonnenen Datenmaterials (siehe oben) zeigt sich, dass die angelegte methodische 'Breite' große Vorteile hinsichtlich der insgesamt zur Verfügung stehenden Datenqualität hat. Gerade angesichts der beschriebenen möglichen Vielfalt von Konstellationen bezüglich des jeweils 'Zur-Sprache-Kommenden' beziehungsweise 'Nicht-zur-Sprache-Kommenden' auf der Grundlage unterschiedlicher Situationsmerkmale, die durch die jeweilige Methode mit verursacht werden, wird nachträglich unterstrichen, dass die besondere methodische 'Breite' bezüglich der Datengewinnung in der vorliegenden Untersuchung in der Tat geboten war.

Damit ist freilich noch nichts darüber ausgesagt, welcher *Umfang des Datenmaterials* angemessen ist. Für den *quantitativen Datentyp* ergibt sich dieser Umfang zum einen aus den Regeln quantitativer Forschung, die vorgeben, ab wann einer Stichprobe die nötige Aussagekraft zugemessen werden kann, zum anderen aus der Länge des Fragebogeninstruments selbst, der sowohl inhaltliche als auch forschungspraktische Überlegungen zu Grunde liegen. Der 'geschlossenere' Charakter eines solchen Instruments kennzeichnet auf einfache Weise den Umfang des damit zu gewinnenden Datenmaterials.

Hinsichtlich des gebotenen Umfangs des *qualitativen Datentyps* ist diese Frage nicht ganz so einfach zu beantworten. Der Anspruch, die unterschiedlichen Äußerungen möglichst umfassend zu erfassen und das Beharren auf den Vorteil einer größeren Offenheit der Methode, setzt bereits einen bestimmten Umfang bezüglich des zu erhebenden Materials voraus. Auch muss eine forschungsmethodisch-inhaltliche Komponente berücksichtigt werden: Lässt man nämlich das in den letzen Abschnitten Gesagte Revue passieren, wird deutlich, dass hinsichtlich der Verbalisierungsmethoden (Gruppendiskussion und Einzelinterview) der Datengewinnung mit sehr vielen unterschiedlichen Konstellationen zu rechnen ist. In unterschiedlichen Klassen mit unterschiedlichen Gruppenverhältnissen und unterschiedlichen Wortführerinnen und Wortführern werden unterschiedliche Einblicke zu gewinnen sein, je nachdem, was im vorliegenden Fall zur Sprache kommt und was nicht. Dies gilt umso mehr, da sowohl die Gruppendiskussionen als auch die Einzelinterviews über weite Strecken als 'offene Prozesse' angelegt sind.[117] Gleichzeitig erweist sich ein besonderer Umfang als unumgänglich, da nur so eine aussagekräftige Materialbreite zur Verfügung stehen kann, die mit fortschreitender Theorieentwicklung auch zunächst weniger 'auf der Hand liegende' Tendenzen erfassbar machen und die Auswahl von genauer zu untersuchenden Transkripten und Passagen ('theoretical sampling') ermöglichen soll.[118]

[117] Eine quantifizierende Auswertung - etwa das Auszählen bestimmter Argumentationsweisen oder Begründungsmuster - dieses Datenmaterials verbietet sich also schon aus diesem Grund.

[118] In der *Kritischen Diskursanalyse* wird ein ähnliches Verfahren mit diskurstheoretischen Argumenten begründet: Da es sich bei Diskursen nicht um lediglich individuelle Gegebenheiten handelt, sondern um solche, die sozial und historisch geteilt sind, geht man davon aus, dass sich eine empirische Forschung darum bemühen muss, alle Variationen von 'Verstrickungsmomenten' in einem bestimmten Diskursstrang zu erfassen, um gültige und verallgemeinerbare Aussagen machen zu können. Es wird solange gesucht, bis die Forscherinnen und Forscher *ausgewiesenermaßen* den Eindruck haben, dass sich keine neuen Formen mehr zeigen (vgl. S.Jäger 1993, 206).

Insgesamt begründen diese Überlegungen den Umfang des empirischen Materials, das der Analyse zur Verfügung steht. Als Ausblick: Neben den Daten aus dem quantitativen Untersuchungsteil (Fragebogenuntersuchung mit n = 575)[119] liegen aus dem qualitativen Untersuchungsteil die Transkripte von 34 Gruppendiskussionen und 29 Einzelinterviews (siehe IV.4.3).

3.3 Computergestützte Auswertung quantitativer *und* qualitativer Daten

Ohne Unterstützung von Elektronischer Datenverarbeitung ist eine Auswertung solcher Materialmengen, zumal für einen einzelnen Forscher, weder für den quantitativen noch für den qualitativen Datentyp möglich.

Hinsichtlich der *quantitativen Daten* wurde zunächst eine statistische Analyse des quantitativen Materials durchgeführt (mittels SPSS). U.a. auf Grundlage dieser Analyse-Ergebnisse wurden erste Entscheidungen darüber getroffen, welche Codierungen am qualitativen Material vorgenommen werden müssen. Bereits in der Fragebogen-Konstruktion wurde übrigens - soweit *vor* Forschungsbeginn überhaupt möglich und untersuchungstechnisch sinnvoll (Länge des Fragebogens, Einfachheit der Fragen, etc.) - im Hinblick auf die Auswertung eine gewisse 'Offenheit' für Anregungen und Rückbezüge aus den Ergebnissen des qualitativen Datenmaterials mit eingeplant. Der Fragebogen hatte hier - metaphorisch gesprochen - die Form eines Netzes, bei dem man sich nicht sicher sein kann, ob auch wirklich über die gesamte Fläche etwas Verwertbares hängenbleibt (siehe IV.4.2).

Auch bei der Aufbereitung und Auswertung der *qualitativen Daten* erwies sich angesichts der Menge des Materials der Computer als unverzichtbar. Damit ist nicht nur die Transkription der Bild- und Tondokumente in ein Textverarbeitungsprogramm gemeint. Gerade beim Codieren der qualitativ erhobenen Daten, der jeweiligen Zuordnung der sich entwickelnden Theorie-Memos und dem Herstellen der Beziehung zwischen den verschiedenen Datentypen stellt die computergestützte Analyse eine große Hilfe dar. Das hier benutzte Programm namens AQUAD (= *A*nalyse *qua*litativer *D*aten) bietet viele Vorteile (vgl. hierzu G.L.Huber 1992; 1993). Es ermöglicht eine schnelle und komfortable Codierung, erleichtert das zügige Auffinden von bestimmten Passagen und bietet durch eine vergleichende Übersicht über die 'Dichtheit von bestimmten Themen' in einzelnen Transkripten eine hervorragende Möglichkeit, um zu einer begründeten Auswahl von Gruppendiskussionen und Einzelinterviews zu gelangen. Die Codierung des qualitativen Materials erfolgte in mehreren Durchgängen. Die Codierungsliste entwickelte sich dabei entsprechend des Fortgangs der Untersuchung in Form von *Analyseschleifen* (siehe oben) und der sich ergebenden neuen Fragen weiter.

Bei der Analyse wurde darauf geachtet, nicht gleichsam durch die Hintertür eine quantifizierende Auswertung qualitativer Daten einzuführen. Außerdem wurde bei der genaueren Untersuchung ausgewählter Passagen nicht nur die codierte Textstelle analysiert, sondern auf den gesamten *Kontext* in der jeweiligen Gruppendiskussion oder dem jeweiligen Interview Bezug genommen.

---

[119] Bei der zum Vergleich herangezogenen *quantitativen* Untersuchung in Deutschland wurden 929 Jugendliche befragt. Es handelte sich ausschließlich um Berufsschüler/-innen. Die niederländische Stichprobe wurde deshalb für den quantitativen Vergleich entsprechend parallelisiert (siehe IV.4.4).

4. Anlage der Untersuchung

4.1 Auswahl der Stichprobe in den Niederlanden

Zunächst wird im Folgenden erläutert, wie die Untersuchungsregionen zum Zwecke des internationalenVergleichs ausgewählt wurden und welche Charakteristiken sie aufweisen. Die Vorstellung der Auswahlkriterien bietet also gleichzeitig eine *grobe Beschreibung der Untersuchungsregionen*. Für Leserinnen und Leser, die den niederländischen Kontext nicht so gut kennen, sind diese Informationen und vor allem die daran anschließenden Hinweise zur Auswahl der in die niederländischen Untersuchung einbezogenen *Schularten* möglicherweise hilfreich. Gegen Ende des Abschnitts wird die *niederländische Stichprobe* in Bezug auf ihre *relevanten Merkmale* genauer beschrieben und werden Hinweise zur *regionalen Repräsentativität* gegeben.

4.1.1 Auswahl der Untersuchungsregion und ihre Charakteristik

Da von Anfang an vorgesehen war, die quantitativen Daten der niederländischen Untersuchung mit Ergebnissen paralleler Untersuchungen des Projektes 'Internationales Lernen' in Deutschland zu vergleichen, wurden solche Untersuchungsregionen in den Niederlanden ausgewählt, die *vergleichbare* Charakteristika mit den Untersuchungsregionen in Deutschland aufweisen. Ziel einer solchen Auswahl war es zudem, solche Regionen in eine vergleichende Untersuchung miteinzubeziehen, die - da sie in verschiedenen Ländern liegen - zwar in besonderer Weise *unterschiedlich* sind, jedoch nicht unvergleichbar Unterschiedliches in bezug auf das jeweilige Land repräsentieren.

Als Ausgangspunkt war vorgegeben, dass in den Niederlanden ein eher *städtisches* Gebiet ausgewählt werden sollte, da es sich bei den deutschen Vergleichsregionen in Baden Württemberg (mittlerer Neckarraum) und Sachsen (Region um Leipzig) ebenfalls um städtische Gebiete handelt. In den Niederlanden wurde daraufhin innerhalb der sogenannten *Randstad*-Region, einem städtisch-industriellen Ballungsgebiet zwischen den Städten Amsterdam, Utrecht, Rotterdam und Den Haag, nach kleineren Städten gesucht, die ähnlich wie die deutschen Vergleichsstädte (Reutlingen, Tübingen und Leipzig) zum Untersuchungszeitpunkt zwar nicht eine großstädtische Metropole mit internationalem Flair (wie etwa Amsterdam), wohl aber ein städtisches Gebiet präsentierten. Die Auswahl fiel auf Delft und Zaanstad.

Die ins Auge gefassten Untersuchungsgebiete wurden schließlich hinsichtlich bestimmter Merkmale überprüft (Arbeitslosigkeit, Wahlergebnisse rechtsextremer Parteien, sogenannter 'Ausländeranteil'). Mit aller Vorsicht in Bezug auf die mangelhafte Datenlage[120] kann insgesamt gesagt werden, dass alle Untersuchungsgebiete in Bezug auf die genannten Merkmale nicht sehr weit von den nationalen Vergleichsgrößen (in Deutschland getrennt nach Ost- und Westdeutschland) abweichen und keine besonderen Auffälligkeiten aufweisen.

---

[120] Die amtlichen Statistiken, auf die hierbei zurückgegriffen werden muss, sind mit der nötigen Vor-sicht zu behandeln. Es zeigte sich, dass es oft keineswegs ausreicht, vorfindbare Daten für die verschiedenen Regionen einfach nebeneinanderzustellen. Gerade auch internationale Vergleiche stoßen auf die Schwierigkeit, dass amtliche Statistiken zum selben Gegenstand auf unterschiedlichen Kriterien beruhen oder aber 'Unsicherheiten', 'Grauzonen', 'blinde Flecken' u.Ä. aufweisen, die sich für die jeweiligen Länder recht unterschiedlich darstellen.

4.1.2 Auswahl der Schularten und der Schulklassen

Um mit der Auswahl von Schulen zu beginnen, musste zunächst die Unterschiedlichkeit der Strukturen im beruflichen Schulwesen in den Niederlanden und in Deutschland berücksichtigt werden. Das berufliche Schulwesen in den Niederlanden zeichnet sich durch eine große Heterogenität aus. Meist handelt es sich - im Gegensatz zu Deutschland - um einen berufliche Ausbildung, die *nicht* in Verbindung mit einer direkten betrieblichen Praxis organisiert ist. Die berufs*praktische* Unterweisung findet im 'unteren' und 'mittlerem' beruflichen Unterricht[121] der Niederlande im Schwerpunkt *an der Berufsschule* statt. Von hier ausgehend werden Betriebspraktika organisiert (vgl. hierzu Landesinstitut für Schule und Weiterbildung 1992, 9ff.; Van Dorp/Van Opdorp 1991, 11ff.).

Das duale System, das in Deutschland die Regel ist, stellt in den Niederlanden also die deutliche Ausnahme dar. Es findet sich noch am ehesten im sogenannten Lehrlingswesen ('leerlingstelsel' oder 'leerlingwezen'). Auf der Basis eines Lehrvertrages ('leerovereenkomst') liegt dort der Schwerpunkt auf der beruflichen Praxis im Betrieb oder im Büro, die Berufsschule findet an ein oder zwei Tagen pro Woche statt (vgl. Informatiegids Streekschool ZHW, 7ff.). Allerdings ist das Lehrlingswesen in seinem Umfang wesentlich kleiner als in der Bundesrepublik, umfasst bei weitem nicht das breite Spektrum von Berufsgruppen, die das duale System in Deutschland kennzeichnet und ist von stetigen Ausdünnungserscheinungen bedroht.

Die Auswahl geeigneter Schularten ließ sich von dem Ziel leiten, eine Quotenstichprobe auf Grundlage einer regional-repräsentativen Auswahl zu erhalten, die zudem (in Bezug auf bestimmte Untergruppen, nämlich Berufsschülerinnen und Berufsschüler) mit den deutschen Stichproben vergleichbar sein sollte. Innerhalb der Bandbreite einer in die Untersuchung aufzunehmenden *Schulart* wurde dann bezüglich der *Schulklassen* eine Clusterstichprobe (nach dem Zufallsprinzip) gezogen.

Zunächst wurde deshalb ein Schwerpunkt auf den Bereich des 'mittleren' beruflichen Unterrichts des Middelbaar Beroepsonderwijs (MBO) gelegt, ergänzt um den 'unteren' Bereich des Kort-Middelbaar Beroepsonderwijs (KMBO). Außerdem sind in die Stichprobe Berufschülerinnen und -schüler des Lehrlingswesens aufgenommen worden, u.a. um - wie in den deutschen Untersuchungen - genügend Jugendliche mit betrieblicher Erfahrung in den Vergleich einzubeziehen. Anders als in den deutschen Vergleichsuntersuchungen wurden in den Niederlanden, um Vergleiche zwischen Schülerinnen und Schülern *verschiedener* Bildungsgänge durchführen zu können, zusätzlich einige Schulen aus dem 'höherem' allgemeinen Bereich aus (HAVO und VWO) ausgewählt, Bildungsgänge des allgemeinen Sekundarunterrichts der Oberstufe, die in etwa mit den deutschen allgemeinbildenden Gymnasien vergleichbar sind.[122]

---

[121] LBO = Lager Beroepsonderwijs = Berufsbildender Sekundarunterricht der Grundstufe, Altersgruppe 12 bis 16 Jahre (mittlerweile wurde das LBO umbenannt zu VBO: *Lager* Beroepsonderwijs = Niedriger oder *Unterer* Berufsunterricht wurde ersetzt durch *Voorbereidend* Beroepsonderwijs = *Vorbereitender* Berufsunterricht); KMBO = Kort Middelbaar Beroepsonderwijs = Verkürzter Berufsbildender Sekundarunterricht der Oberstufe, ab 16 Jahren (dieser Namen kann zu Missverständnissen führen; trotz des schöneren Namens, der - ähnlich wie VBO - Stigmatisierungen vermeiden helfen soll, wird das KMBO immer noch als 'unteres' Berufsschulniveau eingeordnet); MBO = Middelbaar Beroepsonderwijs = Berufsbildender Sekundarunterricht der Oberstufe, Altersgruppe 16 bis 20 Jahre; HBO = Hoger Beroepsonderwijs = berufsbildender Tertiärunterricht, entspricht in etwa den Beruflichen Gymnasien in Deutschland.

[122] HAVO = hoger algemeen voorgezet onderwijs = allgemeinbildender Sekundarunterricht der Oberstufe, Altersgruppe 12 bis 17 Jahre; VWO = voortgezet wetenschappelijk onderwijs = vorwissen-

4.1.3 Beschreibung der Stichprobe und regionale Repräsentativität

Mitte Dezember 1992 wurde in den Niederlanden die erste Runde der Datensammlung mit Fragebogen und Gruppendiskussionen zunächst abgeschlossen. Eine Übersicht über die vorläufige Stichprobe zeigte, dass eine Nacherhebung notwendig sein würde. Zum einen war es noch nicht gelungen, in ausreichender Anzahl Schülerinnen und Schüler des Lehrlingswesens in die Untersuchung mit aufzunehmen. Zum anderen schien die Stichprobe für die quantitative Auswertung insgesamt noch zu klein, da aufgrund der geplanten Parallelisierung für den internationalen Vergleich ohnehin mit einer Reduktion der niederländischen Vergleichsgruppe gerechnet werden musste. Bis einschließlich Anfang März 1993 konnten entsprechende Nacherhebungen organisiert werden,[123] so dass letztendlich eine endgültige *Gesamtstichprobe* in den Niederlanden vorlag, die in zufriedenstellender Weise verschiedene Merkmale repräsentierte (siehe Übersicht 4).

Übersicht 4: Merkmale der niederländischen Gesamtstichprobe

- *Umfang:*	Sie umfasst 575 Jugendliche, davon 207 aus Delft und 368 aus Zaanstad.
- *Geschlecht:*	51% der Befragten sind männlich, 49% sind weiblich.
- *Alter:*	Der Alterschwerpunkt liegt auf Jugendlichen zwischen 16 und 17 Jahren (45%) und Jugendlichen zwischen 18 und 20 Jahren (38%). 13% der Befragten sind 15 Jahre und 3% sind zwischen 21 und 24 Jahre alt.
- *Nationalität:*	91% bezeichnen sich als 'niederländisch', 9% ordnen sich einer anderen nationalen oder ethnischen Gruppe zu.
- *Schularten:*	Aufgeschlüsselt nach Schularten besuchen 16% der Jugendlichen eine Schulklasse im beruflichen Schulwesen des 'unteren' Niveaus (LBO und KMBO) und 37% absolvieren ihren Unterricht im beruflichen Schulwesen des 'mittleren' Niveaus (MBO). Weitere 18% folgen einem dualen System der Berufsausbildung im Lehrlingswesen. Außerdem besuchen 29% der Jugendlichen eine Schule im allgemeinbildenden Schulwesen, die in etwa mit der deutschen Gymnasialstufe vergleichbar ist (HAVO und VWO).
- *Berufssparten:*	Von den Schülerinnen und Schülern im berufsbildenden Schulwesen sind 51% im technischen Bereich und 49% im Bereich Dienstleistung/Handel angesiedelt.

Die Stichprobe gibt in Bezug auf die Merkmale Geschlecht und Nationalität für die Untersuchungsregionen ein verkleinertes Abbild der Grundgesamtheit von Schülerinnen und Schülern in der Altersgruppe zwischen 16 und 20 Jahren wieder. Auch die verschiedenen Schulniveaus und Berufssparten in der Stichprobe repräsentieren die anteiligen Verhältnisse in Delft und Zaanstad (Datengrundlage: Centraal Bureau voor de Statistiek 1995).

Die zum internationalen Vergleich herangezogenen Stichproben des Projekts 'Internationales Lernen' in Ost- und Westdeutschland beziehen sich, wie bereits erwähnt, *ausschließlich* auf Berufschülerinnen und Berufschüler. Die westdeutsche Stichprobe umfasst 624 und die ost-deutsche 305 Jugendliche. Das Projekt hat ebenfalls eine Prüfung hinsichtlich der Re-

---

schaftlicher Unterricht, Altersgruppe 12 bis 18 Jahre.

[123] Bei dieser Nacherhebung musste leider auf Gruppendiskussionen (und deren Aufzeichnung) verzichtet werden, da diese nach Ansicht der Schulleitungen zu viel Zeit in Anspruch genommen hätten.

präsentativität vorgenommen (vgl. Govaris/Held/Höchsmann/Marvakis 1992). Auch die deutschen Stichproben geben danach für Jugendliche des Berufschulwesens in den Untersuchungsregionen ein verkleinertes Abbild wieder.[124]

4.2 Konstruktion des Fragebogens

Nachstehend wird zuerst der Arbeitsbegriff 'nationale' Orientierungen der Forschungsgruppe des Projektes 'Internationales Lernen' in Deutschland und die Konstruktion entsprechender Items, so wie sie von dieser Forschungsgruppe vorgenommen wurde, beschrieben. Danach folgt, u.a. mit Verweisen auf Literatur der Nationalismus- und Rassismusforschung in den Niederlanden, eine Erörterung, die die Anpassung und Auswahl der Items mit Blick auf die niederländische Situation verdeutlicht. Die Gemeinsamkeiten und Besonderheiten entsprechender Diskurse und Repräsentationen in Deutschland und den Niederlanden werden, so wie sie sich in einem breiten Spektrum der Fachliteratur darbieten, nachvollzogen. Es wird gezeigt, welche neuen Fragen für die vorliegende Untersuchung im niederländischen Fragebogen hinzu kommen mussten und welche Fragen aus dem deutschen Kontext sich als untauglich herausstellten. Abgerundet wird der Abschnitt mit Hinweisen zur Erprobung und Korrektur des Fragebogeninstruments und der Begründung des neuen Arbeitsbegriffs 'eindimensional-nationale' versus 'multiperspektivische' Orientierungen; ein Begriffspaar, das für die vorliegende Untersuchung angemessener erscheint als 'nationale' versus 'internationale' Orientierungen.

4.2.1 Arbeitsbegriff des Projektes 'Internationales Lernen': 'nationale' Orientierungen

Ausgehend von der Voraussetzung, dass für den internationalen Vergleich der vorliegenden Untersuchung ohnehin die Daten der Forschungsgruppe des Projektes 'Internationales Lernen' (siehe Einleitung) in Deutschland benutzt werden sollten, erschien zur Konstruktion eines Fragenbogeninstruments der Begriff 'nationale' Orientierungen, der in diesem Projekt entwikkelt worden war, als *vorläufiger Arbeitsbegriff* recht hilfreich zu sein.

Mit diesem Arbeitsbegriff werden Begründungs- und Rechtfertigungsmuster umschrieben, die *in enger Perspektive* auf die Nation orientiert sind und in rassistischen, nationalistischen und/oder ethnizistischen Repräsentationen und Diskursen benutzt werden. Durch den Rückgriff auf diesen Arbeitsbegriff konnte die Konstruktion eines einfachen, effektiven und handhabbaren Instruments gewährleistet und an den bereits vorhandenen erprobten Instrumenten des Projektes 'Internationales Lernen' angeknüpft werden.

[124] Eine ausführlichere Beschreibung der Vergleichsstichproben findet sich im Abschnitt IV.4.4, wo die Parallelisierung der Stichproben erläutert wird. Die Repräsentativität bezieht sich dort natürlich nur auf die Jugendlichen, die in den internationalen Vergleich einbezogen wurden und für die Aussagen gemacht werden sollen (also *keine* 'ausländischen' Jugendlichen und *keine* Gymnasiasten).

4.2.2 Konstruktion von Items zu 'nationalen' und 'internationalen' Orientierungen in Deutschland

Einen ersten Satz der in der vorliegenden Untersuchung benutzten Items zu Orientierungen in den Niederlanden bildeten also Items, die aus den Fragebögen der deutschen Paralleluntersuchungen ausgewählt wurden. Diese Items waren im Rahmen des Projektes 'Internationales Lernen' im Laufe des Jahres 1991 in Deutschland konstruiert worden (vgl. Held 1994, 338ff.). Bevor die Auswahlkriterien und das Auswahlverfahren für die niederländische Untersuchung erläutert werden, wird im Folgenden zunächst die Entwicklungsgeschichte dieses Instruments im *deutschen Teil* des Projektes 'Internationales Lernen' beschreiben:

Ein erster methodischer Ausgangspunkt bei der Konstruktion und/oder Auswahl der Items zu 'nationalen' Orientierungen bestand hier darin, *nicht* die in der nationalen Stereotypenforschung auch heute noch üblichen Eigenschaftslistenverfahren zu gebrauchen (so etwa zu finden bei Förster et al. 1993, 156; in den Niederlanden bei L. Jansen 1993, 60). Aus ähnlichen Motiven heraus wurde auch kein Gebrauch von solchen Items gemacht, in denen Eingewanderte und Flüchtlinge in deutlich beleidigender Weise angesprochen werden (siehe III.1.10).

Ein zweiter methodischer Ausgangspunkt für die Itemkonstruktion war die Absicht, die zu befragenden Jugendlichen nicht nur mit einseitigen Denkangeboten zu konfrontieren. Der Fragebogen sollte zudem auch die Funktion haben, Gruppendiskussionen zu stimulieren (siehe unten). Es sollte deshalb versucht werden, die Jugendlichen durch Formulierungen, die, wenn auch nicht unbedingt entgegengesetzte, so doch 'andere' Begründungsmuster für politische Orientierungen zum Themenbereich enthielten, zum Nachdenken anzuregen. Im Projekt wurde deshalb beschlossen, sich im Fragebogen nicht nur auf 'nationale' Orientierungen zu beschränken, sondern diesen 'alternative' Orientierungen gegenüber zu stellen.

Ein inhaltlicher Ausgangspunkt stellte die Beobachtung dar, dass in den politischen Auseinandersetzungen in Deutschland von fast allen im Parlament vertretenen Parteien zunehmend national ausgerichtete Diskurse gebraucht wurden und gleichzeitig rechtsextreme Gruppierungen versuchten, rassistische und ethnizistische Gewalttaten mit Hilfe national ausgerichteter Diskurse zu rechtfertigen. Nach einer ausführlichen Literaturübersicht, der Untersuchung aktueller politischer Diskurse und dem Studium von Programmen rechtsextremer Parteien und Jugendorganisationen (u.a. der sogenannten Republikaner) stellte die Projektgruppe für die Situation in Deutschland acht Dimensionen 'nationaler' Orientierung fest. Orientierungen, die die enge Perspektive der national ausgerichteten Diskurse erweiterten und ihnen gegenübergestellt werden konnten, wurden von der Projektgruppe mit dem Arbeitsbegriff 'internationale' Orientierungen bezeichnet (siehe Übersicht 5). Auch solche Orientierungen konnten in den politischen Auseinandersetzungen in Deutschland beobachtet werden.

Übersicht 5: Die Dimensionen 'nationaler' versus 'internationaler' Orientierung, wie sie von der Projektgruppe in Deutschland festgestellt wurden

'Nationale' Orientierung	*'Internationale' Orientierung*
a. National expansive Orientierung	a. International expansive Orientierung
b. Ausgrenzung und Abgrenzung von anderen nationalen Gruppen im eigenen Land	b. Gleichberechtigung als Orientierung
c. Abwertung anderer Länder und Nationalitäten	c. Betonung der Gleichwertigkeit anderer Völker und Nationen
d. Völkische Orientierung	d. Offenheit für verschiedene Lebensweisen
e. Wohlstands-Chauvinismus	e. Kritik an ungerechter Verteilung der Güter
f. National eingeschränktes Denken als Verdrängung internationaler Risiken	f. Globales Denken
g. Nation als oberster Wert für politisches Handeln	g. Übernationale Werte als Richtschnur für politisches Handeln
h. Positive Sicht/Verdrängung der nationalsozialistischen Vergangenheit	h. Aufarbeitung der nationalsozialistischen Vergangenheit

In Hochschulseminaren wurden entlang dieser Dimensionen gemeinsam mit Studentinnen und Studenten Items formuliert, in denen Aussagen gemacht werden, die entsprechend bekannter Repräsentationen und Diskurse zur Begründung und Rechtfertigung von *'nationalen' Orientierungen* herangezogen werden. Dies fiel den Studierenden recht leicht und ergab bereits nach wenigen Sitzungen eine umfangreiche Liste. Danach wurde versucht, entlang der Dimensionen zu 'internationalen' Orientierungen in ähnlicher Weise Items zu entwerfen. Es war auffällig, dass sich dies als sehr viel schwieriger erwies. Offenbar ist es einfacher, eindimensionale Begründungs- und Rechtfertigungsmuster zu Nationalismus, Rassismus und/oder Ethnizismus in konkrete Formulierungen und Aussagen umzusetzen als zu benennen, wie *erweiternde* Orientierungen - gar noch auf eine griffige Kurzformel gebracht - begründet werden könnten.

Schließlich analysierte die Projektgruppe in mehreren Redaktionskonferenzen die erstellten Items in Bezug auf ihre inhaltliche Angemessenheit. Auch wurden die Items entsprechend der üblichen Itemregeln u.a. auf suggestive Formulierungen und einfache Verständlichkeit hin kontrolliert und sprachlich überarbeitet. Danach überprüfte die Projektgruppe die Items mit Hilfe von qualitativen Voruntersuchungen bei der zu untersuchenden Zielgruppe in Deutschland und traf eine Auswahl geeigneter Items.[125]

[125] Mit diesen ersten Itemlisten führten u.a. Gerd Höchsmann, Christos Govaris und Thomas Klotz im Rahmen des Projektes 'Internationales Lernen' verschiedene Untersuchungen in Deutschland durch [bei Berufsschüler(inne)n in Ostdeutschland, bei jugendlichen Migrant(inn)en aus Griechenland, bei jugendlichen Aussiedler(inne)n in Westdeutschland, jugendliche Auszubildende in Westdeutschland]. Die jeweiligen Stichproben konnten statistischen Itemanalysen unterzogen werden (Trennschärfeprüfung, Faktorenanalyse, Cronbach Alpha). Dadurch reduzierte sich die Itemzahl für die späteren Untersuchungen und konnten erprobte Skalen zu 'nationalen' und 'internationalen' Orientierungen erstellt werden (vgl. Govaris/Held/Höchsmann/Marvakis 1992; Govaris 1995).

4.2.3 Anpassung des Fragebogens an die niederländische Situation

Wie bereits erwähnt, wurde ein erster Satz der Items zu 'internationalen' und 'nationalen' Orientierungen für die vorliegende Untersuchung durch Items gebildet, die aus den Fragebögen der Forschungsgruppe des Projektes 'Internationales Lernen' in Deutschland ausgewählt worden waren. Ein Kriterium für diese Auswahl bestand in der Prüfung, ob die Items gemäß den Erwartungen von Fachkolleg(inn)en in den Niederlanden[126] für eine Untersuchung in den Niederlanden überhaupt passend, aufschlussreich und sinnvoll sein könnten. Weitere Kriterien ergaben sich aus dem Studium eines breiteren Spektrums an Fachliteratur über die niederländische Situation und einer Übersicht über die niederländischen Mediendiskurse zum Themenbereich (vgl. Von der Dunk/Van Doorn/Van Deursen/Blokker 1990; Wetenschapswinkel 1992). Sehr schnell wurde deutlich, dass, wenn das Instrument den niederländischen Verhältnissen gerecht werden sollte, weder eine vollständige Übernahme der in Deutschland erstellten Dimensionen 'nationaler' und 'internationaler' Orientierung noch eine bloße Kopie der entsprechenden Itemlisten möglich war. Ein enger Bezug auf die eigene Nation und Begründungs- und Rechtfertigungsmuster im nationalen Diskurs der Niederlande mussten, so zeigte das Studium der Fachliteratur, u.a. vor dem Hintergrund einer besonderen Geschichte und Ausformung von Nationalismus in den Niederlanden formuliert werden.

4.2.3.1 Besondere Ausformung von Nationalismus in den Niederlanden

Stellvertretend für viele andere kann hier der niederländische Soziologe Gerlof Verwey zitiert werden. Verwey weist auf einen Nationalismus in einer *spezifisch niederländischen Gestalt* hin: "Der Nationalismus nahm in den Niederlanden typisch eigene Formen an. Die große nationale Vergangenheit, die weiten kolonialen Besitztümer, der Reichtum des Landes und das aufgeklärte geistige Klima gaben vielen ein starkes Gefühl von nationalem Eigenwert und nationaler Selbsteingenommenheit. Vor allem nach der Jahrhundertwende manifestierte sich ein (...) Bewusstsein moralischer Überlegenheit, gegründet auf die Achtung des Völkerrechtes und eine lange Rechtstradition (...). Merkwürdigerweise fiel dieses moralische Überlegenheitsgefühl zusammen mit der Überzeugung, dass der Niederländer auch in einer anderen Hinsicht überlegen war: Als einziges Volk in der Gemeinschaft der Völker nicht stolz zu sein auf die eigene nationalistische Haltung und mit Zurückhaltung über die eigenen Leistungen zu sprechen." (Verwey 1980, 36)

Auch der niederländische Staatsrechtler Couwenberg macht auf eine ähnliche Konstellation aufmerksam. Während er für die historische Entwicklung von Nationalismus in Deutschland eine ethnisch ausgerichtete Variante beschreibt (Couwenberg 1994, 42), hält er für die Niederlande eine andere Variante für charakteristisch. Inspiriert sowohl durch neo-calvinistische als auch bürgerlich-liberale Bewegungen entwickelte sich nach Couwenberg in den Niederlanden um die Jahrhundertwende "ein moralischer Sendungsdrang, ein Bewusstsein über die nationale Berufung" mit einer stark missionarischen Orientierung (ebd., 48). Nach Couwenberg ist diese Nationalismus-Variante zu einem bleibenden Element in der nie-

---

[126] Ich möchte mich hier bei den Migrations- und Rassismusforscherinnen Helma Lutz (damals beschäftigt an der Rijksuniversiteit Utrecht) und Yvonne Leeman (Universiteit van Amsterdam), dem Jugendforscher Jan Hazekamp und der Jugendforscherin Pauline Naber (beide damals Vrije Universiteit Amsterdam) bedanken.

derländischen Politik geworden: "Eine Folge dieses moralisch geladenen missionarischen Nationalismus ist die Neigung zu einem moralischen Überlegenheitsbewusstsein. Man ist als Nation stolz darauf, dass man im Gegensatz zu anderen Völkern nicht in den eingeschränkten Begriffen von eng-nationalen Interessen und nationaler Ehre denkt, sondern in universalistischen Begriffen, die im Geiste einer eigenen bürgerlich-liberalen Tradition stehen. Diese Neigung zu Universalismus und Mondialismus findet darüber hinaus Unterstützung in der holländischen Kaufmannstradition, die aus kommerziellen Gründen ebenso zu einem Denken in universalistischen Begriffen genötigt ist, aber sicher auch in der bescheidenen Machtposition des Landes." (ebd., 50; vgl. ähnlich Couwenberg 1987, 148)

Der Soziologe Van der Braak betont gerade den letztgenannten Aspekt. Die Niederlanden suchen ihm zufolge als kleineres Land aufgrund ihrer machtloseren Position in einer Welt der Nationen ihre Zuflucht in "internationalen Verhaltensregeln und moralischen Kodexen wie sie in den Menschenrechten beschrieben sind. Auf diese Weise werden den Großmächten Beschränkungen auferlegt" (Van der Braak 1993, 37).

Auch Historiker weisen darauf hin, dass der Faktor *relative Kleinheit*[127] bei gleichzeitiger internationaler Bedeutung als Kolonial- und Handelsmacht, eine bestimmte Ausformung nationaler Diskurse in den Niederlanden unterstützt hat. So versieht der Historiker Horst Lademacher keineswegs umsonst eines seiner Kapitel über die niederländische Geschichte mit der Überschrift: "Die Angst vor Bedeutungsverlust" (Lademacher 1993, 515ff.). Diese Thematik hat im Rahmen nationaler Diskurse in den Niederlanden stets auf eine neue Weise eine Rolle gespielt. Sie lässt sich auch in der jüngeren Geschichte in sehr unterschiedlicher Gestalt und mit sehr unterschiedlichen Inhalten finden. So etwa vor dem Hintergrund der Besatzung durch die Truppen eines nationalsozialistisch regierten Deutschlands (von 1940 bis 1945), die nicht allein wegen der massiven Luftangriffe (auf Rotterdam) und dem Leiden der Zivilbevölkerung, den grausamen Verbrechen an den niederländischen Juden oder der umfassenden Repression zu einer Art nationalem Trauma werden konnten - einzelne Momente dieser Besatzungsgeschichte wären hier vermutlich bereits hinreichend gewesen -, sondern auch deshalb, weil sie von vielen als die erste Unterwerfung durch eine fremde Macht seit dem Einzug des spanischen Heeres unter Alva (1567) erinnert wurde (vgl. Von der Dunk 1992, 53ff.).

In einer ganz anderen Weise kann die 'Angst vor Bedeutungsverlust' im Zusammenhang mit dem endgültigen Niedergang der Niederlande als eine bedeutende Kolonialmacht nach dem Zweiten Weltkrieg, markierbar mit den Datum der Unabhängigkeitserklärung Indonesiens im Jahre 1949, diskutiert werden. Als Kolonialmacht hatte die Niederlande über ein gewaltiges Grundgebiet geherrscht, das um ein Vielfaches umfangreicher war als das koloniale 'Mutterland'. Ohne die Kolonien war das Land keine Weltmacht mehr und auch geographisch zu einem recht kleinen Gebiet geschrumpft.

Und in einer noch anderen Weise zeigt sich die 'Angst vor Bedeutungsverlust' in aktuellen Diskussionen, wenn es beispielsweise um die Gestaltung der Zukunft Europas, die europäische Einheit, die Mitsprachemöglichkeiten der kleineren Länder und die Rolle der niederländischen Sprache geht.

---

[127] Dieses *relativ* ist übrigens sehr ernst zu nehmen, wie Van der Braak betont: "Qua Oberfläche stehen wir ganz unten, aber gemessen an den Merkmalen Bevölkerung oder Bruttosozialprodukt stehen wir bereits etwas höher auf der internationalen Rangliste. Was die Agrarexporte betrifft, gehören wir bereits zu den Fürsten. Auch was unsere geopolitische Lage angeht (...) ist die Bedeutung von der physischen Kleinheit der Niederlande sehr relativ." (Van der Braak 1993, 38)

Eine weitere wichtige nationale Erfahrung wurde bereits angesprochen: die Besatzung durch Truppen des vom Faschismus beherrschten Deutschlands. Diese Erfahrung hat noch in anderer Hinsicht, als dies soeben im Zusammenhang mit einer 'Angst vor Bedeutungsverlust' thematisiert wurde, "tiefe Spuren hinterlassen", so der Historiker Von der Dunk: "Auf Diskriminierung und Rassismus liegt das schwerste Tabu, dass die niederländische Gesellschaft kennt. Toleranz ist ein kategorisches Gebot. Der Niederländer beschaut sich selbst denn auch unvermindert als verträglich (verdraagzaam); verträglicher als die anderen. Die alte Führungsland-Neigung hat sich auf diesem Gebiet am deutlichsten ausleben können. Die Medien beobachten das Ausland in diesem Punkt mit Argusaugen und natürlich vor allem Deutschland." (ebd., 55)

Bereits diese wenigen Stichworte aus einem breiten Spektrum an Fachliteratur können genügen, um deutlich zu machen, dass die oben genannten Dimensionen zu 'nationaler' und 'internationaler' Orientierung, wie sie vor dem Hintergrund deutscher Verhältnisse konstruiert wurden, nicht einfach ins Niederländische übertragen können. Welche Konsequenzen können nun hieraus in Bezug auf die Itemsauswahl und Itemkonstruktion für das Instrument der vorliegenden Untersuchung gezogen werden?

Zunächst erscheint es wenig sinnvoll, die paradoxale Fassung von niederländischem Nationalismus, wie sie von Verwey formuliert wird ('der niederländische Nationalismus ist einer, der inhaltlich durch einen Nicht-Nationalismus bestimmt wird'), als Begründungsmuster unmittelbar in einem Item abbilden zu wollen. Allerdings wird das hohe gesellschaftliche Tabu gegenüber *offen* vorgetragenen nationalistischen oder rassistischen Aussagen, das hiermit ebenfalls angesprochen wird, angemessen zu berücksichtigen sein (siehe V.5.3.6).

Gleichzeitig lassen die Ausführungen über niederländischen Nationalismus einigen Zweifel an dem Gegensatz zwischen 'nationaler' und 'internationaler' Orientierung, so wie er in Deutschland mit Hilfe von acht Dimensionen konstruiert wurde, aufkommen (siehe Übersicht 5). Es fällt ins Auge, dass die 'internationale' Orientierung etwa in den Dimensionen 'Übernationale Werte als Richtschnur politischen Handelns' (g) und 'Globales Denken' (f) im Falle der Niederlande auch als ein Teil 'nationaler' Orientierungen gefasst werden könnte.

Weiterhin wird deutlich, dass die Geschichte des Nationalsozialismus (Dimension h) in den Niederlanden selbstverständlich mit einer völlig anderen Bedeutungskonstellation verbunden ist. Die Niederlande waren hier vor allem und zuerst Opfer einer fremden Macht, auch wenn es zweifellos nicht nur Widerstand und Unterwerfung, sondern auch Kollaboration gegeben hat. In der Nachkriegszeit entstand vor dem Hintergrund dieser Besatzungserfahrung durch eine faschistische Macht ein weit tragender nationaler Konsens darüber, was politisch gesehen 'richtig' und 'falsch' war und ist: Nationalismus, Antisemitismus und Rassismus konnten eindeutig als bestimmende Merkmale der 'falschen' Seite während der Besatzungszeit (entweder der Machthaber aus dem Ausland oder aber der Kollaborateure) gekennzeichnet werden (vgl. Elbers/Fennema 1993, 98). Die Dimension (h), mit der in Deutschland die *eigene* nationale Vergangenheit im Zusammenhang mit Faschismus thematisiert wird, kann also für die niederländische Untersuchung *nicht* übernommen werden.

Andererseits fehlt den in Deutschland konstruierten Dimensionen der Hinweis auf die Bedeutung einer kolonialen Geschichte. Auch wenn in nationalistischen Diskursen in den Niederlanden gegenwärtig ein kolonialer Aspekt keine dominante Rolle mehr spielen mag (so jedenfalls der Politologe Meindert Fennema 1993, 80), so bleibt doch die Bedeutung, die dieser Diskurs für die Bearbeitung der eigenen nationalen Vergangenheit hat. Hier müssen also zusätzliche Items mit aufgenommen werden.

Allerdings wird in der Literatur auch auf *Gemeinsamkeiten* in Deutschland und in den Niederlanden hingewiesen. Die niederländischen Politologen Elbers und Fennema betonen beispielsweise die internationale Zusammenarbeit sogenannter "rassistischer Parteien" in West-Europa und sehen einige *gemeinsame* Kennzeichen. So stehen sowohl bei den rechtsextremen 'Republikanern' in Deutschland als auch bei den rechtsextremen 'Centrum'-Parteien in den Niederlanden zwei Hauptthemen, die miteinander verbunden sind, im Vordergrund der politischen Propaganda:

- die Parole, dass das 'eigene Volk' zuerst kommen muss und gegenüber Eingewanderten nicht benachteiligt werden darf;
- die Behauptung eines sogenannten 'Ausländerproblems', dessen 'Lösung' auch als 'Lösung' für die krisenhafte Erscheinungen des Wohlfahrtsstaates präsentiert wird, nach dem Motto: 'Entfernt die Ausländer und/oder verhindert eine weitere Einwanderung, und es wird genügend Arbeitsplätze, Wohnungen, Kindergartenplätze usw. geben' (Elbers/Fennema 1993, 163ff.; ähnlich Van den Brink 1994, 424ff.).

Beide Propagandathemen spielen auf Diskurse an, die durchaus in den Bevölkerungen beider Länder - wenn auch vermutlich in unterschiedlicher Verbreitung - zu finden sind. In beiden Ländern versuchen zudem Politikerinnen und Politiker *etablierter* Parteien, wenn auch in unterschiedlicher Schärfe und in unterschiedlichem Ausmaß, diese Propagandathemen von Rechts-Außen in eine mehr oder weniger mildere und moderatere Form zu bringen und als eigene Themen zu präsentieren. Die Argumente für eine solche Orientierung klingen in beiden Ländern oft recht ähnlich: Etablierte Parteien und Politiker erhoffen sich damit, ungünstigen Trends bei Wahlprognosen und Wahlen entgegen zu wirken.

In den Medien beider Länder finden sich zum Zeitpunkt der Auswahl der Items ebenfalls wichtige Diskurse, die Einwanderung und Flucht als ein Problem beschreiben. Dies zeigt für die Niederlande beispielsweise eine Analyse des Massenblattes 'De Telegraaf' über die Berichterstattung zum Thema Flucht und Asyl zwischen 1984 und 1988 (Wetenschapswinkel 1992), für Deutschland etwa eine Presseanalyse der Sprachwissenschaftlerin Ute Gerhard (Gerhard 1991). Zu Beginn der vorliegenden Untersuchung wird in den Medien beider Länder auch immer wieder über den Krieg im ehemaligen Jugoslawien berichtet.[128] Bezogen auf innenpolitische Auswirkungen zentrieren sich diese Berichte nicht nur auf die Frage eines militärischen Eingreifens, sondern machen auch die Erwünschtheit oder Unerwünschtheit einer Aufnahme von (Bürger-)Kriegsflüchtlingen zum Thema.

Vor dem Hintergrund der skizzierten Unterschiede und Gemeinsamkeiten zeigt sich insgesamt, dass die in Deutschland erstellten Dimensionen 'nationaler' und 'internationaler' Orientierung nicht einfach übernommen werden konnten, wenn das Instrument auch für die niederländischen Verhältnisse geeignet sein sollte. Stattdessen mussten solche Items aus den deutschen Fragebögen ausgewählt werden, die ein *Minimum an Übereinstimmung* darüber abbildeten, was sowohl in den Niederlanden als auch in Deutschland als Begründungsmuster

[128] Ein sogenannter Nationalitätenkonflikt, der sich, ausgehend von den blutigen Ereignissen im Spätsommer 1990 in Knin und Plitvice über die Unabhängigkeitserklärungen von Kroatien und Slowenien im Juni 1991 und dem folgenden Eingreifen der jugoslawischen Bundesarmee und den Schüssen auf Friedensdemonstrationen in Sarajevo sich immer mehr zum offenen Krieg entwickelt hatte und 1992 bereits im vollen Gange war (vgl. etwa Furkes/Schlarp 1991).

für 'nationale' bzw. 'internationale' Orientierungen charakterisiert werden konnte. Darüber hinaus mussten, um die *Besonderheiten in den Niederlanden* bei 'nationalen' bzw. 'internationalen' Orientierungen angemessen zu berücksichtigen, im niederländischen Fragebogen *zusätzliche* Items mit aufgenommen werden.

4.2.3.2 'Nationale' Orientierungen: Gemeinsamkeiten und Besonderheiten in den Niederlanden und in Deutschland

Die Items zu 'nationalen' Orientierungen, die aus dem deutschen Fragebogen ausgewählt wurden, verweisen also auf gesellschaftliche Diskurse, die als Begründungs- und Rechtfertigungsmuster in *beiden* Ländern im Kontext 'nationaler' Orientierungen eine wichtige Rolle spielen.[129] Im Einzelnen beziehen sie sich

- auf 'Wegnehmargumentationen', in denen behauptet wird, dass Eingewanderte den Angehörigen der eigenen Nation Arbeitsplätze oder Wohnungen wegnehmen (V68 und V70);
- auf die (angebliche) Bevorzugung von asylsuchenden Flüchtlingen gegenüber den Angehörigen der eigenen Nation (V62);
- auf die Vorbildfunktion, die bestimmte nationale Eigenschaften für weniger entwickelte Länder haben sollten (V75);
- auf besondere nationale Tugenden, die wieder mehr Bedeutung bekommen sollten (V71);
- auf die Zustimmung gegenüber dem nationalen Waffenexport, um die Wohlfahrt des eigenen Landes nicht in Gefahr zu bringen (V67).

Andere Items, die *zusätzlich* in den niederländischen Fragebogen mit aufgenommen wurden, verweisen auf gesellschaftliche Diskurse, die - im Unterschied zu Deutschland - *in den Niederlanden* im Kontext 'nationaler' Orientierungen eine wichtige Rolle spielen. Im Einzelnen beziehen sie sich

- auf die Angst, als kleines Land in internationalen Zusammenhängen typisch niederländische Lebensweisen zu verlieren (V72; dieses Item wurde übernommen aus der niederländischen Untersuchung von Eisinga/Scheepers 1989, 244);
- auf den Eindruck, dass nationale Gefühle in den Niederlanden unterdrückt werden (V78; übernommen aus der niederländischen Untersuchung von Hagendoorn/Janssen 1983, 93);
- auf den defensiven Bezug gegenüber dem größeren Nachbarland Deutschland und die Angst, als kleines Land erdrückt zu werden (V73; dieses Item wurde neu formuliert).

Außerdem wurden zwei weitere Items in den niederländischen Fragebogen mit aufgenommen, die sich zwar *nicht* auf niederländische Besonderheiten beziehen, von mir im deutschen Fragebogen jedoch vermisst wurden. Diese Items verweisen auf Diskurse, die, wie eigene frühere Untersuchungen zeigten (Leiprecht 1990, 334; 1991, 37), auch in Deutschland von Bedeutung sind, nämlich

---

[129] Im Abschnitt IV.4.2.6 sind die einzelnen Items (in deutscher Sprache) im Skalenzusammenhang wiedergegeben. Zum besseren Verständnis ist es für die folgenden Ausführungen zweifellos hilfreich, die Itemtexte heranzuziehen. Im Anhang (Band II) findet sich außerdem der vollständige Fragebogen (dort S.415 - 450).

- auf Diskurse, die den Wohlstand des eigenen Landes mit dem Hinweis auf nationale Eigenschaften rechtfertigen (V65: dieses Item wurde im niederländischen Projektrahmen neu formuliert);[130]
- auf Diskurse, in denen die Anpassung von Eingewanderten gefordert wird (V60; aus Eisinga/Scheepers 1989, 244).

Auf einige Items aus dem deutschen Fragebogen wurde verzichtet, da sie sich für den niederländischen Kontext als *nicht brauchbar* erwiesen und das Instrument unnötig belastet hätten. Es handelt sich insbesondere um Items, die verweisen auf

- die deutsche Geschichte des Faschismus an der Macht als *eigene* nationale Geschichte (und diese Geschichte entweder positiv bewerten oder verdrängen);
- die Einwanderung von sogenannten Spätaussiedlern aus Rumänien, Polen und der Sowjetunion (und diese Gruppe mit dem Hinweis auf ihre deutsche Abstammung den asylsuchenden Flüchtlingen vorziehen möchte).

4.2.3.3 'Internationale' Orientierungen: Gemeinsamkeiten und Besonderheiten in den Niederlanden und in Deutschland

Ähnlich wie bei den 'nationalen' Orientierungen wurde auch für die 'internationalen' Orientierungen zunächst nach einem *Minimalkonsens* in beiden Ländern gesucht. Die Items, die dieser Anforderung entsprachen und in den niederländischen Fragebogen übernommen werden konnten, beziehen sich auf die folgenden gesellschaftlichen Diskurse:

- auf Stellungnahmen und Positionen, die sich für eine Rechtsgleichheit von und das Recht auf einen eigenen Lebensstil für Eingewanderte aussprechen (V59 und V61; für V61 fand sich ein niederländisches Item, das mit dem deutschen inhaltlich übereinstimmte; Hagendoorn et al. 1983);
- auf Hinweise, die sich auf die Probleme von Flüchtlingen in ihren Herkunftsländern und auf Fluchtgründe beziehen (V63);
- auf Diskussionsbeiträge, in denen auf die Verantwortung 'reicherer' Länder gegenüber 'ärmeren' Ländern aufmerksam gemacht wird (V64 und V76);
- auf Erörterungen, die angesichts der ungerechten Weltmarktbedingungen die persönliche Bereitschaft betonen, höhere Preise für einen gerechteren Lohn in 'ärmeren' Ländern zu bezahlen (V74);
- auf Diskussionen, in denen auch auf die Vorzüge einer multikulturellen Gesellschaft hingewiesen wird (V69).

Zusätzlich wurden Items in den niederländischen Fragebogen mit aufgenommen, die die *nationalen Besonderheiten* im Kontext 'internationaler' Orientierungen erfassen sollten. Es handelt sich

---

[130] Dieses Item wurde in einer späteren Untersuchung in Deutschland ebenfalls in die Skala zu 'nationalen' Orientierungen mit aufgenommen (vgl. Held et al. 1996, dort im Anhang S.iv).

- um Bezüge zum Kolonialismus und den Hinweis, dass sich die Niederlande nicht auf eine Opferrolle in der Geschichte (Besetzung durch das nationalsozialistisch beherrschte Deutschland) beschränken, sondern auch ihre Täterseite (Sklavenhandel) zur Kenntnis nehmen sollte (V66 und V77: beide Items wurden im niederländischen Projektrahmen neu formuliert).

Wieder konnte eine Reihe von Items aus dem deutschen Fragebogen *nicht* übernommen werden, da sie für den niederländischen Kontext keinen Sinn ergaben und das Instrument unnötig überfrachtet hätten. Es handelt sich um Items, die verweisen

- auf den Verzicht auf die ehemaligen Ostgebiete und die Anerkennung der aktuellen Staatsgrenzen;
- die besondere Verpflichtung gegenüber den Opfern des deutschen Faschismus;
- die Abwehr von Faschismus vor dem Hintergrund der eigenen nationalen Geschichte und die besondere Verantwortung, die sich hieraus ergibt.

4.2.3.4 Keine Umpolungen der Items

Es ist an dieser Stelle wichtig, noch einmal auf den allgemeinen Charakter dessen, was bei der Itemauswahl 'nationale' Orientierungen genannt wurde, hinzuweisen. Zum einen geht es hier um die *Form der Antwortmöglichkeit*: Die befragten Jugendlichen konnten jeweils auf einer sechsstufigen Skala von *'stimmt genau'* (1) bis *'stimmt überhaupt nicht'* (6) ankreuzen. Zum anderen wurden Formulierungen gesucht, die - entsprechend bekannter Repräsentationen und Diskurse - in ihrer Ausrichtung eine inhaltliche Aussage machen, die als Begründung und Rechtfertigung für nationalistische, rassistische oder ethnizistische Orientierungen benutzt wird. Eine Zustimmung zu diesen Items weist also auf die Übernahme von Begründungen und Rechtfertigungen 'nationaler' Orientierung hin, wobei gerade diese *Zustimmung* erfasst werden soll.

Dies ist zu betonen, da die niederländische Fachliteratur - wie bereits erwähnt - den Eindruck vermittelt, dass das öffentliche und offene Äußern von Aussagen, wie sie in den Items zu Begründungen und Rechtfertigungen 'nationaler' Orientierungen zu finden sind, in den Niederlanden einem relativ *hohen gesellschaftlichen Tabu* unterliegt. Dabei wird - je nach Fachgebiet der Autoren und Autorinnen - auf unterschiedliche gesellschaftliche Phänomene und Bereiche hingewiesen. Politische Orientierungen, die beispielsweise die Rechts-Außen-Partei Centrumdemocraten (CD) als Absender haben, werden von der politischen und intellektuellen Elite in den Niederlanden - wie der Politologe Meindert Fennema schreibt - "ohne Zögern abgewiesen" (Fennema 1993, 69). Die Sozialpsychologen Eisinga und Scheepers stellen auf den ersten Seiten ihres Untersuchungsberichts zu Ethnozentrismus (bei Erwachsenen) in den Niederlanden gar fest: "Die Niederlande haben im Laufe der Geschichte mit einigem Recht auf den Ruf von Toleranz und Gastfreundlichkeit Anspruch erhoben" (Eisinga/Scheppers 1989, 3). Der Soziologe Hans van der Braak geht davon aus, dass besonders im öffentlichen Raum der soziale Frieden durch eine intensive Kultivierung von "Toleranz und Gemäßigtheit" beschworen wird (Van der Braak 1993, 31). Und sein Fachkollege Ernest Zahn weist auf die außerordentlichen Bemühungen in den Bereichen öffentlicher Information und Erziehung hin, um Vorurteilen gegenüber Fremden entgegenzuwirken (Zahn 1984/1993[II], 368).

Vor diesem Hintergrund ist davon auszugehen, dass es einen wichtigen Unterschied macht, ob Jugendliche mit einem *'stimmt'* oder *'stimmt genau'* sich ausdrücklich zu 'national orientierten' Begründungs- und Rechtfertigungsmustern *bekennen*, und damit im Schutz der Anonymität des Fragebogens u.U. einen gewissen 'Tabu'-Bruch vornehmen, oder ob sie Items ablehnen, die eine entgegengesetzte Aussage machen. Solche entgegengesetzt formulierte Items, die anschließend umgepolt werden, sind zwar in quantitativen Fragebogenuntersuchungen sehr verbreitet. Allerdings würde ein solches Verfahren den beschriebenen Unterschied verwischen. Aus inhaltlichen Gründen wurden deshalb *keinerlei* Umpolungen der Items im Fragebogen vorgenommen.

4.2.3.5 Auswahl weiterer Fragen im Fragebogen

Neben den genannten dreizehn Items zu 'nationalen' und 'internationalen' Orientierungen wurden aus dem Fragebogen der deutschen Vergleichsuntersuchungen weitere 30 Fragen ausgewählt, die vergleichbare Auskünfte über die Lebenslage und die Sichtweisen der zu befragenden Jugendlichen vermitteln können. Es handelt sich hier um Sozialdaten und Fragen zur eigenen Situation in den Bereichen Wohnung/Familie, Ausbildung/Arbeit und Freizeit. Weiterhin wurden Fragen zum eigenen Engagement, zu den persönlichen Zukunftserwartungen, zum Bild über das eigene Land und zum Bild über die internationale Situation aus dem deutschen Fragebogen übernommen.

Darüber hinaus wurden jedoch noch weitere zusätzliche Fragen formuliert, um niederländische Besonderheiten noch genauer zu erfassen. Hierbei ging es um folgende Bereiche:

- das Verhältnis Niederlande - Deutschland, das sowohl historische (die Besatzungszeit: V36) als auch aktuelle Dimensionen (gewalttätiger Rassismus in Deutschland: V40; deutsche Vereinigung als Bedrohung: V45) hat;
- die Selbsteinordnung zu nationalen und/oder ethnischen Gruppen, wobei wird, der ethnischen/ nationalen Diversität und der Möglichkeit der ethnischen/nationalen Doppelzugehörigkeit gerecht zu werden (V4 und V5);
- das nationale Selbstverständnis in den Niederlanden in Bezug auf die Vergangenheit der Besatzung (V36) und in Bezug auf die Selbstständigkeit als kleineres Land in einem vereinigten Europa (V43);
- die aktuelle Flüchtlingspolitik in den Niederlanden (V46, V47, V48, V49, V50, V51).

Außerdem wurden zusätzlich formuliert:

- drei Fragen zur Stellung der Frau in den Niederlanden (V30, V31, V32)
- und vier Fragen, die das Verhältnis zum niederländischen Militär und die Haltung zu einem möglichen (militärischen) Eingreifen in die Nationalitätenkonflikte im ehemaligen Jugoslawien berühren (V37, V51, V57, V58).

4.2.4 Erprobung und Korrektur des Fragebogens in den Niederlanden

Die aus dem deutschen Fragebogen übernommenen Fragen wurden ins Niederländische übersetzt und - wo nötig - sinngemäß angepasst (aus *'der deutsche Staat'* wurde beispielsweise *'der niederländische Staat'* u.Ä.). Mit Hilfe von verdeckten Rückübersetzungen wurde kontrolliert, ob die niederländische Fassung auch wirklich der deutschen entsprach. Der auf die beschriebene Weise entworfene Fragebogen wurde schließlich mit Überschriften versehen und in eine didaktisch sinnvolle und übersichtliche Form gebracht (siehe Übersicht 6).

Übersicht 6: Die Gliederungspunkte des niederländischen Fragebogens

I.	Erste Hinweise auf deine Situation
II.	Der Bereich Wohnen und Familie
III.	Der Freizeitbereich
IV.	Der Bereich Schule/Ausbildung/Arbeit
V.	Zu deinem Engagement
VI.	Zu deinem Bild über die Gesellschaft, in der du lebst
VII.	Zu deinem Bild über die internationale Situation
VIII.	Zu deinen Zukunftsperspektiven
IX.	'Nationale'/'internationale' Orientierungen

Anfang Oktober 1992 wurden mit dem niederländischen Fragebogen zwei qualitative *Erprobungen* organisiert. Sie fanden in Zaanstad und in Delft mit kleinen Gruppen von jeweils sechs Schülerinnen und Schülern auf dem 'unteren Niveau' des beruflichen Schulwesens (LBO und KMBO) statt. Dadurch sollte gewährleistet werden, dass der Fragebogen auch wirklich auf allen Schulniveaus optimal verständlich ist. Direkt nach dem Ausfüllen der Entwurfsexemplare wurden die einzelnen Schülerinnen und Schüler ausführlich darüber befragt, ob und in welcher Weise sie die einzelnen Fragen verstanden hatten. Auf die Itemlisten zur 'nationalen' und 'internationalen' Orientierung wurde hierbei besonders geachtet.

Diesen Testergebnissen folgend wurden am Fragebogeninstrument noch einige Verbesserungen vorgenommen:

- die graphische Gestaltung und die optische Übersichtlichkeit des Fragebogens wurde verbessert (beispielsweise wurde bei den Fragen zu 'nationalen' und 'internationalen' Orientierungen die fett gedruckte Ankreuzanweisung auf jeder Seite erneut platziert);
- einige Fragen bekamen zusätzliche Antwortmöglichkeiten (beispielsweise wurde V25 um die Antwort *'ich sehe keine Probleme'* erweitert);
- die Frage V27 wurde neu formuliert (die ursprüngliche Formulierung *'Wo engagierst du dich?'*, deren direkte Übersetzung ins Niederländische zwar zutreffend war, aber recht akademisch klang und für die Jugendlichen unverständlich blieb, verändert in - sinngemäß übersetzt - *'Was machst du mit deiner gesellschaftlichen Betroffenheit? Wo machst du mit?'* - *'Waar doe je iets met je maatschappelijke betrokkenheid? Waar doe jij mee?'*);

– einige Items, die schwer verständlich schienen, wurden zur Sicherheit ergänzt und verdeutlicht (so wurde bei V66 das für viele schwierige Wort *'Kolonialismus'* in einer Klammer erläutert mit *'zum Beispiel in Afrika und Indonesien'*; das Wort *'reicher Norden'* wurde verdeutlicht durch die Klammer *'zum Beispiel die Europäische Gemeinschaft, Nordamerika'*).

4.2.5 Neue Arbeitsbegriffe der eigenen Untersuchung: 'eindimensional-nationale' und 'multiperspektivische' Orientierungen

Wie erwähnt, handelt es sich beim Arbeitsbegriff 'nationale' Orientierungen um einen Begriff des Projektes 'Internationales Lernen', der für die vorliegende Untersuchung zunächst übernommen worden war. Im Projekt 'Internationales Lernen' wurde, wie beschrieben, zusätzlich nach einem Begriff gesucht, der Orientierungen zum Ausdruck bringen sollte, die als Alternative und Erweiterung den engen 'nationalen' Orientierungen gegenübergestellt werden konnten. Hierfür war der Arbeitsbegriff 'internationale' Orientierungen gewählt worden. Nun entzündeten sich bereits innerhalb der Forschungsgruppe in Deutschland an diesem Begriffspaar viele Kontroversen. Vor allem der Begriff 'internationale' Orientierungen schien die Gefahr von Missverständnissen in sich zu bergen und nicht unbedingt das zum Ausdruck zu bringen, was eigentlich gemeint war: Lag hier nicht die Assoziation zu multinationalen Konzernen, den 'Global Players' auf einem Weltmarkt nahe, die mit 'internationaler' Orientierung nach neue Märkten, günstigen Produktionsmöglichkeiten, billigen Arbeitskräften und Rohstoffen Ausschau hielten? Konnte 'internationale' Orientierung nicht auch als Bereitschaft und Voraussetzung zu internationalen Militäreinsätzen missverstanden werden, Militäreinsätze, deren Rechtfertigungspalette von der Sicherung nationaler Einflusssphären bis hin zu humanitären Zielen der Friedenssicherung reichen konnte? Und waren 'internationale' Orientierungen als Grundlage für internationale Begegnungen nicht auch in Ausprägungen denkbar, die mit Dominierung, Unterwerfung, Eroberung, Ausbeutung und Durchsetzung eigener (nationaler) Interessen zu tun hatten (vgl. Krewer 1995)? Die acht Dimensionen 'internationaler' Orientierung, die von der Forschungsgruppe in Deutschland aufgestellt worden waren, machen deutlich, dass dies natürlich *nicht* mit diesem Begriff gemeint war (siehe IV.4.2.2, Übersicht 5). Allerdings zeigte sich auch, dass die acht Dimensionen - auch in ihrer spezifischen Gegenüberstellung von 'national' und 'international' - für einen internationalen Vergleich *nicht* übernommen werden können (siehe IV.4.2.3). Im niederländischen Kontext potenzieren sich vor diesem Hintergrund die Möglichkeiten zu Missverständnissen, die bereits in Deutschland zu beobachten sind, noch um ein Vielfaches.

Interessanterweise zeigt das Antwortverhalten der Jugendlichen gegenüber den entsprechenden Itemlisten, dass diese mit Hilfe von Faktorenanalysen als Skalen durchaus bestätigt werden konnten (siehe IV.4.2.6). Betrachtet man sich die beiden Skalen genauer und liest sich die einzelnen Items aufmerksam durch, dann fällt auf, dass zwei andere Begriffe die inhaltliche Gesamtrichtung der Aussagen viel prägnanter fassen: Die 'national' genannten Orientierungen zeichnen sich durch ihren *eindimensionalen* Bezug auf einen eingeschränkt nationalen Kontext aus, und - im Gegensatz hierzu - die 'international' genannten durch ihre breitere und vielfältigere Perspektive, von der aus ein Bemühen um die Berücksichtigung der Lebensbedingungen und Positionierungen von Eingewanderten und der Situation in den Herkunftsländern von asylsuchenden Flüchtlingen erkennbar ist.

Nun findet sich sowohl in der interkulturellen Pädagogik als auch in der sog. 'Dritte-Welt-Pädagogik' der Begriff *Multiperspektivität* in den letzten Jahren immer häufiger (vgl. Prengel 1993; Auernheimer 1990/1996[II]; Dias 1997; Lutz 1999). Grundlegend ist eine reflexive Perspektivenverschränkung zwar als ein Spezifikum menschlicher Sozialbeziehungen und als eine Voraussetzung für Intersubjektivität zu bezeichnen (Holzkamp 1983, 238). Jedoch können intersubjektive Beziehungen in Gesellschaften, die von Instrumentalverhältnissen geprägt sind, keineswegs als selbstverständlich gegeben vorausgesetzt werden. Ähnliches gilt für interkulturelle und internationale Begegnungen unter den Voraussetzungen einer Welt, in denen Nationalstaaten miteinander konkurrieren. Multiperspektivische Orientierungen, die an zentralen Themen von Einwanderungsgesellschaft und internationalen Dominanzverhältnissen ausgerichtet sind, werden denn auch in interkulturellen und antirassistischen Ansätzen als ein wichtiges Moment entsprechender Bildungs- und Lernprozesse bezeichnet (vgl. Fritzsche 1997, 194).

Zurückgreifend auf den Begriff 'Multiperspektivität', der einem eindimensionalen Bezug auf den nationalen Kontext gegenübergestellt wird, benutze ich das Begriffspaar *'eindimensional-nationale'* versus *'multiperspektivische'* Orientierungen. Dieses Begriffspaar gibt meines Erachtens sehr viel treffender wieder, was in den Items der beiden Skalen ausgedrückt wird. Zudem dürften diese Arbeitsbegriffe hilfreich sein, um die genannten Missverständnisse zu vermeiden und der Absicht des internationalen Vergleichs besser gerecht zu werden.

4.2.6 Konstruktion von Skalen zu 'eindimensional-nationalen' und 'multiperspektivischen' Orientierungen und deren statistische Überprüfung

4.2.6.1 'Kurze' Skalen für den internationalen Vergleich und 'lange' Skalen für die vertiefende Untersuchung in den Niederlanden

Die Itemlisten zu Orientierungen, die für den niederländischen Fragebogen zusammengestellt wurden, lassen sich jeweils nach zwei Sparten unterscheiden: Während es bei einer ersten Reihe von Items darum ging, eine Art *Minimalkonsens* darüber abzubilden, wie diese Orientierungen und entsprechende Begründungs- und Rechtfertigungsmuster sowohl in den Niederlanden als auch in Deutschland aussehen, galt es bei einer zweiten Reihe von Items die diesbezüglichen *Besonderheiten* in den Niederlanden zu erfassen (siehe IV.4.2.3). Die Durchführung eines *direkten* internationalen Vergleichs, bei dem Unterschiede und Zusammenhänge mit Hilfe von statistischen Rechenverfahren auf Korrelationen und Signifikanzen überprüft werden, ist nur mit solchen Skalen zulässig, deren Items in den Fragebögen der beiden Länder in identischer Weise formuliert sind und für beide Länder die gleiche Bedeutung haben. Für den direkten internationalen Vergleich konnten deshalb nur Skalen benutzt werden, die auf einem *Minimalkonsens* in beiden Ländern beruhen.

Für die *vertiefende Untersuchung in den Niederlanden* mussten hingegen - gewissermaßen um den gefundenen Minimalkonsens herum - *neue* Skalen konstruiert werden, in denen sich zusätzlich solche Items finden, die die Besonderheiten der niederländischen Situation berücksichtigen. Diese Skalen unterscheiden sich von den Skalen, die im direkten internationalen Vergleich benutzt werden. Sie umfassen notwendigerweise mehr Items als die Skalen des Ländervergleichs. Das quantitative Datenmaterial in der vorliegenden Untersuchung wird dementsprechend untersucht mit Hilfe von *kürzeren* Skalen für den internationalen Vergleich *und* mit *längeren* Skalen, die bei der vertiefenden Untersuchung der niederländischen Seite zum Einsatz kommen. Anhand der empirischen Ergebnisse für die (parallelisierten) Teilstichproben aus den Niederlanden, aus Ost- und Westdeutschland wurden nun die theoretischen Annahmen für die 'kurzen' Skalen auf ihre Tauglichkeit hin überprüft, genauso wie für die 'langen' Skalen anhand der niederländischen Stichprobe.

4.2.6.2 Statistische Itemanalysen für Skalen des internationalen Vergleichs

Die Faktorenanalyse der Itemlisten, die für den internationalen Vergleich vorgesehen waren, bestätigte die Erwartungen, die die Auswahl vor dem Hintergrund von Fachliteratur erwarten ließ (genauso wie zusätzliche Formulierungsbedenken; siehe oben). Die Itemlisten zeigen insgesamt und für alle drei Vergleichsgruppen auf Grundlage der Faktorenanalyse eine zufriedenstellende Ladung auf dem jeweiligen Faktor und bilden angesichts der entsprechenden Prüfwerte (Trennschärfe, Reliabilität, etc.) jeweils eine stabile Skala.[131] Die 'kurzen' Skalen beinhalten zu 'eindimensional-nationalen' Orientierungen vier und zu 'multiperspektivischen' Orientierungen sechs Items.[132]

Übersicht 6: Die 'kurzen' Skalen, die für den internationalen Vergleich benutzt werden

Ein-Faktorenanalyse für Items *'eindimensional-nationale' Orientierung*		Ein-Faktorenanalyse für Items *'multiperspektivische' Orientierung*	
V70WOHN	.79300	V59ASLRE	.75869
V75VORBI	.73355	V64AUGEN	.75024
V62ASYL	.70293	V63MISBR	.68785
V67WAFEX	.55317	V61ASLKU	.66081
		V74TEUER	.65728
		V76VERAN	.64096
Alpha = ,6483		Alpha = ,7814	

[131] Die hier abgebildete Ein-Faktorenanalyse bezieht sich auf das Gesamt der Jugendlichen, die in die internationale Vergleichsuntersuchung einbezogen wurden, mit Ausnahme der allochthonen Jugendlichen (siehe IV.4.4). Entsprechende Faktorenanalysen wurden auch für die jeweiligen Untergruppen (Jugendliche aus den Niederlanden, Ost- und Westdeutschland, männliche und weibliche Jugendliche) gerechnet und führten gleichfalls zu zufriedenstellenden Ergebnissen. Die gesamte Faktorenanalyse wird im Anhang (Band II, S.1-74) ausführlich dokumentiert und dargestellt.

[132] Auf die Antwortmöglichkeiten wurde mit nachstehendem Text hingewiesen: "*Kreuze bitte bei den folgenden Linien die Ziffer an,* der du am ehesten zustimmst. *Dabei bedeuten die Ziffern folgendes: (1) stimmt genau, (2) stimmt, (3) stimmt teilweise, (4) stimmt kaum, (5) stimmt nicht, (6) stimmt garnicht.*"

Übersicht 7: Die Items der 'kurzen' Skalen im Wortlaut

	'Multiperspektivische' Orientierung
V59	*'Ausländer', die in den Niederlanden leben, müssen gleichberechtigt wie Niederländer behandelt werden.*[133]
V64	*Auch wenn es uns gut geht, dürfen wir unsere Augen nicht vor den Problemen der anderen Länder verschließen.*
V63	*Heute reden viele über Asylmissbrauch, ohne eine Ahnung von den wirklichen Problemen in den Herkunftsländern zu haben, die die Menschen zum Fliehen zwingen.*
V61	*'Ausländer' haben das Recht, in den Niederlanden ihrer eigenen Lebensweise nachzugehen.*
V74	*Viele Produkte aus Entwicklungsländern werden bei uns zu billig angeboten. Für solche Produkte wäre ich bereit einen höheren Preis zu zahlen, wenn die Erzeuger dafür einen gerechteren Lohn erhalten würden.*
V76	*Aus dem niederländischen Reichtum ergibt sich eine Verantwortung für ärmere Länder.*
	'Eindimensional-nationale' Orientierung
V70	*'Ausländer' nehmen den Niederländern die Wohnungen weg.*
V75	*Unterentwickelte Länder sollten sich am niederländischen Fleiß und der Verträglichkeit ein Beispiel nehmen.*
V62	*Der niederländische Staat kümmert sich mehr um Flüchtlinge (Asylsuchende) als um hilfsbedürftige Niederländer.*
V67	*Der Rüstungsexport sollte nicht beschränkt werden, um unseren Wohlstand nicht zu gefährden.*

4.2.6.3 Statistische Itemanalysen für Skalen der niederländischen Untersuchung

Bei den Itemlisten, die für die vertiefende Untersuchung der niederländischen Gesamtstichprobe (ohne allochthone Jugendliche) vorgesehen waren, zeigte sich, dass von den Jugendlichen ein Item anders zugeordnet wurde, als erwartet wurde. Es handelte sich hierbei um das Item, das Kolonialismus und ungerechten Welthandel für Armut in der sogenannten 'Dritten Welt' und internationale Abhängigkeitsbeziehungen verantwortlich macht (V67).[134] Dieses Item lädt bei den Jugendlichen in den Niederlanden, einer Handelsnation mit einer kolonialen Vergangenheit, die noch relativ jung ist, sehr unbefriedigend bei den 'multiperspektivischen' Orientierungen. Es wurde deshalb aus dieser Skala herausgenommen.

---

[133] Für den internationalen Vergleich finden sich in den Fragebögen für Deutschland selbstverständlich jeweils analoge Formulierungen: es heißt dort also beispielsweise nicht '*in den Niederlanden*', sondern '*in Deutschland*'.

[134] Das Item V66 im Wortlaut: *"Kolonialismus (z.B. in Afrika und Indonesien) und ungerechter Welthandel haben in den Gesellschaften der sogenannten »Dritten Welt« zu Armut und zur Abhängigkeit vom reichen Norden (z.B. die Europäische Gemeinschaft, Nordamerika) geführt!"*

Die folgende Übersicht zeigt die Items, für die nach der Faktorenanalyse ein zufriedenstellendes Ergebnis bezüglich der Ladung auf dem jeweiligen Faktor ausgewiesen wurde (siehe Übersicht 8). Auch hier gaben die entsprechenden Prüfwerte (Trennschärfe, Reliabilität etc.) an, dass es sich um stabile Skalen handelt.[135] Die 'langen' Skalen, die bei der vertiefenden Untersuchung der niederländischen Stichprobe benutzt werden, beinhalten bezüglich der Skala zu 'eindimensional-nationalen' Orientierungen elf und bezüglich der Skala zu 'multiperspektivischen' Orientierungen acht Items.

Übersicht 8: Die 'langen' Skalen, die für die vertiefende Untersuchung der niederländischen Stichprobe benutzt werden

Ein-Faktorenanalyse für Items *'eindimensional-nationale' Orientierung*		Ein-Faktorenanalyse für Items *'multiperspektivische' Orientierung*	
V70WOHN	.69586	V64AUGEN	.70758
V72TYPNL	.64208	V59ASLRE	.70645
V75VORBI	.63217	V69VARIE	.64369
V62ASYL	.62846	V61ASLKU	.63498
V68ARBLO	.57097	V74TEUER	.60666
V60ASLAN	.56662	V63MISBR	.50770
V78NATIO	.50899	V77OPFER	.46231
V65OBEN	.45843	V76VERAN	.44131
V67WAFEX	.41323		
V71TUG	.40439		
V73NBBRD	.27425		
Alpha = ,7412		Alpha = ,7342	

[135] Wiederum zeigten auch die entsprechenden Faktorenanalysen für die relevanten Untergruppen zufriedenstellende Ergebnisse (ausführlicher dokumentiert im Anhang Band II, S.49-74).

Übersicht 9: Die Items der 'langen' Skalen im Wortlaut

'Multiperspektivische' Orientierung

V64	*Auch wenn es uns gut geht, dürfen wir unsere Augen nicht vor den Problemen der anderen Länder verschließen.*
V59	*'Ausländer', die in den Niederlanden leben, müssen gleichberechtigt wie Niederländer behandelt werden.*
V69	*Auch die Schulen können durch das Zusammentreffen von verschiedenen Sprachen, Kulturen und Lebensgewohnheiten vielfältiger und interessanter werden.*
V61	*'Ausländer' haben das Recht, in den Niederlanden ihrer eigenen Lebensweise nachzugehen.*
V74	*Viele Produkte aus Entwicklungsländern werden bei uns zu billig angeboten. Für solche Produkte wäre ich bereit einen höheren Preis zu zahlen, wenn die Erzeuger dafür einen gerechteren Lohn erhalten würden.*
V63	*Heute reden viele über Asylmissbrauch, ohne eine Ahnung von den wirklichen Problemen in den Herkunftsländern zu haben, die die Menschen zum Fliehen zwingen.*
V77	*Wir sollten nicht nur der Opfer der nationalsozialistischen Besatzung (z.B. Juden, Menschen aus dem Widerstand), sondern auch der Opfer des niederländischen Kolonialismus und der Sklaverei (z.B. in Indonesien, Surinam) gedenken.*
V76	*Aus dem niederländischen Reichtum ergibt sich eine Verantwortung für ärmere Länder.*

'Eindimensional-nationale' Orientierung

V70	*'Ausländer' nehmen den Niederländern die Wohnungen weg.*
V72	*Beim Streben nach internationaler Zusammenarbeit müssen wir aufpassen, dass keine typisch niederländische Lebensweisen verloren gehen.*
V75	*Unterentwickelte Länder sollten sich am niederländischen Fleiß und der Verträglichkeit ein Beispiel nehmen.*
V62	*Der niederländische Staat kümmert sich mehr um Flüchtlinge (Asylsuchende) als um hilfsbedürftige Niederländer.*
V68	*Die Anwesenheit von 'Ausländern' verkleinert für arbeitslose Niederländer die Chance auf einen Arbeitsplatz.*
V60	*'Ausländer', die in den Niederlanden wohnen, müssen die niederländischen Gewohnheiten und Gebräuche übernehmen.*
V78	*Nationale Gefühle werden in den Niederlanden zu Unrecht unterdrückt.*
V65	*Die Niederländer waren in der Geschichte eben stets fleißiger, besonnener und erfindungsreicher. Deshalb ist die Niederlande heute in der Welt ganz oben.*
V67	*Der Rüstungsexport sollte nicht beschränkt werden, um unseren Wohlstand nicht zu gefährden.*
V71	*Wir sollten uns wieder mehr an den niederländischen Tugenden wie Anständigkeit, Arbeitslust, Verträglichkeit, Sauberkeit usw. orientieren.*
V73	*Die Niederlande sind ein kleines Land. Es muss aufpassen, nicht vom großen Nachbarn Deutschland erdrückt zu werden.*

4.2.6.4 Aussortierung einzelner Items aufgrund unterschiedlicher Formulierungen im deutschen und niederländischen Fragebogen

Ein grundlegendes Problem für eine quantitativ-orientierte internationale Vergleichsuntersuchung besteht in der Anforderung, die Items in den Fragebögen der zu vergleichenden Länder so zu formulieren, dass sie eine (soweit möglich) gleiche Bedeutung haben.

Als besonders schwierig, wenn nicht gar als unmöglich erweist sich dies bei Items, die spezifische nationale Stereotype abbilden. Im vorliegenden Fall war als Begründung oder Rechtfertigung für eine 'eindimensional-nationale' Orientierung ein Item formuliert worden, das sich auf einen gesellschaftlichen Diskurs bezieht, demzufolge bestimmte nationale Tugenden wieder mehr an Bedeutung bekommen sollten. Da dieser Diskurs in den Niederlanden ebenfalls festzustellen ist und es sich dabei also nicht um eine Besonderheit der Situation in Deutschland handelt, wurde versucht, für die Niederlande ein ähnliches Item zu formulieren. Allerdings zeigte sich, dass es letztendlich doch nicht möglich war, dieses Item (V71) in den direkten internationalen Vergleich miteinzubeziehen. Die Inhalte der nennbaren Stereotype in Deutschland und den Niederlanden waren recht unterschiedlich: Während in Deutschland die Nennung *'Fleiß, Ordnung und Sauberkeit'* angemessen schien, wurde in den Niederlanden *'Anstand, Fleiß, Toleranz und Sauberkeit'* als angemessen betrachtet. *'Ordnung'* umfasst jedoch einen ganz anderen Bedeutungsbereich als *'Anstand'* und *'Toleranz'*. Nun sind nationale Stereotype selbstverständlich auch dann nationale Stereotype, wenn sie Bedeutungen transportieren, die möglicherweise als positiv angesehen werden. Jedoch dürfte es denjenigen, die sich selbst im Rahmen nationaler Stereotype eher positive Bedeutungen zuschreiben können, sehr viel leichter fallen, sich mit diesen Stereotypen zu identifizieren als denjenigen, die sich lediglich mit eher negativen Bedeutungen konfrontiert sehen. Ein direktes Einbeziehen dieser unterschiedlichen Items in eine international vergleichende Skala zu 'eindimensional-nationalen' Orientierungen war deshalb letztlich *nicht* zulässig. Dies deutet auch auf eine grundsätzliche Schwierigkeit im internationalen Vergleich hin: Soll hier ein Bezug zu Diskursen über *nationale Eigen- und Fremdstereotype* im jeweiligen Land hergestellt werden, dann ist damit zu rechnen, dass die benutzten Items andere Bedeutungen haben, da die jeweils typischen nationalen Stereotype von Land zu Land anders aussehen.

Auch auf zwei weitere Items musste, wenn auch aus unterschiedlichen Gründen, im direkten internationalen Vergleich verzichtet werden. So war für das zweite Wegnehmargument (bezogen auf den Arbeitsbereich) eine etwas andere Formulierung als in den deutschen Vergleichsuntersuchungen gewählt worden (V68). Dies geschah, da geprüft werden soll, ob es aufgrund unterschiedlich 'weicher' bzw. 'scharfer' Formulierungen zum gleichen Sachverhalt zu Unterschieden im Antwortverhalten kommt. Für die vertiefende niederländische Untersuchung wird dieses Item benutzt werden, für den internationalen Vergleich ist es aufgrund der abweichenden Formulierung *nicht* in die Skala zu 'eindimensional-nationalen' Orientierungen aufgenommen worden.

Weiterhin wurde bei den 'multiperspektivischen' Orientierungen in der 'längeren' Skala auf ein Item verzichtet, das sehr allgemein auf die Vorzüge einer multikulturellen Gesellschaft verweist. Auch hier ist in den Niederlanden eine etwas andere Formulierung ausgewählt worden (V69). Während das Statement in den deutschen Fragebögen noch angibt, dass *'das Leben in Deutschland ... durch das Zusammentreffen von Kulturen verschiedener Nationen vielfältiger und interessanter wird'*, hat das Item in den Niederlanden einen anderen Wortlaut. Es lautet: *'Durch das Zusammentreffen von verschiedenen Sprachen, Kulturen und Lebensgewohnheiten können auch die Schulen vielfältiger und interessanter werden'*. Mit dieser

Formulierung fiel die Entscheidung auf ein Item, das mit *Schule* deutlicher einen konkreten Lebens- und Erfahrungsbereich der Jugendlichen benennt.

4.3 Vorgehensweisen bezüglich der benutzten Einzelmethoden

Im Folgenden wird die konkrete Durchführung der *ersten* und der *zweiten Untersuchungsrunde* beschrieben. Die genauen Vorgehensweisen bei der Fragebogenuntersuchung, den Gruppendiskussionen und den Einzelinterviews werden erläutert und die Produktion und der Einsatz des Videofilms *als* Untersuchungsinstrument wird dargelegt.

4.3.1 Die erste Runde der empirischen Untersuchung

4.3.1.1 Allgemeine Übersicht

Zwischen November 1992 und März 1993 fand die *erste Runde* der empirischen Untersuchung statt. Die Datensammlung in den Schulklassen gliederte sich in zwei Teile. Nach einer kurzen Vorstellung des Projekts füllten die Jugendlichen zunächst den Fragebogen aus (ca. 45 bis 50 Minuten). Anschließend folgte eine Gruppendiskussion (ebenfalls ca. 45 bis 50 Minuten), die zum Zwecke der späteren Transkription auf Video und Tonband aufgezeichnet wurde. Die Fragebogenerhebung und die Gruppendiskussion wurde zu zweit in arbeitsteiliger Weise durchgeführt: während der erste Forscher/die erste Forscherin für die Diskussionsleitung zuständig war, übernahm der zweite Forscher/die zweite Forscherin Beobachtungsaufgaben, erstellte ein entsprechendes Protokoll und kontrollierte das Aufnahmegerät.

Die Bereitschaft der Schülerinnen und Schüler zur Mitarbeit war insgesamt sehr groß. Vor allem die Ankündigung, dass eine weitere Runde in die Klasse geplant war, um erste Ergebnisse zurück zu vermitteln, stieß auf eine große Resonanz und stimulierte deutlich das Interesse der Schülerinnen und Schüler. Es ist zu vermuteten, dass darüber hinaus noch drei weitere Merkmale des Projektes zur aktiven Mitarbeit der Jugendlichen beitrugen; Merkmale, die ganz allgemein in pädagogischen Arbeitsfeldern, in denen zum Themenbereich Nationalismus, Rassismus und Ethnizismus gearbeitet wird, von Bedeutung sein können:

- Die Untersuchung in der Klasse stellte eine Abwechslung gegenüber der normalen Unterrichtsroutine dar und hatte für die Jugendlichen einen *Erlebnischarakter*.
- Das Ausfüllen des Fragebogens und die Gruppendiskussion besassen einen *Ernstcharakter*. Die Jugendlichen konnten mit ihren Stellungnahmen und Diskussionsbeiträgen teilnehmen an einer umfangreicheren Untersuchung, die mehr oder weniger zeitgleich auch in anderen europäischen Ländern durchgeführt wurde. Der Beitrag der Jugendlichen war wichtig und wurde entsprechend ernst genommen. Zudem waren alle diskutierenden Jugendlichen an dem geplanten Filmprojekt zumindest insoweit involviert, als dass sie die ersten Kritiker und Kritikerinnen des Produktes darstellten und die Akteure und Akteurinnen im Film aus den 'eigenen Reihen' stammten.
- Das Forscherteam nahm - und dies ist vielleicht das wichtigste - in der Doppelrolle als Diskussionsleiter/-in und Wissenschaftler/-in eine *untersuchende Haltung* ein. Es war deutlich, dass, wenn Fragen gestellt wurden, es darum ging, von den Jugendlichen etwas zu erfahren. Es handelte sich also nicht um die verbreitetete Schüler-Lehrer-Konstellation, bei der die Schülerinnen und Schüler bei den Fragen der Lehrerinnen und Lehrer häufig davon

ausgehen müssen, dass diese im Grunde das Ergebnis schon kennen und nur noch auf 'die richtige Antwort' auf der Schülerinnen- und Schülerseite warten.

4.3.1.2 Vorgehensweise bei der Fragebogenuntersuchung

Die Lehrerinnen und Lehrer wurden jeweils gebeten, das Klassenzimmer zu verlassen; und den Jugendlichen wurde deutlich gemacht, dass es darum ging, ihre eigenen Vorstellungen, Argumente und Hintergründe kennen zu lernen und sie sanktionsfrei ihre eigenen Meinungen und Standpunkte ausdrücken können sollten. Es war deutlich, dass die Befragung einen *anonymen* Charakter trägt und der Fragebogen nicht mit dem Namen gekennzeichnet werden sollte. Nachdrücklich wurde auf die Funktion der aufgebauten Videokamera hingewiesen und versichert, dass die Videoaufnahmen nicht der Öffentlichkeit zugänglich gemacht werden. Während des Ausfüllens des Fragebogens war das Videogerät zudem stets - für alle sichtbar - abgeschaltet (der Kassetteneinschub der Kamera war demonstrativ geöffnet). Die Vorstellung des Projektes erfolgte jeweils entlang eines festgelegten Textes, der in freier Rede vorgetragen wurde (siehe Übersicht 10).

Übersicht 10: Vorstellung des Projekts in den Schulklassen

"Mein Name ist Rudolf Leiprecht, dies ist Britta Lassen (oder umgekehrt). Wir kommen von der Vrijen Universiteit Amsterdam und arbeiten in einem internationalen Projekt - 'Jugend in Europa'- zusammen mit Kollegen und Kolleginnen in Lettland, Kroatien, Griechenland, Lettland und Deutschland. Wir wollen in all diesen Ländern die Denkweisen und Lebenssituationen von Jugendlichen und wichtige gesellschaftliche Probleme untersuchen und vergleichen. Ein wichtiges Problem in diesen Ländern, wenn auch auf sehr unterschiedliche Weise, hat - davon habt ihr sicher gehört, denkt nur an den Krieg im ehemaligen Jugoslawien - mit Nationalismus und Rassismus zu tun. Dies ist ein Thema unserer Untersuchung. Ein weiteres Thema ist das Verhältnis zu Europa.

Wir bitten euch zunächst, diesen Fragebogen, den wir mitgebracht haben, auszufüllen. Bitte schreibt *nicht* euren Namen auf den Bogen, die Befragung ist anonym. Nach dem Ausfüllen des Fragebogens machen wir eine kurze Pause. Nach der Pause wollen wir mit euch über diesen Fragebogen und was ihr euch zu den verschiedenen Fragen denkt, diskutieren.

Diese Diskussion wollen wir auf Video aufnehmen. Deshalb die Geräte hier. Wir nehmen die Diskussion nicht deshalb auf, um sie irgendwo zu zeigen, sondern um es später leichter beim Abtippen der Gespräche zu haben. Wir wollen nämlich in einem halben Jahr wieder zurück in eure Klasse kommen und euch einige Ergebnisse aus der Fragebogenuntersuchung, an die ihr heute teilnehmt, vorstellen und mit euch darüber diskutieren, wie ihr das Ganze einschätzt.

Außerdem wollen wir einen richtigen Film zusammen mit Jugendlichen in den Niederlanden machen, dies hat aber nichts mit der Kamera hier zu tun, die wir nur zum Abtippen brauchen. Auch diesen Film würden wir euch dann gerne in einem halben Jahr zeigen und mit euch darüber diskutieren.

Ich weiß nicht, war das jetzt verständlich, ist noch etwas unklar, habt ihr noch Fragen ... ? Dann jetzt also zuerst der Fragebogen. Und nochmal: Bitte schreibt *nicht* euren Namen drauf, füllt ihn anonym aus. Wenn ihr noch Fragen während des Ausfüllens habt, wir erklären euch gerne noch das ein oder andere, damit es keine Missverständnisse gibt."

Der Fragebogen selbst beginnt mit einem knappen Einleitungstext (fünf Zeilen), der ebenfalls auf die Diskussion, die nach dem Ausfüllen des Fragebogens folgt, hinweist (siehe Übersicht 11).

Übersicht 11: Einleitungstext des Fragebogens

> "Die Befragung soll auch zum Nachdenken und zur Diskussion anregen. Außerdem erfordern einige Fragen und Antworten vielleicht genauere Begründungen und sind zu oberflächlich. Vieles fehlt wahrscheinlich, was dir wichtig ist. Nach dem Ausfüllen des Fragebogens hast du die Möglichkeit, in der Diskussionsrunde nochmal ausführlicher zu Wort zu kommen."

4.3.1.3 Vorgehensweise bei den Gruppendiskussionen

Die Ausgangsfrage für die Gruppendiskussion wurde bewusst offen gestaltet und bezog sich auf den Fragebogen: "Na, was meint ihr zu dem Fragebogen?" Die Nachfragen der Diskussionsleitung beschränkten sich *in der Beginnphase* darauf, zu klären, welche Fragen von den Jugendlichen als besonders schwierig empfunden wurden und/oder welche Fragen den Jugendlichen besonders aufgefallen und im Gedächtnis geblieben waren. Entlang dieser Nachfragen entwickelte sich in aller Regel eine Diskussion, in der die Jugendlichen ihre jeweils unterschiedlichen Sichtweisen, Standpunkte usw. zu einzelnen Items darstellten.

Gelang dieser Diskussionsbeginn nicht und geriet in der Anfangsphase die Diskussion ins Stocken, schlug die Diskussionsleitung selbst einige Fragen zur Auswahl vor ("Was meint ihr dazu?"). Meist wurden - dies zeigt auch die Auswertung - von den Jugendlichen jedoch selbst eigene Einstiege in die Diskussion gewählt, die sich auf verschiedene Themenbereiche des Fragebogens bezogen.

In einer *späteren Phase der Diskussion* brachte die Diskussionsleitung auch zunehmend eigene Argumente ein, paraphrasierte, stellte kritische Nachfragen und bat manchmal um genauere Erklärungen, allerdings *ohne* die Jugendlichen zu 'überfahren' und durch die eigene Dominanz 'mundtot' zu machen.

Die Sitzordnung bestand jeweils aus einem großen Halbkreis. Die technische Aufstellung zur Datensicherung während der Gruppendiskussionen war bewusst statisch und weitgehend bedienungsfrei angelegt. Das Videogerät war mit einem speziellen Weitwinkelobjektiv ausgerüstet und wurde in einer Ecke des Klassenzimmers auf einem Stativ fest installiert. Um die diskutierende Gruppe herum waren drei Mikrophone auf Stativen aufgestellt. Die Mikrophone waren mit einem kleinen Mischpult verbunden, an das sowohl der Audioeingang des Videogerätes als auch das zusätzliche Tonbandgerät angeschlossen war. Durch diese Aufstellung war es möglich, die Gruppendiskussionen aufzunehmen, ohne dass jemand hinter der Kamera hantieren musste. Lediglich am Mischpult musste während der Gruppendiskussionen der Lautstärkepegel nach geregelt werden, eine Aufgabe, die - wie bereits erwähnt - der zweite Forscher/die zweite Forscherin übernahm.

4.3.1.4 Vorgehensweise bei den Interviews mit Einzelnen

Nach den Gruppendiskussionen wurden jeweils einige Schülerinnen und Schüler vom Forscher gebeten, Termine zur Durchführung von zusätzlichen Einzelinterviews zu vereinbaren, um das in der Gruppendiskussion Angesprochene *zu vertiefen* und *zu verdeutlichen*. Die Auswahl folgte dem Anspruch, die verschiedenen Positionierungen und die verschiedenen Begründungsmuster und Argumentationsweisen zu erfassen. Die angesprochenen Jugendlichen waren in den Gruppendiskussionen teilweise durch ihre jeweiligen Beiträge und Argumentationen aufgefallen, weil in ihnen entweder noch unbekannte und neue oder aber sich 'auf den ersten Blick' vielversprechend, widersprüchlich oder auch unverständlich darstellende Sachverhalte und Bedeutungsverweisungen vorkamen. Teilweise handelte es sich aber auch um Jugendliche, die in der Gruppe nur wenig gesagt hatten, jedoch deutlich schien, dass sie gerne etwas mitteilen würden.

In keinem einzigen Fall weigerte sich ein Jugendlicher/eine Jugendliche, an einem Interview teilzunehmen. In den meisten Fällen wurde mit den Jugendlichen alleine gesprochen, drei Mal fanden Interviews statt, an denen zwei Jugendliche gemeinsam teilnahmen, und ein Mal nahmen drei Jugendliche gemeinsam teil. Insgesamt wurden 18 weibliche und 22 männliche Jugendliche auf diese Weise interviewt. Die Interviews dauerten jeweils circa eine Stunde.

Die Interviews wurden meist bei den Jugendlichen zu Hause durchgeführt. In einigen Fällen, wo dies aus organisatorischen Gründen nicht möglich oder sehr unpraktisch war (beispielsweise aufgrund einer unmittelbar folgenden Schulstunde am Nachmittag) oder von den Jugendlichen aus verschiedenen Gründen nicht gewünscht wurde ("Das geht meine Eltern nichts an", "Ich möchte nicht, dass jemand zu mir nach Hause kommt"), fand das Interview in einem Raum an der Schule (Besprechungszimmer, Klassenraum) statt.

4.3.2 Produktion des Videofilms mit Jugendlichen

4.3.2.1 Festlegungen für den Film nach der Zwischenauswertung

Nach einer ersten *groben* Zwischenauswertung der Daten aus der Fragebogenuntersuchung und den durchgeführten Gruppendiskussionen der ersten Untersuchungsrunde wurde eine Übersicht über die wichtigsten Elemente des gewonnenen Gesamteindrucks erstellt.[136] Von dort aus suchte der Forscher im Material der Einzelinterviews nach Jugendlichen, die es möglich machen sollten, ein solches Gesamtbild in kurzen Filmportraits darzustellen. Dieses Bild sollte in der zweiten empirischen Runde wieder an die Jugendlichen rückvermittelt werden.

Das Vorgehen hatte zum Ziel, durch die Präsentation des Gesamteindrucks aus der ersten Runde auf Forscherseite möglichst viel an Reflexion und Nachdenken auf der Seite der Jugendlichen zu ermöglichen, um später nicht nur oberflächliche ad-hoc-Äußerungen als in Transkriptform festgehaltenes Datenmaterial zu bekommen. Um Missverständnisse zu vermeiden: Es wurde also *nicht* zweimal dieselben Schulklassen besucht, um durch das Zeigen des Films gezielt 'Einstellungsänderungen' bei den Jugendlichen zu erreichen und diese Veränderung bei den Jugendlichen zu 'messen'.

---

[136] Gemeinsam mit meiner Kollegin Britta Lassen.

In der ersten Grobauswertung der Fragebogendaten konnte festgestellt werden, dass die Jugendlichen in den Niederlanden weniger 'eindimensional-national orientiert' zu antworten schienen als die Jugendlichen der deutschen Vergleichsuntersuchungen. In den Gruppendiskussionen in den Niederlanden war - offenbar in Überstimmung mit den quantitativen Daten - zu beobachten, dass sich die Jugendlichen im Allgemeinen eher 'gemäßigt' äußerten. Nur eine Minderheit zeigte extremere Formen von (Alltags-)Rassismus und unterstützte sogar gewalttätige Übergriffe gegen 'Ausländer'.[137]

Gleichwohl fanden sich auch bei der Mehrheit vielfältige Negativ-Bilder über Eingewanderte und asylsuchende Flüchtlinge. Die Jugendlichen schienen hier in die dominanten politischen Diskurse verstrickt zu sein, wenn es beispielsweise um die Themen Asyl, Illegalität oder um den Bürgerkrieg im ehemaligen Jugoslawien und um Kriegsflüchtlinge ging. Wurde über die Kultur der Eingewanderten gesprochen, wurden meist statische, deterministische und dichotomisierende Modelle von Kultur benutzt.

Ins Auge fiel auch die Widersprüchlichkeit in den Äußerungen vieler Jugendlicher. Beispielsweise wurde immer wieder betont, dass sich Eingewanderte an die niederländischen Normen und Werten anzupassen hätten. Auf die Frage, wie denn diese Normen und Werte eigentlich aussehen, wussten die Jugendlichen nur sehr selten eine Antwort.

Von den autochthonen Jugendlichen war hier allerdings immer wieder die niederländische Sprache, die die Eingewanderten mindestens zu erlernen hätten, als ein wichtiges Anpassungselement genannt worden. Zudem wurden oft Situationen geschildert, in denen autochthone Jugendliche sich ausgeschlossen fühlten, weil die allochthonen Jugendlichen untereinander in ihren eigenen Sprachen redeten.

Ein stets wiederkehrendes Thema war dem ersten Eindruck zufolge auch die Diskussion um die Benachteiligung beziehungsweise Bevorzugung von Eingewanderten oder Niederländern. Als Erklärung für Rassismus schloss sich an solchen Diskussionen häufig ein Modell an, dass mit der Benachteiligung von Niederländern und der Konkurrenz zwischen Niederländern und Eingewanderten argumentierte. Ein anderes häufig zu hörendes Erklärungsmodell für Rassismus beschrieb als Ursache die Fremdheit der Kultur der Eingewanderten, die die Einheimischen zu rassistischen Reaktionen verleite.

Der Blick nach Deutschland und auf 'die' Deutschen war, wenn es um rassistische Gewalttaten ging, regelmäßig zu beobachten. Es zeigten sich sehr unterschiedliche Perspektiven auf diese Gewalt, die je nach Lebenssituation und Einschätzung als unmittelbar bedrohlich (*"als Türkin fühle ich mich hier in den Niederlanden auch bedroht"*) oder als eine Sache des Auslandes wahrgenommen wurden (*"das ist etwas typisch Deutsches"*). Manche schätzten die rassistische Gewalt als für die Niederlande bereits real vorhanden ein oder vermuteten eine ent-sprechende Entwicklung in allernächster Zukunft, andere gingen eher davon aus, dass so etwas in den Niederlanden kaum möglich sei.

[137] Mit den folgenden Ausführungen soll den späteren Kapiteln, in denen die Auswertung und Analyse der Daten beschrieben wird, *keineswegs* vorgegriffen werden. Die entsprechenden Hinweise wurden deshalb so knapp wie möglich gehalten. Allerdings war bereits die Grobauswertung relativ treffsicher. Dies zeigt sich auch darin, dass sich die hier als 'erster Eindruck' empfundenen Ergebnisse bei der gründlicheren Analyse der Daten bestätigten. Allerdings kamen später sehr viele zusätzliche, neue und tiefergehende Ergebnisse, auch über weitere Themenbereiche, hinzu.

In aller Regel wurden die eigenen Negativ-Bilder, Sichtweisen und Erklärungsmodelle von den Jugendlichen selbst *nicht* als problematisch angesehen. Bei den autochthonen Jugendlichen gab es die starke Tendenz, Rassismus als etwas zu charakterisieren, was kaum etwas mit ihnen selbst zu tun hat und sich allenfalls 'weit weg' abspielt.

Angesichts der Zusammensetzung der besuchten Schulklassen wurde mehr als deutlich, dass im geplanten Film neben autochthonen Jugendlichen zwei verschiedene Gruppen von allochthonen Jugendlichen repräsentiert sein mussten: zum einen Jugendliche, deren Eltern aus den ehemaligen Kolonialgebieten eingewandert waren, zum anderen Jugendliche, deren Eltern im Zuge von Arbeitsmigration in die Niederlande kamen.

Aufgrund dieser - noch sehr groben - Zwischenauswertung wurde eine kurze Liste mit fünf *Themenbereichen* zusammengestellt, die im geplanten Film mindestens vorkommen sollten:

- Diskurse über Anpassung, wie sie von autochthonen und allochthonen Jugendlichen in verschiedener Weise gesehen werden können;
- der 'Blick nach Deutschland', der für autochthone und allochthone Jugendlichen unterschiedliches bedeuten kann;
- verschiedene Haltungen gegenüber asylsuchenden Flüchtlingen;
- verschiedene Erklärungsmodelle von Rassismus;
- Frageweisen nach der Kultur der Eingewanderten.

Neben diesen Themenbereichen sollten im Film jedoch auch drei übergreifende *soziale* Muster, die in den Gruppendiskussionen der Jugendlichen zu finden waren, in angemessener Weise thematisiert werden:

- Verstricktheiten in offenbar dominante gesellschaftliche Diskurse;
- Widersprüchlichkeiten in eigenen Äußerungen und Haltungen;
- 'Mitlaufen' versus 'Selber-Denken'.

Weiterhin wurde angesichts der Gruppendiskussionen deutlich, dass im Film eher das Alltägliche und Unauffällige zu thematisieren war. Es sollten also nicht so sehr die extremeren Formen von Rassismus in den Mittelpunkt gestellt werden, Formen, die von den Jugendlichen eindeutig als Rassismus definiert wurden und worüber sich die meisten Jugendlichen einig zu sein schienen, dass dies abzulehnen und zu verabscheuen sei. Oft schien es, als ob gerade die Negativ-Folie des 'bösen Rassisten' (in der Gestalt eines Skinheads oder eines gewalttätigen Deutschen) dazu diente, sich selbst als 'frei' von Rassismus und 'offen' und 'tolerant' darzustellen.

Außerdem wurde geplant, ähnlich wie das in vielen Gruppendiskussionen zu beobachten gewesen war, in den Filmportraits *verschiedene* Seiten von ein und den selben Jugendlichen zu zeigen. Die Jugendlichen im Film sollten weder ein Modell für den 'guten' Nicht-Rassisten abgeben noch für den 'schlechten' Rassisten stehen. Manchmal, so schien es aufgrund der Gruppendiskussionen, waren die Jugendlichen beides zugleich und noch öfter keines von beiden. Verstrickt in die rassistischen, ethnizistischen und nationalistischen Diskurse und Repräsentationen im gesellschaftlichen Alltag sollte in den Filmportraits in keiner Weise eine 'glatte Wahrheit' angeboten werden. Die Jugendlichen im Film sollten Widersprüchlichkeiten in ihren eigenen Orientierungen und Stellungnahmen zeigen, Widersprüche, wie sie sich auch in den Gruppendiskussionen während der ersten Runde gezeigt hatten.

Schließlich wurde entschieden, den Film *ohne* Kommentarstimme auskommen zu lassen. Die Jugendlichen sollten nicht zusätzlich erklärt werden, sondern für sich selber stehen und aus sich heraus verständlich sein. Ein erstes Kriterium für die Auswahl von Jugendlichen für den Film war dementsprechend eine gewisse Verbalisierungsfähigkeit. Außerdem war beabsichtigt, dass sich vor allem die Zuschauerinnen und Zuschauer aus den Gruppendiskussionen *im Berufsschulwesen* in wichtigen Teilaspekten der Filmportraits wiederfinden können sollten. Ein zweites Kriterium für die Auswahl der Jugendlichen war also der Besuch einer Ausbildung im Berufsschulwesen.

4.3.2.2 Auswahl der Jugendlichen für die Filmportraits und Durchführung der Aufnahmen

Mit den 'Listen' der Zwischenauswertung und allgemeinen Auswahlkriterien ausgestattet, wurde in den Einzelinterviews nach geeigneten Jugendlichen gesucht. Die Auswahl fiel auf fünf Jugendliche. Die Interviews mit diesen Jugendlichen bildeten das Basismaterial für den Drehbuchentwurf des Films.

Den ausgewählten Jugendlichen wurde das Vorhaben geschildert, aus fünf Portraits ein erstes Gesamtbild dessen, was bisher aus der Perspektive des Forschungsteams im Rahmen der Untersuchung zu erfahren gewesen war, zusammenzustellen. Anhand der jeweils eigenen Interviews folgte eine Erläuterung darüber, warum gerade sie ausgewählt worden waren und an welcher Stelle sie - entsprechend der 'Listen' und 'Kriterien' - in dieses Bild passten. Die Jugendlichen wurden nachdrücklich darauf hingewiesen, dass der fertige Film an der Schule gezeigt werden würde und sie also damit zu rechnen hätten, unter Umständen im Mittelpunkt der möglichen Zustimmung, aber auch der möglichen Ablehnung zu stehen. Zum einen wurden die Jugendlichen selbst dazu befragt, ob sie davon ausgingen, dies aushalten zu können; zum anderen wurde im Gespräch mit Freundinnen und Freunden, Lehrerinnen und Lehrern, Eltern und so weiter versucht, diesbezüglich einen Eindruck über die Jugendlichen zu gewinnen. Überraschenderweise - trotz der Ernsthaftigkeit und trotz des Insistierens auf das beschriebene 'Filmrisiko' - blieben alle fünf Jugendlichen, die um eine Mitarbeit gebeten worden waren, bei ihrer spontanen Zusage, sich im Film porträtieren zu lassen.

Ab Mitte März 1993 begannen die Dreharbeiten.[138] Vor der Kamera wurden die Jugendlichen nochmals interviewt, wobei darauf geachtet wurde, dass die ausgewählten Themen zur Sprache kamen. Zusätzlich fanden Aufnahmen statt, die typische Szenen und Orte aus dem alltäglichen Leben der Jugendlichen einfingen. Hierbei handelte es sich um Szenen und Orte, die von den Jugendlichen selbst vorgeschlagen worden waren. Durch die Besonderheiten der einzelnen Jugendlichen bekamen zum einen die ausgewählten Themen bestimmte inhaltliche Ausprägungen, zum anderen kamen weitere Themenaspekte hinzu, die das Portrait vervollständigten. Bis Ende April 1993 konnte der Film (wenn auch noch ohne Titel und Abspann) geschnitten und montiert werden.

[138] Das Filmteam bestand aus dem Filmmacher Erik Willems, dem Tonassistenten Barend Schweigman und dem Autor dieser Zeilen.

4.3.2.3 Beschreibung des fertiggestellten Films

Der produzierte Film trägt den Titel *"Het zit toch dichter bij" - Jongeren en racisme in Nederland* ("Es ist doch näher dran" - Jugendliche und Rassismus in den Niederlanden) und ist 27 Minuten lang.[139] Die Jugendlichen im Film sind Jarine (19 Jahre alt), eine niederländische Jugendliche, die eine Ausbildung als Mode- und Textilfachfrau absolviert; Selma (20), die in den Niederlanden aufgewachsen ist und deren Eltern aus der Türkei eingewandert sind; sie macht eine Ausbildung zur Arzthelferin; Theo (18), ein niederländischer Jugendlicher, der als Techniker Berufssoldat bei der königlichen Marine werden will; Ian (17), ein Niederländer surinamisch-kreolischer Herkunft, der eine bautechnisch orientierte Berufsschule besucht; und Jikke (18), eine niederländische Jugendliche, die Laborassistentin werden will.[140]
Die Aussagen aus den Interviews sind nach Themas sortiert und so weit möglich so angeordnet, dass ein Thema von verschiedenen Seiten beleuchtet wird. Zu den Textpassagen werden Bilder aus dem Alltag der Jugendlichen gezeigt.[141]

Alle fünf Jugendlichen nehmen an verschiedenen Stellen im Film Stellung *gegen* Rassismus. Gleichwohl problematisieren sie (in unterschiedlicher Weise) ihr eigenes Verhalten. Für den 'schwarzen' Ian sind es *"nicht nur die Weißen, die diskriminieren"*. Jikke gesteht ein, dass, *"wenn es nicht gut geht"*, sie selbst auch dazu neigt, Ausländer dafür verantwortlich zu machen. Und Theo gibt zu, *"manchmal schon mal etwas rassistisch"* zu sein. Die Jugendlichen im Film sind nachdenklich. Sie zeigen Widersprüchlichkeiten in ihren eigenen Orientierungen und Stellungnahmen. Durch die Schilderungen und Aussagen der Jugendlichen im Film werden eine ganz Reihe unterschiedlicher Themen, die mit dem Problemfeld Rassismus zu tun haben, regelrecht 'angebohrt'.

Zunächst wird im Film eine Art Vorstellungsrunde gezeigt, bei der von allen fünf Jugendlichen etwas zu erfahren ist. Jikkes Eltern haben in ihrem Haus asylsuchende Flüchtlinge aufgenommen und Jikke ergreift - direkt konfrontiert mit den konkreten Lebensgeschichten junger Flüchtlinge - deutlich Partei für Flüchtlinge. Theo macht deutlich, dass es überall Rassismus gibt und schildert die üblichen Reaktionen am Samstag-Abend in seiner Stammkneipe, wenn sich dort marokkanische oder türkische Jugendliche zeigen. Selma will von ihren

---

[139] Der Film ist auch in einer Fassung mit deutschen Untertiteln und auf VHS-Kassette erhältlich. Er kann bestellt werden bei: Jobprodukties, Sumatrastraat 59, NL-1094 LP Amsterdam.

[140] Die Schwierigkeit, die sich ergibt, wenn man versucht, die einzelnen Jugendlichen einer bestimmten Kategorie zuzuordnen, zeigt nochmals, wie problematisch die Begriffe sind (siehe Einleitung). Ian hat aufgrund der Herkunft seiner Eltern aus der ehemaligen niederländischen Kolonie auf dem Gebiet des heutigen Staates Surinam die niederländische Staatsbürgerschaft. Seine Eltern hatten nach der Unabhängigkeitserklärung von dieser Möglichkeit Gebrauch gemacht. Selmas Eltern kamen im Zuge der klassischen Arbeitsmigration aus der Türkei in die Niederlande. Selma ist in den Niederlanden aufgewachsen und besitzt mittlerweile ebenfalls einen niederländischen Pass. Auch sie ist also Niederländerin. Ein spezifischer Aspekt der Situation von beiden ist jedoch, dass ihnen - und zwar Selma vermutlich noch häufiger als Ian - dieses Niederländisch-Sein von nicht wenigen abgesprochen und sie selbst - abhängig vom jeweiligen Kontext und der aktuellen Situation - einmal Nachdruck auf ihr Niederländisch-Sein und ein anderes Mal Nachdruck auf ihre Herkunft, ihre Familiengeschichte und ihre besondere Positionierung (also potentiell bestimmten Zuschreibungen und Ausgrenzungstendenzen ausgesetzt zu sein) legen (müssen).

[141] Der vollständige Filmtext findet sich in deutscher Übersetzung im Anhang (Band II), S.432ff..

Lehrerinnen und Lehrern wissen, ob sie an der Praktikumsstelle auch Bescheid gesagt haben, dass sie eine Ausländerin, eine Türkin ist. Es ist ihr wichtig, wie dort auf ihre Herkunft reagiert wird. Jarine ist mit ihrem 'schwarzen' Freund am winterlichen Strand zu sehen. Sie beschreibt, wie sie im Bus von einer Nachbarin mit warnendem Unterton auf ihren Freund angesprochen wurde. Ian macht deutlich, dass er selbst von anderen Jugendlichen diskriminiert wird, aber eigentlich nicht versteht, warum dies geschieht.

Nach dieser Einleitung werden nacheinander die folgenden Themenbereiche angesprochen: der 'Blick nach Deutschland'; die Frage, ob und warum Selma und Ian sich als 'Ausländer' definieren oder nicht; stereotype Fragen, gerichtet an Selma, zum Thema Kopftuch und der türkischen Kultur, Fragen, mit denen sich Selma immer wieder konfrontiert sieht; das Erklärungsmodell 'Wegnehmen von Arbeitsplätzen'; asylsuchende Flüchtlinge; Männlichkeit und Gruppenverhalten; Reaktionsweisen auf rassistische Beleidigungen; in verschiedener Weise formulierte Aufforderungen zur Anpassung; Witze über 'Ausländer' machen; eigene Verstricktheiten.

Gegen Ende des Films geben alle fünf Jugendlichen eine Art Schlussstatement ab. Selma hat das letzte Wort: Sie hat den Eindruck, dass die Stimmung in den Niederlanden gegenüber 'Ausländern' immer schlechter wird und macht sich Sorgen darüber, ob sie nicht deshalb eines Tages dazu gezwungen sein wird, das Land zu verlassen.

4.3.3 Die zweite Runde der empirischen Untersuchung

Ende April 1993, nach Fertigstellung des Films, konnte mit der zweiten empirischen Untersuchungsrunde begonnen werden. Die Gruppendiskussionen, die jeweils wieder zwei Schulstunden umfassten (ca. 90 Minuten), waren auch diesmal in zwei Hälften gegliedert. Fokus des einen Teils waren jeweils Einzelergebnisse aus der Fragebogenuntersuchung, Fokus des anderen Teils war der Videofilm.

Bei den Ergebnissen aus der Fragebogenuntersuchung wurden die Jugendlichen um Stellungnahmen darüber gebeten, ob sie das jeweils dargestellte Einzelergebnis erwartet hatten oder ob sie durch das Ergebnis überrascht waren und wie sie das Ergebnis interpretierten. Bei der Diskussion zum Film stand jeweils eine offenen Frage am Anfang ("Nun, was haltet ihr davon?"), die je nach Diskussionsverlauf um weitere Fragen ergänzt wurden ("Denkt ihr, dass das, was ihr im Film gesehen und gehört habt, ein treffendes Bild von den Niederlanden vermittelt?" "Was fehlt eurer Meinung nach?" "Was haltet ihr für falsch oder verzerrt dargestellt?" usw.). Die Gruppendiskussionen wurden zum Zwecke der Transkription wiederum auf Video aufgezeichnet (technische Aufstellung wie oben beschrieben). Ende November 1993 konnte die zweite empirische Runde abgeschlossen werden.

4.3.4 Transkription der Gruppendiskussionen und Einzelinterviews

Die Transkription der Gruppendiskussionen und Einzelinterviews verlief parallel zur empirischen Datenerhebung. Durch die Videoaufzeichnungen der Gruppendiskussionen war eine Namenvergabe (Anonymität!) und eine zusätzliche Abschlusskontrolle des Textes möglich. Auch konnten bei der Transkription der zweiten Gruppendiskussionen in denselben Klassen die diskutierenden Jugendlichen wiedererkannt und dieselben (vom Forschungsteam ausgewählten) Namen vergeben werden (soweit die technische Qualität der Aufnahme dies jedenfalls zuließ). Bei Jugendlichen, deren Namen bekannt war, wurde selbstverständlich ebenfalls auf die Anonymisierung geachtet.

Im übrigen wurden alle Gruppendiskussionen und Einzelinterviews, deren Aufzeichnung eine ausreichende technische Qualität aufwiesen, um die Diskussionen oder Interviews nachzuvollziehen, transkribiert. Die qualitative Datengrundlage beruht dementsprechend auf den Transkripten von 34 Gruppendiskussionen mit 24 Schulklassen und 29 Interviews mit 34 Jugendlichen aus diesen Klassen.

4.4 Parallelisierung der Stichproben für den internationalen Vergleich und Überprüfung von Ungleichverteilungen

In den Stichproben aus West- und Ostdeutschland und den Niederlanden befanden sich, wenn auch zu einem jeweils unterschiedlichen Anteil, allochthone Jugendliche. Da die Untersuchung sich auf Rassismen, Nationalismen und Ethnizismen *bei Jugendlichen der Mehrheitsgesellschaft* konzentrieren sollte, die Items zu 'eindimensional-nationalen' und 'multiperspektivischen' Orientierungen bei allochthonen Jugendlichen zudem eine gesonderte Untersuchung erfordern und teilweise andere Itemformulierungen voraussetzen würde,[142] wurde beschlossen, die Stichproben für den internationalen Vergleich dieser Orientierungen um die allochthonen Jugendlichen zu reduzieren. Es liegt zum Beispiel beim Item 71 - *'Wir sollten uns mehr auf niederländische Tugenden richten'* für einen Jugendlichen, der sich selbst als Niederländer einordnet, auf der Hand, dass die Zustimmung eine andere Bedeutung haben wird als bei einem Jugendlichen, der sich selbst *nicht* als Niederländer betrachtet. 'Eindimensional-nationale' Orientierungen bei allochthonen Jugendlichen verweisen zudem möglicherweise nicht nur auf eine andere Nation, sondern auch auf eine völlig andere Konstellation, wenn beispielsweise aus der Position einer ausgegrenzten Minderheit gegen die Mehrheitsgesellschaft die eigene 'eindimensional-nationale' Orientierung verteidigt wird. Es werden also nur die Jugendlichen in den internationalen Vergleich mit den Orientierungsitems einbezogen, die sich selbst als 'niederländisch' (bzw. in den Stichproben aus Deutschland als 'deutsch') eingeordnet hatten. In der niederländischen Stichprobe wurden aus Gründen der Nicht-Interpretierbarkeit in Bezug auf die Orientierungsitems zudem die Jugendlichen bei 'Orientierungsvergleichen' aussortiert, die eine Doppelnennung (*niederländisch* plus eine andere nationale oder ethnische Zugehörigkeit) vorgenommen hatten.

Neben dieser ersten Reduktion der Stichproben erwiesen sich auch einige *Parallelisierungen* als notwendig. Für den internationalen Vergleich wurden, wie bereits erwähnt, die quantitativen Daten der Untersuchungen des Projektes 'Internationales Lernen' in Ost- und Westdeutschland herangezogen. Diese Untersuchungen bezogen sich ausschließlich auf Berufsschülerinnen und Berufsschüler. Es galt also, für den Vergleich die drei Stichproben (Niederlande, Ost- und Westdeutschland) in dieser Hinsicht zu parallelisieren. Deshalb wurden in Bezug auf die *Schularten* und die *Verortung in der Bildungshierarchie* in der niederländischen Stichprobe die Jugendlichen aussortiert, die eine Schule im 'höheren' Bildungsbereich (HAVO und VWO) besuchten (n = 169). Entsprechend wurden die deutschen Stichproben reduziert um die Jugendlichen, die einen 'höheren' Bildungsabschluss erreicht hatten (in Ostdeutschland waren dies n = 3; in Westdeutschland n = 14).

---

[142] Im Projekt 'Internationales Lernen' hat Athanasios Marvakis solche Konstellationen genauer untersucht (vgl. Held et al. 1996, 162ff.).

Zudem wurden die *Altersgruppen* der Stichproben einander angeglichen und auf einen engeren Bereich zugeschnitten. In allen Stichproben wurden die Befragten aussortiert, die jünger als 16 Jahre (davon fanden sich vor allem in der niederländischen Stichprobe viele: n = 75) und älter als 21 Jahre alt waren (die vor allem in den deutschen Stichproben zu finden waren: in Ostdeutschland n = 3 und in Westdeutschland n = 19). Auf diese Weise wurde eine Konzentration auf die besonders interessierende Altersgruppe zwischen 16 und 20 Jahren möglich (siehe Tabelle 12).

Tab. 12: Altersgruppen in den Vergleichsuntersuchungen

Parallelisierte Stichproben für internationalen Vergleich (Alter)	Vergleichsgruppe Niederlande	Vergleichsgruppe Ostdeutschland	Vergleichsgruppe Westdeutschland
Zwischen 16 und 17 Jahre	42%	34%	37%
Zwischen 18 und 20 Jahre	58%	66%	63%
	100%	100%	100%

Zwar ist die Altersverteilung in den drei Vergleichsgruppen nicht ganz ausgewogen. In den deutschen Untersuchungen sind die älteren Jugendlichen überrepräsentiert. Um die Stichproben nicht noch mehr zu verkleinern, wurden hier jedoch keine Parallelisierungen mehr vorgenommen.

Genau diese Überlegung hielt auch davon ab, die Stichproben hinsichtlich anderer Merkmale noch weiter anzugleichen. Bei *Verteilung nach Geschlecht* ist zwar festzustellen, dass die männlichen Jugendlichen in den deutschen Vergleichsuntersuchungen überrepräsentiert sind (siehe Tabelle 13). Dennoch wurde auch hier keine weitere Parallelisierung durchgeführt, um die Stichproben nicht zu klein werden zu lassen.

Tab. 13: Geschlechtergruppen in den Vergleichsuntersuchungen

Parallelisierte Stichproben für internat. Vergleich (Geschlecht)	Vergleichsgruppe Niederlande	Vergleichsgruppe Ostdeutschland	Vergleichsgruppe Westdeutschland
männliche Jugendliche	49%	55%	60%
weibliche Jugendliche	51%	45%	40%
	100%	100%	100%

Auch bezüglich der *Verteilung nach Berufsgruppen* gibt es ein Ungleichgewicht. Die Berufe im technischen Bereich sind in den deutschen Stichproben überrepräsentiert (siehe Tabelle 14). Wiederum wurde auf eine weitere Angleichung verzichtet.

Tab. 14: Berufsgruppen in den Vergleichsuntersuchungen

	Niederländische Vergleichsgruppe	Westdeutsche Vergleichsgruppe	Ostdeutsche Vergleichsgruppe
Berufe im technischen Bereich (Industrie/Handwerk)	51%	67%	78%
Berufe im Handel/ Dienstleistungsbereich	49%	32%	22%
	100%	100%	100%

Durch die Parallelisierung hat sich die Größe der einzelnen Stichproben reduziert. In der niederländischen Vergleichsgruppe finden sich jetzt 288 Jugendliche (statt der 575 Befragten, die von der ursprünglichen niederländischen Stichprobe erfasst wurden), in der westdeutschen sind es 385 (statt 624) und in der ostdeutschen 289 (statt 305).[143]

4.5 Verzicht auf verfrühte Differenzierungen bei 'eindimensional-nationalen' und 'multiperspektivischen' Orientierungen

Es wurde bereits deutlich gemacht, dass Rassismen, Nationalismen und Ethnizismen (siehe II.6) unter den historisch-gesellschaftlichen Bedingungen einer Welt wirken und (re-)produziert werden, die in *Nationalstaaten* aufgeteilt und organisiert ist. Für die Konstruktion eines Fragebogeninstruments ging es nun darum, solche Begründungs- und Rechtfertigungsmuster abzubilden, die in den Diskursen und Repräsentationen zum Themenbereich sowohl in Deutschland als auch in den Niederlanden von aktueller Bedeutung sind.

Eine Möglichkeit für die empirische Untersuchung hätte darin bestanden, hier eine weitere Differenzierung vorzunehmen. Dieser Weg wurde in der vorliegenden Untersuchung *nicht* beschritten. Es finden sich in der Literatur zwar durchaus Vorschläge für entsprechende Differenzierungen, jedoch ist die Forschungslage überaus ungeklärt und lassen sich recht *unterschiedliche* Differenzierungen sowohl in Deutschland als auch in den Niederlanden entdecken.[144] Zudem sind, wie gezeigt, die Instrumente, die - unterschiedlichen Konzeptualisie-

[143] Da in der empirischen Forschung zum Gegenstandsbereich darauf hingewiesen wird, dass gerade die Merkmale Geschlecht und Alter für eine differenzierende Betrachtung von Bedeutung sind (vgl. etwa Oesterreich 1993; Krombholz 1994; Raaimakers 1993), und sich dies teilweise auch in den eigenen Ergebnissen bestätigte, galt es, ein *zusätzliches Prüfverfahren* durchzuführen. Es sollte ausgeschlossen werden, dass einzelne Vergleichsergebnisse auf die beschriebenen Ungleichgewichte in den Stichproben zurückzuführen sind. Es wurden also Prüfdateien gebildet, in denen alle drei Stichproben nach Geschlecht und Alter *gleich gewichtet* wurden. Mit Hilfe dieser Prüfdatei wurden *alle* im Folgenden dargestellten und diskutierten Ergebnisse des internationalen Vergleichs kontrolliert. Die Überprüfung ergab, dass die Ungleichgewichte sich in Bezug auf die jeweiligen Mittelwertsunterschiede und Signifikanzen *nicht* wesentlich auf die Vergleichsergebnisse auswirken (siehe Anhang Band II, S.125ff.).

[144] Eine kleine Auswahl: Die deutsche Psychologin und Sozialwissenschaftlerin Birgit Rommelspacher differenziert in einer *theoretischen Skizze* nach verschiedenen historischen Perioden, in denen bestimmte

rungen folgend - in der Forschung entwickelt worden, in Bezug auf die getroffenen Unterscheidungen, betrachtet man die jeweiligen Items, wenig überzeugend (siehe III.1.10). Für die vorliegende Untersuchung erwies sich angesichts dieser (in beiden Ländern) unübersichtlichen und ungeklärten Differenzierungslandschaft eine eigene Differenzierung im Fragebogeninstrument als wenig sinnvoll. Noch schwerwiegender wog bei der Entscheidungsfindung jedoch, dass gerade bei einem *internationalen* Vergleich ohnehin mit erheblichen methodischen Problemen zu rechnen war und sich dies in der Vorbereitung der eigenen empirischen Untersuchung immer deutlicher abzeichnete (siehe IV.4). Zudem konnte nicht auf frühere Vergleiche zwischen Deutschland und den Niederlanden zurückgegriffen werden, da es hier keine Tradition vergleichender Jugendforschung im Themenbereich gibt. Eine Differenzierung erschien vor diesem Hintergrund zumindest *als verfrüht.* Ich entschied mich deshalb dafür, mit den zu konstruierenden Skalen im quantitativen Untersuchungsteil *keiner* der vorfindbaren Differenzierungen zu folgen.

4.6 Subjekt- und Diskursseite von Orientierungen

Da ich davon ausgehe, dass politische Orientierungen - und auch 'eindimensional-nationale' und 'multiperspektivische' Orientierungen sind *politische Orientierungen* - auf der *Subjektseite* eine äußerst komplexe Struktur haben und mit quantitativen Instrumenten nicht *direkt messbar* sind (vgl. Held 1994), möchte ich auf *Hinweischarakter* bezüglich der quantitativen Ergebnisse aufmerksam machen. Die in den Items enthaltenen Statements stellen Begründungs- und Rechtfertigungsmuster dar. Die Wahrscheinlichkeit, dass Befragte, die selbst von rassistischen, ethnizistischen oder nationalistischen Auffassungen überzeugt sind, den Begründungs- und Rechtfertigungsmustern zu 'eindimensional-nationalen' Orientierungen zustimmen, ist sehr hoch.

Formen von Rassismus dominant werden konnten. Sie gelangt auf diese Weise zu einer Differenzierung, die nach *den jeweiligen gesellschaftlichen Gruppen, die zum Objekt verschiedener Rassismen* wurden, unterscheidet, und beschreibt koloniale, antiislamitische, antisemitische und antislawische Formen von Rassismus (vgl. Rommelspacher 1994, 196).

Eine andere Weise der Differenzierung von Rassismus findet sich bei verschiedenen Sozialpsychologen in den Niederlanden. Dort wird eher nach *Konstruktionslogiken* differenziert, die *nicht* in der Unterschiedlichkeit der Objekte von Rassismen begründet sind. So glaubt Gerard Kleinpenning - entsprechend seiner theoretischen Erwartungen - als Ergebnis einer Befragung bei Jugendlichen einen aversiven, ethnozentrischen, symbolischen und biologischen Rassismus feststellen zu können (vgl. Kleinpenning 1993, 84). Hingegen benutzen Robert N. Eisinga und Petrus L. Schepers lediglich einen Ethnozentrismusbegriff, bei dem zwei Komponenten unterschieden werden: eine positive Attitude gegenüber der In-Group und eine negative Attitude gegenüber der Out-Group (vgl. Eisinga/Schepers 1989, 13).

Daneben lassen sich in Deutschland und den Niederlanden Differenzierungen entdecken, die verschiedene Stränge eines *umfassenderen* Diskurses zu unterscheiden suchen (siehe III.3.1; vgl. auch Zick 1996, 17): Einige differenzieren in dieser Weise zwischen nationalistischen, fremdenfeindlichen, rassistischen, antisemitischen und rechtsextremen Einstellungen (Förster et al. 1993, 103), andere zwischen ethnozentrischen, autoritären und sexistischen (Vollebergh et al. 1995, 6). Die Studie von Held et al. unterscheidet zwischen verschiedenen Formen von Nationalismus (ausgrenzend, völkisch und expansiv) und Rassismus, wobei sich die Autoren auf eine naturalisierende Form ("klassischer Rassismus") beschränken (Held et al. 1995, 13).

Umgekehrt kann jedoch *nicht* davon ausgegangen werden, dass Befragte, die solche Begründungen und Rechtfertigungen unterstützen, rassistische, ethnizistische oder nationalistische Überzeugungen haben und entsprechende Absichten verfolgen. Dies ist eine Frage, die an dieser Stelle für meine eigene Untersuchung nicht entscheidend ist. Orientierungen haben nicht nur eine Subjektseite, sondern auch eine *Diskursseite* (siehe I.6.). In den Begründungs- und Rechtfertigungsmustern ist eine bestimmte inhaltliche Ausrichtung enthalten, und die Zustimmung und Ablehnung von Begründungs- und Rechtfertigungsmustern hat im gesellschaftlichen Diskurs auch unabhängig von den Intentionen der Einzelnen eine Bedeutung.

Zudem sind durchschnittliche Unterschiede, die beispielsweise die Jugendlichen beider Länder gegenüber den Skalen 'eindimensional-nationaler' und 'multiperspektivischer' Orientierung möglicherweise zeigen, keineswegs *beliebig*. Diese Unterschiede verweisen auf unterschiedliche gesellschaftliche Kontexte, aus denen heraus die entsprechenden Items im Fragebogen angekreuzt wurden. Allerdings kann es - ausgehend von der eigenen methodologischen Verortung (siehe IV.1.) - nicht darum gehen, etwa mit den quantitativen Ergebnissen Erklärungszusammenhänge *beweisen* zu wollen. Vielmehr liefern die Ergebnisse *Hinweise* für die *Interpretation* und für eine *wissenschaftliche Spurensuche*, die durch *empirische Forschung auch auf quantitativer Datengrundlage begründet, nachvollziehbar* und *plausibel* ist.

V. Darstellung und Diskussion von Ergebnissen der eigenen Jugenduntersuchung: Der internationale Vergleich - Jugendliche in Deutschland und den Niederlanden

Nachdem zuerst auf Fallstricke bei internationalen Vergleichen hingewiesen wird, folgt - als Konsequenz - eine *methodenkritische* Darstellung der eigenen quantitativen Ergebnisse zu 'eindimensional-nationalen' und 'multiperspektivischen' Orientierungen bei autochthonen Jugendlichen in beiden Ländern. Anschließend werden Ergebnisse des deutschen Ost-West-Vergleichs und des Vergleichs zwischen den Geschlechtern diskutiert, um danach eine ausführliche themenbezogen-inhaltliche Diskussion der *internationalen* Vergleichsergebnisse zu beginnen. Hierbei werden - soweit möglich - zusätzliche Untersuchungsergebnisse und weitere Vergleichsebenen herangezogen. Die Diskussion mündet in eine Auseinandersetzung zu verbreiteten Erklärungsmodellen über die Attraktivität und Verbreitung von Rassismus und Nationalismus.

1. Zu Fallstricken bei internationalen Vergleichen

Wenn in quantitativen Untersuchungen Häufigkeitsangaben über das Antwortverhalten von Befragten aus verschiedenen Ländern zu einzelnen Fragekomplexen nebeneinander gestellt werden, dann entstehen oft Vorstellungen und Bilder, in denen Häufigkeitsverallgemeinerungen gerinnen zu Eigenschaftsangaben über sich scheinbar einheitlich, widerspruchsfrei und statisch darstellende nationale Gruppen. Leider entsprechen solche Vorstellungen und Bilder sowohl gängigen Darstellungsweisen als auch verbreiteten Wahrnehmungsgewohnheiten und können - auch wenn dies keineswegs mit einer Untersuchung beabsichtigt ist - durch eine unkritische Ergebnisdarstellung unterstützt werden.

Nun kann das vergleichende Beziehungsdenken zwar als eine "universal anwendbare natürliche Erkenntnisweise des Menschen" (Schriewer 1982) gefasst werden. In der wissenschaftlichen Forschung wird das Vorhaben eines Vergleichs denn auch als eine spezielle Forschungsmethode bezeichnet, da Aussagen über Gemeinsamkeiten und Unterschiede als eine wichtige Erkenntnisquelle dienen können (vgl. etwa Liegle 1984; Trommsdorff 1989). Dabei wird jedoch kaum berücksichtigt, dass gesellschaftliche Bedingungen und Diskurse Vergleiche in einer Weise prägen können, die über die oft konstatierten kultur- und ethnozentrischen Färbungen hinausgehen. Allein das Vergleichen von Phänomenen und Daten zwischen Gruppen legt in unseren Gesellschaften häufig wetteifernde Betrachtungsweisen nahe (vgl. Tajfel 1982). Nicht umsonst wird in der deutschen Sprache das Wort 'Vergleich' fast synonym mit 'Wettstreit' und 'Konkurrenz' gebraucht. Zudem ist es in einer Welt, die durch die Existenz von Nationalstaaten mitgeprägt ist, eine recht verbreitete Praxis, Vergleichsergebnisse zwischen Nationen in konkurrenzförmiger Weise zu interpretieren.

Beim internationalen Vergleich zwischen Jugendlichen in Deutschland und den Niederlanden kommt hier eine weitere Komponente hinzu. In den Niederlanden werden Diskurse über Deutschland und die Deutschen konstatiert, die sich mit ihren Denk- und Orientierungsangeboten bei den Menschen offenbar auch in Form von Negativ-Bildern niederschlagen (vgl. Renckstorf/Lange 1990, 53ff.; L. Jansen 1993, 46ff.; Wielenga 1995, 120ff.; Dekker/Dubbelink 1996, 7). In einer solchen Konstellation können die Ergebnisse einer vergleichenden

Jugendforschung auf Interpretationsvoraussetzungen in den Niederlanden treffen, die zu Deutungen und Schlussfolgerungen führen, in denen Rassismus als ein deutsches Problem beschrieben und ins benachbarte Ausland verschoben wird (vgl. Leiprecht 1995, 91ff.; Leiprecht/C. Huber 1995, 56ff.).

2. Eigene quantitative Ergebnisse bei Jugendlichen im Ländervergleich

Vor dem soeben beschriebenen Hintergrund habe ich mich für eine *methodenkritische* Darstellung der quantitativen Ergebnisse entschieden. Zum einen möchte ich damit darauf aufmerksam machen, dass die Logik quantifizierenden Denkens im internationalen Vergleich dazu führen kann, unbeabsichtigt die beschriebenen problematischen Tendenzen zu unterstützen. Zum anderen kommt es mir jedoch darauf an, zu zeigen, dass auch quantifizierende Darstellungen homogenisierende und dichotomisierende Interpretationen erschweren können.

2.1 'Eindimensional-nationale' und 'multiperspektivische' Orientierungen bei Jugendlichen in Deutschland und den Niederlanden: Eine methodenkritische Darstellung

Mit den Items zu 'eindimensional-nationalen' und 'multiperspektivischen' Orientierungen, die in Deutschland und in den Niederlanden in gleicher Weise gestellt wurden - wie gezeigt - für den internationalen Vergleich zwei Skalen konstruiert. Beide Skalen fußen auf einem *Minimalkonsens* über 'eindimensional-nationale' und 'multiperspektivische' Orientierungen in Deutschland und den Niederlanden und lassen sich jeweils in einem Gesamtindex zusammenfassen. Die erste Skala besteht aus vier, die zweite aus sechs Items. 'Eindimensional-nationale' und 'multiperspektivische' Orientierungen korrelieren - wie erwartet - negativ miteinander (-.3942**) (siehe Anhang Band II, S.117). Werden für diese beiden Skalen die Mittelwerte er-rechnet und die Stichproben *länderspezifisch* miteinander verglichen, dann zeigt sich eine *bestimmte Tendenz*.

Die Jugendlichen der Untersuchung in den Niederlanden befinden sich bei den 'eindimensional-nationalen' Orientierungen mit ihrem *durchschnittlichen* Antwortverhalten genau auf dem 'neutralen' Wert und zeigen damit weder Zustimmung noch Ablehnung. Die Jugendlichen aus Deutschland liegen hier hingegen auf der Zustimmungsseite (siehe Tabelle 15).[145] Wird der Gesamtindex für die 'multiperspektivischen' Orientierungen errechnet, dann lässt sich feststellen, dass sich der Mittelwert der Jugendlichen aus den Niederlanden sehr viel deutlicher auf der Zustimmungsseite befindet als bei den Jugendlichen aus Deutschland. Die Mittelwertunterschiede sind jeweils signifikant.[146]

[145] Da zu den einzelnen Items jeweils Antworten zwischen 1 (*'stimmt genau'*) und 6 (*'stimmt überhaupt nicht'*) möglich waren, liegt zwischen den Werten > 3 und < 4 ein mittlerer Bereich. Der Wert 3,5 drückt weder eine Zustimmung noch eine Ablehnung aus. Werte, die sich diesem 'neutralen' Wert annähern, können als im 'neutralen' Bereich liegend charakterisiert werden. Von diesem 'neutralen' Wert aus betrachtet befinden sich die gefundenen Mittelwerte entweder auf der Zustimmungs- oder auf der Ablehnungsseite.

[146] Die Feststellung 'signifikant' beruht auf einem Signifikanzkriterium von < 0.05. Die ausgewiesene Irrtumswahrscheinlichkeit liegt also unter 5%.

Tab. 15: Internationaler Vergleich der Stichproben aus den Niederlanden und aus Deutschland (autochthone Jugendliche)

	Mittelwert Gesamtindex Niederlande	Mittelwert Gesamtindex Deutschland
'eindimensional-nationale' Orientierungen	3,5	3,1 (s)[147]
'multiperspektivische' Orientierungen	2,9	3,3 (s)

Nun verleiten solche Mittelwertunterschiede im quantitativen Ländervergleich nicht selten dazu, ausgehend von den festgestellten Unterschieden in den untersuchten Stichproben, mehr oder weniger unter der Hand auch auf zwei sich gegenüberstehende nationale Gruppen, die jeweils als homogen betrachtet werden, zu schließen. Sozialwissenschaftlerinnen und Sozialwissenschaftler, die sich in quantitativen Methoden auskennen, werden vermutlich kaum dieser Versuchung erliegen. Dennoch geschieht es leider keineswegs selten, dass Fachkolleginnen und Fachkollegen sowohl im alltäglichen Reden als auch im Bemühen, ihre Forschungsergebnisse der Öffentlichkeit zu vermitteln, den Eindruck erwecken, als würden feststellbare Mittelwertunterschiede zwischen Stichproben aus zwei Ländern, die miteinander verglichen wurden, tatsächlich auch auf die Homogenität und Geschlossenheit dieser Ländergruppen hinweisen. Ergebnisse quantitativer Forschung werden auch von Wissenschaftlerinnen und Wissenschaftlern oft in einer Weise medienwirksam aufbereitet und *dargestellt*, dass bezüglich der *Rezeption* Denkangebote geliefert werden, die weit über das, was eigentlich wissenschaftlich begründet gesagt werden kann, hinausgehen. Vor dem Hintergrund solcher Darstellungs- und Redeweisen ist es dann nicht verwunderlich, wenn sich in den Medien schließlich Berichte über Forschungen finden, die angeblich herausgefunden haben, dass *die* deutschen Jugendlichen oder *die* niederländischen Jugendlichen diese oder jene Meinung über diesen oder jenen Gegenstand haben (vgl. hierzu kritisch Tinnemans 1993). Gerade der Vergleich zwischen Stichproben aus verschiedenen Nationalstaaten kann hier einer besonders kontraproduktiven Dynamik unterliegen. Die Gefahr der Instrumentalisierung von Vergleichsergebnissen im Kontext nationaler Diskurse ist bei internationalen Vergleichen in sehr grundlegender Weise gegeben und droht wohl bei jedem internationalen Vergleich.

Allein aus diesem *allgemeinen* Grund heraus, der auch die besondere Diskurskonstellation *zwischen* Ländern berührt, ist es unabdingbar, die Stichproben aus Deutschland und den Niederlanden, für die in der vorliegenden Untersuchung im Durchschnitt signifikant unterschiedliche Werte in den 'eindimensional-nationalen' und 'multiperspektivischen' Orientierungen

[147] In allen Tabellen gibt das Kürzel *'s'* an, dass sich der Mittelwertunterschied mit dem entsprechenden Vergleichswert als signifikant erwiesen hat. Das Kürzel *'ns'* bedeutet, dass keine Signifikanz festgestellt wurde. Wenn nichts anderes vermerkt ist, beziehen sich bei internationalen Vergleichen die Kürzel mit den Signifikanzangaben in allen Tabellen auf den Unterschied mit der niederländischen Vergleichsuntersuchung. Die Mittelwerte sind in allen Tabellen auf eine Stelle nach dem Komma auf- bzw. abgerundet.

festgestellt wurden, im Hinblick auf verschiedene Teil- und Untergruppen genauer zu untersuchen. Neben diesem allgemeinen Grund gibt es jedoch oft noch *besondere* Gründe zur Differenzierung, die mit der *Spezifik der Länder* zu tun haben, aus denen heraus Stichproben miteinander verglichen werden. Dies ist auch bei dem vorliegenden internationalen Vergleich der Fall. Für Deutschland kann seit der Vereinigung von DDR und BRD zwar von *einem* gemeinsamen Nationalstaat ausgegangen werden, dennoch muss von *zwei* verschiedenen Teilgesellschaften gesprochen werden. Für Deutschland ist also *mindestens* zwischen einer ost- und einer westdeutschen Stichprobe zu unterscheiden.

Überhaupt gilt das, was im vorliegenden Vergleichsfall mit 'Deutschland' besonders ins Auge fällt, in einem viel weiteren Sinne. Nationale Gesellschaften sind wohl in den allerseltensten Fällen homogene Gebilde, sondern umfassen meist mehrere Teilgesellschaften, soziale und kulturelle Gruppen, dominierende und dominierte Gruppen, die mit jeweils besonderen Positionierungen und entsprechenden Bedingungen und Bedeutungsmustern konfrontiert sind. Wenn die Differenzierung der eigenen Untersuchungsergebnisse fortgesetzt wird, dann zeigt sich stets deutlicher, dass die beiden Stichproben von Jugendlichen, die zunächst im quantitativen Vergleich zwischen den beiden Ländern durch ihre eindeutigen Unterschiede einen recht homogenen Eindruck hätten erwecken können, sich in Wirklichkeit in ihren 'eindimensional-nationalen' und 'multiperspektivischen' Orientierungen *keineswegs* in zwei einheitlichen Gruppen gegenüberstehen.

Wird diesen ersten allgemeinen *und* besonderen Gründen zur Differenzierung beim internationalen Vergleich gefolgt, dann lässt sich feststellen, dass das obige Ergebnis bereits weniger eindeutig ausfällt (siehe Tabelle 16). Konzentriert man sich im internationalen Vergleich auf die westdeutsche Untersuchung, dann findet man die soeben festgestellte Tendenz bestätigt. Die westdeutschen Jugendlichen stimmen im Durchschnitt 'eindimensional-nationalen' Orientierungen sehr viel stärker zu als die Jugendlichen der niederländischen Stichprobe, die sich im 'neutralen' Bereich bewegen. Auch bei den 'multiperspektivischen' Orientierungen unterscheiden sich die Jugendlichen aus Westdeutschland von denen aus den Niederlanden. Während die ersteren sich im Durchschnitt nahe am 'neutralen' Bereich befinden, ist bei den letzteren eine recht deutliche Zustimmung erkennbar. Die Mittelwertunterschiede sind jeweils signifikant.

Wird die niederländische Untersuchung mit der ostdeutschen verglichen, dann kann zwar bei den 'multiperspektivischen' Orientierungen ein signifikanter Unterschied beobachtet werden, der der oben festgestellten Tendenz des Vergleichs Deutschland-Niederlande entspricht, *nicht* aber bei den 'eindimensional-nationalen' Orientierungen. Hier zeigen sich für das durchschnittliche Antwortverhalten der Jugendlichen aus den Niederlanden und aus Ostdeutschland *gleiche* Werte. Beide Vergleichsgruppen bewegen sich bei den 'eindimensional-nationalen' Orientierungen übereinstimmend weder auf der Zustimmungs- noch auf der Ablehnungsseite.

Tab. 16: Vergleich der Stichproben aus den Niederlanden, aus West- und Ostdeutschland (autochthone Jugendliche)[148]

	Mittelwert Gesamtindex Niederlande	Mittelwert Gesamtindex Westdeutschland	Mittelwert Gesamtindex Ostdeutschland
'eindimensional-nationale' Orientierungen	3,5	2,9 (s)	3,5 (ns)
'multiperspektivische' Orientierungen	2,9	3,4 (s)	3,1 (s)

Nimmt man dieses Ergebnis, dann könnte man möglicherweise den Eindruck bekommen, dass die Jugendlichen aus Westdeutschland nicht nur stärker 'eindimensional-national' orientiert sind als die Jugendlichen aus den Niederlanden, sondern auch 'multiperspektivischen' Orientierungen *durchweg* ihre Zustimmung verweigern; oder, dass die Jugendlichen aus Ostdeutschland *durchweg* 'eindimensional-nationalen' Orientierungen nicht zustimmen. Die weitere Differenzierung lässt erahnen, dass dieser Eindruck trügt. Denn Vorsicht: Hier werden *Durchschnittswerte* miteinander verglichen.

Nimmt man zur genaueren Unterscheidung das Merkmal *Geschlechtszugehörigkeit* hinzu, ein Merkmal, das quer durch die Regionen, Teilgesellschaften und (sub-)kulturellen Gruppen einer nationalen Gesellschaft hindurchgeht, und differenziert zunächst für jede der drei Vergleichsuntersuchungen jeweils gesondert nach der Geschlechtszugehörigkeit, dann lässt sich feststellen, dass der Geschlechterunterschied sich in der ostdeutschen Vergleichsuntersuchung besonders ausgeprägt zeigt (siehe Tabelle 17). Die männlichen Jugendlichen befinden sich hier im Durchschnitt eher auf der Zustimmungsseite gegenüber 'eindimensional-nationalen' Orientierungen, während sich die weiblichen Jugendlichen eher auf der Ablehnungsseite bewegen. Auch bei den 'multiperspektivischen' Orientierungen zeigt sich ein 'passender' Unterschied. Die männlichen Jugendlichen tendieren mit ihrem Mittelwert zum 'neutralen' Bereich, während die weiblichen Jugendlichen sehr deutlich auf der Zustimmungsseite liegen. Die Unterschiede sind jeweils signifikant.

Tab. 17: Vergleich nach Geschlecht in der ostdeutschen Stichprobe (autochthone Jugendliche)

Vergleichsuntersuchung Ostdeutschland	Mittelwert männliche Jugendliche	Mittelwert weibliche Jugendliche
'eindimensional-nationale' Orientierungen	3,2	3,7 (s)
'multiperspektivische' Orientierungen	3,4	2,8 (s)

[148] Die Signifikanzangaben beziehen sich in allen internationalen Vergleichstabellen stets auf den Mittelwertunterschied mit der jeweiligen Vergleichsgruppe aus den Niederlanden.

Auch in der westdeutschen Untersuchung zeigt sich für die 'multiperspektivischen' Orientierungen eine ähnliche Geschlechtertendenz im Antwortverhalten (siehe Tabelle 18). Wieder sind es die männlichen Jugendlichen, die - im Vergleich mit den weiblichen Jugendlichen - im Durchschnitt weniger ausgeprägt zu 'multiperspektivischen' Orientierungen neigen. Der Mittelwertsunterschied ist signifikant. Bei den 'eindimensional-nationalen' Orientierungen lässt sich diesmal allerdings kein signifikanter Unterschied feststellen. Beide Geschlechter tendieren hier zur Zustimmungsseite.

Tab. 18: Vergleich nach Geschlecht in der westdeutschen Stichprobe (autochthone Jugendliche)

Vergleichsuntersuchung Westdeutschland	Mittelwert männliche Jugendliche	Mittelwert weibliche Jugendliche
'eindimensional-nationale' Orientierungen	2,8	3,0 (ns)
'multiperspektivische' Orientierungen	3,5	3,1 (s)

Wird die niederländische Vergleichsuntersuchung betrachtet, dann scheint sich die bis hierher festgestellte Geschlechtertendenz zwar für die 'multiperspektivischen' Orientierungen zu bestätigen (siehe Tabelle 19). Die weiblichen Jugendlichen befinden sich im Durchschnitt deutlicher auf der Zustimmungsseite zu 'multiperspektivischen' Orientierungen. Der Mittelwertunterschied zu den männlichen Jugendlichen ist signifikant. Für die 'eindimensional-nationalen' Orientierungen ist allerdings wiederum kein Unterschied zwischen den Geschlechtern feststellbar. Beide Geschlechter befinden sich hier im 'neutralen' Bereich.

Tab. 19: Vergleich nach Geschlecht in der niederländischen Stichprobe (autochthone Jugendliche)

Vergleichsuntersuchung Niederlande	Mittelwert männliche Jugendliche	Mittelwert weibliche Jugendliche
'eindimensional-nationale' Orientierungen	3,4	3,5 (ns)
'multiperspektivische' Orientierungen	3,1	2,8 (s)

Vergleicht man in einem nächsten Schritt das Antwortverhalten der Jugendlichen zunächst *gesondert für jede Geschlechtszugehörigkeit zwischen den drei Vergleichsuntersuchungen*, dann wird deutlich, dass sich die oben festgestellte Ländertendenz zwischen den Niederlanden und Deutschland bei den *männlichen Jugendlichen* sowohl für die 'multiperspektivischen' Orientierungen als auch für die 'eindimensional-nationalen' Orientierungen bestätigt (siehe Tabelle 20). Die männlichen Jugendlichen aus den Niederlanden befinden sich im Durchschnitt auf der Zustimmungsseite gegenüber 'multiperspektivischen' Orientierungen, während die altersgleichen Gruppen in Ost- und Westdeutschland den 'neutralen' Zwischenbereich besetzen. Die Unterschiede sind jeweils signifikant.

Als ähnlich ausgeprägt erweist sich der Unterschied zwischen den männlichen Jugendlichen aus den Niederlanden und aus Westdeutschland bei den 'eindimensional-nationalen' Orientierungen. Die ersteren liegen mit ihrem Mittelwert im 'neutralen' Bereich, während sich die zweiteren deutlich auf der Zustimmungsseite befinden. Der Unterschied ist signifikant. Beim Vergleich mit den männlichen Jugendlichen aus Ostdeutschland zeigt sich diese Ländertendenz allerdings nur für die 'multiperspektivischen' Orientierungen. Dort wird der Mittelwertunterschied wird als signifikant ausgewiesen, während für die 'eindimensional-nationalen' Orientierungen kein signifikanter Unterschied festzustellen ist.

Tab. 20: Vergleich der männlichen (autochthonen) Jugendlichen in den Stichproben aus den Niederlanden, aus West- und Ostdeutschland

Internationaler Vergleich: männliche Jugendliche	Männliche Jugendliche aus den Niederlanden	Männliche Jugendliche aus Westdeutschland	Männliche Jugendliche aus Ostdeutschland
'eindimensional-nationale' Orientierungen	3,4	2,8 (s)	3,2 (ns)
'multiperspektivische' Orientierungen	3,1	3,5 (s)	3,4 (s)

Betrachtet man schließlich das Antwortverhalten *der weiblichen Jugendlichen im Vergleich zwischen den drei Untersuchungen*, dann zeigt sich, dass die festgestellte Ländertendenz nur für die westdeutsche Vergleichsgruppe gilt (siehe Tabelle 21). Allein die weiblichen Jugendlichen aus Westdeutschland neigen (mit signifikanten Mittelwertunterschieden) im Durchschnitt stärker zu 'eindimensional-nationalen' und weniger stark zu 'multiperspektivischen' Orientierungen als ihre Geschlechtsgenossinnen aus den Niederlanden. Bei den weiblichen Jugendlichen aus Ostdeutschland können hingegen im Vergleich mit den Niederländerinnen weder bei den 'eindimensional-nationalen' noch bei den 'multiperspektivischen' Orientierungen Unterschiede festgestellt werden, die sich als signifikant ausweisen. Die bisher festgestellte Ländertendenz scheint hier aufgehoben zu sein.

Tab. 21: Vergleich der weiblichen (autochthonen) Jugendlichen in den Stichproben aus den Niederlanden, aus West- und Ostdeutschland

Internationaler Vergleich: weibliche Jugendliche	Weibliche Jugendliche aus den Niederlanden	Weibliche Jugendliche aus Westdeutschland	Weibliche Jugendliche aus Ostdeutschland
'eindimensional-nationale' Orientierungen	3,5	3,0 (s)	3,7 (ns)
'multiperspektivische' Orientierungen	2,8	3,1 (s)	2,8 (ns)

Werden jetzt zusätzlich die Vergleiche zwischen den drei Untersuchungsregionen *und* den Geschlechtszugehörigkeiten in einer Gesamtübersicht zusammengefügt, dann sieht man, dass sich in einem Fall die bisher festgestellte Ländertendenz sogar umdreht (siehe Tabelle 22). Im Vergleich zwischen den *männlichen* Jugendlichen der *niederländischen* Untersuchung mit den *weiblichen* Jugendlichen der *ostdeutschen* Untersuchung lässt sich feststellen, dass die weiblichen Jugendlichen aus Ostdeutschland im Durchschnitt 'multiperspektivischen' Orientierungen stärker zustimmen als die männlichen Jugendlichen aus den Niederlanden. Dieser Unterschied erweist sich als signifikant. Gleichzeitig wird deutlich, dass das Antwortverhalten der männlichen Jugendlichen aus Ostdeutschland im Vergleich mit den niederländischen Jugendlichen bei beiden Orientierungen in eine Richtung weist, die der festgestellten Ländertendenz entspricht. Es sind die weiblichen Jugendlichen aus Ostdeutschland, deren Antwortverhalten in eine Richtung geht, die der Ländertendenz entgegengesetzt ist.

Tab. 22: Vergleich der Stichproben aus den Niederlanden, aus West- und Ostdeutschland; differenziert nach Geschlecht (autochthone Jugendliche)[149]

	Mittelwert Gesamtindex Niederlande nach Geschlecht		Mittelwert Gesamtindex Westdeutschland nach Geschlecht		Mittelwert Gesamtindex Ostdeutschland nach Geschlecht	
'eindimensional-nationale' Orientierungen	männl. Jgl.	weibl. Jgl.	männl. Jgl.	weibl. Jgl.	männl. Jgl.	weibl. Jgl.
	3,4	3,5	2,8 (s)	3,0 (s)	3,2 (ns)	3,7 (ns)
'multiperspektivische' Orientierungen	männl. Jgl.	weibl. Jgl.	männl. Jgl.	weibl. Jgl.	männl. Jgl.	weibl. Jgl.
	3,1	2,8	3,5 (s)	3,1 (s)	3,4 (s)	2,8 (ns)

Zusammenfassend kann als Ergebnis der differenzierenden Betrachtung gesagt werden, dass sich zwar von der quantitativ-vergleichenden Durchschnitts-Logik her in den einzelnen Feldern der Tabellen immer noch Gruppen befinden, die für sich jeweils als homogen wahrgenommen werden könnten. Dennoch trägt gerade die fortschreitende Differenzierung in Untergruppen auch zur sukzessiven Auflösung des Homogenitätsgedankens bei. Zumindest wird nicht der Eindruck vermittelt, als stünden sich *die* niederländischen und *die* deutschen Jugendlichen in zwei einheitlichen Gruppen gegenüber. Im Gegenteil: Es lässt sich erahnen, dass bei weiterer Differenzierung sich auch die scheinbare Einheitlichkeit der Teil- und Untergruppen in den einzelnen Feldern zunehmend auflösen würde.

Freilich unterliegt auch dieses stets weiter differenzierende Darstellungsverfahren immer noch der Durchschnitts-Logik. Wird das quantifizierende Verfahren im Vergleich eingesetzt, ist diese Logik jedoch nicht zu vermeiden. Der nicht zu unterschätzende Nutzen eines solchen Vergleichs liegt darin, auf einer noch recht allgemeinen Ebene *in der Breite* Informationen

[149] Die Signifikanzangaben in der Tabelle beziehen sich nur auf den Vergleich mit der gleichen Geschlechtergruppe in der niederländischen Stichprobe.

über Unterschiede oder Übereinstimmungen zu bekommen. Solche *durchschnittlichen* Unterschiede oder Übereinstimmungen in den 'eindimensional-nationalen' und 'multiperspektivischen' Orientierungen können zwar nicht als Beweise (siehe IV.1. und IV.4.6), aber als erste *Hinweise* in der weiteren Forschungsarbeit benutzt werden. Allerdings gibt es, wie gleich zu sehen sein wird, bei quantifizierenden Vergleichen im hier interessierenden Themenbereich noch andere methodenimmanente Probleme, die nicht verschwiegen werden sollen.

2.2 Minimalkonsens oder länderspezifische Besonderheiten: unterschiedliche Messschärfen

Eine weitere Schwierigkeit, die sich bei quantitativen Untersuchungen ergibt, die - je nach theoretischer Konzeptualisierung - 'Einstellungen', 'Haltungen', 'Orientierungen' usw. zwischen Ländern vergleichen, hat mit der angemessenen Skalen-Konstruktion selbst zu tun. Ich habe bereits beschrieben, wie in der vorliegenden Untersuchung unterschiedliche Itemlisten zu 'eindimensional-nationalen' und 'multiperspektivischen' Orientierungen zusammengestellt wurden (siehe IV.4.2.3): Zum einen wurden Itemlisten entworfen, mit denen abgebildet werden kann, was sowohl in Deutschland als auch in den Niederlanden 'eindimensional-nationale' und 'multiperspektivische' Orientierungen sind, es wurde also nach einem *Minimalkonsens* gesucht. Zum zweiten wurde eine Liste erstellt, die die *Besonderheiten der niederländischen Situation* berücksichtigt und deswegen zusätzliche Items enthält.[150] Auf Grundlage dieser Listen sind zum einen *kürzere* Skalen zu 'eindimensional-nationalen' und 'multiperspektivischen' Orientierungen konstruiert worden (mit vier bzw. sechs Items), die beim direkten Ländervergleich der quantitativen Daten benutzt werden. Zum anderen sind zusätzlich *längere* Skalen zu 'eindimensional-nationalen' und 'multiperspektivischen' Orientierungen gebildet (mit elf bzw. acht Items) worden, die bei der vertiefenden Untersuchung der niederländischen Gesamtstichprobe zum Einsatz kommen.

Wird in den Niederlanden nun mit den beiden *längeren* Skalen die Gesamtstichprobe untersucht, so sieht man, dass sich die Jugendlichen bei den 'eindimensional-nationalen' Orientierungen im Durchschnitt eher im 'neutralen' Zwischenbereich befinden, während sie sich bei den 'multiperspektivischen' Orientierungen bereits recht deutlich im zustimmenden Bereich bewegen (siehe Tabelle 23).[151]

---

[150] Zum dritten kann auf die Itemliste der Projektgruppe des Projekts 'Internationales Lernen' in Deutschland verwiesen werden (vgl. Govaris et al. 1992), die eine Itemliste zusammenstellte, die der *besonderen Situation in Deutschland* Rechnung trägt und deren zusätzliche Items in den Niederlanden wiederum überhaupt keinen Sinn ergeben würden (etwa in Bezug auf die Frage nach der Anerkennung der Ostgrenzen oder der Haltung gegenüber Aussiedlerinnen und Aussiedlern).

[151] In die Berechnung der Gesamtindizes werden nur die Fragebögen einbezogen, bei denen jedes einzelne Item, das zur betreffenden Skala gehört, auch wirklich angekreuzt wurde. Fragebögen, bei denen ein Item (oder mehrere Items) nicht angekreuzt wurden, werden aussortiert. Deshalb ist 'n' jeweils kleiner als bei der Ausgangsstichprobe.

Tab. 23: Ergebnisse der längeren Skalen, die die Besonderheiten in den Niederlanden mit erfassen

Gesamtstichprobe Niederlanden (nur autochthone Jugendliche)	Mittelwert
Index 'eindimensional-nationale' Orientierungen	3,2 (n = 453)
Index 'multiperspektivische' Orientierungen	2,9 (n = 451)

Vergegenwärtigt man sich noch einmal die Mittelwerte der *kürzeren* Skalen, die beim internationalen Vergleich benutzt wurden, so zeigt sich, dass es bei den 'eindimensional-nationalen' Orientierungen einen Unterschied gibt, während bei den 'multiperspektivischen' Orientierungen kaum ein Unterschied beobachtet werden kann. Im ersten Fall wurde ein Mittelwert von 3,5 und im zweiten Fall ein Mittelwert von 2,9 festgestellt (siehe oben, V.2.1, Tabelle 15). Nun sind im internationalen Vergleich nicht nur andere (kürzere) Skalen zum Einsatz gekommen, sondern ist für die Niederlande auch eine andere Stichprobe (nämlich die parallelisierte) untersucht worden. Die Ergebnisse dürfen also *nicht direkt* miteinander verglichen werden.

Allerdings provozierte diese Beobachtung einen Versuch, der zu einem interessanten Hinweis führt. In einem nächsten Schritt wurde die *parallelisierte* niederländische Vergleichsgruppe des internationalen Vergleichs mit allen vier Skalen überprüft und wurden die Ergebnisse zwischen den längeren und den kürzeren Skalen verglichen. Die Ergebnisse dürfen zwar ebenfalls *nicht* direkt miteinander verglichen werden, da zwar jetzt dieselbe Vergleichsgruppe untersucht, aber immer noch unterschiedliche Skalen benutzt wurden. Dennoch vermittelt das Resultat einen Eindruck darüber, wie sich die Empfindlichkeit des Forschungsinstrumentes verändert, wenn versucht wird, die Besonderheiten in einem Land besser zu berücksichtigen.

Es ist deutlich, dass sich bei den 'multiperspektivischen' Orientierungen so gut wie nichts ändert (siehe Tabelle 24). Bei den 'eindimensional-nationalen' Orientierungen hingegen kann eine Veränderung beobachtet werden. Hier zeigt die längere Skala eine deutliche Verschiebung in Richtung auf die Zustimmungsseite an.

Tab. 24: Unterschiedliche 'Schärfen' der Skalen: Mittelwerte der kürzeren und längeren Skalen bei der parallelisierten niederländischen Vergleichsgruppe

Kürzere Skala 'eindimensional-nationale' Orientierungen (4 Items)	Längere Skala 'eindimensional-nationale' Orientierungen (11 Items)	Kürzere Skala 'multiperspektivische' Orientierungen (6 Items)	Längere Skala 'multiperspektivische' Orientierungen (8 Items)
3,5 (n = 277)	3,1 (n = 264)	2,9 (n = 274)	2,95 (n = 258)

Die längere Skala, bei der die spezifischen Besonderheiten der Niederlande in der Skalenkonstruktion besser berücksichtigt worden sind, misst im Falle der 'eindimensional-nationalen' Orientierungen also *schärfer* als die kürzere Skala, die auf einem Minimalkonsens zwischen Deutschland und den Niederlanden beruht. Gleichzeitig fällt auf, dass für die 'multiperspektivischen' Orientierungen keine Unterschiede zwischen der längeren und der kürzeren Skala festgestellt werden können. Allerdings sind die Unterschiede in der Anzahl der Items zwischen diesen beiden Skalen auch sehr gering.[152]

Offenbar zeigt sich hier ein grundlegendes Problem internationaler vergleichender Untersuchungen, bei denen quantitative Verfahren zum Einsatz kommen; ein Problem, das mit quantitativen Messmethoden *allein* nicht zu lösen ist: Wenn im quantitativen Vergleich mit *identischen* Skalen für die zu untersuchenden Stichproben aus den einzelnen Ländern gearbeitet wird, dann dürfen zwar die quantitativen Daten direkt miteinander verglichen werden, dabei werden aber möglicherweise die Besonderheiten eines Landes *verfehlt.* Wenn aber - als Konsequenz hieraus - sowohl für die deutsche als auch für die niederländische Seite *unterschiedliche* Skalen konstruiert werden, die über einen Minimalkonsens hinausgehen und in möglichst angemessener Weise die länderspezifischen Besonderheiten berücksichtigen, dann dürfen die Ergebnisse *nicht* mehr direkt miteinander verglichen werden.

Die warnenden Hinweise zum internationalen Vergleich in den vorangegangenen Abschnitten sollten allerdings nicht missverstanden werden. Sie nötigen zur Vorsicht und Bescheidenheit und machen zumindest auf die Gefahr aufmerksam, dass Unterschiede in Durchschnittswerten als nationale Eigenschaften interpretiert werden könnten und die angebliche 'Härte' und 'Genauigkeit' quantifizierender Verfahren auf einem Trugschluss beruht. Dennoch sind die festgestellten internationalen Unterschiede in den Mittelwerten und den prozentualen Verteilungen weder nutzlos noch beliebig. Als *abstrakte* Größen verweisen sie auf allgemeine Tendenzen, die jeweils eben *im Allgemeinen* verschieden sind und die ihrerseits auf unterschiedlichen Konstellationen und Dominanzen in Bezug auf Diskurse, soziale Repräsentationen, nahegelegte Orientierungen usw. beruhen, also auf gesamtgesellschaftlichen Phänomenen, vor deren Hintergrund die entsprechenden Antwortmöglichkeiten im Fragebogen gewählt wurden. Auch die Notwendigkeit, in den benutzten Skalen nur den gemeinsamen Minimalkonsens über 'eindimensional-nationale' oder 'multiperspektivische' Orientierungen abbilden zu können, lässt den Gebrauch des Instruments und den quantitativen Vergleich noch *nicht* überflüssig werden. Allerdings muss man sich darüber im klaren sein, was eigentlich genau ge-

---

[152] Ein Blick auf die einzelnen Items und ihre Hierarchie in den jeweiligen Skalen zeigt, dass die 'Verschärfung' des Messergebnisses bei der längeren Skala zu 'eindimensional-nationalen' Orientierungen in der Tat stark durch Items beeinflusst ist, die eine Besonderheit 'eindimensional-nationaler' Orientierungen in den Niederlanden wiederspiegeln. Es handelt sich hierbei nämlich um solche Items, die eher *defensive Formen* 'eindimensional-nationaler' Orientierungen zeigen [mit V72 (*"Beim Streben nach internationaler Zusammenarbeit müssen wir aufpassen, dass keine typisch niederländische Lebensweisen verloren gehen."*) und V73 (*"Die Niederlande sind ein kleines Land. Es muss aufpassen, nicht vom großen Nachbarn Deutschland erdrückt zu werden."*)]. Bei den 'multiperspektivischen' Orientierungen ist hingegen zu beobachten, dass nicht nur der Unterschied in der Listenlänge zwischen 'kurzer' und 'langer' Skala überaus gering ist, sondern auch das *spezifische* Item V77 [*"Wir sollten nicht nur der Opfer der nationalsozialistischen Besatzung (z.B. Juden, Menschen aus dem Widerstand), sondern auch der Opfer des niederländischen Kolonialismus und der Sklaverei (z.B. in Indonesien, Surinam) gedenken."*] von weniger Einfluss als erwartet.

messen wird und zu welchen alltäglichen Interpretationsmustern und Wahrnehmungsgewohnheiten durch die jeweilige Ergebnispräsentation beigetragen werden kann.

2.3 Hinweise auf der Ebene von einzelnen Items

Nun werden in der quantitativen Forschung Skalen oder Indizes erstellt, um einen Eindruck über eine Gesamt- oder Haupttendenz zu bekommen, die nicht durch Abweichungen und Schwankungen bei einzelnen Items beeinträchtigt wird. Trotzdem ist es hilfreich, bei einem Vergleich auch die Ergebnisse auf der Ebene einzelner Items zu überprüfen. Gerade solche Abweichungen von einer Gesamttendenz können mitunter für die Interpretation überaus aufschlussreich sein. Zudem kann auf diese Weise die Darstellung der eigenen Forschungsergebnisse durchsichtiger gemacht werden.

Zunächst werden deshalb im Folgenden die Mittelwerte der einzelnen Items, wie sie für die 'multiperspektivischen' Orientierungen der Jugendlichen aus den Niederlanden und aus West- und Ostdeutschland errechnet wurden, dargestellt (siehe Tabelle 25).

Tab. 25: Die Mittelwerte der einzelnen Items der 'multiperspektivischen' Orientierungen für die drei Vergleichsgruppen

'Multiperspektivische' Orientierungen	Niederländische Vergleichsgruppe	Ostdeutsche Vergleichsgruppe	Westdeutsche Vergleichsgruppe
V59ASLRE	2,8	3,2 (s)	3,5 (s)
V61ASLKU	3,7	4,1 (s)	4,2 (s)
V63MISBR	2,6	2,8 (s)	3,2 (s)
V64AUGEN	2,2	2,3 (ns)	2,7 (s)
V74TEUER	3,2	3,2 (ns)	3,1 (ns)
V76VERAN	3,1	3,2 (ns)	3,4 (s)

Von insgesamt sechs Items zeigen sich, entsprechend der Gesamttendenz, bei dreien signifikante Unterschiede der *beiden* deutschen Vergleichsgruppen mit der niederländischen Vergleichsgruppe (V59, V61, V63). Bei zwei weiteren Items zeigt sich dieser Unterschied nur bei der westdeutschen Vergleichsgruppe (V64, V76). Und bei einem Item kann schließlich überhaupt kein signifikanter Unterschied festgestellt werden (V74). In *keinem* einzigen Fall tendiert ein Vergleichsergebnis jedoch in einer Antwortrichtung, die der Gesamttendenz entgegengesetzt ist. Dies ist bei den 'eindimensional-nationalen' Orientierungen anders (siehe Tabelle 26).

Tab. 26: Die Mittelwerte der einzelnen Items zu 'eindimensional-nationalen' Orientierungen für die drei Vergleichsgruppen

'Eindimensional-nationale' Orientierungen	Niederländische Vergleichsgruppe	Ostdeutsche Vergleichsgruppe	Westdeutsche Vergleichsgruppe
V62ASYL	2,8	2,9 (ns)	2,2 (s)
V67WAFEX	4,0	4,7 (s)	4,0 (ns)
V70WOHN	3,4	3,1 (s)	2,7 (s)
V75VORBI	3,6	3,2 (s)	2,8 (s)

Von insgesamt vier Items zeigen zwei einen signifikanten Unterschied zwischen den niederländischen und den *beiden* deutschen Vergleichsgruppen an: Die deutschen Jugendlichen tendieren hier im Vergleich mit den niederländischen Jugendlichen jeweils ausgeprägter zur Zustimmungsseite 'eindimensional-nationaler' Orientierung (V70, V75). Bei einem weiteren Item, der Asylfrage (V62), ist ein signifikanter Unterschied nur zwischen der westdeutschen und der niederländischen Vergleichsgruppe feststellbar. Bei der Asylfrage zeigt sich zwar bei allen drei Vergleichsgruppen eine deutliche Zustimmung zu 'eindimensional-nationalen' Orientierungen, jedoch fällt diese Zustimmung bei der westdeutschen Gruppe am prägnantesten aus.

Völlig aus dem Rahmen fällt jedoch das Vergleichsergebnis zwischen der niederländischen und der ostdeutschen Gruppe bei dem Statement *"Der Rüstungsexport sollte nicht beschränkt werden, um unseren Wohlstand nicht zu gefährden!"* (V67). Während zwischen der niederländischen und der westdeutschen Gruppe kein Unterschied im Antwortverhalten beobachtet werden kann, weist das Ergebnis der ostdeutschen Gruppe in eine Richtung, die den Vergleichsergebnissen bei den oben genannten zwei Items (V70, V75) genau *entgegengesetzt* ist. Zwar stimmen auch die niederländischen und westdeutschen Jugendlichen diesem Statement im Durchschnitt keineswegs zu, dennoch erweist sich die Ablehnung bei den ostdeutschen Jugendlichen als sehr viel entschiedener. Der Mittelwertunterschied ist signifikant (zur Diskussion siehe V.3.).

2.4 *Zusammenfassung* von eigenen quantitativen Vergleichsergebnissen

Ausgehend vom einem spezifischen 'Blick nach Deutschland', wie er in den Niederlanden festzustellen ist, galt zunächst eine besondere Aufmerksamkeit den methodischen Schwierigkeiten eines internationalen Vergleichs. Die Darstellung eigener Vergleichsergebnisse auf der Grundlage quantitativer Daten aus einer Fragebogenuntersuchung war dementsprechend methodenkritisch angelegt. Es wurde versucht, nicht auch noch homogenisierende und dichotomisierende Bilder über niederländische und deutsche Jugendliche zu unterstützen. Gleichzeitig musste festgestellt werden, dass, wenn im internationalen Vergleich quantitative Methoden benutzt werden, als gemeinsamer Maßstab nur ein *Minimalkonsens* über 'eindimensional-nationale' und 'multiperspektivische' Orientierungen in den beiden Ländern angelegt werden kann. Ich gehe davon aus, dass Skalen, die die Besonderheiten eines Landes besser berücksichtigen, auch 'schärfere' Messergebnisse erbringen. Allerdings dürfen solche

Skalen im internationalen Vergleich, wenn dem Prinzip 'gleichlautende Items für alle Befragten' gefolgt wird, nicht eingesetzt werden.

Auf der Grundlage eines Minimalkonsens zeigte sich, dass die Jugendlichen in Deutschland im Durchschnitt ausgeprägter 'eindimensional-national' und weniger 'multiperspektivisch' orientiert antworteten als die Jugendlichen in den Niederlanden. Dieses Ergebnis wurde als *allgemeine Ländertendenz* charakterisiert. Es kann als ein Hinweis auf im Allgemeinen unterschiedliche Konstellationen bezüglich gesellschaftlicher Bedingungen und Bedeutungen, vor deren Hintergrund die Jugendlichen in den beiden Ländern ihre Antworten auswählen, interpretiert werden.

Dem Eindruck, dass auf Grundlage der festzustellenden Mittelwertunterschiede Aussagen über *die* Jugendlichen in Deutschland und *die* Jugendlichen in den Niederlanden möglich sind, konnte mit Hilfe einer zunehmenden Differenzierung nach Teilgruppen entgegengewirkt werden. Es zeigte sich, dass es, entsprechend der Ländertendenz, zwischen der niederländischen und der westdeutschen Vergleichsgruppe in den 'eindimensional-nationalen' und 'multiperspektivischen' Orientierungen große Unterschiede gibt. Diese Ländertendenz ist zwar auch bei den männlichen Jugendlichen der ostdeutschen Vergleichsgruppe zu beobachten, sie gilt jedoch nicht für die weiblichen Jugendlichen in Ostdeutschland. Dementsprechend wurde hervorgehoben, dass die weiblichen Jugendlichen aus Ostdeutschland - entgegen der festgestellten Ländertendenz - sogar eine deutlichere Zustimmung zu 'multiperspektivischen' Orientierungen als die männlichen Jugendlichen der niederländischen Stichprobe zeigen.

Im Rahmen des differenzierenden internationalen Vergleichs wurden also auch Unterschiede zwischen der westdeutschen und der ostdeutschen Stichprobe festgestellt. Die Jugendlichen aus Westdeutschland stimmten 'eindimensional-nationalen' Orientierungen im Durchschnitt stärker zu als die Jugendlichen aus Ostdeutschland. Und sie befanden sich - im Gegensatz zu ihren ostdeutschen Altersgenossen - bei den 'multiperspektivischen' Orientierungen im Durchschnitt nicht mehr auf der Zustimmungsseite. Zuletzt war zu beobachten, dass auf der Ebene von einzelnen Items das Antwortverhalten der Jugendlichen aus Ostdeutschland zur Waffenexportfrage (V67) in auffälliger Weise erfolgte. Noch deutlicher als die Jugendlichen aus den Niederlanden und Westdeutschland lehnten sie 'Rüstungsexport zur Wohlstandssicherung' ab. Auch wurde deutlich, dass *alle* Vergleichsgruppen im Durchschnitt dazu neigen, davon auszugehen, dass der eigene Staat sich mehr um asylsuchende Flüchtlinge als um hilfsbedürftige 'Landsleute' kümmert (V62), diese Tendenz jedoch bei der westdeutschen Gruppe am ausgeprägtesten ist.

3. Diskussion a: Der deutsche Ost-West-Unterschied und die stärkere Dynamik bei 'eindimensional-nationalen' Orientierungen in Ostdeutschland

Bevor im Folgenden die Ergebnisse in Bezug auf den *innerdeutschen* Ost-West-Unterschied diskutiert werden, steht zunächst der festgestellte Unterschied in der Frage 'Rüstungsexport zur Wohlstandssicherung' (V67) im Mittelpunkt der Diskussion. Offenbar scheint es für die meisten Jugendlichen sowohl in den niederländischen als auch in den beiden deutschen Vergleichsgruppen *keineswegs* selbstverständlich zu sein, den eigenen Wohlstand um den Preis von Waffenexporten sichern zu wollen. Im Durchschnitt werden solche Exporte in allen drei Vergleichsgruppen deutlich abgelehnt. Dies alleine ist bemerkenswert und deutet - so meine

Interpretation - darauf hin, dass gängige neoliberale Diskurse, denen zufolge Verkauf und Gewinn an erster Stelle stehen und der Inhalt eines Geschäfts unwichtig ist, von Jugendlichen nicht ohne weiteres übernommen werden. Jedenfalls scheinen bei der Beurteilung des 'Geschäfts mit dem Tod' zusätzliche Wertekonstellationen eine Bedeutung zu bekommen. Dies kann nicht als selbstverständlich interpretiert werden, wenn man sich vor Augen hält, dass in zahllosen sozialwissenschaftlichen Diskursen eher von einem Konzept kalkulierender und eigennütziger Bürgerinnen und Bürger ausgegangen wird.

Auffällig ist zudem, dass die Vorbehalte gegen 'Rüstungsexporte zur Wohlstandssicherung' bei den ostdeutschen Jugendlichen noch ausgeprägter ausfallen. Angesichts der Tatsache, dass sich in Ostdeutschland die Unterschiede zwischen arm und reich zum Untersuchungszeitraum enorm vergrößert haben, viele Menschen entweder von Arbeitslosigkeit bereits betroffen waren oder ihnen Arbeitsplatzverlust drohte und das Wohlstandsgefälle zwischen der ost- und der westdeutschen Bevölkerung anstieg, kann auch dieses Vergleichsergebnis nicht als selbstverständlich interpretiert werden (vgl. zur Lebenssituation in Ostdeutschland etwa Förster et al. 1993, 20ff.).

In der vorliegenden Untersuchung zeigen sich übrigens ebenfalls die Unterschiede zwischen Ost und West hinsichtlich des Ausmaßes von (erwarteter) Arbeitslosigkeit. Der Anteil der Jugendlichen, die in den nächsten Jahren damit rechnen, selbst von der Arbeitslosigkeit betroffen zu werden, war in der ostdeutschen Vergleichsgruppe deutlich am höchsten (siehe Tabelle 27). Der Unterschied wird als signifikant auswiesen.

Tab. 27: Erwartung in Bezug auf eigene Arbeitslosigkeit

V55: *Rechnest Du damit, dass Du in den nächsten Jahren arbeitslos werden könntest?*	Jugendliche aus den Niederlanden	Jugendliche aus Westdeutschland	Jugendliche aus Ostdeutschland
Ja	33%	18%	44%
Nein	67%	82%	56%
	100% (n=282)	100% (n=364)	100% (n=285)

Vor diesem Hintergrund verdient auch das Ergebnis des Ost-West-Vergleichs zu den politischen Orientierungen eine besondere Aufmerksamkeit: Die Jugendlichen aus Ostdeutschland, die zu einem deutlich höheren Anteil damit rechneten, demnächst arbeitslos zu werden, stimmten gleichzeitig im Durchschnitt 'eindimensional-nationalen' Orientierungen in einem signifikant geringerem Ausmaß zu als die Jugendlichen aus Westdeutschland.[153] Gleichzeitig unter-

[153] Im Gegensatz zu den beschriebenen Untersuchungen einer überaus heterogenen Forschungslandschaft (siehe II.1.8) ist ein Ost-West-Vergleich von Kolleginnen und Kollegen der TU Dresden direkter vergleichbar mit den Ergebnissen der vorliegenden Arbeit. Es handelt sich um die sog. 'Gesellungsstudie' (Böhnisch et al. 1992). Im Kontext einer Kooperation zwischen 'Gesellungsstudie' und dem Projekt 'Internationales Lernen' wurden Itemlisten benutzt, die denen der vorliegenden Untersuchung sehr nahe kommen. Anfang 1992 wurden im Rahmen der 'Gesellungsstudie' in Sachsen 596 Jugendliche im Alter von 15 bis 25 Jahre befragt. Die erhobenen Daten wurden mit den Daten einer parallelen Befragung in Baden Württemberg bei 624 Jugendlichen der gleichen Altersgruppen verglichen. Mit Hilfe eines

scheiden sie sich auch signifikant bei den 'multiperspektivischen' Orientierungen von den jungen Befragten der westdeutschen Stichprobe: Während sich der Mittelwert hier bei den ostdeutschen Jugendlichen noch auf der Zustimmungsseite befindet, ist dies bei den westdeutschen Jugendlichen nicht mehr der Fall. Dieses Ergebnis widerspricht den gängigen Erwartungen, denen zufolge ungünstige ökonomisch-soziale Zukunftsaussichten zu einer stärkeren Neigung zu 'eindimensional-nationalen' Orientierungen und einer geringeren Ausprägung von 'multiperspektivischen' Orientierungen führen (ausführlicher hierzu siehe V.5.3.9.4).

Interessant ist, dass sowohl bei den 'eindimensional-nationalen' als auch bei den 'multiperspektivischen' Orientierungen sich bei den beiden Asylfragen (V62, V63) signifikante Unterschiede zwischen der westdeutschen und der ostdeutschen Stichprobe zeigen (siehe Tabellen 35 und 36). Noch deutlicher als in Ostdeutschland gehen die westdeutschen Jugendlichen im Durchschnitt davon aus, dass der Staat sich mehr um asylsuchende Flüchtlinge als um hilfsbedürftige Deutsche kümmere. Während der Mittelwert der ostdeutschen Stichprobe bei dem Statement, demzufolge zwar viele über Asylmissbrauch reden, jedoch über die Fluchtursachen nicht Bescheid wüssten, deutlich auf der Zustimmungsseite liegt, nähert sich der Mittelwert der westdeutschen Stichprobe dem neutralen Bereich, der weder Zustimmung noch Ablehnung signalisiert.[154] Wenn man davon ausgeht, dass die Antworten zu den beiden Asylfragen in einem Zusammenhang mit der deutschen Asyldebatte stehen (siehe V.5.3.4), dann hat diese bei den befragten Jugendlichen in Ostdeutschland nicht die Wirkung gezeigt, die bei den Jugendlichen in Westdeutschland zu beobachten war.

Wird das vorliegende Gesamtergebnis zum Ost-West-Vergleich zu anderen Befunden der Jugendforschung in Ost- und Westdeutschland in Beziehung gebracht, so wird deutlich, dass es sich in die *Gegensätzlichkeit* der Befunde einordnen lässt (siehe II.1.8). Verschiedene empirische Untersuchungen zu unterschiedlichen Teilbereichen (Autoritarismus, Ethnozentrismus, Rassismus, Nationalismus, Rechtsextremismus, usw.) und mit unterschiedlichen Begriffsfassungen, Operationalisierungen und Itemlisten weisen in verschiedene Richtungen. Nimmt man zu dieser Feststellung die Ergebnisse *über die Zeit* hinzu, dann wird insgesamt für Ostdeutschland eine Entwicklung sichtbar, die sich im Vergleich zu Westdeutschland als sehr viel dynamischer darstellt und im Antwortverhalten gegenüber Fragebogeninstrumenten weniger konsistent ist, sondern von schnell wechselnden Zustimmungen zu entsprechenden Auffassungen, Einstellungen, Orientierungen o.ä. gekennzeichnet ist.

Wenn man sich die Ergebnisse von Jugendforschung in den Niederlanden vor Augen führt, ist dies eine interessante Beobachtung. So stellen Vollebergh, Raaimakers und Meeus in ihrem 'quantitativen Vergleich über die Zeit' (siehe II.1.5) fest, dass zwischen 1981 und 1994 *nicht* von einer nennenswerten Zu- oder Abnahme der negativen Haltungen gegenüber ethnischen Minderheiten - konzeptualisiert als Ethnozentrismus - gesprochen werden kann (Vollebergh et al. 1995, 16). Die Messwerte zu diesen politischen Auffassungen haben sich also in den Niederlanden als relativ stabil erwiesen (ebd. 7 und 19). Dagegen haben die großen

---

Gesamtindex zu 'nationalen' Orientierungen kommt die Dresdener Forschungsgruppe zur Feststellung, dass die Jugendlichen der "sächsischen Umfrage eine weniger starke 'nationale' Orientierung zum Ausdruck (bringen) als die Jugendlichen in der Baden Württemberg-Umfrage" (ebd., 24). Dieses Resultat bestätigt also die Ergebnisse der vorliegenden Untersuchung.

[154] Ost-West-Unterschiede zu den beiden Asylfragen zeigen sich sowohl bei den männlichen als auch bei den weiblichen Jugendlichen.

gesellschaftlichen Veränderungen in Deutschland in Folge des Falls der Mauer und des Zusammenschlusses der beiden deutschen Staaten auch zu einer *größeren Dynamik* bei den hier interessierenden Orientierungen geführt. Ein ähnliches gesellschaftliches Großereignis kann in diesem Zeitraum für die Niederlande *nicht* konstatiert werden. Die in Ostdeutschland zu beobachtende größere Dynamik hat aber auch eine Bedeutung für die Einordnung des Forschungsergebnisses aufgrund der Datenlage von 1992. Die Ergebnisse stellen - noch deutlicher als dies sonst bei internationalen Vergleichen ohnehin der Fall ist - eine *Momentaufnahme* dar.

Allerdings handelt es sich um eine Momentaufnahme, die den gängigen Erwartungen widersprechen dürfte. Erklärungsmuster, denen zufolge autoritäre Erziehungsvorstellungen und Staatsideologien der früheren DDR oder aktuell ungünstige ökonomisch-soziale Lebensbedingungen sich unmittelbar in den Orientierungen junger Menschen als stärkere Neigung zu Rassismus und Nationalismus niederschlagen, können damit *nicht* bestätigt werden. Deutlich ist, dass solche Erklärungen *zu pauschal* sind und *nicht* zur Kenntnis nehmen, dass ganz offenbar auch andere Tendenzen, also zum Beispiel eine im Durchschnitt überaus deutliche Zustimmung zu 'multiperspektivischen' Orientierungen bei den weiblichen Jugendlichen der vorliegenden Stichprobe, möglich waren.

4. Diskussion b: Der Geschlechterunterschied in der eigenen und in anderen Untersuchungen

Lässt man die Ergebnisse der vorliegenden quantitativen Untersuchung bis hierher Revue passieren und konzentriert sich auf das Geschlechterverhältnis, dann lässt sich feststellen, dass einige Unterschiede zwischen den Geschlechtergruppen als signifikant ausgewiesen werden (siehe oben, Tabelle 22): In den Vergleichsgruppen aus Ostdeutschland, Westdeutschland und den Niederlanden antworten die weiblichen Jugendlichen im Durchschnitt jeweils stärker 'multiperspektivisch orientiert' als die männlichen Jugendlichen. Für die 'eindimensional-nationalen' Orientierungen zeigt sich ein *signifikanter* Geschlechterunterschied nur bei der ostdeutschen Vergleichsgruppe. Bei der westdeutschen und der niederländischen Vergleichsgruppe sind keine Geschlechterunterschiede festzustellen, die als signifikant bezeichnet werden können; wobei sich die durchschnittlichen Werte der westdeutschen Gruppe bei beiden Geschlechtern auf der Zustimmungsseite zu 'eindimensional-nationalen' Orientierungen bewegen und bei der niederländischen Vergleichsgruppe beide Geschlechter weder Zustimmung noch Ablehnung signalisieren, sondern sich im 'neutralen' Bereich befinden.

Die quantitative Jugendforschung in Deutschland zeigt Ergebnisse, die zu den Resultaten zu passen scheinen, wie sie hier in durchgängiger Weise für die ostdeutsche und - in geringerem Maß - für die westdeutsche und niederländische Vergleichsgruppe festgestellt werden konnten. So kommt eine Studie, in deren Verlauf 1 045 Jugendliche im Alter zwischen 14 und 24 Jahren befragt wurden und die 1993 im Auftrag der Gleichstellungsbeauftragten in Nordrhein-Westfalen von Ute Krombholz durchgeführt wurde, zu folgenden Resultaten: "nationale Identität bzw. Nationalstolz spielt für weibliche Jugendliche eine geringere Rolle als für männliche" (Krombholz 1994, 26), Mädchen und Frauen haben "nur eine geringe Affinität" zum "Einstellungsmuster Rechtsextremismus" (ebd., 42) und "bei den Jungen und jungen Männern ist eine durchgängig höhere Gewaltakzeptanz zu verzeichnen" (ebd., 20).

Betrachtet man die ebenfalls bereits erwähnte Untersuchung im Kontext des 'Projektes Internationales Lernen', die 1993 durchgeführt wurde, lässt sich ein im Großen und Ganzen ähnliches Ergebnis erkennen (Held et al. 1996, 202ff.). Die weiblichen Jugendlichen, so die Projektmitarbeiterinnen Edeltraut Horn-Metzger und Christine Riegel, neigen im Durchschnitt weniger zu 'nationalen' Orientierungen und vertreten eher 'internationale' Orientierungen (vgl. Horn-Metzger/Riegel 1995a, 148): "Insgesamt war das Antwortverhalten der jungen Frauen in unserer Untersuchung (...) weniger extrem ausgrenzend und diskriminierend gegenüber Flüchtlingen und MigrantInnen als das der jungen Männer, wenn dieser Unterschied auch nie so deutlich zum Ausdruck kam wie bei der Bereitschaft, persönlich Gewalt anzuwenden. Bei den politischen Orientierungen (...) unterscheiden sich die jungen Frauen signifikant von den männlichen Auszubildenden." (ebd.)

Auch die bereits zitierten Untersuchungen des Max-Planck-Institutes und des Bielefelder Zentrums für Jugendforschung berichten über entsprechende Ergebnisse. Oesterreich stellt insgesamt "beträchtliche Differenzen (...) zwischen den Jungen und den Mädchen" in Ost- und Westdeutschland fest (Oesterreich 1993, 185). Wolfgang Melzer und Wilfried Schubarth beobachten "Geschlecht als Einflussfaktor" bei "negativen Nationalitätsstereotypen" (Melzer/ Schubarth 1993, 65). Allerdings - und dies entspricht dem festgestellten deutlichen Geschlechterunterschied in der ostdeutschen Stichprobe der vorliegenden Untersuchung - erweist sich in Ostdeutschland beim Index zu "manifester Ausländerfeindlichkeit" der Geschlechterunterschied als sehr viel größer als in Westdeutschland: während der Unterschied zwischen männlichen und weiblichen Jugendlichen in Ostdeutschland recht groß ist, betragen "die geschlechtsspezifischen Differenzen (im Westen) nur wenige Prozentpunkte" (ebd., 74). Ähnliches lässt sich beim Index zu "Antisemitismus" feststellen (ebd., 69).

Frauenforscherinnen und feministische Forscherinnen warnen angesichts der Ergebnisse zum Geschlechterunterschied im Themenbereich Rassismus, Nationalismus und Ethnizismus jedoch vor Vereinfachungen. Denn selbstverständlich bedeutet die Feststellung eines *durchschnittlichen* Geschlechterunterschiedes noch nicht, dass Mädchen und Frauen davor gefeit sind, entsprechende Auffassungen und Orientierungen zu übernehmen (vgl. Krombholz 1994, 28 u. 43; Horn-Metzger/Riegel 1995a, 148). Zudem wird in der Literatur die These vertreten, dass dominante Geschlechtsrollenmuster, die immer noch den Frauen in besonderer Weise Fürsorglichkeit, Beziehungsorientierung und Verantwortungsübernahme für Anvertraute nahelegen, sich auch auf die *spezifische Ausformung* nationalistischer oder rassistischer Orientierungen bei Frauen auswirken, die möglicherweise mit den gängigen Fragebogeninstrumenten nicht erfasst wird (z.B. kann die Ausgrenzung anderer als Sorge und Angst um den eigenen Mann, das eigene Kind, die eigene Familie etc. formuliert werden) (vgl. etwa C. Holzkamp/Rommelspacher 1991, 37ff.; Rommelspacher 1992, 87ff.).

Nun ist ein diesbezüglicher Mangel auch für meine Untersuchung zu konstatieren: Bei den Fragen zu 'eindimensional-nationalen' oder 'multiperspektivischen' Orientierungen gab es *keine* Fragen, die in besonderer Weise geschlechtsspezifisch formuliert waren. Vor allem die spezifischen Anknüpfungspunkte von weiblichen Jugendlichen zu solchen Orientierungsmustern konnten so nicht gezielt erfasst werden. Anders war dies im Fragebogen des Projekts 'Internationales Lernen', der für die Untersuchung von 1993 (siehe oben) benutzt wurde und der eine *Weiterentwicklung* des Fragebogens darstellte, von dem meine Arbeit ausgegangen ist. Dort wurden erste Ansätze geschlechtsspezifischer Items mit aufgenommen (Horn-Metzger/Riegel 1995a, 141): "Unsere Vermutung war, dass die jungen Frauen in unserer Untersuchung ausgrenzende, nationalistische und rassistische Orientierungen tendenziell eher in den ihnen aufgrund geschlechtsspezifischer Vergesellschaftung und Arbeitsteilung zugedachten Bereichen (also in sozialen, privaten, familiären Belangen) befürworten." (ebd., 155)

Die Ergebnisse zeigen allerdings, dass auch hier nicht auf allzu einfache Strukturierungen gehofft werden darf. So stimmen beispielsweise einem Item, bei dem eine geringere Zustimmung von (jungen) Frauen erwartet wurde (*"Ausländische Kinder sollten bei der Vergabe von Kindergartenplätzen genauso behandelt werden wie deutsche Kinder"*), die weiblichen Jugendlichen zu 84% und damit in wesentlich größerem Umfang zu als die männlichen Jugendlichen, deren Zustimmung nur bei 68% liegt. Horn-Metzger/Riegel konstatieren denn auch, dass ihre Annahme "so pauschal nicht bestätigt werden (kann). (Die) Ergebnisse geben Anhaltspunkte dafür, dass die Orientierungen weiblicher Auszubildender heterogen sind" (ebd.).

Die quantitative Jugendforschung in den Niederlanden kommt für Ethnozentrismus im Hinblick auf den durchschnittlichen Geschlechterunterschied zu vergleichbaren Ergebnissen wie die Untersuchungen in Deutschland. In einer Vielzahl von Studien zeigt sich, dass männliche Jugendliche im Vergleich zu weiblichen Jugendlichen ethnozentrischen Auffassungen stets stärker zustimmen (Hagendoorn und Janssen 1983; Raaimakers 1986; 1993; Vollebergh 1986; 1991; 1995). Das bis hierher dargestellte Ergebnis der eigenen Untersuchung in den Niederlanden passt nur teilweise in dieses Bild: Zwar lassen sich entsprechende Unterschiede bei den 'multiperspektivischen' Orientierungen finden, nicht aber bei den 'eindimensional-nationalen' Orientierungen. In der vertiefenden Analyse der niederländischen Gesamtstichprobe wird dieses Ergebnis denn auch wieder aufgegriffen werden. Dort wird auch die Diskussion zu diesem Thema unter besonderer Berücksichtigung der spezifischen Konstellation in den Niederlanden und unter Einbeziehung des qualitativen Materials aus den Gruppendiskussionen und Einzelinterviews fortgeführt (siehe VI.3.7).

5. Diskussion c: Erklärung internationaler Unterschiede

Die *allgemeinen* Unterschiede, die beim Vergleich zwischen den niederländischen und deutschen Stichproben festgestellt wurden, sollen zunächst - so weit möglich - mit anderen Ergebnissen international vergleichender Forschung konfrontiert werden. Danach werden einige zusätzliche Vergleichsdaten aus Deutschland und den Niederlanden hergezogen, um schließlich eine Erklärungsskizze vorzulegen, die vor allem auf die Unterschiedlichkeit politischer Diskurse und politischer Maßnahmen im Bereich Einwanderung abhebt. Vor diesem Hintergrund werden dann weitere Erklärungsansätze diskutiert, die in der Literatur einige Bedeutung erlangt haben.

5.1 Zu internationalen Vergleichsergebnissen eigener und anderer Jugenduntersuchungen

Der empirische Teil der vorliegenden Untersuchung konzentriert sich - wie dargestellt - auf einen sehr spezifischen Bereich. Vor dem Hintergrund des Forschungsthemas Rassismus, Nationalismus und Ethnizismus wird - noch sehr allgemein gesprochen - danach gefragt, wie Jugendliche sich auf entsprechende Soziale Repräsentationen 'in der Welt' und im 'Inneren' beziehen, wie sie damit umgehen und welche Effekte dies hat. Zunächst wurde bis hierher ein

Vergleich des Antwortverhaltens gegenüber einem Fragebogeninstrument zu 'eindimensional -nationalen' und 'multiperspektivischen' Orientierungen zwischen jugendlichenVergleichsgruppen aus Deutschland und den Niederlanden vorgestellt. Ein Ergebnis dieses Vergleichs war es, dass sich eine bestimmte *allgemeine* Ländertendenz zeigt: Die Jugendlichen aus den Niederlanden neigen *im Durchschnitt* dazu, 'eindimensional-nationalen' Orientierungen weder zuzustimmen noch abzulehnen, während die Jugendlichen aus Deutschland sich bei den 'eindimensional-nationalen' Orientierungen auf der Zustimmungsseite befinden. Bei den 'multiperspektivischen' Orientierungen ist dieses Verhältnis eher umgekehrt: Die Jugendlichen aus Deutschland stimmen 'multiperspektivischen' Orientierungen in geringerem Ausmaß zu, während die Jugendlichen aus den Niederlanden hier sehr deutlich auf der Zustimmungsseite sind (siehe oben, Tabelle 15).[155]

Nun ist es unbefriedigend, allein auf der Grundlage der Daten des vorliegenden Vergleichs Erklärungsskizzen für Jugendliche in Deutschland und den Niederlanden anlegen zu wollen. Weitere Forschungsergebnisse wären wünschenswert. Leider gibt es jedoch *keine* vergleichenden *Jugend*forschungen in Bezug auf die Niederlande und Deutschland zum vorliegenden Gegenstandsgebiet. Abgesehen davon, dass auch beim Vorliegen anderer Vergleichsuntersuchungen noch nicht unbedingt von einer wirklichen Kompatibilität (hinsichtlich der Stichprobenauswahl, des Untersuchungszeitraums, der Forschungsinstrumente usw.) ausgegangen werden kann, ist so selbst nicht einmal in *provisorischer* Weise einzuschätzen, ob und inwiefern das eigene Ergebnis mit den Befunden anderer *deutsch-niederländischer* Vergleiche übereinstimmt.

Einzig und allein die regelmäßig im Auftrag der Europäischen Kommission durchgeführten Umfragen - die sogenannten Eurobarometer[156] - können zu diesem Zwecke herangezogen werden.[157] Allerdings erweisen sie sich als ein *wenig zufriedenstellendes* Mittel. Obwohl eine Differenzierung der 'Eurobarometer'-Daten nach Altersgruppen möglich ist, handelt es sich hier *nicht* um *Jugend*forschung. Die Anzahl der befragten Jugendlichen innerhalb der Gesamtstichproben ist dementsprechend klein und lässt kaum weitere Unterscheidungen nach Teilgruppen zu. Zudem kommen in den 'Eurobarometern' im Untersuchungszeitraum 1992/93 nur wenige Items aus der Perspektive der vorliegenden Untersuchung in Frage und ist ein Vergleich der Daten für Deutschland und die Niederlande nur auf der Ebene einzelner Items möglich.[158]

---

[155] Von dieser allgemeinen Ländertendenz gibt es allerdings *eine* Abweichung, die sich bei den weiblichen Jugendlichen aus Ostdeutschland (aber *nicht* bei den weiblichen Jugendlichen aus Westdeutschland) zeigt (siehe Tabelle 19). Doch dazu später.

[156] Die Metapher 'Barometer' ist mehr als unglücklich. Sie erweckt fälschlicherweise den Eindruck, als ob Einstellungen, Haltungen etc. analog zu einer physikalischen Größe gemessen werden könnten.

[157] Die 'Eurobarometer'-Untersuchungen werden zweimal pro Jahr in jedem Land der Europäischen Union durchgeführt. Befragt werden pro Land ca. 1 000 Personen im Alter ab 15 Jahren. Die Fragen umfassen allgemeine politische und gesellschaftliche Themen und einige EU-spezifische Themen (Meinungen zur Vergrößerung der EU, zum Wegfall der Binnengrenzen usw.). Initiator der Befragungen war 1973 das Generalsekretariat *Information, Kommunikation und Kultur* der EG-Kommission.

[158] Lediglich 1988 (Survey 30.0) und 1994 (Survey 41.1) wurden den Befragten eine *"Batterie von Fragen"* vorgelegt, die jeweils zu einer *Skala* zusammengefasst werden konnte. Es handelte sich hier-bei durchweg um Items, die negativ formulierte Aussagen über 'Ausländer' enthielten. Die Befragten konnten zustimmen oder nicht zustimmen. Das Frageformat beider Surveys zeigt große Unterschiede, so dass sich eine analoge Skalenbildung zum Vergleich über die Zeit als nicht sinnvoll erweist (vgl.

Angeknüpft werden kann hier an eine Arbeit des Soziologen Manfred Küchler. Er benutzt aus dem Fragenkatalog des 'Eurobarometers' einige Fragen, die er als "nützliche, aber grobe Approximation" zur Messung von "Xenophobie" bezeichnet (Küchler 1996, 249). Allerdings differenziert Küchler *nicht* nach Altersgruppen. Im Folgenden wird für den Zeitraum der vorliegenden Untersuchung auf dieselbe Fragenauswahl zurückgegriffen, die auch Küchler getroffen hat, wobei sich die Aufmerksamkeit auf eine jugendliche Gruppe von Befragten richtet.[159] Noch vorsichtiger als Küchler wird der Frage-Antwort-Komplex zudem nicht als Annäherung zur Messung von Xenophobie (= Fremdenangst) interpretiert, sondern als Hinweis auf ein *abweisendes Antwortverhalten* gegenüber Eingewanderten und Flüchtlingen.

Eine erste der von Küchler ausgewählten Fragen zielt auf die subjektive Sicht der Befragten gegenüber der Anzahl der im Lande lebenden Menschen, die *nicht* die Staatsangehörigkeit eines Landes der Europäischen Gemeinschaft haben (siehe Tabelle 28).[160] Unter den vier Antwortvorgaben (*"weiß nicht", "nicht viele", "viele - aber nicht zu viele", "zu viele"*) spiegelt die letztere eine eher abwehrende Sichtweise wieder. Eine zweite Frage wendet sich den Rechten dieser Gruppe zu (siehe Tabelle 29). Wiederum sind vier Antwortmöglichkeiten vorgesehen (*"weiß nicht", "erweitern", "lassen wie bisher", "einschränken"*) und wiederum gibt die letztere eine abweisende Stellungnahme wieder. Bei einer dritten Frage geht es schließlich darum, welche Gruppen (weiterhin) aufgenommen werden sollen: Arbeitsmigranten aus dem Raum südlich des Mittelmeers, Arbeitsmigranten aus Osteuropa, Asylsuchende aus Ländern mit Menschenrechtsverletzungen (siehe Tabelle 30). Für jede dieser drei Gruppen kann eine von vier Antworten gewählt werden (*"weiß nicht", "ohne Einschränkungen aufnehmen", "mit Einschränkungen aufnehmen", "nicht aufnehmen"*). Auch hier wird dem Antwortverhalten zur letztgenannten Möglichkeit eine besondere Aufmerksamkeit gelten, da es sich um eine deutlich abweisende Stellungnahme handelt.[161]

Küchler 1996, 257). Betrachtet man beide Untersuchungen für sich, so zeigt sich jeweils, dass der Anteil der Befragten, die den negativen Aussagen über 'Ausländer' zustimmen, bei den deutschen Vergleichsgruppen größer ist als bei den niederländischen. Außerdem wird den Negativ-Aussagen in West-Deutschland in größerem Umfang zugestimmt als in Ost-Deutschland (vgl. ebd., 258).

[159] Die entsprechenden Daten in Bezug auf die ausgewählten Items und differenziert nach verschiedenen Altersgruppen in Deutschland und den Niederlanden wurden mir freundlicherweise vom Zentralarchiv für Empirische Sozialforschung an der Universität zu Köln zur Verfügung gestellt. Ich möchte mich in diesem Zusammenhang insbesondere bei Herrn Olaf Honnen recht herzlich bedanken. Im Folgenden beziehe ich mich auf Daten aus den sog. Eurobarometern Survey 35.0 (Befragung im März 91), Survey 37.0 (März-April 92) und Survey 39.0 (März-April 93) (Kommission der Europäischen Gemeinschaft). Um eine möglichst große Stichprobe im Jugendbereich zu erhalten, habe ich eine Gruppe im Alter zwischen 15 und 24 Jahren gewählt. Diese Altersgruppe umfasst in den jeweiligen Befragungen zwischen 185 und 200 Befragte (von n-gesamt = 1 000).

[160] Eine Gruppe, die im Verwaltungsjargon meist als *'Nicht-EU-Ausländer'* bezeichnet wird.

[161] In den folgenden drei Tabellen geben die angeführten Prozentwerte das Antwortverhalten der Jugendlichen wieder, die sich für die jeweils genannte Antwortmöglichkeit entschieden haben, und zwar als *Anteil* an den Antwortenden der gleichen Altersgruppe. Die anderen Jugendlichen haben sich also jeweils für eine der alternativen Antwortmöglichkeiten entschieden.

Tab. 28: Zur Anzahl fremder Nicht-EU-Angehöriger im Land (1991/1992/1993)

	Niederlande			Westdeutschland			Ostdeutschland		
	'91	'92	'93	'91	'92	'93	'91	'92	'93
"zu viele"	39%	36%	38%	48%	44%	48%	41%	46%	53%

Tab. 29: Zu den Rechten fremder Nicht-EU-Angehöriger im Land (1991/1992)[162]

	Niederlande		Westdeutschland		Ostdeutschland	
	'91	'92	'91	'92	'91	'92
"Rechte einschränken"	30%	18%	34%	30%	28%	37%

Tab. 30: Zur Aufnahme von 'Ausländern' (1991/1992/1993)

	Niederlande			Westdeutschland			Ostdeutschland		
"nicht akzeptieren"	'91	'92	'93	'91	'92	'93	'91	'92	'93
"aus dem Süden"	25%	26%	17%	22%	27%	18%	23%	28%	39%
"aus dem Osten"	16%	15%	18%	23%	26%	20%	17%	26%	43%
"Asylsuchende"	14%	14%	10%	23%	21%	18%	8%	13%	14%

Die Ergebnisse zu den ausgewählten Fragen der 'Eurobarometer'-Umfragen ergeben *insgesamt* ein (provisorisches) Bild, das mit meinen Vergleichsergebnissen im Einklang steht. Geht es um die subjektive Sicht gegenüber der Anzahl von Menschen, die *nicht* die Staatsangehörigkeit eines Landes der Europäischen Gemeinschaft haben und in den Niederlanden bzw. Deutschland wohnen, so gehen bei allen drei Untersuchungszeitpunkten die jungen Befragten aus West- und Ostdeutschland, die zu einem höheren Anteil davon aus, dass sich *"zu viele"* Nicht-EU-Angehörige im Land befinden (siehe Tabelle 28). Bei den jungen Befragten in den Niederlanden überschreitet dieser Anteil nicht die 40%-Marke, in Deutschland liegt dieser Wert, und zwar meist sehr deutlich, *über* der 40%-Marke, wobei sich für die ostdeutsche Vergleichsgruppe *über die Zeit* ein kontinuierlicher Anstieg beobachten lässt.

Ein passendes Resultat ergibt sich auch bei der Frage, ob die Rechte der im Lande lebenden Nicht-EU-Ausländer eingeschränkt, erweitert oder auf dem aktuellen Stand bleiben sollen (siehe Tabelle 29). Zwar bewegt sich der Anteil, der für eine Einschränkung der Rechte plädiert, unter den jungen Befragten meist in einem ähnlichen Prozentbereich (um die 30%). Jedoch liegt dieser Anteil 1992 bei den deutschen Vergleichsgruppen deutlich höher als bei der niederländischen. Über die Zeit betrachtet ist in den Niederlanden und in Westdeutschland eine rückläufige Tendenz festzustellen (und zwar in den Niederlanden noch ausgeprägter als in Westdeutschland), während in Ostdeutschland eine Zunahme verzeichnet werden muss.

[162] 1993 wurde diese Frage nicht gestellt.

Ganz ähnlich verhält es sich auch bei der nächsten Frage (siehe Tabelle 30). Der Anteil derjenigen, die eine Aufnahme von 'Ausländern' *"nicht akzeptieren"* wollen, ist meist bei den niederländischen Befragten am niedrigsten. Für die ostdeutsche Vergleichsgruppe muss wiederum eine ansteigende Tendenz bezüglich einer abweisenden Stellungnahme gegenüber einer neuen Einwanderung festgestellt werden, gipfelnd 1993 in einem Anteil von 43% der jungen Befragten, die (weitere) Eingewanderte *"aus dem Osten"* nicht akzeptieren wollen. Allerdings beginnt 1991 die Entwicklung hin zur Abweisung in Ostdeutschland auf einem deutlich niedrigeren Niveau als in Westdeutschland. Auffällig ist hierbei, dass die Werte in Bezug auf Asylsuchende 1991 und 1992 in Ostdeutschland noch *unter* den Werten in den Niederlanden liegen und sich zudem deutlich - auch noch 1993 - *unterhalb* der Werte in Westdeutschland befinden.

Für den innerdeutschen Vergleich scheint das *Provisorium* der 'Eurobarometer'-Daten die Feststellung einer größeren Dynamik in Ostdeutschland zu bestätigen (siehe V.3.).[163] Zugleich wird mein Vergleichsresultat bezüglich der Asylfrage (V62) unterstrichen, bei der in Westdeutschland noch ausgeprägter als in Ostdeutschland sich eine Zustimmung zu 'eindimensional-nationalen' Orientierungen zeigt (siehe V.2.3). Ebenfalls passend zu dem Ergebnis, dass *im Durchschnitt* die Jugendlichen aus den Niederlanden weniger zu 'eindimensional-nationalen' Orientierungen und stärker zu 'multiperspektivischen' Orientierungen neigen als die Jugendlichen aus Westdeutschland, weisen die 'Eurobarometer'-Umfragen bei der westdeutschen Vergleichsgruppe im Vergleich zu der niederländischen einen höheren Anteil an Befragten aus, die *Vorbehalte* oder *Abweisungstendenzen* gegenüber Eingewanderten zum Ausdruck bringen.[164]

5.2 Der gesellschaftliche Kontext: Rassismus und Nationalismus *nicht* nur ein Jugendproblem

Werden in einem internationalen Vergleich Jugendliche in den Vordergrund gestellt, dann ist damit zu rechnen, dass gesamtgesellschaftliche Phänomene wie Rassismus und Nationalismus vorrangig als ein Jugendproblem interpretiert werden. Leider ist eine derartige Problem*reduktion* keineswegs selten (vgl. hierzu kritisch für Deutschland Leiprecht 1996, 241ff.; für die Niederlande Vollebergh et al. 1995, 3ff.). In Deutschland wird bei *reduktionistischen* Betrachtungsweisen oft von der Datenlage zu fremdenfeindlich motivierten Straf- und Gewalttaten ausgegangen. Nun scheint der erste oberflächliche Eindruck hier zwar eine entsprechende Schlussfolgerung zu unterstützen: Immerhin waren drei Viertel der Tatverdächtigen, gegen die 1992 in Deutschland wegen entsprechender Delikte ermittelt wurde, höchstens 20 Jahre alt (vgl. Willems/Würtz/Eckert 1993, 16). Dennoch wäre dies eine äußerst *verkürzte* Problemwahrnehmung. Bei Rassismus und Nationalismus geht es nicht *nur* um Straf- und Gewalttaten, sondern auch um solche Formen, die in unauffälligerer und subtilerer Weise auftreten. Zudem vermelden repräsentative Umfragen regelmäßig, dass Jugendliche sich toleranter

[163] Für eine Differenzierung dieser Altersgruppe nach Geschlecht erweist sich die Stichprobe der 'Eurobarometer' als zu klein.

[164] Diese Ergebnisse des 'Eurobarometers' zeigen sich übrigens auch bei älteren Altersgruppen und nicht nur bei Jugendlichen und bestätigen zudem Ergebnisse der 'Eurobarometer'-Untersuchungen, die sich auf einen früheren Untersuchungszeitraum beziehen (Küchler 1996, 257).

gegenüber Eingewanderten und Flüchtlingen zeigen als Erwachsene (vgl. hierzu für die Niederlande Raaimaakers 1993, 127; ebenso für Deutschland Wahl 1993, 15). Wichtiger noch ist indes, dass Jugendliche nicht in einem 'leeren Raum' leben, sondern sich gegenüber dem jeweiligen gesellschaftlichen Kontext *verhalten*. Für die Situation in Deutschland weist Klaus Wahl vom Deutschen Jugendinstitut darauf hin, dass es völlig verfehlt wäre, *"die politische Atmosphäre im Deutschland der 90er Jahre, die Stichwortgeber und die Beifallspender im reifen Erwachsenenalter"* aus der Problemwahrnehmung auszuklammern (ebd., 5). Dies gilt in ähnlicher Weise selbstverständlich auch für die Niederlande. Der gesellschaftliche Kontext, auf den sich Jugendliche in beiden Ländern beziehen, ist also bei der Suche nach Erklärungen mit einzubeziehen.

Obwohl auf diesen allgemeinen gesellschaftlichen Kontext nicht verzichtet werden kann, handelt es sich hierbei noch *nicht* um Erklärungen, deren Spezifik und Reichweite auch wirklich in der Lage ist, die festgestellten Unterschiede in den Orientierungen und Begründungsmustern zwischen verschiedenen Teilgruppen in einem Land aufzuschlüsseln. Vielmehr wird ein *allgemeiner* Rahmen von wichtigen Bereichen auf der Bedingungs- und Bedeutungsebene bereitgestellt, mit dem sich die einzelnen Angehörigen von Teilgruppen konfrontiert sehen und mit dem sie - möglicherweise in unterschiedlicher Art und Weise - umgehen.

5.2.1 Mögliche Vergleichsebenen bei Rassismen und Nationalismen

Geht es im Gegenstandsgebiet Rassismus/Nationalismus um einen internationalen Vergleich und sollen Vergleichsergebnisse erklärt werden, so muss man sich zunächst über die einzelnen *Vergleichsebenen* im klaren sein. Das Begriffs- und Analyseschema zu gesellschaftlich-strukturellen Bedingungen, gesellschaftlichen Bedeutungen und subjektiven Begründungen, das eingangs vorgestellt wurde, ist hier von Nutzen (siehe II.6.). Betrachtet man dieses Schema, dann wird bereits deutlich, das ein Vergleich zwischen *dem* Rassismus oder *dem* Nationalismus in verschiedenen Ländern unsinnig sein dürfte, da auf allen drei Ebenen nach Rassismen und Nationalismen gefragt werden kann und es unzulässig ist, unterschiedliche Ebenen in einem internationalen Vergleich einfach nebeneinander zu stellen. Vermutlich können für die verschiedenen Ebenen in einem Land differierende, ja gegensätzliche Phänomene und Entwicklungen festgestellt werden und ergibt sich erst in ihrem Zusammenhang ein angemessener Eindruck über die besondere Konstellation.

Nun ist die Aufteilung in drei Ebenen (Bedingungen, Bedeutungen und Begründungen) als analytischer Ausgangspunkt konzipiert und für eine empirische Zustandsbeschreibung viel zu grob. Differenziert man hier weiter nach *spezifischeren Bereichen*, so ergibt sich im Themenzusammenhang eine lange Liste von Vergleichsmöglichkeiten:

- die Behinderungen und Möglichkeiten zur politischen Partizipation und Selbstorganisation von Eingewanderten;
- die Ausgrenzungseffekte, die bereits in bestehenden Institutionen und gültigen Gesetzen und Verwaltungsvorschriften angelegt sind;
- die offene und verborgene Diskriminierung auf dem Arbeitsmarkt;
- die formale und faktische Chancen(un)gleichheit im Schul- und Bildungsbereich;
- die Maßnahmen der Politik gegenüber Eingewanderten und asylsuchenden Flüchtlingen;
- die dominanten Medien- und Politikerdiskurse über Flucht und Einwanderung;

- das Ausmaß offener Gewalttätigkeiten gegenüber Flüchtlingen und Eingewanderten;
- das Wahlverhalten gegenüber rechtsextremen Parteien;
- die Verbreitung offener und/oder verdeckter rassistischer bzw. nationalistischer Orientierungen und entsprechender Alltagsmuster in den Bevölkerungen;
- die Stärke und gesellschaftliche Akzeptanz von Einrichtungen, Organisationen und/oder Bewegungen gegen Rassismus und Nationalismus; usw.

Zweifellos ist diese Liste unvollständig. Dennoch genügt sie, um deutlich zu machen, dass soziale Repräsentationen und subjektive Orientierungen *bei Jugendlichen* nur einen *sehr kleinen Teil* möglicher Vergleichsbereiche im Gegenstandsgebiet ausmachen. Zudem wird nachvollziehbar, dass jeder einzelne der genannten Bereiche im Grunde eine gesonderte Untersuchung erfordert, in der allerdings die Zusammenhänge zwischen den verschiedenen Bereichen in angemessener Weise berücksichtigt werden müssen. Die isolierte Betrachtung eines einzelnen Bereichs kann zu Fehleinschätzungen führen. Dies gilt umso mehr, wenn es sich um einen *internationalen* Vergleich handelt.

Wird nach Erklärungen für internationale Unterschiede (oder unerwartete Gemeinsamkeiten) in einem bestimmten Bereich gesucht, bieten sich zunächst entsprechend 'passende' Entwicklungen in anderen Bereichen an. Eine These der vorliegenden Arbeit ist zum Beispiel, dass sich unterschiedliche Orientierungen von Jugendlichen beider Länder mit Hilfe dominanter Medien- und Politikerdiskurse über Flucht und Einwanderung erklären lassen. Unterscheiden sich solche Diskurse in zwei Ländern, muss auch hierfür nach einer Erklärung gesucht werden.

In der obigen Liste finden sich jedoch auch Vergleichsbereiche, in denen gesellschaftliche Entwicklungen zum *Ausdruck* kommen, die für sich genommen wenig zum interessierenden Themengebiet der vorliegenden Arbeit klären, sondern ihrerseits erklärt werden müssen (etwa ein Vergleich von Wahlergebnissen rechtsextremer Parteien[165]). Weiterhin kann es sein, dass unterschiedliche Entwicklungen, die mit den genannten Bereichen *nicht* erfasst werden und sich thematisch auf einem völlig anderen Gegenstandsgebiet bewegen - etwa der Jugendarbeitslosigkeit oder politischen Diskursen in der Folge der deutschen Vereinigung - eine Erklärung unterstützen. Auch diese Möglichkeit muss berücksichtigt werden.

Insgesamt gesehen ist es *problematisch*, mit gesellschaftlichen Gesamttendenzen die Entwicklungen von Teilgruppen Jugendlicher eines Landes zu erklären. Dies zeigen schon die obigen Ergebnisse in Bezug auf die Geschlechtszugehörigkeit. Dennoch kann auf Informationen über den jeweiligen gesellschaftlichen Kontext nicht verzichtet werden, da hier Hinweise darüber zu finden sind, welche *dominanten* Orientierungsangebote und sozialen Repräsentationen auf der Bedeutungsebene den einzelnen Jugendlichen in ihren Möglichkeitsräumen zur Verfügung stehen können. Auf dieser sehr allgemeinen Ebene bieten solche Informationen also die Möglichkeit, festgestellte *durchschnittliche* Unterschiede in den Rechtfertigungs- und Begründungsmustern bei Jugendlichen vor dem Hintergrund des gesamtgesellschaftlich dominanten Kontextes zu interpretieren.

Doch nun zu den Vergleichsbereichen. Obwohl es an dieser Stelle ein nicht zu bewältigendes Unterfangen darstellen würde, die vorgestellte Liste einzelner Vergleichsbereiche für beide

---

[165] Obwohl die Diskurse der rechtsextremen Parteien (und eine zunehmende Stärke dieser Parteien) - auch im Zusammenhang mit dem Verhalten anderer Parteien, der Medien usw. - selbstverständlich wieder auf den gesamtgesellschaftlichen Diskurs zurückwirken.

Länder abzuarbeiten und schließlich in ihrem Wirkungszusammenhang und ihrer Bedeutung jeweils für (Ost- und West-)Deutschland und die Niederlande zu diskutieren, erscheint es dennoch hilfreich, wenigstens zu einigen Bereichen nähere Ausführungen zu machen. Es ist hierbei bemerkenswert, dass sich im Vergleich verschiedener Bereiche durchaus auch *gegensätzliche* Ergebnisse zeigen. Diese Feststellung allein kann bereits nützlich sein, um der Vorstellung entgegenzuwirken, ein Land sei *durchgängig* rassistischer oder nationalistischer als ein anderes. Zunächst wird mit zwei Vergleichsbereichen begonnen, die - obwohl sie selbstverständlich auf die Gesellschaft zurückwirken - *eher* einen *Ausdruck* bestimmter Entwicklungen darstellen als bereits eine Erklärung bieten: rassistische Straf- und Gewalttaten und Wahlergebnisse rechtsextremer Parteien.

5.2.2 Rassistische Straf- und Gewalttaten in beiden Ländern

Ein wichtiger Vergleichsbereich ist zweifellos das Ausmaß und die Brutalität von Straf- und Gewalttaten gegenüber Flüchtlingen und Eingewanderten, aber auch gegen Behinderte und politisch anders Denkende. Manifeste oder latente Gewalt wirken sich deutlich auf das Zusammenleben zwischen den verschiedenen Gruppen und das soziale Klima in einer Gesellschaft aus.

Zuerst zur Situation in Deutschland: Die amtlichen Statistiken von Bundeskriminalamt und Bundesverfassungsschutz zu rassistischen Straf- und Gewalttaten[166] registrieren in den letzen Jahren eine erschreckende Eskalation, deren Höhepunkt 1993 - also zum Untersuchungszeitraum der vorliegenden Untersuchung - erreicht wurde. Während für die Jahre 1987 bis 1990 noch jeweils um die 250 fremdenfeindlich motivierte Straf- und Gewalttaten[167] gemeldet worden waren, schnellte diese Zahl vor allem in der zweiten Hälfte des Jahres 1991 deutlich nach oben. Insgesamt wurden für 1991 bereits 2 427 solcher Straf- und Gewalttaten festgestellt, für 1992 musste nochmals eine Steigerung auf 6 336 Meldungen verzeichnet werden und für 1993 wurde mit 6 721 Fällen ein trauriger Höhepunkt ermittelt. 1994 ging die Zahl registrierter Straf- und Gewalttaten zurück auf 3 491, 1995 auf 2 468 und 1996 auf 2 232, verharrt aber immer noch auf einem sehr hohen Niveau (vgl. Bundeskriminalamt 1996, 56).[168] Beim internationalen Vergleich muss leider festgestellt werden, dass in den Niederlanden

---

[166] Es sei darauf hingewiesen, dass die amtliche Statistik verschiedene Fehlerquellen enthält: Beispielsweise gibt es Unterschiede in Anzeigeverhalten zwischen den von Straf- und Gewalttaten Betroffenen geben, genauso wie Unterschiede im Anzeigen- und Verfahrensaufnahmeverhalten zwischen verschiedenen Polizeidienststellen festzustellen sind. Außerdem gibt es Unterschiede in den angelegten Kriterien, auf deren Grundlage eine Straf- und Gewalttat als 'fremdenfeindlich motiviert' eingeordnet wird. Dennoch können die Daten einen - wenn auch nur provisorischen - Eindruck über die Entwicklung fremdenfeindlicher Straf- und Gewalttaten vermitteln.

[167] Hierzu zählen die folgenden Delikte: Brandanschläge, Tötungsdelikte, Sprengstoffdelikte, Körperverletzungen, Sachbeschädigungen, Bedrohungen, Beleidigungen und Propagandadelikte.

[168] Eine *einseitige* Problemwahrnehmung, die rassistische Straf- und Gewalttaten nur in Ostdeutschland zu verorten sucht, lässt sich mit den vorliegenden statistischen Daten *nicht* stützen. Folgt man den absoluten Zahlen, dann ist beispielsweise 1992 Westdeutschland am stärksten betroffen. Erst wenn nach Einwohnergröße gewichtet wird, verschiebt sich das Bild zu Lasten von Ostdeutschland (vgl. Leiprecht/Schubert 1992, 204). Die 'Dichte' der Gewalt ist hier also größer, jedoch hat die rassistische Gewalt in Westdeutschland ebenfalls ein erschreckend hohes Ausmaß erreicht.

keine vergleichbare Statistik geführt wurde (vgl. Binnenlandse Veiligheidsdienst 1992, 15; Björgo/Witte 1993; Bol/Wiersma 1997, 19). Die angesehene Tageszeitung Het Parool veröffentlichte zwar eine Übersicht über "Zwölf Monate Rassismus" (von 11.92 bis 11.93), allerdings wurde die Übersicht ausdrücklich als *unvollständig* bezeichnet. Registriert wurden für den angegebenen Zeitraum über 130 Meldungen von körperlicher Gewalt, Drohbriefen gegenüber 'Ausländern', Brandstiftungen und Schändungen von jüdischen Friedhöfen und Gedenkstätten (Het Parool 13.11.93).

Auch die niederländischen Rechtsextremismusforscher Frank J. Buijs und Jaap van Donselaar sind deshalb darauf angewiesen, sich aus recht verschiedenen Quellen einen Gesamteindruck über die Lage zu verschaffen. Ihre Daten haben denn auch einen *vorläufigen* Charakter. In einer Übersicht über den Zeitraum zwischen 1980 und 1993 stellen sie eine Steigerung fest, die von den Autoren "als dramatisch" eingeordnet wird: Mit 278 Fällen im Jahr 1993 registrieren sie gegenüber 56 Fällen im Jahr 1991 eine Zunahme von über 200% (Buijs/Donselaar 1994).[169]

Obwohl diese Daten, wie die Autoren selbst anmerken, mit Vorsicht zu gebrauchen sind, unterstützen sie doch den Eindruck, dass es zwar auch in den Niederlanden zu einem Anstieg rassistischer Gewalt gekommen ist, diese Gewalt jedoch keineswegs das Ausmaß und die Brutalität erreicht hat, die für Deutschland verzeichnet werden muss (vgl. hierzu auch Bol/Wiersma 1997, 28). Es gab in den Niederlanden ebenfalls Todesopfer in der Folge rassistischer Gewalttaten zu beklagen, dennoch gab es kein Hünxe, kein Hoyerswerda, kein Mölln, kein Rostock-Lichterhagen, kein Solingen, um nur einige wenige betrüblich herausragende Ereignisse spektakulär-rassistischer Gewalt in Deutschland zu nennen.

5.2.3 Wahlergebnisse rechtsextremer Parteien in beiden Ländern

Werden die Wahlergebnisse von rechtsextremen Parteien in Deutschland und den Niederlanden miteinander verglichen, so scheint das hieraus resultierende Bild teilweise *nicht* zum Vergleichsergebnis im Bereich rassistischer Straf- und Gewalttaten zu 'passen'. Jedenfalls ergibt der Vergleich ein *uneinheitliches* Bild, je nachdem, welche Wahl zu welcher parlamentarischen Körperschaft betrachtet wird.

Zuerst die Wahlen zu den nationalen Parlamenten (siehe Übersicht 31).[170] Hier zeigt sich in Bezug auf die Wahlergebnisse rechtsextremer Parteien von 1989 bis 1994 in den Niederlanden ein deutlicher Anstieg, ausgehend von einem sehr niedrigen Niveau bis zu einer Höhe,

[169] Gegenüber dem Jahr 1984 notieren Buijs/Donselaar sogar eine Erhöhung um 500%.

[170] Bei allen folgenden Wahlergebnissen *in den Niederlanden* handelt es sich um die Summe aus dem Ergebnis der 'Rechtsaußen'-Parteien, die an der Wahl teilnahmen, dies sind die sog. Centrum Democraten (CD) und der Centrum Partei (CP'86). Die CP'86 ist die extremere dieser beiden 'Rechtsaußen'-Parteien, von der sich die CD abgespalten hat. Trotz dieser Trennung existiert auch die CP'86 noch und tritt bei Wahlkämpfen an. Mittlerweile sind weitere Spaltungen im rechtsextremen Parteienspektrum zu beobachten. Die Daten stammen jeweils vom 'Centraal Bureau voor de Statistiek'. In *Deutschland* handelt es sich ebenfalls um die Summe der Ergebnisse der sich (in unterschiedlicher Kombination) zur Wahl stellenden Parteien am rechten Rand: bei den Bundestagswahlen 1990 waren dies die sog. Republikaner und die NPD, 1994 nur noch die sog. Republikaner. Die Daten wurden hier Husbands (1996, 317/318) entnommen.

die das Wahlergebnis von 1994 in Westdeutschland noch übertrifft. Die Entwicklung in Westdeutschland deutet auf eine leichte Abnahme bei der Wahl rechtsextremer Parteien hin.[171] In Ostdeutschland bleibt der Wahlerfolg von 'Rechtsaußen'-Parteien 1990 und 1994 gleich. Er fällt niedriger aus als in Westdeutschland, und für 1994 gilt dies auch im Vergleich mit dem niederländischen Ergebnis. Übereinstimmend bleiben in Deutschland und den Niederlanden die Ergebnisse jedoch unter der 3%-Marke.

Übersicht 31: Wahlergebnisse rechtsextremer Parteien bei Wahlen zur nationalen Legislative[172]

Niederlande		Westdeutschland		Ostdeutschland	
1989	0,9%	1990	2,9%	1990	1,3%
1994	2,9%	1994	2,0%	1994	1,3%

Nimmt man die Wahlergebnisse zum Europaparlament, ergibt sich für den deutsch-niederländischen Vergleich bereits *ein völlig anderes Bild* (siehe Übersicht 32).[173] Die rechtsextremen Parteien schneiden hier sowohl 1989 als auch 1994 sowohl in West- als auch in Ostdeutschland um ein Vielfaches besser ab als in den Niederlanden. Allerdings ist das jüngste Wahlergebnis für Westdeutschland um die Hälfte niedriger als noch fünf Jahre zuvor, während in den Niederlanden ein - wenn auch sehr geringfügiger - Anstieg zu verzeichnen ist.

Übersicht 32: Wahlergebnisse rechtsextremer Parteien bei Wahlen zum Europaparlament

Niederlande		Westdeutschland		Ostdeutschland	
1989	0,8%	1989	8,7%	---	---
1994	1,0%	1994	4,2%	1994	3,0%

Stellt man die Ergebnisse der Provinzialwahlen in den Niederlanden den Ergebnissen von Landtagswahlen in den beiden Bundesländern, aus denen die Stichproben der vorliegenden Untersuchung stammen, gegenüber, so zeigt sich wiederum ein anderes Bild (siehe Übersicht 33). Zwar liegen die Wahlerfolge rechtsextremer Parteien im Bundesland Baden-Württem-

[171] Für einige Kommentatoren in den Niederlanden war das deutsche Wahlergebnis von 1994 übrigens ein Anlass, auf das Deutschen-Bild in den Niederlanden hinzuweisen. Unter der Schlagzeile "Deutscher unterstützt Extrem-Rechts scheinbar weniger als Niederländer" (Volkskrant 18.10.94) wird betont, dass man nach dieser Wahl "erleichtert feststellen kann, dass es in Deutschland nicht zu einem extremen Rechtsruck gekommen ist. Vielleicht sollten wir uns jetzt einmal von dem Gedanken verabschieden, dass 'der' Deutsche sich immer überlegen fühlt und intolerant ist." (ebd.)

[172] In Deutschland ist dies der Bundestag, in den Niederlanden die Tweede Kamer.

[173] Bei den angegebenen rechtsextremen Parteien in Deutschland handelt es sich 1989 um die DVU und die sog. Republikaner, 1994 nur noch um die sog. Republikaner (vgl. Husbands 1996, 317ff.).

berg mehr als deutlich über den Ergebnissen in den Niederlanden, doch fallen sie erstaunlicherweise in Sachsen im Vergleich zum niederländischen Ergebnis niedriger aus.[174]

Übersicht 33: Wahlergebnisse rechtsextremer Parteien bei Landtags- (BRD) und Provinzialwahlen (NL)

Niederlande		Baden -Württemberg		Sachsen	
1987	0,3%	1988	3,1%	---	---
1991	1,3%	1992	10,9%	1990	0,7%[175]
1995	1,1%	1996	9,1%	1994	---[176]

Eine weitere Veränderung des Bildes ergibt sich, wenn die Wahlergebnisse zu den Gemeinderatswahlen für einige große Städte in den Niederlanden neben den Wahlen zu den Städteparlamenten in Hamburg, Bremen und Berlin gestellt werden (siehe Übersicht 34).[177] Hier zeigt sich, dass, wie die niederländischen Rechtsextremismusforscher Frank Elbers und Meindert Fennema hervorheben, auch in den Niederlanden mit einem "ansehnlichen Potential (...) für derartige Gruppen" gerechnet werden muss (Elbers/Fennema 1993, 107). Fast durchgängig lässt sich in den drei niederländischen Großstädten im Vergleich zu den beiden deutschen Großstädten ein besseres Abschneiden der 'Rechtsaußen'-Parteien beobachten.[178]

[174] Bei den rechtsextremen Parteien in Deutschland handelt es sich 1992 in Baden Württemberg um die sog. Republikaner, die NPD und die DL, 1990 in Sachsen um die NPD (vgl. Husbands 1996, 317; Backes/Jesse 1994, 257ff.).

[175] Dies ist ein Ergebnis der NPD; die sog. Republikaner standen nicht zur Wahl; allerdings erreichte 1990 die DSU (Deutsche Soziale Union), eine Art Dependance der bayrischen CSU 3,6%. 1994 stellte sich auch die DSU nicht mehr zur Wahl.

[176] Weder die sog. Republikaner noch die NPD noch die DSU stellten sich 1994 zur Wahl.

[177] Für Amsterdam, Den Haag und Rotterdam geht es um Angaben zu den Gemeinderatswahlen (Stadträte); für Hamburg und Bremen um Angaben zur Wahl der Bürgerschaft, für Berlin zum Abgeordnetenhaus. Die genannten Körperschaften in Deutschland sind parlamentarische Vertretungen der Stadtstaaten.

[178] Die Angaben für Hamburg geben die Ergebnisse von DVU und sog. Republikanern wieder, für Bremen handelt es um die Ergebnisse der DVU, für Berlin um die Ergebnisse der sog. Republikaner. Für Berlin beziehen sich die Daten 1989 noch auf Berlin-West (vgl. Backes/Jesse 1994, 257ff.; Andersen/Woyke 1995, 684ff.).

Übersicht 34: Wahlergebnisse rechtsextremer Parteien bei Wahlen in großen Städten

	Amsterdam	Rotterdam	Den Haag		Hamburg		Bremen		Berlin
1990	6,8%	7,1%	6,4%	1991	2,4%	1991	6,2%	1989	8,5%
1994	9,7%	14%	12%	1993	7,6%	1995	2,5%	1995	2,6%

Insgesamt ergibt sich bei einem Vergleich von Wahlergebnissen rechtsextremer Parteien in den Niederlanden und in Deutschland also ein *heterogenes* Bild. Jedenfalls fällt es im Vergleich schwer zu behaupten, dass in dem einen Land der Zuspruch zu rechtsextremen Parteien bei Wahlen *generell* größer oder kleiner ist als in dem anderen Land. Und schon gar nicht passt dieser Vergleich ins das dominante Deutschlandbild in den Niederlanden (vgl. Leiprecht 1995, 91ff.).

Nun handelt es sich beim manifesten Wahlverhalten gegenüber rechtsextremen Parteien in den einzelnen Gesellschaften zweifellos um einen überaus wichtigen Vergleichsbereich im Gegenstandsgebiet; und dies nicht nur, weil es hier um direkte parlamentarische Einflussmöglichkeiten rechtsextremer Parteien geht.[179] Etablierte Parteien haben nicht selten die Neigung, bei zunehmender Konkurrenz von 'Rechtsaußen' selbst entsprechende Themensetzungen zu übernehmen. Der Effekt wird beispielsweise von einem Mitglied der niederländischen 'Rechtsaußen'-Partei Centrum '86 in durchaus zutreffender Weise beschrieben: "Wir brauchen überhaupt nicht groß zu werden. Wenn unsere Ideen übernommen werden, ist unser Ziel erreicht." (De Groene Amsterdamer 26.1.94, 7)

Elbers und Fennema verzeichnen für Deutschland und die Niederlanden zudem deutliche Übereinstimmungen: Der tatsächliche Wahlerfolg rechtsextremer Parteien ist in beiden Ländern *wesentlich kleiner* als ihr eigentliches Wählerpotential (Elbers/Fennema 1993, 160). Eine Feststellung, die auch der deutsche Parteien- und Wahlforscher Richard Stöss teilt. Aufgrund von Wahlanalysen und Wähleruntersuchungen kommt er für Deutschland zu dem Ergebnis: "Rechtsextreme Einstellungen ziehen nur im Ausnahmefall die Wahl rechtsextremer Parteien nach sich." (Stöss 1993, 60)

Eine Untersuchung zum Wahlverhalten in den Niederlanden stellt dementsprechend fest, dass - obwohl das *offene* Bekenntnis zu den Centrumdemokraten (CD) abnimmt - "die charakteristischen Auffassungen der CD über Ausländer (...) durch einen großen Teil der Bevölkerung unterschrieben werden" (Nipo-onderzoek 1994). In Deutschland ist dies keineswegs anders. Laut Umfrageuntersuchungen von 1993 weisen bereits 20% der Wählerschaft der Unionsparteien und immerhin noch 14% der Wählerschaft der Sozialdemokraten "ein relativ geschlossenes rechtsextremes Weltbild" auf (Falter 1994, 158). Die verschiedenen Facetten rechtsextremer Orientierungen treffen - wenn auch häufig in weniger anstößigen und auffälligen Formen - innerhalb der Anhängerschaften und dem Wählerpotential etablierter Parteien ebenfalls auf Zustimmung. Man sollte sich deshalb in der Betrachtung von Wahl-

[179] In den Niederlanden werden rechtsextreme Parteien *nicht* durch eine Fünf-Prozent-Hürde behindert. Auch die genannten Ergebnisse, die weit unter fünf Prozent liegen, führen also zu Abgeordneten in den jeweiligen parlamentarischen Körperschaften.

ergebnissen rechtsextremer Parteien nicht dazu hinreißen lassen, entsprechende Denkweisen und Haltungen lediglich bei rechtsextremen Parteien und Gruppierungen oder den Wählerinnen und Wählern dieser Parteien zu vermuten.

Übrigens gehen mittlerweile Rechtsextremismus- und Wahlforscher in Deutschland - entgegen früherer Feststellungen (vgl. etwa Heitmeyer et al. 1992, 37) - davon aus, dass, so beispielsweise der Politikwissenschaftler Jürgen W. Falter, von "einer klaren, eindeutigen Beziehung zwischen dem Alter der Wähler und der Affinität" zu rechtsextremen Parteien keine Rede sein kann (Falter 1994, 34). Höhere Stimmengewinne bei Jungwählern konnten beispielsweise zwar bei den Wahlen in Schleswig Holstein (1992) und Bremen (1991) registriert werden, bei der Europawahl (1989) und den Hamburger Bürgerschaftswahlen (1993) wurden jedoch genau *entgegensetzte* Beobachtungen gemacht; und bei den ersten gesamtdeutschen Bundestagswahlen von 1990 verzeichneten die rechtsextremen Republikaner "in den alten Bundesländern bei den Jungwählern nur geringfügig über dem Durchschnitt liegende Stimmengewinne" (ebd.). Allerdings erzielten die sog. Republikaner bei dieser Wahl in den neuen Bundesländern unter der jüngsten Wählergruppe (den 18- bis 20-jährigen) überproportional gute Ergebnisse. Auch hier zeigt sich also *kein* einheitliches Bild. Insgesamt sollte jedenfalls, so Falter, "nicht übersehen werden, dass die Wähler über 45 Jahren bei den meisten Wahlen zwischen 1989 und 1993 die Mehrheit der Republikaner- bzw. DVU-Wähler stellten" (ebd., 34ff.).

Für die Niederlande stellt der Jugendsoziologe Mick Matthijs fest, dass das Wahlverhalten von Jugendlichen im Allgemeinen wenig abweicht von dem älterer Wählergruppen und sie zudem den allgemeinen Trends der Zeit folgen (Matthijs 1993a, 87). Nichtsdestotrotz zeigen Wählerbefragungen, dass der Prozentsatz Jugendlicher unter den CD-Wählern höher ist als in anderen Altersgruppen (vgl. Vollebergh/Raaimakers/Meuus 1995, 3). Der Jugendforscher Quinten Raaimakers erklärt dies damit, dass sich Jugendliche in ihren diesbezüglichen politischen Auffassungen zwar nicht wesentlich von älteren Bevölkerungsgruppen unterscheiden, jedoch eher bereit sind, eine solche Auffassung in die Tat - und eben auch in ein entsprechendes Wahlverhalten - umzusetzen (Raaimakers 1993, 127).

5.2.4 Bevölkerungszusammensetzung und Umfang der Einwanderung

Nun gehen die Verhältnisse eines Landes in Bezug auf die Bevölkerungszusammensetzung und dem Umfang der aktuellen Einwanderung zweifellos als *Prämissen*, versehen mit *spezifischen Denkangeboten* auf der Ebene gesellschaftlicher Bedeutungen, in die Möglichkeitsräume und politischen Orientierungen der Menschen ein. Um Angaben zur Einwanderungs- und Bevölkerungsstatistik in beiden Ländern kommt man also kaum herum. Dennoch habe ich diesen Vergleichsbereich in der obigen Liste zunächst sehr bewusst ausgelassen. Dies hat mehrere Gründe.

Leider hat sich in den politischen Diskursen in beiden Ländern die Formel 'viel Einwanderung = viel Rassismus' etabliert.[180] Zwischen Einwanderung und Rassismus wird hier eine kausal-ursächliche Beziehung hergestellt (vgl. hierzu auch Räthzel 1997, 192). Die Wirkung, die eine solche Gleichung im politischen Diskurs haben kann, besteht darin, diejenigen, die zur Zielscheibe von Rassismen oder Nationalismen werden, dafür (explizit oder implizit)

---

[180] So auch in den Erklärungsmodellen, die viele Jugendliche zu Rassismus benutzen (siehe VI.3.6 und VI.3.9).

auch noch verantwortlich zu machen.[181] Darüber hinaus wird mit der Feststellung von aktuellen Einwanderungszahlen oft suggeriert, dass Einwanderung ein historisch neues Phänomen ist und zuvor ein jeweils homogenes und ursprüngliches Volk existierte, das jetzt in seiner 'Reinheit' und 'Harmonie' bedroht ist. Die Geschichte lehrt indessen das Gegenteil: Die Bevölkerungen eines Landes sind in aller Regel bereits aus einer früheren 'Mischung' hervorgegangen (vgl. Krüger-Potratz 1994, 201).

5.2.4.1 Deutschland als Einwanderungsgesellschaft

Mit dem Nachweis einer Einwanderungsgeschichte könnte für das geographische Gebiet, das heute vom Nationalstaat Deutschland umfasst wird, bereits mit den sprichwörtlichen Römern begonnen werden, deren Legionäre, ob sie nun aus Afrika, Syrien oder Illyrien stammten, sich oft nach Abzug der Truppen niederließen und ihre Spuren hinterlassen haben - genauso wie danach die Hunnen und Aaren usw. (vgl. hierzu Engelmann 1984). Aber auch in der jüngeren Geschichte finden sich viele Vorbilder (vgl. Page Moch 1992; Bade 1992; Herbert 1986).[182] Für die (alte) Bundesrepublik Deutschland möchte ich nur auf ein besonders interessantes Beispiel hinweisen: Nach dem Zweiten Weltkrieg kamen zwischen 1945 und 1950 mit den 'Heimatvertriebenen' fast 12 Millionen Menschen nach Westdeutschland. Trotz überaus schlechter ökonomischer Rahmenbedingungen im zerstörten Nachkriegsdeutschland war, wenn auch keineswegs völlig reibungslos und zunächst nicht ohne Vorbehalte seitens der ansässigen Bevölkerung, letztlich doch eine erfolgreiche Eingliederung dieser enormen Anzahl von Menschen möglich. Die Tatsache, dass die Neuankömmlinge umgehend die Staatsbürgerrechte erhielten und ein dominanter politischer Wille ihre Eingliederung unterstützte, trug zweifellos zur sozialen Integration bei. Das Beispiel zeigt, wie verfehlt es wäre, *nur* auf Einwanderungszahlen zu schauen (vgl. Bade 1984; Thränhardt 1993c, 5).

Deutschland ist auch heute *faktisch* ein Einwanderungsland, ohne dies freilich politisch und institutionell anerkennen zu wollen (vgl. für viele andere: Thränhardt 1988, 11; Bade 1992, 11; Hamburger 1994, 48). Die Einwanderungstatsache belegt nicht zuletzt ein Blick in die Bevölkerungsstatistik. Weniger interessant ist hierbei, dass 1993 in der neuen BRD 6,8 Millionen Menschen als 'Ausländer' registriert wurden und sich hieraus ein Anteil an der Gesamtbevölkerung von 8,3% errechnen lässt. Interessanter ist, dass sich etwa 60% der so Eingruppierten bereits länger als acht Jahre in Deutschland aufhalten und im Grunde kaum mehr als 'Ausländer' bezeichnet werden können (Thränhardt 1988, 6). Nach der Vereinigung

[181] Bezeichnend ist auch die Auflösung, die durch die obige Gleichung im Grunde stillschweigend mit impliziert wird: "keine 'Ausländer' = kein Rassismus". Ein kleines Gedankenspiel ist hier hilfreich: Man stelle sich vor, dass eine offen rassistisch agierende Partei die Parole 'Ausländer raus' vertritt. Stellt man sich weiterhin vor, dass diese Partei sich gesellschaftlich durchgesetzt hat, das Land durch Maßnahmen, die mit dem Unwort 'ethnische Säuberungen' bezeichnet werden würden, 'ausländerfrei' gemacht wurde. Durch scharf bewachte Grenzen, den Bau hoher Elektrozäune, die Installation von Selbstschussanlagen und Minenfeldern soll jetzt eine neuerliche Einwanderung verhindert werden. Wäre diese Gesellschaft dann plötzlich frei von Rassismus? Wenn rassistische Konzeptionen ihr Ziel erreicht haben und ihre Intensionen total und umfassend innerhalb nationaler Grenzwälle zur Wirklichkeit geworden wären, gäbe es dann keinen Rassismus mehr? Zu Recht erscheint diese Schlussfolgerung einigermaßen absurd.

[182] Übrigens dominierten über Jahrhunderte hinweg eher die Auswanderungsbewegungen (Thränhardt 1993c, 5).

von BRD und DDR sank übrigens der sogenannte Ausländeranteil, da zwar jetzt mehr Menschen (ca. 65 Millionen Westdeutsche und 16 Millionen Ostdeutsche) in der neuen Republik wohnen, die ehemalige DDR jedoch sehr wenig Einwanderinnen und Einwanderer zu verzeichnen hatte. In der früheren DDR (1990: ca. 1,2%) war und in den neuen Bundesländern (1992: ca. 1%) ist der sog. Ausländeranteil überaus niedrig. Gerade die letztgenannten Angaben zeigen nochmal, dass Zahlen über Einwanderung für sich genommen noch sehr wenig Aussagekraft haben: Bei einem sehr geringen sog. Ausländeranteil müssen auch für die neuen Bundesländer überaus aggressive Rassismen konstatiert werden.

Die größten Gruppen unter den als 'Ausländer' Registrierten bilden - aus den Ländern des Mittelmeerraumes kommend, in denen in der alten Bundesrepublik Arbeitsmigranten angeworben wurden - die Eingewanderten aus der Türkei, dem ehemaligen Jugoslawien und Italien.[183] Die Einbürgerungsrate ist übrigens - trotz ansteigender Tendenz - überaus niedrig und beträgt 1993 nur 0,7% (Thränhardt 1995, 34).[184]

Neben diesen Einwanderinnen und Einwanderern (und deren Söhnen und Töchtern), die im Zuge klassischer Arbeitsmigration nach Deutschland gekommen waren, geht es in der politischen Diskussion vor allem um zwei weitere Gruppen: erstens um asylsuchende Flüchtlinge, die - meist aus (Bürger-)Kriegsgebieten oder ärmeren Regionen dieser Welt stammend - sich auf den (mittlerweilen geänderten und erheblich eingeschränkten) deutschen Verfassungsartikel auf politisches Asyl und/oder auf die Bestimmungen der Genfer Flüchtlingskonvention berufen (vgl. Bade 1992, 22ff.); zweitens um Aussiedler und Aussiedlerinnen aus Osteuropa, die sich auf verbürgtes deutsches Recht beziehen und als 'ethnische Deutsche' beanspruchen, als deutsche Staatsbürgerinnen und Staatsbürger anerkannt zu werden (vgl. ebd., 29ff.).

1989 beantragten 121 000 Personen die Gewährung eines politischen Asyls, 1991 waren dies 256 000, 1992 438 000 und 1994 127 210 (vgl. Mühlhum 1993; Meier-Braun 1995). Die meisten Antragstellerinnen und Antragsteller kamen 1991/92/93 aus den Kriegsgebieten im ehemaligen Jugoslawien und aus Rumänien. Die Anerkennungsquote für Asylbewerberinnen und Asylbewerber lag 1991 bei 6,9% und sank in den beiden darauf folgenden Jahren sogar auf 4,3% und 3,2% (vgl. Andersen/Woyke 1996, 710).

In derselben Periode wanderten 1989 377 036 Personen aus Rumänien, Polen und der ehemaligen Sowjetunion als Aussiedler und Aussiedlerinnen ein, 1991 waren dies 222 000, 1992 230 000 und 1994 222 000 (vgl. Ronge 1993; Bade 1992; Meier-Braun 1995).

5.2.4.2 Die Niederlande als Einwanderungsgesellschaft

Auch das geographische Gebiet, auf dem heute der Nationalstaat Niederlande angesiedelt ist, hat eine lange Migrationsgeschichte. In den Niederlanden hat es Einwanderung und Auswanderung zu allen Zeiten gegeben, allerdings dominierte bis zum Jahre 1961 die Auswanderung

[183] Fast 40% der in der Bevölkerungsstatistik als 'Ausländer' registrierten Personen haben die türkische Staatsangehörigkeit; ca. 13% haben Staatsangehörigkeiten der neuen Nationalstaaten, die aus dem früheren Jugoslawien hervorgegangen sind; 10% haben die italienische Staatsangehörigkeit (Statistisches Bundesamt 1993, 72).

[184] Die Rate gibt den Prozentsatz im Verhältnis zur 'ausländischen' Bevölkerung an. Bei der Angabe handelt es sich um die sog. Ermessungseinbürgerungen; zählt man die sog. Anspruchseinbürgerungen hinzu, steigt die Einbürgerungsquote auf 2,9%. Einen verbrieften Rechtsanspruch Anspruch auf Einbürgerung hat die Gruppe der Aussiedlerinnen und Aussiedler.

(zu Übersichten, die bis in frühere Jahrhunderte zurückreichen, vgl. Lucassen/Penninx 1985 und Entzinger 1985).

Betrachtet man die aktuelle demographische Landkarte der Niederlande, dann zeigt sich, dass die Gesamtbevölkerung 15,1 Millionen Einwohnerinnen und Einwohner umfasst und davon 1,3 Millionen (8,7%) im Ausland geboren oder aber Kinder von im Ausland geborener Einwanderinnen und Einwanderer sind. Der prozentuale Anteil dieser Gruppe entspricht also dem sog. Ausländeranteil in Deutschland (siehe oben).

Anders als in Deutschland, wo nicht nur im Alltag, sondern auch in Politik und Verwaltung der Begriff 'Ausländer' gebraucht wird, sind in den Niederlanden zur Kennzeichnung der Eingewanderten und ihrer Nachkommen die Begriffe 'Allochthone' oder 'ethnische Minderheiten' verbreitet,[185] während die (ethnischen) Niederländerinnen und Niederländer 'Autochthone' genannt werden (siehe Einleitung). Zwischen den verschiedenen Einwanderergruppen gibt es entscheidende Unterschiede im Staatsbürgerschaftsstatus, die aus der spezifischen Kolonial- und Einwanderungsgeschichte der Niederlande zu erklären sind; so besaßen beispielsweise mehr als 500 000 Eingewanderte aus den (ehemaligen) Kolonien bereits zum Zeitpunkt der Einwanderung die niederländische Staatsbürgerschaft.

Die Einbürgerungsrate betrug 1993 insgesamt 5,7% und ist damit, vor allem aufgrund der (damals noch vorhandenen) Möglichkeit der doppelten Staatsbürgerschaft, aber auch bedingt durch die niedrigeren Hürden, die einer sog. Naturalisierung entgegengestellt werden, um ein

---

[185] Genau genommen unterscheidet die Bevölkerungsstatistik meist noch zwischen ethnischen Minderheiten und Allochthonen. Diese *amtlichen* und *statistischen* Begriffe, die *nicht* denen der vorliegenden Arbeit entsprechen (siehe Einleitung), müssen deshalb verdeutlicht werden: Als *ethnische Minderheit* wird eine Gruppe definiert, deren Kultur von 'fremden Ursprung' ist *und* die einen niedrigen sozialen Status einnimmt. Ein Maßstab zur Einordnung in diese Kategorie ist das Geburtsland der zu registrierenden Person oder die Geburtsländer der Eltern. Auch in den Niederlanden Geborene werden, selbst wenn sie die niederländische Nationalität angenommen haben, zur Gruppe der ethnischen Minderheiten gerechnet, wenn eine der beiden Eltern dieser Gruppe zuzuordnen ist. Die Eingewanderten und deren Nachfahren aus den ehemaligen Kolonien Surinam und den Antillen bilden hier, zusammen mit denen aus den Anwerbeländern im Zuge der Arbeitsmigration, der Türkei und Marokko, die größte Gruppe. Der amtliche Begriff *allochthon* umfasst zwar auch die Gruppe der ethnischen Minderheiten. Darüber hinaus werden hier noch die Menschen fremder Herkunft hinzu gerechnet, die aus industrialisierten Ländern stammen und bei denen angenommen wird, dass sie *keinen* niedrigen sozialen Status einnehmen (Nordwest-Europa, Nord-Amerika usw.). Der Begriff *ethnische Gruppe* ist schließlich die allgemeinste Kategorie der amtlichen Statistik: hiermit können einzelne Gruppen der ethnischen Minderheiten oder der Allochthonen, aber auch die Mehrheitsgesellschaft der Niederländer angedeutet werden (eine Person, die in der Statistik als *Niederländerin* oder *Niederländer* registriert wird, muss genauso wie ihre beiden Eltern in den Niederlanden geboren sein).

Warum beschränkt sich die Bevölkerungsstatistik nicht einfach auf das Merkmal *Nationalität*? Viele Eingewandert haben die niederländische Staatsangehörigkeit. Die amtliche Statistik interessiert sich jedoch für Gruppen, die für die Maßnahmen von Politik und Verwaltung relevant sind. Deshalb liegt ein Schwergewicht in der Definition von ethnischen Minderheiten auf Gruppen, die einen Rückstand haben(vgl. Het Amsterdamse Bureau Voor Onderzoek en Statistiek 1995, 3). Ethnische Minderheiten sind das Objekt der Minderheitenpolitik, in ähnlicher Weise wie *Ausländer* in Deutschland Objekt der *Ausländerpolitik* sind.

In internationalen Vergleichen kommt es angesichts dieser unterschiedlichen statistischen Kategorien häufig zu Verwirrungen. Beispielsweise gibt Küchler den 'Ausländeranteil' der Niederlande mit 5% (Eingewanderte, die *nicht* im Besitz der niederländischen Staatsangehörigkeit sind) an und stellt ihn kommentarlos neben den Wert 8,3% für Deutschland (Küchler 1996, 251). Eine Parallelisierung, die wissenschaftlich gesehen als unangemessen bezeichnet werden muss.

Vielfaches höher als in Deutschland (siehe oben).[186]

In der neueren Migrationsgeschichte nach dem Zweiten Weltkrieg sind drei Einwanderungsbewegungen zu unterscheiden (vgl. Leiprecht/Lutz 1996): Die erste ist mit der Kolonialgeschichte der Niederlande verbunden. 1949, nach der Unabhängigkeit Indonesiens, wanderten ungefähr 300 000 Menschen aus Indonesien ein, darunter sowohl europäische Kolonisten als auch sogenannte *Indos* (Söhne und Töchter von Verbindungen zwischen Kolonisten und Autochthonen) und Angehörige der königlichen Armee, die für die niederländische Kolonialmacht gekämpft hatten, die Molukkerinnen und Molukker, die mit der Eisenbahnentführung in den siebziger Jahren auf die Vernachlässigung dieser Gruppe durch die niederländische Regierung aufmerksam machen wollten.[187] Zu der kolonialen Gruppe werden auch 240 000 Einwanderinnen und Einwanderer aus Surinam[188] gezählt. In Surinam entspricht der Umfang der Gesamtbevölkerung heute in etwa dem der in den Niederlanden lebenden surinamischen Einwanderinnen und Einwanderer. Die meisten Surinamerinnen und Surinamer kamen kurz vor und nach der Unabhängigkeitserklärung im Jahre 1975. Weitere 80 000 Angehörige der kolonialen Gruppe stammen aus den niederländischen Antillen, die auch heute noch zum niederländischen Königreich gehören.

Eine zweite Gruppe von Eingewanderten kommt aus den Mittelmeerländern, den klassischen Anwerbeländern der Arbeitsmigration, die teilweise übereinstimmen mit den auch in Deutschland bekannten Immigrantengruppen. Die zahlenmäßig größten Gruppen sind Einwanderinnen und Einwanderer aus der Türkei (230 000) und aus Marokko (190 000).

Eine dritte Gruppe stellen die asylsuchenden Flüchtlinge dar. Trotz einer in den letzten Jahren immer restriktiver werdenden Entmutigungspolitik wurden 1994 53 000 Anfragen auf Asyl gestellt, während es 1993 noch 35 000 und 1991 und 1992 jeweils 20 000 gewesen waren. Etwa ein Viertel der Asylsuchenden bildeten die (Bürger-)Kriegs-Flüchtlinge aus dem ehemaligen Jugoslawien. Während die Anerkennungsquote (A-Status) für individuelle Asylgesuche insgesamt 1993 noch bei 34% lag, sank sie 1994 auf 11% (vgl. VluchtelingenWerk 1995). Vor 1993 wurden in den Niederlanden, nimmt man das Verhältnis zur Bevölkerungsgröße als Maßstab, im Vergleich zu Deutschland deutlich weniger Anträge auf Asyl gestellt.

Eine Gruppe von Eingewanderten, die mit den Aussiedlerinnen und Aussiedlern in Deutschland vergleichbar wäre, gibt es in den Niederlanden *nicht*.

Die Diversität der Einwanderergruppen ist auch in den Niederlanden sehr groß: Unter den Eingewanderten gibt es 150 verschiedene Nationalitäten, die wiederum nach unterschiedlichen ethnischen Zugehörigkeiten differenziert werden können. Dies ist einerseits die Folge der Offenheit einer Kaufmanns- und Handelsgesellschaft, in der sich schon immer 'Fremde' angesiedelt haben (um 1700 waren beispielsweise 40% aller Amsterdamer 'allochthon'). Andererseits lag ein besonderes Merkmal des niederländischen Kolonialismus darin, dass Menschen aus verschiedenen Kontinenten als Sklaven oder Kontraktarbeiter dorthin gebracht

[186] Eingewanderte, die sich fünf Jahre rechtmäßig in den Niederlanden aufgehalten haben, können im Prinzip einen Antrag auf Naturalisierung stellen. Zwischen 1991 und 1994 haben sich ein Viertel der türkischen Staatsangehörigen in den Niederlanden einbürgern lassen (vgl. Thränhardt 1995, 36).

[187] Mit Ausnahme der Molukkerinnen und Molukker werden die Eingewanderten aus Indonesien nicht als Zielgruppe der Minderheitenpolitik betrachtet, sondern als vollständig integriert angesehen.

[188] Surinam, ehemals Niederländisch-Guyana, liegt im Norden Südamerikas.

wurden, wo man ihre Arbeitskraft benötigte.[189] Auf diese Weise ist eine große ethnische Diversität entstanden, die sowohl die Bevölkerungszusammensetzung in den ehemaligen Kolonien als auch - als Folge der Entkolonialisierung - die niederländische Gesellschaft kennzeichnet.[190]

5.3 Politische Diskurse und politische Maßnahmen im Bereich Einwanderung

Die Einwanderinnen und Einwanderer in beiden Ländern werden zum Gegenstand gesetzlicher Regelungen und politischer Maßnahmen und Diskurse. Vor allem die Zahlen über die aktuelle Einwanderung geraten - in unterschiedlicher Weise und zu unterschiedlichen Zeitpunkten - zum Mittel in der politischen Auseinandersetzung und werden mit bestimmten Bedeutungen belegt. Von der offiziellen Politik gegenüber Eingewanderten und den politischen Auseinandersetzungen um die Richtung dieser Politik gehen Signalwirkungen für die Gesellschaft aus. Geht es um die dominierenden Orientierungsangebote im Bereich Einwanderung in Deutschland und den Niederlanden sind diese Signale von besonderer Bedeutung.

5.3.1 *Ausländerpolitik* in Deutschland und politische Diskurse zu einem sogenannten *Ausländerproblem*

Die Maßnahmen in der (alten und später auch in der neuen) Bundesrepublik Deutschland gegenüber Eingewanderten formieren bezeichnenderweise unter dem Titel *Ausländerpolitik* und sind von zwei Grundtendenzen dominiert: Zum einen wird die Migrationsthematik hauptsächlich im Rahmen von Arbeitsmarktpolitik verortet (Hamburger 1994, 49),[191] zum anderen ist die hartnäckige Weigerung bestimmend, die Tatsache zur Kenntnis zu nehmen, dass der Verbleib von Einwanderinnen und Einwanderern auf Dauer angelegt ist (Bade 1992, 17).

Der Migrationsexperte Klaus J. Bade macht in der westdeutschen Ausländerpolitik verschiedene Phasen aus (Bade 1992, 16ff.):

- eine Anwerbephase, die 1955 begann und in der die Beschäftigung der Angeworbenen als vorübergehende Erscheinung auf dem Arbeitsmarkt betrachtet wurde;

---

[189] Z.B. Sklavinnen und Sklaven von der westafrikanischen Küste nach Surinam, später auch Kontraktabeiterinnen und Kontraktarbeiter aus Indien und Java.

[190] Bei den Surinamerinnen und Surinamer werden zum Beispiel mehrere ethnische Subgruppen unterschieden: die ‘Kreolen’ (Nachfahren westafrikanischer Sklaven und weißer Kolonisten), die Hindustaner (Nachfahren von Kontraktarbeitern aus dem indischen Subkontinent), die Javaner aus dem heutigen Indonesien, Chinesen, sogenannte ‘Waldkreolen’ (Nachfahren geflüchteter Sklavinnen und Sklaven) und die Angehörigen der damaligen autochthonen Bevölkerung Surinams (Indianer, in den USA mittlerweile als ‘native americans’ bezeichnet).

[191] Dies bedeutet auch, dass vor allem wirtschaftliche ‘Verwertungsinteressen’ im Vordergrund standen. Auf der arbeitsrechtlich-wirtschaftlichen Ebene lässt sich eine systematische Benachteiligung der eingewanderten Arbeiterinnen und Arbeiter feststellen (vgl. hierzu etwa Castels 1987, Kühne 1987). Eine solch’ offenkundig unterschiedliche Behandlung von Arbeitskräften - von institutioneller Seite abgesichert und vollzogen - kann auch die die Tendenz zur einer Annahme unterschiedlicher Wertigkeiten unterstützen und/oder reproduzieren (vgl. Ruf 1989).

- eine Phase der Konsolidierung, die mit dem Anwerbestopp 1973 einsetzte und von drei (widersprüchlichen) Grundgedanken getragen wurde: Zuwanderungsbegrenzung, Rückkehrförderung und Maßnahmen zur Integration;[192] gleichzeitig wurde auf der arbeitsrechtlichen und wirtschaftlichen Ebene die abgestufte Behandlung von deutschen und zugewanderten Arbeitskräften wurde zunehmend verschärft;[193]
- eine Phase mit Maßnahmen und Vorschlägen zur zögerlichen Verbesserung der Position von Arbeitsmigranten (als Stichworte seien hier genannt: die Ernennung eines speziellen Ausländerbeauftragten der Bundesregierung 1978; der Vorschlag, in der Bundesrepublik geborenen und aufgewachsenen Jugendlichen das Optionsrecht auf Einbürgerung zuzugestehen; der Versuch zur Einführung eines kommunalen Wahlrechts in einigen Bundesländern[194]);
- eine Phase, die Anfang der achtziger Jahre einsetzte und in der - mit dem Verweis auf Wirtschaftskrise und Arbeitslosigkeit - Überlegungen und Maßnahmen zur Begrenzung und Abwehr von Einwanderung an erster Stelle standen;[195]
- eine Phase, die mit der Reform des Ausländerrechts (von Fachleuten als *Verschlimmbesserung*[196] gekennzeichnet) begann und durch die "hochkomplexe neue Einwanderungssituati-

[192] Annita Kalpaka weist (wie viele andere) darauf hin, dass Integration oft als Kolonisierung oder Assimilation konzipiert wurde und in aller Regel nicht die gleichberechtigte Teilhabe an den gesellschaftlichen Möglichkeiten meinte (Kalpaka 1986, 13ff.). 'Integration' stand unter dem Zeichen einer Art 'Doppelstrategie: Die 'Defizite' der Kinder von Arbeitsmigranten (in Bezug auf deutsche Sprachkenntnisse, Lernschwierigkeiten, Verhaltensauffälligkeiten) sollten abgebaut werden, um eine reibungslose Eingliederung in das Schulsystem der Bundesrepublik zu gewährleisten (Aufgabe des Regelunterrichts). Gleichzeitig sollte die kulturelle Identität der Arbeitsmigranten bewahrt und unterstützt werden, um die Rückkehrfähigkeit zu erhalten (Aufgabe des muttersprachlichen Ergänzungsunterrichts durch ausländische Lehrer).

[193] So gab es in der Folge des neu formulierten §19 im Arbeitsförderungsgesetz (AFG) von 1973 entsprechende Anweisungen der Bundesanstalt für Arbeit, arbeitslose Deutsche ausländischen Arbeitskräften entlang einer genau abgestuften Hierarchie (EG-Angehörige, unterschiedliche Nicht-EG-Angehörige je nach Status ihrer Aufenthaltstitels) vorzuziehen (vgl. Katsoulis 1978/1984[II], 192).

[194] Ein Versuch, der schließlich Ende der neunziger Jahre vom Bundesverfassungsgericht allerdings für grundgesetzwidrig erklärt werden wird.

[195] Diese letztgenannte Phase setzte nach Bade bereits unter einer SPD/FDP-Bundesregierung ein: Die sozialliberale Koalition entwickelte im Dezember 1981 Empfehlungen für eine Begrenzungspolitik, in denen es vor allem um die Einschränkung des Familiennachzugs ging. Wenig später wurden zusätzliche Maßnahmen zur Rückkehrförderung beschlossen. Faktisch konnte die neue CDU/CSU/ FDP-Regierung an diese Regelungen und Vorschläge anknüpfen (Bade 1992, 17).

[196] Verbesserungen gab es in den Vorschriften zur Aufenthaltsverfestigung, im Familiennachzug, bei den Rechtsansprüchen der jungen Generation und der Einbürgerung, Verschlechterungen bei der Verschärfung der Ausweisungsbefugnisse, bei der Abhängigkeit der Aufenthaltserlaubnis vom Nachweis ausreichenden Wohnraums und den Ermessensspielräumen bei der Verlängerung befristeter Aufenthaltserlaubnisse. "Für ausländische Jugendliche ist es", so der Rechtswissenschaftler Helmut Rittstieg, "im Grunde leichter geworden, sich einbürgern zu lassen, als unter Beibehaltung einer anderen Staatsangehörigkeit eine Aufenthaltsberechtigung zu erlangen. So betrachtet stellt das Gesetz im Prinzip mehr auf Assimilierung als auf Integration ab" (Rittstieg 1991, 25). Außerdem behandelt das "neue Ausländergesetz (...) Inländer fremder Staatsangehörigkeit (...) nach wie vor als potentielle Gefahr für die Gesellschaft. Es unterstellt sie (...) behördlichen Mitteilungs- und Überwachungsvorschriften, die von einem totalitären Überwachungswahn getragen werden" (ebd.).

on seit der Vereinigung" von DDR und BRD und "sich gegenseitig eskalierende Überschneidungen in der öffentlichen und politischen Diskussion über die Lage der seit langem im Lande lebenden Ausländerbevölkerung und über die Zuwanderung von Aussiedlern und asylsuchenden Flüchtlingen" geprägt war (Bade 1994, 22).

Die unterschiedlichen Phasen der Ausländerpolitik wurden in aller Regel von einer mehr oder weniger lautstarken *negativen* politischen Thematisierung von Eingewanderten begleitet. "Die Diskrepanz zwischen der Tatsache der Permanenz und der politischen Illusion der Anwesenheit auf Zeit lud", so der Politikwissenschaftler Dietrich Thränhardt, "dazu ein, bei Krisenerscheinungen oder bei knappen Mitteln materiell und symbolisch auf Kosten der Ausländer zu handeln. Hinzu kommen die rechtlichen Instrumente des Ausländergesetzes, die eine Verfügbarkeit der Ausländer zu garantieren scheinen, und die politische Machtlosigkeit der Ausländer." (Thränhardt 1988, 11)[197]

Nun gehört, so Bade, "'Symbolpolitik' zu einem besonderen Genre der Ausländerpolitik" (Bade 1994, 20). Markigen Ankündigungen und Verlautbarungen folgen nicht immer entsprechende Maßnahmen und Gesetzesänderungen. Allerdings gestaltete sich der Diskurs über Einwanderung als ein *Problem-Diskurs*: die Anwesenheit ausländischer Menschen wurde vor allem als ein gesellschaftliches Problem definiert (vgl. M. Jäger 1996, 80; Räthzel 1997, 194).[198] In den Bundes- und Landtagswahlkämpfen ab 1980 standen entsprechende Thematisierungen von Einwanderung und Flucht regelmäßig an vorderster Stelle auf der politischen Tagesordnung. "In gefährlicher Gemengelage mit anderen Bereichen der 'Ausländerdiskussion'", so stellt Bade fest, wurde "der sogenannte Kampf gegen den 'Missbrauch des Asylrechts'" propagiert (Bade 1992, 18). Die öffentliche Debatte konzentrierte sich zunehmend auf asylsuchende Flüchtlinge und die Asylgesetzgebung.

Dabei kam es zu widersprüchlichen Konstellationen. Als beispielsweise Ende der achtziger

---

[197] Für Anfang der achtziger Jahre macht Thränhardt beispielsweise eine regelrechte "ausländerfeindliche Kampagne" aus, in deren Verlauf vielfach "ein Türkenproblem" behauptet wurde (ebd., 12). Politiker wie Dregger, Spranger und Lummer engagierten sich hier an erster Stelle (vgl. auch Leiprecht 1990, 217ff.). In welcher Weise im deutschen Bundestag geredet werden konnte, ohne dass sich ein breitgetragener Widerspruch regte, zeigt exemplarisch eine Rede des CDU-Politikers und damaligen Bundestagsabgeordneten Alfred Dregger: Dregger erläutert in dieser Rede, dass es ein Ziel der Ausländerpolitik sein müsse, nur eine begrenzte Zahl von Ausländern aufzunehmen. Der dabei zu hantierende Maßstab sei die kulturelle Nähe der aufzunehmenden Ausländer zum aufnehmenden Volk. In diesem Kontext warnt Dregger vor allem vor einer weiteren Zuwanderung aus der Türkei und der vollen Freizügigkeit, die eine Mitgliedschaft der Türkei in der EG mit sich bringen würde. Originalton Dregger aus dem Protokoll des Deutschen Bundestages vom 4.Februar 1982: "In der Türkei warten Millionen Menschen auf diesen Tag. Wenn diese Welle über uns hereinbräche, bräche zugleich unser Sozialstaat, der ohnehin wegen finanzieller Erschöpfung aufs höchste gefährdet ist, zusammen. (...) Türken sind (...) nicht nur nicht zu assimilieren, sie sind auch nur schwer zu integrieren." (Gefunden bei M. Jäger 1996, 78ff.; vgl. auch Wichert 1994, 61) Dregger stand mit solchen Auslassungen keineswegs allein. Es ist zu jenem Zeitpunkt die erklärte Politik der Bundesregierung, einer Koalition aus CDU/CSU und FDP, dass bis 1990 die Hälfte aller 'Ausländer' die Bundesrepublik verlassen haben sollen (vgl. Meinhardt 1984, 19).

[198] Für die sogenannte *Ausländerpädagogik*, dessen dominanter Defizitansatz sich eher im weniger der Öffentlichkeit auffallenden Bereichen realisierte, aber sehr gut zu den Problem-Diskursen in der Öffentlichkeit passte, vgl. Kalpaka 1986, 3 oder Lutz 1991, 27.

Jahre die Anzahl der Menschen, die in Deutschland die Gewährung eines politischen Asyls beantragten, deutlich anstieg und zugleich immer mehr Aussiedlerinnen und Aussiedler sich auf ihr Recht beriefen, deutsche Staatsbürgerinnen und Staatsbürger zu sein, wurde in dominanten Diskursen in der Politik und in den Medien zunehmend zwischen 'guten' und 'schlechten' Flüchtlingen getrennt. Während es viele Politiker-Appelle und Werbekampagnen gab, in denen dazu aufgerufen wurde, Aussiedlerinnen und Aussiedler mit offenen Armen zu empfangen, wurde die Gruppe der asylsuchenden Flüchtlinge mit "Ernst und Sorge" (so der damalige Bundesinnenminister Zimmermann) betrachtet. Während die einen als "deutsche Landsleute" willkommen geheißen werden sollten, wurden die anderen als "Wirtschaftsflüchtlinge" dargestellt, die aus eigennützigen Motiven den deutschen Steuerzahlerinnen und Steuerzahlern "auf der Tasche" lägen. Während die einen als eine "nützliche Bereicherung" für die Republik betrachtet werden sollten, wurden die anderen mit Bildern wie "Untergang" und "Gefahr" gekoppelt. Die Steigerungen der Asylbewerberzahlen wurden allmonatlich als regelrechte Sensations- und Schreckensmeldungen präsentiert (vgl. hierzu Leiprecht 1990, 215ff.).[199] Hinzu kam, dass 'von oben' ein Diskurs der nationalen Verbundenheit stimuliert wurde, der im Grunde mit einer völkischen Abstammungslogik argumentierte und zugleich der Ausgrenzung von 'andersartigen' Flüchtlingen diente, während es auf der linksalternativen Seite und in den Gewerkschaften eine starke Tendenz gab, die Gruppe der Aussiedlerinnen und Aussiedler gerade wegen der öffentlich-rechtlich forcierten 'Deutschtümelei' abzulehnen und sich auf die Seite der 'armen Flüchtlinge' zu schlagen. In empirischen Untersuchungen zeigte sich, dass viele Menschen die negativen und abwehrenden Aussagen über die verschiedenen Neuankömmlinge aufnahmen und zugleich auf alle Gruppen, die sie insgesamt als 'Ausländer' definierten, also sowohl auf asylsuchende Flüchtlinge als auch auf Aussiedler und Arbeitsmigranten, übertrugen und verallgemeinerten (ebd., 365).

5.3.2 Hinweise zu Entwicklungen in der früheren DDR

In der ehemaligen DDR wurden ebenfalls Arbeitsmigrantinnen und Arbeitsmigranten beschäftigt. Der sog. Ausländeranteil (1989 ca. 1,2%) war - im Vergleich zur alten Bundesrepublik oder den Niederlanden - jedoch überaus niedrig. Von den auf Grundlage von Regierungsabkommen angeworbenen Arbeitskräften machten die Migrantinnen und Migranten aus Vietnam (59 000) und Mosambik (15 000) die größten Gruppen aus (vgl. Bade 1994, 52). Bade beschreibt die Situation dieser Menschen "als staatlich verordnete Ausgrenzung und sogar räumliche Gettoisierung" (ebd.). Sie arbeiteten zwar wie die sog. Gastarbeiter in der BRD meist unter harten und ungesunden Arbeitsbedingungen, waren jedoch sozial und wirtschaftlich noch deutlich schlechter gestellt als die westdeutschen Arbeitsmigrantinnen und Arbeits-

[199] Über eine weitere Gruppe wurde in den Zahlenspielen, die viele Politikerinnen und Politiker vorführten, merkwürdigerweise völlig geschwiegen. Zusätzlich reisten nämlich jährlich jeweils um die 230000 Arbeitskräfte nach Deutschland, die durch deutsche Unternehmen geworben worden waren: sie arbeiteten mit einer zeitlich begrenzten Arbeitserlaubnis als Saison- und Kontraktarbeiter (vgl. Ronge 1993, 21). Auffälligerweise wird in den Diskursen von Politik und Medien in aller Regel auch über Daten zur Abwanderung geschwiegen. So sind zwischen 1960 und 1990 zwar 16 Millionen in die BRD eingewandert, im gleichen Zeitraum haben allerdings 12 Millionen die BRD auch wieder verlassen (vgl. Meier-Braun 1995, 22). "Statistisch gesehen", so Hamburger, "'wälzt' sich die ausländische Bevölkerung in vier bis fünf Jahren einmal um" (Hamburger 1994, 49).

migranten. Sie hatten Sozialbeiträge zu entrichten, ohne das soziale Netz beanspruchen zu können und standen durchweg in befristeten und unabgesicherten Arbeitsverhältnissen.[200] In der Öffentlichkeit wurde über die Existenz der Arbeitsmigrantinnen und Arbeitsmigranten geschwiegen (ebd.). Insgesamt lässt sich, so Wolfgang Thierse, die Umgangsweise des Staates mit diesen Menschen als eine "eigene Form der Apartheid" bezeichnen (Thierse 1993, 19).

Neben diesem institutionalisierten Rassismus 'von staatswegen' waren in anderen Bereichen der DDR ebenfalls unterschiedliche Formen von Rassismus festzustellen. So konstatierten aufmerksame Beobachterinnen und Beobachter - spätestens seit einem Überfall von Skinheads auf die Ost-Berliner Zionskirche im Oktober 1987 - rassistische Orientierungen auch unter Jugendlichen. Edith Broszinsky-Schwabe von der Ost-Berliner Humboldt-Universität betont, dass Rassismus auch in der DDR "latent vorhanden (war), aber durch Presse und die öffentliche Propaganda verschwiegen (wurde), weil sie nicht in das DDR-Bild passten. Fälle von Tätlichkeiten gegenüber Ausländern wurden zudem von der Volkspolizei fast nie verfolgt" (Broszinsky-Schwabe 1990, 35). Forschungen des Leipziger Jugendinstitutes - von der DDR-Führung regelmäßig *nicht* zur Veröffentlichung freigegeben - verzeichneten hingegen bereits frühzeitig besorgniserregende Tendenzen unter Jugendlichen (vgl. Schubarth 1989; Friedrich 1990).

Verschiedene DDR-Autoren nennen verschiedene Facetten, die sich zu einem Erklärungsansatz für den Anstieg rechtsextremer Orientierungen zu DDR-Zeiten zusammensetzen lassen: So erklärt Konrad Weiß die zunehmende Attraktivität mit Anknüpfungspunkten in solchen Ideologien, die gewissermaßen zur Normalität des DDR-Alltages passten. In einem Bericht von 1989, dessen erste Veröffentlichung ein Jahr zuvor noch von der SED-Führung verboten gewesen war, formuliert Weiß: "Die Rechten in Arbeits- und Ausbildungskollektiven erfreuen sich einer zunehmenden Akzeptanz. Das hängt sicher mit den Werten zusammen, die von den neuen Faschisten vertreten (...) werden. Dem unpolitischen Beobachter (...) erscheinen sie offenbar als arbeitssame, ordentliche, disziplinierte junge Mitbürger, die nicht einfach in den Tag hinein gammeln. In der Tat wendet sich die neue Rechte vehement gegen die ansonsten verbreitete Null-Bock-Ideologie (...)." (Weiß 1989, 43ff.).

Der Rostocker Sozialwissenschaftler Hermann Langer beschreibt die "zunehmende Krise des real existierenden Sozialismus" als ein wichtiges Erklärungsmoment. Die "Unfähigkeit der SED-Führung, gravierende Probleme zu lösen, ihr Versuch, diese mit Erfolgsmeldungen und frisierten Statistiken zu übertünchen, führten zu einem zunehmenden Werteverfall. (...) Der Rückzug der Mehrheit in private Nischen schuf ein ideologisches Vakuum", viele Jugendliche reagierten auf die "Heuchelei in den Elternhäusern, die Reglementierung in den Schulen, die sinnentleerte Arbeit in der FDJ (mit) einer Art Kontraposition (und vertraten) Neonaziparolen" (Langer 1991, 93).

Ein weiteres Erklärungsmoment nennt Wolfgang Brück vom Leipziger Jugendinstitut, indem er darauf verweist, dass in der DDR der "Artefakt 'Sozialismus in den Farben der DDR' als Ausdruck nationalistischer Eigenüberhöhung" verbreitet und dies mit einer mehr oder weniger unterschwelligen Abgrenzung und Abwertung etwa gegenüber den angeblich weniger leistungsfähigen Polen oder Rumänen verbunden war (Brück 1988).

[200] Vietnamesische Arbeiterinnen wurden bei einer Schwangerschaft vor die Alternative gestellt, entweder eine Abtreibung vorzunehmen oder aber abgeschoben zu werden. Außerdem mussten 12% des Bruttolohnes direkt an den vietnamesischen Staat abgeführt werden.

5.3.3 *Minderheitenpolitik* in den Niederlanden und politische Diskurse gegenüber Minderheiten

In den Niederlanden wurde Einwanderung, ähnlich wie in der alten Bundesrepublik, zunächst als Bestandteil von Arbeitsmarktpolitik gesehen und können nahezu analoge Phasen ausgemacht werden. Einer Anwerbephase in den fünfziger Jahren folgte 1973 ebenfalls ein Anwerbestopp. Die Regierung machte deutlich, dass die Niederlande kein Land ist, in dem sich Arbeitsmigrantinnen und Arbeitsmigranten auf Dauer niederlassen können. Die Rückkehrbereitschaft sollte gefördert und ein allzu umfassendes Niederländisch-Werden (*vernederlandsing*) verhindert werden, um die Option einer Wiedereingliederung im Herkunftsland offen zu halten (vgl. etwa Penninx 1979; 1988).

Allerdings veränderte sich mit zunehmender Zeitspanne des Verbleibs und fortgesetzter Familienzusammenführung nach und nach der Diskurs über Arbeitsmigrantinnen und Arbeitsmigranten. Die Einsicht verbreitete sich, dass eine große Zahl nicht nur vorübergehend, sondern auf Dauer in den Niederlanden verbleiben würde (vgl. Rath 1991, 159). Diese Anerkennung der Einwanderung als dauerhaftem Bestandteil der Gesellschaft fand zwar (spätestens in den frühen achtziger Jahren) auch in Westdeutschland Zustimmung, allerdings blieb sie dort eher auf Fachkreise beschränkt, die sich mit Migration, sog. Ausländerarbeit und interkultureller Pädagogik befassten und wurde nicht, wie in den Niederlanden, zu einem wichtigen Standpunkt in der Politik (vgl. Yildiz 1997, 271ff.).

Eine Erklärung für diesen Unterschied lässt sich im Zusammenhang mit der niederländischen Kolonialgeschichte finden. Die verschiedenen Gruppen der Arbeitsmigration standen Anfang der achtziger Jahre noch außerhalb jeder Macht- und Einflussstruktur: sie waren als Wählerinnen und Wähler nicht interessant und wurden von Sozialarbeit und Schule vor allem als 'Problemgruppen' definiert. Dies war bei den kolonialen Gruppen zumindest teilweise anders. Zwar wurden die Einwanderinnen und Einwanderer aus den Kolonien aufgrund der Tatsache, dass sie die niederländische Staatsbürgerschaft besassen, auch mit ausgrenzenden und rassistischen Repräsentationen und Diskursen konfrontiert, in denen u.a. versucht wurde, 'echte' und 'unechte' Angehörige der niederländischen Nation zu unterscheiden (vgl. Schuster 1999, 222). Zugleich hatten sie aufgrund der niederländischen Staatsbürgerschaft jedoch - anderes als die Arbeitsmigrantinnen und Arbeitsmigranten aus den Mittelmeerländern - die Möglichkeit, vom aktiven wie passiven Wahlrecht Gebrauch zu machen. Außerdem hatten die Beziehungen zum Einwanderungsland oft eine andere Grundlage. So waren beispielsweise bereits seit den dreißiger Jahren die Kinder der surinamischen Kolonialelite zum Studium in die Niederlande geschickt worden und hatte sich eine gut ausgebildete Gruppe gebildet, die teilweise in den Niederlanden, teilweise in Surinam verblieb. Als 1975 Surinam unabhängig wurde und sich die politischen und ökonomischen Verhältnisse des Landes zunehmend unsicher gestalteten,[201] wurde für diese Elite deutlich, dass ihre Zukunftsperspektive eher in den Niederlanden lag und sie endgültig (oder zumindest für lange Zeit) zu Eingewanderten in den Niederlanden geworden waren. Das Bewusstsein dieser Tatsache brachte auch ein stärkeres Bewusstsein ihres Status und ihrer Position in der niederländischen Gesellschaft mit sich. Als - wie sich zeigte - durchaus einflussreiche Lobbyisten ihrer Sache gestalteten sie den politischen Diskurs in den Niederlanden mit.

[201] Erinnert sei nur an die sog. Dezembermorde von 1982, einem Kampf um die politische Macht in Surinam, in dessen Verlauf Angehörige der politischen und kulturellen Elite durch ein Armeekommando regelrecht hingerichtet wurden.

Doch noch eine andere koloniale Gruppe machte auf sich aufmerksam: Nach der Unabhängigkeit Indonesiens 1949 hatten Angehörige der königlichen Armee, die für die niederländische Kolonialmacht gekämpft hatten, das Land verlassen müssen. Diese Gruppe der Molukker machte in den siebziger Jahren mit zwei spektakulären Eisenbahnentführungen auf ihre missliche Lage in den Niederlanden aufmerksam und verlangte - an ein Versprechen der Kolonialregierung erinnernd - eine unabhängige molukkische Republik. "Der Tenor vieler Reaktionen, sicher in Kreisen von Regierung und Verwaltung", so der Kulturanthropologe Jan Rath, war "davon bestimmt, dass der Gewaltausbruch unter den Molukkern mit eine Folge ihres Ausschlusses von sozialen Gütern und Diensten ist" (Rath 1991, 163). Der öffentliche Diskurs wurde zunehmend von der Frage dominiert, wie es möglich sein konnte, dass "eine Bevölkerungsgruppe, die schon so lange in den Niederlanden wohnt, immer noch nicht 'integriert'" war (ebd.). Während der Debatten im Parlament und in den Medien reifte der Gedanke, dass auch für die anderen Gruppen von Eingewanderten neue Überlegungen und Maßnahmen notwendig sein würden. Eine neue Phase der Politik gegenüber Einwanderinnen und Einwanderern begann.

Mit einem sogenannten "Minderheiten-Beschluss" (minderhedennota) stellte auch die Regierung (eine Koalition aus Christ- und Sozialdemokraten) fest, dass die ethnischen Minderheiten im Lande sozio-ökonomischen und kulturellen Benachteiligungen unterliegen. Gewissermaßen 'von oben' her wurde ein entsprechender Handlungsbedarf eingestanden und nach Strategien zur Verbesserung gesucht (vgl. Leiprecht/Lutz 1996; Yildiz 1997). Mit der Schaffung eines weitgehenden Niederlassungsrechts (Rechtsanspruch nach fünf Jahren legalem Daueraufenthalt) und des kommunalen Wahlrechts verbesserte man generell den Rechtsstatus der Eingewanderten, die nicht die niederländische Staatsbürgerschaft besassen. Gleichzeitig wurde in verstärktem Maße die kulturelle Arbeit von Einwandererinitiativen unterstützt, führte man im Rahmen sozialstaatlicher Programme kompensatorische Maßnahmen vor allem im Bildungs- und Erziehungsbereich ein und forcierte den Ausbau der Sozialarbeit mit Migrantinnen und Migranten.[202] Außerdem förderte man auf lokaler Ebene zunehmend die Einrichtung von Meldestellen, Beschwerde- und Beratungsinstanzen. Diese Einrichtungen stehen Betroffenen von Diskriminierung mit Rat und Tat zur Seite, beraten kommunale Verwaltungen und Betriebe darüber, wie beispielsweise Mitarbeiterinnen und Mitarbeiter besser geschult werden können, um Diskriminierungen im Publikumsverkehr und im Umgang mit Kolleginnen und Kollegen zu vermeiden, und machen schließlich auch lokale Öffentlichkeitsarbeit, um auf diskriminierende Praktiken und Problemfelder hinzuweisen.[203] Es ist diese Phase der Minderheitenpolitik, die von Deutschland aus gesehen oft als vorbildlich gesehen

[202] Leider kann die reale Praxis interkultureller Bildung etwa im schulischen Bereich *nicht* an bildungspolitischen Modellen und gesetzlichen Vorgaben *allein* abgelesen werden. Wenn auch die niederländischen Schulgesetze seit Mitte der achtziger Jahre vorschreiben, dass der interkulturelle Unterricht mit zum Aufgabenpaket der Schule gehört, so ist Deutlichkeit in Bezug auf Zielsetzung und Methodik sowohl auf der Ebene von Schulministerium und Schulverwaltung als auch auf der Ebene der Schulen absolute Mangelware: "In der Praxis hat dies dazu geführt, dass die meisten Schulen sich kaum in systematischerer Weise dem interkulturellen Unterricht widmen. In den meisten Schulen besteht interkultureller Unterricht höchstens aus einmaligen Aktivitäten, und auch diese sind noch stark von der persönlichen Initiative einzelner Lehrkräfte abhängig." (Bruin/van der Heijde 1995, 90).

[203] Mittlerweile gibt es ein landesweites Netz von etwa 40 lokalen Einrichtungen, die zwar vom Reich und den Gemeinden subventioniert werden, jedoch - und dies ist sehr wichtig - privater und nichtstaatlicher Art sind.

wird, nämlich, wie dies etwa der Soziologe Erol Yildiz ausdrückt, eine "eher pragmatisch, zweckrational ausgerichtete Politiklinie", die "die Partizipation der Minderheiten in den Vordergrund stellt" (Yildiz 1997, 269).

Nun wäre es verfehlt, die Minderheitenpolitik in den Niederlanden zu jener Zeit nur unter den bisher genannten Aspekten zu betrachten. Der erwähnte Minderheitenbeschluss erklärte nämlich ebenfalls, dass alles getan werden müsse, um eine zukünftige Migration (ausgenommen die Familienzusammenführung) zu verhindern. Auch wurde, so Jan Rath, die dort festgestellte Benachteiligung von Arbeitsmigrantinnen und -migranten nicht als Folge einer (benachteiligten) sozialen Klassenposition oder der spezifischen Art und Weise der Verbleibsbedingungen in den Niederlanden interpretiert, sondern als eine Folge kultureller Unterschiede: "Offenbar wurde (...) davon ausgegangen, dass die Niederlande eine monokulturelle Gesellschaft war und die entstandenen ethnischen und kulturellen Unterschiede aus sich selbst heraus zu Problemen führen würden" (Rath 1991, 164).

Zudem gewann gegen Ende der siebziger Jahre im öffentlichen Diskurs die Sorge über aktuelle gesellschaftliche Entwicklungen zunehmend an Gewicht: "Die ökonomische Krise griff um sich, die Arbeitslosigkeit stieg, kriminelle Exzesse ereigneten sich (...). Ohne die Ursachen direkt auf das Konto der Neuankömmlinge zu schieben, wurde ihre Anwesenheit von nicht wenigen doch mit solchen Problemen assoziiert. Es entstand eine Krisenatmosphäre, in der bestimmte Migranten eine Rolle zugewiesen bekamen, die an (...) eine Art 'inneren Feind' denken ließ." (ebd., 163) Nicht von ungefähr bekam eine 'Rechtsaußen'-Partei - die sog. Centrum Partij (CP) - im Jahre 1982 erstmals nennenswerten Zulauf. Sie erhielt bei den Wahlen zum nationalen Parlament 0,8% der Stimmen und bei den zwei Jahre später stattfindenden Europaparlamentswahlen gar 2,5% (vgl. Elbers/Fennema 1993, 103). Auch kam es zu einigen rassistischen Gewalttaten. Gleichzeitig wurden allerdings Rassismus und Diskriminierung als ernst zu nehmende gesellschaftliche Problemfelder auf die Tagesordnung in Politik und Medien gesetzt (vgl. Ahmad Ali 1984, 7; Anet Bleich 1984, 10).

5.3.4 Die neue Bundesrepublik

Die im Herbst 1990 vollzogene Vereinigung von BRD und DDR führte in Deutschland zu einer neuen gesamtgesellschaftlichen Situation. Es war eine Vereinigung, die staatsrechtlich gesehen, aber auch im emotionalen Erleben vieler Bürgerinnen und Bürger, sich allerdings eher als ein Anschluss von fünf neuen Bundesländern an die alte föderale Struktur der Bundesrepublik Deutschland darstellte. In ökonomischer und sozialer Hinsicht zeigte sich, dass die Einheit viel schwerer zu verdauen war, als die meisten Politikerinnen und Politiker zunächst verkündet hatten.

In den neuen Bundesländern waren die aktuellen Problemlagen mit einer grundlegenden Systemtransformation verbunden, die in hohem Tempo erfolgte und eine grundlegende Neuorientierung der Menschen etwa in ihrer Lebensplanung, in ihren sozialen Beziehungen, in ihrer Kompetenz gegenüber staatlicher Bürokratie und Marktmechanismen und in ihrem politischen Handeln erforderte. Im Jugendbereich kam es im Osten der Republik zu einem regelrechten Kahlschlag bezüglich der Jugendfreizeitangebote. Die Höhe der Jugendarbeitslosigkeit übertraf (und übertrifft) in den neuen Bundesländern die von Westdeutschland bei weitem. Aus Klassenkameradinnen und Klassenkameraden, aus Kolleginnen und Kollegen, die mit einiger Sicherheit ihren zukünftigen beruflichen Weg überschauen konnten, wurden zunehmend Konkurrentinnen und Konkurrenten auf einem unübersichtlichen Markt sehr knapper Ausbildungs- und Arbeitsplätze. Der ostdeutsche Jugendforscher Schubarth: "Der gesellschaftliche Umbruch schafft nicht nur verstärkt Anomie und Desintegration, sondern zerstört auch die alten Stützsysteme, die zur Bewältigung von Anomie und Desintegration hilfreich gewesen wären, während sich neue Stützsysteme erst noch herausbilden müssen." (Schubarth 1993, 258) Schubarth betont zwar, dass es keinen Automatismus zwischen schlechter sozialer und ökonomischer Lage und einer Hinwendung zu rassistischen und nationalistischen Orientierungen gibt und entsprechende Tendenzen in Ostdeutschland nicht auf eine Folge der Verhältnisse in der DDR reduziert werden dürfen. Dennoch wog die "autoritäre Erblast des SED-Staates" seiner Ansicht nach schwer, wenn es darum ging, wie die aktuellen Problemlagen in den neuen Bundesländern von vielen interpretiert wurden: Die "Erfahrungen mit einem autoritären Staat, mit undemokratischen gesellschaftlichen Strukturen, mit Intoleranz, Einschüchterung, Repression und Gewalt haben die Herausbildung (...) undemokratischer Denk- und Verhaltensweisen mit gefördert" (ebd., 259).

Kennzeichnend für die Vereinigung ist auf beiden Seiten Deutschlands, dass sie nicht die Folge eines längeren innerdeutschen Prozesses war, sondern eher "das Nebenprodukt unerwarteter Entwicklungen außerhalb Deutschlands" (Hobsbawm 1991, 203). Obwohl die Massendemonstrationen in der DDR gegen die herrschenden Strukturen zum Umsturz des maroden Systems beitrugen und somit zweifellos eine Grundlage auch für den späteren Zusammenschluss schufen, war es doch nicht so, dass der neue Nationalstaat durch eine langjährige breite Volksbewegung in Ost und West durchgesetzt worden war. Otto Dann verortet die Vereinigung denn auch u.a. im Zusammenhang mit dem Abbau der militärischen Konfrontation in Europa: "Im Jahre 1990 (...) konnten die politischen Führungskräfte in Deutschland durch die Wahrnehmung einer günstigen internationalen Konstellation einen Nationalstaat bilden, obwohl eine deutsche Nation im eigentlichen Sinne noch nicht existierte. Die Nationsbildung kann im heutigen Deutschland also erst *nach* der Konstituierung des Nationalstaates einsetzen." (Dann 1993, 319) Meint man mit Nationsbildung die Schaffung eines *gemeinsamen* Nationalbewusstseins für die neue Bundesrepublik, so dürften Danns Formulierungen durchaus zutreffen. Zunächst wurden die öffentlichen Diskurse beiderseits der ehemaligen Grenze durch eine euphorische Stimmung dominiert. Einige Monate bestimmte die bloße Tatsache der Vereinigung die Öffentlichkeit. Negative Diskurse über asylsuchende Flüchtlinge, Aussiedler und Eingewanderte traten in Westdeutschland deutlich in den Hintergrund (vgl. Thränhardt 1993b, 349). Allerdings war die Situation viel zu kompliziert und ambivalent, als dass die Vereinigungseuphorie allzu lange tragen konnte.

Auch die fast schon 'klassischen' Diskurse zur Herstellung eines Nationalbewusstseins waren, so die Jugendforscher Held, Horn und Marvakis durch spezifische Widersprüchlichkeiten gekennzeichnet: Die Rückbesinnung auf eine gemeinsame deutsche Geschichte verwies entweder auf die deutsche Geschichte des Faschismus an der Macht (eine Rückbesinnung, die von vielen in Westdeutschland als überholt und unnötig empfunden wurde) oder musste - auf der Suche nach positiveren Elementen - sehr viel weiter in die Geschichte zurückgreifen. Die Inszenierung einer nationalen Gemeinschaftssymbolik traf zudem bald auf eine real wirksam werdende soziale Segmentierung zwischen Ost- und Westdeutschland und sah sich mit zunehmenden Überlegenheitspostulaten von Westdeutschen gegenüber Ostdeutschen konfrontiert. Die verstärkte Produktion von Feindbildern und die zunehmende Konstruktion einer Bedrohung 'von außen' - etwa in der Gestalt asylsuchender Flüchtlinge -

stimulierte zugleich auch gewalttätige Formen von Rassismus und unterstützte offen rechtsextreme Gruppierungen, beides Entwicklungen, die nicht zum gewünschten Erscheinungsbild eines demokratischen und weltoffenen Deutschlands passten und die - oft von denselben Politikerinnen und Politikern, die zunächst 'Stimmung' gegen Flüchtlinge gemacht hatten - verurteilt werden mussten (vgl. Held et al. 1996, 34). Trotz widersprüchlicher Signale in all diesen Diskursfeldern erwies sich das letztgenannte am durchschlagendsten. Im Sommer 1991, ein Jahr nach der Vereinigung, begann im Vorfeld verschiedener Landtagswahlen eine neue Kampagne gegen asylsuchende Flüchtlinge, die in Westdeutschland an eine entsprechende Diskurskonstellation früherer Jahre (siehe oben) anknüpfen konnte (vgl. Thränhardt 1993b, 350). In der Literatur besteht jedenfalls, wenn auch mit unterschiedlichen Schwerpunkten, überwiegend Einigkeit über die schädlichen Auswirkungen der sogenannten Asyldebatte, die Anfang der neunziger Jahre in einer verschärften Form erneut geführt wurde (vgl. für viele andere etwa: Birzer/Gessenharter 1996, 195; Koopmans/Rucht 1996, 283; Klein/Falter 1996, 294).[204]

Gegen Ende 1991 musste ein enormer Anstieg rassistisch motivierter Straf- und Gewalttaten verzeichnet werden (siehe V.5.2.2). Die dominanten Reaktionen der etablierten Politik auf die offene Gewalt wirkten indes in aller Regel nicht nur hilflos, sondern auch geradezu stimulierend. In einer Analyse der sich eskalierenden rassistischen Gewalt konstatiert eine Trierer Forschungsgruppe, dass "der 'Erfolg' der Gewalttäter (...) für die weitere Entwicklung der Gewalt- und Straftaten einen zentralen Mobilisierungsfaktor" darstellte (Willems/Würtz/Eckert 1993, 9). Zu diesen stimulierenden Faktoren muss sicherlich das offensichtliche Gewähren-Lassen der Gewalttäter durch Polizei und Staatsanwaltschaft, das zunächst sehr weit ging, genauso gerechnet werden wie die politischen Erfolge: So konnten entsprechende Gruppierungen es als ein Zeichen der etablierten Politik verstehen, dass mit gewalttätigen

---

[204] Als nur ein Beispiel von vielen in diesem Zusammenhang kann auf ein wahltaktisches Schreiben des christdemokratischen Generalsekretärs Volker Rühe an alle Lokal- und Kommunalpolitiker und -politikerinnen der CDU hingewiesen werden. In diesem Brief vom Sommer 1991 forderte er dazu auf, in den Gemeinden Asylrecht und Einwanderung zum Wahlkampfthema zu machen. Vordrucke, in denen die Gemeinden ihre 'individuelle' Klage über die Belastung durch asylsuchende Flüchtlinge nur noch durch das Eintragen des entsprechenden Ortschaftsnamens bestätigen brauchten, schickte er der Einfachheit halber gleich mit. Auch die auflagenstarke Bild-Zeitung arbeitete in eine ähnliche Richtung. Anfang August zitierte das Massenblatt den Bundesinnenminister Schäuble auf der ersten Seite wohlwollend mit der fetten Schlagzeile: *"Jetzt reicht's mit den Asylanten"* (Bild vom 3. August 1991). Kurz darauf startete die Bild-Zeitung eine tägliche Artikelfolge unter dem Motto *"Neue Serie. Asylanten in Deutschland. Wer soll das bezahlen?"* Mit großflächigen Plakaten und Stellwänden wurde für diese Artikelserie unter eben diesem Motto in der gesamten Bundesrepublik geworben.

Ein anderer CDU-Politiker - Heiner Geißler - nahm übrigens, freilich ohne die Namen seiner Parteifreunde zu nennen, kritisch zu diesen Vorgängen Stellung: "Im Juni sagten in Baden Württemberg bei einer Umfrage 9 Prozent, dass sie die Ausländer- und Asylpolitik als wichtiges Problem ansehen. Im September, also drei Monate später, waren es plötzlich 41 Prozent. Was war von Juni bis September geschehen? Im August 1991 wurde das Asylproblem zum erstenmal in einem Landtagswahlkampf mit bundesweitem Echo zum Gegenstand der Wahlauseinandersetzung gemacht, nämlich in Bremen. Massenblätter machten fast jeden Tag mit handbreiten Schlagzeilen über Einzelbeispiele von sogenanntem Asylmissbrauch, die zum Teil erfunden waren, Auflage. (...) Wochenblätter machten mehrmals mit Titelgeschichten über die sogenannte 'Asylantenflut' auf. Das Ergebnis war beindruckend: Am 17. September begannen die Krawalle in Hoyerswerda, und danach stieg die Zahl der Brand- und Mordanschläge sprunghaft an. Sie waren in den letzten drei Monaten des Jahres 1991 um ein Vielfaches höher als in den neun Monaten davor." (Geißler 1993)

Aktionen auf der Straße und dem Anzünden von Häusern, in denen Eingewanderte und Flüchtlinge wohnen, politische Veränderungen bis hin zur Verfassungsänderung (Asylrecht) zu erzwingen waren (vgl. auch Thränhardt 1993b, 355). Man ließ "den dumpfesten Gemütern die Botschaft zukommen: das Problem am Fremdenhass sind die Fremden" (Habermas 1993, 166).

Insgesamt blieb - wenn der Zeitraum ab 1980 betrachtet wird - die gesellschaftliche Gegenwehr gegen die beschriebenen ausgrenzenden Entwicklungen und offen rassistisch-nationalistische Tendenzen zunächst relativ schwach, obwohl aus den Gewerkschaften und den Kirchen heraus immer wieder überaus kritische Stimmen laut wurden und sich verschiedene Initiativen zur Unterstützung von Flüchtlingen bildeten (vgl. hierzu auch Nestvogel 1995). Auf der Seite der Eingewanderten wurde die Gegenwehr zweifellos noch dadurch erschwert, dass ihnen politische Zusammenschlüsse rechtlich nicht erlaubt waren (und sind) und eine Zuwiderhandlung einen Ausweisungsgrund darstellen konnte (und kann). Viele der verschiedenen Vereine von Eingewanderten waren denn auch vor allem kulturell-folkloristisch orientiert. Zudem ließ sich bei vielen Einwanderinnen und Einwanderern - u.a. gerade aufgrund einer Situation der Bedrohtheit und Unsicherheit - eine Abgrenzung gegenüber jeweils später ins Land kommenden Personengruppen (Aussiedler, asylsuchende Flüchtlinge) beobachten (vgl. Leiprecht 1990, 362). Teilweise bestimmten auch politische Differenzen und Konflikte im Herkunftsland das Verhältnis zwischen den Eingewanderten.

Erst nach einem Brandanschlag auf eine türkische Einwandererfamilie in Mölln im November 1992, bei dem drei Menschen den Tod fanden, erreichte eine entsprechende Protestbewegung einen gesamtgesellschaftlich wirksameren Ausdruck. In Form von breiten Anzeigenkampagnen, Lichterketten mit mehreren hunderttausend Teilnehmerinnen und Teilnehmern und Großdemonstrationen wurde in allen Bundesländern gegen 'Ausländerhass' protestiert. Zunehmend organisierten engagierte Menschen Mahnwachen und Telefonketten zum Schutz der Unterkünfte von asylsuchenden Flüchtlingen. Von verschiedenen politischen Seiten wurde auch die Forderung nach der Einführung einer doppelten Staatsbürgerschaft laut. Alle Umfrageuntersuchungen aus dieser Zeit zeigten eine deutliche Tendenz zu weniger Rassismus und Rechtsextremismus (vgl. Thränhardt 1993b, 352).[205]

---

[205] Dennoch beurteilen einige politisch links stehende Kommentatoren diese Proteste überaus skeptisch. Die Rassismusforscherin Nora Räthzel wendet sich hier zu Recht gegen allzu miesmacherische Einschätzungen: "Die Lichterketten gegen Gewalt gegen 'Ausländer' wurden vielfach mit dem Argument kritisiert, es sei den Demonstrantinnen und Demonstranten nur darum gegangen, dem Ausland gegenüber ein positives Deutschlandbild zu erzeugen. Selbst wenn dies das einzige Motiv gewesen wäre (und wie will man das wissen?), so lässt es verschiedene Bewertungen zu. Man kann es als eine positive Wendung interpretieren, wenn große Teile der Bevölkerung sich als 'ausländerfreundlich' darstellen und sich von rassistischer Gewalt distanzieren wollen. Auch das Interesse, selbst zu bestimmen, was als deutsch zu gelten hat, trägt dazu bei, die Frage der Nation aus dem Wertehimmel herab und in die Zuständigkeit der Individuen zu holen. Es wurde zudem ein Schritt in die Richtung getan, das, was deutsch sein soll, nicht im Gegensatz zu Eingewanderten, sondern im Gegensatz zur gewalttätigen Ausgrenzung von Eingewanderten zu bestimmen. Das heißt freilich noch nicht, dass Eingewanderte als ein legitimer Bestandteil der Nation gelten." (Räthzel 1997, 115ff.) Bezeichnenderweise wandte sich der Protest in seiner Hauptstoßrichtung denn auch nicht gegen die vollzogene Veränderung des Asylrechts (am 6.12.92), eine Veränderung, die einer grundlegenden Aushöhlung des Grundrechtes auf Asyl gleichkam, sondern gegen Brandanschläge und gewalttätige Übergriffe gegen Eingewanderte und Flüchtlinge.

5.3.5 Diskurse in den Medien beider Länder zu Einwanderung, Flucht und Asyl

Obwohl, wie gleich zu sehen sein wird, in den Niederlanden zum Untersuchungszeitraum eine gewisse Verschärfung zu konstatieren ist, unterscheiden sich die Mediendiskurse zwischen den beiden Ländern in Bezug auf die Berichterstattung zu Einwanderung, Flucht und Asyl. In einer Analyse niederländischer Medien wird man schwerlich diese extrem aggressive Stilisierung von Eingewanderten und Flüchtlingen als *das* gesellschaftliche Problem entdekken können, wie sie etwa für deutsche Printmedien von der Bild-Zeitung bis hin zum Wochenmagazin Der Spiegel festgestellt werden musste (vgl. etwa Quinkert/Jäger 1991, Gerhard 1991, Huhnke 1993, Jäger/Kellershohn/Pfenning 1993, Jäger 1993a, Loose 1993). Dies bedeutet keineswegs, dass in den Niederlanden nicht ebenfalls die Tendenz bestünde, beispielsweise Einwanderung in aller Regel als "problematisch, konfliktbeladen und mit Schwierigkeiten verbunden" darzustellen und eingewanderte Minderheiten vornehmlich im Rahmen stereotyper Themenbereiche (Gewalt, Kriminalität, Abweichung) zu präsentieren (vgl. etwa Van Dijk 1984 u. 1991). Allerdings spielte sich diese Tendenz - nimmt man das Gesamt der Medienlandschaft - in Deutschland doch auf einem deutlich feindseligeren Niveau ab.[206] Tonfall, Ausrichtung und vor allem die Schärfe von Medien- und Politikerdiskursen in der alten wie in der neuen Bundesrepublik unterschieden sich erheblich von denen in den Niederlanden. Obwohl auch in den Niederlanden im Bereich der Printmedien Blätter zu finden sind, in denen die breite Masse mit besonders spektakulären und oft reißerischen Aufmachern über Sensationen angesprochen werden sollen (vgl. etwa De Telegraaf), gibt es doch keine Zeitungen, die beispielsweise der Bild-Zeitung entsprechen. Insgesamt lässt sich zudem konstatieren, dass in den westdeutschen Wahlkämpfen der achtziger und neunziger Jahre - wie gezeigt - die Themen Flucht und Asylrecht in populistischer Manier mit Kernbegriffen wie "Überflutung", "Überschwemmung", "Dammbruch" usw. immer wieder von den Parteien zu zentralen *Wahlkampfthemen* gemacht wurden und sich dies auch in den Medien niederschlug (vgl. Koopmans/Rucht 1996, 282). Weite Teile der etablierten Politik und der Medienöffentlichkeit stimulierten zunehmend eine regelrecht *panische* Stimmung.

5.3.6 Zum Diskurs der Toleranz in den Niederlanden

Will man verstehen, warum in den Niederlanden bis vor kurzem die Politik gegenüber Eingewanderten von den demokratischen Parteien *nicht* zu einem zentralen Wahlkampfthema gemacht wurde und auf das Aufbegehren von Minderheiten-Gruppen Anfang der achtziger Jahre erschrocken und mit einem 'Minderheiten-Beschluss' reagiert wurde, der wichtige Forderungen von Eingewanderten aufgriff (siehe V.5.3.3), ist ein Blick auf ein verbreitetes niederländisches *Selbst*bild hilfreich. Es handelt sich um das Selbstbild von den Niederlanden als eine überaus tolerante und offene Gesellschaft, ein Selbstbild, dass übrigens auch vielen neueren *Fremd*bildern über die Niederlande entspricht. So betont beispielsweise der renommierte Soziologe und Wirtschaftswissenschaftler Ernest Zahn den wertvollen Beitrag, den die Niederlande zu einem 'Projekt Europa' leisten könne. Er hebt "die Solidität einer alten, bewährten Demokratie" hervor, unterstreicht "die Zivilität einer von Protestantismus und Humanismus geprägten Alltagskultur und die Toleranz einer nichtautoritären, kritischen und lernfähigen Öffentlichkeit" (Zahn 1993, 405). Nun bleiben solche Feststellungen in den Nie-

[206] Zu den Mediendiskursen zum Untersuchungszeitraum im Einzelnen: siehe VI.3.2.

derlanden selbst keineswegs unwidersprochen. In einem Sammelband unter dem bezeichnenden Titel "Ein Schein von Toleranz" (Gijswijt-Hofstra 1989) wird etwa festgestellt, dass sich die Niederlande weder im neunzehnten noch im zwanzigsten Jahrhundert besonders durch Toleranz auszeichneten. Und auch die eigene koloniale Eroberungs- und Ausbeutungsgeschichte - mitsamt einer kolonialen militärischen Aktion *nach* dem Zweiten Weltkrieg - wirft sicher ein anderes Licht auf die niederländische Gesellschaft. Dennoch denke ich, dass Zahns Hinweis durchaus die real vorhandene *Wirkung* einer bestimmten Konstellation von Repräsentationen und Diskursen beschreibt. Zahn weist daraufhin, dass die Niederlande bereits eine lange Tradition als Konsensgesellschaft hat. Das "Erstreben und Erzielen von Konsens (bildete und bildet) einen vorherrschenden Wert" (Zahn 1993, 319). Mit dem nur indirekt übersetzbaren Begriff der "overlegcultuur" ist das Miteinanderreden, die Beratung und die Rücksprache unterschiedlicher gesellschaftlicher Interessengruppen gemeint. "Auftretende Konflikte sollen nicht ausgetragen, sondern durch Verhandeln beigelegt werden" (ebd.).

In den 'unruhigen sechziger Jahren' wurde übrigens nicht ganz zu unrecht auf die 'repressive Toleranz' hingewiesen, die in diesem Harmoniemodell steckt, und nicht wenige auf der progressiven Seite forderten damals ein Konfliktmodell, in dem offen ausgetragen wird, was an Gegensätzen in der Gesellschaft vorhanden ist. Dennoch: Toleranz, Zuhören, das Vortragen von Standpunkten, die Suche nach einem Ausgleich der Interessen, die Suche nach Konsens und Kompromiss, haben (traditionell) eine wichtige Bedeutung in der niederländischen Gesellschaft.[207] Um nicht missverstanden zu werden: Dies bedeutet keineswegs, dass in den Niederlanden eine allgemeine Harmonie des 'herrschaftsfreien Diskurses' existiert. Macht- und Interessenkämpfe von ungleich Mächtigen spielen selbstverständlich auch in den vielen Gesprächsgruppen und Kommissionen eine sehr wichtige Rolle.

Der Politologe Siep Stuurman ordnet denn auch die von Zahn beschriebene vorherrschende *Werte*konstellation etwas kritischer ein. Er spricht von einem *Mythos* der gesetzten, bedächtigen und besonnenen Nation ("bezadigde natie"): "Dieser Mythos ist in manch einer Hinsicht der Kern des vaterländischen Selbstbildes, und damit der niederländischen Version des Nationalismus. Nationale Ideologien gehen gewöhnlicherweise von einem 'Wesen' der Nation aus, das durch die Jahrhunderte hindurch sich selbst gleich bleibt. In vielen Betrachtungen über die Langzeitentwicklung der niederländischen Geschichte spielen Hinweise dieser Art noch immer eine Rolle. Die Mentalität 'des Kaufmanns und des Pastors' und die politische Kultur des Kompromisses werden als zeitlose Konstanten angeführt, die die niederländische Geschichte seit ihrer Entstehung in sich getragen habe. Die Befriedungsdemokratie des zwanzigsten Jahrhunderts ist in dieser Sichtweise die Fortsetzung einer Kultur des 'Schlichtens und Beugens' ('schikken en plooien'), die bereits zu Zeiten der alten Republik bestand. Durch alle politischen Krisen und wechselnden Regime hindurch soll eine essentielle Konti-

---

[207] Auch Norbert Elias weist uns in ähnlicher Weise auf die historischen Wurzeln dieser Konstellation hin: "Die Generalstaaten waren eine Art Parlament, wo man einander mit Worten und nicht mit Waffen zu beeinflussen suchte. So brachten die Bürger von Städten wie Amsterdam oder Utrecht ihr Erbe in die Entwicklung des niederländischen Staates wie des niederländischen Habitus ein. Die Kunst des Regierens mit Hilfe von Verhandlungen und Kompromissen ging von der Stadt auf den Staat über. In Deutschland hingegen überwucherten auf verschiedenen Ebenen militärische Modelle des Befehlens und Gehorsams die städtischen Modelle des Verhandelns und Überredens. ... In diesem Bereich wie auch sonst äußert sich der hochgradig bürgerliche Charakter der niederländischen Entwicklung in der Beharrlichkeit und Intensität, mit der die Gleichheit der Menschen zur Parole der Niederländer geworden ist. (...) Die Pflege der Gleichheit ist vorrangig. Sie zeigte sich etwa in einer relativ toleranten Behandlung von Katholiken und Juden in dem vorwiegend protestantischen Land. Sie zeigt sich noch heute in der Abneigung gegenüber Symbolen der menschlichen Ungleichheit." (Elias 1989, 19ff.)

nuität der politischen Kultur Bestand gehabt haben." (Stuurman 1992, 15)

Aber auch wenn mit Stuurman eine Erklärungsweise, die auf 'zeitlose Konstanten' in einer nationalen Geschichte zurückgreift, als ein Beitrag zur Bildung *eines nationalen Mythos* charakterisieren werden kann, so bleibt doch - ebenfalls mit Stuurman - unbestreitbar, dass dieser Mythos sowohl in der niederländischen Geschichtsschreibung als auch in der Gestalt eines niederländischen Selbstbildes *eine kräftige Wirkung* im politischen Alltag entfaltet hat. Und auch den Akteuren der protestantischen, katholischen, sozialistischen und humanistischen Säulen dürfte ein solcher Mythos als Begründungs- und Definitionsmuster sehr nützlich gewesen sein, wenn es galt, der gesellschaftlichen Notwendigkeit zum Ausgleich zwischen den verschiedenen Säulen zu folgen. Bei diesen Säulen handelt es sich in ihrer Ausprägung um eine Besonderheit der niederländischen Geschichte, die der Erläuterung bedarf.

5.3.7 Versäulung und Toleranz in den Niederlanden

Bis heute lassen sich in den Niederlanden Nachwirkungen eines Systems der gesellschaftlichen 'Versäulung' feststellen. Die Metapher der Versäulung bedient sich des Bildes eines klassischen Tempels, dessen Dach durch mehrere Säulen gestützt wird. Seit Ende des neunzehnten Jahrhunderts wurden die Interessen der niederländischen Bürgerschaft in strikt getrennten weltanschaulichen und religiösen Gruppen organisiert, wobei nach teilweise langen Kämpfen verschiedene protestantische Gruppen und die Katholiken, später auch die Sozialdemokraten und die Humanisten sich auf allen gesellschaftlichen Ebenen ihren Einfluss sicherten:[208] Sie verfügten nicht nur über eigene Schulen, sondern auch über Wohlfahrtsvereine, Gewerkschaften, politische Parteien, Krankenhäuser, Sparkassen, Wirtschaftsverbänden, Wohnungsbaugesellschaften, Zeitungen und später selbst über Rundfunk- und Fernsehvereine (vgl. hierzu ausführlicher Zahn 1993, 201ff.; Lademacher 1993, 527ff.; Stuurman 1983). Der Staat hatte die Aufgabe über Gesetze und finanzielle Unterstützung ('subsidie') und über Interessenausgleich einen von den 'Säulen' akzeptierten 'Konsens' herzustellen ('een aparte maar gelijke structuur'). Erst gegen Ende der fünfziger Jahre lockerte sich nach und nach die überkommene 'versäulte' Ordnung und gewann mit zunehmender gesellschaftlicher Individualisierung eine Tendenz zur 'Entsäulung' die Oberhand. Dennoch sind auch heute noch Auswirkungen und Spuren der Versäulung, etwa im Schulsystem oder im Medienbereich, zu finden (vgl. etwa Lademacher 1993, 660ff.).

Obwohl Ernest Zahn die Versäulung als ein "gesellschaftliches und politisches System ideologischer Apartheid im zwanzigsten Jahrhundert" charakterisiert (Zahn 1993, 201), führt er interessanterweise die große Bedeutung der Toleranz gegenüber Minderheiten und Randgruppen in der niederländischen Gesellschaft auf die Tradition der Versäulung zurück: Das "Streben nach religiöser Autonomie und Apartheid gilt als legitim. Es ist sanktioniert und wird im Rückblick auf die Katholikenemanzipation, die Arbeiterbewegung und die Rebellion der reformierten 'kleinen Leute' als Befreiung von konfessioneller Hegemonie, politischer

[208] Ernest Zahn sieht gerade in dem Emanzipationsbestreben der lange Zeit unterdrückten Katholiken eine historische Wurzel für die Versäulung der niederländischen Gesellschaft. Die Bemühungen der sich emanzipierenden Katholiken mündeten in eine Form der "Integration durch Bekräftigung der Apartheid" (Zahn 1993, 203). Zahn zitiert hier einen maßgeblichen katholischen Protagonisten mit den Worten: "Die Art, wie die anderen - Protestanten, Sozialisten, Liberale - über uns urteilten, förderte nur die innere Stärkung der Gruppe und des Apartheidsbewusstseins (...). Da war es doch besser, 'drinnen' zu bleiben, in den eigenen Organisationen (...)."

Unmündigkeit und gesellschaftlicher Diskriminierung wahrgenommen. Damit erscheinen nun auch die neuen Minderheiten (...) in der gleichen Situation wie die früheren Minderheiten in der eigenen Gesellschaft, die sich in historischen Aktionen emanzipiert haben. Neue Minderheiten mit der Neigung, sektenartige Gruppierungen zu bilden, die ihre Eigenart bekennen und ihre Lebenswelt nach eigenen Wünschen gestalten wollen, werden von der Gesellschaft begünstigt" (ebd., 178).

Ganz anders setzt hier der u.s.-amerikanische Psychologe Thomas Pettigrew an, obwohl er schließlich zu ähnlichen Schlussfolgerungen kommt. Das allgemeine Modell der versäulten Gesellschaft veranlasst ihn zu der Bemerkung, dass gemäß den sozialpsychologischen Theorien die Intergruppen-Beziehungen von zunehmenden Spaltungen, immensen Gegensätzlichkeiten und Spannungen und alles beherrschenden Stereotypisierungen bestimmt sein müssten. Wider aller theoretischen Erwartungen scheinen in den Niederlanden jedoch Toleranz und Verträglichkeit immer noch überaus bedeutsame gesellschaftliche Werte zu sein (Pettigrew 1995, 49). Der sozialpsychologischen Theorie zufolge beschreibt das Modell der Versäulung also - so Pettigrew - eine Art *Katastrophen-Szenario*. Und in der Tat zeigt das frühere südafrikanische Apartheitssystem, dass die Theorie hier nicht ganz Unrecht hat.[209] Für Pettigrew ist der scheinbare Widerspruch zwischen theoretischer Erwartung und gesellschaftlicher Realität eine Herausforderung, die vielgerühmte niederländische Toleranz gegenwartsbezogen in einer *international vergleichenden* empirischen Studie genauer zu untersuchen.

Anhand der quantitativen Daten und vorliegender Itemlisten einer Befragung im Rahmen der sog. Eurobarometer-Untersuchungen[210] konstruiert Pettigrew (gemeinsam mit seinem Kollegen Meertens) zwei Messskalen (vgl. Pettigrew/Meertens 1995). Eine, mit der eher *grobe und offene* Vorurteile (*"blatant prejudice"*) gegenüber verschiedenen Gruppen von Eingewanderten gemessen werden sollen, und eine andere, die eher *verdeckte und subtile* Vorurteile (*"subtle prejudice"*) erfassen sollen (Pettigrew 1995, 54ff.; Pettigrew/Meertens 1995, 58).[211] Mit diesen Messinstrumenten wird u.a. eine deutsche und eine niederländische Stichprobe von erwachsenen Befragten verglichen. Das Ergebnis: So lang es um die groben Vorurteile geht, erzielt die niederländische Gruppe im Unterschied zur deutschen Vergleichsgruppe sehr günstige Resultate. Der Mittelwert der niederländischen Gruppe ist jedoch signifikant höher, sobald nach den subtilen Vorurteilen gefragt wird. Sie zeigt deutlich *weniger grobe* Vorurteile und deutlich *mehr subtile* Vorurteile als die deutsche Vergleichsgruppe.

Pettigrew versucht sich dieses Ergebnis mit den heute noch spürbaren Nachwirkungen der Versäulung zu erklären: Beim niederländischen System der Versäulung hatte es sich - so Pettigrew - um ein sehr *spezifisches* System der Apartheit gehandelt, das sich durch ein bestimmtes Kräftegleichgewicht auszeichnete.[212] Die Eliten der jeweiligen Säulen hielten diese

---

[209] Es fällt auf, dass Zahn in seiner recht umfassenden Darstellung der Versäulung an keiner Stelle Bezüge zur rassistischen Apartheidpolitik in Südafrika und zur Geschichte der Buren herstellt. Van der Braak weist darauf hin, dass "dieselbe Lehre, die an der Wiege der (...) Versäulung stand, 1935 der südafrikanischen Apartheit-Ideologie als (...) Entschuldigung diente" (Van de Braak 1993, 32).

[210] Es geht hier um den *'Eurobarometer' 30*, dessen Daten sich auf den Untersuchungszeitraum 1988 beziehen.

[211] "Blatant Prejudice is hot, close and direct. Subtle Prejudice is cold, distant, and indirect." (Pettigrew/Meertens 1995, 58)

[212] Wörtlich übersetzt heißt apartheid 'Getrennt-Sein'. Dieser Begriff, der ursprünglich 'neutral' die soziale Organisation der Versäulung beschrieb, bekam erst durch die extreme Auslegung im süd-

zum Zwecke des eigenen Machtgewinns aufrecht und die Masse der Mitglieder folgte in aller Regel gehorsam ihren jeweiligen Repräsentanten. Während die Säulen das Gebäude der niederländischen Gesellschaft trugen, fand gewissermaßen auf dem 'Dachboden' die Zusammenarbeit zwischen den Eliten statt. Berücksichtigt man zusätzlich die humanistischen Ideale, wie sie etwa von Erasmus formuliert wurden und die in der niederländischen Handels- und Kaufmannsgesellschaft und ihren Eliten durchaus Widerklang fanden, so ist zu erklären, dass traditionell Verträglichkeit, Konsens und Toleranz in den Niederlanden eine besondere Bedeutung zugemessen wird. Die Eliten formulierten mit Blick auf die Interessen der eigenen Säule und den Zusammenhalt der nationalen Gesellschaft eine allgemeine Norm, die grobe Vorurteile und Diskriminierungen gegenüber Personen außerhalb der eigenen Säule als unerwünscht erscheinen ließen. So fanden durchaus vorhandene Vorurteile eher außerhalb dieser öffentlichen Norm, gewissermaßen im Privatraum und unter Gesinnungsgleichen, ihre verdeckte und subtile Ausdrucksform. Genau diese Konfiguration sozialer Werte und Normen entlang öffentlicher und nicht-öffentlicher Ausdrucksformen hat - so Pettigrew - bis heute ihre Wirkungskraft erhalten.

Nun kann man über die Schlüssigkeit von Erklärungen, die mit einer Tradition der Versäulung argumentieren, geteilter Meinung sein. Immerhin könnte man mit dem einsetzenden Prozess der 'Entsäulung' auch eine abnehmende Wirkungskraft der beschriebenen Konfiguration behaupten. Das Weiterführende an Pettigrews Analyse ist jedoch, dass er den Versuch unternimmt, im internationalen Vergleich zwischen *unterschiedlichen Formen* von ethnischen bzw. nationalen Vorurteilen zu unterscheiden. Pettigrew weist damit darauf hin, dass eine Gesellschaft in dominanter Weise Werte wie Offenheit und Toleranz propagieren kann, aber *zugleich* auch diskriminierende und ausgrenzende Elemente und eher unterschwellige Entwicklungen kennt.

Insgesamt erscheint es mir vor dem Hintergrund der beschriebenen Selbstbilder und Wertekonstellationen und des von vielen 'respektablen' Politikerinnen und Politikern anerkannten Politikmodells der *'overlegcultuur'* nicht als verwunderlich, dass Parteien, die als 'extrem', 'spaltend' oder 'offensiv untolerant' gekennzeichnet werden konnten, in den Niederlanden kaum Fuß zu fassen vermochten. Auch den Politologen Elbers und Fennema zufolge ist dies mit ein Resultat einer niederländischen politischen Kultur, die sich als "Erbe einer versäulten Gesellschaft" und damit in der "Tradition einer Befriedungspolitik" verortet, wenngleich sie die Wirkung der Säulen bis in die sechziger Jahre hinein eher als eine 'direkte Zurichtung' interpretieren. Nach Elbers und Fennema hatten "die Säulen (..) lange Zeit einen starken Einfluss auf ihre jeweiligen Anhängerschaften und konnten so ungewünschten Äußerungen eines 'gesunden Volksempfindens' vorbeugen" (Elbers/Fennema 1993, 99).

Die historische Konstellation der Nachkriegszeit, die sich von den Niederlanden aus gesehen sehr anders darstellte als aus der Perspektive der Bundesrepublik, bildet sicher *ein weiteres Gegengewicht* gegen das Aufkommen *offen* rassistischer oder rechtsextremer Parteien. Die Niederlande konnte sich mit gutem Recht als Opfer der faschistischen Aggression aus dem Nachbarland Deutschland definieren. Lange Zeit bestand ein weitgehender Konsens darüber, welche Partei und welches Verhalten während der Besatzungszeit 'richtig' bzw. 'falsch' gewesen war. Es ist deshalb nicht verwunderlich, dass das Los einer politischen Organisation in

---

afrikanischen System eines in besonderer Weise institutionalisierten Rassismus seine heutige negative Bedeutung.

der Nachkriegszeit mehr oder weniger besiegelt war, wenn sie mit dem falschen Lager im Krieg assoziiert werden konnte (ebd., 98).

Diese knappen Hinweise auf wichtige Aspekte *politischer Kultur* in den Niederlanden bilden einen unverzichtbaren Hintergrund, wenn es darum geht, die Unterschiede in den achtziger Jahren auf der Ebene der gesellschaftlichen Bedeutungen und der politischen Diskurse bezüglich des Umgangs mit rechtsextremen Gruppierungen, aber auch mit sich artikulierenden ethnischen Minderheiten zu verstehen. Diese Unterschiede sind überdeutlich: Vergleicht man die Entwicklungen in diesem Bereich insgesamt mit denen in Deutschland, dann fällt auf, dass - im Gegensatz zu Deutschland - für die Niederlande bis vor kurzem noch einigermaßen uneingeschränkt die Feststellung Ernest Zahns gelten konnte, dass "die Einwandererfrage (...) niemals zu einer Streitfrage der Politik" wurde (Zahn 1993, 367). Die christdemokratischen, liberalen und sozialdemokratischen Parteien suchten sich in der Regel nicht auf Kosten von eingewanderten Minderheiten zu profilieren. Als 1982 die winzige 'Rechtsaußen'-Partei CP aufkam, wurde dies "allgemein als eine Schande" für das Land empfunden (ebd.). Die Diskurse dieser Partei ("Überfremdung") galten als unanständig und als unwürdig für demokratische Politikerinnen und Politiker. Entsprechend isolierte man diese Partei und behinderte sie im Parlament mit allerlei 'Tricks' in der Selbstdarstellung. Den Diskursen und inhaltlichen Themenbesetzungen von 'Rechtsaußen' wurde (jedenfalls zunächst) nicht nachgegeben. Und im Nachhinein kann es, von Deutschland aus gesehen, fast schon als eine regelrechte Gegenreaktion gegen das Aufkommen der kleinen 'Rechtsaußen'-Partei interpretiert werden, dass ein Jahr nach deren bescheidenem Wahlerfolg vom Regierungskabinett der oben genannte Minderheitenbeschluss verkündet wurde: Man begegnete dem Überfremdungs-Diskurs der rechtsextremen CP hierdurch mit Aussagen, in denen deutlich Stellung *für* die Verbesserung der Position der eingewanderten Minderheiten bezogen wurde.

5.3.8 Umschlag der Entwicklung in den Niederlanden

In einer Studie über die politischen Parteien in den Niederlanden und deren Positionen und Diskurse in Bezug auf die Minderheitenpolitik zwischen 1977 und 1995 konstatiert Alfons Fermin für die neunziger Jahre "eine Verschiebung in neoliberaler Richtung" (vgl. Fermin 1997, 148). Die Bürgerinnen und Bürger werden in neoliberalen Diskursen "hauptsächlich aufgrund ihrer Produktivität und ihrem Beitrag am Wohlstand des Landes beurteilt. Das ist eine bestimmte universalistische Bürgerschaftsauffassung, die Eingewanderten zwar im Prinzip die Möglichkeit bietet, eine vollwertige Bürgerschaftsposition zu erwerben, ungeachtet ihrer Herkunft. Die Kehrseite einer solchen Bürgerschaftsauffassung ist, dass die weniger Erfolgreichen ihr Scheitern persönlich angerechnet bekommen und darüber hinaus auf wenig staatliche Unterstützung rechnen können." (ebd., 245) Gleichzeitig bekommen hier solche ideologischen Diskurse eine besondere Bedeutung, die das persönliche Scheitern von der individualisierenden Ebene auf die *Ebene von Gruppenmerkmalen* verschieben. Ist festzustellen, dass viele Einzelne einer bestimmten Gruppe es nicht schaffen, wird das Versagen nicht auf unangemessene gesellschaftliche Verhältnisse, sondern auf zugeschriebene (kulturell oder biologisch begründete psychosoziale) Eigenschaften der Gruppe zurückgeführt.[213] Neben der

---

[213] Vgl. zu dieser Diskurslogik in einer breiteren Perspektive der Geschichte von 'Minderheiten' (Frauen/Mädchen, Arbeiterkinder, Eingewanderte, Bevölkerung 'vom Lande') und formaler Gleichstellung (Krüger-Potratz 1989, 228ff.).

zunehmenden Stärke und Verbreitung von naturalisierenden und vor allem kulturalisierenden Rechtfertigungsdiskursen sozialer Ungleichheit einerseits und von umfassenderen neoliberalen Diskursen andererseits ist gleichzeitig zu beobachten, dass, während die politisch-weltanschaulichen Unterschiede zwischen den Parteien kleiner werden, die Tendenz größer wird, sich medienwirksam zu profilieren (ebd.).

Das Politiker-Tabu, Minderheiten zum politischen Stimmenfang zu gebrauchen, ist in diesem Kontext mittlerweile gebrochen. Im Herbst 1991 machte Frits Bolkestein, der damalige neue Spitzenkandidat und Vorsitzende der konservativ-liberalen VVD, einen Anfang. Mit kräftigen Tönen malte er die Gefahr, die der niederländischen Gesellschaft vor allem durch die islamischen Eingewanderten drohe, an die Wand. Er konnte sich als der große Enttabuisierer aufbauen und wurde von christdemokratischer Seite als 'mutiger Politiker' gekennzeichnet. Die von ihm benutzten Diskurse über *den* Islam und *die* Muslime ähneln bedauerlicherweise denen in Deutschland. Eine öffentliche Diskussion begann, deren Auswirkung von der Soziologin Helma Lutz folgendermaßen charakterisiert wird: "Seit der Bolkestein-Debatte weht ein anderer Wind in der politischen Kultur. Wurde das öffentliche Ansprechen der Allochthonen als 'Belastung der Gemeinschaft' bislang eher vermieden, so spricht sich mittlerweile auch die Sozialdemokratische Partei (PVDA) dafür aus, dass (beispielsweise) bei der Abschiebung und Auslieferung sogenannter 'Illegaler' mehr Zwang ausgeübt wird." (Lutz 1993)[214]

Für die Wende der sozialdemokratischen PVDA, die in den Niederlanden in Regierungsverantwortung steht, neben dem der Druck der 'europäischen Harmonisierung' der Asylgesetzgebung und -praxis noch eine andere Entwicklung verantwortlich. Seit einigen Jahren registriert die Sozialdemokratie - wie in anderen Länder auch - erhebliche Verluste in der Mitgliedschaft und an (potentiellen) Wählerstimmen. In einer Debatte, die unter den Stichworten 'Umbau des Wohlfahrtsstaates' und 'Weg vom Versorgungsstaat' geführt wird, verliert die Sozialdemokratie immer mehr an Sympathien ihrer ursprünglichen Stammwählerschaften. Die Ursache wird von den entsprechenden Funktionären jedoch nicht in der inhaltlichen Umorientierung der Partei gesehen, sondern darin, dass die Bewohnerinnen und Bewohner der alten Arbeiterbezirke in immer stärkerem Ausmaß von Eingewanderten und Illegalen belästigt, bedrängt und bedroht würden und die Partei auf die berechtigten Sorgen der Mitbürgerinnen und Mitbürger nicht in angemessener Weise eingegangen sei. Mit der sog.

[214] In den öffentlichen Beiträgen des (damaligen) Vorsitzenden der Sozialdemokraten Felix Rottenberg und des (damaligen) Staatssekretärs im Justizministerium Aad Kosto (ebenfalls PVDA) häuften sich - sozusagen in den Fußstapfen Bolkesteins - Äußerungen, die illegal im Lande lebende Ausländer als ein zentrales gesellschaftliches Problem charakterisierten. Der (damalige) Rotterdamer Bürgermeister Bram Peper (PVDA) unterstützte sie hierin mit einer öffentlichen Mitteilung, der zufolge sich unter *einer* Wohnadresse 1 100 Illegale bei der Gemeinde angemeldet haben sollten. Es tat der Stimmungsmache wenig Abbruch, dass sich diese Meldung als eindeutig falsch herausstellte. Ähnlich war dies bei einer Meldung des (früheren) Amsterdamer Polizeichefs Nordholt, demzufolge in der Bijlmermeer, einer mehrheitlich von Eingewanderten bewohnten Trabantenstadt im Südosten Amsterdams, über 10 000 illegale Ghanesen wohnen würden, von denen die meisten dem kriminellen (Drogen-)Milieu zugerechnet werden müssten. Diese Aussage diente offensichtlich dazu, eine groß-angelegte Razzia der Polizei in der Bijlmermeer, die sich speziell gegen eine 'ghanesische Gefahr' von Drogenhändlern richtete, öffentlichkeitswirksam zu unterstützen. Die Aktion der Polizei hatte nur wenig Erfolg. Lediglich eine Handvoll Verdächtiger konnten der Justiz übergeben werden. Zwar wurde die Polizei für ihre offensichtliche Falschmeldung ein halbes Jahr später von einem Gericht, das die Geschichte jener Razzia mit zu untersuchen hatte, scharf gerügt. Das produzierte Bild war dennoch kaum mehr aus der Welt zu schaffen.

Illegalendebatte - so verlautbarte die Parteiführung - sollte der "Kontakt mit den Menschen in den alten Bezirken wieder hergestellt werden" (vgl. Elbers/Fennema 1993, 112). Die PVDA 'entdeckte' dieses Thema für sich in populistischer Manier.

Mit dem Wahlkampf wurden Ende 1993 Ton und Inhalt der Diskussion noch um eine Stufe rauer. Auch in den Medien ließ sich dies beobachten. In einer entsprechenden Titelschlagzeile der Volkskrant wurde bereits im November befürchtet, dass die "Chance auf eine unschöne Debatte über die Asylpolitik mit jedem Tag wächst" (Volkskrant 2.11.93). Diese besorgte Feststellung hinderte das linksliberale Blatt keineswegs daran, einige Monate später auf der ersten Seite mit der fetten Schlagzeile aufzumachen: "Fünfzehntausend extra Wohnungen nötig für Aufnahme - Anzahl Asylsuchender steigt auf achtzigtausend" (ebd., 18.3.94).[215] Auch in anderen Print-Medien wurde zunehmend eine panikartige Stimmung verbreitet. So meldete das Massenblatt Algemeen Dagblad auf der ersten Seite: "Kontrolle über Illegale verloren" (Algemeen Dagbald 6.4.94). Die Konkurrenz vom De Telegraaf stand dem nicht nach und versuchte seine Wortwahl in den Titelschlagzeilen fast schon von Ausgabe zu Ausgabe zu steigern: von Naturkategorien wie "Zufluss" (Telegraaf 15.3.94) über Begriffsschöpfungen wie "Asylgolf" (21.3.94), die bereits an regelrechte Naturkatastrophen denken ließen, gelangte das Blatt mit "Sturmlauf" (6.4.94) zu einer Wortwahl, die auf ein Kriegsszenario hinzuweisen schien.

Und wieder war es Frits Bolkestein (VVD), der sich Mitte März 1994 medienwirksam in Szene zu setzen verstand. In einem Fernseh-Magazin erklärte er: "Wenn man den Zustrom sieht und ihn sieht wachsen, dann muss man erkennen, dass wir das Problem nicht bewältigen können. Wir müssen uns beschränken. Der Raum, die Mittel, die Arbeit, die Anzahl der Wohnungen ist beschränkt, und wir müssen sie reservieren für die Menschen aus unserer eigenen Region. Man muss doch schauen, wo die ersten Loyalitäten liegen und wo die ersten Verantwortlichkeiten liegen. Und da sage ich, die liegen bei den Mit-Europäern. Das Problem steht lebensgroß auf der Tagesordnung. Jeder, der sagt, dass es beherrschbar ist, weiß nicht, worüber er spricht." Zwar verursachte diese Äußerung zunächst vielfältige Kritik. So wurde darauf hingewiesen, dass seine Verlautbarung wie *'Europa den Europäern'* klinge und damit der Losung der Centrum-Demokraten *'Das eigene Volk zuerst'* doch recht nahe komme. Im Laufe der Diskussion zeigte sich jedoch, dass Bolkestein mehr oder weniger formulierte, was die vorherrschende Meinung in der Politik zu sein schien.[216]

Insgesamt ist davon auszugehen, dass entlang solcher Repräsentationen und Diskurse auch in den Familien, an Stammtischen, im Kollegenkreis, in Schulen usw. *ursächliche Zusammenhänge* zwischen gesellschaftlichen Missständen auf der einen Seite (Wohnungsnot,

[215] Ungeklärt blieb übrigens, wie das Blatt auf die gemeldeten Zahlen kam. Selbst wenn man die Anzahl gegenwärtiger Asylanfragen - sie liegt bei ca. tausend pro Woche - extrapoliert, kommt man höchstens auf 52.000 Antragsstellerinnen und Antragsteller.

[216] Auch sein Konkurrent Brinkman, der (damalige) Spitzenkandidat der Christdemokraten, bediente sich einer ähnlichen Rhetorik und ließ in einem Wahlkampfspot eine Bürgerin zu Wort kommen, die sich beklagt, dass Behinderte in den Niederlanden immer weniger finanzielle Mittel hätten und statt-dessen Geld für Flüchtlinge ausgegeben würde. Brinkman ergreift im Fernsehspot daraufhin das Wort und betont - an die Zuschauerinnen und Zuschauer gerichtet -, dass der *'Zustrom von Flüchtlingen'* vor allem von den Menschen Opfern verlange, die bereits am unteren Rand der Gesellschaft lebten. Er präsentiert sich mit seiner abwehrenden Haltung gegenüber 'unrechtmäßigen Flüchtlingen' als ein Anwalt der Unterprivilegierten in den Niederlanden.

Arbeitslosigkeit, Verwahrlosung alter Stadtbezirke, Kriminalität, Krise des Wohlfahrtsstaates) und Einwanderung auf der anderen Seite (asylsuchende Flüchtlinge, sog. Illegale) konstruiert wer-den, und zwar immer deutlicher mit zunehmender 'Unterstützung' und 'Billigung' seitens respektabler Politikerinnen und Politiker und 'unterbaubar' mit Hinweisen auf angebliche 'Fakten', die in den Medien zu finden sind. Im Minderheitendiskurs in den Niederlanden ist eine deutliche Veränderung in der politischen Kultur des Landes zu verzeichnen.[217]

Gleichzeitig scheint allerdings immer noch die Tendenz weit verbreitet zu sein, Rassismus als einen verwerflichen, ja verbotenen Tatbestand aufzufassen. Hierüber, so wird oft konstatiert, besteht in der niederländischen Gesellschaft ein umfassender Konsens. Allerdings sind die Gegebenheiten komplizierter, als diese einfache Annahme glauben lässt. Die mutmaßlich weit verbreitete Toleranz gegenüber Eingewanderten hat sicher verschiedene Ursachen. Elbers und Fennema stellen beispielsweise fest, dass die antirassistische Bewegung in den Niederlanden schon zu einem recht frühen Zeitpunkt sehr stark war (vgl. Elbers/Fennema 1993, 109). Rassismus wurde in den Jahren nach dem Zweiten Weltkrieg hauptsächlich als eine Ideologie der deutschen Besatzungsmacht gesehen (siehe oben). Die Zugehörigkeit zur 'richtigen' oder 'falschen' Seite konnten auf diese Weise leicht unterschieden werden (ebd., 98). Gleichzeitig wurde Rassismus auf eine bestimmte Weise konzeptualisiert. Rassismus wurde eng an Faschismus und Gewalt gekoppelt und als eine Erscheinung gesehen, die im wesentlichen aus dem Ausland kam. Die feststellbaren Rassismen in der eigenen kolonialen Geschichte wurden dabei weitgehend dethematisiert. Die heute feststellbare öffentliche Abweisung und die dominierende öffentliche Konzeptualisierung von Rassismus sind durch diese Vergangenheit mit beeinflusst. Beim Vorwurf, ein Rassist zu sein, handelt es sich um eine schwere Beschuldigung. Auf der politischen Ebene konnte dieser Verdacht vor allem in der frühen Nachkriegszeit genügen, um jemanden zum Schweigen zu bringen, politisch gesehen auszuschalten oder zumindest seines/ihres Ansehens als 'wohlanständig' und 'respektabel' Schaden zuzufügen. Es entwickelte sich in bestimmten Kreisen nicht umsonst eine bestimmte Sensibilität, bei kritischen Aussagen über Eingewanderte auf die eigenen Worte zu achten, da man u.U. damit rechnen musste, den Rassismus-Verdacht auf sich zu ziehen. Alltägliche Formulierungen wie 'Ich habe nichts gegen Ausländer, aber ...' oder 'Ich bin nicht rassistisch, aber ...' sind nicht nur Strategien der Verleugnung (dies können sie selbstverständlich auch sein!), sondern ebenso sehr Reaktionen auf einen Kontext, der eine entsprechende Repräsentationsform offenbar herausfordert. Solche und ähnliche Sprechweisen wurden ab Mitte der achtziger Jahre mit unterstützt durch eine vor allem aus den USA importierte Form von '*Political Correctness*'. Getragen vom Wunsch, so zu sprechen und zu schreiben, dass sich andere Menschen und vor allem verletzbare und benachteiligte Gruppen nicht diskriminiert fühlen, kam es zu einem übertriebenen moralischen Purismus und zu einer haarspalterischen und buchhalterischen Betrachtungsweise von Rede und Text. Innerhalb neoliberaler Diskurse, in den letzten Jahren ohnehin auf dem Vormarsch (siehe oben), wurde von diesen Übertreibungen dankbar Gebrauch gemacht. Sie konnten auf einfache Weise lächerlich gemacht und gemeinsam mit einer angeblich 'übers Ziel hinausgeschossenen Berücksichtigung von Eingewanderten' in die Ecke gutgläubig-naiver Idealisten und verspon-

[217] Diese Veränderung kam kurzfristig auch in einer größer werdenden Sympathie für die 'Rechts-außen'-Parteien CD/CP'86 zum Ausdruck. 1994 erzielten diese Parteien bei den Kommunalwahlen und den Wahlen zum nationalen Parlament für niederländische Verhältnisse sehr deutliche Gewinne. Die Sozialdemokraten hingegen hatten große Verluste zu verzeichnen, konnten aber durch eine Koalition mit siegreichen Rechts- und Linksliberalen an der Regierung bleiben, während der frühere Koalitionspartner, die Christdemokratische Partei, auf den Oppositionsbänken Platz nehmen musste.

nener Wunderheiler gestellt werden. Die Probleme mit der multikulturellen Gesellschaft und ein Paket von Forderungen an die Adresse der Einwanderinnen und Einwanderer wurden hingegen in prominenter Weise auf die Tagesordnung gesetzt. Der neoliberale Wind wehte in den neunziger Jahren auch in den Niederlanden in allen Bereichen der Gesellschaft. Vor diesem Hintergrund spricht beispielsweise Nizam Azough davon, "dass Journalisten, die von sich den Eindruck haben, allzu lange durch einen 'Schauen-wir-bloß-nicht-hin'-Idealismus bestimmt gewesen zu sein, ihre Aufmerksamkeit angeblichen Fakten zuwenden wollen. Sie fangen an, *die* Realität zu entdecken: 'Jetzt ist es genug. Die Toleranz hat eine Grenze erreicht. Flüchtlinge, Frauen und andere *underdogs* können nicht mehr auf eine sanfte Behandlung rechnen.'" (Azough 1997, 5) Ganz abgesehen davon, ob die genannten Gruppen eine solche Behandlung jemals wirklich erfahren haben, scheinen Journalisten - so Azough weiter - "heute alles zu tun, um vor allem nicht des *'Political Correctness'* verdächtigt werden zu können." (ebd.)

In alltäglichen Redeweisen über Eingewanderte und Flüchtlinge bzw. über Einwanderung und multikulturelle Gesellschaft sind jedenfalls Elemente sowohl von der beschriebenen Sensibilität, als Rassistin oder Rassist angesehen werden zu können als auch des neoliberalen 'Das-muss-gesagt-werden-können' zurückzufinden, wobei insgesamt, ungeachtet der Unterschiede, ein Mythos der Toleranz aufrechterhalten wird.

5.3.9 Erklärungsskizzen zur Attraktivität von Rassismus und Nationalismus

Die im Vergleich beschriebenen Entwicklungen in den Niederlanden und in Deutschland werfen ein neues Licht auch auf Erklärungsansätze, die Entwicklungen in *einem* Land zu fassen suchen. Verschiedene Ansätze unterschiedlicher Disziplinen, die in der deutschen Diskussion zu Erklärungsversuchen über die Ursachen der Attraktivität von rassistisch-nationalistischen Diskursen und Repräsentationen einen wichtigen Stellenwert bekommen haben, werden im Folgenden vor diesem Hintergrund diskutiert. Dabei wird deutlich werden, dass ein besonders hilfreicher Aspekt internationaler Vergleiche in der Herausforderung liegen kann, Erklärungsansätze für gesellschaftliche Phänomene in einzelnen Ländern daraufhin zu überprüfen, ob diese Modelle die *Besonderheiten der jeweiligen Gesellschaften* angemessen erfassen. Dieser mögliche Nutzen internationaler Vergleiche deutete sich bereits in den vorangehenden Ausführungen mehrfach an, und vor dem Hintergrund der eigenen deutsch-niederländischen Vergleichsergebnisse wird dies noch weiter vertieft.

5.3.9.1 Rassistisch-nationalistische Diskurse als 'weapon of last resort' für konservative Parteien in Konkurrenzdemokratien?

Zunächst wird als erster Ansatz ein Erklärungsmodell des Politologen Dietrich Thränhardt diskutiert. Es handelt sich hierbei um ein Modell, das auf einem *internationalen Vergleich* beruht. Thränhardt vertritt die These, dass konservative Parteien in Europa fremdenfeindliche Themen erfolgreich *gegen* sozialdemokratische Regierungen oder Parteien verwenden, um damit die politische Macht zu erhalten oder sie gegen lästige Konkurrenten zu verteidigen. In Konkurrenzdemokratien scheinen fremdenfeindliche Diskurse also nach Thränhardt für konservative Parteien ein mehr oder weniger verlässliches 'weapon of last resort' zu sein (vgl. Thränhardt 1993b, 339). Thränhardt vermutet hier ein übergreifendes Phänomen und sucht seine These mit einer materialreichen Analyse über Wahlkämpfe und 'agenda setting' in Deutschland, Frankreich und Großbritannien zu unterstützen.

Vor dem Hintergrund der bis hierher dargelegten Prozesse muss man Thränhardt zweifellos darin zustimmen, dass konservative Parteien fremdenfeindliche Diskurse "in bitteren und sehr emotionalen Kampagnen" benutzt haben und dies mit zu einer Ruinierung des "Integrationsklimas" beigetragen hat (ebd., 340): "Wenn man weiß, dass diese Waffe zur Verfügung steht, ist die Versuchung groß, sie in kompetitiven Systemen auch zu nutzen. Politiker brauchen eine tiefverwurzelte moralische Einstellung, um darauf zu verzichten." (ebd., 354)

Allerdings berücksichtigt Thränhardt zu wenig, dass auch *sozialdemokratische* Parteien in im Prinzip durchaus ähnlicher Manier um die Gunst der Wählerinnen und Wähler werben.[218] So wurden von Politikerinnen und Politiker der sozialdemokratischen Partei in Deutschland (SPD) oftmals Argumentationsfiguren *gegen* Aussiedlerinnen und Aussiedler eingesetzt, die von Politikerinnen und Politiker anderer Parteien in analoger Weise gegen andere Einwanderergruppen und insbesondere gegen asylsuchende Flüchtlinge benutzt wurden. Auf einer allgemeineren Ebene kann gesagt werden, dass sozialdemokratische und gewerkschaftlich orientierte Parteien oftmals vor der Schwierigkeit stehen, plausibel zu machen, warum man mit Eingewanderten solidarisch sein soll, wo doch die eigene Politik auf die nationalen Interessen der 'einheimischen' Arbeiterschaft eingeschworen scheint. Der Abbau des Sozialstaates findet gegenwärtig in den meisten Kernländern der Europäischen Union statt, und häufig bildet sich ein national geprägter Allparteienkonsens heraus, demzufolge das erreichte Wohlstandsniveau in erster Linie einer Bevölkerungsgruppe zusteht, die - mehr oder weniger eng - als das 'eigene Volk' definiert wird.

Bezieht man die Erklärungsskizze von Thränhardt auf die Situation in den Niederlanden, so könnte man zwar schlussfolgern, dass hier weniger eine Konkurrenzdemokratie und eher eine Kompromissdemokratie herrscht (siehe V.5.3.6 und V.5.3.7). Auch mussten in den Nie-

[218] So baute der ehemalige SPD-Spitzenpolitiker Lafontaine im saarländischen Wahlkampf von 1990 auf eine Art 'Eingeborenen-Effekt'. Lafontaine inszenierte in diesem Wahlkampf ganz bewusst einen 'Heimvorteil', auf den er sich als geborener Saarländer ausdrücklich berief. Er streute Mundartbrocken aus und stellte angesichts der Konkurrenten aus CDU und FDP, beide keine gebürtigen Saarländer, die rhetorische Frage: "Würden die Hamburger einen Bayern, womöglich noch in Seppl-Hosen, zum Bürgermeister wählen?", um, so der Bericht der Frankfurter Rundschau weiter, "daran zu erinnern, wen man in der wechselvollen Geschichte des Landes 'uns so alles an die Saar geschickt hat': die Franzosen, die preußischen Beamten, die preußischen Berghauptmänner, die Stahlbarone aus dem Reich, die Pfälzer. (...) Lafontaine glaubt, in den vergangenen fünf Jahren, seinen Regierungsjahren, dem Saarland eine neues 'Lebensgefühl, ein neues Wir-Gefühl' vermittelt zu haben. 'Wir lassen uns diese Aufbruchsstimmung nicht vermiesen, weder von Kohl, noch von sonst jemanden, den er hierher geschickt hat', erklärt der (damalige) Ministerpräsident (...). Auch könne (er) sich keinen Saar-Ministerpräsidenten vorstellen, der eine Dolmetscherin zur Karnevalssitzung - in Mundart, versteht sich - mitnehmen müsse." (Frankfurter Rundschau 26.1.90) Ein anderes Beispiel ist eine Freiburger Wahlkampfrede von Lafontaine. Zur Zielscheibe seiner aggressiven Auslassungen werden hier Aussiedlerinnen und Aussiedler aus Osteuropa, die, so Lafontaine, jedes Jahr in die Arbeitslosigkeit geholt würden und die Sozialkassen belasteten (Der Spiegel 4.3.96). Hier wird in Ansätzen spürbar, was es heißt, wenn Lafontaine sich in einem Interview mit dem Spiegel selbstzufrieden als Populist beschreibt: "Ein Populist trifft die Stimmung des Volkes. Populistisch ist besser als unpopulär sein und am Volk vorbeireden." (Der Spiegel 25.12.89) Freilich trifft Lafontaine nicht zufälligerweise "die Stimmung des Volkes", sondern er greift *gezielt* auf und stimuliert, reproduziert, unterstützt und verstärkt das Aufgegriffene, anstatt Denkangebote dagegen zu stellen, die sich *kritisch zu* ethnozentrischen und ausgrenzenden Logiken verhalten.

derlanden häufig christ- und sozialdemokratische Parteien in der Regierungskoalitionen zusammenarbeiten.[219] Dennoch lassen sich mit dem Thränhardtschen Modell gerade *neuere* (und mit Blick auf den Untersuchungszeitraum der vorliegenden Arbeit besonders interessierende) Entwicklungen Anfang der neunziger Jahre nicht befriedigend erklären. Seit diesem Zeitpunkt werden, wie gezeigt wurde (siehe oben), auch von der sozialdemokratischen Partei in den Niederlanden die Themen Einwanderung und Flucht zum Stimmenfang in der politischen Auseinandersetzung benutzt. Dies geschieht zwar nicht in dem Ausmaß und der Schärfe, die für Deutschland zu konstatieren ist. Doch dies galt und gilt auch für die konservativen Parteien in den Niederlanden.

5.3.9.2 Rassismus und Nationalismus als parochiale Abwehrreaktion gegenüber den kosmopolitischen 'Zumutungen' von Zuwanderung?

Eine weiterer Erklärungsansatz stammt von den Soziologen Roland Eckert, Helmut Willems und Stefanie Würtz. Es handelt sich hierbei um einen Ansatz, der sich *nicht* auf einen internationalen Vergleich, sondern auf Entwicklungen *in einem Land* bezieht. Eckert und Kollegen betonen nach einer Überprüfung von "Erklärungsmustern (zu) fremdenfeindlicher Gewalt" *in Deutschland* (Eckert et al. 1996, 152ff.), dass diese Gewalt "mit den *Einwanderungsschüben* und den in ihnen generierten Erfahrungen der ansässigen Bevölkerung Ende der achtziger und Anfang der neunziger Jahre (...) zu tun" hat (ebd., 163): "Eine singuläre Situation, nämlich die Überforderung der Kommunen durch zwei sich überlappende Einwanderungswellen (der Aussiedler und der Asylbewerber) hat zu Konflikten geführt, die nun in einer zweiten Phase die Konstitution einer fremdenfeindlichen Bewegung in Deutschland möglich machen. (...) Xenophobie und die aus ihr resultierende Gewalt (kann) als parochiale Abwehrreaktion gegenüber kosmopolitischen 'Zumutungen' verstanden werden. Sie kumuliert bei Bevölkerungsgruppen, die aufgrund ihrer niedrigen Qualifikationen mit Einwanderern um Arbeitsplätze, Wohnungen und potentiell auch um Sozialhilfe konkurrieren. Die Fürsorge des Staates für die neuen Migrationsgruppen wird als 'ungerechte Bevorzugung' empfunden (...)." (ebd., 165)

Zunächst die positiven Aspekte: Die prozessbezogene Analyse von Eckert et al. zeigt in beeindruckender Weise, wie Konflikte eskalieren und eine entsprechende Medienberichterstattung über lokale Konflikte Ressentiments anheizen und zu einer Dramatisierung, Generalisierung und Umdeutung von Problemen als 'Ausländerprobleme' beitragen können. Sie machen deutlich, wie die Unterstützung durch das lokale Umfeld (Beifallspender) bei ersten Angriffen gegen Asylbewerberunterkünfte und der scheinbare Erfolg der gewalttätigen Aktionen ("die Asylbewerber werden abgezogen") eine weitere Gewalteskalation vorantrieb und zusammen mit der Berichterstattung über die erfolgreiche Gewalt zum Modell für eine bundesweite Nachahmung wurde (ebd., 164). Auch ist nicht von der Hand zu weisen, dass die gleichzeitige Aufnahme von vielen Menschen auch in einem insgesamt sehr wohlhabenden Land wie der Bundesrepublik Deutschland Komplikationen verursachen kann und die lokal-

[219] So folgte einer Koalition aus Christ- (CDA) und Sozialdemokraten (PvdA) und einer linksliberalen Partei (D'66) 1982 zwar eine Koalition aus Christdemokraten (CDA) und einer rechtsliberalen Partei (VVD). 1989 wurde diese Regierung jedoch durch ein Kabinett abgelöst, dass sich wiederum aus Christ- und Sozialdemokraten zusammensetzte, bis 1994 die heutige Koalition der Sozialdemokraten (PvdA) mit einer rechts- (VVD) und einer linksliberalen Partei (D'66) zustande kam (vgl. Lademacher 1993, 688ff.).

politische Ebene hier von Bund und Ländern alleingelassen wurde (vgl. hierzu auch Willems et al. 1993, 120).

Eine erste entscheidende Schwachstelle im Erklärungsansatz von Eckert et al. liegt jedoch im relativ *willkürlich gewählten Beginnpunkt* der Analyse. Es wird durch die Abfolge der beschriebenen Eskalationsstufen der Eindruck erweckt, als ob *vor* den beginnenden Spannungen in der Kommune keine Negativ-Bilder und Diskurse mit entsprechenden Orientierungsangeboten über Asylsuchende und Aussiedler zu finden gewesen wären. Die mit Ankunft von Flüchtlingen und Aussiedlern "generierten Erfahrungen" (Eckert et al. 1996, 163) werden als *ausschlaggebend* dargestellt und die Zuwanderung von Asylbewerbern und Aussiedlern ab 1988 wird eng mit einer *"ersten* Eskalationsstufe" verkoppelt. Damit vernachlässigen die Autoren, dass solche Erfahrungen nicht einfach nur 'gemacht', sondern stets auf der Folie vorhandener Muster eingeordnet und in bestimmter Weise interpretiert und bewertet werden. Obwohl Eckert et al. dies ganz offenbar bei verschiedenen der *späteren* Eskalationsstufen, bei denen lokalen Akteuren bestimmte Denkangebote durch Medien- und Politikerdiskurse nahegelegt werden, selbst durchaus berücksichtigen, scheinen bereits vorhandene Interpretationsmuster *vor* der ersten Stufe keine Rolle gespielt zu haben. Jedenfalls sind ihre Ausführungen hier sehr unklar. Sie beharren in der Erklärung letztlich auf "generierten Erfahrungen" (ebd., 163) und "unverarbeiteten Einwanderungsschüben" (ebd., 165), argumentieren jedoch auch mit einem "anfangs (...) ganz spezifischen Kristallisationspunkt": dem Feindbild von den "'Asylanten'" oder "'Schein- oder Wirtschaftsflüchtlingen'" (ebd., 164). Sie gebrauchen den Hinweis auf dieses (als neu beschriebene) Feindbild jedoch *nicht*, um es *vor* die von ihnen beschriebene erste Eskalationsstufe zu setzen, sondern um es in einem Gegensatz zu den (alten) Vorurteilen und Feindbildern gegenüber Türken, Juden etc. zu stellen. Dabei übersehen Eckert et al., dass bereits vor der Ansiedlung von Flüchtlingen in der unmittelbaren Nachbarschaft bestimmter Kommunen entsprechende Negativbilder über asylsuchende Flüchtlinge weit verbreitet waren.[220] Auch berücksichtigen sie nicht, dass die Kategorie 'Ausländer' im Negativ-Bild häufig so breit angelegt ist, dass sie sowohl Flüchtlinge und Aussiedler als auch Arbeitsmigranten umfasst und Sinti, Roma und Juden (als gleichfalls unerwünschte Gruppen) hier oft in Verbindung mit den genannten Einwanderergruppen gesehen werden (vgl. S. Jäger 1992, 232). Durch das Beharren von Eckert et al. auf einen "Einwanderungsschub" wird der Eindruck erweckt, als müsste Einwanderung nahezu zwangsläufig zu negativen Konsequenzen führen, unanhängig von der spezifischen Bedeutungskonstellation, die ihr in der aufnehmenden Gesellschaft zugewiesen wird.

Eine zweite Schwachstelle des Erklärungsansatzes liegt in der Zuschreibung fremdenfeindlicher Haltungen in Richtung *benachteiligter* Gruppen unter den Autochthonen. Es ist nicht zu bestreiten, dass bei diesen Bevölkerungsgruppen rassistische und ethnozentrische Argumentations- und Denkweisen zu konstatieren sind (vgl. Leiprecht 1990). Allerdings liegen empirische Untersuchungen vor, die auch für *nicht* benachteiligte Gruppen und für sogenannte Modernisierungs*gewinner* entsprechende Argumentations- und Denkweisen feststellen (vgl. etwa Held et al. 1991; Bommes/Scherr 1992; Demirovic/Paul 1994).[221]

---

[220] Beispielsweise zeigt meine eigene empirische Untersuchung in Deutschland bereits für 1987 solche Interpretationsmuster bei abhängig beschäftigten Jugendlichen (Leiprecht 1990).

[221] Fragwürdig ist in diesem Kontext auch der Gebrauch des Begriffs *Wohlstandschauvinismus* bei Eckert et al.: Während dieser Begriff von mir eingeführt wurde, um auf Formen von Rassismus und

Nun könnte man Eckert et al. zugestehen, dass sie zur Erklärung von (rassistischen) *Gewalttaten* beitragen wollen und die entsprechenden Daten über gewalttätige Straftäter in der Tat bei allen vier von den Autoren unterschiedenen Tätertypen ("Mitläufer", "Schläger", "Ethnozentristen" und "Rechtsextreme") *nicht* auf einen höheren Bildungsabschluss und nur bei zweien auf einen gesicherten Arbeitsplatz (den "Rechtsextremen" und "Mitläufern") hinweisen. Abgesehen davon, dass sich der polizeiliche Zugriff oft auf bestimmte Täterkreise konzentriert, verbinden Eckert et al. mit der Rede von der stattgefundenen "Konstitution einer fremdenfeindlichen Bewegung" (ebd., 165) "Fremdenfeindlichkeit" bzw. "Xenophobie" sehr eng mit offenen Gewalttätigkeiten. Subtilere Formen von Fremdenfeindlichkeit oder Rassismus, die eine solche Bewegung erst ermöglichen und häufig auch tragen, werden hier vernachlässigt. Zudem werden andere gesellschaftliche Gruppen *generell* - und nicht nur in Bezug auf gewalttätige Formen - entlastet (ebd.): Rassismus und Ethnozentrismus wird letztlich ausschließlich auf "ökonomisch(e) und kulturell(e)" Bedrohung durch Zuwanderung zurückgeführt (ebd., 166). Eckert et al. stellen Wanderungsbewegungen als heute unvermeidbare Prozesse dar, die den Bürgern "eine Fülle von Verstehensleistungen abfordern" würden (ebd). Während den sogenannten Bildungsbürgern dies noch relativ leicht fiele, reagierten andere Schichten mit einer "parochialen Abwehrreaktion gegenüber kosmopolitischen 'Zumutungen' " (ebd., 165).

Ein dritter Kritikpunkt: Eckert et al. berücksichtigen nicht, dass ihr eigenes Modell in der Bevölkerung als *alltägliches Erklärungsmodell* bereits weit verbreitet ist und durch ihre Studie im Grunde 'wissenschaftlich verdoppelt' wird. Es muss befürchtet werden, dass dieses Modell oft auch der *Rechtfertigung* abweisender und diffamierender Haltungen dient, einer Rechtfertigung, die als Opferdiskurs auf Verständnis hoffen kann und derer sich auch jene bedienen, die sich in gut abgesicherten sozialen Positionen befinden und über höhere Bildungsabschlüsse verfügen (vgl. hierzu ausführlicher Leiprecht 1993). Aber auch Politikerinnen und Politiker in Deutschland und den Niederlanden verschiedenster Couleur greifen auf dieses Modell zurück, um sich in *populistischer* Manier als Anwälte von Unterprivilegierten darzustellen, die (mit Hilfe unterschiedlicher Definitionen) zum 'eigenen Volk' gerechnet werden und vor den Gefahren durch die ins Land kommende Konkurrenz und möglicher Benachteiligungen geschützt werden müssten.

5.3.9.3 Der Verlust traditioneller Milieus als Erklärung für die Attraktivität rassistisch-nationalistischer Orientierungen?

Bereits 1987 - damals noch als einer der wenigen 'Rufer in der Wüste' - veröffentlichte der Bielefelder Soziologe Wilhelm Heitmeyer die Ergebnisse einer empirischen Untersuchung zu "rechtsextremistischen Orientierungen bei Jugendlichen" (Heitmeyer 1987). In dieser Arbeit wird ein Modell zur Erklärung von jugendlichem Rechtsextremismus formuliert, das mittlerweile in Deutschland große Verbreitung gefunden hat. Heitmeyer geht davon aus, dass es äußerst verkürzt sei, in einer Analyse des Rechtsextremismus nur auf rechtsextreme Gruppierungen, Organisationen, Zeitschriften und Parteien zu achten. Er legt das Schwergewicht

Ethnozentrismus aufmerksam zu machen, die auch bei Menschen in sozial abgesicherten Situationen mit guten Zukunftchancen und hochqualifizierten Bildungsabschlüssen zu finden sind (vgl. Leiprecht 1991, 37), signalisieren Eckert et al. Wohlstandschauvinismus bei der Gruppe der sog. Modernisierungs*verlierer*, die sich von Deklassierung und Statusverlust bedroht sieht (Eckert et al. 1996, 163).

seiner Untersuchungen deshalb auf ökonomisch-soziale Alltagserfahrungen und als Jugendforscher konzentriert er sich auf Jugendliche. In den folgenden Jahren entwickelt Heitmeyer die Standardaussage, dass nicht so sehr die organisierten rechtsextremistischen Gruppen selbst eine Eigenattraktivität besitzen, sondern deren Anziehungskraft durch die "ökonomisch-sozialen Alltagserfahrungen" der Jugendlichen erzeugt wird: "(...) soziale Ausgrenzung und vor allem eine breiter werdende soziale Verunsicherung (...) produzieren erst diese Attraktivität. (...) Die Ursachen liegen also nicht bei den rechtsextremistischen Gruppen, gewissermaßen am Rande der Gesellschaft, sondern in deren Zentrum." (Heitmeyer 1990, 66)

Heitmeyer charakterisiert solche Alltagserfahrungen als gekennzeichnet von grundlegenden *Modernisierungs- und Individualisierungsprozessen*: Die Industriegesellschaft erzwinge durch Mobilitätsanforderungen, Arbeitsmarktdynamik, Konkurrenz und Urbanisierung eine zunehmende Individualisierung. Traditionelle soziale Beziehungsgefüge und Milieus, wie sie früher durch Nachbarschaft, Arbeiterviertel, Familie, Vereinskultur und Sportverein gegeben waren, unterliegen in diesem Prozess einer stetigen Erosion. Steigende Handlungsunsicherheiten und vermehrt um sich greifende Ohnmachts- und Vereinzelungserfahrungen stellt Heitmeyer als Symptom der Auflösung solcher sozial-kultureller Milieus dar (vgl. auch Heitmeyer et al. 1996, 42). Jugendliche können heute - so Heitmeyer - "bei Ausgrenzungsprozessen nicht mehr auf die traditionsvermittelten Selbstverständlichkeiten und (...) Solidaritäten in der Nachbarschaft, im Wohnbezirk, bei Kollegen etc. zurückgreifen" (Heitmeyer 1987, 59). In einer solchen Situation bekommen nach Heitmeyer rechtsextreme Denkmuster, die eine Ideologie der Ungleichheit (mit den Facetten Nationalismus, Rassismus und Autoritarismus) mit Gewaltakzeptanz verbinden und offenbar Gewissheit, Klarheit und Zugehörigkeit suggerieren können, eine besondere Anziehungskraft (ebd., 67).

Dieses Erklärungsmodell ist inzwischen in Deutschland sehr weit verbreitet.[222] Allerdings gerät bei einem *internationalen Vergleich* die Gültigkeit des Modells ins Wanken. Obwohl sich die Niederlande und Deutschland in vielen Punkten unterscheiden (siehe oben), haben beide Länder keine *völlig* andere Gesellschaftsstruktur. In Bezug auf *allgemeine Strukturmerkmale* (etwa in Bezug auf die Wirtschaftsordnung, den Grad der Industrialisierung und Modernisierung, usw.) Sind die Ähnlichkeiten im Vergleich mit Westdeutschland größer als die Unterschiede. Hierzu ein Zitat aus der niederländischen Jugendforschung, die den Stand der sozialwissenschaftlichen und pädagogischen Diskussionen um die Jugend in den Niederlanden zusammenfasst:

---

[222] Es ist in der Fachdiskussion bereits vielfach darauf hingewiesen worden, dass dieses Basismodell in seiner Allgemeinheit (und vor allem auch seine Rezeption) *erhebliche Erklärungslücken* aufweist (vgl. etwa Leiprecht 1993). So kann z.B. festgehalten werden, dass weibliche Jugendliche und junge Frauen sich häufig in noch ausgegrenzteren Situationen befinden und nicht weniger desorientiert sind als männliche Jugendliche und junge Männer. Dennoch zeigt sich, dass es zwar durchaus auch weibliche Jugendliche gibt, die zu rassistischen Täterinnen werden, jedoch die Zahl männlicher Täter um ein vielfaches höher liegt. Jüngere empirische Untersuchungen belegen darüber hinaus, dass Mädchen und junge Frauen, wenn auch nicht völlig gefeit, dennoch in aller Regel weniger anfällig für rechtsextreme Ideologien sind (vgl. hierzu etwa Rommelspacher 1992, NRW-Studie 1994; siehe V.4). Scherr weist darauf hin, dass Heitmeyers Hypothese über den Zusammenhang von negativem Selbstkonzept und schwachem Selbstwertgefühl mit autoritär-nationalisierenden Sichtweisen durch Heitmeyers empirische Befunde eher widerlegt werden, Heitmeyer aber dennoch an der Annahme, dass es vor allem die Opfer von Individualisierungsprozessen seien, die anfällig für rechtsextreme Orientierungsmuster würden, festhält (Scherr 1996, 106).

"(...) die heutige Gesellschaft (wird) im allgemeinen als das Resultat eines eingreifenden Modernisierungsprozesses im Sinne von Individualisierung (...) interpretiert. Es ist nicht länger die Rede von allgemein akzeptierten Normen und Werten, über die das Individuum als Orientierungspunkte für sein Verhalten verfügen kann. Das Verhalten der einzelnen Individuen wird stets weniger bestimmt durch feste Modelle und Institutionen, durch eindeutig sinngebende Rahmen und Verhaltensanweisungen. Die lokale Gemeinschaft, die Säule, die Kirchengemeinschaft, das soziale Milieu, die Familie, (...) - sie verleihen dem Individuum nicht länger in selbstverständlicher Weise eine Identität. (...) Normen und Werte (verlieren) ihre Festigkeit und Eindeutigkeit, und Berufsperspektiven werden vager, so dass Orientierungsprobleme entstehen." (Lenders 1991, 116)

Dies sind Sätze, die man so oder so ähnlich auch in der Rezeption von Heitmeyers Erklärungsmodell zu jugendlichem Rechtsextremismus finden kann (vgl. Wendt 1993, 13ff.; Möller 1993, 40ff.; Merten/Otto 1993, 25ff.). Die Übereinkünfte sind verblüffend. Allerdings fungieren sie *nicht* als eine Erklärung für jugendlichen Rechtsextremismus, sondern als eine *allgemeine* Konstatierung wichtiger Merkmale der Lebenszusammenhänge, mit denen Jugendliche in den Niederlanden heutzutage konfrontiert werden.

Wenn einzelne Aspekte der gesellschaftlichen Situation in den Niederlanden und in Westdeutschland verglichen werden, zeigt sich, dass es sowohl Ähnlichkeiten als auch Unterschiede gibt (siehe oben). Werden allerdings bestimmte Merkmale betrachtet, die in Deutschland in der Sozialforschung oft zur Erfassung der Auswirkungen von sogenannten Modernisierungsschüben herangezogen werden, wird deutlich, dass die diesbezügliche Situation zum Untersuchungszeitpunkt in den Niederlanden *recht ähnlich* war wie in Westdeutschland .

Beispielsweise werden, um auf die Erosion der "Normalfamilie" (Heitmeyer et al. 1992, 32) und den Verlust an "Sozialisationskraft" (ebd., 33) der Familie hinzuweisen, in Westdeutschland häufig die Scheidungsraten (etwa bereits bei Heitmeyer 1987, 59; später auch bei Heitmeyer et al. 1996, 97ff.) oder die steigende Anzahl sogenannter "unvollständiger" (etwa bei Wendt 1993, 19) oder "Alleinerziehenden-Familien" (etwa bei Heitmeyer et al. 1992, 33) genannt. Die entsprechenden Daten stellen sich in den Niederlanden jedoch *nicht* wesentlich anders dar als in Westdeutschland.[223]

Entsprechendes zeigt sich bei einem weiteren Merkmal, das in der Diskussion oft herangezogen wird. Um auf Desintegrationssprozesse in Verbindung mit sozialer Ausgrenzung aufmerksam zu machen, wird meist mit der Arbeitslosenrate und dem "zentralen Bedrohungselement 'Arbeitslosigkeit'" argumentiert (Heitmeyer et al. 1992, 76ff.).[224] Auf der Basis der

[223] Die Daten zu Eheschließungen und Ehescheidungen in den Niederlanden und der alten Bundesrepublik sind im Verhältnis zur jeweiligen Einwohnerzahl fast identisch. 1991 kamen in der alten Bundesrepublik 6,3 Eheschließungen auf 1 000 Einwohner, in den Niederlanden waren es ebenfalls 6,3 auf 1 000. Bei den Ehescheidungen werden für die alte Bunderepublik 1991 20 Scheidungen auf 10 000 Einwohner gezählt, in den Niederlanden sind dies 19 auf 10 000 (Quelle: Statistisches Jahrbuch für das Ausland, hrsg. vom Statistischen Bundesamt Bonn 1993, S.42). Ähnliche Übereinstimmungen finden sich auch bei den Alleinerziehenden ('unvollständige Familien'). Beispielsweise registriert die vergleichende Sozialstatistik über den Familienstand (von 1988 bis 1990) in der frühen elterlichen Phase unter der Sparte 'ledig' für die BRD einen Anteil von 45,4%. Für die Niederlande ist dieser Anteil mit 41,9% nahezu gleich groß (Federkeil/Strohmeier 1993, S.32).

[224] Heitmeyer et al. behaupten übrigens *keinen* "linear deterministischen" Zusammenhang zwischen Anfälligkeiten für rechtsextremistische Orientierungen und "dem Arbeitsverlust bzw. der Verhinderung der Arbeitsaufnahme nach Schulabschluss", sondern betonen, dass "der Erfahrung bzw. Bedrohung durch

Daten zu Arbeitslosigkeit unter Jugendlichen in den Niederlanden müsste für den Untersuchungszeitraum ein geradezu entgegengesetztes Erklärungsmodell formuliert werden: Sowohl 1992 als auch 1993 wird in den internationalen Vergleichsstatistiken die durchschnittliche Jahresarbeitslosenquote bei den unter 25-jährigen in den Niederlanden als höher ausgewiesen als bei der gleichen Altersgruppe in Deutschland.[225] Folgt man hier Heitmeyers Theorie über den Zusammenhang zwischen Nationalismus/Rassismus (und Gewalt) und der schlechten ökonomisch-sozialen Lebenslage, dann wären gerade bei niederländischen Jugendlichen rechtsextreme und rassistisch-nationalistische Gewalttaten zu erwarten. Rechtsextreme und rassistisch-nationalistische Tendenzen unter Jugendlichen sind jedoch in den Niederlanden keineswegs prägnanter vertreten als in Westdeutschland. Weder die Unterschiede in Bezug auf das Ausmaß rassistischer Straf- und Gewalttaten in beiden Ländern (siehe V.5.2.2) noch die in der eigenen Untersuchung festgestellte Tendenz, nach denen die Jugendlichen der westdeutschen Stichprobe im Durchschnitt mehr 'eindimensional-nationale' und weniger 'multiperspektivische' Orientierungen zeigen als die Jugendlichen der niederländischen Stichprobe, lassen sich so plausibel erklären. Die Schlussfolgerung liegt also nahe, dass mit dem beschriebenen Modell etwas *sehr allgemeines* und keineswegs die *besondere* und *konkrete*

Arbeitslosigkeit" ein "hoher Stellenwert für die Brisanz von Krisen- und Belastungserfahrungen zugeschrieben" werden kann (Heitmeyer et al. 1992, 12).

[225] Aufgrund unterschiedlicher Kriterien und Zählweisen ergibt der Vergleich von Daten der Arbeitsämter in beiden Ländern keinen Sinn. Von *Eurostat* werden zum Zwecke des internationalen Vergleichs auf europäischer Ebene Daten auf der Grundlage von gemeinschaftlichen Arbeitskräfteerhebungen zusammengestellt. Diese Erhebungen finden europaweit jedes Jahr im Frühjahr statt und benutzen vergleichbare Kriterien (Daten nach Eurostat 1997, 10):

	Deutschland		*Niederlande*	
	Gesamtarbeitslosenquote im Jahresdurchschnitt	Arbeitslosenquote Jugendlicher (unter 25 Jahren) im Jahresdurchschnitt	Gesamtarbeitslosenquote im Jahresdurchschnitt	Arbeitslosenquote Jugendlicher (unter 25 Jahren) im Jahresdurchschnitt
1992	6,6%	6,4%	5,6%	8,5%
1993	7,9%	7,9%	6,6%	11,1%

Die Daten liefern ein Bild, das man für beide Länder getrost als in besonderer Weise *beschönigt* bezeichnen kann (vgl. Lappe 1994, 161; De Vries 1994, 23). Zudem ist eine Differenzierung zwischen Ost- und Westdeutschland nicht vorgesehen. Da die Daten jedoch auf ähnlichen Kriterien und Zählweisen in beiden Ländern basieren, ist ein internationaler Vergleich über *Tendenzen* möglich: Die Niederlande weisen eine etwas bessere Gesamtarbeitslosenquote aus, im Jugendbereich allerdings ist die Quote etwas höher als in Deutschland (vgl. auch das Statistische Jahrbuch für das Ausland; Statistisches Bundesamt 1996, 50). Übrigens ist die Entwicklung in beiden Ländern in den letzten Jahren deutlich *entgegengesetzt* verlaufen. Für die Niederlande konnten bis 1995 im öffentlichen Diskurs noch deutlich besorgte Signale in Bezug auf die Jugendarbeitslosigkeit festgestellt werden (vgl. auch Du Bois-Reymond /Peters 1991, 85). Mittlerweile zeigt sich jedoch ein positiver Trend. Neuerdings kann die Tageszeitung Volkskrant gar mit der (in verschiedener Weise aufschlussreichen) Titelschlagzeile öffnen: "Jugendliche mit einer Ausbildung sind auf dem Arbeitsmarkt außerordentlich gefragt. Betriebe sehnen sich nach jungem, knetbaren Personal." (Volkskrant 10.4.97) In Deutschland läuft die Entwicklung auf dem Arbeitsmarkt genau andersherum. Jährlich verzeichnet die Arbeitslosenstatistik neue Rekordzahlen.

Entwicklung in einem Land angesprochen wird. Das Erklärungsmodell 'Desintegration - Erosion sozialkultureller Milieus - Desorientierung - Attraktivität rechtsextremer Denkangebote' kann also in keinem Fall als hinreichend gelten, weder für Westdeutschland noch für die Niederlande.

5.3.9.4 Ökonomisch-sozialen Zukunftsperspektiven als Erklärung für 'eindimensional-nationale' Orientierungen?

Heitmeyer betont zwar, dass rechtsextreme Orientierungsmuster *nicht allein* auf eine ökonomisch-soziale Deprivation zurückgeführt werden können (Heitmeyer 1987, 178 u. 188; Heitmeyer et al. 1992, 27). Allerdings sind seine Formulierungen so angelegt, dass sowohl in der sozialwissenschaftlichen als auch in der öffentlichen Rezeption genau diese Einschränkung leicht vernachlässigt werden kann (vgl. hierzu ausführlich Leiprecht 1993, 70ff.). Gleichzeitig spitzt er sein Modell auf diesen Bereich von Arbeit bzw. Arbeitslosigkeit zu. Ein Modell, das die Hinwendung zu rechtsextremistischen Orientierungen mit drohender oder manifester sozialer Deprivation und diesbezüglichen Unzufriedenheiten und Zukunftserwartungen erklärt, gilt mittlerweile als Standard in der Sozialwissenschaft und der Bildungsarbeit (vgl. etwa Schultze 1989; Funke 1989; Eckert et al. 1996).

Vergleicht man die Ergebnisse der eigenen Untersuchung, die die ökonomisch-soziale Lebenssituation bzw. auf die damit verbundenen subjektiven Zukunftsperspektiven der Jugendlichen aufgreifen, dann kann man allerdings in diesem Bereich kaum eine befriedigende Unterbauung dieses Erklärungsansatzes finden. So gehen beispielsweise in der westdeutschen Stichprobe 60% der Befragten davon aus, dass die Arbeitslosigkeit in den kommenden Jahren ansteigen wird (V54). In der niederländischen Stichprobe sind dies im Verhältnis deutlich mehr, nämlich 73%. Fragt man danach, ob die Jugendlichen erwarten, in den kommenden Jahren selbst arbeitslos zu werden (V55), dann liegt der Anteil in der westdeutschen Stichprobe bei nur 18%, während er in der niederländischen Stichprobe mit 33% sehr viel größer ist (siehe oben, V.3., Tabelle 27). Aufgrund dieses Hinweises sind die eigenen Daten deshalb noch genauer untersucht worden.

Zu diesem Zweck wurden für jede Untersuchungsregion zwei 'entgegengesetzte' Gruppen gebildet, die ein *eindeutigeres* Antwortverhalten zeigen, nämlich jeweils eine Gruppe, die in *eindeutiger* Weise 'eindimensional-nationalen' Orientierungen zustimmt und ebenso *eindeutig* 'multiperspektivische' ablehnt; und eine andere, die 'multiperspektivischen' Orientierungen in *eindeutiger* Weise unterstützt und 'eindimensional-nationale' *eindeutig* von sich weist. Um eine solche Gruppenbildung zu erreichen, wurde zunächst jeweils die niederländische, west- und ostdeutsche Vergleichsstichprobe bei den 'eindimensional-nationalen' als auch bei den 'multiperspektivischen' Orientierungen entlang des *Medians* geteilt. Dadurch entstanden für beide Orientierungen jeweils zwei Gruppen: eine, deren Mittelwert dem zustimmenden Pol näher steht und eine, deren Mittelwert dem ablehnenden Pol näher steht. Anschließend wurden pro Untersuchungsregion die so gebildeten vier Gruppen mit Hilfe von Kreuztabellen miteinander verglichen und auf zwei Gruppen reduziert: eine, bei der die durchschnittliche Zustimmung in *eindeutigerer* Weise bei den 'eindimensional-nationalen' Orientierungen und *nicht* bei den 'multiperspektivischen' liegt; und eine andere, die in *eindeutigerer* Weise bei den 'multiperspektivischen' Orientierungen und *nicht* bei 'eindimensional-nationalen' zustimmt (siehe Anhang Band II, S.109-124).[226]

Werden nun auf die Fragen zur Erwartungshaltung gegenüber zukünftiger Arbeitslosigkeit (V54) und einer pessimistischen bzw. optimistischen Einschätzung der eigenen Zukunft (V52) die Antworten der Gruppe, die eine eindeutiger 'eindimensional-nationale' Orientierung zeigt, mit den Antworten der Gruppe verglichen, die eine eindeutiger 'multiperspektivische' Orientierung aufweist, so kann generell ein recht *ähnliches* Antwortverhalten beobachtet werden (siehe Tabellen 34 bis 39). In allen Tabellen lassen sich *keine* signifikanten Unterschiede feststellen.

Tab. 34: Niederländische Prüfgruppe

V52: Erwartung gegenüber der eigenen Zukunft	eindeutigere 'eindimensional-nationale' Orientierungen	eindeutigere 'multiperspektivische' Orientierungen
eher optimistisch	51%	38%
eher pessimistisch	2%	2%
gemischte Gefühle	38%	57%
weiß nicht	9%	4%
	100% (n = 53)	100% (n = 114)

[226] Für die jetzt jeweils *eindeutigeren* Prüfgruppen hat sich der Mittelwert wie gewünscht verschoben:

	Eindeutigere 'eindimensional-nationale' Orientierungen	*Eindeutigere 'multiperspektivische' Orientierungen*
Prüfgruppe Niederlande	2,3 (n = 53)	2,2 (n =116)
Prüfgruppe Westdeutschland	2,2 (n =166)	2,3 (n = 72)
Prüfgruppe Ostdeutschland	2,4 (n = 93)	2,1 (n =115)

Tab. 35: Niederländische Prüfgruppe

V55: Erwartung in Bezug auf eigene Arbeitslosigkeit	eindeutigere 'eindimensional-nationale' Orientierungen	eindeutigere 'multiperspektivische' Orientierungen
denke, dass ich in den nächsten Jahren arbeitslos werden könnte	32%	35%
denke nicht, *dass ich in den nächsten Jahren arbeitslos werden könnte*	68%	65%
	100% (n = 53)	100% (n = 112)

Tab. 36: Westdeutsche Prüfgruppe

V52: Erwartung gegenüber der eigenen Zukunft	eindeutigere 'eindimensional-nationale' Orientierungen	eindeutigere 'multiperspektivische' Orientierungen
eher optimistisch	32%	43%
eher pessimistisch	6%	6%
gemischte Gefühle	52%	44%
weiß nicht	11%	7%
	100% (n = 162)	100% (n = 72)

Tab. 37: Westdeutsche Prüfgruppe

V55: Erwartung in Bezug auf eigene Arbeitslosigkeit	eindeutigere 'eindimensional-nationale' Orientierungen	eindeutigere 'multiperspektivische' Orientierungen
denke, dass ich in den nächsten Jahren arbeitslos werden könnte	20%	14%
denke nicht, *dass ich in den nächsten Jahren arbeitslos werden könnte*	80%	86%
	100% (n = 158)	100% (n = 70)

Tab. 38: Ostdeutsche Prüfgruppe		
V52: Erwartung gegenüber der eigenen Zukunft	eindeutigere 'eindimensional-nationale' Orientierungen	eindeutigere 'multiperspektivische' Orientierungen
eher optimistisch	42%	32%
eher pessimistisch	10%	12%
gemischte Gefühle	44%	51%
weiß nicht	4%	4%
	100% (n = 93)	100% (n = 115)

Tab. 39: Ostdeutsche Prüfgruppe		
V55: Erwartung in Bezug auf eigene Arbeitslosigkeit	eindeutigere 'eindimensional-nationale' Orientierungen	eindeutigere 'multiperspektivische' Orientierungen
denke, dass ich in den nächsten Jahren arbeitslos werden könnte	46%	43%
denke nicht, *dass ich in den nächsten Jahren arbeitslos werden könnte*	54%	57%
	100% (n = 91)	100% (n = 113)

Als ein gemeinsames Ergebnis zeigt sich in allen drei Prüfgruppen, dass sich *keine* (signifikanten) Zusammenhänge finden lassen, die ein Erklärungsmodell stützen könnten, das eine Beziehung behauptet zwischen der Hinwendung zu 'eindimensional-nationalen' Orientierungen auf der einen Seite und einer sozialer Deprivation, entsprechenden Unzufriedenheiten und Zukunftserwartungen auf der anderen Seite. Eine Zustimmung oder Ablehnung 'eindimensional-nationaler' bzw. 'multiperspektivischer' Orientierungen lässt sich offensichtlich weder einfach aus ökonomisch-sozialen Verhältnissen noch aus entsprechenden subjektiven Bedrohungsgefühlen *ableiten* (vgl. hierzu auch Held et al. 1991, 14ff.).

5.4 *Zusammenfassung:* Erklärungsmodelle unter Berücksichtigung von Besonderheiten verschiedener Länder

In der Diskussion von Modellen, die versuchen, die gewaltförmige Verschärfung rassistisch-nationalistischer Tendenzen in Deutschland zu erklären, ließ sich feststellen, dass lokale Eskalationsprozesse mit Hilfe von prozessbezogenen Analysen recht gut rekonstruiert werden können. Allerdings wurde deutlich, dass Erklärungen, die zu sehr auf tatsächliche Erfahrungen der einheimischen Bevölkerung mit Einwanderungsfolgen und Eingewanderten setzen, zu wenig die Existenz *vorhandener Interpretationsmuster* berücksichtigen, auf deren Basis Erfahrungen eingeordnet und bewertet werden. Besonders für Deutschland muss hier eine lange Geschichte von *Negativ-Signalen* auf der Ebene von öffentlichen Diskursen und politischen Maßnahmen im Bereich Einwanderung und Flucht diagnostiziert werden. Ein Ansatz, der zudem eine (angebliche) Bedrohung durch Einwanderung in den Vordergrund stellt und Rassismen und Nationalismen als Abwehr gegenüber 'kosmopolitischen Zumutungen' begreift, beschränkt sich auf benachteiligte Gruppen der Mehrheitsgesellschaft. Die sogenannten 'Bessergestellten', die 'mit der Macht des Wortes' in Medien, Politik, Wissenschaft und Verwaltung die beschriebenen Negativ-Signale setzen können, werden nicht mehr wahrgenommen. Plausibler scheinen zudem Erklärungen, die explizit auch die politisch Handelnden und die Logik des politischen Handwerks mit berücksichtigen. Allerdings zeigte sich, dass fremdenfeindliche Diskurse als 'weapon of last resort' in der Konkurrenzdemokratie nicht nur auf der Seite konservativer Parteien zu verorten sind. Es lässt sich nachweisen, dass entsprechende Diskurse auch von Sozialdemokraten benutzt und provoziert worden sind. Dies gilt auch für die Niederlande Anfang der neunziger Jahre.

Der internationale Vergleich zeigt, dass Erklärungen, die auf ökonomische Deprivation und Arbeitslosigkeit abheben oder auf den Verlust traditioneller Milieus und zunehmender Verunsicherung in der Vereinzelung moderner Industriegesellschaften hinweisen, in ihrer Allgemeinheit sehr skeptisch beurteilt werden müssen. Zudem weisen die Ergebnisse der vorliegenden Untersuchung daraufhin, dass zwischen der Attraktivität rassistischer und nationalistischer Orientierungen und ökonomischer Misere bzw. ungünstigen Zukunftserwartungen kein zwangsläufiger Zusammenhang besteht. Zwar ist nicht zu bestreiten, dass hier aus der Perspektive politischer Akteure Ansatzpunkte zu finden sind, mit denen in populistischer Weise Stimmungen (re-) produziert und verstärkt werden können, und möglicherweise werden entsprechende Zusammenhangsannahmen und Denkangebote - gerade von einer ungünstigen Lebenslage aus - in besonderer Weise aufgegriffen. Dennoch ist deutlich, dass die besondere Situation und Entwicklung in *einem* Land mit solchen Erklärungen kaum gefasst werden kann.

Plausiblere Erklärungen bieten sich in den Bereichen dominanter Medien- und Politikerdiskurse über Flucht und Einwanderung und der offiziellen Politik gegenüber asylsuchenden Flüchtlingen und Eingewanderten an, insbesondere, wenn es um die Entwicklungen in Westdeutschland und den Niederlanden geht. Die Unterschiede in den sozial-strukturellen und sozio-ökonomischen Lebensbedingungen waren hier für Angehörige der Mehrheitsgesellschaft im Untersuchungszeitraum nicht allzu groß, während gerade in den Struktur- und Diskursbereichen Flucht und Einwanderung sehr *unterschiedliche Signale* dargeboten wurden.

Die Art und Weise dieser Signale wiederum stellen keine automatischen Reaktionen auf den Umfang von Einwanderung dar. Zu ähnlichen Anteilen, so wurde gezeigt, finden sich in den Niederlanden und in (West-)Deutschland Menschen 'fremder Herkunft' und ist die Diversität der Einwanderergruppen recht groß. In beiden Ländern werden Eingewanderte zum Gegenstand gesetzlicher Regelungen, politischer Maßnahmen und Diskurse, und die Anwesenheit von Arbeitsmigrantinnen und -migranten wird zunächst in beiden Ländern als vorübergehend betrachtet und immer mehr als ein Problem für das Aufnahmeland thematisiert. Neben anfänglichen Übereinstimmungen in den sechziger und siebziger Jahren, lassen sich jedoch vor allem für die achtziger Jahre auffällige Unterschiede zwischen Westdeutschland und den Niederlanden feststellen: In den Niederlanden wurde nun auch von offizieller und regierungsamtlicher Seite eine strukturelle Benachteiligung von eingewanderten Minderheiten eingestanden, auf einen entsprechenden Handlungsbedarf hingewiesen und nach Möglichkeiten zur Verbesserung der Situation gesucht. Der Lobbyismus, die Forderungen und die Aktionen vor allem der Einwanderergruppen aus den ehemaligen Kolonien, die größtenteils über die niederländische Staatsbürgerschaft verfügten, stießen hier auf eine Konstellation von politischen Akteuren, die sich in der Tradition einer Konsens- und Kompromisskultur definierten und eine entsprechende Offenheit für die Anliegen der Eingewanderten zu zeigen begannen.

Für Westdeutschland muss für diesen Zeitraum noch eine massive und breit getragene Verweigerung der Anerkennung der Einwanderungstatsache registriert werden. In Wahlkämpfen wurde zudem, anders als in den Niederlanden, immer wieder gegen Eingewanderte, und später, je nach politischer Couleur, gegen asylsuchende Flüchtlinge oder Aussiedlerinnen und Aussiedler Stimmung gemacht. Im Zusammenhang mit verschiedenen (überaus widersprüchlichen) Diskursen zu Herstellung eines gemeinsamen Nationalbewusstseins nach dem Zusammenschluss von BRD und DDR muss für das neue Deutschland Anfang der neunziger Jahre auch auf die in noch verschärfter Weise geführte Neuauflage einer Asyldebatte hingewiesen werden, die auf älteren Negativbildern aufbauen konnte. Obwohl - teilweise auch vor dem Hintergrund des Umbaus des Sozialstaates, des Erstarkens neoliberaler Tendenzen und der europäischen Harmonisierung (Flüchtlingspolitik) - in den Niederlanden ebenfalls ein deutliches Umschlagen im Einwanderungsdiskurs mit entsprechenden Negativ-Signalen zu konstatieren ist, spielt sich diese Entwicklung, auch in Bezug auf entsprechende Präsentationen in den Medien, noch auf einem weniger massiven und aggressiven Niveau ab.

Insgesamt wurde also deutlich, dass zum Untersuchungszeitraum im Bereich gesellschaftlicher Strukturen und Diskurse zu Einwanderung und Flucht Unterschiede in beiden Ländern festzustellen sind, die auch zu unterschiedlichen sozialen Repräsentationen und Orientierungsangeboten über Eingewanderte geführt haben. Das Ergebnis des eigenen quantitativen Vergleichs, demzufolge *im Durchschnitt* die Jugendlichen aus Deutschland ausgeprägter 'eindimensional-national' und weniger 'multiperspektivisch' orientiert als die Jugendlichen in den Niederlanden antworteten, lässt sich vor diesem Hintergrund plausibel erklären.

Allerdings kann dies nur eine Teilerklärung sein. Unbefriedigend bleibt zum Beispiel, dass die festgestellte abweichende Tendenz bei weiblichen Jugendlichen in Ostdeutschland, die sich zudem *nicht* bei den weiblichen Jugendlichen in Westdeutschland zeigt, auf diese Weise kaum erklärt werden kann. Eine gleichzeitige Verschränkung in einem *integrierten* Erklärungsansatz zu Unterschieden von Rassismen, Nationalismen und Ethnizismen zwischen Ländern *und* innerhalb von Ländern, verbunden mit brauchbaren Gender-Konzepten, steht zweifellos noch aus (vgl. Leiprecht/C. Huber 1995, 85). Unbefriedigend bleibt auch, dass mit quantitativen Daten zwar durchschnittliche Unterschiede festgestellt, genauere Einsichten in gruppenbezogene und subjektive Prozesse jedoch nicht gewonnen werden können. Solche Einsichten dürften zugleich eine notwendige, wenn auch nicht hinreichende Voraussetzung dafür sein, integrierte Erklärungsansätze zu entwickeln. Für die Niederlande wird deshalb im Folgenden eine Untersuchung vorgenommen, die sich nicht nur auf quantitative, sondern auch auf qualitative Daten bezieht und dem Aspekt sozialer Geschlechterverhältnisse besondere Aufmerksamkeit widmet.

VI. Darstellung und Diskussion von Ergebnissen der eigenen Jugenduntersuchung: Vertiefende Untersuchung bei Jugendlichen in den Niederlanden

Während im vorangegangenen Abschnitt (V.) der *internationale* Vergleich im Vordergrund stand, soll jetzt die Gesamtstichprobe aus den Niederlanden *genauer* untersucht werden. Auf Basis der quantitativen Daten des Vergleichs konnten zwar noch kaum präzisere Aussagen über *subjektive Umgangsweisen* mit Diskursen und Repräsentationen und mögliche Effekte gemacht werden. Allerdings lieferte der Versuch, die eigenen Ergebnisse unter Hinzuziehung weiterer Untersuchungen, Vergleichsebenen und gängiger Modelle einzuordnen, nicht nur Einschätzungen zur Plausibilität von Erklärungen, sondern auch ausführliche Skizzen über themenbezogene Besonderheiten in beiden Ländern. Beides kann in Bezug auf die Niederlande als eine gute *Grundlage* für die nachstehenden Ausführungen dienen. Lag ein Schwergewicht bis hierher vor allem auf dem Datenmaterial des quantitativen Untersuchungsteils, werden jetzt nach und nach auch die Daten hinzugezogen, die mit den *qualitativen* Verbalisierungsmethoden 'Gruppendiskussion' und 'Einzelinterview' gewonnen werden konnten.

Eine wichtige Vorbemerkung: Die niederländische *Gesamt*stichprobe, die im Folgenden zur vertiefenden Untersuchung herangezogen wird, unterscheidet sich in einigen Punkten von der niederländischen *Teil*stichprobe des internationalen Vergleichs. Zur Erinnerung: Um eine bessere Vergleichbarkeit zu garantieren, wurden die niederländische und die deutschen Stichproben *parallelisiert* (siehe IV.4.4). Während die niederländische Vergleichsstichprobe nur 290 Jugendliche aus dem Berufsschulbereich umfasste, handelt es sich jetzt bei der Gesamtstichprobe um 575 Jugendliche aus dem Berufsschulbereich *und* einem allgemeinbildenden Bereich, dessen Abschluss zu einem Hochschulstudium berechtigt. Außerdem sind in der Gesamtstichprobe aus den Niederlanden allochthone Jugendliche repräsentiert und ist das Altersspektrum um die 15- bis 16-jährigen erweitert. Diese breitere Zusammensetzung der Gesamtstichprobe hat den Vorteil, dass mit den einzelnen Untergruppen dort, wo es nötig und sinnvoll erscheint, auch Untergruppenvergleiche durchgeführt werden können.

1. Benachteiligte Positionierung allochthoner Jugendlicher

In der vorliegenden Untersuchung gilt die zentrale Aufmerksamkeit zwar rassistischen, nationalistischen und ethnizistischen Repräsentationen und Orientierungen bei *Angehörigen der Mehrheitsgesellschaft*, dennoch lieferte der benutzte Fragebogen einige Resultate zu *allochthonen* Jugendlichen, die auch bei dieser Themenstellung von Interesse sein können. Dies betrifft die durchschnittlichen Unterschiede, die sich zwischen autochthonen und allochthonen Jugendlichen zeigen, wenn es etwa um die Positionierung in der Bildungshierarchie geht oder um den unterschiedlichen Stellenwert, den ein 'Schutz von Minderheiten' aus der Perspektive verschiedener Positionierungen hat.

1.1 Selbsteinordnung der Jugendlichen im Fragebogen

Um nicht unnötigen starren Einteilungen Vorschub zu leisten, wurde bei der Formulierung der Fragen nach der ethnischen und/oder nationalen Zugehörigkeit im Fragebogentext ausdrücklich darauf hingewiesen, dass *mehrere* Antworten möglich sind (V5).

Von den 575 Befragten ordneten sich 497 Jugendliche (87%) ausschließlich als *'niederländisch'* ein. Weitere 28 Jugendliche (5%) machten von der Möglichkeit der Mehrfachnennung Gebrauch und gaben neben *'niederländisch'* noch eine andere nationale oder ethnische Gruppe zu erkennen, der sie sich zuordneten. Es zeigten sich hier folgende Doppelnennungen: neben der Selbsteinordnung als *'niederländisch'* gaben acht Jugendliche *'surinamisch'* an, vier weitere *'indonesisch'* und zwei *'chinesisch'*. Zwei Jugendliche verorteten sich selbst sowohl als *'niederländisch'* als auch als *'marokkanisch'*, keine einzige Doppelnennung zeigte sich bei *'niederländisch'* und *'türkisch'*. Drei Doppelnennungen fanden sich bei *'niederländisch'* und *'friesisch'*.

Noch einmal 52 Jugendliche (9%) ordneten sich *nicht* als niederländisch ein und wählten auch keine Mehrfachnennung, sondern nahmen durch eine *Einfachnennung* eine Selbsteinordnung zu einer anderen nationalen oder ethnischen Gruppe vor. Davon entfielen die meisten Nennungen auf *'türkisch'* (21), gefolgt von *'surinamisch'* (10), *'indonesisch'* (5), *'marokkanisch'* (4) und *'spanisch'* (2).

Die Gesamtstichprobe repräsentiert in groben Zügen die demographische Landkarte der Niederlande in Bezug auf die Einwanderungsgeschichte von (klassischer) Arbeitsmigration *und* kolonialer Einwanderung (siehe V.5.2.4.2). Auffällig ist die Verteilung der Doppel- und Einfachnennungen bei den Jugendlichen, die sich *nicht* ausschließlich als 'niederländisch' bezeichneten: Die Doppelnennungen verweisen zum überwiegenden Teil auf die koloniale Vergangenheit der Niederlande, nur ausnahmsweise berühren Doppelnennungen auch die Geschichte der klassischen Arbeitsmigration. Umgekehrt ist das Verhältnis bei den Einfachnennungen: Die Jugendlichen, deren Eltern vermutlich im Zuge der (klassischen) Arbeitsmigration in die Niederlande kamen, entschieden sich zu einem größeren Teil für eine Einfachnennung als die Nachfahren ehemaliger Kolonialangehöriger. Ganz offenbar ist es für Eingewanderte mit dem Hintergrund der (ehemals) kolonialen Beziehung einfacher, sich selbst *gleichzeitig* etwa als Niederländerin/Niederländer *und* Surinamerin/Surinamer zu sehen.

1.2 Schule und Schulzufriedenheit

Um die quantitativen Daten daraufhin zu prüfen, ob sich in ihnen ein Ausdruck für eine möglicherweise benachteiligte Positionierung von allochthonen Jugendlichen findet, wurde ein Gruppenvergleich durchgeführt.[227]

[227] Die Jugendlichen, die eine Doppelnennung markiert hatten, sind beim Gruppenvergleich der allochthonen Gruppe zugeordnet worden (mit Ausnahme der drei Jugendlichen, die *'niederländisch'* und *'friesisch'* angegeben hatten; hierbei dürfte es sich um eine besondere Konstellation handeln). Für den Gruppenvergleich wurde der Einfachheit halber also davon ausgegangen, dass das Entscheidende für die Situation der Jugendlichen, die neben niederländisch noch eine andere nationale oder ethnische Zugehörigkeit zu erkennen gaben, ihr Verweis auf eine 'andere Herkunft' ist. Überaus interessant wäre zweifellos auch ein Vergleich dieser Jugendlichen mit jenen, die eine *nicht-niederländische* Einfachnennung gewählt hatten. Hierfür sind jedoch die Gruppengrößen zu klein.

Hierbei wurde deutlich, dass nur eine kleine Minderheit (11%) der allochthonen Jugendlichen eine Schule besuchen, deren Abschluss zu einem Hochschulstudium berechtigt, während dieser Anteil bei den autochthonen Jugendlichen bereits ein Drittel (33%) der Befragten umfasst. Auf der untersten Stufe in der Bildungshierarchie (KMBO, Leerlingstelsel) ist das Bild eher umgekehrt: hier befindet sich die Mehrheit (60%) der allochthonen Jugendlichen, während nur ein Drittel (32%) der autochthonen Jugendlichen eine Schule/Ausbildung dieses Typs absolvieren.

Dieses Verhältnis scheint sich auch in der subjektiven Zufriedenheit mit der Ausbildung bzw. Schule auszudrücken (V21). Die autochthonen Jugendlichen geben zu 17% an, mit der gegenwärtigen Ausbildung bzw. Schule *'eher unzufrieden'* zu sein, bei den allochthonen Jugendlichen liegt dieser Anteil mit 36% bereits mehr als doppelt so hoch.

1.3 'Schutz von Minderheiten' in der Einschätzung allochthoner Jugendlichen

Auf die Frage, *'in welchem Land'* die Jugendlichen *'gerne wohnen würden'* (V34), entschieden sich die autochthonen Jugendlichen mit einer Zweidrittel-Mehrheit für die Niederlande (77%), während eine deutliche Mehrheit der allochthonen Jugendlichen *'ein anderes Land'* bevorzugte (56%).

Auffällig ist, dass die Jugendlichen beider Gruppen übereinstimmend und mit deutlichen Mehrheiten die Stichworte *'Nationalität bzw. Kultur'* (60% bzw. 60%) an erster Stelle nennen, wenn danach gefragt wird, in Verbindung mit welchen Merkmalen *'Menschen ungleiche Chancen und Möglichkeiten in der niederländischen Gesellschaft'* haben (V29).[228] Noch auffälliger ist, dass es trotz dieser übereinstimmenden Beurteilung im Bereich ethnischer Ungleichheit einen deutlichen Unterschied zwischen autochthonen und allochthonen Jugendlichen gibt, wenn danach gefragt wird, was für die Jugendlichen *'bei der Entscheidung, in einem bestimmten Land leben zu wollen, am wichtigsten'* ist (V35). In der Rangfolge der Nennungen, die als 'sehr wichtig' gekennzeichnet wurden,[229] findet sich das Stichwort *'Schutz von Minderheiten'* (60%) bei den allochthonen Jugendlichen bereits an dritter Stelle, während es von den autochthonen Jugendlichen (mit 36%) erst an zehnter und damit vorletzter Stelle platziert wird.

1.4 *Zusammenfassung:* Keine Chancengleichheit von Autochthonen und Allochthonen

Die Verteilung zwischen Autochthonen und Allochthonen in der Bildungshierarchie, die sich in der Gesamtstichprobe zeigt, entspricht tendenziell der gesamtgesellschaftlich zu beobachtenden: In den oberen Rängen der Bildungshierarchie sind Allochthone deutlich *unter*repräsentiert, während sie in den unteren Rängen deutlich *über*repräsentiert sind (vgl. hierzu etwa

---

[228] Als Antwortmöglichkeiten war eine Liste mit Merkmalen (*'soziale Herkunft'*, *'Bildung'*, *'Religion'*, *'Geschlechtszugehörigkeit'*, *'Behinderung'*, *'politische Einstellung'* usw.) vorgegeben worden. Die Jugendlichen konnten sich bei jedem einzelnen Stichwort entscheiden zwischen *'ja'*, *'nein'* und *'weiß nicht'*. Die obigen Prozentangaben beziehen sich jeweils auf die *'ja'*-Antworten.

[229] Entlang von vorgegebenen Stichworten (*'Soziale Absicherung'*, *'Höherer Lebensstandard'*, *'Umweltschutz'* usw.) konnten die Jugendlichen auf einer vierstufigen Skala zwischen *'sehr wichtig'* und *'nicht wichtig'* wählen. Die obigen Angaben beziehen sich auf die Nennungen bei *'sehr wichtig'*.

Bruin/Van der Heijde 1995, 35). Dies kann als ein deutlicher Indikator für eine benachteiligte Positionierung allochthoner Jugendlicher interpretiert werden. Auch viele autochthone Jugendliche scheinen eine Vorstellung von solchen (und anderen) Benachteiligungen zu haben, in dem die Zugehörigkeit zu einer Nationalität oder Kultur an erster Stelle genannt wird, wenn es um ungleiche Chancen und Möglichkeiten geht. Allerdings geht die Übereinstimmung zwischen autochthonen und allochthonen Jugendlichen hier nicht so weit, dass beide Gruppen dem 'Schutz von Minderheiten' den gleichen Stellenwert zumessen. Es stellt sich zudem die Frage, ob die ungleiche Chanchenverteilung als eine gesamtgesellschaftlich verursachte Benachteiligung oder - in Form einer Eigenschaftszuweisung - als mangelnde Befähigung anderer Nationalitäten oder Kulturen interpretieren. Anhand des qualitativen Datenmaterials wird dieser Frage nachzugehen sein.

2. 'Eindimensional-nationale' und 'multiperspektivische' Orientierungen

Bevor mit der Darstellung und Diskussion der Ergebnisse der niederländischen Gesamtstichprobe zu 'eindimensional-nationalen' und 'multiperspektivischen' Orientierungen begonnen werden kann, müssen noch zwei methodische Hinweise gegeben werden:

a) Die Skalen zu den 'eindimensional-nationalen' und 'multiperspektivischen' Orientierungen, die bei der niederländischen Gesamtstichprobe benutzt werden, unterscheiden sich von den Skalen, mit denen noch im internationalen Vergleich gearbeitet wurde. Sie umfassen mehr Items als die Skalen des Ländervergleichs, da - wie bereits erwähnt - zusätzlich solche Items mit aufgenommen wurden, die einige Besonderheiten der niederländischen Situation berücksichtigen (siehe IV.4.2.3). Die Skala zu 'eindimensional-nationalen' Orientierungen besteht jetzt aus elf Items, die Skala zu 'multiperspektivischen' Orientierungen aus neun Items.[230] Wieder wurden beide Skalen jeweils in einem Gesamtindex zusammengefasst.
b) Die Untersuchung mit diesen beiden Skalen wird in der Regel, wenn nichts anderes ausdrücklich erwähnt wird, *ohne* die Gruppe der allochthonen Jugendlichen durchgeführt. Dies hat verschiedene Gründe. Zum einen liegt das Hauptaugenmerk dieser Arbeit insgesamt auf 'eindimensional-nationalen' und 'multiperspektivischen' Orientierungen bei *autochthonen* Jugendlichen. Zum anderen muss - wie bereits erwähnt (siehe IV.4.4) - davon ausgegangen werden, dass die Skalen zu 'eindimensional-nationalen' und 'multiperspektivischen' Orientierungen viele Items enthalten, die sich für Jugendliche, die sich selbst als 'nicht-niederländisch' einordnen, nicht eignen bzw. vor einem völlig anderen Hintergrund interpretiert werden müssten.

Wird die Gesamtstichprobe der autochthonen Jugendlichen (n = 500) untersucht, so zeigt sich, dass bei den 'eindimensional-nationalen' Orientierungen der Mittelwert nahe am neutralen Wert liegt, während er bei den 'multiperspektivischen' Orientierungen bereits recht deutlich eine durchschnittliche Zustimmung ausdrückt (siehe Tabelle 40).

---

[230] Auch diese umfassenderen Skalen zu 'eindimensional-nationalen' und 'multiperspektivischen' Orientierungen wurden in einer statistischen Faktorenanalyse für die Gesamtstichprobe bestätigt. Die Überprüfung von Trennschärfe und Reliabilität ergab ein zufriedenstellendes Ergebnis (siehe IV.4.4 und Anhang Band II, S.49-74).

Tab. 40: Mittelwerte zu 'eindimensional-nationalen' und 'multiperspektivischen' Orientierungen

Gesamtstichprobe Niederlande (nur 'niederländische' Jugendliche)	Mittelwert
Index 'eindimensional-nationale' Orientierungen	3,2 (n = 453)
Index 'multiperspektivische' Orientierungen	2,9 (n = 463)

Nun sagen die beiden obigen Mittelwerte für sich genommen noch nicht sehr viel. Offenbar neigen die Jugendlichen *im Durchschnitt* kaum zu 'eindimensional-nationalen' Orientierungen und befinden sich bei 'multiperspektivischen' Orientierungen im Zustimmungsbereich. Dies war bereits aus dem internationalen Vergleich bekannt - wenn auch auf der Grundlage einer weniger umfangreichen empirischen Stichprobe und einer kürzeren Skala (siehe V.2.1, Tabelle 15). Auch, dass 'eindimensional-nationale' und 'multiperspektivische' Orientierungen negativ miteinander korrelieren (-.4035**) (siehe Anhang Band II, S.156), bestätigt nur auf neuer Grundlage eine Feststellung, die bereits im internationalen Vergleich gemacht wurde.

Dass sich in den Ergebnissen durchaus soziale Wirklichkeit widerspiegelt, kann sich sehr anschaulich daran zeigen, wenn *stimmige* Zusammenhänge zwischen dem Antwortverhalten der Jugendlichen auf die Itemlisten zu 'eindimensional-nationalen' und 'multiperspektivischen' Orientierungen und *verwandten* Themenbereichen festzustellen sind. Anhand von den Fragen zu Freundschaftsbeziehungen und Gewalt soll dies überprüft werden. Zudem interessieren im Rahmen der vorliegenden Untersuchung besonders auch die Jugendlichen, die eine *deutlichere* Neigung entweder zu 'eindimensional-nationalen' oder aber zu 'multiperspektivischen' Orientierungen erkennen lassen.

Um entsprechende Zusammenhänge festzustellen und die ins Auge gefasste Gruppe genauer zu untersuchen, wurde auf ein möglichst aussagekräftiges Verfahren zurückgegriffen, ein Verfahren, das - für andere Stichproben und mit anderen Skalen - bereits im internationalen Vergleich benutzt worden war (siehe V.5.3.9.4).[231]

[231] Ein Ausgangspunkt der Überlegungen war zunächst die Tatsache, dass 'eindimensional-nationale' und 'multiperspektivische' Orientierungen in der Stichprobe (wie theoretisch erwartet) *negativ* miteinander korrelieren. Als Mindestbedingung wurde vorgegeben, dass in der zu erstellenden Prüfgruppe, die eine eindeutige durchschnittliche Zustimmung zu 'eindimensional-nationalen' Orientierung zeigen sollte, zumindest nicht gleichzeitig eine durchschnittliche Zustimmung zu 'multiperspektivischen' Orientierungen zu finden ist. Eine analoge Bedingung wurde für die Prüfgruppe formuliert, die durch eine eindeutige Zustimmung zu 'multiperspektivischen' Orientierungen charakterisiert sein sollte. Um dies zu erreichen, wurde zunächst die niederländische Gesamtstichprobe sowohl bei den 'eindimensional-nationalen' als auch bei den 'multiperspektivischen' Orientierungen entlang des *Medianes* geteilt. Dadurch entstanden für beide Orientierungen jeweils zwei ähnlich große Gruppen: eine, deren Mittelwert dem zustimmenden Pol näher steht und eine, deren Mittelwert sich dem ablehnenden Pol nähert. Anschließend wurden die so gebildeten vier Gruppen in einer Kreuztabelle miteinander verglichen und auf zwei Gruppen reduziert: eine, bei der die durchschnittliche Zu-

2.1 Freundschaften mit Eingewanderten und 'eindimensional-nationale' /'multiperspektivische' Orientierungen

Die überwiegende Mehrheit der autochthonen Jugendlichen kann sich vorstellen, dass einer der *'engeren Freunde aus der Gruppe der Eingewanderten'* kommt (V14). Auf die entsprechende Frage bekundeten dies bereits 80% der Jugendlichen. Weitere 7% ließen Einschränkungen (*'unter Umständen'*) erkennen. Eine eher ablehnende Haltung zeigten 5% der Befragten (*'schwerlich'*) und 8% schlossen gar eine solche Freundschaft völlig aus (*'nein'*).

Genauso wenig wie im Allgemeinen ein bestimmtes Antwortverhalten gegenüber einem Fragebogeninstrument bedeuten muss, dass auch wirklich entsprechend gehandelt wird (siehe IV.3.1), genauso wenig kann selbstverständlich vom vorliegenden Ergebnis der Freundschaftsfrage aus auf die Realität interethnischer Freundschaftsbeziehungen geschlossen werden. Die Angaben der Jugendlichen weisen eher auf Absichten, Ansprüche und Wünsche hin. Damit ist zwar noch nichts über das reale Verhalten ausgesagt, jedoch möglicherweise über die Stärke und Verbreitung einer bestimmten 'gesellschaftlichen Stimmung'.[232]

Untersuchungen in den Niederlanden, die spezieller das Freundschafts*verhalten* zum Thema machen, zeigen, dass Jugendliche niederländischer Herkunft im Vergleich zu Jugendlichen türkischer, marokkanischer und surinamischer Herkunft am ausgeprägtesten solchen Freundschaftsbeziehungen einen Vorzug geben, die sich in der *eigenen* Gruppe entwickeln. Und wenn auch interethnische Freundschaften unter Jugendlichen nicht völlig außergewöhnlich sind, so sind sie doch noch keineswegs selbstverständlich und alltäglich vorkommende Gegebenheiten (vgl. Saharso 1992, 45ff.).

Doch zurück zu den 'eindimensional-nationalen' und 'multiperspektivischen' Orientierungen. Es ist zu erwarten, dass unter Jugendlichen, die 'eindimensional-nationalen' Orientierungen zustimmen, zu einem größeren Anteil eine ablehnende Haltung gegenüber Freundschaften mit

---

stimmung in *eindeutigerer* Weise bei den 'eindimensional-nationalen' Orientierungen und nicht bei den 'multiperspektivischen' liegt (n = 144); und eine andere, die in *eindeutigerer* Weise bei den 'multiperspektivischen' Orientierungen und nicht bei 'eindimensional-nationalen' zustimmt (n = 135).

Wird jetzt kontrolliert, welche Mittelwerte die so gebildeten Gruppen bei den Indexen zu den politischen Orientierungen haben, zeigt sich, dass die erste Gruppe - wie beabsichtigt - mit dem Wert 2,6 eine *eindeutigere* Zustimmung bei den 'eindimensional-nationalen' Orientierungen aufweist und mit dem Wert 3,6 bei den 'multiperspektivischen' Orientierungen nicht mehr im Zustimmungsbereich liegt, während sich für die zweite Gruppe mit dem Wert 2,2 eine eindeutigere Zustimmung bei den 'multiperspektivischen' Orientierungen und mit dem Wert 3,9 eine eindeutigere Ablehnung bei den 'eindimensional-nationalen' Orientierungen ergibt. Durch die Bildung der beiden Prüfgruppen wird zwar die untersuchte Gruppe kleiner, doch der entscheidende Vorteil ist, dass jetzt ein Prüfverfahren angewandt wird, das in Bezug auf die Fragestellung sehr viel zugespitzter ist und genauere Auskünfte vermitteln kann (siehe Anhang Band II, S.156-158).

[232] Nach der Realität interethnischer Freundschaften fragt eine neuere Untersuchung des Nipo-Institutes von 1999. Beinahe die Hälfte der befragten Jugendlichen gibt an, Freundinnen und Freunde außerhalb der eigenen ethnischen Gruppe zu haben. Wie die Jugendlichen Freundschaften definieren, bleibt auch hier unklar (Volkskrant 31.12.99). Deutlich ist allerdings, dass die Frage der eigenen Untersuchung, die sich danach erkundigt, ob sich die Jugendlichen interethnische Freundschaftsbeziehungen vorstellen können, zu einem höheren Wert führt (80%).

Eingewanderten zu finden ist. Umgekehrt dürfte es sich bei Jugendlichen verhalten, die zu 'multiperspektivischen' Orientierungen neigen. In der Tat zeigt sich zwischen der Freundschaftsfrage und den 'eindimensional-nationalen' Orientierungen eine negative Korrelation (-.2483**) und zwischen der Freundschaftsfrage und den 'multiperspektivischen' Orientierungen eine positive (.4077**). Deutliche Zusammenhänge lassen sich in der Anwendung des oben beschriebenen Prüfverfahrens (anhand *eindeutigerer* Orientierungen) feststellen (siehe Tabelle 41).

Tab.41: Freundschaften mit Eingewanderten und 'eindimensional-nationale'/'multiperspektivische' Orientierungen

V14: Könntest du dir vorstellen, dass einer deiner engeren Freunde aus der Gruppe der Eingewanderten kommt?	Prüfgruppe 'eindimensional-nationale' Orientierungen	Prüfgruppe 'multiperspektivische' Orientierungen
ja	63%	92%
unter Umständen	12%	3%
schwerlich	10%	2%
nein	15%	3%
	100% (n = 140)	100% (n = 135)

Eine überwältigende Mehrheit (über 90%) der Jugendlichen, die in ihrem Antwortverhalten eine *eindeutigere* 'multiperspektivische' Orientierung zeigen, können sich ohne jede Einschränkung vorstellen, dass *einer der engeren Freunde aus der Gruppe der Eingewanderten* kommt. Bei den Jugendlichen, bei denen sich ein *eindeutiger* 'eindimensional-national' orientiertes Antwortverhalten bemerkbar macht, lässt sich hingegen eine gewisse Zurückhaltung feststellen. Zwar immer noch eine Mehrheit, aber doch ein wesentlich kleinerer Anteil (63%) kann sich hier ohne weitere Einschränkung eine entsprechende Freundschaft vorstellen. Der Unterschied zwischen dem Antwortverhalten der beiden Gruppen wird als signifikant ausgewiesen. Trotz dieses deutlichen Zusammenhangs wird allerdings gleichzeitig deutlich, dass die Zustimmung zu 'eindimensional-nationalen' Orientierungen *keineswegs zwingend* mit einer ablehnenden Äußerung gegenüber interethnischen Freundschaftsbeziehungen verbunden sein muss. Immerhin geben auch die eindeutiger 'eindimensional-national' orientierten Jugendlichen in ihrer Mehrheit an, sich eine Freundschaft mit Eingewanderten vorstellen zu können.

2.2 Gewalt und 'eindimensional-nationale'/'multiperspektivische' Orientierungen

Ähnlich wie bei der Freundschaftsfrage, ist auch zwischen 'eindimensional-nationalen' Orientierungen und der Zustimmung zu Gewalt gegenüber Eingewanderten ein Zusammenhang zu erwarten. Im vorliegenden Fragebogen wurde die Gewaltfrage im Zusammenhang mit der knappen Skizzierung eines gewalttätigen Übergriffs gegenüber Eingewanderten auf offener Straße gestellt. Nach dieser kurzen Skizze konnten sich die Jugendlichen für eine der fünf angebotenen Antwortmöglichen entscheiden (siehe Übersicht 42):

Übersicht 42: Die Gewaltfrage

> *V79*: In letzter Zeit kommt es in Europa immer wieder vor, dass 'Ausländer' auf offener Straße von Gruppen junger 'Einheimischer' angegriffen werden. Meist stehen viele Passanten drum herum und schauen zu. Angenommen, so etwas geschieht auch in den Niederlanden. Wie würdest du in so einer Situation noch am ehesten reagieren? *(bitte nur eins ankreuzen!)*
>
> (1) Das finde ich im Prinzip gut. Es muss endlich etwas gegen die 'Ausländer' hierzulande unternommen werden.
> (2) Ich finde so etwas doch zu brutal und versuche, besänftigend auf die Situation einzuwirken. Aber irgendwie haben diese Jugendlichen natürlich recht.
> (3) Das interessiert mich alles nicht und ich gehe einfach weiter.
> (4) Eigentlich würde ich gerne die Angegriffenen unterstützen. Aber ich hätte Angst, nachher alleine da zu stehen.
> (5) Ich würde eingreifen und die 'Ausländer' unterstützen. Wenn jemand den Anfang macht, dann trauen sich auch andere.

Die überwiegende Mehrheit der befragten Jugendlichen machte eine ablehnende Haltung gegenüber der beschriebenen Gewalt deutlich und stellte sich auf die Seite der angegriffenen 'Ausländer': Fast die Hälfte (47%) der Jugendlichen gab an, zwar gerne zugunsten der Angegriffenen eingreifen zu wollen, jedoch Angst zu haben, *'nachher alleine da zu stehen'*; und eine weitere Gruppe (17%) konnte sich vorstellen, die 'Ausländer' unterstützen zu wollen, in der Hoffnung, dass sich dann auch andere Passanten trauen würden.

Zwar gibt die Mehrheit also ihre Ablehnung von Gewalttaten gegenüber 'Ausländern' zu erkennen, dennoch ist es überraschend, dass mit mehr als ein Fünftel der Befragten eine relativ umfangreiche Gruppe gewalttätigen Übergriffen gegenüber Eingewanderten zustimmt (8%) oder erkennen lässt, dass zwar solche Übergriffe als *'zu brutal'* erscheinen, aber den Gewalttätern recht gegeben wird (14%). Darüber hinaus entscheiden sich noch einmal 14% für die dritte Antwortmöglichkeit und signalisierten damit eine desinteressierte Reaktionsweise.

Betrachtet man die Beziehungen zwischen den Antworten auf die Gewaltfrage und den politischen Orientierungen, dann lässt sich - wie erwartet - zwischen der Gewaltfrage und den 'eindimensional-nationalen' Orientierungen eine positive Korrelation (.4854**) und zwischen der Gewaltfrage und den 'multiperspektivischen' Orientierungen eine negative Korrelation (-.5223**) feststellen.

Um dies noch genauer zu untersuchen, wurde entlang des Antwortverhaltens auf die Gewaltfrage drei Gruppen gebildet: eine Gruppe, die der beschriebenen Gewalt zustimmt oder aber Verständnis für die Gewalttäter erkennen lässt (Wert 1 und 2), eine Gruppe, die diese Gewalt deutlich ablehnt (Wert 4 und 5) und eine Gruppe, die sich desinteressiert zeigt (Wert 3). Anschließend wurde mit Hilfe des beschriebenen Verfahrens der Einteilung in Gruppen mit einem *eindeutigen* Antwortverhalten (siehe VI.2.) geprüft, wie sich diese drei Gruppen zu den Skalen 'eindimensional-nationaler' bzw. 'multiperspektivischer' Orientierung verhalten. Das Ergebnis weist auf einen deutlichen Zusammenhang hin (siehe Tabelle 43).

Tab. 43: 'Eindimensional-nationale'/'multiperspektivische' Orientierungen und Gewalt gegenüber 'Ausländern'

	Prüfgruppe 'eindimensional-nationale' Orientierungen	Prüfgruppe 'multiperspektivische' Orientierungen
Verständnis/Zustimmung bei Gewalt gegen 'Ausländer'	44%	3%
Desinteresse	25%	4%
Ablehnung bei Gewalt gegen 'Ausländer'	30%	93%
	100% (n = 144)	100% (n = 132)

Vergleicht man die beiden Gruppen, zeigt sich, dass die Jugendlichen mit einem *eindeutiger* 'eindimensional-national' orientierten Antwortverhalten im Verhältnis zu einem sehr viel höheren Anteil Verständnis oder gar Zustimmung angesichts von gewalttätigen Aktionen gegenüber 'Ausländern' zeigen. Bei den Jugendlichen mit einem *eindeutiger* 'multiperspektivisch' orientierten Antwortverhalten wird diese Gewalt in überwältigender Weise abgelehnt. Auffällig ist auch, dass das Desinteresse bei den Jugendlichen, die zu 'eindimensional-nationalen' Orientierungen neigen, sehr viel ausgeprägter ist. Die Unterschiede sind jeweils signifikant.

Gleichzeitig wird jedoch deutlich, wenn auch erwartungsgemäß weniger ausgeprägt als bei der Freundschaftsfrage, dass die Zustimmung zu 'eindimensional-nationalen' Orientierungen wiederum nicht zwangsläufig dazu führen muss, auch gewalttätigen Übergriffen gegenüber 'Ausländern' zuzustimmen. Immerhin entschieden sich auch 30% der Jugendlichen, die in *eindeutiger* Weise 'eindimensional-national' orientiert geantwortet haben, bei der Gewaltfrage für eine Antwort, die eine Ablehnung der Gewalt gegenüber 'Ausländern' ausdrückt.

2.3 Altersgruppen, Bildungsniveau und 'eindimensional-nationale' /'multiperspektivische' Orientierungen

Während in den beiden vorangegangenen Kapiteln neben der Darstellung der Ergebnisse zur Freundschafts- und Gewaltfrage auch die Zusammenhänge zwischen 'eindimensional-nationalen' bzw. 'multiperspektivischen' Orientierungen und diesen beiden Fragekomplexen geprüft wurden, sollen im Folgenden nun verschiedene Gruppen der Gesamtstichprobe in Bezug auf ihr Antwortverhalten zu den politischen Orientierungen miteinander verglichen werden. Dabei wird es zunächst um Alters- und Bildungsgruppen gehen. Auf den Vergleich zwischen den beiden Geschlechtergruppen, dem ich mich sehr viel ausführlicher zuwenden will, wird an anderer Stelle eingegangen (siehe VI.3.7 und VI.3.8).

2.3.1 Alter und 'eindimensional-nationale'/'multiperspektivische' Orientierungen

In Bezug auf Unterschiede zwischen verschiedenen Altersgruppen von Jugendlichen sind die Befunde der Forschungen zu Ethnozentrismus, ethnischen Vorurteilen, Rassismus etc. *uneinheitlich*. Beispielsweise stellt Raaimakers mit Hilfe einer Skala zur 'politischen Toleranz' eine *leichte Zunahme* toleranter Einstellungen gerade bei älteren Jugendlichen fest (Raaimakers 1993, 112).[233] Bei einer Untersuchung von Vollebergh weist ein Messinstrument zu Ethnozentrismus hingegen eher darauf hin, dass zwischen verschiedenen jugendlichen Altersgruppen im Durchschnitt *keine* Unterschiede vorliegen (Vollebergh 1995, 34).[234]

Wenn im quantitativen Datenmaterial der vorliegenden Untersuchung nach verschiedenen Altersgruppen differenziert und geprüft wird, ob sich bedeutsame Unterschiede im Antwortverhalten zu den Orientierungsitems finden lassen, dann stellt man fest, dass es bei den 'eindimensional-nationalen' Orientierungen keine signifikanten Unterschiede gibt, und sich auch bei den 'multiperspektivischen' Orientierungen signifikante Unterschiede nur im Vergleich mit der jüngsten Altersgruppe erkennen lassen (siehe Tabelle 44): Die unter Sechszehnjährigen zeigen im Durchschnitt eine etwas stärkere Zustimmung zu 'multiperspektivischen' Orientierungen als die älteren Jugendlichen.

Tab. 44: 'Eindimensional-nationale'/'multiperspektivische' Orientierungen und Altersgruppen

Indizes der Gesamtstichprobe Niederlande (nur 'niederländische' Jugendliche)	Mittelwert unter 16 Jahre	Mittelwert 16 und 17 Jahre	Mittelwert 18 bis incl. 20 Jahre
'eindimensional-nationale' Orientierungen	3,3 (n = 60)	3,3 (ns) (n = 211)	3,2 (ns) (n = 166)
'multiperspektivische' Orientierungen	2,6 (n = 62)	2,9 (s) (n = 210)	2,9 (s) (n = 174)

Allerdings dominieren in der Gesamtstichprobe sowohl bei den Achtzehn- bis Zwanzigjährigen als auch bei den unter Sechzehnjährigen jeweils bestimmte Schularten. Im ersten Fall sind dies Jugendliche eines 'höheren' Schulniveaus (HAVO) und im zweiten Fall Jugendliche eines 'mittleren' Schulniveaus (MBO). Durch diese Überpräsentationen in Bezug auf die Schularten scheint eine zuverlässige Aussage über Unterschiede in den Altersgruppen kaum möglich, da eine ältere Gruppe im Durchschnitt stets mehr Jugendliche aus fortgeschrittenen Bildungsgängen repräsentiert. Deshalb wird in der Forschung bei Jugendlichen, unter Vernachlässigung von Altersunterschieden, dem Bildungsunterschied oft ein Vorrang bei der Interpretation gegeben (so etwa bei Hoffmann-Lange 1996). Die Fähigkeiten im Denkvermögen und zur Abstraktion und die Menge des Wissens nimmt, so die These, mit längerer und qualifizierterer Schullaufbahn zu.

[233] Raaimakers untersucht vier Altersgruppen: Jugendliche im Alter von '12 bis 14' , von '15 bis 17', von '18 bis 20' und von '21 bis 24'.

[234] Vollebergh bezieht sich auf die gleiche Altersdifferenzierung wie Raaimakers.

2.3.2 Schularten und 'eindimensional-nationale' /'multiperspektivische' Orientierungen

Werden die Mittelwerte der Indizes zu 'eindimensional-nationalen' und 'multiperspektivischen' Orientierungen zwischen den Jugendlichen verschiedener Schularten verglichen, dann können zunächst deutliche Unterschiede festgestellt werden. Die Jugendlichen, die in der Hierarchie formaler Bildung weiter 'unten' stehen, neigen im Durchschnitt stärker zu 'ein-dimensional-nationalen' Orientierungen als die Jugendlichen, die weiter 'oben' platziert sind. In paralleler Weise ist dies auch bei den 'multiperspektivischen' Orientierungen zu beobachten. Die Jugendlichen, die eine Berufsausbildung auf 'niedrigerem' Niveau absolvieren, neigen im Durchschnitt weniger ausgeprägt zu 'multiperspektivischen' Orientierungen als die Jugendlichen, die in der Bildungshierarchie weiter 'oben' stehen. Die Unterschiede werden jeweils als signifikant ausgewiesen (siehe Tabelle 45).

Tab. 45: Schularten und 'eindimensional-nationale'/'multiperspektivische' Orientierungen

Indizes der Gesamtstichprobe Niederlande (autochthone Jugendliche)	Mittelwert 'elementare' Berufsschulstufe (KMBO, Leerlingwezen)	Mittelwert 'mittlere' Berufsschulstufe (MBO)	Mittelwert 'gymnasiale' Stufe (HAVO, VWO)
'eindimensional-nationale' Orientierungen	2,9 (n = 134)	3,3 (s) (n = 160)	3,5 (s) (n = 150)
'multiperspektivische' Orientierungen	3,1 (n = 132)	2,9 (s) (n = 167)	2,7 (s) (n = 154)

Solche und ähnliche Ergebnisse finden sich in Fragebogenuntersuchungen recht häufig und sie verleiten meist zu weitreichenden Schlussfolgerungen. Vollebergh, Raaimakers und Meeus stellen hinsichtlich des Zustimmungsverhaltens gegenüber ethnozentrischen Auffassungen unter Jugendlichen in den Niederlanden fest: "Es gibt wenig Faktoren, die so deutlich einen Einfluss auf die Zustimmung (...) haben wie das Bildungsniveau." (Vollebergh et al. 1995, 11) In ähnlicher Weise fasst Wagner die Resultate einer quantitativen Umfrage zum Urteil über Minderheiten in Deutschland, Frankreich, Großbritannien und die Niederlande zusammen: "Die Ergebnisse (...) machen deutlich, dass es besonders Befragte mit niedrigem Niveau formaler Bildung sind, die die ethnischen Minderheiten deutlich ablehnen." (U. Wagner 1992, 54) Andere quantitative Untersuchungen mit standardisierten Fragebogeninstrumenten führen bezüglich des 'Bildungsunterschiedes' zu entsprechenden Forschungsergebnissen (vgl. etwa in den Niederlanden Meeus 1988; Raaimakers 1986; Vollebergh 1991; Middendorp 1991; SCP 1994). "Das Bildungsniveau", so versucht es Raaimakers auf den Punkt zu bringen, "ist der wichtigste Faktor in der Entwicklung politischer Auffassungen" (Raaimakers 1993, 117). Die Bedeutung von Wissen und Abstraktionsvermögen bei der Entwicklung politischer Auffassungen und Haltungen wird hervorgehoben.[235]

---

[235] Dies spricht Berufsgruppen, die aufgrund ihrer Profession mit Jugendlichen arbeiten, zweifellos an. So hat beispielsweise die Arbeit von Lehrerinnen und Lehrern ganz zentral mit Wissenvermittlung und Steigerung von Abstraktionsfähigkeit zu tun. Offenbar haben Lehrerinnen und Lehrer also eine wichtige Funktion, wenn es um politische Auffassungen und Leitbilder geht. Gleichzeitig erweisen sich allerdings Erklärungsmuster, die beispielsweise Rassismus, Nationalismus oder

Mit Forschungsergebnissen zum Zusammenhang von (geringer) Bildung und (ausgeprägterem) Ethnozentrismus oder Rassismus sollte jedoch vorsichtig umgegangen werden, und zwar aus Gründen, die mit der Forschung selbst, genauer gesagt mit bestimmten immanenten Schwierigkeiten der quantitativen Methode zu tun haben. In der vorliegenden eigenen Untersuchung zeigen sich im *quantitativen* Teil zwar Forschungsergebnisse, die teilweise dem Main-Stream durchaus entsprechen. Es gibt jedoch allen Grund zu der Annahme, dass in quantitativen Untersuchungen viel zu wenig berücksichtigt wird, ob und inwiefern die jeweils kontextspezifisch bevorzugte Form der Verbalisierung Einfluss auf das Antwortverhalten gegenüber einem Fragebogeninstrument hat.

Um dies zu prüfen, wurden in der niederländischen Skala zu 'eindimensional-nationalen' Orientierungen zwei Items aufgenommen, die von der Konsequenz ihrer inhaltlichen Logik her in eine gemeinsame Richtung tendieren, jedoch in unterschiedlicher Weise formuliert sind. Beide Statements beruhen auf einer sogenannten *'Wegnehmargumentation'* (vgl. Leiprecht 1990, 311ff.), die einmal auf den Bereich Arbeitsmarkt und einmal auf den Bereich Wohnungsmarkt zielt.[236] Bewusst wurde im Fragebogen für das eine Wegnehmargument nach einer moderateren Formulierung gesucht (V68), während für das andere ein sehr schroffer Ausrufesatz im Stil der niederländischen Rechts-Außen-Partei CD gewählt wurde (V70).

V68:

Die Anwesenheit von 'Ausländern' verkleinert für arbeitslose Niederländer die Chance auf einen Arbeitsplatz.

V70:

'Ausländer' nehmen den Niederländern die Wohnungen weg!

Das Antwortverhalten auf beide Items korreliert positiv miteinander (.4593**). Bezeichnenderweise fand sich jedoch für die mildere Formulierung *insgesamt* mehr Zustimmung als für die schärfere. Während sich im ersten Fall 178 Jugendliche (36%) für ein *'stimmt'* oder *'stimmt genau'* entschieden, waren dies im zweiten Fall mit 103 Jugendlichen (21%) deutlich weniger. Offenbar fällt es insgesamt leichter, solchen Aussagen seine Unterstützung zu verleihen, die in 'besserer Verpackung' dargeboten werden.

Beim Vergleich des Antwortverhaltens auf die 'schärfere' und die 'mildere' Formulierung zwischen den verschiedenen Bildungsgängen ließen sich jedoch weitere, überaus aufschlussreiche Resultate entdecken (siehe Tabelle 46). Es zeigte sich nämlich, dass die Jugendlichen

Ethnozentrismus als ein Phänomen begreifen, für das vor allem Menschen mit weniger Bildung oder niedriger Intelligenz empfänglich sind, eher als hinderlich für eine erfolgreiche pädagogische Arbeit. Oft unterstützen solche Erklärungsmodelle Denkweisen, die mehr oder weniger implizit eine Höherwertigkeit der sogenannten gebildeten Schichten behaupten, während die (noch) 'dummen' und deshalb 'untoleranten' und 'vorurteilsbeladenen' Schülerinnen und Schüler als geradezu minderwertig klassifiziert werden. Diese Form der vereinseitigenden Zuschreibung erleichtert es vielleicht, sich als Pädagogin oder Pädagoge in der überlegeneren Rolle einzurichten und von jeder Mitverantwortung an gesamtgesellschaftlichen Entwicklungen freizusprechen. Auch über die Möglichkeit einer eigenen Verstrickung in die Verhältnisse braucht so nicht nachgedacht zu werden. Man kann sich jedoch unschwer vorstellen, dass eine in der pädagogischen Arbeit gegen Vorurteile und Diskriminierung vorgetragene 'Botschaft' dieses Musters meist geradezu gegenteilige und kontraproduktive Effekte bewirken wird (vgl. Leiprecht 1992a, 113ff.).

[236] Beide Statements entsprechen *nicht* der realen Situation, weder auf dem Wohnungs- noch auf dem Arbeitsmarkt (zum Wohnungsmarkt vgl. Anne Frank Stichting 1993, 32.ff.; zum Arbeitsmarkt ebd., 28ff.; zur Diskriminierung bei Bewerbungsverfahren Bovenkerk/Gras/Ramsoedh 1995).

der 'höheren' (HAVO/VWO) und der 'niedrigeren' (Schul-)Bildungsgänge (MBO) im Durchschnitt zwar noch recht ähnlich auf die mildere Formulierung antworteten. Jedenfalls ließ sich hier kein signifikanter Unterschied feststellen. Ganz anders war dies jedoch bei dem schärfer formulierten Item. Hier gab es einen signifikanten Unterschied. Die Jugendlichen der 'höheren' (Schul-)Bildungsstufe wiesen im Vergleich mit den Jugendlichen der 'niedrigeren' (Schul-)Bildungsstufe das harte Statement in deutlich größerem Ausmaß ab. Die Jugendlichen auf HAVO/VWO-Niveau verweigerten im Durchschnitt dem schroff formulierten Statement sehr viel deutlicher ihre Zustimmung; eine Verweigerung, die zwar auch bei den MBO-Schülerinnen und -Schülern noch bemerkbar ist, sich jedoch nicht in der derselben Größenordnung zeigt.

Tab. 46: Zustimmung zu 'schrofferen' und 'moderateren' Formulierungen und Bildungsstufe

	'niedrigere' Bildungsstufe (MBO)	'höhere' Bildungsstufe (HAVO/VWO)
'Moderatere' Formulierung in V68: *Die Anwesenheit von 'Ausländern' verkleinert für arbeitslose Niederländer die Chance auf einen Arbeitsplatz.*	3,1 (n = 170)	3,3 (ns) (n = 158)
'Schroffere' Formulierung in V70: *'Ausländer' nehmen den Niederländern die Wohnungen weg!*	3,7 (n = 168)	4,2 (s) (n = 159)

Insgesamt muss also davon ausgegangen werden, dass Fragebogeninstrumente, die in *gleichlautenden* Formulierungen Jugendlichen verschiedener Bildungsgänge vorgelegt werden, keine zuverlässigen Auskünfte über die unterschiedliche Verteilung von 'eindimensional-nationalen' oder 'multiperspektivischen' Orientierungen in diesen Bildungsgängen liefern können. Es ist davon auszugehen, dass in quantitativen Untersuchungen viel zu wenig berücksichtigt wird, ob und inwiefern die jeweils bevorzugte *Form der Verbalisierung* Einfluss auf das Antwortverhalten gegenüber einem Fragebogeninstrument hat. Wohlgemerkt: Es geht hier nicht um eine soziale Erwünschtheit gegenüber den Haltungen, die von den befragten Jugendlichen bei den jeweiligen Forscherinnen und Forschern vermutet werden (vgl. etwa Raaimakers 1986, 64), sondern um jeweils kontextspezifisch vorherrschende Formulierungsweisen.[237]

2.4 Bedrohung durch Arbeitslosigkeit und 'Wegnehmargumente'

Bereits beim internationalen Vergleich konnte *kein* zwangsläufiger Zusammenhang zwischen ökonomisch-sozialen Zukunftsperspektiven und 'eindimensional-nationalen'/ 'multiperspektivischen' Orientierungen festgestellt werden (siehe V.5.3.9.4). Ein ähnliches Ergebnis zeigt sich

[237] Übrigens kann die Unterscheidung zwischen subtilen und groben Vorurteilen (und entsprechenden Formulierungen in den Items), die von Forscherinnen und Forschern der neueren u.s.-amerikanischen Vorurteilsforschung vorgeschlagen wird, auch als eine Möglichkeit gesehen werden, in Bezug auf das hier genannte Problem zu realistischeren Ergebnissen zu kommen (vgl. Pettigrew/Meertens 1995; siehe V.5.3.7).

auch bei genauerer Untersuchung der niederländischen Gesamtstichprobe.

Wird geprüft, wie Jugendliche mit unterschiedlichen Zukunftserwartungen (V55) auf die beiden 'Wegnehmargumente' in den Bereichen Arbeit (V68) und Wohnung (V70) im Durchschnitt antworten, so können weder Korrelationen[238] noch signifikante Unterschiede festgestellt werden (siehe Tabelle 47). Die Gruppe, die für sich persönlich in naher Zukunft erwartet, von Arbeitslosigkeit betroffen zu werden, und die Gruppe, die dies nicht erwartet, unterscheiden sich keineswegs in ihrem durchschnittlichen Antwortverhalten zu den beiden Wegnehmargumenten. Es lässt sich also kein Ergebnis feststellen, das auf einen möglichen (positiven) Zusammenhang zwischen erwarteter Arbeitslosigkeit und der Zustimmung gegenüber 'eindimensional-nationalen' Orientierungen hinweisen würde.

Tab. 47: Arbeitslosigkeit und 'Wegnehmargumente'

	V55: *Denke, in den kommenden Jahren arbeitslos zu werden*	V55: *Denke nicht, in den kommenden Jahren arbeitslos zu werden*
V68: *Die Anwesenheit von 'Ausländern' verkleinert für arbeitslose Niederländer die Chance auf einen Arbeitsplatz*	3,0 (n = 162)	3,1 (ns) (n = 320)
V70: *'Ausländer' nehmen den Niederländern die Wohnungen weg!*	3,7 (n = 162)	3,7 (ns) (n = 320)

Ein ähnliches Ergebnis zeigt sich hinsichtlich der Zufriedenheit und Unzufriedenheit mit der gegenwärtigen Tätigkeit (in Schule, Ausbildung oder Arbeitsplatz) (V21) und dem Antwortverhalten auf die beiden 'Wegnehmargumente'[239] (siehe Tabelle 48).

Tab. 48: Unzufrieden mit Schule/Ausbildung/Arbeitsplatz und 'Wegnehmargumente'

	V21: *Eher unzufrieden mit Schule/Ausbildung ...*	V21: *Eher zufrieden mit Schule/Ausbildung ...*
V68: *Die Anwesenheit von 'Ausländern' verkleinert für arbeitslose Niederländer die Chance auf einen Arbeitsplatz*	3,0 (n = 84)	3,1 (ns) (n = 404)
V70: *'Ausländer' nehmen den Niederländern die Wohnungen weg!*	3,7 (n = 83)	3,7 (ns) (n = 406)

Auch hier lassen sich keine Ergebnisse finden, die sich als (positive) Zusammenhänge zwischen der Neigung zu 'eindimensional-nationaler' Orientierung und Unzufriedenheit interpretieren ließen. Entgegen einer sowohl im Alltag als auch in der Wissenschaft verbreiteten

[238] V55 und V68 (.0184) bzw. V55 und V70 (-.0022) korrelieren *nicht* miteinander.

[239] Ebenso korrelieren V21 und V70 (-.0070) bzw. V21 und V68 (-.0250) *nicht* miteinander.

Vorstellung scheinen Unzufriedenheiten oder negative Zukunftserwartungen also *nicht unmittelbar* mit einer stärkeren Hinwendung zu 'eindimensional-nationalen' Orientierungen in Verbindung zu stehen.

2.5 *Zusammenfassung:* Zweifel am Main-Stream

Im vorangegangenen Abschnitt wurde festgestellt, dass ein relativ großer Anteil der niederländischen Jugendlichen gewalttätigen Übergriffen gegenüber Eingewanderten zustimmt oder zumindest Verständnis für solche Gewalttaten zu erkennen gibt: Immerhin bereits mehr als ein Fünftel der Befragten (22%) hat sich für eine dieser beiden Antwortmöglichkeiten entschieden. Angesichts der im Durchschnitt feststellbaren Zustimmungen zu 'multiperspektivischen' (2,9) und 'eindimensional-nationalen' Orientierungen (3,2) ist dies ein durchaus überraschendes Ergebnis.

Bei der Überprüfung von Zusammenhängen zwischen den Orientierungen und der 'Gewaltfrage' zeigte sich, dass es, wie erwartet, deutlich *negative* Zusammenhänge mit den 'multiperspektivischen' und deutlich *positive* Zusammenhänge mit den 'eindimensional-nationalen' Orientierungen gibt. Entsprechendes ließ sich auch bei der Freundschaftsfrage beobachten.

Allerdings sind die gefundenen Zusammenhänge nicht so zu verstehen, dass Jugendliche, die in eindeutiger Weise 'eindimensional-nationalen' Orientierungen zugestimmt haben, sich *in jedem Fall* gegen Freundschaften mit Eingewanderten entscheiden und Verständnis oder gar Zustimmung für gewalttätige Übergriffe gegenüber Eingewanderten äußern. Eine Mehrheit der Jugendlichen, die 'eindimensional-nationale' Orientierungen bejahen, gibt ebenfalls an, sich eine engere Freundschaft mit Eingewanderten vorstellen zu können und eine große Gruppe (fast ein Viertel) lehnt Gewalt gegenüber Eingewanderten ab (wenn auch diese Anteile bei den 'multiperspektivisch' orientierten Jugendlichen sehr viel höher ausfallen und sowohl bei der Freundschaftsfrage als auch bei der Gewaltfrage über 90% ausmachen).

Zwei Resultate des vorigen Abschnitts lassen begründete Zweifel an gängigen Behauptungen im Mainstream der Forschung zum Themenbereich Rassismus, Nationalismus und Ethnizismus aufkommen:

Ein erstes Ergebnis bezieht sich auf die Skepsis, die der quantitativen Forschung entgegengebracht werden muss, wenn der (formale) Bildungsgrad als der wichtigste Faktor bei der Zu- oder Abwendung von entsprechenden Orientierungen behauptet wird. Es muss vielmehr, wie sich zeigte, davon ausgegangen werden, dass Fragebogeninstrumente, die in *gleichlautenden* Formulierungen Befragten verschiedener Bildungsgänge vorgelegt werden, *keine* zuverlässigen Auskünfte über die unterschiedliche Verteilung von rassistisch-nationalistischen Orientierungen liefern können. Viel spricht dafür, dass in solchen Befragungen *kontextspezifisch vorherrschende Formulierungsweisen* unberücksichtigt bleiben. Absolventen 'höherer' Bildungsgänge zögern offenbar im Vergleich zu Absolventen 'niedrigerer' Bildungsgänge sehr viel eher, einer 'gröberen' Formulierung ihrer Zustimmung zu geben, während dieser Unterschied bei einer 'subtileren' Formulierung, die von ihrer inhaltlichen Bedeutung her jedoch dieselbe Konsequenz hat wie die 'gröbere' Formulierung, aufgehoben ist.

Ein zweites Ergebnis bezieht sich auf den in der Forschung (und im Alltag) oft behaupteten Zusammenhang zwischen ökonomisch-sozialen Zukunftsperspektiven und der Hinwendung zu rassistisch-nationalistischen Orientierungen. Ein solcher Zusammenhang konnte für 'eindimensional-nationale' und 'multiperspektivische' Orientierungen - wie bereits beim internationalen Vergleich (siehe V.5.9.3.4) - auch bei der Untersuchung der niederländischen Gesamtstichprobe *nicht* gefunden werden.

3. Analyse qualitativer Daten

Nach der Präsentation und Diskussion von einigen wichtigen Ergebnissen des eigenen quantitativen Datenmaterials der niederländischen Gesamtstichprobe, wird sich die Darstellung und Interpretation im Folgenden hauptsächlich auf das *qualitative* Material aus den Gruppendiskussionen und Einzelinterviews konzentrieren. Gemäß dem vorgestellten Verfahren bei der Datenanalyse (siehe IV.3) wird jedoch - sofern sinnvoll und notwendig - immer wieder auch auf Resultate aus dem quantitativen Material zurückgegriffen. Auch werden andere Arten von Datenmaterial herangezogen. So wird bei der Analyse der Umgangsweisen und Bezugnahmen von Jugendlichen mit Repräsentationen und Diskursen zu (asylsuchenden) Flüchtlingen auch eine eigene Analyse von Presseschlagzeilen zum Untersuchungszeitraum durchgeführt. Neben dieser Frage nach dem Umgang mit Mediendiskursen werden Anpassungs-, Leistungs- und Benachteiligungsargumentationen und Erklärungsmodelle zu Rassismus bei Jugendlichen analysiert und wird auf Widersprüche in den Orientierungen hingewiesen. Einen großen Raum nimmt ein Vergleich zwischen den Geschlechtern und ihrer unterschiedlichen Hinwendung zu rassistischen, nationalistischen und ethnizistischen Orientierungen ein, gefolgt von einer Untersuchung, die der Frage nach dem Zusammenhang zwischen diesen Orientierungen und Sexismus gilt. Doch zunächst wird es darum gehen, wie von den Jugendlichen 'Ausländer' definiert und gesehen werden.

3.1 Wie 'Ausländer' definiert und gesehen werden ...

Ein Ausgangspunkt bei der Analyse von Textpassagen, in denen Jugendliche in unterschiedlicher Weise 'Ausländer' definieren und bewerten, ist die Frage, wie die Jugendlichen den Begriff 'Ausländer', der im *Fragebogen* an verschiedenen Stellen benutzt wird, interpretiert haben.

3.1.1 Ein Prototyp des 'Ausländers': *"Türken und Marokkaner"*

Im Fragenbogen wurde der Begriff 'Ausländer' ('buitenlander') in allen Fragen (siehe V59, 60, 61 und 79) stets in Anführungszeichen benutzt. In den anschließenden Gruppendiskussionen wurden die Jugendlichen gefragt, was sie unter dem Begriff 'Ausländer' verstehen (codiert als '*defasl*'). Die folgende Passage aus einer Gymnasialklasse (VWO) gibt bereits ein recht typisches Bild über die Gruppendiskussionen zu diesem Punkt:

Interviewer: *"Was sind für Euch Ausländer? Wer ist das? Was denkt ihr da?*
Loes: *Migranten ... .*
Interviewer: *Ja ... . Weiter?*
Joop: *Man denkt da nicht an Niederländer.*
Clarisse: *Doch Türken und Marokkaner ... .*

Interviewer: *Ist das so der erste Gedanke?*
Clarisse: *Ja ... .*
Loes: *Ja, für mein Gefühl sind sie immer dunkel. Ich denke nicht an Belgier oder so.*
Interviewer: *Jemand aus Norwegen, aus England ... ?*
Loes: *Nein ... . Mit anderen Gewohnheiten und so, die sie hier nicht haben, daran denke ich ... .*
Interviewer: *Jemand aus Deutschland?*
Mehrere: *Nein, nein." (v1.33:317-356)*[240]

Werden die Gruppendiskussionen der ersten Untersuchungsrunde[241] *insgesamt* betrachtet, dann fällt zunächst auf, dass die Jugendlichen sehr häufig an erster Stelle *"Türken und Marokkaner"* nennen, wenn sie danach gefragt werden, was sie mit dem Begriff 'Ausländer' meinen. Es ist, als ob diese Gruppen für die Jugendlichen eine Art Prototyp für 'Ausländer' überhaupt darstellen. Daneben geht es in den Gruppendiskusionen, wenn versucht wird, den Begriff 'Ausländer' zu bestimmen, in aller Regel um das Aussehen (Hautfarbe, Haarfarbe, Kleidung) und dic andere Kultur (andere Gewohnheiten). Auffälligerweise werden oft auch *"Türken und Marokkaner"* mit dem Merkmal *"dunkel"* belegt. Überhaupt scheint die tatsächliche oder angenommene 'Sichtbarkeit' von Unterschieden und wahrnehmbaren Besonderheiten eine große Rolle bei der Einordnung als 'Ausländer' zu spielen.

3.1.2 Das Kriterium der Sichtbarkeit: *"Weil es von außen zu sehen ist ... "*

In einer Berufsschulklasse für Erzieherinnen und Erzieher (MBO) entwickelt sich eine Diskussion über Sichtbarkeit.

Interviewer: *"Aber wenn ihr über Ausländer redet - im Fragebogen steht es auch in Anführungszeichen - an welche Gruppen denkt ihr dann? Ausländer?*
Bianca: *Araber, Marokkaner, Türken.*
Diana: *Amerikaner, Belgier, Deutsche." (m1.15:218-233)*

Diana widerspricht hier Bianca, in dem sie eine andere Einordnungsweise von 'Ausländern' präsentiert. Diana weist damit darauf hin, dass nicht nur die Gruppen, die gemeinhin in den Niederlanden als 'Ausländer' bezeichnet werden, unter diese Kategorie fallen (später wird sie das Stichwort *"Tourist"* in die Diskussion einführen).

Gleich darauf wird von Bianca der Mitschüler Khaled, dessen Eltern aus Marokko eingewandert sind, als anschauliches Beispiel in der Diskussion dargeboten.

Bianca: *"Er ist ausländisch, aber er ist doch angepasst.*
Interviewer: *Hm?*
Annie: *Weil es von außen zu sehen ist, einen Belgier, das sieht man nicht.*
Khaled: *Na ... ." (Lachen in der Klasse) (m1.15:239-250)*

---

[240] Zum Gebrauch des benutzten Verweisungssystems siehe IV.3.1.1, Fußnote 114.

[241] Also bevor durch die Präsentation des Films in der zweiten Untersuchungsrunde Bilder über 'Ausländer' in die Diskussion eingebracht wurden.

Für Bianca scheint Khaled eine Art besonderer 'Ausländer' zu sein: *"ausländisch, aber ... doch angepasst."* *"Angepasst"* ist für Bianca offenbar ein positiver Begriff. Annie macht darauf aufmerksam, dass man Khaled als 'Ausländer' einordnet, weil es sichtbare Merkmale gibt. Wenig später geht es in der Diskussion um die Frage, wer Niederländer ist und wer nicht. Anlass ist ein Item des Fragebogens, in dem der Begriff "'ursprüngliche' Einwohner"[242] - das Adjektiv 'ursprünglich' in Anführungszeichen gesetzt - auftaucht (V79). Khaled, der einen niederländisch Pass besitzt, hat ein klares Konzept, auf dessen Grundlage er sich als Niederländer einordnen kann.

Khaled: *"Wenn ich einen niederländischen Pass habe, bin ich ein Niederländer.*
Annelies: *Wenn man in den Niederlanden geboren ist, ist man ein ursprünglicher Niederländer.*
Mehrere: *Nein, nein.*
Annie: *Wenn ein marokkanischer Junge hier geboren ist, sagt man doch noch Marokkaner zu ihm.*
Eine: *Ja.*
Annelies: *Aber er ist ein Niederländer (sie weist auf Khaled), also ist das auch nicht ganz wahr." (m1.15:339-360)*

Khaled reagiert hier auch auf Annies Hinweis über die Sichtbarkeit. Er weist auf die Möglichkeit hin, Niederländer zu sein, ohne dass einem dies gemäß den offensichtlichen Merkmalskriterien einiger Mitschülerinnen und Mitschülern anzusehen ist. Annelies nennt daraufhin den Geburtsort als ein Kriterium, um ein 'ursprünglicher' Niederländer zu sein. Annie widerspricht und schränkt ein: auch wenn Jugendliche marokkanischer Herkunft in den Niederlanden geboren werden, so werden sie dennoch nicht als Niederländer, sondern als Marokkaner bezeichnet. Annelies besteht jedoch darauf, dass solche Jugendliche, wie das Beispiel ihres Mitschülers Khaled zeigt, trotzdem Niederländer sind. Die übliche Einordnung und Kennzeichnung kann ihr zufolge *"also ... auch nicht ganz wahr"* sein. Die Frage, wer Ausländer ist, wird weiter diskutiert.

Bianca: *"Die Eltern vielleicht, ich denke bei Ausländern an den großen Strom von Gastarbeitern, die wir hierher geholt haben.*
Interviewer: *Ja? Die zweite und dritte Generation?*
Bianca: *Ja, das meine ich, die sind hier erzogen und alles und ja, das sind doch einfach Niederländer." (m1.15:369-381)*

Bianca führt zunächst den Begriff *"Gastarbeiter"* in die Diskussion ein. Auf meine Nachfrage hin unterscheidet auch sie zwischen verschiedenen Generationen. Die hier Erzogenen sind *"einfach Niederländer"*. Sie scheint damit ihrer zuerst genannten Einordnung von Khaled zu widersprechen: obwohl Khaled *"angepasst"* ist, erschien er Bianca soeben noch als *"ausländisch"*.

---

[242] Wie bereits erwähnt (siehe IV.4.2.4) konnte ein Wort wie 'autochthon' im Fragebogen nicht benutzt werden. Dem Pretest zufolge war zu erwarten, dass dieses Wort vielen befragten Jugendlichen nicht geläufig und es zu Verwechslungen mit 'allochthon' kommen würde. Das Wort 'Niederländer' kam bei Frage 79 ebenfalls nicht in Betracht, da dort ein Sachverhalt geschildert wird, der sich nicht nur auf die Niederlande, sondern auf Europa bezieht.

Ich versuche - implizit anknüpfend an Khaleds Bemerkung - darauf aufmerksam zu machen, dass man einen niederländischen Pass haben kann und trotzdem auf der Straße als 'Ausländer' wahrgenommen wird.

Interviewer: *"Aber ich denke auch: es gibt viele Leute, ja, aus Surinam oder den Antillen, die durchaus einen niederländischen Pass haben und hier schon lange wohnen und doch sagt man, nun, wenn man sie auf der Straße sieht, 'das sind Ausländer'.*

Eine: *Es ist eher, dass man sagt ... .*

Judi: *... Farbige als Ausländer. Ich denke doch, dass es wirklich ... sie haben eine dunklere Hautfarbe, das sieht man dann, weil, wie du (sie schaut Annie an) vorhin auch sagtest, bei einem Belgier sieht man es nicht. Da sagt man nicht so schnell, he, da läuft ein Ausländer. Aber schon, wenn man auf einmal eine bestimmte Farbe hat." (m1.15:395-417)*

Judi greift meinen Hinweis auf und 'übersetzt' ihn für sich:[243] die *"dunklere Hautfarbe"* scheint das deutlich sichtbare Merkmal zu sein, aufgrund dessen man als 'Ausländer' eingeordnet wird. Angesichts von Khaled, der eine etwas dunklere Hautfarbe hat und eben trotzdem Niederländer ist, entsteht Uneinigkeit.

Patricia: *"Ich sehe Khaled auch wirklich nicht als einen Ausländer.*

Judi: *Aber ich schon und einen Türken oder so etwas oder einen Marokkaner, der auf der Straße läuft, das ist doch eigentlich verrückt ... .*

Elke: *(dazwischen) Ja, das ist komisch.*

Judi: *... weil es ist nur, weil er eine andere Farbe hat. Daran liegt es, denke ich, weil man sagt nicht zu einem Franzosen, he, da läuft ein Ausländer, das sieht man nicht.*

Patricia: *Ich halte niemanden auf der Straße an ... .*

Judi: *Nein, natürlich nicht, aber ich meine nur, es ist wirklich wegen der Hautfarbe, denke ich.*

Diana: *Ja, aber ... .*

Judi: *Was nennst du denn einen Ausländer?*

Diana: *Na, auch die Franzosen und die Amerikaner." (m1.15:427-459)*

Judi und Elke wundern sich über die allgemein übliche Wahrnehmungsweise von 'Ausländern'. Judi ist hierbei recht selbstkritisch. Eigentlich findet sie es nicht richtig, dass sie jemanden (auch Khaled) als 'Ausländer' einordnet und dabei das Kriterium der Hautfarbe gebraucht. Belgier und Franzosen werden aufgrund dieses Kriteriums nicht als 'Ausländer' sichtbar, obwohl sie dies im Gegensatz zu Khaled doch sind *("das sieht man nicht")*. Es fällt auf, dass Judi Belgier und Franzosen offenbar als hellhäutig kennzeichnet, während sie Türken und Marokkanern "andere Farbe(n)" zuordnet. Außerdem fällt die Beharrlichkeit auf, mit der die Diskussion bei Türken und Marokkanern bleibt, während ich in meinem Hinweis doch von Surinamern und Antillianern gesprochen habe.

---

[243] Unter den Einwanderinnen und Einwandern aus Surinam gibt es große Gruppen - etwa die sogenannten hindustanischen Surinamer, die javanischen Surinamer und die chinesischen Surinamer -, bei denen gemeinhin nicht von einer 'dunklen Hautfarbe' gesprochen wird.

Diana scheint über die selbstkritische Verwunderung von Judi noch hinaus gehen zu wollen. Auch Franzosen und Amerikaner - und sie wiederholt hier nochmal ihr (scheinbar alternatives) Konzept, das sie bereits ganz zu Beginn der Diskussionspassage gebraucht hat - fallen bei Diana eindeutig unter die Kategorie 'Ausländer'. Dennoch bekommt ihr Konzept im Folgenden eine überraschende Wendung. Sie betont, dass sie auch diese Gruppen an sichtbaren Merkmalen erkennen kann. Die Einteilung von Menschen in 'Ausländer' und 'Nicht-Ausländer' entlang sichtbarer Merkmale erscheint ihr als etwas überaus Grundlegendes und Selbstverständliches:

Diana:	*"Ja, aber ich meine, man sieht auch, ob jemand ein Junge ..., ob jemand ein Mann oder eine Frau ist.*
Eine:	*Ja, das finde ich auch.*
Diana:	*Natürlich kann man jetzt sagen, ja, es ist die Hautfarbe, die einen Ausländer ..., aber da kann man nichts dran machen." (m1.15:480-489)*

Ganz offenbar will Diana eine Parallele aufzeigen, die - soll man jetzt sagen: ebenfalls? - als biologisch begründet gedacht wird. In Alltagsdiskursen werden Unterschiede zwischen Mann und Frau häufig als biologische Unterschiede interpretiert. Sehr wahrscheinlich benutzt auch Diana ihren Hinweis vor diesem Hintergrund. Wichtiger erscheint mir an dieser Stelle jedoch ihr Anliegen, mit dem Hinweis auf die Unterschiede zwischen Mann und Frau auf die *Selbstverständlichkeit* und *Unveränderbarkeit* von solchen sichtbaren Unterschieden hinzuweisen.

Insgesamt fällt - obwohl sich die Jugendlichen keineswegs einig darüber sind, wie sie 'Ausländer' definieren sollen und obwohl es auch alternative Denkangebote gibt (etwa von Khaled) - die Hartnäckigkeit auf, mit der die Diskussion letztlich wieder bei der *Sichtbarkeit als ein selbstverständliches Kriterium* zur Wahrnehmung von 'Ausländern' landet. Es scheint recht grundlegend gegen die alltäglichen Wahrnehmungs- und Kategorisierungsgewohnheiten zu verstoßen, dass auch *'anders Aussehende'* (= 'Nicht-Weiße') durchaus Niederländer sein können.

3.1.3 Anders aussehende Niederländer: *"... es gibt genug dunkle Niederländer ..."*

Gruppendiskussionen, in denen dies anders ist und autochthone Jugendliche von sich aus zunächst Konzepte einbringen, die *nicht* auf sichtbare Merkmale zurückgreifen, wenn sie darüber nachdenken, wer 'Ausländer' ist und wer nicht, stellen eine große *Ausnahme* dar. In der folgenden Diskussionsrunde in einer weiteren Berufsschulklasse (MBO) scheint von vornherein klar zu sein, dass *nicht* Sichtbarkeit das eigentliche Kriterium sein kann, um zu bestimmen, wie ein 'Ausländer' definiert werden kann, und gleichzeitig wird genau dies als ein weit verbreitetes Einordnungsmuster beschrieben.

Bram:	*"Wenn in deinem Pass nicht steht, dass du Niederländer bist ... .*
Dorett:	*(dazwischen) Ja, das finde ich auch.*
Bram:	*... dann bist du ein Ausländer, denke ich.*
Dorett:	*Aber oft wird man nach der Hautfarbe eingeordnet ... .*
Bram:	*(dazwischen) Ja, das ist wahr.*
Dorett:	*... und das ist also falsch, weil es gibt genug dunkle Niederländer.*
Sander:	*Ein Deutscher hier in den Niederlanden ist ein Ausländer.*

Bram: *All diese Leute von den Antillen und so und aus Surinam, die haben meiner Meinung auch in ihrem Pass eine Eintragung, dass sie Niederländer sind. Das ist ganz deutlich. Da kann man nicht sagen, dass es Ausländer sind.*
Dorett: *Nein." (m1.1:1080-1114)*

Es wird von Dorett festgestellt, dass zwar die Einordnung nach Hautfarbe durchaus üblich ist, sie aber nichtsdestotrotz *"falsch"* ist. Sander unterstützt dies mit einem zusätzlichen Argument. Deutsche - und vermutlich stehen Deutsche für Sander als ein Beispiel für Menschen mit hellerer Hautfarbe - sind in den Niederlanden 'Ausländer'. Bram und Dorett kennen umgekehrt Beispiele für Niederländer mit dunkler Hautfarbe.

Für Dorett, deren Eltern aus Indonesien eingewandert sind, stellt sich jedoch in der anschließenden Diskussionspassage das Niederländisch-Sein nicht ganz so eindeutig dar, wie ihr Konzept über 'Ausländer' zunächst vermuten lässt.

Cleo: *"Aber jeder hält sie doch für Ausländer.*
Bram: *Ja.*
Sander: *Ich finde eigentlich auch, dass sie Ausländer sind.*
Dorett: *Das ist auch so, ich meine ... .*
Interviewer: *Aber warum, weshalb?*
Dorett: *Im Sinne einer anderen Kultur, weil, ich sag' mal was, früher, als Indonesien, Indien,*[244] *als das noch zu den Niederlanden gehörte, nun, die Leute, die daher kommen, das ist also meine Familie, die haben doch andere Gewohnheiten als durchschnittliche Niederländer. Wir essen einfach immer Nasi-Goreng und so, das sehe ich bei den durchschnittlichen Niederländern nicht. Ich meine, man hat doch etwas von einer anderen Kultur, also, ich finde doch, ja, man ist schon Niederländer, aber doch anders.*
Sander: *Ich denke, dass es in der Tat ..., man muss nicht von verschiedenen Sorten von Kultur sprechen, denke ich, aber man muss einfach schauen, wo die Kulturgrenze liegt, und ja, die liegt meistens besonders bei der Landesgrenze, weil man in einem bestimmten Moment doch ein bisschen ein nationalistisches Gefühl bekommt, dieselben Gewohnheiten annimmt wie die Menschen, die um einen herum wohnen." (m1.1:1116-1165)*

Cleo weist darauf hin, dass Eingewanderte von den Antillen und aus Surinam üblicherweise für 'Ausländer' gehalten werden. Sander knüpft daran an und macht deutlich, dass er dies *"eigentlich"* auch findet. Sander, der sich in der Diskussion meist als liberal-progressiv gibt, weiß also offenbar, dass er damit vom 'korrekten' Gebrauch in liberal-progressiven Kreisen abzuweichen droht.

Dorett scheint Sanders Einordnung zunächst zuzustimmen. Auf meine auf Sander bezogene Nachfrage hin, greift sie auf die Herkunft ihrer eigenen Familie aus Indonesien zurück. Sie selbst hätten eben eine andere Kultur und andere Gewohnheiten als *"durchschnittliche.. Niederländer.."*. Dorett betont: *"man ist schon Niederländer, aber doch anders"*. Allerdings benutzt sie als ein Beispiel für ihr Anders-Sein *"Nasi-Goreng"*, eine in den Niederlanden recht verbreitete Mahlzeit auch unter Autochthonen: Nasi-Goreng ist bekannt *und* beliebt. Dorett kann sich diese eher angenehme 'Andersartigkeit' also durchaus leisten.

---

[244] Vor der Unabhängigkeit Indonesiens 1949 wurde ein großer Teil des Territoriums des heutigen Indonesiens von der niederländischen Kolonialmacht als Niederländisch-Indien bezeichnet.

Nach Doretts Ausführungen über die *"andere.. Kultur"* weist Sander darauf hin, dass man *"nicht von verschiedenen Sorten von Kultur sprechen"* sollte. Freilich hat dies in der Diskussion auch noch niemand getan. Es ist auf den ersten Blick etwas unklar, was Sander hiermit sagen will. Deutlich scheint auf jeden Fall, dass Sander im Folgenden Gründe nennt, weshalb er Eingewanderte von den Antillen und aus Surinam ebenfalls - wie bereits die Deutschen - als 'Ausländer' einordnet. Es geht ihm jedoch nicht um die andere Hautfarbe, sondern um eine *"Kulturgrenze (...), die meistens besonders bei der Landesgrenze"* liegt. Für Sander scheinen Kulturgrenze und Landesgrenze tendenziell zusammenzufallen: die Menschen entwickeln in Beziehung zu ihrem jeweiligen Land ein *"nationalistisches Gefühl"* und nehmen *"dieselben Gewohnheiten an ... wie die Menschen, die um einen herum wohnen"*. Das *"nationalistische.. Gefühl"* wird hier für die Eingewanderten benutzt, die dies offensichtlich in ihrem Herkunftsland entwickelt und aus diesem Grund eine gemeinsame Kultur gebildet haben. In den Niederlanden - so lässt sich Sanders Beitrag gedanklich verlängern - bleiben die Eingewanderten offenbar eher unter sich, da sie sonst wohl die Gewohnheiten des Einwanderungslandes annehmen müssten *("die Menschen, die um einen herum wohnen")*. Unklar bleibt freilich, wie sich Sanders Konzept zu Doretts Beitrag verhält: immerhin weist sie doch explizit darauf hin, dass sie und ihre Familie *"schon Niederländer, aber doch anders"* sind.

Interessant ist der Verlauf dieser Diskussionspassage, wenn man sich vergegenwärtigt, welche Stichworte in diesen wenigen Sätzen fielen, wo 'gestartet' und wo 'gelandet' wurde: Die Diskussion begannen mit Bram, der ein formal-rechtliches Kriterium zur Staatsbürgerschaftsfrage geltend machte *("Pass")* und man einigte sich im Grunde - Dorett folgend - auf die Unrechtmäßigkeit eines Kriteriums der Sichtbarkeit, das auf die Biologie verweist (*"Hautfarbe"*), ein Kriterium, das allerdings, wenn auch nicht unbedingt alle, wie Cleo meinte (*"jeder"*), so doch recht viele gebrauchen. Anschließend führte Dorett die *"andere.. Kultur"* in die Diskussion ein und schließlich fügte Sander *"Kulturgrenze"* und *"Landesgrenze"* tendenziell zusammen. Die Diskussionspassage 'endete' auf diese Weise bei Nation und *"nationalistische(n) Gefühl(en)"*. Die verschiedenen Diskurselemente (Staatsbürgerschaft, Kriterium der 'Sichtbarkeit', andere Kultur, Landesgrenze, Nation, nationalistische Gefühle) liegen offensichtlich sehr dicht beieinander und es sind - durchaus auch assoziative - Übergänge von einem Diskurselement zum anderen zu erwarten.

3.1.4 *"Du bist auch ein Ausländer ..."*

Wer Dorett auf der Straße sieht, wird nicht erkennen können, dass sie aus einer indonesischen Einwandererfamilie stammt. Das Thema 'Sichtbarkeit' betrifft sie also nicht in Bezug auf ihre eigene Person. Sie weiß jedoch, dass ihre Eltern und viele Verwandte als Menschen dunkler Hautfarbe oft nicht als Niederländer gesehen werden, obwohl sie die niederländische Staatsangehörigkeit besitzen (*edo.1:1070-1412*). Nicht zuletzt deshalb hat sie, wie soeben deutlich wurde, diesem Thema gegenüber eine hohe Sensibilität entwickelt. Im Folgenden soll deshalb genauer untersucht werden, was diese 'Sichtbarkeit' für diejenigen bedeutet, die 'sichtbar' sind. Es wird deutlich werden, dass 'Sichtbarkeiten' sehr eng mit bestimmten Bedeutungen verknüpft sind.

In der nachstehenden Passage in einer Diskussion mit Berufsschülerinnen und Berufsschülern (MBO) bemühe ich mich, eine zusätzliche Differenzierung in die Diskussion zu bringen. Zunächst geht es wieder um das Aussehen (codiert als '*ausseh*'):

Kees:	*"Meistens ist es einfach das Aussehen, die Farbe, weißt du, wenn die Leute Ausländer sagen, dann geht es meistens nur um die Farbe.*
Nel:	*Ja.*
Interviewer:	*Bist du eine Ausländerin?*
	(schaut Gloria an, die eine dunkle Hautfarbe hat und kreolisch-surinamischer Herkunft ist)
Gloria:	*Nein, ich habe die niederländische Nationalität.*
Interviewer:	*Nun, schaut, deshalb ... . Aber wer ist jetzt genau gemeint, wenn man sagt: 'Ausländer, die in den Niederlanden wohnen, müssen dieselben Rechte haben wie Niederländer'? Ausländer, das sind ... ?*
Sandra:	*Menschen, die außerhalb der Niederlande ..., die nicht aus den Niederlanden kommen.*
Nel:	*Die keinen niederländischen Pass haben, das sagten Sie gerade selbst ... .*
Kees:	*Oft ist es ein ganz anderer Kreis, wenn sie echt ganz anders sind als wir hier in den Niederlanden leben.*
Nel:	*Ja, ihre Kleidung, Kopftücher, lange Röcke.*
Gloria:	*Nun, das finde ich nicht mehr normal.*
	(leise, undeutlich)
Interviewer:	*Hm? Was?*
Gloria:	*Das finde ich echt nicht normal, sie sehen so aus, weil sie, ja ... .*
	(undeutlich)
Oebele:	*Was findest du nicht normal?*
Katrin:	*Nein, ich bin ihrer Meinung.*
Interviewer:	*Was hast du gesagt?*
Gloria:	*Nun, all diese Röcke und die Kopftücher, ich finde, ja, sie sind in den Niederlanden, also müssen sie sich auch hier anpassen ... ." (ml.19:126-190)*

Mein Bemühen um Differenzierung scheint 'nach hinten' losgegangen zu sein. Statt eine Diskussion darüber, dass Menschen anderer Kulturen und verschiedener Hautfarben ebenfalls die niederländische Staatsangehörigkeit besitzen können und keineswegs von der äußeren Erscheinung her bereits darauf geschlossen werden kann, wer 'Ausländer' ist und wer nicht, entsteht eine Diskussion über kulturelle Unterschiedlichkeit. Eingeleitet von Kees *("wenn sie echt ganz anders sind als wir hier in den Niederlanden")* und Nel *("ihre Kleidung, Kopftücher, lange Röcke")*, ist es Gloria, die eine Trennung zwischen normal und nicht-normal betont. Meine Frage, ob Gloria eine 'Ausländerin' ist, bringt sie offenbar *nicht* in eine Situation, in der sie in selbstverständlicher Weise erklären kann, dass niederländische Staatsangehörigkeit und dunkle Hautfarbe *kein* Widerspruch sind. Im Gegenteil. Gloria scheint durch die Frage in eine Situation gebracht zu sein, in der sie mittels einer abgrenzenden Stellungnahme *("das finde ich echt nicht normal")* implizit auch darauf hinweisen muss, dass sie selbst auf der Seite der Normalität steht. Ihre Hautfarbe kann sie nicht verändern, wohl aber kann sie sich in der Wahl ihrer Kleidung anpassen.

Allerdings ist es offensichtlich, dass ich als Diskussionsleiter Gloria in diese Situation gebracht habe. Wenn man davon ausgeht, dass ich von der Klasse (und auch von Gloria) vor dem Hintergrund einer hierarchischen 'Oben-Unten'-Struktur eher nach 'Oben' hin verortet werde (erwachsen, 'weiß', den Lehrern ähnlich, erteilt Rederecht in der Diskussion usw.) und Gloria eher den gegenüberliegenden Pol einnimmt (jugendlich, allochthon, Schülerin, muss sich zu Wort melden usw.), kann ihre Zurückweisung auch anders interpretiert werden. Meine

Frage beinhaltet im Grunde einen Appell an ihre Solidarität zu anderen allochthonen Gruppen. Gloria hat mit ihrer abgrenzenden Stellungnahme diesen Appell zurückgewiesen, sie hat aber auch meinen Versuch, als 'oben' positionierte Person, die mit anderen 'unten' positionierten augenscheinlich Solidarität demonstrieren will, abgewehrt. Ein Bündnis zwischen ihr und mir - so ist der Klasse von Gloria deutlich gemacht worden - ist nicht möglich. Die Frage taucht gar auf, ob ich als Diskussionsleiter überhaupt auf der Seite der Normalität stehe.

Vielleicht ist diese Interpretation zu weit gesponnen. Jedoch kann sie für pädagogische Situationen durchaus nützlich sein. Sie weist uns darauf hin, dass Pädagoginnen und Pädagogen es möglichst vermeiden sollten, allochthone Jugendliche in instrumentalisierender Weise anzusprechen. In jedem Falle sollten zudem die eigenen Positionierungen mit berücksichtigt werden.

In einer anderen Diskussionsrunde wird ebenfalls über die Frage diskutiert, wie 'Ausländer' definiert werden. Es ist eine Diskussion aus der zweiten Untersuchungsrunde in einer Berufsschulklasse mit zukünftigen Erzieherinnen (MBO). Lydia argumentiert dort recht explizit im Rahmen 'eindimensional-nationaler' Orientierungen[245] und bringt mit ihren Argumenten den größten Teil der Klasse gegen sich auf.

Aphra, eine Jugendliche, deren Eltern aus Aruba (Antillen) eingewandert sind, führt das Thema, wie Ausländer definiert werden können, selbst in die Diskussion ein. Sie verhält sich hierbei - sichtlich angeregt durch unseren Film *(m2.8:14f)* und unterstützt durch die dominante Stimmung in der Klasse - auch gegenüber Lydia sehr offensiv:

Aphra: *"Was bin ich denn?*
Lydia: *Du bist auch ein Ausländer.*
Aphra: *Ja, aber was hast du jetzt gesagt über die indonesische Weiß-ich-was...?*
Lydia: *Oh, ich habe auch Indonesisches in meiner Familie.*
Aphra: *Und die Kinder davon, was waren die?*
Lydia: *Die waren ganz arg verniederländischt, habe ich gesagt.*
Aphra: *Und was bin ich denn?*
Lydia: *Du bist auch verniederländischt, ich sage einfach ... .*
Nanet: *Und wenn man Ausländer ist?*
Lydia: *... wenn sie einmal in den Niederlanden wohnen, ist es doch o.k., dass sie in den Niederlanden wohnen, aber dass noch mehr in die Niederlande geholt werden ... . Wenn sie in den Niederlanden wohnen, akzeptiere ich sie schon auch, aber nicht, dass da noch mehr ... .*
Aphra: *Aber du kannst es mir nicht ansehen, wenn du mich nicht kennst und ich laufe in Rotterdam, dass ich ... . Das siehst du mir nicht an.*
Lydia: *Das sage ich doch auch nicht.*
Aphra: *Aber da laufen noch Hunderte so wie ich.*
Lydia: *Ich sage, ich meine nicht, dass ich dich nicht akzeptiere, egal ob du jetzt Niederländer oder Ausländer bist. Du darfst schon hier wohnen, aber dass da nicht noch mehr dazu kommen, darum geht es mir ... ." (m2.8:1500-1552)*

[245] Beispielsweise nimmt sie Stellung gegen die Aufnahme von Flüchtlingen (*m2.8:1316f*), geht davon aus, dass die Niederlande von 'Ausländern' als ein Schlaraffenland gesehen und entsprechend ausgenutzt wird (*m2.8:1396f*) und äußert die Befürchtung, dass durch weitere Zuwanderung die niederländische Mentalität und Kultur verloren geht (*m2.8:1590f*).

Aphra stockt in ihrer Beschreibung dessen, was man ihr *"nicht ansehen"* kann. In einer früheren Passage wurde deutlich, dass sie selbst Erfahrungen mit Diskriminierung hat. Über Antillianer existiert in den Niederlanden ein Bild, dass dieser Gruppe eine hohe Kriminalitätsrate zuschreibt. Aphra reproduziert zwar selbst eher unkritisch dieses allgemeine Bild, findet es aber ungerecht, ebenfalls als potentielle Kriminelle betrachtet zu werden, da sie sich ganz anders verhält. Sie ärgert sich darüber, aufgrund ihres Aussehens (und den daraus abgeleiteten Zuordnungen und Zuschreibungen) und nicht aufgrund ihres Verhaltens beurteilt zu werden:

Aphra:	*"Wenn sie mich auf der Straße laufen sehen, dann bin ich in diesem Moment auch schwarz, während ich mich doch bemühe, mich hier richtig niederzulassen und meine Arbeit zu machen und was auch immer. Und durch so was wird man schon auch über den gleichen Kamm geschoren." (m2.8:393-401)*

Aphra sieht sich selbst als Ausländerin positioniert und versucht Lydia, der man ihre indonesische Familiengeschichte nicht 'ansieht', ja, die im Verlauf der Diskussion immer wieder deutlich *gegen* Ausländer argumentiert hat, ebenfalls in die Position einer Ausländerin zu drängen. Aphras Stimme nimmt in der folgenden Passage einen sehr ironischen Tonfall an.

Aphra:	*"Und die Freunde und die Familie von dir, die Indonesier, wo wohnen die jetzt?*
Lydia:	*Die wohnen in Arnhem.*
Aphra:	*(ironisch) Das ist auch eine schreckliche Stadt. Da sitzen auch lauter so Ausländer, weißt du, so Indonesier." (m2.8:1810-1819)*

Aphras Diskussionsverhalten stellt in den Gruppendiskussionen eine deutliche *Ausnahme* dar. Geht es um die Frage, wie 'Ausländer' definiert werden, halten sich die allochthonen Jugendlichen in 'gemischten' Klassen in aller Regel zurück oder nehmen eine eher defensive Haltung ein. Bereits die Frage nach dem Begriff scheint auf ein schwieriges Gelände zu führen, das von Fremd- und Selbstzuschreibungen, von ambivalenten Loyalitätsgefühlen und Ausgrenzungserfahrungen geprägt ist.

In den Einzelinterviews werden wichtige Aspekte dieser Konstellation sichtbar. In einer Interviewpassage macht Samira beispielsweise deutlich, warum sie sich selbst als eine 'Ausländerin' sieht.

Samira:	*"Ich fühle mich schon als Ausländerin.*
Interviewer:	*Warum?*
Samira:	*Weil ich von Leuten, die hier wohnen, so viele Bemerkungen höre, wie Ausländer sind. Und ich merke einfach, dass sie dich doch nicht wirklich als eine Niederländerin akzeptieren können." (esa.14a:156-162)*

Und an anderer Stelle:

Samira:	*"Sie sehen dich doch als Ausländerin, wie sehr du dich auch anpasst, du bist ein Türke, du gehörst also auch dazu ... ." (esa.14a:106-107)*

Samira fühlt sich vor allem durch die Nicht-Akzeptanz ihrer Umgebung als eine 'Ausländerin'. Sie hat mittlerweile einen niederländischen Pass, doch sie merkt, dass sie dadurch zwar formal-juristische (etwa hinsichtlich ihres Aufenthaltsstatus und bei Reisen in andere EU-Länder) Vorteile genießt, sich jedoch im alltäglichen Verhalten ihrer Mitmenschen ihr gegenüber nichts verändert. Doch dieses 'In-die-Ausländerposition-gedrängt-Werden' ist nicht der alleinige Grund, warum sich Samira als 'Ausländerin' sieht. Manchmal bekommt sie Gespräche mit, in denen negativ über 'Ausländer' geredet wird. Oft ergreift Samira dann Partei für die 'Ausländerseite'.

Samira: *"Dann sagen sie, ach ... dann geht es gerade um einen Ausländer, um einen Türken, und dann denken sie vielleicht, dass du spanisch bist. Und dann sage ich: he, ich bin auch türkisch. Dann sagen sie sofort: nein, du scheinst sehr westlich zu sein, du passt dich sehr gut an, ich meine dich nicht. Aber ich finde, dass sie dich damit beeinflussen, in dem sie sagen, du gehörst zu uns. Und wenn du schwach bist, dann sagst du auch: ich bin so, aber Ausländer sind so, weißt du." (esa.14:1314-1333)*

Dies ist zum einen eine Aussage über den Gruppendruck seitens autochthoner Jugendlicher, wenn versucht wird, Samira als noch akzeptierte 'Ausländerin' einzubinden *("dann denken sie vielleicht, dass du vielleicht spanisch bist").*[246] Zum anderen ist es eine Aussage über Samiras Loyalitätsgefühle und die potentielle Möglichkeit, zu *"schwach"* zu sein und 'Verrat' gegenüber der Gruppe zu begehen, der sie sich zum einen selbst zuordnet (*"ich bin auch türkisch")*, auf die sie jedoch zugleich, wie wir oben gesehen haben, von ihrer Umgebung festgelegt wird.

Jerry gibt im Einzelinterview auf meine Frage zwar zunächst eine deutlich andere Antwort wie Samira:

Interviewer: "Und bist du Niederländer?
Jerry: Ich bin Niederländer, ja, von surinamischer Herkunft." (eje.5:698-700)

Doch letztlich beschreibt er eine recht ähnliche Konstellation.

Jerry: *"Aber das sage ich auch oft bei uns in der Klasse, wenn sie sich so blöd verhalten, dann sage ich: 'Ich weiß nicht, was du an mir herumnörgelst, aber ich bin einfach Niederländer, ich bin hier im Ort geboren.' Aber, na ja, dann gucken sie dich an: 'Mann, du bist ein Farbiger, du bist Surinamer oder so', und dann siehst du sie so gucken ... ." (eje.5:705-711)*

Und wenig später:

Jerry: *"Ich fühle mich selbst nicht als Ausländer, aber, das ist wirklich gerade so, als ob ich aus dem Ausland komme, ich fühle mich, was das betrifft selbst nicht als Ausländer, aber wenn etwas zwischen Niederländern, Surinamern, Türken oder was dann auch geschieht, dann fühle ich mich zur Gruppe der Surinamer hingezogen, das ist schon so. Und das kann auch sein, weil ich ... . Es gibt manche Gruppen von Niederländern, da werde ich einfach nicht akzeptiert, das verstehe*

---

[246] Spanier nehmen in der ethnischen Hierarchie einen 'günstigeren' Platz ein und werden 'positiver' bewertet (vgl. Kleinpenning 1993, 119ff.).

ich manchmal auch nicht, weil am Anfang war es doch schon schwierig in der Gruppe, in der Fußballmannschaft, da war ... ich war der Einzigste in dieser Mannschaft und na ja, dann ist es von Zeit zu Zeit schon schwierig, akzeptiert zu werden. Nun, und oft genug suchst du dann einfach deine eigene farbige Gruppe ... ." (eje.5:715-735)

Für Jerry, in den Niederlanden geboren und aufgewachsen, ist im Grunde klar, dass er Niederländer ist. Dennoch fühlt er sich oft so, *"als ob"* er aus dem Ausland kommt. In der Klasse wird ihm aufgrund der Hautfarbe die Zugehörigkeit abgesprochen. Und auch in der Fußballmannschaft hat er es mitunter schwer, *"akzeptiert zu werden"*. Es ist naheliegend, dass er sich bei Gruppenkonflikten *"zur Gruppe der Surinamer hingezogen"* fühlt.

3.1.5 Von der Definitionsfrage zur Anpassungsargumentation

Auffällig ist, dass in den dominant autochthonen Klassen, in denen die Frage nach dem Begriffsverständnis zu 'Ausländer' gestellt wurde, sich häufig *wie von selbst* Diskussionen entwickeln, in denen es um Anpassung geht. So zum Beispiel auch in der bereits zu Beginn (siehe VI.2.6.1.1) dargestellten Diskussion in einer Gymnasialklasse (VWO):

Loes: *"Einfach jemand, der dunkel ist ... . Das ist nicht böse gemeint oder so, aber das ist einfach ein Nachteil für Ausländer ... .*
Interviewer: *Und jemand, der hier geboren ist ... der türkische Eltern hat ... ?*
Loes: *(dazwischen) Ja, das ist auch möglich. Wenn man nach dem Aussehen schaut... .*
Interviewer: *... dann würdest du trotzdem sagen: nun, für mein Gefühl ... ?*
Loes: *Wenn man zum Beispiel so jemanden beschreibt, dann würde ich doch sagen, dass er ausländisch aussieht oder so - was weiß ich -, aber ich würde ihn nicht ansehen als ... das meine ich nicht ... .*
Suzanne: *Ich denke, dass es auch einfach daran liegt, ob sich jemand angepasst hat oder nicht, oder ob man noch alle türkischen Gebräuche hat oder so, dass man sich nicht an die niederländische Kultur angepasst hat.*
Interviewer: *Nenn' mal ein Beispiel?*
Suzanne: *Die Sprache. Wenn sie wahnsinnig streng islamisch sind, dann finde ich das ziemlich ausländisch. Von mir aus dürfen sie ruhig ihre eigene Sprache sprechen, aber ich kapiere das total nicht.*
Interviewer: *Aber die niederländische Kultur, Gewohnheiten, Gebräuche, was ist das noch mehr außer der Sprache?*
Loes: *Gebräuche, wie sie sich kleiden. Wenn man hier in den Niederlanden ..., o.k., dann wohnt man hier nun einmal, dann ist man hier geboren und dann kommt man trotzdem in einer Hose und einem Kleid und einem ganz langen Schleier ... ja ... das ist für mich dann wirklich ein Ausländer ... ." (v1.33:356-418)*

Auch Loes scheint, verstärkt durch meine Zwischenfrage, zu spüren, dass sie sich auf einem komplizierten Gelände bewegt. Sie will nicht missverstanden werden. Es steckt, so betont sie, keine böse Absicht dahinter, Menschen aufgrund ihrer äußeren Erscheinung als 'Ausländer' zu kategorisieren. Allerdings weiß Loes auch, dass die äußere Erscheinung, die zu einer offenbar zwangsläufigen Einordnung als 'Ausländer' führt, *"ein Nachteil für Ausländer"* ist.

Für Suzanne geht es um eine Anpassung an die niederländische Kultur. Auf meine Rückfrage hin nennt sie als Beispiel zwar die Sprache - vielleicht weil das Erlernen der Sprache in einem fremden Land noch am Plausibelsten und Unverfänglichsten erscheint (siehe VI.3.3.4.1) -, seltsamerweise springt sie von der Sprache jedoch sofort wieder zum *"streng islamisch"*-Sein. Auch sie scheint darum bemüht, keine Missverständnisse aufkommen zu lassen *("von mir aus dürfen sie ruhig ihre eigene Sprache sprechen")*.

Loes schließt sich Suzannes Argumentation an. Es fällt auf, dass es für Loes zwischen den von ihr gebrauchten Bestimmungen - der zuerst *("jemand, der dunkel ist")* und der zuletzt genannten *("Gebräuche, wie sie sich kleiden")* - keinen Widerspruch zu geben scheint. Beide Bestimmungen scheinen zu gelten und miteinander vereinbar zu sein. Zudem zeigt sich, dass meine letzte Frage auf die *"niederländische Kultur"* zielt, Loes jedoch mit einer Beschreibung dessen antwortet, was sie als 'ausländische' Kultur wahrnimmt. Es wird später noch ausführlicher zu beobachten sein, dass es den Jugendlichen im Allgemeinen schwer fällt, Aussagen darüber zu machen, was niederländische Kultur ist. Oft wird stattdessen mit einem Gegenbild geantwortet: implizit wird anhand der 'ausländischen' Kultur das beschrieben, was die niederländische Kultur *nicht* ist (oder auch *nicht* sein soll).[247]

Auch in vielen anderen Diskussionsrunden führte die bloße Frage nach der Bedeutung des Begriffs 'Ausländer' beinahe zwangsläufig zu einer Diskussion über Anpassung. Da Anpassungsargumentationen in einem gesonderten Kapitel analysiert werden (VI.3.3), soll nur noch ein Beispiel für solch' eine *typische Entwicklung* der Diskussion angeführt werden. Es handelt sich hierbei um eine Berufsschulklasse (MBO):

Interviewer:	*"Nein, aber wie nennst du zum Beispiel Kinder, die türkische Eltern haben und in den Niederlanden geboren sind?*
Lucas:	*Niederländer.*
Richard:	*Ausländer.*
Rinke:	*Wenn es so bleibt .... .*
Richard:	*Es ist ein Niederländer, aber doch ein Ausländer.*
August:	*Es ist und bleibt ein Türke.*
Interviewer:	*Nun, warum denn?*
August:	*Wenn es ausländische Eltern hat .... .*
Richard:	*Es ist ein Ausländer, weil seine Eltern es wahrscheinlich auch ausländisch erziehen.*
Interviewer:	*Wie weit gehst du da in der Geschichte?*
Richard:	*Kinder, die hier geboren werden, die müssen doch noch hauptsächlich ein Kopftuch und alles tragen. Das war kürzlich noch im Fernsehen. Na, nur Mädchen in eine Klasse, auch wenn sie hier geboren sind. Sie sind doch Ausländer." (m1.9:115-151)*

Lucas, der den Geburtsort für ein Kriterium hält, Niederländer zu sein, kann sich nicht durchsetzen. Für Richard bleiben die Kinder türkischer Eltern durch eine *"ausländische Erziehung"* 'Ausländer', auch wenn sie in den Niederlanden geboren sind. Im Grunde ist sein Kriterium hier ebenfalls die vermutete Nicht-Anpassung an die niederländische Kultur. Ri-

[247] Wenig später in der Diskussion beginnt Loes übrigens ebenfalls mit Anpassung zu argumentieren (siehe VI.3.3.3; *v1.33: 558-610*).

chard untermauert seine Argumentation, in dem er sich ausdrücklich auf die Medienberichterstattung bezieht *("das war kürzlich noch im Fernsehen").* Man ahnt hier bereits, dass die Informationen, Repräsentationen und Kategorien, die die Jugendlichen benutzen, selbstverständlich nicht nur aus dem eigenen unmittelbaren Umfeld stammen, sondern mit dem gesamtgesellschaftlichen Kontext zu tun haben und beispielsweise auch über die Medien vermittelt werden (siehe VI.3.2).

3.1.6 Definition und Bewertung von 'Ausländern'

Die Definition als 'Ausländer' enthält oft auch eine bestimmte Bewertung. Restriktivere Auslegungen gehen nicht selten Hand in Hand mit einer ausgrenzenden Haltung gegenüber Eingewanderten. Die Jugendlichen, die in der soeben zitierten Diskussionspassage davon ausgehen, dass ein Kind von Eingewanderten ein 'Ausländer' bleibt, weil dessen Eltern es 'ausländisch' erziehen, machen im weiteren Verlauf der Diskussion ihre Abneigung gegenüber Eingewanderten deutlich. Und die selbstkritische Tendenz, die bei einigen Jugendlichen aufkommt, wenn sie über das Kriterium der Sichtbarkeit, dass sie im Alltag selbst hantieren, nachzudenken beginnen, hat auch damit zu tun, dass sie nicht rassistisch sein wollen und sich als tolerant gegenüber Eingewanderten begreifen: das Kriterium der Sichtbarkeit gerät allzu nahe in den Bereich des Diskriminierens entlang äußerlicher Kennzeichen.

Allerdings darf man *nicht* davon ausgehen, dass bereits von einer bestimmten Definitionsweise auf eine bestimmte Haltung gegenüber 'Ausländern' geschlossen werden kann. Deutlich zeigt sich dies in der folgende Diskussionspassage. Ihr geht voran, dass sich Carmen ausdrücklich über die *"negativen Seiten"* der 'Ausländer' beschwert. Positive Seiten nennt sie allerdings nicht. Carmen nimmt die Gruppe, die von ihr als 'ausländisch' definiert wird, mit einem Kategoriensystem wahr, das bereits einen bestimmten Inhalt hat. Sie ärgert sich darüber, dass 'Ausländer' - so ihr Bild - wenig arbeiten, bevorzugt werden, es im Grunde gut haben, sich aber ständig beklagen. Ihre Mitschülerinnen Tinka (und später auch Helen) nehmen hierzu eine deutliche Gegenposition ein.

Carmen: *"Wo man auch schaut, die Ausländer kriegen immer die schönsten Wohnungen und sie sind immer am Klagen, aber inzwischen haben sie alle ein Auto und sie haben zehn Kinder, also ... .*

Tinka: *Ich kenne auch Ausländer, aber die sitzen zu Zehnt in einer Wohnung, weil die haben eine Asylwohnung zugewiesen bekommen, aber da sitzen sie schon zu Zehnt.*

Carmen: *Aber was ist eine Asylwohnung?" (m1.3:507-525)*

Carmens Begriff über 'Ausländer' enthält bereits eine bestimmte inhaltliche Ladung. Begriff - als Definition darüber, wer 'Ausländer' ist - und Bewertung scheinen kaum voneinander zu trennen zu sein. Im Vordergrund steht jedenfalls das, was Carmen die *"negativen Seiten"* nennt: *"die Ausländer kriegen immer die schönsten Wohnungen."* Tinka korrigiert Carmen. Sie verweist mit Asylsuchenden auf eine bestimmte Gruppe von 'Ausländern', denen es deutlich anders geht und die in beengten Wohnverhältnissen leben. Carmen weiß offenbar nicht genau Bescheid und lässt sich von Tinka darüber informieren, was eine *"Asylwohnung"* ist. Carmen zeigt sich keineswegs beeindruckt:

Carmen:	*"Aber wenn sie in den Niederlanden bleiben, was kriegen sie dann für eine Wohnung?*
Tinka:	*Na, nicht alle kriegen so eine Wohnung wie du sagst.*
Carmen:	*Na, die meisten schon ... und glaub' mir, wenn ich ein Asylsuchender wäre, selbst wenn sie mich in ein Loch stecken würden, dann würde ich es noch nicht schlimm finden." (m1.3:539-551)*

Jedenfalls sieht sich Carmen nicht daran gehindert, einige Sätze später wieder von *"Ausländern"* zu sprechen: *"Viele Ausländer arbeiten nicht" (m1.3:586-587)*. Bert unterstützt schließlich Carmen, behauptet ebenfalls, dass 'Ausländer' - er benutzt das Wort *"Allochthone"* - bevorzugt behandelt werden *(m1.3:739ff.)*. Carmen kann sich ihm anschließen und wiederholt:

Carmen:	*"Sie bekommen einfach ein Häuschen mit vier Zimmern und einem Garten und wir sind in der Liste eingeschrieben und kriegen eine Zwei-Zimmer-Wohnung." (m1.3:844-848)*

Etwas später in der Diskussion geht es um die Frage, wer eigentlich genau gemeint ist, wenn von 'Ausländern' gesprochen wird. Helen findet Carmens Darstellung *"übertrieben"* und schränkt ein: nicht *"alle Ausländer"* wohnen so.

Helen:	*"Ich denke, dass das übertrieben ist, wenn du sagst, dass alle Ausländer so schön wohnen. Meiner Meinung nach ist das wirklich nicht so.*
Carmen:	*Sie kriegen einfach mehr Chancen hier ... .*
Tinka:	*Warum sind sie geflüchtet? Sie flüchten wirklich nicht ohne Grund.*
Carmen:	*Das sind andere ... diese Leute dürfen von mir aus Asyl anfragen, natürlich, die haben ein Recht auf eine Wohnung.*
Tinka:	*Was meinst du denn mit Ausländern? Einfach Menschen, die zum Spaß hierher kommen?*
Carmen:	*Ja, Menschen, die hierher kommen, ja ... die hier nicht arbeiten.*
Interviewer:	*Ja, einen Moment, wer sind die Ausländer?*
Carmen:	*Flüchtlinge kommen aus Ländern, wo sie einfach keine Chancen haben... .*
Tinka:	*Na, und Ausländer dann? Wenn man einen Ausländer sieht, dann sind es doch beinahe immer Flüchtlinge, sonst kommen sie doch nicht hierher?*
Carmen:	*Es kommen hier genug Ausländer, die sehen, wie die Niederlande sind. Sie wissen, dass sie Sozialhilfe kriegen können, die kommen einfach hierher, um... ." (m1.3:872-918)*

Tinka beharrt auf der Gruppe, die sie *gegen* Carmens Definition von 'Ausländern' in die Diskussion eingeführt hat: Ihr geht es um asylsuchende Flüchtlinge. Carmen ihrerseits betont jetzt, dass sie eine andere Gruppe meint und gesteht Asylsuchenden mehr oder weniger zögerlich *"ein Recht auf eine Wohnung"* zu: *"von mir aus"*, *"natürlich"*. Von Tinka danach gefragt, wen sie mit 'Ausländern' eigentlich meint, betont Carmen zunächst einige in ihren Augen konkretisierende Gesichtspunkte: *"Menschen, die hierher kommen"*, *"nicht arbeiten"*. Sie ist offenbar etwas verunsichert: irgendwie scheinen Flüchtlinge und 'Ausländer' doch unterschiedliche Gruppen oder Kategorien zu sein.

Für Tinka vermischt sich ihr 'Ausländerbild' mit ihrem Bild über Flüchtlinge. Anders als

Carmen hat sie ein positives 'Ausländerbild', ihr Prototyp scheinen asylsuchende Flüchtlinge zu sein, denen es schlecht geht und denen geholfen werden muss. Carmen hält ihr eigenes 'Ausländerbild' dagegen: Menschen, die vom niederländischen Wohlfahrtsstaat profitieren und nicht arbeiten wollen (siehe VI.3.4.3).

3.1.7 Repräsentationen von 'Ausländern'

Untersucht man die Gruppendiskussionen der ersten Untersuchungsrunde *insgesamt* daraufhin, welche Repräsentationen von 'Ausländern' die autochthonen Jugendlichen in ihren Diskussionsbeiträgen gebrauchen (codiert als '*aslbil*'), so zeigt sich, dass die benutzten Repräsentationen deutlich *negative* Ladungen aufweisen. Überraschend ist jedenfalls, dass, entgegen allen öffentlichen Verlautbarungen zum Bekenntnis gegenüber einer multikulturellen Gesellschaft, Bilder, die 'Ausländer' so beschreiben, dass sie die multikulturelle Gesellschaft in irgendeiner Weise bereichern oder etwas Positives leisten, in den Gruppendiskussionen der ersten Runde kaum zu entdecken sind. Dabei stimmte im Fragebogen noch die Mehrheit der autochthonen Jugendlichen der These zu, dass *"auch die Schulen (...) durch das Zusammentreffen von verschiedenen Sprachen, Kulturen und Lebensgewohnheiten vielfältiger und interessanter werden"* können.[248] Offenbar folgten viele Jugendliche hier eher einem allgemein üblichen Bekenntnis zur Multikulturalität, während sie in der Diskussion kaum mit konkreten Beispielen und schon gar nicht offensiv für eine multikulturelle Gesellschaft plädieren. In den Gruppendiskussionen finden sich jedenfalls nahezu ausschließlich Bilder über 'Ausländer' mit deutlich *negativen* Konnotationen. Diese Negativ-Bilder können in fünf große Themenbereiche gegliedert werden:

- an erster Stelle wird auf den Islam hingewiesen und werden 'Kopftücher' und 'unterdrückte Frauen und Mädchen' genannt;
- dicht gefolgt von Beschreibungen, in denen es um die 'Aggressivität' und 'Gewalttätigkeit' von (meist jugendlichen Gruppen von) 'Ausländern' geht;
- Kriminalität und Drogenhandel bilden den dritten großen Themenbereich;
- der vierte Themenbereich umfasst den Sozialstaat und seinen Missbrauch mit Stichworten wie 'Schwarzarbeiter', 'Sozialhilfeempfänger', 'arbeitsscheue Nutznießer des Wohlfahrtsstaates' und 'Leistungsbetrüger' (z.B. in Bezug auf Kindergeld, Krankengeld);
- in einem fünften Themenbereich lassen sich solche Bilder zusammenfassen, in denen Verhaltensweisen und Gewohnheiten von 'Ausländern' beschrieben werden ('schlachten Schafe auf dem Balkon', 'belästigen fremde Frauen', 'schlagen ihre Kinder', 'haben eine strenge Erziehung', 'arbeiten nicht wegen Ramadan', 'haben große Familien', 'sind undankbar', 'drängeln sich immer vor', 'reden laut' u.Ä.).

Manchmal finden sich freilich Beschreibungen, in denen ausdrücklich Positives über 'Ausländer' zum Ausdruck kommen soll. Auffällig ist jedoch, dass auch hier, trotz des (auch aus dem weiteren Diskussionskontext) deutlich erkennbaren Versuchs, sich auf die Seite von Eingewanderten und Flüchtlingen zu stellen, die dabei gebrauchten Repräsentationen vor

---

[248] Über ein Drittel (36%) der autochthonen Jugendlichen hatte dieses Item (V69) zur Multikulturalität mit einem *'stimmt genau'* und einem *'stimmt'* recht eindeutig befürwortet, und fast ein weiteres Drittel (31%) unterstützte das Item immerhin noch mit einem *'stimmt teilweise'*.

allem aus Negativ-Diskursen geläufig sind. Solche Beschreibungen scheinen deshalb oft eine Art *doppelten Boden* zu haben, auch wenn sie von den jeweiligen Sprecherinnen oder Sprechern durchaus positiv gemeint sind. So berichtet beispielsweise Renate von einer rundum verschleierten Frau, die sie im Bus gesehen und deren Kleidung sie als sehr schön empfunden hat *(ml.11:270)*; oder bewertet es Rachel als positiv, dass es sich bei Türken und Marokkaner um Menschen handelt, die jede Arbeit annehmen, wenn sie nur Arbeit haben, also auch schmutzige Arbeit machen und weniger verwöhnt sind als die Niederländer *(ml.11:654)*. Renate und Rachel wollen etwas Positives zum Ausdruck bringen, allerdings zeigt sich, dass die angeführten Repräsentationen in aller Regel in Diskurszusammenhängen zu finden sind, in denen eine explizite Negativbewertung zum Ausdruck gebracht werden soll. Im Kopftuch- und Verschleierungsdiskurs werden diese Kleidungsstücke als Symbole für Rückständigkeit und Frauenunterdrückung bei Eingewanderten genannt und sind geradezu "Tücher der Anstößigkeit" (Lutz 1996, 119). Aussagen über die Arbeitswilligkeit von Eingewanderten haben oft eine instrumentalisierende Note, und nicht selten wird in rassistischen Argumentationen das Verrichten von schmutziger und körperlich schwerer und ungesunder Arbeit als ein Hinweis auf die Minderwertigkeit derjenigen gesehen, die diese Arbeit ausführen (vgl. hierzu Ruf 1988).

3.1.8 *Zusammenfassung:* Zur alltäglichen Definition von 'Ausländern'

Bereits die Frage danach, wie 'Ausländer' definiert werden, scheint für viele Jugendliche ein heikles Feld zu berühren. Oft können sie keine klaren Kriterien angeben, wen sie als 'Ausländer' definieren und wen nicht, oder sie verstricken sich zusehends in Widersprüche. Meist scheinen sie jedoch zu ahnen, dass von dieser Frage einiges abhängt, und sie wollen nicht in den Verdacht geraten, auszugrenzen oder zu diskriminieren. In aller Regel stellt jedoch auch bei diesen Jugendlichen, wie in den Gruppendiskussionen und Interviews insgesamt, eine bestimmte Gruppe eine Art Prototyp für *den* 'Ausländer' dar: es ist dies die Gruppe der 'Türken und Marokkaner'. Damit bestätigt sich eine Beobachtung von Yvonne Leeman aus einer Untersuchung, die zwischen 1985 und 1988 durchgeführt wurde (Leeman 1994, 92). Bezeichnend ist, dass es sich bei Türken und Marokkanern um Eingewanderte handelt, die in der niederländischen Gesellschaft gemeinhin als besonders fremd kategorisiert und ganz unten in der ethnischen Hierarchie platziert werden (vgl. Hagendoorn 1986, 204; Kleinpenning 1993, 124/171). 'Ausländer', so wird auch in den Gruppendiskussionen und Einzelinterviews der vorliegenden Untersuchung deutlich, ist meist kein neutraler Begriff und in der Regel mit negativen Konnotationen verbunden. Zweifellos ist es nicht angenehm, mit einem solchermaßen geladenen Begriff als 'Ausländer' eingeordnet zu werden.

Obwohl sich an vielen Stellen deutliche Verbindungen zwischen dem Gebrauch von eher restriktiven Kriterien zur Definition von 'Ausländern' und negativen Bewertungen von Eingewanderten zeigen, kann hier keineswegs von einem zwangsläufigen Zusammenhang ausgegangen werden. Manche Jugendliche haben eine enge Definitionsweise oder benutzen gar eine oft negativ bewertete Gruppe als Prototyp für 'Ausländer' und zeigen trotzdem eine überaus positive und unterstützende Haltung gegenüber Eingewanderten.

Meist ist es für die Jugendlichen verwirrend, festzustellen, welche unterschiedlichen Definitionskriterien möglich sind und in der eigenen Schulklasse genannt werden, und manchmal zeigen sie sich mit den Kriterien, die sie im Alltag selbst hantieren, mehr als unzufrieden.

Über die verschiedenen Kriterien, die die Jugendlichen benutzen, also das Kriterium der äußerlichen Sichtbarkeit und Erkennbarkeit als 'Ausländer', das der kulturellen Unterschiedlichkeit, des Geburtsorts, des 'hier-als-Ausländer-Erzogen-Seins', des unterschiedlichen Grades von Angepasstheit, der Aufenthaltsdauer, der formal-rechtlichen Position usw. besteht oft Uneinigkeit. Als durchschlagend erweist sich jedoch - oft auch gegen den eigenen Willen - letztlich das Kriterium der Sichtbarkeit. Zumindest im ersten Moment einer Begegnung scheint dies das wichtigste Kriterium zur Einordnung als 'Ausländer' oder 'Nicht-Ausländer' zu sein. Einige Jugendliche, die eine solche Kategorisierungsweise selbst benutzen, sprechen sich zwar nachträglich - gewissermaßen bei näherem Hinsehen - deutlich *gegen* das Kriterium der Sichtbarkeit aus. Dennoch fällt auf, dass es meist gegen *spontane* Kategorisierungsweisen zu verstoßen scheint, dass auch Menschen, die als 'anders aussehend' wahrgenommen werden, ganz selbstverständlich Niederländer sein können.

Für diejenigen, die auf den 'ersten Blick' als 'anders aussehend' wahrgenommen und - oft fälschlicherweise - als 'Ausländer' eingeordnet werden können, lauert hier die beständige Gefahr unangenehmer Zuschreibungen. In der Klasse sind diese Jugendlichen meist auf der Hut. Auch dort sind in aller Regel die Repräsentationen von 'Ausländern' mit Bedeutungen versehen, die in dominanten gesellschaftlichen Diskursen eine negative Ladung haben und deshalb - selbst wenn dies von den jeweiligen Sprecherinnen und Sprechern nicht beabsichtigt ist - entsprechende Effekte nach sich ziehen können. Oft genug müssen die Jugendlichen, die als 'Ausländer' gekennzeichnet werden, zudem erleben, wie schnell die Frage nach der Definition von 'Ausländern' zu Argumentationen führen kann, in denen - mit unterschiedlichen Konzepten und mit unterschiedlicher Rigorosität - *Anpassung* verlangt oder/und *Ausgrenzung* begründet wird.

3.2 Mediendiskurse zu 'asylsuchenden Flüchtlingen' und wie Jugendliche damit umgehen

Im Folgenden wird auf einen Diskurs eingegangen, der, wie bereits erwähnt (siehe V.5.3.5), zum Untersuchungszeitraum in den Niederlanden eine besonders *prominente* Rolle spielte. Es handelt sich um Diskurse zu asylsuchenden Flüchtlingen. Zunächst werden die Ergebnisse des *quantitativen* Datenmaterials zur Einschätzung von Flüchtlingsszahlen und zum Standpunkt gegenüber der Aufnahme von Flüchtlingen diskutiert. Danach wendet sich die Untersuchung vor allem dem *qualitativen* Datenmaterial zu. Da in der Analyse dieses Materials deutlich wird, dass Diskussionen zum Thema asylsuchende Flüchtlinge meist auf die aktuelle Medienberichterstattung Bezug nehmen, wird ausführlich auf die Berichterstattung zum Untersuchungszeitraum eingegangen. Schließlich werden Textpassagen aus Gruppendiskussionen und Einzelinterviews analysiert, in denen sich unterschiedliche *Umgangsweisen* mit Mediendiskursen zeigen.

3.2.1 Überschätzung der Flüchtlingszahlen und Ablehnung der Aufnahme von Flüchtlingen

Es fällt auf, dass viele Jugendliche schlecht über Flüchtlingszahlen informiert sind. Dies zeigen auch die Antworten auf die entsprechende Frage im Fragebogen (V46). So vermutet fast die Hälfte der befragten Jugendlichen (47%), dass von den Flüchtlingen in der Welt *'mehr als*

60%' in Europa um die Gewährung eines Asyls nachsuchen.[249] Und noch einmal knapp ein weiteres Drittel (30%) nimmt an, dass *'um die 50%'* der weltweiten Flüchtlinge nach Europa kommen. Nur eine kleine Minderheit der Jugendlichen (4%) liegt mit ihrer Schätzung in einem realistischen Bereich.[250] Zum Zeitpunkt der Befragung schwankte der wirkliche Prozentsatz, je nachdem, welche Kriterien man zur Definition von Flüchtlingen anlegte, zwischen 5% und 10%. Die meisten Flüchtlinge in der Welt verblieben in den näher gelegenen Nachbarländern (vgl. Vluchtelingenwerk 1993/1995).

Ebenfalls ein Überschätzungsfehler, wenn auch bei weniger Jugendlichen, zeigt sich bei der nächsten Frage (V47): Etwa ein Zehntel der Befragten (8%) geht davon aus, dass die Niederlande 500 000 Flüchtlinge aus dem ehemaligen Jugoslawien aufgenommen haben, ein Fünftel (19%) vermutet, dass diese Zahl bei 150 000 liegt und noch einmal ein Viertel (24%) hält 50 000 für wahrscheinlich. Zusammen genommen geht also die Hälfte der Jugendlichen von einem Überschätzungsfehler aus. Immerhin befindet sich die andere Hälfte (50%) mit ihrer Einschätzung nahe an der Wirklichkeit: Für das gesamte Jahr 1992 registriert die Statistik ca. 12 800 asylsuchende Flüchtlinge aus dem ehemaligen Jugoslawien (vgl. Vluchtelingenwerk 1993/1995).

Nun ist die Beantwortung solcher Fragen entweder auf genaues Wissen oder aber auf Vermutungen angewiesen. Wie deutlich wurde, liegt ein genaues Wissen bei vielen Jugendlichen *nicht* vor. Schätzungen über Zahlenangaben haben jedoch die Tendenz, sich ab einer bestimmten Größenordnung auf einer unanschaulichen Ebene zu bewegen. Eklatante Überschätzungsfehler müssen denn auch keineswegs für sich genommen bereits darauf hinweisen, dass die betreffenden Jugendlichen sich ablehnend gegenüber der Aufnahme von asylsuchenden Flüchtlingen verhalten.

Die Antworten der Jugendlichen zu den Einschätzungsfragen wurden deshalb mit den Antworten zum jeweils eigenen Standpunkt gegenüber der Aufnahme von Flüchtlingen verglichen. Davon ausgehend, dass zum Zeitpunkt der Untersuchung die Aufnahme von Flüchtlingen aus dem ehemaligen Jugoslawien sich in den Niederlanden noch in einem eher bescheidenen Rahmen bewegte, war diese Frage folgendermaßen formuliert worden: *'Findest du, dass die Niederlande deutlich mehr Flüchtlinge aus dem ehemaligen Jugoslawien aufnehmen sollte?'* Mehr als die Hälfte der Befragten (57%) kreuzte hier ein *'nein'* an, weniger als ein Drittel (28%) entschied sich für ein *'weiß nicht'* und nur eine kleine Minderheit (16%) wählte ein *'ja'*. Wurde nun bei der Mehrheit, die verstärkte Anstrengungen zur Flüchtlingsaufnahme *ablehnt*, geprüft, wie sie sich gegenüber den Einschätzungsfragen verhält, so zeigt sich, dass fast die gesamte Gruppe einen Überschätzungsfehler macht (98%), wenn danach gefragt wird, welcher Anteil der weltweiten Flüchtlinge in Europa um ein Asyl nachsucht.[251] Allerdings unterscheidet sich die ablehnende Mehrheit nicht allzu sehr von der befürwortenden Minderheit, die *für eine weitere Aufnahme* von Flüchtlingen plädiert und trotzdem mit einem ähnlichen Anteil (zu 93%) zur Überschätzung neigt. Ein Unterschied zeigt sich allenfalls darin, dass die ablehnende Mehrheitsgruppe zu einem *sehr viel krasseren* Überschät-

[249] Sechs Antwortmöglichkeiten waren vorgegeben: *'mehr als 60%'* (1), *'ungefähr 50%'* (2), *'rund 30%'* (3), *'ungefähr 20%'* (4), *'weniger als 10%'* (5), *'weniger als 5%'* (6).

[250] Übrigens zeigen sich auch unter Erwachsenen ähnliche Überschätzungsfehler. Laut einer Untersuchung, durchgeführt 1992, gehen fast 46% der befragten (erwachsenen) Niederländer davon aus, dass die meisten Flüchtlinge der Welt nach West-Europa kommen (VluchtelingenWerk 1992, 8).

[251] Die Einschätzungen *'mehr als 60%'* (1), *'ungefähr 50%'* (2) und *'rund 30%'* (3) wurden addiert.

zungsfehler tendiert: Bereits mehr als die Hälfte (55%) vermutet hier, dass 'mehr als 60%' der Flüchtlinge nach Europa kommt. Bei der befürwortenden Minderheit ist dieser Anteil deutlich kleiner (35%).

Weniger extrem fallen die Unterschiede bei der Frage aus, die sich direkt auf die Niederlande und die Aufnahme von Flüchtlingen aus dem ehemaligen Jugoslawien bezieht (V47). Vor allem die ablehnende Mehrheitsgruppe kommt zu einer falschen Einschätzung: Weit mehr als die Hälfte (57%) derjenigen, die sich *gegen eine Aufnahme* von Flüchtlingen ausspricht, vermutet viel mehr Flüchtlinge aus dem ehemaligen Jugoslawien in den Niederlanden, als in Wirklichkeit Asylgesuche vorliegen.[252] Bei der Minderheitsgruppe ist dieser Anteil zwar deutlich geringer, doch auch hier überschätzt noch weit über ein Drittel (36%) die Anzahl der bereits aufgenommenen Flüchtlinge. Wieder zeigt sich ein besonders deutlicher Unterschied in der *Krassheit* der Fehleinschätzung: Mehr als ein Zehntel (11%) der Mehrheitsgruppe geht davon aus, dass die Niederlande 500 000 Flüchtlinge aus dem ehemaligen Jugoslawien aufgenommen hat, bei der Minderheitsgruppe ist dieser Anteil (mit 3%) sehr viel kleiner.

Als Ergebnis dieser Überprüfung kann also festhalten werden, dass *besonders krasse* Überschätzungsfehler in signifikant stärkerem Ausmaß bei der Gruppe zu finden sind, die vermehrte Anstrengungen zur Aufnahme von Flüchtlingen ablehnt. Gleichzeitig zeigt das Ergebnis jedoch, dass *nicht* davon ausgegangen werden kann, dass die Annahme hoher Flüchtlingszahlen *generell* mit einer Ablehnung der weiteren Aufnahme von Flüchtlingen verbunden ist.

3.2.2 'Eindimensional-nationale'/'multiperspektivische' Orientierungen und Ablehnung der Aufnahme von Flüchtlingen

Zu einer ähnlichen Schlussfolgerung kommt man, wenn in einem nächsten Schritt untersucht wird, ob Zusammenhänge mit den 'eindimensional-nationalen' bzw. 'multiperspektivischen' Orientierungen festzustellen sind. Zur Überprüfung wurden wieder die Prüfgruppen mit *eindeutigeren* Orientierungen benutzt (siehe VI.2).

Zunächst zu den Einschätzungsfragen: Bei den beiden Prüfgruppen, die in ihrem Antwortverhalten in *eindeutigerer* Weise zu einer bestimmten Orientierung neigen, zeigen sich hier signifikante Unterschiede. Die Jugendlichen, die eine eindeutiger 'eindimensional-nationale' Orientierung unterstützen, vermuten bereits zu 84%, dass mehr als die Hälfte der Flüchtlinge in der Welt nach Europa kommt, um dort einen Asylantrag zu stellen (V46).[253] Bei den Jugendlichen, die zu einer eindeutigeren 'multiperspektivischen' Orientierung tendieren, ist dieser Anteil mit 72% im Verhältnis deutlich niedriger. Gleichzeitig wird jedoch deutlich, dass auch fast Dreiviertel der Jugendlichen mit einem 'multiperspektivisch' orientierten Antwortverhalten zu einem derart groben Überschätzungsfehler gelangen.

Ein ähnliches Ergebnis zeigt sich bei der Einschätzung, wie viele Flüchtlinge die Niederlande aus dem ehemaligen Jugoslawien aufgenommen hat (V47). Bereits ein Drittel (33%) der Jugendlichen, die zu einer 'eindimensional-nationalen' Orientierung neigen, vermuten Flüchtlingszahlen in einer Höhe zwischen 150 000 und 500 000. Bei Jugendlichen, die 'multiperspektivische' Orientierungen unterstützen, ist dieser Anteil mit 20% im Verhältnis

[252] Addiert wurden die Angaben zu *'500 000'* (1), *'150 000'* (2) und *'50 000'* (3).

[253] Die Angaben zu *'mehr als 60%'* (1) und *'um die 50%'* (2) wurden addiert.

sehr viel geringer. Der Unterschied erweist sich als signifikant. Dennoch fällt - wiederum gegen den festgestellten Zusammenhang - auf, dass auch ein großer Teil der Jugendlichen, die in ihrem Antwortverhalten eine eindeutigere ‘eindimensional-nationale’ Orientierung zeigen, mit ihrer Einschätzung durchaus im richtigen Bereich liegen (nämlich 41%).[254]

Auch bei der Überprüfung des Zusammenhangs zwischen einer ablehnenden Haltung gegenüber der weiteren Aufnahme von Flüchtlingen und den ‘eindimensional-nationalen’ bzw. ‘multiperspektivischen’ Orientierungen lassen sich ähnliche Tendenzen entdecken. Auf die Frage, ob die Niederlande deutlich mehr Flüchtlinge aus dem ehemaligen Jugoslawien aufnehmen sollten, antworten die beiden Prüfgruppen zwar recht *unterschiedlich*. Von den Jugendlichen, die in ihrem Antwortverhalten zu einer eindeutigen ‘eindimensional-nationalen’ Orientierung tendieren, verneint mit 80% eine überwältigende Mehrheit diese Frage, während dieser Anteil bei den Jugendlichen, die eine eindeutigere ‘multiperspektivische’ Orientierung zeigen, wie zu erwarten mit 34% sehr viel kleiner ist. Der Unterschied ist signifikant und weist auf einen positiven Zusammenhang zwischen der Zustimmung zu ‘eindimensional-nationalen’ Orientierungen und der Ablehnung der Aufnahme von asylsuchenden Flüchtlingen hin. Dennoch zeigt sich, dass auch bei den Jugendlichen, die zu einer eindeutigen ‘multiperspektivischen’ Orientierung neigen, ein nicht geringer Teil - immerhin ein Drittel - eine weitere Aufnahme von Flüchtlingen ebenfalls ablehnt. Zudem ist der Anteil der Unentschiedenen bei den ‘multiperspektivisch’ orientierten Jugendlichen weitaus größer: Über ein Drittel dieser Jugendlichen antwortet mit einem *‘weiß nicht’* (siehe Schaubild 49).

Schaubild 49: ‘Eindimensional-nationale’/‘multiperspektivische’ Orientierungen und Aufnahme von Flüchtlingen[255]

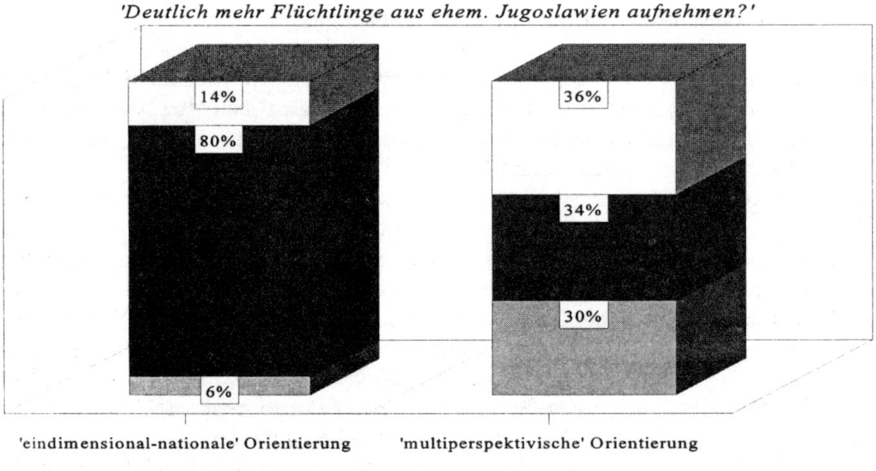

[254] Also bei *‘10 000’* (4), *‘5 000’* (3) und *‘3 000’* (2) angekreuzt hat.

[255] Die beiden ‘Säulen’ sind der Einfachheit halber gleich groß abgebildet, obwohl die erste eine etwas größere Gruppe (eindeutig ‘eindimensional-nationale’ Orientierungen: n = 142) und die zweite eine etwas kleinere Gruppe (eindeutig ‘multiperspektivische’ Orientierungen: n = 135) repräsentiert. Da der Größenunterschied zwischen diesen beiden Prüfgruppen allerdings minimal ist (er macht sieben Befragte aus), fällt diese Ungenauigkeit nicht ins Gewicht.

3.2.3 Beeinflussung oder Übertreibungen als Untermauerung und Rechtfertigung?

Die Argumentation mit Flüchtlingszahlen kann ein Mittel in der Politik sein und negative Stimmungen gegenüber Einwanderung und Flucht können mit entsprechenden hohen Zahlen unterstützt und mobilisiert werden (vgl. etwa Leiprecht 1990, 215). Hierbei lassen sich zwei Seiten beschreiben:

a) einerseits ist die *Argumentation mit Übertreibungen* eine (leider) wirksame Argumentationsweise und wird deshalb eingesetzt, um 'eindimensional-nationalen' Orientierungen sowohl eine Rechtfertigung als auch breitere Basis zu verschaffen;
b) andererseits lassen sich die Einzelnen offenbar *durch hohe Zahlen beeinflussen und beeindrucken* und können aus diesem Grund dazu neigen, verstärkte Bemühungen zur Aufnahme von Flüchtlingen abzulehnen.

Haben also Jugendliche deshalb hohe Flüchtlingszahlen angekreuzt, da sie ohnehin mit solchen Übertreibungen argumentieren und dies ein gutes Mittel zur Untermauerung und Rechtfertigung bereits vorhandener 'eindimensional-nationaler' Orientierungen zu sein scheint? Oder sind Jugendliche durch eine Wahrnehmung, der zufolge viele Flüchtlinge in das Land kommen, beeinflusst und verunsichert und tendieren deshalb zur Ablehnung einer weiteren Aufnahme von Flüchtlingen? Bei den befragten Jugendlichen muss zweifellos mit beiden Möglichkeiten gerechnet werden.

Die quantitativen Ergebnisse zeigen, dass eine grobe Überschätzung der Flüchtlingszahlen bei den Jugendlichen *insgesamt* überaus weit verbreitet ist. Auch bei 'multiperspektivisch' orientierten Jugendlichen ist der Anteil derjenigen, die von einer Überschätzung ausgehen, sehr hoch. Es ist anzunehmen, dass dies Auswirkungen auf die Haltung eines Teils dieser Jugendlichen hat, wenn es um die Aufnahme von Flüchtlingen geht. Viele dieser Jugendlichen begründen ihre ablehnende Haltung auf der Grundlage falscher Informationen. Zudem muss davon ausgegangen werden, dass diejenigen, die *für* eine Aufnahme von Flüchtlingen plädieren wollen, es in der Diskussion sehr schwer haben. Die ablehnende Haltung ist dominant und die eigene Überschätzung der Zahlenverhältnisse kann das Argumentieren behindern.

Aufschlussreich ist es vor diesem Hintergrund, die Gründe genauer zu betrachten, die die Jugendlichen für ihre ablehnende oder zustimmende Haltung in der Flüchtlingsfrage im Rahmen einer offenen Frage in Stichworten notieren konnten (V50):[256]

Von den 294 Jugendlichen, die sich *gegen eine weitere Aufnahme von Flüchtlingen* aussprechen, machen 276 von dieser Möglichkeit Gebrauch. Werden die genannten Gründe geordnet und addiert, dann lässt sich feststellen, dass in den meisten Angaben davon ausgegangen wird, dass die Niederlande als kleines Land bereits zu dicht bevölkert bzw. schlicht kein Platz mehr vorhanden sei (124 mal). Mit großem Abstand wird an zweiter Stelle angegeben, dass bereits zu viele oder genug Flüchtlinge aufgenommen worden seien (67 mal) und an dritter Stelle finden sich Notierungen, die die existierende Arbeitslosigkeit oder Wohnungsnot als Ablehnungsgründe anführen (38 mal).

Bei den 81 Jugendlichen, die sich *für eine weitere Aufnahme von Flüchtlingen* entscheiden, geben 70 ebenfalls ihre Gründe an. Die meisten Nennungen beschreiben eine Verpflichtung aus allgemein humanitären Gründen (57 mal). Bereits sehr defensiv muten die Gründe an, die den zweiten und den dritten Platz einnehmen: eine weitere Aufnahme wird befürwortet, da

[256] In dieser offenen Frage konnten mehrere Gründe angegeben werden.

die Flüchtlinge später wieder in ihr eigenes Land zurückkehren würden (10 mal), und eine Aufnahme kann unter der Einschränkung gut geheißen werden, wenn sie im Rahmen einer gleichmäßigen Verteilung in Europa erfolgt (3 mal).

Es fällt auf, dass bei den Ablehnungsgründen die meisten Nennungen ein Begründungsfeld skizzieren, in dem die Niederlande als geographisch kleines und dichtbevölkertes Land beschrieben wird. Hiermit wird auf eine Gegebenheit zurückgegriffen, die in den Niederlanden nahezu als unstrittig verhandelt wird.[257] Gewissermaßen aus 'objektiven Gründen' scheinen nicht mehr Flüchtlinge aufgenommen werden zu können. Betrachtet man sich vor diesem Hintergrund noch einmal die quantitativen Ergebnisse zu 'eindimensional-nationalen'/'multiperspektivischen' Orientierungen und der Ablehnung einer Aufnahme von Flüchtlingen (siehe Schaubild 60), dann scheinen sowohl Jugendliche, die zu einem 'eindimensional-national' orientierten Antwortverhalten neigen, als auch Jugendliche, die ein 'multiperspektivisch' orientiertes Antwortverhalten zeigen, sich unter dieser gleichsam 'unverdächtigen' Begründung in der Sache einig werden zu können.

3.2.4 Analyse von Presseschlagzeilen zu Flucht/Asyl/illegaler Einwanderung

Bei der Auswertung der Gruppendiskussionen und Einzelinterviews zeigte sich, dass Diskussionspassagen zu Flucht und Asyl (codiert als '*diasyl*') und illegaler Einwanderung (codiert als '*dille*') häufig mit Hinweisen auf die Berichterstattung in den Medien (codiert als '*bezmed*') verbunden sind. Gerade angesichts der quantitativen Ergebnisse zur Einschätzung von Flüchtlingszahlen scheint es sinnvoll, diese Konstellation genauer zu untersuchen. Informationen über die Aufnahme von Flüchtlingen dürften zu einem großen Teil über die Medien vermittelt werden. Die Medien geben dabei - gewissermaßen als Spiegel der Gesellschaft - Diskussionen auf der Ebene der offiziellen Politik und Stimmungen in der Bevölkerung wieder und vermitteln, welches Thema sich als Hot-Item auf der aktuellen Tagesordnung befin-

[257] Ein Musiktitel, der in den Niederlanden ganz oben in der Hitparade landete, hat bezeichnenderweise den Refrain: *"15 Millionen Menschen, auf diesem ganz kleinen Stückchen Erde .... "* In der Tat kann die Niederlande als im Durchschnitt *dicht bevölkert* bezeichnet werden. Auf 41 160 Quadratkilometern Oberfläche wohnen heute ungefähr 15 Millionen Menschen. Dies bedeutet eine Bevölkerungsdichte von 36 400 Menschen pro 100 Quadratkilometer. Zum Vergleich: Die neue Bundesrepublik umfasst ein Gebiet, das 356 755 Quadratkilometer groß ist und auf dem 79,7 Millionen Menschen leben. Dies ergibt eine deutlich geringere Bevölkerungsdichte von 22 300 Menschen auf 100 Quadratkilometern. Freilich: solche Vergleiche bleiben in ihrer Aussagekraft stets sehr relativ und man muss aufpassen, dass sie nicht in Diskursen wie 'Das Boot ist voll' etc. münden. Die Bevölkerungsdichte allein sagt noch nichts über das Zusammenleben, die Lebensqualität oder ökologische Zusammenhänge aus. Zudem sind städtisch-industrielle Ballungsräume stets dichter besiedelt als ländliche Gebiete. Und wieso werden eigentlich so häufig Nationalstaaten *insgesamt* miteinander verglichen? Man könnte auch städtische Ballungsräume miteinander vergleichen, also etwa Mexico-City, Greater London, Hong Kong, das Ruhrgebiet, die Randstad-Region der Niederlande, den Mittleren Neckarraum um Stuttgart usw.

Das Größenverhältnis zwischen aufgenommenen Flüchtlingen und der Bevölkerungszahl betrug übrigens für die Niederlande 1992 1:530 und für Deutschland 1:321. 1995 haben sich die Größenverhältnisse im Vergleich beider Länder umgedreht: Niederlande 1:308 und Deutschland 1:631. Allerdings verzeichnen ärmere Länder wie Jordanien (1:3), Guinea (1:11), Burundi (1:36) und Slowenien (1:69) im Verhältnis zur Bevölkerungszahl wesentlich mehr Flüchtlinge als die wohlhabenden europäischen Länder (Vluchtelingenwerk 1993/1995).

det (vgl. Braune 1989, 201). Allerdings muss davon ausgegangen werden, dass die Medien sich *keineswegs* auf eine neutrale Berichterstattung beschränken.

Untersucht man die Presseschlagzeilen,[258] die während des Untersuchungszeitraumes zum Thema Flucht und asylsuchende Flüchtlinge erschienen sind, so zeigt sich bereits an der Häufigkeit der Meldungen, dass dieses Thema in der Tat ein *Hot-Item* zu sein scheint. Gleichzeitig wird allerdings auch deutlich, dass das Gesamt der Berichterstattung keineswegs die *Schärfe* zeigt, die in vielen Medienanalysen für Deutschland festgestellt werden muss (siehe V.5.3.5). Dennoch ist von der inhaltlichen Aussage her, ähnlich wie in Deutschland, letztlich eine abweisende Tendenz dominierend. Doch der Reihe nach.

Zunächst suchte ich im Presse-Material - die Überschätzungsfehler der Jugendlichen vor Augen - nach solchen Schlagzeilen, in denen *konkrete Zahlenangaben* auftauchen.[259] Es fällt auf, dass sehr unterschiedliche Größen genannt werden, die sich jeweils auf recht verschiedene Ereignisse beziehen. Einige Beispiele:

- *"UN rechnen mit der Flucht von 400 Tausend Bosniern" (Volkskrant 28.7.92),*
- *"Flugplatz Beek erwartet nochmal tausend Flüchtlinge" (NRC 13.8.92),*
- *"Züge bringen 1 500 Jugoslawen in die Niederlande" (Volkskrant 28.8.92)*
- *"Welt zählt mehr als 18 Millionen Flüchtlinge" (Nieuwsblad v/h Noorden 6.10.92),*
- *"Hundert Bosnische Flüchtlinge kommen Samstag in unser Land" (Telegraaf 3.12.92),*
- *"Noch 1,2 Millionen Immigranten" (Rotterdams Dagblad 4.12.92).*

Man muss hier jeweils sehr genau hinschauen, um zu erkennen, auf was sich die jeweiligen Zahlenangaben beziehen. In den ersten beiden Meldungen geht es um Flüchtlinge aus Bosnien und um Flüchtlinge in der Welt. Die anderen Meldungen nehmen expliziter Bezug auf die Niederlande. Sie berichten über Flüchtlinge aus dem ehemaligen Jugoslawien, die jeweils im Rahmen besonderer Aktionen in den Niederlanden ankommen bzw. erwartet werden. Die letzte Meldung nennt in der Schlagzeile die Gesamtzahl der Einwanderinnen und Einwanderer, die vom Zentralen Statistischen Büro (CBS) für 1993 in den Niederlanden erwartet wer-

---

[258] Die Untersuchung von Presseschlagzeilen ersetzt selbstverständlich keine genaue Medienanalyse. Dennoch vermitteln Presseschlagzeilen einen guten Eindruck über die dominierenden inhaltlichen Gewichtungen zu einem Thema in einer bestimmten Periode (vgl. zur Bedeutung von Themen und Überschriften Müller/Bollinger 1984). Schlagzeilen werden in aller Regel nicht von den Autorinnen und Autoren von Berichten selbst geschrieben. Oft in großer Eile wird mit einer Schlagzeile versucht, die *Essenz* eines Berichts zu erfassen und in mehr oder weniger 'lockender' Form auf den Punkt zu bringen. Diejenigen, die die Schlagzeilen formulieren, orientieren sich dabei - oft ohne allzu große themenbezogene Sachkenntnis - auch an einen ihrer Erwartung nach vorhandenen Common Sense zu dem jeweiligen Thema bei den Leserinnen und Lesern. Schlagzeilen vermitteln durch ihre (oft formelhafte) Kürze und ihre Auffälligkeit (Fettdruck, Schriftgröße, Platzierung, usw.) bereits für sich genommen Informationen und es muss damit gerechnet werden, dass zum einen nicht alle Berichte unter den Schlagzeilen genau gelesen werden, zum anderen aber Schlagzeilen besser im Gedächtnis haften bleiben als der darunter stehende Bericht.

[259] Zur Durchführung der folgenden Analyse machte ich u.a. Gebrauch von einem themenbezogenen Pressespiegel (Accent produkties 1992/1993) und dem Pressearchiv des Anti-Discriminatie-Overleg (ADO) Utrecht. Bei den Mitarbeiterinnen und Mitarbeitern des ADO möchte ich mich an dieser Stelle sehr herzlich für ihre freundliche Unterstützung bedanken.

den. Wer soweit kommt, die Meldung wirklich genau durchzulesen, erfährt zusätzlich, dass 900 000 Menschen im gleichen Zeitraum die Niederlande verlassen werden. Die Schlagzeile, die von "Noch 1,2 Millionen Immigranten" spricht, ist durchaus als tendenziös zu bezeichnen. Mit gleichem Recht und nicht weniger falsch hätte die Meldung lauten können: 'Dieses Jahr 900 000 Immigranten weniger'.

Trotz solcher feststellbaren Tendenzen zur Verzerrung und Einseitigkeit, zeigt eine Übersicht über *alle* im Pressespiegel festgehaltenen Berichte, dass zumindest für die Schlagzeilen eher von einer Zurückhaltung gesprochen werden muss, wenn es darum geht, bereits konkrete Zahlen über Flüchtlinge zu nennen. Nimmt man die oben angeführten exemplarischen Beispiele, scheint wenig wahrscheinlich, dass sich die Jugendlichen in ihren Überschätzungen durch Meldungen mit konkreten Zahlen haben beeindrucken lassen.

Sehr viel häufiger finden sich allerdings Schlagzeilen, die zwar *keine* Zahlen nennen, die jedoch auf andere Weise auf offenbar 'große Mengen', ja sogar auf 'bedrohliche Mengen' aufmerksam machen. Gleichzeitig legen diese Meldungen bereits bestimmte Schlussfolgerungen nahe. Gemeint sind Schlagzeilen mit Formulierungen, die auf die Naturgewalten des Wassers zurückgreifen. Vor dem Überhandnehmen solcher *aquatischer* Redeweisen warnt auch der niederländische Sozialgeograph Philip Muus (1995, 122). Muus verdeutlicht in seiner Arbeit einen wichtigen Aspekt der Berichterstattung über Flüchtlinge (vgl. ähnlich auch Lahaise 1993, 4). Er weist auf Meldungen über "Flüchtlingsströme" hin, die "nicht zu kanalisieren" seien (Trouw 23.10.91); macht auf Presseberichte aufmerksam, in denen die Frage gestellt wird, wie "der Zufluss einzudämmen" ist (Telegraaf 20.12.90), und die vor einer "neuen Welle von Gastarbeitern" warnen, die das Land zu "überschwemmen" drohen (NRC Handelsblad 26.1.91). Solche aquatischen Formulierungen stellen Flüchtlingsbewegungen nicht nur in naturalisierender Weise dar. Sie spielen in einem Land, dessen Fläche zu einem Gutteil in jahrhundertlangem Ringen dem Meer abgewonnen wurde und dass auf die Stärke seiner Dämme angewiesen und stets von Überflutung bedroht ist, auf nationale Erzählungen und Traditionen an, die durch sehr alte und fundamentale Angstgefühle unterlegt sind.

Auch ein Blick auf die Presseschlagzeilen, die *kurz vor* und *während* des Untersuchungszeitraumes erschienen sind, ergibt eine lange Liste von aquatischen Meldungen. Einige Kostproben:

- *"Flüchtlingsstrom aus Bosnien und Kroatien wächst weiter" (Volkskrant 10.7.92),*
- *"Strom Ex-Jugoslawen erfordert Ausbreitung Auffang" (Volkskrant 4.8.92),*
- *"Kabinett dämmt Zustrom von Ausländern ein" (Telegraaf 15.10.92),*
- *"Einwohnermeldeamt kann Strom Meldungen nicht bewältigen - Enormer Zulauf Katastrophen-Illegaler" (Telegraaf 19.10.92),*
- *"Ein Wall gegen Illegale" (NRC 2.11.92),*
- *"Bestrafung von Arbeitgebern stoppt Strom Illegaler nicht" (Haagse Courant 6.11.92),*
- *"Zustrom Asylsuchender steigt mehr als erwartet" (Volkskrant 11.11.92),*
- *"Nach Verschärfung des Asylrechts - Kosto fürchtet großen Strom Asylsuchender aus Deutschland" (Nieuwsblad v/h Noorden 8.12.92),*
- *"Überlaufen der Zentren für Asylsuchende war vorhersehbar" (Trouw 10.7.93),*
- *"Deltaplan für Migranten" (NRC 12.7.93),*
- *"Regulierung Zustrom Antillianer gefordert" (NRC 17.7.93).*

Da wachsen Ströme, laufen Auffangstellen über, werden Dämme und Wälle errichtet und sogar ein neuer Deltaplan[260] gefordert. Die Suggestion einer immensen Bedrohung, die einer Naturkatastrophe gleichkommt und gegen die sich die Gesellschaft mit drastischen Maßnahmen schützen muss, ist überdeutlich. Oft werden hier entsprechende Aussagen von Politikern zu Schlagzeilen umformuliert. Die Zeitungen selbst nehmen keinerlei kritische Distanz zu diesen aquatischen Botschaften der Bedrohung ein, im Gegenteil, selbst im jeweiligen Kommentarteil finden sich gleichlautende Formulierungen.

Ohne eine genaue Analyse von Medienberichten durchführen zu können, vermittelt bereits ein Überblick über Presseschlagzeilen, dass solche aquatischen Meldungen, die Bedrohung suggerieren und nach Schutz verlangen, *nicht alleine* stehen. Im gleichen Zeitraum gibt die Presse eine Entwicklung auf der Ebene der offiziellen Politik wieder, die durch einen sich beständig wiederkehrenden Ruf zur Härte charakterisiert werden kann. Einige Beispiele:

- *"Parlament unterstützt Politik gegenüber jugoslawischen Flüchtlingen - Kosto: Auffang in der eigenen Region" (NRC 28.8.92),*
- *"Gemeinde will hartes Vorgehen gegen Illegale" (NRC 30.10.92),*
- *"Illegale entmutigen" (AD 31.10.92),*
- *"Niederlande tut schon viel gegen die Einreise illegaler Fremder" (Volkskrant 5.11.92),*
- *"Bolkestein: Gemeinden müssen härter gegen Illegale auftreten" (NRC 7.11.92),*
- *"EG: Asylsuchende schneller ausweisen" (Haagse Courant 1.12.92),*
- *"Kok: Sozialhilfe für Fremde muss strenger gehandhabt werden" (NRC 24.12.92),*
- *"Tür nicht offen für ökonomische Flüchtlinge" (AD 1.2.93),*
- *"Bolkestein will Asylrecht verschärfen" (AD 27.4.93),*
- *"EG verschärft Regeln für Asyl und Einwanderung" (Het Parool 27.5.93),*
- *"Bolkestein: Härteres Vorgehen gegen Illegale" (NRC 21.8.93).*

Sowohl gegen asylsuchende Flüchtlinge als auch gegen sogenannte 'Illegale' werden Maßnahmen verlangt, die durch Adjektive wie 'entmutigen', 'härter auftreten', 'schneller ausweisen', 'strenger handhaben', 'verschärfen' und 'härter vorgehen' in ihrer Ausrichtung näher bestimmt werden. Der Tonfall signalisiert Abweisung und Abwehr und - in den meisten Fällen - auch sofortigen Handlungsbedarf. Selbst ein Bericht, der eigentlich gegen die Verschärfung von Maßnahmen plädiert, bekommt eine äußerst defensive Schlagzeile: *"Niederlande tut schon viel gegen die Einreise illegaler Fremder".*

Passend zu diesen Meldungen aus der offiziellen Politik werden auch entsprechende Reaktionen aus der Bevölkerung wiedergegeben. Hierbei handelt es sich meist um Ergebnisse von Meinungsumfragen. Wieder einige Beispiele:

- *"Mehrheit gegen neue Immigranten" (NRC 16.3.92),*
- *"'Breite Masse gibt Migranten die Schuld'" (Het Parool 24.3.93),*
- *"'Es muss möglich sein' geht nicht mehr - Inflation der Toleranz (PZC 15.5.93),*

[260] Der Begriff Deltaplan meint die großen Anstrengungen, die unternommen wurden, um nach den großen Überschwemmungen von 1953 das Flussdelta von Rhein-Maas-Schelde abzusichern und weitere Überschwemmungskatastrophen zu verhindern. Der Deltaplan ist ein nationales Symbol dafür geworden, dass große Ziele durch tatkräftiges und solidarisches Handeln der Gemeinschaft erreicht und damit elementare Bedrohungen abgewehrt werden können.

- *"Niederländer fürchtet um eigene Position durch weitere Ausländer" (Utrechts Nieuwsblad 9.6.93),*
- *"Weniger Toleranz gegenüber mehr Flüchtlingen" (NRC 15.7.93),*
- *"Toleranz lässt nach - Ausländer weniger willkommen" (AD 24.7.93).*

Man bekommt den Eindruck, als ob das, was 'oben' - auf der Ebene der offiziellen Politik - an Härte und Handlungsbedarf gefordert wird, 'unten' - in der Bevölkerung - seine Entsprechung findet. Doch nicht nur das: Man kann die Verlautbarungen, die 'oben' gemacht werden, auch als eine Art vorbeugende Maßnahme lesen, um 'unten' schlimmstes zu verhindern.

Gleichzeitig lassen sich viele Schlagzeilen entdecken, in denen asylsuchende Flüchtlinge oder sogenannte 'Illegale' in einer Verbindung mit negativen Entwicklungen in der Gesellschaft dargestellt werden. Oft geht es hier um Sachverhalte, die mit Kosten für die Gesellschaft verbunden sind. Eine Auswahl:

- *"Asylsuchende auf Urlaub im eigenen Land" (Telegraaf 25.7.92),*
- *"Groningen hat genug von Bettlerin mit Mercedes" (Telegraaf 27.8.92),*
- *"Peper: Elfhundert Türken unter einer Adresse registriert" (Het Parool 23.10.92),*
- *"Extra Wohnungen nötig für Flüchtlinge" (Het Parool 24.10.92),*
- *"Untersuchung über Betrug mit Kindergeld" (Rotterdams dagblad 26.10.92),*
- *"Zur Unterbringung von Asylsuchenden 13 500 extra Wohnungen benötigt" (Telegraaf 19.12.92),*
- *"Bordell in Den Haag voll illegaler Ausländerinnen" (Telegraaf 13.1.93),*
- *"Extra Geld zur Unterbringung von Flüchtlingen" (NRC 6.3.93),*
- *"Aufnahme Asylsuchender kostet mehr als erwartet" (NRC 25.3.93),*
- *"Aufnahme von Asylsuchenden kostet halbe Milliarde mehr als geplant"(Utrechts Nieuwsblad 16.4.93),*
- *" 'Normale' Mieter aus dem Markt gedrängt durch Notfälle" (Dagblad Tubantia 15.5.93),*
- *"Einsatzpolizei übt für Unruhen zwischen Ex-Jugoslawen" (PZC 15.5.93),*
- *" 'In einer von zehn Wohnungen in Amsterdam sitzt ein Illegaler' " (Trouw 5.6.93),*
- *"Asylsuchende und Menschen auf Wohnungssuche Konkurrenten" (Nieuwsblad v/h Noorden 14.7.93),*
- *" 'Handel in 'Asyltourismus' nimmt stark zu' " (Trouw 5.8.93).*

In vielen Schlagzeilen geht es um finanzielle Ressourcen. Es wird extra Geld gebraucht zur Unterbringung von Flüchtlingen, es müssen extra Wohnungen gebaut werden und es kostet immer mehr als geplant. Gleichzeitig wird eine Konkurrenzsituation auf dem Wohnungsmarkt behauptet. Legt man die Meldungen über die Bettlerin mit Mercedes, den Betrug mit Kindergeld, den Asylsuchenden auf Urlaub und den Asyltourismus daneben, dann kann man sich unschwer vorstellen, dass sich Leserinnen und Leser hintergangen fühlen. Mit Hilfe von Schwindel und Betrug scheint die Gemeinschaft ausgenutzt zu werden. Noch ganz abgesehen davon, dass offenbar die Gefahr droht, durch die Flüchtlinge auch den Krieg ins Land zu bringen, liefern die Meldungen jede Menge 'Material', das in abweisenden und ausgrenzenden Begründungen und Argumentationen eingebaut werden kann. Es kann mit diesem 'Material' gewissermaßen veranschaulicht werden, dass und warum abweisende Härte und entsprechender Handlungsbedarf geboten ist.

Nun soll hier keineswegs der Eindruck erweckt werden, als würde in den Niederlanden eine ausschließlich eindimensionale Berichterstattung praktiziert. Dies ist nicht der Fall, genauso wenig wie es sich bei den (Print-)Medien in den Niederlanden um eine durch und durch homogene Medienlandschaft handelt. Es finden sich viele Meldungen und Berichte, die zu den Themen Flucht/Asyl/Illegalität andere Akzente setzen, auch wenn sie im Vergleich zu den bisher dargestellten Meldungen und Berichten einen deutlich kleineren Anteil umfassen. Einige Auszüge:

- *"Bolkesteins Demagogie und die Zahlen" (Vrij Nederland 18.4.92),*
- *"Aufregung über 'Zustrom' Illegaler überrascht Hochschullehrer" (NRC 3.11.92),*
- *"Niederlande ist Einwanderungsland" (NRC 16.11.92),*
- *"Aufgebauschte Diskussion über Illegale" (AD 17.11.92),*
- *"Streng juristisches Vorgehen gegenüber Illegalen ist unmoralisch" (Volkskrant 18.11.92),*
- *"Auch Illegaler hat ein Recht auf Unterstützung" (AD 19.11.92),*
- *"Nationale Aktion für Hilfe von Flüchtlingen" (PZC 4.12.92),*
- *"Bürgermeister bricht Lanze für Aufnahme vom Jugoslawen" (Nieuwsblad v/h Noorden 19.3.93),*
- *"Endloses Warten auf eine eigene Wohnung - Protestaktion von Somaliern" (Gelderlander 27.4.93),*
- *"Migranten diskriminiert bei Zuweisung von Wohnungen" (Brabants Dagblad 28.5.93).*

Informationen und Denkangebote, die alternative Begründungen und Argumentationen unterstützen können, sind in den Medien also durchaus repräsentiert. Die aktive Rolle der Medienkonsumenten bei der Informationsaufnahme darf schon allein aus diesem Grund keineswegs vernachlässigt werden (vgl. Six 1989, 185).

Zusammenfassend ergibt die Analyse von themenbezogenen Presseschlagzeilen in den Niederlanden, dass sich die Schlagzeilen (und Berichte) in verschiedene charakteristische Rubriken unterteilen lassen. Hierbei handelt es sich im Einzelnen um

- Meldungen mit *konkreten Zahlenangaben* über Einwanderung und Flucht;
- Hinweise auf *bedrohliche Mengen* von Flüchtlingen mit Hilfe von Formulierungen, die auf die *Naturgewalten des Wassers* zurückgreifen;
- Meldungen, die einen *Ruf nach Härte seitens der offiziellen Politik* transportieren;
- Schlagzeilen, die diesen Ruf mit passenden Ergebnissen von *Meinungsumfragen* unterstützen;
- Meldungen, die eine *Verbindung von Flucht und Einwanderung mit negativen Entwicklungen* in der Gesellschaft herstellen;
- und - im Verhältnis zu den bis hierher genannten Schlagzeilen - eher *alternative* Meldungen.

Während die ersten fünf Rubriken bezüglich Anzahl der Meldungen, Hervorhebung und Gewichtung *deutlich dominieren*, befindet sich die sechste Rubrik in einer *deutlich unterlegenen* Position. Dieses Ergebnis wird auch durch andere Medienanalysen bestätigt: Anhand einer ausführlichen Presseanalyse der sogenannten 'Illegalendebatte' von Ende 1992/Anfang 1993 kommt die Kommunikationswissenschaftlerin Jeannie Suurmond zu dem Schluss: "Eine Partei stellte die verlierende Seite dar, und zwar die Partei, die für eine mehr humanere Handhabung plädierte" (Suurmond 1995, 107). Das Bild in den Medien wird durch eine Tendenz bestimmt, die Flüchtlingen und illegal Eingewanderten *ablehnend* gegenübersteht: 'viel zu viel', 'viel zu teuer', 'viel zu bedrohlich' (ebd.).

3.2.5 Die Beschränkung auf 'Manipulation durch Medien' verkürzt das Problem

Ein Blick in die Forschungsliteratur zu Ethnozentrismus und Rassismus zeigt, dass dem Zusammenhang zwischen entsprechenden Vorurteilen, Stereotypen, Auffassungen o.ä. und der Medienberichterstattung große Aufmerksamkeit gewidmet wird.[261] So arbeitet der niederländische Sprachwissenschaftler Teun A. van Dijk in zahllosen Studien heraus, dass die Nachrichtenproduktion (auch in den Niederlanden) im Allgemeinen durch Situationsdefinitionen aus der Perspektive der (weißen) Mehrheitsgesellschaft und einem eingeschränkten Zugang von ethnischen Minderheiten gekennzeichnet ist: "Die Strategien, Strukturen und Verfahren der Nachrichtenbeschaffung, die Themenauswahl, der Blickwinkel, die Wiedergabe von Meinungen, Stil und Rhetorik richten sich alle darauf, 'uns' positiv und 'sie' negativ darzustellen." (Van Dijk 1993, 126) An anderer Stelle folgert Van Dijk nach einer ähnlichen Analyse, dass "die öffentliche Meinung über ethnische Angelegenheiten eine direkte Funktion dieser Ausrichtung der Presse ist" (Van Dijk 1995, 5).

Nun fällt auf, dass in medienkritischen Arbeiten wenig darauf geachtet wird, wie die jeweiligen Medieninformationen bei den Leserinnen und Lesern, Hörerinnen und Hörern, Zuschauerinnen und Zuschauern 'ankommen' und was damit 'gemacht' wird. Obwohl es zweifellos stimmt, dass "Wirklichkeit für Menschen in unserer Gesellschaft zum großen Teil (eine) durch die Medien vermittelte Wirklichkeit (ist)" (Poguntke 1994, 175) und die Medien deshalb einen nicht zu unterschätzenden Stellenwert haben, gilt genauso, dass die bereits vorhandenen Repräsentationen und Orientierungen bei den Einzelnen den *Interpretationsrahmen* für Nachrichten und Medieninformationen darstellen (ebd., 24). Ohne die besondere Verantwortlichkeit von Medien (und Politik) herunterspielen zu wollen, wäre es zu einfach, bei der Untersuchung rassistischer, nationalistischer und ethnizistischer Orientierungen ausschließlich die Medien als Verursacher zu sehen oder lediglich in Begriffen wie Manipulation oder Verführung zu denken (siehe I.7. u. II.6.).[262] Die Menschen hängen in aller Regel nicht wie Marionetten am Draht, geführt von Journalisten und Politikern, die stets die Fäden in der Hand halten. Die Menschen werden nicht nur mit Informationen 'gefüttert', sie machen vor dem Hintergrund *ihres jeweils eigenen Kontextes* auch etwas mit den angebotenen Informationen, wählen aus, bewerten, stellen einige Gegebenheiten in den Vordergrund, vernachlässigen andere, bauen Informationen in bereits vorhandene Denk- und Wahrnehmungsmuster ein,

---

[261] Wobei es wichtig ist, sich klar zu machen, dass die Forschung zu Rassismus insgesamt nur einen kleinen Bereich sozialwissenschaftlicher Forschung einnimmt.

[262] Nicht auf den spezifischen Inhalt Rassismus oder Nationalismus bezogen, ist die dominante Perspektive in der *allgemeinen* Medienwirkungsforschung - Ulrike Six zufolge - immer noch diejenige, die die Nutzer- bzw. Rezipientenseite als durch Medien beeinflusst bzw. beeinflussbar darstellt und sich auf das Konzept eines 'passiven Rezipienten' beschränkt. Diese Perspektive scheint für die Auftraggeber von Forschung besonders plausibel zu sein, "wenn es etwa darum geht, politische oder konsumbezogene Einstellungen durch Medien zu beeinflussen oder befürchtete negative Wirkungen ... zu kontrollieren" (Six 1989, 182; ähnlich Ayaß 1993, 27ff.).

lassen sich durch 'unpassende' Informationen verunsichern oder auch nicht. Oft lässt sich zudem beobachten, dass gerade solche Zeitungen, Magazine oder Programme bevorzugt werden, die zu den jeweils eigenen politischen Orientierungen zu passen scheinen (vgl. auch Six 1989, 185).

All dies bedeutet keineswegs, dass Medieninformationen nicht falsch oder unzureichend sein können und die Medien nicht unzulässige Korrelationen suggerieren und bedeutsame Gegebenheiten einfach zurückhalten würden. Und sicher gilt, dass Themensetzung, Gewichtung und Tonfall in den Medien eine wichtige Behinderung für diejenigen darstellen können, die versuchen, gegen die Bequemlichkeit und die Unwissenheit, aber auch gegen die Dominanz der üblichen Repräsentationen und Diskurse und der alltäglichen Argumentations- und Begründungsweisen anzugehen.

3.2.6 Mediendiskurse können Jugendliche auf 'indirektem' Weg erreichen

Ausgehend von den dargestellten quantitativen Ergebnissen und der Medienanalyse werden im Folgenden Diskussionspassagen untersucht, in denen das Thema Flucht/Asyl mit dem Hinweis auf Umfang und Größe von Flüchtlingsbewegungen und entsprechenden Medienverweisen verbunden wird. Die *Umgangsweisen* der Jugendlichen mit der Mediendiskursen stehen dabei im Vordergrund. Zum Einstieg kann eine kurze Passage aus dem Einzelinterview mit der Berufsschülerin Nel dienen:

Nel: *"Ich finde, na ja, über Jugoslawien, ich schaue fast nie die Nachrichten an, also darüber kann ich nicht so gut mitreden. Aber was die Flüchtlinge betrifft: Schau, man muss einfach eine Linie ziehen, eine Grenze ziehen, weil sonst schafft man es selbst auch nicht mehr." (ene.19:390-402)*

Nel unterbaut ihren eigenen Standpunkt ausdrücklich *nicht* mit einem Beleg aus den Medien. Vielleicht fühlt sie sich auf diesem Terrain auch zu unsicher, da sie in der Situation des Einzelinterviews damit rechnen muss, dass der ihr gegenübersitzende Forscher sich die Nachrichten zu diesem Bereich regelmäßiger und genauer anschaut. Jedenfalls macht Nel deutlich, dass sie auch *ohne* die Fernsehnachrichten zu einem speziellen Punkt mitreden kann: In Bezug auf die Aufnahme von Flüchtlingen muss ihrer Meinung nach eine Grenze gezogen werden. Nel bewegt sich freilich mit ihrer Argumentation im Rahmen eines breiteren Themenfeldes, das nicht nur in den Medien, sondern auch in der Schule, der Nachbarschaft, den Stammtischen usw. diskutiert wird. Sie schottet sich auch keineswegs gegenüber dieser Diskussion ab, sondern bezieht dezidiert Stellung, und zwar in einer Weise, die einer gesellschaftlich dominierenden Argumentationsweise nicht entgegensteht. Obwohl es schwer sein dürfte, einen unmittelbaren Medieneinfluss in Bezug auf Nels Standpunkt aufzuzeigen, wäre es mehr als weltfremd, diesen Einfluss völlig zu leugnen.

Dies führt zu der wichtigen Feststellung, dass man nicht davon ausgehen sollte, Jugendliche müssten bestimmte Publikationen gelesen oder bestimmte Sendungen gesehen oder gehört haben, um in einer Weise Bescheid zu wissen, die das Beziehen eines Standpunktes erlaubt. Wie bei Nel zu sehen ist, kann auch das Gegenteil der Fall sein. Solche Standpunkte beruhen zum einen weniger auf einem Sachwissen als vielmehr auf einem Wissen über dominierende Argumentationsweisen zu einem gesellschaftlich bedeutsamen Thema. Zum anderen verbreitet sich das für Nels Standpunkt bedeutsame Wissen über die möglicherweise ursprünglichen Quellen hinaus: Diese können durchaus auf Nachrichtensendungen oder Presseartikel zurückzuführen sein, die viele Jugendliche kaum direkt ansprechen. Über das Elternhaus, den Bekannten- und Freundeskreis, den Schulhof, den Unterricht usw., erreicht das Thema, ist es nur bedeutsam genug, und dies bedeutet oft auch emotional genügend aufgeladen, mitsamt einigen dominierenden Argumentationsvariationen auch nachrichten- und pressescheue Jugendliche.[263]

3.2.7 Verunsicherung durch Mediendiskurse

Durch diese allgemeinen Überlegungen weiß man selbstverständlich noch nicht, wie Nel zu ihrem Standpunkt gekommen ist. Obwohl es zu einfach wäre, nur davon auszugehen, dass es sich hierbei um die Übernahme dominierender Standpunkte und Argumentationsweisen als eine ausschließliche Folge der (indirekten) Manipulation durch die Medien gehandelt haben muss, darf die Stärke des Medieneinflusses auch nicht völlig negiert werden. In einem anderen Interview an einem Gymnasium (VWO) ist es beispielsweise Robert deutlich anzumerken, dass er mehr als verunsichert ist.

Robert: *"Ich habe so 'nen verrückten Gedanken in meinem Kopf: Wird nun ganz Europa auf einmal vollgestopft mit lauter Menschen und sind dann eine ganze Menge Länder einfach leer?*

Monique: *(dazwischen) Ja.*

Robert: *Nicht auszudenken, weil wenn man ab und zu die Zahlen sieht, was nicht alles hereinkommt ... damit will ich nicht sagen, dass das nicht mehr sein darf, man muss den Menschen natürlich auch eine Chance geben, ich finde nicht, dass wir jeden rauswerfen sollten, so wie 'Geh' doch zurück in dein eigenes Land' und so." (emoro.39:639-649)*

Obwohl Robert sich keineswegs gegen die Aufnahme von Flüchtlingen ausspricht, zeigt er sich sehr beeindruckt von hohen Flüchtlingszahlen. Neben Monique, die an anderer Stelle viel Negatives gegen Eingewanderte vorzubringen hat (siehe VI.3.7.5), fällt es ihm vor dem Hintergrund seines Eindrucks über Zahlenverhältnisse sichtlich schwer, gute Argumente zur Unterstützung von Flüchtlingen zu finden. Robert plädiert in der weiteren Diskussion schließlich vorsichtig für einen Stopp in der Aufnahme von Flüchtlingen.

3.2.8 Entschuldigung, Bestätigung und Beleg für den eigenen Standpunkt

Doch in den Gruppendiskussionen und Einzelinterviews lassen nicht nur Passagen entdecken, die auf eine Verunsicherung oder Beeinflussung durch die Medien hinzuweisen scheinen. In manchen Gruppendiskussionen reagieren Jugendliche auf die Erkenntnis, dass sie die Flüchtlingszahlen enorm überschätzt haben, mit einem Hinweis auf die Medien, der in einem entschuldigenden Tonfall vorgetragen wird. So beispielsweise in der folgenden Passage aus einer Gruppendiskussion in einer Berufsschulklasse:

---

[263] In der Medienforschung würde eine solche Perspektive mit der These des 'two-step-flow of communication' charakterisiert (vgl. Ayaß 1993, 29).

Aad: *"Im Fernsehen hört man viel solcher Geschichten, dass so viele Flüchtlinge hierher kommen.*
Wouter: *Wir haben vielleicht keine Ahnung, wie viel es sind.*
Aad: *Nein, das wissen wir auch nicht. Wir hören nur solche Sachen über Züge, die hierher kommen und so.*
Wouter: *Es scheint einfach sehr viel zu sein." (m1.5:1451-1463)*

In wieder anderen Gruppendiskussionen wird die Verantwortung auf die Ebene der Politik verwiesen.

Kees: *"Ich wüsste nicht, wo die Grenze ist. Aber ich höre im Fernsehen, dass es mit diesem und jenem allerlei Probleme gibt. Ja, es ist an sich kein Problem, wenn es Probleme gibt, dann müssen sie die Grenze auch selber setzen, also dann sagen: Jetzt geht es nicht mehr. Aber ich weiß nicht genau, wo die Grenze ist, das müssen also Politiker oder was weiß ich wer rauskriegen, die wissen besser Bescheid drüber. Ich weiß das nicht so richtig." (m1.19:1860-1878)*

Mit dieser Verantwortungszuweisung scheint gleichzeitig auch die eigene Unkenntnis entschuldbar zu sein.

In fast allen Gruppendiskussionen kann die Präsenz von Medienberichten festgestellt werden. Je nach Standpunkt, lösen Berichte über Flüchtlinge recht unterschiedliche Reaktionen aus. Der Berufsschüler Marc scheint durch die Medien sein positives Bild über die Niederlande bestätigt zu bekommen.

Marc: *"... und was ich dann aus der Zeitung oder dem Fernsehen entnehme, ist, dass die Niederlande schon eines von den ... eines von den besseren Ländern ist, die Flüchtlinge auffängt oder was dann auch. Schau, sie holen nicht die meisten Menschen rein, aber wenn sie hier drin sind, dann werden sie gut versorgt. Wenn man sieht, was sie alles ... wir sind beinah das kleinste Land ... in Bezug auf die Menge der Menschen, die dann kommen. Sie kriegen hier Sozialhilfe oder was immer, es wird gut für sie gesorgt, was sie in ihrem eigenen Land vielleicht nicht einmal hatten, also ... ." (ema.6:626-642)*

Marc räumt ein, dass die Niederlande nicht am meisten Flüchtlinge aufnimmt, denn schließlich sind *"wir (...) beinah das kleinste Land"*. Er ist jedoch sehr zufrieden darüber, dass in den Niederlanden alles gut geregelt scheint. Dies gibt ihm ein gutes Gefühl, und es ist ihm durchaus der Stolz auf diese nationale Leistung anzumerken.

Doch Medienberichte können nicht nur bereits vorhandene Standpunkte bestätigen, sie können auch als regelrechte Belege zur Verteidigung des eigenen Standpunktes benutzt werden. Hierzu einige längere Passagen aus der Gruppendiskussion in einer Berufsschulklasse.

Interviewer: *"Im Fragebogen waren auch ein paar Fragen zu den Zahlen, zum Beispiel, was ihr denkt, wie viel Prozent der Flüchtlinge in der Welt nach Europa kommen?*
Junge: *50 Prozent.*
Junge: *60 Prozent.*
Junge: *20 Prozent.*
Junge: *30 Prozent.*

Junge: *Ich habe 50 Prozent.*
Thijn: *(ironisch) Ich sag' es nicht, Jungs, wir wollen doch anonym bleiben." (m1.9:-1796-1813)*

Die Einschätzungen - durchweg zu hoch - werden blitzschnell durcheinander gerufen.[264] Es fällt auf, dass Thijn - obwohl er seinem Kommentar einen recht ironischen Tonfall gibt - auf der Hut ist. Nach einer Erläuterung der wirklichen Größenverhältnisse frage ich, wie es zu solchen Überschätzungen kommt.

Wiebbe: *"Es ist doch ziemlich aktuell. Jeden Tag kommt es im Radio oder im Fernsehen, deshalb denkt man doch: es kommt jeden Tag, also werden es doch schon viel sein.*
August: *Dann sieht man wieder ein Schiff aus Albanien, dass in Italien mit ein paar tausend Mann drauf einläuft.*
(...)
Stan: *Einfach die Anzahl der Asylgesuche. In den Zeitungen liest man die Zahlen und wenn die sich dann nicht verändern, dann denkt man, da sie im Verhältnis zur Bevölkerung hier ziemlich hoch sind, dass es viel sind." (m1.9:1871-1921)*

Die aktuellen Meldungen der Medien sind in der Klasse durchaus präsent. Wiebbe, August und Stan verweisen zur Erklärung des Überschätzungsfehlers auf die aktuelle Berichterstattung in den Medien. Dabei nehmen diese Jugendlichen in der Diskussion zum Teil durchaus unterschiedliche Positionen zur Flüchtlingsfrage ein. Während beispielsweise Wiebbe für eine Aufnahme von Bürgerkriegsflüchtlingen eintritt, übrigens mit dem Argument, dass sie nach dem Krieg ohnehin wieder zurückkehren würden, spricht sich August genereller gegen Flüchtlinge aus und befürchtet eine Benachteiligung der Einheimischen. Für beide gilt, dass sie von hohen Flüchtlingszahlen ausgehen. Die Erklärung mit einer Beeinflussung durch die Medien scheint für beide auch einen entschuldigenden Aspekt zu haben. Dies bedeutet nicht, dass sie nicht tatsächlich durch die Aktualität und die Häufigkeit der Meldungen, die auf einen Anstieg der Flüchtlingszahlen hinweisen, beeindruckt sein können.

Interessant ist, dass beide, sowohl Wiebbe als auch August, jeweils zur Untermauerung ihrer unterschiedlichen Standpunkte auf Medienberichte Bezug nehmen. Zunächst soll die Aufmerksamkeit der Argumentationslinie von Wiebbe gelten: Er plädiert für eine weitere Aufnahme von Flüchtlingen aus dem ehemaligen Jugoslawien und scheint - durchaus defensiv - zu versuchen, die Flüchtlinge so zu beschreiben, dass in der Klasse zumindest nicht mit einer sofortigen Ablehnung reagiert wird. Er kennt ganz offenbar die 'wichtigen' Stellen und stellt den Rückkehrwillen und den Arbeitswillen der Flüchtlinge in den Mittelpunkt seiner Argumentation.

Wiebbe: *"Aber ich denke doch, dass man dann einfach zurück will, weil neulich war im Fernsehen, da war eine Gruppe von Jugoslawen, die sassen in den Niederlanden, das war bei einer..., ja, irgend so einer Denkmalrenovierung oder in der Landwirtschaft oder was weiß ich, und dann haben die Jugoslawen da freiwillig gearbeitet. Einfach, um beschäftigt zu sein. Also, sie wollen schon." (m1.9:1494-1504)*

---

[264] Es war deshalb auch anhand der Videoaufnahme nicht mehr mit Sicherheit festzustellen, welche Jugendlichen welche Angaben gemacht haben.

Der Beleg aus der Fernsehsendung scheint seiner Argumentation eine bestimmte Autorität und Stichhaltigkeit zu verleihen. Allerdings nützt dies nicht viel. Wiebbes Klassenkamerad August ist sich seiner Sache sicher. Er ist jugoslawischen Flüchtlingen gegenüber genauso skeptisch wie gegenüber 'Ausländern' insgesamt.

Auch August bedient sich des Hinweises auf die Medien, wenn ihm dies passend erscheint. So beispielsweise in der folgenden Passage aus einem Interview, an welchem er gemeinsam mit Thijn teilnahm: Die Diskussion konzentriert sich auf die Bedrohung, die von kriminellen und gewalttätigen 'Ausländern' ausgeht. Thijn zufolge handelt es sich hierbei vor allem um *"Türken und Neger"*. Sich berufend auf die eigene Anschauung in Nachbarschaft und Schule, stellt Thijn fest, dass die Laufbahn zur Kriminalität schon in jungen Jahren beginnt.

Thijn:	*"Aber, na ja, das beginnt jetzt schon. Brauchst du bloß zu warten, bis die zwanzig sind. Dann wird es vollends lustig. Dann laufen sie mit einer Pistole rum und so, ein verkehrtes Wort und du hast gleich ..., du schaust gleich in einen Lauf.*
August:	*Das sah man vor kurzem schon wieder in den Nachrichten: da waren drei ausgebrochen oder so, drei oder vier, und es waren lauter so..., ja, etwas langes Haar, Bärte, Ausländer auch auf jeden Fall.*
Thijn:	*Nun, ich will nicht sagen, dass es immer Ausländer sind.*
August:	*Okay, natürlich, es gibt auch Niederländer... .*
Thijn:	*Da gibt es genug Schlechte.*
August:	*Es sind aber schon meistens die Ausländer, worüber man etwas hört... .*
Thijn:	*Das fällt schon auf." (eauti.9:819-848)*

Aus Thijns Perspektive wächst da Bedrohliches heran. August unterstützt ihn: Es ist nicht nur Thijn, der dies beobachtet, nein, auch in den Nachrichten sieht man es. Und nicht nur einmal, sondern *"schon wieder"*. 'Ausländer' und Kriminalität scheinen zusammen zu gehören. Thijn und August räumen zwar ein: nicht immer sind es 'Ausländer', es gibt auch schlechte Niederländer. Dies scheint jedoch eher ihre Aussage zu bestätigen, denn meistens sind es eben schon die 'Ausländer', *"worüber man etwas hört"*. Es folgt nun nicht eine Kritik an der einseitigen Medienberichterstattung, sondern die wahrgenommene Medienwirklichkeit wird als ein Beleg für die Richtigkeit dessen, was man aus eigener Anschauung bereits kennt, präsentiert.

3.2.9 'Gezielte' Wahrnehmung

Viele Diskussionen zu asylsuchenden Flüchtlingen und sich illegal in den Niederlanden aufhaltenden 'Ausländern' haben den Flugzeugabsturz in der Bijlmermeer als Ausgangspunkt oder beziehen sich auf darauf.[265] Auch in der folgenden Diskussionspassage in einer Berufsschulklasse wird die Flugzeugkatastrophe der Bezugspunkt für eine Erörterung, deren eigentliches Thema sogenannte 'Illegale', aber auch asylsuchende Flüchtlinge sind.

---

[265] Bei diesem Flugzeugabsturz handelte es sich nicht nur um eine schreckliche Katastrophe vor der eigenen Haustür, sondern zugleich auch - wie immer, wenn es um Katastrophen geht - um ein Medienereignis allerersten Ranges. Am 4.10.92 war eine Transportmaschine vom Typ B747 der israelischen Gesellschaft El-Al auf ein Wohngebiet gestürzt. Die Katastrophe traf den Amsterdamer Stadtteil Bijlmermeer, der überwiegend von Einwanderinnen und Einwanderern bewohnt wird. Es gab viele Todesopfer und unzählige Verletzte und Schwerverletzte.

Lineke: *"Man ist einfach Flüchtling, nur ist man nicht legal. Ich finde, das kommt auf dasselbe raus ... .*
Hanne: *Aber ganz viele Illegale sind nicht aus ihrem Land geflüchtet.*
Lineke: *Illegale sind auch oft aus ihrem Land geflüchtet.*
Hanne: *Oft, aber nicht alle.*
Lineke: *Sehr viele schon.*
Mariska: *(Zu Hanne) Das Gefühl hab' ich auch und Menschen, die nicht geflüchtet sind, aber die eher wegen dem Geld hierher kommen, das mag ich nicht so.*
Nina: *Ja, wirklich*
Klara: *Ich auch nicht.*
Mariska: *Die Menschen, die illegal hier sind, das ist schlecht, aber die Menschen, die aus ihrem Land flüchten, die würden es unheimlich schön finden, wenn sie hier in den Niederlanden wohnen bleiben könnten, aber die Menschen, die es etwas schlechter hatten und also eben deswegen hier wohnen wollen und ..., das finde ich nichts. Sie passen sich auch nicht wirklich an, sie gehen auch nicht zur Arbeit." (m1.14:1896-1933)*

Die Jugendlichen scheinen sich zunächst nicht ganz sicher zu sein, ob *"Illegale"* auch Flüchtlinge sind oder nicht. Mariska und - zustimmend - auch Nina machen deutlich, dass sie Flüchtlinge nicht unbedingt ablehnen, wohl aber Menschen, die - und hier greifen sie auf eine weitverbreitete Unterscheidung zurück - aus ökonomischen Gründen in die Niederlande kommen. Mariska beklagt, dass sich letztere Gruppe, die sie als *"Illegale"* bezeichnet, nicht anpasst und auch nicht arbeitet. Sie wird im Folgenden von Ayla auf ihre Unkenntnis hingewiesen: Gerade sich illegal im Land aufhaltende Ausländer müssen arbeiten.

Ayla: *"Aber sie können nicht profitieren, wenn sie nicht arbeiten, sie müssen einfach arbeiten.*
Nina: *Schwarz arbeiten.*
Ayla: *Schwarzarbeit, ja, aber wo arbeiten sie?*
Sonja: *Hast du gesehen, was für eine Arbeit sie machen? Wenn du das gesehen hast, das ist alles einfach Scheißarbeit.*
Ayla: *Schwer und wenig Geld.*
Nina: *Sie haben es selbst so gewählt, sie sind selbst in die Niederlande gekommen.*
Klara: *Ja.*
Nina: *Was noch dazu gehört ... 's ist passiert, dass die Illegalen sich da melden durften, nun, dann wohnen da in einem ... 82 in einer Wohnung. Dann beklagen sie sich auch noch, dass sie zu wenig Geld kriegen.*
Klara: *Ja.*
Mariska: *Und ich kapiere auch nicht, wie sie an diese NAP-Jacken rankommen und so.*
Interviewer: *An die was?*
Mariska: *NAP-Jacken.*
Nina: *Ja, und die Krawatten.*
Mariska: *In den Nachrichten sah man diese Menschen alle, und die hatten ganz teure Kleidung an.*
Nina: *Ja." (m1.14:1935-1981)*

Nina wendet ein, dass die Arbeit, die illegale Ausländer machen, Schwarzarbeit ist. Sonja unterstützt Ayla: die Arbeit dieser Menschen ist schwer und schlecht bezahlt. Nina scheint sich also, genauso wie zuvor Mariska, nicht richtig auszukennen. Nina verteidigt sich und Mariska: die 'Illegalen' haben es schließlich freiwillig so gewollt. Nina will sich nicht in die Lage dieser Menschen hineinversetzen, sie will nicht entschuldigen, sie will 'Illegale' verantwortlich machen, sie haben es selbst so gewählt. Ihre Waffe in der Argumentation wird an einer Stelle, wo sie und Mariska eine Schwäche zeigen, der Hinweis auf das Verhalten von 'Illegalen' nach der Flugzeugkatastrophe in der Bijlmermeer. Sie kann sich der Unterstützung durch die öffentliche Meinung zu diesem Zeitpunkt absolut sicher sein. Dies zeigen auch die Reaktionen von Ayla und Sonja: sie werden durch Ninas Argument regelrecht zum Schweigen gebracht.

Nina bezieht sich hier sehr deutlich auf die Berichterstattung in den Medien. Sie präsentiert eine Information, die in den Medien genannt wurde: die Aussage des Polizeihauptkommissars Nordholt, dass sich bereits 81 Menschen für eine bestimmte Adresse gemeldet hätten.[266] Nina kann mit dieser Information ihre abweisende Haltung gegen 'Illegale' untermauern und stärkt nicht nur ihre eigene, sondern auch Mariskas Position.

Etwas merkwürdig mutet Ninas Nachsatz an, mit dem sie auf die ungerechtfertigten Klagen von 'Illegalen' aufmerksam macht. Paraphrasiert lautet er etwa folgendermaßen: 'Die Illegalen geben fälschlicherweise an, unter einer bestimmten Adresse gewohnt zu haben. Sie betrügen also und beklagen sich dann auch noch, zu wenig Geld zu kriegen.' Verstehen lässt er sich nur aus dem Kontext der Geschehnisse: Es gab eine große Gruppe von 'Illegalen', die versucht haben, über die Meldung als Katastrophenopfer einen verbesserten Aufenthaltsstatus und zugleich finanzielle Unterstützung zu bekommen. Diese Gruppe wurde - eben aufgrund ihrer großen Zahl - bei ihrer Falschmeldung ertappt und abgewiesen. Bei einer anderen Gruppe von 'Illegalen' wurde, wenn auch nur mit erheblichen Schwierigkeiten und - da die große Zahl der Gemeldeten das Verfahren sehr erschwerte - nach langer Prüfdauer, der Nachweis für ihre wirkliche Betroffenheit von der Katastrophe endlich anerkannt. Diese Gruppe beklagte sich - völlig zu Recht - nicht nur darüber, dass ihr lange Zeit die zustehende Unterstützung versagt wurde, sondern auch über die vielen Falschmelder, unter denen sie zuallererst zu leiden hatten.[267] Nina scheint allerdings *keinen* Unterschied zwischen diesen beiden Gruppen zu machen. Ihr Vorwurf scheint allen Illegalen, also auch den wirklichen Opfern der Katastrophe zu gelten. In der Diskussion werden schließlich von Mariska und Nina detailgenaue Beobachtungen aus den Fernsehnachrichten präsentiert: *"... hatten ganz teure Kleidung an ...", "... NAP-Jacken ...", "... und die Krawatten ..."*. Es bleibt auch hier unklar, ob sich die Beobachtungen auf die in der Schlange stehenden Antragsteller und auf die 'Falschmelder' oder auf die Opfer der Katastrophe beziehen.

Doch die Diskussion geht weiter. Durch Hanne wendet sich die Diskussion zunächst von den sich fälschlicherweise Meldenden zu den wirklichen Opfern. Hanne hat Informationen von ihrem Bruder, wie diesen Opfern geholfen wird.

---

[266] Die Meldung wurde am 24.10.92 sowohl von den Printmedien als auch in den Radio- und Fernsehnachrichten wiedergegeben, die Gruppendiskussion fand am 11.11.92 statt. Nina erinnert sich an dieses Detail also immerhin 18 Tage nach der Meldung.

[267] Die definitive Liste mit 'Illegalen', die - so die Gemeinde - überzeugend beweisen konnten, dass sie zum Zeitpunkt des Flugzeugabsturzes tatsächlich in einem der betroffenen Gebäuden gewohnt hatten, umfasste letztendlich 91 Namen und wurde am 12.5.93 - also über sieben Monate nach der Katastrophe (!) - fertiggestellt. Diese Liste ist dem Justizministerium übergeben worden, um den Betroffenen eine Aufenthaltsberechtigung zu erteilen.

Hanne:	*"Und die Menschen kriegen pro Person, um die ersten paar Tage durchzukommen, 5 000 Gulden. Das ist natürlich ... das scheint viel zu sein ... das war für die erste Woche, glaube ich. Man muss natürlich schon eine ganze Menge neu kaufen, aber es ist ... .*
Nina:	*Dann kauft man doch nicht so eine Jacke.*
Klara:	*Nein.*
Nina:	*Dann laufen sie auch in dieser teuren Kleidung rum.*
Hanne:	*Aber sie kriegen später eine Menge Geld.*
Mariska:	*So laufe ich doch auch nicht rum.*
Nina:	*5 000 Gulden kriegen wir doch auch nicht." (m1.14:1989-2010)*

Hannas Bericht ist von einem anklagenden Unterton geprägt, obwohl sie sich angesichts der Katastrophe, die diese Menschen erlitten haben, in ihrer Klage nicht ganz wohl zu sein scheint. Immerhin geht es hier um Menschen, die unmittelbar nach der Katastrophe in verschiedenen Auffangzentren betreut wurden, zum Teil unter Schock standen und mittlerweile in (Not-)Wohnungen der Gemeinde untergebracht worden sind. Auch ist die Summe, die Hanna als Nothilfe für die erste Woche nennt, viel zu hoch und betrug in Wirklichkeit 376 Gulden.[268] Hannas Rede stockt immer wieder und zeigt Ambivalenzen.

Für Mariska und Nina hingegen ist die Sache deutlich. Von Ambivalenzen an dieser Stelle keine Spur. Konnte der obige Ausgangspunkt von Ninas Argumentation von den Mitschülerinnen und Mitschülern noch als Klage über die sich unrechtmäßigerweise als Katastrophenopfer ausgebenden 'Illegalen' interpretiert werden, geht es jetzt mit den gleichen Wahrnehmungen (*"so eine Jacke", "teure Kleidung"*) deutlich um wirklich vom Flugzeugabsturz Betroffene. In der Diskussion scheint dies niemandem weiter aufzufallen. Für Mariska und Nina scheinen die beobachteten Kleidungsstücke nicht nur zu signalisieren, dass die 'Illegalen' schlecht mit dem Geld umgehen, sondern überhaupt unrechtmäßigerweise Hilfe in Anspruch nehmen, da sie ja über irgendwelche Ressourcen verfügen müssen, um so gut gekleidet zu sein. Es handelt sich hierbei um eine Art interessegeleiteter Wahrnehmung: Besondere Einzelheiten werden aus der Nachrichtensendung 'herausgenommen' und als 'Beweis' präsentiert. Die Wahrnehmung der Nachrichten erfolgt bereits von einem bestimmten Interpretationsrahmen aus. Die 'Beweise' bieten die Möglichkeit, sich über die (angebliche) Bevorzugung dieser Menschen und die im Verhältnis dazu eigene Benachteiligung zu entrüsten und den eigenen Standpunkt gegenüber Illegalen und Flüchtlingen zu untermauern.

3.2.10 *Zusammenfassung:* Mediendiskurse zu 'asylsuchenden Flüchtlingen' und deren Rezeption

Aus dem *quantitativen* Datenmaterial ergibt sich, dass die Jugendlichen im Allgemeinen schlecht über die wirkliche Anzahl von Flüchtlingen informiert sind und zu großen Überschätzungsfehlern neigen, ein Ergebnis, das auch durch andere Untersuchungen bestätigt wird (vgl. etwa Chrispijn 1996). Besonders *krasse* Überschätzungsfehler zeigen sich vor allem bei

---

[268] In der ersten Woche erhielten die Betroffenen von der Gemeinde 376 Gulden an Nothilfe, später wurden zur Einrichtung von Wohnungen Beträge zwischen 8 500 und 5 000 Gulden ausbezahlt. Aus einer Sammelaktion des Roten Kreuzes und einem Beitrag der Europäischen Kommission wurde eine zusätzliche einmalige Unterstützung in Aussicht gestellt.

den Jugendlichen, die eine weitere Aufnahme von Flüchtlingen ablehnen. Allerdings wird bei einer großen Minderheit von Jugendlichen auch deutlich, dass die Annahme viel zu hoher Flüchtlingszahlen nicht *unbedingt* mit einer Ablehnung der Aufnahme von Flüchtlingen verbunden ist.

Insgesamt lassen sich - wie zu erwarten - signifikante Hinweise dafür finden, dass es zwischen der Zustimmung zu 'eindimensional-nationalen' Orientierungen und der Ablehnung einer weiteren Aufnahme von Flüchtlingen einen positiven Zusammenhang gibt; genauso wie zwischen der Zustimmung zu 'eindimensional-nationalen' Orientierungen und der Neigung, krasse Überschätzungsfehler zu machen, ein positiver Zusammenhang festzustellen ist. Offenbar dienen derartige Übertreibungen auch der Untermauerung und Rechtfertigung 'eindimensional-nationalen' Orientierungen. Doch trotz der Feststellung dieser positiven Zusammenhänge kann *nicht* davon ausgegangen werden, dass eine Zustimmung zu 'multiperspektivischen' Orientierungen in jedem Fall zu einer Befürwortung der Aufnahme von Flüchtlingen führen muss. Es gibt auch unter den Jugendlichen, die 'multiperspektivische' Orientierungen unterstützen, eine starke Minderheit, die eine weitere Aufnahme von Flüchtlingen *ablehnt.* Viele dieser Jugendlichen gehen zugleich von einer Überschätzung der Flüchtlingszahlen. Ihre ablehnende Haltung ist also mit falschen Informationen verbunden. Dies bedeutet auch, dass für *diese* Gruppe Informationen über die wirklichen Zahlenverhältnisse nützlich und hilfreich sein können.

In der anschließenden Auswertung des *qualitativen* Datenmaterials zeigt sich zunächst, dass Passagen zu Flucht, Asyl, Illegalität u.Ä. häufig mit Hinweisen auf die Medien (Fernsehen, Radio, Zeitungen) verbunden sind. Eine aus diesem Grund durchgeführte ausführliche Analyse von entsprechenden Presseschlagzeilen zum Untersuchungszeitraum ergibt, dass die Meldungen über asylsuchende Flüchtlinge von einer deutlich negativen und ablehnenden Tendenz *dominiert* sind, zusammen fassbar mit den Stichworten 'viel zu viel', 'viel zu teuer' und 'viel zu bedrohlich'. Insgesamt sind die Informationen, die von den Medien zum Thema Flucht und Asyl vermittelt werden, und dies bestätigen auch andere Medienanalysen, keineswegs als unparteilich zu kennzeichnen (vgl. Van Dijk 1993; Suurmond 1995). Es ist davon auszugehen, dass gerade durch die zu konstatierende Dominanz negativer und ablehnender Botschaften eine mächtige Quelle der einseitigen Beeinflussung gegeben ist. Dennoch finden sich *unterhalb* der Dominanz auch Meldungen, die alternative oder gegenteilige Informationen vermitteln.

In der weiteren Auswertung themenbezogener Passagen in den Gruppendiskussionen und Einzelinterviews wird zunächst deutlich, dass die Informationen der Medien die Jugendlichen nicht nur auf direktem Wege, sondern auch sehr vermittelt und indirekt erreichen können. Dies bestätigt eine Erkenntnis der Medienforschung (vgl. etwa Ayaß 1993). Und natürlich entfalten die dominierenden Botschaften der Medienberichterstattung auch ihre *Wirkung*. Beispielsweise zeigen sich Jugendliche, die zunächst versuchen, für asylsuchende Flüchtlinge und deren Aufnahme Stellung zu nehmen, angesichts von Hinweisen auf die Medien deutlich beeindruckt und verunsichert. Ihre Argumentationsweise wird eher defensiv, und manchmal wenden sie sich - wenn auch mit einem Ausdruck des Bedauerns oder der Ratlosigkeit - in der Diskussion schließlich ebenfalls gegen die weitere Aufnahme von Flüchtlingen.

Dennoch lässt die Analyse des Materials erkennen, dass die Annahme eines bloßen Ursache-Wirkung-Modells unzulänglich wäre. Es lassen sich nämlich recht verschiedene *Umgangsweisen* mit den Medien ausmachen, die mit bereits vorhandenen Interpretationsressourcen, Denkmustern und Orientierungen zu tun haben:

So gibt es eine breite Gruppe Jugendlicher, die eher desinteressiert scheint. Viele folgen hier einer gängigen Stimmung, äußern sich (zunächst) eher ablehnend gegenüber der Aufnahme von Flüchtlingen und begründen dies mit der großen Anzahl von Flüchtlingen. Konfrontiert mit den eigenen Überschätzungsfehlern, weisen sie - sich regelrecht entschuldigend - auf die Medien und die Politik hin. Sie sehen sich nicht als verantwortlich und sehen offenbar auch keinen Grund, in dieser Frage Verantwortung zu übernehmen. Es drängt sich der Eindruck auf, dass einigen dieser Jugendlichen die mächtige Präsenz der Medien gerade recht kommt. Aufschlussreich ist auch die Gruppe derjenigen, bei denen deutlich wird, dass die in ihrer Dominanz negative Tendenz der Medien zur Bestätigung und Unterbauung des eigenen abweisenden Standpunktes gegenüber asylsuchenden Flüchtlingen benutzt wird. In der gegebenen Medienlandschaft bekommen ablehnende Argumentationsweisen zudem ein größeres Gewicht, können offensiver vorgetragen werden und scheinen plausibler zu sein. Leichter haben es hier auch die Jugendlichen, die in einer Form 'gezielter' Wahrnehmung bestimmte Informationen zur Unterbauung des eigenen Standpunktes herausgreifen und als Belege oder Bestätigungen in ihre Argumentation einbauen. Diese Gruppe dürfte sich auch durch Informationen über wirkliche Größenverhältnisse in Bezug auf die Flüchtlingszahlen *kaum* beeindrucken lassen.

Zusammengenommen kann davon ausgegangen werden, und dies zeigt auch die eingehende Analyse der Rezeption der Medienberichterstattung über ein dramatisches Ereignis (den Flugzeugabsturz in der Bijlmermeer und seine Folgen), dass die Beeinflussung durch (Fehl-)Informationen *und* die Suche nach bestimmten Informationen oder die 'gezielte' Wahrnehmung zur Unterbauung des eigenen Standpunktes in parallelen, einander überlagernden und möglicherweise verstärkenden Prozessen verläuft. Eine Beschränkung auf ein Ursache-Wirkung-Modell - hier die zentrale Botschaft der Medieninformation, dort die entsprechende Reaktion der Empfänger - würde völlig an solchen komplizierten Prozessen vorbeigehen und die eigenständige Rolle der Rezipienten vernachlässigen.

3.3 Anpassungsargumentationen I

Nachdem auf der Grundlage des quantitativen Datenmaterials zuerst die Ergebnisse zu Anpassungsitems dargestellt werden, wendet sich die Untersuchung anschließend wieder dem qualitativen Material zu. Ausgangspunkt sind hier die Passagen in Gruppendiskussionen und Einzelinterviews, in denen sich Anpassungsdiskurse in besonderer Dichte zeigen (codiert als '*anpass*').

3.3.1 Ein Anpassungsdiskurs dominiert

Die Vorstellung, dass Eingewanderte sich anpassen müssen, ist weit verbreitet. Dies zeigte sich auch im Antwortverhalten auf die entsprechenden Items im Fragebogen der vorliegenden Untersuchung. In einem Item wurde die These formuliert, dass 'Ausländer' "*die niederländischen Gewohnheiten und Gebräuche übernehmen*" müssen (V60). Diese Auffassung wird von einer überwältigenden Mehrheit der befragten autochthonen Jugendlichen geteilt. Bereits die einfache Mehrheit (55%) beantwortet das Item mit einem *'stimmt'* und *'stimmt genau'* und noch einmal ein Drittel (33%) entscheidet sich für ein *'stimmt teilweise'*. Dennoch fällt auch die Zustimmung zum nächsten Item relativ hoch aus. Die Auffassung, dass 'Ausländer' das Recht haben, *"in den Niederlanden ihrer eigenen Lebensweise nachzugehen"* (V61), wird ebenfalls von einer Mehrheit unterstützt. Allerdings ist diese Mehrheit keineswegs so überwältigend wie beim Item zuvor und sind die Jugendlichen in ihrem Antwortverhalten auch nicht so eindeutig. Das Item wird nur von einer kleinen Gruppe (17%) mit *'stimmt'* und *'stimmt genau'* befürwortet. Eine große Gruppe (41%) zögert mit ihrer Zustimmung, in dem sie nur mit einem *'stimmt teilweise'* antwortet. Offenbar ist der Anpassungsdiskurs unter den befragten Jugendlichen der dominierende, wenngleich auch eine gewisse Offenheit für das 'Recht auf eine eigene Lebensweise' vorhanden zu sein scheint.

3.3.2 Ermächtigung: *"Wenn ein Niederländer einmal zu dir sagt: 'Das kannst du hier in den Niederlanden nicht machen ...' "*

Die nachstehende Passage stammt aus einer Gruppendiskussion der zweiten Untersuchungsrunde. Soeben ist in der Gymnasialklasse (VWO) der Videofilm gezeigt und sind Ergebnisse aus der Fragebogenuntersuchung rückvermittelt worden (es ging hierbei u.a. um das Ergebnis zum Anpassungsitem V60). Da die überwältigende Mehrheit der befragten autochthonen Jugendlichen der Aussage zugestimmt hat, dass 'Ausländer' *"niederländische Gewohnheiten und Gebräuche"* übernehmen müssen, frage ich zunächst danach, was *"niederländische Gewohnheiten und Gebräuche"* eigentlich sind:

Henk: *"Grünkohl.*
Jaap: *Sankt Nikolaus.*
Henk: *Knecht Ruprecht. (Zwarte Piet.)*
Bob: *Um sechs Uhr essen und um ein Uhr essen.*
Sjaak: *Um halb sechs essen?*
Bob: *Nix halb sechs: sechs Uhr.*
Frank: *Wir essen um acht Uhr.*
Jaap: *Um halb neun musst du essen." (v2.32:1756-1771)*

Eine fast lustige Stimmung entsteht. Es beginnt ein kleiner Streit, der nicht ganz ernst gemeint ist. Die Jugendlichen wissen, dass es unterschiedliche Vorstellungen unter 'Niederländern' über niederländische Gewohnheiten gibt, und sie spielen mit diesem Sachverhalt. Helen ergreift schließlich das Wort. Die Stimmung wird deutlich ernster. Indem Helen Stellung dazu nimmt, was mit der Beantwortung der Fragebogenfrage zur Übernahme *"niederländische(r) Gewohnheiten und Gebräuche(n)"* gemeint sein könnte, verändert sich das Thema der Diskussion allmählich. Insgesamt zeigt sich in der Entwicklung der gesamten Diskussionspassage (also von Zeile 1 756 bis Zeile 1 827), dass auf die Frage nach niederländischen Gewohnheiten mit dem Hinweis auf ausländische Gewohnheiten geantwortet wird (siehe auch VI.3.1.5).

Helen: *"Ich denke, dass viele Menschen die Sprache meinen.*
Lisa: *Man muss niederländisch können.*
Helen: *Ja, aber ansonsten wissen sie es auch nicht, meiner Meinung nach.*
Sjaak: *Ja, ich denke, man muss es anders herum sehen. Man muss ... ja, ausländische Gewohnheiten, ja, von mir aus dürfen sie in der eigenen Wohnung schon ..., dürfen sie die schon haben, aber einfach so, dass sie uns nicht zur Last fallen.*

Interviewer: *Nicht was?*
Sjaak: *Nicht zur Last fallen, dass sie ... .*
Frank: *... dass sie nicht auf einmal auf dem Balkon neben deiner Tür eine Ziege schlachten oder so. Ich denke auch, dass man es andersherum sehen muss." (Gelächter in der Klasse) (v2.32:1796-1827)*

Helen und Lisa gehen davon aus, dass mit der Aufforderung zur 'Übernahme niederländischer Gewohnheiten' im Fragebogen hauptsächlich das Erlernen und Übernehmen der niederländischen Sprache gemeint ist. Sjaak betont, dass man *"es anders herum sehen"* muss. Im privaten Bereich darf es zwar *"ausländische Gewohnheiten"* geben. Es soll im Allgemeinen jedoch so sein, dass sie *"uns"* - also der dominierenden Gruppe der autochthonen Niederländer - *"nicht zur Last fallen"*.[269]

Franks *"Ziege"* wird zu einem kleinen Lacherfolg. Das gefällt ihm ganz offensichtlich. Er wird es in der folgenden Diskussion noch ein paar Mal probieren. Frank übertreibt, zieht ins Extreme und will damit lustig erscheinen. Das von Sjaak genannte Prinzip *("nicht zur Last fallen")* unterstützt auch er. Keineswegs in lustiger Stimmung ist Frank gegen Ende der Diskussion, als er darauf beharrt, dass 'Ausländer' nicht in ihrer Sprache sprechen sollen, wenn drum herum *"jeder niederländisch redet" (v2.32:1961f)*. Henk hat zuvor als ein weiteres Beispiel für ausländische Gewohnheiten die beinahe klassischen *"Kopftücher"* in die Diskussion eingeführt *(v2.32:1851f)*. Ich versuche daraufhin, nochmal auf Samira im unserem Film zu verweisen.

Interviewer: *"Aber es ist schon so, wenn ich ein Ausländer bin und ich komme in die Niederlande ... jeder sagt zu mir: 'Du musst dich anpassen.' Jeder, der das sagt, ja, der eine meint die Ziegen auf dem Balkon, der andere die Sprache, der dritte wieder etwas anderes und so weiter. In jeder Situation steht da ein Niederländer, der sagt: 'Du musst dich daran anpassen.' Jeder sagt etwas anderes ... .*
Jaap: *Ja, aber man kann doch kein Buch machen, in dem steht, das und das darfst du nicht. Es sind einfach bestimmte Gewohnheiten, so wie mit dem Ziege schlachten oder einfach mit der Sprache ... ähh ... das musst du kurz wissen, dass du das einfach nicht machen kannst.*
Frank: *Normen und Werte.*
Jaap: *Ja, genau.*
Frank: *Du musst einfach dafür sorgen, dass sich eine niederländische Familie nicht an dich anpassen muss.*
Jaap: *Ja.*
Frank: *Ja.*
Jaap: *Wenn ein Niederländer einmal zu dir sagt: 'Das kannst du hier in den Niederlanden nicht machen', dann weißt du das für das nächste Mal." (v2.32:1923-1950)*

Jaap und Frank geben sich weder beeindruckt von Samiras Schilderung im Film noch von meiner Interpretationshilfe. Jaap betont zunächst eher die Schwierigkeit, dass man keinen verbindlichen Vorschriftenkatalog in Buchform erstellen kann, an den sich auch die Niederländer halten und so zu übereinstimmenden und gemeinsamen Anpassungsaufforderungen

---

[269] Zur Trennung zwischen 'öffentlich' und 'privat' siehe ausführlicher VI.3.8.4.

gegenüber 'Ausländern' kommen könnten. Außerdem scheint es doch um alltägliche Selbstverständlichkeiten zu gehen. Jaap und Frank sind übrigens immer noch beeindruckt von Sjaaks Vorschlag, *"es anders herum"* zu sehen. Entsprechend formulieren sie: *"das musst du kurz wissen, dass du das einfach nicht machen kannst"*; *"Du musst einfach dafür sorgen, dass sich eine niederländische Familie nicht an dich anpassen muss"*; *"wenn ein Niederländer einmal zu dir sagt: 'Das kannst du hier in den Niederlanden nicht machen', dann weißt du das für das nächste Mal."*

Diese letzte Bemerkung (vorgebracht von Jaap) hört sich an, als würde es einem klassischen Erziehungsdiskurs entsprungen sein: 'wenn man es dir einmal sagt, dann weißt du es das nächste Mal', inklusive der unterschwelligen Drohung: 'wenn man es *einmal* sagt, muss es aber auch genug sein'.

Mag sein, dass Jaap gerade mit der zuletzt zitierten Aussage absichtlich überzieht. Vielleicht will er - wie zuvor Frank - einen Lacherfolg, in dem er einen bestimmten Sachverhalt ins Extreme führt. Allerdings ist Jaap nicht so erfolgreich: niemand lacht. Möglicherweise will er auch mich als Diskussionsleiter provozieren, als einen, der aus einer anscheinend doch selbstverständlichen Sache solch' ein Problem macht. Wie dem auch sei: man merkt Jaap - und auch Frank - durchaus an, dass sie - obwohl sie versuchen, sich unbeeindruckt zu zeigen - ahnen, worum es geht: Um die Macht, ja um die Ermächtigung, als 'Niederländer' einem 'Ausländer' sagen zu können, was richtig und was falsch ist, was man macht und was man nicht macht, gerade so, wie im alltäglichen Selbstverständnis einem Erzieher die unbestrittene Legitimität zugesprochen wird, dem zu Erziehenden entsprechende Vorgaben zu machen.

3.3.3 Wahlfreiheit: *"... man hat sich selbst dafür entschieden, hierher zu kommen ..."*

In vielen Anpassungsdiskursen wird 'Freiheit' als ein Charakteristikum der niederländischen Gesellschaft formuliert. Gleichzeitig wird häufig die (ursprüngliche) Wahlfreiheit derjenigen, die sich als Eingewanderte in den Niederlanden anpassen sollen, hervorgehoben. So etwa von Sander in einer Gruppendiskussion, aus der bereits zitiert wurde (siehe VI.3.1.3):

Sander: *"Man muss schon die Verhältnisse in den Niederlanden berücksichtigen, dann muss man nicht anfangen, sich über diese Dinge zu beklagen, weil man hat sich dafür entschieden, daran muss man also vorher denken. Bei Flüchtlingen ist das natürlich wieder anders, die wählen ja nicht wirklich: 'ach, Lass mich jetzt mal da hin flüchten'." (m1.1:1425-1438)*

Die unterstellte Wahlfreiheit beinhaltet jedoch gleichzeitig, dass den Eingewanderten das Recht abgesprochen wird, sich angesichts von Aufforderungen zur Anpassung zu beklagen. Wer einmal die Wahl hatte, so scheint es, hat auch die späteren Folgen zu tragen.

Während Sander noch zwischen Flüchtlingen und anderen Einwanderergruppen differenziert, unterscheidet Loes [in einer anderen Gruppendiskussion, aus der ebenfalls bereits zitiert wurde (siehe VI.3.1.5)] in der folgenden Passage hier nicht. Ich habe gerade die Frage gestellt, woran man sich eigentlich anpassen muss, da es doch auch innerhalb der Mehrheitsgesellschaft Gruppen gibt, die sich durch Stil und Lebensweise von anderen Gruppen unterscheiden und sich auch unterscheiden wollen.

Interviewer: *"Aber wie ist es dann mit den Leuten, die in den Niederlanden probieren, einen eigenen Stil zu kreieren und sagen: nun, ich gehöre zu dieser Gruppe und wir tragen so einen Ohrring hier und so weiter, dann probiert man doch auch deutlich zu machen, nun, ich gehöre nicht zu denen, ich habe meinen eigenen Stil, meine eigene Musik und mein eigenes Leben ... ?*

Loes: *Aber die haben sich das auch nicht ausgewählt, hierher zu kommen. Die sind hier einfach und die wollen einfach anders sein. Nun, das müssen sie dann selber wissen. Aber wenn man aus einem anderen Land, einem fremden Land hierher kommt, dann hat man sich selbst dafür entschieden, hierher zu kommen. Ich meine, unter welchen Umständen auch, ich finde, man sich dann schon darüber im klaren sein, dass man sich anpassen muss.*

Interviewer: *An was genau? An das durchschnittliche Leben ...?*

Loes: *... dass man in den Niederlanden ist.*

Piet: *... dass man seine Tochter in die Schule schickt und ... .*

Loes: *Also so: das gehört sich nicht bei uns, also will ich auch nicht, dass sie zum Beispiel nicht in die Diskotheken dürfen und nicht mit niederländischen Jungs umgehen dürfen, weil das im eigenen Land auch alles nicht erlaubt ist." (v1.33:650-700)*

Diejenigen, die nicht in die Niederlanden eingewandert sind, hatten keine Wahl und bekommen deshalb von Loes die Wahlmöglichkeit zugesprochen, *"einfach anders"* zu sein: *"das müssen sie dann selber wissen"*. Diejenigen, die, aus einem *"fremden Land"* kommend, sich dafür entschieden haben, *"hierher zu kommen"*, hatten - so Loes - die Wahl des Landes und müssen sich *"darüber im klaren sein, dass man sich anpassen muss"*. Die Schwierigkeit bleibt natürlich bestehen, an was genau sich Eingewanderte anpassen sollen. Piet unterstützt Loes: In den Niederlanden schickt *"man seine Tochter in die Schule"*. Und Loes kann daran abknüpfend weitere Beispiele nennen, wie in den Niederlanden das Geschlechterverhältnis geregelt ist. Während jedoch Piet noch davon spricht, dass es sich hierbei um eine 'Pflicht' (Schulpflicht) handelt und die eingewanderten Eltern dafür zu sorgen haben, dass ihre Töchter dieser Pflicht auch nachkommen, geht es bei Loes um 'Freiheiten' für Mädchen in den Niederlanden (*"in die Diskotheken gehen* dürfen", *"mit ... Jungs umgehen* dürfen"), Verhaltensweisen, die den Mädchen - so Loes - im fremden Land *"nicht erlaubt"* sind. Durch ihren Hinweis auf das *"eigene Land"*[270] ist zu vermuten, dass Loes zwei verschiedene 'Freiheiten' gleichzeitig anspricht: die 'Freiheit' mit Jungs umgehen zu dürfen und die 'Freiheit' *"mit* niederländischen *Jungs umgehen"* zu dürfen.[271]

3.3.4 Der Bereich 'Sprache' im Rahmen von Anpassungsdiskursen

Im Fragebogen befürwortet eine Mehrheit der autochthonen Jugendlichen das Statement zur Multikulturalität, demzufolge durch *"das Zusammentreffen von verschiedenen Sprachen"* die Schule *"vielfältiger und interessanter werden"* kann.[272] In einigen der bis hierher dargestellten Passagen taucht indes das Thema 'Sprache' in einer Weise auf, die dazu herausfordert,

[270] Ein im 'fremden' Land existierendes Verbot, nicht mit *niederländischen* Jungs umgehen zu dürfen, macht wenig Sinn.

[271] Auf diesen Zusammenhang wird im Abschnitt zu 'eindimensional-nationalen' Orientierungen und Geschlecht noch genauer eingegangen werden; siehe VI.3.8.3.

[272] Das Ergebnis zu V69 wurde im Abschnitt VI.3.1.7, Fußnote 248 dargestellt.

dieses Thema im Folgenden noch genauer unter die Lupe zu nehmen. So wurde zu Beginn des Abschnitts zu Anpassungsargumentationen Helen zitiert, die davon ausgeht, dass die meisten Jugendlichen in Beantwortung des Anpassungsitems (V60) an die Sprache gedacht haben (siehe VI.3.3.2). Auffällig ist, dass auf die Frage, woran sich Eingewanderte in den Niederlanden anpassen sollen, die Antwort, die auf die Sprache verweist, diejenige ist, die in den Gruppendiskussionen und Einzelinterviews am häufigsten genannt wird.

3.3.4.1 Die Aufforderung zur Anpassung an die Sprache als (unverdächtiger) Bewegungsraum für 'eindimensional-nationale' Orientierungen

In einer Passage, die zeigt, wie schnell eine Diskussion zur Definition von 'Ausländern' in eine Anpassungsdiskussion übergehen kann (siehe VI.3.1.5), wurde bereits auf Suzannes Argumentationsweise hingewiesen. Sie nannte dort die Sprache als einen wichtigen Anpassungsbereich. Suzannes Argumentationsweise ließ die Vermutung aufkommen, dass dieser Anpassungsbereich auch deshalb an erster Stelle genannt wird, weil das Erlernen der Sprache des Einwanderungslandes noch am Plausibelsten und Unverfänglichsten erscheinen mag. In der Tat zeigt sich, dass der Hinweis auf die Sprache nicht selten als eine Art 'letzte Bastion' ist, wenn Jugendliche in der Diskussion den Eindruck haben, in 'die Enge' gedrängt zu werden. So auch in der folgenden Gruppendiskussion:

Anke: *"Aber ich sage gerade, sie müssen sich anpassen.*
Ans: *Aber das tut dir doch nicht weh, wenn sie mit diesem Kopftuch rumlaufen?*
Anke: *Aber ich sehe es doch?*
Tinka: *Na, dann machst du deine Augen eben zu ...*
(erregte Diskussion untereinander, unverständlich)
Interviewer: *Halt, Moment ... woran müssen wir uns anpassen?*
Anke: *Nein, sie müssen sich anpassen.*
Interviewer: *Aber woran?*
Anke: *An unsere eigenen Werte und Normen ...*
(erregte Diskussion, das Durcheinander ist leider nicht verständlich).
Auf jeden Fall an unsere Sprache!
Interviewer: *Sprache ...?*
Tinka: *Das ist etwas anders als das mit dem Kopftuch, weißt du.*
Anke: *Das ist doch auch etwas von einem Wert oder einer Norm, die Sprache?*
Tinka: *Aber wenn sie die Sprache nicht sprechen können, dass stört uns. Aber wenn sie ein Tuch vor dem Gesicht haben .... " (m1.3:337-378)*

Anke versucht ihre Anpassungsargumentation, die sich auf kulturelle Besonderheiten von Eingewanderten (darunter bestimmte symbolträchtige Kleidungsstücke wie Kopftücher) richtet, zu verteidigen. Ans und Tinka vermuten, dass sich hinter dieser Argumentation eine allgemeinere Negativhaltung, die sich gegen Eingewanderte richtet, verbirgt. Im Einzelnen: Bei meinem Eingreifen als Diskussionsleiter ordne ich mich selbst als 'Ausländer' ein. Anke, die (noch nicht) weiß, dass ich aus Deutschland komme, versteht dies (zwangsläufig) falsch, nimmt an, meine Frage zielt auf eine Anpassung von Seite der 'Niederländer' und weist dies rigoros zurück: Nein, nicht die 'Niederländer', die 'Ausländer' müssen sich anpassen. Ich will es nochmal genau wissen: Woran sollen sich 'Ausländer' anpassen? Anke antwortet - sehr allgemein und unbestimmt - mit dem Hinweis auf niederländische Werte und Normen. Eine erregte (leider aufgrund der Aufnahmequalität und des Durcheinanders nicht verständliche) Diskussion folgt, die Anke mit dem lauten Ausruf *"Auf jeden Fall an unsere Sprache!"* zum Verstummen bringen kann. Aufschlussreich ist indes nicht nur der Ausruf von Anke, sondern auch die Reaktion der Klasse, vor allem von Tinka: Tinka billigt den Hinweis auf die Sprache als Anpassungsargument, betont, dass dies etwas anders sei als *"das mit dem Kopftuch"*. Anke kann daraufhin einen Kompromiss anbieten: die eigene Sprache gehört doch irgendwie mit zu den niederländischen Normen und Werten. Und Tinka beschränkt sich in der Erwiderung auf das Ausmaß der Störung: die andere Sprache stört, das Kopftuch nicht. In diesem Punkt scheinen sich alle einig zu sein.

Die Anpassung an die niederländische Sprache scheint den Bereich des Selbstverständlichen zu berühren, der keiner weiteren Erklärung bedarf und aus sich selbst heraus einleuchtend und naheliegend ist. Während das Nennen anderer Anpassungsbereiche u.U. dazu führen kann, sich einer ausgrenzenden Haltung oder gar des Rassismus verdächtig zu machen, ist dies beim Bereich 'Sprache' eher unwahrscheinlich. Da dies so ist, bietet das Anpassungsargument 'Sprache' rassistischen, nationalistischen und ethnizistischen Orientierungen auch dort eine Art Bewegungsspielraum, wo eine offene Argumentation mit entsprechenden Orientierungen unerwünscht zu sein scheint. Dieses Anpassungsargument kann somit eine Öffnung für all diejenigen darstellen, die ihren Unmut und ihre allzu schroffen Negativ-Bilder über Eingewanderte äußern wollen, in bestimmten Gruppenzusammensetzungen jedoch damit rechnen müssen, dass derartiges nicht opportun ist. Mit dem Anpassungsargument 'Sprache' kann auch in solchen Konstellationen auf offene Ohren, Verständnis und Zustimmung gehofft werden.

3.3.4.2 Macht und Gegenmacht: *"... dann rede ich extra türkisch"*

In fast allen Schulen, an denen Gruppendiskussionen durchgeführt wurden, galt die (entweder als Empfehlung oder gar als verbindliche Regel von Lehrerinnen und Lehrern oder der Schulleitung formulierte) Vorgabe, dass Eingewanderte niederländisch reden sollen (müssen), wenn sie mit anderen Jugendlichen in einer 'gemischten' Gruppe beisammen sind. Es gilt als unhöflich und unanständig, wenn allochthone Schülerinnen und Schüler sich in einer Sprache unterhalten, die von den Mitschülerinnen und Mitschülern und dem Lehrpersonal nicht verstanden wird. Auch befürchten viele Lehrerinnen und Lehrer, in ihren Klassen möglicherweise (zusätzliche) Ordnungsprobleme zu bekommen, wenn eine Art 'Geheimsprache' kursiert, von der sie selbst ausgeschlossen sind.

Für allochthone Jugendliche ist es indes oft nicht so einfach, sich an die jeweiligen Empfehlungen oder Regeln zu halten. So berichtet beispielsweise Samira in einem Einzelinterview, dass die Entscheidung zur jeweils 'richtigen' Sprache auch mit bestimmten Auseinandersetzungen zu tun hat.

Samira: *"In der Klasse auch, wenn ich türkisch spreche, dann hörst du von den Mädchen, dann sagen sie: 'Red' jetzt niederländisch, wir verstehen kein Wort.' Aber dann machen sie immer so blöde Bemerkungen. Sie können es auch auf 'ne andere Art sagen: 'He, du, ich versteh' das nicht, was hast du gesagt?' Dann erkläre ich es auch, aber wenn sie so blöde Bemerkungen machen, dann lege ich erst recht los, dann rede ich extra türkisch." (esa.14.a:304-308)*

Offenbar wird der Appell an die schulische Regel[273] von den autochthonen Mitschülerinnen[274] hier mit Bemerkungen verbunden, die Samira als diffamierend empfindet. Samira reagiert - fast schon in einer trotzigen Haltung - mit dem Mittel, das ihr zur Verfügung steht. Dominiert sein durch die niederländische Sprache mag zwar etwas mit Macht zu tun haben, mit Hilfe einer eigenen 'Geheimsprache' kommunizieren zu können, stellt jedoch ebenso gut ein Machtmittel dar. Die eigenen Möglichkeiten zu einem 'abgeschlossen' Bereich werden sowohl symbolisch als auch ganz praktisch hervorgehoben, Möglichkeiten, über die die autochthonen Mitschülerinnen in dieser Form nicht verfügen dürften, denn immerhin spricht Samira fließend niederländisch.

Doch natürlich lässt sich das Benutzen der eigenen Sprache nicht nur auf das Mittel 'Geheimsprache' reduzieren. Es stellt unter gleichsprachigen (und in gleicher Weise dieser Sprache mächtigen) Eingewanderten oft die vor allem im emotionalen Bereich angemessenere Sprache dar. Dies betont auch Samira:

Samira: *"Aber ich finde einfach: wenn man mit türkischen Mädchen zusammen ist, dann rede ich türkisch, weil man bestimmte Dinge auch... zum Beispiel Gefühle, seine Gefühle kann man damit besser ausdrücken, weil es eben doch die Muttersprache ist. Aber wenn ich, sagen wir mal, mit türkischen und niederländischen Mädchen in einer gemischten Gruppe sitze, dann werde ich nicht unhöflich, dann rede ich ganz normal mit ihnen niederländisch, weil dann begreift das jeder. Dann rede ich nicht türkisch. Aber sie sehen das nicht so. Sie sagen: 'Nein, die müssen niederländisch reden, weil wir begreifen das nicht, vielleicht reden sie ja gerade über uns.' Aber warum sollte ich über sie reden?" (esa.14a:308-314)*

Samira macht deutlich, dass sie sich bemüht, sich an die Schulregel zu halten und *"in einer gemischten Gruppe"* höflich zu sein und niederländisch zu sprechen. Allerdings existieren offensichtlich unterschiedliche Interpretationen darüber, wann genau es um eine gemischte Gruppe geht. In den Augen der autochthonen Mädchen in der Klasse, so legt jedenfalls Samira nahe, scheinen engere Kriterien dafür zu gelten, in welcher Konstellation von den türkischsprachigen Mitschülerinnen verlangt werden kann, niederländisch zu reden, möglichweise genügt hier bereits die gemeinsame Anwesenheit im selben Raum. Für Samira scheint (ihre Aussage bleibt hier etwas undeutlich) eher eine subjektive Interpretation zu gelten: wenn das Gespräch an türkische Mitschülerinnen gerichtet ist, spricht sie lieber türkisch; gilt das Gespräch der gemischten Gruppe, wird die Unterhaltung in niederländischer Sprache geführt. Es ist offensichtlich, dass es hier zu Konflikten und Missverständnissen kommen kann. Die Frage des Misstrauens wird denn auch von Samira selbst angesprochen.

Dieser Frage des Misstrauens soll anhand einer Diskussionsrunde in einer Berufsschulklasse (MBO) noch weiter nachgegangen werden. Dort wird über dasselbe Thema gesprochen, allerdings von *autochthonen* Jugendlichen. Die entsprechende Passage beginnt, indem Martha schildert, wie ihr italienischer Freund in ihrem Beisein mit seinen Eltern italienisch spricht.

[273] In der Tat gibt es in dieser Klasse eine entsprechende Regel.

[274] In Samiras Klasse, einer Ausbildung zu pflegenden und helfenden Berufen, befinden sich nur junge Frauen. Die allochthonen Jugendlichen sind deutlich in der Minderheit.

Martha versteht kein italienisch und hat dem eigenen Freund und dessen Eltern gegenüber das unangenehme Gefühl, dass möglicherweise über sie geredet werden wird, ohne dass sie die Möglichkeit hat, dies zu verstehen und u.U. einzugreifen. Bemerkenswert ist jedoch vor allem, dass Karin Marthas Geschichte zum Anlass nimmt, um auf das eigene Verhalten hinzuweisen.

Karin: *"Na ja, schau, das missbrauchen wir im Ausland natürlich auch.*
Hanneke: *Ja.*
Renate: *Ja, sicher (lautes, vielstimmiges Lachen)." (ml.11:2520-2529)*

Im Folgenden erzählt Renate in sehr ausführlicher Weise eine selbst erlebte Geschichte. Kurz zusammengefasst geht es darum, dass während einer Ferienreise im Ausland Renate sich gemeinsam mit ihren Geschwistern und ihrer Mutter über andere Mitreisende im Zugabteil lustig macht. Da diese Fremden eine französische Zeitung lesen, gehen sie davon aus, dass die Mitreisenden Franzosen sind und kein niederländisch verstehen. Unter dem Schutz der 'Sprache der Vertrauten' fühlen sich Renate und ihre Familie frei genug, sowohl negativ über die Fremden zu reden als auch Intimes zu besprechen. Peinlich genug stellt sich jedoch heraus, dass die Fremden sehr wohl die niederländische Sprache beherrschen. Die mutmaßlichen Franzosen entpuppen sich als Belgier und fangen an, sich plötzlich in flämisch zu unterhalten (siehe *ml.11:2530-2566)*.

Jedenfalls sind sich die jungen Frauen einig darüber, dass das Reden über Andere im Beisein von Anderen in einer Sprache, die diese nicht verstehen, etwas ist, was sie selbst praktizieren, etwas, was vielleicht nicht sehr höflich ist, aber auf jeden Fall großes Vergnügen bereiten kann. Möglicherweise liegt also eine Quelle des Misstrauens gegenüber Gesprächen in unverständlicher Sprache darin, dass hier etwas geschieht, was man - wenn man denn die Möglichkeit dazu hätte - auch selbst gerne tun würde (und mitunter auch tut). Allerdings ist in den meisten Gruppendiskussionen, in denen beim Thema Anpassung der Bereich 'Sprache' genannt wird, *kein* derartig kritischer Selbstbezug festzustellen.

3.3.4.3 Hierarchie der Sprachen und monolingualer Habitus einer multilingualen Gesellschaft

Die Aufforderung zur Anpassung an die Sprache des Einwanderungslandes gilt nicht für alle fremdsprachigen Gruppen gleichermaßen und offenbar lässt sich eine bestimmte Hierarchie der Sprachen feststellen. Loes, eine Klassenkameradin von Suzanne (siehe VI.3.3.4.1) argumentiert folgendermaßen:

Interviewer: *"Aber angenommen, ich komme aus dem Ausland. Welche Gebräuche muss ich jetzt übernehmen?*
Loes: *Auf jeden Fall die Sprache, das finde ich wichtig, weil, wenn ich mich irgendwo dran ärgere, dann ist es, wenn ich im Bus sitze oder so, und da sitzen hinter einem zwei Ausländer, die total laut in ihrer eigenen Sprache reden. Ich finde das störend. Ich habe nichts gegen Ausländer, aber ... ." (vl.33:593-610)*

Ihre Aussage *"ich habe nichts gegen Ausländer"* ist zwar eine Redewendung, die in der Literatur treffenderweise als Strategie der Verschleierung oder Verleugnung bekannt ist (vgl.

etwa Van Dijk 1992, 116). Allerdings sollte ihre Aussage hier nicht *ausschließlich* als eine bloße Redestrategie interpretiert werden. In der Gruppendiskussion zeigt sich Loes nämlich weitaus ambivalenter und widersprüchlicher. So bezieht sie an anderer Stelle wirklich Stellung für 'Ausländer' (codiert als '*aslver*').[275] Es reicht also völlig aus, bei dem zu bleiben, was Loes sagt: Sie empfindet es als ärgerlich und störend, wenn in ihrer unmittelbaren Nähe zwei Ausländer ein Gespräch in einer fremden Sprache führen. Dem Verlauf der Diskussion in der Klasse kann allerdings entnommen werden, dass es sich hierbei nicht um irgendwelche 'Ausländer' handelt, sondern um ganz bestimmte Gruppen: um türkische und marokkanische Einwanderinnen und Einwanderer (siehe VI.3.1.1).

Dies ist recht typisch: In allen Gruppendiskussionen, in denen die fremde Sprache als Störung angeführt wird, handelt es sich um die Sprachen von solchen Einwanderergruppen, die in der ethnischen Hierarchie von autochthonen Niederländern (und auch von Jugendlichen) im Allgemeinen 'ganz unten' angesiedelt werden. Dies wird beispielsweise auch in den folgenden Diskussionspassagen in einer anderen Schulklasse (MBO) deutlich. Kevin bringt dort (in einer ganz ähnlichen Weise wie Loes in der erstgenannten Diskussionspassage) seine Verärgerung zum Ausdruck:

Kevin: *"Ich finde es ärgerlich, wenn du im Bus sitzt oder so und da sitzen ein paar Türken oder was auch immer und die sprechen in ihrer eigenen Sprache. Das finde ich eigentlich doch störend, weil man nie weiß .... (bricht ab)*

Danny: *(ergänzt) Man weiß nicht, worüber sie reden. Sie können gerade über dich reden .... " (m1.13:385-397)*

Kevin und Danny sind, ganz anders als Karin, Hanneke, Renate und Martha, die sich fragen, ob sie nicht auch selbst solche Situationen einer Art 'Geheimsprache' kennen und ausnutzen (siehe VI.3.3.4.2), in *keinster* Weise selbstkritisch. Danny ergänzt Kevins Verärgerung, in dem er eine Erläuterung anführt, die er vermutlich für plausibler hält als die bloße Verärgerung über ein Gespräch in türkischer Sprache. Danny weist auf die Unsicherheit hin: man weiß nicht, ob man nicht gerade selbst Gegenstand des für einen selbst nicht-verstehbaren Gesprächs ist. Anders als Karin und ihren Klassenkameradinnen geht es Kevin auch nicht um Gemeinsamkeiten, die hier sowohl bei 'Ausländern' als auch bei 'Niederländern' zu beobachten sind. Kevin möchte vielmehr auf prinzipielle *Unterschiede* hinweisen:

Kevin: *"Das ist einfach unser niederländischer Charakter. Wir lernen ihre Sprache, dass ist einfach so, weil Engländer höre ich nie niederländisch reden." (m1.13:292-297)*

Während Angehörige anderer Nationen - und vor allem Engländer - kaum einmal den Versuch machen, die niederländische Sprache zu erlernen, ist es - so Kevin - ein 'nationales Charaktermerkmal' von Niederländern, andere Sprachen zu erlernen. Auch in anderen Gruppen-

---

275 Allgemein gesprochen kann es vor allem in *pädagogischen* Arbeitsfeldern nützlicher sein, solche Aussagen zunächst als wirkliches Anliegen ernst zu nehmen, mit anderen Aussagen derselben Jugendlichen zu verknüpfen, in denen das Anliegen möglicherweise ebenfalls deutlich wird und - möglichst ohne die Jugendlichen bloß zu stellen - die gegenteiligen Aussagen gegenüber zu stellen. Ein solche Untersuchung der eigenen Aussagen und Meinungen ist in aller Regel weiterführender als eine Entlarvungsstrategie (siehe hierzu den Abschnitt zu *Widersprüchen in den Orientierungen*; VI.3.5).

diskussionen wird häufig ebenfalls auf diese 'Besonderheit' hingewiesen, so beispielsweise von Denis in einer weiteren Berufsschulklasse (MBO):

Denis: *"Nicht jeder ist so, aber im Allgemeinen passen sich Niederländer ziemlich schnell an, das kann man nicht leugnen. Weil wenn man in Deutschland ist, niemand würde niederländisch reden, in England auch, das ist einfach so. Niederländer sind einfach ein problemloses Volk." (m2.16:596-607)*

Kevin und Denis verweisen hierbei durchaus auf eine reale Konstellation. Angehörige einer eher 'kleinen' Sprache sehen sich in größerem Maße genötigt, sich im Ausland mit Hilfe anderer Sprachen verständlich zu machen als Angehörige von Ländern, in denen die international gebräuchliche 'Hilfssprache' englisch bereits als Nationalsprache gesprochen wird (Britannien, USA, Australien, Kanada usw.). Andererseits ist es beispielsweise für Briten und US-Amerikaner in den Niederlanden oft recht schwierig, niederländisch zu lernen, da ihnen bei den ersten mühsamen Versuchen im Alltag meist auf englisch geantwortet wird. Für manche Ausländerinnen und Ausländer, die das Gefühl haben, ohnehin nicht allzu lange in den Niederlanden zu bleiben, mag es zudem schwer einzusehen zu sein, wozu sie diese Sprache, die im Rest der Welt kaum gesprochen und verstanden wird, erlernen sollen.

Kevin und Denis versuchen diese 'Schwäche' der 'kleinen' Sprache in einen Vorteil umzumünzen. Allerdings äußern sie sich nicht zu dieser Sprachkonstellation, sondern geben die sprachliche Anpassungsfähigkeit als ein positiv zu bewertendes nationales *Charakter*merkmal bzw. als eine Eigenschaft von Niederländern aus. Dies klingt vielleicht recht 'logisch' und 'naheliegend'. Allerdings ist diese Wendung bei Kevin und Denis auch Bestandteil einer Sprachen*hierarchie*, die mit bestimmten Wertungen einhergeht. Dies wird deutlich, wenn man sich die auf den ersten Blick 'unschuldig' wirkende Formulierung von Denis über das 'problemlose Volk' der Niederländer vor Augen hält und eine Diskussionspassage betrachtet, die dieser Aussage voraus ging:

Sammy: *"Ich fahre hier jeden Tag mit dem Bus, da sitzt auch immer eine Gruppe von Türken hinten drin, die reden auch immer so unheimlich viel in ihrer eigenen Sprache, das geht mir total auf den Geist und dann will ich mich schon manchmal umdrehen und ...*
Marvin: *(dazwischen) Scheißtürken.*
Sammy: *... ihr Trottel, redet jetzt mal einfach niederländisch, dann kann ich das verstehen. (...)*
Interviewer: *Und was stört dich da so? Hast du dann das Gefühl, dass sie über dich reden?*
Sammy: *Ja.*
Richard: *Ist doch denkbar?*
Interviewer: *Ja?*
Sammy: *Ja.*
Interviewer: *Ja, natürlich ist das möglich, aber das geht doch auch, wenn man niederländisch redet?*
Sammy: *Die können über alles reden und du kapierst nicht die Bohne.*
Richard: *Nein.*
Denis: *Einfach asozial.*
Sammy: *Ja, das finde ich auch.*
Interviewer: *Aber wenn sie untereinander reden?*
Sammy: *Na, das finde ich genauso aso (asozial).*

Denis: *Es ist auch noch so eine Scheiß-Sprache.*
Sammy: *Die Sprache für sich, na ja, aber dann lachen sie, dann lachen sie dabei, was weiß ich, dann fange ich an zu denken, die reden über mich ... ." (m2.16:312-374)*

Aus der gesamten Passage spricht eine deutliche Aggressivität. Denis findet das beschriebene Verhalten von Türken *"asozial"*. Auch bringt er seine Abneigung gegenüber der türkischen Sprache zum Ausdruck (*"Scheiß-Sprache"*). Die von Denis behauptete sprachliche Anpassungsbereitschaft von Niederländern gilt jedenfalls nicht für die Sprachen der Eingewanderten. Das 'problemlose Volk' der Niederländer entpuppt sich hier keineswegs als 'problemlos'.

Ähnlich erscheint auch Kevins Aussage über die sprachliche Lernbereitschaft der Niederländer in einem anderen Licht, wenn ebenfalls eine vorausgehende Passage mit hinzugenommen wird. Zunächst wurde deutlich, dass sich die Störung, von der Kevin spricht, nicht auf *"Engländer"*, sondern in erster Linie auf *"Türken"* bezieht - und dies nicht nur, weil Kevin etwas englisch versteht:

Bert: *"Was ich komisch finde: wenn man in einen bestimmten Stadtteil kommt, dass dort einfach kein niederländisch gesprochen wird. Das finde ich erschreckend. Da läuft man dann und versteht überhaupt nichts ... in den Niederlanden!*
Kevin: *Ja, es entstehen richtige Ghettos, hier jetzt, in Rotterdam, Den Haag ... .*
Danny: *Die müssen das mehr verteilen, finde ich ... ." (m1.13:212-227)*

Vor allem Bert und Kevin sind empört. Eingewanderte haben offenbar bestimmte Räume in den Niederlanden übernommen und halten diese besetzt. Danny versucht, wie zuvor schon (siehe oben), eine möglicherweise annehmbarer klingende Erläuterung beizusteuern. Insgesamt wird jedoch die Vorherrschaft der 'eigenen' Sprache im 'eigenen' Land als selbstverständlich angenommen. Die Sprachen der Eingewanderten scheinen - insbesondere dort, wo sie konzentrierter auftreten - diese Selbstverständlichkeit in Frage zu stellen. Die von Kevin formulierte Bereitschaft von Niederländern, andere Sprachen als Fremdsprachen zu erlernen, gilt wiederum *nicht* für die Sprachen der Eingewanderten.

Eine entsprechende Sprachenhierarchie zeigt sich auch im Folgenden Beispiel (MBO). Ole, Thijn und Menno stören sich daran, dass türkische und marokkanische Jugendliche im Pausenraum und auf dem Schulhof beieinander sitzen und sich in ihrer jeweiligen Sprache unterhalten *(m2.10:1847-1895)*. Die Negativ-Bewertung der fremden Sprachen wird überdeutlich:

Menno: *"Aber es klingt auch total komisch, die schreien so.*
Interviewerin: *Aber wie klingt denn niederländisch, wenn du es nicht kennst ...?*
Menno: *Aber die schreien so. Meiner Meinung nach schreien wir nicht so, wenn wir reden.*
Ole: *(versucht offenbar, eine fremde Sprache zu imitieren; gibt schreiend merkwürdige Geräusche von sich) So ist das, diese Lautstärke hat das.*
George: *Es klingt so hart.*
Menno: *(ironischer Tonfall) Aber vielleicht muss das so sein?*
Thijn: *Müssen wir vielleicht anfangen, türkisch zu lernen?" (m2.10:1896-1919)*

Aufschlussreich ist nicht nur die Sprachenhierarchie und die Negativ-Bewertung der entsprechenden Sprachen, die sich wenig später mit weiteren negativen Auslassungen über Eingewanderte verbindet (siehe VI.3.7.4), aufschlussreich ist auch die rhetorische Frage von Thijn am Ende der Passage. Die Antwort steht für Thijn bereits unumstößlich fest. Dabei dürfte es für Thijn - zieht man weitere Passagen zu Rate - nicht nur darum gehen, dass er sich kategorisch weigert, eine Sprache zu lernen, die er negativ bewertet. Aus seinen Worten spricht auch eine Art Herr-im-Hause-Standpunkt, demzufolge er es ablehnt, als Niederländer in 'seinem eigenen Land' eine Sprache von Eingewanderten erlernen.

Einen ähnlichen Standpunkt nimmt in einer anderen Diskussionsrunde beispielsweise Monique ein:

Monique: *"Na, wir brauchen natürlich kein türkisch reden. Aber die denken wirklich, dass sie hier überhaupt die Größten sind, die Türken." (m1.18:476-480)*

Gleichzeitig scheint es entlang einer bestimmten Sprachenhierarchie hier auch um ein Verhältnis von Überlegenheit - Unterlegenheit zu gehen. Dies zeigt sich ebenfalls in der folgenden Diskussionspassage mit Dorien und Kirsten:

Dorien: *"Müssen wir dann in die Knie gehen und drum bitten: 'Willst du bitte niederländisch reden, weil ich es sonst nicht verstehe?'*

Kirsten: *(dazwischen) Ja, nein, das tue ich nicht.*

Dorien: *Ich finde es einfach unverschämt, anzufangen, eine andere Sprache zu sprechen, wenn Leute (mensen) dabei sind. Ich finde, wenn hier zwei türkische Mädchen in der Klasse sitzen würden und wir würden in der Klasse sitzen und die würden türkisch reden, das finde ich einfach unverschämt ... finde ich einfach unmöglich." (l1.20:330-352)*

Dorien malt sich regelrecht aus, dass es um einen Kniefall gehen würde, wenn sie auf etwas hinweisen müsste, was sie in ihrem eigenen Land für selbstverständlich hält. In den Niederlanden wird niederländisch gesprochen, basta. Alles andere empfindet sie, zumindest im Beisein von 'Niederländern', als regelrechte Unverschämtheit. In ihrer Erregung greift sie bei der Formulierung etwas daneben: bei den *Leuten* (mensen) wird der Zusatz niederländisch oder niederländisch-sprechend weggelassen. Dies klingt so, als ob nur 'Niederländer' Menschen sind.

Nun spiegelt sich in den Äußerungen dieser Jugendlichen zweifellos die Tatsache, dass auch im Schulwesen in den Niederlanden - ähnlich wie in der gesamten Gesellschaft - der "monolinguale Habitus der multilingualen Schule" (Gogolin 1993) keineswegs in Frage gestellt ist (vgl. auch Gogolin 1994, 113ff.; Broeder/Extra 1997, 74ff.). Eine Lehrerschaft, die hauptsächlich monolingual ausgerichtet ist und eine entsprechende Ausbildung durchlaufen hat, unterrichtet, kaum oder schlecht vorbereitet, eine sprachlich heterogene Schülerschaft. Bei den meisten autochthonen Jugendlichen ist eine Sprachenhierarchie erkennbar, die in absteigender Rangfolge vom Niederländischen über diejenigen Fremdsprachen, die herkömmlicherweise in der Schule gelernt werden (allen voran das Englische) bis hin zu den Sprachen der eingewanderten Minderheiten führt. Diese Sprachenhierarchie entspricht in aller Regel auch der immer noch üblichen Praxis der Sprachenpolitik an den Schulen, - einer Praxis, mit der die Jugendlichen tagtäglich konfrontiert sind. Insofern knüpfen die autochthonen

Jugendlichen in ihren Argumentationen jeweils an eine gängige (Schul-) Praxis an und fügen bestimmte Interpretations- und Bewertungsgesichtspunkte hinzu.

An die übliche Sprachenhierarchie lassen sich dabei auch 'eindimensional-nationale' Orientierungen ankoppeln, die sich auf andere Bereiche beziehen (und umgekehrt). Sie erscheinen dabei umso logischer und naheliegender, je mehr sie der gängigen Hierarchie entsprechen. Was allgemein anerkannt und nicht dem Verdacht ausgesetzt ist, zu einem rassistischen oder nationalistischen Diskurs zu gehören, kann hier Übergänge und Verbindungen zu weiteren passenden Negativbewertungen und ausgrenzenden Orientierungen erleichtern. Umgekehrt kann ein entsprechender Sprachendiskurs einen Bewegungsraum für nationalistische, rassistische und ethnizistische Orientierungen bieten. Nicht von ungefähr zeigen sich in den Argumentationsweisen von Jugendlichen wie Dorien, Thijn, Kevin und Denis - über die gesamten Gruppendiskussionen und Einzelinterviews betrachtet - deutliche Elemente solcher Orientierungen.

3.3.4.4 Weitere Anpassungsdiskurse im Bereich 'Sprache'

Auf zwei weitere gängige Formen, zum Anpassungsdiskurs im Bereich 'Sprache' Stellung zu beziehen, soll im Folgenden noch hingewiesen werden. Eine erste Form nimmt dabei Bezug auf die eigene schulische Praxis des Sprachen-Lernens. In der Diskussionspassage mit Bart kommt diese weit verbreitete Form recht prägnant zum Ausdruck:

Bart: *"Ja, aber ich kenne auch Familien, die sind schon länger als zehn Jahre in den Niederlanden, und die Eltern sprechen immer noch kein Wort niederländisch. In zehn Jahren muss man eine andere Sprache lernen können. Von uns wird erwartet, dass wir in zwei oder drei Jahren französisch oder deutsch sprechen lernen." (m1.19:399-412)*

Die mögliche Spezifik eines Sprachlernens unter den Bedingungen der Arbeitsmigration wird von Bart nicht berücksichtigt. Stattdessen wird auf die eigene Praxis des Sprachenlernens Bezug genommen und verglichen. Bart betont den Anforderungscharakter, den das schulische Sprachenlernen hat (*"von uns wird erwartet"*). Bart muss diesen Anforderungen offenbar entsprechen und richtet von hier aus in vorwurfsvollem Ton ähnliche Anforderungen an Arbeitsmigrantinnen und -migranten. Häufig ist zu beobachten, dass solche Argumentationsweisen von Unzufriedenheiten gegenüber Anforderungen, die an einen selbst gestellt werden, ausgehen - jedoch nicht die Ursache der eigenen Unzufriedenheit bearbeiten und kritisieren, sondern die negative Emotion gegen andere wenden, die offenbar bevorzugt und besser behandelt werden oder von ähnlichen Anforderungen nicht betroffen sind (siehe VI.3.4).

Eine andere Form der Stellungnahme im Anpassungsdiskurs bedient sich der Unterscheidung eines privaten und eines öffentlichen Bereiches. Bei Martijn lässt sich diese Form in der folgenden Passage sehr anschaulich verdeutlichen:

Martijn: *"Ich finde, dass ... dass sie alle ihre Gewohnheiten behalten dürfen - wenn sie es zu Hause tun und alles regeln. Aber wenn sie in einer Kneipe unter Niederländern sitzen, dass sie dann auch einfach probieren niederländisch zu reden. Ja, wenn ein Türke alleine sitzt, aber er wird nicht niederländisch reden, wenn mehr Türken als Niederländer da sitzen. Ich finde, ihre Gewohnheiten, ihren Glauben, das müssen sie selbst entscheiden ... und das Essen, wie sie das machen ... und unter Freunden, dann müssen sie selber wissen, ob sie niederländisch oder türkisch sprechen, aber wenn sie mit Niederländern zusammen sind, finde ich, dass sie dann einfach niederländisch reden müssen." (m1.5:589-609)*

Zu Hause, im privaten Bereich, sollen die Eingewanderten im Prinzip tun und lassen, was sie wollen und auch ihre eigene Sprache sprechen. In den öffentlichen Bereichen, in denen Eingewanderte mit 'Niederländern' zusammentreffen, muss niederländisch geredet werden. Diese Trennung zwischen öffentlich und privat lässt sich sehr oft feststellen und zeigt sich nicht nur in Verbindung mit einer Anpassungsaufforderung in Bezug auf die Sprache, sondern auch in Verbindung mit anderen Bereichen. Die jeweils geforderte Anpassung bezieht sich auf einen öffentlichen Bereich und scheint eher äußerlich zu bleiben, während eine (sprachliche, kulturelle, religiöse) Eigenständigkeit im privaten Bereich zugestanden wird. Eine vollständige und 'innere' Anpassung wird nicht verlangt (ausführlicher hierzu siehe VI.3.8.4).

3.3.5 Ausnahme: Anpassung als Bewegung von zwei Seiten

Mit Anpassung ist in aller Regel eine *einseitige* Anpassung gemeint. Anzupassen haben sich Eingewanderte. Anpassung fordern können Einheimische. Sehr selten sind hingegen Argumentationsweisen, die auf einen *gegenseitigen* Prozess hinweisen. Für die autochthonen Jugendlichen in den Gruppendiskussionen und Einzelinterviews stellt die folgende Argumentation von Bianca geradezu eine Ausnahme dar:

Bianca: *"Wir müssen uns immer anpassen. Sie haben ihre eigene Kultur und Glauben und das müssen wir einfach respektieren. Und sie müssen uns respektieren. (...) Es ist einfach so, dass man sich auf beiden Seiten anpassen muss." (m1.15:659-676)*

Ihr Ausgangspunkt scheint sehr 'bikulturell' geprägt. Möglicherweise besteht die Gefahr, dass von hier aus im Rahmen einer dichotomischen Denkweise zwei Lager konstruiert werden und das jeweilige *besondere Verhältnis* der Einzelnen zu ihrem kulturellen und religiösen Umfeld übersehen wird. Anhand des Materials, das über Bianca zur Verfügung steht, kann darüber keine Aussage gemacht werden. Genauso wenig kann eingeschätzt werden, ob sie davon ausgeht, dass wirklich *alle* kulturelle und religiöse Äußerungen respektiert werden müssen. Allerdings ist deutlich, dass Bianca mit großem Nachdruck - und hier ist sie in Rahmen der Anpassungsargumentationen in der Tat eine wichtige Ausnahme - *eine Bewegung von zwei Seiten* betont: es geht ihr um gegenseitigen Respekt und um gegenseitige Anpassung.

3.3.6 *Zusammenfassung:* Die Vielfalt des Anpassungsdiskurses

Untersucht man insgesamt die Passagen in den Gruppendiskussionen und Interviews, in denen mit Anpassung argumentiert wird, so lässt sich feststellen, dass die jeweils genannten 'Anpassungsbereiche' breit gefächert sind. Der Vielfalt der multikulturellen und pluriformen Gesellschaft steht gewissermaßen eine Vielfalt an Anpassungsdiskursen gegenüber. Dabei geht es um die Anpassung an die Sprache, an Gewohnheiten, an den Glauben, an die Kleidung und an das Essen. Es geht um das Auftreten in der Öffentlichkeit und um das Geschlechterverhältnis und es geht um 'äußere' und 'innere' Anpassung. Und in der Tat gibt es zu den einzelnen Bereichen, in denen sich 'Ausländer' anpassen sollen, sehr verschiedene Vorstellungen davon, was damit eigentlich *genau* gemeint ist. Das Wort 'Anpassung' scheint, um eine Aussage von Samira aufzugreifen, in der Tat *"eine Art Zauberwort" (esa.14a:252)* zu sein, das sich für die verschiedensten Vorstellungen und Zwecke gebrauchen lässt. Allerdings sind es stets 'Niederländer', die 'Ausländern' vorgeben dürfen, auf was eine Anpassungsaufforderung abzielt. Häufig ist den autochthonen Jugendlichen hier anzumerken, dass sie sich in einer günstigeren und mächtigeren Position befinden, wenn sie anderen 'Anpassungsbereiche' und 'Anpassungsinhalte' vorgeben können. In vielen Anpassungsdiskursen kann nicht umsonst eine Verbindung zu 'eindimensional-nationalen' Orientierungen festgestellt werden.[276]

Besonders der Anpassungsbereich 'Sprache' scheint, aufgrund seiner unverdächtigen Selbstverständlichkeit, 'eindimensional-nationalen' Orientierungen einen unauffälligen Bewegungsraum zu bieten. Dieser Anpassungsbereich formuliert in Bezug auf Sprachen eine Hierarchie, die auch bei 'eindimensional-nationalen' Orientierungen zu beobachten ist. Insgesamt verkennt die weit verbreitete Aufforderung zur einseitigen Anpassung an die niederländische Sprache die alltägliche Realität der multilingualen Gesellschaft und beharrt auf einer monolingualen Praxis, die an einer Sprachenhierarchie ausgerichtet ist, bei der sich die Sprachen bestimmter Gruppen von Eingewanderten (etwa klassische Arbeitsmigranten aus der Türkei oder Marokko) an unterster Stelle befinden. Vor diesem Hintergrund kann es zu konfliktträchtigen Situationen kommen, bei denen die allochthonen Jugendlichen auf die Möglichkeit der Kommunikation in der eigenen Sprache auch deshalb zurückgreifen, weil diese in der Form einer Art 'Geheimsprache' als ein Mittel der Gegenmacht benutzt werden kann.

Entsprechend der möglichen Breite und Vielfalt der Anpassungsdiskurse zeigen sich Anpassungsdiskurse zwar in verschiedenen Ausformungen, die u.a. durch ihre spezifische Verbindung mit anderen Themen geprägt sind. Ein Anpassungsdiskurs, der nicht nur als einseitige Aufforderung zur Anpassung an Eingewanderte gerichtet ist, sondern auf die Anpassung der Gesellschaft an die Herausforderungen, die sich mit der multikulturellen Einwanderungsgesellschaft ergeben, zielt, und damit gegenseitige Bewegungen aller Beteiligten in den verschiedensten Bereichen meint, ist jedoch immer noch eine große Ausnahme.

---

[276] Auch in den quantitativen Daten zeigt sich eine solche Beziehung. Wird das Antwortverhalten der autochthonen Jugendlichen auf das Anpassungsitem (V60) mit Hilfe des Prüfverfahrens der 'eindeutigeren' Zustimmungen untersucht, so ergeben sich signifikante Unterschiede zwischen den beiden Prüfgruppen, die einmal eindeutiger 'eindimensional-national' und einmal eindeutiger 'multiperspektivisch' geantwortet haben. Während die erste Prüfgruppe einen Mittelwert zeigt, der eine sehr ausgeprägte Zustimmung signalisiert (1,6), befindet sich der Mittelwert der zweiten Prüfgruppe eher im neutralen Zwischenbereich (3,0).

3.4 Argumentationen im 'ökonomischen' Bereich: 'Kosten', 'Benachteiligung' und 'Leistung'

Auch Diskussionen zu Einwanderung und Sozialstaat können Variationen auf das im vorigen Abschnitt behandelte Anpassungsthema sein. Eine Aussage von Loes, die dort bereits an verschiedenen Stellen zitiert wurde, mag als ein Beispiel für viele andere Verbindungen dieser Art stehen:

Loes: *"Ich finde es nicht schlimm, wenn solche Menschen hierher kommen, wenn sie sich nur anpassen. Ich meine, wenn ... nicht, dass sie hierher kommen um von der Sozialhilfe zu leben oder so, einfach nichts tun, dass sie auf der Straße wohnen. Aber wenn du zum Beispiel einfach die Sprache übernimmst und die Gebräuche und dann auch wirklich probierst, hier zu leben, dann finde ich, dass das möglich sein muss." (v1.33:577-592)*

Die Anpassung an verschiedene Bereiche (Sprache, Gebräuche) wird von Loes mit der Bedingung verbunden, selbst für das eigene Einkommen zu arbeiten. Die Bereitschaft, 'etwas zu tun' und nicht die Sozialhilfe in Anspruch zu nehmen, wird dabei ebenfalls als ein Anpassungsbereich formuliert. Dies klingt natürlich merkwürdig verdreht, da sozialstaatliche Hilfen gemeinhin zu den Errungenschaften der niederländischen Gesellschaft gerechnet werden und die gute Ausstattung des Sozialsystems in den sechziger und siebziger Jahren noch als ein Markenzeichen der besonderen wohlfahrtsstaatlichen Qualität der Niederlande galt. Anpassungsanforderungen, so lässt sich schlussfolgern, können also mit Inhalten verbunden zu sein, die auf eine Arbeits- und Leistungsbereitschaft zielen, Gegebenheiten, die für die Niederlande offenbar als 'normal' oder 'durchschnittlich gegeben' ausgemacht werden und denen man sich als Neuankömmling, so Loes, anzupassen hat. Der folgende Abschnitt wird sich ausführlicher diesem 'ökonomischen' Bereich zuwenden.

3.4.1 Unterscheidung zwischen 'sozial-ökonomischen' und 'sozial-kulturellen' Fragen und politische Orientierungen zu Flucht und Asyl

Die (bereits erwähnte) empirische Jugendstudie von Raaimakers, die 1992 durchgeführt wurde, bemüht sich um eine Differenzierung zwischen 'sozial-ökonomischen' und 'sozial-kulturellen' Fragen (siehe III.1.4). Mit Hilfe dieser Differenzierung kann Raaimakers die Behauptung einer allgemeinen Rechtstendenz unter Jugendlichen zurückweisen, in dem er empirisch eine Auseinanderentwicklung feststellt: Die Jugendlichen zeichnen sich heute, so Raaimakers, durch einen Konservatismus bei *'sozial-ökonomischen'* Fragen und eine Progressivität bei *'sozial-kulturellen'* Fragen aus (Raaimakers 1993, 128). Während also Jugendliche im Durchschnitt einer gerechteren Verteilung von Einkommen und Besitz oder schlagkräftigeren Gewerkschaften eher ablehnend gegenüberstehen, stimmen sie gleichzeitig alternativen Formen des Zusammenwohnens oder gleichen Rollenverteilungen zwischen den Geschlechtern zu. Eine Entwicklung 'nach rechts' kann also zwar bei 'sozial-ökonomischen', nicht aber bei 'sozial-kulturellen' Fragen ausgemacht werden (ebd., 111ff.). An und für sich eine überaus interessante und wichtige Feststellung.

Nun neigen quantitative Untersuchungen oft zu unangemessenen Vereindeutigungen. Dies lässt sich auch bei Raaimakers Studie beobachten. Es wird dort der Eindruck erweckt, als ob eine Progressivität bei 'sozial-kulturellen' Fragen nicht ins Gehege mit den konservativen Vorstellungen bei 'sozial-ökonomischen' Fragen kommen müsste. Raaimakers beschreibt die Auseinanderentwicklung im Zustimmungsverhalten zu den zwei Politikbereichen 'kulturell' und 'ökonomisch' *nicht* als eine *widersprüchliche* Konstellation. Die Progressivität bei 'sozial-kulturellen' Fragen bleibt offenbar auch dann 'progressiv', wenn sie mit einem Konservatismus bei 'sozial-ökonomischen' Fragen in Verbindung tritt. Oder genauer formuliert: Die beiden Politikbereiche erscheinen bei Raaimakers als grundlegend *getrennt* voneinander. Sie haben offenbar nicht viel miteinander zu tun und scheinen gegenseitig weder ineinander zugreifen noch sich zu ergänzen oder zu bedingen.

Eine solche Trennung mag für einige politische Themenbereiche vielleicht möglich sein. Für den Gegenstandsbereich 'Toleranz gegenüber Eingewanderten', so nennt Raaimakers einen der Aspekte 'sozial-kultureller' Fragen, sind jedoch Zweifel angebracht. In den Repräsentationen, Diskursen und Orientierungsmustern zu Flucht, Asyl und Einwanderung überlagern, ja konzentrieren sich die Bereiche, die bei Raaimakers getrennt beschrieben werden, in einem *gemeinsamen* Bereich. Es zeigt sich nämlich, dass Argumentationen zu Flucht, Asyl und Einwanderung häufig mit Bezugnahmen und Verweisungen auf 'Ökonomisches' zu tun haben. Man denke nur an die gesellschaftlichen Debatten, in denen die ökonomischen Kosten und Nutzen der Arbeitsmigration abgewogen und beispielsweise von wohlwollender Seite die Vorteile hervorgehoben werden, also etwa die unverzichtbare Arbeitsleistung der Eingewanderten, ihr Beitrag zum Sozial- und Rentensystem, zum Ausgleich einer sonst drohenden Vergreisung der Gesellschaft usw. (zum 'ökonomischen' Vokabular in der sogenannten Illegalendebatte vgl. Suurmond 1995, 111ff.).[277] Umgekehrt benutzen bestimmte Politikerinnen und Politiker 'ökonomische' Argumentationen, um für restriktive Abweisungs- und Aussetzungsmaßnahmen in der Asylpolitik zu werben, indem sie beispielsweise (meist in übertriebener Weise) die Kosten, die asylsuchende Flüchtlinge verursachen, beklagen (vgl. hierzu Elbers et al. 1994, 17).

3.4.2 Die Trennung zwischen 'ökonomischen' und 'richtigen' Flüchtlingen

Werden die Gruppendiskussionen und Einzelinterviews daraufhin überprüft, ob es Verbindungen zwischen Argumentationen, die einem 'ökonomischen' Bereich zugeordnet werden könnten, und Argumentationen zu den Themen Flucht und Asyl gibt, fällt sofort auf, dass ein zentraler Begriff, der in der gesellschaftlichen Debatte um asylsuchende Flüchtlinge hantiert wird, auch unter den Jugendlichen sehr häufig zur Anwendung kommt und genau auf dieser Verbindung aufbaut. Es handelt sich hierbei um den Begriff 'ökonomischer' oder 'wirtschaftlicher' Flüchtling.

In einer Passage aus einer Gruppendiskussion in einer Berufsschulklasse (MBO)[278] geht es um asylsuchende Flüchtlinge und sogenannte Illegale. Ich frage nach den Gründen und Motiven der Menschen, die in die Niederlande kommen. Entsprechend bemühen sich die Jugendlichen zunächst um eine Antwort.

---

[277] Übrigens legte erst unlängst eine niederländische Wissenschaftskommission eine Skizze zur zukünftigen Migrationspolitik vor, in der sich an vielen Stellen ökonomische Argumentationen finden lassen und teilweise sogar eine Art *Rotationsprinzip* vorgeschlagen wird (vgl. etwa Dommernik et al. 1997, 69). Eine Rückkehr in die Ära der Steinzeit der Migrationspolitik?

[278] Aus der schon mehrfach zitiert wurde, nämlich VI.3.1.3 und VI.3.3.3.

Dorett: "Weil sie mit dem Tod bedroht werden.
Pim: Bessere Ökonomie.
Interviewer: Bedroht, Ökonomie ..., ja, warum sind sie hier?
Bram: Wie kann man das wissen?
Sander: Warum sie hier sind? Nun, ich denke doch ... (bricht ab)
Interviewer: Ja?
Diana: (übernimmt) Bessere Lebensumstände.
Interviewer: Bessere Lebensumstände?
Pim: Mehr Geld, denke ich, wie im eigenen Land.
Sander: Ja, das ist es, mehr Geld verdienen.
Dorett: Religion." (m1.1:1451-1478)

Bis auf Bram, der offenbar versucht, deutlich zu machen, dass man die Frage nach den Motiven und Gründen für den einzelnen Flüchtling gewissermaßen nicht 'von außerhalb' beantworten kann, beteiligen sich Dorett, Pim, Sander und Diana an einer Art Sammlung von möglichen Fluchtgründen. Dorett nennt die Bedrohung mit dem Tod und die (verfolgte) Religion. Sander und Pim geben Gründe an, die auf eher wirtschaftliche Motive zielen. Dianas Hinweis auf die besseren Lebensumstände in den Niederlanden kann zwar sehr breit ausgelegt werden. Pim und Sander sind sich jedoch einig darin, dass damit nur die Möglichkeit, in den Niederlanden mehr Geld als im eigenen Land zu verdienen, gemeint sein kann. Etwas später in der Diskussion kommt schließlich Sander auf eine Unterscheidung zwischen 'richtigen' und 'falschen' Flüchtlingen zu sprechen.

Sander: "Die Ausländer, die jetzt in den Niederlanden sind, die kann man einfach nicht mehr zurückschicken und die müssen gleiche Rechte haben, aber auch gleiche Pflichten. Aber die Ausländer, die jetzt herein kommen, ich denke, da muss man einfach einen deutlichen Unterschied machen: Warum kommen sie hierher?
Pim: Aus ökonomischen Gründen oder als Flüchtling?
Sander: Wenn du wirklich ein Flüchtling bist, dann finde ich, dass wir dich nicht abweisen können. Wenn du zum Beispiel nach China zurückgehst und du wirst dort in eine Gefängnis gesteckt oder ... .
Dorett: (dazwischen) ... totgeschossen.
Sander: ... du kriegst da nicht die gleichen Chancen wie der Rest der Bevölkerung, dann ja.
Interviewer: Aber ist das nicht eine sehr schwierige Unterscheidung, ökonomisch und ... ?
Sander: Ja, das weiß ich auch. Aber man muss auch probieren ... das ist gerade das Problem.
Bram: Wenn man das von vornherein weiß ... .
Sander: Aber ich denke, dass die niederländische Regierung sich da im Moment nicht richtig bemüht. Ich meine, die (einen) Leute sind wegen ökonomischer Gründe hier, während die (anderen) Leute, die wirklich probieren zu flüchten, zurückgeschickt werden.
Interviewer: Ist das jetzt ein schlechter Grund, ökonomische Gründe, ich meine ... ?
Sander: (dazwischen) Ja, ich finde schon.
Dorett: Ja.
Sander: Ich meine, ähh ...
Interviewer: (dazwischen) Du hast keine Zukunft mehr, du hast Hunger, es gibt ...
Pim: (dazwischen) Das gab's natürlich früher ...

Interviewer: ... keine Zukunft?
Sander: Ja, na ja, ich meine, dann hat dein Nachbar wahrscheinlich auch keine Zukunft und der Nachbar gegenüber und ... ich meine, ja, die Niederlande ist einfach als Niederlande aufgebaut und Jugoslawien als Jugoslawien und ich meine, das macht man doch zusammen." (m1.1:1671-1753)

Ökonomische Gründe werden von Sander, der mitunter die Begriffe Ausländer und Flüchtling synonym zu benutzen scheint, nicht als ein Motiv anerkannt, das zur Aufnahme in den Niederlanden berechtigt. Bram scheint zwar weiterhin zu zweifeln, ob man überhaupt wissen kann, dass ökonomische Gründe vorliegen. Allerdings bleibt er sehr defensiv. Gegen Sanders Unterscheidung zwischen 'berechtigten' und 'nicht-berechtigten' Gründen bringt er jedenfalls keine Einwände vor. Dorett stellt sich, ebenso wie Pim, auf Sanders Standpunkt: ökonomische Fluchtgründe sind schlechte Fluchtgründe. Interessant ist, dass Sander auf das Versagen der Regierung hinweist: Die 'wirklichen' Flüchtlinge werden zurückgeschickt, während diejenigen, die aus ökonomischen Gründen im Land sind, unbehelligt bleiben. Sander gelingt es durch diese Gegenüberstellung, sich kritisch gegenüber 'denen da oben' zu geben und sich zugleich als einen Menschen darzustellen, der auf der Seite der *wirklich* Verfolgten steht. Es scheint deutlich zu werden: Obwohl Sander für eine *Reduzierung* der Aufnahme von Flüchtlingen plädieren möchte, kann er in seiner Selbstpräsentation immer eine Person bleiben, die helfen will und die kritisch ist, aber auch nicht ungerecht sein will. Und ungerecht ist es, so Sander, wenn man Menschen, die aus ökonomischen Gründen im Land sind, einen Aufenthalt zugesteht, während 'richtige' Flüchtlinge des Landes verwiesen werden.

Meine skeptischen Nachfragen bringen Sander zu dem Versuch, die Unterscheidung zwischen 'richtigen' und 'falschen' Flüchtlingen genauer zu begründen. Er formuliert an dieser Stelle zwar etwas abgehackt und undeutlich. Dennoch lassen Sanders Ausführungen eine schlüssige Paraphrase zu: Die Niederlande und Jugoslawien, so seine Beispiele, sind als einzelne und getrennte Länder (Nationalstaaten) aufgebaut. Das, was in dem jeweils eigenen Land passiert, *macht* man gemeinsam mit den anderen Mitbewohnerinnen und Mitbewohnern. Für das Wohl und Wehe im eigenen Land, so scheint Sander damit sagen zu wollen, sind die jeweiligen Bewohnerinnen und Bewohner selbst verantwortlich. Wenn es in einem Land schlecht geht, sind gleichzeitig sehr viele Menschen davon betroffen. Offenbar sieht Sander es hier als eine Gefahr, dass all diese Menschen aus ökonomischen Gründen in die besser gestellte Niederlande kommen könnten.

Die große Ausnahme stellen in den Gruppendiskussionen und Einzelinterviews Argumentationsweisen dar, in denen der Diskurs zu 'wirtschaftlichen' Fluchtgründen mit einer Stellungnahme verbunden ist, in der versucht wird, in unterstützender Weise für Flüchtlinge und deren Aufnahme zu plädieren. So etwa bei Bob in einer Gruppendiskussion in einer Klasse der Gymnasialstufe (HAVO):

Bob: "Aber wenn du die Wahl hast zwischen einem islamischen Land, wo es total schlecht geht, und den Niederlanden, wo es saumäßig gut geht: viel Geld, du bekommst Sozialhilfe, du brauchst nichts zu tun - dann gehst du doch auch in die Niederlande?" (v1.31:1005-1015)

Bob möchte mit dieser Stellungnahme vor allem Verständnis für Flüchtlinge und deren Situation zum Ausdruck bringen. Er versucht sich in die Lage von Flüchtlingen zu versetzen und kann eine Entscheidung, die zugunsten der Niederlanden ausfällt, sehr gut nachvollziehen. Freilich enthält das von ihm benutzte Bild einige überaus problematische Aspekte. Die Niederlande werden als eine Art Schlaraffenland präsentiert, umgekehrt bekommt das Land, wo es *"total schlecht geht"*, das Adjektiv 'islamisch'. Das Bild kann in der dichotomischen Anordnung stereotype Repräsentationen unterstützen, in denen in vereinheitlichender Weise für *den* Islam der Negativ-Pol vorgesehen ist.

In einer anderen Gruppendiskussion (siehe ebenfalls VI.3.1.4) versucht Oebele, ganz ähnlich wie soeben Bob, sich in die Lage eines Flüchtlings zu versetzen. Es ist aufschlussreich, dass sich bei Oebele, anders wie bei Bob, mit einem Verständnis für Flüchtlinge und deren Motive keinerlei Konsequenzen in Bezug auf die Aufnahme von Flüchtlingen verbinden. Zunächst geht Oebele in der Diskussion von der Unterscheidung zwischen 'richtigen' und 'falschen' Gründen aus.

Oebele:	*"Ich finde schon, dass man Ausländer hier akzeptieren sollte, aber aus begründeten Motiven, entweder dass sie flüchten mussten wegen der Politik oder dem Glauben, aber nicht, wenn sie aus dem Ausland hierher kommen, um Geld zu verdienen und dann wieder abhauen." (m1.16:1667-1676)*

Oebele benutzt, ähnlich wie Sander (in der oben angeführten Diskussion), die Begriffe Ausländer und Flüchtling oft synonym. Und ähnlich wie Sander lehnt er für Neuankömmlinge das Motiv 'Geld verdienen' ab. Als anzuerkennende Gründe nennt auch Oebele die Flucht wegen politischer oder religiöser Verfolgung. Wenig später in der Diskussion versucht sich Oebele jedoch in die Lage eines Menschen zu versetzen, der in einem ökonomisch wesentlich schlechter gestellten Land geboren ist.

Oebele:	*"Ich bin in den Niederlanden geboren, ich finde, dass ich schon sagen kann, dass ich Glück gehabt habe, weil wenn ich vielleicht in Äthiopien geboren wäre, dann hätte ich vielleicht ...*
Ani:	*(dazwischen) ... dort jetzt nicht mehr gesessen.*
Oebele:	*... ja, dann wäre ich vielleicht ganz dünn geworden, noch dünner.*
Nel:	*Dann hättest du vielleicht einen Antrag gestellt.*
Interviewer:	*Das ist dann also ...*
Bart:	*(unterbricht) Aber ich denke, dass du es dann auch nicht besser gewusst hättest.*
Ani:	*Dann hättest du vielleicht jetzt auch in den Niederlanden gewohnt.*
Oebele:	*Ja, vielleicht schon. Aber du hast natürlich schon deinen eigenen Standpunkt, nicht wahr. Illegale will ich nicht. Aber die Illegalen denken, ja, hier ist Geld zu holen, also .... Man will immer weiterleben.*
Bart:	*Du hast ein anderes Bild.*
Kees:	*Weil du es als Niederländer von deiner eigenen Seite aus betrachtest. Sie vermiesen es für dich, weil du kannst zwar anderen Leuten helfen, aber nicht so, dass du dabei kaputt gehst." (m1.19:2113-2160)*

Oebele hält es für einen Glücksfall, in den besser gestellten Niederlanden geboren zu sein. Er gesteht - auf Andringen von Ani und Nel - ein, dass, wenn er in einer armen Region geboren wäre, er vor dem Hintergrund schlechter Bedingungen, etwa unzureichender Ernährung oder Hunger, möglicherweise versucht hätte, in die Niederlande zu kommen. Allerdings beharrt Oebele darauf, dass es hier eben um den jeweils *"eigenen Standpunkt"* geht: Er ist in den

Niederlanden geboren, er will keine Illegalen akzeptieren. Die Illegalen ihrerseits wollen ihr Weiterleben absichern, indem sie in den Niederlanden versuchen, Geld zu verdienen. Beide Standpunkte scheinen zwar durchaus verständlich, jedoch gibt der eigene eben letztlich den Ausschlag. Kees versucht dies noch zu verdeutlichen: *"als Niederländer"* betrachtet man die Dinge von der *"eigenen Seite"* aus. Die illegalen Einwanderinnen und Einwanderer, oft abgewiesene asylsuchende Flüchtlinge, stellen eine Bedrohung dar: Sie verschlechtern die Verhältnisse für die Niederländer. Die Unterstützung hat dort ihre Grenze, wo es um die eigene Existenz geht. Kees formuliert in einer Weise, die suggeriert, dass diese existentielle Bedrohung bereits aktuell gegeben sei.[279]

Interessant ist die Verbindung einer 'eindimensional-nationalen' Orientierung, die bei Oebele und Kees zum Ausdruck kommt, mit einem fast nonchalanten Verhältnis gegenüber der Verteilung des Reichtums und der Armut in der Welt und dem Bewusstsein, im reichen Teil zu leben. Ohne eine genauere Kenntnis der oft komplizierten und sich vielfach überlagernden Konstellationen, die zu Flucht und Migration führen können, finden die Jugendlichen bereits auf der Grundlage dieses Bewusstseins 'ökonomische' Motive zum Verlassen des ärmeren Teils der Welt durchaus nachvollziehbar, ja, sie können sich vorstellen, unter gegebenen Umständen selbst ähnliche Motive zu beanspruchen. Aus dem Nachvollzug ergeben sich jedoch keinerlei Konsequenzen etwa in Bezug auf die Unterstützung einer Aufnahme von Flüchtlingen. Im Gegenteil. Gerade das Bewusstsein über die Armut dort und den Reichtum hier las-sen 'ökonomische' Flucht- bzw. Migrationsgründe zwar als überaus naheliegend, zwingend und wahrscheinlich erscheinen, Gründe, die 'verstanden', zugleich aber als eine Bedrohung des eigenen Status interpretiert werden und eine mehr oder weniger massive Abwehrhaltung gegenüber Flüchtlingen und Illegalen unterstützen.

Insgesamt kann jedenfalls festgehalten werden, dass in den Gruppendiskussionen und Einzelinterviews bereits in der Verwendung eines oft gebrauchten Begriffs, dem Begriff des 'ökonomischen' Flüchtlings, das 'Ineinandergehen' und 'Ineinanderspielen' der Bereiche, die von Raaimakers als getrennt dargestellt werden, zu konstatieren ist.

3.4.3 'Ökonomischer' Konservatismus: Wer nicht arbeitet, dem soll nicht geholfen werden

Doch noch bei weiteren Themen ist ein 'Ineinandergehen' und 'Ineinanderspielen' von 'ökonomischen' und 'kulturellen' Bereichen zu beobachten. In den Gruppendiskussionen und Einzelinterviews handelt es hierbei um Passagen, in denen es um die sozialstaatlichen Kosten von Flucht und Einwanderung, um eine (angebliche) Benachteiligung von Einheimischen und um das (angebliche) Ausnutzen des Sozialstaates u.Ä. geht (codiert als '*leisoz*' und '*benach*').

Manchmal findet sich dieses 'Ineinandergehen' auch bei Jugendlichen, die deutlich Position zugunsten von asylsuchenden Flüchtlingen beziehen. Die Berufsschülerin Tanja ärgert sich zum Beispiel über die 'Sprüche' von Klassenkameraden, denen zufolge zu viel Geld für Flüchtlinge ausgegeben wird und dies angeblich auf Kosten von Niederländern geschieht:

[279] Die realen Flüchtlingszahlen zum Untersuchungszeitraum sind als eher niedrig zu bezeichnen; siehe V.5.2.4.2.

Tanja: *"Nein, damit bin ich überhaupt nicht einverstanden. (...) Ich finde, das Geld wird einfach nicht gut ausgegeben. Es gibt Geld genug, aber es wird einfach nicht auf eine gute Weise benutzt." (eta.13:1411-1420)*

Von hier aus betont Tanja den Nutzen, den Flüchtlinge für die niederländische Gesellschaft haben können, in einer weiteren Interviewpassage mit den Worten:

Tanja: *"Ich meine, wenn man den Flüchtlingen ein gutes Auskommen gibt, dann denke ich, dass sie auch gut für das Land sein können, ich meine, die Leute fangen nachher auch gleich wieder an zu arbeiten." (eta.13a:197-199)*

Obwohl Tanjas Argumentation auch Aspekte enthält, die instrumentalisierende Diskurse unterstützen könnten, ist ihre Intention deutlich. Sie bezieht Stellung *für* Flüchtlinge. Meist sind jedoch Argumentationsweisen, die 'Ökonomisches' aufgreifen, eher von einer negativen Haltung gegenüber asylsuchenden Flüchtlingen und Eingewanderten geprägt. Dies wird auch im Beitrag Sannes während einer Diskussion in einer anderen Berufsschulkasse (MBO) deutlich:

Sanne: *"... also ich denke, dass die Menschen, die hier in den Niederlanden arbeiten, dass die auch viel mehr ... einen Widerwillen dagegen kriegen, dass die Menschen hierher kommen. Damit ist ihnen (den Flüchtlingen) auch nicht geholfen.*
Interviewer: *Du hast das Gefühl: 'Das wird von meinem Schüler-Bafög*[280] *abgezogen ... ?'*
Sanne: *Nein, nicht nur das, davon auch, aber auch von den Steuergeldern und so. Die Menschen, die schon Steuern bezahlen müssen, müssen dann noch mehr bezahlen, obwohl sie schon so hoch sind. Ich denke auch, dass man den Menschen (den Flüchtlingen) damit nicht wirklich hilft. ... Wir müssen die Probleme dort anpacken und nicht alle in die Niederlande holen." (m1.14:1260-1286)*

Im Gegensatz zu Tanja im vorigen Beispiel betont Sanne die Kostenseite. Durch die Kosten für die Aufnahme von Flüchtlingen ergeben sich ihrer Meinung nach höhere Steuern und eine Reduktion ihres Schüler-Bafögs. Allerdings will Sanne ihre Aussage lieber *auf die Allgemeinheit* bezogen halten. Meine Nachfrage in Bezug auf ihr *eigenes* Gefühl beantwortet sie jedenfalls mit einem Hinweis auf die Steuerzahler im Allgemeinen. Außerdem führt sie die Interessen der Flüchtlinge an: mit einem Unmut in der niederländischen Bevölkerung ist ihnen nicht geholfen. Die Probleme, so Sanne, müssen im Herkunftsland der Flüchtlinge angepackt werden. Ob die Steuerzahler allerdings dafür höhere Steuern in Kauf nehmen würden ist eine Frage, die sie nicht weiter verfolgt.

Während bei Sanne eine Argumentationsweise, die eine Benachteiligung Einheimischer anführt, nur angedeutet ist, kommt sie bei Carmen voll zum tragen.[281] Carmen benutzt den Begriff 'Ausländer' auch dort, wo sie eigentlich über asylsuchende Flüchtlinge spricht. Wie zu sehen war, beschreibt ihr vorgetragenes Ausländerbild 'Ausländer' vor allem als Menschen, die vom niederländischen Wohlfahrtsstaat profitieren und nicht arbeiten wollen.

---

[280] Diese Beihilfe für Schülerinnen und Schüler heißt im Niederländischen natürlich *nicht* Schülerbafög. Der direkt übersetzte Term wäre Studienfinanzierung (studiefinanciering). Dies ist im Deutschen jedoch u.U. missverständlich und scheint eher auf ein Hochschulstudium hinzuweisen.

[281] Auch die Berufsschülerin Carmen wurde bereits zitiert, so als es um den Zusammenhang zwischen Definition und Bewertung ging; siehe VI.3.1.6.

Carmen: *"Viele Ausländer kommen hierher und sehen wie es hier ist. Die wissen doch, dass sie Sozialhilfe bekommen können, die kommen einfach hierher ... ." (m1.3:911-917)*

Carmens negatives Ausländerbild hat übrigens eine besonders bemerkenswerte Note. Ihre Eltern sind in jungen Jahren als Arbeitsmigranten aus Spanien eingewandert, ihre Mutter spricht nur sehr wenig niederländisch. Doch wer deshalb meint, Carmen verspüre eine Nähe zu eingewanderten und aktuell einwandernden 'Ausländern', der sieht sich getäuscht. Carmen definiert sich als Einheimische. Außerdem beschreibt sie ihre eigene Familie als eine, in der stets sehr hart gearbeitet wurde. Der schließlich erreichte Wohlstand sei der eigenen Leistung zu verdanken, auf staatliche Unterstützung hätte man nie zurückgegriffen (siehe *eca.3:1271-1297)*.[282] Den Vorwurf der Diskriminierung, an die Adresse der Niederländerinnen und Niederländer gerichtet, weist sie scharf zurück. Sich selbst sieht Carmen, sich zu den Einheimischen zählend, als Diskriminierte: Die Gruppe der Einheimischen wird benachteiligt, die Gruppe der Eingewanderten wird bevorzugt.

Carmen: *"Nein, worum es mir geht ist, dass zu uns gesagt wir, dass wir Ausländer diskriminieren, nun, die einzigen die diskriminiert werden im eigenen Land sind wir ... . Such' doch nur mal 'ne Wohnung! Ja, wenn du zehn Jahre auf einer Liste stehst, dann kriegst du eine Zwei-Zimmer-Wohnung. Die Ausländer, die bekommen gleich ein Häuschen mit einem Gärtchen, vorne ein Gärtchen, hinten ein Gärtchen und es muss gut zur Sonne liegen ... ." (m1.3:462-477)*

Ihre Empörung verbindet sich mit Vorstellungen, die wir, gemäß der Einteilung von Raaimakers, einem 'ökonomischen' Konservatismus zurechnen könnten.

Carmen: *"Ich finde bei Ausländern und Niederländern, ich finde bei alle beiden: Menschen können arbeiten und tun sie das nicht, dann müssen sie einfach kein Geld kriegen, fertig aus! Es ist ihre eigene Schuld. Alle Menschen können arbeiten, außer Alten und Menschen, die sehr krank sind. Wie oft kriegen diejenigen Arbeitslosengeld, die einfach zu Hause sitzen und einfach schwarz arbeiten?*

Helen: *Das sind nicht nur die Ausländer ... .*

Carmen: *Ausländer und Niederländer, die müssen einfach keine Unterstützung kriegen; Lass sie nur arbeiten." (m1.3:1152-1175)*

Alle Menschen sollen und können arbeiten. Wer nicht arbeitet, ist selbst schuld und hat die Folgen zu tragen. Sozialhilfe und Arbeitslosenunterstützung sind im Grunde unnötig, ja führen nur dazu, dass die Menschen das System ausnutzen und nebenher auch noch unerlaubt dazu verdienen. Ausdrücklich bezieht Carmen ihre Abweisung des Sozialstaats auf Niederländer und Ausländer (siehe auch *eca.3:1450-1521*).

[282] Möglicherweise erlaubt es Carmen gerade eine bestimmte Form der Überanpassung, nicht selbst in die Situation zu geraten, von anderen als 'Ausländer' eingeordnet zu werden. Allerdings will ich diese Frage hier zunächst ausklammern, da sie in einen anderen Themenzusammenhang gehört: Wie gehen Eingewanderte und deren Söhne und Töchter mit einer aktuellen oder zumindest potentiell stets drohenden Gefahr der Ausgrenzung und Diskriminierung um?

Wie bei Carmen deutlich zu beobachten ist, sind, um wieder auf den von Raaimakers unter Jugendlichen konstatierten 'ökonomischen' Konservatismus zurückzukommen, von Standpunkten aus, die diesem zugeordnet werden können, erhebliche Friktionen in Bezug auf die 'politische Toleranz' zu erwarten. Wenn also davon ausgegangen wird, dass in den Niederlanden zu viel und zu einfach staatliche Hilfe gewährt wird und die Menschen, die Arbeitslosengeld und Sozialhilfe beziehen, im Grunde nur nicht arbeiten wollen, dann begründet sich hieraus oft auch eine Ablehnung der staatlichen Unterstützung für asylsuchende Flüchtlinge und andere Neuankömmlinge. Von einer toleranten Haltung diesen Gruppen gegenüber bleibt dabei in aller Regel, sollte sie je vorhanden gewesen sein, nicht mehr viel übrig.

3.4.4 *"Wir müssen dafür arbeiten und sie müssen nichts dafür tun"*

Dies zeigt sich auch im Folgenden Beispiel. Es handelt sich hier um eine Diskussion der 'zweiten Untersuchungsrunde' in einer Klasse des berufsbildenden Schulwesens (MBO) (siehe auch oben, VI.3.3.4.3). Soeben wurde der Film gezeigt und die Diskussion befindet sich an einer Stelle, an der die Frage erörtert wird, ob und inwiefern asylsuchende Flüchtlinge in den Niederlanden zugelassen werden sollen. Die nachstehende Darstellung konzentriert sich auf Sammy, Denny und Denis.[283]

Sammy: *"Wenn du als Flüchtling hierher kommst, ja, dann bist du zwar Flüchtling, aber du bekommst sofort einen Fernseher auf dein Zimmer, du kriegst ein eigenes Bett, du hast ein Schlafzimmer, das geheizt wird ... .*
Denny: *(dazwischen) Sie zünden es doch an.*
Sammy: *... kriegen Sozialhilfe, und dann laufen sie rum und meckern, dass sie zu wenig kriegen.*
Denny: *Die ganze Turnhalle haben sie zum Schlafen, die zünden sie auch an.*
Sammy: *(im Pokerjargon) Sie bekommen die ganze Straße. (...)*
Interviewer: *Aber woher habt ihr solche Informationen? Woher wisst ihr das?*
Denis: *Vom Fernsehen und einem selbst, denke ich.*
Sammy: *Ja. (...)*
Denis: *60,- Gulden wird es jetzt weniger, beim Schüler-Bafög, aber da gehen schon wieder 1 000 Soldaten nach Kambodscha, um gegen die Scheiß-Khmer zu kämpfen. Hör bloß auf damit, das kostet Millionen, und bei mir wird gekürzt und all die Flüchtlinge werden hier aufgenommen. Die regieren da ins Blaue hinein und schmeißen nur so mit Geld und uns werden 60,- Gulden abgezogen. (...)*
Sammy: *Wenn wir einmal selbstständig wohnen wollen ... .*
Denis: *Es muss bei jedem gekürzt werden und nicht, gell, wieder nur bei einer Seite. So ist es doch, oder? (...)*
Sammy: *... warum kürzen sie nicht bei den Flüchtlingen, weil die kriegen noch genauso*

[283] Um eine längere Passage mit Beiträgen dieser Jugendlichen einigermaßen übersichtlich darzustellen, war es notwendig, ungewöhnlich viele Auslassungen [gekennzeichnet mit (...)] vorzunehmen. Es ist wenig wahrscheinlich, dass die ausgelassenen Stellen die Grundtendenz der Argumentationsweise von Robert, Denny und Denis beeinflusst haben oder zu einer anderen Interpretation führen würden.

	ihren Fernseher. Wir müssen dafür arbeiten und sie müssen nichts dafür tun. (...)
Interviewer:	*Hast du keinen Fernseher?*
Sammy:	*Nein, ich habe keinen Fernseher auf meinem Zimmer.*
Denny:	*Ich auch nicht.*
Mehrere:	*(im mitleidsvollen Ton) Aaaaccccchhhhhhhh ..... .*
Interviewer:	*Wie kriegst du dann diese Informationen?*
Sammy:	*Von meinem Vater und meiner Mutter, weil die haben einen Fernseher. (...)*
Denis:	*So ist es auch pro Land, also auch pro Familie. Du gibst doch kein Geld aus für Leute, die zwei Blocks weiter wohnen, oder?*
Interviewer:	*Du hast vielleicht Mitgefühl ... ?*
Denis:	*Mitgefühl, aber weiter nichts." (m2.16:1236-1491)*

Sammy, Denny und Denis argumentieren gegen die weitere Aufnahme und Unterstützung von asylsuchenden Flüchtlingen. Die Passagen sprechen fast schon für sich selbst. Die Flüchtlinge werden von Sammy zunächst als eine Gruppe präsentiert, die mit Undankbarkeit auf die ihr zuteil werdende (großzügige) Hilfe reagiert. Außerdem scheint Denny in Frage zu stellen, ob sie diese Hilfe überhaupt verdienen, da Flüchtlinge offenbar, so seine knappe Bemerkung, zur Zerstörung des Angebotenen neigen. Vorgetragen wird dies in einem Tonfall, der zwischen ironisch, verbittert und aggressiv liegt. Man weiß nicht, ob Denny es ganz ernst meint. Jedenfalls spielt er mit dem Bild des Brandstifters. Angesichts des Films, den wir gezeigt haben, und in dem u.a. Szenen über brennende Unterkünfte von Flüchtlingen und Eingewanderten in Deutschland zu sehen sind, scheint Denny darauf aufmerksam machen zu wollen, dass Brände auch von Flüchtlingen selbst verursacht werden. In der Tat wurde zum Untersuchungszeitraum in den Medien über einige Fälle in den Niederlanden berichtet, die Unfälle mit Brandfolgen in Flüchtlingsunterkünften beschreiben. Aus den Unfällen werden bei Denny allerdings eher gezielte Aktionen: *"Sie zünden es doch an."* Merkwürdig verdreht klingt auch Dennys Hinweis auf *"die ganze Turnhalle"*. Ein großer Raum zwar, aber doch nicht unbedingt die eher komfortable Ausstattung (eigenes Zimmer mit Fernsehen), auf die Sammy soeben hinwies.

Jedenfalls untermauert Sammy - unbeirrt von der 'angezündeten Turnhalle' - im Folgenden seine Beschreibung der sozialstaatlich begünstigten, aber undankbaren Flüchtlinge mit einer kurzen Äußerung, die die Form einer sprachlichen Doppelaussage hat: Sammy behauptet zugleich eine allgemeine Besitznahme durch die Flüchtlinge (*"bekommen die ganze Straße"*) und unterstreicht die in seinen Augen günstige Situation für die Flüchtlinge, in der diese - um in Sammys Pokerjargon zu bleiben - gewissermaßen 'alle Trümpfe in der Hand haben'.

Sammy, Denny und, wie sich wenig später zeigt, auch Denis ärgern sich über den gerade gezeigten Film. Sie reagieren fast schon beleidigt, trotzig. Der Film zeigt ihrer Meinung nach zu viel Verständnis für die 'falsche' Seite, nimmt Partei für Flüchtlinge und Eingewanderte. Meine ungläubigen Nachfragen danach, woher Sammy und Denny ihre Informationen haben, kontert Denis, der sich zuvor noch nicht zu Wort gemeldet hatte, mit dem Hinweis auf ein in seinen Augen vielleicht 'objektives' und irgendwie 'anerkanntes' Medium (*"vom Fernsehen"*) und mit eigenen Erfahrungen. Sammy braucht hier nur noch zu bestätigen. Wenig später in der Diskussion - Sammy verneint, dass er ein Fernsehgerät besitzt - muss er deshalb umständlich auf das Gerät seiner Eltern zurückgreifen.

Die zunächst von Denis eingeführte und von Sammy aufgegriffene Argumentation mit dem Hinweis auf die eigene Benachteiligung scheint auch eine bestimmte Wunschvorstellung zu enthalten: *"Wir müssen dafür arbeiten und sie müssen nichts dafür tun"*. Vermutlich haben sie oft genug zu hören bekommen, dass erwünschte Ziele durch eigene Arbeit, Anstrengung und Leistung erst verdient werden müssen. Vielleicht erscheint es ihnen (insgeheim) wie ein (schöner) Traum, begehrte Konsumgüter zu erhalten, ohne dafür etwas tun zu müssen. Vielleicht empört sie die bloße Vorstellung, dass andere 'einfach so' etwas bekommen sollen. Vielleicht erscheint ihnen aber auch das Argument deshalb so sinnvoll, weil es - gemäß den verbreiteten Vorstellungen über Leistung, Lohn und Konsummöglichkeiten - andere empören müsste.

Die Argumentation mit Benachteiligung kann zwar als ein Ausdruck einer realen Situation des Zu-Kurz-Kommens in der Gesellschaft interpretiert werden. Man sollte sich jedoch hier nicht zu sicher sein. Denkbar ist auch eine Interpretation, die die Argumentation mit der eigenen Benachteiligung als eine Möglichkeit deutet, die ablehnende Haltung gegenüber Flüchtlingen mit Argumenten zu rechtfertigen und zu unterbauen, die mit einem allgemeinen Verständnis rechnen können (vgl. hierzu auch Leiprecht 1993). Vielleicht ist jedoch auch eine Kombination von beiden Interpretationen sinnvoll: Ausgehend vom Unmut über eine reale Situation des Ausgeliefertseins und konfrontiert mit den aktuellen Kürzungen im Sozial- und Bildungsbereich, richtet sich die Empörung nicht nur (und nicht so sehr) gegen eine offenbar unfähige Regierung (*"sie schmeißen nur so mit Geld"*), die für eine Reduzierung des Schüler-Bafögs verantwortlich ist, sondern vor allem gegen eine offensichtlich schwächere (und in der Schulklasse nicht repräsentierte) Gruppe, den asylsuchenden Flüchtlingen. Die negative Emotion gegenüber dieser Gruppe scheint zudem auf 'offene Ohren' zu stoßen und Aufmerksamkeit zu erregen und der Nachdruck, der auf die eigene benachteiligte Situation gelegt wird, kann u.U. mit der Anteilnahme und dem Verständnis der Umwelt rechnen.

Anhand des vorliegenden Materials lässt sich zwar nicht eindeutig entscheiden, welche der drei Interpretationen die Sache am genauesten trifft. Allerdings scheinen Sammy und Denny nach dem Geschmack einiger Mitschülerinnen und Mitschüler zu 'dick aufzutragen', als sie darauf hinweisen, dass sie in ihren Zimmern nicht über ein Fernsehgerät verfügen können. Die entsprechenden Mitschülerinnen und Mitschüler deuten dies als eine Äußerung, mit der Sammy und Denny auf ihre ungünstige und benachteiligte Situation aufmerksam machen wollen. Ein Hinweis, der den Mitschülerinnen und Mitschülern ungerechtfertigt erscheint, weshalb sie mit einem im mitleidigen Tonfall vorgetragenen Ausruf des Bedauerns ironisierend reagieren (*"Aaaaccccchhhhhhhh ....."*). Sammy's und Denny's Argumentation mit der 'eigenen Benachteiligung' scheint von diesen Mitschülerinnen und Mitschülern jedenfalls nicht 'für bare Münze' genommen zu werden.

Interessant ist schließlich, wie Denis versucht, mit einer anschaulichen Logik auf die 'richtige' Reichweite von mitmenschlicher Unterstützung hinzuweisen. In seinem Bild ist der familiäre bzw. nachbarschaftliche Nahbereich ein *Vorbild* für die internationale Politik. Wer im eigenen Wohnumfeld *"zwei Blocks weiter"* wohnt, wird auch nicht mehr unterstützt. Dies schließt nicht aus, dass man Mitgefühl und Anteilnahme für die entfernter Wohnenden zeigt, allerdings bleibt es bei diesem Gefühl. Tatkräftige Hilfe erfolgt nur im engsten Bereich. Entsprechend haben sich die einzelnen Länder um die engeren Nachbarn und vor allem die eigenen Angehörigen zu kümmern.

3.4.5 *Zusammenfassung:* 'Ökonomische' Argumentationen und die Abwehr von asylsuchenden Flüchtlingen

Eine Trennung zwischen 'sozial-ökonomischen' und 'sozial-kulturellen' Fragen, wie sie Raaimakers vornimmt, kann bei politischen Diskursen zu Flucht, Asyl und Einwanderung nicht nur *nicht* durchgehalten werden, sie führt auch auf eine *falsche* Spur. Zum einen verträgt sich ein ökonomischer Konservatismus kaum mit einer 'Toleranz gegenüber Eingewanderten', jedenfalls nicht, wenn es um die Aufnahme von asylsuchenden Flüchtlingen geht. Zum anderen lassen sich vielfältige Verbindungen zwischen den beiden Bereichen feststellen.

Eine solche Verbindung zeigt sich beispielsweise beim vielgebrauchten Begriff 'ökonomischer' Flüchtling. Dieser Begriff reflektiert nicht nur, dass es über die Aufnahme einer speziellen Gruppe von Flüchtlingen keinen (breiten) gesellschaftlichen Konsens gibt (so Doomernik et al. 1997, 30). Er ist gleichzeitig ein Instrument in der gesellschaftlichen Debatte, um eine Unrechtmäßigkeit und Unzulässigkeit von Fluchtgründen zu behaupten und wird in aller Regel in Diskurszusammenhängen benutzt, in denen es um eine Abwehr und Abweisung von Flüchtlingen geht (vgl. Anne Frank Stichting 1993, 16/17). Dies ist auch, so zeigt das qualitative Datenmaterial, bei den befragten Jugendlichen nicht anders.

Aufschlussreich ist, dass der Begriff 'ökonomischer' Flüchtling der Argumentation im Alltag einen besonderen Spielraum verschaffen kann: der eigene Hilfegestus muss nicht aufgegeben werden und die unterstützende Haltung kann sich auf eine Gruppe von 'wirklich' Verfolgten richten, die den angeblich 'falschen', also den 'ökonomischen' Flüchtlingen gegenübergestellt werden. Aufschlussreich ist auch, dass bereits die Gegenüberstellung zwischen 'reicher' und 'armer' Welt auszureichen scheint, um ein Verlassen der ärmeren Region plausibel und wahrscheinlich zu machen. Dabei verändert offenbar die Nachvollziehbarkeit und Logik von 'ökonomischen' Fluchtgründen und das Hineinversetzen in eine entsprechende Lage nicht unbedingt etwas daran, weiterhin im Rahmen 'eindimensional-nationaler' Orientierungen Flüchtlinge als Bedrohung für den eigenen Status auszumachen und mit einer abwehrenden Haltung zu reagieren. Eher noch scheint das Gegenteil der Fall zu sein.

Häufig lassen sich bei 'ökonomischen' Argumentationsweisen fast schon demonstrative Selbstbezüge ausmachen, die sich dichotomisierender Gegenüberstellungen bedienen; Gegenüberstellungen, in denen davon ausgegangen wird, dass 'wir Niederländer' (materiell) benachteiligt und die 'Ausländer' bevorzugt werden. Hier sind möglicherweise auch so manche Wunschvorstellungen ('wir müssen arbeiten, die brauchen nichts tun') zu entdecken, die man für sich selbst gerne realisiert sehen würde ('andere arbeiten lassen, selbst nichts tun müssen'). Allerdings kann sich hinter solchen Gegenüberstellungen auch ein Unmut über eine reale Situation des Ausgeliefertseins und sozial-materiellen Missständen verbergen, ein Unmut, der sich nicht gegen die u.U. mächtigeren Verantwortlichen, sondern sich gegen offensichtlich schwächere Gruppen richtet, die in gängigen Diskursen mit Repräsentationen dargestellt werden, die entsprechende Verknüpfungen geradezu anzubieten scheinen.[284] Die negativen Emotionen gegenüber solchen Gruppen scheinen zudem auf 'offene Ohren' zu stoßen und Aufmerksamkeit zu erregen. Der Nachdruck, der auf die eigene benachteiligte Situation gelegt wird, kann zudem meist mit der Anteilnahme und dem Verständnis der Umwelt rechnen. Dies ist auch ein Grund, warum nicht unbedingt davon auszugehen ist, dass diejenigen, die sich solcher Diskurse bedienen, wirklich selbst benachteiligt sind oder sich in sozial-materiell ungenügenden Situationen befinden. Für 'eindimensional-nationale' Orientierungen scheint sich hier insgesamt ein 'respektabler' Bewegungsraum öffnen zu können.

[284] Siehe beispielsweise die Ausführungen zu den *Schlagzeilen in den Medien zu Flucht/Asyl/illegaler Einwanderung*; VI.3.2.

3.5 Widersprüche in den Orientierungen

An verschiedenen Stellen der vorliegenden Arbeit habe ich bereits darauf hingewiesen, dass widersprüchliche und ambivalente Konstellationen in den Ergebnisdarstellungen quantitativer Untersuchungen oft vernachlässigt werden (siehe III.1.3) und die quantitative Logik zu unangemessenen Vereindeutigungen beitragen kann (siehe V.2.4). Wenn in der Analyse quantitativer Daten eine Spur verfolgt wird, auf deren Vorhandensein und Stärke beispielsweise das mathematische Hilfsmittel der statistischen Signifikanz hinweist, so werden zunächst solche Phänomene vernachlässigt, die außerhalb eines zentralen Zusammenhangs liegen. Dies kann sehr nützlich sein, wenn für eine große Zahl von Befragten und über mehrere Einzel-Fragen hinweg - wie mit den Indizes zu 'eindimensional-nationalen' und 'multiperspektivischen' Orientierungen geschehen - im *Durchschnitt* ein Zusammenhang festgestellt und so eine wichtige Tendenz in den jeweiligen Antworten entdeckt werden kann (siehe etwa V.2.; VI.1.; VI.2.). Die Fülle der erhobenen (quantitativen) Daten und Zusammenhänge wird hier jedoch (im ungünstigen Fall) auf eine einzige Haupttendenz reduziert. Nicht untersucht werden mit einer solchen Vorgehensweise die Ambivalenzen und Widersprüchlichkeiten, die unter Umständen ebenfalls zu beobachten sind. Im Folgenden wird genau hierauf die Aufmerksamkeit konzentriert werden. Dabei lässt sich feststellen, dass gerade die *qualitativen* Daten die Möglichkeit bieten, den Blick *sehr alltagsnah* auf Phänomene zu richten, bei denen eben nicht nur Eindeutiges zu beobachten ist.

3.5.1 Auch bei 'Extremgruppen' finden sich unerwartete Nebentendenzen

In quantitativen Teil der vorliegenden Untersuchung konnte für die Niederlande eine Gruppe ausgemacht werden, die in einer extremeren Form eine rassistische und nationalistische Haltung zu erkennen gibt: 13% der autochthonen Befragten stimmten in besonders eindeutiger Weise 'eindimensional-nationalen' Orientierungen zu und zeigten gleichzeitig Verständnis oder gar Zustimmung angesichts von Gewalttaten gegenüber 'Ausländern' (VI.2.2). Nun handelt es sich bei rassistischen und nationalistischen Orientierungen, auch dies ein Ergebnis der vorliegenden Untersuchung, nur zu einem kleineren Teil um solche extremeren Formen. Es liegt nahe anzunehmen, dass Widersprüchlichkeiten und Ambivalenzen vor allem bei den weniger extremen Formen zu finden sein werden. Allerdings sollte man sich auch angesichts der extremeren Formen nicht ohne weiteres zu der Vermutung verleiten lassen, dass sie überhaupt keine Widersprüchlichkeiten und Ambivalenzen mehr aufweisen und - um einen Begriff aus der deutschen Rechtsextremismusforschung zu gebrauchen - ein 'geschlossenes' rassistisches und nationalistisches Welt- und Menschenbild präsentieren (vgl. SINUS-Studie 1981, 78).

Ich gehe davon aus, dass bei Menschen überhaupt und bei Jugendlichen im Besonderen nur in seltenen Fällen von wirklich *'geschlossenen'* Orientierungen gesprochen werden kann. Dafür gibt es verschiedene Hinweise auch in der Forschungsliteratur. Die Diskursanalytiker Potter und Wetherell betonen, dass die Argumentationsmuster in rassistischen Diskursen "weder einer klaren Linie folgen ... noch einheitlich organisiert sind" (Potter/Wetherell 1995, 198). Was auffällt, ist der vielschichtige und fragmentarische Charakter dessen, was oft als sogenannter 'gesunder Menschenverstand' bezeichnet wird: "Prämissen und Schlüsse (tauschen) ihre Plätze, logische Inkonsistenzen (werden) mit größter Leichtigkeit begangen und liberale, humanistische oder egalitäre 'Werte' (bringen) möglicherweise rassistische oder Ungleichheiten rechtfertigende Ansichten" hervor (ebd.).

Ähnlich zeigen die neueren empirischen Untersuchungen des Projektes 'Internationales Lernen' in Deutschland, dass, wenn es um 'nationale' Orientierungen geht, gerade die *Widersprüchlichkeit* in den Orientierungen der Jugendlichen bestimmend ist (vgl. Held/Horn/Marvakis 1996, 73). Auch in der vorliegenden Untersuchung lässt sich feststellen, dass die Jugendlichen Orientierungen zum Ausdruck bringen, die oft eher durch Widersprüchlichkeit und Ambivalenz als durch Eindeutigkeit und Geschlossenheit zu charakterisieren sind.

Dies lässt sich bereits auf der Ebene *quantitativer* Daten feststellen. Denn selbst wenn *Extremgruppen* gebildet und die Antworten zu solchen Items aus der Skala zu 'eindimensional-nationalen' Orientierungen mit den Antworten zu solchen Items aus der Skala zu 'multiperspektivischen' Orientierungen miteinander verglichen werden, die inhaltlich *direkter* aufeinander bezogen sind, findet sich bei einzelnen Items immer noch eine mehr oder weniger große Gruppe von Jugendlichen, die überraschend *widersprüchlich* antwortet, - unbeschadet der Tatsache, dass insgesamt 'eindimensional-nationale' und 'multiperspektivische' Orientierungen deutlich negativ miteinander korrelieren und stimmige Zusammenhänge in Bezug auf ähnliche Fragenbereiche zeigen (siehe VI.2.1; VI.2.2):

Zum Beispiel wurden die Jugendlichen, die sowohl das 'Wegnehmargument' zu Arbeitsplätzen (V68) mit *'stimmt'* oder *'stimmt genau'* unterstützt haben und gleichzeitig bei der Gewaltfrage (V79) Verständnis oder gar Zustimmung bei Gewalttaten gegenüber 'Ausländern' zeigten, zu einer Extremgruppe zusammengefasst. Prüft man, wie sich diese Extremgruppe (mit 65 Jugendlichen) gegenüber dem Statement, wonach sich aus dem Reichtum in den Niederlanden eine Verantwortung für ärmere Länder ergibt (V76), verhält, lässt sich neben der Haupttendenz eine starke widersprüchliche Nebentendenz entdecken. Bereits 35% der Jugendlichen der Extremgruppe unterstützen die internationale Verantwortungsfrage ebenfalls mit *'stimmt'* oder *'stimmt genau'*.

Auch wenn in entsprechender Weise eine Extremgruppe aus dem Antwortverhalten zu den beiden 'Wegnehmargumenten' zu Arbeitsplätzen (V68) und Wohnungen (V70) gebildet und geprüft wird, wie sich diese Extremgruppe (mit jetzt 71 Jugendlichen) auf die Feststellung, wonach durch das Aufeinandertreffen von verschiedenen Sprachen und Kulturen das Schulleben interessanter und variierter werden kann (V69), verhält, so zeigt sich, dass fast ein Viertel (23%) diesem Item ebenfalls mit *'stimmt'* oder *'stimmt genau'* zustimmt.

Nun werden 'Wegnehmargumente' üblicherweise zur Begründung und Rechtfertigung einer ablehnenden Haltung gegenüber Eingewanderten benutzt. Im vorliegenden Fall unterstützt also überraschenderweise eine kleine Gruppe Jugendlicher, die klassische 'Wegnehmargumente' mit *'stimmt'* oder *'stimmt genau'* befürwortet, gleichzeitig ein Item, das in der Diskussion oft gebraucht wird, um die Bereicherung und den Gewinn, den eine multikulturelle Gesellschaft darstellen kann, zu unterstreichen.

3.5.2 Widersprüchlichkeiten als Hinweise auf andere Begründungszusammenhänge

Werden widersprüchliche Nebentendenzen im quantitativen Material festgestellt, so ist es hilfreich, durch die Analyse entsprechender Passagen in den Gruppendiskussionen und Einzelinterviews zu versuchen, ein *genaueres* Bild zu bekommen.

So kann auf der Grundlage der Daten des Fragebogens eine Extremgruppe gebildet werden, in dem die Jugendlichen, die die beiden'Wegnehmargumente' zu Arbeitsplätzen und Wohnungen (V68 und V70) gleichermaßen mit *'stimmt'* oder *'stimmt genau'* unterstützen, zusammengefasst werden. Überprüft man das Antwortverhalten dieser Extremgruppe auf das

Statement, wonach sich aus dem Reichtum in den Niederlanden eine Verantwortung für ärmere Länder ergibt (V76), zeigt sich eine starke widersprüchliche Nebentendenz: Immerhin 37% stimmen hier ebenfalls mit *'stimmt'* oder *'stimmt genau'* zu. Bei der Suche nach entsprechenden Passagen im *qualitativen* Material lässt sich u.a. eine Diskussion in einer Berufsschulklasse finden, die bereits ausführlicher dargestellt und analysiert wurde (siehe VI.3.2.9). In dieser Gruppendiskussion, die wenig später auf die (oben beschriebene) Flugzeugkatastrophe in der Amsterdamer Bijlmermeer Bezug nehmen wird, geht es zunächst um die Situation im ehemaligen Jugoslawien und um asylsuchende Flüchtlinge aus dieser (Bürger-)Kriegsregion. Die Diskussion findet kurz vor Weihnachten 1992 statt. Die Aufmerksamkeit in den ausgewählten Passagen soll vor allem Nina und den verschiedenen Standpunkten, die sie mit ihren Argumenten einnimmt, gelten:

Nina:	*"... aber ich meine, wir müssen alle so teure Sachen zu Weihnachten haben, weil es ist normal, dass Geschenke unter dem Christbaum liegen, oder zu Nikolaus, nur als Beispiel. Und die Menschen dort haben nicht einmal etwas zu essen." (m1.14:1575-1582)*

Ninas Argumentation scheint von einem Gefühl geprägt zu sein, das jedes Jahr - und keineswegs nur bei Nina - in der Vor-Weihnachtszeit neben dem üblichen Konsum- und Kaufrausch eine besondere Bedeutung zu bekommen scheint: Mildtätigkeit und Hilfsbereitschaft für die Armen. Nina macht auf den Überfluss hierzulande und die Not in Jugoslawien aufmerksam. Wenig später wird das Thema Flüchtlinge angeschnitten. Lineke stellt die These auf, dass die Niederlande zwar helfen müsse, jedoch inzwischen so voll sei, dass kaum mehr Flüchtlinge aufgenommen werden können. Ich versuche, in die Diskussion einzugreifen und gegen Linekes These zu argumentieren.

Interviewer:	*"Wann ist ein Land voll?*
Lineke:	*Es können immer noch ein paar dazu kommen, aber das hört nicht auf. Jetzt ist es Jugoslawien, morgen ist es vielleicht wieder Deutschland oder was weiß ich. Das ist natürlich alles sehr schlimm, aber, na ja, einmal muss natürlich Schluss sein.*
Sanne:	*Man kann nicht das Leid der ganzen Welt auf seine Schultern nehmen.*
Nina:	*Nein.*
Lineke:	*Man kann schon überall helfen, aber einmal ist Schluss.*
Nina:	*Wir sind selbst auch noch da." (m1.14:1773-1795)*

In dieser Passage schließt sich Nina Lineke und Sannes Argumenten an. Sie tritt nicht mehr für (weihnachtliche) Hilfsbereitschaft ein, sondern betont den Eigennutz: 'Wir' sind jetzt keine im Wohlstand lebenden Menschen mehr, für die es ganz normal ist, zu Weihnachten teure Geschenke zu bekommen, sondern in Bedrängnis geratene Helferinnen und Helfer, die endlich auch an sich selbst denken müssen.

Die Diskussion führt schließlich mit dem Flugzeugabsturz in der Bijlmermeer zur Katastrophe vor der eigenen Haustür. Es wurde bereits deutlich, dass in der folgenden Diskussion einige Jugendliche, darunter auch Nina, zunächst heftig Stellung gegen diejenigen beziehen, die sich offenbar zu Unrecht als Opfer auszugeben versuchten und Unterstützung von den Hilfsorganisationen und den staatlichen Stellen beanspruchen wollten (siehe VI.3.2.9). Im Laufe der Diskussion wendet sich der Unmut jedoch auch gegen die wirklichen Opfer der Katastrophe. Alice und Nina haben den Eindruck, dass die Hilfe zu großzügig bemessen war:

Alica: *"Dann beklagen sie sich noch, dass sie zu wenig kriegen.*
Mädchen: *Ja.*
Ayla: *Das weißt du nicht, das ist nicht bewiesen, du kannst zwar sagen, die NAP-Jakken ... .*
Nina: *Also, es geht nicht nur um die NAP-Jacken. Aber warum kriegt man 12 000 Gulden, um eine Wohnung oder was auch immer neu einzurichten... ?*
Mädchen: *Ja.*
Nina: *... also, genauso gut hätten sie nichts gekriegt, weil bei so einer Katastrophe ist man nicht versichert. Im Prinzip bekommt man überhaupt nichts."*
(m.1.14:2024-2045)

Bei NAP-Jacken handelt es sich, wie bereits erwähnt, offenbar um relativ kostbare Kleidungsstücke. Mariska hatte diese Jacken im Fernsehen gesehen, getragen von wirklichen oder angeblichen Opfern der Absturzkatastrophe, und diese Beobachtung in die Diskussion eingeführt. Für Alice sind die wertvollen Jacken ein Beweis, dass sich die Opfer der Katastrophe zu Unrecht beklagen und in Wirklichkeit gar nicht so notleidend sind, wie sie sich darstellen. Ayla versucht, für die Betroffenen Partei zu ergreifen und möchte harte Beweise sehen. Nina wiegelt ab: Es geht nicht nur um die teuren Jacken, sie führt mit der Einrichtungsbeihilfe neue 'Tatsachen' in die Diskussion ein. Eigentlich, so ist ihr Tenor, müssten die Betroffenen mehr als zufrieden sein, denn genau genommen hätten sie überhaupt kein Recht auf eine Unterstützung.

Die verschiedenen Standpunkte, die Nina im Laufe dieser Diskussion einnimmt, sind überaus aufschlussreich. Zunächst weist sie auf die notleidenden Menschen im ehemaligen Jugoslawien und den Wohlstand in den Niederlanden hin. Ihre Haltung ist von Mitleid geprägt. Man kann sich sehr gut vorstellen, dass sie mit einer solchen Haltung auch dem Item zugestimmt hat, demzufolge sich aus dem Reichtum in den Niederlanden eine Verantwortung für ärmere Länder ergibt (V76). Allerdings lehnt Nina gleichzeitig eine weitere Aufnahme von Flüchtlingen ab und spricht sich auch gegen eine in ihren Augen zu großzügig bemessene Hilfe für die Opfer einer Katastrophe aus, die sich in unmittelbarer Nähe abgespielt hat. Sie ist im Gegenteil empört über die Klagen der Betroffenen.

Geht man davon aus, dass auch Nina zunächst durchaus Anteilnahme und Mitleid mit den Katastrophenopfern zeigte, eine Annahme, die auch durch Ninas Hinweis auf die notleidenden Menschen im ehemaligen Jugoslawien mehr als gerechtfertigt zu sein scheint, so ist ihre Reaktion geradezu typisch für viele Situationen, in denen Empfindungen des Mitleids offenbar 'unbelohnt' bleiben. Wie deutlich wurde, ärgert es Nina, dass die Hilfsbedürftigen keine Dankbarkeit zeigen, ja sich sogar beklagen (siehe VI.3.2.9, dort *m1.14:1935-1981*). Mitleid scheint in der Tat oft durch eine demütige Haltung der Bemitleidenden zumindest 'ergänzt', wenn nicht sogar 'verdient' werden zu müssen. Nun finden sich in der Gruppendiskussion mit Nina zwar keine Passagen, in denen sie ausgesprochene 'Wegnehmargumente' in Bezug auf Wohnungen und Arbeitsplätze gebraucht, wohl aber argumentiert Nina damit, dass die Opfer der Katastrophe bevorzugt und sie selbst im Verhältnis dazu benachteiligt würde (siehe VI.3.2.9, dort *m1.14:1989-2010*).

Insgesamt vermittelt die dargestellte Diskussionspassage einen guten Eindruck darüber, dass widersprüchliche Nebentendenzen, die auf der Ebene des quantitativen Materials festgestellt werden, nicht unbedingt und in jedem Fall auf 'richtige' Widersprüche zurückzuführen sind, sondern es sich auch um eine *alternative Anordnung von Begründungszusammenhängen* bei den Befragten handeln kann. Das dargestellte Beispiel zeigt, dass eine Zustimmung zur Verantwortung für ärmere Länder sich auch aus einem Gefühl des Mitleids heraus ergeben kann; einem Gefühl, welches sich für die Situation im eigenen Land keineswegs mit entsprechenden Konsequenzen verbinden muss. Als *Mitleidsargumentation* passt das Item zur internationalen Verantwortung (V76) durchaus in einen Begründungszusammenhang zu 'Wegnehmargumenten', mit denen oft negative Haltungen gegenüber Eingewanderten und Flüchtlingen begründet und rechtfertigt werden. Die Ablehnung von asylsuchenden Flüchtlingen ist durchaus vereinbar mit einem Mitleid gegenüber Hilfsbedürftigen in anderen Ländern. Insofern sollte man angesichts des eingangs festgestellten Widerspruchs im Antwortverhalten von Jugendlichen auf bestimmte Items des Fragebogens (V68 bzw. V70 versus V76 oder auch V68 bzw. V79 versus V76) *nicht in jedem Fall* von einem Widerspruch ausgehen, sondern auch von der Möglichkeit, dass es sich um eine besondere Ausrichtung 'multiperspektivischer' Orientierung (Mitleidsgestus) handelt, aus der sich keine weiteren Konsequenzen für die positive Gestaltung interethnischen Zusammenlebens im eigenen Land ergeben müssen.

3.5.3 Anpassungsargumentationen II: widersprüchliche Konstellationen

Wenn nach weiteren widersprüchlichen Konstellationen im qualitativen Material gesucht wird, kann man besonders schnell in einem Bereich fündig werden, der in der vorliegenden Arbeit bereits diskutiert wurde (siehe VI.3.3): Es geht um Passagen, in denen mit verschiedener Heftigkeit und Konsequenz Aufforderungen an die Adresse der Eingewanderten vorgetragen werden, sich *anzupassen*. Bereits zu Beginn dieses Abschnittes, in dem Anpassungsargumentionen (codiert als '*anpass*') unter die Lupe genommen werden, war aufgefallen, dass, obwohl überaus entschieden und mit überwältigender Mehrheit einem Item zugestimmt wird, das von 'Ausländern' eine Übernahme "niederländischer Gewohnheiten und Gebräuche" verlangt (V60), gleichzeitig - wenn auch weniger entschieden und mit knapperer Mehrheit - einem Item mit einer gegensätzlichen Aussage recht gegeben wird. Es handelt sich hier um ein Item, in dem 'Ausländern' das Recht zugestanden wird, einer "eigenen Lebensweise nachzugehen" (V61).

Im Folgenden wird deshalb zunächst das Antwortverhalten auf drei Items, die das Thema Anpassungsargumentation mehr oder weniger direkt berühren (V59, V60 und V61), noch etwas genauer betrachtet. Vergleicht man die Antworten der autochthonen Jugendlichen gegenüber diesen drei Items mit einfachen Kreuztabellen, so können bestimmte *Nebententenden-zen* festgestellt werden, die offenbar auf *widersprüchliche* Konstellationen hinzuweisen scheinen. Zuerst die beiden bereits genannten Items:

V60:
'Ausländer', die in den Niederlanden wohnen, müssen die niederländischen Gewohnheiten und Gebräuche übernehmen.

V61:
'Ausländer' haben das Recht, in den Niederlanden ihrer eigenen Lebensweise nachzugehen.

Das erste Item (V60) stammt aus der Skala zu 'eindimensional-nationalen' Orientierungen, das zweite (V61) aus der Skala zu 'multiperspektivischen' Orientierungen. Zu vermuten ist, dass eine Zustimmung zu beiden Items kaum vereinbar sein dürfte. Es scheint schwer vorstellbar, von 'Ausländern' zu verlangen, die niederländischen Gewohnheiten und Gebräuche zu übernehmen, und gleichzeitig davon auszugehen, dass 'Ausländer' das Recht haben, ihrer eigenen Lebensweise nachzugehen. Im Großen und Ganzen bestätigt sich diese Vermutung. Das Antwortverhalten zu beiden Items korreliert negativ miteinander (-.4250**). Dennoch antwortet - nimmt man die Kreuztabelle zur Hilfe - eine kleine Minderheit (25 Jugendliche, also 5% der Befragten) in sehr widersprüchlicher Weise bei beiden Items gleichermaßen mit *'stimmt'* oder *'stimmt genau'*.

Untersucht man das Antwortverhalten auf die beiden folgenden Items, so fällt ein noch deutlich umfangreicherer Widerspruch ins Auge:

V60:
'Ausländer', die in den Niederlanden wohnen, müssen die niederländischen Gewohnheiten und Gebräuche übernehmen.

V59:
'Ausländer', die in den Niederlanden leben, müssen gleichberechtigt wie Niederländer behandelt werden!

Aus der Skala zu 'eindimensional-nationalen' Orientierungen stammt - wie bereits erwähnt - das erste Item (V60), aus der Skala zu 'multiperspektivischen' Orientierungen das zweite (V59). Es ist auch hier zu erwarten, dass beiden Items nicht gleichermaßen zugestimmt werden kann. Diese Erwartung wird hier jedoch *nicht* bestätigt. Zwar ergibt die Überprüfung der Korrelation, dass beide Items (wenn auch schwach) negativ miteinander korrelieren und die Korrelation signifikant ist (-.2395**). Mit 113 Jugendlichen hat jedoch fast ein Viertel der Befragten (23%) bei *beiden* Items mit *'stimmt genau'* oder *'stimmt'* geantwortet.

Offenbar ist es für viele Jugendliche durchaus vereinbar, hier beiden Aussagen gleichermaßen deutlich ihre Zustimmung zu geben. Untersucht man also das *qualitative* Material zu Anpassungsargumentationen, so muss damit gerechnet, dass diese Argumentationen nicht unbedingt in einem Widerspruch zu solchen stehen müssen, in denen von Gleichberechtigung die Rede ist. In der folgenden Gruppendiskussion zeigt sich diese Konstellation in typischer Weise. Es handelt sich um eine Diskussion in einer 'Gymnasialklasse' (VWO) (siehe VI.3.3.1). Henk äußert sich dort zunächst in einer Weise, die sehr gut zu dem zu passen scheint, was von Raaimakers mit politischer Toleranz (Raaimakers 1993, 110) umschrieben und in den Itemlisten der vorliegenden Untersuchung als 'multiperspektivische' Orientierung gefasst wird :

Henk: *"Ich finde sowieso: alle Menschen müssen dieselben Rechte haben." (v1.31:173-176)*

Eine Aussage, die recht eindeutig formuliert ist. Auch seine Position zur Frage, wie 'Ausländer' definiert werden, scheint gut hierzu zu passen:

Henk: *"Ich meine, wenn man hier einmal rein gekommen ist und man hat hier einen Platz in der Gesellschaft, dann ist man einfach ein Niederländer. So einfach ist das für mich." (v1.31:148-155)*

So einfach bleibt es jedoch nicht. Mit fortdauernder Diskussion entdeckt Henk durchaus auch ein ambivalentes Element in seiner Haltung:

Henk: *"Ich meine, auf der einen Seite finde ich: tja, natürlich, sie müssen leben, so wie sie selbst leben wollen. Auf der anderen Seite habe ich keine Lust, dass es so eine große Gruppe wird, die wirklich Dinge im alltäglichen Leben beeinflusst." (v1.31:860-869)*

Die Frage ist natürlich, wann genau eine eingewanderte Gruppe so groß wird (oder als so groß dargestellt wird), dass Henk den Eindruck bekommt, das alltägliche Leben werde davon beeinflusst. Außerdem muss davon ausgegangen werden, dass Einwanderung stets mit gesellschaftlichen Veränderungen verbunden ist, und zwar nicht nur auf Seiten der Eingewanderten, sondern auch auf Seiten der Aufnahmegesellschaft. Gerade die Weigerung der dominierenden autochthonen Gruppen, sich mit solchen Veränderungen auseinanderzusetzen, ist ein Element, das nationalistische, rassistische und ethnizistische Diskurse unterstützen kann (vgl. hierzu etwa Räthzel/Sarica 1994, 27).

Die Diskussion geht weiter, und Henk gibt schließlich ein recht stereotypes Bild zu erkennen, wenn er über Einwanderung nachdenkt. Er argumentiert letztlich mit einer dichotomen Aufteilung, die geradezu klassisch genannt werden kann:

Henk: *"Hier in den Niederlanden ist es schon recht frei. Es wird viel akzeptiert und so. Während die orientalischen Religionen ..., das ist schon an feste Regeln gebunden. Schon recht feste Regeln. Und dann denke ich, das brauchen wir hier nicht. Ich will, dass wir hier noch ein bisschen normal leben können."* *(v1.31:1163-1176)*

Die Niederlande ist *"schon recht frei"*, als Gegensatz werden die *"orientalischen Religionen"*, die *"an feste Regeln gebunden"* sind, präsentiert. Von den Eingewanderten, die mit bestimmten Religionen assoziiert werden, scheint eine Bedrohung für das 'normale Leben' in den Niederlanden auszugehen. Henks Haltung ist an dieser Stelle durchaus 'offen' für ausgrenzende Positionen.

Nun geht es keineswegs darum, die Argumente Henks, die zu 'politischer Toleranz' oder 'multiperspektivischen Orientierungen' zu passen scheinen, 'mies zu machen', und ihn letztlich doch noch als einen zu 'überführen', der nationalistischen, rassistischen oder ethnizistischen Orientierungen anhängt. Im Gegenteil. Gerade die 'positiven' Elemente in seinen Argumentationen müssen überaus ernst genommen werden und bieten möglicherweise wichtige Anknüpfungspunkte in pädagogischen Arbeitsfeldern.[285] Allerdings bergen gleichzeitig die 'negativen' Elemente durchaus die Gefahr in sich, durch rassistische, nationalistische oder ethnizistische Diskurse *anrufbar* zu sein und sich entsprechend mobilisieren zu lassen.

Ein weiteres Beispiel für eine widersprüchliche Konstellation im Rahmen von Anpassungsargumentationen zeigen einige Passagen aus dem Einzelinterview mit Tanja. Am Anfang des Interviews steht ein Rückblick auf die Gruppendiskussion in der Klasse (siehe VI.3.4.2):

---

[285] Es wäre vielleicht sinnvoll, mit Henk beispielsweise zu untersuchen, welche Regeln es in den Niederlanden gibt, die ihn selbst stören, wer diese Regeln aufstellt, kontrolliert usw. und parallel zu klären, wie dichotome Denkbilder bei solchen Untersuchungen stören können, ja sie unter Umständen ganz verhindern. Möglicherweise lässt sich in einem nächsten Schritt dann auch herausarbeiten, dass es eher solche dichotomen Denkbilder sind, die das 'normale Leben' bedrohen, und weniger die 'orientalischen' Religionen, die in den Niederlanden praktiziert werden. Ein solches Vorgehen braucht übrigens keineswegs an der Tatsache vorbeigehen, dass es durchaus auch fundamentalistische Richtungen (im Islam, im Hinduismus, im Christentum, im Judentum) gibt, die wiederum die Lebensweise auch der Gläubigen der unterschiedlichen Religionen bedrohen können.

Tanja: *"Ich bin schon erschrocken, wie viel Rechte wir in der Klasse haben. Ich meine, ich habe nie gedacht, dass so viel Jugendliche so rechts denken können. Ich dachte immer, dass das nicht so schlimm ist." (eta.13:20-26)*

Tanja nimmt eine hier deutlich andere Position ein. Sie findet Rassismus *"ein bisschen dumm, kindisch und hinterhältig" (eta.13:746-747)*. Tanja argumentiert in der Klasse zugunsten von Eingewanderten und Flüchtlingen (siehe etwa *ml.13:187-202*, *ml.13:725-745*, *ml.13:1306-1308*). Auf die Frage, wieso sie diesbezüglich so anders als viele Jugendliche in ihrer Schulklasse denkt, antwortet Tanja mit einem Hinweis auf die Situation zu Hause.

Tanja: *"Anders darüber denken? Ja, ich bin eigentlich ein bisschen damit aufgewachsen. Ich meine, wir haben eine Menge Ausländer im Haus gehabt." (eta.13:138-141)*

Ihr Vater arbeitet im Sozialbereich und ist mit einem internationalen Arbeitsfeld befasst, in dem es u.a. um die Zusammenarbeit mit Kinderheimen in Asien geht. Ihre Mutter ist zu Hause und betreut junge asylsuchende Flüchtlinge, die von der Familie immer wieder für längere Perioden im eigenen Heim aufgenommen werden. Trotz einer überaus positiven Haltung gegen Eingewanderten und Flüchtlingen, die Tanja auch in ihrer Schulklasse mit Nachdruck vertritt, verlangt sie von 'Ausländern', einmal mehr, einmal weniger scharf formuliert, immer wieder Anpassung:

Tanja: *"Manche hatten so die Meinung: 'Ausländer raus!' Ich denke, na ja, bei manchen Ausländern habe ich schon auch die Idee: 'Raus aus dem Land.' Aber sobald sie sich angepasst haben, denke ich, dass man das nicht mehr machen kann ... ." (eta.13:94-100)*

Die Anpassungswilligkeit und -fähigkeit der jeweiligen 'Ausländer' ist offenbar ein Maßstab, an dem sich Tanja orientiert, wenn es um das Zugeständnis eines Bleiberechts geht. Wenig später im Interview versucht sie diesen Standpunkt vor dem Hintergrund eigener Erfahrungen zu verdeutlichen:

Tanja: *"Es macht mir nicht so viel aus, wo einer herkommt, wenn er sich nur anpasst. Ich arbeite ab und zu in einem Supermarkt und da gibt es auch Leute ... . Ich mache das jetzt schon seit zwei Jahren und die kommen schon seit zwei Jahren, um dort einzukaufen und die können noch nicht einmal auf niederländisch 'Hallo' sagen. Dann denke ich doch: ja, geh' dann zurück. Ich meine, wenn man nicht vor hat, sich hier anzupassen, was macht man dann hier?" (eta.13:142-153)*

Ihre Offenheit gegenüber unterschiedlicher Herkunft verbindet Tanja mit einer Anpassungsbedingung. Die Unkenntnis der niederländischen Sprache bei (sich länger in den Niederlanden aufhaltenden) 'Ausländern' wird als ein Signal für den Unwillen zur Anpassung interpretiert. Ohne Anpassungsperspektive auf Seiten der 'Ausländer' gibt es in den Augen von Tanja offenbar keinen Rechtfertigung, sich in den Niederlanden aufzuhalten.

Mit einer ähnlichen Anpassungslogik verbindet Tanja in der folgenden Passage ihre Haltung gegen Rassismus. Die Passage beginnt mit dem Versuch, auf meine Frage hin zu beschreiben, was Rassismus ist:

Tanja: *"Ja, sie von der Gesellschaft ausschließen. So nach dem Motto: 'Alle Türken raus aus dem Land, weil sie sich nicht anpassen.' Aber es gibt natürlich schon welche, die sich anpassen. Ich meine, mit Rassismus werden also viel zu schnell für eine ganze Bevölkerungsgruppe Schlüsse gezogen: 'Einer macht es, also machen sie es alle!' Und sie da drauf dann festnageln.*

Interviewer: *Aber noch einmal das mit dem 'Anpassen'. Wie weit gehst du da? Ich meine, wer sagt, welche Instanz in der Gesellschaft sagt: die Menschen müssen sich in diesem Punkt anpassen, genau in diesem Punkt?*

Tanja: *Ich denke, dass diese Linie sehr schwierig zu formulieren ist, aber ... ja. man muss in jedem Fall die Sprache eines Landes sprechen, ich denke, dass das sehr wichtig ist ... .*

Interviewer: *(dazwischen) Wie schnell muss das gehen?*

Tanja: *Ja, wie schnell?" (eta.13:788-814)*

Rassismus scheint für Tanja dann gegeben, wenn sich der gesellschaftliche Ausschluss auch auf diejenigen bezieht, die sich anpassen. Der verallgemeinernde und ungerechtfertigte Schluss von denjenigen, die sich *nicht* anpassen auf diejenigen, die sich anpassen, macht den Rassismus aus. Allerdings ist noch immer unklar, was Tanja mit Anpassen eigentlich meint. Auf meine Frage hin gesteht sie ein, dass dies nicht einfach zu formulieren ist. Sie scheint etwas 'aus dem Kurs' gebracht zu sein, und antwortet nach einer kleinen Pause mit einem Kriterium, bei dem sie vielleicht davon ausgeht, dass es im Allgemeinen unverdächtig, in jedem Fall aber naheliegend erscheinen muss: die Sprache des Aufnahmelandes muss erlernt werden. Über die Geschwindigkeit, mit der dies geschehen soll, ist sich Tanja allerdings nicht im klaren.

Wichtig am Beispiel mit Tanja ist die widersprüchliche Konstellation, die sowohl nach der einen als auch nach der anderen Seite mobilisierbar scheint. Ihr Auftreten in der Klasse ist in der Tat so, dass ein verständnisvoller Diskurs für die schwierige Lebenssituation von Flüchtlingen und Eingewanderten unterstützt wird. Vehement wendet sie sich gegen die ausgrenzenden Argumentationen ihrer Klassenkameraden. Dennoch ist Tanjas Haltung gegen Rassismus mit einer deutlichen Anpassungslogik verbunden, die bis zur Ausgrenzung führen kann: Wer sich nicht anpasst, muss damit rechnen, des Landes verwiesen zu werden.

3.5.4 *Zusammenfassung:* Bewegungen zwischen widersprüchlichen Polen

Neben der Berücksichtigung von Konstellationen, die zunächst auf ein widersprüchliches Antwortverhalten hinzuweisen scheinen, sich jedoch bei genauerem Hinsehen als eine andere Form des Begründungszusammenhangs erweisen können, sollte sehr grundlegend eine allzu statische Betrachtungsweise vermieden werden. Nicht selten scheinen sich Jugendliche in ihren Argumentationsweisen und Orientierungen zwischen offenbar widersprüchlichen Polen hin und her zu bewegen und lassen in unterschiedlichen Diskussionspassagen und zu unterschiedlichen Zeitpunkten eine größere Nähe zum einen oder anderen Pol erkennen.

Bei 'eindimensional-nationalen' Argumentationsweisen können oftmals auch Elemente des gegenübergestellten 'positiven' Pols entdeckt werden, genauso wie bei auf Gerechtigkeit, Toleranz und Mondialität ausgerichteten Argumentationsweisen Elemente des 'negativen' Pols zu finden sind. Auch 'positive' Konzepte werden häufig im Alltag kaum durchgehalten, ohne innere Widersprüchlichkeiten und Ambivalenzen aufzuweisen. Es ist nützlich, sich solche Widersprüchlichkeiten und Ambivalenzen im konkreten Fall zu verdeutlichen, und zwar nicht, um die Einzelnen zu 'entlarven', sondern um Momente zu analysieren, die offen sind für ethnizistische, rassistische und nationalistische Repräsentationen und Diskurse und möglicherweise 'Einfallstore' für entsprechende Orientierungsmuster darstellen. Dies gilt selbstverständlich auch für die *andere* Seite des Pols. Man muss sich darüber im klaren sein, dass in aller Regel weder 'positive' noch 'negative' Elemente in Reinform in den Argumentations- und Denkweisen vorkommen und durch die Politik, die Medien, den Freundeskreis, die Eltern, die Schule usw. die jeweiligen Pole in unterschiedlicher Weise *mobilisierbar*, aber auch zu *verstärken* sind. In der Verstärkung und Mobilisierung eines 'multiperspektivischen' Pols sehe ich eine wichtige Aufgabe, die eine Arbeit gegen ethnizistische, rassistische und nationalistische Ideologien und Praxisformen in verschiedensten pädagogischen Arbeitsfeldern haben kann.

3.6 Erklärungsmodelle Jugendlicher zu 'Rassismus'

Die Jugendlichen sprechen in den Gruppendiskussionen und Einzelinterviews sehr selten von 'Nationalismus', und verständlicherweise benutzen sie nie 'Ethnozentrismus', 'Kulturalismus', 'Ethnizismus' oder 'Xenophobie', Wörter, die in (teilweise) unterschiedlichen Fassungen als Fachbegriffe in der Literatur zu finden sind.[286] Häufig wird jedoch von 'Rassismus' gesprochen, und manchmal werden auch Formulierungen wie 'Rassenhass', 'Rassenunruhen', 'Ausländerhass', 'Fremdenhass', 'Diskriminierung von Ausländern' oder 'Vorurteile gegenüber Ausländern' gebraucht. Die Passagen, in denen Jugendliche versuchen, zu bestimmen, was sie selbst unter diesen Phänomenen verstehen (codiert als *'defras'*), zeigen, dass oft explizite und extreme oder auch gewalttätige Formen im Vordergrund stehen (also wenn beispielsweise von 'Rassismus' in Verbindung mit 'Rechtsextremismus', 'Faschismus', 'Skinheads' gesprochen wird). Subtilere und implizitere Formen werden häufig genauso wenig wie nicht-intendierte und effektbezogene Formen als Bestandteil der zu erklärenden Phänomene wahrgenommen. Dementsprechend erscheinen vielen Jugendlichen auch die eigenen stereotypisierenden und dichotomisierenden Negativ-Bilder über Eingewanderte und Flüchtlinge *kaum* als problematisch. Im Gegenteil: Auf diesbezügliche Nachfragen wird in aller Regel betont, dass man *gegen* 'Rassismus', 'Rassenhass' usw. eingestellt ist. Im Folgenden sollen nun die Erklärungen, die Jugendliche zur Entstehung von 'Rassismus', 'Rassenhass' usw. benutzen, untersucht werden.[287] Mit der Erfassung und Analyse entsprechender Alltagstheorien bewegt man sich dabei auf einem geradezu klassischen Terrain der Theorie Sozialer Repräsentationen, die alltägliche Erklärungsmodelle (etwa zu Krankheiten, physikalischen Phänomenen, usw.) als wichtige empirische Untersuchungsgegenstände reklamiert hat (vgl. Moscovici 1994, 10; Hewstone/Augoustinos 1995, 78; ebenso die Übersicht über Forschungsfelder bei W. Wagner 1994, 142).

[286] Wobei hier vor allem auch die Gruppendiskussionen der *ersten* Untersuchungsrunde und die Einzelinterviews gemeint sind, die noch *vor* dem Zeigen des Films stattfanden. Es sei daran erinnert, dass bei der Vorstellung der Untersuchung in der Schulklasse sowohl von Rassismus als auch von Nationalismus gesprochen wurde (siehe IV.4.3).

[287] In den transkribierten Gruppendiskussionen und Einzelinterviews wurden die Erklärungsmodelle, je nach Schwerpunkt der Ursachenverortung, mit folgenden Codes markiert: *'erkarb'*, *'erkwoh'*, *'erkvol'*, *'erkbed'*, *'erkbio'*, *'erkkul'* und *'erkand'* (siehe Kategorienliste im Anhang Band II, S.458 - 461).

3.6.1 'Erklärungen' und 'Lösungen'

Das Nachdenken über die Ursachen von Rassismus wird oft eng mit der Tatsache der Einwanderung verbunden. Meist legen solche Modelle bereits Vorschläge zur 'Ursachenbekämpfung' nahe. Jugendliche, die davon ausgehen, nicht rassistisch zu sein, plädieren hier für 'Lösungen', die auf der Abschottung gegenüber und der Zurückweisung von Einwanderinnen, Einwanderern und Flüchtlingen ausgerichtet sind:

Jaap: *"Man kriegt jetzt überall diese Ausländerprobleme und ich denke nicht, dass die einfach so entstehen, die haben schon einen Grund. Ich denke, ja, dass die Niederlande schon überbevölkert ist, dass wir nicht zu viel Ausländer mehr herein holen dürfen.*
Interviewer: Aber Ausländerprobleme? Was sind das für Probleme? Nenn' mal ein Beispiel?
Jaap: *Nun, ich meine den aufkommenden Rassismus und so. Den Ausländerhass, der jetzt entsteht." (eja.v1:75-93)*

"Aufkommenden Rassismus", *"Ausländerhass"*, also Phänomene, bei denen 'Ausländer' zur Zielscheibe von entsprechenden Zuschreibungen, Ausgrenzungstendenzen, gewalttätigen Übergriffen usw. werden, beschreibt der Gymnasialschüler (VWO) Jaap im Einzelinterview als "Ausländerprobleme". Nicht den 'Ausländern' werden also Probleme durch einen rassistischen Kontext gemacht, sondern die 'Ausländer' erscheinen als das Problem. Die Ursache für Rassismus und Ausländerhass wird darin gesehen, dass es zu viel 'Ausländer' in den als überbevölkert wahrgenommenen Niederlanden gibt. Um eine Zunahme von Rassismus und Ausländerhass zu vermeiden, scheint eine Verhinderung neuerlicher Einwanderung geboten. Eine ganz ähnliche Erklärungsweise lässt sich während der Gruppendiskussion in einer Berufsschulklasse (MBO) bei Tess beobachten:

Tess: *"Ich denke, ja, dass die Skinheads einfach stärker werden. Das denke ich, ja, ich weiß nicht.*
Interviewer: Aber warum passiert so etwas in den Niederlanden?
Tess: *Ja, weil immer mehr Flüchtlinge in die Niederlande kommen und es immer voller wird und, ja, die Leute fangen dann doch an, das anders zu sehen, und immer mehr denken, oh, die kommen da und wo bleiben wir?" (m1.19:745-763)*

Die Ursache für das vermutete Erstarken rassistischer Skinheads wird auch hier in der Zunahme von Flüchtlingen und dem Bevölkerungsanstieg durch Einwanderung gesehen. Tess verbindet dieses Modell jedoch mit einem zusätzlichen Erklärungsaspekt: Sie geht davon aus, dass die 'Einheimischen' anfangen, die Flüchtlinge als Konkurrenten zu sehen und sich selbst *benachteiligt* zu fühlen.

Vor dem Hintergrund solcher Erklärungsmodelle werden auch die rassistischen Gewalttaten im Nachbarland Deutschland in bestimmter Weise rezipiert, so beispielsweise von Lydia während einer Gruppendiskussion in einer Berufsschulklasse (MBO) der *zweiten* Untersuchungsrunde. Es wird über die Aufnahme von Flüchtlingen diskutiert:

Tim: *"Es kommen gerade prozentual sehr wenig in die Niederlande. Deutschland nimmt zum Beispiel viel mehr Ausländer auf als die Niederlande.*
Lydia: *Ja, deshalb vielleicht auch diese Krawalle. Nicht, dass ich das gut heiße, weil ich*

> *... das finde ich wiederum einfach schlimm, so etwas. Wenn sie einmal da sind, ja, okay, dann würde ich vielleicht schon lernen, damit zu leben. Aber jetzt im Moment finde ich doch, dass wir damit stoppen müssen, damit es nicht mehr Ausländer als Niederländer gibt .... " (m2.8:1310-1328)*

Tim hat an anderer Stelle dafür plädiert, in den Niederlanden mehr Flüchtlinge aufzunehmen.[288] Sein Argument, wonach die Niederlande im Vergleich zu Deutschland doch recht wenig Flüchtlinge aufgenommen haben, kann Lydia in ihre Argumentation, die auf eine Abweisung von Flüchtlingen zielt, einbauen. Die Ursache für die *"Krawalle"* in Deutschland, und sie meint damit die rassistischen Brandanschläge und Übergriffe, worüber sich Bilder im zuvor gezeigten Film befanden, sieht sie gerade in der größeren Anzahl von Flüchtlingen. Diese Gewalt, die Lydia, wie sie betont, ablehnt, wird vor dem Hintergrund ihres Erklärungsmodells zu einer Art 'Lehre' für das eigene Land: Wenn entsprechende Gewalttaten in den Niederlanden vermieden werden sollen, dann muss die Aufnahme von Flüchtlingen gestoppt werden. Dabei präsentiert sie ein Bild, das den Eindruck erweckt, als ob es in den Niederlanden demnächst *"mehr Ausländer als Niederländer"* gäbe.

Nicht selten werden Erklärungsmodelle, die von der Formel "viele 'Ausländer' = viel Rassismus" ausgehen,[289] zusätzlich mit Erklärungen verbunden, die die andere Kultur und die Nicht-Angepasstheit von Eingewanderten als eine Ursache von Rassismus darstellen. Im Einzelinterview mit der Gymnasiastin Vesna (HAVO) bringe ich meine Verwunderung über das von ihr zuvor geäußerte Erklärungsmodell zum Ausdruck:

Vesna: *"Nun, den aufkommenden Rassismus. Ich denke, dass das einfach das größte Problem werden wird. Einfach hier dann, in Europa.*
Interviewer: *Wenn mehr Menschen aus Jugoslawien ...?*
Vesna: *(unterbricht) Ja, dann sowieso. Es ist jetzt auch schon vorhanden, und das wird noch schlimmer werden, denke ich, wenn sie da nichts dran machen oder so, wenn noch mehr Menschen kommen .... Dabei betrifft es meistens die Farbigen, weil wenn du weiß bist und du sprichst gut niederländisch, dann wird nicht so schnell erwartet, dass du aus einem anderen Land kommst. Aber, na ja, ich denke schon, dass es noch ärger werden wird. Ich denke auch, dass die faschistischen Parteien in Zukunft immer stärker werden.*
Interviewer: *Aber denkst du dann, dass es eine gute .... Nun, weil du Rassismus schlimm findest .... .*
Vesna: *(dazwischen) Ja.*
Interviewer: *... und du willst nicht, dass es schlimmer wird, dass du dann sagst, nun: 'Wir müssen aufpassen, dass wir nicht zu viel 'Ausländer' in den Niederlanden aufnehmen.' Ist das nicht ein bisschen ...?*
Vesna: *Ja, das ist alles ein bisschen widersprüchlich. Ich habe eigentlich nicht so viel dagegen, dass sie hierher kommen, wenn sie sich ... ja ... ich finde irgendwie schon, dass sie sich anpassen müssen. Und ja, wenn sie das nicht tun, wenn je-*

[288] Sowohl Tim als auch Lydia benutzen hier das Wort 'Ausländer' synonym zu 'Flüchtlinge'.

[289] Zur Kurzschlüssigkeit und dem demagogischen Gebrauch dieser Formel siehe V.5.3.1 und V.5.3.9 Ein ähnliches Erklärungsmodell wird später anhand der ausführlichen Analyse des Einzelinterviews mit Karel untersucht werden, siehe VI.3.9.4.2.

der seinen eigenen Gewohnheiten nachgeht, ja, ich weiß nicht ... . Ich finde doch, du bist in den Niederlanden. Weil wenn ich in ein anderes Land gehen würde, dann würde ich mich auch anpassen müssen." (eve.v1:126-199)

Vesna, deren Eltern aus dem ehemaligen Jugoslawien eingewandert sind, macht sich Sorgen über den aufkommenden Rassismus in Europa. Auch für die Niederlande befürchtet sie, dass Rassismus und faschistische Parteien stärker werden. Sie erklärt diese Entwicklungen mit einer größeren Einwanderung und nennt eine Gruppe, die davon weniger betroffen scheint: 'weiße' Eingewanderte, die die niederländische Sprache gut beherrschen. Weniger auffällig, werden diese Menschen offenbar kaum als Eingewanderte wahrgenommen. Vesna selbst kann sich hier selbst ohne weiteres zuordnen. Unauffälligkeit scheint eine Art Schutz vor Rassismus zu garantieren.

Auf meine Frage, die auf die Merkwürdigkeit zielt, einerseits gegen Rassismus zu sein und andererseits sich gerade deshalb gegen Einwanderung auszusprechen, räumt Vesna zunächst ein, dass dies widersprüchlich ist. Sie hat nichts gegen Einwanderung. Allerdings unterbaut sie anschließend ihr Erklärungsmodell mit einem Hinweis auf die Unangepasstheit von 'Ausländern'. Die Unauffälligkeit, die soeben noch als Schutz gegen Rassismus formuliert war, wird jetzt zu einer Aufforderung an die Adresse von Eingewanderten, sich anzupassen. Angepasste Einwanderinnen und Einwanderer scheinen keinen Rassismus zu verursachen. Später im Interview kommt Vesna nochmal auf ihr Erklärungsmodell zurück:

Vesna: *"Wie ich das erkläre? Ja, das erscheint mir ein bisschen schwierig, aber ich denke, dass es einfach damit angefangen hat, dass viele Ausländer da sind und einige davon sich einfach nicht anpassen wollten. Ich denke, dass sie deshalb einen Widerwillen bekommen haben und vor allem vielleicht deshalb, weil ein Ausländer zum Beispiel einen besseren Arbeitsplatz hat als jemand anders. Ich denke, dass so der Hass gegen so eine Gruppe immer mehr angeheizt wird. Ich hab' so die Idee - ich weiß auch nicht genau, wie das genau geht - ja, als ob jemand arbeitslos ist und der sieht dann einen Ausländer mit einem guten Job oder so. Ich denke, dass sie dann schon einen Hass gegen so jemanden kriegen können." (eve.v1:1090-1113)*

Vesna verdeutlicht hier zum einen die Verbindung, die sie zwischen der Tatsache einer großen Zahl an 'Ausländern', unangepassten 'Ausländern' und einem aufkommenden Rassismus sieht. Die Verantwortung für Rassismus wird durch Vesnas Erklärungsweise auf Seiten der 'Ausländer' verortet, die sich *"einfach nicht anpassen wollten"*. Zum anderen ergänzt sie dieses Modell zusätzlich mit einer Erklärung, die sich um Arbeitsplatz- und Benachteiligungsargumentationen zentriert. Ihre Formulierung signalisiert Verständnis für arbeitslose 'Einheimische', die einen Hass gegen besser gestellte 'Ausländer' entwickeln.

Solche oder ähnliche Verbindungen zwischen mehreren Erklärungsweisen sind übrigens weit verbreitet. Auch der oben festgestellte spezifische 'Blick nach Deutschland', gekoppelt an ein Erklärungsmodell, dass eine hohe Einwanderungsrate als Ursache rassistischer Gewalt präsentiert, wird oft zusätzlich mit weiteren Erklärungsaspekten verbunden. Geradezu exemplarisch ist dies bei Ronald während der Gruppendiskussion in einer Gymnasialklasse (VWO) zu beobachten:

Ronald: *"Es geht dort ziemlich schlecht mit der Ökonomie. Es gibt viele Arbeitslose, also, alle Jugendlichen, die sehen, dass sie keinen Arbeitsplatz kriegen können, geben den Ausländern die Schuld. Weil in Deutschland eine sehr laxe Einwanderungspolitik geführt wird, also kamen da 'ne ganze Menge rein, ja, und jetzt wollen sie die loswerden, die Ausländer. Jetzt kriegt man solche rechtsextremen Jugendgruppen." (v2.40:701-719)*

Ronald weist auf verschiedene Faktoren (hohe Anzahl von Eingewanderten, stagnierende Ökonomie, Arbeitslosigkeit) hin, die zusammengenommen das Phänomen rechtsextremer Jugendgruppen in Deutschland erklären sollen. Die Erklärungsfaktoren, die Ronald anführt, ergänzen und untermauern gewissermaßen das Basismodell 'viel Einwanderung = viel Rassismus'. Allerdings werden in den Gruppendiskussionen und Einzelinterviews die genannten Erklärungsfaktoren sehr häufig auch ohne die Verbindung mit dieser Formel benutzt. Im Folgenden sollen deshalb verschiedene Erklärungsmuster, in denen ökonomische Misere, Wohnungsnot, Arbeitslosigkeit und eigene Benachteiligung miteinander verbunden werden, noch etwas genauer betrachtet werden.

3.6.2 Erklärungen im Zusammenhang mit Benachteiligung und ökonomischer Misere

Es lässt sich feststellen, dass Erklärungen, die im weitesten Sinne auf den 'ökonomischen' Bereich, also auf ökonomische Krise, Arbeitslosigkeit und Wohnungsnot verweisen, unter den Jugendlichen überaus populär sind (codiert als *'erkarb'* und *'erkwoh'*). In aller Regel sind solche Erklärungen eng gekoppelt an Modelle, die auf die Benachteiligung der 'Einheimischen' verweisen (codiert als *'benach'*). Eine bestimmte *Erklärungsvariante* macht in diesem Zusammenhang meist noch zusätzlich auf die Finanzierung des Staatshaushaltes durch die 'einheimischen' Steuerzahlerinnen und Steuerzahlern aufmerksam: Die 'Einheimischen' achten, so das Modell, bei Eingewanderten und Flüchtlingen vor allem auf die Kosten, die damit für den Staatshaushalt verbunden sind und letztlich von den Steuerzahlerinnen und Steuerzahlern, die immer stärker belastet werden, aufgebracht werden müssen. Die Steuerzahlerinnen und Steuerzahler, so wird diese Variante meist ergänzt, sehen sich dadurch um den Ertrag ihrer Arbeit beschnitten und gegenüber Flüchtlingen, die offenbar alles umsonst und ohne eigene Arbeitsleistung bekommen, benachteiligt. Eine solche Erklärungsvariante deutet sich beispielsweise bei Sanne in der Gruppendiskussionen in einer Berufsschulklasse (MBO) an:

Sanne: *"Das kommt von den Leuten, die Steuern bezahlen müssen und immer mehr Steuern ... . Also ich denke, dass die Leute, die hier in den Niederlanden arbeiten, dass die auch viel stärker einen Widerwillen kriegen, dass die Leute hierher kommen ... ." (m1.14:1257-1266)*

Neben solchen Erklärungsvarianten finden sich jedoch häufig auch Formen, die geradezu als *klassisch* bezeichnet werden können. Zwei solche Beispiele aus dem 'ökonomischen' Bereich können bei Oebele und Tim beobachtet werden. Zunächst zu Oebele. In einer früheren Passage (siehe VI.3.4.2) zeigt er zwar Verständnis für Menschen, die ihr Land aus politischen oder ökonomischen Motiven verlassen, betont jedoch ausdrücklich seinen Standpunkt als

Niederländer und argumentiert von hier aus vor allem gegen die Anwesenheit von illegal Eingewanderten und Flüchtlingen. Die folgenden Passagen stammen aus dem Einzelinterview:

Oebele: *"Ja, manche Niederländer kämpfen darum, sich einen guten Platz zu verschaffen. Und wenn sie dann sehen, dass ein Ausländer oder ... egal, was für ein Ausländer, aber wenn jemand in die Niederlande kommt aus bestimmten Gründen, und der kann gleich in eine Wohnung einziehen, oder nach ein paar Tagen, das es doch für ihn geregelt wird, na, dann denkt man doch: 'Ja, die da, sind die mehr wert als ich?' Oder: 'Warum kriegen die das und ich nicht? Weil sie Ausländer sind?' Ja, so denkt man. Dann entsteht eine Art sehr großer Hass gegen Ausländer." (eoe.19:273-298)*

Oebeles Erklärung ist aus zwei Elementen zusammengesetzt: Er beschreibt das Bemühen, sich *"einen guten Platz zu verschaffen"*, als Kampf. Wenn aus der Perspektive derjenigen, die kämpfen, die sich also vermutlich anstrengen und abrackern, andere scheinbar etwas umsonst und mühelos bekommen, dann erregt dies, so legt Oebeles Bild nahe, deren *berechtigten* Unmut. Außerdem unterscheidet Oebele zwischen Niederländen und 'Ausländern'. Auf der Seite derjenigen, die sich bemühen, erscheinen nur Niederländer, auf der Seite derjenigen, die ohne weiteres etwas bekommen, nur 'Ausländer'. Auf diese Weise kann Oebele den Hass gegen 'Ausländer' mit der Bevorzugung von 'Ausländern' erklären. Es kommt ihm weder in den Sinn, dass auf beiden Seiten Niederländer *und* 'Ausländer' sein könnten, noch fragt er danach, warum sich der Hass nicht gegen diejenigen richtet, die in seiner Schilderung 'Ausländern' angeblich den Vorzug geben beziehungsweise Niederländer benachteiligen.

Während die Erklärungsskizze bei Oebele, die den beschriebenen 'Ausländerhass' verständlich und naheliegend erscheinen lässt, in einem Argumentationsstrang eingebaut ist, der sich *gegen* Eingewanderte und Flüchtlinge wendet und eine 'eindimensional-nationale' Orientierung zum Ausdruck bringt, zeigt das zweite Beispiel mit Tim, wie dasselbe Erklärungsmodell im Rahmen einer geradezu *entgegengesetzten* Argumentation benutzt wird. Tim spricht sich in der Gruppendiskussion *gegen* Vorurteile gegenüber 'Ausländern' aus. Er kritisiert, dass 'Ausländern' so schnell die Schuld an Missständen zugewiesen wird und plädiert für eine weitere Aufnahme von Flüchtlingen (vgl. *m1.7:196-202*, *m1.7:414-420* und *m1.7:1279-1453*). Tim befürchtet eine Zunahme von Rassismus und zeigt sich besorgt. Seine Sorge verbindet sich in seinem Erklärungsmodell jedoch auch mit einem gewissen Verständnis für rassistische Akteure:

Tim: *"Ich denke, dass es hier immer ärger werden wird, weil die Arbeitslosigkeit wird auch immer größer und ja, das ist doch ein Stück weit Unbehagen, wenn du siehst, dass jemand in deiner Straße, der erst vier Jahre in den Niederlanden wohnt, dass der eine Stelle hat und du bist arbeitslos. Ich kann das schon verstehen, dass das bei bestimmten Menschen Hassgefühle hervorruft." (m1.7:674-687)*

Tim erklärt sich das Ansteigen von Rassismus im Grunde ähnlich wie Oebele. Durch die Gegenüberstellung wird indes deutlich, dass vom Erklärungsmodell aus nicht auf die jeweilige Orientierung gegenüber Eingewanderten und Flüchtlingen geschlossen werden kann. Tim und Oebele zeigen jeweils, obwohl sie ein fast identisches Modell zur Erklärung von Rassismus benutzen, recht *unterschiedliche* Orientierungen. Dies bestätigt die These von Wolfgang

Wagner, der zufolge allein das Vorhandensein von bestimmten Sozialen Repräsentationen bei Menschen noch kein subjektiv-individuelles Verhalten erklärt (W. Wagner 1994, 282). Aufschlussreich ist es jedoch, auf die *Effekte* zu achten, die das Verständnis, das mit dem Erklärungsmodell verbunden ist, haben kann. Interessant ist in diesem Zusammenhang, wie Rosy unmittelbar nach Tims Beitrag argumentiert:

Rosy: *"Ich finde, dass zur Zeit ein bisschen zu sehr darauf geachtet wird, pass auf, sonst diskriminieren wir. Weil gerade eine Freundin von mir, die wollte zur Polizeischule, die hatte auch die richtige Qualifikation dafür, aber die durfte nicht, weil zuerst Allochthone angenommen werden." (m1.7:688-695)*

Rosy argumentiert gegen eine in ihren Augen übertriebene Tendenz, hinter jeder Bemerkung, die eine Skepsis oder ein Unbehagen gegenüber Allochthonen ausdrückt, gleich eine diskriminierende Absicht zu vermuten.[290] Dabei werden doch, so scheint sie mit dem Beispiel ihrer Freundin deutlich machen zu wollen, 'wir' als Autochthone selbst diskriminiert und Allochthone bevorzugt behandelt. Gleich darauf fällt Rosy noch ein weiteres Beispiel ein. Eine Bekannte von ihr will sich scheiden lassen, findet jedoch keine Wohnung, da freiwerdende Wohnungen der Gemeinde offenbar vorrangig an 'Ausländer' vergeben werden *(m1.7: 712-723)*. Auch betont Rosy noch mehrmals, wie übertrieben und unangemessen sie es findet, allzu schnell einem Diskriminierungsverdacht ausgesetzt zu sein *(m1.7:752-755* und *m1.7:871-880*). Die Diskussion wendet sich jedenfalls nach Tims Erklärungsmodell *nicht* etwa der Frage zu, wie Rassismus und Diskriminierung von Eingewanderten verhindert werden könnten, sondern thematisiert durch Rosys Ausführungen im Grunde die Angehörigen der Mehrheitsgesellschaft als *doppelte* Opfer, nämlich als Opfer von Sprachverboten *und* als Opfer von Diskriminierung.[291] Der Verlauf der Diskussion vermittelt eine Vorstellung davon, wie Erklärungsmodelle, die Verständnis signalisieren, Argumentationsverläufe beeinflussen und zugleich für Angehörige der dominierenden Gruppe die Ermunterung enthalten kann, das eigene Unbehagen mit der Einwanderungsgesellschaft zu artikulieren.

Eine weitere Erklärungsvariante im Bereich ökonomischer Misere und Benachteiligung ist zweifellos das *Sündenbockmodell*. Charakteristisch ist der Gebrauch dieses Modells bei Jette in der Gruppendiskussion in einer Gymnasialklasse (VWO). Jette bezieht in dieser Diskussion zunächst Stellung gegen Menschen, die, da sie Arbeit haben und finanziell abgesichert sind, doch eigentlich zufrieden sein müssten, und dennoch eine rassistische Haltung einnehmen:

Jette: *"Solche Leute finde ich einfach dumm. Wenn es einem selbst schlecht geht und man gibt den Ausländern die Schuld, das kann ich schon noch verstehen. Dann sucht man einfach jemanden, dem man die Schuld geben kann. Aber wenn man*

---

[290] Ähnliche Aussagen finden sich recht häufig im qualitativen Datenmaterial (codiert als *'falras'*).

[291] Damit ist *nicht* gesagt, dass Rosy eindeutig zu 'eindimensional-nationalen' Orientierungen neigt. Ihre Haltung ist vielmehr, nimmt man den gesamten Diskussionsverlauf in Betracht, wie bei vielen Jugendlichen als *ambivalent* zu charakterisieren. Dennoch spricht sie sich letztlich gegen die Aufnahme weiterer Flüchtlinge aus *(m1.7:1296-1303)*, und zwar aus der Angst heraus, dass ansonsten die gegenwärtige Lebensqualität nicht mehr aufrechterhalten werden kann *(m1.7:1315-1319)*. Sie widerspricht damit deutlich Tims Position.

einfach so sagt, Ausländer sind schlecht, das kapiere ich einfach nicht, warum man das sagt." (v1.40:898-912)

Für Jette liegt im Falle der sozio-ökonomisch Besser-Gestellten eine Art unbegründeter Rassismus vor oder doch ein Rassismus, den sie nicht nachvollziehen kann und will. Anders ist dies bei den Schlechter-Gestellten. Jette, die selbst zu den Besser-Gestellten gerechnet werden kann, zeigt hier Verständnis. Es ist ein Verständnis, das gewissermaßen für die eigene soziale Klasse keine Rechtfertigung von Rassismen zulässt, für andere soziale Klassen dies jedoch nachvollziehbar findet. Vom Standpunkt einer besseren Positionierung aus, redet Jette 'nicht schlecht über Schlechter-Gestellte', sondern versucht sich in deren soziale Lage hineinzuversetzen. Dieses Bemühen kann zwar durchaus als Perspektivenerweiterung bewertet werden, dennoch kann das benutzte Erklärungsmodell zweifellos die oben beschriebenen Effekte begünstigen.

3.6.3 Distanzierungen und Verstecke

Bei der Untersuchung des qualitativen Datenmaterials fällt auf, dass Erklärungsversuche zu Phänomenen, die mit Rassismus oder verwandten Begriffen bezeichnet werden, oft Erklärungen sind, die *für andere* zu gelten scheinen, jedoch nicht für die jeweiligen Sprecherinnen und Sprecher selbst. Dies deutet sich auch in der Passage mit Jette an, aus der soeben zitiert wurde:

Interviewer: *"Du hast das Gefühl, dass im Prinzip ... also wenn es jemand schlecht geht und der schimpft dann auf Ausländer, dann hast du dafür Verständnis?*

Jette: *Also ich glaube nicht, dass ich das selber sagen würde. Aber ich kann es einfach begreifen, wenn du keine Arbeit hast oder so, und du siehst sehr viele Ausländer und die bekommen doch alle Sozialhilfe und so, dass du dann solche Dinge sagst. Ich würde es selbst nicht sagen, das nicht, nein." (v1.40:914-934)*

Jette macht deutlich, dass sie Menschen, die in schlechter Lage sind und über 'Ausländer' herziehen, verstehen kann. Sie selbst würde dies jedoch nicht tun. Eine solche Distanzierung ist zweifellos wichtig. Zeigt man in einer Erklärung allzu viel Verständnis, kann es nämlich passieren, dass man mit den Rassisten, deren Begründung man nachzuvollziehen versucht, in einen Topf geworfen wird.

Allerdings gibt es auch eine *andere Form* der Erklärung von Rassismus, die genau dieses In-einen-Topf-geworfen-Werden überaus verständlich macht. Allein die Tatsache, dass die Argumentationen, die versuchen, die eigene abwehrende und ausgrenzende Haltung gegenüber Eingewanderten und Flüchtlingen zu begründen, also etwa die Argumentationen im 'ökonomischen' Bereich ('Kosten', 'Benachteiligung' usw.), die bereits festgestellt wurden (siehe VI.3.4), sich zum großen Teil mit den soeben gefundenen Erklärungen *decken*, machen deutlich, dass Erklärungen auch als eine Art *'Versteck'* dienen können: In solchen Fällen wollen oder können die jeweiligen Sprecherinnen oder Sprecher nicht (allzu) deutlich machen, dass sie nicht nur Verständnis aufbringen, sondern im Grunde selbst die Denk- und Handlungsweisen derjenigen, die erklärt werden, teilen. Die (Selbst-)Rechtfertigung wird hier *in der Hülle einer Erklärung 'verpackt'*. Das Versteckspiel mag umso besser gelingen, je deutlicher zum Ausdruck kommt, dass die Erklärung (hauptsächlich) als eine Erklärung *für andere* gilt. Nicht immer indes scheint eine solche ausdrückliche Distanzierung notwendig, um ein Erklärungsmodell erfolgreich als eine Art Deckmantel zu benutzen.

Dies zeigt sich auch in der folgenden Diskussion in einer Gymnasialklasse (VWO) mit Frank. Frank wurde bereits zitiert, als er von 'Ausländern' sehr massiv Anpassung forderte und mit seinen drastischen Beispielen über deren kulturelle Gewohnheiten ('Schlachten auf dem Balkon') einige Lacher, die auf Kosten der Eingewanderten gingen, für sich gewinnen konnte (siehe VI.3.3.2). In der zweiten Diskussionsrunde geht Frank erneut davon aus, dass 'wir' (die Niederländer) ein Stück toleranter sind als 'sie' (die 'Ausländer') *(v2.31:940-942)*. Wiederum erzielt er mit entsprechenden Bemerkungen Lacherfolge in der Klasse:

Frank: *"Wir haben sie in der Tat geholt, aber jetzt kommen immer Neue ... ." (Gelächter) (v2.31:970-972)*

Kurz zuvor hat sich Frank jedoch angesichts rassistischer Gewalttaten in Deutschland recht ernsthaft und besorgt über die wachsende Zustimmung in den Niederlanden für Janmaat (dem Vorsitzenden der Rechtsaußen-Partei CD) geäußert *(v2.31:518-528)*:

Petra: *"Es wird schon stärker ... .*
Klaas: *Ja, es wird schon stärker, aber meiner Meinung nach wird es nie wirklich ... .*
Frank: *(unterbricht) Wenn deine Eltern in zehn Jahren arbeitslos sind, du selbst kannst keinen Arbeitsplatz mehr finden, und du siehst ein paar Türken in einem Mercedes rumfahren ... (Lachen in der Klasse) ... dann fängst du auch an zu denken: na, da stimmt doch etwas nicht!*
Klaas: *Aber dann musst du doch auf das Individuum gucken. Ich meine, wir sind doch nicht alle zusammen arbeitslos? Und es fahren doch nicht alle Türken in einem Mercedes.*
Silvia: *Aber in so einem Moment achtest du da nicht drauf.*
Frank: *Dann denkst du: Es sind schon die Türken, die in einem Mercedes rumfahren.*
Bert: *Ja, du bist vielleicht neidisch auf den Mercedes.*
Henk: *In dem Augenblick, wenn der Mercedes mit den Türken vorbeikommt, entschuldige, ich meine: in dem Augenblick, in dem du auf den Mercedes schaust, der mit den Türken drin vorbeifährt, dann fahren hinter deinem Rücken Mercedesse mit normalen Holländern vorbei.*
Frank: *Ja, natürlich!*
Henk: *Es ist ein Vorurteil, dass du gerne bestätigt sehen willst. Und darum schaust du so gern auf den Mercedes mit dem Türken drin.*
Frank: *Ja, aber so ist es nun mal.*
Klaas: *Ja, aber dann bist du schon dumm, wenn du das tust." (v1.31:1268-1325)*

Die Passage beginnt mit der Sorge um einen zunehmenden Rassismus. Frank, der selbst eine steigende Popularität der CD befürchtet, malt sich den Fortgang dieser Tendenz in der Zukunft aus und erklärt den Anstieg mit der anscheinend ebenfalls zunehmenden Verschlechterung der sozialen Lage der eigenen Gruppe. Sein Erklärungsmodell beschreibt eine zukünftige Situation, in der man selbst (als Niederländer) arbeitslos sein wird und keinen Arbeitsplatz findet. In dieser Lage sieht man Türken, die einen Mercedes benutzen. Bis hierher scheint

Frank ein Modell über den Zusammenhang von schlechter Lage und gezielter Wahrnehmung zu beschreiben, denn er betont offenbar, dass es ausreicht, ein *paar* Türken zu beobachten, die mit einem Mercedes, einem Symbol für Luxus und Wohlstand, herumfahren. Es gelingt Frank mit dieser Schilderung, die scheinbar in der Klasse als gewagt erlebt wird, erneut Lacher zu erzeugen. Frank scheint sich bestätigt zu fühlen. Ermutigt durch die Lacher, ergänzt er sein Bild mit einem Ausruf, der das Erklärungsmodell abwandelt und seiner Aussage insgesamt eine *zustimmende* Note gibt. Frank präsentiert hier nicht nur eine Erklärung für einen zukünftig immer stärker um sich greifenden Rassismus, er rechtfertigt zugleich diese Tendenz: *"dann fängst du auch an zu denken: na, da stimmt doch etwas nicht!"* Nicht umsonst reagieren Klaas und Henk sehr kritisch auf Franks 'Modell'. Während sich Silvia und Bert scheinbar eher durch die *verstehenden* Momente in der Erklärung angesprochen fühlen, versetzt sich Klaas *in* die beschriebene Situation und wendet sich gegen die ungerechtfertigten Verallgemeinerungen der arbeitslosen Niederländer in Franks 'Modell'. Henk schließt sich dem an und weist auf die Niederländer hin, die ebenfalls in einem Mercedes fahren und bringt das Ganze auf den Punkt: Es handelt sich um eine 'gezielte' Wahrnehmung, mit deren Hilfe ein bereits vorhandenes Bild bestätigt wird. Frank verhält sich gegenüber den kritischen Ausführungen von Klaas und Henk sehr defensiv. Er bestätigt ihre Aussagen und kann dennoch irgendwie auch Recht behalten: *"so ist es nun mal"*. Hiermit kann Frank auf den Realitätsgehalt seines 'Modells' verweisen und gleichzeitig offenlassen, ob damit nicht auch gemeint ist, dass die arbeitslosen Niederländer in seinem Modell Recht haben. Klaas, sich immer noch in die Personen in Franks Modell hineinversetzend, scheint dies zu merken und betont die Unsinnigkeit von Schlussfolgerungen, die eine rassistische Tendenz unterstützen. Zugleich macht Klaas' Bemerkung überdeutlich, wie die argumentativen Kräfteverhältnisse in der Klasse verteilt sind. Es wird nachvollziehbar, dass Frank recht vorsichtig agieren muss, mit der Strategie der Präsentation von offenbar Lustigem und Gewagtem in Kombination mit dem benutzten Erklärungsmodell aber auch in *doppelter* Weise Erfolg hat: Seine Position bleibt 'offen', er ist nicht ohne weiteres 'festzunageln' *und* er stößt offenbar - man denke nur an Silvias und Berts Reaktion - auf 'offene Ohren' in der Klasse.

Eine häufig verbreitete Art und Weise, mit Hilfe eines Erklärungsmodell ein besonders nachdrückliches Verständnis für Rassismen zu zeigen *und* sich gleichzeitig auf Distanz zu halten, besteht darin, dieses Verständnis mit realen Erfahrungen aus dem eigenen Umfeld (Eltern, Bekanntenkreis, Freunde, Nachbarn usw.) zu belegen. Als ein Beispiel unter vielen soll hier eine kurze Passage aus einer Gruppendiskussion in einer Berufschulklasse (MBO) angeführt werden, in der Karin das Wort ergreift:

Karin: *"Ich kann mir schon vorstellen, weil ich kenne also jemand, na ja, das ist eine Bekannte von meiner Mutter, die wohnt in Alkmaar. In Alkmaar ist ein Auffangzentrum für Flüchtlinge .... Ja, und die bekamen früher eine Wohnung angeboten als normale .... Also sie hat wirklich fünf Jahre auf der Warteliste gestanden, bevor sie endlich eine Wohnung bekam, weil andauernd Jugoslawen hier herein kamen .... Also meiner Meinung nach kriegt man da wirklich so ein Gefühl: 'Verdammt, ich bezahle hier Steuern.'" (m2.12:1171-1194)*

Die lange Wartezeit, die die Bekannte der Mutter bei der Bewerbung um eine neue Wohnung erdulden muss, wird den Flüchtlingen aus Jugoslawien angelastet, die offenbar bei der Wohnungsvergabe bevorzugt wurden. Solche Erzählungen, oft auch vom Hören-Sagen, sind in der Situation nicht nachzuprüfen. Doch einerlei, ob die Schilderung auf Tatsachen beruht oder nicht, auffällig ist, dass sich stets das Unbehagen nicht gegen eine unfähige Verwaltung richtet, sondern gegen die angeblich Bevorzugten. Gleichzeitig begünstigen solche Aussagen Effekte, mit denen eine Argumentationsweise unterstützt wird, die bestehende Rassismen herunterspielt und die Angehörigen der Mehrheitsgruppe als die eigentlichen Opfer thematisiert.

3.6.4 'Bildung' und 'Erziehung'

Erklärungen, die offenbar *nicht* für die jeweiligen Sprecherinnen und Sprecher gelten, haben manchmal auch eine differenzierende Funktion. So wird bei Erklärungen im 'ökonomischen' Bereich zwischen Arbeitslosen *und* Beschäftigten oder zwischen 'Einheimischen' in schlechter *und* guter Lebenslage unterschieden. Auch finden sich in den Erklärungen Unterscheidungen zwischen Gebildeten, die für Rassismen weniger anfällig sind, *und* Ungebildeten, die gewissermaßen als Risikogruppe gelten. Obwohl es sicher sinnvoll ist, über bereichsspezifische Erklärungen nachzudenken, fällt doch auf, dass in solchen Argumentationsweisen fast ausschließlich Erklärungen für die jeweils andere Seite vorgebracht werden. In der folgenden Gruppendiskussion in einer Gymnasialklasse (VWO) wird beispielsweise überlegt, warum jemand Skinhead oder Rassist wird. Über die möglichen Motive haben Pauline und Katja ihre Mutmaßungen:

Pauline: *"Meiner Meinung nach einfach aus Unzufriedenheit, oder so etwas wie: 'Sie haben alle Arbeitsplätze und die Häuser und wir nicht, nun ja, dann muss ich eben rassistisch werden.'*

Katja: *Oder sie sind entsetzlich dumm ... dass sie keine Ausbildung haben und deshalb keine Arbeit kriegen können." (v2.39:927-938)*

Pauline gibt hier das bekannte Modell, das mit Arbeitslosigkeit und Benachteiligung erklärt, wieder. Katja benutzt eine Version der Erklärung mit dem Stand der Bildung bzw. dem Niveau der Intelligenz. 'Dummheit' führt bei ihr allerdings nicht dazu, dass, wie im klassischen Modell, die entsprechenden Menschen anfälliger für rassistische Verführungen und eine solche Propaganda werden und den simpel gestrickten Ideologien von Rechtsaußen leichter aufsitzen (vgl. kritisch hierzu Leiprecht 1993, 68). Vielmehr wirkt die 'Dummheit' in Katjas Erklärung sehr viel vermittelter: Durch 'Dummheit' wird die Ausbildung nicht abgeschlossen, bekommt man keinen Arbeitsplatz und sieht sich in einer schlechteren Lebenslage, von der aus mit Missgunst auf 'Ausländer' geschaut wird, denen es besser geht. Diese Erklärung ist Katja vermutlich auch deshalb so geläufig, weil sie selbst einen Abschluss auf einem 'höheren' Niveau anstrebt. Implizit enthält ihre Erklärung auch die Verknüpfung zwischen Intelligenz und Arbeitslosigkeit: 'dumme' Menschen werden offenbar eher arbeitslos.

Eine weitere Erklärungsweise zielt auf die 'richtige' oder 'falsche' Erziehung. Solche Erklärungen finden sich im vorliegenden Material hauptsächlich bei jungen Frauen. In einer Gruppendiskussion in einer Berufschulklasse (MBO) berichtet Sari, eine junge Pakistanerin, über die Veränderungen bei den Nachbarn. Während Sari früher mit den Nachbarkindern spielte, wird sie plötzlich von den inzwischen zu Jugendlichen gewordenen Ex-Spielgefährten beschimpft:

Sari: *"Sie sind total verändert. Ja, der Nachbarjunge, lauter rassistische Sachen, der sagt lauter so Sachen und die Schwester ... .*

Hanneke: *(unterbricht) Was sagen die denn alles?*

Sari: *Ja, so: 'Warum seid ihr hier? Haut ab!' und so. Die Schwester von dem, die war erst eine gute Freundin von mir, als wir klein waren, und jetzt redet sie auf einmal nicht mehr mit mir.*

Hanneke: *Die sind also auf einmal umgeschaltet, also eigentlich einfach umgestimmt worden.*

Renate: *Na, ich denke nicht, dass man die Kinder verurteilen kann, die kriegen das von den Eltern ... .*

Sari: *Nein, das finde ich nicht. Weil deren Eltern waren sehr nett, so ..., ähh, wirklich nicht gegen Ausländer. Aber weil die Kinder so drüber denken, haben die auch damit angefangen ... . (...)*

Hanneke: *Siehst du, da gehen dann die Eltern mit.*

Renate: *Es gibt doch eine ganze Menge Kinder..., ich denke doch, wenn ihre Eltern dagegen sind, die geben das doch an ihre Kinder weiter." (m2.12:667-723)*

Renate versucht auf der Grundlage ihres Erklärungsmodells, die ehemaligen Spielgefährten von Sari zu entschuldigen, indem sie auf die Eltern als die wahren Verantwortlichen aufmerksam macht. Sari widerspricht, denn ihre Erfahrung ist im konkreten Fall genau andersherum: bei den Eltern scheint mittlerweile unter dem Einfluss der Kinder eine Umorientierung stattgefunden zu haben. Renate beharrt trotzdem auf ihrem Modell.

In der nächsten Passage greift Hanneke den 'Erziehungsfaden' noch einmal auf, betont aber, anders als Renate, die Möglichkeit der eigenständigen Entwicklung von Kindern. Sie relativiert den erzieherischen Einfluss, den die Eltern haben:

Hanneke: *"Schau, du wirst doch ein bisschen so erzogen: 'Die sind schlecht und so.' Am Anfang denkst du dann: 'Ja, sie sind auch schlecht.' Aber wenn du dann älter wirst, 16 oder 17, dann fängst du wirklich an, darüber nachzudenken: 'Sind die jetzt wirklich so schlecht?' Verstehst du?*

Renate: *Dann erlebst du Sachen und dann kommst du dahinter, dass es eigentlich doch nicht so ist, oder dass es gerade so ist.*

Hanneke: *Schau, wenn du etwas erlebt hast, jemand hat dich schlecht behandelt, und der war zufällig ein Ausländer, dann merkst du dir das vielleicht und dann sagst du: 'Ja, das war doch wieder ein Ausländer.' Das hört man doch oft.*

Renate: *Dann kriegst du auch noch solche Beweise." (m2.12:775-810)*

Renate betont den Erfahrungsaspekt. Hanneke und Renate stimmen hierin schließlich überein. Das Erklärungsmodell, das entsteht, lässt sich folgendermaßen charakterisieren: Die Erziehung schafft eine gewisse Grundlage. Diese kann Eingewanderten gegenüber positiv oder negativ orientiert sein. Entsprechende Erfahrungen mit Eingewanderten bestärken oder verunsichern diese Orientierung. Negative Erfahrungen werden bei vorhandenen negativen Orientierungen als Beweise für die Stimmigkeit der eigenen Orientierungen wahrgenommen. Interessanterweise geht es bei den gedachten Erziehungskonzepten vor allem um die positive oder negative Bewertung (*"sie sind schlecht"*). Die Dichotomisierungen selbst werden nicht in Frage gestellt.

In einer anderen Berufsschulklasse (MBO) wird ebenfalls über das Erklärungsmodell 'Erziehung' diskutiert. Anders also soeben Hanneke und Renate, betont Suzet nachdrücklich, dass die Hautfarbe für sie keine Rolle spielt:

Suzet: *"Ich habe einen koreanischen Freund und damit sind meine Eltern überhaupt nicht einverstanden. Aber, nun, ich finde es schade für sie, aber ich mag diesen Jungen ziemlich, und mir ist es egal, ob grau, weiß, schwarz oder rosa, das macht mir im Prinzip nichts aus.*
Interviewer: *Aber warum sind sie dagegen?*
Suzet: *Doch wegen seiner Herkunft, ja, dunkel und so: 'Was willst du denn damit? Such' dir einen normalen niederländischen Jungen.'*
Interviewer: *Aber wie kommt das?*
Suzet: *Ich denke, dass meine Eltern, ja, die sind doch auf so eine Weise erzogen worden und wir inzwischen, auch mein Brüderchen, wir sind auch immer so erzogen worden. Aber ich hab' da doch die letzten Jahre eine eigene Meinung dazu entwickelt." (m2.17:483-518)*

Suzets Eltern sind gegen den koreanischen Freund. Sie akzeptieren seine fremde Herkunft und seine dunkle Hautfarbe nicht. Im Versuch, dies zu erklären, weist Suzet auf die Erziehung ihrer Eltern hin. Auch sie selbst ist entsprechend erzogen worden, hat jedoch mittlerweile eine eigene Entwicklung durchgemacht. Es bleibt unklar, warum dies nicht auch bei ihren Eltern der Fall gewesen ist. Der Hinweis auf die Erziehung scheint im Falle der Eltern für Suzet jedoch auszureichen. Später kommt die Diskussion in der Klasse wieder auf 'Erziehung' als Erklärung zurück. Hanna sieht die richtige Erziehung als eine Möglichkeit, etwas gegen Rassismus zu unternehmen:

Hanna: *"Wenn du willst, dass es aufhört, musst du bei den Kindern anfangen. Meine Eltern wollten auch nicht, dass ich mit Ausländern umgehe. Und ich weiß jetzt schon, wenn ich später Kinder kriege, dass ich meine Kinder nicht so erziehe.*
Interviewer: *Aber bei dir hat es doch auch nicht funktioniert?*
Hanna: *Nein, aber ich meine, vielleicht kann man so etwas gegen Rassismus machen, weil wenn dein Kind sehr früh lernt, dass jeder gleich ist, dass sie dann so darüber zu denken anfangen, so wie du das gerne willst, weil du formst das Kind, weil wenn du dem Kind von Anfang an eintrichterst, dass Ausländer schlecht sind, dann fängt das Kind an, das zu glauben. Also ich denke, dass es sehr stark mit der Erziehung zu tun hat.*
Tess: *Ja, ich weiß nicht, wie man das stoppen soll.*
Els: *Oder sie sind dann mit den falschen Freunden zusammen." (m2.17:1493-1530)*

Suzet und Hanna haben Eltern gehabt, die ihre Kinder so erzogen haben, dass sie - Hannas Konzept entsprechend - eigentlich gegen 'Ausländer' eingestellt sein sollten. Suzet und Hanna präsentieren sich jedoch im Gegenteil als selbstbewusste junge Frauen, die sich - in Opposition zu ihren Eltern - eine eigene Meinung gebildet haben. Hanna lässt sich durch meine knappe Zwischenfrage, die auf diesen Sachverhalt zielt, nicht aus dem Konzept bringen. Ich bin mir auch nicht ganz sicher, ob sie die Frage wirklich verstanden hat. Jedenfalls beharrt sie darauf, dass Rassismus und falsche Erziehung zusammenhängen und deshalb eine richtige Erziehung ein geeignetes Mittel gegen Rassismus ist. Tess und Els sind hier weitaus skeptischer. Els macht darauf aufmerksam, dass auch der Freundeskreis einen großen Einfluss hat. Und auch Tess betont dies wenig später. Während Hanna vor allem ihre zukünftige Rolle als erziehende Mutter thematisiert, scheinen Tess und Els eher an ihre eigenen Erfahrungen als Jugendliche zu denken:

Tess: *"Du weißt nie, was für Freunde die bekommen oder in welche Kreise sie geraten, weil die selbst eben ... . Du hast deine Meinung doch auch aus dir selbst heraus geändert? Und das kann ein Kind auch.*

Hanna: *Ja, natürlich, weil ich finde nicht, dass man als Eltern zu seinem Kind sagen soll, du musst mit dem und dem Kontakt haben und mit dem nicht.*

Tess: *Nein.*

Hanna: *Das geht nicht, du kannst es also nicht stoppen, aber du kannst schon ein bisschen helfen, dass es in die richtige Richtung geht, damit sie wissen, wie sie eigentlich mit Menschen umgehen müssen." (m2.17:1629-1654)*

Hanna weiß, dass es kein gutes Erziehungsmittel sein kann, seinen Kindern den Umgang mit bestimmten Freunden zu verbieten. Die Reichweite von Erziehung scheint also begrenzt zu sein. Hanna relativiert deshalb ihr Konzept, das zu Beginn eine sehr optimistische Note hatte, ein klein wenig: Immerhin könnte die Erziehung helfen, den Kindern beizubringen, wie man mit Menschen umgeht.

Nicht von ungefähr sind es vor allem junge Frauen, die Rassismus *und* Erziehung in einem Erklärungsmodell verknüpfen. Immer noch gilt die Erziehung als ein Bereich, der - stärker noch in häuslich-familiären als in professionellen Erziehungsbereichen - hauptsächlich Frauen zugedacht wird. Die im Erklärungsmodell 'Erziehung' oft mehr oder weniger stillschweigend mitgedachte 'Lösung', durch eine richtige Erziehung Rassismus zu bekämpfen, kann zweifellos eine Aufwertung dieses Bereichs und der eigenen Rolle bedeuten. Allerdings kann der Erziehungsdiskurs auch eine bestimmte Verantwortungszuschreibung in sich tragen. Wie ich an anderer Stelle gezeigt habe, werden in solchen Diskursen sich emanzipierende Frauen, die sich nicht mehr auf die Rolle der Hausfrau und Mutter reduzieren lassen wollen, als diejenigen angesprochen, die in der Erziehung ihrer Kinder versagt haben und verantwortlich für rassistische Jugendliche und jugendliche Gewalttäter sind (vgl. Leiprecht 1996, 245). Gerade die Selbstaufwertung, mit der junge Frauen eine zukünftige Mutterrolle mit dem Kampf gegen Rassismus verbinden können, macht sie möglicherweise auch ansprechbar für diese Erziehungsdiskurse und die damit verbundenen einseitigen Schuldzuschreibungen.

3.6.5 Bedrohliche Effekte

Ich habe darauf hingewiesen, dass Erklärungen oft so formuliert sind, dass sie vor allem *für andere* zu gelten scheinen. Doch es finden sich auch häufig Erklärungsweisen, die die jeweiligen Sprecherinnen und Sprecher auf sich selbst beziehen oder dies zumindest möglich erscheinen lassen. Hierzu sollen einige unterschiedliche Formen vorgestellt werden. Zuerst Silvia in einer Gruppendiskussion in einer Gymnasialklasse (VWO):

Silvia: *"Ich denke, wenn jeder ein bisschen bei sich selbst nachschaut, dass man selbst auch ein bisschen so denkt ... nicht, dass es so weit geht, aber manchmal, dann hat man, und das hat jeder, denke ich, schon mal, wenn etwas passiert, dann denkt man: 'Oh, wäre jeder doch nur in seinem eigenen Land und so.' Aber das ist natürlich kein Grund, um Menschen zu töten. Schau, es passiert natürlich nicht oft, es ist natürlich ... .*

Interviewer: *Und was meinst du mit 'wenn etwas passiert'?*

Silvia: *Na, angenommen, es wird eingebrochen oder so, und in der Zeitung steht mit einem dicken, fetten Strich darunter, dass es ein Türke war oder so, dann hat das jeder schon mal unter bestimmten Umständen, das man denkt: 'Na, wäre nur jeder in seinem eigenen Land und all die Türken in der Türkei und so.' Einfach ..., ich weiß nicht ... ." (v1.31:333-367)*

Silvia ist recht offen. Sie bezieht sich selbst mit ein, wenn es um rassistische Zuschreibungen und Ausgrenzungen geht, betont freilich, dass nicht nur sie, sondern im Grunde alle *"ein bisschen"* so denken. Sie unterstreicht gleichzeitig, dass es hierbei nicht um extreme Formen handelt und sich daraus auch keine Rechtfertigung für die Tötung von Menschen ergeben kann. Dennoch scheint das nationale Prinzip (*"jeder in seinem eigenen Land"*) eine Art Grundgedanke zu sein, der alle befällt, wenn Angehörige einer eingewanderten Gruppe Probleme verursachen. Silvias Formulierung vermittelt zum einen medienkritischen Eindruck, entlastet aber zugleich die Zeitungsleserinnen und -leser: sie scheinen vor allem durch die besondere Betonung in der Presse, dass es sich beim Täter um einen Eingewanderten gehandelt hat, auf diesen Gedanken gebracht worden zu sein (siehe VI.3.2.7). Die von Silvia praktizierte Selbsteinordnung in eine große Gruppe, die - bei näherem Hinsehen - in ähnlicher Weise denkt, kann als ein selbstkritischer Hinweis verstanden werden und deshalb durchaus einen günstigen Ansatzpunkt für eine selbstkritisch-reflektierende Untersuchung bieten. Allerdings kann dieser Selbstbezug, bleibt er in der beschriebenen Form unkommentiert stehen, auch den Effekt haben, dass das, was offenbar weit verbreitet und 'normal' ist, verharmlost und gebilligt, ja sogar unterstützt wird.

Eine andere Variante des Selbstbezuges besteht darin, die eigene rassistische Handlungsweise für die Zukunft zwar eher offen, aber doch - unter bestimmten Umständen - durchaus denkbar erscheinen zu lassen. Hierzu soll ein Ausschnitt aus einer Gruppendiskussion in einer Berufschulklasse, aus der bereits mehrere Passagen vorgestellt wurden (siehe VI.3.1.5 und VI.3.2.8), herangezogen werden. In diesen Passagen hat August, dem im Folgenden eine besondere Aufmerksamkeit gilt, es abgelehnt, Jugendliche, deren Eltern aus der Türkei kommen, die jedoch in den Niederlanden geboren wurden, als Niederländer anzuerkennen. Wenig später benutzt er Meldungen aus den Medien als Belege, um seinen Eindruck, dass 'Ausländer' eine Bedrohung darstellen, zu untermauern. Anders als Wiebbe in derselben Diskussion, spricht sich August auch *gegen* eine weitere Aufnahme von Flüchtlingen aus, da er eine Benachteiligung der 'Einheimischen' befürchtet. In der nachstehenden Diskussionspassage erklären die Jugendlichen Rassismus mit Hilfe einer Sündenbocktheorie:

Wiebbe: *"Weil Arbeitslosigkeit herrscht und so ... .*
August: *... und wir bekommen keine Arbeit und all die Ausländer schnappen uns die Arbeitsplätze weg. Das fangen sie dann an, zu glauben und dann schließen sie sich so 'ner Gruppe an und dann gehn' die Hände wieder in die Höhe zum Hitlergruß.*
Stan: *Weil die Ökonomie so schlecht ist, und das müssen sie dann irgendwo dran abreagieren. Dann geben sie den Ausländern die Schuld.*
Einer: *Man muss doch jemandem die Schuld geben.*
Anderer: *Dann nehmen sie einfach eine kleine Gruppe.*
Interviewer: *Aber ist das nicht auch ein bisschen ... angenommen, ihr würdet arbeitslos werden, keine Arbeit, sagt ihr das dann ... ? Ist das denn automatisch so, dass das so passiert?*

Wiebbe: *Nein, nein. Und bei Schwarzarbeit schon gar nicht.*

August: *Darüber kannst du jetzt nicht urteilen, du weißt nicht, wie du dann reagieren wirst, wenn du dann arbeitslos bist. Das ist vielleicht in fünf, sechs Jahren ... ."* *(m1.9:875-907)*

Wiebbe und August vertreten - wie oben erwähnt - zu den Themen Einwanderung und Flucht recht unterschiedliche Standpunkte, benutzen jedoch - ähnlich wie soeben Oebele und Tim (siehe VI.3.6.2) - zur Erklärung von Rassismus ein nahezu gleichlautendes Erklärungsmodell. August' Formulierung einer Erklärung bekommt dabei eine durchaus kritische Wendung: Während man zu Beginn seiner Argumentation noch den Eindruck bekommt, dass August behauptet, es sei eine Tatsache, dass 'Ausländer' den Niederländern die Arbeitsplätze wegnehmen, korrigiert sich dies im weiteren Verlauf. Den arbeitslosen Niederländern, so August, wird *eingeredet*, dass die 'Ausländer' ihnen die Arbeitsplätze wegnehmen. Sie beginnen dies zu glauben und schließen sich einer rechtsextremen Gruppe an.[292]

Auffällig ist August' Wechsel vom 'wir' zum 'sie': Den arbeitslosen Niederländern ordnet er sich selbst mit einem 'wir' zu. Gegenüber denjenigen, die verführt werden und den faschistischen Gruß zeigen, geht er jedoch mit einem 'sie' auf Distanz. Mit Rechtsextremisten und Faschisten will sich August nicht in Verbindung bringen lassen. Allerdings stellt August am Ende der Passage auch wieder eine bestimmte Nähe zu den Verführten her: Während Wiebbe für sich selbst ausschließt, als Arbeitsloser 'Ausländern' die Schuld zu geben, betont August, dass für die Zukunft, wenn man vielleicht selbst arbeitslos sein wird, keine Aussagen gemacht werden können. Das beschriebene Erklärungsmodell kann also auch auf einen selbst zutreffen.

Diese Aussage von August ist recht typisch und findet sich in Abwandlungen an sehr vielen Stellen in den Gruppendiskussionen und Interviews. Völlig abgesehen von den unterschiedlichen Motiven und Absichten der jeweiligen Sprecherinnen und Sprecher kann sie für Eingewanderte einen überaus bedrohlich wirkenden *Effekt* haben. Eingewanderte, die von ihren Mitschülerinnen und Mitschülern, Kolleginnen und Kollegen, Nachbarinnen und Nachbarn eine solche Aussage hören, müssen den Eindruck bekommen, dass sie sich ihrer Mitmenschen keineswegs sicher sein können: Werden diese Mitmenschen nämlich selbst von Arbeitslosigkeit oder Wohnungsnot betroffen, so halten diese es für durchaus möglich bzw. schließen es nicht aus, mit rassistischen Zuschreibungen zu reagieren.

Allerdings kann ein solcher (offen gelassener) Bezug des Erklärungsmodells auf die eigene Person nicht nur als Effekt bedrohlich sein, sondern bereits in der Formulierung eine bedrohliche Note haben. Im späteren Interview mit August, an dem auch sein Klassenkamerad Thijn teilnimmt, zeigen sich die Beiden in ihren Negativbildern und abweisenden Standpunkten gegenüber 'Ausländern' und ihren Erklärungsmodellen zu Rassismus sehr einig. Thijn benutzt schließlich eine solch' bedrohliche Redeweise. Er hat kurz vor der folgenden Passage übrigens seine Haltung mit der Bevorzugung von 'Ausländern' und der Benachteiligung von 'Einheimischen' rechtfertigt.

Thijn: *"Ja, na ja, schau, wenn man das hier und dort hört, und das wäre wirklich so, ich meine, ja, ja dann, oder? Dann fängt man doch auch selbst ein bisschen*

[292] Übrigens greifen Modelle, die im 'ökonomischen' Bereich mit Arbeitslosigkeit, ökonomischer Misere und einem Sündenbockmodell erklären, nicht selten auf das historische Vorbild der Machtergreifung des Faschismus in Deutschland zurück. Dies ist auch *keineswegs* nur bei Diskussionspassagen der Fall, in denen die gewalttätigen Rassismen im heutigen Deutschland thematisiert werden.

nachzudenken. Na ja, ich weiß nicht, wie ich später werde, aber wenn ich solche Dinge höre und wenn das wirklich so weitergeht in Deutschland, dann wird hier in den Niederlanden auch noch einiges passieren, denke ich." (eauti.09:1905-1916)

Auch Thijn gibt an, nicht zu wissen, wie er sich in Zukunft verhalten wird, formuliert dann jedoch in einer Weise, die bedrohlich wirkt. Der gewalttätige Rassismus in Deutschland wird als die zukünftige Entwicklung in den Niederlanden prophezeit, wenn die behauptete Benachteiligung von 'Einheimischen' sich fortsetzt, und Thijn deutet an, dass er selbst bei dieser Entwicklung keineswegs untätig sein wird.

Die beschriebenen *Formen der Selbsteinordnung* in ein Erklärungsmodell zu Rassismus haben also bedrohliche Effekte, und diese Effekte können sowohl unbeabsichtigt oder aber beabsichtigt sein. Eine *alternative* Reaktion, wie sie als Antwort auf solche Selbstordnungen beispielsweise bei Felix zu beobachten ist, stellt im qualitativen Material der vorliegenden Untersuchung die *Ausnahme* dar:

Felix: *"Ich kann mir nicht vorstellen, dass, wenn ich arbeitslos bin, ich dann sage, das kommt durch die Ausländer. Das werde ich einfach nie sagen." (v2.37:1242-1247)*

Eine weitere Form der Selbsteinordnung lässt sich bei Jaap, einem Gymnasialschüler (VWO), beobachten. Jaap wurde bereits dabei beobachtet, wie er einen aufkommenden Rassismus mit Einwanderung und Überbevölkerung erklärt und als ein Gegenmittel empfiehlt, nicht mehr so viele 'Ausländer' ins Land zu lassen (siehe VI.3.6.1). Nach den Motiven derjenigen fragend, die Rassismus unterstützen, ergänzt Jaap dieses Modell mit Hilfe einer Art Sündenbocktheorie:

Jaap: *"... sie haben selbst Schwierigkeiten und sie suchen nach einem Grund, na, das sind dann die Ausländer.*
Interviewer: *Aber angenommen, du würdest auch in einer schwierigen Situation stecken, arbeitslos werden, oder keine Wohnung finden oder keine geeignete Wohnung, würdest du das dann auch sagen?*
Jaap: *Nun, ich denke nicht, dass ich das so sagen kann. Ich denke, niemand kann das so sagen. Du kannst schon sagen, ich würde das nie tun. Aber ich denke doch, dass du in so einer Situation ganz anders reagierst, dass du lieber hinter jemandem herläufst.*
Interviewer: *Gilt das für dich selbst auch?*
Jaap: *Für mich selbst gilt das auch, denke ich. Ja, dass kann ich jetzt nicht sagen, weil es jetzt nicht so ist, dass ich Probleme mit Ausländern habe."*
(eja.v1:127-153)

Auf meine Nachfrage hin, antwortet Jaap etwas unklar. Zunächst sieht es so aus, als ob das von Jaap beschriebene Modell für ihn selbst nicht zutrifft, da er nicht davon auszugehen scheint, dass er selbst in einer Situation der Arbeitslosigkeit oder Wohnungsnot 'Ausländern' die Schuld zuschreiben würde. Im Weiterreden verdeutlicht Jaap jedoch, dass er meint, eine solche Frage kaum richtig beantworten zu können: auf eine hypothetische Situation, in der er sich jetzt noch nicht befindet, kann er keine Auskunft über sein Verhalten geben. Allerdings kippt seine Aussage schließlich, und zwar zur ausgrenzenden Seite hin. Jaap möchte offenbar nicht den Eindruck erwecken, dass er von sich das Bild hat, immer nur 'Richtiges' zu tun. Er kann sich also auch vorstellen, in einer entsprechenden Situation Mitläufer zu sein, nur 'jetzt im Moment' kann er dies nicht sagen, weil er aktuell keine *"Probleme mit Ausländern"* hat. Wiederum fällt auf, dass Jaap Rassismus als 'Ausländerproblem' präsentiert. Rassismus wird Jaap zufolge deshalb von Menschen unterstützt und geteilt, weil diese offenbar begründete Probleme mit 'Ausländern' haben (siehe VI.3.6.1).

Jaaps Antwort, für die Zukunft keine Aussagen über das eigene Verhalten machen zu können, vermittelt den Eindruck von Aufrichtigkeit. Dadurch, dass Jaap gleichzeitig jedoch offen lässt, ob er in Zukunft nicht selbst zu den Mitläufern gehören könnte, ja, dies sogar zu den Möglichkeiten zu gehören scheint, entsteht wiederum ein Effekt, der für Eingewanderte durchaus bedrohliche Momente enthält. Jaap ist offenbar empfänglich für Rassismus, je nachdem, welche Probleme er mit 'Ausländern' haben wird. Das Gespräch geht weiter:

Interviewer: *"Aber, ich meine, du bist doch selbst dabei, es stimmt, man weiß nie, was in zehn Jahren wirklich passieren wird, natürlich, ...*
Jaap: *(dazwischen) Nein.*
Interviewer: *... und das ist auch sehr ehrlich, das so zu sagen, dass man das nicht weiß, aber wenn man von jetzt aus in die Zukunft blickt, dann ... ?*
Jaap: *Ja, ich denke, dass ich, ich würde das ein bisschen dumm finden von mir, um so etwas auf Ausländer abzureagieren, das ist natürlich Quatsch." (eja.v1:154-165)*

Auch Jaap spürt vermutlich die *Wirkung*, die seine Aussage hat. Auf meine Nachfrage hin, distanziert er sich von Schuldzuschreibungen gegenüber 'Ausländern': Das eigene Unbehagen in einer schwierigen Situation auf 'Ausländer' abzureagieren ist *"natürlich Quatsch"*.

3.6.6 Rassismus und 'Krise'

Ein weiteres Erklärungsmodell zu Rassismus präsentiert Wilhelm in einer Diskussion in einer Gymnasialklasse (VWO). Er reagiert dort auf die Ausführungen seines Klassenkameraden Lukas. Zunächst Lukas:

Lukas: *"Das kann ich jetzt nicht sagen. Ich meine, schau, jetzt sage ich vielleicht 'Nein'. Aber, ich meine, wenn ich mit dem Studium fertig bin und ich kann keine Arbeit finden und da steht so jemand auf, na, dann läufst du vielleicht schon hinterher. Ich kann das jetzt nicht sagen. Schau, ich hoffe, dass ich das nicht tue, aber du weißt es einfach nicht." (v2.38:611-622)*

Auch Lukas will also für die Zukunft keine Aussage machen, hält es aber nicht für ausgeschlossen, selbst rassistischen Ideologien zu folgen. Etwas später in der Diskussion merkt er an:

Lukas: *"Ja, eigentlich ist es schon komisch, aber ... jetzt sagst du noch: 'An Ausländern, da ist nichts Verkehrtes dran.' Aber ich meine, wenn du arbeitslos bist, dann stehst du dem einfach anders gegenüber." (v2.38:1183-1190)*

Auf Lukas Ausführungen reagiert Wilhelm schließlich mit einer aufschlussreichen Erklärungsthese.

Wilhelm: *"Ich glaube, wenn du anfängst, so etwas zu denken, dann war das immer schon da ... . Weil jeder sagt - 'He, Rassismus, das darf nicht sein' - deshalb hast du das unterdrückt, und wenn du arbeitslos bist, dass du das dann doch so richtig raus lässt." (v2.38:1233-1245)*

Wilhelm spielt auf die in weiten Kreisen verbreitete Tendenz an, mit einer Art Tabu auf offenkundige und explizite Rassismen und Diskriminierungen zu reagieren.[293] Sein Erklärungsmodell geht davon aus, dass in einem solchen Umfeld die bestehenden rassistischen Tendenzen zurückgehalten werden. Solange es den Einzelnen gut geht, funktioniert dies. Sobald jedoch eine Krise eintritt, treten die verborgenen Denkweisen und Haltungen zutage. Im Vergleich zu den Erklärungsmodellen, die bis hierher vorgestellt wurden, kann Wilhelms Erklärung zugleich als *Ausnahme* und als *Alternative* bezeichnet werden. Um eine Ausnahme handelt es sich, da andere Erklärungsweisen sehr viel häufiger festzustellen sind. Alternativ ist, dass in Wilhelms Modell nicht 'Ausländer' 'Einheimischen' etwas wegnehmen oder 'Einheimische' gegenüber 'Ausländern' benachteiligt werden und *anschließend* erst die Neigung entsteht, rassistischen Ideologien zu folgen. Vielmehr sind umgekehrt bereits zuvor unterschwellige und unterdrückte Rassismen vorhanden, die in entsprechenden Situationen der (realen oder vorgestellten) Benachteiligung aktualisiert und offenbart werden.

3.6.7 'Unbrauchbarkeit der Eingewanderten'

Eine anderes Erklärungsmodell, das sich im qualitativen Datenmaterial entdecken ließ, reproduziert im Grunde unkritisch die gesellschaftlichen Instrumentalbeziehungen. Patrick, ein Berufsschüler (MBO), argumentiert im Einzelinterview folgendermaßen:

Patrick: *"Ja, sie akzeptieren ..., 's ist, ja, sie sehen es natürlich als ihr Land an, und wenn da jetzt plötzlich Fremde dazu kommen, und die werden einfach akzeptiert, ja, dann ist es doch schwierig für die Menschen, zu begreifen, dass es ..., dass sie es einfach hinnehmen müssen und sie akzeptieren müssen. Es ist, ja, für manche Menschen ist das doch wirklich schwierig und darum ... .*

Interviewer: *(unterbricht) Aber warum für manche schon und für manche nicht?*

Patrick: *Ja, der eine hat einen Nutzen davon, der andere sagt, ja, ich kann die Jungs gut gebrauchen. (...) Und dann gibt es welche, die sagen, na, ich brauche sie nicht, was hab' ich denn davon, die arbeiten doch nicht. Geld ausgeben für etwas, das nicht funktioniert, dazu hab' ich keine Lust. Und der andere sagt wieder, na, die arbeiten schon und sind ziemlich billig, also die kann ich gut gebrauchen, ja, der hat seinen Nutzen davon.*

Interviewer: *Was ist deine Meinung? Was sagst du?*

Patrick: *Darüber, ob wir Ausländer brauchen?*

Interviewer: *Nun ja, nein, sondern ... .*

[293] Er argumentiert hier zunächst ähnlich wie Rosy (siehe VI.3.6.2), allerdings nimmt er einen deutlich anderen Standpunkt als Rosy ein.

Patrick: *(unterbricht) Ja, ich sage, man kann sie brauchen, um ..., wie heißt das? Um die Kultur von ihrem Land herzuholen. Aber man kann sie natürlich auch für schlechte Sachen gebrauchen und tja, von mir aus dürfen sie hier bleiben, aber wenn sie die Gesellschaft kaputt machen, dann finde ich es schade um sie. Manche sind gut zu gebrauchen, aber es gibt auch Schlechte dazwischen. Wenn man das so hört, gibt es nur schlechte Ausländer, tja, ich weiß nicht, woher das kommt, aber es ist für sie 'Hauptsache Spaß' in den Niederlanden und wir kriegen damit nur Probleme." (epa.22:1160-1221)*

Patrick hat Verständnis dafür, dass Menschen Schwierigkeiten damit haben, Fremde in dem Land, das sie als ihr eigenes ansehen, zu akzeptieren. Er unterscheidet zwischen einer Gruppe von 'Einheimischen', die einen unmittelbaren Nutzen von den Eingewanderten hat (billige Arbeitskraft), und einer anderen, die keinen Nutzen sieht (arbeiten doch nicht, kosten nur Geld). Die erste Gruppe akzeptiert 'Ausländer', die zweite Gruppe nicht. Patrick selbst ordnet sich zwar zunächst bei denjenigen ein, die in der Einwanderung einen positiven Nutzen erkennen können, wenn es um die Bereicherung durch die fremde Kultur geht. Gleichzeitig macht er jedoch deutlich, dass er keine *"schlechten Sachen"* zulassen möchte: *"wenn sie die Gesellschaft kaputt machen"*, dann - so lässt sich seine Formulierung verstehen - plädiert er für eine Ablehnung oder Ausweisung von Einwanderinnen und Einwanderern. Sein Schlusssatz wendet schließlich seine Aussage vollends ins Negative: die relativierenden Bemerkungen (*"manche"*, *"es gibt auch Schlechte"*) werden aufgegeben zugunsten einer Verallgemeinerung, die dem Hören-Sagen Recht zu geben scheint: Patrick hört nur von schlechten 'Ausländern', und offenbar scheint dies an den 'Ausländern' selbst zu liegen, da sie den 'Einheimischen' *"nur Probleme"* verursachen. Patrick teilt die Kosten-Nutzen-Kalkulationen, die die Akteure in seinem Erklärungsmodell vornehmen. Auch in diesem Modell wird die Ursache für Rassismus - von Patrick milder formuliert als Nicht-Akzeptanz von Fremden - bei den Eingewanderten selbst gesucht: Wären sie 'nützlich', würden sie auf weniger Ablehnung stoßen; da sie sich falsch verhalten (Probleme verursachen, nur den Spaß sehen) und für viele 'unbrauchbar' sind, müssen sie - verständlicherweise, so das Modell - mit Nicht-Akzeptanz rechnen.

3.6.8 'Im Inneren des Menschen'

Eine weitere Erklärungsweise zielt auf das Innere des Menschen. Meist stellen solche Erklärungen eine Art *Ergänzung* anderer Erklärungen dar. Gut zu beobachten ist dies beispielsweise bei Els in einem Beitrag in einer Diskussionsrunde in einer Berufsschulklasse (MBO). Els hat Rassismus zunächst mit einer Art *Konkurrenzmodell* erklärt: 'Ausländer', die eine gute Arbeitsstelle hätten, würden deswegen von 'einheimischen' Konkurrenten oft schief angeschaut. Els betont, dass sie selbst nicht so, wie in ihrem Erklärungsmodell beschrieben, reagieren würde:

Els: *"Nein. Ich nicht. Aber das wird von Menschen einfach so gemacht. Menschen sind einfach von innen heraus eifersüchtig, fertig aus. Und das ist nicht zu verändern, denke ich. Ein Mensch gönnt doch dem anderen nichts, selbst wenn es die beste Freundin ist. Im Allgemeinen gönnen die Menschen einander nichts." (m2.17:420-431)*

Els' Konkurrenzmodell scheint geradezu nach einer *'tiefer'* liegenden Ursache zu fragen. Warum agieren die Menschen in dieser Weise? Die Lösung hat sie in einer grundlegenden und unveränderbaren inneren Eifersucht von Menschen gefunden. Die Bitterkeit in ihrer Stimme vermittelt den Eindruck, dass Els hier von eigenen Erfahrungen und Enttäuschungen ausgeht. Es ist nicht entscheidbar, ob in Els Modell die 'innere Eifersucht' durch gesellschaftliche Verhältnisse produziert wird oder in der menschlichen Natur liegt. Auf meine entsprechende Nachfrage, macht Els jedenfalls deutlich, dass sie selbst *nicht* von dieser Eifersucht geprägt ist.

Els: *"Oh, ich gönne jedem, dass er happy ist, einfach happy.*
Andere: *Ja.*
Els: *Frieden, bitte." (m2.17:451-457)*

Es scheint Els in keinster Weise zu irritieren, dass in ihrem Erklärungsmodell zwar die Menschen *im Allgemeinen* einander nichts gönnen, sie selbst jedoch nicht davon betroffen ist. Auch in vielen anderen Gruppendiskussionen und Einzelinterviews finden sich ähnliche Verweise auf Egoismen im Inneren des Menschen. Solche Erklärungen, gekoppelt an andere Erklärungsweisen, haben oft eine Art Endgültigkeits-Charakter: Warum Menschen egoistisch sind, bedarf keiner weiteren Erklärung. Meist bekommen solche Erklärungen an dieser Stelle ein naturalisierendes Moment.

Besonders interessant erscheint mir in diesem Zusammenhang eine Gruppendiskussion in einer Berufsschulklasse, aus der ich (auch im *nächsten* Abschnitt, VI.3.6.9) eine längere Passage vorstellen möchte. Die nachstehenden Ausschnitte knüpfen an ein Item im Fragebogen an. Dort wird nach der Zustimmung oder Ablehnung gegenüber einem Statement gefragt, das den Export von Waffen rechtfertigt, um den eigenen Wohlstand nicht zu gefährden (V67) - ein Item, das zur Itemliste 'eindimensional-nationaler' Orientierungen gehört (siehe IV.4.2.6). Zunächst einige Diskussionspassagen:[294]

Dorett: *"Aber, das hast du heute doch immer, Menschen die auf Geld aus sind, überall: im Krieg und um dich herum, einfach ... .*
Chris: *Der Mensch ist einfach ein egoistisches Wesen, und überall kommt das zum Vorschein, und das wird vermutlich auch so bleiben, ich weiß es nicht. (...)*
Sander: *Du kannst schon sagen, Krieg ist schlecht und ... aber ich denke wenn du in so 'ner Position bist und einen Haufen Geld verdienen kannst, und wenn du selbst da nicht reingezogen wirst, ich meine, die Leute machen ..., die stehen nicht zwischen den Gewehren und zwischen den, was weiß ich alles. Also, ich denke, dass die da ..., ja ... .*
Interviewer: *Also, mal angenommen, würdest du es tun?*
Sander: *Wenn du da einen Haufen Geld damit verdienen könntest? Ja, ich denke schon, so wie ich das jetzt sagen würde, also ... . (...)*
Dorett: *Wenn du es nicht tust, tut es jemand anders. Warum solltest du es nicht tun? (...)*
Sander: *In der ein oder anderen Weise, das denke ich doch ... dass Krieg in der ein oder anderen Weise doch irgendwie etwas Natürliches ist, das kannst du immer sehen: Krieg kommt einfach in einem bestimmten Moment, wenn ein ganzer Haufen von Menschen anfangen, zusammen zu wohnen und es immer mehr werden*

[294] Wobei für die Darstellung einige Auslassungen [gekennzeichnet durch (...)] vorgenommen wurden, die für die Interpretation nicht von Bedeutung sind.

und ... auf einmal geht es schlecht, dann fangen sie an, einander die Schuld zu geben, und dann gibt es einfach Krieg, bis eine ganze Menge Menschen, ja, eben tot sind und es noch schlechter geht wie es vorher ging, nun, und in einem bestimmten Moment hört es dann schon auf.

Chris: *Bis alle Menschen vernichtet sind.*

Sander: *Ja. Bis zu einem bestimmten Zeitpunkt die weniger kampfbegeisterten Menschen übrig bleiben und es dann wieder vorbei ist.*

Chris: *Dann kannst du wieder von vorne beginnen. (...)*

Dorett: *Es kommt doch aus dem Inneren des Menschen. Jeder will gerne Macht, du siehst es auch, du siehst es einfach überall, finde ich. Und heute gibt es schön viel Geld zu verdienen, warum solltest du also die Chance nicht ergreifen, wenn du die Macht hast?" (m1.01:534-661)*

Eigentlich geht es in dieser Passage zu Beginn noch nicht darum, Rassismus zu erklären. Erklärt wird zunächst lediglich, warum Menschen dazu neigen, Waffenexporte gutzuheißen. Als Ursache werden das Gewinnstreben und der grundlegende, offenbar unveränderbare Egoismus des Menschen genannt: der Mensch ist *"einfach ein egoistisches Wesen"*, so Chris. Für Sander und Dorett bietet es sich auf diesem Hintergrund an, das ökonomische Eigeninteresse als etwas überaus Legitimes und Selbstverständliches zu formulieren. Die Tätigkeit ist zudem gefahrlos, da der Waffenexporteur selbst nicht in Kampfhandlungen verstrickt sein wird. Und es ist damit zu rechnen, dass, wenn man es selbst nicht tut, andere womöglich den Gewinn erzielen. Krieg wird von Sander schließlich als *"etwas Natürliches"* präsentiert, Macht- und Gewinnstreben von Dorett als *"aus dem Inneren des Menschen"* kommend beurteilt. Die Komponente der Rechtfertigung, die mit diesen Naturalisierungen und Verinnerlichungen transportiert wird, ist kaum zu übersehen.[295] Zugleich liefern die Naturalisierungen und Verinnerlichungen eine Grundlage für die Erklärung von (innergesellschaftlichem) Rassismus. Sander verbindet Bevölkerungszunahme, Krise und Schuldzuweisungen (Sündenbocktheorie) als natürliche und ewige Faktoren, die den Ausbruch von kriegerischen Auseinandersetzungen verursachen. Wenig später, wenn es um die Erklärung rassistischer Gewalt in Deutschland geht, zeigt sich, dass die Diskussion auf dieser Logik aufbaut (siehe dazu den folgenden Abschnitt VI.3.6.9).

3.6.9 Naturalisierende und kulturalisierende Modelle zur Erklärung rassistischer Gewalt in Deutschland

In nicht wenigen Gruppendiskussionen wurde über Deutschland diskutiert. Naheliegenderweise wurde dabei stets auch die rassistische Gewalt in Deutschland thematisiert. In solchen Diskussionen wurden die Jugendlichen auch gefragt, wie sie sich denn diese Entwicklungen im Nachbarland erklären.

Nur in wenigen Schulklassen wurden Erklärungsmodelle formuliert, die so krass aussahen, wie in den beiden folgenden Beispielen von Dik und Dorien. Beide besuchen Berufsschultypen, die in der niederländischen Bildungshierarchie eher 'unten' angesiedelt sind (KMBO und LBO). Dik auf die entsprechende Frage:

[295] Alle hier zitierten Jugendlichen zeichnen sich übrigens in ihren sonstigen Diskussionsbeiträgen eher durch eine sehr 'menschenfreundliche' und 'tolerant-offene' Grundhaltung aus. Wo sie Rassismus oder Nationalismus vermuten, lehnen sie dies deutlich ab.

Dik: *"Weil den Deutschen, denen sitzt das einfach im Blut." (lz1:25:368-369)*

Inhaltlich nicht weit davon entfernt liegt das Erklärungsmodell, das mit Vehemenz von Dorien vorgetragen wird:

Dorien: *"Schau, du kannst zwar sagen, Niederländer können das auch tun, aber bei Niederländern oder Belgiern liegt das überhaupt nicht im Charakter vom Volk, während die Deutschen gerade schon einfach ... im Allgemeinen haben alle Deutschen denselben Charakter. Die haben alle so diesen Charakter, dieses 'Schieß sie nur nieder'. Sie denken, dass sie sehr wichtig sind, die Deutschen." (lz1.20:433-447)*

Und an anderer Stelle:

Dorien: *"... aber Deutsche haben im Allgemeinen wirklich ... wirklich reinrassige Deutsche, die haben wirklich einen Charakter wie ..., na ja: 'ich trete dich'. Sehr aggressiv finde ich sie." (lz1.20:2211-2217)*

Beide Jugendlichen argumentieren mit Modellen zur Erklärung von Rassismus, die durch ihre mehr oder weniger explizite Naturalisierung selbst rassistische Züge tragen. Der Rassismus wird als unausweichlich *in* den Einzelnen steckend konzipiert - *"im Blut"* oder im *"Charakter vom Volk"* bzw. im Charakter *"wirklich reinrassige(r) Deutscher"*. Dasselbe gilt freilich auch andersherum: *"bei Niederländern oder Belgiern liegt das überhaupt nicht im Charakter vom Volk"*, formuliert Dorien. Es erübrigt sich fast schon zu sagen, dass sich Dorien als 'richtige' Niederländerin sieht.

Vergleicht man die Redeweisen in diesen beiden Berufsschulklassen mit den Redeweisen in der Berufsschulklasse, bei der es um Waffenexporte ging und aus der soeben eine Passage vorgestellt wurde, lässt sich zunächst feststellen, dass, während die erstgenannten Klassen auf der untersten Sprosse der niederländischen Bildungshierarchie (LBO) platziert sind, die letztere auf einem 'höheren' Bildungsniveau zu verorten ist (MBO). Im ersten Fall wird recht deutlich und direkt und ohne jede beschönigende Umschweife formuliert. Im zweiten Fall wird der gleiche Inhalt zwar auch differenzierter - und nicht nur mit einer anderen Sprache, nicht nur indirekter - artikuliert. Dennoch zeigt sich, dass der *inhaltliche Kern* der einzelnen Aussagen oft nicht sehr weit von den soeben gezeigten entfernt ist. Dies ist auch deshalb bemerkenswert, weil sich - anders wie Dik und Dorien - die im Folgenden diskutierenden Jugendlichen selbst vermutlich als 'fortschrittlich' oder 'progressiv' einordnen.

Doch zurück zum Interviewmaterial. Es geht wieder um die Suche nach einer Erklärung für die rassistischen Gewalttaten in Deutschland. Zu Beginn der nachstehenden Passage sieht es fast so aus, als ob die Diskutierenden spüren, auf welches unsichere Parkett sie sich mit ihrem Erklärungsmodell begeben. Es wird jedenfalls recht vorsichtig formuliert.

Bram: *"Ja, es steckt da doch drin ... .*
Sander: *Ich denke, dass es ein bisschen die deutsche Mentalität ist. Ist es erblich?*
Dorett: *Nein.*
Bram: *Das geht schon sehr weit.*
Pim: *Ich meine die Mentalität ... erblich kannst du das nicht nennen.*

Dorett: *Das ist ein bisschen überzogen.*
Bram: *Wie viel, denkst du, sitzen da noch von den Ex-SS'lern, die sponsern das alles tüchtig, die haben noch jede Menge Geld." (m1.01:2463-2485)*

Brams Antwort bleibt noch undeutlich: meint er das Land Deutschland oder meint er die Menschen in Deutschland, in dem bzw. denen *"es"* (also die rassistische Gewalt bzw. die Neigung zur rassistischen Gewalttat) *"steckt"*? Sander wird eindeutiger und führt - wenn auch mit der Relativierung *"ein bisschen"* - *"die deutsche Mentalität"* als Erklärung an, die offensichtlich noch weiter erklärt werden muss: Ist *diese* Mentalität vererbt? Sanders Frage - ist sie nur rhetorisch gemeint? - wird von Dorett zunächst klar verneint. Nach Bram, der eine Erklärung mit Erblichkeit für zu weitgehend hält, und Pim, der eine solche Schlussfolgerung ebenfalls ablehnt, schränkt Dorett ihr klares *"nein"* allerdings wieder etwas ein, indem sie - als Stellungnahme zur Frage der Erblichkeit der deutschen Mentalität - weniger eindeutig formuliert: *"Das ist ein bisschen überzogen".*

Bram versucht, gegen das Vererbungsmodell auf eine direkte Kontinuität von Personen hinzuweisen: Reiche *"Ex-SS'ler"* fördern ihm zufolge die rassistische Gewalt. Dorett knüpft in der Diskussionspassage, die unmittelbar auf die soeben vorgestellte Passage folgt, zustimmend bei Bram an. Sie scheint sich die *"Ex-SS'ler"* als Manipulatoren vorzustellen, die an einer *"menschliche(n) schwache(n) Stelle"* ansetzen; wohlgemerkt: nicht an einer schwachen Stelle von Deutschen, sondern von Menschen.

Dorett: *"Ja, ich denke, dass eine menschlich schwache Stelle benutzt wird, ich meine, wenn du nie die Macht kriegst über etwas, dann denkst du dir etwas sehr Albernes aus, um es doch zu kriegen ... .*
Pim: *Es geht schlecht mit dem Land, dann sind es doch die Ausländer, die die Schuld haben.*
Sander: *Ich denke, dass die Deutschen es einfach auf die ein oder andere Weise gut finden, wenn irgendwo der ein oder andere Idiot aufsteht und sagt: 'Ja, und das machen wir.' Und dann machen sie es alle gleich, ich meine, schau nur ... damals, das fanden sie alle gut, als er den Krieg anfing ... in einem bestimmten Moment kam Hitler, und jetzt ist es wieder der ein oder andere Alt-SS'ler, der sagte, ja, alle Ausländer müssen jetzt weg und wieder waren sie da ... sie schossen wie Pilze aus dem Boden, na ja, es scheint, als ob sie jemand brauchen, dem sie folgen müssen, und der hat meistens solche wahnsinnigen Ideen.*
Dorett: *Ja." (m1.01:2487-2523)*

Dorett hält das Streben nach Macht - bzw. in dieser Passage genauer eigentlich - die aktuelle Machtlosigkeit von Menschen für *"eine ... schwache Stelle"*, die sie empfänglich für Rassismus macht. Pim führt die schlechte Lage des Nachbarlandes (sehr wahrscheinlich ist die schlechte *ökonomische* Lage gemeint) und die damit verbundene Sündenbockfunktion der *"Ausländer"* als Erklärung an. Für Sander scheinen beide Erklärungen nicht auszureichen. Er erläutert, was er mit deutscher Mentalität eigentlich meint: Mittels einer kräftigen und emotional vorgetragenen Beschreibung pocht er auf einen vorhandenen Untertanengeist bei den Deutschen. Sander weist dabei in einer Art Verdoppelung gleichzeitig auf eine geschichtliche und auf eine personale Kontinuität hin: *"damals, das fanden sie alle gut als er (Hitler; R.L.) den Krieg anfing"* - *"jetzt ist es wieder der ein oder andere Alt-SS'ler"*. Und wieder sind die Deutschen als Untertanen und Rassisten da - und er benutzt eine sehr wirkungsvolle Naturmetapher: *"Sie schossen wie Pilze aus dem Boden"*. Die Unterordnung von *den* Deutschen wird als regelrechtes Bedürfnis formuliert: Sie scheinen *"jemand (zu) brauchen, dem sie folgen müssen"*. Doretts *"ja"*, das Sanders Ausführungen *hier* folgt, könnte sich auf Sanders Rede von den *"wahnsinnigen Ideen"* der 'Führer' beziehen. Immerhin hat Dorett selbst rassistische Ideen kurz zuvor bereits als *"etwas sehr Albernes"* charakterisiert. Andererseits ist zu beobachten, dass Dorett in der Diskussion des öfteren Themenabschnitte mit einer halb zustimmenden Bemerkung abschließt.

Ich versuche in der folgenden Diskussionspassage, Sanders Argumentation mit der deutschen Mentalität genauer auf die Spur zu kommen. Meine Skepsis wird deutlich.

Interviewer: "Aber ist es die deutsche Mentalität oder ... wie würdest du das umschreiben?
Sander: Na ja, sie kommen nach Scheveningen,[296] *und sie graben eine Kuhle und setzen da ihre Flagge drauf, und stellen ein paar Kästen Bier drum herum, und dann trittst du in ein Stückchen ihrer Kuhle und du wirst gleich in Gefangenschaft genommen und ... .*
Interviewer: (unterbricht) Hast du das erlebt ...?
Sander: Ja, es gibt diese Erfahrungen ... dass du in Scheveningen liegst und dass sie in der Tat eine Kuhle graben und die Flagge drum herum stellten ... und es ist mir schon drei oder vier Mal passiert ... und das mag ich einfach nicht.
Pim: Sie sind nicht alle so.
Dorett: Nein.
Sander: Nun, ich wurde so erzogen ..., na ja, meine Eltern haben den Zweiten Weltkrieg mitgemacht, und die halbe Familie meiner Mutter ist gefallen im Zweiten Weltkrieg durch die Deutschen und ... , ja, meine Mutter hat einen riesigen Hass auf die Deutschen, ich meine, wenn du deutsch bist, dann kannst du es gleich vergessen, ich meine, es ist inzwischen etwas weniger ..., aber wirklich, als ich nach Scheveningen ging, dass sie dort Kuhlen graben und die deutsche Flagge drum herum stellen ... .
Interviewer: Aber hast du auch so eine anti-deutsche Haltung?
Sander: Ja, ich weiß nicht. ... Ich denke, dass es auch eine typisch niederländische Haltung ist. Wenn du kräftig Deutsche hasst, dann ... na ja, Niederländer untereinander. Es gibt nur wenig Niederländer, die sagen: also, Deutsche, das finde ich jetzt feine Menschen. Das geht doch eher in die Richtung von Frankreich. Ich meine, Niederländer und Franzosen, die gehen im Urlaub nicht nach Deutschland ... .
Interviewer: Aber warum ist das jetzt so?
Sander: Sie haben sich einfach bewiesen im letzten Jahrhundert.
Dorett: Aggressiv." (m1.01:2531-2614)

Auf meine Frage antwortet Sander mit einer Geschichte, welche nicht nur eine angeblich häufig zu beobachtende Verhaltensweise von Deutschen an niederländischen Badestränden beschreibt (Bau von Sandkuhlen). Er benutzt eine Geschichte, die in den Niederlanden überaus verbreitet ist und als eine Art Symbol für etwas typisch deutsches verstanden wird: Landnahme, Besitz-Ergreifen, Eroberungs- und Abgrenzungsverhalten. Sander reichert die Ge-

[296] Ein touristischer Ort an der niederländischen Küste, der bekannt ist für seinen Badestrand und seine Strandpromenade.

schichte noch zusätzlich mit *"ein paar Kästen Bier"*, der *"Flagge"* und einem 'In-Gefangenschaft-genommen-werden' an. Als ich - mit zweifelndem Unterton in der Stimme - nachfrage, ob es sich hierbei um seine *eigenen* Erfahrungen handelt, weicht Sander zunächst aus - *"Ja, es gibt diese Erfahrungen"* -, um schließlich doch darauf zu bestehen, dass es eigene Erfahrungen sind: *"ist mir schon drei oder vier Mal passiert"*. Pim und Dorett versuchen Sanders Negativ-Bild über die Deutschen zu relativieren, ohne es freilich völlig vom Sockel stürzen zu wollen: *"Sie sind nicht alle so"*.

Durch meine Skepsis und Pims und Doretts Relativierung scheint es, als ob Sander sich aufgefordert sieht, das von ihm benutzte Bild mit dem Hintergrund seiner eigenen Erziehungsgeschichte zu rechtfertigen: *"ich wurde so erzogen ..."*. Sander versucht *sich* zu erklären, indem er den Hass seiner Mutter gegenüber den Deutschen erklärt: der durch Deutschland angezettelte Zweite Weltkrieg, seine Eltern als Angehörige einer Generation, die direkt den Krieg miterlebt hat, die vielen Gefallenen in der Familie seiner Mutter. Unvermittelt rutscht er wieder *"nach Scheveningen"* und betont nochmal den Wahrheitsgehalt seines als eigene Erfahrung präsentierten Negativ-Bildes: *"aber wirklich, ... dort ... (graben die Deutschen) Kuhlen und (stellen) die Flagge drum herum ..."*.

Seine eigene Negativ-Haltung gegenüber Deutschen bettet er in *"eine typisch niederländische Haltung"* ein: *"wenn du kräftig Deutsche hasst"*, dies ist nach Sander eine Haltung, die bei *"Niederländer(n) untereinander"* sehr verbreitet ist. Gleichzeitig macht er allerdings mit dieser Selbst-Einordnung als *"typisch niederländisch"* deutlich, dass er mit dieser Haltung nicht alleine steht. Auf meine Nachfrage, warum dies heute - also mehr als 45 Jahre nach dem Krieg - noch so sei, antwortet Sander nicht mit Überlegungen zur aktuellen Funktion des negativen Deutschland-Bildes in den Niederlanden (oder in Frankreich), sondern mit dem Hinweis auf die Erfahrungen aus der Geschichte: Es liegt an den Deutschen selbst, die Deutschen haben *"im letzten Jahrhundert"* gezeigt, wie sie sind. Und Dorett verdeutlicht, in-dem sie wiederum eine Passsage zustimmend abschließt: *"aggressiv"*.

Sander dominiert mit seiner negativen Haltung gegenüber den Deutschen die entsprechenden Diskussionspassagen. Das Erklärungsmodell mit der 'deutschen Mentalität', von Sander als Untertanengeist konkretisiert, überwiegt. Sander neigt hierbei zur Überverallgemeinerung. Bram, Pim und Dorett widersprechen kaum, stimmen des öfteren halb zu und scheinen zu signalisieren, dass an diesem Modell - wenn es nicht *"überzogen"* wird - durchaus etwas 'dran ist'. Sanders Überverallgemeinerung wird nur milde widersprochen: *"Sie sind nicht alle so"*. Bei Sander müssen Personen, die als Deutsche eingeordnet werden, damit rechnen, zum Gegenstand von Bildern zu werden, die eine Zuschreibung von Negativ-Eigenschaften transportieren. Und da die meisten Deutschen in den Niederlanden (und in Deutschland) für Sander eine anonyme Größe sein werden, geschieht dies relativ unabhängig davon, wie sich die konkreten Personen selbst beurteilen, wie sie sich selbst zur deutschen Geschichte, zur deutschen Nation, zu den aktuellen rassistischen Gewalttaten usw. verhalten. Wichtiger als das negative Deutschlandbild,[297] ist im Kontext des vorliegenden Abschnittes jedoch die Struktur und Logik des Erklärungsmodells und die möglichen Effekte, die zu erwarten sind.

Nun ist anhand der vorgestellten Passagen nicht ohne weiteres entscheidbar, ob Sanders Modell eher naturalisierend oder eher kulturalisierend angelegt ist. Angesichts der obigen Erklärungsversuche zu kriegerischen Auseinandersetzungen (VI.3.6.8) liegt es zwar nahe, auf

[297] Dessen Gestalt und Funktion ich an anderer Stelle beschrieben habe (vgl. Leiprecht 1995).

eine naturalisierende Variante zu schließen. Für die immanente Logik und die entsprechenden Effekte ist die Unterscheidung jedoch kaum von Bedeutung. Während im ersten Fall die Ursache des sozialen Phänomens Rassismus in der natürlichen Ausstattung bzw. in der Natur der Deutschen gesucht wird, steht im zweiten Fall zwar die Kultur im Vordergrund, jedoch wird das Denken über Kultur und kulturellen Gegebenheiten so konzipiert, dass Kultur als etwas Einheitliches, Widerspruchsfreies und Entwicklungsloses erscheint und in dieser Form - ähnlich wie bei einer naturalisierenden Erklärung - in den Menschen verankert ist und damit die Einzelnen auf ein bestimmtes Verhalten festlegt. Deutlich wird in Sanders Modell auf jeden Fall die Botschaft, dass *die* Deutschen *immer schon* 'so' waren und 'es' gewissermaßen *in* ihnen liegt. Die Verknüpfung von Kontinuität und Verinnerlichung wird möglich durch die spezifische Rede von einer 'deutschen Mentalität'. Diese Rede von der Mentalität kommt ohne die Berücksichtigung unterscheidbarer geschichtlicher Gegebenheiten und ohne die Zur-Kenntnis-Nahme von gesellschaftlichen Verhältnissen aus. Die Menschen in Deutschland erscheinen als ein einheitliches Kollektiv mit einer einheitlichen Geisteshaltung, die geprägt ist von Aggressivität, einem Bedürfnis nach Unterordnung, der Vorliebe für nationale Symbole, einem Eroberungs- und Abgrenzungsdrang, usw.: Dass sich Menschen *in bestimmter Weise zu den gesellschaftlichen Verhältnissen verhalten*, also in Opposition gehen können, Widerspruch äußern, aber selbstverständlich auch 'klein beigeben', dominierende Denkangebote übernehmen, wegschauen, desinteressiert sind, also die ganze Bandbreite des Handelns von Menschen in Gesellschaften, kommt in den diskutierten Erklärungsmodellen bei Sander überhaupt nicht und bei den anderen Jugendlichen nahezu nicht vor.

Zudem wird das dialektische Verhältnis, demzufolge die jeweiligen historisch-gesellschaftlichen Verhältnisse zwar die Menschen bestimmen, die Menschen aber - ausgehend von ihrem jeweils spezifischen Standort und ihrer jeweils spezifischen Lage mit jeweils spezifischen Behinderungen und Möglichkeiten in einer Gesellschaft - die Verhältnisse (in einem bestimmten Maßstab) mitgestalten, in solchen Erklärungsmodellen nach einer Seite hin *abgeschnitten*. In einer Form der *'individualisierenden Verinnerlichung'* scheint die Gesellschaft 'so' zu sein, weil die einzelnen Menschen in dieser Gesellschaft eben 'so' sind. Gleichzeitig kann so der Eindruck einer historischen *'Verewigung'* transportiert werden: Weil die einzelnen Deutschen 'schon immer so' waren, sind die Verhältnisse auch heute wieder 'so'. Auf die Kategorien Entwicklung und Veränderung kann verzichtet werden.

Nun sind solche Modelle nicht allein deshalb problematisch, weil sie - bezogen auf ihre thematische Spezifik - für die Verhältnisse in Deutschland unzureichend sind. Eine große Gefahr liegt in der Übertragbarkeit der dem Erklärungsmodell zugrundeliegenden *allgemeinen* Prinzipien. Beispielsweise wird nicht nur suggeriert, dass es eine 'deutsche Mentalität' gibt, die autoritaristisch oder rassistisch ist, sondern es wird grundlegend nahegelegt, dass von solchen und ähnlichen Mentalitäten als Ursache von sozialen Phänomenen gesprochen werden kann. Es bietet sich dann geradezu an, *die* 'türkische' oder *die* 'marokkanische Mentalität' heranzuziehen, wenn gesellschaftliche Konflikte in den Niederlanden erklärt werden sollen. Die Tendenz, von Deutschland als einem einheitlichen und scheinbar widerspruchsfreien Großkollektiv und von *den* Deutschen in einer Form der Überverallgemeinerung zu reden, trägt die Gefahr in sich, in ähnlicher Weise die Konstruktion von anderen Großkollektiven nahezulegen, denen dann ebenfalls bestimmte - wenn auch sicher andere - Eigenschaften zugeschrieben werden. Das benutzte Erklärungsmodell legt es nicht nur für die deutschen Verhältnisse, sondern ganz allgemein nahe, die *einzelnen* Menschen, die als Angehörige solcher und ähnlicher Konstrukte eingeordnet werden, auf entsprechende Eigenschaften festzulegen. Ähnliches gilt für die Mechanismen der individualisierenden Verinnerlichung und Verewigung, die dem Modell zu eigen sind. Zusätzlich hat das Modell - geht es um die Suche nach Handlungsmöglichkeiten in der 'eigenen' Gesellschaft - eine lähmende Wirkung: Was soll man auch tun, wenn Rassismus und Autoritarismus letztlich doch daher kommen, dass die einzelnen Menschen eben 'so' sind; und was soll man machen, wenn dies doch 'schon immer so war'?[298]

3.6.10 *Zusammenfassung:* Erklärungsmodelle Jugendlicher zu 'Rassismus'

Ausgehend von der Beobachtung, dass die Jugendlichen bei Rassismus vor allem an explizite und extreme oder auch gewalttätige Formen denken, wurde in den Gruppendiskussionen und Einzelinterviews danach gesucht, *wie* diese Phänomene erklärt werden. Sehr viele verschiedene Erklärungsweisen ließen sich feststellen: Rassismus gilt als Reaktion auf Überbevölkerung oder auf die Gegebenheit, dass zu viele 'Ausländer' im Land sind. Die Benachteiligung der 'Einheimischen' gegenüber Eingewanderten wird als Erklärung angeführt und unterschiedliche Konkurrenzmodelle (um Arbeitsplätze, Wohnungen, etc.) werden genannt. Hart arbeitende Steuerzahler wollen in einigen Erklärungsmodellen nicht einsehen, dass ihr schwer verdientes Geld für Flüchtlinge und Eingewanderte ausgegeben wird, die offenbar nichts arbeiten. Rassismus wird mit Hilfe von Sündenbockmodellen, den Auswirkungen ökonomischer Krisen und der 'Unbrauchbarkeit' der Eingewanderten erklärt.[299] Die Ursache von Rassismus wird in einer falschen Erziehung und unzureichender Bildung gesehen. Die fremde Kultur und das unangepasste Verhalten von Eingewanderten werden in bestimmten Erklärungsweisen für rassistische Reaktionen der Bevölkerung verantwortlich gemacht. Auch gelten 'innere Egoismen' und ein 'natürliches Macht- und Besitzstreben' als allgemein-menschliche oder auch nur bestimmten Menschengruppen zukommende Gegebenheiten, die zur Erklärung von Rassismus beitragen. All diese unterschiedlichen Erklärungsweisen zeigen sich in vielfältigen Kombinationen und Verknüpfungen.

Manche Elemente in den Erklärungen der Jugendlichen haben eine differenzierte und kritische Form. Man denke nur an die Erklärung von Wilhelm, bei der von latenten und unterschwelligen Rassismen ausgegangen wird, die im Alltag normalerweise einem Tabu gegenübersehen, in Situationen der (vorgestellten oder realen) Benachteiligung jedoch zu Tage

---

[298] Im Grunde genommen widersprechen solche Erklärungsmodelle über den Rassismus in Deutschland bei Jugendlichen, die sich selbst als 'fortschrittlich', 'tolerant', 'offen' und 'liberal' einordnen, wichtigen eigenen Haltungen dieser Jugendlichen. Darüber hinaus können sich solche Erklärungsmodelle - wie gezeigt - als überaus selbstschädigend erweisen, wenn es darum geht, Rassismus im eigenen Land zu bekämpfen. Wie ich in einer früheren Veröffentlichung versuchte zu zeigen, kann jedoch gerade dieser Widerspruch in einer pädagogischen Arbeit *produktiv* genutzt werden (vgl. Leiprecht 1994, 182ff.).

[299] Bei den Erklärungsweisen, die mit ökonomischer Krise, Arbeitslosigkeit und Sündenbockmodellen argumentieren, zeigen sich an einigen Stellen Hinweise auf den Faschismus im Deutschland der dreißiger und vierziger Jahre. Offenbar dient diese Periode hier als eine Art historisches Modell, mit dem auch die heutigen Phänomene erklärt werden sollen. Vermutlich spielt hier der Geschichtsunterricht, aber auch die Art und Weise, wie häufig an den beiden nationalen Gedenk- und Befreiungstagen (4. und 5. Mai), die jedes Jahr begangen werden, der damalige Faschismus als Lehre für das hier und heute erinnert wird, eine nicht unbedeutende Rolle.

treten (VI.3.6.6); oder an Henk, der darauf aufmerksam macht, dass bestimmte Beobachtungen bei Eingewanderten einer Art 'gezielten Wahrnehmung' auf Grundlage bereits vorhandener Orientierungen folgen (VI.3.6.3); oder an Renate, die - ganz ähnlich - anmerkt, dass negative Erlebnisse mit Eingewanderten als Beweise vorgängiger Orientierungen eingeordnet werden (VI.3.6.4).

Vor dem Hintergrund der feststellbaren *alltäglichen* Erklärungsmodelle erscheinen die *wissenschaftlichen* Erklärungsmodelle, die im Rahmen des internationalen Vergleichs diskutiert wurden (siehe V.5.3.9), sowohl im negativen Sinn - was häufiger der Fall sein dürfte - als auch - wohl seltener - im positiven Sinn als bloße *Verdoppelung* der Alltagsdiskurse. Dabei sind die empirischen Belege und Beweisführungen, auf denen die wissenschaftlichen Erklärungen aufgebaut sind, häufig sehr dünn. In der vorliegenden Arbeit konnte beispielsweise anhand der eigenen empirischen Daten das weit verbreitete Modell, das eine stärkere Neigung zu Rassismus oder Nationalismus mit schlechten ökonomisch-soziale Zukunftsperspektiven erklärt, in dieser Allgemeinheit *nicht* bestätigt werden (siehe V.5.3.9.4 und VI.2.4).

Wichtiger ist im Zusammenhang des vorliegenden Abschnittes jedoch, dass Wissenschaft in konkreten gesellschaftlich-historischen Verhältnissen stattfindet und deshalb stets damit gerechnet werden muss, dass wissenschaftliche Erklärungen wieder in das Alltagswissen zurückfließen und dort reproduziert, benutzt und zu den verschiedensten Zwecken zurecht geschnitten werden. Dabei erlangen wissenschaftliche Aussagen und Theorien durch "die ihnen implizit, wenn auch nicht praktisch zugeschriebene Wertneutralität", so Wolfgang Wagner, "ein Image der Solidität, das sie besonders brauchbar erscheinen lässt, um praktisch-ideologische Beweisführungen zu fundieren. ... Publiziertes und vor allem popularisiertes wissenschaftliches Wissen geht in den Alltagsdiskurs ein, formt Sichtweisen, Argumentationsstrategien und Schuldzuweisungen." (W. Wagner 1994, 139ff.; vgl. ähnlich auch Flick 1995, 68ff.)[300]

Die Jugendlichen, die die Formel 'viel Einwanderung = viel Rassismus' benutzen, brauchen diese nicht neu zu erfinden. Ausgehend von dem beobachtbaren Gebrauch dieser Formel

---

[300] Dies lässt sich beispielweise an der Etablierung der Formel 'viel Einwanderung = viel Rassismus' im Alltag zeigen. Dabei will ich hier nur auf einen exemplarischen Fall hinweisen. Die auflagenstarke niederländische Zeitung 'De Telegraaf' warnt mit folgender Schlagzeile vor einer anhaltenden Einwanderung: "Der sozialkulturelle Bericht: Im Jahre 2010 15% der Bevölkerung allochthon" (Telegraaf vom 7.9.94). Das sozial-kulturelle Planungsbüro (SCP), ein sozialwissenschaftliches Untersuchungsinstitut, erstellt alle zwei Jahre im Auftrag der niederländischen Regierung auf der Grundlage sozialstatistischer Daten einen Bericht über gesellschaftliche Entwicklungen. Der Direktor des Instituts, Prof. Van der Staay wird in der Zeitungsmeldung mit der alarmierenden Botschaft zitiert, dass in nicht allzu ferner Zukunft "eine steigende Immigration das Land treffen" und es dem erhöhten Risiko "der Ghetto-Bildung und rassischer Spannungen" ausgesetzt sein wird. Illustriert wird die Warnung durch ein Schaubild: In dieser Graphik wird verdeutlicht, dass, während heute in den vier großen Städten 23% der Bevölkerung allochthon sind, dies in 2010 bereits 45% sein werden (siehe ebd.). Zwischen Einwanderung und erwarteten Konflikten (die als 'rassische' Konflikte vorgestellt werden) wird hier ein kurzschlüssiger Zusammenhang hergestellt. Die Leserschaft muss den Eindruck bekommen, dass solche Konflikte die zwangsläufige Folge von Einwanderung sind und das adäquate Gegenmittel nur in der Begrenzung des Zuzugs liegen kann. Dabei wird nicht thematisiert, dass diejenigen, die heute noch als Allochthone bezeichnet werden, bis 2010 - vom Zeitpunkt der Meldung gerechnet also in 16 Jahren - möglicherweise integrierte niederländische Staatsbürgerinnen und Staatsbürger sein könnten. Dies setzt einen Integrationsprozess voraus, der freilich mit abhängig ist von den Vorstellungen und konkreten Maßnahmen auf der politischen Ebene. Die in der beschriebenen Zeitungsmeldung als wissenschaftliche Erkenntnis ausgegebene Warnung könnte hier als eine Art 'self-fulfilling prophecy' wirken.

gibt es zudem allen Grund zu der Annahme, dass solche Warnungen als 'self-fulfilling prophecy' eine Rückwirkung auf Wissenschaft und Politik zeigen. Die Verhinderung von Einwanderung wird von den mit dieser Formel hantierenden Jugendlichen jedenfalls als ein Beitrag zur Bekämpfung von Rassismus formuliert. Gleichzeitig werden nicht die Rassismen oder Ethnizismen der 'Einheimischen' thematisiert, sondern ausschließlich die Probleme, die die 'Ausländer' den 'Einheimischen' machen. Überhaupt zeichnen sich viele der Erklärungsweisen dadurch aus, dass sie die Verantwortung für Rassismen bei denjenigen, die selbst zur Zielscheibe solcher Ideologien und Ausgrenzungsmuster werden, suchen. Dies betrifft insbesondere auch die Erklärung mit 'fremder Kultur' und 'unangepasstem Verhalten'.

Festgestellt wurde weiterhin, dass Erklärungen auch als *Verstecke* dienen können. Die jeweiligen Sprecherinnen und Sprecher sehen sich in solchen Fällen mit einem Kontext konfrontiert, der sie davon abhält, deutlich zu machen, dass sie nicht nur Verständnis mit denjenigen, für die das jeweilige Erklärungsmodell gelten soll, aufbringen, sondern im Grunde selbst den (ausgrenzenden) Standpunkt der zu Erklärenden teilen und rechtfertigen. Gleichzeitig zeigt allerdings diese mögliche *Nähe von Rechtfertigungen und Erklärungen*, dass letztere auch bei Absichten und Motiven, die nicht mit Rassismen, Ethnizismen oder Nationalismen verbunden sind, zu Gratwanderungen werden können. So vermittelte die Analyse von Diskussionsverläufen in den Schulklassen einen Eindruck davon, wie die Äußerung von Verständnis in Erklärungsmodellen auf Seiten der Zuhörerschaft den *unbeabsichtigten* Effekt haben kann, die Artikulation von Unbehagen mit der Einwanderungsgesellschaft zu stimulieren.[301] Bestimmte Erklärungsmodelle erwecken also den Eindruck, als würde damit rassistischen, ethnizistischen oder nationalistischen Standpunkten Recht gegeben. Diese Gefahr, die für alltägliche *und* wissenschaftliche Erklärungen gleichermaßen gegeben ist, sehen auch Ruud Koopmans und Dieter Rucht, wenn sie darauf hinweisen, dass Ad-hoc-Erklärungen, die die "Bedrohungsgefühle der Bevölkerung infolge von Ausländerkriminalität, Arbeitslosigkeit und Wohnungsnot" allzu verständnisvoll in den Vordergrund stellen, auf der Seite derjenigen, die mehr oder weniger explizit ethnizistischen, rassistischen oder nationalistischen Orientierungen anhängen, geradezu bestätigend und bestärkend wirken können (Koopmans/Rucht 1996, 284).

Die Vorsicht, mit der viele Jugendliche zu formulieren suchen, aber auch der massive Ärger darüber, oft fälschlicherweise einem Diskriminierungsverdacht ausgesetzt zu sein, weist außerdem nochmal darauf hin, dass der niederländische Kontext in Bezug auf Rassismen, Ethnizismen und Nationalismen sowohl durch Elemente einer besonderen Form des 'political-correctness' als auch eines trotzig neoliberalen 'Das-muss-gesagt-werden-können' geprägt ist (siehe V.5.3.7). Beide Elemente dürften auch, je extremer sie zur Geltung kommen, den angemessenen Umgang mit und die Bekämpfung von Rassismen, Nationalismen und Ethnizismen in pädagogischen Arbeitsfeldern erheblich erschweren.

An einigen Stellen wiesen die Erklärungsmuster mehr oder weniger explizit *bedrohliche Effekte* auf. Dies war immer dann der Fall, wenn eine Selbsteinordnung in ein beschriebenes Erklärungsmodell zu Rassismus für die Zukunft entweder vorgenommen oder aber als durchaus denkbare Möglichkeit offen gelassen wurde. Es ist gut nachvollziehbar, dass Eingewan-

---

[301] Wobei die Äußerung dieses Unbehagens in pädagogischen Arbeitsfeldern mitunter durchaus wünschenswert sein kann, wenn die Möglichkeit besteht, in Form einer untersuchenden Haltung entsprechende Vorstellungen, Denkweisen und Standpunkte angemessen zu bearbeiten.

derte angesichts solcher Aussagen ein unbehagliches Gefühl bekommen. Immerhin scheinen die Erklärenden davon auszugehen, dass sie in Zukunft selbst in rassistischer Weise agieren - zumindest schließen sie dies nicht aus. Zugleich zeigte sich in diesem Zusammenhang eine Art der Erklärung, die sich gezielt einer bedrohlichen Wirkung bedient (‘Wenn das hier so weitergeht, dann passiert was.’).

Am Beispiel der Erklärungen zu rassistischer Gewalt in Deutschland konnten schließlich naturalisierende und kulturalisierende Erklärungsweisen festgestellt werden. Besonders aufschlussreich war hier, dass in solchen Modellen ein bestimmtes Konzept von Kultur zum Tragen kommt:

- Die Vielfalt der Kulturen in einer gegebenen Gesellschaft wird reduziert auf eine Nationalkultur.
- Diese Nationalkultur wird als etwas Homogenes, Statisches und Entwicklungsloses betrachtet.
- Diejenigen, die dieser Nationalkultur zugeordnet werden, werden als determiniert durch ihre Kultur gesehen; die Nationalkultur führt demnach bei ihren Angehörigen zu entsprechenden Haltungen und Verhaltensweisen.
- Die konstruierten national-kulturellen Mentalitäten der Einzelnen werden schließlich - gewissermaßen in der nachträglichen Bestätigung dessen, was man bereits zu wissen glaubte - als die Ursache von dazu offenbar passenden gesellschaftlichen Entwicklungen interpretiert.

Genau dieses Kulturverständnis zeigt sich jedoch nicht nur bei den festzustellenden Erklärungsversuchen über Rassismus und Gewalt in Deutschland. Es ist ein Muster, das bei sehr vielen Argumentationsweisen im Zusammenhang mit Einwanderung und Flucht beobachtet werden kann (siehe etwa VI.3.7.3, VI.3.7.8 und VI.3.8.3).

3.7 ‘Eindimensional-nationale’/‘multiperspektivische’ Orientierungen und Geschlecht

Im Folgenden geht es um den Vergleich zwischen den beiden Geschlechtern. Im *methodischen* Sinne handelt es sich dabei um eine Fortsetzung der (Unter-)Gruppenvergleiche in der Gesamtstichprobe, wie sie bereits (in Bezug auf die Merkmale ‘allochthon/autochthon’, ‘Alter’ und ‘Bildung’) in vorangehenden Abschnitten (siehe VI.1. und VI.2.3) zu finden sind. Eine *inhaltliche Grundlage* für den Geschlechtervergleich stellen die Ausführungen zu Geschlecht als gesellschaftlichem Klassifikations- und Positionierungssystem dar (siehe II.5. und II.6.).

Hiervon ausgehend, wird zunächst das Antwortverhalten zu ‘eindimensional-nationalen’ und ‘multiperspektivischen’ Orientierungen im Fragebogen überprüft, um danach weitere quantitative Ergebnisse zu verwandten Fragen miteinzubeziehen und im Kontext (quantitativer) niederländischer Jugendforschung zu diskutieren. Anschließend wird das *qualitative* Datenmaterial in die Untersuchung miteinbezogen. Die gesamte Darstellung und Diskussion führt die Überlegungen zum Geschlechterunterschied bei Ethnizismus und Rassismus fort, die bereits beim internationalen Vergleich vorgelegt wurden (siehe V.4. und V.5.4).

3.7.1 Zum Geschlechterunterschied bei 'eindimensional-nationalen' und 'multiperspektivischen' Orientierungen auf der Grundlage quantitativer Daten

Wenn geprüft wird, ob es in der niederländischen Gesamtstichprobe bedeutsame Unterschiede in den 'eindimensional-nationalen' und 'multiperspektivischen' Orientierungen zwischen den Geschlechtern gibt, dann zeigt sich ein ähnliches Ergebnis wie schon bei der niederländischen Teilstichprobe, auf die sich der internationale Vergleich bezogen hatte (siehe V.2.1). Das Ergebnis fällt zunächst *uneinheitlich* aus (Tabelle 51).

Tab. 51: 'Eindimensional-nationale'/'multiperspektivische' Orientierungen und Geschlecht

Gesamtstichprobe Niederlande (nur autochthone Jugendliche)	Mittelwert weibliche Jugendliche	Mittelwert männliche Jugendliche
'Eindimensional-nationale' Orientierungen	3,3 (n = 227)	3,2 (ns) (n = 226)
'Multiperspektivische' Orientierungen	2,7 (n = 236)	3,1 (s) (n = 227)

Während sich bei den 'eindimensional-nationalen' Orientierungen keine signifikanten Unterschiede zeigen und beide Geschlechter fast übereinstimmend kaum noch auf der Zustimmungsseite liegen, kann bei den 'multiperspektivischen' Orientierungen ein signifikanter Unterschied festgestellt werden: Die weiblichen Jugendlichen tendieren im Durchschnitt stärker zu 'multiperspektivischen' Orientierungen als ihre männlichen Altersgenossen und befinden sich sehr viel deutlicher im zustimmenden Bereich als die männlichen Jugendlichen.[302] Die 'eindimensional-nationalen' und 'multiperspektivischen' Orientierungen korrelieren - wie erwartet - bei *beiden* Geschlechtern negativ miteinander (männliche Jugendliche: -.4737**; weibliche Jugendliche: -.2984**).

Nun ist es, wie bereits erwähnt, sinnvoll, auch die Ergebnisse auf der Ebene einzelner Items zu überprüfen (V.2.3). Neben einer feststellbaren Haupttendenz, die mit Hilfe von Skalen bzw. Indizes ermittelt wurde, lassen sich möglicherweise Besonderheiten entdecken. Zunächst also die Vergleichsergebnisse der einzelnen Items bei den 'multiperspektivischen' Orientierungen (Tabelle 52):

[302] Die männliche Vergleichsgruppe weist einen kleinen 'Überschuss' an Jugendlichen auf, die eine Schule in der 'unteren' Bildungshierarchie (KMBO) besuchen. Um sicher zu sein, dass der festgestellte Geschlechterunterschied in Wirklichkeit nicht durch einen Bildungsunterschied verursacht ist, wurde dies mit einer angepassten Vergleichsgruppe zusätzlich kontrolliert (die männliche Vergleichsgruppe also *ohne* die genannten KMBO-Schüler). Weder bei den Indizes noch bei den Einzel-Items zu 'eindimensional-nationalen' und 'multiperspektivischen' Orientierungen zeigen sich bedeutsame Abweichungen. Auch bei allen anderen Geschlechtervergleichen wurde stets zusätzlich kontrolliert, ob das Ergebnis durch einen Bildungsunterschied entscheidend verzerrt wurde. Dies war bei *keinem* der im Folgenden diskutierten Vergleiche der Fall (siehe Anhang Band II, S.192ff.).

Tab. 52: Vergleich nach Geschlecht auf der Ebene einzelner Items[303] der Skala 'multiperspektivische' Orientierungen

Items der Skala 'multiperspektivische' Orientierungen	weibliche Jugendliche	männliche Jugendliche
V59: *Gleiche Rechte für 'Ausländer'*	2,4	2,8 (s)
V61: *Recht auf eigene Lebensweise für 'Ausländer'*	3,5	3,7 (s)
V63: *Wir reden über Asylmissbrauch, ohne eine Kenntnis der Fluchtursachen zu haben*	2,5	2,8 (s)
V64: *Trotz Wohlstand Augen nicht vor Problemen anderer Länder verschließen*	1,9	2,3 (s)
V69: *Verschiedene Sprachen und Kulturen können Schule interessanter machen*	3,0	3,4 (s)
V74: *Bereit, höhere Preise zu bezahlen, um in Entwicklungsländern gerechteren Lohn zu ermöglichen*	2,8	3,3 (s)
V76: *Niederländischer Reichtum bedeutet Verantwortung für ärmere Länder*	3,0	3,1 (ns)
V77: *Nicht nur der NS-Opfer gedenken, sondern auch der Opfer des niederländischen Kolonialismus*	2,4	3,1 (s)

Bei den 'multiperspektivischen' Orientierungen lassen sich keine besonders auffälligen Abweichungen von der *festgestellten Haupttendenz* entdecken. Von acht Items zeigen sieben signifikante Unterschiede zwischen den Geschlechtern.[304] Stets befinden sich die weiblichen Jugendlichen im Durchschnitt näher am Zustimmungspol als die männlichen Jugendlichen. Lediglich ein Item (V76) weist keinen Geschlechterunterschied aus. In keinem einzigen Fall wechselt zudem das durchschnittliche Antwortverhalten zu einem Item die Antwortrichtung gegenüber der Haupttendenz. Anders ist dies bei den Items zu 'eindimensional-nationalen' Orientierungen (siehe Tabelle 53):

[303/304] Zur Beschreibung der Items wurde nicht auf den tatsächlichen Text im Fragebogen zurückgegriffen, sondern eine Kurzformel gewählt.

Tab. 53: Vergleich nach Geschlecht auf der Ebene einzelner Items der Skala 'eindimensional-nationale' Orientierungen

Items der Skala 'Eindimensional-nationale' Orientierungen	weibliche Jugendliche	männliche Jugendliche
V60: *'Ausländer' müssen niederländische Gewohnheiten und Gebräuche übernehmen*	2,2	2,4 (ns)
V62: *Staat kümmert sich mehr um Flüchtlinge als um hilfsbedürftige Niederländer*	3,1	3,1 (ns)
V65: *Niederländer waren eifriger und erfindungsreicher, deshalb stehen die Niederlande heute obenan in der Welt*	3,6	2,9 (s)
V67: *Waffenexport nicht einschränken, damit Wohlstand nicht in Gefahr kommt*	4,1	4,1 (ns)
V68: *Anwesenheit von 'Ausländern' verkleinert Chancen für arbeitslose Niederländer*	3,2	3,0 (ns)
V70: *'Ausländer' nehmen Niederländern Wohnungen weg*	3,7	3,6 (ns)
V71: *Sollten uns wieder mehr auf niederländische Tugenden richten*	3,0	3,3 (s)
V72: *Bei internationaler Zusammenarbeit aufpassen, dass niederländische Lebensweisen nicht verloren gehen*	2,5	2,6 (ns)
V73: *Kleine Niederlande müssen aufpassen, nicht vom großen Deutschland erdrückt zu werden*	2,9	2,8 (ns)
V75: *Entwicklungsländer sollten sich Vorbild nehmen an niederländischem Eifer und der Toleranz*	4,1	3,5 (s)
V78: *Nationale Gefühle werden in den Niederlanden zu Unrecht unterdrückt*	3,7	3,6 (ns)

Zwar zeigen sich bei zwei Items (V65 und V75) signifikante Geschlechterunterschiede, die von ihrer Ausrichtung her zum Ergebnis bei den 'multiperspektivischen' Orientierungen 'passen': die männlichen Jugendlichen befinden sich hier im Durchschnitt deutlich näher an der Zustimmungsseite zu 'eindimensional-nationalen' Orientierungen als die weiblichen Jugendlichen. Von den insgesamt elf Items sind jedoch bei acht *keine* signifikanten Geschlechterunterschiede festzustellen. Und bei einem Item (V71) zeigt sich zwar ebenfalls ein bedeutsamer (sprich: signifikanter) Unterschied, allerdings in der *entgegengesetzten* Richtung. Dies ist ein auffälliges Ergebnis.

Während also beim Item V65 (*"Die Niederländer waren in der Geschichte eben stets fleißiger, besonnener und erfindungsreicher. Deshalb sind die Niederlande heute in der Welt ganz oben!"*) und beim Item V75 (*"Unterentwickelte Länder sollten sich am niederländischen*

Fleiß und der Verträglichkeit[305] *ein Beispiel nehmen!"*) die männlichen Jugendlichen sich im Vergleich mit den weiblichen jeweils deutlich näher beim Zustimmungspol befinden, ist es beim Item V71 (*"Wir sollten uns wieder mehr an den niederländischen Tugenden wie Anständigkeit, Arbeitslust, Verträglichkeit, Sauberkeit usw. orientieren!"*) genau umgekehrt. Dort befinden sich die weiblichen Jugendlichen deutlicher als die männlichen Jugendlichen auf der Zustimmungsseite.

Merkwürdig ist, dass bei den Items V71 und V75 jedesmal auch identische Wertekonstellationen (Fleiß bzw. Arbeitslust und Verträglichkeit) genannt werden und trotzdem im Geschlechtervergleich bei beiden Fragen sehr unterschiedliche Ergebnisse zustande kommen. Die Umkehrung ist dabei vor allem durch das deutlich entgegengesetzte Antwortverhalten der weiblichen Jugendlichen gekennzeichnet, während sich die männlichen Jugendlichen bei beiden Fragen (eher) im neutralen Zwischenbereich bewegen. Die weiblichen Jugendlichen stimmen dem Statement, dass man sich in den Niederlanden selbst mehr nach niederländischen Werten zu richten habe, im Durchschnitt deutlich zu - und lehnen es gleichzeitig im Durchschnitt ebenso deutlich ab, dass sich unterentwickelte Länder an niederländischen Werten ein Vorbild nehmen sollten.

Nun ist bereits bei der Faktorenanalyse das Item V71 durch seine niedrige Ladung für die niederländischen weiblichen Jugendlichen aufgefallen (siehe IV.4.2.6). Statistisch bedeutet dies, dass das Item für *diese* Teilgruppe nur wenig zur Definition 'eindimensional-nationaler' Orientierungen beiträgt. Es hat den Anschein, als würden die weiblichen Jugendlichen die Frage nach den niederländischen Tugenden und deren stärkerer Berücksichtung im Alltag *nicht* als einen Bestandteil 'eindimensional-nationaler' Orientierungen verstehen. Möglicherweise achten die weiblichen Jugendlichen bei diesem Statement vor allem auf die angeführten Tugenden und weniger darauf, dass es sich um *niederländische* Tugenden handeln soll. Dies vorausgesetzt, kann ihre auffällige Zustimmung zu diesem Item als eine Tendenz interpretiert werden, speziell solchen Tugenden ihre Unterstützung zu verleihen, die zu den (zwar nicht eindeutigen und umstrittenen, aber offenbar immer noch) wirksamen Rollenmustern bei Frauen passen: Sauberkeit und Anständigkeit, Verträglichkeit und Fleiß. Für eine solche Interpretation spricht auch, dass das Statement sich als Handlungsaufforderung auf die Antwortenden selbst zu richten scheint (*"wir sollten ..."*).

Insgesamt läßt sich jedenfalls sagen, dass - während der Geschlechterunterschied bei den 'multiperspektivischen' Orientierungen sehr beeindruckend ist und (bis auf eine Ausnahme) bei fast allen Items auch tatsächlich zu erkennen ist - sich ein entsprechender Unterschied bei den 'eindimensional-nationalen' Orientierungen nur bei zwei Items zeigt. Bei den meisten Items zu 'eindimensional-nationalen' Orientierungen antworten die beiden Geschlechter also im Durchschnitt recht ähnlich. Dies ist für die Analyse 'eindimensional-nationaler' Orien-

---

[305] Es sei nochmal daran erinnert, dass im niederländischen Fragebogen das Wort *verdraagzaamheid* benutzt wurde. Dieser Begriff läßt sich nur schwer ins Deutsche übersetzen. Wir haben deshalb für die deutsche Übersetzung das Wort *Verträglichkeit* gewählt. Im Wörterbuch wird *verdraagzaam* übersetzt mit "verträglich, duldsam, tolerant" (Van Dale 1986, 1328). Die Assoziation mit Toleranz ist zwar nicht völlig falsch, kann jedoch zu Missverständnissen führen. Nicht umsonst gibt es im Niederländischen für Toleranz ein eigenes Wort: *tolerantie*. Bei *tolerantie* geht es um das Zulassen (und Erdulden) von Verhaltensweisen und Meinungen, die von der eigenen abweichen. Bei *verdraagzaamheid* geht es um ein gutes Miteinander-Auskommen, eben um ein Sich-Miteinander-Vertragen.

tierungen dort besonders interessant, wo sich das durchschnittliche Antwortverhalten *bei beiden Geschlechtern* sehr deutlich *auf der Zustimmungsseite* befindet. Bei drei Items trifft man auf eine solche Konstellation: Zunächst bei dem Item (V60), das in sehr ausgesprochener Weise eine Anpassung von Eingewanderten fordert. Und schließlich bei zwei weiteren Items, die - unter Berücksichtigung des Diskurses über die relativ geringe Größe der Niederlande - im Vergleich mit Deutschland als *besondere* Items für die Niederlande gekennzeichnet wurden (siehe IV.4.2.3); also das Item (V72), das auf die Befürchtung verweist, in internationalen Zusammenhängen typisch niederländische Lebensweisen zu verlieren, und das Item (V73), das sich in defensiver Weise auf das größere Nachbarland Deutschland bezieht und die Angst zum Ausdruck bringt, vom größeren Nachbarn erdrückt zu werden. Dies bedeutet, dass weibliche Jugendliche vor allem solche Formen von 'eindimensional-nationaler' Orientierungen unterstützen, die als *defensiv* interpretiert werden können oder sich um Anpassungsdiskurse zentrieren.

Obwohl dies als ein Hinweis dafür interpretiert werden kann, dass auch weibliche Jugendliche - und zwar besonders in diesen *speziellen* Teilbereichen - keineswegs vor 'eindimensional-nationalen' Orientierungen gefeit sind, wäre es angesichts der quantitativen Daten unzulässig, den Geschlechterunterschied *insgesamt* zu leugnen. Wird nämlich das Antwortverhalten zu Fragen, die sich zwar außerhalb des Indexes befinden, die inhaltlich gesehen aber dennoch mit 'eindimensional-nationalen' und 'multiperspektivischen' Orientierungen in Verbindung stehen, überprüft, finden sich durchaus deutliche Geschlechterunterschiede.

Zunächst jedoch ein Ergebnis, das nur sehr vermittelt mit 'eindimensional-nationalen' oder 'multiperspektivischen' Orientierungen zusammenhängen dürfte. Auffällig sind die Geschlechterunterschiede, wenn danach gefragt wird, was die Jugendlichen für die Niederlande am wichtigsten halten (V33). Verschiedene Antwortmöglichkeiten wurden vorgegeben. Die größten Unterschiede zeigen sich bei den Stichworten *'Wirtschaftswachstum'* und *'Soziale Gerechtigkeit'*. Von den weiblichen Jugendlichen räumen nur 7% dem *'Wirtschaftswachstum'* einen hohen Stellenwert ein, bei den männlichen Jugendlichen sind dies bereits 28%. *'Sozialer Gerechtigkeit'* geben hingegen 29% der weiblichen Jugendlichen höchste Priorität, während dies bei den männlichen Jugendlichen nur 13% sind. Die Unterschiede erweisen sich als signifikant.[306]

Der festgestellte Geschlechterunterschied unterstreicht, dass die weiblichen Jugendlichen im Verhältnis stärker dem sozialen Bereich eine Bedeutung zumessen und zugleich die Gerechtigkeit auf diesem Feld betonen. Dies bedeutet selbstverständlich noch nicht, dass sich *'Soziale Gerechtigkeit'* auch auf die allochthonen Bevölkerungsgruppen und die asylsuchenden Flüchtlinge beziehen muss.

In engerer Beziehung zu den 'eindimensional-nationalen' oder 'multiperspektivischen' Orientierungen stehen die Antworten zu der Frage, was den Jugendlichen bei dem Beschluss, in einem bestimmten Land wohnen zu wollen, am wichtigsten wäre (V35). Wiederum findet sich ein prägnanter Geschlechterunterschied. Von den verschiedenen Möglichkeiten, die auch hier vorgegeben wurden, halten 79% der weiblichen Jugendlichen den *'Schutz von Minder-*

---

[306] Bei den Stichworten *'Natur'* und *'Politische Selbstbestimmung'* zeigen sich hingegen keine signifikanten Geschlechterunterschiede. Zu einem ähnlichen Anteil finden sowohl die weiblichen als auch die männlichen Jugendlichen den Erhalt der *'Natur'* am wichtigsten (52% und 58%). *'Politische Selbstbestimmung'* hat hingegen bei beiden Geschlechtern nur für eine winzige Minderheit einen hohen Stellenwert (2% und 2%).

heiten' für *'wichtig'* bzw. *'sehr wichtig'* und nur 21% für *'nicht wichtig'* bzw. *'gar nicht wichtig'*. Bei den männlichen Jugendlichen sieht dieses Verhältnis mit 64% zu 36% in seiner Gewichtung doch deutlich anders aus. *'Toleranz'* bewerten 91% der weiblichen Jugendlichen als *'wichtig'* bzw. *'sehr wichtig'* und nur 9% als *'nicht wichtig'* bzw. *'gar nicht wichtig'*. Wiederum stellt sich dieses Verhältnis bei den männlichen Jugendlichen mit 81% zu 19% anders dar. Auch diese Unterschiede werden jeweils als signifikant ausgewiesen.

Ebenfalls deutliche Geschlechterunterschiede finden sich bei der Freundschaftsfrage (V14). Zwar bejahen beide Geschlechter die Frage, ob sie sich vorstellen können, dass sich Eingewanderte in ihrem engeren Freundeskreis befinden, mit großen Mehrheiten. Bei den weiblichen Befragten ist dieser Anteil jedoch mit bereits 92% im Verhältnis deutlich ausgeprägter als bei den männlichen Jugendlichen, wo er nur 67% beträgt. Noch prägnanter kommt dieser Unterschied auf der ablehnenden Seite zum Ausdruck: Die Antwortmöglichkeiten *'schwerlich'* und *'nein'* wählen bei den männlichen Jugendlichen bereits 12%, bei den weiblichen Jugendlichen ist dies mit 2% nur noch eine winzig kleine Minderheit. Wiederum sind die Unterschiede signifikant.

Deutliche Unterschiede zwischen den Geschlechtern lassen sich schließlich auch erkennen, wenn die Frage nach einer Zustimmung bzw. Ablehnung von Gewalt gegenüber 'Ausländern' untersucht wird (siehe Tabelle 54).[307]

Tab. 54: Gewalt gegen 'Ausländer' und Geschlecht

	männliche Jugendliche	weibliche Jugendliche
Verständnis/Zustimmung bei Gewalt gegen 'Ausländer'	30%	16%
Gleichgültige Haltung bei Gewalt gegen 'Ausländer'	17%	10%
Ablehnung von Gewalt gegen 'Ausländer'	53%	74%
	100% (n = 239)	100% (n = 251)

Es zeigt sich, dass im Vergleich mit den weiblichen Jugendlichen ein fast doppelt so großer Anteil der männlichen Jugendlichen bereit ist, einer offenen Straßengewalt gegenüber 'Ausländern' zuzustimmen oder zumindest Verständnis für diese Gewalt zu signalisieren. Der Unterschied im Antwortverhalten zwischen den Geschlechtern wird als signifikant ausgewiesen. Trotz dieses deutlichen Geschlechterunterschiedes fällt ins Auge, dass immerhin noch 16% der weiblichen Befragten Verständnis oder gar Zustimmung zeigen angesichts gewalttätiger Vorfälle auf der Straße, denen 'Ausländer' zum Opfer fallen. Obwohl also auch hier ein deutlicher Geschlechterunterschied festzustellen ist, zeigt das Ergebnis, dass auch weib-

[307] Zur Zusammenfassung der verschiedenen Antwortmöglichkeiten bei der Gewaltfrage siehe VI.2.2.

liche Jugendliche keineswegs - und zwar sogar in Bezug auf die Gewaltfrage - vor 'eindimensional-nationalen' Orientierungen gefeit sind.

3.7.2 Eigene Ergebnisse zum Geschlechterunterschied auf der Grundlage *quantitativer* Daten im Vergleich mit Ergebnissen der niederländischen Jugendforschung

Lässt man die Ergebnisse aus den quantitativen Daten der eigenen Untersuchung zum Geschlechtervergleich im Bereich 'eindimensional-nationaler'/'multiperspektivischer' Orientierungen Revue passieren, dann kann *zusammenfassend* festgehalten werden, dass sich bei den 'multiperspektivischen' Orientierungen ein deutlicher Unterschied zeigt. Die weiblichen Jugendlichen tendieren stärker zu 'multiperspektivischen' Orientierungen als ihre männlichen Altersgenossen. Bei den 'eindimensional-nationalen' Orientierungen läßt sich ein entsprechender Geschlechterunterschied zwar nur für zwei Items feststellen. Ein 'passender' Unterschied zwischen den Geschlechtern ist jedoch bei 'verwandten' Fragebereichen (Freundschaftsfrage, Gewaltfrage) durchaus zu beobachten.

Dieses Ergebnis deckt sich im Großen und Ganzen mit den Resultaten niederländischer Forschung:

- So stellen beispielsweise die bereits erwähnten Jugendforscher Wilma Vollebergh, Quinten Raaimakers und Wim Meeus (siehe III.1.5) beim Vergleich über die Zeit in Bezug auf Ethnozentrismus fest, dass zu allen vier Messzeitpunkten ein großer *Unterschied zwischen den Geschlechtern* zu beobachten ist: "Die Unterschiede zwischen Mädchen und Jungen sind groß, und das sind sie in der Periode von 1981 bis 1994 auch geblieben." Stets ist ein signifikanter Geschlechterunterschied zu erkennen: Die weiblichen Jugendlichen stimmen den Items zu Ethnozentrismus im Durchschnitt viel weniger zu als ihre männlichen Altersgenossen (Vollebergh et al. 1995, 16).
- In völliger Übereinstimmung mit den Resultaten der Jugendforschung befindet sich auch das eigene Ergebnis zur *Gewaltfrage*. So konstatiert Vollebergh in einer gesonderten geschlechtsbezogenen Untersuchung, dass gewalttätiges Handeln bei männlichen Jugendlichen sehr viel häufiger vorkommt als bei weiblichen Jugendlichen und es einen Zusammenhang zwischen der Bejahung von Gewalt und Ethnozentrismus gibt (Vollebergh 1995, 38ff.).

Es ist angesichts dieser recht eindeutigen Ergebnisse in der niederländischen Forschungslandschaft schwer zu erklären, warum sich in der eigenen Untersuchung bei den 'eindimensional-nationalen' Orientierungen in der Haupttendenz (mit Ausnahme von zwei Items) kein Geschlechterunterschied zeigt, wohl aber bei den 'multiperspektivischen' Orientierungen. Immerhin läßt sich das Ergebnis als ein Hinweis dafür interpretieren, dass auch weibliche Jugendliche *keineswegs* vor 'eindimensional-nationalen' Orientierungen gefeit sind. Dies ist, wie sich zeigte, offenbar besonders dann der Fall, wenn es um eher defensive Formen von 'eindimensional-nationaler' Orientierungen und um Anpassungsdiskurse geht. Die Überprüfung auf der Ebene einzelner Items führt hier jedoch nicht sehr viel weiter, da die Inhalte der meisten Items kaum in Bezug auf ausgesprochen geschlechtsbezogene Anknüpfungspunkte interpretiert werden können (siehe Abschnitt V.4.). Solche *spezifischen Anknüpfungspunkte* finden sich jedoch in den Gruppendiskussionen und Einzelinterviews, die im Folgenden analysiert werden.

3.7.3 Diskussionen über 'echte' Rassisten und geschlechtsspezifische Unterschiede

Die angeführten Forschungsergebnisse, die eine stärkere Neigung zu ethnozentrischer Gewalt bzw. eine stärkere Zustimmung oder ein größeres Verständnis, wenn es um Gewalt gegen 'Ausländer' geht, bei männlichen Jugendlichen erkennen lassen, scheinen das zu bestätigen, was auch im Alltag bereits bekannt ist. Dies zeigt sich teilweise auch auf der Grundlage *qualitativer* Daten.

Hierzu eine Passage aus der Gruppendiskussion in einer Gymnasialklasse (VWO). In der zweiten Untersuchungsrunde wird über den soeben gezeigten Film diskutiert. Katja und Stan sind mit dem Film nicht ganz einverstanden. Es wäre besser, so die beiden Jugendlichen, den Film um das Porträt eines *"Skinheads"* zu ergänzen. Und zwar sollte es sich bei diesem Porträt nicht nur um einen *"Mitläufer"* handeln, sondern um *"einen aus dem harten Kern"*, um einen *"rassistischen Nazi-Skin"*, der auch erzählen und begründen können müsste, warum er Skinhead und Rassist geworden sei (*v2.39:886-914*). Ich frage daraufhin, ob wir als Filmemacher, würden wir diesem Anliegen folgen, eher nach einem Jungen oder eher nach einem Mädchen suchen müssten. Stan plädiert aus Gründen der Gleichverteilung für einen Jungen, da bereits drei Mädchen, aber nur zwei Jungs im Film porträtiert würden *(v2.39:1029-1032)*. Katja möchte auch lieber einen Jungen sehen, da in solchen Skinhead-Gruppen auf zehn Jungs ein Mädchen komme (*v2.39:1037-1057*). Die Diskussion wendet sich von hier aus schließlich unterschiedlichen Äußerungsformen von Rassismus zu:

Katja:	*"Mädchen tun es auch, aber nicht auf so 'ne Art. Sie kleiden sich nicht so, sie tun es schon, aber nicht in dieser extremen Form.*
Stan:	*Warum redest du jetzt nur über Mädchen?*
Fabrice:	*Solche Mädchen kennst du einfach nicht, aber es gibt sie schon.*
Katja:	*Auf zehn Jungs kommt ein Mädchen. Mädchen haben auch solche Ideen, aber die äußern es anders.*
Stan:	*Man weiß mehr von Jungs, weil wenn es Schlägereien gibt, dann sind das Jungs....*
Paulien:	*(dazwischen) Jungs stehen immer vorne.*
Stan:	*... weil Mädchen nicht mit einem Baseballschläger ins Hurenviertel gehen ...*
Katja:	*(dazwischen) Nein, nein, das ist richtig.*
Stan:	*... oder Homos verprügeln oder Ausländer. Also muss es ein Junge sein. Man muss einen nehmen, der viele Ausländer zusammengeschlagen hat, dann soll er das erklären.*
Katja:	*Warum er das macht.*
Fabrice:	*Die trauen sich nicht.*
Stan:	*Ich denke schon, dass man richtige Extreme mit rein nehmen muss.*
Interviewer:	*Aber denkst du dann, dass Jungs rassistischer sind als Mädchen?*
Katja:	*Nein, nein, das nicht.*
Stan:	*Nein, aber man merkt mehr von den Jungs, weil ...*
Katja:	*(dazwischen) Ja.*
Stan:	*... Jungs, wenn man etwas über Skinheads, oder einfach über Rassisten liest, oder was auch immer oder es wird gekämpft, dann sind das einfach Jungs, das sind keine Mädchen. Mädchen gehen nicht auf die Straße, um ihre Straße zu säubern oder ein Haus in Brand zu stecken." (v2.39:1119-1180)*

Rassismus wird in dieser Passage vor allem in seiner *extremen Form* thematisiert. Fabrice kennzeichnet mit dem Hinweis, dass ihr Klassenkamerad Stan *solche* rassistischen Mädchen nicht kennt, zugleich sich selbst und ihre weiblichen Klassenkameradinnen: *So* sind wir nicht. Gesprochen und gemutmaßt wird denn auch vor allem über andere. Stan schlüpft dabei sogar in die Sprache rassistischer Gewalttäter, reproduziert das (auch von den Medien oft genauso unkritisch gebrauchte) Unwort von der 'ethnischen Säuberung'.

Jungs, so Katja und Stan, sind nicht rassistischer als Mädchen. Bei beiden Geschlechtern können rassistische Ideen festgestellt werden, allerdings äußert sich Rassismus, so Katja, bei Mädchen anders als bei Jungs. Bei den letzteren stehen eher Kampf und körperliche Gewalt im Vordergrund. Dadurch bekommt Rassismus bei Jungs eine besondere Auffälligkeit. Entsprechend ist die Aufmerksamkeit der Medien ausgerichtet: Wenn man etwas über Skinheads oder Rassisten liest, so Stan, *"dann sind das einfach Jungs"*.

In anderen Klassen wird ebenfalls über geschlechtsspezifische Formen von Rassismus diskutiert. Die folgende Passage stammt aus einer Gruppendiskussion in einer Berufschulklasse (MBO) (siehe VI.6.4). Wieder ist der gezeigte Film der Ausgangspunkt der Diskussion. Auch Tess ist mit dem Film nicht ganz einverstanden. Es fehlt ihr neben den fünf gezeigten Portraits noch ein weiteres: Jemand von der *"Gegenpartei"*, jemand, der echte Hassgefühle hat, so Tess, sollte im Film befragt und gezeigt werden (*m2.17:1102-1137*).

Interviewer:	*"Wonach müssen wir suchen, was muss das für jemand sein, muss es eine Frau sein oder ein Mann?*
Hanna:	*Das kann beides sein.*
Suzet:	*Ja, beides.*
Hanna:	*Kann beides sein.*
	(...)
Interviewer:	*Aber denkst du nicht, dass Rassismus etwas ist für ... nun, dass wir dafür einen Jungen nehmen sollten?*
Els:	*Das ist egal.*
Hanna:	*Das ist egal, weil es kann beides sein.*
Interviewer:	*Ja?*
Els:	*Ja.*
Vera:	*Ich habe keine Ahnung.*
Els:	*Ja, es kann beides sein. Es kann einer sein, der jung ist oder es kann einer sein, der alt ist, es kann ein Mann oder eine Frau sein." (m2.17:1149-1225)*

Die Suche nach einem extremen Rassisten ermöglicht es den Jugendlichen, die im Film angesprochenen subtileren und unauffälligeren Phänomene als *nicht* zum Thema gehörig zu bewerten. Sie definieren sich auf diese Weise zugleich als Nicht-Rassisten. Allerdings stellen sie sich nicht über die bloße Geschlechtszugehörigkeit auf die Seite der Nicht-Rassisten. Hanna, Els, Suzet und später auch Tess betonen, dass Rassismus sowohl von Männern als auch von Frauen verkörpert werden kann. Obwohl es hierbei, wie sie sagen, *"egal"* ist, ob es sich um Frauen oder Männer handelt, ist ihnen der Geschlechterunterschied doch nicht völlig gleichgültig. Wie sich weiter unten zeigen wird, unterscheiden sie im Laufe der weiteren

Diskussion sehr wohl zwischen verschiedenen geschlechtsspezifischen Formen.[308] Im Gesprächsverlauf bringen die weiblichen Jugendlichen zunächst eigene Erfahrungen mit 'männerspezifischen' Verhaltensweisen zur Sprache:

Edith: *"... ja, mein Freund und sein Vater, die haben das beide, dass sie keine Gefühle zeigen und das ist manchmal ziemlich schlimm, das ist ... schau, wenn ich zum Beispiel, ja, nun, ich sage, da stirbt jemand, den er auch gut kennt. Der schluckt das so runter, der würde nie heulen oder so, das ist vielleicht dumm, aber, na ja, dann fühlt er sich nicht männlich genug oder so, was weiß ich, ja, und sein Vater, der hat das auch, der zeigt auch keine Gefühle.*
Suzet: *Das tun Väter sowieso nicht.*
Tess: *Das machen doch noch mehr Männer nicht, die meisten Männer sind so." (m2.17:1303-1328)*

Männer können ihre Gefühle nicht zeigen, ist der Tenor dieser Passage. Die Diskussion führt schließlich zum Verhalten von Jungs in Gruppen. Hanna versucht sich in die Lage der Jungs zu versetzen und ist - im auffälligen Gegensatz zu dem, was soeben über Männer berichtet wurde - sehr einfühlsam: Die Gruppe übt einen Druck aus, die einzelnen Jungs wollen sich keine Blöße geben, haben Angst, als Versager dazustehen oder womöglich selbst angegriffen zu werden *(m2.17:1329-1388).*

Hanna: *"... wenn man fragt, warum jemand etwas tut, dann wissen sie es selbst nicht, ja, ich mache da halt einfach mit." (m2.17:1389-1393)*

Meine Frage, ob es ein solches Mitlaufen auch in Mädchengruppen gibt, wird zwar bestätigt, aber zugleich wird deutlich gemacht, dass es bei Mädchen ganz anders ist:

Suzet: *"Nun, weil sie es eigentlich mehr mit Worten tun, sie äußern sich nicht so. Das ist nicht ..., ja, ich weiß nicht, die sind einfach viel sanfter, denk ich ... .*
Tess: *Ich denke, dass Frauen nicht kämpfen, ich sehe mehr Jungs als Frauen kämpfen. Ich denke, Frauen sind mehr ... .*
Suzet: *... aber das kann auch ganz schön hart sein ... ." (m2.17:1411-1426)*

Interessant ist hier, dass Edith und Tess im weiteren Verlauf der Diskussion die beiden Themen 'aggressives Gruppenverhalten' und 'sanfte Frauen' noch einmal aufgreifen. Es zeigt sich, dass ihr Bild über Frauenverhalten nicht für alle Frauen gleichermaßen gilt. Sie machen beide Unterscheidungen zwischen 'Niederländerinnen' und 'Ausländerinnen' bzw. Surinamerinnen'. Zuerst Edith.

Edith: *"... und dann stand da eine Gruppe, ja, ausländischer Mädels, und die standen vor meiner Freundin, also sie fragt, könntest du kurz zur Seite gehen, da kom-*

[308] In einer anderen Klasse scheint Sari, eine junge Pakistanerin, zunächst etwas ganz ähnliches zu sagen. Sari: *"... es macht nichts aus, ob es ein Mann oder eine Frau ist, ich meine ... ähh, ja, es sind nicht mehr Männer als Frauen, die das tun. Ich sehe es bei beiden ... ." (m2.12:1941-1948)* Sari macht hier jedoch auf ihre Perspektive *als Betroffene* aufmerksam. Sie hat zuvor eine Geschichte erzählt, in der ihre Freundin nicht mehr mit ihr reden wollte und deren Bruder sie rassistisch beschimpfte (siehe VI.3.6.4). Sie hat also Erfahrungen mit Rassismus bei beiden Geschlechtern.

men die auf sie zu und geben ihr einen Schlag ins Gesicht, knallhart, einfach mitten in ihr Gesicht und ja, es müssen nicht nur Ausländer sein, genauso gut hätten es Niederländer sein können, die auch so eine Gruppe bilden oder so." (m2.17:1873-1891)

Das Erlebnis hat Edith sichtbar beeindruckt. Es ist schwer zu entscheiden, inwiefern die Schlussformel, die in der Klasse sehr häufig gebraucht wird, wirklich ernst gemeint ist. Es scheint jedenfalls ein Konsens in der Klasse zu sein, wonach eine *negative* Geschichte über 'Ausländer' mit der Formel zu enden hat, dass es auch Niederländer hätten sein können. Für Tess ist Ediths Geschichte ein Anlass, eine Erklärung anzubieten. Der nächste Schritt in der Assoziationskette ist der von 'ausländischen' zu 'surinamischen' Mädchen:

Tess:	*"Aber das ist ihre Kultur, sie sind auch, wie die surinamischen Mädchen ... sie sind einfach aus sich selbst heraus aggressiv, weil ich kenne viele surinamischen Mädchen, das sagen sie auch selber, von innen raus sind sie einfach viel aggressiver als niederländische Frauen, das sitzt einfach in ihnen.*
Vera:	*Aber manche Niederländer sind doch auch ... .*
Tess:	*Ja, schon, aber doch weniger. Ich weiß nicht, wenn man Streit kriegt, ich bin eigentlich überhaupt nicht für Streit, ich laufe da einfach weg, aber sie bleiben einfach stehen. Ja, ich weiß nicht, es sitzt einfach in einem, das sagen sie selbst auch: wir bleiben einfach stehen, wir würden nie weglaufen, dann bist du 'ne Null, denken sie dann, ja, ich weiß nicht." (m2.17:1900-1912)*

Es ist Tess wichtig, zu betonen, dass nicht nur sie die surinamischen Mädchen so sieht, sondern diese Mädchen sich selbst auch so sehen. Tess argumentiert sozusagen mit Zeugen aus erster Hand. Zunächst sieht es so aus, als ob die Kultur in die surinamischen Mädchen hineingewirkt hat und sich jetzt von innen heraus Geltung verschafft. Dabei handelt es sich offensichtlich um eine aggressive Kultur, denn darum geht es: sie *"sind einfach viel aggressiver als die niederländischen Frauen"*. Nach Veras formelhafter Relativierung - wie gesagt, eine gängige Übung in der Klasse - argumentiert Tess sowohl mit 'Innerem' (*"das sitzt einfach in einem"*) als auch mit 'Äußerem'. Ähnlich wie zu Beginn der Passage bei Hanna, scheint Tess von der Wirkung eines *äußeren Gruppendrucks* mit entsprechenden Wertorientierungen auszugehen: Wenn du wegläufst, *"dann bist du 'ne Null"*. Gleichzeitig schwingt in ihrer Rede auch Bewunderung über den Mut und die Standhaftigkeit der surinamischen Mädchen mit.[309] Auf meine Nachfrage macht Tess deutlich, dass sie sich selbst anders sieht:

Tess:	*"Ich kann auch schon aggressiv reagieren, nur wenn es sein muss, nicht wahr. Aber am liebsten laufe ich weg.*
Els:	*Nein, ich bin nicht so 'ne Liebe.*
Suzet:	*(ironischer Tonfall) Jawohl, entsetzlich lieb.*
Els:	*Zum Beispiel beim Handball oder so ... .*
Suzet:	*Du bist immer voller blauer Flecken.*
Els:	*Ja, ich denke, dass ich auch ziemlich aggressiv bin ...*

[309] Die Vorstellung, dass Surinamerinnen aggressiv sind, bezieht sich hier sehr wahrscheinlich nicht auf alle, sondern in erster Linie auf kreolische Surinamerinnen. Es wird also das uralte und gängige Bild über 'schwarze' Frauen reproduziert.

Tess: *Aber ich mache das meistens mit Worten. Ich bin sehr gut im Reden, also, ähh, dann erledige ich das meistens schon mit Worten, deshalb ... dann können sie doch nichts mehr dagegen sagen. Ich steh' über dir, sag' ich dann ... ." (m2.17:1958-1987)*

Els scheint Veras obige Relativierung durch ihr eigenes Beispiel unterstützen zu wollen: Els macht deutlich, dass sie auch *"ziemlich aggressiv"* sein kann. Tess betont daraufhin ihren eigenen Stil. Aus der Tendenz, nicht aggressiv zu sein und eher wegzulaufen, macht sie eine Stärke: Überlegenheit gewinnt Tess durch Worte, nicht durch körperliche Gewalt. Es ist etwas unklar, ob Tess hierbei noch stets an Konflikte mit 'ausländischen' oder surinamischen Mädchen denkt, wenn sie auf ihre Redegewandtheit im Streit hinweist. Deutlich ist jedoch, dass weder Veras noch Els' Relativierungen dazu führen, den von Tess formulierten Gegensatz zwischen surinamischen und niederländischen Frauen zu überdenken.

Die Diskussion führte also über geschlechtsspezifische Unterschiede ('Männer können ihre Gefühle nicht zeigen, vor allem in Gruppen neigen sie zur Gewalt, Frauen sind viel sanfter und agieren weniger mit körperlicher Gewalt, sondern eher mit Worten') zu Unterschieden zwischen 'niederländischen' und 'ausländischen' Frauen ('surinamische Mädchen sind viel aggressiver'), um mit der Feststellung von Unterschieden zwischen verschiedenen 'niederländischen' Mädchen in der Klasse zu enden. Zwischen diesen drei 'Blöcken' wird allerdings kein Zusammenhang hergestellt. Die Jugendlichen reflektieren nicht - genauso wenig wie der Diskussionsleiter - den Verlauf der Diskussion.

Insgesamt lassen sich die sozialen Repräsentationen der Jugendlichen über die geschlechtsspezifische Ausformung von Rassismus folgendermaßen zusammenfassen: Bei Rassismus wird zunächst vor allem an die extremeren und auffälligeren Formen gedacht (siehe auch VI.3.6). Allerdings sind männliche Jugendliche, so der nächste Schritt in der Diskussion, nicht unbedingt rassistischer als weibliche Jugendliche. Weibliche Jugendliche haben ebenfalls rassistische Ideen oder Auffassungen, sie bleiben freilich meist auf der Ebene der verbalen Äußerung. Männliche Jugendliche haben eher Schwierigkeiten, Emotionen, die auf Empathie oder Betroffenheit hinweisen und als Schwäche interpretiert werden könnten, zu zeigen. Rassistische Gewalttaten bei männlichen Jugendlichen sind oft gekoppelt an Gruppenverhalten und Mitläufertum. Männlicher Rassismus ist auffälliger und stärker mit körperlicher Gewalt verbunden, männliche Jugendliche schieben sich eher in den Vordergrund und werden auch von den Medien und in der Öffentlichkeit eher wahrgenommen und entsprechend präsentiert.

Die von den diskutierenden Jugendlichen angeführte stärkere Tendenz bei jungen Männern und männlichen Jugendlichen, sich auch in gewalttätigen Formen zu äußern, deckt sich zunächst durchaus mit den dargestellten empirischen Ergebnissen der Forschung. Jedoch weisen sie durchaus über dieses Ergebnis hinaus, in dem sie eine größere Neigung zu Rassismus nicht bei dem einen oder anderen Geschlecht verorten. Offenbar handelt es sich, so die Jugendlichen, bei beiden Geschlechtern um *verschiedene Ausdrucksformen*, die unterschiedlich auffällig sind und dementsprechend in der (Medien-) Öffentlichkeit im einen Fall eher wahrgenommen und im anderen Fall eher weniger wahrgenommen werden.

3.7.4 'Weibliche' und 'männliche' Ausdrucksformen bei 'eindimensional-nationalen' Orientierungen

Trotz dieses verbreiteten Alltagswissens erfährt man in den Gruppendiskussionen wenig darüber, wie sich die Jugendlichen 'weibliche' und 'männliche' Äußerungsformen vorstellen, wenn es *nicht* um extreme Formen und *nicht* um den Einsatz körperlicher Gewalt geht. Aufschlussreicher sind hier die Passagen, in denen Jugendliche nicht über geschlechtsspezifische Unterschiede bei Rassismus reflektieren, sondern ihrerseits ihre Meinung zu Themen wie Einwanderung und Flucht in (möglicherweise) geschlechtsspezifischer Form kundtun. In den nächsten Abschnitten werden deshalb genau solche Passagen unter dieser Perspektive unter die Lupe genommen (bis einschließlich VI.3.7.8).

Allerdings sollte man sich, bevor diese Untersuchung des qualitativen Datenmaterials vorgestellt wird, vergegenwärtigen, dass gegenüber dem Fragebogen von beiden Geschlechtern *in gleicher Weise* drastisch die Anzahl der Flüchtlinge, die nach Europa kommen (V46) bzw. aus dem ehemaligen Jugoslawien in den Niederlanden aufgenommen werden (V47), überschätzt wird. Auch antworten männliche und weibliche Jugendliche bei der Frage, ob die Niederlande mehr Flüchtlinge aus dem ehemaligen Jugoslawien aufnehmen sollten (V49), mit klaren Mehrheiten und zu fast übereinstimmenden Anteilen mit einem *'Nein'* (55% und 52%) (ausführlicher zu diesem Fragenbereich siehe VI.3.2). In diesem Diskursfeld unterscheiden sich also allenfalls die Begründungsmuster zwischen weiblichen und männlichen Jugendlichen.

Zunächst gilt jedoch ein Blick der Forschungsliteratur, um zu prüfen, welche verschiedenen *Ausdrucksformen* der beiden Geschlechter bereits beschrieben sind und worauf mindestens zu achten ist:[310]

Christine Holzkamp und Birgit Rommelspacher gehen davon aus, dass weibliche Geschlechtsrollenmuster, die immer noch gesellschaftlich dominant sind, wie beispielsweise "Mütterlichkeit, Beziehungsorientierung und Empathie", in bestimmten Situationen auch in den "Dienst von Diskriminierung, Ausbeutung und Gewalt" gestellt werden können. Möglicherweise sind Frauen eher geneigt, "aus 'weiblichen' Motiven Gewalt auszuüben, so, wenn sie 'um ihrer Familie willen', Flüchtlinge aus dem Wohngebiet verjagen" (Holzkamp/ Rommelspacher 1991, 39): "Die Angst, dass der eigene Mann, das eigene Kind zu kurz kommen, das Bemühen, dies zu verhindern, ist legitimer Teil der traditionellen Frauenrolle. Wie sollte eine Frau und Mutter gescholten werden, die das 'Beste' für ihre Familie - oft in Absehung ihrer eigenen Person - will?" (ebd., 37)

Trotz intensiver Prüfung waren in den Gruppendiskussionen und Einzelinterviews meiner eigenen Untersuchung solche 'eindimensional-nationalen' Orientierungen, in denen mit dem Schutz Anvertrauter (eigene Kinder, Ehepartner, Familienangehörige) argumentiert wird, nicht zu finden.

Fündig wurde ich jedoch in Bezug auf eine andere These: Um spezifische weibliche Ausdrucksformen von ethnizistischen und rassistischen Orientierungen besser erfassen und analysieren zu können, wird in der Literatur vorgeschlagen, zwischen *struktureller* und *personaler* Gewalt zu differenzieren. Frauen und Mädchen, so die These, stehen körperlich-direkter Gewalt im Allgemeinen zwar eher skeptisch gegenüber, vertreten häufig aber

[310] Ich werde dabei im wesentlichen Forschungsliteratur aus Deutschland heranziehen. In der Jugendforschung in den Niederlanden finden sich leider nicht allzu viel Arbeiten, die in diesem Bereich in ähnlicher Weise Auskunft geben können (vgl. hierzu auch die Bibliographie zu 'Vrouwen en racisme', Mensink 1996, 23-30).

Orientierungen, die implizit überaus gewalttätige Konsequenzen für Flüchtlinge oder Eingewanderte haben (vgl. etwa Horn-Metzger/Riegel 1995a, 141ff.; 1995b, 95ff.). Die eigenen quantitativen Ergebnisse unterstützen die Notwendigkeit einer solchen Differenzierung: Weibliche Jugendliche unterscheiden sich von männlichen im Durchschnitt nicht so sehr in der Zustimmung gegenüber der Itemliste zu 'eindimensional-nationaler' Orientierung, wohl aber hinsichtlich der Zustimmung oder des Verständnisses angesichts von gewalttätigen Übergriffen gegenüber 'Ausländern'. Auch in den Gruppendiskussionen und Interviews finden sich bei den 'eindimensional-nationalen' Orientierungen (codiert als *'nat'*) Ausdrucksformen, die zu der vorgeschlagenen Differenzierung passen und als 'weibliche' Ausdrucksformen bezeichnet werden könnten. In der folgenden Passage bezieht beispielsweise die Berufsschülerin Carmen, die bereits als Vertreterin eines 'ökonomischen' Konservatismus kennen gelernt werden konnte (siehe VI.3.4.3), Stellung *gegen* aggressive Gewalt und körperliche Auseinandersetzungen und fordert zugleich eine höhere Instanz auf, in letztlich recht gewalttätiger Weise einzuschreiten:

Carmen: *"Man kann nichts mit aggressiver Gewalt lösen oder indem man aufeinander einschlägt. Also muss es einfach von der Regierung kommen und die Regierung muss ein Stück härter sein. Die Illegalen müssen einfach ... ja ... ja ... weg. Die gehören nicht hierher, was haben die hier zu suchen." (eca.3:1835-1846)*

Als eine weitere 'weibliche' Ausdrucksform kann auch die folgende Passage in einer Berufsschulklasse interpretiert werden. Die zum Ausdruck gebrachte Abweisung von asylsuchenden Flüchtlingen wird in einem betont 'helfenden' Diskurs verpackt:

Arlies: *"Wir haben unseren Teil dazu beigetragen, wir haben entsetzlich viel Menschen in unserem Land aufgenommen, und wir haben probiert, ihnen zu helfen. Das ist meist gelungen. Aber andere Länder können natürlich auch ihren Teil beitragen. (...)*
Marieke: *Nun, wir haben etwas getan, tschüss, fertig, Lass mal einen anderen ... .*
Eine: *Nein.*
Hanne: *Aber man kann hier nicht noch mehr reinlassen. Voll ist voll. Da ist auch kein Geld mehr dafür da." (m1.14:1036-1058)*

Beide Passagen eignen sich als Grundlage zur Formulierung von Items, um der vorgeschlagenen Differenzierung in weiteren Untersuchungen nachzuspüren. Anhand des vorliegenden qualitativen Materials ist jedoch nicht entscheidbar, ob solche Ausdrucksformen häufiger bei männlichen oder weiblichen Jugendlichen zu finden sind. Außerdem sei daran erinnert, dass im Bereich 'Gewalt' die Antworten in einer *anonymen* Fragebogenuntersuchung anders ausfallen als in einer Gruppendiskussion oder einem Einzelinterview (siehe IV.3.1). Eine Aussage, die aber auf Grundlage der qualitativen Daten auf jeden Fall gemacht werden kann, ist die, dass die als 'weiblich' charakterisierbaren Ausdrucksformen *nicht* nur bei weiblichen Jugendlichen vorkommen. Dies zeigt sich beispielsweise in der folgenden Passage mit Robert (siehe VI.3.2.6):

Robert: *"Es ist auch so, dass ... wir haben ... wir müssen auch erst an uns selbst denken, finde ich. Schau, man kann sich ganz und vollständig auf die Illegalen richten, all die Ausländer und alle Flüchtlinge und was weiß ich, auf was noch mehr. Aber wir haben hier selbst auch ärmere Menschen, die kein Einkommen haben und die nicht auf einer Wohnungsliste stehen und die auch nicht viel können.*

Interviewer: *Wer sind wir?*

Robert: *Nun, ich meine die Regierung, uns selber, unser Volk, einfach die Niederländer." (emoro.39:590-607)*

Auch Robert benützt hier eine eher *helfend-mildtätige* Ausdrucksform, um deutlich zu machen, dass Niederländer nicht benachteiligt werden dürfen. Wäre diese Passage bei einer weiblichen Jugendlichen gefunden worden, hätte man sie vielleicht als eine 'weibliche' Ausdrucksform von 'eindimensional-nationalen' Orientierungen eingeordnet.

Allerdings fällt auf, dass Robert einen anderen Standpunkt vertritt als die weiblichen Jugendlichen im obigen Beispiel. Im Gegensatz zu Carmen, Marieke, Arlies und Hanne meint Robert, dass illegal Eingewanderte legalisiert werden müssten *(emoro.39:430-449)*. Zwar zeigt sich, dass alle fünf genannten Jugendlichen sich im Laufe der Diskussion in Bezug auf 'eindimensional-nationale' Orientierungen auch widersprüchlich äußern, Robert bewegt sich mit seinen Widersprüchen jedoch eher auf der ablehnenden Seite gegenüber 'eindimensional-nationalen' Orientierungen, während die zitierten weiblichen Jugendlichen sich deutlicher auf der zustimmenden Seite befinden.

Nach Durchsicht des qualitativen Materials läßt sich insgesamt feststellen, dass auch männliche Jugendliche die genannten 'weiblichen' Ausdrucksformen verwenden, um 'eindimensional-nationale' Orientierungen geltend zu machen. Allerdings werden diese Argumentationsweisen vorzugsweise von denjenigen männlichen Jugendlichen benutzt, die sich gegen Rassismus und Nationalismus aussprechen wollen, gleichzeitig aber dennoch in zentralen Punkten 'eindimensional-nationale' Orientierungen zeigen oder aber verunsichert sind. Gebrauchen hingegen weibliche Jugendliche die beschriebenen 'weiblichen' Ausdrucksformen, dann sind dies Jugendliche, die in eindeutigerer Weise 'eindimensional-nationalen' Orientierungen zustimmen.

Noch ein Unterschied zwischen den Geschlechtern ist zu entdecken, wenn darauf geachtet wird, ob und in welcher Weise in den Beiträgen Formulierungen auftauchen, die Gewalt und Aggressivität ausdrücken. In *keiner* Diskussionsrunde finden sich weibliche Jugendliche, die in ähnlicher Weise wie im Folgenden Beispiel (diese Gruppendiskussion wurde bereits in VI.3.4.4 herangezogen) versuchen, mit überaus *harten* Ein-Wort-Statements zu beeindrucken:

Denis: *"Es ist schon so, wenn man in Äthiopien eine Million über die Grenze schickt, dann kriegen sie ein Körnchen Reis und hier kriegen sie sofort...*

Maarten: *Ja, weil es nicht mehr gibt ...*

Denis: *Alle ist alle! Das müssen sie hier auch machen.*

Einer: *Verpissen!*

Anderer: *Abhauen!" (m2.16:1428-1443)*

In der Diskussion geht es um die angeblich zu wohltätige Behandlung von asylsuchenden Flüchtlingen in den Niederlanden. Die Jugendlichen, die sich auf Denis' Seite stellen, geben sich mit Hilfe verbaler Gewaltausdrücke eine deutlich aggressive Note. Maarten, der versucht hat, vorsichtig für Flüchtlinge Position zu beziehen, wird regelrecht niedergewalzt.

Selbstverständlich finden sich hart-abweisende Standpunkte auch bei weiblichen Jugendlichen. In der folgenden Passage (siehe auch VI.3.3.4.3) kann eine sehr dichte Ansammlung von Anschuldigungen und Abweisungen beobachtet werden. Ausgangspunkt ist der Bau einer Moschee am eigenen Wohnort:

Sylvia:	*"Wenn sie eine Moschee wollen, dann lass die Typen doch in die Türkei zurück ... .*
Kirsten:	*Dann sollen sie doch dort bleiben. Sie kommen hierher für all den Luxus und so, aber so viel Platz gibt es auch nicht und so viel Arbeit gibt es auch nicht. Jedenfalls jetzt nicht mehr.*
Sylvia:	*Es gibt jetzt schon genug Arbeitslose.*
Dorien:	*Sie kriegen alles, was sie wollen, die Ausländer. Wenn das so weitergeht, dann haben wir in ein paar Jahren selbst nichts mehr zu sagen." (11.20:1324-1345)*

Die weiblichen Jugendlichen argumentieren hier recht aggressiv und ihre Aussagen haben für die Betroffenen implizit gewalttätige Konsequenzen. Auch an vielen anderen Stellen ziehen sie in sehr abwertender und verächtlich machender Weise über 'Ausländer' her. Dennoch gibt es einen Unterschied zu den männlichen Jugendlichen, die in etwa denselben 'eindimensional-nationalen' Standpunkt vertreten. Hierzu eine Passage aus einer anderen Klasse, in der zunächst über kulturelle Gewohnheiten und Gebräuche bei Eingewanderten diskutiert und schließlich die soeben erwähnte Moschee zum Gegenstand der Diskussion wird.[311] Menno läßt hier eine eher tolerante Haltung erkennen, Thijn vertritt einen entgegengesetzten Standpunkt:

Menno:	*"Diese Dinge, das müssen sie doch selber wissen. Was macht das schon?*
Thijn:	*Ja, die größte Moschee kommt doch hierher. Aber, es scheint, wenn man dort einen Schweinskopf hineinwirft, dass dort dann ein Fluch drauf lastet, und dass sie sie wieder abbrechen.*
	(Gelächter) (...)
	Nein, im Ernst, dann liegt da ein Fluch drauf, und sie müssen es wieder bis auf den Grund abbrechen, wissen Sie (zum Diskussionsleiter), ich finde, das ist einen Versuch wert."
	(Gelächter) (m2.10:1174-1198)

Sowohl Inhalt als auch Tonfall von Thijns Rede wirken *bedrohlich*. Thijn ist offenbar inspiriert durch eine Äußerung von Menno. Menno hatte zuvor den gezeigten Film kritisiert: Er vermisst das Portrait eines extremeren Jugendlichen, der aus rassistischen Motiven heraus Brandbomben wirft *(m2.10:582-648)*. Thijn schlägt nun nicht vor, mit Brandbomben zu werfen, bei ihm wird *nur* mit kulturellen Symbolen geworfen, und zwar so, dass die Getroffenen selbst die Thijn verhasste Moschee, gewissermaßen aufgrund der kulturellen Verunreinigung, wieder abbrechen. In der Imagination wird auf diese Weise 'verlorenes' Territorium wieder zurück erobert.

Thijns Mitschüler belohnen die Grobheiten mit heftigem Gelächter. Für Thijn scheint es sich um eine Art Auftritt zu handeln: Die Figur, die er präsentiert, ist cool, hart, zynisch und gewalttätig - ohne allerdings ausdrücklich körperliche Gewalt gegen 'Ausländer' befürworten zu müssen. Es ist ihm deutlich anzumerken, dass er das bestätigende Gelächter in der Klasse

---

[311] Passagen aus dieser Gruppendiskussion wurden ebenfalls bereits in VI.3.3.4.3 analysiert.

genießt. Damit ist nicht gesagt, dass Thijn wirklich zu gewalttätigen Aktionen greifen möchte. Offensichtlich ist jedoch die Faszination, die für ihn und auch für seine applaudierenden Klassenkameraden von dieser *bedrohlich-männlichen Vorstellung* ausgeht.

Ein solches 'Aufspielen' in der Rolle eines potentiell-bedrohlichen oder gewalttätigen Akteurs findet sich in den Gruppendiskussionen in der Tat *nur* bei den männlichen Jugendlichen. 'Männliche' Erzählungen über den Freizeitbereich sind hier eine wahre Fundgrube. Die Freizeit, die die männlichen Jugendlichen und jungen Männer, die sich in dieser Weise präsentieren, verbringen, scheint außerordentlich spannend und gefährlich zu sein. Von Langeweile keine Spur (vgl. auch Leiprecht 1990, 287ff.).

Man betrachte sich nur die folgende Geschichte über einen Samstag-Abend in der Discothek. Der Anlass des geschilderten Konflikts bleibt übrigens - auch wenn weitere Passagen zu Rate gezogen werden - undeutlich. Wichtiger ist an dieser Stelle denn auch der Erzähl-Gestus. Ercans Eltern sind aus der Türkei in die Niederlanden eingewandert. Er bezeichnet sich selbst als 'Ausländer':

Martijn:	*"Ja ... und dann muss der uns gleich anrempeln und so ...?*
Ercan:	*Und er dachte, dass er ein Freund von dir wäre. Und da waren doch eine ganze Menge Ausländer, die dir geholfen haben?*
Martijn:	*Was?*
Ercan:	*Die dir geholfen haben? Oder etwa nicht?*
Martijn:	*Ja, aber das war, weil du da warst. Und dann kommt so ein Türklein ... ja ... (Gelächter in der Klasse) ... ja wirklich ... es war so ein Männchen, der ging auf so 'nen Jungen zu und der gibt, der schlug ihn so (Martijn macht eine ausladende Handbewegung), nun, wir drei drehen uns um, was denkt ihr? Stehen da zehn hinter ihm! Ja! Da siehst du alt aus.... .*
Ercan:	*Ich möchte dich kurz dran erinnern: Es waren nicht zehn ...*
Marcel:	*(dazwischen, ironisch) Sie waren zu acht ... .*
Ercan:	*Sie waren zu zweit. Da war der eine kleine Türke und da war ein holländischer .... der eine mit den Locken, und der schlug deinen Freund und nicht der Türke, der lief einfach weiter... .*
Martijn:	*Meistens ... Ausländer helfen sich immer gegenseitig." (m1.5:235-271)*

Martijn geht im Folgenden nicht weiter darauf ein, wer jetzt genau wen schlug und wie sich die Geschichte wirklich abspielte. Er versucht auch in keinster Weise, die von ihm geschilderte Version zu verteidigen. Stattdessen wechselt er das Thema. Das in seinen Augen bedrohliche Gruppenverhalten der 'ausländischen' Jungs wird zum Diskussionsgegenstand: *"Ausländer helfen sich immer gegenseitig."* Ercans Hinweise auf die Unterstützung durch 'Ausländer', die ihm zuteil wurde, werden von Martijn mehr oder weniger ignoriert. Sie scheinen Störmomente in seiner geradlinigen Geschichte über die 'Ausländer' zu sein.

In einer anderen Klasse werden ebenfalls Disco-Erlebnisse geschildert. Azis, ein marokkanischer Jugendlicher, macht dort allerdings - im Gegensatz zu Martijns Schilderung - seine Enttäuschung über die mangelnde Loyalität von 'schwarzen' Jugendlichen deutlich:

Azis: *"Statt uns zur Hilfe zu kommen, gingen sie mit den Bauern.*[312] *Und das är-*

[312] Im Szene-Slang von Azis werden die kreolisch-surinamischen und antillianischen Jugendlichen als "Neger" und die 'weißen' Niederländer als "Bauern" bezeichnet.

> *gerte mich. (Gelächter) Aber sie wandten sich gegen uns, jeder stellte sich gegen uns, Neger, Bauern, alle. Ja, ich weiß nicht, ich denke, dass es vielleicht heute noch in die Zeitung kommt, das sagte der Polizist: ihr lest das alles in der Zeitung."*
> *(Vorschläge für Schlagzeilen werden wild durcheinander gerufen, im Einzelnen leider nicht genau identifizierbar) (I1.25:174-188)*

Charakteristisch ist auch hier die Sensationslust, mit der die Geschichte erzählt wird. Für Azis ist es wichtig, in der Zeitung zu stehen, denn wer in der Zeitung steht, ist oft bedeutungsvoll, und wenn nicht, haben die Menschen, über die in der Zeitung berichtet wird, zumindest etwas Spektakuläres und Spannendes erlebt.

Die Disco-Erlebnisse dürften sowohl als 'erzählte Geschichte' als auch als 'reale Geschehnisse' nicht nur eine Bedeutung für die (Re-)Produktion und Realisierung von Gruppenloyalitäten entlang ethnischer Grenzziehungen haben, verbunden mit der Behauptung 'eigener' Territorien und Einflusszonen (vgl. hierzu etwa Cohen 1979, 238; Cohen 1990, 104ff.). Sie bieten zugleich die Möglichkeit, eine *spezifische* Form von Männlichkeit darzustellen; eine Darstellung, die sich - für einen Teil der männlichen Jugend - mit *einem 'ungehobelten' und 'nicht-respektablen' Rassismus der unteren Klassen* verbindet (vgl. ebd., 107).

Nützlich ist in diesem Zusammenhang auch der Hinweis von Joachim Kersten. Die offene Gewalt, die von bestimmten männlichen Jugendgruppen, Cliquen und Gangs ausgeht, ist ihm zufolge an eine besondere "Form von nicht-integrierter Männlichkeit" gekoppelt (Kersten 1993, 227). Territorialverhalten, Kampfeslust und betonte heterosexuelle Männlichkeit sind dabei nicht als exklusive Merkmale solcher *Jungen-* oder *Jungmänner*kulturen zu charakterisieren, sondern folgen durchaus zentralen Mustern von Männlichkeit in der Gesellschaft. Es handelt sich um spezifische Männlichkeitsbilder, die auch in anderen Bereichen und bestimmten Institutionen der Gesellschaft (Polizei, Militär, Führungskräfte in der Wirtschaft, Arbeiter in der Fabrik usw.) zu finden sind, wenn dort auch meist in einer eher respektablen und anerkannten Form. Häufig in offensichtlicher Parallelität zu diesen Bildern *respektabler* Männlichkeit finden sich bei bestimmten Jungen- und Jungmännergruppen ('wilde' Cliquen, Gangs, Banden usw.) ähnliche Männlichkeitsbilder, die allerdings in der Gesellschaft, zeigen sie sich bei diesen Gruppen, *negativ* bewertet und als *abweichend* definiert werden. In solchen Gruppen stellen männliche Jugendliche sich jedoch in einer Weise als 'richtige' Männer dar, die gerade mit den respektablen Männlichkeitsbildern *verbunden* ist. Zudem geschieht "all dies auch", so Kersten, "um sich in einer von Männern dominierten Kultur Beachtung und Respekt zu verschaffen" (ebd., 235). Die nicht-respektable und nicht-integrierte Form von Männlichkeit in bestimmten Jungengruppen scheint wiederum eine Entlastungsfunktion für hegemoniale Männlichkeiten im Alltag und in pädagogischen und polizeilichen *Kontroll*kulturen zu haben. "Faszination und Angst, die sich mit dem Gangthema verbinden, rühren aus der Ambivalenz von Männlichkeitsdefinitionen." (ebd., 236)[313]

[313] Ich habe im obigen Kontext versucht, vor allem diejenigen Anregungen bei Kersten, die ich für weiterführend halte, zu betonen. Ausführungen, denen ich eher skeptisch gegenüberstehe, habe ich dabei zunächst vernachlässigt. Hierbei handelt es sich um Erklärungsmuster der folgenden Art: "Wo Männlichkeitsdarstellungen mangels anderer Möglichkeiten zur letzten Ressource von sozialer Identität werden, muss *machismo* zwangsläufig in Reinform auftreten. Ehre, Territorium und die 'eigenen' Frauen werden verteidigt. Schwule und Fremde müssen weg." Mit der Rede von der "letzten Ressource ... sozialer Identität" werden, so scheint mir, Männer zu sehr unter einer Opferper-

3.7.5 Sexuelle Belästigung durch 'schwarze' Männer - Rettung und Schutz durch 'weiße' Männer

Von den weiblichen Jugendlichen in den Gruppendiskussionen und Einzelinterviews wurde nur in einem *einzigen* Fall - nämlich von Monique - von einer Disco-Konflikt-Geschichte berichtet.[314] Auch in diesem einen Fall zeigt sich, dass die Geschichte einen (zumindest teilsweise) anderen Erzähl-Gestus hat, - und zwar bezogen auf das Geschlechtsrollenstereotyp: Monique präsentiert sich sehr deutlich *nicht* in der Rolle einer potentiell-bedrohlichen und harten Frau. In der nachstehenden Schilderung ihrer schlechten Erfahrungen mit 'nicht-weißen' Jungs wird letztlich das eigene negative Bild begründet und rechtfertigt, - dies ist wiederum ein Element, das sich auch in den Disco-Schilderungen der männlichen Jugendlichen finden läßt. Zunächst muss jedoch, um die Entwicklung der Diskussion wirklich nachvollziehbar zu machen, ein kleinen Umweg gemacht werden. Monique berichtet über ihre Nachbarschaft:

Monique: *"Wir hatten auch surinamische Menschen neben uns, die wohnten zu vierzehnt in einer Wohnung, immer nett und gemütlich, und man war einfach immer willkommen. Immer unheimlich nett, und dann erlebt man so etwas und da-*

---

spektive betrachtet (Kersten 1993, 235). Zudem konstruiert Kersten hier eine Zwangsläufigkeit, die nicht gegeben ist. Die genannte Opfer-Perspektive ist übrigens - weitaus extremer - auch bei Kurt Möller zu finden (dessen über weite Strecken durchaus verdienstvolle Arbeiten weiter unten im Abschnitt VI.3.7.8 diskutiert werden). Für Möller ist das männliche Geschlecht stärker "von den Schattenseiten" der gesellschaftlichen Modernisierung und Individualisierung betroffen: "Die Auflösung tradierter 'Normalitäten' und Selbstverständlichkeiten an den verschiedenen Fronten (...) führt in Verbindung mit dem Aufkommen weiblicher Emanzipationsinteressen und ihrer allmählichen Durchsetzung zu einer tiefgreifenden Verunsicherung der Männerrolle und des Bildes von Männlichkeit. Dabei dürfte sich als Hindernis für Bearbeitungen solcher Modernisierungs- und Individualisierungsprozesse und -folgen nicht zuletzt der Umstand erweisen, dass der sozio-emotionale Haushalt des Mannes in seiner Verkürzung durch die Zentrierung männlichen Handelns auf instrumentell-rationale Vorgänge die traditionellen Ausgleichsleistungen, wie die Vermittlung von sozialer Wärme und Geborgenheit durch die ihn umsorgende Frau als emotionaler Rückhalt seiner Existenz zunehmend vermissen muss" (Möller 1991, 39). In dieser Verunsicherung und Orientierungslosigkeit sieht Möller eine Art "Resonanzboden" für rechte Deutungsangebote "auch im Sinne der Hochachtung von Tugenden und 'Normalitäten' deutschen Mannestums" (ebd.). Abgesehen davon, dass es sehr fragwürdig sein dürfte, ob das "männliche Geschlecht" wirklich "stärker" "von den Schattenseiten" der gesellschaftlichen Modernisierung und Individualisierung betroffen ist, legen solche Formulierungen nahe, bestimmten Männlichkeitsbildern, selbst wenn dies vom Autor keineswegs intendiert sein mag, unkritisch zu folgen: Liegt es einem nach den obigen Ausführungen Möllers nicht geradezu auf der Zunge, dass hier eine "umsorgende Frau als emotionaler Rückhalt" als *ein wichtiges Mittel* für die Bekämpfung rechtsextremistischer Orientierungen bei männlichen Jugendlichen genau das Richtige zu sein scheint? Zudem: Möller manövriert "das männliche Geschlecht" in eine Opferrolle hinein ('tiefgreifende Verunsicherung') und identifiziert das weibliche Geschlecht mit seinen "Emanzipationsinteressen" letztlich in der Täterrolle, von der aus den um Emanzipation kämpfenden Frauen eine Verantwortung für einen rechtsextremen "Resonanzboden" zugeschanzt wird (vgl. kritisch zu ähnlichen Erklärungsmodellen Leiprecht 1996, 244).

[314] Aus dem Zweier-Interview mit Monique und Robert wurden schon mehrfach Passagen analysiert, zuletzt im vorangegangenen Abschnitt, aber auch VI.3.2.6.

> *durch bekommt man dann auch so ein Bild. Weil es ist auch immer ... ich bin ein paar Mal wirklich durch Jungs belästigt worden, aber es waren nie weiße Jungs ... und dadurch kriegt man dann schon ein Bild, und das Bild will ich zwar immer verändern, aber dazu kriege ich nicht immer die Gelegenheit." (emoro.39:1025-1029)*

Monique beschreibt sich hier *nicht* als Akteurin ihres eigenen Negativ-Bildes. Im Gegenteil. Das Bild wird durch schlechte Erfahrungen verursacht, und sie wirkt diesem Bild gegenüber eher passiv. Es scheint nicht sie selbst zu sein, die ihre unterschiedlichen Erfahrungen - auf der einen Seite nette surinamische Nachbarn, auf der anderen Seite belästigende nicht-weiße Jungs - gewichtet und bewertet. Der vorgetragene Veränderungswunsch bestätigt in gewisser Weise ihr Ausgeliefertsein an die schlechten Erfahrungen.

Robert versucht, Monique darauf hinzuweisen, dass man nicht von den Taten Einzelner ausgehend auf eine ganze Gruppe verallgemeinern dürfe:

Robert: *"Einer macht etwas falsch, und dann ist man gleich ..., dann ist gleich die ganze Gruppe nicht mehr gut." (emoro.39:1338-1040)*

Monique ist mit dieser Relativierung nicht ganz einverstanden:

Monique: *"Aber es ist doch wirklich so: man kriegt ein bestimmtes Bild von bestimmten Gewohnheiten, ja? Bei bestimmten Ländern ist es Brauch, die Töchter mit jemandem zu verheiraten. Wenn man in einer Discothek rumläuft und da ist eine Gruppe Jungs, die haben dann das Gefühl..., die sind so erzogen, dass Frauen nichts sind. Frauen, damit kann man alles machen, und Frauen kann man so und so ..., dann packen sie dich einfach, das gefällt dir dann nicht und so entsteht in dir doch ein Bild." (emoro.39:1046-1053)*

Sie schildert schließlich zwei Erlebnisse, in denen sie jeweils von türkischen Jungs in einem Fall sexuell bedroht und belästigt und im zweiten Fall angegriffen und beraubt wird. In beiden Schilderungen ist Monique das Opfer und wird schließlich durch niederländische Jungs gerettet. Im ersten Fall ist der Retter ihr großer Bruder:

Monique: *"Mein Bruder, der hörte das also, weil ich sah ihn, nun, dann haben sie mit 14 Jungs einfach die zwei türkischen Jungs zusammengeschlagen. Aber zwei Wochen später kamen sie dann mit der ganzen Familie ... mit zwanzig kamen sie zurück." (emoro.39:1083-1087)*

Im zweiten Fall beschützt sie ein unbekannter Junge:

Monique: *"Ein ganz unbekannter Junge, der mir half. Aber dann dachte ich: wenn es den jetzt nicht gegeben hätte? Und wenn mein Bruder damals nicht dort gewesen wäre?" (emoro.39:1121-1124)*

Die Konstellation entspricht nicht nur dem klassischen Geschlechtsrollenmuster, sondern auch der klassischen Anrufung des 'weißen' Mannes als Beschützer der 'eigenen' Frau. Zudem wird auch hier - wie bei den obigen 'männlichen' Geschichten - die bedrohliche Gruppensolidarität der anderen (*"mit zwanzig kamen sie zurück"*) betont.

Robert versucht noch einmal, zu relativieren. Diesmal macht er nicht auf unzulässige Verallgemeinerungen aufmerksam, sondern platziert die Angreifer und Täter nicht nur auf der Seite der 'Nicht-Weißen'. Allerdings läßt Robert auch erkennen, dass er Monique hinsichtlich ihres Negativ-Bildes versteht:

Robert:	*"Nun, ich weiß auch, dass das auch ein weißer Junge hätte sein können, es hätte auch ein Niederländer sein können. Es gibt natürlich genug Jungs in unserem Alter, die das auch ... .*
Monique:	*(dazwischen) Das meine ich. Wenn es einem mit einem schwarzen Jungen ... .*
Robert:	*Mit einem dunklen Jungen, dann wird man ..., das gibt einem natürlich zu denken ... .*
Monique:	*Dann kriegt man schon ein Bild.*
Robert:	*Dann kriegt man schon ein Bild, ja, die tun so etwas nun mal ... .*
Monique:	*Während es auch sehr feine schwarze Menschen gibt.*
Robert:	*Natürlich.*
Monique:	*Aber man kriegt schon sofort ein Bild." (emoro.39:1125-1143)*

Monique zeigt sich ihrerseits verständnisvoll. Ihrer Meinung nach gibt es sowohl 'feine' als auch 'unfeine' schwarze Menschen. Dennoch beharrt sie darauf, dass die 'unfeinen' schwarzen Menschen ihr Bild bestimmen (müssen). Ihre Redeweise mit *man* (*"man kriegt schon ein Bild"*) läßt sich in verschiedener Weise verstehen. Zum einen: Sie spricht in der 'Man-Form', um über sich hinaus zu verallgemeinern: Nicht nur ihr geht es so, sondern es handelt sich um ein allgemeines Phänomen. Zum anderen: Monique beschreibt sich als ein fast passives Opfer ihrer Erfahrungen. Letztere Interpretation schließt bei der obigen Beobachtung an: Monique stellt sich nicht als aktiv Handelnde und Interpretierende dar, die in bestimmter Weise Schlüsse aus ihren *unterschiedlichen* Erfahrungen zieht, sondern das Negativ-Bild wird ihr durch das schlimme Verhalten von 'schwarzen' Jungs geradezu aufgedrängt. Damit präsentiert sich Monique in spezifischer Weise auch als 'weiblich': Sie braucht 'ihre' Jungs, deren Schutz sie erwartet.

Mit einer weiteren Geschichte unterbaut Monique das von ihr entworfene Szenario:

Monique:	*"Es war so: meine Cousine, die ist durch so einem Halbblut-Jungen ermordet worden. Meine Cousine, die wohnte in Groningen und hatte ein Verhältnis mit einem Halbblut-Jungen ... .*
Interviewer:	*Was ist ein Halbblut-Junge?*
Robert:	*Zum Beispiel mit einer niederländischen Mutter und einem türkischen Vater.*
Interviewer:	*Ach so.*
Monique:	*Und sie hatten schon ein paar Jahre ein Verhältnis, aber sie wollte nicht mehr und dann hat sie Schluss gemacht und das durfte sie nicht, von ihm aus. Das gehörte sich nicht, in seiner Kultur war das einfach Tabu. Und am nächsten Tag hat er ihr eine Schere in den Hals gestochen." (emoro.39:1155-1168)*

Eine *harte Geschichte* nach der anderen. Der Täter ist diesmal ein 'Halbblut-Junge'. Es bleibt unklar, ob Monique wirklich, wie Robert erläutert, ein Kind aus einer gemischten Ehe zwischen einer niederländischen Mutter und einem türkischen Vater meint. Im Folgenden beschreibt Monique nämlich den Vater des getöteten Mädchen, der eine - so ist uns dies inzwischen nahegebracht - 'verständliche' Abneigung gegen "Schwarze" hat. Der Täter scheint hier also ein "Schwarzer" gewesen zu sein:

Monique: *"Und deshalb: meine ganze Familie von dieser Seite, die wollten wirklich nichts zu tun haben mit ..., das hatte der auch bei seiner Arbeit. Der Vater des Mädchens, der hatte eine hohe Funktion in einem Betrieb und der wollte also einfach ..., am liebsten hätte der alle Schwarzen in diesem Betrieb entlassen. Und wenn sie nur etwas machten, dann ... ." (emoro.39:1191-1196)*

Monique macht eine Handbewegung, die den Rauschschmiss unterstreicht. Soweit also der Vater ihrer Cousine. Monique macht im Folgenden jedoch deutlich, dass sie sich nicht völlig von diesen Geschehnissen und der 'verständlichen' Abneigung gegen 'Schwarze' in der Familie leiten läßt. Sie betont - nach einem Einwurf von mir - ihre Eigenständigkeit gegenüber der Familie:

Interviewer: *"Und angenommen, du hättest jetzt einen schwarzen Freund, würden deine Eltern dann ... ?*
Monique: *Hatte ich auch. Mein Vater wollte davon erst nichts wissen, aber später kam er doch dahinter, dass es ein netter Junge war, und dann ging er auch nett mit ihm um." (emoro.39:1201-1206)*

Es ist anzunehmen, dass diese Erfahrung mit einem 'netten' schwarzen Jungen ihr Negativ-Bild, für das sie von Geschichte zu Geschichte eine stets massivere Rechtfertigung zu liefern scheint, nicht erschüttert hat. Man denke nur an ihre Unterscheidung zwischen 'netten' schwarzen Menschen (den Nachbarn) und bedrohlich-belästigenden 'nicht-weißen' Jungs, wobei die letzteren Moniques Bild regelrecht *bestimmen.*

Wenn auch die Inkonsistenz in Moniques Geschichte - ist der Täter als Halbblut der Sohn eines 'schwarzen' oder eines türkischen Mannes oder gebraucht sie den Begriff 'schwarz' in übergreifender Weise - misstrauisch machen könnte, so bin ich auf Grundlage des Interviewmaterials nicht in der Lage, über den Wahrheitsgehalt von Moniques Schilderungen eine zuverlässige Aussage zu machen. Grundsätzlich kann selbstverständlich davon ausgegangen werden, dass sich sexuelle und gewalttätige Belästigungen und Übergriffe (bis hin zum Mord), bei der Allochthone die Täter sein können, wirklich ereignen. Warum sollten allochthone Männer auch besser sein als autochthone?

Dennoch sollte die Möglichkeit, dass gerade die letztere Geschichte zum großen Teil auf einer Familienerzählung beruht, die Monique vom Hörensagen reproduziert, nicht völlig außer acht gelassen werden. Solche Erzählungen, die offenbar die Funktion haben sollen, vor den Gefahren, die 'da draußen' und 'im zukünftigen Leben' vor den Männern und insbesondere vor den 'fremden' und 'schwarzen' Männern lauern, aufmerksam zu machen, scheinen zudem zu einer überaus widersprüchlichen Form der Vergesellschaftung von Mädchen und jungen Frauen beizutragen. Ich komme gleich ausführlicher hierauf zurück.

Unabhängig von solchen Überlegungen haben Moniques Geschichten allerdings einen *bestimmten Effekt*, der sich auch in der Interview-Situation bemerkbar machte. Die Heftigkeit der Schilderungen von Monique lösten bei mir Betroffenheit und Sprachlosigkeit aus. Zugleich fühlte ich mich auf ein bestimmtes männliches Rollenmuster hin angesprochen: Saß vor mir nicht ein hilfloses Mädchen, das Verständnis, Unterstützung und Schutz brauchte? Durfte ich als Mann überhaupt nur eine Sekunde an der Aufrichtigkeit einer von männlicher Gewalt Getroffenen und Bedrohten zweifeln? Ausgehend von diesen Emotionen, versuchte ich mir später vorzustellen, welchen Effekt Moniques Schilderungen in ihrer Schule haben könnten. 'Schlecht-Reden-über-Ausländer-oder-Schwarze' gehört in ihrer Schule zu den unerwünschten Verhaltensweisen. Auch hat Monique einen 'schwarzen' Klassenlehrer. Ohne Monique ein entsprechendes Motiv unterstellen zu wollen, vermute ich, dass ihre Erlebnisschilderungen trotz der immanenten Negativ-Bilder auf eine verständnisvolle Zuhörerschaft und emotionale Unterstützung treffen werden. Ein solche Wirkung ist keineswegs davon abhängig, was genau Monique mit ihren Geschichten ausdrücken will. Allerdings könnte gerade in der Parteilichkeit und im allseitigen Verständnis, die ihre Geschichten bewirken, ein subjektiver Gewinn für Monique liegen.

Moniques Erlebnisschilderung ist zwar in der Verbindung mit einem Disco-Erlebnis, *nicht* jedoch in der beschriebenen Konstellation, ein Einzelfall. Die Bedrohung und/oder Belästigung durch 'ausländische' oder 'schwarze' Männer findet sich nicht nur in Moniques Schilderung, sondern läßt sich in vielen Gruppendiskussionen und Einzelinterviews als ein wichtiges Thema für die weiblichen Jugendlichen feststellen (siehe im Folgenden VI.3.7.6). Auch in empirischen Untersuchungen in Deutschland wird eine ähnliche Themenkonstellation registriert. Traudl Horn-Metzger und Christine Riegel kommen zu dem Schluss, dass "die Argumentation der sexuellen Belästigung und Bedrohung durch Ausländer auch benutzt wird, um existente, ausländerfeindliche Orientierungen zu untermauern" (Horn-Metzger/Riegel 1995b, 108). Gertrud Siller scheint hingegen eher von einer gegensätzlichen Schlussfolgerung auszugehen, wenn sie formuliert, dass sich Fremdenfeindlichkeit "bei Frauen über die Angst vor Übergriffen von ausländischen Männern entwickelt" (Siller 1994, 193). Liest man jedoch weiter, läßt sich feststellen, dass in beiden empirischen Arbeiten die entsprechenden Forschungsergebnisse ähnlich interpretiert werden: "... Ängste von Frauen vor körperlichen Übergriffen bzw. körperlicher Gewalt durch ausländische Männer (müssen) ihren konkreten Erfahrungen nicht entsprechen (...). Obwohl es sich dabei also sicherlich um reale Ängste handelt, kommt an dieser Stelle ein Aspekt rassistischer Ideologie zum Ausdruck, der sich vor allem für weiße Frauen anbietet, oder der ihnen nahegelegt wird: der Mythos vom 'schwarzen Mann' als Vergewaltiger. Faktisch erleben deutsche Frauen gewalttätige Übergriffe vorwiegend von deutschen Männern. Das heißt nicht, dass deutsche Männer gewalttätiger sind als Männer aus anderen Kulturen - es besteht lediglich mehr Kontakt und folglich mehr Gelegenheit zu schlechten Erfahrungen mit ihnen." (ebd., 194) Körperliche Gewaltakte gegen Frauen finden überdies, so kann auch vor dem Hintergrund niederländischer Untersuchungsergebnisse ergänzt werden, meist eher im privaten Nahraum und nicht auf der Straße statt (vgl. Draijer 1985 u. 1988).[315]

Gleichzeitig dürfte das Szenario einer Vergewaltigung im öffentlichen Raum ('der böse Onkel') ein Kernthema bei der Entwicklung dominierend 'weiblicher' Moral und entsprechender Rollenmuster sein. Es gibt vermutlich wenig Frauen, die im Laufe ihrer Sozialisation nicht mit entsprechenden Warnungen konfrontiert wurden. In der Analyse von weiblichen Angstgeschichten, in denen sich die Wirkungen solcher Warnungen widerspiegeln, vermitteln Frigga Haug et al. einen "Einblick in eine sehr widersprüchliche Vergesellschaftung, welche praktisch auf jeder Stufe des Heranwachsens einen Rückzug in Selbstbescheidung, Häuslichkeit, Unterwerfung nahelegt. Widersprüche blockieren den Entwicklungsgang und legen auf fast archaische Weise so etwas wie Tabus auf die Welt. Das beginnt mit dem doppelten Rätsel Mann, der - mit sexueller Bedeutung belegt, lange bevor von Sexualität wirklich die Rede ist - zwischen Nähe und unhinterfragbarer Fremdheit schwankt. Es ist unangemessen, die

[315] Eine jüngere Untersuchung berichtet, dass eine von fünf Frauen in Europa in ihrem Leben Opfer eines Sittlichkeitsdeliktes wurde. Zugleich wird festgestellt, dass in 90 Prozent der Fälle der Täter in der Familie oder im Bekanntenkreis des Opfers zu suchen ist (Volkskrant 6.3.99).

bedeutete Schlechtigkeit zu erkunden. Diese Haltung bleibt und setzt sich fort in die Welt. Diese ist so schlecht und voller Gefahren, dass ein Mädchen nicht hineingehen sollte, eine Frau besser zu Hause bleibt. Der nächste Widerspruch betrifft das Erwachsenwerden überhaupt. Der Befreiungswille, der Wunsch, dem Schutz der Eltern zu entwachsen, wird vereitelt durch die Perspektive, dies nur um den Preis einer neuen Schutzhaft zu können." (F.Haug et al. 1991, 95). Und an anderer Stelle: "Wir nehmen an, dass der Versuch von Eltern und Lehrern, Mädchen vor allzu viel Zutrauen zu fremden Männern zu bewahren und daher frühzeitig dunkle Zonen mit einem ungenannten Sexualleben um Männer mit Bonbons abzustecken, in jedem Fall zur angstbesetzten Handlungsunfähigkeit beitragen muss, nicht etwa wirklich dem besseren Überleben von Mädchen dient." (ebd., 91) Die als "von Männern ausgehend geahnte Gefahr (treibt) Frauen unter den Schutz von Männern" (ebd., 96). Diese dominierende Form einer widersprüchlichen Vergesellschaftung, die durch Frigga Haug et al. vor dem Hintergrund von Materialanalysen treffend beschrieben wird, kann durch eine spezifische *Färbung* des bedrohlichen Mannes (des bösen Onkels) eine besondere Note bekommen: *Vor dem 'schwarzen Mann' kann frau sich am besten durch 'weiße Männer' schützen.*

3.7.6 Über Belästigungen durch 'ausländische' oder 'schwarze' Männer wird in sehr unterschiedlicher Weise berichtet

In den Gruppendiskussionen und Einzelinterviews zeigt sich sehr deutlich, dass es überaus unterschiedliche Art und Weisen gibt, wie von weiblichen Jugendlichen über Bedrohungen und Belästigungen durch 'ausländische' oder 'schwarze' Männer gesprochen wird (codiert als '*sexbil*', '*sexans*' und '*sexism*').

Hierzu zunächst die folgende Passage aus einer Gruppendiskussion in einer Berufsschulklasse: Nanet beschreibt ihre Erfahrungen in Wohnvierteln mit hohem 'Ausländeranteil' und berichtet, dass sie häufig in einem dieser Viertel unterwegs ist, wenn sie ihre marokkanischen Freunde besucht.

Nanet: *"... jedesmal, wenn ich durch so eine Gegend laufe... und ich laufe da mit meinen blonden Haaren, ja, dann fällst du schon total auf und dann wirst du angemacht und, he, Klasse-Weib, komm mal her und so, weißt du, und dann fühlst du dich entsetzlich diskriminiert. Wer um Gotteswillen gibt denen das Recht, mich auf so 'ne Art anzusprechen. Und durch solche Dinge, weil du solche Dinge mitmachst, bist du, läßt du dich dann viel schneller mitziehen, wenn es um Diskriminierung geht." (m2.8:962-979)*

Oberflächlich betrachtet scheint Nanet fast Ähnliches zu beschreiben wie oben Monique. Die realen schlechten Erfahrungen machen sie gewissermaßen mürbe. Nanet macht deutlich, dass sie nicht diskriminieren will, durch die sexistische Belästigung jedoch 'empfänglicher' dafür wird. Anders als Monique scheint Nanet jedoch diese zunehmende Bereitschaft, sich *mitziehen* zu lassen, stärker zu problematisieren:

Nanet: *"Es ist etwas, was ich erlebe und in so 'nem Moment ... ja, du bleibst dir ganz bewusst darüber, dass du, ja, so bin ich erzogen: nicht diskriminieren, jeder ist gleichwertig. Hautfarbe, braun und nicht braun, gelb rosa, schwarz, das macht alles nichts aus. Aber du gerätst, in so 'nem Moment gerätst du schon, ja, du schiebst das schon etwas weg und du diskriminierst viel schneller." (m2.8:801-813)*

Und an anderer Stelle:

Nanet: *"Ja, und wenn es wieder einmal passiert, dann denke ich, verdammt, wieder ein Türke, der mich ausschimpft, weißt du. Das, das denkst du doch, ich meine, du sagst es dann zwar nicht, aber es kommt dir einfach so in den Kopf." (m2.8:1017-1024)*

Obwohl auch bei Nanet die Tendenz zu beobachten ist, für rassistische Diskriminierung die 'ausländischen' Männer und deren sexistisches Verhalten verantwortlich zu machen, formuliert sie sehr viel selbstkritischer als Monique. Jedenfalls gebraucht sie ihre negative Erfahrung nicht als ein weiteres Element in einer Argumentationskette zur Untermauerung 'eindimensional-nationaler' Orientierungen. Genau dies geschieht - wenn auch in noch verhaltender Weise - in einer anderen Gruppendiskussion in einer Gymnasialklasse. Clarisse findet, dass es zu viele 'Ausländer' gibt. Dies wird in verschiedenen Passagen deutlich:

Clarisse: *"Na, wenn man sich selbst als Fremder fühlt im eigenen Land, findet man doch schon, dass es zu viele gibt. Wenn du beispielsweise durch Rotterdam läufst, dann fühlst du dich einfach wie ein Fremder im eigenen Land." (v1.33:1086-1093)*

"... alles Ausländer, die hängen dort so ein bisschen auf der Straße rum und dann fühlst du dich einfach blöd, wenn du da durch musst. Nun, das habe ich schon ... . Es ist nicht so, dass ich Ausländer nicht ausstehen kann. Ich diskriminiere auch nicht, aber es müssen nicht zu viele kommen." (Gelächter) (v1.33:1108-1119)

"Ja, aber es ist nicht so, dass sie deshalb des Landes verwiesen werden sollten, ich habe nur gesagt, dass sie einem hinterherrufen." (v1.33:1150-1154)

Aus dem Gesprächskontext geht hervor, dass sie mit 'hinterherrufen' sexistische Bemerkungen meint. Sie baut diese Erfahrung in eine Argumentationsreihe ein, die zwar nicht ein 'Ausländer raus', wohl aber ein 'voll ist voll' zum Ausdruck bringt. Clarisse argumentiert in einer Schulklasse, in der deutlich ist, dass Diskriminierung und Rassismus unerwünscht sind. Ein selbstironisierendes Reden macht es ihr offenbar möglich, implizit eine Abweisung auszudrücken, ohne die gegebene Norm allzu deutlich zu verletzen.

In wieder einer anderen Gruppendiskussion in einer Berufsschulklasse wirken Erfahrungsberichte über sexuelle Bedrohung und Belästigung in einer Weise, dass negative Haltungen gegenüber Eingewanderten argumentativ unterstützt werden. Besonders Katrin greift in der folgenden Passage den Faden von Nel auf und baut ihn in ihre eigene Anpassungsargumentation ein.[316]

Katrin: *"Gerade wenn man im Zug sitzt oder so, dann sitzt man einem ausländischen Paar gegenüber, sagen wir Türken oder so, dass sie dann die ganze Zeit türkisch miteinander reden, dass sie dann die ganze Zeit nach dir gucken, das finde ich ... .*

---

[316] Bereits mehrfach wurden Passagen aus dieser Gruppendiskussion vorgestellt, so in den Abschnitten VI.3.1.4 und VI.3.4.2.

Nel:	*Sie haben doch auch ihre Privatsphäre. Das tun sie bei uns doch auch nicht. Ich finde, das müssen sie selber wissen. Aber die Mentalität von denen. Dann stehst du auf der Straße, und dann läufst du da als Mädchen, und dann pfeifen sie dir hinterher, und dann grüßen sie dich ganz brutal, während ein niederländischer Mann, der kann das auch tun, aber es fällt mir einfach auf, dass Ausländer das viel öfter tun, vor allem Türken und Marokkaner, das finde ich einfach, weil in der Tat, wenn du im Bus sitzt, dann geht da der Schwanz hoch, aber ja, das finde ich einfach, ja, ist doch wahr?*
Interviewer:	*Ist das so?*
Katrin:	*Ja.*
Nel:	*Ja.*
Interviewer:	*Ihr schaut nie nach Mädchen?* *(weist auf die Jungs in der Klasse)*
Oebele:	*Ich denke, dass die meisten dann einfach eine Ohrfeige kriegen.*
Nel:	*Sie schauen anders. Sie schauen dich so an und einfach auch die alten Knacker ... . Die könnten dein Vater sein, das ist einfach schrecklich, dann gucken sie dich auf so 'ne dreckige Art an und sagen auch noch 'Hallo'.*
Oebele:	*Es ist natürlich eine Veränderung in der Gesellschaft.*
Kees:	*Sie betrachten eine Frau ein bisschen anders als wir, meistens ist dort der Mann immer der Chef.*
Katrin:	*Wenn du sie in der Stadt laufen siehst und dann die Frau, die meterweit hinterher läuft und der Mann läuft voraus, so: 'Ja, ich bin der Chef.' Ich denke nicht, dass sich das gehört." (m1.19:192-273)*

Katrin nimmt im Laufe der Diskussion eine Position ein, von der aus vehement Anpassung gefordert wird, Nel bezieht einen anderen Standpunkt. Dies ist eine wichtige Beobachtung. Nel beschwert sich zwar über den erfahrenen Sexismus von Türken und Marokkanern und be-nutzt dabei diffamierende und geringschätzende Formulierungen, dies bedeutet jedoch nicht, dass sie durchgängig eine ausgrenzende Haltung gegenüber Eingewanderten einnimmt. Anders ist dies für Katrin. Die von Nel ausgesprochene Beschwerde unterstützt Katrins Tendenz zu 'eindimensional-nationaler' Orientierung. Unabhängig vom unmittelbaren Motiv entfalten Nels Formulierungen also eine bestimmte Wirkung.

Allerdings deutet Nel in der obigen Passage bereits an, dass sie sehr wohl unterscheidet: die 'niederländischen' Jungs in der Klasse *"schauen anders"*. Im Einzelinterview verdeutlicht sie diese Unterscheidung. Sie hat grundsätzlich nichts gegen Nachpfeifen und männliche Blicken einzuwenden: es kommt ganz darauf an ... . Meine Frage lautet, ob es ihr schon passiert ist, dass auch niederländische Männer ihr nachgepfiffen haben.

Nel:	*"Die Straßenarbeiter beispielsweise, die tun das auch, nun, das finde ich schon immer lustig.*
Interviewer:	*Ja?*
Nel:	*Es kommt natürlich drauf an, wie.*
Interviewer:	*Und was findest du daran lustig?*
Nel:	*Ach, einfach so, he, Rote,[317] oder so, weißt du. Na, das finde ich einfach lustig, einfach die Art, wie sie gucken, wie sie es sagen, welche Ausstrahlung sie ha-*

[317] Nel hat rote Haare.

> *ben, wie sie, ja … .*
> *(…) Na, dann denke ich so, na, ich habe es noch immer.*
> *(…) Ja, so etwas, dann denke ich so was wie: 'Das ist doch schön, wenn nach dir geschaut wird, dann bist du jedenfalls nicht …, dann siehst du gut aus, sonst schauen sie dir natürlich nicht nach." (ene.19:249-300)*

Nel unterscheidet zwischen dem 'ausländischen' Blick, der sie zur 'Hure' macht, und dem 'einheimischen'. Der 'einheimische' Blick bekommt eine fast quasi-familiäre Note, sie muss ihm nicht misstrauen, sie braucht ihm gegenüber keine schlechten Absichten zu vermuten, im Gegenteil, es geht um die Anerkennung und Bestätigung ihrer Schönheit.

In einer ganz anderen Weise thematisiert Rosy in der folgenden Gruppendiskussion das Nachpfeifen von 'ausländischen' und 'niederländischen' Männern:

Rosy: *"Wenn ich von meinem Praktikum komme, und es ist so gegen fünf, dann stehen da eine ganze Menge aus den Gärtnereien, weil ich wohne im Westland,*[318] *bei der Bushaltestelle, dann pfeifen sie mir auch nach. Aber ich achte da gar nicht so sehr drauf, weil wenn niederländische Männer das tun, dann denke ich, dass die Mädchen oft denken, soooo (klingt geschmeichelt). Aber wenn ein ausländischer Mann das tut, dann denken sie, verdammt … .*
Wolf: *Musst du nur an einer Gruppe weißer Bauarbeiter vorbeigehen.*
Rosy: *Ja.*
Sandy: *Ja.*
Rosy: *Die sind viel schlimmer." (m1.7:558-580)*

In wieder einer anderen Gruppendiskussion[319] stellt Edith zunächst fest, dass die Belästigung weniger von den 'niederländischen' Jungs ausgeht. Obwohl anzunehmen ist, dass Edith sich auf ähnliche Erlebnisse wie Rosy bezieht, zieht sie daraus ganz andere Schlüsse:

Edith: *"Es sind doch mehr türkische Jungs, weil sie in ihrem Land die Mädchen vielleicht alle …, es ist vielleicht, in der Türkei tragen sie beinahe alle Kopftücher und hier …, ein freies Land und es gibt bestimmte Gruppen, die das dann wieder nicht machen, aber sie dürfen dann … . Sie sind hier einfach freier, denke ich … .*
Els: *Das ist da ganz normal … .*
Edith: *… den Mädchen hinterher zu schauen." (m2.17:1763-1780)*

Auch Suzet, schließt sich im Prinzip dieser Betrachtung ihrer Klassenkameradin an. Allerdings äußert sie Verständnis:

Suzet: *"… also dort ist es oft schon so, dass die Frau untergeordnet ist, und ich denke, wenn die ausländischen Personen dann in die Niederlande kommen, ich denke nicht, dass jeder so einfach seine Kultur aufgibt und ganz toll … ich weiß nicht, was niederländisch ist … anfängt sich anzupassen. Also, ja, ich denke für diese*

[318] Westland ist geprägt durch seine Blumenindustrie.

[319] Aus der bereits bei der Diskussion um das Erklärungsmodell 'Erziehung' (VI.3.6.4) und der Frage nach Rassismus bei Männern und Frauen (VI.3.7.3) zitiert wurde.

> *Sorte Menschen ist das normal, aber für uns ist es schon ... . (...)*
> *Es kann für uns ganz abstoßend sein, weil wir das nicht gewöhnt sind, aber eigentlich braucht dann die Person überhaupt keine bösen Absichten damit haben." (m2.17:1799-1827)*

Suzet gebraucht sehr distanzierende Redewendungen: die *"ausländischen Personen"*, *"diese Sorte Menschen"*, ein Verhalten, das *"für uns ganz abstoßend"* sein kann. Doch trotz dieser Sprechweise und obwohl Suzet genau wie Edith und Els von einer kulturalistischen und dichotomisierenden Sichtweise ausgeht, versucht sie, Verständnis geltend zu machen. Suzet benützt, anders wie Edith, das Kultur-Argument, um die 'Ausländer' von *"bösen Absichten"* freizusprechen: Zum einen entschuldigt Suzet die fremdkulturelle Geprägtheit, zum anderen weist sie auf die Möglichkeit von interkulturellen Missverständnissen hin. Edith, der dieses Verständnis zu weit geht, ist sichtlich verärgert:

Edith: *"Findest du es angenehm, wenn du auf der Straße läufst und ... ?*
Suzet: *Ich? Nein, das kann ich nicht bestreiten. Wenn ich abends mit meinen Büchern über die Straße laufe und ich sehe da eine ganze Gruppe mit, ja, dunklen Jungs oder dunklen Mädchen, dann sag ich mir immer: schnell weiterlaufen. Ja, ich denke, dass ich so erzogen bin ... ." (m2.17:1845-1860)*

Suzet versteht und verteidigt nicht nur die 'Ausländer', sondern macht darüber hinaus auch ihren eigenen Anteil am Bild der bedrohlichen 'Schwarzen' deutlich, wenn auch in einer 'entschuldbaren' Form: sie ist *"so erzogen"* worden. Die Gefahren gehen nicht unbedingt von den 'Ausländern' bzw. von den 'Schwarzen' selbst aus, sondern das ihr anerzogene Bild führt zum Impuls schnell weiterzugehen. Aus dem bedrohlichen 'schwarzen Mann' wird bei Suzet zudem eine bedrohliche Gruppe dunkler Jungen oder dunkler Mädchen. Nicht die Männer alleine sind es, vor denen sie aufgrund ihrer Erziehung Angst hat, sondern (Gruppen) 'schwarzer' Menschen.

Die verschiedenen Passagen, in denen sexistische Belästigungen durch 'ausländische' oder 'schwarze' Männer berichtet werden, zusammenfassend, wird deutlich, dass die jungen Frauen durchaus *ähnliche* Erlebnisgeschichten in sehr *unterschiedlicher* Weise zur Sprache bringen: Neben der Betroffenheit und Empörung aufgrund der am eigenen Leibe erfahrenen sexistischen Diskriminierung, Bedrohung, Belästigung und Beleidigung läßt sich beobachten, dass dieselben männlichen Handlungsweisen durch die Berichtenden verschieden interpretiert und bewertet werden, je nachdem ob es sich um autochthone oder allochthone Männer handelt. Die unterschiedlich erzählten Geschichten können dazu dienen, die eigene Tendenz zur Diskriminierung von Allochthonen zu rechtfertigen. Es lassen sich aber auch Erzählweisen entdecken, die genau die Tendenz und die Stärke, ja die Aufdringlichkeit der unmittelbaren Erfahrung, mit der eine verallgemeinerndere Diskriminierung von Allochthonen nahegelegt zu werden scheint, problematisieren.

In den unterschiedlich erzählten Geschichten zeigen sich bestimmte Standpunkte im Bereich ethnizistischer oder rassistischer Orientierungen. Doch ist Vorsicht geboten. Nicht immer kann von der Redeweise darauf geschlossen, dass die Sprecherin insgesamt eine negative Haltung gegenüber Allochthonen einnimmt. Sehr wichtig ist es hier, den Gesamtkontext einer Argumentation zu berücksichtigen. Dennoch zeigt sich, dass - völlig unabhängig vom Motiv der Sprecherin - solche Geschichten eine bestimmte Wirkung haben. Sie können von anderen benutzt werden, um ethnizistische oder rassistische Sichtweisen argumentativ zu unterstützten. Sie tragen zu einem bestimmten Negativ-Bild bei, das bei offenbar 'passenden' Erfahrungen wieder die Tendenz fördert, ethnizistische oder rassistische Schlüsse aus den eigenen Erfahrungen zu ziehen. Frauen, die ihre Betroffenheit und Empörung aufgrund sexistischer Diskriminierung und Belästigung durch Allochthone zum Ausdruck bringen, ohne jedoch Rassismus und Ethnizismus unterstützen zu wollen, können vor diesem Hintergrund durchaus in eine Situation geraten, die einer Zwickmühle ähnelt.

3.7.7 'Typisch männliche' Reibungsflächen: Konkurrenz um die Gunst der Mädchen?

Der deutsche Jugendforscher Kurt Möller[320] erklärt die im Durchschnitt stärkere Neigung männlicher Jugendlicher, sich von rechtsextremistischen Orientierungen beeindrucken zu lassen, mit "'typisch männlichen' Reibungsflächen" zwischen 'einheimischen' und 'ausländischen' Jungen. Einer dieser "Reibungsflächen", so die These Möllers, stellt im Freizeitbereich die "Konkurrenz um Mädchen" dar: "Gemischtgeschlechtliche Freund- und Partnerschaften können insbesondere deshalb Konkurrenzerfahrungen gerade unter Jungen heraufbeschwören, weil ausländische Jungen zwar auf deutsche Mädchen hin orientiert sind, umgekehrt aber die deutschen Jungen wenig Chancen sehen, mit den stärker traditionellen Vorstellungen von der weiblichen Rolle verpflichteten, teils eben auch islamisch geprägten ausländischen Mädchen in Kontakt zu kommen" (Möller 1991, 38). Nun enthält diese Erklärungsskizze für sich genommen bereits recht problematische Aspekte. Unter der Hand werden durch die Argumentationsweise von Möller - wie so oft - die Eingewanderten für negative Tendenzen bei Angehörigen in der Mehrheitsgesellschaft verantwortlich gemacht. Überspitzt gesagt, könnte eine Konsequenz aus Möllers Überlegungen folgendermaßen aussehen: Würden die 'ausländischen' Jungs nicht mit den 'einheimischen' Jungs um 'einheimische' Mädchen konkurrieren, dann würde es nach Möller auch diese "'typisch männliche' Reibungsfläche" nicht mehr geben und die besondere Gefährdungslage der männlichen Bevölkerung hin zu rechtsextremen Orientierungen könnte zurückgehen; und würden sich die "islamisch geprägten ausländischen Mädchen" wie die 'einheimischen' Mädchen verhalten und den 'einheimischen' Jungen endlich eine Chance geben, dann würde sich die "stärkere Neigung" von männlichen Jugendlichen zu rechtsextremistischen Orientierungen ebenfalls reduzieren. Die wissenschaftliche Erklärungsthese *verdoppelt* hier im Grunde lediglich gleichlautende Klagen und Standpunkte von autochthonen männlichen Jugendlichen. Sie folgt offenbar unkritisch und ohne weitere Analyse den entsprechenden Aussagen und scheint ihnen in letzter Konsequenz auch noch recht zu geben.

Trotz meiner Einwände sind indes solche theoretischen Aussagen mit empirischem Material allein kaum zu wiederlegen. In der gesellschaftlichen Realität, aber eben auch im qualitativen Material der vorliegenden Untersuchung, finden sich durchaus Phänomene, die offenbar auf männliche Konkurrenzen um die jeweils 'eigenen' Mädchen hinweisen könnten (vgl. auch

---

[320] Auch wenn im Folgenden die Arbeiten Kurt Möllers zur Geschlechterfrage vor allem aus kritischer Perspektive diskutiert werden, so soll damit nicht verkannt werden, dass Möller einer der ersten männlichen Jugendforscher aus der Rechtsextremismusforschung in Deutschland war, der sich diesem wichtigen Gegenstandsbereich intensiver zugewandt und wichtige Denkanstöße gegeben hat.

Schoppen 1997, 101). Die Frage ist natürlich, wie solche Phänomene interpretiert werden. Hierzu eine Passage aus dem Einzelinterview mit Renate: Renate hat einen Freund, dessen Eltern aus Surinam eingewandert sind. Ihr Freund hat eine dunkle Hautfarbe.

Renate: *"In Bergen war das, dass er (ihr Freund; R.L.) durch ein paar Jungs aus einem Auto heraus beschimpft wurde, und das kam echt so an wie: 'Du klaust uns ein Mädchen unserer Rasse ... .'" (ere.11:1521-1526)*

In einer anderen Interviewpassage verbindet sie ihre Verärgerung mit einem ersten Erklärungsversuch:

Renate: *"... und das Fenster ging während der Fahrt auf und sie riefen: 'Schmutziger dreckiger Homo.' Na, da wurde ich so entsetzlich böse. Ich dachte, das ist doch einfach lächerlich. Es klang wirklich so: 'Was willst du mit unseren weißen Mädchen? Davon musst du deine Finger lassen. Such' dir jemanden von Deiner eigenen Sorte.' Ich denke, dass sie sich, ja, einfach minderwertig fühlen, ich weiß es nicht." (ere.11a:233-237)*

Allerdings interpretiert Renate diese Situation *nicht* so wie Möller, der den Blick auf die Unerreichbarkeit islamischer Mädchen für 'weiße' Jungs lenkt. Vielmehr scheint Renate davon auszugehen, dass dieses Erlebnis - neben entsprechenden Negativ-Bildern auf Seiten der 'weißen' Jungen - auch mit der Anziehungskraft zu tun hat, die 'schwarze' Jungen auf 'weiße' Mädchen ausüben können:

Renate: *"Ja, man merkt schon ein bestimmtes ..., schau, in Amsterdam läufst du einfach so rum, in Bergen guckt der eine dich so an wie: 'Wouw, was hat die jetzt für einen'. Und jemand anders guckt dich an: 'Es ist eine Schande.'" (ere.11:1480-1485)*

'Schwarz-weiße' Liebesbeziehungen müssen sowohl mit Ablehnung als auch mit von Exotik gespeister Bewunderung rechnen. Renate bringt im Einzelinterview beide Erfahrungen zum Ausdruck: Auf der einen Seite wird das junge Paar in der Öffentlichkeit misstrauisch betrachtet, weil die Angehörigen der Mehrheitsgesellschaft meist ein bestimmtes Negativ-Bild über 'Schwarze' im Kopf haben (siehe *ere.11:626-629*):

Renate: *"Auf der anderen Seite begegnet man auch oft: 'Ist schon Klasse, he, ist schon stark', wenn man mit einem dunklen Jungen zusammen ist. (...) Früher hatte ich in Bergen mit ziemlich vielen Mädchen Streit, die schauen mich jetzt alle so an: 'Wauw, sie hat einen dunklen Freund, irre!'" (ere.11:632-654)*

Anders als Möller legt Renate in ihrer Interpretation einen Schwerpunkt auf die Attraktivität 'schwarzer' Jungen. Die 'weißen' Jungen kommen bei 'weißen' Mädchen nicht so gut an und fühlen sich deshalb zurückgesetzt oder - in Renates Worten - *"minderwertig"*.

Nun will ich meinerseits nicht unkritisch Renates Ausführungen folgen. Immerhin steckt in ihrer Interpretation auch eine deutliche Aufwertung ihrer eigenen Person: Renate kann sich so nämlich als eine junge Frau präsentieren, die es geschafft hat, mit so einem begehrten dunklen Freund zusammenzusein. Dennoch fällt auf, dass der 'weiße' männliche Wissenschaftler Möller eine Erklärung für die Konkurrenzgefühle 'weißer' männlicher Jungen in der Unerreichbarkeit islamischer Mädchen sieht, während die 'weiße' weibliche Jugendliche Renate eine Erklärung eher in der geringeren Attraktivität 'weißer' männlicher Jugendlicher vermutet. In beiden Fällen ein Beispiel für eine *unreflektierte* Form von 'situated knowledge' (Haraway 1991)?

Übrigens berichten auch andere Jugendliche von einer exotischen Anziehungskraft. Im Folgenden Beispiel geschieht dies bei Nel, freilich in leicht ironisierender Weise.[321] Die Anziehungskraft wirkt vor allem bei anderen Mädchen. Sie selbst distanziert sich eher davon:

Nel: *"Nun, ja, dann hört man, dass dunkle Männer bei niederländischen Mädchen 'in' sind.*
Interviewer: *Ja, ist das so?*
Nel: *Ja, ab 17, 16 Jahre, wusstest du das nicht?*
Interviewer: *Nein.*
Nel: *Wahnsinnig populär, ein dunkler Freund mit großen Lippen. Davon kriegt man lauter so liebe Kinderlein ... .*
Interviewer: *Ist das so?*
Nel: *Ja, das ist wirklich so, so schöne braune Jungs sind in, so schöne Neger, wusstest du das nicht?*
Interviewer: *Nein.*
Nel: *Das ist echt so. Mit HipHop ... das sind natürlich lauter schwarze Menschen, dunkle Menschen." (ene.19:1358-1394)*

Die Passage mit Nel macht darauf aufmerksam, dass die Attraktivität 'schwarzer' Männer auch in einem *jugendkulturellen Kontext ("HipHop")* begründet sein kann. Nel scheint übrigens belustigt, diese Attraktivität 'schwarzer' Männer einem unwissenden 'weißen' Mann vorhalten zu können.

Doch zurück zu Renate. Sie kennt auch die 'andere Seite' und berichtet von den Reaktionen von surinamischen männlichen Jugendlichen auf ihre 'schwarz-weiße' Liebesbeziehung. Da gibt es diejenigen, die nichts dabei finden, wenn ein 'schwarzer' Junge mit einem 'weißen' Mädchen 'geht' *(ere.11:701-705)*. Es gibt jedoch auch andere:

Renate: *"Aber gerade so einer wie der andere Freund (von ihrem Partner; R.L.), der findet: 'Ich bin schon was besonderes, weil ich bin dunkel'. Das stimmt dann mit dem überein, was diese Mädchen denken: 'Wouw, sie hat einen dunklen Freund'. Und der Typ denkt: 'Nun, die muss schon was besonderes haben'. Ja, wie soll ich das erklären? Ich denke, dass der mir gegenüber so 'ne Haltung hat wie: 'Ist die auch hübsch genug? Weil, ja, sie geht natürlich schon mit einem dunklen Jungen, sie geht schon mit einem meiner...' ... ja, wie nennen sie das? Brüder oder so? ... 'also dann muss es schon etwas Gutes sein.' Ja, ich finde den auch nicht nett, also, ich finde das einfach eine komische Einstellung." (ere.11:706-728)*

Zweifellos hat die Frage, wer mit wem 'geht' und ob und nach welchen Kriterien die betreffenden Paare zusammenpassen, eine große Bedeutung (auch) für Jugendliche. Mit diesen

[321] Nel wurde bereits im Abschnitt VI.3.7.6 zitiert.

wenigen Passagen, die im qualitativen Material zu finden waren, läßt sich freilich keine tiefergehende Untersuchung über interethnisch-heterosexuelle Liebesbeziehungen durchführen. Darauf war die Fragestellung der Untersuchung auch nicht ausgerichtet. Dennoch zeigt das wenige, was im qualitativen Material vorzufinden ist, bereits, dass die Zusammenhänge um das Phänomen männlicher Konkurrenzgefühle in Bezug auf die 'eigenen' Mädchen wesentlich komplizierter sind, als dies Möllers Erklärung suggeriert.

Auffällig ist zudem, dass im Fragebogen die überwältigende Mehrheit der Jugendlichen die Freundschaftsfrage (V14) positiv beantwortet. Und auch unter den Jugendlichen, die ein eindeutiger 'eindimensional-national' orientiertes Antwortverhalten zeigen, ist dies immer noch eine Mehrheit, auch wenn diese bereits weniger umfangreich ist (siehe VI.2.1). Ähnliches ist in den Gruppendiskussionen und Einzelinterviews zu beobachten: Selbst die Jugendlichen, die sehr deutlich eine ethnizistische oder rassistische Orientierung unterstützen, scheinen zumindest den Eindruck erwecken zu wollen, als ob der Freundschaftsbereich Privatsache sei und hier Toleranz vorzuherrschen habe.

Hierzu die folgende Diskussionspassage aus einer Berufsschulklasse (LBO): Ausgangspunkt ist eine Diskussion über das Film-Porträt mit Jikke (siehe IV.4.3.2.3).[322] Maaike versucht, ihr Bild über Jikke phantasievoll zu vervollständigen:

Maaike:	*"Ja, das muss natürlich nicht so sein, aber wenn ich sie so reden höre, dann denke ich schon, oh, es könnte so sein, dass sie später mit Ausländern oder so etwas arbeitet.*
Anke:	*(flüsternd) Oder heiratet.*
Maaike:	*Ja, oder heiratet.*
	(lachen)
Kirsten:	*Und dann die ganze Familie nachkommen läßt.*
	(lachen)
Interviewer:	*Würdest du das schlimm finden, wenn sie einen Ausländer heiratet?*
	(Es wird wild durcheinander geredet, nicht zu verstehen)
Kirsten:	*Nein, ach nein, das muss sie selbst wissen.*
Dorien:	*Solange ich nicht dazwischen liegen muss.*
Interviewer:	*Wenn du was?*
Anke:	*Das muss sie wissen.*
Dorien:	*Ich sage, solange ich nur nicht dazwischen liegen muss.*
Interviewer:	*Na, das ist meistens nicht erwünscht.*
Kirsten:	*Nein, das muss jeder für sich selbst wissen." (lz2.21:726-772)*

Die Argumentationsweisen von Kirsten und Dorien wurde bereits an anderer Stelle vorgestellt (siehe VI.3.7.4). Sie waren dort ein Beispiel dafür, dass auch weibliche Jugendliche ethnizistische und rassistische Orientierungen in sehr scharfer und aggressiver Weise formulieren. Jetzt sieht man, dass Kirsten sich zumindest nicht offen gegen eine interethnische Liebesbeziehung aussprechen will. Ihre Formulierung *("... das muss sie selbst wissen")* gesteht zwar eine freie Wahl zu, scheint jedoch eher auf die Eigenverantwortung hinzuweisen, wenn sich aus dieser Beziehung negative Folgen ergeben. Dorien scheint deutlich zu machen, dass für sie eine solche Beziehung nicht in Frage kommt *("Solange ich nicht selbst dazwischen liegen muss").* Allerdings spricht auch Dorien sich nicht offen gegen interethnische Beziehungen aus, obwohl ihr die Vorbehalte durchaus anzumerken sind.

---

[322] Im Anhang (Band II) findet sich der vollständige Filmtext in deutscher Übersetzung, S.415-431.

Völlig abgesehen davon, wie die jeweiligen Jugendlichen in der Realität interethnische Liebesbeziehungen möglicherweise sanktionieren, scheint es den Jugendlichen meist wichtig zu sein, das romantische Bild aufrechtzuerhalten, demzufolge Partnerwahl und Liebe Privatsache jeder Einzelnen und jedes Einzelnen sind.

3.7.8 Anpassungsargumentationen III: Die Befreiung der 'fremden' Frau durch Anpassung an die niederländische Kultur

Anknüpfend an Möllers Erklärungsthese wurden im qualitativen Datenmaterial der eigenen Untersuchung alle Passagen, in denen auf irgendeine Weise mit der Benachteiligung von Niederländern argumentiert wird (codiert als '*benach*'), daraufhin überprüft, ob sich eine Argumentationsweise findet, die auf das Zu-kurz-Kommen autochthoner Jugendlicher in der Konkurrenz um allochthone Mädchen zielt. In keiner einzigen Passage ist dies der Fall. Auch ausgesprochen ethnizistische oder rassistische Orientierungen werden *nicht* mit der 'Nicht-Erreichbarkeit' von 'ausländischen' Mädchen begründet oder gerechtfertigt. Offenbar werden solche Begründungsmuster, zumindest in der Schulklasse, als wenig erfolgversprechend eingeschätzt. Jedenfalls scheinen sie bei den Jugendlichen als Argument nicht sehr populär und recht leicht als offenkundig ethnizistisches oder rassistisches Argument durchschaubar zu sein (siehe etwa Renates Aussagen). Überhaupt nur in einer Gruppendiskussion wird eine solche Situation der 'Nicht-Erreichbarkeit' von einem männlichen Jugendlichen berichtet. Die entsprechende Passage in einer Berufsschulklasse zentriert sich um das Thema *Anpassung* und wird inhaltlich von Bart dominiert. Zum Einstieg deshalb zunächst drei typische Anpassungsargumentationen von Bart:

Bart: *"Ich finde schon, dass sie doch probieren müssen ihre Nationalität anzupassen, sie befinden sich in einer anderen Kultur, ja, es ist natürlich nicht zu erwarten, dass sie gleich am ersten Tag niederländisch sprechen, aber wenn sie dann zum Beispiel in der Öffentlichkeit sind oder in einem öffentlichen Gebäude, dann finde ich schon, dass sie niederländisch sprechen müssen und nicht ihre eigene Sprache." (m1.19:333-348)*

"... da wohnte eine Türke, der wohnte schon fünf Jahre in den Niederlanden und doch lagen jeden Tag Schafsknochen irgendwo im Garten begraben. Die kaufen alle nur Schafe und dann schlachten sie ... zu Hause schlachten sie die ab, und die Schafsknochen werfen sie in die Büsche und dann finde ich doch, dass sie sich hier anpassen müssen ... ." (m1.19:480-493)

"Einfach an die niederländische Kultur. Hier gilt die Freiheit der Meinungsäußerung. Dann kommt man aus einem fremden Land, wo sie das nicht haben und dann kommt man von dort, dann steht man dem doch ganz anders gegenüber. Wenn man von den Niederlanden aus in ein anderes Land geht, dann muss man sich auch anpassen." (m1.19:601-613)

Nach einer ganzen Kette von solchen Anpassungsargumenten von Bart berichtet schließlich Kees von seinen eigenen Erfahrungen:

Kees: *"Ich kenne ein dunkles Mädchen, und ich durfte echt nicht bei ihr zu Hause anklopfen, weil, wenn ich das tat, dann saß mir sofort ihr Papa im Nacken.*

Bart: *In den Niederlanden geht ein Mädchen mit einem Jungen, nun, finden sie es schön miteinander, dann beginnen sie eine Beziehung ..., (...) ... aber es gibt genug ausländische Leute, die sagen, ja, unsere Lebensart ist die Zwangsheirat." (m1.19:661-681)*

Bart greift Kees' Erlebnis auf, jedoch keineswegs in einer Form, wie man sie vielleicht aufgrund von Möllers These erwarten würden: Bart thematisiert *nicht* die Benachteiligung niederländischer Jungs, sondern er benutzt Kees' Anregung als weiteren Baustein in seiner Anpassungsargumentation und betont den Gegensatz: In den Niederlanden herrscht freie Partnerwahl, *"aber es gibt genug ausländische Leute"*, wo die Eltern die Ehepartner bestimmen. Eine merkwürdige Formulierung: Sie scheint nicht nur auszudrücken, dass es nicht wenige 'Ausländer' sind, die so handeln, sondern auch, dass deren Anzahl ausreicht, um behaupten zu können, dass 'Ausländer' sich nicht anpassen (wollen).

Jedenfalls hält die Mitschülerin Nel, deren Argumentationsweise bereits angeführt wurde (siehe VI.3.7.6 und VI.3.7.7), dagegen und differenziert. Sie kennt verschiedene türkische Mädchen: In einem Fall haben die Eltern zwar die Partnerwahl geregelt, das Mädchen scheint dies jedoch keineswegs schlimm zu finden; und in einem anderen Fall hat die Tochter die Möglichkeit, ihren Partner erst gründlich kennen zulernen und ihn bei Nicht-Gefallen auch abzulehnen (*m1.19:692-707*). Es ist im Folgenden interessant zu sehen, in welcher Weise Katrin und Bart die Wahlmöglichkeit bezüglich des (Liebes-)Partners oder der (Liebes-)Partnerin formulieren:

Katrin: *"Meine Mutter muss sich eben daran gewöhnen, mit wem ich nach Hause komme, wenn sie auch sagt, oh Gott, was ist das für ein Ekel. Aber ich muss doch damit leben, du doch nicht, ich sage doch auch nicht, was für einen Hänger hast du dir da ins Haus geholt." (m1.19:754-764)*

Und kurz darauf Bart:

Bart: *"Sie können schon sagen, ja, du kommst nicht zur Tür rein oder so, wenn ich die ein oder andere Freundin hab', die meinem Vater nicht gefällt. Aber wenn mein Vater sagt, sie kommt nicht ins Haus, dann sage ich einfach meinerseits, dann geh' ich eben jeden Abend zu ihr. Dann kann er beispielsweise sagen, ich will, dass du zu Hause bist, aber dann sage ich, dann darf meine Freundin auch hier zu uns kommen, weil sonst bin ich jeden Abend bei meiner Freundin, das ist also einfach die niederländische Kultur. Aber wenn man jetzt bei den Surinamern schaut ... eine von meinen Freundinnen ist Surinamerin ... (Lachen in der Klasse) ... also nicht 'meine' Freundin, sondern 'eine' Freundin, die ist Surinamerin und die wurde auch zwangsverheiratet und sie fand das nicht gut, also hat sie mit ihren Eltern Krach gekriegt, nun, dann hat sie den Kontakt abgebrochen und lebt jetzt für sich die niederländische Kultur, also sie sucht sich selbst einen Jungen, den sie nett findet." (m1.19:850-893)*

Sowohl Katrin als auch Bart betonen ihre eigene Stärke gegenüber den Eltern. Sie bestimmen mit ihren Argumenten und Verhaltensweisen das Geschehen und setzen ihre eigene Partnerwahl zu Hause durch. Für Bart entspricht dies der niederländischen Kultur, der Gegensatz hierzu scheint die surinamische Kultur zu sein. Jedenfalls fügt sich die Geschichte von Barts surinamischen Freundin gut in seine Anpassungsargumentation ein. Sie opponiert gegen ihre

Eltern, bricht den Kontakt ab und passt sich damit der niederländischen Kultur an. Auch das Verhalten dieser surinamischen Jugendlichen wird als selbstbestimmt beschrieben: *"sie fand das nicht gut"*, *"sie (hat) den Kontakt abgebrochen"*, *"sie sucht sich selbst einen Jungen, den sie nett findet"*. Gleichzeitig spricht aus Barts Worten allerdings auch so etwas wie eine Solidarität unter Jugendlichen. Mit Bedauern und Mitgefühl blickt er auf die surinamische Freundin, die durch die starre und unterdrückende Haltung ihrer Eltern in eine schwierige Situation gekommen ist.

Wenig später schildert Gloria, sie ist surinamisch-hindustanisch, ihre eigene Erfahrung als direkt Betroffene. Dabei bleibt zwar offen, ob sie das surinamische Mädchen ist, von der soeben Bart berichtet hat. Doch vermutlich wusste Bart, ähnlich wie Nel (jedenfalls läßt dies ihre Reaktion vermuten, siehe unten), über Glorias Geschichte Bescheid. Gloria beschreibt sich selbst ebenfalls als initiativ und eigenständig handelnd:

Gloria:	*"Meine Mutter ist hindustanisch, wir also auch. Und wir dürfen auch nicht mit einem Weißen ... oder mit jemand von einem anderen Glauben dürfen wir auch nicht.*
Kees:	*Wie hättest du es gefunden, wenn ... ? Aber du durftest schon selbst wählen?*
Gloria:	*Nein, das durfte ich nicht ... .*
Nel:	*Sie ist von zu Hause weggegangen.*
Kees:	*Bist du deshalb von zu Hause weggegangen?*
Gloria:	*Ja.*
Interviewer:	*Und dann bist du weggegangen und jetzt wohnst du alleine?*
Gloria:	*Ja.*
Kees:	*Aber es ist nicht so, wenn sie das zu dir sagen, dass du es dann doch tust, du hast schon gesagt, das will ich wirklich nicht ... .*
Nel:	*Nein, sie geht raus ... .*
Gloria:	*Nein, ich bin einfach weggegangen, ich habe damals einen Brief geschrieben, dass ich das einfach nicht schlucke, weil meine Schwester, die ist ... .*
Kees:	*Weil du natürlich in den Niederlanden wohnst. Wenn du irgendwo im Ausland wohnst, sagen wir ... ich weiß nicht wo ... dort ist es einfach natürlich, wenn so was passiert, aber hier kann jeder wählen und du nicht.*
Gloria:	*Ich hatte auch einen Freund, ich habe schon seit vier Jahren einen Freund, aber sie ist dahinter gekommen, na, ich habe wirklich Schläge gekriegt.*
Interviewer:	*Aber du hast doch eine Entscheidung getroffen, du hast dich auch durchgesetzt: das finde ich richtig und ... .*
Gloria:	*Das denke ich auch ... ." (m1.19:1224-1292)*

Gloria hat sich entschlossen, von zu Hause auszuziehen und hat nicht das getan, was ihre Eltern von ihr verlangten. Auffällig ist die Reaktion von Kees. Er scheint es kaum glauben zu können und fragt noch einmal nach. Gloria betont ihre eigene Stärke: *Ich* bin weg gegangen, *ich* habe einen Brief geschrieben, *ich* schlucke das einfach nicht. Kees kennt dafür offenbar nur eine Erklärung: *"Weil du natürlich in den Niederlanden wohnst."* Glorias Eigenständigkeit scheint für Kees nur als das Resultat der Anpassung an die niederländische Kultur begreifbar.

Auf Barts Beschreibung einer 'surinamischen Freundin' hat Kees nicht reagiert. Ich vermute, dass ihm dort die Beschreibung eines surinamischen Mädchens als ebenfalls aktiveigenständig handelnd überhaupt nicht auffiel, da sie in Barts Anpassungsargumentation eingebaut war. Im Rahmen von Argumentationsweisen, in denen Anpassung gefordert wird, können entsprechend der Logik der Argumentation sich anpassende 'Ausländer' auch schlecht als Opfer der niederländischen Gesellschaft charakterisiert werden.

3.7.9 *Zusammenfassung*: Weibliche Jugendliche und Rassismus

Der Geschlechtervergleich auf der Grundlage *quantitativer* Daten der vorliegenden Untersuchung ließ u.a. die Schlussfolgerung zu, dass sowohl weibliche als auch männliche Jugendliche im Bereich von *Anpassungsdiskursen* in einer ähnlichen Größenordnung zu 'eindimensional-nationalen' Orientierungen neigen (VI.3.7.1). Betrachtet man das *qualitative* Material, so zeigt sich zusätzlich, dass der Blick auf die 'fremde' Frau durch einen Anpassungsdiskurs geprägt sein kann, der davon ausgeht, dass die 'fremde' Frau unterdrückt ist und ihre Befreiung durch eine Anpassung an die niederländische Kultur erfolgen muss (hierauf wird zurückzukommen sein; siehe VI.3.8). Die kulturalisierende und dichotomisierende Betrachtungsweise, die damit einhergeht, ist unübersehbar.

Obwohl sich also in den quantitativen Daten verschiedene Hinweise dafür fanden, dass auch die weiblichen Jugendlichen und die jungen Frauen keineswegs vor 'eindimensional-nationalen' Orientierungen gefeit sind, zeigt das quantitative Material auch, dass es zwischen den Geschlechtern Unterschiede in der Stärke ihrer Hinwendung zu 'multiperspektivischen' und 'eindimensional-nationalen' Orientierungen gibt. In Kombination mit einer Durchsicht von empirischen Ergebnissen niederländischer Jugendforschung erweist sich, dass weibliche Jugendliche und junge Frauen weniger deutlich als ihre männlichen Altersgenossen zu ethnizistischen oder rassistischen Orientierungen neigen (Vollebergh 1995). Allerdings beziehen sich diese Ergebnisse nicht nur auf jeweils spezifische Konzeptualisierungen (etwa der Messung mit einer besonderen Ethnozentrismus-Skala), sondern auch auf Formulierungen in den Items, die - bis auf wenige Ausnahmen (etwa in Form der Gewalt-Frage) - *nicht* auf eine mögliche Geschlechtsspezifik hin ausgerichtet sind. Es ist deshalb davon auszugehen, dass besondere Ausdrucks- und Begründungsmuster bei beiden Geschlechtern mit den quantitativen Instrumenten noch *nicht* angemessen erfasst wurden.

Auffälligerweise gehen die über die Verortung von Rassismus zwischen den Geschlechtern diskutierenden Jugendlichen beiderlei Geschlechts - anders als dies die quantitativ ausgerichtete empirische Forschung in den Niederlanden zeigt - davon aus, dass weibliche Jugendliche und junge Frauen *nicht* weniger rassistisch sind als männliche Jugendliche und junge Männer. Beim weiblichen Geschlecht zeigen sich, so die Jugendlichen, ebenfalls rassistische Auffassungen und Haltungen, allerdings bleibt es hier eher auf einer *verbalen Ebene* oder drückt sich in Formen aus, die *weniger auffällig* sind und - hier befinden sich die Jugendlichen wieder in Übereinstimmung mit der empirischen Forschung - sich nicht als unmittelbare körperliche Gewaltanwendung äußern. Dementsprechend scheint dieser 'weibliche' Rassismus auch in den Medien und in der Öffentlichkeit weniger wahrgenommen zu werden. Freilich verharren auch die diskutierenden Jugendlichen in ihren alltäglichen Vorstellungen über Rassismus vor allem *bei extremen* Erscheinungsformen von Rassismus.

Nach diesem ersten Blick auf das *themenbezogene Alltagswissen* der Jugendlichen wurde in der Fachliteratur gezielt nach Hinweisen auf 'weibliche' und 'männliche' Ausdrucksformen und Begründungsmuster gesucht (Holzkamp/Rommelspacher 1991; Räthzel 1994; Horn-Metzger/Riegel 1995). Mit Hilfe der dort beschriebenen Formen erfolgte schließlich eine Überprüfung des qualitativen Materials. Im Falle der 'weiblichen' Formen von Rassismus fanden sich zunächst solche, in denen zwar direkte körperliche Gewalt abgelehnt, aber strukturellen Formen von Gewalt durchaus zugestimmt wird, oder in denen die mehr oder weniger implizite Abweisung von Eingewanderten und Flüchtlingen mit einem betont helfend-mildtätigen Diskurs verbunden ist. Allerdings fiel auf, dass solche 'weiblichen' Formen sowohl bei weiblichen als auch bei männlichen Jugendlichen zu finden sind.

Gleichzeitig wurde deutlich, dass sich harte und scheinbar unversöhnlich abweisende Standpunkte gegenüber Eingewanderten und Flüchtlingen zwar ebenfalls bei *beiden* Geschlechtern zeigen. Jedoch haben die entsprechenden Argumentationsweisen bei den weiblichen Jugendlichen und jungen Frauen an keiner Stelle eine Form, die im vorliegenden Material ausschließlich von männlichen Jugendlichen und jungen Männern repräsentiert wird: Es handelt sich hier um einen Erzähl-Gestus, in dem der jeweilige Erzähler sich als einen potentiell-bedrohlichen oder gewalttätigen Akteur darstellt.

Solche ethnizistischen oder rassistischen Formen, die in einer Gesellschaft, deren Angehörige von sich oft behaupten, tolerant und offen zu sein, auch als 'nicht-respektable' oder 'ungehobelte' Formen charakterisiert werden können, verbinden sich mit einer spezifischen Form von Männlichkeit, die im Mainstream der Gesellschaft meist als ähnlich 'unrespektabel' und 'grob' empfunden wird. In beiden Fällen ist es indes aufschlussreich, auf die *Anknüpfungspunkte* zu achten, die diese in aller Regel als *abweichend* dargestellten Formen von Ethnizismus bzw. Rassismus und Männlichkeit in den eher 'respektableren' und 'geschliffeneren' Formen haben (vgl. Cohen 1991; Kersten 1993; Leiprecht 1996).

Diskussionen über die Bedrohung und/oder Belästigung durch 'fremde' und 'schwarze' bzw. 'ausländische' Männer zeigten sich als ein wichtiges Thema für die weiblichen Jugendlichen und jungen Frauen. Anknüpfend an bestimmte - offenbar immer noch dominierende - männliche Rollenmuster und ethnizistische bzw. rassistische Kategorisierungen kann eine Botschaft solcher Diskurse für männliche Jugendliche und Männer darin liegen, 'eigenen' hilflosen Frauen gegenüber 'fremden' Männern Schutz und Unterstützung zu gewähren. Die Gefahr, die als von 'fremden' Männern ausgehend dargestellt wird, kann die Frauen unter die Obhut und Vormundschaft 'eigener' Männer treiben (vgl. auch F. Haug et al. 1991). Gleichzeitig bieten diese Diskurse beiden Geschlechtern die Möglichkeit, bereits vorhandene ethnizistische oder rassistische Orientierungen verständnisheischend zu untermauern (vgl. auch Siller 1994).

Allerdings werden die Erfahrungen in diesem Themenbereich von den weiblichen Jugendlichen und jungen Frauen in sehr unterschiedlicher Weise berichtet. Neben einer Verknüpfung von Erlebnisberichten über die Bedrohung und/oder Belästigung durch 'ausländische' Männer mit ethnizistischen bzw. rassistischen Orientierungen finden sich auch Problematisierungen gerade solcher Verknüpfungen. Deutlich ist jedoch, dass - unabhängig vom Motiv der Sprecherinnen - entsprechende Erlebnisberichte Wirkungen entfalten können, die ethnizistische oder rassistische Argumentationen unterstützen. Eine zweifellos schwierige Situation für Frauen, die *nicht* zu einer Förderung von Ethnizismen, Rassismen und Nationalismen beitragen wollen, aber dennoch ihre Betroffenheit und Empörung aufgrund erlebter sexistischer Diskriminierung, die im konkreten Fall von allochthonen Männern ausgegangen ist, zum Ausdruck bringen wollen. Auffällig ist dennoch, wie wenig die Jugendlichen thematisieren, dass körperliche Gewaltakte und Übergriffe gegen Frauen meist eher im privaten Nahraum zu verorten sind und - aufgrund der größeren Häufigkeit der Kontakte naheliegend - von den jeweils 'eigenen' Männern ausgehen.

Bei der Diskussion von Erklärungsmodellen, die 'typisch männliche' Reibungsflächen (Möller 1991) zwischen allochthonen und autochthonen Jugendlichen heranziehen, tendiere ich angesichts des qualitativen Materials dazu, nicht nur von realen oder vorgestellten Konkurrenzsituationen um die Gunst von Mädchen auszugehen, sondern vor allem auf die *Bewertungen* und *Interpretationen* solcher Situationen zu achten. Diese scheinen bereits grundlegend von ethnizistischen Kategorisierungen geprägt zu sein und dementsprechend gängigen Begründungsmustern zu folgen. Die diskutierenden Jugendlichen der vorliegenden Untersuchung benützen solche Schilderungen einer Konkurrenz um die 'eigenen' Mädchen auch kaum. Zu deutlich scheinen entsprechende Argumentationsmuster in die Nähe offenkundig ethnizistischer oder rassistischer Begründungen geraten zu können.

3.8 'Eindimensional-nationale'/'multiperspektivische' Orientierungen und Sexismus

Angeregt durch den zu beobachtenden Blick auf die 'fremde' Frau, der in einem spezifischen Anpassungsdiskurs integriert ist, soll im Folgenden das Frauenbild der Jugendlichen zunächst in *allgemeinerer* Weise überprüft werden. Anschließend werden die Verbindungen zwischen 'eindimensional-nationalen' bzw. 'multiperspektivischen' und sexistischen Orientierungen untersucht und diskutiert. Während zu Beginn des Abschnitts neben einem Blick auf die entsprechende Literatur nochmal auf das *quantitative* Datenmaterial zurückgegriffen wird, gilt eine besondere Aufmerksamkeit wiederum der Untersuchung der *qualitativen* Daten.

3.8.1 Zum Frauenbild der Jugendlichen

In der Forschungsliteratur wird häufig diskutiert, ob das traditionelle Frauenbild rechtsextremer Parteien (in spezifischer Weise akzentuiert auf eine Rolle als Mutter, Hausfrau etc.) gerade auch für Frauen eine besondere Anziehungskraft ausübt (vgl. De Groen 1988). So registriert Möller - am Beispiel der Motivationslage von Frauen bei der Partei der sogenannten Republikaner in Deutschland - eine Art Gegenbewegung zur weiblichen Emanzipation, die nicht nur auf " 'falsche' Bedürfnisse und 'verkehrte' Interessenerfüllung" reduziert werden dürfe: "Wo soziale Platzierung über das zentrale gesellschaftliche Verortungs- und Statusverteilungsinstrument, die Erbringung von arbeitsmarktrelevanter Leistung, nicht gelingen will, scheint es subjektiv-logisch zu sein, sich auf andere Angebote sozialer und personaler Identität zurückzuziehen: auf die überkommene Rolle als Hausfrau, Mutter und emotionale Wärmespenderin" (Möller 1991, 40).[323] Mittlerweile existieren *in Deutschland* eine ganze Reihe von empirischen Arbeiten, in denen sich diese These *nicht* bestätigt (vgl. etwa Skrzydlo/Thiele/Wohllaib et al. 1992; Siller 1994; Horn-Metzger/Riegel 1995a). Dennoch wurde auch in der vorliegenden Untersuchung *für die Niederlande* dieser These nachgegangen, indem zum Frauenbild bzw. den Ansichten bezüglich der gesellschaftlichen Positionierung von Frauen und Männern drei Fragen gestellt wurden (siehe Übersichten 55 und 56).[324]

---

[323] Auch Oltmanns (1990) und Chr. Holzkamp/Rommelspacher (1991) vermuten, wenn auch teilweise aus anderen Begründungszusammenhängen heraus, eine Attraktivität traditioneller Rollenmuster.

[324] Bilder über (die gesellschaftliche Positionierung von) Frauen beinhalten mehr oder weniger implizit immer auch Bilder über Männer (und deren gesellschaftlicher Positionierung). Es wäre in diesem Sinne vermutlich angemessener, von Bildern über das Geschlechterverhältnis zu sprechen.

Übersicht 55: Fragen zum Frauenbild

V30: *In den Niederlanden haben Männer noch immer häufiger eine Führungsposition in der Politik oder in der Wirtschaft als Frauen. Was hältst du davon?*
V31: *Sollten Frauen und Männer gleiche Chancen und Möglichkeiten in der niederländischen Gesellschaft haben?*
V32: *Findest du, dass die Unterschiede zwischen Männern und Frauen im wesentlichen durch die Natur bestimmt sind, z.B., dass Männer häufiger Führungspositionen einnehmen und Frauen häufiger die Kinderversorgung übernehmen?*

Tab. 56: 'Neues'/'traditionelles' Frauenbild und 'eindimensional-nationale'/'multiperspektivische' Orientierungen

	Prüfgruppe 'eindimensional-nationale' Orientierungen			Prüfgruppe 'multiperspektivische' Orientierungen		
	'Neues' Frauenbild	'Traditionelles' Frauenbild		'Neues' Frauenbild	'Traditionelles' Frauenbild	
V30: *Männer haben häufiger Führungspositionen als Frauen*	*Muss sich ändern*	*Ist gut so*		*Muss sich ändern*	*Ist gut so*	
	63%	37%	100% (n =142)	83%	17%	100% (n =133)
V31: *Chancengleichheit für Männer und Frauen?*	*ja*	*nein*		*ja*	*nein*	
	89%	11%	100% (n =142)	97%	3%	100% (n =135)
V32: *Naturbestimmtheit männlicher Führungspositionen und weiblicher Kinderversorgung?*	*nein*	*ja*		*nein*	*ja*	
	39%	61%	100% (n =142)	58%	42%	100% (n =135)

Die beiden Antwortalternativen, die es zu jeder dieser drei Fragen (in Übersicht 55) gibt, wurden eingeteilt in eine Antwort, die auf ein eher 'traditionelleres' oder 'älteres' Frauenbild hinweist und eine andere, die ein 'moderneres' oder 'neueres' Frauenbild signalisiert. Vergleicht man hier das Antwortverhalten der beiden bereits mehrfach herangezogenen Prüfgruppen, die in *eindeutigerer* Weise 'eindimensional-nationalen' oder 'multiperspektivischen' Orientierungen zustimmen (siehe VI.2.), so können signifikante Unterschiede festgestellt werden (Tabelle 56). Die Gruppe, die ein 'eindimensional-national' orientiertes Antwortverhalten zeigt, tendiert im Vergleich zur 'multiperspektivisch' orientierten Gruppe bei allen drei Fragen im Verhältnis jeweils ausgeprägter zu einem 'traditionelleren' Frauenbild (die Unterschiede werden jeweils als signifikant ausgewiesen). Offenbar gibt es also einen Zusammenhang zwischen 'eindimensional-nationaler' bzw. 'multiperspektivischer' Orientierung und dem jeweiligen Frauenbild.

Allerdings ist dieser Unterschied im Antwortverhalten *nicht* so, dass *eine Mehrheit* der Jugendlichen, die zu 'eindimensional-nationalen' Orientierungen neigen, die gesellschaftliche Führungsposition von Männern befürwortet (V30) oder die Chancengleichheit zwischen Mann und Frau verneint (V31). Große Mehrheiten der 'eindimensional-national' orientierten Gruppe unterstützen ebenfalls ein 'neues' Frauenbild, wenn auch deutlich weniger prägnant als die 'multiperspektivisch' orientierte Gruppe. Sehr auffällig ist jedoch das Ergebnis bei der Frage nach der Naturbestimmtheit männlicher Führungspositionen und weiblicher Versorgungsfunktionen (V32). Die Anteile von Zustimmung und Ablehnung zeigen sich bei den beiden Prüfgruppen in *umgekehrter* Weise. Im Gegensatz zu den Jugendlichen, die 'multiperspektivische' Orientierungen unterstützen, bejaht eine deutliche Mehrheit der Jugendlichen, die zu 'eindimensional-nationalen' Orientierungen tendieren, die Frage nach der Naturbestimmtheit. Bei der 'multiperspektivisch' orientierten Gruppe bejaht nur eine Minderheit diese Frage. Freilich ist diese Minderheit relativ umfangreich (42%).

Wenn nun überprüft wird, ob es eher männliche oder eher weibliche Jugendliche sind, die zu einem 'traditionellen' bzw. 'neuen' Frauenbild neigen, fällt das Ergebnis erwartungsgemäß aus. Das 'traditionelle' Frauenbild ist eindeutig stärker bei den männlichen Jugendlichen vertreten, während das 'neue' Frauenbild eindeutig stärker bei den weiblichen Jugendlichen zu finden ist. Die Unterschiede sind jeweils signifikant (siehe Tabelle 57).

Bei den männlichen Jugendlichen zeigt sich zudem, dass diejenigen, die in eindeutiger Weise 'eindimensional-nationalen' Orientierungen zustimmen (das Prüfverfahren aus VI.2.) im Vergleich mit denjenigen, die in eindeutiger Weise zu 'multiperspektivischen' Orientierungen neigen, in größerem Ausmaß auch ein traditionelles Frauenbild unterstützen (im Verhältnis von 85% zu 15%). Der Unterschied ist signifikant.

Tab. 57: Geschlecht und Frauenbild

		weibliche Jugendliche	männliche Jugendliche
V30:	*"Das ist gut so"* ('Traditionelles' Frauenbild)	8%	44%
Männer haben häufiger Führungsposition als Frauen.	*"Das muss sich ändern"* ('Neues' Frauenbild)	92%	56%
		100% (n = 254)	100% (n = 230)
V31:	*"Nein"* ('Traditionelles' Frauenbild)	0%	10%
Chancengleichheit für Männer und Frauen?	*"Ja"* ('Neues' Frauenbild)	100%	90%
		100% (n = 256)	100% (n = 241)
V32:	*"Ja"* ('Traditionelles' Frauenbild)	40%	56%
Naturbestimmtheit männlicher Führungspositionen und weiblicher Versorgungsfunktionen?	*"Nein"* ('Neues' Frauenbild)	60%	44%
		100% (n = 251)	100% (n = 240)

3.8.2 Die Verbindung von Sexismus und Ethnozentrismus in anderen quantitativen Untersuchungen

In der quantitativen Jugendforschung in den Niederlanden wird seit etlichen Jahren mit entsprechenden Messskalen zu *Sexismus* geforscht. Sexismus wird hierbei operationalisiert als Zustimmung zur konventionellen Geschlechtsrollenverteilung, traditionellen Frauen- und Männerbildern, der Feindlichkeit gegenüber (einer gleichwertigen gesellschaftlichen Position von) Frauen und der Naturalisierung der Geschlechterverhältnisse (vgl. etwa Vollebergh 1986, 70ff.; Vollebergh et al. 1995, 10). In mehreren Untersuchungen wurden Zusammenhänge zwischen Sexismus und Ethnozentrismus festgestellt. Jugendliche, die zu einem sexistischen Antwortverhalten neigen, stimmen häufig auch ethnozentrischen Auffassungen zu und umgekehrt (ebd., 7). In der vorliegenden Untersuchung ist hinsichtlich der Zustimmung zu einem 'traditionelleren' Frauenbild und 'eindimensional-nationalen' Orientierungen ebenfalls ein entsprechendes Ergebnis festzustellen (siehe oben).[325]

[325] Auch in einer früheren empirischen Untersuchung *in Deutschland* habe ich die "Verknüpfung rassistischer *und* sexistischer Denk- und Handlungsweisen" diskutiert (Leiprecht 1991, 31).

Vollebergh et al. betonen, dass der festgestellte Zusammenhang zwischen Sexismus und Ethnozentrismus selbstverständlich nicht bedeutet, dass Auffassungen zu Sexismus und Ethnozentrismus letztlich auf eine Größe reduziert werden könnten oder sich stets parallel entwickelten. Dies zeigt auch der bereits erwähnte quantitative Überblick von Vollebergh und Kollegen *über die Zeit* (siehe III.1.5). Dort wurde festgestellt, dass Jugendliche beiderlei Geschlechts, wenn auch in unterschiedlichem Ausmaß, seit Anfang der achtziger Jahre immer *weniger* zu sexistischen Auffassungen neigen, während für Ethnozentrismus von einer *Sonderentwicklung* gesprochen werden kann: Für ethnozentrische Auffassungen ist heute ein ähnliches Niveau an Zustimmung zu beobachten wie zu Beginn der Messungen (Vollebergh et al. 1995, 15).

Nun ist davon auszugehen, dass das veränderte Antwortverhalten gegenüber einem Fragebogen noch nicht unbedingt eine Veränderung im wirklichen Handeln bedeutet. Zwar kann sich heute in den Niederlanden kaum ein Mann eine Haltung gegenüber der Gleichberechtigung der Frau erlauben, die nicht zumindest einen Hauch von Aufgeschlossenheit erkennen läßt. Indes ist damit noch nicht gesagt, wie tief diese Aufgeschlossenheit geht und ob sie handlungsrelevant wirksam ist. Untersuchungen in den Niederlanden zeigen, dass mittlerweile zwar mehr Frauen am Arbeitsmarkt teilnehmen, die Arbeit im Haushalt und in der Kinderversorgung aber immer noch sehr ungleich zwischen den Geschlechtern verteilt ist und Führungspositionen in den verschiedensten Bereichen (Politik, Wirtschaft usw.) auch heute noch eher von Männern eingenommen werden (vgl. etwa Van der Lippe 1993). Dennoch ist nicht zu leugnen, dass sich in den herrschenden *Redeweisen* zur Geschlechterfrage in der Tat einiges verändert hat. Diese Veränderungen schlagen sich sowohl in den Ergebnissen von Vollebergh et al. zu Sexismus als auch in den Antworten der Jugendlichen auf die Fragen der eigenen Untersuchung zum 'traditionellen' Frauenbild nieder.

3.8.3 Anpassungsargumentationen IV: *"... dass es auf der Straße niederländisch sein muss, also nicht so weit hinter dem Mann herlaufen ... "*

Untersucht man das *qualitative* Datenmaterial der vorliegenden Arbeit, dann wird deutlich, dass das Verhältnis zur Geschlechterfrage eine wichtige Rolle spielt - und zwar besonders dann, wenn es um Passagen geht, in denen zum Thema 'Anpassung' argumentiert und diskutiert wird. Die Codierungen in den Gruppendiskussionen und Einzelinterviews, die auf Anpassungsdiskussionen hinweisen (codiert als *'anpass'*), sind in auffälliger Weise mit Passagen verbunden, in denen mit der *nicht-passenden* Geschlechtsrolle der allochthonen Frau oder des allochthonen Mannes (codiert als *'sexans'* und *'sexbil'*) argumentiert wird. Das Geschlechterverhältnis wird als ein zentrales Anpassungsfeld formuliert. Es kann zudem beobachtet werden, dass es oft einen Unterschied macht, ob männliche oder weibliche Jugendliche mit dem Geschlechterverhältnis argumentieren.

Hierzu die folgende Passage aus einer Gruppendiskussion in einer Berufsschulklasse (MBO), die mit einem Hinweis von Bert beginnt: In den Niederlanden muss allen Menschen bezüglich der eigenen Bekleidung eine freie Entscheidungsmöglichkeit zugestanden werden. Anpassung soll nicht bei der Kleidungsfrage zum Tragen kommen.

Bert: *"Na ja, ich finde, dass man schon das Recht hat, um sich selbst so zu kleiden, wie man will. Also wenn man mit einem Kopftuch irgendwo rumläuft, das finde ich, macht auch nichts aus. Wenn ich mit so 'ner Hose rumlaufen möchte, dann darf das nichts ausmachen, aber wenn .... Ja, du musst dich schon an die Leute und an deine Arbeit und was weiß ich was, anpassen können.*

Interviewer: *Aber was heißt das: anpassen?*

Bert: *Ja, sich schon gemäß den niederländischen Vorstellungen verhalten.*
(Es wird durcheinander geredet, unverständlich)

Niels: *Aber es ist natürlich alles oder nichts, man kann nicht teilweise mit einem Kopftuch und teilweise nicht .... Es ist natürlich der eine oder der andere Weg. Man kann nicht zur Hälfte niederländisch und zur Hälfte türkisch....*

Kevin: *Aber ja, weil alte Weiber laufen auch mit einem Kopftuch ....*
(Gelächter)

Bert: *Nein, ich meine auch nicht, dass man sich äußerlich anpassen muss, sondern einfach in der Einstellung, ja, der Einstellung auf sozialem Gebiet, einfach die Art des Denkens. Ich meine, dass es auf der Straße niederländisch sein muss, also nicht soweit hinter dem Mann herlaufen und was weiß ich nicht alles ....*

Interviewer: *Du wolltest etwas sagen?*

Chantal: *Etwas über das Äußerliche. Wie man aussieht, das sagt doch auch sehr viel aus .... deine Art zu denken, wenn du jemand in Pennerkleidung oder so, sehr schmutzig, siehst, dann weißt du, ja, der wird wohl von dort kommen, der wird wohl so sein ...." (m1.13:522-575)*

Anpassen bezieht sich für Bert, wie er betont, nicht auf Kleidungsvorschriften, sondern auf Verhaltensweisen und Einstellungen. Das *"Kopftuch"*, so will er deutlich machen, ist ihm im Grunde egal. Allerdings weiß auch er - wie man später sehen wird -, dass genau dieses Kleidungsstück unter den dominierenden autochthonen Gruppen ein Kennzeichen für die nicht-westliche, nicht-niederländische, nicht-moderne und nicht-emanzipierte islamische Frau geworden ist (vgl. hierzu Lutz 1991a; 1991b; Lutz/Moors 1989).

Niels bezweifelt die Möglichkeit von Kompromissen. Es ist entweder *"alles oder nichts"*, entweder Anpassung oder Nicht-Anpassung. Dem Niederländisch-Sein wird das Türkisch-Sein gegenüber gestellt, beides läßt sich *nicht* in einer Person vereinigen.

Kevins Bemerkung löst Gelächter aus. Die Verknüpfung des Kopftuch-Tragens mit einem hohen Lebensalter und die abwertende Art, wie er von alten Frauen spricht, platziert seine Bemerkung in das dichotomische Bedeutungsfeld zwischen 'modern' und 'traditionell'. Das Tragen von Kopftüchern ist etwas, so macht Kevin deutlich, was 'bei uns' unmodern ist und als etwas verschroben gilt.

Bert greift den Faden auf und betont nochmal, dass es ihm nicht um Kleidungsstücke und nicht um Äußerlichkeiten geht, sondern um die innere Einstellung, um *"die Art des Denkens"*, die sich auch am Verhalten zeigt: in der Öffentlichkeit, so seine Aufforderung zur Anpassung, muss es niederländisch zugehen. Sein Beispiel bezieht sich auf das Geschlechterverhältnis, die Befreiung beziehungsweise die Unterdrückung der Frau wird angesprochen: nicht niederländisch ist es, wenn Frauen den Männern untergeordnet sind.

Chantal ergänzt schließlich Bert, indem sie anmerkt, dass auch die äußere Erscheinung etwas über die Denkweise aussagt.

Auffällig ist, dass bis zu Chantal nur männliche Jugendliche geredet haben. Von ihnen werden auch die Stichworte 'Kopftuch' und 'untergeordnete Frauen' in die Diskussion gebracht. Sieht es hier so aus, als ob die jungen Männer für die Gleichstellung der Frau in den Niederlanden eine Lanze brechen, so steht dies in einem deutlichen Kontrast zu deren zögerlich-umständlichen Haltung zu Beginn der Diskussionsrunde. Dort war zunächst über den Fragebogen diskutiert worden. Als eine der Fragen, auf die schwierig zu antworten war, nannte Bert das Item, in dem festgestellt wird, dass in den Niederlanden Männer immer noch öfter als Frauen Leitungsfunktionen in Politik und in Wirtschaft ausüben (V30). Bert konnte sich nicht recht zwischen den vorgegebenen Antwortalternativen (siehe oben) entscheiden:

Bert: *"Ich finde nicht, dass es sich verändern* muss, *aber ich finde schon, dass es möglich sein muss, dass es sich verändert.*
Andere: *Wau...waauuu...waauu..."*
(Es wird Beifall geklatscht) (m1.13:40-47)

Die Diskussion kam nicht so recht in Gang, und auf meine Frage antwortete Niels:

Interviewer: *"Wir müssen auch keine Maßnahmen treffen, oder ... ? Wir können einfach so weitermachen ... ?*
Niels: *Was für Maßnahmen soll man denn nehmen, Mensch ... !" (m1.13:78-84)*

Ich gehe natürlich nicht davon aus, dass sich Bert und Niels hiermit gegen eine Gleichstellung der Frau aussprechen. Allerdings erscheint ihnen dieses Anliegen nicht besonders dringlich oder vorrangig zu sein. Dies wird es erst, wenn die 'Gleichberechtigung der Frau' als eine Art niederländischer Selbstverständlichkeit 'Ausländern' vorgehalten und eine entsprechende Anpassung gefordert wird.

Auch in der folgenden Gruppendiskussion in einer Gymnasialklasse (VWO) kann beobachtet werden, dass die Thematisierung der Geschlechterrolle von allochthonen Frauen mit zu den typischen Bestandteilen von Anpassungsargumentationen gehört. Zunächst beginnt die Diskussion mit einer Passage, in der - ähnlich wie der soeben dargestellten Schulklasse - das Anpassen in der Öffentlichkeit betont wird:

Lukas: *"Ich denke in der Öffentlichkeit. Wenn man draußen auf der Straße läuft, dass es, denk' ich ..., dass du als Ausländer, dass du dich doch anpassen musst und, äh, zu Hause kannst du dann machen, was du nicht lassen kannst, weil du da niemandem zur Last fällst .... Aber ich denke, sobald du in öffentlichen Gebäuden bist und so, dass du dich dann einfach anpassen musst.*
Hans: *Sie müssen sich ganz anpassen.*
Marinus: *Sie müssen sich ganz anpassen." (v2.38:2209-2228)*

Wieder geht es darum, dass 'Ausländer' *"niemandem zur Last"* fallen sollen. Lukas trennt hierbei strikt zwischen öffentlich und privat. Die Freiheit, sich so zu verhalten, wie man möchte, wird von ihm auf den Privatbereich beschränkt. Es bleibt etwas undeutlich, ob Hans und Marinus mit ihrer anschließenden Aufforderung zur Anpassung zum Ausdruck bringen wollen, dass die Anpassung *auch* für den Privatbereich zu gelten hat oder - im Sinne einer Assimilation - besonders umfassend sein soll. Die Beispiele, die in der Diskussion folgen, beziehen sich alle auf den öffentlichen Bereich:

Lutger: *"Ich finde, dass sie sich zu hundert Prozent anpassen müssen.*
Hans: *Ja, ich auch.*
Interviewerin: *Was bedeutet das dann?*
Wilma: *Aber was ist anpassen?*

Marinus: *Ja, schau, das finde ich wieder das Gequatsche über das Anpassen. Lass' es mich so sagen: sie müssen sich niederländisch kleiden, sie müssen niederländisch sprechen und sie müssen nicht rumlaufen und jammern über Diskriminierung, über die Moscheen und diese Art ... .*

Lutger: *(unterbricht) Nein, das muss wirklich nicht sein." (v2.2306-2317)*

Auch Wilma scheint unzufrieden zu sein mit den Argumentationen ihrer männlichen Mitschüler und schließt sich mit ihrer Frage der Diskussionsleiterin (dieses Mal ist es Britta Lassen; siehe IV.3.1) an. Marinus verdeutlicht den Beiden seine Meinung: die Kleidung und die Sprache müssen niederländisch sein, das Klagen über Diskriminierung muss aufhören. Vermutlich sieht Marinus auch die Moscheen im Lande nicht gerne, aber er wird durch Lutgers Zustimmung unterbrochen.

Britta fragt anschließend, was es denn bedeutet, sich niederländisch zu kleiden, ob dies etwa heißt, Volkstracht zu tragen. Es ist deutlich, dass sich Marinus über diese Frage ärgert. Marinus gebraucht als Beispiel eine Frau mit Kopftuch. *So* soll man sich jedenfalls nicht kleiden. Er antwortet übrigens, wie in den Gruppendiskussionen und Einzelinterviews insgesamt sehr häufig festzustellen ist, auf eine Frage nach 'Niederländischem' mit einem Hinweis auf 'Ausländisches' (siehe VI.3.1.5 und VI.3.3.2).

Marinus: *"Aber wenn ich so 'ne Frau laufen sehe in so 'nem Sackkleid mit so 'nem Kopftuch um, das geht mir echt auf die Nerven.*

Wilma: *Das belästigt dich doch nicht.*

Ruben: *Aber schau, die Niederlande ist ein freies Land, also ich meine, wenn ich in so 'nem Rock rumlaufen will, dann darf ich das auch. Also wenn ein Ausländer in die Niederlande kommt, dann darf er das auch tun.*

Marinus: *Ja, aber ... (unverständlich).*

Ruben: *Ja, aber wenn du in Urlaub gehst, dann redest du doch auch ihre Sprache und so, aber du nimmst nicht vollständig eine Kultur an.*

Marinus: *Aber das sind Ferien. Das sind Ferien. Die Leute wohnen hier, die Leute arbeiten hier ... .*

Ruben: *Ja, aber deshalb ... .*

Marinus: *... die Leute benützen hier alles in den Niederlanden, die Leute bezahlen auch Steuern, die Leute, die geben auch etwas ab ... .*

Interviewerin: *Und dann muss man sich auch so anziehen?*

Marinus: *Nein, aber, man ist Niederländer, zumindest wohnt man hier in den Niederlanden, man arbeitet hier in den Niederlanden, man hat einen niederländischen Pass, also ist man Niederländer, also wird man Niederländer.*

Ruben: *Man soll sich schon wie ein Niederländer benehmen, aber darum darf man sich doch trotzdem seltsam kleiden, das tun Niederländer doch auch." (v2.38:2331-2390)*

Wilma ist empört. Sie hat offensichtlich Lukas' Argument mit dem 'zur Last fallen' noch im Ohr. Ruben betont die Freiheit in den Niederlanden; ihm zufolge darf es keine Kleidervorschriften geben, weder für 'Niederländer' noch für 'Ausländer'. Seine Vorstellung über Anpassung läßt - gegen die Rufe nach vollständiger Anpassung gerichtet - einen Spielraum an kultureller Eigenständigkeit offen. Wie im Urlaub, so sein Argument, passt man sich zwar an die Sprache des anderen Landes an, übernimmt jedoch nicht vollständig deren Kultur. Marinus weist das Urlaubsbeispiel zurück. Er betont den Unterschied zwischen einem Ferienaufenthalt und der Niederlassung in einem anderen Land. Interessant ist, dass seine Argumentation über Anpassung die Möglichkeit der Annahme der Staatsbürgerschaft miteinschließt: *"also ist man Niederländer, also wird man Niederländer"*. Freilich: 'Niederländer-Werden' bedeutet bei Marinus ganz offensichtlich die vollständige Assimilation.

Anscheinend wirken die Formulierungen von Marinus jedoch mildernd auf Ruben. Vielleicht achtet er vor allem auf diejenigen Sätze von Marinus, die man häufig auch zu hören bekommt, wenn jemand Partei für Eingewanderte ergreifen möchte: *"die Leute bezahlen auch Steuern"*, *"man arbeitet hier"*, *"man hat einen niederländischen Pass"*. Jedenfalls verteidigt Ruben zwar nach wie vor, dass es keine Bekleidungsvorschriften geben darf, lenkt aber durchaus ein: *"man soll sich schon wie ein Niederländer benehmen"*. Auch er macht also ein Konzept von Anpassung deutlich, das an die Unterscheidung von Bert in der vorigen Gruppendiskussion erinnert: Die Bekleidung ist nur das zunächst sichtbare Äußerliche, viel wichtiger ist es, sich auch wirklich entsprechend den niederländischen Vorstellungen zu *verhalten*.

Zur versöhnlicheren Stimmung in der Klasse passt es, dass Ludwig gleich darauf eine Argumentationsweise benutzt, in der Anpassung als Vorteil für die Eingewanderten dargestellt wird.[326] Sein Scherz mit dem *"Tischtuch"* geht jedoch deutlich auf Kosten derjenigen, für die er vorgibt, einfühlsam nachzudenken:

Ludwig: *"Ich denke, man macht es sich selbst auch einfacher, wenn man ohne Kopftuch herumläuft. Wenn man sich einfach niederländisch kleidet, dann wird man eher akzeptiert, als wenn man mit einem Kopftuch herumläuft und einem Tischtuch .... (Gelächter)*

Interviewerin: *Aber kannst du dir nicht vorstellen, wenn man aus einer anderen Kultur kommt, oder wenn man einen anderen Glauben hat, der einem vorschreibt, dass man ein Kopftuch ... und man will es selber auch, es ist für einen selbst wichtig, um seinen Glauben auszuüben ... ? Es scheint mir sehr schwierig, wenn ... .*

Marinus: *Ja, aber schau, darum sage ich auch, wenn du mit etwas Probleme hast ... .*

Interviewerin: *Ja?*

Marinus: *... wenn du da irgendwo Schwierigkeiten damit hast, dann geh' doch wieder zurück. Wenn du findest: 'Ich kann mein Kopftuch hier nicht tragen, so und so sieht das aus ... .'" (v2.38:2396-2431)*

Marinus sieht seine Position durch Rubens Entgegenkommen und durch das Gelächter auf Ludwigs Witz sichtlich gestärkt. Er wird überaus deutlich: 'Wer Probleme hat, sich beklagt, der soll doch zurückgehen.' Seine vorige Bemerkungen über den *'niederländischen Pass'* und *'die Leute, die auch Steuern bezahlen'*, erweisen sich spätestens hier als eher strategische Wendungen. Marinus verteidigt im Folgenden seine Position, indem er versucht, deutlich zu

[326] Diese Argumentationsweise wird im pädagogischen Bereich häufig gebraucht: Man versucht 'Konflikte' an der Schule zu mildern, in dem man eine 'pragmatische Umgangsweise' vorschlägt, die oft einer Normalisierung von Diskriminierung als Unterrichtsinstrument nahekommt: Lehrerinnen und Lehrer weisen ihre allochthonen Schülerinnen darauf hin, dass sie mit dem Tragen von Kopftüchern Gefahr laufen, zur Zielscheibe von Spott und Hohn zu werden und deshalb aus eigenem Interesse heraus am besten auf dieses symbolhafte und umstrittene Kleidungsstück verzichten sollten (vgl. Trouw 9.9.94). Im Zeitraum zwischen 1989 und 1994 haben die landesweiten Zeitungen 99 mal über 'Kopftuch-Konflikte' an Schulen in den Niederlanden berichtet (vgl. Contrast 1994, 1).

machen, dass die Anpassungsaufforderung auch für ihn selbst gelten würde, wenn er ins (islamische) Ausland ginge:

Marinus:	*"Weil wenn ich ..., ich sag mal was Komisches: Wenn ich mit meiner Freundin in den Iran gehe, dann muss meine Freundin auch in so 'nem Sackkleid rumlaufen und muss auch ein Kopftuch tragen.*
Interviewerin:	*Und das tut sie dann auch?*
Lutger:	*Sonst wird sie verhaftet.*
Marinus:	*Sie wird wohl müssen.*
Ruben:	*Ja, aber das ist eigentlich doch phantastisch, dass das hier nicht so sein muss, weil wir frei sind.*
Wendy:	*Ja. (Es wird durcheinander geredet, unverständlich)*
Marinus:	*Weil wir frei sind, deshalb müssen wir alles schlucken. Da glaube ich nicht dran.*
Ruben:	*Na?*
Marinus:	*Siehst du in der Türkei eine Kirche?*
Ruben:	*Jetzt komm' aber.*
Marinus:	*Sieh dich mal hier in den Niederlanden um." (v2.38:2442-2480)*

Ruben versucht, wieder an Boden zu gewinnen. Er stellt die Freiheit in den Niederlanden, sich zu kleiden, wie man möchte, als einen entscheidenden Vorteil gegenüber dem Iran dar. Marinus geht die Freiheit in den Niederlanden in einem bestimmten Punkt jedoch deutlich zu weit. Er möchte nicht *"alles schlucken"*, man kann auch sagen, er möchte nicht, dass 'alles zugelassen' wird. Zu diesem *"alles"* zählen für Marinus zumindest Kopftücher tragende Frauen und Moscheen. Sein Verweis auf die Möglichkeiten 'unserer Kirche' in der Türkei spricht Bände. 'Wir' müssen uns dort 'anpassen', dürfen 'unsere' Kirchen nicht bauen, werden schlecht behandelt, - und selbst sind wir so 'frei', dass wir 'alles zulassen'. Er wiegt auf, er rechnet vor und bedient sich dichotomisierender Gegenüberstellungen.

Obwohl in den Argumentationen von Ludwig und Marinus auch die Elemente herausgearbeitet und 'positiv' bewertet werden könnten, die in der Tat die Freiheit der Frau betonen,[327] gilt gleichzeitig, dass sie solche Argumente in einer *expliziten* Anpassungsargumentation, die *gegen* allochthone Frauen und Männer gerichtet ist, benutzen. Sie können auf diese Weise ihre Negativ-Bilder über 'Ausländer' in einer offenbar legitimen Form zum Ausdruck bringen, eine Form, in der sie sich zugleich als 'frauenfreundlich' präsentieren. Ethnizistische und rassistische Argumentationsweisen bekommen hier eine respektable Artikulationsmöglichkeit, in dem sie sich antisexistischer Elemente bedienen.

3.8.4 Exkurs: 'Öffentlich' und 'privat' in der Frauenbewegung

Die Trennung zwischen 'öffentlich' und 'privat', die in den obigen Gruppendiskussionen festzustellen ist, lässt sich auch an vielen anderen Stellen im qualitativen Material beobachten (siehe VI.3.3). Im öffentlichen Raum wird Anpassung gefordert, im privaten Bereich soll es den Einzelnen überlassen bleiben, wie sie sich kleiden, verhalten, unterhalten usw. wollen.

---

[327] In pädagogischen Arbeitsfeldern u.U. durchaus ein möglicher erster Ansatzpunkt in der Bearbeitung solcher Argumentationsweisen.

Dieser Zusammenhang, der sowohl zwischen Privatem und Öffentlichem ('Privates Laster, öffentliche Tugend') trennt, diese Bereiche aber auch in einer spezifischen Verbindung aufeinander bezieht, kann als ein *Trennungszusammenhang* charakterisiert werden. Es handelt sich hierbei keineswegs um eine exklusiv niederländische Besonderheit, sondern findet sich in vielfältigen Variationen und in aller Regel mit einer harmonisierenden und ideologisierenden Note in den meisten liberalen Theorien über die bürgerliche Gesellschaft. Für die Niederlande, eine Gesellschaft mit einer langen bürgerlich-städtischen Tradition, hat das Verhältnis zwischen öffentlich und privat jedoch noch einen besonderen Aspekt: es verweist m.E. auch auf die Geschichte der 'Versäulung' (siehe Abschnitt V.5.3.7). Vereinfacht gesagt wurden im Kontext der 'Versäulung' *zwei verschiedene Formen* von Öffentlichkeit gefördert. Die Werte und Normen, die die jeweiligen Säulen für ihre Anhängerschaften formulierten, galten zum einen für die verschiedenen Öffentlichkeiten *innerhalb* der einzelnen 'Säulen' als moralischer Maßstab und Richtschnur für 'richtiges' Denken und Handeln. Der Staat hatte das allgemeine Funktionieren der Säulen durch gesetzliche Vorgaben und finanzielle Subventionen abzusichern, in das *Innenleben* der Säulen hatte er sich jedoch *nicht* einzumischen. Obwohl die einzelne 'Säule' nach innen durchaus einen bestimmten öffentlichen Raum markierte, galt die 'Säule' gegenüber dem Staat als privater Raum. *Außerhalb* der 'Säulen', im öffentlichen Raum der *übergreifenden* Gesellschaft, war Verträglichkeit und Konsens das oberste Gebot. Trafen hier die Angehörigen der einzelnen 'Säulen' aufeinander - was durch die Trennung der 'Säulen' oft vermeidbar war -, so galt die jeweilige Zuordnung zu einer bestimmten 'Säule' als strikte Privatangelegenheit der Einzelnen. Obwohl seit den fünfziger und sechziger Jahren die Versäulung nach und nach erodierte, sind auch heute noch deutliche Spuren der Versäulung zu finden. Der 'private Raum' der Bürgerinnen und Bürger und die 'Souveränität im eigenen Kreis' wird traditionsgemäß jedenfalls als ein hoher gesellschaftlicher Wert gehandelt.

Die Frauenbewegung fügte diesem Trennungszusammenhang zwischen 'öffentlich' und 'privat' einige Risse zu. Gerade zentrale Bereiche der Privatsphäre wurde von Feministinnen öffentlich zur Sprache gebracht und politisiert. Das überkommene Geschlechterverhältnis auf dem Gebiet der Sexualität, der Kindererziehung, die Arbeitsteilung im häuslichen Bereich usw., all die Themen, die für viele als reine Privatangelegenheiten galten, wurden zu politischen Fragen, die in die Öffentlichkeit gebracht werden mussten. Entsprechende Eingriffe des Staates sollten den Weg zur Gleichberechtigung der Frau absichern helfen. Die Geschlossenheit und Isolierung in der häuslichen Privatsphäre galt als ein Kennzeichen für abhängige und unterdrückte Frauen (vgl. Lutz 1996, 132).

Die Frauenbewegung war hier nicht völlig erfolglos. Zunehmend konnte auch gesamtgesellschaftlich ein Frauenbild dominant werden, demzufolge die westliche Frau dieses Stadium der Diskriminierung mit seiner häuslichen Eingeschlossenheit weitgehend überwunden hatte. Auch in den Ergebnissen der empirischen Jugendforschung spiegelt sich, wie deutlich wurde, dieser Trend wieder: Vollebergh und Kollegen haben in ihrem entwicklungsbezogenen Überblick festgestellt, dass die Jugendlichen in den letzten fünfzehn Jahren immer weniger zu sexistischen Auffassungen tendieren (Vollebergh et al. 1995, 15). Und in den Ergebnissen der vorliegenden Untersuchung zeigt sich, dass nicht nur die weiblichen Jugendlichen, sondern - wenn auch deutlich weniger ausgeprägt - auch ihre männlichen Altersgenossen mehrheitlich zu einem 'moderneren' Frauenbild neigen (vgl. oben Tabelle 57).

Allerdings, so Helma Lutz, verkehrt auch in den Niederlanden die "moderne 'Weiblichkeit' offenbar in einem Zustand der permanenten Gefährdung" (Lutz 1996, 132). Sie wird von Lutz eher als eine "Weiblichkeit-im-Werdungs-Prozess" denn als eine weithin durchgesetzte gesellschaftliche Realität bezeichnet (ebd.). Nicht nur, dass sich in den Niederlanden die Entwicklung von der Reduktion auf den Bereich der Haus- und Familienarbeit zur Beteiligung an - oft in Teilzeit organisierten - Formen von bezahlter Berufsarbeit im europäischen Vergleich erst sehr spät vollzog. Gleichzeitig, es wurde bereits darauf hingewiesen (siehe VI.3.8.2), übernehmen Männer immer noch recht spärlich haushaltliche und familiäre Arbeiten und besetzen das Gros der Führungspositionen in Staat und Gesellschaft (vgl. Van der Lippe 1993). In der feministischen Forschung wird heute deshalb betont, dass das Bild von der islamischen Frau hier als regelrechte Absetz-Schablone fungiert. Helma Lutz zufolge ergänzt *und* stört eine Frau mit einem Kopftuch das Selbstbild sich als *modern* einordnender Frauen: "Sie entzieht sich dem 'öffentlichen Auge' und bildet damit ein visuelles Hindernis. Eine kopftuchtragende Frau verkörpert die altmodische 'Privatheit' im öffentlichen Raum und formt deshalb einen Anlass zur Äußerung von Unbehagen. Sie stellt eine symbolische Bedrohung der Autonomie dar, die frau denkt, erreicht zu haben." (Lutz 1996, 133)

Doch nicht nur für 'moderne' Frauen kann das Kopftuch ein Symbol für "altmodische 'Privatheit'" darstellen und als eine entsprechend aufgeladene Metapher zur Ab- und Ausgrenzung benutzt werden. In den obigen Gruppendiskussionen und Einzelinterviews wird von Jugendlichen *beiderlei* Geschlechts die Emanzipation der niederländischen Frauen meist nicht in Frage gestellt. Im Gegenteil: Die 'Freiheit' in den Niederlanden scheint gerade dadurch bestätigt werden zu können, dass sie gegen das Negativbild von der unterdrückten allochthonen Frau abgesetzt wird. Besonders *männliche* Jugendliche bedienen sich hier einer Argumentation, die sich mit einem frauenfreundlichen Impetus gegen die Unterdrückung allochthoner Frauen wendet. Auffälligerweise verteidigen und loben hier auch solche männlichen autochthonen Jugendliche die 'Freiheit der niederländischen Frau', bei denen das Thema 'Emanzipation der Frau' ansonsten einen eher untergeordneten Stellenwert zu haben scheint.

3.8.5 *Zusammenfassung:* Antisexistische Diskurse als 'respektable' Artikulation von Rassismus

Betrachtet man die quantitativen Ergebnisse im Zusammenhang, dann zeigt sich zunächst, dass Jugendliche, die zu 'eindimensional-nationalen' Orientierungen neigen, sehr viel ausgeprägter ein 'traditionelles' Frauenbild unterstützen. Gleichzeitig sind es vor allem männliche Jugendliche, bei denen sich eine Kombination von 'eindimensional-nationalen' Orientierungen und 'traditionellen' Frauenbildern finden lässt, ein Ergebnis, das mit ähnlichen Feststellungen anderer Arbeiten der Jugendforschung in den Niederlanden übereinstimmt (vgl. Vollebergh et al. 1995). Dies lässt sich als ein Hinweis dafür interpretieren, dass, wenn in der Literatur die Attraktivität für rassistische und rechtsextreme Orientierungen in überkommenen Geschlechtsrollenmustern, die von entsprechenden Gruppierungen und Parteien propagiert werden, gesucht wird (vgl. Möller 1991), es *nicht* so sehr um die weibliche Seite gehen kann. Die Untersuchungen weisen vielmehr darauf hin, dass traditionelle Geschlechtsrollenmuster und Frauenbilder viel eher für *männliche* Jugendliche, die zu ethnizistischen und rassistischen Orientierungen tendieren, eine besondere Anziehungskraft entfalten können.

In der Untersuchung des qualitativen Materials zeigt sich zudem, dass Diskussionen um das Geschlechterverhältnis eine prominente Rolle im Rahmen von *Anpassungsargumentationen* spielen. Dort, wo es um Anpassung geht, ist zu beobachten, dass gerade die 'Unfreiheit der fremden Frau' als Anpassungs- und Ausgrenzungsargument von autochthonen Jugendlichen gebraucht wird. Nicht nur weibliche Jugendliche, sondern vor allem auch männliche Jugendliche bedienen sich solcher Argumentationsweisen, in denen dichotomisierende und kulturalisierende Vorstellungen zum Tragen kommen. Interessant ist in diesem Zusammenhang, dass sich in quantitativen Befragungen über die Zeit immer weniger ein Antwortverhalten zeigt, das sexistische Auffassungen unterstützt, für ethnozentrische Auffassungen aber ein ähnliches Niveau an Zustimmung wie noch zu Beginn der achtziger Jahre angetroffen wird (Vollebergh et al. 1995, 15). Offenbar bieten sich für (allzu deutliche) Sexismen noch schlechtere Artikulationsmöglichkeiten im öffentlichen Diskurs als für (allzu deutliche) Ethnozentrismen. Dies in Betracht ziehend, können ethnizistische und rassistische Diskurse, die sich in antisexistischer Pose gegen allochthone Frauen richten, beim *männlichen* Geschlecht auch dahingehend interpretiert werden, dass hier von den eigenen, eher 'unzulässigen' und 'öffentlich wenig haltbaren', also 'nicht-respektablen' Sexismen abgelenkt und im Bereich Ethnizismus und Rassismus ein 'dankbares' Feld für eine 'frauenfreundlich' erscheinende Präsentation gefunden wird. Andersherum scheint sich gerade in den Niederlanden, in denen vielerorts ein besonders ausgeprägtes Tabu gegenüber *offenen* Ethnizismen und Rassismen besteht, hier eine 'günstige' Bewegungsmöglichkeit für entsprechende Diskurse zu eröffnen (Hinweise zur Diskurskonstellation in Deutschland vgl. M. Jäger 1996).

3.9 Jugendkulturen und politische Orientierungen

Im letzten Auswertungsabschnitt geht es um das verbreitete Bild über *die* Jugend; ein Bild, das oft mit bestimmten Vorstellungen über jugendkulturelle Zugehörigkeiten und daraus ableitbaren politischen Orientierungen zusammenfällt. Zunächst werden entlang von Arbeiten aus der Fachliteratur einige knappe Hinweise auf grundlegende Erkenntnisse über die heutige Jugendphase und Jugendkultur gegeben. Danach folgt eine Vorstellung von eigenen Ergebnissen auf der Grundlage von quantitativen Daten und - unter Einbezug anderer Untersuchungsergebnisse - eine Diskussion dieser Ergebnisse. Schließlich werden zwei ausgewählte Einzelinterviews, die überraschende Einsichten bieten, ausführlich analysiert.

3.9.1 Hinweise zu Jugendkultur und Jugendstilen aus der Jugendforschung

In der Jugendforschung ist es mittlerweile zu einem Gemeinplatz geworden, in historischer Perspektive - verweisend auf die gesellschaftliche Verlängerung von Schul- und Ausbildungszeit, die mit zunehmender Technologie- und Produktivkraftentwicklung einhergeht - von einer Institutionalisierung und Verbreiterung der Jugendphase in 'modernen' Gesellschaften zu sprechen (vgl. hierzu für viele andere Meeus 1994, 161ff.). 'Jugend' und 'Jugenddauer' hängen mit der gesamtgesellschaftlichen Möglichkeit und Notwendigkeit zusammen, von (existenzsichernder Berufs-)Arbeit befreit zu sein und an Bildung teilnehmen zu können (vgl. Kongidou/Tsiakalos 1995, 30). Daneben hat die Lebensphase 'Jugend' auch etwas mit dem allgemeinen 'Wohlstand' einer Gesellschaft zu tun, wie etwa Peter Hofstätter betont: "Der in einer Gesellschaft erreichte 'Wohlstand', das heißt, die dieser Gesellschaft mögliche Güterproduktion, bestimmt das Ausmaß der Freistellung, der Fürsorge und Erziehung, das der Jugendgruppe zuteil werden kann." (Hofstätter 1966, 84)

Gleichzeitig sind allerdings Länge und Form von 'Jugendlichkeit' für verschiedene soziale Klassen *innerhalb* einer Gesellschaft recht unterschiedlich. So zeigen Dimitra Kongidou und Georgios Tsiakalos am Beispiel von jungen Roma in Griechenland, dass die Nicht-Ermöglichung von 'Jugend' mit spezifischen Ausschlussmechanismen gegenüber einer bestimmten sozialen und ethnischen Gruppe in einer Gesellschaft verbunden sein kann (Kongidou/Tsiakalos 1995, 32ff.).

Im Allgemeinen wächst mit der Verlängerung und Verbreiterung der Jugendphase auch die Bedeutung des Einflusses der Gruppe von Altersgleichen auf die Heranwachsenden und damit auch die Bedeutung von spezifischen *Jugendkulturen* (vgl. Ter Boogt/Meeus 1994, 31). Allerdings sollte nicht der Fehler gemacht werden, die Existenz einer gesellschaftlichen Jugendphase mit dem Vorhandensein und der Bedeutung von Jugendkulturen gleichzusetzen. Jugendkulturen sind vielmehr als eine bestimmte Möglichkeit zu begreifen, in der (nicht nur) 'Jugendlichkeit' stattfinden kann. Auch wenn zu den beobachtbaren jugendkulturellen Phänomen das Absetzen gegenüber den 'Welten' der Erwachsenen gehört (Jugendzentrismus), sind Jugendkulturen nicht ausschließlich auf einen Konflikt zwischen Generationen zu reduzieren, sondern vielmehr ein Ausdruck, wie spezifische Verhältnisse zwischen sozialen Klassen und ethnischen Mehrheits- und Minderheiten-Gruppen *von Jugendlichen* gelebt werden können (vgl. Clarke et al. 1979). Dennoch gehört zweifellos zum *sub*kulturellen Ausdruck von Jugendlichen das Bemühen, nicht aus der eigenen *jugendlichen* Peer-Group herauszufallen und sich in gewisser Weise gruppenkonform zu kleiden und zu verhalten, sich mehr oder weniger auffällig von anderen jugendlichen Gruppen *und* eben auch von Erwachsenen abzusetzen und den spezifischen Stil und Musikgeschmack der eigenen Gruppe zu betonen. Gleichzeitig gelten in aller Regel der Stil und Musikgeschmack der Gruppe als besonderer *persönlicher* Stil und Musikgeschmack. Die Hervorhebung der eigenen Person, oft verbunden mit einer Aufwertung, gehen meist mit der jugendkulturellen Selbstzuordnung einher. Häufig geht es darum, modisch *und* exklusiv zugleich zu sein. Dieser Doppelcharakter von Individualisierung *und* Standardisierung macht, so der Jugendforscher Livio Sansone, gerade den Erfolg von Jugendstilen aus. Die Teilnahme an der Jugendkultur ermöglicht und erfordert neben Dazugehörigkeit und Gruppenkonformität auch die fortwährende Erfindung und Neudefinierung der jeweils eigenen stilbezogenen Attraktivität (vgl. Sansone 1992, 188).

Allerdings sind Jugendkulturen und Jugendstile auch eine lukrative Einnahmequelle und ein großes Geschäft geworden. Einzelne Stilelemente werden immer schneller kommerziell genutzt, die Verbreitung findet durch die Massenmedien in stets größeren Ausmaß und mit stets rasanterem Tempo statt und jugendkulturelle Stilelemente werden immer globaler. Freilich: Über die jeweilige Bedeutung für die einzelnen Jugendlichen oder die jeweiligen Jugendcliquen an einem bestimmten Ort ist damit noch nichts gesagt. Mit durch die Eigenaktivität und die Phantasie der Jugendlichen werden vor dem Hintergrund bestimmter gesellschaftlicher Verhältnisse Jugendstile nicht nur kopiert, sondern auch modifiziert, umgebaut, unterschiedlich zusammengesetzt und mit eigener Bedeutung versehen. Im Laufe der Zeit ist so in der Tat eine große Diversität von nebeneinander bestehenden und sich teilweise überschneidenden Stilen entstanden. Entsprechend betont die (wohl als aktuelles Standardwerk der Jugendforschung in den Niederlanden zu bezeichnende) zweibändige Veröffentlichung von Mick Matthijs: "Neben den Resten von Sub- und Gegenkulturen, die einen sehr deutlichen politischen oder religiösen Charakter haben, bekommt auch der 'normale' Teil der Jugendlichen einen stilistisch vielseitigen Anblick. Die Jugend ist keine graue Masse mehr, sondern verteilt sich über viele Subkulturen, wobei manche mehr Anziehungskraft als andere ausüben und wobei sich an den äußeren Enden Verbindungen mit den alten rechten und linken Subkulturen zeigen. Dies liefert eine sehr heterogenes Bild von der heutigen Jugend." (Matthijs 1993a, 217)

Bei manchen Jugendforscherinnen und Jugendforschern führt eine solche Beobachtung freilich zu Feststellungen, die ein recht harmonisches Bild präsentieren: "Früher", so Wim Meeus, "machten nur Jugendliche aus höheren Milieus eine lange Jugendperiode durch und bekamen die Gelegenheit um einen eigenen jugendkulturellen Stil zu entwickeln. Nun gilt dies für die gesamte Jugend" (Meeus 1994, 162). Dies ist keineswegs völlig falsch. Ich plädiere allerdings dafür, es zu vermeiden, diese "Gelegenheit ... für die gesamte Jugend" in allzu rosigen Tönen zu interpretieren. Meeus geht hier an der spezifischen Bedeutung vorbei, die Jugendkulturen und jugendkulturelle Stile vor dem Hintergrund einer unterschiedlichen Lebenslage und Positionierung bekommen können. An anderer Stelle habe ich bereits auf die Tatsache hingewiesen, dass auch in den Niederlanden allochthone Jugendliche im Bildungsbereich und auf dem Arbeitsmarkt im Allgemeinen zu den benachteiligten Gruppen zählen (siehe VI.1.). In der Arbeitslosenstatistik sind allochthone Jugendliche (und Erwachsene) seit Jahren deutlich überrepräsentiert, und für die allochthonen Jugendlichen, die gegenwärtig noch die Schule besuchen, ist die Erwartung einer zukünftigen Existenz in der Arbeitslosigkeit nicht gerade motivationsfördernd. Eine solche - sozialstaatlich abgefederte - Existenz am Rande der Gesellschaft gibt jugendkulturellen Elementen eine *neue* Bedeutung: Die eigene Freizeit ist eben etwas anderes, wenn es daneben weder eine geregelte Arbeitszeit noch eine entsprechende Perspektive auf eine zukünftige (befriedigende) Arbeit gibt. So beschreibt Sansone für verschiedene kreolische jugendkulturelle Gruppen in den Niederlanden, dass es "die gemeinschaftliche Erfahrung von freier Zeit, von Rumhängen und von Langeweile ist, die die Gruppen zusammenhalten" (Sansone 1992, 180). Angesichts schlechter Perspektiven bezüglich der eigenen Möglichkeiten im Bildungsbereich und auf dem Arbeitsmarkt werden in diesen Gruppen geradezu *magische Lösungen* aufgebaut: "Durch das Entwickeln eines eigenen, spezifisch schwarzen Jugendstils", so Sansone, "häufen die Jugendlichen symbolisches Kapital an, in dem Glauben, damit den Mangel an sozialem und ökonomischem Kapital kompensieren zu können." (ebd., 187)

3.9.2 Jugendgruppen und Jugendszenen - Vorbilder und Idole: Eigene Ergebnisse und Hinweise aus der Jugendforschung in den Niederlanden

In der vorliegenden Untersuchung wurden einige Fragen gestellt, die den jugendkulturellen Bereich tangieren. Bei der Frage, ob die Jugendlichen in einer festen Gruppe von Altersgleichen verkehren (V18), gab die über Hälfte der Jugendlichen (56%) eine zustimmende Antwort.[328] Dies scheint ein noch verhältnismäßig geringer Anteil zu sein, wenn die umfangreiche Theoriebildung zu Peer Groups und - stärker noch - das gängige Bild über *die* Jugend betrachtet wird.

Während sich bei der Frage nach der Gruppe von Altersgleichen noch keine nennenswerten Unterschiede zwischen autochthonen und allochthonen Jugendlichen finden, ist dies beim Folgenden Ergebnis anders: Der Anteil Jugendlicher, der erkennen ließ, zu einer bestimmten

[328] Die folgenden Ergebnisse beziehen sich auf die niederländische Gesamtstichprobe incl. der allochthonen Jugendlichen (siehe VI.).

jugendkulturellen Gruppe oder Szene zu gehören (V15),[329] ist bei den allochthonen Jugendlichen deutlich höher (38%) als bei den autochthonen Jugendlichen, die sich zu einem geringeren Anteil (24%) einer Jugendkultur zuordnen. Noch deutlicher ist dieser Unterschied bei der Frage, ob die Jugendlichen den Eindruck haben, von bestimmten jugendkulturellen Gruppen oder Szenen *beeinflusst* zu sein (V16): Bei den allochthonen Jugendlichen antwortet hier - ähnlich wie bei der vorigen Frage - über ein Drittel mit 'ja' (36%), während dieser Anteil bei den autochthonen Jugendlichen viel geringer (14%) ausfällt. In beiden Fällen wird der Unterschied als signifikant auswiesen. Das Bekenntnis und/oder die Zuordnung zu einer Jugendkultur scheint also für allochthone Jugendliche im Durchschnitt bedeutsamer zu sein als für autochthone Jugendliche. Allerdings ist nicht zu übersehen, dass es - entgegen dem verbreiteten Bild über *die* Jugend - jeweils nur *starke Minderheiten* sind, die für sich selbst eine entsprechende jugendkulturelle Selbstzuordnung vornehmen.

Das Antwortverhalten gegenüber der Frage - *'Welche Vorbilder oder Idole hast du?'* - passt zu diesen Ergebnissen (V20). Ein Großteil der Jugendlichen gibt überhaupt keine Antwort (39%) oder macht deutlich, keinerlei Vorbilder oder Idole zu haben (14%). Zusammengenommen ist es also eine Mehrheit, die *keine* Vorbilder nennen will. Das Ergebnis bei den restlichen Jugendlichen (47%), die ihre Vorbilder und Idole notieren, ist wenig überraschend.[330] Ein im engeren Sinne politisches Vorbild oder Idol wird insgesamt nur elf mal angegeben. Die meisten Nennungen entfallen auf Pop-, Film- oder Fernsehstars und Sportler, direkt gefolgt von Notierungen, in denen die eigenen Eltern oder Geschwister als Vorbilder oder Idole genannt werden.

Betrachtet man diese Ergebnisse insgesamt, so scheinen sie *nicht* so recht zu den referierten Beschreibungen der Jugendforscher Matthijs und Meeus zu passen, die den Eindruck erwecken, als würde sich die *gesamte* Jugend mehr oder weniger expressiv verschiedenen Subkulturen zuordnen. Matthijs und Meeus können sich übrigens durchaus auf entsprechende Forschungsergebnisse stützen. So fanden die niederländischen Jugendforscher Janssen und Prins bei 272 verbal interviewten Jugendlichen bereits 168 verschiedene Gruppennamen (Janssen/ Prins 1991, 197). In der vorliegenden eigenen Untersuchung hingegen, so wurde deutlich, ordnet sich insgesamt nur *eine Minderheit* jugendkulturellen Gruppen zu.

Vielleicht überträgt sich die Faszination für Jugendkulturen auch auf die 'postmodernen' Forscherinnen und Forscher, die die 'postmoderne' Jugend gegenwärtig sehr viel mehr als früher in viele unterschiedliche Stilgemeinschaften aufgeteilt sehen. Eine ganze Generation von Jugendforscherinnen und Jugendforschern bemüht sich denn auch darum, die entsprechenden Stilmerkmale und Symbole zu entschlüsseln, deren Herkunft festzustellen, die charakteristischen Elemente und ihre Zusammensetzung zu beschreiben und vor allem die jeweilige Bedeutung für die Jugendlichen zu entziffern. Immerhin wird man durch solche Untersuchungen nicht nur auf ideologische Orientierungspunkte und politische Einstellungen aufmerksam gemacht, die *hinter* den äußeren Stilmerkmalen und Symbolen stecken könnten, sondern auch darauf, dass der jeweilige Politikbegriff *nicht zu konventionell* angelegt sein sollte: "Die Subkulturen haben durchaus einige Relevanz als ideologische Orientierungspunkte. Jemand, der seine Sympathie für 'Kak' ausspricht und sich auch ein bisschen so kleidet,

---

329 Als erläuternde Beispiele für eine *"bestimmte Jugendgruppe (-szene)"* wurden *"Punk, Skin, Rocker, Fußballfan, Heavy-Metal-Fan, Techno-Fan"* angegeben.

330 Eine Differenzierung zwischen allochthonen und autochthonen Jugendlichen ist hier wenig sinnvoll, da die absoluten Zahlen bei den allochthonen Jugendlichen zu klein wurden.

sagt nicht nur, dass er den äußeren Stil schön findet, sondern auch die entsprechende Einstellung zum Leben für anziehend hält. Dies bedeutet, dass er über die verschiedenen Einstellungen Bescheid weiß und sie benutzt, um seine eigene politische Sichtweise (nötigenfalls ohne Worte) zu demonstrieren." (Matthijs 1993a, 218ff)

In der vorliegenden Untersuchung scheinen politische Sichtweise und äußerer Stil freilich eher *auseinanderzufallen*. Darauf weisen auch die Angaben der Jugendlichen hin, wenn danach gefragt wird, was für die eigene Identität[331] jeweils als wichtig empfunden wird (V82).

Mit großem Abstand finden sich ganz am Ende der Liste die wenigsten Eintragungen bei:
- *'politische Überzeugung'* (58),
- *'Religionszugehörigkeit'* (47),
- *'feministische Überzeugung'* (19),
- *'Mitglied einer Gewerkschaft'* (18).

Am Häufigsten werden hingegen genannt:
- *'ausüben einer bestimmten Sportart'* (242),
- *'bestimmte Art, sich zu kleiden'* (234),
- *'Herkunft in Bezug auf den Ort (Stadtteil, Dorf oder Region)'* (218)[332],
- *'Geschlechtszugehörigkeit'* (204).

Im Mittelfeld versammeln sich Nennungen zu:
- *'das Niveau der Schulausbildung'* (179),
- *'Generation'* (162),
- *'Zugehörigkeit zu einer Schule'* (159),
- *'eine bestimmte Musikrichtung'* (158),
- *'Zugehörigkeit zu einer bestimmten Jugendgruppe'* (140),
- *'Herkunft bzw. Zugehörigkeit zu einer bestimmten soziale Gruppe/Klasse'* (98).

Allerdings, und deshalb ist eine vorsichtige Interpretation geboten, wurde im Fragebogen nicht tiefergehend danach gefragt, was beispielsweise *'eine bestimmte Art, sich zu kleiden'*, für die einzelnen Jugendlichen bedeutet.

3.9.3 Gesellschaftliches Engagement und Politik: Eigene Ergebnisse und Ergebnisse anderer Untersuchungen

Politische Idole und politische Überzeugungen scheinen jedenfalls bei den befragten Jugendlichen nicht hoch im Kurs zu stehen. Die Frage zum gesellschaftlichen Engagement der Jugendlichen (V27) bringt ein durchaus passendes Ergebnis. Die autochthonen und allo-

---

[331] Mehrfachnennungen waren möglich. 22 Stichworte wurden vorgegeben (*'Sport'*, *'Bildung'*, *'Generation'*, *'soziale Gruppe'* usw.). Nationalität oder ethnische Gruppe wurde nicht genannt. Am Ausfüllen der Liste beteiligten sich 544 Jugendliche (von n = 575). Da die absoluten Zahlen bei den Nennungen der allochthonen Gruppe im einzelnen zu klein wurden, erweist sich ein Vergleich *nicht* als sinnvoll.

[332] Die Werte zu den drei verschiedenen Nennungen, die möglich waren (*'Stadteil'*, *'Dorf'*, *Region'*), wurden hier zu einem Wert addiert.

chthonen Jugendlichen, die auf einer vorgegebenen Liste angeben konnten, in welchen Gruppierungen, Organisationen und Bereichen sie sich beteiligen, platzieren die Stichworte *'Politische Parteien'* (3% bzw. 8%)[333] und *'Gewerkschaften'* (3% bzw. 5%) mit ihren Nennungen an das absolute Schlusslicht. Bereits sehr viel besser schneiden *'spontane, kurzzeitige Sachen'* (25% bzw. 19%) ab. Mit großen Mehrheiten wird sowohl bei autochthonen als auch bei allochthonen Jugendlichen der *'Sportverein'* (59% bzw. 66%) genannt, ein Ort, der damit zum deutlichen Spitzenreiter des jugendlichen Engagements wird. Hervorhebenswert ist, dass es zwischen den autochthonen und den allochthonen Jugendlichen *keinen* Unterschied im Engagement in Bezug auf *'Kirche'/'Religion'* gibt (jeweils 12%). Ein deutlicher Unterschied hingegen zeigt sich bei den Angaben zu *'Bürgerinitiativen und unabhängigen Gruppierungen'* (3% bzw. 12%). Auch zwischen den Nennungen zum *'Jugendhaus'* als Ort des Engagements zeigen sich - wenn auch kleinere - Unterschiede (10% bzw. 18%).

Werden die Nennungen insgesamt betrachtet, dann scheinen die allochthonen Jugendlichen engagierter zu sein. Allerdings sind es weder bei den allochthonen noch bei den autochthonen Jugendlichen die *traditionellen Betätigungsfelder* politischen Engagements, die besonders häufig genannt werden. Im Gegenteil. Die Ergebnisse anderer Untersuchungen - etwa der landesweiten Untersuchung 'Jung-Sein und Erwachsen-Werden in den Niederlanden' - korrespondieren mit diesen Ergebnissen. *Politik*, so wird regelmäßig festgestellt, ist offenbar überaus unpopulär bei den befragten Jugendlichen (Van der Linden/Dijkman 1989). In den Niederlanden wird dementsprechend von vielen davon ausgegangen, dass Jugendliche heutzutage politisch uninteressiert und konsumorientiert eingestellt sind und sich gesellschaftlich egozentrisch verhalten. Allerdings ist bei der Einordnung solcher Untersuchungsergebnisse Vorsicht geboten. Was sich in den Ergebnissen ausdrückt, ist häufig eine Distanz zu politischen (Groß-)Organisationen und Institutionen. Jugendliche verbinden den Politik-*Begriff* meist mit Partei-Politik und Wahlkampagnen. Achtet man bei den Resultaten nicht nur auf das Stichwort *Politik* im engeren Sinne und nimmt in den Befragungen auch andere Formen von Politik mit hinzu (Interessengruppen, Mitbestimmung an der Schule, Politik im Alltag usw.), sehen die Ergebnisse ganz anders aus: Die befragten Jugendlichen scheinen dann plötzlich - so wie in einer Untersuchung von Van Eyk - gar in ihrer Mehrheit politisch sehr interessiert zu sein (Van Eyk 1991, 57). Auch in der eigenen Untersuchung konnte festgestellt werden, dass *'spontane, kurzzeitige Sachen'* als Möglichkeiten jugendlichen Engagements sehr viel besser abschnitten als *'politische Parteien'* oder *'Gewerkschaften'*. Und im Antwortverhalten auf die Frage, in Verbindung mit welchen Merkmalen *'Menschen ungleiche Chancen und Möglichkeiten in der niederländischen Gesellschaft'* haben, fand sich bei den befragten Jugendlichen eine hohe Sensibilität für Vorgänge im politisch-sozialen Bereich (V27) (siehe VI.1.4). Im Gegensatz zum weit verbreiteten Bild, dies zeigen auch die Gruppendiskussionen und Interviews, reflektieren Jugendliche also durchaus politisch-soziale Ereignisse. Es darf nicht vorschnell das Bild von einer angeblich *unpolitischen* Jugend reproduziert werden.[334] Auch muss die oft beobachtbare Tendenz zurückgewiesen werden, Äußerungen von

[333] An erster Stelle finden sich in den Klammern jeweils die Nennungen der autochthonen Jugendlichen, an zweiter Stelle die der allochthonen.

[334] In der Studie des Jugendforschers und Sozialpädagogen Jan L. Hazekamp et al. über "politische Partizipation von Jugendlichen auf lokalem Niveau" zeigt sich zudem, dass die Bilder und Stereotypen von Erwachsenen als eine Art 'sich selbst erfüllende Vorhersage' wirken und überaus hinderlich und blockierend sein können, wenn es darum geht, etwas Neues im Bereich politischer Teilnahme zu entwickeln (vgl. Hazekamp/Van der Gaauw/Nutjens 1993, 67ff.).

Jugendlichen, die nach 'Rechtsaußen' gehen oder als rassistisch und nationalistisch zu charakterisieren sind, als 'unpolitisch' darzustellen. Außerdem ist darauf zu achten, dass politische Orientierungen oft kein geschlossenes Muster aufweisen, sondern sich aus widersprüchlichen und sich verändernden Elementen zusammengesetzten (siehe VI.3.5).

3.9.4 Zwei Interviewanalysen mit männlichen Jugendlichen

Im Folgenden werden zwei Einzelinterviews ausführlicher analysiert. Ausgewählt wurden zwei Jugendliche, die sich selbst explizit einer Jugendkultur zuordnen. Sie gehören damit im Rahmen der Ergebnisse der vorliegenden Untersuchung zu einer starken Minderheit, vor dem Hintergrund des Bildes, das die niederländische Jugendforschung oft vorlegt und - wichtiger noch - das sich vor allem in den Medien findet,[335] zu typischen Vertretern von Jugend. Karel bezeichnet sich als Hardrocker, Frans ordnet sich Skinheads zu. Beide Jugendlichen kleiden sich entsprechend, präsentieren sich mit passenden Stilelementen und sehen so aus, wie man sich gemeinhin eben Hardrocker und Skinheads vorstellt. Auf den 'ersten Blick' sind viele Stilelemente wiederzuerkennen, von denen man in den Medien schon mal gehört hat. Gerade deshalb ist es überaus aufschlussreich, entlang der Einzelinterviews einen vertiefenden Einblick zu gewinnen: nicht über die Jugendkulturen, aber über zwei Jugendliche, die sich in bestimmter Weise Jugendkulturen zuordnen, und bei denen dann doch vieles ganz anders ist, als man von dem gängigen Bild aus vermuten würde. Je genauer man hinschaut und hinhört, desto stärker geraten verbreitete Vorstellungen ins Wanken. Auch der Zusammenhang zwischen jugendkulturellen Orientierungen, dem Verhältnis zum Elternhaus, zur sozialen Klasse und zu dominierenden politischen Diskursen stellt sich bei genauerem Hinsehen nämlich anders dar, als dies häufig postuliert wird. Grund genug also, gerade diese beiden Interviews ausführlicher vorzustellen. Doch noch ein weiteres Kriterium hat mich zu dieser Auswahl bewogen. Karel und Frans beziehen sich, jeder auf seine Weise und doch mit übereinstimmenden Elementen, auf eine dominierende Form von Männlichkeit, die sich mit bestimmten politischen Orientierungen verbindet. Doch nun die Analyse des Datenmaterials: zuerst folgt die Analyse des Einzelinterviews mit Frans, danach wird das Einzelinterview mit Karel genauer untersucht.[336]

---

[335] Als Titelreportage wird beispielsweise vom niederländischen Wochenblatt Panorama angekündigt: "Die Jugend von heute - Die Nix-Generation? Oder haben sie uns doch etwas zu erzählen?" (Panorama 29.9.94). In der Form von Steckbriefen werden sechs Jungs als Vertreter verschiedener Jugendkulturen - wie das Magazin meint - 'porträtiert' (jeweils ein ganzseitiges Farbfoto und daneben einige wenige beschreibende Stichworte zu sich wiederholenden Rubriken: "Zu erkennen an", "trinkt", "liest", "konsumiert" usw.). Der ganze Bericht zielt auf das Grelle, Spektakuläre und vermeintlich Sensationelle. Die 'unauffälligeren' Teile der Jugend haben keinen Platz. Auch das langhaarige Mädchen in der Lederjeans vom Titelbild findet sich im Berichtsteil nicht wieder. Politisches und soziales Engagement, so die erste Botschaft von Panorama, darf von dieser Jugend nicht erwartet werden. *Die* Jugend, dies ist die zweite Botschaft, das sind Jugendliche, die sich bestimmten Subkulturen zuordnen: "Der Scooterboy, der Rocker, der Homeboy und der Cyberpunk: die neue Generation stellt sich Ihnen vor!"

[336] Viele Diskurse, Repräsentationen und Orientierungen, die bis hierher anhand des qualitativen Datenmaterials untersucht wurden, finden sich auch in den Äußerungen der beiden Jugendlichen wieder (und werden meist mit Verweisen auf die entsprechenden Textstellen markiert). Solche Wiederholungen sind leider unvermeidlich.

3.9.4.1 Frans: *"Je härter man arbeitet, desto besser wird es für einen."*

Frans ist 17 Jahre alt und besucht ein Gymnasium in Delft. In der Gruppendiskussion ist mir Frans aus zweierlei Gründen aufgefallen. Zuallererst, wie ich zugeben muss, durch sein Aussehen: Frans hat eine Glatze und kleidet sich wie ein Skinhead. Danach durch seine Diskussionsbeiträge: Er argumentierte für individuelle Freiheit und Toleranz und gegen Diskriminierung, Argumente, die - wie gleich zu sehen sein wird - auch im Einzelinterview mit Frans zu finden sind.

3.9.4.1.1 Ein 'neutraler' und 'einsamer' Skinhead

Frans sieht sich selbst zwar als Skinhead, allerdings nicht als Nazi-Skin oder als Neonazi, wie er gleich zu Beginn des Interviews, das bei ihm zu Hause in seinem eigenen Zimmer stattfindet, erklärt. Frans kritisiert das allgemeine Bild, das über Skinheads existiert:

Frans: *"Es gibt in der Welt eine gigantische Fehlauffassung über Skinheads. Wenn man über die Straße läuft und man sieht einen Skinhead, dann denken die meisten Menschen gleich: 'Oh, Hilfe, ein Skinhead, ein Neonazi.' Es gibt in den Niederlanden, das weiß ich, ungefähr 800 Skinheads, davon sind ein Achtel Neonazis, 700 Leute sind also keine Neonazis. (...) Ich bin neutral. Ich finde nicht, dass ich extra SHARP[337] sein muss, weil ich ein Skinhead bin und die Leute mich als Neonazi sehen könnten. Denn es gibt auch Neonazis, die so aussehen wie Sie (zu mir als Interviewer)[338], Leute mit etwas längerem Haar. Sie sind doch auch nicht in einer ARP-Bewegung?[339] Sie laufen doch auch nicht mit einem Band an ihrer Schulter rum, um sich von diesen Typen zu distanzieren. Das ist doch Quatsch. Ich tue es auch nur wegen der Musik. Ich hab' meinen Kopf kahlgeschoren, das Kahle steht mir gut, finde ich, und die Musik, die Musik ist echt wahnsinnig. Aber ich beschränke mich nicht nur auf die Musik. Ob ich jetzt ein richtiger bin? Wahrscheinlich schon. Ich bin schon ein Skinhead, aber ich befinde mich eher im Randgeschehen. Ich mag die Musik. Ich habe auch die Merkmale, so wie Punker: gegen die Gesellschaft, ein bisschen anarchistisch, wissen sie. So gibt es auch ein paar Skinhead-Prinzipien: man muss arbeiten, man ist schon nationalistisch eingestellt." (efr.35:19-92)*

Ich weiß nicht, woher Frans seine präzis erscheinenden Angaben hat. Es stimmt allerdings, dass die Skinheads keine homogene Gemeinschaft darstellen und die einzelnen Gruppen sich oft unterschiedlichen Richtungen zuordnen. Dennoch betonen auch diejenigen Skinheads, die

---

[337] SHARP = *S*kin*h*eads *A*gainst *R*acial *P*rejudice.

[338] Im Laufe des Interviews wechselt Frans vom Sie zum du. Allerdings wird die alltägliche Trennung zwischen beiden Anredeformen in den Niederlanden meist keineswegs so streng gehandhabt wie in Deutschland.

[339] Frans lässt hier einfach das 'S' für Skinheads weg und stellt die Frage, ob ich in einer Bewegung '*A*gainst *R*acial *P*rejudice' engagiert bin.

sich ausdrücklich als '*unpolitisch*' definieren, meist gewalttätige Formen von Männlichkeit, skandieren rassistische Parolen und schrecken vor entsprechenden körperlichen Auseinandersetzungen keineswegs zurück. Oft ist zu beobachten, dass auch 'unpolitische' Skinheads sich das herrschende Bild über Naziskins zunutze machen, wenn es dazu dienen kann, Angst auszulösen und die eigene Macht zu unterstreichen.

Frans jedenfalls sieht sich zwar selbst *"schon"* als *"ein Skinhead"*, wenn auch *"eher im Randgeschehen"*. Er gehört jedoch keiner konkreten Gruppe von Jugendlichen an, die ähnliche Stile und Prinzipien[340] bevorzugen. Frans ist ein 'einsamer', ja ein individualistischer Skinhead. Obwohl er betont, den *"Merkmalen"* von Skinheads, die sich nicht nur auf die äußere Erscheinung (Dr.-Marten-Schuhe, Glatze) und den Musikgeschmack beschränken, sondern auch ein Wertesystem umfassen (Skinhead-Prinzipien), zu entsprechen, gehören andere Merkmale, die sich auf eine Mitgliedschaft in einer konkreten Jugendgang beziehen würden (Territorialismus, ein 'Wir'-Gefühl im jeweiligen 'Mob'), *nicht* zu Frans eigenem Skinhead-Dasein.

Frans: *"Ja, keiner meiner Freunde ist Skinhead, ich kenne auch keinen einzigen persönlich." (efr.35:104-107)*

Den eigentlichen Ausschlag, sich öffentlich als Skinhead zu definieren, gab Frans zufolge eine Fernsehsendung:

Frans: *"Am Anfang traute ich mich nicht ... Skinhead. Weil ich nämlich auch dachte, die meisten Skinheads sind Nazis. Bis ich einmal eine Sendung im Fernsehen gesehen habe. Sie kennen das: 'Unruhe', das ging drei Wochen lang über Skinheads. Es wurde alles etwas genauer erklärt und dann hab' ich noch mehr drüber gelesen und dann dachte ich: Warum nicht? Und ich wollte mein Haar verändern, von diesen Locken hatte ich genug." (efr.35:275-291)*

Frans will kein 'Nazi-Skin' sein, weiß aber, dass genau dieses Bild - auch bei ihm selbst - im Allgemeinen mit Skinheads assoziiert wird. Er betont deshalb, dass er *"neutral"* ist und seine Entscheidung, ein Skinhead sein zu wollen, keine politischen Gründe hat. Er stellt immer wieder die Musik (*"tue es ... nur wegen der Musik"*) in den Vordergrund, genauso wie den Wunsch, eine Frisur zu haben, die ihm gut gefällt. Gleichzeitig weist er aber darauf hin, dass sich seine Entscheidung nicht nur auf die Musik *"beschränkt"*. Es sind bestimmte Werte - von Frans als Skinhead-Prinzipien identifiziert -, die er bei Skinheads attraktiv findet: *"man muss arbeiten, man ist schon nationalistisch eingestellt" (efr.35:90-92)*.[341] Hier drei kurze

[340] Vgl. illustrativ und knapp zum Stil der Skinheads, den möglichen Bedeutungen der Stilmerkmale und zur Entstehungsgeschichte in Großbritannien John Clarke 1979, 133ff. und 171ff.; zu Skinheads in den Niederlanden Schoppen 1997, 34ff.; zu Skinheads in Deutschland Sander 1993, 161ff.

[341] Es ist für die folgende Analyse *nicht* von zentraler Bedeutung, ob die Wertekonstellation, die Frans als Skinhead-Prinzipien formuliert, bei den verschiedenen Skinhead-Gruppen und in der Skinhead-Geschichte *wirklich* diesen Stellenwert und diese Bedeutung hatten, die Frans annimmt (dafür sprechen würden allerdings beispielsweise die Selbstzeugnisse verschiedener Skinheads, die Klaus Farin gesammelt hat; vgl. Farin 1996, 76ff.). Wichtiger ist im vorliegenden Zusammenhang die Bedeutung, die Frans einem 'Prinzip' zumisst und die Tatsache, dass er es für sich attraktiv findet. Das Merkmal 'arbeiten' dürfte sich nämlich eher auf *körperliche* und *schwere* Arbeit beziehen, die mit einer bestimmten Form von Männlichkeit identifiziert wurde. Die Verachtung, die britische

Passagen, in denen diese widersprüchliche Spannung ebenfalls zum Ausdruck kommt:

Frans: *"Man muss nicht eine bestimmte politische Richtung einschlagen, um Punker, Skinhead oder Hardrocker oder was auch immer zu werden. Es hat einfach mit der Musik zu tun." (efr.35:151-157)*
"Der wichtigste Grund, warum ich kahl bin, hat nicht speziell mit den politischen Vorstellungen eines Skinheads zu tun. Ich denke, dass sich das auch von Skinhead zu Skinhead unterscheidet." (efr.35:177-183)
"Die Prinzipien, die zogen mich schon an, soweit ich jedenfalls weiß, dass es Prinzipien sind: ja, sie arbeiten, sie sind nicht stolz auf ihr Vaterland, aber es ist doch schon so: gut finden, dass man in den Niederlanden wohnt, oder in Bezug auf das eigene Land ein bisschen Nationalismus. Aber nicht so, dass wir besser sind und der Rest schlecht ist. Das ist überhaupt nicht so. Das zog mich schon an, und die Musik fand ich wirklich absolut irre." (efr.35:297-312)

Über die Entstehungsgeschichte, die Stilelemente und die unterschiedlichen Richtungen von Skinheads - von Nazi-Skins über Red-Skins bis hin zu SHARPs - sieht sich Frans mittlerweile gut informiert. Er erklärt die allgemeinen 'Skinhead-Prinzipien' mit dem *"Arbeiterstolz"*: *"Es sind im Allgemeinen Arbeiter" (efr.35:205-207)*. Für sich selbst hat er eine bestimmte moderate 'Mischung' zusammen gebastelt: kein aggressiver Nationalismus, kein nationales Überlegenheitsgefühl, sondern *"ein bisschen Nationalismus"*; nicht stolz sein auf das Vaterland, sondern *"gut finden, dass man in den Niederlanden wohnt"*. Auffälligerweise bringt Frans beim Prinzip *"arbeiten"* keine Korrekturen an.

Die Entscheidung, Skinhead sein zu wollen, begründet Frans jedoch nicht nur mit der Musik, den zu ihm passenden Haarschnitt und den genannten Prinzipien. Seine Entscheidung enthält auch ein Moment des Protestes:

Frans: *"Bei uns in der Schule, da ist das wirklich schlimm. Wenn du nicht mit Nikes herumläufst und du kleidest dich nicht auf so 'ne Art, dann bist du ein armer Schlucker, dann gehörst du nicht dazu, dann zählst du nicht mit. Dagegen habe ich angekämpft. Das wollte ich einfach nicht. Ich fing an, andere Kleider zu tragen. Und Skinheads, ja, die Musik fand ich wirklich irre. Ich hörte, dass Skinheads solche Musik mögen. Ich fing an, so 'ne Art Musik zu hören, und das war einfach Wahnsinn. Aber ich mag auch andere Musikrichtungen. Und lange Haare stehen mir überhaupt nicht." (efr.35:247-266)*

Frans empfindet *"Nikes"* als ein Symbol für Gruppenzwang und Überheblichkeit. Wer sie trägt, gehört dazu, wer nicht, ist *"ein armer Schlucker"*. Er versucht, sich gegen diese Gruppennorm abzusetzen und 'macht' aus sich - im Verhältnis zu seiner Umwelt - etwas Besonderes. Auffällig ist die Offenheit gegenüber anderen Musikrichtungen, die Frans zu erkennen

---

Skinheads, selbst aus den unteren Schichten der Arbeiterschaft stammend, etwa gegenüber Hippies äußerten, bezog sich auf die Abgrenzung gegenüber Jugendkulturen der Mittelschicht. 'Arbeiten' kann hier eine Art *symbolisches* Gegenprinzip gegen die Metaphern gewesen sein, die von der Hippie-Bewegung benutzt wurden. Selbstverständlich kann nicht davon ausgegangen werden, dass solche Symbole wie 'körperliches Arbeiten' eine *Lust an der Lohnarbeit* ausdrückten oder wirklich konsequent gelebt wurden bzw. angesichts von struktureller Arbeitslosigkeit gelebt werden konnten.

gibt.[342] Trotzdem unterscheidet Frans sich jetzt deutlich, sozusagen bereits auf den ersten Blick, von seinen Mitschülern und Mitschülerinnen. Die Reaktionen sind entsprechend. Und sie haben natürlich vor allem mit dem allgemeinen Bild, das über Skinheads existiert, zu tun:

Frans: *"Als ich die ersten zwei Wochen meinen Kopf kahl geschoren hatte und ich kam zur Schule, ja, das hat mich schon erschreckt. Ich wusste, dass das passieren würde, aber dass es so schlimm werden würde, jeder hatte so was wie: 'UUUUaaah.' Und so ging es weiter: 'He, da ist doch was mit diesen Skinheads und den Neonazis.' Du kriegst also 'ne ganze Menge an den Kopf geworfen, also ... da war ich am Anfang schon erschrocken. Ich dachte wirklich: Ooh, ooh.... Aber jetzt bin ich da schon dran gewöhnt, ich achte da gar nicht mehr drauf, auch wenn ich über die Straße gehe, dass da viele Leute sich umdrehen und mir nachschauen ... (...) Ich mache doch nichts Falsches. Ich sehe anders aus als sie. Sie gucken mich komisch an, ich mache nichts falsch." (efr.35:322-355)*

Frans fällt jetzt auf. Das ist teilweise unangenehm, teilweise aber auch sehr spannend. Sein Outfit hat eine provozierende Wirkung. Er grenzt sich ab, macht deutlich, dass er nicht zur der Gruppe gehört, die den Schulhof zu dominieren scheint - und steht trotzdem im Mittelpunkt der Aufmerksamkeit. Frans' Auftreten als Skinhead hat auch etwas von einer 'Falle', die sich als Paraphrase folgendermaßen formulieren lässt: 'Ich sehe zwar so aus, wie einer, der in Euren Augen ein Nazi und ein Rassist sein müsste, aber Ihr, die Ihr doch angeblich gegen Nazismus und Rassismus seid, beurteilt mich doch auch nur nach meiner äußeren Erscheinung.'

3.9.4.1.2 Aufmerksamkeit erregen und Kritik üben

Auch zu Hause, bei seinen Eltern, wird Frans besondere Aufmerksamkeit zuteil, seit er zum Skinhead geworden ist:

Frans: *"Am Anfang, als ich meine Haare kahl geschoren hatte und Skinhead wurde und so, da hatte ich unheimlich viel Gespräche mit meinem Vater und meiner Mutter, ja, die wussten nicht, was auf sie zukam. Wenn dein Sohn plötzlich mit der Mitteilung nach Hause kommt: 'Hallo, Mamma, ich bin Skinhead.' Da muss man sich natürlich dran gewöhnen.*

Interviewer: *Was sagten sie?*

Frans: *Mein Vater fand es toll, dass ich meinen Kopf kahl geschoren hatte, weil das hätte er für sich selbst auch schön gefunden. Aber, na ja, als Skinhead, damit habe ich schon viele Probleme gehabt. Am Anfang war es oft, wenn in Deutschland eine Versammlung von Neonazis stattfand oder irgendwo anders, dann bekam ich das aufs Brot geschmiert, dann wurde ich dafür zur Verantwortung gezogen. Dann musste ich erklären, dass ich doch nicht bei denen dort war,*

[342] Wobei ich die These aufstellen will, dass dies heute nicht nur für Frans, sondern für sehr viele Jugendliche gelten dürfte, auch wenn - wie Matthijs betont - Jugendliche gerade mit der gegenseitigen Zuordnung zu Musikstilen immer noch "Ver- und Beurteilung, Geringschätzung, Abweisung, Bewunderung, Nachahmung usw." ausdrücken (Matthijs 1993a, 218).

dass ich nicht dort dazu gehörte. Das hat einfach sehr lange gedauert." (efr.35:1883-1914)

Frans musste damit rechnen, dass seine Eltern die Entscheidung, ein Skinhead sein zu wollen, als schockierend empfinden. Er weiß, dass er sich mit seinem neuen Erscheinungsbild außerhalb der Anstandsregeln stellt, die (nicht nur) bei seinen Eltern gelten. Gleichzeitig dient ihm die Verletzung dieser Regeln als ein Mittel, um Aufmerksamkeit zu erlangen. Es tut Frans sichtlich gut, dass die Eltern *"unheimlich viel Gespräche"* mit ihm führen und sein Vater offenbar zu ihm hält. Eine solche Aufmerksamkeit scheint Frans nicht immer zuteil geworden zu sein.

Die Familie - Vater, Mutter, jüngere Schwester und Frans - ist recht vermögend und wohnt in einem großen Haus außerhalb der Stadt. Der Vater ist Direktor einer Firma, die Immobilien vermittelt, die Mutter hat eine Teilzeitstelle in einer Arztpraxis. Frans macht deutlich, dass er den Reichtum zu Hause im Grunde nicht für notwendig hält und auch mit weniger zufrieden wäre. Seine Mutter, so Frans, *"arbeitet zur Zeit recht viel"*:

Frans: *"Darum haben wir eine Haushaltshilfe, weil wir so ein großes Haus haben. Das finde ich selbst weniger gut, das große Haus brauchen wir von mir aus nicht unbedingt. Es erfordert ziemlich viel Unterhalt.*
Interviewer: *Aber das ist doch ein schönes Zimmer?*
Frans: *Das schon, aber ich wäre auch zufrieden mit einem kleineren Zimmer. Warum müssen wir denn so ein großes Haus haben?" (efr.35:799-818)*

Vor allem stört es Frans jedoch, dass bei seinem Vater die Berufsarbeit einen großen Raum einnimmt.

Frans: *"Morgens zwischen sechs und sieben geht er aus dem Haus .... und meistens kommt er zwischen halb elf und zwölf, wenn ich schon im Bett liege, nach Hause.*
Interviewer: *Und am Wochenende?*
Frans: *Dann sitzt er beinah' den ganzen Tag an seinem Büro, danach arbeitet er im Garten, und dann sitzt er wieder am Schreibtisch und ab und zu gibt es dann Betriebsfeste.*
Interviewer: *Denkst du, dass das auch deine Zukunft ist?*
Frans: *Das will ich absolut nicht. Ich will einfach Zeit für mich selber haben. Ich wäre mit weniger zufrieden, wenn ich mehr Zeit übrig hätte." (efr.35:1064-1090)*

Die Entscheidung, ein Skinhead sein zu wollen, scheint für Frans nicht nur ein oppositionelles Moment in Bezug auf die Schule, sondern auch gegenüber seinem Elternhaus zu haben. Sein neues Erscheinungsbild als Skinhead mag vielleicht auch ein Mittel sein, um zu erreichen, dass ihm seine Eltern mehr Aufmerksamkeit widmen. Dennoch ist der Inhalt seiner Kritik genauso wenig wie der gewählte jugendkulturelle Ausdruck beliebig austauschbar.

Frans lehnt den Lebenstil etwa seines Vaters in bestimmten Bereichen ab. Er kritisiert den Vater, diese Kritik allein scheint jedoch nicht auszureichen, um Gehör und Aufmerksamkeit zu finden. Frans wird Skinhead. Er scheint hierbei zu ahnen, welche Symbole seine Eltern besonders treffen müssen. Frans weiß, dass die Skinhead-Bewegung aus der Arbeiterklasse heraus entstanden ist und sich mit ihren Symbolen gegen die bürgerliche Mittelschicht richtet.

Sein Vater ist Direktor, das Haus und der Besitz seiner Eltern scheinen geradezu eine Verkörperung der bürgerlichen Gesellschaft zu sein.

Allerdings ist Frans nicht nur ein 'einsamer' und individualistischer Skinhead, sondern dazu auch noch ein Skinhead aus der 'falschen' sozialen Klasse. Seine Kritik richtet sich zwar auch gegen den überflüssigen Besitz, nicht jedoch - wie dies bei Skinheads häufig der Fall ist - gegen das 'System der Bosse', gegen die gehobene Klassenposition seiner Eltern. Frans bricht *nicht* mit seinen Eltern, seine Opposition ist nicht umfassend, sondern punktuell. Zudem vermitteln die spezifischen Inhalte seiner Opposition nicht nur Distanz und Abgrenzung, sie erzeugen gleichzeitig eine besondere Verbindung zu seinem Elternhaus. Wie gleich zu sehen sein wird, handelt es sich um eine überaus widersprüchliche Konstellation.

3.9.4.1.3 'Arbeiten': Für Frans ein Skinhead-Prinzip und Vaters Leidenschaft

Die Aufmerksamkeit gilt im Folgenden dem Stichwort *"arbeiten"*, das von Frans als Skinhead-Prinzip wahrgenommen wird und - neben einem *"bisschen Nationalismus"* - eine besondere Anziehungskraft auszuüben scheint. In seiner persönlichen Nacherzählung der Entstehungsgeschichte der Skinheads richtet sich dieses Prinzip gegen bestimmte Jugendkulturen der Mittelschichten.

Frans: *"Das war während der Hippie-Bewegung in den sechziger, siebziger Jahren, wo die Leute alle lange Haare hatten. Die fanden das nichts, dieses Gesindel, das da ein bisschen faul herumhing. Im Gegensatz dazu haben sie ihren Kopf kahl geschoren und fingen an, Ska zu hören. (...) Das ist doch der Arbeiterstolz. Es sind im Allgemeinen Arbeiter" (efr.35:192-207)*

Frans betont mehrmals, dass sein Vater zu viel arbeitet und zu wenig Zeit übrig hat. Für sich selbst will Frans in seinem späteren Berufsleben *"mehr Zeit"* reservieren:

Frans: *"Mein Vater hat entsetzlich wenig freie Zeit. Ich will einfach mehr freie Zeit. Arbeiten, nach Hause und fertig." (efr.35:1052-1056)*

Frans will eine andere Gewichtung von Freizeit und Arbeitszeit, als er dies bei seinem Vater erlebt. Es wurde bereits erwähnt, dass das Skinhead-Sein von Frans seinen Vater beeindruckt zu haben scheint, immerhin hat er - so jedenfalls Frans - Zeit gefunden, um mit seinem Sohn *"unheimlich viel Gespräche"* zu führen. Hält man die von Frans hochgehaltene Attraktivität des Skinhead-Prinzips 'Arbeiten' neben diese Konstellation, so erscheint sie zunächst merkwürdig *verquer*. Zwar verwirft Frans keineswegs die Vorstellung, dass er selbst auch arbeitet beziehungsweise in Zukunft arbeiten wird. Dennoch steht immer wieder im Vordergrund seiner Ausführungen, dass er sich gerade gegen ein *zu viel* an Berufsarbeit wehrt: Die Gewichtung muss stimmen. Wieso findet Frans dann das Skinhead-Prinzip 'Arbeiten' so attraktiv?

Die Lösung muss vermutlich auf verschiedenen Ebenen gesucht werden. Auf einer ersten Ebene kann angenommen werden, dass das Skinhead-Prinzip 'Arbeiten' die Ansprache des Vaters erleichtert. Auf einer symbolischen Ebene stellt dieses Prinzip nämlich *eine Verbindung* zum sozialen Aufstieg und zur Berufskarriere des Vaters her. Der Vater hat für diesen sozialen Aufstieg - so Frans - *"hart gearbeitet" (efr.35:998)*:

Frans: *"Mein Vater kommt aus einem kleinen Dorf. Als einziger ist er zur Mittelschule gegangen, hat weiter gelernt und ist zur Universität gegangen. Er hat Ökonomie studiert und ist jetzt Direktor. Vom Bauern zum Direktor. Das wollte er immer, weil als Bauer hat er nie so viel Kohle gehabt. Er wollte mir und meiner Schwester bessere Chancen geben. Das bringt für mich einfach viele Vorteile mit sich. Aber auch Nachteile. Mein Vater wird so scheißvornehm und solche Sachen. Ich brauche das nicht, auch all das Geld. Mein Vater findet es glänzend, so viel Geld." (efr.35:1012-1034)*

Während auf einer ersten Ebene gerade die Verbindung zum Vater eine Rolle zu spielen scheint, dürfte auf einer zweiten Ebene die Rechtfertigung der eigenen sozialen Lage bedeutsam sein. Man kann sich vorstellen, dass die reale Aufstiegsgeschichte des Vaters *("vom Bauern zum Direktor")* in der Familie zu einer oft wiederholten Familien-Erzählung mit einer entsprechenden Botschaft für die nächste Generation *("hart arbeiten")* geworden ist. Frans sieht sich selbst durchaus in einer privilegierten Lage; eine Lage, die - folgt Frans der Familienerzählung - durch den harten Arbeitseinsatz und die Leistung seines Vaters verdient wurde. Gegen seine soziale Lage an sich hat Frans keine grundsätzlichen Einwände, er sieht durchaus Vorteile. Diese Vorteile können über die Arbeit seines Vaters legitimiert werden.

Neben diesen 'positiven' Funktionen, die der Hinweis auf 'Arbeiten' für Frans haben könnte, bleibt allerdings immer noch ein negativer Stachel. Frans hält die Dominanz des Faktors Arbeit, wie er sie bei seinem Vaters beobachtet, für sich selbst für unakzeptabel. Er geht in Opposition, will *nicht* in die Fußstapfen seines Vaters treten. Er hat jedoch gleichzeitig den Eindruck, dort, wo es um zukünftiges 'hartes arbeiten' gehen wird, zu scheitern. Den sozialen Aufstieg, den Arbeitseinsatz und den Besitz des Vaters vor Augen, meint Frans: *"Ich denke immer: Ich kann es nicht." (efr.35:991-992)* Und: *"Ich denke, dass es bei mir sehr zurückgehen wird." (efr.35:1008-1009)* Frans hat Angst, nicht das leisten zu können, was sein Vater geleistet hat.

Der Nachteil, den Frans für sich in seiner privilegierten Lage sieht, hat - wie zu sehen sein wird - jedoch nicht nur damit zu tun, dass sein Vater *"scheißvornehm"* geworden ist. Frans hat den Eindruck, dass *"all das Geld"* ihn verweichlicht und darin behindert, überhaupt zu lernen, was hart arbeiten bedeutet. Für Frans könnte das Prinzip 'Arbeiten' also auch insofern Sinn machen, als dass es sich kritisch zu der verweichlichenden Lage verhält, in die er sich durch seinen Vater gestellt sieht.

3.9.4.1.4 *"Arbeite doch in deinem eigenen Land"*

Das Prinzip 'Arbeiten', das, so Frans, in der Skinhead-Geschichte als Gegensatz zu den Jugendkulturen 'besserer Leute' artikuliert wurde, geht im Folgenden von Argument zu Argument immer deutlicher in eine Ideologie über, die das Versprechen enthält, dass individuelle Leistung und Arbeit zu individuellen Wohlstand führt. Diese Ideologie kann auch andersherum eine Wirkungskraft entfalten: Diejenigen, die es besser haben, haben vermutlich hart gearbeitet und es deshalb auch verdient. Zugleich ist es für Frans eine Ideologie, die sich nicht nur auf die eigene Gesellschaft und die eigene Familien-Geschichte bezieht, sondern gewissermaßen auch für internationale Verhältnisse eine Bedeutung hat.

Frans unterscheidet zunächst zwischen 'ökonomischen' und 'politischen' Flüchtlingen (siehe VI.3.4). Obwohl, wie er betont, die Niederlande eine hohe Bevölkerungsdichte aufweist, plädiert er für die Aufnahme von politischen Flüchtlingen. Allerdings unterstreicht er den vorübergehenden Charakter dieser Aufnahme:

Frans: *"Aber sobald der Krieg dort zu Ende ist, müssen sie wieder zurück, weil sonst werden sie zu ökonomischen Flüchtlingen. Wenn dort kein Krieg mehr ist, dann müssen sie in ihr eigenes Land zurück und beim Aufbau helfen." (efr.35:1107-1115)*

Ökonomische Flüchtlinge kommen in die Niederlande, um an den besseren sozialen Leistungen teilzuhaben. Seine Argumentation folgt hier einem typischen Muster: Als ökonomischer Flüchtling *"flüchtet man nur, weil man mehr Geld haben will" (efr.35:1127-1128)*. Dabei ist, so Frans, *"unser Land schon so voll" (efr.35:1141-1144)*, dass nur schwer mehr Menschen aufgenommen werden können. Die sogenannten *"Illegalen"*, ein Begriff, den Frans synonym zu ökonomischen Flüchtlingen gebraucht, *"müssen alle weg" (efr.35:1152-1153)*.

Frans: *"Arbeite doch in deinem eigenen Land. Sorg' dafür, dass es dort besser wird." (efr.35:1145-1147)*

Ich frage Frans, wie er sich erklärt, dass es reichere und ärmere Länder gibt. Frans antwortet, in dem er eine historische Erklärungsskizze präsentiert. Aktuelle Verhältnisse, auch in Bezug auf Osteuropa, bleiben ausgeklammert:

Frans: *"Zu einem bestimmten Zeitpunkt haben wir das goldene Zeitalter bekommen, und wir haben durch Erfindungen entsetzlich schnell Fortschritte gemacht. Das gab es in England und in Frankreich, und wir fingen an zu kolonisieren. Wir haben angefangen, uns auszubreiten, haben mehr Wissen bekommen, alle gingen zur Schule. Dann fingen wir an, die Länder in Afrika auszubeuten. Über die Kolonisierung sind wir an unseren Reichtum gekommen. Aber es ist nicht so, dass wir nur deshalb reich geworden sind, weil wir sie geplündert haben. Zu dieser Zeit, als wir anfingen, zu kolonisieren, waren wir den afrikanischen Ländern weit voraus. Sie sassen noch in Lehmhütten und kämpften mit Speeren. (...) In der Geschichte sind wir qua Technik weiter gewesen, wir sind reich geworden, weil wir weiter waren mit der Technik. Wir haben schon auch ausgebeutet, aber auch, weil wir nicht auf unserem faulen Hintern gesessen haben. Auch weil sehr viele Menschen angefangen haben, nachzudenken. Deshalb denke ich, dass es auf der einen Seite einfach Kolonisation war, aber auf der anderen Seite ... nicht dass wir besser sind. Aber wir hatten in der Geschichte eine Zeit, wo wir einen großen Vorsprung gegenüber Afrika hatten." (efr.35:1227-1268)*

Der Reichtum in den Niederlanden begründet sich Frans zufolge zum einen aus dem Erbe von Arbeit, frühen Erfindungen und einem Vorsprung in der Technikentwicklung, zum anderen aus Kolonisation und Ausbeutung. In seiner Erklärungsskizze verbindet Frans ein kritisches Element (gegenüber Kolonialismus, Ausbeutung, Plünderung) mit einem einschränkenden und relativierenden Element. Letzteres beruht auf einer Art historischen und entwicklungsbezogenen Variante der bereits beschriebenen Aufstiegs- und Arbeitsideologie: 'Wir' waren nicht faul, haben gearbeitet, nachgedacht, Erfindungen gemacht und waren und sind deshalb in der Entwicklung den Afrikanern voraus. Eine weitere Variante der Aufstiegs- und Arbeitsideologie wird von Frans in einer Passage gebraucht, in der er begründen, warum beispielsweise aus der Türkei keine Menschen mehr in die Niederlande kommen sollen:

Frans: *"Die Türkei ist nicht mehr richtig arm, aber wenn sie dort ihr Bestes geben und knochenhart weiterarbeiten, dann brauchen sie nicht alle hierher zu kommen, weil, wir haben hier sehr viel türkische und marokkanische Flüchtlinge. Ich glaube, dass wir mehr als die Hälfte hierher geholt haben, weil wir die schmutzigen Arbeiten nicht mehr machen wollten. Wenn jemand in der Türkei wohnt, dann braucht er nicht hierher zu kommen, weil die Situation dort nicht hoffnungslos ist. Wenn sie sich dort anstrengen, dann geht es dort auch besser. Es geht natürlich nicht von selbst, es wird schon viele Schwierigkeiten geben, aber sie brauchen nicht unbedingt hierher kommen, weil es hier besser ist. Sie müssen hier auch knochenhart arbeiten, also das können sie auch im eigenen Land tun und es dort besser haben. Das ist im Großen und Ganzen schon so, je härter man arbeitet, desto besser wird es für einen." (efr.35:1290-1317)*

Wieder ist ein durchaus selbstkritisch gemeintes Element, das auf 'unsere' Abweisung schmutziger Arbeiten hinweist, in eine Argumentation eingebaut, die insgesamt entgegengesetzt ausgerichtet ist. Diesmal soll die Ablehnung von ökonomischen Flüchtlingen und illegalen Arbeitsmigranten begründet werden. Auch fallen bei Frans - wie dies auch bei vielen anderen Jugendlichen bereits festgestellt werden konnte (VI.3.1) - die verschiedenen Gruppen zu einer einzigen zusammen: Die Arbeitsmigranten und -migrantinnen, die aus den klassischen Anwerbeländern im Mittelmeerraum, der Türkei und Marokko stammen, werden mitsamt ihren Nachfahren von Frans als Flüchtlinge, von denen *"wir mehr als die Hälfte hierher geholt haben"*, bezeichnet. Meine nächste Frage schließt direkt an die obige Passage an:

Interviewer: *"Hast du hart gearbeitet?*
Frans: *Nein.*
Interviewer: *Aber du sagtest gerade, dass je härter man arbeitet, desto besser hat man es?*
Frans: *Ja, das ist so. Ich bekomme jetzt diese Erziehung. Mein Vater ist Direktor, wir haben unheimlich viel Geld, also ... davon wirst du entsetzlich faul. Wenn mein Vater zu Beispiel bei den Hochöfen arbeiten würde, dann hätten wir weniger gehabt, und ich hätte wahrscheinlich härter arbeiten müssen. Dann kriegst du eine ganz andere Erziehung. Mein Vater hat immer gesagt: Such' dir einen Job. Aber dazu war ich immer zu faul. Es ist meine eigene Schuld.*
Interviewer: *Aber in der Schule arbeitest du doch auch?*
Frans: *Ja, aber wenn ich in diesen Ländern arbeiten würde und ich hätte es schlecht, dann arbeitest du von selbst härter, um es besser zu haben. Das ist auch der Grund, warum Japan nach dem Krieg so entsetzlich reich geworden ist. Sie haben einfach hart gearbeitet, man sieht, was jetzt in Japan passiert, einfach Überstunden machen, viel Stress, und dadurch wird es von alleine besser. Wenn ich hart arbeiten würde, würde ich mehr Geld kriegen, gebe ich mehr aus." (efr.35:1327-1370)*

Seine Aufforderung, doch jeweils im eigenen Land hart zu arbeiten, trifft auf Frans gegenwärtige Situation nicht zu. Er ist *nicht* deshalb in einer 'besseren' Lage, weil er selbst hart gearbeitet hat. Frans sitzt in einem bereits 'gemachten Nest', das - so die Familien-Erzählung - aus der harten Arbeit des Vaters hervorgegangen ist. Allerdings stellt sich Frans - wie deutlich wurde - als Skinhead in einer bestimmten Weise in Opposition zum Reichtum und zum Status der Familie. Das 'gemachte Nest' erscheint ihm als eine Fessel: durch das viele Geld *"wirst du entsetzlich faul"*. Und: *"hätten wir weniger gehabt"*, *"hätte (ich) wahrscheinlich härter arbeiten müssen"*. Er spürt die Anforderung, es ebenso wie sein Vater machen zu sollen. Er lehnt jedoch die Lebensweise seines Vaters ab und fühlt sich gleichzeitig überfordert, selbst eine ähnliche Karriere zu machen. Die Botschaften seines Vaters (*"Such' dir einen Job"*) stößt für Frans auf die lähmende Wirkung des 'Nestes': durch das viele Geld, scheint Frans sagen zu wollen, wird man faul, weil man es nicht nötig hat. Auffällig ist, dass Frans dennoch auf seiner Eigenverantwortung beharrt: *"Es ist meine eigene Schuld."* Hört man hier den Vater? Einen Reflex auf die Ideologie, dass in unserer Gesellschaft ein jeder und eine jede Entscheidungen treffen kann und für die Konsequenzen aus der getroffenen Wahl auch selbst verantwortlich ist? Ist die Verbindung von Bedingungen (*"Erziehung"*, *"viel Geld"*) und Verantwortung (*"eigene Schuld"*) so verstehen, dass die privilegierenden Bedingungen die Initiative zwar erschweren (*"wirst ... entsetzlich faul"*), keineswegs aber alleine für die eigene Lähmung verantwortlich gemacht werden können?

Aufschlussreich ist auf jeden Fall, dass von den internationalen Verhältnissen jetzt nur insofern die Rede ist, als dass der Arbeitseifer von Japanern als Vorbild und Erfolgsgarantie für ärmere Länder, aber auch als generelle Bestätigung des Prinzips 'Arbeiten' dargestellt wird. In der anschließenden Passage bleibt Frans wieder enger bei seiner eigenen Situation. Er baut den Nachteil, den er in seiner privilegierten Lage sieht, noch weiter aus:

Interviewer: *"Dein Vater geht um sechs Uhr aus dem Haus und kommt nachts ... ?*
Frans: *Das will ich natürlich nicht, das widerspricht sich. Ich selber brauche es persönlich vom Geld her nicht besser zu haben, weil ich habe beinahe alles, was ich will. Ich habe eigentlich im Vergleich mit anderen Menschen asozial viel. Von mir aus braucht es auch nicht unbedingt so zu sein. Eigentlich sollte ich arbeiten müssen, um zu spüren, wie das ist. Ich hatte schon mehrere Jobs, Zeitungen austragen, in einer Fabrik gearbeitet, aber da habe ich dann ab einem bestimmten Moment aufgehört, weil ich es nicht wirklich brauchte. Das ist für mich später ein Fehler, weil wenn ich es später brauche, dann bin ich das nicht gewöhnt. Das ist der Nachteil der Erziehung, die ich bekommen habe. Mein Vater war es gewöhnt, knochenharte Arbeit zu machen, das hat er jetzt noch. Ich habe das nicht." (efr.35:1372-1405)*

Das Skinhead-Sein kommt für Frans nicht von ungefähr. Protest und oppositionelle Momente, so zeigte sich, spielten für Frans Entscheidung eine wichtige Rolle. Die sich entwickelnde Identifikation mit einem - wenn auch sehr persönlich gefärbten - Skinhead-Standpunkt scheint eine Art schlechtes Gewissen zu unterstützen, selbst zu den 'besseren Kreisen' zu gehören (*"habe ... asozial viel"*). Sowohl die Skinhead-Prinzipien als auch der Vater formulieren die Forderung, *"eigentlich arbeiten"* zu müssen. Frans macht deutlich, dass er sich bemüht hat, allerdings nicht durchhielt, weil er es *"nicht wirklich brauchte"*. Für sich selbst sieht er dies als einen großen Nachteil, als Schwäche. Im Gegensatz zu seinem Vater ist er es nämlich nicht gewöhnt, *"knochenharte Arbeit zu machen"*.

Nach diesen langen Ausführungen zu seiner eigenen Situation kommt Frans unerwarteterweise wieder auf die internationalen Verhältnisse zu sprechen. Den Argumentationsfaden aufgreifend, demzufolge ökonomische Flüchtlinge und illegale Arbeitsmigranten in ihren jeweiligen Ländern bleiben und dort arbeiten sollten, versetzt sich Frans hypothetisch in eine für ihn 'schlechte' Situation:

Frans: *"Wenn ich in einem ärmeren Land arbeiten würde und es würde schlecht sein, so wie mit den Menschen, die wegen der ökonomischen Probleme dort hierher kommen, dann würde ich einfach knochenhart arbeiten. Wenn es hier schlechter werden würde und in Marokko würde es sehr gut gehen, dann würde ich hier knochenhart arbeiten und nicht dorthin gehen. Ich will einfach in meinem eigenen Land bleiben. Und wenn ich hier knochenhart arbeite, dann kriege ich auch Geld. Dann wird es hier von selbst besser für einen." (efr.35:1423-1439)*

Es sieht so aus, als ob die Menschen für die schlechte Lage in ihren eigenen Ländern selbst verantwortlich sind, da sie eben nicht genug gearbeitet haben. Auf dieser Ebene ergänzen und verstärken sich die Aufstiegsideologie der Familien-Saga und das Skinhead-Prinzip 'Arbeiten'. Die Elemente in Frans Argumentation, die sich gegen ökonomische Flüchtlinge und illegale Arbeitsmigranten richten und den relativen Reichtum in den Niederlanden mit 'eigenem' Erfindungsgeist und 'eigener' Arbeit rechtfertigen, passen gut in eine nationalistische oder auch rassistische Argumentation. In den Augen von Frans dürfte es sich hierbei um eine respektable Form von Nationalismus handeln.

Es ist wichtig, an dieser Stelle hervorzuheben, dass sich Frans' Argumente hier in der Tat keineswegs von dominanten Argumentationen in der niederländischen Gesellschaft unterscheiden (siehe V.5.3). Ausgehend von der Tatsache, dass sich Frans als Skinhead darstellt, wäre es ohne diese Hervorhebung allzu verführerisch, seine Standpunkte als extrem zu definieren. Dies sind sie keineswegs, was vielleicht für Frans *als* Skinhead spricht, nicht jedoch für die dominanten Positionen, die in der niederländischen Gesellschaft zu den Themen Einwanderung und Flucht eingenommen werden.

3.9.4.1.5 Gegen Rassismus, für Freiheit und Toleranz

Entsprechend zu der Feststellung von den unterschiedlich Platzierungen und Besetzungen im Kontinuum zwischen den Polen für und gegen Nationalismus und Rassismus (siehe VI.3.5), finden sich auch bei Frans Aussagen, die eher eine Argumentation unterstützen könnten, in der *gegen* Rassismus und Nationalismus Stellung bezogen wird. Frans spricht sich beispielsweise deutlich gegen rassistische Gewalt aus, wenn auch die Redewendung, die er zur Beschreibung dieser Gewalt gebraucht (*"Blödsinn machen"*), einen bagatellisierenden Eindruck erwecken mag:

Frans: *"Aber wenn die Leute auf der Straße zwei Skinheads sehen, Nazi-Skinheads oder zwei Neonazis, die jemanden zusammenschlagen, einen Allochthonen, sagen alle: 'Ach Gott, wie schlimm.' Aber niemand geht auf die Jungs zu und schlägt ihnen aufs Maul, weil sie einen Blödsinn machen. Das tut niemand.*

Interviewer: *Würdest du das wagen, würdest du das tun?*

Frans: *Ich habe eingetragen* (im Fragebogen; R.L.), *dass ich das tun würde, aber dass ich Angst hätte, selbst was aufs Dach zu bekommen. Wirklich, wenn ich alleine wäre, würde ich das nicht tun. Das würde ich nicht wagen. Aber wenn ich mit einem Freund zusammen bin und ich sage, komm, wir schlagen zurück, und er macht mit, dann schlage ich auch zurück." (efr.35:2167-2190)*

Gemeinsam mit den Umstehenden, malt Frans sich aus, würden sie dann schließlich die Mehrheit bilden, die den beiden Skinheads oder Neonazis weit überlegen sein dürfte. Allerdings befürchtet Frans, dass niemand der Zuschauenden den ersten Schritt machen wird. Auch über die Hilfsbereitschaft der Umstehenden, wenn er und sein Freund eingreifen würden, ist sich Frans keineswegs sicher:

Frans: *"Das finde ich typisch für die Niederlande, alle sind gegen Rassismus, aber nur bis zu einem gewissen Grad, bis man selbst betroffen ist. Weil in dem Moment, dass der da zusammengeschlagen wird und alle drum herum zuschauen, passiert eigentlich nichts." (efr.35:2197-2206)*

Frans äußert sich in diesem Punkt - und es ist und bleibt im ganzen Interview der einzige Punkt - kritisch zu Verhältnissen in den Niederlanden. Doch Frans bezieht nicht nur Stellung gegen rassistische Gewalt. Er spricht sich auch für Toleranz und gegen intolerante Haltungen aus:

Interviewer: *"Ist Toleranz für dich ein hoher Wert?*
Frans: *Ja, es wäre doch Unsinn, nicht tolerant zu sein? Vor einigen Wochen hab' ich im Fernsehen einen gesehen, der hat erklärt, dass alle Homosexuellen in öffentlichen Diensten aus ihren Ämtern entfernt werden müssten, oder aus der Kirche (...). Das ist so intolerant wie nur was. Das ist doch Quatsch. Was macht ein Homosexueller falsch? Er ist homosexuell und nicht hetero, was ist da falsch dran? Solche Sachen kapiere nicht, das will mir nicht in den Kopf. Das finde ich dumm. Du bist schwarz, warum sollte ich dir dann die Arbeitsstelle nicht geben? Du hast doch nichts getan? Du bist kahl? Warum kann ich dich nicht leiden? Du hast langes Haar? Warum kann ich dich nicht leiden? Ja ... ?" (efr.35:432-464)*

Intoleranz lehnt Frans ab. Als Beispiele führt er in einer Reihenfolge intolerante und ausgrenzende Haltungen gegenüber Homosexuellen, Schwarzen und - von seiner Warte als Skinhead aus vermutlich besonders bedeutsam - gegenüber Kahlköpfigen und Langhaarigen an. Frans wendet sich gegen Intoleranz.[343] Allerdings stellt die Aufzählung intolerante und ausgrenzende Haltungen gegen all die genannten Gruppen auch unterschiedslos auf eine *gemeinsame* Ebene. Die Erlebnisse, die er durch sein Auftreten als Skinhead hat, bekommen auf diese Weise die gleiche Qualität wie Ausgrenzung und Intoleranz gegenüber Schwarzen und Homosexuellen.

---

343 Seine Ablehnung von Intoleranz gegenüber Homosexuellen zeigt Frans nochmal als einen *besonderen* Skinhead. Anders wie bei Frans, hat in der Entstehungsgeschichte dieser Jugendkultur die verbale und gewaltförmige Verachtung von Homosexuellen einen hohen Stellenwert, ja, der Begriff homosexuell wird für alle Abweichungen von einem Männlichkeitsideal, das von physischer Härte geprägt war, gebraucht: "Ihren Alltagsbegriff von 'Schwulen' scheinen die Skinheads auf all die Männer ausgeweitet zu haben, die ihrer Meinung nach 'komisch' aussahen." (Clarke et al. 1979, 175)

3.9.4.1.6 Kopftücher, Freiheit und *"ein bisschen Nationalismus"*

Die Diskussion um Kopftücher bei islamischen Frauen stellt sich für Frans als eine Variante des Toleranz-Themas dar:

Frans: *"Viele Frauen wollen schon so ein Kopftuch tragen, ja, das sind sie gewohnt. So wie es das eine Mädchen aus unserer Klasse sagte, als wir darüber sprachen. Ich persönlich finde, wenn sie es nicht tragen wollen, dann brauchen sie es auch nicht zu tragen. Aber das wird durch den Glauben oft nicht toleriert, durch die Glaubens... oder durch ihre Männer oder was auch immer. Weil sie sind Frauen, und das muss dann aus ihrem Glauben heraus so sein. Ich finde, dass solche Sachen abgeschafft werden müssen." (efr.35:490-506)*

Der islamische Glauben und die islamischen Männer erscheinen als intolerant. Vorschriften, die durch den Glauben auferlegt werden, sollten abgeschafft werden. Frans betont das Recht der Frauen, selbst über das Tragen von Kopftüchern zu entscheiden. Seine Ausführung haben die bekannte doppelbödige Form (siehe VI.3.7.8 und VI.3.8.3): Es ist der niederländische Mann, der die islamische Frau rettet, und die Intoleranz bekommt einen bestimmten Ursprung *außerhalb* der niederländischen Gesellschaft. Aus der *Wirkung* dieser Artikulationsform kann jedoch nicht geschlossen werden, dass es Frans mit der Abweisung von Intoleranz nicht ernst meint. Die Diskussion geht weiter:

Interviewer: *"Wie merkst du denn bei einer, die ein Kopftuch trägt, ob sie das will oder ob sie das nicht will?*

Frans: *Nein, nicht. Ich sitze nicht bei einer in der Familie. Das kann man nur wissen, wenn man mit einer redet, ob sie so etwas will oder nicht.*

Interviewer: *Kennst du eine mit Kopftüchern?*

Frans: *Nein. Ich weiß da eigentlich auch sehr wenig drüber, aber soviel ich weiß, verpflichtet sie der Glaube dazu, es zu tragen. Ich habe auch mit Freunden darüber geredet. Ein Freund von mir sagt, das steht da überhaupt nicht, das hat einfach so ein Haufen von Idioten später dazu erfunden. Aber es steht nicht im Koran, also warum 'müssen' sie eigentlich? Sie sind es jetzt so gewohnt. Aber ich finde, wenn Frauen das nicht wollen, das wird dort in dieser Gesellschaft einfach nicht akzeptiert. Wir haben hier vor ein paar Jahren eine Familie in Delft gehabt. Die Frau wollte sich scheiden lassen und der Mann schluckte das nicht und hat sie auf der Straße erstochen. (...) Aber solche Dinge höre ich schon öfter. Also, ich sage nur, was ich so gehört habe. Ich habe mich da nicht echt drin vertieft, aber ich höre und lese öfters solche Dinge, Rache gegenüber Frauen, oder ein Mann schlägt seine Frau zusammen. Oder Türken, weil seine Frau sich scheiden lassen will, das ist aufgrund der Tradition nicht erlaubt." (efr.35:517-578)*

Frans macht (mit seinem Freund) nicht den Koran an sich für bestimmte Kleidungsvorschriften verantwortlich, sondern bestimmte Männer (einen *"Haufen von Idioten")*, die diese Vorschriften nachträglich eingeführt haben. Für die Frauen erwartet er sich hierdurch offenbar einen größeren Handlungsspielraum: Eigentlich müssten sie gar kein Kopftuch tragen, wenn sie diesen Willkürakt durchschauen würden.

Frans gibt sich auf der einen Seite vorsichtig. Er kennt keine Frau, die ein Kopftuch trägt und gesteht ein, wenig darüber zu wissen. Auf der anderen Seite hindert ihn dies nicht, eine dezidierte Haltung zu diesem Thema einzunehmen, eine Haltung, die sich an dem orientiert, was Frans öfters hört und liest. Er reproduziert auf diese Weise das dominante Bild, in welchem islamische und türkische Männer als gewalttätig und ihre Frauen als unterdrückt und geschlagen präsentiert werden. Allerdings scheint Frans zu wissen, dass er sich mit diesem stereotypen Bild auf unsicherem Gelände bewegt: *"Also, ich sage nur, was ich so gehört habe."* Mag sein, dass mein Gesicht Bände sprach, als ich - wie so oft in diesen Diskussionen und Interviews - wieder einmal mit diesem Negativbild konfrontiert wurde.

In der Interviewpassage mit Frans geschieht jedoch noch mehr. Frans wechselt von der Beschreibung einer anderen Gesellschaft, die nicht akzeptiert, dass Frauen kein Kopftuch tragen wollen, zu Geschehnissen im eigenen Land. Intoleranz und Frauenunterdrückung wird gleichsam - und zwar in einer gewalttätigen Form - durch die Eingewanderten in die Niederlande eingeführt. Frans verbindet insgesamt die Diskussion um Meinungs- und Entscheidungsfreiheit eng mit dem Kopftuch-Thema und dem islamischen Glauben. Ich frage Frans deshalb, ob er auch gegen Angehörige christlicher Sekten, die beispielsweise ihren Kindern eine Schutzimpfung verweigern, Stellung beziehen würde:

Frans: *"Ich finde einfach, dass jeder seine eigene Wahl treffen muss, selber sagen darf, wie man aussehen will. Mit Kopftuch, ohne Kopftuch, dass muss man selbst wissen: von Kopf bis Fuß bedeckt oder nicht bedeckt, eine Polioimpfung oder keine. Nicht, dass der ein oder andere Vollidiot sagt: das ist verboten, weil das ist gegen unseren Glauben." (efr.35:740-753)*

Frans findet es gut, dass er in den Niederlanden wohnt, und er verbindet diese Aussage, wie zu sehen war, damit, dass er sich für *"ein bisschen Nationalismus"* ausspricht. Meinungs- und Entscheidungsfreiheit sind für Frans niederländische Eigenschaften:

Frans: *"Aber, dass ich in den Niederlanden geboren bin, damit bin ich unheimlich zufrieden. Ich bin unheimlich frei in meinem Handeln, was ich tue und was ich lasse. Demokratie, ja, die Gesellschaft, wo wir leben, die Niederlande, das ist ..., verglichen mit Amerika, das ein scheinheiliges Mistland ist, wo alles kaputt geht, wo die Unterschiede zwischen arm und reich immer größer werden ... . Ich finde, dass in den Niederlanden alles gut geregelt ist, in Bezug auf soziale Versicherungen und was noch alles. Das finde ich in den Niederlanden sehr gut geregelt." (efr.35:917-933)*

Nationalismus verbindet sich für Frans mit dem guten Gefühl, Teil eines Landes zu sein, in dem demokratische Werten und gute soziale Regelungen einen hohen Stellenwert haben. Das Bild von gewalttätigen Männern und unterdrückten Frauen, die mit ausländischen Mächten *("dort in dieser Gesellschaft")* in Verbindung gebracht werden können, scheint hierbei eine geeignete *Absetzschablone* abzugeben. Über die Verhältnisse in den Niederlanden lässt Frans im gesamten Interview nur an einer einzigen Stelle ein negatives Wort verlauten (siehe oben).

3.9.4.1.7 Faszination des Militärischen und Schrecken des Krieges

Frans' Wunschberuf ist es eigentlich, Berufsmilitär zu sein. Gerne würde er eine Ausbildung an einer Militärakademie machen, um Leutnant oder Kapitän zu werden und eine leitende Stellung einzunehmen *(efr.35:1733-1751)*. Hier folgt Frans der Position seines Vaters. Er verlässt hinsichtlich der gewünschten Einstiegshöhe beim Militär nicht seine soziale Klasse: Der Vater ist Direktor, Frans will zur militärischen Führungsakademie. Allerdings hat er in letzter Zeit zunehmend begonnen, über seinen Berufswunsch zu zweifeln:

Frans: *"Ich weiß es nicht, ich glaub', ich kann es nicht, persönlich. Aber das hat mit meinem Charakter zu tun. Ich bin entsetzlich schlaff. Aber das können sie trainieren. Die Armee, ja, auf der einen Seite hast du dann immer einen Beruf, du verdienst zwar nicht so viel, aber du hast einen Beruf. Du sitzt sicher, du hast deutliche Richtlinien. Aber auf der anderen Seite ist die Gefahr, dass du in Kriegsgebiete gehen musst, dass du dann wirklich kämpfen und Menschen tot schießen musst. Deshalb zweifle ich .... (...) Die KMA*[344]*, das wäre echt berufsmäßig, einfach Menschen führen, da muss man gut miteinander auskommen. Eine Art Scouting, aber dann mit echten Waffen." (efr.35:1763-1789)*

Frans geht davon aus, den Belastungen beim Militär nicht gewachsen zu sein. Die guten Bedingungen zu Hause, die sich - wie deutlich wurde - in Frans Augen insoweit als ein Nachteil darstellen, als dass er es nicht gewohnt ist, hart zu arbeiten, scheinen sich auch auf seine Tauglichkeit und Fitness für das Militär auszuwirken. Vielleicht, so hofft er, könnte die Armee hier durch ein entsprechendes Training helfen. Auch faszinieren ihn die festen Strukturen, die das Militär bieten kann, das Scouting, die Kameradschaft, die Führung von Menschen und - wie er später noch hinzufügt - das Draußen in der Natur sein *(efr.35:1821)*. Dennoch: die Gefährlichkeit in Kriegsgebieten, die Aussicht, wirklich Menschen erschießen zu müssen, schreckt Frans ab. Seine Haltung zum Militärischen ist ambivalent: einige Aspekte ziehen ihn an, andere schrecken ihn ab. Generell ist Krieg für Frans jedoch etwas, was er zwar nicht befürwortet, was aber offenbar zur Menschheit gehört:

Frans: *"Es ist nicht aus der Menschheit wegzudenken. Das geht einfach nicht. Es bleibt immer. Streit zwischen verschiedenen Menschen wird es auch immer geben. Das kann man auch nicht einfach abschaffen. Nur ist Krieg etwas in einem größeren Maßstab und entsetzlich dumm." (efr.35:1720-1728)*

Die unmittelbare und zwischenmenschliche Ebene der Auseinandersetzung wird von Frans gleichgesetzt mit Kriegen zwischen verschiedenen Ländern. Der Unterschied scheint nur eine Frage des Maßstabs zu sein:

Interviewer: *"Bist du gegen Krieg?*
Frans: *Ja. Es ist nicht so, dass die Armee abgeschafft werden muss. Es sitzt im menschlichen Wesen und auch im tierischen Wesen. Wie bei den Affen: der Stärkste bekommt am meisten, und der etwas weniger Starke bekommt erst etwas, wenn der Starke zu Ende gegessen hat. Sie akzeptieren das. Bei den Menschen ist es*

[344] KMA = Königliche Militärakademie.

> *so, dass die Starken das Meiste kriegen, aber die Armen das nicht akzeptieren. Also kriegt man Krieg und Streit. Meistens ist es Neid, man will mehr haben als ein anderer, das sitzt im menschlichen Wesen. Krieg ist etwas, was menschlich ist. Aber ich bin schon dagegen, weil es unheimlich viel Leid mit sich bringt, aber es ist einfach nicht zu stoppen. Wären die Armeen nicht mehr da, dann denkt morgen plötzlich ein Verrückter: keine Armeen mehr, niemand der mich aufhält." (erfr.35:1441-1468)*

Der Einfluss einer sozialdarwinistischen Komponente ist bei diesem naturalisierenden Konzept nicht zu übersehen. Allerdings beharrt Frans auf einen spezifischem Unterschied zwischen Mensch und Tier: Bei den Affen dulden die Unterlegenen, dass sie weniger abbekommen. Die Unzufriedenheit der Armen wird von Frans neben Neid und Habgier als die eigentliche Ursache von Krieg und Streit dargestellt. Frans entwirft hier eine besondere Perspektive von Ursache und Wirkung. Nicht die jeweils Herrschenden oder Regierenden, die ihr eigenes Land in den Krieg führen, tauchen als die Akteure von Kriegen auf. Im Gegenteil. Es sind die Beherrschten, die sich gegen ihre Armut auflehnen, die die Kriege verursachen. Revolutionen und Revolten 'von unten' werden offenbar als Krieg verallgemeinert.

"Krieg ist etwas, was menschlich ist", sagt Frans. Zweifellos spricht einiges dafür, Krieg als etwas spezifisch Menschliches, als ein *gesellschaftliches* Phänomen zu begreifen (vgl. hierzu etwa Negt/Kluge 1981, 851ff.). Allerdings ist dies von Frans *nicht* gemeint. Gerade zuvor hat er ja menschliches und tierisches Wesen gleichgesetzt. Er scheint vielmehr auszudrükken zu wollen, dass Krieg eben beim Menschen vorkommt und entsprechende Maßnahmen und Gegenmaßnahmen unvermeidbar sind. Frans ist gegen Krieg, da dies auf der Seite der Opfer Leid und Elend verursacht. Da Krieg jedoch eine unvermeidbare Tendenz ist, die im menschlichen Wesen steckt, sind Armeen notwendig, um sich gegen den Krieg zu schützen. Das es sich hierbei auch um (geplante) Überfälle Verrückter handeln kann, deutet darauf hin, dass die Verursachung von Leid durch Krieg in irgendeiner Weise auch außerhalb menschlicher 'Normalität' steht. Allerdings gilt diese Sichtweise für nahezu alle Armeen: Die jeweils 'eigenen' Armeen sind jedenfalls immer zum Schutz da, *verrückt* sind jeweils die Armeen bzw. die Befehlshaber der 'anderen' Armeen:

Frans: *"Man kann schon die Armeen abschaffen, aber dafür bin ich nicht. Weil es gibt einem Schutz, weil niemand hält dann die Verrückten zurück, die Länder erobern wollen. Niemand hält das dann mehr zurück. Es ist eine verdammte Todsünde, dass es sie gibt, aber sie sind nun einmal notwendig.*

Interviewer: *Und denkst du dann, Armeen ... ich sehe den Panzer dort an deiner Wand hängen ... ?*

Frans: *Schau, ich wollte ein sehr widersprüchliches Bild in meinem Zimmer aufhängen, siehst du dieses Poster? Das ist vom Ersten Weltkrieg von den Amerikanern: 'Join the army'. Darunter will ich ein Schwarz-Weiß-Foto von einem Soldaten hängen, der niedergeschossen wird, darunter steht: 'Why?' Das ist doch unheimlich Anti-Krieg. Ich habe da ein paar Angaben über Kriegsopfer, von allen amerikanischen Toten, die zu dieser Zeit gefallen sind. Da habe ich ein Bild aus Afrika, Gefechte in einem Land, wo Krieg herrscht. Ich habe dieses Bild von einem serbischen Panzerschützen in Jugoslawien. Dieses Bild hier ist von einer Frau, die drei Soldaten gegenübersteht, sehr hoffnungslos eigentlich. Ich will einfach in meinem Zimmer ein Bild erzeugen, das so widersprüchlich wie nur möglich ist. Die Poster kaufe ich zu Nikolaus*[345] *oder zu meinem Geburtstag. Es ist nicht so, dass ich denke, oh, ein Panzer, herrlich. Absolut nicht. Ich finde es ein schönes Fahrzeug, nicht wegen der Vernichtungskraft, aber es strahlt Macht aus. Und eigentlich habe ich da nichts dagegen, ich finde es schon schön. Auf der einen Seite finde ich es eine schöne Waffe, aber ich weiß, dass man das davon kriegt (zeigt auf die Bilder mit den Kriegsopfern: R.L.), so viele Tote. Ich will nicht die Realität aus den Augen verlieren .... " (efr.35:1493-1548)*

Frans hat in seinem Zimmer eine imaginäre Landkarte seiner Wünsche, Ängste und Hoffnungen zusammengestellt. Die widersprüchlichen Gefühle von Frans sind in dieser Karte eingetragen. Es fasziniert ihn die Macht des Militärischen und Kriegerischen und zugleich flößt sie ihm Angst ein. Er bewundert die Krieger und bemitleidet ihre Opfer. Er kann sich sowohl mit den Kriegern und als auch mit den Opfern identifizieren. Frans ist gleichzeitig angezogen und abgeschreckt. Diese Widersprüchlichkeit *ist* seine Realität.

Allerdings scheint es keine Widersprüchlichkeit zu sein, die auf eine Auflösung drängt. Im Gegenteil: sie scheint in einem relativ stabilen Gleichgewicht zu verharren. Das Bild, das er in seinem Zimmer zu kreieren versucht, gibt ihm in bestimmter Weise sogar eine Möglichkeit, weiterhin fasziniert zu sein. Er sieht sich selbst als kritisch, als nicht blindlings auf Waffentechnik und Militär hereinfallend, da er doch immerzu auf die dunklen Seiten des Krieges hinweist. Er kann sich mit seinem Zimmer entsprechend präsentieren - und trotzdem der Faszination von militärischem Gerät und kriegerischer Macht nachgeben. Die von ihm hantierten Konzepte, Kriege als zum Menschen gehörend und Armeen als eigentliche Schutzfaktoren gegen Kriege darzustellen, haben hier zweifellos eine zusätzliche Entlastungsfunktion. Aus dem widersprüchlichen Bild in seinem Zimmer wird - trotz eines unguten Gefühls - keineswegs ein Widerspruch, der zur *Auflösung* drängt.

3.9.4.1.8 *"Rassismus, das ist einfach in der Menschheit drin"* - und wie es bei Frans?

Auch Rassismus wird von Frans, wie Krieg und Streit, als ein Element des menschlichen Wesens gesehen:

Frans: *"Zu Rassismus: Ich finde, dass jeder ein Antirassist sein muss. Ich finde, dass jeder ein Antifaschist sein muss, weil Faschismus ist etwas Schreckliches. Aber Rassismus, dass ist einfach in der Menschheit drin." (efr.35:1969-1974)*

Jeder muss ein Antirassist, jeder muss ein Antifaschist sein, Aussagen, die weit über Frans anfängliche Selbsteinordnung als 'neutraler' Skinhead hinausgehen. Allerdings - so scheint Frans sagen zu wollen - ist Rassismus ein grundlegendes Problem, das - wie zuvor schon Krieg und Streit - zum menschlichen Wesen gehört und deshalb nicht so leicht beseitigt werden wird:[346]

---

[345] Eigentlich sagt Frans "sinterklaas". Dieses Fest am 5. Dezember hat als Familienfest mit vielen Geschenken in den Niederlanden in etwa die Bedeutung wie in Deutschland das Weihnachtsfest.

[346] Diese Passage ist für sich genommen auch so interpretierbar, dass Frans einen Unterschied zwischen Faschismus und Rassismus macht und Rassismus eher verharmlost. Seine Redewendung, in der er Faschismus und Rassismus mit einem *aber* voneinander abzuheben scheint, könnte so verstanden

Frans: *"Rassismus finde ich schlecht, total schlecht, weil nach Rasse zu beurteilen ... . Aber Diskriminierung steckt in jedem Menschen, jeder Mensch diskriminiert schon mal, nicht unbedingt nach Rasse und Intelligenz, aber wenn du diese Begriffe sehr genau anschaust, ja, jeder tut es."*

Alle Menschen diskriminieren, so Frans, wenn auch nicht jedesmal in rassistischer Form.[347] Solche Aussagen - jeder und jede ist rassistisch, jeder und jede diskriminiert - können so interpretiert werden, dass sich niemand aus der Verantwortung stehlen kann und alle in diesen Problemzusammenhang verstrickt sind. Allerdings werden Phänomene, die sehr allgemein vorzukommen scheinen, meist eben *nicht* als gefährlich oder bedrohlich, sondern als harmlos, eben als gewöhnlich und normal, wahrgenommen. Ein solcher Effekt ist besonders dann sehr deutlich zu bemerken, wenn bei solchen Aussagen nachgefragt wird, wo genau - wenn es denn alle tun - der jeweilige Sprecher oder die jeweilige Sprecherin dies praktiziert. Frans reagiert auf diese Frage folgendermaßen:

Interviewer: *"Wo tust du das?*
Frans: *Diskriminieren? Das bezieht sich aufs Äußere, wenn ich jemand mit so 'ner Raider-Jacke sehe und ein Mütze verkehrt herum auf, dann sage ich, oh, das ist ein HipHopper. Nichts gegen so einen Typen. Aber es ist dann nicht so, dass ich auf den zu gehe und mit ihm rede." (efr.35:1999-2019)*

Und an anderer Stelle:

Frans: *"Ich diskriminiere eigentlich nicht in Bezug auf Äußeres oder sonst was. Aber, es ist schon so, mit meinen Freunden ziehe ich über die Tussies her, die alle mit Dauerwelle und Nikies rumlaufen und die anderen, die gehören alle nicht dazu. So was mache ich echt nieder, das ist auch diskriminieren." (efr.35:2051-2059)*

Zunächst sieht man, dass Frans sich nicht ganz sicher zu sein scheint, ob er selbst entlang von äußeren Merkmalen diskriminiert oder nicht. Wenn jedoch auf die Wirkung geachtet wird,

---

werden. Allerdings sollte dieses *aber* nicht überbewertet, sondern auf die Bedeutung der Aussage geachtet werden. Wenig später, in der folgenden Passage, sieht man nochmal ein solches *aber*. Diesmal scheint er Rassismus von Diskriminierung zu unterscheiden und Diskriminierung zu verharmlosen. Nimmt man beide Passagen zusammen, steckt für Frans Rassismus *und* Diskriminierung in den Menschen drin. Ich interpretiere deshalb beide *aber* als unglückliche Formulierungen.

[347] Diskriminierung scheint Frans hier als eine Form von Rassismus zu begreifen, insofern *"nach Rasse und Intelligenz"* diskriminiert wird. Dies ist eine auffällige Formulierung. Rassistische Zuschreibungen benutzen zwar soziale Konstruktionen von 'Rassen', die als mit geringerer Intelligenz ausgestattet definiert werden. Ein aktuelles Beispiel hierfür sind in der Diskussion um die sogenannte 'Bell Curve', die in den USA unlängst einen neuen Anlauf nahm, zu finden. Allerdings wird dort keineswegs *nach Intelligenz* diskriminiert, sondern ein Zusammenhang zwischen spezifischer 'Rassen'-Konstruktion und empirisch vorfindbaren Schulerfolgen behauptet und die Ursache für mangelnden Schulerfolg auf die Wirkung von genetisch-rassialen Faktoren zurückgeführt. Es wäre allerdings etwas oberlehrerhaft, Frans vorhalten zu wollen, dass er zwar die Begriffe Rassismus und Diskriminierung benutzt, aber sich *"diese Begriffe"*, gegen seine eigene Behauptung, eigentlich nicht *"sehr genau"* anschaut. Es gibt Wissenschaftler und Wissenschaftlerinnen, bei denen dies leider keineswegs anders ist.

die diese Aussagen insgesamt haben können, scheinen die jugendkulturellen Diskriminierungen, die Frans beschreibt, recht harmlos zu sein. Selbst praktiziert man vermutlich jeden Tag ähnliches. Verharmlost dies nicht auch den Eindruck, den man unter Umständen über die eigene alltägliche Verstrickung haben kann, genauso wie dies Frans recht harmlos erscheinen lässt? Rassismus und Diskriminierung werden - wie schon in einer früheren Passage - auf eine Ebene mit Abgrenzungen in der eigenen Jugendkultur gestellt. Implizit drohen bei dieser Gleichstellung - neben der Verharmlosung - Hautfarbe und Religion zu bloßen Fragen des Stils bzw. des 'richtigen' Geschmacks zu werden.

Zudem: Verschiebt Frans hier nicht ein Problem? Frans gibt zwar recht selbstkritisch an, dass auch er diskriminiert und - in gewisser Weise - dies auch für ein Problem hält. Allerdings führt er nicht seine eigenen Aussagen (siehe oben) zur Abwehr von Flüchtlingen, die von ihm als *ökonomische* Flüchtlinge definiert werden, als einen Bereich an, der mit zum Thema Diskriminierung gehört; genauso wenig wie das von ihm benutzte Bild über islamische Frauen und Männer oder die Form und das Maß an Nationalismus, die Frans für wünschenswert hält (siehe VI.3.6).

3.9.4.2 Karel: *"Je weniger Ausländer es gibt, desto weniger Rassismus wird man haben."*

Karel ist 17 Jahre alt und wohnt in Zaandam. Die Argumentationsweise von Karel wurde bereits erwähnt: sein Klassenkamerad Juan wies auf ihn hin, überrascht, wie ernst und überlegt Karel während der Gruppendiskussion argumentierte, ganz anders, als dies Juan im schulischen Alltag von Karel gewohnt war (siehe IV.3.1.4). Karels Eltern sind keineswegs vermögend. Sie sind beide berufstätig: Sein Vater ist Berufssoldat, seine Mutter arbeitet auf einer Teilzeitstelle als Leiterin einer Putzkolonne. Er besucht eine Schule im berufsbildenden Schulwesen, die in der vorherrschenden Bildungshierarchie eher 'unten' angesiedelt ist (KMBO). Karel macht dort eine handwerkliche Ausbildung im Elektrotechnikbereich.

3.9.4.2.1 Totenköpfe, Tätowierungen: *"... das geht mir ein bisschen zu weit ..."*

Karel bezeichnet sich als Hardrocker. Er ordnet sich dabei einer bestimmten Jugendkultur zu, ohne bestimmten Aspekten des Bildes über diese Kultur entsprechen zu wollen. Karel macht deutlich: Hardrocker ist nicht gleich Hardrocker.

Interviewer: *"Gibt es bei den Hardrockern auch Gruppierungen, die du unsympathisch findest?*
Karel: *Die echten Leute, die echten Hardrocker, wenn man so will. Die Leute, die mit Totenköpfen rumlaufen, tätowiert und alles, das finde ich, geht mir ein bisschen zu weit.*
Interviewer: *Kennst du auch solche Leute?*
Karel: *Ja, persönlich nicht, aber ich habe Leute gesehen, die damit rumliefen. Tätowierungen, das ist schon o.k., aber das geht etwas zu weit, finde ich, und das sind auch die Leute, wovon andere dann denken: das ist einer, der so rassistisch ist. Obwohl er das vielleicht gar nicht ist." (eka.22:1527-1548)*

Bestimmte Hardrock-Gruppierungen sind Karel zu extrem. Es handelt sich dabei um Gruppen, über die das Bild vorherrscht, dass sie Rassisten seien. Karel distanziert sich von solchen

Hardrockern und unterstreicht damit, dass er selbst ein 'anderer Hardrocker' ist. Zugleich verteidigt er jedoch auch die extremen Hardrocker, von den er sich gerade abgegrenzt hat: Möglicherweise handelt es sich auch dort im Einzelfall gar nicht um Rassisten, und diejenigen, die so urteilen, lassen sich durch ihr vorurteilsvolles Bild leiten.

Wieder ist die 'Falle' zu entdecken, die durch auffällige Merkmale der Jugendkultur 'aufgestellt' wird (bei Frans 3.9.4.1.2). Gleichzeitig ist deutlich, dass die provokativen und furchtauslösenden Momente, die für Karel den Reiz des Hardrock-Out-Fits mitbestimmen, sich aus dem allgemeinen Negativ-Bild speisen, das im Grunde nicht schwarz und drastisch genug sein kann, um auch wirklich einen entsprechenden Effekt aus dem eigenen Auftreten ziehen zu können - und Karel genießt, wie wenig später zu sehen sein wird, diesen Effekt.

Auch den Eltern von Karel gehen manche Aspekte der Hardrock-Jugendkultur zu weit. Karel findet allerdings ein bestimmtes Gleichgewicht, das ihm das Praktizieren des gewünschten Stils möglich macht, ohne sich mit den Eltern überwerfen zu müssen. So trägt er zwar gegen den Wunsch seiner Mutter langes Haar, zeigt aber Verständnis, wenn seine Mutter sich gegen Tätowierungen ausspricht:

Interviewer: *"Sagt deine Mutter da etwas dazu?*
Karel: *Die hat es am liebsten, wenn ich kurzes Haar trage, weil sie findet, dass mir das am besten steht. Ansonsten muss ich es im Grunde selber wissen, was ich tue. Sie sind dagegen, dass ich mich tätowieren lasse. Und eigentlich ist das auch verständlich, weil das ist natürlich eine Veränderung, die man nur schwer wieder rückgängig machen kann." (eka.22:1586-1598)*

Die Distanzierungen, die Karel gegenüber bestimmten Hardrock-Gruppierungen vornimmt, *passen* offenbar zu den Vorbehalten, die seine Eltern haben.

3.9.4.2.2 Für das Militär, gegen Krieg

Karels Wunsch ist es, Berufssoldat zu werden. Mit diesem Berufswunsch tritt er in die Fußstapfen seines Vaters. Als Motive für seinen Berufswunsch nennt Karel zunächst den familiären Hintergrund und den Bekanntenkreis.

Karel: *"Das kommt wahrscheinlich auch durch meine Erziehung, weil mein Vater, der ist dabei (beim Militär; R.L.) und der hat eine Menge Bekannter dort, wovon wir einige, die wir besuchen, kennen. Darum ..., ja, ich bin damit aufgewachsen." (eka.22:95-102)*

Karel möchte in der Armee seine begonnene Elektrotechnik-Ausbildung fortsetzen. Das Risiko, als Berufssoldat beispielsweise bei UN-Operationen in gefährlichen Krisen- und Kriegsgebieten eingesetzt zu werden, ist für Karel kein Hinderungsgrund. Und wenn Karel auch Militär und UN-Einsatz prinzipiell für eine notwendige und nützliche Sache hält, so verschweigt er nicht, dass er für sich auch durchaus finanzielle Anreize sieht.

Karel: *"Natürlich die finanzielle Seite. Das finde ich doch auch wichtig. Du verdienst dann doch mehr, weil du 24 Stunden im Dienst bist und allerlei Gefahrenzula-*

gen und sonstiges dazu kriegst. Und dann doch, weil dort gesichert werden muss, finde ich.

Interviewer: *Was genau muss gesichert werden?*

Karel: *Die Menschen, die da noch wohnen, die Lebensmittel, die dort hingeschickt werden, die Hilfe und das alles, das muss alles begleitet werden. Wenn du siehst, dass sie schon auf UN-Transporte schießen. Das geht einfach zu weit. Das geht nicht." (eka.22:164-184)*

Seine Rolle beim Militär sieht Karel *nicht* im Führungsbereich angesiedelt.

Interviewer: *"Und willst du Befehlshaber werden?*

Karel: *Nein, ich will dort einfach meine Arbeit machen. Es macht mir nichts aus, ob ich Befehlshaber werde oder ob ich Befehlen zu folgen habe. Da ist doch immer jemand, der höher steht als du. Verteidigungsminister werde ich doch nie (wir lachen beide; R.L.). Ein wirklicher Befehlshaber werde ich auch nie. Es gibt immer jemanden, der sagt: 'Ganz ruhig.' Oder: 'Das muss so und so gemacht werden.'" (eka.22:1047-1060)*

Karel spricht sich zwar prinzipiell gegen Krieg aus, hält Krieg aber für ein Mittel, das im äußersten Fall eingesetzt werden kann:

Interviewer: *"Bist du gegen Krieg?*

Karel: *Ja, im Prinzip schon. Am besten ist es, wenn er verhindert werden kann. Erst wenn es nicht anders geht, dann kann es Krieg geben. Aber das ist wirklich das Äußerste. Am besten, man probiert, mit Reden und Kompromissen eine Übereinkunft zu erreichen. Das ist doch am besten.*

Interviewer: *Und stell' dir vor, dass es später mit der europäischen Einigung gemeinsame militärische Streitkräfte*[348] *gibt. Würdest du das gut finden?*

Karel: *Das würde ich nicht gut finden, weil wenn ich sehe, was jetzt in Deutschland los ist, dann hast du die Chance, dass eine ganze Menge von den Skinheads und Neonazis zum Militär gehen, um in höhere Funktionen zu kommen, damit sie die Armee unter ihrer Kontrolle bekommen." (eka.22:213-240)*

Karels Haltung zu gemeinsamen europäischen Streitkräften ist negativ. Ein Satz genügt, um eine äußerst komplexe Aussage zu machen: Erstens macht Karel deutlich, dass er Naziskins und Neonazis ablehnend gegenüber steht; zweitens stellt er sich eine Art personelle Unterwanderung vor, die zur Machtübernahme in einer europäischen Armee führen könnte; drittens geht er davon aus, dass gerade das Militär für Naziskins und Neonazis eine besondere Anziehungskraft hat; viertens vermutet er, dass die Gefahr der Unterwanderung und Machtübernahme vom (heutigen) Ausland auszugehen droht; fünftens muss ihm zufolge der Ausgangspunkt dieser Gefahr vor allem in Deutschland verortet werden.

---

[348] Der benutzte Begriff lautet im Niederländischen eigentlich 'Kriegsmacht'.

3.9.4.2.3 Wenig Ausländer = wenig Rassismus

Karels Antwort führt zu einem Themenwechsel. Gegenstand des Gesprächs sind jetzt nicht mehr Krieg und Militär und die eigene Haltung hierzu, sondern aktuelle rassistische Gewalttaten und Brandanschläge in Deutschland. Das Verständnis, das Karel hierbei angesichts der Situation in Deutschland zeigt, scheint zunächst in einem deutlichen Kontrast zu der ablehnenden Haltung zu stehen, die er kurz zuvor gegenüber Naziskins und Neonazis aus Deutschland geltend gemacht hat:

Karel: *"Schau, eigentlich kann man ihnen nicht Recht geben, das nicht, aber es gibt Gründe, dass ich sage: Ja, in Deutschland müssen sie anfangen, ein bisschen aufzupassen. Ich denke, dass sie viel zu viel Flüchtlinge aufnehmen. Es ist so ein bisschen das einzige Land in Europa, das Jugoslawen aufnimmt, aber in solch' großen Mengen, dass ... ja, das Land wird einfach auch zu voll werden. Und mit der Ökonomie haben sie es schon etwas schwieriger wegen der deutschen Vereinigung. Ich finde, dass sie es zurückdrehen müssen, schon noch aufnehmen, aber weniger aufnehmen.*
Interviewer: *Aber denkst du denn, dass das daher kommt?*
Karel: *Nein, das war natürlich vorher auch schon am Gange. Es hat angefangen, als Deutschland vereinigt wurde. Viele Skinheads aus Ostdeutschland, die bekamen die Freiheit, ihre Meinung zu äußern. Schau, in Ostdeutschland wurde das sofort im Keim erstickt und da wurde weiter nicht drüber geredet. Jetzt, wo es ein großes Deutschland ist, da sind für die die Schleusen natürlich geöffnet.*
Interviewer: *Meinst du, dass das vor allem in Ostdeutschland vorkommt?*
Karel: *Hauptsächlich ... es ist aus Ostdeutschland herüber geweht, ja.*
Interviewer: *Hast du diesen Eindruck durch das, was du in den Medien so hörst?*
Karel: *Ja, nach dem, was ich in den Medien gehört und gelesen habe, scheint es aus Ostdeutschland zu kommen. Wie das dort entstanden ist, das weiß ich auch nicht." (eka.22:255-306)*

Karel will den Gewalttätern nicht Recht geben, aber er kann die Gründe, die zu einem gewalttätigen Rassismus in Deutschland geführt haben, nachvollziehen. Er erklärt den Rassismus mit der Aufnahme von zu vielen Flüchtlingen und - in Verbindung mit dem Zusammenschluss von BRD und DDR - mit ökonomischen Schwierigkeiten (siehe VI.3.6.2). Angefangen hat dies alles freilich - so Karel - mit den Naziskins in Ostdeutschland, die aufgrund der neuen Freiheit nicht mehr unter Kontrolle waren und plötzlich ihre Meinung frei äußern konnten, eine Erklärungsvariante, die in den Gruppendiskussionen und Einzelinterviews noch nicht zu hören war. In der Tat hat Karel den Eindruck, dass gewalttätiger Rassismus ein Phänomen ist, das aus Ostdeutschland zu kommen scheint.[349] Wie es dort entstanden ist, kann er sich allerdings nicht erklären.[350]

[349] Eine recht einseitige Problemverortung, die leider auch in Deutschland oft konstatiert werden musste (siehe V.5.2.2).

[350] Karel gebraucht übrigens, sich insgesamt *gegen* gewalttätigen Rassismus aussprechend, Metaphern, die eine naturalistische (der Rassismus wurde früher in Ostdeutschland *"im Keim erstickt"* und ist jetzt nach Westdeutschland *"herüber geweht"*) oder naturalistisch-aquatische (für die Skinheads haben sich die *"Schleusen geöffnet"*) Form haben (siehe VI.3.2.4). Selbstverständlich - und dies

Das überraschende Verständnis für die Situation in Deutschland, das Karel zeigt, mag damit zu tun haben, dass sein Erklärungsmuster für Deutschland ein negatives Modell hinsichtlich unerwünschter Entwicklungen im *eigenen* Land abgibt: Die Aufnahme vieler Flüchtlinge führt, so scheint für Karel das Modell Deutschland zu zeigen, zu gewalttätigen Rassismus. Die Abwehr von Rassismus scheint, so Karels Argument, mit der Abwehr von Flüchtlingen verbunden zu werden müssen. Dementsprechend greift Karel an einer Stelle, wo er gegen die Aufnahme von ökonomischen Flüchtlingen in den Niederlanden plädiert, auf seinen Erklärungsansatz über die Situation in Deutschland zurück. Er nimmt dabei eine Unterscheidung zwischen politischen und ökonomischen Flüchtlingen vor:

Karel: *"Ich denke, dass die Niederlande, genau wie Deutschland, anfangen muss, weniger Flüchtlinge aufzunehmen. Und zwar weniger ökonomische Flüchtlinge, politische Flüchtlinge finde ich wichtiger, weil diese Menschen im eigenen Land mit dem Tod bedroht werden.*

Interviewer: *Aber ist das ein bisschen so 'ne Haltung: 'Deutschland hat zu viele Flüchtlinge aufgenommen, und der Rassismus dort ist deshalb einigermaßen zu verstehen. Wir in den Niederlanden, wir müssen also auch aufpassen, dass nicht so viele Flüchtlinge kommen.' Ist das nicht merkwürdig: 'Man macht das Land zu und glaubt, man hat weniger Rassismus, wenn man die draußen lässt?'*

Karel: *Ja, aber das meine ich schon: Je weniger Ausländer es gibt, desto weniger Rassismus wird man haben.*

Interviewer: *Aber ist das nicht eine merkwürdige Haltung gegenüber ... ?*

Karel: *(unterbricht) Es ist eigentlich ein sehr merkwürdiges Denken gegenüber den Menschen im Ausland, ja.*

Interviewer: *Aber du denkst doch so?*

Karel: *Ja, ich denke so.*

Interviewer: *Aber du sagst auch: 'Ich finde das einen merkwürdigen Gedanken'.*

Karel: *Gegenüber den Menschen aus dem Ausland, die hierher kommen wollen, ist es auch ein merkwürdiger Gedanke, wenn man sagt: 'Tja, jetzt reichts.' Aber ich denke, dass die Niederlande und Deutschland erst ihr Land selbst in Ordnung bringen müssen, damit es ein bisschen gut läuft. Dann kann man wirklich daran denken, Flüchtlinge aufzunehmen." (eka.22:554-609)*

Karel spürt durchaus die Härte, die gegenüber den Flüchtlingen mit einer Abweisung verbunden ist. Er realisiert jedoch meines Erachtens nicht, dass diese Abwehr umso obskurer ist, wenn sie damit begründet wird, Rassismus vorbeugen zu wollen (siehe V.5.2.4 und VI.3.6.1). Jedenfalls bleibt Karel auch nach meiner kritischen Nachfrage bei seinem Standpunkt und weitet sein Erklärungsmuster noch aus: Er spricht jetzt nicht nur von *Flüchtlingen*, sondern allgemeiner von *'Ausländern'*. 'Wenig Ausländer' bedeuten, so seine Logik, 'wenig Rassis-

---

sieht man auch in Karels Fall - sind naturalisierende Redeweisen und Metaphern keineswegs an bestimmte Haltungen gebunden. Sogar in antirassistischen Gruppierungen und Projekten finden sich solche Formulierungen (etwa Rassismus als Krankheit, Virus oder Krebsgeschwür, das die gesunden Nicht-Rassisten überfällt) (vgl. hierzu auch Cohen 1992, 84). Allerdings sind solche Metaphern keineswegs harmlos. Unter Umständen tragen sie dazu bei, die gefährlichen *Effekte* naturalisierender Logiken zu verkennen.

mus'.[351] Er repräsentiert damit ein weit verbreitetes Erklärungsmuster, das im Grunde diejenigen, die zur Zielscheibe von Rassismus werden, selbst für den Rassismus verantwortlich macht. Die Abwehr von Flüchtlingen hingegen hat offenbar nichts mit Rassismus zu tun.

Schließlich weist Karel darauf hin, dass erst das eigene Land in Ordnung gebracht werden muss, bevor man an die Aufnahme von Flüchtlingen denken kann. Damit kennzeichnet er implizit Deutschland und die Niederlande als Länder, in denen Unordnung herrscht. In beiden Ländern scheint es also ohnehin nicht zum besten bestellt zu sein. Und dann auch noch Flüchtlinge? Die abweisende Logik, die sich hieraus ergibt, scheint geradezu zwingend. Sie wird noch dadurch untermauert, dass auf der Seite der Flüchtlinge unterschieden wird zwischen (einigen wenigen) wirklich Verfolgten und Notleidenden, den wirklich 'politischen' Flüchtlingen, und (sehr vielen) anderen, die lediglich aus eigennützigen Gründen an unserem Wohlstand teilhaben wollen, den 'ökonomischen' Flüchtlingen (siehe oben VI.3.4.2). Der von Karel eingenommene Standpunkt scheint zudem geradezu offen zu stehen für eine nahezu unendliche Ausweitung: Wann ist das eigene Land *in Ordnung* gebracht? Welche Kriterien gibt es hierfür? Und nicht zuletzt: Wer legt aus welcher Perspektive solche Kriterien fest?

3.9.4.2.4 *" 'Verdammt noch mal, da hast du wieder so einen Ausländer, der Arbeit hat.' "*

Das Gespräch geht weiter. Karel verdeutlicht zunächst sein Erklärungsmodell. Er verbindet 'viele Ausländer' und 'ökonomische Schwierigkeiten' implizit mit der 'Konkurrenz um knappe Arbeitsplätze'. Damit wird aus der Sicht Karels eine genauere *Schaltstelle* angegeben, die auf der Seite von 'Einheimischen' zu 'viel Rassismus' führt. Karel versetzt sich dabei in die Lage eines autochthonen Arbeitslosen:

Karel: *"Ich hab' jetzt einen Job, also neben der Schule. Wenn ich keinen Job hätte, dann würde ich da doch ..., natürlich nicht am Anfang, aber wenn du zwei Jahre arbeitslos bist: 'Verdammt noch mal, da hast du wieder so einen Ausländer, der Arbeit hat.' Dann denke ich, dass ich das durchaus sagen werde: 'Warum der und nicht ich? Worin ist der besser als ich?'" (eka.22:820-831)*

Karel versteht seinen hypothetischen Arbeitslosen. Er würde selbst so denken und handeln. Die Frage - *"Worin ist der besser als ich?"* - zielt nicht auf die bessere Qualifikation oder Eignung für eine bestimmte Arbeit. Es ist eher ein Ausdruck des Sich-zurückgesetzt-Fühlens, denn Karel weiß die Antwort auf seine rhetorisch gemeinte Frage: Er ist genauso gut wie ein 'Ausländer', ja, er hat den Vorteil, eben kein 'Ausländer', sondern ein 'Einheimischer' zu sein. Der 'Ausländer' hat die Arbeit, und er, Karel, als *autochthoner* Arbeitsloser, nicht: *"Verdammt noch mal"*. Karel *bestreitet* aus der Perspektive seines hypothetischen Arbeitslosen also die Berechtigung von 'Ausländern', im Falle von Arbeitslosigkeit Arbeitsplätze einzunehmen, die auch von 'Einheimischen' eingenommen werden könnten. Ich versuche im Folgenden, deutlich zu machen, wie solche Aussagen, auch wenn sie hypothetisch formuliert sind, auf die Betroffenen wirken müssen. Es ist das zweite Mal im Interview, dass ich ihn mit einer kritischen Nachfrage konfrontiere:

---

[351] Gerade das Modell (Ost-)Deutschland, das Karel benützt, ist bei genauerem Hinsehen recht ungeeignet. Nach dem Fall der Mauer bewegte sich der 'Ausländeranteil' in den neuen Bundesländern für geraume Zeit zwischen 0,4 und 1,2 Prozent. Es handelte sich hier - pointiert formuliert - um eine 'Ausländerfeindlichkeit' *ohne* 'Ausländer' (vgl. Leiprecht 1992, 206ff.).

Interviewer: *"Angenommen, ich bin ein Türke, ich bin hier geboren, arbeite hier und sitze jetzt neben dir und du erzählst mir: 'Tja, schau, wenn ich vielleicht arbeitslos werde, dann musst du verstehen, dass ich dann frustriert bin und sage: Na, der Ausländer, dass der einen Arbeitsplatz hat und ich nicht, das finde ich nicht richtig.' Merkst du nicht, dass das etwas Seltsames beinhaltet?*

Karel: *Natürlich hat das etwas Seltsames. Aber es ist ein Gefühl, das aufkommt. Ich weiß das auch nicht genau.*

Interviewer: *Aber es ist auch bedrohlich. Angenommen, ich wäre ein Türke, und in vier, fünf Jahren, wenn du dann arbeitslos wirst, dann weiß ich, dass du dann vielleicht genauso .... Das ist doch seltsam?*

Karel: *Das ist auch bedrohlich.*

Interviewer: *Aber hast du das dann nicht selbst in der Hand? Ich meine,* du *wirst doch arbeitslos?* Du *denkst doch da drüber nach?" (eka.22:849-877)*

Karel spürt, dass er sich auf schwierigem Gelände bewegt. Er stimmt mir zwar mehrmals zu, gibt jedoch seinen Standpunkt keineswegs auf. Er verteidigt sich, indem er darauf hinweist, dass es um Gefühle geht, die man *nicht* unter Kontrolle hat. Gleichzeitig denkt er intensiv mit und versucht, aus dem Gehörten Konsequenzen abzuleiten, die zu seiner bisherigen Denk- und Argumentationsweise passen. Auf meinen Hinweis auf seine *eigene* Verantwortlichkeit reagiert Karel entsprechend:

Karel: *"Natürlich hast du das selbst in der Hand. Wenn du klug bist, wirst du so etwas auch nie sagen, wenn jemand dabei ist, wovon du sicher weißt, dass der aus einem solchen Land abstammt. Diesen Leute tritt man doch schnell auf die Füße.*

Interviewer: *Aber untereinander, untereinander schon?*

Karel: *Untereinander wirst du das schon sagen." (eka.22:881-894)*

Karel *steht* zu seinem Gefühl, findet es jedoch besser, dies nicht auszusprechen, da die Betroffenen ohnehin zu einer Gruppe gehören, die leicht verletzbar ist, oder die - vielleicht muss Karel auch so verstanden werden - recht empfindlich (zu empfindlich?) reagiert und man sich deshalb mit solchen Bemerkungen schnell unnötigen Ärger einhandelt. Karels 'Klugheit' bezieht sich also nicht darauf, das eigene Gefühl zu hinterfragen, sondern eine Strategie zu wählen, die möglichst wenig Konflikte verursacht. Untereinander, in der eigenen Gruppe von 'Einheimischen', dort wo Karel offenbar solche Empfindlichkeiten und Auseinandersetzungen nicht zu erwarten braucht, können solche Gefühle indes ausgesprochen werden.[352]

3.9.4.2.5 *"Es gibt überall Rassismus ... ."*

Trotz solcher Erklärungsweisen und Vorstellungen finden sich bei Karel auch Aussagen, die sich gegen Rassismus wenden und Rassismus zugleich als ein in den Niederlanden vorkommendes *und* alltägliches Phänomen wahrnehmen:

---

[352] 'Untereinander' waren Karel und ich natürlich auch in der Interviewsituation. Karel hat mich nicht als 'Türken' oder 'Marokkaner' angesprochen, sondern als einen, der aus einem Land kommt, dem er eine ähnliche Position gegenüber Eingewanderten und Flüchtlingen zuspricht wie den Niederlanden.

Karel: *"Es gibt überall Rassismus, denke ich, in den Niederlanden auch. Geh nur am ... , schau nur, wenn du am Samstag ausgehst, wenn dann eine Gruppe Türken reinkommt und die fangen an, türkisch zu reden, da werden dann gleich Bemerkungen drüber gemacht, so: 'Geh doch in dein Kaffehaus, oder geh doch in die Moschee und so', solche Sachen." (eka.22a:31-35)*

Karel ist deutlich anzumerken, dass er dieses Verhalten eigentlich nicht gut findet. Doch Karel beobachtet ein solches Verhalten nicht nur bei anderen. Er gesteht in einer anderen Interviewpassage ein, sich auch selbst rassistisch zu verhalten, und er zeigt sich hier durchaus reflektiert:

Karel: *"Manchmal bin ich schon mal etwas rassistisch, ja, aber das ist doch jeder. Bei uns in der Klasse sitzt ein Junge, der kommt aus Hongkong, glaube ich, na, zu dem wird schon mal so zum Spaß gesagt: 'Wie war es in der Frühlingsrollen-Bäckerei?' Der scheint abends ganz hart zu arbeiten und dann fällt er tagsüber bei uns in Schlaf. Na, da wird dann gesagt, das sag' ich dann schon mal: 'Hast du zu viel Stress gehabt mit den Deckelchen und den Töpfchen beim Nasi-Goreng?' Ja, solche Sachen. Aber jeder macht schon mal so 'ne Bemerkung.*

Interviewer: *Aber ... .*

Karel: *Es ist mehr im Scherz als im Ernst.*

Interviewer: *Aber kannst du dir vorstellen, dass das jemand kränkt?*

Karel: *Jaa, natürlich kannst du damit jemanden kränken." (eka.22a:326-335)*

Das Eingeständnis, sich selbst rassistisch zu verhalten, wird mit einigen Einschränkungen formuliert: bin *"manchmal (...) schon mal etwas rassistisch"*. Zusätzlich wird dieses Eingeständnis dadurch erleichtert, dass Karel den Eindruck hat, dass jeder oder jede sich mitunter so verhält und es sich um ein alltägliches Phänomen handelt. Gleichzeitig geht es bei der beschriebenen Situation in der Klasse noch um eine eher harmlose Geschichte. Dennoch vermitteln die Beschreibungen den Eindruck, dass Karel mit Rassismen (einschließlich der kleinen Kränkungen, die man mit entsprechenden Bemerkungen jemandem zufügen kann) keineswegs einverstanden ist, auch wenn er sich selbst als nicht frei davon zu erkennen gibt.

3.9.4.2.6 Menschen sind Herdentiere

Das Gespräch geht weiter. Ich spreche Karel auf seine eigene Beteiligung hinsichtlich der Verbreitung einer bestimmten politischen Stimmung gegenüber 'Ausländern' an. Die Spannung nimmt zu, und dies drückt sich auch in der Redeform aus: Ich weise immer wieder auf die Eigenverantwortlichkeit hin und spreche Karel persönlich an, Karel antwortet stets in der Dritten Person und betont *allgemeine* Verhaltensweisen:

Interviewer: *"Aber wenn du untereinander so redest, dann schaffst du doch auch eine Stimmung darüber unter Niederländern?*

Karel: *Und bestimmte politische Parteien machen sich das natürlich zunutze, zum Beispiel die Centrum Demokraten. Wenn die dann 'Ne Sendung haben, dann heißt es: 'Ja, die haben doch ein bisschen recht.' Und das geht von Mund zu Mund, bis sie genug haben, um sagen zu können: 'Und jetzt haben wir die Macht über dich.'*

Interviewer: Aber findest du das denn gut?
Karel: Nein, das ist natürlich nie zu rechtfertigen.
Interviewer: (lacht) Aber du machst doch dabei mit?
Karel: Ja, jeder wird da ab einem bestimmten Punkt mitmachen.
Interviewer: Ja, denkst du das?
Karel: Es ist eine Art Herde. Sie sind wie Tiere, was das angeht.
Interviewer: Und du dann auch?
Karel: Ja, das denke ich schon. Ich weiß es nicht, ich habe das noch nie erlebt. Aber genau so wie im Zweiten Weltkrieg, da waren wir auch wie ein paar Tiere, da gab es auch nur wenige, die wirklich etwas dagegen unternahmen." (eka.22:899-940)

Karel durchschaut durchaus den Zusammenhang, auf den auch die sogenannten Centrum Demokraten mit ihren rassistischen Parolen spekulieren (siehe oben V.5.2.3). Eigentlich ist er gegen die 'Centrum Demokraten'. Rechtsextreme Parteien und Gruppierungen lehnt Karel deutlich ab. Das Ziel der 'Centrum Demokraten' ist es, die Macht im Lande zu bekommen und - scheint Karel sagen zu wollen - auch diejenigen, die eigentlich diese Partei nicht unterstützen, sondern ihr nur teilweise zustimmen und dies durch ihre Mundpropaganda weitertragen, werden schließlich von den 'Centrum Demokraten' unterworfen. Karel weiß, dass dies - so kann sein Hinweis auf den Zweiten Weltkrieg und die Machtübernahme durch den Faschismus interpretiert werden - nichts Gutes bedeuten würde.

Allerdings merkt Karel gleichzeitig, dass er *selbst* sich mit seinen Bemerkungen offenbar an der Verbreitung einer politischen Stimmung *beteiligt*, die gerade den 'Centrum Demokraten' zunutze zu kommen scheint, ja, dass diese Partei ihn sogar in seinen Gefühlen und Denkweisen in gewisser Weise *anspricht*. Ich weise ihn (nochmals) auf seine eigenen Handlungsmöglichkeiten, im Grunde auf seine eigene Verantwortung, hin. Er spürt diese zwar, sieht sich jedoch weniger als ein Individuum, sondern als ein Bestandteil der Masse. Sich dort verortend, scheint er frei von Verantwortung zu sein, denn er ist genau so wie alle anderen: *"Jeder wird da ab einem bestimmten Punkt mitmachen."* Über die Bedeutung des 'bestimmten Punktes' kann nur spekuliert werden: Eine weitere Zuspitzung der ökonomischen Krise, eine Zunahme der Arbeitslosigkeit? Das eigene Betroffensein von Arbeitslosigkeit, von Langzeit-Arbeitslosigkeit?

Die Neigung, in der Masse mitzulaufen, erklärt Karel damit, dass die Menschen wie Tiere seien. Meist ist mit einer solchen Redeweise gemeint, dass auch Menschen, sich gewissermaßen *außerhalb* der zivilisatorischen Errungenschaften stellend, besonders grausam und roh sein können.[353] Darum geht es bei Karel an dieser Stelle *nicht*. Im Mittelpunkt seiner Erklärung steht vielmehr der Mensch als *Herden*tier. Aufschlussreich an diesem naturalisierenden Rückgriff ist der überaus *widersprüchliche* Effekt: Auf der einen Seite kann die Rede vom Herdentier kritisch verstanden werden, wenn damit auf *den Unterschied* zwischen den Menschen und den Herdentieren aufmerksam gemacht wird; etwa im Sinne von: 'Merkt Ihr denn nicht, dass Ihr Euch soeben wie (Schlacht-)Vieh verhaltet? Ihr müßt Euch doch nicht so willen- und wehrlos verhalten. Ihr seid doch Menschen. Ihr habt doch Handlungsalternativen.

[353] Übrigens wird man mit einer solchen Redeweise meines Erachtens weder den Elementen und Mechanismen, die sich *in* der menschlichen Zivilisation befinden und gesellschaftliche und individuelle Grausamkeiten befördern, gerecht, noch berücksichtigt man damit wirklich die verschiedenen Lebensformen in der Tierwelt, denen man - aus menschlicher Perspektive - zu unrecht grausame *Motive* unterstellt.

Wehrt Euch. Seid nicht bloße Mitläufer und Mitläuferinnen.' Auf der anderen Seite kann der Hinweis auf den Menschen als Herdentier so verstanden werden, dass es eben *nicht* auf den Unterschied ankommt, sondern diesbezüglich in der Tat eine natürliche Übereinstimmung in Bezug auf die trieb- und instinkthafte Ausstattung zwischen Menschen und Herdentier behauptet wird, Menschen auf diese behauptete Übereinstimmung reduziert werden und menschliches Handeln in der Gruppe oder in der Masse entsprechend erklärt wird. Hiervon ausgehend, verlieren die Einzelnen nicht nur *in* der Masse an Verantwortung, sondern bereits der Drang *zur* Masse wird als zwangsläufig und unabwendbar, als *außerhalb* der Eingriffsmöglichkeit des Einzelnen, der ja nunmehr nur ein individuelles Exemplar einer Gattung von Herdentieren ist, dargestellt.

3.9.4.2.7 Hardrock und Männlichkeit: *"Eine Art Unüberwindbarkeit ..."*

Angeregt durch die vielen Poster von Hardrock-Bands an den Wänden seines Zimmers, wechsele ich das Thema. Wir kommen auf die Jugendkultur des Hardrocks zu sprechen. Das Gespräch wird wieder deutlich entspannter. Wir bewegen uns jetzt auf Karels Terrain. Er kennt sich aus, nennt verschiedene Bands, erläutert ihren Stil und ihre Geschichte. Karel macht deutlich, dass er von romantischen Balladen, wie sie viele Hardrock-Bands in ihrem Repertoire haben, überhaupt nichts hält: *"Kommerzielles Getue." (eka.22:1354-1355)* Er bevorzugt eine Musik, die nicht laut, schwer und hart genug sein kann.

Karel: *"Es muss wirklich hart sein, sonst gefällt es mir nicht." (eka.22:1366-1367)*

Gerne würde Karel Bassgitarre spielen. Karel hat nicht den Eindruck, dass ein talentierter Musiker in ihm steckt, und schwerer Hardrock scheint seinen aktuellen Fähigkeiten entgegenzukommen:

Karel: *"Bassgitarre würde ich spielen können, wenn ich wollte. Da nimmst du das Härteste vom Harten, da macht es nichts aus, ob du gut spielen kannst, wenn du nur hart und schnell spielen kannst." (eka.22:1306-1311)*

Gerade die Einfachheit und Geradlinigkeit der Musik eröffnet Karel auch die Möglichkeit, den Idolen auf der Bühne nahezukommen bzw. sich in nicht so ferner Zukunft selbst auf der Bühne zu sehen. Karel hat jedenfalls angefangen, mit seinen Freunden in einem Keller zu üben. Das Gespräch geht weiter. Ich frage Karel, ob seine Vorliebe für Hardrock und harte Musik auch etwas damit zu tun hat, selbst ein harter Mann sein zu wollen:

Karel: *"Nein, ja. Ich probiere schon, so zu sein. Aber es ist nicht so, dass ich finde, dass jeder so sein müsste, nein.*
Interviewer: *Was bedeutet das, wenn du das sagst: 'Ich probiere schon, so zu sein?'*
Karel: *Wenig Gefühle zeigen, probieren, doch etwas provozierend zu sein, wenn jemand ein großes Maul hat, sich zu trauen, dem etwas zurückzugeben. Eine Art Panzerung finde ich das. Wenn du auf der Straße läufst, dass sie dir zwar hinterher schauen, aber sich nicht trauen, etwas zu tun, solche Sachen." (eka.22:1380-1397)*

Karel möchte schon versuchen, ein harter Mann zu sein. Ob dies direkt mit seiner Vorliebe für Hardrock zu tun hat, bleibt undeutlich. Er betont allerdings - vielleicht aus Rücksicht auf den Mann, der ihm gegenüber sitzt - seine Vorstellung von Männlichkeit nicht als allgemeines Modell propagieren zu wollen. Die Elemente, die zu Karels Vorstellung von Männlichkeit gehören, konzentrieren sich auf den Wunsch, unschlagbar zu sein. Der Versuch, wenig Gefühle zu zeigen, sollen ihm dabei helfen. Karel will sich nicht unterkriegen lassen, will etwas zurückgeben können, will für andere, wie er später betont, *"nicht der Fußabtreter sein"*. Mut, sich trauen, nicht klein beigeben, auch mal provozierend in der Öffentlichkeit auftreten, dies sind Verhaltensweisen, die Karel bewundert. Die kernigen Männer, die als Idole die Hardrock-Kultur dominieren, scheinen dieser Vorstellung zu entsprechen. Und das Bild, das in der Öffentlichkeit über Hardrocker herrscht, bietet Karel eine gute Gelegenheit, Überlegenheit selbst zu erleben:

Interviewer: *"Hast du dann auch 'Ne Art Uniform, eine bestimmte Kleidung, die deutlich macht: Ich gehöre dazu und ... .*

Karel: *Ja, ich trage eine Lederjacke, lederne Motorradstiefel, hauptsächlich Jeans, schwarze T-Shirts, mit so Horrorsachen drauf, Harley Davidson T-Shirts.*

Interviewer: *Hast du dann das Gefühl, dass du für andere Menschen Macht ausstrahlst?*

Karel: *Das gibt mir ein Gefühl von Macht, weil es gibt dann 'Ne Menge Leute, die dir hinterher schauen." (eka.22:1398-1418)*

(...)

"Aber am schönsten finde ich, wenn du im Bus sitzt oder auf der Straße läufst, dass dich dann eine ganze Menge Leute anstarren. Vor allem die älteren Generationen." (eka.22:1449-1455)

Es bereitet Karel einen regelrechten Genuss, in der Öffentlichkeit als Hardrocker aufzutreten. Er bezieht aus seinem Outfit und der darauf etwas ängstlich reagierenden Umwelt ein Gefühl von Macht. Auch gegenüber dem anderen Geschlecht genießt Karel diese Gefühle, wie aus seiner Beschreibung einer Situation in seiner vorigen Schulklasse deutlich wird:

Karel: *"... da saß ein Mädchen, die schaute so zu mir herüber, und die drehte ihren Kopf um. Da fragte das Mädchen neben ihr: 'Was ist los?' 'Ja, ich habe Angst vor ihm.' Ich hatte weiter überhaupt nichts getan, ich hatte nur in der Klasse gesessen. Das gibt mir doch ein bestimmtes Gefühl von Macht." (eka.22:1427-1436)*

Dennoch ist dieser Genuss nicht immer ungetrübt. Karel zeigt in einigen Gesprächspassagen durchaus, dass das Auftreten als harter und bedrohlicher Mann auch negative Seiten hat. So empfindet er es als einen Nachteil, wenn beispielsweise die 'falschen' Mädchen Angst vor ihm haben:

Karel: *"Bei einigen finde ich das toll, ja, bei anderen, wenn es nette Mädchen sind und die sagen: 'Uh, ich habe Angst vor dir.' Das ist dann natürlich weniger schön." (eka.22:1440-1444)*

Auch an anderer Stelle beschreibt Karel, dass das männlich-harte Verhalten keineswegs nur Genuss bringt. Wenn er beispielsweise mit anderen Hardrockern in der männlich-dominierten

Clique unterwegs ist und - so Karel - ein Mädchen ansprechen und seine Zuneigung deutlich machen möchte, dann geht dies nicht, weil die Gruppe angesichts solcher 'Schwächen' über ihn herziehen würde. Er sieht, dass die Gruppe Druck auf ihn ausübt und er sich in solchen Situationen keineswegs nach eigenen Vorstellungen verhalten kann *(eka.23:1490-1499)*.

Ob er jedoch - auf sich alleine gestellt - wirklich ein Mädchen ansprechen würde, so gefühlvoll, wie er sich das in seinen Träumen vorstellt? Karel weiß, dass ihm die Gruppe eben auch eine Sicherheit vermittelt, die ihm ein provozierenderes Verhalten gegenüber Mädchen möglich macht:

Karel: *"Aber innerhalb der Gruppe, denke ich, verhalte ich mich anders als außerhalb der Gruppe. Wenn ich allein in der Stadt laufe, in Amsterdam oder in Zaandam oder wo auch immer, dann werde ich mich gegenüber einem Mädchen anders verhalten, als wenn ich mit der ganzen Gruppe unterwegs bin. Mit einer ganzen Gruppe bist du doch eher Provozierender, etwas Herausfordernder, du traust dich mehr.*

Interviewer: *Und wenn du alleine bist?*

Karel: *Ein bisschen abwartender." (eka.22:1145-1160)*

3.9.4.2.8 Hardrock und Militär

Karel hatte in unserem Gespräch einige kritische Bemerkungen zum Mitläufertum und zur Unterwerfung unter Autoritäten gemacht. Diese Bemerkungen schienen mir nicht zu dem Wunsch zu passen, wie der Vater zum Militär zu gehen. Immerhin hätte dies zur Konsequenz, als Soldat eine Uniform tragen zu müssen und zu einem Befehlsempfänger zu werden. Ähnlich ungereimt schien mir zudem die Tatsache, dass Karel Berufsmilitär werden will und gleichzeitig *"Sex, Drugs und Rock 'n Roll"* als Stilmerkmale nennt, die ihn am Hardrock besonders anziehen *(eka.22:1210-1215)*:

Interviewer: *"Aber Sex, Drugs und Rock 'n Roll, ist das nicht auch ein bisschen, ja, nicht so bürgerlich sein, ein bisschen Protest, nicht so ... ?*

Karel: *Im Grunde schon. Ein Lebensstil, der im Grunde herausfällt, dass man auffällt, und das ist mit einem Punker auch so.*

Interviewer: *Aber passt das dann dazu, wenn du zum Militär willst, passt das dann für dich selbst?*

Karel: *Ich sehe nicht, warum das nicht passen sollte. Für mich passt das schon....*

Interviewer: *(unterbricht) Weil du denkst, dort laufe ich in einer Uniform rum und ..., ja?*

Karel: *Schon das gute Schuhzeug. Zum Beispiel gibt es Stiefel. Du läufst dort auf so Särgen herum. Und wenn du zu einem Hardrock-Konzert gehst, dann laufen dort auch 90 Prozent auf solchen Särgen." (eka.22:1216-1241)*

Karel sieht *keinen* Widerspruch, im Gegenteil, einige militärische Kleidungsstücke scheinen geradezu für Hardrocker wie gemacht zu sein. Auch sich selbst beim Militär als einen *"Rädchen im Getriebe"* sehen zu müssen, empfindet Karel nicht als störend:

Interviewer: *"Und wenn du zum Militär gehst, denkst du dann nicht, dass du ... ja, dort gibt es doch eine sehr deutliche Hierarchie und eine sehr deutliche Befehlsstruktur?*

Karel: *Ein Rädchen im Getriebe. Das ist einfach deutlich.*
Interviewer: *Das macht dir nichts aus ... ?*
Karel: *Im Moment nicht." (eka.22:1027-1039)*

Hier sei an eine frühere Passage erinnert: Karel widersprach nicht, als ich sein Hardrocker-Outfit als eine Art Uniform bezeichnete. Offenbar ist gerade das Gegenteil der Fall. Ihm scheint diese Charakterisierung sehr gelegen zu kommen. Sie bildet eine Brücke zwischen Karel als Hardrocker und Karel als (zukünftigen) Soldaten. Beide tragen eine Art Uniform. Die Kleidung macht deutlich, dass man dazugehört. Auch ein bestimmtes männliches Gehabe, nämlich Körperlichkeit und Muskeln zu betonen und einen Gewinn aus der Angst anderer vor dieser Männlichkeit zu ziehen, lässt sich für Karel bei den Soldaten und den Hardrockern finden. Geht es zudem um den Eindruck eigener Überlegenheit und Macht, scheint das Militär dadurch, dass sich der einzelne Soldat einem offenbar mächtigen, jedenfalls aber waffenstarrenden und gefährlichen Apparat zuordnen kann, eine Möglichkeit zu bieten, über die eigene Bedeutungslosigkeit als *"Rädchen im Getriebe"* und als bloßer Befehlsempfänger hinwegzusehen. Gerade das Militärische verbindet sich für Karel offenbar gut mit seinem Konzept von harten Männern, das auch bei seinen Idolen der Hardrock-Jugendkultur zu finden ist.

3.9.5 *Zusammenfassung:* Jugendkulturen und die 'Outfit'-Falle

Anders als bei Frans, sind Karels Eltern keineswegs vermögend. Karel kommt deutlich aus einer anderen sozialen Klasse. Er besucht auch kein Gymnasium, sondern eine Schule im berufsbildenden Schulwesen, die in der vorherrschenden Bildungshierarchie eher 'unten' angesiedelt ist (KMBO), und macht dort eine handwerkliche Ausbildung im Elektrotechnikbereich. Trotz aller Unterschiede, gibt es jedoch einige *Übereinstimmungen* zwischen den beiden Jugendlichen. Beide ordnen sich einer bestimmten Jugendkultur zu, ohne bestimmten Aspekten des gängigen Bildes über diese Jugendkultur entsprechen zu wollen. Überraschend sind bei beiden Jugendlichen die Aussagen, die nicht so recht zum Bild des Skinheads oder Hardrockers zu passen scheinen. Gleichzeitig ist deutlich, dass die Momente, die für beide den Reiz des Outfits mitbestimmen, sich aus dem allgemeinen Negativ-Bild über Skinheads bzw. Hardrocker speisen. Genau aus diesem Bild resultieren die Effekte der Umgebung, die beiden eine besondere Position geben, wenn auch Karel, anders als Frans, *ausdrücklich* den *Genuss des Auftretens* betont:[354] Karel bezieht aus seinem Outfit als Hardrocker und der darauf etwas ängstlich reagierenden Umwelt ein Gefühl von Überlegenheit und Macht. Er genießt diese Gefühle, auch gegenüber dem anderen Geschlecht. Frans erreicht durch sein Auftreten Aufsehen in der Schule und die verstärkte Aufmerksamkeit seiner Eltern.

Bei beiden Jugendlichen entdeckt man jedoch zugleich die *'Outfit'-Falle*, die sich durch bestimmte äußere Stil-Merkmale und Auffälligkeiten ergibt. Sie scheint sagen zu wollen:

[354] Vermutlich ist dies als Hardrocker auch ungetrübter möglich, da über diese jugendkulturelle Gruppierungen im Vergleich zu Skinheads ein anderes gesellschaftliches Bild vorherrscht. Zwar werden auch Hardrocker von sehr vielen mit überaus negativen Merkmalen (Gewalt, Trunksucht, Drogen, Sexismus) assoziiert und werden ihnen meist nicht unbedingt Sympathien entgegengebracht. Allerdings ist das dominante Bild von Hardrockern nicht durch die spezifische Verbindung von Faschismus, Rassismus und Gewalt charakterisiert, wie dies bei Skinheads der Fall ist. Gerade diese Verbindung stellt indes für die Öffentlichkeit ein besonders unrespektables Gebilde dar.

'Vorschnell beurteilen die Meisten ihre Mitmenschen nach Äußerlichkeiten und bezeichnen uns als Rassisten, obwohl diejenigen, die angeblich gegen Rassismus sind, sich doch nicht von solchen Äußerlichkeiten leiten lassen sollten.' Jugendliche können so die Doppelbödigkeit der Erwachsenenwelt verdeutlichen. Zudem scheinen die angeblich so klugen Erwachsenen nicht richtig über Stilelemente, Stilbedeutungen und Bedeutungsvariationen Bescheid zu wissen.

Ähnlich wie bei Frans gehen auch bei Karel den Eltern bestimmte Aspekte der Jugendkultur 'zu weit'. Beide finden allerdings eine Art Gleichgewicht, das ihnen das Praktizieren ihres eigenen Stils eine Abgrenzung möglich macht, ohne sich mit den Eltern diesbezüglich grundlegend überwerfen zu müssen. Die Distanzierungen, die Frans gegenüber bestimmten Skinhead-Gruppierungen und Karel gegenüber bestimmten Hardrock-Gruppierungen vornehmen, *passen* jeweils zur Skepsis, die die Eltern zu bestimmten Aspekten dieser Gruppierungen einnehmen.

Anders als Frans kennt Karel jedoch konkrete Gruppenerfahrungen in Bezug auf die von ihm favorisierte Jugendkultur. Karel ist keineswegs ein 'einsamer' Hardrocker. Frans hingegen ist ein individualisierter Skinhead und bezieht seine Informationen vor allem über entsprechende Magazine, die Medien und die Reaktionen seiner Umgebung.

In Übereinstimmung mit Frans, ist es Karels Wunsch, Berufssoldat zu werden. Allerdings tritt Karel, ganz anders als Frans, mit diesem Berufswunsch auch wirklich in die Fußstapfen seines Vaters, der bereits Berufssoldat ist. Auch die Motive, die Karel für seinen Berufswunsch nennt, sehen anders aus. Im deutlichen Kontrast zu Frans, sieht Karel seine Rolle beim Militär zudem *nicht* im Führungsbereich angesiedelt. Beide folgen in dieser Hinsicht der sozialen Klassenposition ihrer Eltern.

Sowohl Frans als auch Karel scheinen einem Männlichkeitsideal anzuhängen, das durch Elemente wie körperlicher Fitness, Abenteuerlust, Kameradschaft und einer Faszination des Militärischen geprägt ist, bei Karel (deutlicher noch als bei Frans) auch durch die Elemente Härte und Gefühlspanzerung, verbunden mit dem Wunsch nach (körperlicher) Überlegenheit. Die Männlichkeitsideale scheinen beide in den Jugendkulturen, denen sie sich zuordnen, in prominenter Weise verkörpert zu sehen.

In Bezug auf die Themen Einwanderung und Flucht vertreten die beiden Jugendlichen Vorstellungen und nehmen Standpunkte ein, die (leider) überaus gängig sind. Dominante (Alltags-) Diskurse zu Einwanderung, übliche Erklärungsweisen zu Rassismus und gängige Repräsentationen zum Islam lassen sich in den Äußerungen von Frans und Karel ohne weiteres wiederfinden.[355] Dennoch ist dies in Bezug auf die Jugendkulturen, denen sich die beiden zuordnen, keine Feststellung, die man auf der Grundlage der üblichen Bilder über diese Jugendkulturen erwarten würde. Gleichzeitig lassen sich bei beiden Jugendlichen an vielen Stellen widersprüchlich aussehende Konstellationen entdecken: Karel und Frans reproduzieren und unterstützen auf der einen Seite die ethnizistischen und rassistischen Orientierungen und Ausgrenzungsmuster, die in gängigen Diskursen zu entdecken sind, und erklären auf der anderen Seite ihre Abneigung gegen Rassismus und Diskriminierung. Teilweise können Frans und Karel diese widersprüchlich erscheinenden Aussagen jedoch zu einem durchaus 'stimmigen' Konzept integrieren, da die hantierten Definitionen von Rassismus und Diskriminierung nicht in einem Zusammenhang mit den Diskursen und Repräsentationen ge-

[355] Nicht umsonst dürfte den Leserinnen und Leser vieles von den Argumentationen der beiden als eine Wiederholung dessen, was sie bereits in vorigen Abschnitten gelesen haben, erscheinen.

bracht werden, die sie selbst benutzen. Teilweise sind die Widersprüche in einer Art Ergänzungsverhältnis zusammengefügt, so dass sie nicht zur Auflösung drängen, sondern in einem Gleichgewicht verharren. Teilweise zeigen sich beide Jugendlichen aber auch durchaus selbstkritisch und reflektieren bestimmte eigene Verhaltensweisen, die sie unter Rassismus subsumieren.

Insgesamt wird deutlich, dass - wie Vertreterinnen und Vertreter der Jugendforschung häufig auch (meist vergeblich) gegenüber den Medien versuchen zu betonen - es recht unterschiedliche jugendkulturelle Gruppierungen gibt, die sich mit den benutzten Stilelementen im (hier:) Skinhead- oder Hardrocker-Spektrum bewegen. Gleichzeitig handelt es sich bei Jugendlichen, die sich durchaus durch bestimmte kollektive Merkmale und Repräsentationen von Jugendkulturen angezogen fühlen, eben um individuelle Jugendliche, die in einer jeweils ganz bestimmten Weise von Jugendkulturen Gebrauch machen und sich vor dem Hintergrund von besonderen Verhältnissen auf diese Jugendkulturen beziehen. Interpretationen und Deutungen von jugendkulturellen Stilelementen und Ausdrucksformen dürfen also nicht ohne weiteres über einzelne Jugendliche gestülpt werden.

VII. Abschließende Zusammenfassung

1. Projekt 'Internationales Lernen'

Ein Ausgangspunkt der vorliegenden Forschungsarbeit war das Fünf-Länder-Projekt 'Internationales Lernen'. Im Rahmen dieses Projekts wurde bereits 1991 damit begonnen, international vergleichende Jugendforschungen durchzuführen. In der Zusammenarbeit von Kolleginnen/ Kollegen aus Praxis und Wissenschaft in Lettland, Kroatien, Griechenland, Deutschland und den Niederlanden stand dabei von Anfang an das Thema Orientierungen Jugendlicher im Kontext gesellschaftlicher Ausgrenzung und Integration im Mittelpunkt. Ein Grundgedanke des Projektes war die kontinuierliche Zusammenarbeit zwischen Praktikerinnen/Praktikern aus pädagogischen Arbeitsfeldern und Forscherinnen/Forschern. Die Ergebnisse dieser Zusammenarbeit wurden für die Bildungsarbeit mit Jugendlichen und für die Ausbildung/Weiterbildung von Pädagoginnen/Pädagogen nutzbar gemacht.

Meine eigene Forschungsarbeit in den Niederlanden war ein Bestandteil dieses umfassenderen Projekts. Neben literaturbezogenen theoretischen Auseinandersetzungen ging es dabei vor allem um empirische Jugendforschung.

2. Allgemein-theoretische Interpretationsfolie

Um alltägliche Äußerungsformen von Rassismus, Ethnizismus und Nationalismus in subjektbezogener Weise zu erforschen und die eigene Fragestellung bei diesem Vorhaben zu präzisieren, habe ich zunächst eine *allgemein-theoretische Interpretationsfolie* entwickelt. Dabei integrierte ich gesellschaftswissenschaftliche Konzepte (wie Diskurs und Ideologie) und individualwissenschaftliche Konzepte (wie Orientierung und subjektiver Möglichkeitsraum) in einem theoretischen Modell, das zwischen drei Ebenen unterscheidet: gesellschaftlich-strukturellen Bedingungen, gesellschaftlichen Bedeutungen und subjektiven Begründungen. Das sozialpsychologische Konzept Sozialer Repräsentationen bot sich als 'Vermittlungsbegriff' an: Es fasst - wie Moscovici (1988) hervorhebt - Repräsentationen sowohl 'in der Welt' als auch 'bei Einzelnen' und kann als *Schnittstelle* zwischen Gesellschaft und Subjekt charakterisiert werden. Wichtig sind auch die Verbindungen und Zusammenhänge zwischen den drei Ebenen, die im Modell herausgearbeitet werden: Von ihren jeweiligen Möglichkeitsräumen aus beziehen sich die Subjekte auf die gesellschaftlichen Bedingungen und Bedeutungen, entwickeln spezifische Umgangsweisen, die wiederum bestimmte Effekte zur Folge haben. Im Modell wird also *nicht* von einer deterministischen Beziehung ausgegangen. Die gesellschaftlichen Bedingungen und Bedeutungen stellen die Prämissen dar, auf deren Grundlage die einzelnen Subjekte ihre Denk- und Handlungsweisen begründen. Dabei stehen sie den Bedingungen nicht direkt gegenüber, sondern nehmen diese vermittelt über die Bedeutungsebene wahr (Holzkamp 1983).

Die zentrale Fragestellung der empirischen Untersuchung ließ sich, diesem theoretischen Modell folgend, präzisieren: Wie beziehen sich Jugendliche auf Soziale Repräsentationen und Diskurse, die von Rassismus, Nationalismus und Ethnizismus geprägt sind und in ihre subjektiven Möglichkeitsräume hineinragen? Wie gehen sie damit um und welche Effekte hat dies?

Die spezifische Fassung der Verbindungen und Zusammenhänge zwischen gesellschaftlich-strukturellen Bedingungen, gesellschaftlichen Bedeutungen und subjektiven Begründungen im Modell bietet gerade für Fragestellungen in Arbeitsfeldern der Pädagogik eine praktische Perspektive: In der Arbeit mit Einzelnen oder Gruppen dürfen weder strukturelle und institutionelle Rahmenbedingungen noch vorherrschende Diskurse vernachlässigt werden; ein Eingreifen auf diesen Ebenen ist auch für die Pädagogik unerlässlich. Allerdings würde eine *einseitige Reduktion* auf eine dieser beiden Ebenen einer pädagogischen Arbeit die Grundlage entziehen. In pädagogischen Arbeitsfeldern gilt es, bei Einzelnen und Gruppen *Anknüpfungspunkte* zu finden, die eine Möglichkeit zur Veränderung eröffnen. Ein Verständnis, das die Subjekte als vollständig determiniert durch strukturelle und diskursive Verhältnisse betrachtet, verweigert die Einbeziehung der Subjekte in die Veränderung von Verhältnissen. Positiv formuliert: Eine empirische Forschung zu Rassismus, Nationalismus und Ethnizismus ist für pädagogische Arbeitsfelder dann hilfreich, wenn sie gesellschaftlich-strukturelle Bedingungen und dominierende Diskurse nicht außer Acht lässt und zugleich Erkenntnisse und Einsichten über subjektive Umgangsweisen, Bezugnahmen und Effekte liefert.

3. Rassismus, Nationalismus, Ethnizismus und Sexismus

Zu Beginn meiner Arbeit war zwar deutlich, dass soziale Konstruktionen und Repräsentationen von autochthonen und allochthonen Gruppen mit inhaltlichen Schlussfolgerungen und Zusammenhangsannahmen über ‘Rasse’, Nation und Ethnie/Volk verbunden sind. Bestimmte Praxisformen und Rechtfertigungsideologien, die Prozesse sozialer Aus- und Einschließung, Benachteiligung, Marginalisierung, Unterdrückung, Ausbeutung, ja Eroberung und Vernichtung generieren, beziehen sich in unterschiedlicher Weise auf diese Repräsentationen und Konstruktionen. Häufig genannt werden in diesem Kontext die Begriffe Rassismus, Nationalismus und Ethnozentrismus. Trotz dieser offenbar klaren Ausgangslage erwies es sich als schwierig, für die empirische Forschung Begriffe zu finden, die der Identifizierung und Analyse dienen und zugleich in einem Gesamtkonzept integrierbar sind. Rassismus- und Nationalismusforschung entwickelt sich in verschiedenen Ländern und Wissenschaftsdisziplinen (Soziologie, Sozialpsychologie, Psychologie, Pädagogik, Ethnologie, Geschichtswissenschaft, Philosophie, usw.) nebeneinander her; von einer gegenseitigen Verständigung kann kaum gesprochen werden. Dementsprechend liegen auch keine einheitlichen bzw. miteinander zu vereinbarenden Begriffe vor. Ich war also darauf angewiesen, mit Hilfe einer *literaturbezogenen* Untersuchung themenbezogene Begriffe wie Rassismus, Nationalismus und Ethnizismus zu diskutieren und - aufbauend auf früheren eigenen Arbeiten - Begriffsfassungen vorzuschlagen, die untereinander anschlussfähig und vereinbar sind. Als Scharniere fungierten hierbei die Elemente soziale Konstruktion, Determinismus, Reduktionismus, Negativbewertung, Zuschreibung und Macht. Da die neueren Untersuchungen zu Sexismus gezeigt haben, dass es bedeutsame Verbindungen zwischen sexistischen und rassistischen bzw. nationalistischen Konstruktionen und Praxisformen gibt, griff ich zudem aktuelle Ansätze der Sexismusforschung auf.

4. Ergebnisse auf methodischer Ebene

In einem weiteren Arbeitsschritt erstellte ich eine themenbezogene Übersicht über den Stand von Jugendforschung in Deutschland und den Niederlanden. Dabei ließen sich verschiedene methodische Mängel der vorfindbaren Untersuchungen erkennen:

- Die Mainstream-Forschung ist größtenteils quantitativ orientiert. Es gibt nur wenig international vergleichende Untersuchungen und überhaupt keinen deutsch-niederländischen Vergleich. Da zudem in beiden Ländern weder mit gemeinsamen Begriffsfassungen und Messinstrumenten noch mit aufeinander abgestimmten Stichproben gearbeitet wird, ist ein Vergleich von Ergebnissen verschiedener Untersuchungen entsprechend zurückhaltend zu interpretieren.
- In aller Regel wird in der quantitativen Forschung *nicht* nach *alternativen* Orientierungen gegenüber ethnizistischen, rassistischen oder nationalistischen Ideologien und entsprechend ausgerichteten Diskursen gefragt. Solche Fragen sind jedoch notwendig, um Widersprüchlichkeiten auf die Spur zu kommen; Widersprüchlichkeiten, die wichtig sein können, um mögliche Anknüpfungspunkte für eine pädagogische Arbeit zu benennen.
- Die Mainstream-Forschung tendiert in der Präsentation ihrer Ergebnisse dazu, mit Prozentangaben eine Genauigkeit vorzuspiegeln, die aufgrund methodenimmanenter Probleme gar nicht gegeben sein kann. Dabei kommt es häufig zu Vereinheitlichungen (dort die 'Rassisten', hier die 'Nicht-Rassisten') und zur Vernachlässigung von widersprüchlichen und ambivalenten Konstellationen, wodurch einseitige und dichotomisierende Problemverortungen unterstützt werden. Für verändernde Ansätze in pädagogischen Arbeitsfeldern kann eine solche Problemwahrnehmung kontraproduktive Auswirkungen haben.
- Quantitative Untersuchungen, die nach Entwicklungen fragen und deshalb Daten vergleichen, die mit identischen Skalen und vergleichbaren Stichproben zu unterschiedlichen Zeitpunkten erhoben wurden, kämpfen mit der Schwierigkeit, dass die Bedeutung, die ein Item zu einem bestimmten historischen Zeitpunkt hatte, sich geändert haben kann. Gleichzeitig können neuere Repräsentationen und Diskurse bei 'Vergleichen über die Zeit' nicht einbezogen und aktuelle Tendenzen nur unvollständig erfasst werden. Bei den (länderbezogenen) Ergebnissen von Zeitvergleichen handelt es sich also, entgegen den gängigen Vorstellungen von quantitativer Forschung, keineswegs um 'harte Fakten', sondern eher um grobe und provisorische Hinweise.
- Die quantitative Forschung hat zwar viele Instrumente entwickelt, die - unterschiedlichen Konzeptualisierungen und Operationalisierungen folgend - etwa nach autoritär-nationalisierenden, rassistischen und ethnozentrischen Mustern differenzieren. Jedoch sind die Unterscheidungen auf Item-Ebene oft wenig überzeugend. Items, die in Skalen eingesetzt werden, um beispielsweise Ethnozentrismus zu messen, finden sich im gesellschaftlichen Diskurs auch zur Begründung und Rechtfertigung von rassistischen oder autoritär-nationalisierenden Orientierungen.

Vor diesem Hintergrund entwarf ich das Design meiner eigenen empirischen Untersuchung, die diese Mängel nicht reproduzieren sollte. Sie umfasste einen deutsch-niederländischen Vergleich, beschränkte sich bei der eigenen Datenerhebung in den Niederlanden nicht auf quantitative Methoden, sondern ergänzte sie um qualitative Erhebungsformen, stellte die Frage nach alternativen Orientierungen und suchte die Überprüfung widersprüchlicher und ambivalenter

Konstellationen nicht zu vernachlässigen. Bei der Durchführung der Untersuchung zeigten sich bereits auf methodischer Ebene verschiedene Ergebnisse:

- Für internationale Vergleiche auf quantitativer Datengrundlage ergibt sich die Schwierigkeit, dass Items, die den Besonderheiten in einem Land gerecht werden wollen, in einem anderen Land kaum Sinn machen. Beim Vergleich können also nur solche Itemlisten und Skalen benutzt werden, die in einem diesbezüglichen *Minimalkonsens* der verschiedenen Länder begründet sind. Die oft behauptete 'Genauigkeit' und 'Härte' quantifizierender Verfahren beruht gerade bei internationalen Vergleichen auf einem Trugschluss.
- Es gehört zu den Fallstricken internationaler Vergleiche, dass Häufigkeitsangaben über das Antwortverhalten von Befragten aus verschiedenen Ländern nebeneinandergestellt werden und damit der Eindruck erweckt wird, als ob es sich um einheitliche, widerspruchsfreie und statische Gruppen handelt. An eine solche Darstellung können verbreitete Wahrnehmungsgewohnheiten über *die* Angehörigen der 'Nation x' oder der 'Nation y' anknüpfen. Besonders problematisch wird dies, wenn - wie beim deutsch-niederländischen Vergleich der Fall - in den beteiligten Ländern stereotype Bilder über das jeweils andere Land in wirkungsmächtiger Weise im Umlauf sind.
- Ein weiteres Ergebnis meiner Untersuchung, das auf die methodische Ebene zurückverweist, bezieht sich auf die gängige Behauptung, dass der formale Bildungsgrad ein entscheidender Faktor für die Zustimmung oder Ablehnung rassistischer, nationalistischer oder ethnizistischer Orientierungen ist. Meine Ergebnisse zeigen hingegen, dass Items, die in *gleichlautenden* Formulierungen Befragten verschiedener Bildungsgänge vorgelegt werden, *keine* zuverlässigen Auskünfte über die unterschiedliche Verteilung entsprechender Orientierungen liefern können. Vieles spricht dafür, dass in solchen Befragungen *kontextspezifisch dominante Formulierungsweisen* unberücksichtigt bleiben: Absolventinnen und Absolventen 'höherer' Bildungsgänge zögern im Vergleich zu Absolventinnen und Absolventen 'niedrigerer' Bildungsgänge sehr viel eher, einem 'gröber' formulierten Item zuzustimmen.

5. Ergebnisse empirischer Forschung

a) Datenerhebung im Methodenmix

Den Schwerpunkt meiner Arbeit bildete eine empirische Studie. Dabei handelte es sich um einen deutsch-niederländischen Vergleich auf der Basis einer Fragebogenbefragung[356] *und* um eine vertiefende Untersuchung in den Niederlanden, bei der verbale Daten mit Hilfe eines besonderen Verfahrens und im Methodenmix erhoben wurden: In einer ersten Untersuchungsrunde wurden in Schulklassen zuerst Befragungen mit einem Fragebogeninstrument und direkt danach themenzentrierte Gruppendiskussionen durchgeführt. Kurze Zeit später inter-

---

[356] Die zum Vergleich herangezogenen Daten aus Deutschland waren im gleichen Untersuchungszeitraum vom deutschen Teil des Projektes 'Internationales Lernen' erhoben worden. Da in der deutschen Untersuchung ausschließlich Berufschülerinnen und Berufsschüler befragt worden waren, bezieht sich der internationale Vergleich nur auf Jugendliche des Berufsschulwesens in beiden Ländern. Die niederländische Gesamtstichprobe umfasst jedoch auch noch Jugendliche anderer Bildungsgänge (u.a. allgemeinbildende Schulen der Sekundarstufe II).

viewte ich Jugendliche einzeln oder zu zweit und erstellte gemeinsam mit fünf Jugendlichen einen Porträtfilm. In einer zweiten Untersuchungsrunde wurden dieselben Schulklassen nochmals besucht und diente der Film, mit dessen Hilfe wichtige Ergebnisse an die Jugendlichen rückvermittelt wurden, als Ausgangspunkt für weitere Gruppendiskussionen.

b) 'Eindimensional-nationale' versus 'multiperspektivische' Orientierungen

Für meine eigene *empirische* Forschung wäre eine Untersuchung über die Unterschiede und Verbindungen zwischen Rassismus, Nationalismus und Ethnizismus wünschenswert gewesen. Da es sich bei dem Projekt jedoch um einen ersten deutsch-niederländischen Vergleich handelte, konnte ich nicht auf frühere Forschungserfahrungen und -instrumente von Kolleginnen und Kollegen zurückgreifen. Eine differenzierende Operationalisierung schätzte ich als zu verfrüht ein. Zum Zweck der Konstruktion eines Fragebogeninstruments entschied ich mich deshalb für eine bescheidenere Lösung. Auf der Basis der Annahme, dass unterschiedliche Formen von Rassismus, Ethnizismus und Nationalismus im Kontext von Nationalstaaten analysiert werden müssen, entwickelte ich das Begriffspaar 'eindimensional-nationale' versus 'multiperspektivische' Orientierungen. 'Eindimensional-nationale' Orientierungen zeichnen sich durch den einseitigen Bezug auf den nationalen Kontext aus. Im Gegensatz hierzu lassen sich 'multiperspektivische' Orientierungen charakterisieren durch ihre breitere und vielfältigere Perspektive, die die Lebensbedingungen und Positionierungen von Eingewanderten und asylsuchenden Flüchtlingen in Herkunfts- und Aufnahmeländern berücksichtigt. Mit Hilfe dieses Begriffspaars konnte ein effektives und handhabbares Instrument für den quantitativen Untersuchungsteil konstruiert und zugleich an bereits vorhandenen Instrumenten des Projektes 'Internationales Lernen' angeknüpft werden. Mit den Items zu 'eindimensional-nationalen' versus 'multiperspektivischen' Orientierungen konnten Begründungen und Rechtfertigungen abgebildet werden, die sowohl in rassistischen und nationalistischen als auch ethnizistischen Diskursen zu finden sind bzw. entsprechende Alternativen hierzu benennen. Bei der Entwicklung von Itemlisten, die den deutschen und den niederländischen Kontext berücksichtigen, zeigte sich, dass die inhaltlichen Dimensionen und Items der Instrumente aus den deutschen Vergleichsuntersuchungen des Projektes 'Internationales Lernen' nicht ohne weiteres übernommen werden konnten. Für die Niederlande mussten 'eindimensional-nationale' und 'multiperspektivische' Orientierungen vor dem Hintergrund einer spezifischen Geschichte und Ausformung von Nationalismus und Rassismus formuliert werden. Für den Vergleich konnten nur solche Items aus den deutschen Fragebögen ausgewählt werden, die ein *Minimum an Übereinstimmung* gewährleisteten. Darüber hinaus mussten, um die *Besonderheiten in den Niederlanden* angemessen zu berücksichtigen, für die vertiefende Untersuchung in den Niederlanden zusätzliche Items mit aufgenommen werden.[357]

[357] Es sei nochmals darin erinnert, dass die Skalen zu 'eindimensional-nationalen' und 'multiperspektivischen' Orientierungen als *nicht* geeignet für allochthone Jugendliche befunden wurden. Dementsprechend beziehen sich alle Ergebnisdarstellungen dieser Skalen nur auf autochthone Jugendliche.

c) Methodenkritische Ergebnisdarstellung

In Übereinstimmung mit anderen Forschungsarbeiten musste ich feststellen, dass in den Niederlanden wichtige Diskurse über Deutschland und die Deutschen existieren, die von Negativ-Bildern geprägt sind. Das Gewahrwerden dieser Konstellation bekam vor dem Hintergrund des beabsichtigten internationalen Vergleichs eine besondere Bedeutung. Unter der Berücksichtigung der Tatsache, dass die Präsentation von Ergebnissen quantitativer Forschung ohnehin oft problematisch ist, beschloss ich, die eigenen Vergleichsergebnisse *methodenkritisch* darzustellen. Mit im Grunde recht einfachen Mitteln wurde versucht, eine homogenisierende und dichotomisierende Wahrnehmung, die auf nationale Vereinheitlichungen zielt, zu erschweren. Die fortschreitende Differenzierung in Teilgruppen (Jugendliche aus Ost- und Westdeutschland; männliche und weibliche Jugendliche) trug zur sukzessiven Auflösung des Homogenitätsgedankens bei.

d) Deutsch-niederländischer Vergleich auf quantitativer Datengrundlage

Wie erwähnt, konnte im internationalen Vergleich quantitativer Daten als gemeinsamer Maßstab nur ein *Minimalkonsens* über ‘eindimensional-nationale’ und ‘multiperspektivische’ Orientierungen in den beiden Ländern angelegt werden. Ohne also die Spezifik dieser Orientierungen in den beiden Ländern genauer berücksichtigen zu können, war festzustellen, dass die Jugendlichen aus Deutschland im Durchschnitt ein stärker ‘eindimensional-national’ und ein weniger ‘multiperspektivisch’ orientiertes Antwortverhalten als die Jugendlichen aus den Niederlanden zeigten. Dieses Ergebnis wurde - mit aller Vorsicht - als *allgemeine Ländertendenz* charakterisiert. Als *abstrakte Größen* wurden die festgestellten Mittelwertsunterschiede als *Hinweise* auf allgemeine gesellschaftliche Phänomene interpretiert, vor deren Hintergrund die jeweiligen Antwortmöglichkeiten von den Jugendlichen gewählt worden waren.

Anschließend differenzierte ich nach Teilgruppen. Es zeigte sich, dass - entsprechend der allgemeinen Ländertendenz - zwischen der niederländischen und der westdeutschen Stichprobe sehr große Unterschiede in den ‘eindimensional-nationalen’ und ‘multiperspektivischen’ Orientierungen bestehen, während sie zwischen der niederländischen und der ostdeutschen Stichprobe nur bei den ‘multiperspektivischen’ Orientierungen festzustellen waren. Eine weitere Differenzierung ergab, dass die allgemeine Ländertendenz zwar nicht für die weiblichen Jugendlichen in Ostdeutschland galt, wohl aber teilweise für die männlichen ostdeutschen Jugendlichen. Die weiblichen Jugendlichen aus Ostdeutschland zeigten - *entgegen* der festgestellten Ländertendenz - sogar eine deutlichere Zustimmung zu ‘multiperspektivischen’ Orientierungen als die männlichen Jugendlichen der niederländischen Stichprobe.

Gleichsam ‘en passant’ wurden im Rahmen des differenzierenden internationalen Vergleichs auch Unterschiede zwischen der westdeutschen und der ostdeutschen Stichprobe festgestellt. Die Jugendlichen aus Westdeutschland stimmten ‘eindimensional-nationalen’ Orientierungen im Durchschnitt stärker zu als die Jugendlichen aus Ostdeutschland. Und sie befanden sich - im Gegensatz zu ihren ostdeutschen Altersgenossen - bei den ‘multiperspektivischen’ Orientierungen im Durchschnitt nicht auf der Zustimmungsseite.

Bei einer Erklärung internationaler Unterschiede müssen also sowohl für den *innerdeutschen Vergleich* als auch für die *Geschlechterunterschiede* zusätzliche Überlegungen berücksichtigt werden. Gerade hier zeigt sich allerdings eine entscheidende Schwachstelle in der Forschungsliteratur. Es gibt kaum befriedigende Konzepte, mit deren Hilfe internationale Unterschiede und Besonderheiten (Niederlande-Deutschland) *gemeinsam* mit regionalen Verschiedenheiten in einem Land (Ostdeutschland-Westdeutschland) *und* Unterschieden in Bezug auf Geschlechterdifferenzen thematisiert werden könnten. Jedenfalls war deutlich, dass die verschiedenen *Überlagerungen* einer einfachen Erklärung im Weg stehen.

Eine Gegenüberstellung der eigenen quantitativen Ergebnisse mit entsprechenden Ergebnissen anderer Untersuchungen, die aufgrund verschiedener begrifflicher Konzeptualisierungen und Operationalisierungen allerdings einen *provisorischen Charakter* haben musste, ergab übereinstimmende Befunde in Bezug auf die festgestellte Ländertendenz. Auch die teilweise festzustellenden Geschlechterunterschiede und das teilweise abweichende Ergebnis für die Jugendlichen aus Ostdeutschland schienen - zumindest für den Erhebungszeitraum der quantitativen Daten (Ende 1992 bis Ende 1993) - den Resultaten anderer Vergleichsuntersuchungen nicht zu widersprechen. Insgesamt ist für Ostdeutschland vor dem Hintergrund der tiefgreifenden Veränderungen nach dem Zusammenschluss von DDR und BRD von einer *Dynamik* auszugehen, die in diesem Ausmaß weder für Westdeutschland und schon gar nicht für die Niederlande zu konstatieren ist. Noch prägnanter als dies ohnehin bei Befragungen der Fall ist, erwies sich hier, dass es sich bei den erhobenen Daten um *Momentaufnahmen* handelt.

Die Ergebnisse zu den Geschlechterunterschieden stellten sich sowohl in Ostdeutschland als auch in Westdeutschland und den Niederlanden jeweils unterschiedlich dar. Offenbar wird der Geschlechterunterschied durch regionale und länderspezifische Besonderheiten überlagert. Allerdings war angesichts der vorerst nur quantitativen Datengrundlage, die zudem mit Fragebogeninstrumenten gewonnen wurden, der noch wenig auf geschlechtsspezifische Besonderheiten ausgerichtet waren, Vorsicht geboten. Genauere qualitative Analysen und bessere Forschungsinstrumente erwiesen sich hier als notwendig. Da für die Niederlande entsprechende qualitative Daten in Kombination mit quantitativen Daten erhoben werden konnten, galt es, diesem Themenaspekt bei der Untersuchung der niederländischen Gesamtstichprobe eine besondere Aufmerksamkeit zu widmen.

e) Wissenschaftliche Erklärungsansätze

Der internationale Vergleich zeigt, dass ökonomische und soziale Deprivationsmodelle sehr skeptisch beurteilt werden müssen. Zudem weisen die Ergebnisse der vorliegenden Untersuchung daraufhin, dass zwischen der Attraktivität rassistischer und nationalistischer Orientierungen und ökonomischer Misere bzw. ungünstigen Zukunftserwartungen kein zwangsläufiger Zusammenhang besteht. Zwar ist nicht zu bestreiten, dass hier aus der Perspektive politischer Akteure Ansatzpunkte zu finden sind, mit denen in populistischer Weise Stimmungen (re-)produziert und verstärkt werden können, und möglicherweise werden entsprechende Zusammenhangsannahmen und Denkangebote - gerade von einer ungünstigen Lebenslage aus - in besonderer Weise aufgegriffen. Dennoch ist deutlich, dass die besondere Situation und Entwicklung in *einem* Land mit solchen Erklärungen kaum gefasst werden kann.

Plausiblere Erklärungen bieten sich in den Bereichen dominanter Medien- und Politikerdiskurse über Flucht und Einwanderung und der offiziellen Politik gegenüber asylsuchenden Flüchtlingen und Eingewanderten an, insbesondere in Bezug auf den Vergleich zwischen Westdeutschland und den Niederlanden. Die Lebensbedingungen sind für Angehörige der

Mehrheitsgesellschaft im Untersuchungszeitraum ähnlich, dagegen sind die vorherrschenden Diskurse über Flucht und Einwanderung unterschiedlich.

Dabei handelt es sich *nicht* um automatische Reaktionen auf den Umfang von Einwanderung oder die Diversität der Einwanderergruppen. In beiden Ländern werden Eingewanderte zum Gegenstand gesetzlicher Regelungen, politischer Maßnahmen und Diskurse, und die Anwesenheit von Arbeitsmigrantinnen und -migranten wird zunächst in beiden Ländern als vorübergehend betrachtet und immer mehr als ein Problem für das Aufnahmeland thematisiert. Neben anfänglichen Übereinstimmungen in den sechziger und siebziger Jahren, lassen sich jedoch vor allem für die achtziger Jahre auffällige Unterschiede zwischen Westdeutschland und den Niederlanden feststellen:[358] In den Niederlanden wurde nun auch von offizieller und regierungsamtlicher Seite eine strukturelle Benachteiligung von eingewanderten Minderheiten eingestanden, auf einen entsprechenden Handlungsbedarf hingewiesen und nach Möglichkeiten zur Verbesserung der Situation gesucht. Der Lobbyismus, die Forderungen und die Aktionen vor allem der Einwanderergruppen aus den ehemaligen Kolonien, die größtenteils über die niederländische Staatsbürgerschaft verfügten, stießen hier auf eine Konstellation von politischen Akteuren, die sich in der Tradition einer Konsens- und Kompromisskultur definierten und eine entsprechende Offenheit für die Anliegen der Eingewanderten zu zeigen begannen. In Anknüpfung an eine Geschichte der strukturellen Versäulung von gesellschaftlichen Gruppen lag es nahe, sukzessive Regelungen und Maßnahmen einzuführen, die sich an multikulturellen Modellen orientierten.

Für Westdeutschland muss für diesen Zeitraum noch eine massive und breit getragene Verweigerung der Anerkennung der Einwanderungstatsache registriert werden. In Wahlkämpfen wurde zudem, anders als in den Niederlanden, immer wieder gegen Eingewanderte, und später, je nach politischer Couleur, gegen asylsuchende Flüchtlinge oder Aussiedlerinnen und Aussiedler Stimmung gemacht. Im Zusammenhang mit verschiedenen (überaus widersprüchlichen) Diskursen zu Herstellung eines gemeinsamen Nationalbewusstseins nach dem Zusammenschluss von BRD und DDR steht auch die Anfang der neunziger Jahre in verschärfter Weise geführte Neuauflage der Asyldebatte, die auf älteren Negativbildern ihrer Vorläufer aufbauen konnte. Obwohl vor dem Hintergrund des Umbaus des Sozialstaates, des Erstarkens neoliberaler Tendenzen und der europäischen Harmonisierung (Flüchtlingspolitik) in den Niederlanden ein deutliches Umschlagen im Einwanderungsdiskurs mit entsprechenden Negativ-Signalen zu konstatieren ist, spielt sich diese Entwicklung, auch in Bezug auf entsprechende Präsentationen in den Medien, auf einem deutlich weniger aggressiven Niveau ab.

f) Vertiefende Untersuchung der niederländischen Stichprobe

Auf Basis der festgestellten Gemeinsamkeiten, aber auch der Besonderheiten in beiden Ländern, wurde schließlich die *vertiefende Untersuchung* der niederländischen Gesamtstichprobe in Angriff genommen. Hierbei konnte auf die im Methodenmix erhobenen Daten der quantitativen Befragung als auch die verbalen Daten der Gruppendiskussionen und Einzelinterviews

[358] Für die DDR muss festgestellt werden, dass es keinen öffentlichen Diskurs zum Thema Einwanderung gab. Dies liegt zum einen daran, dass in der DDR kaum Eingewanderte zu verzeichnen waren (regelmäßig wurde ein 'Ausländeranteil' von unter 1,5% registriert), zum anderen wurden die wenigen Arbeitsmigrantinnen und Arbeitsmigranten aus Vietnam und Mozambique quasi unter Ausschluss der Öffentlichkeit in einer besonderen Form der staatlichen Apartheid gettoisiert und ausgebeutet.

zurückgegriffen werden. Bei der niederländischen Gesamtstichprobe handelte es sich zudem um eine größere Gruppe, da sie Schülerinnen und Schüler sowohl aus dem Berufsschulbereich als auch aus Bildungsgängen des allgemeinen Sekundarunterrichts der Oberstufe umfasste.

Ähnlich wie im Ländervergleich, erwies sich auf der Ebene der quantitativen Daten, dass die Jugendlichen 'multiperspektivischen' Orientierungen im Durchschnitt sehr deutlich zustimmten. Anders als im Ländervergleich, zeigte sich jedoch bei den 'eindimensional-nationalen' Orientierungen mit dem Messinstrument, das die Besonderheiten der Niederlande berücksichtigte, dass sich die Jugendlichen im Durchschnitt nicht mehr im 'neutralen' Bereich, sondern bereits auf der Zustimmungsseite befinden, wenn diese Zustimmung auch keineswegs extrem ausgeprägt ist. Sie lässt sich gewissermaßen als eine 'milde' Form der Zustimmung charakterisieren. Gerade deshalb war es umso überraschender, dass eine relativ umfangreiche Gruppe unter den niederländischen Jugendlichen gewalttätigen Übergriffen gegenüber Eingewanderten zustimmte oder zumindest Verständnis für solche Gewalttaten zu erkennen gab: Immerhin bereits mehr als ein Fünftel der Befragten hatte sich für eine dieser beiden Antwortmöglichkeiten entschieden.

Weiterhin ließen sich auf der Ebene der quantitativen Daten, wie erwartet, deutlich positive Korrelationen zwischen 'eindimensional-nationalen' Orientierungen und der Ablehnung von engeren Freundschaften mit Eingewanderten nachweisen. Ebenso konnten ähnliche Zusammenhänge zwischen 'eindimensional-nationalen' Orientierungen und der Zustimmung von Gewalt gegenüber 'Ausländern' belegt werden. Freilich sind die gefundenen Zusammenhänge nicht so zu verstehen, dass Jugendliche, die in eindeutiger Weise 'eindimensional-nationalen' Orientierungen zustimmten, sich in jedem Fall gegen Freundschaften mit Eingewanderten entschieden und Verständnis oder gar Zustimmung für gewalttätige Übergriffe gegenüber Eingewanderten äußerten. Es war auch unter denjenigen, die 'eindimensional-nationale' Orientierungen bejahten, noch eine Mehrheit zu finden, die sich eine engere Freundschaft mit Eingewanderten vorstellen konnte. Ebenso lehnte eine große Gruppe (fast ein Viertel) der 'eindimensional-national' orientierten Jugendlichen Gewalt gegenüber Eingewanderten ab (wenn auch diese Anteile jeweils bei den in eindeutiger Weise 'multiperspektivisch' orientierten Jugendlichen sehr viel höher ausfielen und dort fast die gesamte Gruppe umfassten).

g) Erklärungsmodelle Jugendlicher zu Rassismus

Ausgehend von der Beobachtung, dass die Jugendlichen in den Gruppendiskussionen und Einzelinterviews meist nicht das *Wort* Nationalismus und schon gar nicht Wörter aus der Fachdiskussion wie Ethnozentrismus oder Ethnizismus benutzten, sondern in aller Regel von Rassismus sprachen, dabei vor allem aber explizite und extreme oder auch gewalttätige Formen in den Blick nahmen, wurde das *qualitative Material* daraufhin untersucht, wie diese Phänomene von den Jugendlichen erklärt wurden.

Sehr viele verschiedene Erklärungsweisen ließen sich bei den Jugendlichen beobachten: Rassismus galt als Reaktion auf Überbevölkerung oder einfach auf die behauptete Gegebenheit, dass zu viele 'Ausländer' im Land sind. Die Benachteiligung der 'Einheimischen' gegenüber Eingewanderten wurde als eine Erklärung für Rassismus angeführt, ebenso wurden unterschiedliche Konkurrenzmodelle (Konkurrenzen um Arbeitsplätze, Wohnungen, etc.) genannt. Erklärungen für Rassismus operierten mit Hilfe von Sündenbockmodellen, Verweisen auf die Auswirkungen ökonomischer Krisen und mit der 'Unbrauchbarkeit' der Eingewanderten. Die fremde Kultur und das unangepasste Verhalten von Eingewanderten galten als verantwortlich für rassistische Reaktionen der Bevölkerung. Die Ursache von Rassismus wurde in einer falschen Erziehung und in unzureichender Bildung auf Seite der Rassisten gesehen. Auch wurden 'innere Egoismen' und ein 'natürliches Macht- und Besitzstreben' als allgemein-menschliche oder auch nur bestimmten Menschengruppen zukommende Gegebenheiten angeführt, die zur Erklärung von Rassismus beitragen. All diese unterschiedlichen Erklärungsweisen zeigten sich in vielfältigen Kombinationen und Verknüpfungen.

Gleichzeitig wurde deutlich, dass in den Erklärungsmodellen sehr oft nicht die Rassismen von 'Einheimischen' thematisiert, sondern hauptsächlich Probleme formuliert wurden, die 'Ausländer' den 'Einheimischen' machen. Überhaupt zeichneten sich viele der Erklärungsweisen dadurch aus, dass sie die Verantwortung für Rassismen bei denjenigen, die selbst zur Zielscheibe solcher Ideologien und Ausgrenzungspraxen werden, suchen.

Zudem konnte häufig festgestellt werden, dass Erklärungen auch als *'Verstecke'* dienten. Die jeweiligen Sprecherinnen und Sprecher sahen sich in solchen Fällen mit einem Kontext konfrontiert, der sie davon abhielt, deutlich zu machen, dass sie nicht nur Verständnis für diejenigen, für die das jeweilige Erklärungsmodell gelten sollte, aufbrachten, sondern im Grunde selbst den Standpunkt derjenigen, deren Denken und Handeln sie zu erklären suchten, teilten und rechtfertigten. Diese mögliche *Nähe* zwischen *Rechtfertigung* und *Erklärung* zeigte allerdings auch, dass letztere zu einer Gratwanderung werden kann. So vermittelte die Analyse von Diskussionsverläufen in den Schulklassen mitunter den Eindruck, dass die Äußerung von Verständnis bei Erklärungsversuchen den unbeabsichtigten Effekt haben konnte, denjenigen, die zuhörten, eine günstige Möglichkeit zu bieten, das eigene Unbehagen gegenüber 'Ausländern' zu artikulieren.

Die vorsichtigen Formulierungen, die viele Jugendliche wählten, aber auch der massive Ärger darüber, fälschlicherweise einem Diskriminierungsverdacht ausgesetzt zu sein, wies nochmal darauf hin, dass der niederländische Kontext in Bezug auf Rassismus, Nationalismus und Ethnizismus sowohl von Elementen des 'political-correctness' als auch des trotzig neoliberalen 'Das-muss-gesagt-werden-können' geprägt ist. Beide Elemente dürften, je extremer sie zur Geltung kommen, den angemessenen Umgang mit und die Bearbeitung von Rassismus, Nationalismus und Ethnizismus in pädagogischen Arbeitsfeldern erheblich erschweren.

An einigen Stellen wiesen die Erklärungsmuster auch mehr oder weniger explizit *bedrohliche Effekte* auf. Dies war immer dann der Fall, wenn eine *Selbsteinordnung* in ein beschriebenes Erklärungsmodell zu Rassismus für die Zukunft entweder vorgenommen oder aber als durchaus denkbare Möglichkeit offen gelassen wurde. Es war gut nachvollziehbar, dass allochthone Jugendliche angesichts solcher Aussagen ihrer Mitschüler und Mitschülerinnen ein unbehagliches Gefühl entwickelten. Immerhin suggerierten die Erklärenden, dass sie in Zukunft selbst in rassistischer Weise agieren werden oder dies zumindest nicht auszuschließen sei. Zugleich zeigte sich in diesem Zusammenhang eine weitere Form der Erklärung, die sich *gezielt* einer bedrohlichen Wirkung bediente ('Wenn das hier so weitergeht, dann passiert was.').

Am Beispiel der Erklärungen zu rassistischer Gewalt in Deutschland konnten schließlich naturalisierende und kulturalisierende Erklärungsweisen festgestellt werden. Besonders aufschlussreich war hier das Konzept von Kultur:

- Die Vielfalt der Kulturen in einer gegebenen Gesellschaft wurde reduziert auf eine Nationalkultur.
- Diese Nationalkultur wurde als etwas Homogenes und Statisches betrachtet.

- Diejenigen, die dieser Nationalkultur zugeordnet wurden, galten als determiniert durch ihre Kultur; die Nationalkultur führt demnach bei ihren Angehörigen zu entsprechenden Haltungen und Verhaltensweisen.
- Die national-kulturellen Mentalitäten der Einzelnen wurden schließlich - gewissermaßen in der nachträglichen Bestätigung dessen, was man bereits zu wissen glaubte - als die Ursache von dazu 'passenden' gesellschaftlichen Entwicklungen interpretiert.

Dieses Kulturverständnis zeigte sich jedoch nicht nur bei den Erklärungsversuchen über Rassismus und Gewalt in Deutschland. Es handelte sich vielmehr um ein Muster, das bei sehr vielen Argumentationsweisen im Zusammenhang mit Einwanderung und Flucht beobachtet werden konnte.

h) Wie 'Ausländer' definiert werden

In den Gruppendiskussionen und Einzelinterviews wurde auch der Frage nachgegangen, wie die Jugendlichen 'Ausländer' definierten. Oft konnten die Jugendlichen keine klaren Kriterien angeben, wen sie als 'Ausländer' betrachteten und wen nicht, oder aber sie verstrickten sich in Widersprüche. Meist schienen sie jedoch die Relevanz dieser Frage zu erahnen, und sie wollten nicht in Verdacht geraten, auszugrenzen oder zu diskriminieren. In aller Regel gab jedoch auch bei diesen Jugendlichen, wie in den Gruppendiskussionen und Interviews insgesamt, eine bestimmte Gruppe eine Art Prototyp für *den* 'Ausländer' ab: die Gruppe der 'Türken und Marokkaner'. Bezeichnend ist, dass es sich bei Eingewanderten aus der Türkei und Marokko um Gruppen handelt, die in der niederländischen Gesellschaft gemeinhin als besonders 'fremd' kategorisiert und in der ethnischen Hierarchie an unterster Stelle platziert werden. Der Begriff 'Ausländer' ist im Allgemeinen *kein* neutraler Begriff, sondern mit *negativen* Konnotationen verbunden.

Obwohl sich an vielen Stellen deutliche Verbindungen zwischen dem Gebrauch von eher restriktiven Kriterien zur Definition von 'Ausländern' und negativen Bewertungen von Eingewanderten zeigten, konnte hier keineswegs ein zwangsläufiger Zusammenhang festgestellt werden. Manche Jugendliche hatten eine enge Definitionsweise und betrachteten auch in den Niederlanden geborene Personen türkischer oder marokkanischer Abstammung als 'Ausländer' und zeigten trotzdem eine positive und unterstützende Haltung gegenüber Eingewanderten.

Meist war es für die Jugendlichen verwirrend festzustellen, welche unterschiedlichen Definitionskriterien möglich sind und in der eigenen Schulklasse genannt wurden, und manchmal zeigten sie sich mit den Kriterien, mit denen sie im Alltag selbst hantierten, unzufrieden. Über die verschiedenen Kriterien der äußerlichen Sichtbarkeit und Erkennbarkeit als 'Ausländer', der kulturellen Unterschiedlichkeit, des Geburtsorts, des 'hier-als-Ausländer-Erzogen-Seins', des unterschiedlichen Grades von Angepasstheit, der Aufenthaltsdauer, der formalrechtlichen Position usw. bestand oft Uneinigkeit. Als ausschlagend erwies sich jedoch - oft auch gegen den eigenen Willen - letztlich das Kriterium der Sichtbarkeit. Zumindest im ersten Moment einer Begegnung schien dies das wichtigste Kriterium zur Einordnung als 'Ausländer' oder 'Nicht-Ausländer' zu sein. Einige Jugendliche, die eine solche Kategorisierungsweise selbst benutzten, sprachen sich zwar nachträglich - gewissermaßen bei näherem Hinsehen - deutlich *gegen* das Kriterium der Sichtbarkeit aus. Dennoch fiel insgesamt auf, dass es meist gegen *spontane* Kategorisierungsweisen verstieß, dass auch Menschen, die als 'anders aussehend' wahrgenommen werden, ganz selbstverständlich Niederländer sein können. Für diejenigen, die auf den 'ersten Blick' als 'anders aussehend' wahrgenommen und - oft fälschlicherweise - als 'Ausländer' eingeordnet werden, lauert hier die ständige Gefahr unangenehmer Zuschreibungen. Auch in der Klasse waren diese Jugendlichen meist auf der Hut. Schließlich sind auch die Repräsentationen von 'Ausländern', die in den Gruppendiskussionen benutzt wurden, in aller Regel mit Bedeutungen versehen, die in dominanten gesellschaftlichen Diskursen eine negative Ladung haben. Und oft genug mussten sie vermutlich erleben, wie schnell die Frage nach der Definition von 'Ausländern' zu Argumentationen führen konnte, in denen - mit unterschiedlichen Konzepten und mit unterschiedlicher Rigorosität - *Anpassung* verlangt wurde.

i) Argumentationen, die auf Anpassung zielen

Dies führt zu der Untersuchung von Passagen in den Gruppendiskussionen und Interviews, in denen mit *Anpassung* argumentiert wurde. Es zeigte sich, dass die 'Anpassungsbereiche', die von den Jugendlichen genannt werden, sehr breit gefächert waren. Der Vielfalt und Offenheit der multikulturellen und pluriformen Gesellschaft stand gewissermaßen eine Vielfalt und Geschlossenheit an Anpassungsdiskursen gegenüber. Dabei ging es um die Anpassung an die Sprache, an Gewohnheiten, an den Glauben, an Kleidung und Essgewohnheiten. Ebenso wurden das Auftreten in der Öffentlichkeit, das Geschlechterverhältnis sowie 'äußere' und 'innere' Anpassung genannt. In der Tat gab es zu den einzelnen Bereichen, in denen sich 'Ausländer' anpassen sollten, sehr verschiedene Vorstellungen davon, was damit eigentlich genau gemeint war. Das Wort 'Anpassung' schien, so formulierte es Selma, eine Jugendliche, deren Eltern aus der Türkei eingewandert waren, als *Zauberwort* zu fungieren, das sich für die verschiedensten Vorstellungen und Zwecke einsetzen lässt. Allerdings sind es stets 'Niederländer', die 'Ausländern' vorgeben dürfen, auf was genau eine Anpassungsaufforderung abzielt. Häufig war den autochthonen Jugendlichen hier anzumerken, dass sie sich in einer günstigeren und 'mächtigeren' Position befanden, wenn sie 'Andere' zur Anpassung auffordern konnten. In vielen Anpassungsdiskursen wurde nicht umsonst auch eine Verbindung zu eindimensional-nationalen' Orientierungen festgestellt (und auch in den quantitativen Daten zeigte sich ein solcher Zusammenhang). Besonders der Anpassungsbereich 'Sprache' schien, aufgrund seiner unverdächtigen Selbstverständlichkeit, 'eindimensional-nationalen' Orientierungen einen unauffälligen Bewegungsraum zu bieten. Anpassungsdiskurse zeigten sich also in verschiedenen Ausformungen, die u.a. durch ihre spezifische Verbindung mit anderen Themen geprägt waren. Jedoch war ein Anpassungsdiskurs, der nicht nur als einseitige Aufforderung zur Anpassung an Eingewanderte gerichtet war, sondern auf die Anpassung der Gesellschaft an die Herausforderungen zielte, die sich mit der multikulturellen Einwanderungsgesellschaft ergeben, und damit Bewegungen aller Beteiligten in den verschiedensten Bereichen meinte, eine große Ausnahme.

j) Argumentationsweisen im 'ökonomischen' Bereich

In einer früheren empirischen Arbeit habe ich die *subjektive Funktionalität* von Rassismus und Ethnizismus zum Thema gemacht und bin der Frage nachgegangen, was Einzelne 'davon haben', wenn sie in entsprechender Weise denken, reden und handeln (Leiprecht 1990). Deutlich wurde, dass sich rassistische und ethnizistische Argumentationsweisen oft mit der Artikulation von Unbehagen über die eigenen Lebensverhältnisse verbinden. Ähnliche Konstellationen ließen sich auch in den Niederlanden feststellen. Einen großen Raum in den Gruppendiskussionen und Interviews nahmen beispielsweise Argumentationen über den 'ökonomischen' Bereich ein. Hier ließen sich fast schon demonstrative Selbstbezüge ausmachen, die dichotomisierende Gegenüberstellungen hantierten; Gegenüberstellungen, in denen davon ausgegangen wurde, dass 'wir Niederländer' (materiell) benachteiligt seien und die 'Ausländer' bevorzugt würden. Dabei waren auch Wunschvorstellungen ('wir müssen arbeiten, die brauchen nichts tun') zu entdecken, die manche für sich selbst gerne realisiert gesehen hätten ('andere arbeiten lassen, selbst weniger tun müssen'). Ähnlich wie in meiner deutschen Untersuchung von 1990 war festzustellen, dass sich hinter solchen Gegenüberstellungen ein Unmut über sozial-materielle Missstände und Situationen des Ausgeliefertseins verbergen konnte; ein Unmut, der sich nicht gegen die mächtigeren Verursacher, sondern gegen 'schwächere' Gruppen richtete, die in gängigen Diskursen in einer Weise dargestellt wurden, die entsprechende Verknüpfungen geradezu anzubieten schienen. Die negativen Emotionen gegenüber solchen Gruppen schienen zudem auf 'offene Ohren' zu stoßen und Aufmerksamkeit zu erregen. Die Darstellung der eigenen benachteiligten Situation konnte zudem auf Anteilnahme und Verständnis der Umwelt rechnen. Dies ist auch ein Grund, warum nicht unbedingt davon auszugehen ist, dass diejenigen, die sich solcher Diskurse bedienen, wirklich selbst benachteiligt sind oder sich in sozial-materiell ungenügenden Situationen befinden. Für rassistische, ethnizistische und nationalistische Orientierungen bietet sich hier eine respektable Artikulationsmöglichkeit.

k) Medien zu Flucht und Asyl und wie Jugendliche damit umgehen

Aus dem *quantitativen Datenmaterial* ergab sich, dass die Jugendlichen im Allgemeinen schlecht über die wirkliche Anzahl von Flüchtlingen informiert waren und zu großen Überschätzungsfehlern neigten. Besonders *krasse* Überschätzungsfehler zeigten sich vor allem bei den Jugendlichen, die eine weitere Aufnahme von Flüchtlingen ablehnten. Allerdings wurde bei einer Minderheit von Jugendlichen auch deutlich, dass die Annahme viel zu hoher Flüchtlingszahlen nicht *unbedingt* zu einer Ablehnung der Aufnahme von Flüchtlingen führen muss.

Insgesamt ließen sich - wie zu erwarten - signifikante Hinweise dafür finden, dass es zwischen der Zustimmung zu 'eindimensional-nationalen' Orientierungen und der Neigung, eine weitere Aufnahme von Flüchtlingen abzulehnen und zugleich krasse Überschätzungsfehler zu machen, ein positiver Zusammenhang besteht. Offenbar dienen derartige Übertreibungen auch der Untermauerung und Rechtfertigung der eigenen 'eindimensional-nationalen' Orientierungen.

Neben dieser Haupttendenz ließen sich jedoch auch interessante Nebententendenzen entdekken. Eine war besonders bemerkenswert: Es gab eine (kleinere) Gruppe von Jugendlichen, die 'eindimensional-nationale' Orientierungen zeigte, mit ihren Einschätzungen der Flüchtlingszahlen im *richtigen* Bereich lag und sich dennoch *gegen* die weitere Aufnahme von Flüchtlingen entschied. Wichtiger als die Flüchtlingszahlen schienen hier die 'eindimensional-nationalen' Orientierungen zu sein, auf deren Grundlage eine Ablehnung der Aufnahme von Flüchtlingen begründet wurde.

Wenn auch ein positiver Zusammenhang zwischen 'eindimensional-nationalen' Orientierungen und einer Ablehnung der Aufnahme von Flüchtlingen festgestellt werden konnte, bedeutet dies *nicht*, dass umgekehrt eine Zustimmung zu 'multiperspektivischen' Orientierungen in jedem Fall zu einer Befürwortung der Aufnahme von Flüchtlingen führte. Es gab unter den Jugendlichen, die 'multiperspektivische' Orientierungen unterstützten, auch eine starke Minderheit, die eine weitere Aufnahme von Flüchtlingen *ablehnte* und zu deutlichen Überschätzungen neigte. Viele dieser Jugendlichen schienen ihre ablehnende Haltung gegenüber einer Aufnahme von Flüchtlingen also auf der Grundlage falscher Informationen zu begründen. Generell fiel auf, dass bei den Ablehnungsgründen (die im Rahmen einer offenen Frage notiert werden konnten) hauptsächlich solche angeführt wurden, die die Niederlande als 'kleines und dichtbevölkertes Land' beschrieben und hiermit auf eine in den Niederlanden nahezu unstrittige Aussage zurückgriffen: Offenbar können also aus 'objektiven Gründen' keine Flüchtlinge mehr aufgenommen werden. Sowohl Jugendliche, die ein 'eindimensional-national' orientiertes Antwortverhalten zeigten, als auch Jugendliche, die ein 'multiperspektivisch' orientiertes Antwortverhalten unterstützten, legitimierten mit dieser gleichsam 'unverdächtigen' Begründung ihre ablehnende Haltung.

In der anschließenden Auswertung des *qualitativen Datenmaterials* zeigte sich, dass Passagen zu Flucht, Asyl, Illegalität u.Ä. häufig mit Hinweisen auf die Medien (Fernsehen, Radio, Zeitungen) verbunden waren. Eine aus diesem Grund durchgeführte ausführliche Analyse von entsprechenden Presseschlagzeilen im Untersuchungszeitraum ergab, dass die Meldungen über asylsuchende Flüchtlinge von einer deutlich negativen und ablehnenden Tendenz *dominiert* waren, zusammen fassbar mit den Stichworten 'viel zu viel', 'viel zu teuer' und 'viel zu bedrohlich'. Insgesamt sind die Informationen, die von den Medien zum Thema Flucht und Asyl vermittelt wurden, als parteilich zu kennzeichnen: negative und ablehnende Botschaften dominieren und konnten als eine mächtige Quelle einseitiger Information fungieren. Dennoch fanden sich *unterhalb* der Dominanz auch Meldungen, die der Einseitigkeit widersprachen und alternative Begründungszusammenhänge vermittelten.

Welche Wirkung die dominierenden Botschaften der Medienberichterstattung entfalteten, zeigte sich beispielsweise bei Jugendlichen, die zunächst versuchten, für asylsuchende Flüchtlinge und deren Aufnahme Stellung zu nehmen, jedoch angesichts von Hinweisen auf Berichte in den Medien, die durch ihre Mitschülerinnen und Mitschüler gegeben wurden, deutlich beeindruckt und verunsichert wurden. Ihre Argumentationsweise wurde eher defensiv, und manchmal sprachen sie sich - wenn auch mit einem Ausdruck des Bedauerns oder der Ratlosigkeit - in der Diskussion schließlich ebenfalls gegen die Aufnahme von Flüchtlingen aus. In der weiteren Auswertung themenbezogener Passagen in den Gruppendiskussionen und Einzelinterviews wurde zudem deutlich, dass die Informationen der Medien die Jugendlichen nicht nur auf direktem Wege, sondern auch sehr vermittelt und indirekt erreichen können.

Die Analyse des Materials ließ erkennen, dass die Annahme eines bloßen Ursache-Wirkungsmodells unzulänglich ist. Es ließen sich recht *verschiedene Umgangsweisen* mit den Medien ausmachen, die mit bereits vorhandenen Interpretationsressourcen, Denkmustern und Orientierungen verzahnt sind. So gab es eine breite Gruppe Jugendlicher, die eher desinteressiert schien. Viele folgten hier einer gängigen Stimmung, äußerten sich (zunächst) eher ablehnend gegenüber der Aufnahme von Flüchtlingen und begründeten dies mit der großen Anzahl von Flüchtlingen. Konfrontiert mit eigenen Überschätzungsfehlern, wiesen sie - entschuldigend - auf die Medien und die Politik hin.

Aufschlussreich war auch die Gruppe derjenigen, bei denen sich zeigte, dass die in ihrer Dominanz negative Tendenz der Medien zur Bestätigung und Unterbauung des eigenen abweisenden Standpunktes gegenüber asylsuchenden Flüchtlingen benutzt wurde. Vor dem Hintergrund der gegebenen Medienlandschaft bekamen ablehnende Argumentationsweisen zudem ein größeres Gewicht, konnten offensiver vorgetragen werden und schienen plausibler zu sein. Leichter hatten es hier auch die Jugendlichen, die in einer Form *'gezielter' Wahrnehmung* bestimmte Informationen zur Unterbauung des eigenen Standpunktes herausgriffen und als Belege oder Bestätigungen in ihre Argumentation einbauten.

Es kann aufgrund der eingehenden Analyse der Rezeption der Medienberichterstattung über ein dramatisches Ereignis (dem Flugzeugabsturz in der Bijlmermeer und seine Folgen) davon ausgegangen werden, dass die Beeinflussung durch (Fehl-)Informationen *und* die Suche von bestimmten Informationen oder die *'gezielte' Wahrnehmung* zur Unterbauung des eigenen Standpunktes in parallelen, einander überlagernden und verstärkenden Prozessen verläuft. Eine Beschränkung auf ein Ursache-Wirkung-Modell - hier die zentrale Botschaft der Medieninformation, dort die entsprechende Reaktion der Empfänger - würde völlig an solchen komplizierten Prozessen vorbeigehen und die aktive Rolle der Rezipienten vernachlässigen.

l) 'Weibliche' und 'männliche' Formen 'eindimensional-nationaler' Orientierungen

Der Geschlechtervergleich auf der Grundlage *quantitativer* Daten der vorliegenden Untersuchung lässt u.a. die Schlussfolgerung zu, dass sowohl weibliche als auch männliche Jugendliche im Bereich von *Anpassungsdiskursen* in einer ähnlichen Größenordnung 'eindimensional-nationale' Orientierungen unterstützen. Im *qualitativen* Material zeigt sich zusätzlich, dass diese Orientierungen durch einen Diskurs über die 'fremde Frau' gestützt werden. Es geht dabei um die Feststellung, dass die 'fremde' Frau unterdrückt sei und ihre Befreiung durch eine Anpassung an die niederländische Kultur erfolgen müsse. Kulturalisierende und dichotomisierende Betrachtungsweisen, die damit einhergehen, sind unübersehbar.

Obwohl sich in den quantitativen Daten also verschiedene Hinweise dafür fanden, dass auch die weiblichen Jugendlichen und die jungen Frauen keineswegs vor 'eindimensional-nationalen' Orientierungen gefeit sind, zeigte das quantitative Material auch, dass es zwischen den Geschlechtern Unterschiede in der Hinwendung zu 'multiperspektivischen' und 'eindimensional-nationalen' Orientierungen gibt. In Kombination mit einer Durchsicht von empirischen Ergebnissen niederländischer Jugendforschung erwies sich, dass weibliche Jugendliche und junge Frauen weniger deutlich als ihre männlichen Altersgenossen zu rassistischen, nationalistischen und ethnizistischen Orientierungen neigen. Allerdings beziehen sich diese Ergebnisse nicht nur auf jeweils spezifische Konzeptualisierungen (etwa der Messung mit einer besonderen Ethnozentrismus-Skala), sondern auch auf Formulierungen in den Items, die - bis auf wenige Ausnahmen (etwa in Form der Gewalt-Frage) - *nicht* auf eine mögliche Geschlechtsspezifik hin ausgerichtet sind. Es ist deshalb davon auszugehen, dass besondere Ausdrucks- und Begründungsmuster bei beiden Geschlechtern mit den quantitativen Forschungsinstrumenten *nicht* angemessen erfasst wurden.

Dementsprechend wurde im *qualitativen Material* nach Hinweisen auf 'weibliche' und 'männliche' Ausdrucksformen und Begründungsmuster gesucht. Im Falle der 'weiblichen' Formen von 'eindimensional-nationalen' Orientierungen fanden sich zunächst solche, in denen zwar direkte körperliche Gewalt abgelehnt, aber strukturellen Formen von Gewalt durchaus zugestimmt wurde, oder in denen die mehr oder weniger implizite Abweisung von Eingewanderten und Flüchtlingen mit einem betont helfend-versorgenden Diskurs verbunden war. Allerdings fiel auf, dass sich solche 'weiblichen' Formen sowohl bei weiblichen als auch bei männlichen Jugendlichen fanden. Gleichzeitig zeigten sich harte und scheinbar unversöhnlich abweisende Standpunkte gegenüber Eingewanderten und Flüchtlingen ebenfalls bei *beiden* Geschlechtern. Jedoch hatten die entsprechenden Argumentationsweisen der weiblichen Jugendlichen und jungen Frauen an keiner Stelle die Form, die bei männlichen Jugendlichen und jungen Männern festzustellen war: Es handelte sich um einen Erzähl-Gestus im Rahmen 'eindimensional-nationaler' Orientierungen, in dem der jeweilige Erzähler sich als einen potentiell-bedrohlichen oder gewalttätigen Akteur darstellte.

Solche Formen, die in dominanten Diskursen der Gesellschaft als 'nicht-respektable' oder 'ungehobelte' Formen verstanden werden, verbinden sich mit einer spezifischen Form von Männlichkeit, die im Mainstream der Gesellschaft meist als ähnlich 'unrespektabel' und 'grob' empfunden wird. In beiden Fällen ist es indes aufschlussreich, auf die *Anknüpfungspunkte* zu achten, die diese in aller Regel als *abweichend* dargestellten Formen von 'eindimensional-nationalen' Orientierungen und Männlichkeit in den eher 'respektableren' und 'geschliffeneren' Formen haben.

Diskussionen über die Bedrohung und/oder Belästigung durch 'fremde' und 'schwarze' bzw. 'ausländische' Männer zeigten sich als ein wichtiges Thema für die weiblichen Jugendlichen und jungen Frauen. Anknüpfend an dominante männliche Rollenmuster und rassistisch-ethnizistische Kategorisierungen kann damit männlichen Jugendlichen und Männern die Botschaft vermittelt werden, den 'eigenen' hilflosen Frauen Schutz und Unterstützung vor den 'fremden' Männern zu gewähren. Die Gefahr, die angeblich von 'fremden' Männern ausgeht, kann die Frauen unter die Obhut und Vormundschaft der 'eigenen' Männer treiben. Gleichzeitig bieten diese Diskurse beiden Geschlechtern die Möglichkeit, bereits vorhandene 'eindimensional-nationale' Orientierungen zu untermauern.

Allerdings wurden Erfahrungen zu diesem Themenbereich von den weiblichen Jugend-lichen und jungen Frauen in sehr unterschiedlicher Weise berichtet. Neben dem Hantieren mit Erlebnisberichten über die Bedrohung und/oder Belästigung durch 'ausländische' Männer als Argumentationshilfe für 'eindimensional-nationale' Orientierungen fanden sich auch Problematisierungen solcher Verknüpfungen. Deutlich war jedoch, dass - unabhängig vom Motiv der Sprecherin - entsprechende Erlebnisberichte Wirkungen entfalten können, die 'eindimensional-nationale' Argumentationen unterstützen. Eine zweifellos schwierige Situation entsteht für Frauen, die *nicht* zu einer Förderung von Nationalismen, Ethnizismen und Rassismen beitragen wollen, aber dennoch ihre Betroffenheit und Empörung aufgrund erlebter sexistischer Diskriminierung zum Ausdruck bringen wollen. Auffällig ist dennoch, wie selten die Jugendlichen thematisierten, dass körperliche Gewaltakte gegen und Belästigungen von Frauen eher im privaten Nahraum und - aufgrund der meist größeren Häufigkeit der Kontakte naheliegend - von den 'eigenen' Männern ausgehen.

m) Frauenbild der Jugendlichen

Eine weitere Analyse galt dem Frauenbild der Jugendlichen. Die *quantitativen Ergebnisse* zeigten hier zunächst, dass Jugendliche, die zu 'eindimensional-nationalen' Orientierungen neigen, sehr viel ausgeprägter ein 'traditionelles' Frauenbild unterstützten. Gleichzeitig waren es vor allem männliche Jugendliche, bei denen sich eine Kombination von 'eindimensional-nationalen' Orientierungen und 'traditionellen' Frauenbildern finden ließ. Die Untersuchungsergebnisse weisen darauf hin, dass traditionelle Geschlechtsrollenmuster und Frauenbilder eher für *männliche* Jugendliche, die zu 'eindimensional-nationalen' Orientierungen tendieren, als für deren weibliches Pendant attraktiv sind.

In der Analyse des *qualitativen Materials* zeigte sich zudem, dass Diskussionen um das Geschlechterverhältnis eine prominente Rolle im Rahmen von *Anpassungsargumentationen* spielen. Dort, wo es um Anpassung ging, war zu beobachten, dass gerade die 'Unfreiheit der fremden Frau' als Anpassungs- und Ausgrenzungsargument von autochthonen Jugendlichen benutzt wurde. Nicht nur weibliche Jugendliche, sondern vor allem auch männliche Jugendliche bedienten sich solcher Argumentationsweisen, in denen dichotomisierende und kulturalisierende Vorstellungen zum Tragen kamen. Interessant ist in diesem Zusammenhang, dass sich in quantitativen Befragungen der Jugendforschung in den Niederlanden über die Zeit gesehen immer weniger ein Antwortverhalten zeigt, welches sexistische Auffassungen unterstützt, für ethnozentrische Auffassungen aber ein ähnliches Niveau an Zustimmung wie noch zu Beginn der achtziger Jahre angetroffen wird. Offenbar bieten sich für (allzu deutliche) Sexismen heute schlechtere Artikulationsmöglichkeiten im öffentlichen Diskurs als für (allzu deutliche) rassistisch-nationalistische Orientierungen. Dies in Betracht ziehend können 'eindimensional-nationale Diskurse, die sich in antisexistischer Pose gegen allochthone Frauen richten, beim *männlichen* Geschlecht auch dahingehend interpretiert werden, dass hier von den eigenen, eher 'unzulässigen' und 'öffentlich nicht haltbaren' Sexismen abgelenkt und im Bereich 'eindimensional-nationaler' Orientierungen ein Diskursfeld für eine 'frauenfreundliche' Selbstpräsentation gefunden wird. Umgekehrt scheint hier gerade in den Niederlanden, in denen wie gesagt ein besonders ausgeprägtes Tabu gegenüber *offenen* Rassismen, Ethnizismen und Nationalismen besteht, sich ein 'günstiges' Artikulationsfeld für entsprechende Diskurse zu entwickeln.

n) Umgangsweisen mit Jugendkulturen

Entgegen verbreiteten Vorstellungen weisen die quantitativen Daten der vorliegenden Untersuchung darauf hin, dass nur eine Minderheit von Jugendlichen sich bestimmten Jugendkulturen zuordnet. In einer Analyse von zwei Einzelinterviews mit Jugendlichen dieser Minderheit, einem Jugendlichen, der sich als Hardrocker bezeichnet, und einem anderen, der sich als Skinhead definiert, konnte zudem eine Art 'Outfit'-Falle entdeckt werden. Beide Jugendliche zeichneten sich zwar durch bestimmte äußere Stil-Merkmale und Auffälligkeiten aus, vertraten aber dennoch Standpunkte, die keineswegs zu dem gängigen Bild von Hardrockern oder Skinheads passten. Mit dieser 'Outfit'-Falle schienen sie zu signalisieren, dass auch diejenigen, die vorgeben, gegen Rassismus, Ethnizismus und Nationalismus zu sein und sich nicht von äußeren Merkmalen leiten zu lassen, ihre Mitmenschen in Wirklichkeit eben doch nach Äußerlichkeiten beurteilen, indem sie beispielsweise ohne weiteres bereit sind, Skinheads oder Hardrocker als Rassisten oder Gewalttäter einzuordnen. Dies kann als ein Versuch interpretiert werden, die Doppelbödigkeit insbesondere der Erwachsenenwelt zu demaskieren. Zugleich brachten sie sich damit selbst in eine 'überlegene' Lage, von der aus auf die angeblich so klugen Erwachsenen, die über die Differenzierungen zwischen verschiedenen Jugendkulturen nicht informiert sind, herabgeblickt werden konnte.

Gleichzeitig war allerdings auch deutlich, dass die Momente, die für beide den Reiz des Outfits mitbestimmen, sich aus dem allgemeinen Negativ-Bild über Skinheads bzw. Hardrokker speisten. Genau aus diesem Bild resultierten die Effekte der Umgebung, die ihnen eine besondere Rolle ermöglichten. Dabei ging es beispielsweise um den Genuss des Auftretens angesichts der ängstlich reagierenden Umwelt, ein Auftreten, das offenbar ein Gefühl von Überlegenheit und Macht, auch gegenüber dem anderen Geschlecht, vermitteln konnte. Aber auch um eine verstärkte Aufmerksamkeit, die einem *als* Skinhead plötzlich seitens der besorgten Eltern zuteil werden kann. Beide Jugendlichen schienen bei der Wahl 'ihrer' Jugendkultur zudem einem bestimmten Männlichkeitsideal anzuhängen, das durch Elemente wie körperlicher Fitness und Überlegenheit, Abenteuerlust, Kameradschaft und einer Faszination des Militärischen geprägt war. In den Jugendkulturen, denen die beiden sich jeweils zuordneten, schienen sie diese Ideale in prominenter Weise verkörpert zu sehen.

Beide Jugendlichen reproduzierten und unterstützten die 'eindimensional-nationalen' Orientierungen gängiger Diskurse und erklärten zugleich ihre Abneigung gegen Rassismus und Diskriminierung. Teilweise konnten sie die zunächst widersprüchlich erscheinenden Aussagen zu einem durchaus 'stimmigen' Konzept integrieren, da die von ihnen benutzten Definitionen von Rassismus und Diskriminierung nicht in einen Zusammenhang mit den 'eindimensional-nationalen' Diskursen und Repräsentationen gebracht wurden, die sie selbst benutzten. Teilweise waren die Widersprüche zudem in einer Art Ergänzungsverhältnis so zusammengefügt, dass sie nicht zur Auflösung drängten, sondern in einem Gleichgewicht verharrten. Beide Jugendlichen zeigten sich aber auch durchaus selbstkritisch und reflektierten bestimmte eigene Verhaltensweisen, die von ihnen selbst unter Rassismus subsumiert wurden. Insgesamt sind beide Jugendliche weder auf der 'eindimensional-nationalen' Orientierungsseite noch auf der Rassismus und Diskriminierung verurteilenden Seite in besonderer Weise als extrem zu bezeichnen, sondern entsprechen eher dem Durchschnitt ihrer Mitschülerinnen und Mitschüler.

Anhand der beiden Einzelanalysen wurde deutlich, dass es recht unterschiedliche jugendkulturelle Gruppierungen gibt, die sich mit den benutzten Stilelementen im (hier:) Skinhead- oder Hardrocker-Spektrum bewegen. Gleichzeitig handelt es sich bei Jugendlichen, die sich durch bestimmte kollektive Merkmale und Repräsentationen von Jugendkulturen angezogen fühlen, um *individuelle* Jugendliche, die in einer jeweils ganz bestimmten Weise von Jugendkulturen Gebrauch machen und sich vor dem Hintergrund ihrer je spezifischen Lebenslagen auf diese Jugendkulturen beziehen. Interpretationen und Deutungen von jugendkulturellen Stilelementen und Ausdrucksformen dürfen also nicht ohne weiteres über einzelne Jugendliche gestülpt werden.

6. Anregungen für antirassistische Ansätze

Aus einer empirischen Forschung zu alltäglichen Äußerungsformen von Rassismus, Ethnizismus und Nationalismus bei Jugendlichen ergeben sich keineswegs automatisch praktische Ansätze dazu, wie in pädagogischen Arbeitsfeldern verändernde Bildungs- und Lernprozesse in Gang gesetzt werden können. Die Entwicklung praktischer Ansätze ist in der Tat 'eine Wissenschaft für sich'.[359] Zudem wäre eine *allgemeine* Diskussion darüber, welcher Ansatz am meisten Erfolg verspricht, wenig sinnvoll: Je nach Arbeitsfeld (Schule, offene/verbandliche Jugendarbeit, internationale Jugendbegegnung, etc.), Zielgruppe (benachteiligte Jugendliche, Schülerinnen und Schüler der Oberstufe, männliche oder weibliche Jugendliche, autochthone oder allochthone Jugendliche, rechtsextreme Jugendcliquen, etc.) und Situation (Ortsspezifik, Entwicklungsgeschichte der jeweiligen Gruppe, etc.) dürften sich die Ansätze unterscheiden.

---

[359] Diese Entwicklungsebene ist zweifellos als ein wissenschaftlich vernachlässigtes Feld zu bezeichnen. Zudem fehlt es an Untersuchungen, die die Auswirkungen entsprechender Ansätze in der Praxis überprüfen. Der überaus wichtigen Vermittlungsebene zwischen Forschung und Praxis wird also in doppelter Weise zu wenig Aufmerksamkeit gewidmet (vgl. Reich 1994, 9; Leeman/Leiprecht 1998, 55).

Leider wird diese einfache Feststellung in der Literatur oft wenig berücksichtigt. Häufig gewinnt man den Eindruck, als handele es sich jeweils um einen Ansatz oder eine Methode für alle Gelegenheiten und Zielgruppen (hierzu Leiprecht et al. 1992, 98ff.). Ohne also zu beanspruchen, hier einen bestimmten Ansatz für alle Zwecke vorstellen zu wollen, lassen sich auf der Grundlage der vorliegenden Untersuchung *Anregungen* zur Entwicklung entsprechender Ansätze formulieren.

a) Strukturelle Bedingungen und Subjekte

Bereits der theoretische Ausgangspunkt (Bedingungen, Bedeutungen, Begründungen) der vorliegenden Arbeit kann sich bei der Entwicklung von Ansätzen in pädagogischen Arbeitsfeldern als nützlich erweisen (vgl. auch Leiprecht 1997). Strukturelle und institutionelle Bedingungen (etwa ausländerrechtliche Positionierungen oder sozial-ökonomische Benachteiligungen) und vorherrschende Diskurse (etwa die Berichterstattung in den Medien zu asylsuchenden Flüchtlingen) müssten hier genauso in den Blick genommen werden wie subjektive Möglichkeitsräume und Begründungsmuster.

Für die Pädagoginnen und Pädagogen bedeutet eine solche Verbindung von Struktur und Subjekt beispielsweise, dass eine kontinuierliche Selbstreflexion gefordert ist, deren Gegenstand auch die ungewollte Verstrickung in institutionelle Ausgrenzungen umfassen muss. Das Feld eigener Behinderungen und Möglichkeiten ist zu reflektieren und die mögliche (professionelle, aber auch staatsbürgerliche) Mitverantwortung für gesellschaftliche Entwicklungen zu thematisieren. Die in pädagogischen Arbeitsfeldern Tätigen sollten hier auch ihre professionellen "Erfahrungen und Einschätzungen an Gesellschaft und Politik" zurückvermitteln (Hafeneger 1993, 125).

Den Adressatinnen und Adressaten pädagogischer Arbeit zugewandt bedeutet die vorgeschlagene Verbindung von Struktur und Subjekt, dass deren subjektive Begründungsmuster und Möglichkeitsräume zur Kenntnis genommen und berücksichtigt werden müssen, ohne die Zusammenhänge zur strukturellen und diskursiven Ebene zu vernachlässigen. Da - wie gezeigt - 'eindimensional-nationale' Orientierungen nicht als *unmittelbare* Reaktionen auf Defizite in der ökonomisch-sozialen Lebenssituation zu interpretieren sind, sondern sich vermittelt über entsprechende 'Denkangebote' auf der Bedeutungsebene entwickeln, sollte die *Auseinandersetzung mit Diskursen und Repräsentationen und den damit verbundenen Denk- und Handlungsweisen* im Vordergrund stehen. Dabei kann ein mehr oder weniger implizites Ungenügen mit der jeweiligen ökonomisch-sozialen Lebenssituation zwar ein wichtiger Anknüpfungspunkt zur Auseinandersetzung sein, und eine entsprechende Empathie gegenüber ökonomisch-sozialen Unzulänglichkeiten und eine praktische Unterstützung zur Verbesserung der Situation ist u.U. durchaus angebracht. Allerdings kann es *nicht* darum gehen, aufgrund einer misslichen Lebenssituation Verständnis für rassistische, ethnizistische und nationalistische Denk- und Handlungsweisen zu signalisieren und damit entsprechenden Orientierungen respektable Artikulationsmöglichkeiten zu verschaffen.

b) Akzeptierende Ansätze?

In Deutschland hat sich in den letzten Jahren eine Diskussion um die sogenannte *akzeptierende Jugendarbeit* entwickelt (vgl. Scherr 1992, 5ff.; Buderus 1998, 84ff.[360]). Dieser Begriff wurde von Franz Josef Krafeld eingeführt, um darauf hinzuweisen, dass Aufklärung und Belehrung oder Ausgrenzung und Bestrafung in der sozialpädagogischen Arbeit mit der Zielgruppe 'rechtsextreme Jugendcliquen' nichts bewirken können. Statt lediglich die Probleme in den Vordergrund zu stellen, die diese Jugendlichen machten, sollte auf die Probleme eingegangen werden, die die entsprechenden Jugendlichen haben (Krafeld et al. 1993, 92). Nun ist dies ein alter sozialpädagogischer Grundsatz, zunächst an den 'Erfahrungen und Sichtweisen der Klientel anzusetzen'. Anders dürfte eine Arbeit, die über Beziehung und Kommunikation läuft, auch kaum zu konzipieren sein. Dennoch bleibt der Begriff unglücklich: Er suggeriert, dass nicht nur die einzelnen Jugendlichen in ihrer jeweiligen Lebenssituation ernst genommen werden, sondern auch ganz allgemein rechtsextremistische und rassistische Orientierungen akzeptiert werden müssten. Mit diesem Begriff wird in der öffentlichen Debatte also gerade das falsche Signal gesetzt, dessen Wirkung in der pluriformen Einwanderungsgesellschaft nicht unterschätzt werden darf.

Wie dieses Signal verstanden werden kann, zeigen nicht nur die Versuche von *organisierten* Rechtsextremen, hier ihre eigene politische Jugendarbeit anzusiedeln (vgl. Ness 1993, 49). Auch von einigen Sozialpädagoginnen/Sozialpädagogen wurde formuliert, dass gerade solche Ansprechpartnerinnen/Ansprechpartner nützlich sein könnten, zu denen rechtsextreme Jugendliche 'nicht allzu viel ideologische Differenzen haben'. Unter der Losung akzeptierender Jugendarbeit sollten hier rechtsextreme Jugendcliquen von rechtsorientierten Sozialarbeiterinnen /Sozialarbeitern betreut werden, um die 'Jugendgruppen stabil zu halten, sie nicht zu destabilisieren'. Solche gefestigten Gruppen in akzeptierten sozialen Räumen wären gewissermaßen 'weg von der Straße' und würden - solchermaßen befriedet - weniger zur Gewalt 'nach außen' neigen (vgl. hierzu kritisch Mücke/Korn 1993, 110).

Krafeld distanziert sich eindeutig von solchen Modellen. Der Grundgedanke des Konzepts ist es, "dass sich in den Personen von Sozialarbeitern und Jugendlichen sehr unterschiedliche, ja gegensätzliche Wertorientierungen, Deutungs- und Handlungsmuster begegnen" und eine intersubjektive Kommunikationssituation geschaffen wird, in der es "um einander Zuhören, Verstehen und Ernstnehmen" geht (Krafeld 1993, 313).[361] Die Auseinandersetzung mit Denk- und Handlungsweisen darf nicht vernachlässigt werden. Den Jugendlichen muss eine "Alternative zur eigenen politischen Position geboten", "Toleranz" von den Pädagoginnen und Pädagogen vorgelebt werden (Mücke/Korn 1993, 111). Allerdings sollten, wie Josef Held et al. hervorheben, die Pädagoginnen und Pädagogen ein "differenziertes Wissen über politische Zusammenhänge" haben. Die Auseinandersetzung dürfe sich nicht in moralisierenden Zurückweisungen ausgrenzender Äußerungen erschöpfen: "Erst wenn der Jugendarbeiter/Lehrer

---

[360] Die Arbeit von Andreas Buderus hat "sozialpädagogische Jugendprojekte gegen Rassismus und Gewalt seit Hoyerswerda" zum Thema. Leider trägt sie einen Titel, der dem Szene-Slang entnommen und überaus reißerisch ist: "Fünf Jahre Glatzenpflege auf Staatskosten".

[361] Als Voraussetzung für die Entwicklung von Beziehung und Kommunikation nennt Krafeld unter anderem ein Angebot an sozialen Räumen, eine lebenspraktische Unterstützung bei der Bewältigung ökonomisch-sozialer und familiärer Problemlagen, die Akzeptanz der selbstgeschaffenen sozialen Bezugssysteme der Jugendlichen und das Einmischen in infrastrukturelle Lebensbedingungen.

selbst an seiner eigenen politischen Theorie, seiner eigenen politischen Orientierung arbeitet und einen eigenen Standpunkt entwickelt, der sich nicht nur als 'Anti-Haltung' gegenüber rechten Jugendlichen versteht, finden die Jugendlichen einen interessanten Gesprächspartner, der wirklich etwas zur Sache zu sagen hat, der über eine eigene Orientierung verfügt." (Held et al. 1996, 276ff.) Dabei, so ist zu ergänzen, müssen die *eigenen* Theorien, Standpunkte und Orientierungen mit 'multiperspektivischen Orientierungen' vereinbar sein. M.a.W.: Die Pädagoginnen und Pädagogen sollten "ein Modell für interkulturelle Kompetenz abgeben" und "Anstöße zur Metakommunikation" vermitteln können (Auernheimer 1997, 353).

Angemessene Ansätze einer Arbeit mit rechtsextremen Jugendcliquen sind zweifellos unverzichtbar. Allerdings ist zu bedauern, dass sich die öffentliche und fachinterne Debatte immer noch auf extreme und auffällige Formen von Rassismus, Nationalismus und Ethnizismus konzentriert, während weiter verbreitete unauffällige und alltägliche Äußerungsformen wenig Beachtung finden. Dabei wird auch von den Pädagoginnen und Pädagogen, die mit rechtsextremen Jugendcliquen arbeiten, aufgrund der eigenen Erfahrungen eine größere Berücksichtigung alltäglicher Äußerungsformen eingeklagt: "Je mehr die Jugendlichen das Gefühl haben, sich mit rechtsextremen Orientierungen und Gewalt durchaus in der 'Norm' der Gesellschaft zu bewegen, desto geringer sind pädagogische Handlungsmöglichkeiten." (Mücke/Korn 1993, 111) Bedauerlich ist auch, wenn "wider die eigene Erkenntnis, dass im Gesamtzusammenhang eine Vernetzung der unterschiedlichen Ansätze zielgruppenspezifisch erforderlich ist, (...) interkulturelle Projekte infolge nicht vorhandener Mittel bei gleichzeitigem Ausbau akzeptierender Ansätze" geschlossen werden (Buderus 1998, 141).

c) Anknüpfungspunkte

In der vorliegenden Arbeit wurden vor allem unauffällige und weniger extreme Äußerungsformen von Rassismus, Ethnizismus und Nationalismus untersucht, wobei die vertiefende Untersuchung Jugendlichen in den Niederlanden galt. Wie sich im quantitativen Vergleich zeigte, unterscheiden sich zustimmende und ablehnende Argumentations- und Begründungsmuster von Jugendlichen in den Niederlanden und in Deutschland im Ausmaß ihrer Verbreitung. Über Unterschiede, die mit der jeweiligen Besonderheit dieser Argumentations- und Begründungsmuster in beiden Ländern zu tun haben, kann auf der Grundlage quantitativer Daten allerdings keine präzise Aussage gemacht werden, und ein *direkter* Vergleich auf *qualitativer* Datengrundlage existiert noch nicht. Mit Hilfe von Gruppendiskussionen und Interviews habe ich jedoch zu einem früheren Zeitpunkt in Westdeutschland eigene Untersuchungen bei Jugendlichen durchgeführt (Leiprecht 1990). Anhand der dort festgestellten Argumentationsmuster etwa im 'ökonomischen' Bereich (ebd., 293ff.) oder zum Thema 'Anpassung' (ebd., 334ff.) gehe ich davon aus, dass die bei Jugendlichen in den Niederlanden zu konstatierenden Argumentationsmuster genügend *ähnliche Anknüpfungspunkte* enthalten, um auf dieser Ebene *ähnliche Arbeitsansätze* für beide Länder zu formulieren.

Die Rede von den 'Anknüpfungspunkten' zielt auf Verschiedenes:

a) Die vorliegende Arbeit liefert Erkenntnisse über *alltägliche* Argumentations- und Begründungsmuster von Jugendlichen. Verschiedene Muster, der innere Aufbau, innere Logiken und Widersprüchlichkeiten, die Wirkungen 'nach innen' und 'nach außen', die Zusammenhänge zwischen den verschiedenen Mustern und die jeweiligen subjektiven und gesellschaftlichen Hintergründe werden sichtbar. Diese Erkenntnisse können zur Sensibilisierung beitragen und die Wahrnehmung schärfen. Für Pädagoginnen und Pädagogen bedeutet dies, dass sie dazu angeregt werden, zu untersuchen, um welche Argumentations- und Begründungsmuster es in Bezug auf eine konkrete Zielgruppe und konkrete Jugendliche geht und inwiefern hier Anknüpfungspunkte für eine antirassistische Arbeit zu finden sind. Bei einer *subjektbezogenen* Arbeit ist also stets von den *jeweiligen* Möglichkeitsräumen und Begründungsmustern konkreter Zielgruppen und konkreter Jugendlicher auszugehen.

b) Das praxisnahe Material und die Erkenntnisse der vorliegenden Arbeit über Argumentationsweisen und Begründungsmuster von Jugendlichen kann darüber hinaus so nutzbar gemacht werden, dass es Anknüpfungspunkte für *reflexive* Bildungs- und Lernprozesse bietet, ohne allgemeine Theorien und Modelle über konkrete Zielgruppen und konkrete Jugendliche zu stülpen.

Zur Initiierung *reflexiver* Bildungs- und Lernprozesse sind als 'Nebenprodukte' der vorliegenden Arbeit bereits verschiedene Materialien für antirassistische Ansätze in pädagogischen Arbeitsfeldern hervorgegangen; so etwa eine Serie von Unterrichtseinheiten für den Berufsschulunterricht in den Niederlanden (ARIC 1995) und ein Dokumentarfilm (Leiprecht/Willems 1994), der als 'Material' in Schule und Jugendarbeit einsetzbar ist (vgl. Leiprecht 1994) (siehe IV.3.2).

In der pädagogischen Diskussion wird mittlerweile vorgeschlagen, zwischen *problem- und handlungsbezogenen* Ansätzen auf der einen Seite und *reflexiven* Ansätzen auf der anderen Seite zu unterscheiden. Da, so die Pädagogen Jochen Kupsch und Jürgen Schülert, die ersteren sich von der Frage *'Was ist das Problem, und was kann man dagegen tun?'* leiten ließen, entstehe eine Konstellation, bei der *innen* - also in der eigenen Gruppe, in der eigenen Schulklasse, in der eigenen Seminargruppe usw. - "auf Identität" gesetzt und die Differenz *außen* gesucht werde: "Das Bemühen zielt auf Unterscheidung und Veränderung individuellen oder gesellschaftlichen Verhaltens, auf Unterscheidung von Urteilen und Vorurteilen und auf Verurteilung des als politisch falsch bzw. unmoralisch markierten Denkens und Verhaltens *außen*." (Kupsch/Schülert 1996, 591) Die Unterschiede in der eigenen Gruppe, die eigene Beobachterperspektive und ihre Funktionen und rassistische, ethnizistische und nationalistische Begründungs- und Rechtfertigungsmuster im eigenen Kreis würden mit dem 'kritischen Blick nach draußen' vernachlässigt.

Nun erscheint mir die Gefahr einer einseitigen Problemwahrnehmung durchaus gegeben. Allerdings bezweifle ich, ob sie sich *automatisch* aus der dargestellten Leitfrage ergibt. Gerade eine Integration von reflexiven *und* problem- und handlungsbezogenen Elementen in *einem* Ansatz bietet ein wirksames Gegengewicht. Als nützlich können sich hier die Analysen der vorliegenden Arbeit über Aufbau, Zusammenhang und Effekt von Diskursen und Repräsentationen, die in den Argumentationen der Jugendlichen sichtbar wurden, erweisen. Ausgehend von den Erkenntnissen der Analysen können beispielsweise bestimmte Anpassungsdiskurse oder Erklärungsmuster, die auch bei der jeweiligen Zielgruppe vermutet werden, dieser in einer geeigneten Weise zur 'Untersuchung' vorgelegt werden. Bei einer solchen 'Untersuchung' ist eine oberlehrerhafte Zeigerfingerpädagogik zu vermeiden und stehen dialogische Arrangements im Vordergrund. Anfangs kann die Konzentration auf *Effekte von Aussagen* für verschiedene 'Hörergruppen' einen guten Ausgangspunkt bilden und die Gelegenheit eröffnen, über die eigenen Erfahrungen und die (möglicherweise unbeabsichtigten) Folgen von eigenen

Rede- und Handlungsweisen nachzudenken. Ausgehend von dieser selbstreflexiven Untersuchung kann dann beispielsweise die Praxis des Zusammenlebens zwischen verschiedenen Gruppen in der jeweiligen Schule, dem jeweiligen Wohnbezirk, dem jeweiligen Arbeitsfeld usw. untersucht werden. Diesem Prinzip der Förderung einer *untersuchenden Haltung* folgte auch die Entwicklung des während der Untersuchung produzierten Films und seiner späteren Implementierung als 'Material' für Schule und Jugendarbeit (vgl. Leiprecht 1994, 168).

d) Geschlechtsbezogene Ansätze

In Übereinstimmung mit anderen neueren Untersuchungen (vgl. Horn/Riegel 1996) wurde deutlich, dass durchschnittliche Unterschiede zwischen männlichen und weiblichen Jugendlichen in der Hinwendung zu 'eindimensional-nationalen' und 'multiperspektivischen' Orientierungen festzustellen sind. Auch fanden sich Hinweise auf unterschiedliche Ausdrucksformen und Begründungsmuster zwischen männlichen und weiblichen Jugendlichen (vgl. etwa Siller 1997; Horn/Riegel 1996). Vor diesem Hintergrund erscheint es sinnvoll, bei der Entwicklung von Ansätzen einer Arbeit gegen Rassismus, Nationalismus und Ethnizismus geschlechtsbezogene Aspekte zu berücksichtigen bzw. geschlechtsbezogene Ansätze zu entwikkeln. Entsprechende Versuche stecken allerdings erst in den Kinderschuhen. Längst überfällig ist es, bei einer Arbeit mit rechtsextremen Jugendcliquen, die sich *faktisch* als eine Arbeit mit *männlichen* Jugendlichen darstellt, in kritischer Weise auch bestimmte Konzepte von Männlichkeit zum Thema zu machen (vgl. Buderus 1998, 141). Aber auch für die weniger extremen und subtileren Äußerungsformen von Rassismus, Nationalismus und Ethnizismus müssen geeignete Konzepte entwickelt werden. Dies ist keine einfache Aufgabe. Es ist darauf zu achten, dass essentialisierende und naturalisierende Vorstellungen über Geschlecht *nicht* reproduziert, sondern hinterfragt und bearbeitet werden. Zudem sind, wie sich auch in der vorliegenden Untersuchung zeigte, verbreitete Vorstellungen über das Geschlechterverhältnis bei eingewanderten Gruppen als ein *Teil des Problems* zu begreifen. Es besteht die Tendenz, Frauenunterdrükkung als ein Phänomen zu betrachten, dass vornehmlich bei allochthonen Gruppen vorzufinden ist, wodurch sich ein kritischer Blick auf unterdrückende und behindernde Aspekte bei autochthonen Gruppen zu erübrigen scheint.

e) Vermittlung von Informationen

Bei der Frage nach geeigneten Ansätzen zur Anregung und Unterstützung von Bildungs- und Lernprozessen, die sich gegen Rassismus, Ethnizismus und Nationalismus richten, spielt die Kontroverse zu Stellenwert und Form von Informationsvermittlung eine wichtige Rolle. Während die eine Seite betont, dass durch objektive Fakten entsprechende Vorstellungen widerlegt und "unrichtige oder unvollständige Bilder über Neuankömmlinge korrigiert werden" können (Anne Frank Stichting 1997, 5),[362] kritisiert die andere Seite die zu "kognitive Ausrichtung":

[362] Beispielsweise versucht die niederländische Anne Frank Stichting durch Veröffentlichungen mit Titeln wie "Fakten gegen Vorurteile" (1993) und "Vorurteile verzeichnen" (1997) zu "informieren, indem Vorurteile mit den Fakten verglichen" werden (Anne Frank Stichting 1997, 5). Ganz ähnlich konzentrieren sich auch in Deutschland Veröffentlichungen wie "Soziale Vorurteile in unserer Gesellschaft - Argumente gegen Fremdenfeindlichkeit" (Struck 1989) oder "Argumente gegen den Hass"

"Es wird auf rein rationaler Ebene mit Argumenten und Informationen gearbeitet, obwohl (...) es um die Einbeziehung von Erfahrungen und Erlebnissen" gehen müsse (Roth 1995, 59). Der Versuch einer logischen Beweisführung, so wird kritisiert, führe ins Leere, da er die emotionale Ebene verfehle und nicht aufgedeckt werde, wo rassistische, ethnizistische und nationalistische Argumente ihren Ausgang nehmen (vgl. hierzu auch Müller 1997, 368). Zudem würden "rationalistische Ansätze in der Pädagogik", einer weiteren Kritik zufolge, mittelschichtsorientrierte Pädagoginnen und Pädagogen zu Repräsentanten der Objektivität und der Vernunft erheben, die weniger Gebildete umerziehen und zur Vernunft bringen müssten, eine Konstellation, die von vorne herein überaus kontraproduktiv sein dürfte (Cohen 1992b, 432ff.).

All diese (meines Erachtens berechtigten) Kritiken gehen jedoch keineswegs so weit, dass behauptet wird, man könne auf Informationen *ganz verzichten*. Dabei ist natürlich darauf zu achten, was mit Information genau gemeint ist. Eine Aufklärung über die 'Kultur der Anderen' ist dann abzulehnen, wenn damit stereotypisierende, dichotomisierende und kulturalisierende Vorstellungen unterstützt werden. Solche Vorstellungen finden sich - wie auch die vorliegende Untersuchung gezeigt hat - im Alltagsbewusstsein bereits in vielfältiger Weise und müssen zweifellos als Teil des Problems charakterisiert werden. Eine andere Art von Aufklärung informiert über die gesellschaftlichen und subjektiven Mechanismen und Funktionen von rassistischen, ethnizistischen und nationalistischen Repräsentationen und Diskursen. Eine Aufklärung dieses Musters *kann* ein selbstreflexives Element beinhalten und ist als solche umso mehr zu begrüßen, wenn es gelingt, an den Möglichkeitsräumen und Begründungsmustern von Jugendlichen anzuknüpfen.

Insgesamt wird in dieser Auseinandersetzung jedoch noch viel zu wenig bedacht, dass Informationen für verschiedene Gruppen eine unterschiedliche Bedeutung haben können. Bei der Analyse des Umgangs mit Diskursen in den Medien (siehe VI.3.2) zeigte sich eine Gruppe, die zu 'eindimensional-nationalen' Orientierungen neigte und sich in der Abweisung von asylsuchenden Flüchtlingen sehr sicher war. Jugendliche aus dieser Gruppe argumentierten mit übertrieben hohen Flüchtlingszahlen, da sich so ihr eigener Standpunkt am besten durchzusetzen lassen schien. Eine andere Gruppe unterstützte zwar 'multiperspektivische' Orientierungen, reagierte jedoch bei der Diskussion zu Flucht und Asyl angesichts der vorherrschenden Stimmung sehr defensiv, ließ sich durch Hinweise auf hohe Flüchtlingszahlen und negative Berichte in den Medien verunsichern und wies schließlich die weitere Zulassung von asylsuchenden Flüchtlingen ebenfalls zurück. Während die erste Gruppe sich kaum durch Informationen über das wirkliche Ausmaß der Asylgesuche beeindrucken lassen dürfte, wäre die zweite Gruppe geradezu auf solche Informationen angewiesen.

Eine Mindestvoraussetzung bei der Vermittlung von Informationen sollte also die Klärung bestimmter Fragen sein: Welche Zielgruppe soll erreicht werden? Welche Funktion kann die gegebene Information für die Zielgruppe haben? In welcher Gruppenkonstellation wird eine Information vermittelt? Was bewirkt eine Information im Verhältnis der Beteiligten an einem Bildungs- und Lernprozess?

(Ahlheim et al. 1993) darauf, in der politischen Bildung "Fakten gegen Vorurteile" zu setzen (Ahlheim 1993, 8).

f) Widersprüchliche Konstellationen

Insgesamt widmen die Analysen der vorliegenden Arbeit verschiedenen *widersprüchlichen Konstellationen* in den Repräsentationen, Diskursen und Argumentationsweisen auf Seiten der Jugendlichen große Aufmerksamkeit. Eine These der Arbeit ist es, dass - vor allem in pädagogischen Arbeitsfeldern - statische Einordnungs- und Betrachtungsweisen zu vermeiden sind. Nicht selten bewegen sich Jugendliche in ihren Argumentationsweisen und Orientierungen zwischen offenbar widersprüchlichen Polen hin und her und lassen in unterschiedlichen Diskussionszusammenhängen und zu unterschiedlichen Zeitpunkten eine größere Nähe zum einen oder anderen Pol erkennen. Bei 'eindimensional-nationalen' Argumentationsweisen, so wird deutlich, können oftmals auch Elemente des gegenübergestellten Pols entdeckt werden, genauso wie bei auf Gerechtigkeit, Toleranz und Mondialität ausgerichteten Argumentationsweisen 'eindimensional-nationale' Elemente zu finden sind. Auch *gegen* 'eindimensional-nationale' Orientierungen ausgerichtete Argumentationen und Orientierungen werden im Alltag häufig kaum ohne innere Widersprüchlichkeiten und Ambivalenzen durchgehalten. Durch die Politik, die Medien, den Freundeskreis, die Eltern, die Schule usw. sind die jeweiligen Elemente in unterschiedlicher Weise *mobilisierbar*, aber auch zu *verstärken* oder zu *verunsichern*. Es ist in pädagogischen Arbeitsfeldern unabdingbar, sich solche Widersprüchlichkeiten und Ambivalenzen im konkreten Fall zu verdeutlichen, und zwar nicht, um Jugendliche, die 'multiperspektivisch' argumentieren und handeln, zu 'entlarven', sondern um Momente zu analysieren, die offen sind für ethnizistische, rassistische und nationalistische Argumentationen und 'Einfallstore' für entsprechende Orientierungsmuster darstellen können. Dies gilt selbstverständlich auch andersherum. Gerade in den Widersprüchlichkeiten und Ambivalenzen, die auch bei einer Dominanz rassistischer, nationalistischer und/oder ethnizistischer Denk- und Handlungsweisen aufspürbar sind, können wichtige Anknüpfungspunkte für eine pädagogische Arbeit gegen Rassismus, Nationalismus und Ethnizismus liegen.

Literatur

Abrams, D. & Hogg, M.A. (Hg.) (1990). Social Identity Theory. Constructive and Critical Advances. New York/London.

Accent produkties (1992 und 1993). Allochtonen in de pers. Pressespiegel. Zusammengestellt im Auftrag von NOS-DTP, Abteilung Minderheitenprogramme.

Adorno, Theodor W. (1950/1973). Studien zum autoritären Charakter. Frankfurt a.M.

Adorno, Theodor W. (1955). Schuld und Abwehr. Frankfurt a.M.

Adorno, Theodor W. & Frenkel-Brunswik, E. & Levinson, D.J. & Sanford, R.N. (1950). The authoritarian personality. New York.

Adriani, P. (1993). "A van allochtoon". In: Jeugdonderzoek, Nummer 4, Amersfoort. Dezember 1993, S.3-5.

Ahlheim, Klaus (1993). Einleitung. In: Ahlheim & Heger & Kuchinke. Band I. S.7-10.

Ahlheim, Klaus & Heger, Bardo & Kuchinke (1993). Argumente gegen Hass. Über Vorurteile, Fremdenfeindlichkeit und Rechtsextremismus. Band I (Bausteine für Lehrende in der politischen Bildung) und Band II (Textsammlung). Hrsg. von der Bundeszentrale für politische Bildung und der Hessischen Landeszentrale für politische Bildung. Bonn.

Ahmad Ali, Hamied. Voorwoord. In: Bleich & Schumacher et al. (Hg.). S.7-8.

Allerbeck, Klaus & Hoag, Wendy (1983/1986^{IV}). Jugend ohne Zukunft? Einstellungen, Umwelt, Lebensperspektiven. München.

Alter, Peter (1985). Nationalismus. Frankfurt a.M.

Altrichter, Herbert & Gstettner, Peter (1993). Aktionsforschung - ein abgeschlossenes Kapitel der deutschen Sozialwissenschaft? In: Sozialwissenschaftliche Literatur Rundschau 16, 26. Jg., S.67-83.

Altrichter, Herbert & Lobenwein, Waltraud & Welte, Heine (1997). PraktikerInnen als ForscherInnen. Forschung und Entwicklung durch Aktionsforschung. In: Friebertshäuser, Barbara & Prengel, Annedore (Hg.). S.640-660.

Andersen, Uwe & Woyke, Wichard (Hg.) (1992/1995^{II}). Handwörterbuch des politischen Systems der Bundesrepublik Deutschland. Bonn: Bundeszentrale für politische Bildung.

Anderson, Benedict (1988). Die Erfindung der Nation. Zur Karriere eines folgenreichen Konzepts. Frankfurt a.M. (zuerst in englischer Sprache London 1983).

Anderson, Benedict (1993). Interview mit Anil Ramdas. In der Wochenzeitung 'De Groene Amsterdamer'.

Anne Frank Stichting (Hg.) (1993). Feiten tegen vooroordelen. Amsterdam.

Anne Frank Stichting (Hg.) (1997). Vooroordelen vertekenen. Amsterdam.

Arbeitsamt Reutlingen (Hg.) (1993). Jahresbericht des Arbeitsamtes Reutlingen 1993; plus Computerauszug über die (Jugend-)Arbeitslosigkeit in Tübingen und Reutlingen 1992 und 1993 (auf Anfrage). Reutlingen.

Arbeitsamt Leipzig (Hg.) (1997). Daten zur (Jugend-)Arbeitslosigkeit in der Region (Computerauszug auf Anfrage). Leipzig.

ARIC (1995). Vooroordelen, discriminatie, racisme. MBO-module. Bedacht en geschreven: Hartman, Jan & Penninga, Fred. Redactie en bewerking: Leiprecht, Rudolf & Kreuger, Marcel. ARIC Rotterdam.

Auernheimer, Georg (1990/1996^{II}). Einführung in die interkulturelle Erziehung. Darmstadt.

Auernheimer, Georg (1992). Ethnizität und Modernität. In: Kalpaka & Räthzel (Red.). S.118-132.

Augoustinos, Martha (1995). Ideologie und soziale Repräsentationen. In: Flick (Hg.). S.200-217.

Augoustinos, Martha & Walker, Ian (1995). Social Cognition. An Integrated Introduction. London/ Thousand Oaks/New Delhi.

Autrata, Otger & Kaschuba, Gerrit & Leiprecht, Rudolf & Wolf, Cornelia (Hg.) (1989). Rassismus in der Bundesrepublik - Theorien über Rassismus. Hamburg.

Ayaß, Ruth (1993). Auf der Suche nach dem verlorenen Zuschauer. In: Hollz & Püschel (Hg.). S.27-40.

Azough, Nizam (1997). Zingen voor de doven. In: Contrast. Wochenzeitschrift über die multikulturelle Gesellschaft. Heft 4, 14. Jg. S.5-6.

Backes, Uwe & Jesse, Eckhard (1993). Politischer Extremismus in der Bundesrepublik Deutschland. Bonn. Schriftenreihe der Bundeszentrale für politische Bildung. Nr. 272. 3. überarbeitete und aktualisierte Auflage. Bonn.

Bade, Klaus J. (Hg.) (1992). Deutsche im Ausland - Fremde in Deutschland. Migration in Geschichte und Gegenwart.

Bade, Klaus J. (Hg.) (1994). Ausländer, Aussiedler, Asyl in der Bundesrepublik Deutschland. Hrsg. von der niedersächsischen Landeszentrale für politische Bildung. Dritte neu bearbeitete und aktualisierte Ausgabe. Hannover.

Bader, Veit Michael (1995). Rassismus, Ethnizität, Bürgerschaft: soziologische und philosophische Überlegungen. Münster.

Bader, Veit Michael & Benschop, Albert (1989). Ungleichheiten. Protheorie sozialer Ungleichheit und kollektiven Handelns I. Opladen.

Balibar, Étienne (1989). Gibt es einen neuen Rassismus? In: Das Argument. Zeitschrift für Philosophie und Sozialwissenschaften. 31. Jg. Heft 3. Hamburg Mai/Juni 1989. S.369-381.

Balibar, Étienne (1990). Rassismus und Nationalismus. In: Balibar & Wallerstein S.49-86.

Balibar, Étienne & Wallerstein, Immanuel (1990). Rasse, Klasse, Nation - Ambivalente Identitäten. Hamburg.

Barker, Martin (1981). The New Racism. Conservatives and the Ideology of the Tribe. London.

Barth, Frederik (1970). Ethnic Groups and Boundaries. In: Barth, Frederik. The Social Organization of Culture Difference. Bergen.

Barrett, Michele & McIntosh, Mary (1987). Ethnozentrismus im sozialistischen Feminismus. In: Das Argument. Zeitschrift für Philosophie und Sozialwissenschaften. 29. Jg. Heft 3. Hamburg Mai/Juni 1987.

Beauvoir, Simone de (1949/1968). Das andere Geschlecht. Sitte und Sexus der Frau. Reinbek bei Hamburg 1968 (zuerst Paris 1949).

Behrens, Manfred & Bosch, Herbert & Elfferding, Wieland & Haug, Wolfgang Fritz & Laugstien, Thomas & Nemitz, Rolf & Rehmann, Jan Christoph & Volker, Eckard & Wenk, Silke (Hg.) (1979). Projekt Ideologie-Theorie: Theorien über Ideologie. Berlin.

Becker-Schmidt, Regina & Knapp, Gudrun-Axeli (Hg.) (1995). Das Geschlechterverhältnis als Gegenstand der Sozialwissenschaften. Frankfurt a.M.

Benda-Beckmann, Keebet von & Verkuyten, Maykel (Hg.) (1995). Nationalism, ethnicity and cultural identity in Europe. Comparative Studies un Migration and Ethnic Relations I. Utrecht.

Berg, Harry van den & Reinsch, Peter (1983). Racisme in schoolboeken - het gladde ijs van westers gelijk. Amsterdam.

Bernhard, Armin & Rothermel, Lutz (Hg.). (1997). Handbuch Kritische Pädagogik. Eine Einführung in die Erziehungs- und Bildungswissenschaft. Weinheim.

Biechele, Markus & Leiprecht, Rudolf (Red.) (1997). Interkulturelles Lernen durch Erlebte Landeskunde. Ein Handbuch für Fortbildungsseminare mit Deutschlehrern aus mehreren Ländern. Hrsg. vom Goethe-Institut München. Unveröffentlichtes Manuskript.

Bielefeld, Uli (Hg.) (1991). Das Eigene und das Fremde. Neuer Rassismus in der Alten Welt? Hamburg.

Binnenlandse Veiligheidsdienst (Hg.) (1993). Jaarverslag 1992. 's-Gravenhage.

Birsl, Ursula (1993). Mädchen und Rechtsextremismus. Rechtsextremistische Orientierungen bei weiblichen und männlichen Jugendlichen. In: Jugendpolitik. Heft 3. S.12-14.

Birsl, Ursula (1994). Lebenssituation und Sozialisation junger Frauen und rechtsextremistische Orientierungen - Ergebnisse einer empirischen Untersuchung. In: Institut für Sozialpädagogische Forschung e.V. (Hg.). S.57-184.

Birzer, Markus & Gessenharter, Wolfgang (1996). Jugendliche 'rechtsextreme' Gewalttäter im Spiegel qualitativ-dialogischer Sozialforschung. In: Falter & Jaschke & Winkler (Hg.). S.191-204.

Björgo, Tore & Witte, Rob (1993). Racist violence in Europe. London.

Bleich, Anet (1984). Inleiding. In: Bleich & Schumacher et al. (Hg.). S.9-34.

Bleich, Anet & Schumacher, Peter et al. (Hg.) (1984). Nederlands racisme, Amsterdam.

Bogt, Tom ter & Meeus, Wim (1994). Adolescentie: historische achtergrond en theorievorming. In: Meeus (red.). S.10-55.

Böhnisch, Lothar & Bretschneider, Harald & Wolf, Barbara & Schmidt, Rolf (Hg.) (1992). Gesellungsformen Jugendlicher und Gewalt. Sächsischer Jugendring e.V. Dresden.

Bohnsack, Ralf (1991). Rekonstruktive Sozialforschung. Einführung in Methodologie und Praxis qualitativer Forschung. Opladen.

Bois-Reymond, Manuela du & Peters, Els (Red.) (1990). Jongeren verder op weg. Keuzen voor werk en opleiding. Project 'Jongeren en Arbeid'. Leiden.

Bois-Reymond, Manuela du & Peters, Els (1991). Niederländische Jugendliche vor den Hürden des Arbeitsmarktes. In: Vonderach (Hg.). S.85-104.

Bol, M.W. & Wiersma, E.G. (1997). Racistisch geweld in Nederland. Aard en omvang, strafrechtelijke afdoening, dadertypen. WODC-onderzoek in opdracht van BVD en ministerie van Justitie. Gouda.

Bommes, Michael & Scherr, Albert (1992). Rechtsextremismus: Ein Angebot für ganz gewöhnliche Jugendliche. In: Mansel (Hg.). S.210-227.

Bovenkerk, Frank (1984). Rassen of klassen? De politieke economie van de gastarbeid. In: Intermediair. 20/47. S.35-41.

Bovenkerk, Frank & Miles, Robert & Verbunt, G. (1991). Racism, migration and the state in Western Europe. A case for comparative analysis. In: International Migration Review (Zeitschrift), Nr. 25.

Bovenkerk, F. & Gras, M.J.I. & Ramsoedh, D. (1995). Discrimination against migrant workers and ethnic minorities in access to employment in the Netherlands. International Labour Office. Geneva.

Braak, Hans van de (1993). Homo Neerlandicus - essay over 'wij nederlanders'. Amersfoort.

Braune, Paul G. (1989). Änderungen politischer Orientierungen durch die Presse. In: Groebel & Winterhoff-Spurk (Hg.). S.196-213.

Breakwell, Glynis M. (Hg.) (1992). Social Psychology of Political and Economic Cognition. Surrey University Press.

Breyvogel, Wilfried (Hg.) (1993). Lust auf Randale. Jugendliche Gewalt gegen Fremde. Bonn 1993.

Brink, Rinke van den (1994). De internationale van de haat. Extreem-rechts in West-Europa. Den Haag.

Brinkmann & Renner (Hg.) (1982). Die Pädagogik und ihre Bereiche. Paderborn.

Brittan, Arthur & Maynard, Mary (1984). Sexism, Racism and Oppression. Oxford/New York.

Broeder, Peter & Extra, Guus (1997). Taal. In: Vermeulen, Hans (Red.). S.54-94.

Brosius, Hans-Gerd & Esser, Frank (1996). Massenmedien und fremdenfeindliche Gewalt. In: Falter & Jaschke & Winkler (Hg.). S.204-220.

Broszinsky-Schwabe, Edith (1990). Die DDR-Bürger im Umgang mit 'Fremden' - Versuch einer Bilanz der Voraussetzungen für ein Leben in einer multikulturellen Welt. In: Kleff, Sanem et al. (Hg.). S.18-44.

Brück, Wolfgang (1988). Das 'Skinhead'-Phänomen aus jugendkriminologischer Sicht. Expertise des Zentralinstituts für Jugendforschung. Leipzig.

Brück, Wolfgang (1991). Jugend als soziales Problem. In: Friedrich/Griese (Hg.). S.191-200

Bruin, Klaas & van der Heijde, Hans (1995). Intercultureel onderwijs in de praktijk. Bussum.

Buci-Glucksmann, Christine (1985). Stichtwort 'Hegemonie'. Aus dem Französischen von Karin Priester. In: Kritisches Wörterbuch des Marxismus. S.474-481.

Buderus, Andreas (1998). Fünf Jahre Glatzenpflege auf Staatskosten. Jugendarbeit zwischen Politik und Pädagogik. Sozialpädagogische Jugendprojekte gegen Rassismus und Gewalt seit Hoyerswerda. Konzepte, Erfahrungen, Perspektiven. Bonn.

Buijs, Frank J. & Donselaar, Jaap van (1994). Extreem-rechts: aanhang, geweld en onderzoek. Leiden.
Buitenlanders bulletin (1993) (Zeitschrift). 18. Jg., Nr. 10. Utrecht.
Bukow, Wolf-Dietrich (1989). Ausländerwahlrecht - Eine vergleichende Analyse der Politik gegenüber ethnischen Minderheiten in der Bundesrepublik Deutschland und in den Niederlanden. Köln.
Bukow, Wolf-Dietrich & Llaryora, Roberto (1988). Mitbürger aus der Fremde. Soziogenese ethnischer Minderheiten. Opladen.
Bukow, Wolf-Dieter & Llaryora, Roberto (1995). Het Nederlandse minderhedenbeleid vanuit Duits standpunt bekeken. In: Migrantenstudies, 11. Jg., Nr. 1. S.20-29.
Bundeskriminalamt, Abteilung Staatsschutz (1996). Polizeiinterner Jahreslagebericht Fremdenfeindlichkeit/Rechtsextremismus. Meckenheim.
Bundesamt für Arbeit (Hg.) (1994). Statistik. Bestand an Arbeitslosen. Computerausdrucke.
Bundesamt für Statistik (Hg.) (1996). Statistisches Jahrbuch 1995 für die Bundesrepublik Deutschland. Wiesbaden.
Bundesamt für Statistik (Hg.) (1996). Statistisches Jahrbuch für das Ausland 1996. Bonn.
Butler, Judith (1991). Das Unbehagen der Geschlechter. Frankfurt a.M. Zuerst in englischer Sprache 1990.
Butterwegge, Christoph (1994). Die ideologische 'Entsorgung' der rassistischen Gewalt. In: Neue Praxis, Zeitschrift für Sozialarbeit, Sozialpädagogik und Sozialpolitik. 24 Jg., Nr. 1. S.74-81.

Castels, Stephen (1987). Migration und Rassismus in Westeuropa. Berlin (West).
Cavalli-Sforza, Luca & Cavalli-Sforza, Francesco (1994). Verschieden und doch gleich. München.
Centraal Bureau voor de Statistiek (CBS) (1993). Werken en Leren in Nederland 1993. Voorburg/ Heerlen.
Centraal Bureau voor de Statistiek (CBS) (1993/1994). Het jaar in cijfers. Voorburg/Heerlen.
Centraal Bureau voor de Statistiek (CBS) (1995). Sector Onderwijs en Sociale Zekerheid. Statistische Daten über Schulen und Berufsausbildung in Zaanstad und Delft. Amtliche Zählung an den Tagesschulen. Computerausdrucke auf Nachfrage. Voorburg/Heerlen.
Chrispijn, Raymond (1996). Jongeren positief over asielzoekers. In: contrast. Weekblad over de multiculturele samenleving. 4. Jg., Heft 1, 9.1.97. Utrecht. S.1-2.
Clarke, John & Hall, Stuart & Jefferson, Tony & Roberts, Brian (1979). Subkulturen, Kulturen und Klasse. In: Clarke et al. S.39-132.
Clarke, John & Cohen, Phil & Corrigan, Paul & Garber, Jenny & Hall, Stuart & Hebdige, Dick & Jefferson, Tony & McCron, Robin & McRobbie, Angela & Murdock, Graham & Parker, Howard & Roberts, Brian. In Dtsld. hrsg. von Honneth, Axel (Hg.) (1979). Jugendkultur als Widerstand. Milieus, Rituale, Provokationen. Frankfurt a.M.
Clingendael - Nederlands instituut voor internationale betrekkingen (1996). Documentatiemap: Nederland en de Bondsrepubliek Duitsland. Deel 2. Samenstelling door Saskia van Ankeren. Den Haag.
Cohen, Phil (1979). Territorial- und Diskursregeln bei der Bildung von 'Peer-Groups' unter Arbeiterjugendlichen. In: Clarke, John et al. S.238-266.
Cohen, Phil (1985). Die Jugendfrage überdenken. In: Lindner & Wiebe (Hg.). S.21-97.
Cohen, Phil (1990). Gefährliche Erbschaften: Studien zur Entstehung einer multirassistischen Kultur in Großbritannien. In: Kalpaka/Räthzel (Hg.). S.81-143.
Cohen, Phil (1992a). Wandernde Identitäten. In: Leiprecht (Hg.) (1992a). S.77-92.
Cohen, Phil (1992b). Monströse Bilder - Perverse Vernunft. In: Kalpaka/Räthzel (Red.). S.431-443.
Cohen, Phil (1993). Verbotene Spiele. Theorie und Praxis antirassistischer Erziehung. Hamburg.
Condor, Susan (1990). Social stereotypes and social identity. In: Abrams et al. (Hg.). S.230-250.
Contrast (1994) (Zeitschrift). Levensgevaarlijke hoofddoekjes. Mitteilung der Redaktion. Nr. 12.
Couwenberg, S.W. (Red.) (1981). De Nederlandse natie. Inleiding in de gelijknamige bundel. Utrecht. S.9-11.

Couwenberg, S.W. (1987). Hoe wordt de samenleving het best ingericht? Opstellen over constitutionele en ideologische strijdvragen. Van Gorcum.
Couwenberg, S.W. (1994). Nationaliteit en Nationalisme. Bron van integratie en desintegratie. Den Haag.
Coward, Rosalind (1983). Patriarchal Precedents: Sexuality and Social Relations. London.
Creighton, Allan & Kivel, Paul (1993). Die Gewalt stoppen. Ein Praxisbuch für die Arbeit mit Jugendlichen. Mülheim an der Ruhr. Zuerst in englischer Sprache: Alameda 1990.

Dann, Otto (1993). Nation und Nationalismus in Deutschland. 1770-1990. München.
Dausien, Bettina (1996). Biographie und Geschlecht. Zur biographischen Konstruktion sozialer Wirklichkeit in Frauenlebensgeschichten. Bremen.
Davis, Angela (1982). Rassismus und Sexismus - Schwarze Frauen und Klassenkampf in den USA. Berlin. Zuerst (1981) unter dem Titel: Woman, race, and class. London/New York.
Davis, Kathy (1996). De tweede schepping. Over de zin en onzin van kosmetische chirugie. Amsterdam. Zuerst in englischer Sprache New York 1995.
Dekker, Henk & Dubbelink, Tanja Olde (1995). Duitsland-Beeld 1995. Onderzoek naar beelden en houdingen ten aanzien van EU-landen en -volkeren en Duitsland in het bijzonder van Nederlandse scholieren in 1995. Rijksuniversiteit Leiden.
Dekker, Paul (1991). Publieke opinies over etnische minderheden in Nederland en West-Duitsland. In: Mens en Maatschapij. 66.Jg, Nr. 3. S.296-314.
Deutsch, Karl W. (1972). Der Nationalismus und seine Alternativen. München.
Deutsches Jugendinstitut (DJI) (Hg.) (1992). Schüler an der Schwelle zur Deutschen Einheit. Politische und persönliche Orientierungen in Ost und West. Opladen.
Deutsches Jugendinstitut (DJI) (Hg.) (1993). Gewalt gegen Fremde. Rechtsradikale, Skinheads und Mitläufer. München.
Demirovic, A. & Paul, G. (1994). Eliten gegen Demokratie? Studierende zwischen demokratischem Selbstverständnis und rechtsextremen Ideologien. In: Institut für Sozialforschung (Hg.). Rechtsextremismus und Fremdenfeindlichkeit. Studien zur aktuellen Entwicklung. Frankfurt a.M. S.59-89.
DGB-Bildungswerk Thüringen e.v.: siehe Weckel et al.
Dias, Patrick V. (1997). Pädagogik: Dritte Welt. In: Bernhard/Rothermel (Hg.). S.315-332.
Dijk, Theun A. van (1984). Prejudice in Discourse. Amsterdam.
Dijk, Theun A. van (1992). Rassismus-Leugnung im Diskurs. In: OBST 46. S.103-129.
Dijk, Theun A. van (1991). Racism and the press. London.
Dijk, Theun A. van (1993). Eliten, Rassismus und die Presse. In: Jäger & Link (Hg.). S.80-130.
Dijk, Theun A. van (1995). Brief Statement on Racism and the Press. In: ADO Journaal (Zeitschrift). 2. Jg., Nr. 3/4, Utrecht. S.4-6.
Dittrich, Eckhard J. & Radtke, Frank-Olaf (Hg.) (1990). Ethnizität. Wissenschaft und Minderheiten. Opladen.
DJI-Jugendsurvey siehe: Hoffmann-Lange.
Doomernik, Jeroen & Penninx, Rinus & Amersfoort, Hans van (1997). Migratiebeleid voor de toekomst. Mogelijkheden en beperkingen. Insituut voor Migratie- en Etnische Studies (IMES), Universiteit van Amsterdam. In opdracht van de Tijdelijke Wetenschappelijke Commissie Minderhedenbeleid. Amsterdam.
Dorp, Anneke van & Opdorp, Joke van (1991). Das Königreich der Niederlande. Fakten und Zahlen. Bildung und Wissenschaft. Hrsg. vom Auslandsinformationsdienst des Ministeriums für Auswärtige Angelegenheiten in Zusammenarbeit mit verschiedenen staatlichen Stellen. Den Haag.
Dracklé, Dorle (Hg.) (1996). Jung und wild. Zur kulturellen Konstruktion von Kindheit und Jugend. Berlin.
Draijer, Nel (1985). 'De omgekeerde wereld'. Seksueel misbruik van kinderen in het gezin. 's-Gravenhage.

Draijer, Nel (1988). Seksueel misbruik van meisjes door verwanten. Een landelijk onderzoek naar de omvang, de aard, de gezinsachtergronden, de emotionele betekenis en de psycosomatische gevolgen. 's-Gravenhage.

Dreher, Michael & Dreher, Eva (1982). Gruppendiskussion. In: Huber & Mandl (Hg.). S.141ff.

Dreher, Michael & Dreher, Eva (1991). Gruppendiskussionsverfahren. In: Flick et al. (Hg.). S.186-188.

Dröge-Modelmog, Ilse & Mergner, Gottfried (Hg.) (1987). Orte der Gewalt. Herrschaft und Macht im Geschlechterverhältnis. Opladen.

Duden (Band 5) (1982). Das Fremdwörterbuch. Herausgegeben vom wissenschaftlichen Rat der Dudenredaktion. Bearbeitet von Wolfgang Müller, Mannheim.

Duckitt, John (1992). The Social Psychology of Prejudice. New York/Westport/London.

Dunk, Hermann W. Van der (1990). Het vraagstuk van de Nederlandse identiteit. In: Volkskrant (Hg.). S.9-20.

Dunk, Hermann W. van der (1992). Sprekend over nationaliteit en geschiedenis. Utrecht.

Dunk, Hermann W. van der (1994). Twee buren twee culturen - opstellen over Nederland en Duitsland. Amsterdam.

Durkheim, Emile (1967). Individuelle und kollektive Vorstellungen. In: Durkheim, Emile. Soziologie und Philosophie. Frankfurt a.M.

Eckert, Roland & Willems, Helmut & Würtz, Stefanie (1996). Erklärungsmuster fremdenfeindlicher Gewalt im empirischen Test. In: Falter et al. (Hg.). S.152-167.

Eisinga, Robert N. & Scheepers, Petrus L.H. (1989). Etnocentrisme in Nederland. Nijmegen.

Elbers, Frank & Fennema, Meindert (1993). Racistische partijen in West-Europa - Tussen nationale traditie en Europese samenwerking. Leiden.

Elbers, Frank & Fennema, Meindert & Balai, Leo (1994). Politiek racisme. Oorzaken, denkbeelden en bestrijding. Leiden.

Elfferding, Wieland (1989). Funktion und Struktur des Rassismus. Eine Theorieskizze. In: Autrata et al. (Hg.). S.101-112.

Elias, Norbert (1976). Über den Prozess der Zivilisation. Frankfurt a.M.

Elias, Norbert (1989). Studien über die Deutschen: Machtkämpfe und Habitusentwicklung im 19. und 20. Jahrhundert. Frankfurt a.M.

Engelmann, Bernt (1984). Du deutsch? Geschichte der Ausländer in unserem Land. München.

Engler, Steffani (1997). Zur Kombination von qualitativen und quantitativen Methoden. In: Friebertshäuser/Prengel (Hg.). S.118-130.

Entzinger, Han B. (1980). The non-usage of 'race' in the Netherlands. In: New Community. 8/1-2. S.26-29.

Entzinger, Han B. (1985). The Netherlands. In: Thomas Hammar (Hg.): European Immigration Policy. Cambridge. S.50-88.

Entzinger, Han B. (1992). Einwanderung in den Niederlanden. Vom Multikulturalismus zur Integration. In: Friedrich Ebert Stiftung (Hg.): Einwanderungsland Deutschland. Bisherige Ausländer- und Asylpolitik. Vergleich mit anderen europäischen Ländern. Bonn. S.69-88

Eriksen, Thomas Hylland (1993). Ethnicity and Nationalism. Anthropological Perspectives. London, Boulder.

Essed, Philomena (1984). Alledaags racisme. Amsterdam.

Essed, Philomena (1986). The Dutch as an Everyday Problem - Some Notes on the Nature of White Racism. Working Paper Nr. 3 der CRES (Centre for Race and Ethnic Studies) an der Universität von Amsterdam (UvA). In deutschsprachiger Übersetzung: Essed, Philomena (1991). Die Niederländer als Alltagsproblem - Einige Anmerkungen zum Charakter des Weißen Rassismus. In: Essed & Mullard. S.11-44.

Essed, Philomena (1991). Inzicht in alledaags racisme. Utrecht.

Estel, Bernd (1983). Soziale Vorurteile und soziale Urteile - Kritik und wissenssoziologische Grundlegung der Vorurteilsforschung. Opladen.

ESO (1996). Buro Statistiek en Onderzoek. Trends in Zaanstad. Maandbald Mei 1996.

Eurostat (1997). Arbeitslosigkeit. Themenkreis 3, Bevölkerung und soziale Bedingungen, Reihe B, Konjunkturstatistiken. Ausgabe 2/1997. Bonn.

Eyk, A.M. van (1991). Jeugdparticipatie; organisatiegraad en maatschappelijke betrokkenheid van jongeren. Leiden.

Falter, Jürgen; in Zusammenarbeit mit Klein, Markus (1994). Wer wählt rechts? Die Wähler und Anhänger rechtsextremistischer Parteien im vereinigten Deutschland. München.

Falter, Jürgen W. & Jaschke, Hans-Gerd & Winkler, Jürgen R. (Hg.). (1996) Rechtsextremismus. Ergebnisse und Perspektiven der Forschung. Politische Vierteljahresschrift (PVS). 37. Jg., Sonderheft 27, Opladen.

Farin, Klaus (Hg.) (1996). Skinhead. A Way Of Life. Eine Jugendbewegung stellt sich selbst vor. Hamburg.

Farin, Klaus & Seidel-Pielen, Eberhard (1993). Skinheads. Berlin.

Federkeil, Gero & Strohmeier, Klaus Peter (1993). Familiale Lebensform, Lebenslagen und Familienalltag im internationalen Vergleich. Bielefeld.

Fennema, Meindert (1993). Twee soorten racisme. Oude superioriteitsgevoelens en nieuwe vijandbeelden. In: Gerrit Pas (Red.) (1993). Achter de coulissen. Gedachten over de multi-etnische samenleving. Amsterdam. S.67-82.

Fermin, Alfons (1997). Nederlandse politieke partijen over minderhedenbeleid, 1977-1995. Amsterdam.

Filipp, Sigrun-Heide (Hg.) (1981/1995[III]). Kritische Lebensereignisse. München.

Fischer, Arthur (1999). Sozialwissenschaft und Jugendforschung. In: Timmermann & Wessela (Hg.). S.11-24.

Fischer, Arthur & Fuchs, Werner & Zinnecker, Jürgen (1985). Jugendliche und Erwachsene '85 - Generationen im Vergleich, fünf Bände. Herausgegeben vom Jugendwerk der Deutschen Shell. Hamburg.

Fischer, Claude S. & Hout, Michael & Sanchez Jankowski, Martin & Lucas, Samuel R. & Swidler, Ann & Voss, Kim (1996). Inequality by Design: Cracking the Bell Curve.

Flick, Uwe (1995). Soziale Repräsentationen in Wissen und Sprache. In: Flick (Hg.). S.7-20.

Flick, Uwe (1995). Alltagswissen in der Sozialpsychologie. In: Flick (Hg.). S.54-77.

Flick, Uwe (Hg.) (1995). Psychologie des Sozialen. Repräsentationen in Wissen und Sprache. Hamburg.

Flick, Uwe & Kardorff, Ernst von & Keupp, Heiner & Rosenstiel, Lutz von & Wolff, Stephan (Hg.) (1991). Handbuch Qualitative Sozialforschung. Grundlagen, Konzepte, Methoden und Anwendungen. München.

Flohr, Anne Katrin (1995). Nationenbilder: Nationale Vorurteile und Feindbilder. Wie entstehen sie, und warum gibt es sie? In: Müller & Wielenga (Hg.). S.31-46.

Förster, Peter & Friedrich, Walter & Müller, Harry & Schubarth, Wilfried (1993). Jugend Ost. Zwischen Hoffnung und Gewalt. Opladen.

Foitzik, Andreas & Seid, Uwe & Wegner, Lothar (1991). Leben in Gewaltverhältnissen. Nationalismus als Form individueller Einordnung in HERRschaftsverhältnisse. Diplomarbeit am Institut für Erziehungswissenschaft. Universität Tübingen.

Foitzik, Andreas & Leiprecht, Rudolf & Marvakis, Athanasios & Seid, Uwe (Hg.) (1992). Ein Herrenvolk von Untertanen. Rassismus - Nationalismus - Sexismus. Duisburg.

Foucault, Michel (1988). Archäologie des Wissens. Frankfurt a.M.

Fremdling, Rainer & Lodder, Hans & Wagenaar, Robert & Wielenga, Friso (Hg.) (1992). Die überwundene Angst? Die neun Nachbarländer und die deutsche Einheit. Schriftenreihe der Landeszentrale für politische Bildung Nordrhein-Westfalens. Düsseldorf.

Frey, Dieter & Greif, Ulrich (Hg.) (1983). Sozialpsychologie in Schlüsselbegriffen. München.

Frey, Dieter & Irle, Martin (Hg.) (1985). Theorien der Sozialpsychologie. Bd II. Gruppe und Lerntheorien. Bern.

Friebertshäuser, Barbara (1997). Interviewtechniken - ein Überblick. In: Friebertshäuser, Barbara & Prengel, Annedore (Hg.). S.371-395.

Friebertshäuser, Barbara & Prengel, Annedore (Hg.) (1997). Handbuch Qualitative Forschungsmethoden in der Erziehungswissenschaft. Weinheim.

Friedrich, Walter (1991). DDR-Jugendforschung zwischen wissenschaftlichem Anspruch und politischer Bevormundung. In: Friedrich & Griese (1991). S.11-27.

Friedrich, Walter & Griese, Hartmut (Hg.) (1991). Jugend und Jugendforschung in der DDR. Gesellschaftspolitische Situationen, Sozialisation und Mentalitätsentwicklung in den achtziger Jahren. Opladen.

Friedrich, Walter & Förster, Peter (1996). Jugend im Osten. Politische Mentalität im Wandel. Leipzig.

Friedrich-Ebert-Stiftung (Hg.) (1993). Fremdenfeindlichkeit und Rassismus. Herausforderung für die Demokratie. Bonn.

Frischkopf, Arthur & Schneider-Wohlfahrt, Ursula (Hg.). (1990). Von der Utopie der multikulturellen Gesellschaft und den Schwierigkeiten ihrer Verwirklichung. Landesinstitut für Schule und Weiterbildung. Soest.

Fritzsche, Klaus Peter (1997). Multiperspektivität: eine Schlüsselkompetenz beim Umgang mit dem Fremden. In: Bizeul, Yves (Hg.). Vom Umgang mit dem Fremden. Hintergründe - Definitionen - Vorschläge. Weinheim.

Fromm, Erich & Horkheimer, Max et al. (Hg.) (1936). Studien über Autorität und Familie. Forschungsbericht des Instituts für Sozialforschung. Paris.

Funke, Hajo (1989). Republikaner. Rassismus - Judenfeindschaft - nationaler Größenwahn. Berlin.

Furkes, Josip & Schlarp, Karl-Heinz (Hg.). 1991). Jugoslawien: Ein Staat zerfällt. Reinbek bei Hamburg.

Garz, Detlef & Kraimer, Klaus (Hg.). (1991). Qualitativ-empirische Sozialforschung. Konzepte - Methoden - Analysen. Opladen.

Geiger, Klaus F. (1991). Einstellungen zur multikulturellen Gesellschaft - Ergebnisse von Repräsentativbefragungen in der Bundesrepublik. In: Migration. Heft 9. S.11-48.

Geißler, Heiner (1993). Wenn die Fahne fliegt, ist der Verstand Trompete. Überlegungen eines Politikers zur Fremdenfeindlichkeit: Eine Antwort auf Irenäus Eibl-Eibesfeldt. In: Süddeutsche Zeitung, SZ am Wochenende vom 10./11.Juli 1993.

Gellner, Ernest (1964). Thought and Change. London.

Gemeente Delft, afdeling Bestuursinformatie (Hg.) (1993). Jaarboek Bestuursinformatie Delft. Kengetallen van de gemeente Delft. Delft.

Gemeente Zaanstad, directie Economische Zaken, Statiestiek en Onderzoek (Hg.) (1992/1993). Spiekboekje kengetallen Zaanstad (Uitgave 1992 en Uitgave 1993). Zaanstad.

Gerhard, Ute (1991). "Wenn Flüchtlinge und Einwanderer zu 'Asylantenfluten' werden ... ." Eine kommentierte Dokumentation zum Rassismus im Mediendiskurs. Diskurswerkstatt Bochum.

Gewecke, Frauke (1986). Wie die neue Welt in die alte kam. Stuttgart.

Gijswijt-Hofstra, Marijke (Red.) (1989). Een schijn van verdraagzaamheid. Afwijking en tolerantie in Nederland van de zestiende eeuw tot heden. Hilversum.

Glaser, Barney G. & Strauss, Anselm L. (1967). The Discovery of Grounded Theory: Strategies for Qualitative Research. Chicago.

Glaser, Barney G. & Strauss, Anselm L. (1976). De ontwikkeling van gefundeerde theorie. Alphen aan den Rhijn (Original Glaser & Strauss 1967).

Glazer, Nathan & Moynihan, Daniel A. (Hg.) (1975). Ethnicity: Theory and Experience. Cambridge.

Gogolin, Ingrid (1993). Der monolinguale Habitus der multilingualen Schule. Münster.

Gogolin, Ingrid (1994). 'Europäische Kultur und Bildung' - Die 'europäische Integration' als Herausforderung an die Pädagogik. Beobachtungen und Thesen. In: Luchtenberg & Nieke (Hg.). S.99-120.

Gogolin, Ingrid & Krüger-Potratz, Marianne & Meyer, Meinert A. (Hg.) (1998). Pluralität und Bildung. Opladen.

Govaris, Christos & Held, Josef & Höchsmann, Gerd & Marvakis, Athanasios (1992). Berichte zu den Untersuchungen Jugend '92 des Projektes 'Internationales Lernen'. Institut für Erziehungswissenschaften, Arbeitsbereich Pädagogische Psychologie Tübingen.

Govaris, Christos (1995). Subjektive Entwicklungsprozesse griechischer Migrantenjugendlicher in Deutschland. Eine empirische Studie über Orientierungs- bzw. Handlungsformen und ihre subjektiven Begründungen. Tübinger Dissertation (IFE).

Gramsci, Antonio (1967). Philosophie der Praxis. Eine Auswahl. Herausgegeben und übersetzt von Ch.Riechers. Frankfurt a.M.

Greene, J.C., Caraceli, V.J., Graham, W.F. (1989). Toward a conceptual framework for mixed-methods evaluation designs. Educational Evaluation an Policy Analysis 11, S.255-274.

Grimm, Sabine & Ronneberger, Klaus (1994). Weltstadt und Nationalstaat. Frankfurter Dienstleistungsangestellte äußern sich zur multikulturellen Gesellschaft. In: Institut für Sozialforschung (Hg.). Rechtsextremismus und Fremdenfeindlichkeit. Studien zur aktuellen Entwicklung. Bielefeld. S.91-128.

Groebel, Jo & Winterhoff-Spurk, Peter (Hg.) (1989). Empirische Medienpsychologie. München.

Groen, Els de (1988). Het kruispunt waar mannen rechtsaf slaan: de geringe aantrekkingskracht van extreem-rechts op vrouwen. In: Opzij, Nr. 2, 16. Jg., Februar 1988. S.20-23.

Grubitzsch, Siegfried & Rexilius, Günter (Hg.). (1987). Psychologische Grundbegriffe. Mensch und Gesellschaft in der Psychologie. Ein Handbuch. Reinbek bei Hamburg.

Gstettner, Peter (1991). Handlungsforschung. In: Flick, Uwe et al. (Hg.). S.266-269.

Gstettner, Peter & Auernheimer, Georg (Red.) (1996). Jahrbuch für Pädagogik 1996. Pädagogik in multikulturellen Gesellschaften. Frankfurt a.M.

Haarmann, H. (1983). Kriterien der ethnischen Identität. In: Language Problems and Language Planing. Vol.7. S.21ff.

Habermas, Jürgen (1985/1988^{II}). Der philosophische Diskurs der Moderne. Zwölf Vorlesungen. Frankfurt a.M.

Habermas, Jürgen (1993). Vergangenheit als Zukunft. Das alte Deutschland im neuen Europa? München.

Hafeneger, Benno (1993). Wider die (Sozial-)Pädagogisierung von Gewalt und Rechtsextremismus. In: deutsche jugend. Zeitschrift für die Jugendarbeit. 41. Jg. Heft 3. Weinheim. S.120-126.

Hagendoorn, Louk (1986). Cultuur-Conflict en Vooroordeel. Alphen aan den Rijn-Brussel.

Hagendoorn, Louk (1993). Ethnic segregation and outgroup exclusion: cultural values and social sterotypes in the construction of ethnic hierarchies. In: Ethnic and Racial Studies, 16. S.26-51.

Hagendoorn, Louk & Janssen, Jacques (1983). Rechtsomkeer. Rechtsextreme opvattingen bij leerlingen van middelbare scholen. Baarn.

Hall, Stuart (1989). Ausgewählte Schriften - Ideologie, Kultur, Medien, Neue Rechte, Rassismus. Herausgegeben von Nora Räthzel. Hamburg.

Hall, Stuart (1994). Rassismus und kulturelle Identität. Ausgewählte Schriften II. Hamburg.

Hamburger, Franz (1990). Der Kulturkonflikt und seine pädagogische Kompensation. In: Dittrich & Radtke (Hg.). S.311-327.

Hamburger, Franz (1994). Pädagogik in der Einwanderungsgesellschaft. Frankfurt a.M.

Hanf, Theodor (1995). Ethnurgy: on the analytical use and normative abuse of the concept of 'ethnic identity'. In: Benda-Beckmann & Verkuyten (Hg.). S.40-51.

Haraway, Donna (1991). Situated Knowledge: The Science Question in Feminism and the Privilege of Partial Perspective. In: Haraway. S.183-254

Haraway, Donna (1991). Simians, Cyborgs and Women. The Reinvention of Nature. London.

Harding, Sandra (1990). Feministische Wissenschaftstheorie. Hamburg.

Haug, Frigga (1980). Opfer oder Täter? Über das Verhalten von Frauen. In: Das Argument. Zeitschrift für Philosophie und Sozialwissenschaften. Themenheft Subjektivität/Lebensläufe. 22. Jg. Hamburg September/Oktober 1980. S. 643-649.

Haug, Frigga: unter Mitarbeit von Floto, Doris & Schlimm, Anne & Tiling, Nicola & Wollmann, Eva (1991). Angsterfahrungen. In: Haug & Hauser (Hg.). S.54-95.

Haug, Frigga & Hauser, Kornelia (1991). Die andere Angst. Hamburg.

Haug, Wolfgang Fritz (1979a). Umrisse zu einer Theorie des Ideologischen. In: Behrens et al. (Hg.). (Projekt Ideologie-Theorie).

Haug, Wolfgang Fritz (1979b). Kritische Psychologie und Theorie des Ideologischen. Argument Studienheft Nr. 33, Berlin.

Haug, Wolfgang Fritz (1986). Die Faschisierung des bürgerlichen Subjekts. Die Ideologie der gesunden Normalität und die Ausrottungspolitiken im deutschen Faschismus. Hamburg.

Haug, Wolfgang Fritz (1987). Ideologische Mächte und die antagonistische Reklamation des Gemeinwesens. Zur Weiterentwicklung der Umrisse. In: Haug, Wolfgang Fritz. Pluraler Marxismus - Beiträge zur politischen Kultur. Band 2. Berlin. S. 42-56.

Hauser, Kornelia (1991). Editorial. In: Das Argument. Zeitschrift für Philosophie und Sozialwissenschaften. Themenheft Sex/Gender. 33. Jg. Heft 6. Hamburg November/Dezember 1991. S.825-827.

Hazekamp, Jan (1992). Tien jaar jeugdonderzoek. Belangrijk fonds van informatie voor het jeugdbeleid. In: Jeugdonderzoek. 5. Jg., Nr. 4, Amersfoort. S.3-11.

Hazekamp, Jan (1994). Besprekking van Livio Sansone: 'Schitteren in de schaduw.' In: Jeugd en samenleving (Zeitschrift). Nr. 3, 24. Jg. Amersfoort.

Hazekamp, Jan L. (1995). Jugend in den Niederlanden: 'Problematisch' - 'Unproblematisch'? In: Leiprecht (Hg.). In Grenzen verstrickt ... . S.42-54.

Hazekamp, Jan L. & Popple, Keith (Hg.). (1997). Racism in Europe. A challenge for youth policy and youth work. London/Bristol.

Hazekamp, Jan L. & van der Gaauw, J. & Nutjens, J. (1993). Jongeren doen mee aan beleid. Verslag van een onderzoek naar politieke participatie van jongeren op lokaal niveau. Den Haag.

Heckmann, Friedrich (1991). Ethnos, Demos und Nation, oder: Woher stammt die Intoleranz des Nationalstaats gegenüber ethnischen Minderheiten? In: Bielefeld (Hg.) (1991). S.51-78.

Heil, Hubertus & Perik, Muzaffer & Wendt, Peter-Ulrich (Hg.) (1993). Jugend und Gewalt. Über den Umgang mit gewaltbereiten Jugendlichen. Marburg.

Heinz, Hilde (1976). Faschistische Analogien in feministischen Publikationen. Archiv BAF Tübingen.

Heinz, Marco (1993). Ethnizität und ethnische Identität. Eine Begriffsgeschichte. Bonn.

Heitmeyer, Wilhelm (1987). Rechtsextremistische Orientierungen bei Jugendlichen - Empirische Ergebnisse und Erklärungsmuster einer Untersuchung zur politischen Sozialisation. Weinheim.

Heitmeyer, Wilhelm (1990). Jugend auf dem Weg nach rechts? In: Frischkopf & Schneider (Hg.). S.56-67.

Heitmeyer, Wilhelm et al. (1992). Die Bielefelder Rechtsextremismus-Studie - Erste Langzeituntersuchung zur politischen Sozialisation männlicher Jugendlicher. Weinheim.

Heitmeyer, Wilhelm et al. (1996). Gewalt - Schattenseiten der Individualisierung bei Jugendlichen aus unterschiedlichen Milieus. Weinheim.

Held, Josef (1987). Subjektbezogene Forschungsverfahren für die Berufspraxis. Marburg.

Held, Josef (1994). Praxisorientierte Jugendforschung. Theoretische Grundlagen - Methodische Ansätze - Exemplarische Projekte. Hamburg.

Held, Josef & Huber, Günter L. & Leiprecht, Rudolf (1986). Forschungsprojekt 'Orientierung und Realitätsbewältigung bei jugendlichen Arbeitnehmern. Bericht Nr. 16 aus dem Arbeitsbereich Pädagogische Psychologie am Institut für Erziehungswissenschaften/Universität Tübingen.

Held, Josef & Horn, Hans & Leiprecht, Rudolf & Marvakis, Athanasios (1991). "Du musst so handeln, dass Du Gewinn machst ..." - Empirische Untersuchungen und theoretische Überlegungen zu politischen Orientierungen jugendlicher Arbeitnehmer. Duisburg.

Held, Josef & Horn, Hans & Marvakis, Athanasios (1994a). Projekt 'Politische Orientierungen jugendlicher ArbeitnehmerInnen'. Gefördert durch die Hans-Böckler-Stiftung Düsseldorf. Zwischenbericht zum Abschluss der ersten Projektphase. Veröffentlicht als Bericht aus dem Arbeitsbereich Pädagogische Psychologie. Tübingen.

Held, Josef & Horn, Hans & Marvakis, Athanasios (1994b). Politische Orientierung und Gewaltbereitschaft von Jugendlichen in Deutschland. In: Deutsche Jugend. Zeitschrift für die Jugendarbeit, 42. Jg., Nr. 11. S.475-487.

Held, Josef & Horn, Hans & Marvakis, Athanasios (1995a). Politische Orientierungen Jugendlicher im vereinigten Deutschland. In: Leiprecht (Hg.). S.111-132.

Held, Josef & Horn, Hans & Marvakis, Athanasios (1995b). Unter Mitarbeit von Horn-Metzger, Traudl & Keppler, Wolfram & Riegel, Christine. Gespaltene Jugend. Politische Orientierungen jugendlicher ArbeitnehmerInnen und ihre subjektiven Begründungen im Kontext gesellschaftlicher Veränderungen. Ein Forschungsbericht, herausgegeben von der Hans-Böckler-Stiftung Düsseldorf.

Held, Josef & Horn, Hans & Marvakis, Athanasios (1996). Unter Mitarbeit von Horn-Metzger, Traudl & Keppler, Wolfram & Riegel, Christine. Gespaltene Jugend. Politische Orientierungen jugendlicher ArbeitnehmerInnen. Opladen.

Herbert, Ulrich (1986). Geschichte der Ausländerbeschäftigung in Deutschland von 1880 bis 1980: Saisonarbeiter - Zwangsarbeiter - Gastarbeiter. Bonn.

Herrnstein, Richard & Murray, Charles (1994). The Bell Curve. New York.

Het Amsterdamse Bureau voor Onderzoek en Statiestiek (Hg.) (1995). De Amsterdammers in acht etnische groepen. Amsterdam.

Hey, Barbara (1994). Die Entwicklung des *gender*-Konzepts vor dem Hintergrund poststrukturalistischen Denkens. In: L'Homme. Zeitschrift für Feministische Geschichtswissenschaft. 5. Jg. Heft 1. S.7-26.

Hewstone, Miles & Augoustinos, Martha (1995). Soziale Attributionen und soziale Repräsentationen. In: Flick (Hg.). S.78-99.

Hobsbawn, Eric J. (1975). The Age of Capital. London.

Hobsbawn, Eric J. (1991). Nationen und Nationalismus. Mythos und Realität seit 1780. Frankfurt a.M. (zuerst in englischer Sprache; Cambridge/New York/Melbourne 1990)

Hoffmann, Reiner & Kluge, Norbert & Linne, Gudrun & Mezger, Erika (1994). Problemstart: Politischer und sozialer Wandel in den neuen Bundesländern. Köln.

Hoffmann-Lange, Ursula (Hg.) (1995). Jugend und Demokratie in Deutschland. DJI-Jugendsurvey 1. Opladen.

Hoffmann-Lange, Ursula (1996). Das rechte Einstellungspotential in der deutschen Jugend. In: Falter et al. (Hg.). S.121-137.

Hoffmann-Riem, Christa (zuerst 1980; hier 1994). Die Sozialforschung einer interpretativen Soziologie: Der Datengewinn. Zuerst in: Kölner Zeitschrift für Soziologie und Sozialpsychologie. 32. Jg., Heft 2. S.339-372. Hier: Hoffmann-Riem. S.20-70.

Hoffmann-Riem, Christa (1994). Elementare Phänomen der Lebenssituation. Ausschnitte aus einem Jahrzehnt soziologischen Arbeitens. Weinheim.

Hoffmeister, Dieter & Sill, Oliver (1992). Zwischen Aufstieg und Ausstieg. Autoritäre Einstellungsmuster bei Jugendlichen und jungen Erwachsenen. Opladen.

Hofstätter, Peter R. (1966). Einführung in die Sozialpsychologie. Stuttgart.

Hollz, Werner & Püschel, Ulrich (Hg.) (1993). Medienrezeption als Aneignung. Methoden und Perspektiven qualitativer Medienforschung. Opladen.

Holzkamp, Klaus (1983). Grundlegung der Psychologie. Frankfurt a.M.

Holzkamp, Klaus (1993). Lernen. Subjektwissenschaftliche Grundlegung. Frankfurt a.M.

Holzkamp, Klaus (1994). Antirassistische Erziehung als Änderung rassistischer 'Einstellungen'? Funktionskritik und subjektwissenschaftliche Alternative. In: Jäger, Siegfried (Hg.). S.8-29.

Holzkamp, Klaus (1995). Rassismus und das Unbewusste in psychoanalytischen und kritisch-psychologischem Verständnis. In: Forum Kritische Psychologie 35. Hamburg. S.4-41.

Holzkamp, Christine & Rommelspacher, Birgit (1991). Frauen und Rechtsextremismus. In: Päd.Extra, 19. Jg., Nr. 1. S.33-39.
Hopf, Christel & Rieker, Peter & Sanden-Marcus, Martina & Schmidt, Christiane (1995). Familie und Rechtsextremismus. Weinheim.
Horn-Metzger, Traudl & Riegel, Christine (1995a). Junge Frauen und rechte Orientierungen. Die Kategorie Geschlecht: ein vernachlässigter Aspekt in der Jugend- und Rechtsextremismusforschung. In: Leiprecht (Hg.). In Grenzen verstrickt. S.133-159.
Horn-Metzger, Traudl & Riegel, Christine (1995b). Junge Frauen und politische Orientierungen - Zusammenfassung von Ergebnissen einer Studie mit Auszubildenden. In: Wlecklick (Hg.). S.91-111.
Horn-Metzger, Traudl & Riegel, Christine (1996). Geschlecht und politische Orientierungen. In: Held & Horn & Marvakis. S.200-229.
Howe, K.R. (1988). Against the quantitative-qualitative incompatibility thesis, or dogmas die hard. In: Educational Researcher 17, S.10-16.
Hron, Aemilian (1982). Interview. In: Huber & Mandl (Hg.). S.141ff.
Huber, Günter L. (1990). AQUAD - Analyse qualitativer Daten mit Computerunterstützung. Version 3.0. Grundlagen und Manual des Softwarepakets. Schwangau.
Huber, Günter L. (Hg.) (1992). Qualitative Analyse. Computereinsatz in der Sozialforschung. Oldenburg.
Huber, Günter L. (1992). Qualitative Analyse mit Computerunterstützung. In: Huber (Hg.). S.115-176.
Huber, Günter L. & Mandl, Heinz (Hg.) (1982). Verbale Daten - eine Einführung in die Grundlagen und Methoden der Erhebung und Auswertung. Weinheim.
Huhnke, Brigitta (1993). Intermediale Abhängigkeiten bei der Inszenierung rassistischer Feindbilder seit Mitte der achtziger Jahre am Beispiel der Wochenzeitungen 'Bild am Sonntag' und 'Der Spiegel'; in: Jäger & Link (Hg.). S.213-266.
Hurrelmann, Klaus & Ulich, Dieter (Hg.) (1984). Handbuch der Sozialisationsforschung. Weinheim.
Husbands, Christopher T. (1996). Die Anhängerschaft des Rechtsextremismus in Westeuropa. In: Falter & Jascke & Winkler (Hg.). S.313-330.

Informatiegids Streekschool siehe: Stichting Streekschool.
Institut für empirische Psychologie (Hg.). (1992). Die IBM-Jugendstudie '92. Die selbstbewusste Jugend: Orientierungen und Perspektiven zwei Jahre nach der Wiedervereinigung. Köln.
Institut für Sozialforschung (Hg.) (1994). Geschlechterverhältnisse und Politik. Frankfurt a.M.
Institut für Sozialpädagogische Forschung Mainz (ISM) e.V. (Hg.) (1993). Rassismus - Fremdenfeindlichkeit - Rechtsextremismus: Beiträge zu einem gesellschaftlichen Diskurs. Bielefeld.
Institut für Sozialpädagogische Forschung Mainz (ISM) e.V. (Hg.) (1994). Differenz und Differenzen: Zur Auseinandersetzung mit dem Eigenen und dem Fremden im Kontext von Macht und Rassismus bei Frauen. Bielefeld.

Jacquard, Albert (1996). 'Rasse': Ein unwissenschaftlicher Begriff. In: UNESCO-Kurier. 37. Jg. Heft 3. S.18-21.
Jäger, Margret (1996). Fatale Effekte. Die Kritik am Patriarchat im Einwanderungsdiskurs. Duisburg.
Jäger, Siegfried (1992). BrandSätze. Rassismus im Alltag. Duisburg.
Jäger, Siegfried (1993a). Der Großregulator - Analyse der BILD-Berichterstattung über den rassistisch motivierten Terror und die Fahndung nach der RAF im Sommer 1993. Duisburg.
Jäger, Siegfried (1993b). Kritische Diskursanalyse. Duisburg.
Jäger, Siegfried (Hg.) (1994). Aus der Werkstatt: Anti-rassistische Praxen. Konzepte - Erfahrungen - Forschung. Duisburg.
Jäger, Siegfried & Link, Jürgen (Hg.) (1993). Die vierte Gewalt - Rassismus und die Medien. Duisburg.

Jäger, Siegfried & Kellershohn, Helmut & Pfenning, Joachim (Red.). SchlagZeilen. Rostock: Rassismus in den Medien. Duisburg.

Jansen, J. (1990). Kwaliteit en kwantiteit in jeugdonderzoek. Deel 1 en 2. In: Jeugd en samenleving. 20. Jg. 1/2. Amersfoort. S.3-17 und 67-82.

Jansen, Lútsen B. (1993). Bekend en onbemind. Het beeld van Duitsland en Duitsers onder jongeren van vijftien tot negentien jaar. Nederlands Instituut voor Internationale Betrekkingen 'Clingendael'. 's-Gravenhage.

Jansen, Lútsen B. (1995). Bekannt und unbeliebt. Das Bild von Deutschland und den Deutschen unter niederländischen Jugendlichen von fünfzehn bis neunzehn Jahren. Ergebnis einer Umfrage des niederländischen Instituts für internationale Beziehungen. In: Müller & Wielenga (Hg.). S.165-200.

Janssen, Jaques (1989). Deliquentie als 'crime de passage', een jongensprobleem. In: Jeugd en samenleving, 19. Jg., Nr. 6/7. S.114-128.

Janssen, J., Bego, H., Van den Berg, G. (1989). Teksttabel. Een gecomputeriseerde methode voor het analyseren van open vragen. Met handleiding en voorbeelden. Nijmegen.

Janssen, J. & Prins, M. (1991). Jeugdsubculturen binneste buiten, een onderzoek naar de homologie van jeugdsubculturen. In: Jeugd en Samenleving. S.195-203.

Janssen-Jurreit, Marielouise (1976). Sexismus. Über die Abtreibung der Frauenfrage. München.

Janssen-Jurreit, Marielouise (1984). Die Grundlagen des Patriarchats - Thesen zu einer Theorie des Sexismus. In: Schaeffer-Hegel, S.45-83.

Jeugd en Samenleving (1991) (Zeitschrift). Themanummer 'Van de straat' - 150 jaar jeugdculturen in Nederland. Nr. 2/3, 21. Jg. Amersfoort.

Jeugd en Samenleving (1995) (Zeitschrift). Themanummer 'Jongeren en Extreem Rechts'. Nr. 1/2, 25. Jg. Amersfoort.

Jugendwerk der Deutschen Shell (Hg.) (1992). Jugend '92: Lebenslagen, Orientierungen und Entwicklungsperspektiven im vereinigten Deutschland. Bd.1-4. Opladen.

Just, W.D. & Groth, A. (1985). Wanderarbeiter in der EG, zwei Bände, Mainz.

Jüttemann, G. (Hg.) (1985). Qualitative Forschung in der Psychologie. Grundfragen, Verfahrensweisen, Anwendungsfelder. Heidelberg.

Kalpaka, Annita (1986). Handlungsfähigkeit statt 'Integration'. Schulische und außerschulische Lebensbedingungen und Entwicklungsmöglichkeiten griechischer Jugendlicher. Ergebnisse einer Untersuchung in der Stadt Hamburg. München.

Kalpaka, Annita (1992). Überlegungen zur antirassistischen Praxis mit Jugendlichen in der BRD. In: Leiprecht (Hg.) (1992a). S.131-152.

Kalpaka, Annita & Räthzel, Nora (1990). Wirkungsweisen von Rassismus und Ethnozentrismus. In: Kalpaka & Räthzel (Hg.). S.12-77.

Kalpaka, Annita & Räthzel, Nora (Hg.) (zuerst 1986; zweite, völlig überarbeitete Auflage 1990). Die Schwierigkeit, nicht rassistisch zu sein. Zuerst Berlin, dann Leer.

Kalpaka, Annita & Räthzel, Nora (Red.) (1992). Rassismus und Migration in Europa. Hamburg.

Kaminski, Gerhard (1981). Überlegungen zur Funktion von Handlungstheorien in der Psychologie. In: Lenk, Hans (Hg.). Handlungstheorien interdisziplinär. München. S.93-121.

Kardorff, Ernst von (1991). Qualitative Sozialforschung. Versuch einer Standortbestimmung. In: Flick et al. (Hg.). S.3-10.

Katsoulis, Haris (1978, überarbeitete Neuauflage 1984). Bürger zweiter Klasse. Ausländer in der Bundesrepublik. Berlin.

Kelle, Udo (1992). Empirisch begründete Theoriebildung. Ein Beitrag zur Logik und Methodologie interpretativer Sozialforschung. Dissertation an der Universität Bremen.

Kempf, Wilhelm (1992). Zum Verhältnis von qualitativen und quantitativen Methoden in der psychologischen Forschung. In: Forum Kritische Psychologie. Heft 29. Berlin. S.89-108.

Kersten, Joachim (1993). Männlichkeitsdarstellungen in Jugendgangs. Kulturvergleichende Betrachtungen zum Thema 'Jugend und Gewalt'. In: Otto, Hans-Uwe & Merten, Roland (Hg.). S.227-236.

Kersten, Joachim (1997). Gut und (Ge-)schlecht. Männlichkeit, Kultur und Kriminalität. Berlin.

Klafki, Wolfgang (1998). Schlüsselprobleme der modernen Welt und die Aufgaben der Schule - Grundlinien einer neuen Allgemeinbildungskonzeption in internationaler/interkultureller Perspektive. In: Gogolin/Krüger-Potratz/Meyer (Hg.). S.235-254.

Kleff, Sanem & Brozinsky-Schwabe, Edith & Albert, Marie-Theres & Marburger, Helga & Karsten, Marie-Eleonora (Hg.) (1990). BRD - DDR. Alte und neue Rassismen im Zuge der deutsch-deutschen Einigung. Frankfurt a.M.

Klein, Markus & Falter, Jürgen W. (1996). Die dritte Welle rechtsextremer Wahlerfolge in der Bundesrepublik Deutschland. In: Falter & Jaschke & Winkler (Hg.). S.288-312.

Kleining, Gerhard (1991). Methodologie und Geschichte qualitativer Sozialforschung. In: Flick et al. (Hg.). S.11-22.

Kleinpenning, Gerard (1993). Structure and Content of Racist Beliefs. An empirical study of ethnic attitudes, stereotypes and the ethnic hierarchy. Utrecht.

Kletzin, Heidrun & Welz, Petra (1994). Strategiearbeit durch Strukturgestaltung in einer Leipziger Beschäftigungsgesellschaft. In: Hoffmann/Kluge/Linne/Mezger (Hg.). S.234-254.

Klineberg, Otto (1966). Die menschliche Dimension in den internationalen Beziehungen. Bern.

Klönne, Arno (1994). Jugend und Rechtsextremismus. In: Kowalsky & Schroeder (Hg.). S.129-142.

Knapp, Gudrun-Axeli (1995). Unterschiede machen: Zur Sozialpsychologie der Hierarchisierung im Geschlechterverhältnis. In: Becker-Schmidt & Knapp (Hg.). S.163-194.

Kommission der Europäischen Gemeinschaft: Eurobarometer Survey 35.0 (Befragung im März 1991), Survey 37.0 (März-April 1992), Survey 39.0 (März-April 1993).

König, Rene (Hg.) (1954). Das Interview. Köln.

Kongidou, Dimitra & Tsiakalos, Georgios (1995). Gesellschaften ohne Jugend. In: Leiprecht (Hg.). S.24-41.

Koopmans, Ruud & Rucht, Dieter (1996). Rechtsradikalismus als soziale Bewegung? In: Falter & Jaschke & Winkler (Hg.). S.265-287.

Kowalsky, Wolfgang & Schroeder, Wolfgang (Hg.) (1994). Rechtsextremismus. Einführung und Forschungsbilanz. Opladen.

Krafeld, Franz Josef (Hg.) (1992). Akzeptierende Jugendarbeit mit rechten Jugendcliquen. Band 4 der Schriftenreihe der Landeszentrale für politische Bildung der Freien Hansestadt Bremen.

Krafeld, Franz Josef (1993). Jugendarbeit mit rechten Jugendszenen. Konzeptionelle Grundlagen und praktische Erfahrungen. In: Otto & Merten (Hg.). S.310-324.

Kramers Woordenboeken (1987; zehnte vollständig revidierte und erweiterte Auflage). Duits-Nederlands/Nederlands-Duits. Bearbeitet durch Jan van Dam. Amsterdam.

Krampen, G. (1991). Entwicklung politischer Handlungsorientierungen im Jugendalter. Ergebnisse einer explorativen Längsschnittsequenz-Studie. Göttingen.

Kreckel, Reinhard (1992). Politische Soziologie der sozialen Ungleichheit. Frankfurt a.M.

Krewer, Bernd (1995). Kulturstandards als Mittel der Selbst- und Fremdreflexion in interkulturellen Begegnungen. In: Thomas, Alexander (Hg.). Psychologie interkulturellen Handelns. Göttingen.

Kritisches Wörterbuch des Marxismus (1983 bis 1989). Deutschsprachige Ausgabe in acht Bänden; hrsg. von Wolfgang Fritz Haug. Berlin/Hamburg. Französische Ausgabe hrsg. von Georges Labica (1982). Dictionnaire critique du marxisme. Paris.

Krüger-Potratz, Marianne (1989). Die Ausländerpädagogik versichert sich ihrer Geschichte: Plädoyer für eine historische Minderheitenforschung. In: Unterrichtswissenschaft. Zeitschrift für Lernforschung. 17. Jg., Heft 3. Weinheim. S.223-242.

Krüger-Potratz, Marianne (1994). Interkulturelle Pädagogik als Kritik der 'gegebenen Pädagogik'. Eine disziplintheoretische Skizze am Beispiel der Historischen Pädagogik. In: Luchtenberg & Nieke (Hg.). S.199-208.

Kruse, Lenelis (1995). Soziale Repräsentationen des Mannes in der alltäglichen Rede. In: Flick, Uwe (Hg.). S.251-265.

Kudera, Werner (1993). Eine Nation, zwei Gesellschaften? In: Jurczyk, Karin & Rerrich, M.S. (Hg.). Die Arbeit des Alltags. Beiträge zu einer Soziologie der alltäglichen Lebensführung. Freiburg im Breisgau. S.133-159.

Küchler, Manfred (1996). Xenophobie im internationalen Vergleich. In: Falter & Jaschke & Winkler (Hg.). S.248-264.

Kühne, Peter (1987). Die Trennungslinien werden schärfer - Ausländische Arbeitnehmer in den Gewerkschaften. In: Zeitschrift 'Express'. Offenbach.

Kupsch, Joachim & Schülert, Jürgen (1996). Perspektivenwechsel als reflexives Konzept für fächerübergreifenden Unterricht am Beispiel 'Rassismus'. In: Zeitschrift für Pädagogik. 42. Jg., Nr. 4. S.499-601.

Lademacher, Horst (1993). Die Niederlande: politische Kultur zwischen Individualität und Anpassung. Berlin.

Lahaise, Joop (1993). Deltaplan voor of tegen asielzoekers? In: ADO-Journaal. 1. Jg., Nr. 3, Oktober 1993. Utrecht. S.4-5.

Lamnek, S. (1988). Qualitative Sozialforschung. Band 1: Methodologie. München.

Lamnek, S. (1989). Qualitative Sozialforschung. Band 2: Methoden und Techniken. München.

Landesarbeitsamt Baden Württemberg (Hg.) (1994). Jahreszahlen Arbeitslosigkeit 1994. Stuttgart.

Landesinstitut für Schule und Weiterbildung (Hg.) (1992). Berufswahl ohne Grenzen. Studie beroepskeuze zonder grensen. Soest.

Landweer, Hilge (1993). Herausforderung Foucault. In: Die Philosophin. Heft 7. S.8-18.

Landweer, Hilge (1994). Generativität und Geschlecht. Ein blinder Fleck in der sex/gender-Debatte. In: Wobbe & Lindemann (Hg.). S.147-176.

Leiprecht, Rudolf & Lang, Susanne (2000). Antirassistische Konzepte und dichotome Differenzen. In: Lutz, Helma & Wenning, Norbert (Hg.). Unterschiedlich Verschieden. Differenz in der Erziehungswissenschaft. Opladen. Veröffentlichung in Vorbereitung.

Langer, Hermann (1991). Rechtsextremismus von Jugendlichen in der DDR. In: 1999. Zeitschrift für Sozialgeschichte des 20. und 21. Jahrhunderts. Nr. 1. S.89-99.

Lappe, Lothar (1994). Jugend und Arbeit in den neuen Bundesländern. In: Hoffmann, Reiner et al. (Hg.). S.150-166.

Lazarus, Richard S. (1981/1995). Stress und Stressbewältigung - Ein Paradigma. Deutsche Übersetzung eines Vortrags, gehalten 1978 in Salishan Lodge, Gleneden Beach. In: Filipp, Sigrun-Heide (Hg.). S.198-212.

Lederer, Gerda & Nerger, J. & Rippl, S. & Schmidt, P. & Seipel, C. (1991). Autoritarismus unter Jugendlichen der ehemaligen DDR. In: Deutschland Archiv 24. Berlin. S.587-596.

Lederer, Gerda & Schmidt, Peter (Hg.). (1995). Autoritarismus und Gesellschaft. Trendanalysen und vergleichende Jugenduntersuchungen 1945-1993. Opladen.

Lederer, Gerda & Kindervater, A. (1995). Internationale Vergleiche. In: Lederer & Schmidt (Hg.). S.167-188.

Leeman, Yvonne (1994). Samen jong. Nederlandse jongeren en lessen over inter-etnisch samenleven en discriminatie. Utrecht.

Leeman, Yvonne (1997). Docenten over de gebruikswaarde van intercultureel onderwijsmateriaal. Verslag van een onderzoek naar de video 'Het zot toch dichterbij' en de MBO module 'vorroordelen, discriminatie en racisme. Amsterdam.

Leeman, Yvonne & Saharso, Sawitri (1989). Je kunt er niet omheen. Hoe Marokkaanse, Molukse en Surinamse jongeren reageren op discriminatie. Amsterdam.

Leeman, Yvonne & Saharso, Sawitri (1997). Racism in The Netherlands: the challenge for youth policy and youth work. In: Hazekamp/Popple (Hg.). S.39-64.

Leeman, Yvonne & Leiprecht, Rudolf (1998). Wenn neue Herangehensweisen auf gängige Vorstellungen stoßen ... . Unterricht zu Rassismus und multikultureller Gesellschaft in den Niederlanden. In: Zeitschrift für internationale erziehungs- und sozialwissenschaftliche Forschung (ZiesF). Heft 1. Frankfurt a.M. S.43-71.

Leiprecht, Rudolf (1987). "Und wenn dann jemand käme und wäre voller Elan ... ." Zur Situation jugendlicher Arbeitnehmer in der Region Tübingen/Reutlingen. Probleme der regionalen Jugendarbeit. Materialien aus der Kooperationsarbeit (Kooperationsstelle Gewerkschaften-Hochschule). Nr. 14. Tübingen.

Leiprecht, Rudolf (1990). "Da baut sich ja in uns ein Hass auf". Zur subjektiven Funktionalität von Rassismus und Ethnozentrismus bei abhängig beschäftigten Jugendlichen. Hamburg.

Leiprecht, Rudolf (1991). Rassismus und Ethnozentrismus - Zu den unterschiedlichen Formen dieser ausgrenzenden und diskriminierenden Orientierungen und Praxen und zur Notwendigkeit einer mehrdimensionalen antirassistischen Praxis. Duisburg.

Leiprecht, Rudolf (Hg.) (1992a). Unter Anderen - Rassismus und Jugendarbeit. Duisburg.

Leiprecht, Rudolf (1992b). Ein Problem nur für 'Fremde'? Rassismus - die Macht der Zuschreibung. In: Widersprüche, Jg.12, Heft 43, Offenbach, Dezember. S.17-34.

Leiprecht, Rudolf (1992c). Zum Rassismus (nicht nur) bei Jugendlichen. Hinweise auf einseitige Problemzuschreibungen und verschiedene Ebenen, etwas gegen Rassismus zu tun. In: Peters & Trede (Hg.). S.272-305.

Leiprecht, Rudolf (1992d). Auf der Suche nach Begriffen für eine antirassistische Arbeit. In: Das Argument. Zeitschrift für Philosophie und Sozialwissenschaften. 34. Jg. Heft 5. September/Oktober. S.703-713.

Leiprecht, Rudolf (1992e). "Pech, dass Ausländer mehr auffallen ... ." Zum Reden über die Kultur der 'Anderen' und auf der Suche nach angemessenen Begriffen und Ansätzen für eine antirassistische Praxis (nicht nur) mit Jugendlichen. In: Leiprecht (Hg.) (1992a). S.93-130.

Leiprecht, Rudolf (1993). Das Modell 'unmittelbare' und/oder 'direkte Konkurrenz': Erklärung oder Rechtfertigung von Rechtsextremismus. In: Institut zur sozialpädagogischen Forschung Mainz (ISM) e.V. (Hg.). S.68-86.

Leiprecht, Rudolf (1994). "Es ist doch näher dran ..." Ein vergleichender Blick auf Rassismen, Erklärungsmuster und Pädagogisches in den Niederlanden und in Deutschland. In: Jäger (Hg.). S.160-186.

Leiprecht, Rudolf (1995). Der Blick nach Deutschland. Zu Modellen Jugendlicher in den Niederlanden, um sich den Rassismus in Deutschland zu erklären. In: Leiprecht (Hg.). S.91-111.

Leiprecht, Rudolf (Hg.) (1995). 'In Grenzen verstrickt ... .' Jugendliche und Rassismus in Europa. Duisburg.

Leiprecht, Rudolf (1996). Rassismen und die Macht der Zuschreibung: Die 'Frage nach der Jugend' und die 'Frage nach der Kultur' (Anmerkungen aus der Rassismusforschung). In: Dracklé (Hg.). S.240-272.

Leiprecht, Rudolf (1997). Strategien gegen Rassismus. Unterschiedliche Handlungsebenen. In: Verein ISOP (Hg.). ISOTOPIA. Forum für gesellschaftspolitische Alternativen. Themenheft: Strategien gegen Rassismus. Antirassistische Projekte im europäischen Vergleich. Heft 7. Graz. S.20-34.

Leiprecht, Rudolf (1998). Rassismus und Jugendliche. In: Aktion Kinder- und Jugendschutz Schleswig-Holstein (Hg.). Pro Jugend. Fachzeitschrift der Aktion Jugendschutz. Nr. 2. Kiel. S.4-8.

Leiprecht, Rudolf & Schubert, Uli (1992). Über unsere Erfahrungen mit Rassismus und Jugendarbeit (nicht nur) in Baden Württemberg. In: Leiprecht (Hg.). (1992a). S.185-210.

Leiprecht, Rudolf & Held, Josef & Marvakis, Athanasios & Horn, Hans (1992). "Jugendliche und Rechtsextremismus" - Laufende und abgeschlossene Forschungsarbeiten in Ost- und Westdeutschland, Manuskripte Nr. 68, Hans-Böckler-Stiftung. Düsseldorf.

Leiprecht, Rudolf & Huber, Christoph (1995). 'Nationale' Orientierungen bei deutschen und niederländischen Jugendlichen. In: Leiprecht (Hg.). S.56-90.

Leiprecht, Rudolf & Held, Josef (1995). Vergleichende Jugendforschung als internationale Kooperation: Das Projekt 'Internationales Lernen'. In: Leiprecht (Hg.). 'In Grenzen verstrickt ... '. S.8-23.

Leiprecht, Rudolf & Lutz, Helma (1996). The Dutch Way: Mythos und Realität der interkulturellen Pädagogik in den Niederlanden. In: Gstettner & Auernheimer (Red.). S.239-263.

Leiprecht, Rudolf & Lang, Susanne (2001). Dichotome Differenzen und antirassistische Praxis. In: Lutz, Helma & Wenning, Norbert (Hg.). Unterschiedlich verschieden. Differenz in der Erziehungswissenschaft. Opladen. S.251-274.

Leiprecht, Rudolf & Inowlocki, Lena & Marvakis, Athanasios & Nowak, Jürgen (1997). Racism in the new Germany: Examining the causes, looking for answers. In: Hazekamp, Jan & Popple, Keith (Hg.). Youth and Racism in Europe. London. S.91-122.

Lenders, Jan (1991). Maatschappelijke ontwikkelingen en jeugdcultuur vanaf 1945. In: Jeugd en Samenleving (Zeitschrift). Nr. 2/3. Amersfoort. S.100-120.

Lenz, Karl (1986). Alltagswelten von Jugendlichen - Eine empirische Studie über jugendliche Handlungstypen, Frankfurt a.M.

Lévi-Strauss, Claude (1996). Rasse, Geschichte und Kultur. Auszüge aus den UNESCO-Studien 'Rasse und Geschichte' (1952) und 'Rasse und Kultur' (1971). In: UNESCO-Kurier. 37. Jg. Heft 3. S.22-25.

Lewontin, Richard C. & Rose, Steven & Kamin, Leon J. (1988). Die Gene sind es nicht ... - Biologie, Ideologie und menschliche Natur. München (zuerst New York 1984).

Liegle, Ludwig (1984). Sozialisationsforschung - Kulturvergleichende Ansätze. In: Hurrelmann & Ulich (Hg.). S.197-225.

Linden, F. van der & Dijkman, Th. (1989). Jong zijn en volwassen worden in Nederland. Een onderzoek naar het psycho-sociaal functioneren in alledaagse situaties van Nederlandse jongeren tussen 12 en 21 jaar. Nijmegen.

Lindner, Rolf & Wiebe, Hans Hermann (Hg.) (1985). Verborgen im Licht - Neues zur Jugendfrage. Frankfurt a.M.

Link, Jürgen (1983). Was ist und was bringt Diskurstaktik. In: kultuRRevolution 2. Dortmund. S.4-7.

Link, Jürgen (1986). Noch einmal: Diskurs. Interdiskurs. Macht. In: kultuRRevolution 11. S.4-7.

Link, Jürgen & Link-Heer, Ursula (1990). Diskurs/Interdiskurs und Literaturanalyse. In: LiLi 77. Duisburg. S.88-89.

Lippe, Tanja van der (1993). Arbeidsverdeling tussen mannen en vrouwen. Amsterdam.

Löschper, Gabi (1994). 'Rasse' als Vorurteil vs. Diskursanalyse des Rassismus. In: Kriminologisches Journal, 26. Jg., Heft 3. Weinheim. S.170-190.

Loose, Ingo (1993). "Eine feste Burg ... ." Wie eine süddeutsche Zeitung das Hohelied von der 'Festung Europa' singt. Duisburg.

Lucassen, Jan & Penninx, Rinus (1985). Nieuwkomers: Immigranten en hun nakomelingen in Nederland 1550-1985. Amsterdam.

Luchtenberg, Sigrid & Nieke, Wolfgang (Hg.). (1994). Interkulturelle Pädagogik und Europäische Dimension. Herausforderungen für Bildungssystem und Erziehungswissenschaft. Festschrift zum 60.Geburtstag von Manfred Hohmann. Münster.

Lutz, Helma (1989a). Orientalische Wirklichkeit. Das Bild der Türkin in der Literatur konfrontiert mit Selbstbildern. In: Informationsdienst zur Ausländerarbeit. Heft Nr. 4. ISS Frankfurt a.M. S.32-39.

Lutz, Helma (1989b). Unsichtbare Schatten? Die 'orientalische' Frau in westlichen Diskursen. In: Peripherie. Heft Nr. 37. Münster. S.51-66.

Lutz, Helma (1991a). Welten verbinden - Türkische Sozialarbeiterinnen in den Niederlanden und der Bundesrepublik Deutschland. Frankfurt a.M.

Lutz, Helma (1991b). Migrant women of "Islamic background" - images and self-images. Occasional paperseries, Nr. 11, MERA. Amsterdam.

Lutz, Helma (1992a). Rassismus und Sexismus. Gemeinsamkeiten und Unterschiede. In: Foitzik & Leiprecht & Marvakis & Seid (Hg.). S.57-80.

Lutz, Helma (1992b). Ist Kultur Schicksal? Über die gesellschaftliche Konstruktion von Kultur und Migration. In: Leiprecht (Hg.). Unter Anderen. S.43-62.

Lutz, Helma (1993). Anti-Islamism as part of racist discourses in the Netherlands - a debate on locations of selves vis-a-vis others. Vortrag auf der Konferenz 'Rethinking Racism and Anti-Racism in Europe' an der University of Greenwich im September 1993.

Lutz, Helma (1994). Allochtone vrouwen en de Nederlandse arbeidsmarkt: beeldvorming en beleid. In: Bevolking en gezin. Tijdschrift van het Centrum voor Bevolkings- en Gezinsstudieën (CBGS) Brussel en het Nederlands Interdisciplinair Demografisch Instituut (NIDI) Den Haag. Boekaflevering. S.143-160.

Lutz, Helma (1996). Doeken des aanstoots. Een beschouwing over hoofddoekjes en genderverhoudingen in de multiculturele samenleving. In: Wekker & Braidotti (Hg.). S.119-148.

Lutz, Helma (1999). Pädagogik der Vielfalt. Möglichkeiten und Grenzen eines neuen Konzepts. In: Tertium Comparationis. Journal für Internationale Bildungsforschung.

Lutz, Helma & Moors, Annelies (1989). De mythe van de ander - Beeldvorming over Turkse migrantes in Nederland. In: LOVER, 16. Jg., Nr. 1. Amsterdam. S.4-8.

Lutz, Helma & Phoenix, Ann & Yuval-Davis, Nira (Hg.) (1995). Crossfires. Nationalism, Racism and Gender in Europe. London.

Macrae, C.Neil & Stangor, Charles & Hewstone, Miles (1996). Foundations of Stereotypes and Stereotyping. New York.

Maiers, Wolfgang (1992). 'Natur' und Naturalismus in der Psychologie. Zum Mythos der 'Naturwissenschaftlichkeit' im Selbstverständnis der herrschenden Psychologie. In: Forum Kritische Psychologie 29. Hamburg. S.23-56.

Mangold, Werner & Bohnsack, Ralf (1988). Kollektive Orientierungen in Gruppen von Jugendlichen. Forschungsbericht für die Deutsche Forschungsgemeinschaft. Erlangen/Bonn.

Mansfeld, Cornelia (1987). Sexismus und Rassismus. Ein Versuch über ihre Verbindungen. In: Dröge-Modelmog/Mergner (Hg.). S.133-145.

Markard, Morus (1984). Einstellung - Kritik eines sozialpsychologischen Grundkonzepts. Frankfurt a.M.

Marvakis, Athanasios (1996a). Orientierung und Gesellschaft. Gesellschaftstheoretische und individualwissenschaftliche Grundlagen politischer Orientierungen Jugendlicher in Strukturen sozialer Ungleichheit. Frankfurt a.M.

Marvakis, Athanasios (1996b). Übersicht über Theorien und Begriffe zu Diskurs. Unveröffentlichtes Papier. Institut für Erziehungswissenschaften Tübingen.

Matthijs, Mick (1993a). Mythe van de jeugd 1: Cultuur en leefwereld. Groningen.

Matthijs, Mick (1993b). Mythe van de jeugd 2: Beleid en interventie. Groningen.

Matthissen, M. & Meeus, W. & van Wel, F. (Red.) (1986). Beelden van jeugd. Leefwereld - beleid - onderzoek. Groningen.

Maurer, Susanne (1996). Zwischen Zuschreibung und Selbstgestaltung. Feministische Identitätspolitiken im Kräftefeld von Kritik, Norm und Utopie. Tübingen.

Mayring, Philipp (1993). Einführung in die qualitative Sozialforschung. Weinheim.

Maynard, Mary & Brittan, Arthur (1984). Sexism, Racism and Opression. Oxford/New York.

McIntosh, Mary (1991). Der Begriff 'Gender'. In: Das Argument. Zeitschrift für Philosophie und Sozialwissenschaften. Themenheft Sex/Gender. 33. Jg., Heft 6. Hamburg. S.845-860.

Mecheril, Paul & Teo, Thomas (Hg.). (1997). Psychologie und Rassismus. Reinbek bei Hamburg.

Meertens, R.W. & Pettigrew, T.F. (1991). Subtile versus blayant prejudice, a four nation comparison. Paper presented at the Congress of the Eurepean Association of Experimental Psycology, Budapest.

Meeus, Wim (1988). Adolescent conservatism: a two-dimensional concept. In: Hazekamp, Jan & Meeus, Wim & te Poel, Yolanda (Red.). European contributions to youth research. Amsterdam. S.102-117.

Meeus, Wim (Red.) (1994). Adolescentie. Een psychosoziale benadering. Groningen.

Meeus, Wim (1994). Relaties met volwassenen en leeftijdgenoten. In: Meeus (Red.). S.150-185.

Meeus, Wim (1994). Over normale en problematische ontwikkeling in de adolescentie. In: Meeus (Red.). S.300-310.

Meeus, Wim & Raaimakers, Quinten & Vollebergh, Wilma (1992). Political Intolerance and Youth Centrism in Adolescene: An Overview of Dutch Research and Some Recent Longitudinal Findings. In: Breakwell (Hg.). S.97-120.

Meeus, Wim & 't Hart, Harm (Red.) (1993). Jongeren in Nederland. Een nationaal survey naar ontwikkeling in de adolescentie en naar intergenerationele overdracht. Amersfoort.

Meier-Braun, Karl-Heinz (1995). 40 Jahre 'Gastarbeiter' und Ausländerpolitik in Deutschland. In: Aus Politik und Zeitgeschichte. Beilage zur Wochenzeitung Das Parlament. B35/95. 25.August 1995. Bonn. S.14-22.

Meinhardt, Rolf (Hg.) (1984). Türken raus? oder Verteidigt den sozialen Frieden. Reinbek.

Meinhardt, Rolf (Hg.) (1985). Minoritätenpolitik und -arbeit in den Niederlanden - ein Vergleich mit der BRD. Oldenburg.

Meinhardt, Rolf (1989). Minderheitenpolitik in den Niederlanden. In: Informationsdienst zur Ausländerarbeit. Nr. 3. Frankfurt a.M. S.65-67.

Melzer, Wolfgang (1992). Jugend und Politik in Deutschland. Gesellschaftliche Einstellungen, Zukunftsorientierungen und Rechtsextremismuspotential Jugendlicher in Ost- und Westdeutschland. Opladen.

Melzer, Wolfgang & Schubarth, Wilfried (1993). Das Rechtsextremismussyndrom bei Schülerinnen und Schülern in Ost- und Westdeutschland. In: Melzer & Schubarth (Hg.). S.57-79.

Melzer, Wolfgang & Schubarth, Wilfried (Hg.) (1993). Schule, Gewalt und Rechtsextremismus. Opladen.

Memmi, Albert (zuerst 1982, hier 1987). Rassismus. In deutscher Sprache Frankfurt a.M. 1987; zuerst in französischer Sprache Paris 1982.

Mensink, Marlise (1996). Vrouwen en racisme. Bibliographie. In: Lover, Nr. 1, 24. Jg., Amsterdam, 3/1996. S.23-30

Merten, Roland & Otto, Hans-Uwe (Hg.) (1993). Rechtsradikale Gewalt im vereinigten Deutschland. Jugend im gesellschaftlichen Umbruch. Bundeszentrale für politische Bildung. Bonn.

Meulenbelt, Anja (1986). De ziekte bestrijden, niet de patient - Over seksisme, racisme en klassisme. Amsterdam.

Middendorp, C.P. (1970). Ontzuiling, politisering en restauratie in Nederland - progressiviteit en conservatisme in de jaren 60 en 70. Amsterdam.

Middendorp, C.P. (1991). Ideology in Dutch politics. Assen.

Mies, Maria (zuerst in englischer Sprache 1986, deutsch 1988). Patriarchat und Kapital. Frauen in der internationalen Arbeitsteilung. Zürich.

Miles, Robert (1989). Bedeutungskonstitution und der Begriff des Rassismus. In: Das Argument. Zeitschrift für Philosophie und Sozialwissenschaften. 31. Jg. Heft 3. Hamburg Mai/Juni 1989. S.353-368.

Miles, Robert (1990). Die marxistische Theorie und das Konzept 'Rasse'. In: Dittrich & Radtke (Hg.). S.155-178.

Miles, Robert (1991a). Die Idee der 'Rasse' und Theorien über Rassismus: Überlegungen zur britischen Diskussion. In: Bielefeld (Hg.). S.189-220.

Miles, Robert (1991b). Rassismus - Einführung in die Geschichte und Theorie eines Begriffs. Hamburg.

Miles, Robert (1992). Der Zusammenhang von Rassismus und Nationalismus: die Perspektive des Vereinigten Königreiches. In: Leiprecht (Hg.). Unter Anderen. S.20-42.

Möller, Kurt (1991). Geschlechtspezifische Aspekte der Anfälligkeit für Rechtsextremismus in der Bundesrepublik. In: Zeitschrift für Frauenforschung. Heft 3. 9. Jg. Hannover.

Möller, Kurt (1993). Rechtsextremismus und Gewalt. Empirische Befunde und individualisierungstheoretische Erklärungen. In: Breyvogel (Hg.). S.35-64.

Moscovici, Serge (1973). Foreword. In: Herzlich, C. Health and Illness: A Social Psychological Analysis. London.

Moscovici, Serge (Hg.) (1975). Forschungsgebiete der Sozialpsychologie 1. Frankfurt a.M.

Moscovici, Serge (Hg.) (1988). Notes towards a description of social representation. In: European Journal of Social Psychology. 18. S.211-250.
Moscovici, Serge (1994). Vorwort. In: Wagner, Wolfgang. S.7-13.
Moscovici, Serge (1995). Geschichte und Aktualität sozialer Repräsentationen. In: Flick (Hg.). S.266-314.
Mücke, Thomas & Korn, Judy (1993). Miteinander statt Gegeneinander. Neue Wege in der Jugendarbeit - Dialogversuch mit rechtsextrem orientierten Jugendlichen. In: Heil & Perik & Wendt (Hg.) S.146-157.
Mühlhum, Albert (1993). Armutswanderung, Asyl und Abwehrverhalten. Globale und nationale Dilemmata. In: Bundeszentrale für politische Bildung (Hg.). Aus Politik und Zeitgeschichte. Beilage zur Wochenzeitung Das Parlament. B7/93 vom 12.Februar 1993. S.3-15.
Müller, Bernd & Wielenga, Friso (Hg.) (1995). Kannitverstaan? Deutschlandbilder aus den Niederlanden. Münster.
Müller, S. & Bollinger, G. (1984). Medienrealität. Zur Wirkung negativer Berichterstattung. In: Planung und Analyse. 11. S.360-363.
Mummendey, Amélie (1983). Soziales Verhalten: Von der individuell-kognitiven zur Psychologie der Beziehungen zwischen Gruppen. In: Zeitschrift für Sozialpsychologie. Band 14. Bern. S.359-364.
Mummendey, Amélie (1985). Verhalten zwischen sozialen Gruppen: Die Theorie der sozialen Identität. In: Frey/Irle (Hg.). S.185-216.
Mummendey, Hans-Dieter (1987). Die Fragebogenmethode. Göttingen.
Muus, Philip (1995). De wereld in beweging. Internationale migratie, mensenrechten en ontwikkeling. Utrecht.

Nairn, Tom (1977). The Break-up of Britain. London.
Nederlands Centrum Buitenlanders (NCB) (Hrsg.) (1993). De politiek en de minderheden. Een Gedragscode. Utrecht.
Negt, Oskar & Kluge, Alexander (1981). Geschichte und Eigensinn. Frankfurt a.M.
Nestvogel, Renate (1995). Flüchtlingsarbeit zwischen politischem Engagement, Fürsorge, Frust und Abenteuerlust. In: Informationsdienst zur Ausländerarbeit (IZA). Heft 3/4. Frankfurt a.M. S.79-83.
Nicholson, Linda (1994). Was heißt 'gender'? In: Pühl (Red.). S.188-221.
Nippo (Institut für Demoskopie) (1994). Befragung zum Wahlverhalten. Onderzoek in opdracht van de Volkskrant (19.2.1994). Amsterdam.
Nippo (Institut für Demoskopie) (1995). Burengerucht. Opvattingen van de Nederlanders over de omringende landen. Onderzoek in opdracht van de Volkskrant. Amsterdam.
NRW-Studie siehe: Utmann-Krombholz, Hilde.

Oberndörfer, Dieter (1989). Der Nationalstaat - ein Hindernis für das dauerhafte Zusammenleben mit ethnischen Minderheiten? In: ZAR-Abhandlungen, Nr. 1.
Oesterreich, Detlef (1993). Leben die hässlichen Deutschen im Osten? Vergleich von Ost- und Westberliner Jugendlichen. In: Otto, Hans-Uwe & Merten, Roland (Hg.). Rechtsradikale Gewalt im vereinigten Deutschland. Jugend im gesellschaftlichen Umbruch. Schriftenreihe Band 319 der Bundeszentrale für politische Bildung. Bonn. S.182-188.
Oesterreich, Detlef (1996). Flucht in die Sicherheit. Zur Theorie des Autoritarismus und der autoritären Reaktion. Opladen.
Oesterreich, Detlef (1999a). Massenflucht in die Sicherheit? Zum politischen Verhalten autoritärer Persönlichkeiten. Theoretische Überlegungen und Ergebnisse von vier empirischen Untersuchungen. In: Heitmeyer, Wilhelm (Hg.). Schattenseiten der Globalisierung. Frankfurt a.M.
Oesterreich, Detlef (1999b). Authoritarianism and Aggression: German Youth and Rightwing Extremism. In: Cross-Cultural Perspectives on Youth and Violence. Contemporary Studies in Sociology. S.39-51.
Oguntoye, Katharina & Opitz, May & Schultz, Dagmar (Hg.) (1986). Farbe bekennen. Afrodeutsche Frauen auf den Spuren ihrer Geschichte. Berlin.

Öztürk, Nihan (1990). Vorurteile gegenüber Ausländern und wie man sie bekämpfen kann ... . Materialien zur gewerkschaftlichen Bildungsarbeit. DGB-Bildungswerk Düsseldorf.

Oltmanns, Hilke (1990). Siegen, kämpfen, durchgreifen lassen. Rechtsextremismus bei Mädchen. In: Widersprüche 35/6. S.41-45.

Otto, Hans-Uwe & Merten, Roland (Hg.) (1993). Rechtsradikale Gewalt im vereinigten Deutschland. Jugend im gesellschaftlichen Umbruch. Band 319 der Schriftenreihe der Bundeszentrale für politische Bildung. Bonn.

Page Moch, Leslie (1992). Moving Europeans. Migration in Western Europe since 1650. Indiana University Press.

Perik, Muzaffer & Heil, Hubertus & Wendt, Peter-Ulrich (Hg.) (1993). Jugend und Gewalt. Über den Umgang mit gewaltbereiten Jugendlichen. Marburg.

Peters, Friedhelm & Trede, Wolfgang (1992). Strategien gegen Ausgrenzung. Politik, Pädagogik und Praxis der Erziehungshilfen in den 90er Jahren. Beiträge zur IGfH-Jahrestagung 1991 in Hamburg. Frankfurt a.M.

Pettigrew, Thomas F. (1995). Het belang van verhoudingen tussen groepen in Nederland voor sociaal-wetenschappelijke theorievorming. In: Migrantenstudies, 11. Jg., Nr. 1. S.49-57.

Pettigrew, T.F. & Meertens, R.W. (1995). Subtle and blatant prejudice in western Europe. In: European Journal of Social Psychology, 25. S.57-75.

Penninx, Rinus (1979). 'Naar een algemeen etnisch minderhedenbeleid. Schets van de sociale positie in Nederland van Molukkers, Surinaamse en Antilliaanse Nederlanders en mediterrane werknemers en een inventarisatie van het Nederlandse overheidsbeleid. In: WRR, etnische minderheden. Rapporten aan de Regering 17. Den Haag. S.1-174.

Penninx, Rinus (1988). Minderheidsvorming en emancipatie. Balans van kennisverwerving ten aanzien van immigranten en woonwagenbewoners. Alphen aan den Rijn.

Poguntke, Martin (1994). Wenn aus Menschen Fluten werden ... . Rassistische Symbolik in den Medien. Diplomarbeit am Institut für Erziehungswissenschaften Tübingen.

Poliakov, Léon & Delacampagne, Christian & Girard, Patrick (1984). Über den Rassismus. Sechzehn Kapitel zur Anatomie, Geschichte und Deutung des Rassenwahns. Frankfurt a.M. (zuerst Paris 1976).

Pollock, Friedrich (Hg.) (1955). Gruppenexperiment - Ein Studienbericht. Frankfurter Beiträge zur Soziologie Bd.2. Frankfurt a.M.

Potter, Jonathan & Wetherell, Margaret (1995). Soziale Repräsentationen, Diskursanalyse und Rassismus. In: Flick (Hg.). S.177-199.

Prengel, Annedore (1993). Pädagogik der Vielfalt. Verschiedenheit und Gleichberechtigung in Interkultureller, Feministischer und Integrativer Pädagogik. Opladen.

Pühl, Katharina (Red.) (1994). Geschlechterverhältnisse und Politik. Herausgegeben vom Institut für Sozialforschung Frankfurt. a.M.

Quinkert, Andreas & Jäger, Siegfried (1991). Warum dieser Hass in Hoyerswerda? Die rassistische Hetze von BILD gegen Flüchtlinge im Herbst 1991. Duisburg.

Raaimakers, Quinten (1986). Verrechtsing en politieke intolerantie bij middelbare scholieren. In: Matthissen & Meeus & van Wel (Red.). S.48-67.

Raaimakers, Quinten (1993). Opvattingen over politiek en maatschappij. In: Meeus & 't Hart (Red.). S.106-132.

Rath, Jan (1989). Holland ist anders; in: Kirfel & Oswalt 1989. S.159ff.

Rath, Jan (1991). Minorisering: de sociale constructie van 'etnische minderheden'. Amsterdam.

Räthzel, Nora (1993). Selbstunterwerfung in Bildern der Anderen. In: Nahe Fremde - fremde Nähe. Hrsg. von WIDEE (Zeitschrift). Wiener Frauenverlag. S.145-175.

Räthzel, Nora (1994). Cultural Studies und Rassismusforschung in der Bundesrepublik. In: Institut für Kulturstudien (Hg.). IKUS Lectures, 3. Jg., Nr. 17/18. Wien. S.59-76.

Räthzel, Nora (1997). Gegenbilder. Nationale Identität durch Konstruktion des Anderen. Opladen.
Räthzel, Nora & Sarica, Ülkü (1994). Migration und Diskriminierung in der Arbeit: Das Beispiel Hamburg. Hamburg.
Reich, Hans H. (1994). Interkulturelle Pädagogik - eine Zwischenbilanz. In: Zeitschrift für Pädagogik. Nr. 1. S.9-27.
Renckstorf, Karsten & Lange, Olaf (1990). Niederländer über Deutsche. Eine empirische Studie zur Exploration des Bildes der Niederländer von Deutschen. Stichting Centrum voor Duitsland-Studies. Nijmegen.
Riegel, Christine & Horn-Metzger, Traudl (1994). Geschlecht und politische Orientierungen. Zur Notwendigkeit einer geschlechtsspezifischen Herangehensweise. In: Held & Horn & Marvakis (1994), S.77-94.
Rieker, Peter (1997). Ethnozentrismus bei jungen Männern. Fremdenfeindlichkeit und Nationalismus und die Bedingungen ihrer Sozialisation. Weinheim.
Rippl, S. & Seipel, C. & Lederer, Gerda (1995). Wandel des Autoritarismus bei Jugendlichen in Westdeutschland: 1945 - 1991. In: Lederer & Schmidt (Hg.). S.102-135.
Rittstieg, Helmut (1991). Das neue Ausländergesetz: Verbesserungen und Probleme. In: Barwig, K. et al. (Hg.). Das neue Ausländerrecht. Baden-Baden. S.23-32.
Rommelspacher, Birgit (1992). Rechtsextremismus und Dominanzkultur. In: Foitzik & Leiprecht & Marvakis & Seid (Hg.). S.81-94.
Rommelspacher, Birgit (1995). Dominanzkultur. Texte zur Fremdheit und Macht. Berlin.
Ronge, Volker (1993). Ost-West-Wanderung nach Deutschland. In: Bundeszenrtrale für politische Bildung. Aus Politik und Zeitgeschichte. Beilage zur Wochenzeitung Das Parlament. B7/93 vom 12.Februar 1993. S.16-28.
Roth, Hans-Joachim (1995). Von den Argumenten gegen Ausländerfeindlichkeit zur antirassistischen Erziehung. In: Informationsdienst zur Ausländerarbeit. Nr. 3/4. Frankfurt a.M. S.58-63.
Rubin, Gayle (1975). The Traffic in Women: Notes on the Political Economy of Sex. In: Reiter, R. (Hg.). Toward an Anthropology of Women. New York.
Ruf, Werner (1989). Ökonomie und Rassismus. In: Autrata et al. (Hg.). S.63-84.
Rütter, Jutta & Metz, Katrin & Schmidt, Thomas (1992). KrüppelInnenland ist nirgendwo. Text für das Forum der Krüppel- und Behinderteninitiativen '92. In: randschau 1992.
Rütter, Jutta (1995). KrüppelInnenland ist nirgendwo. In: Wlecklik (Hg.). S.127-135.

Saharso, Sawitri (1992). Jan en alleman. Etnische jeugd over etnische identiteit, discriminatie en vriendschap. Utrecht.
Saïd, Edward W. (1997). Götter, die keine sind. Der Ort des Intellektuellen. Berlin. Zuerst in englischer Sprache (1994). Reprentations of the Intellectual. London.
Sander, Ekkehard (1993). Skinheads - Gefangene des eigenen Mythos? In: DJI (Hg.). S.161-172.
Sansone, Livio (1992). Schitteren in de schaduw; overlevingsstrategieën, subcultuur en etniciteit van Creoolse jongeren uit de lagere klasse in Amsterdam, 1981-1990. Amsterdam.
Schacht, Konrad (1990). Gesellschaftliche Modernisierung, Wertewandel und rechtsextremistische Orientierungen. In: Bodewig & Hesels & Mahlberg (Hg.). S.77-91.
Schaeffer-Hegel, Barabara (1984). Mythos Frau. Berlin.
Schäfer, Bernd & Six, Ulrich (1978). Sozialpsychologie des Vorurteils. Stuttgart.
Schatzmann, L. & Strauss, A.L. (1973). Field Research: Strategies for a Natural Sociology. Englewood Cliffs.
Schefold, Werner & Hornstein, Walter (1993). Pädagogische Jugendforschung nach der deutsch-deutschen Einigung. In: Zeitschrift für Pädagogik. 39. Jg., Nr. 6. S.909-930.
Scherr, Albert (Hg.) (1992). Jugendarbeit mit rechten Jugendlichen. Bielefeld.
Scherr, Albert (1995). Soziale Identitäten Jugendlicher. Politische und berufsbiographische Orientierungen von Auszubildenden und Studenten. Opladen.
Scherr, Albert (1996). Zum Stand der Debatte über Jugend und Rechtsextremismus. In: Falter & Jaschke & Winkler (Hg.). S.97-120.

Schmerl, Christiane (1987). Stichwort 'Sexismus'. In: Grubitzsch & Rexilius (Hg.). S.965.

Schnabel, K.U. (1993). Ausländerfeindlichkeit bei Jugendlichen in Deutschland. Eine Synopse empirischer Befunde seit 1990. In: Zeitschrift für Pädagogik. 39. Jg., Nr. 5. S.799-822.

Schneider, David J. (1996). Modern Stereotype Reserarch: Unfinished Business. In: Macrae/ Stangor/Hewstone (Hg.). S.419-454.

Schneider, Ulrike (1980). Sozialwissenschaftliche Methodenkrise und Handlungsforschung. Frankfurt a.M./New York.

Schoppen, Hajo (1997). 'Het zijn ònze feesten'. Jeugdculturen en geweld tegen allochtonen in Nederland. Willem Pompe Instituut voor Strafrechtswetenschappen. Universiteit Utrecht.

Schriewer, Jürgen (1982). 'Erziehung' und 'Kultur'. Zur Theorie und Methodik vergleichender Erziehungswissenschaft. In: Brinkmann/Renner (Hg.). S.185-236.

Schubarth, Wilfried (1989). Politisch-historische Einstellungen der Jugendlichen 1988. Erstinformation des Zentralinstituts für Jugendforschung. Leipzig.

Schubarth, Wilfried (1993). Sehnsucht nach Gewissheit. Rechtsextremismus als Verarbeitungsform des gesellschaftlichen Umbruchs. In: Otto/Merten (Hg.). S.256-266.

Schütz, Alfred (1981).Theorie der Lebensformen. Frankfurt a.M.

Schultze, Günther (1989). Ausländerfeindlichkeit - woher sie kommt und was man dagegen tun kann. In: Gewerkschaftliche Monatshefte. 40. Jg., Nr. 7. Düsseldorf.

Schunter-Kleemann, Susanne (Hg.) (1992). Herrenhaus Europa. Geschlechterverhältnisse im Wohlfahrtsstaat. Berlin.

Schuster, John (1999). Poortwachters over immigranten. Het debat over immigratie in het naoorlogse Groot-Brittannië en Nederland. Utrecht.

Scott, Joan W. (1986). Gender: A Useful Category in Historical Analysis. In: The American Historical Review, 91. Jg. Heft 5. S.1053-1075.

Scott, Joan W. (1988). Gender and the Politics of History. New York.

SCP siehe: Sociaal en Cultureel Planbureau.

Seidler, H. & Soritsch, A. (Hg.) (1983). Rassen und Minderheiten. Schriftenreihe Sozialanthropologie Bd.1. Wien.

Shell-Studie (1985). Jugendliche und Erwachsene '85. Generationen im Vergleich. Fünf Bände. Hrsg. vom Jugendwerk der Dt. Shell. Autoren: Fischer, Arthur & Fuchs, Werner & Zinnecker, Jürgen. Opladen.

Sikkes, Robert (1996). Bedrijven willen nog steeds geen dure leerlingen. In: Volkskrant vom 12.6.96.

Siller, Gertrud (1994). Hindernisse und Zugangswege von jungen Frauen zu rechtsextremistischen Orientierungen. In: Institut für Sozialpädagogische Forschung Mainz e.V. (Hg.). S.185-196.

Siller, Gertrud (1997). Rechtsextremismus bei Frauen. Zusammenhänge zwischen geschlechtsspezifischen Erfahrungen und politischen Orientierungen. Opladen.

SINUS-Institut (1981) (Hg.). 5 Millionen Deutsche: 'Wir sollten wieder einen Führer haben ... .' Eine Studie über rechtsextremistische Einstellungen bei den Deutschen. Reinbek.

SINUS-Institut (1984) (Hg.). Jugendforschung in der Bundesrepublik. Ein Bericht im Auftrag des Bundesministers für Jugend, Familie und Gesundheit. Opladen.

Six, Ulrike (1983). Vorurteile. In: Frey & Greif (Hg.). S.365-371.

Six, Ulrike (1989). Medieneinflüsse auf Einstellungen und Vorurteile. In: Groebel & Winterhoff-Spurk (Hg.). S.179-195.

Skrzydlo, Annette & Thiele, Barbara & Wohllaib, Nikola (1992). Frauen in der Partei 'Die Republikaner'. In: beiträge zur feministischen theorie und praxis. Heft 33. S.136-146.

Smith, Anthony D. (1986). The Ethnic Origins of Nations. Oxford.

Sociaal en Cultureel Planbureau (1994). Sociaal en Cultureel Rapport 1994. Rijswijk.

Sociaal-Wetenschappelijk Informatie- en Documentatiecentrum van de Koninklijke Nederlandse Akademie van Wetenschappen Amsterdam (SWIDOC) & Programmerings College Onderzoek Jeugd Utrecht (PCOJ) (Hg.) (1988/1989/1992). Jeugdonderzoek - Inventarisatie van in Nederland lopend en afgesloten jeugonderzoek. Zusammengestellt von Drs. J.C.M.L. Didde. Bisher in drei Bänden vorliegend: a) over de jaren 1982-1987, Amsterdam 1988; b) over de jaren 1988-1989, Amsterdam 1989; c) over de jaren 1990-1991, Amsterdam 1992.

Špona, Ausma & Held, Josef (Hg.) (1999). Jugend zwischen Ausgrenzung und Integration. Band II. Ergebnisse eines internationalen Projektes. Hamburg.
Stadt Leipzig (Hg.) (1994). Amt für Statistik und Wahlen. Statistisches Jahrbuch 1994.
Statisches Bundesamt siehe: Bundesamt für Statistik.
Stangor, Chris & Schaller, Mark (1996). Stereotypes as Individual and Collective Representations. In: Macrae et al. S.3-40.
Steiner-Khamsi, Gita (1992). Multikulturelle Bildungspolitik in der Postmoderne. Opladen.
Stenke, Doris (1994). Gleichheiten und Differenzen: Zur Konstruktion von (Fremdheit durch) Rasse und Geschlecht. In: Institut für Sozialpädagogische Forschung Mainz e.V. (Hg.). S.114-134.
Stichting Streekschool voor beroepsbegeleidend onderwijs in Zuid-Holland West (Hg.) (1992/1993). Informatiegids Streekschool ZHW. Voorburg.
Stöss, Richard (1994). Forschungs- und Erklärungsansätze - ein Überblick. In: Kowalsky & Schroeder (Hg.). S.23-68.
Stock, Manfred & Mühlberg, Philipp (1990). Die Szene von innen. Skinheads, Grufties, Heavy Metals, Punks. Berlin.
Stolcke, Verena (1987). Das Erbe sichern. Die 'Naturalisierung' der gesellschaftlichen Ungleichheit. In: Das Argument. Zeitschrift für Philosophie und Sozialwissenschaften. 29. Jg. Heft 3. Mai/Juni 1987. Hamburg. S.329-346.
Stolcke, Verena (1995). Talking culture: new boundaries, new rhetorics of exclusion in Europe. In: Current Anthropology. 16/1. S.1-23.
Stoller, R.J. (1988). Sex and Gender. London.
Strauss, Anselm L. (dts.1991). Grundlagen qualitativer Sozialforschung. Datenanalyse und Theoriebildung in der empirischen soziologischen Forschung. München.
Streekschool ZHW, informatiegids (Uitgave 1993). Hrsg. von Stichting Streekschool voor Beroepsbegeleidend Onderwijs in Zuid-Holland West. Delft.
Stroebe, Wolfgang (1980). Grundlagen der Sozialpsychologie. Stuttgart.
Stroebe, Wolfgang (1985). Stereotyp, Vorurteil und Diskriminierung. Berichte aus dem Psychologischen Institut der Universität Tübingen. Nr. 19. Tübingen.
Struck, Manfred (1989). Soziale Vorurteile in unserer Gesellschaft - Argumente gegen Fremdenfeindlichkeit. Hrsg. vom WIR e.v. Forum und der Friedrich-Ebert-Stiftung. Köln.
Stuurman, Siep (1983). Verzuiling, kapitalisme, patriarchaat. Aspecten van de ontwikkeling van de moderne staat in Nederland. Nijmegen.
Stuurman, Siep (1992). "Wacht op onze daden" - Het liberalisme en de vernieuwing van de Nederlandse staat. Amsterdam.
Sumner, Graham William (1979). Folkways and Mores. Selected and edited with an introduction by Edward Sagarin. New York. Zuerst 1906.
Suurmond, Jeannie (1995). Een analyse van het illegalendebat. In: Migrantenstudies. Themanummer 'Illegalen'. 11. Jg. Nr. 2. Amsterdam. S.107-116.
Švob, Melita & Held, Josef & Katunarić, Vjeran (Red.) (1997) Jugend zwischen Ausgrenzung und Integration. Band I. Theorien und Methoden eines internationalen Projekts. Hamburg.

Taguieff, P.A. (1987). La Force du préjugé: Essai sur le racisme et ses doubles. Paris.
Tajfel, Henri (1964). Die Entstehung der kognitiven und affektiven Einstellungen. In: Vorurteile - Ihre Erforschung und ihre Bekämpfung. Politische Psychologie. Band 3. Frankfurt a.M. S.81-85.
Tajfel, Henri (1975). Soziales Kategorisieren. In: Moscovici, Serge (Hg.). Forschungsgebiete der Sozialpsychologie 1. S.345-380.
Tajfel, Henri (1982). Gruppenkonflikt und Vorurteil - Entstehung und Funktion sozialer Stereotypen. Bern.
Terhart, Ewald (1997). Entwicklung und Situation des qualitativen Forschungsansatzes in der Erziehungswissenschaft. In: Friebertshäuser/Prengel (Hg.). S.27-42.
Thernstrom, S. (1980). Introduction. In: Thernstrom, S. (Hg.). Harvard Encyclopedia of American Ethnic Groups. Cambrigde.

Thierse, W. (1993). Ausländerfeindlichkeit im vereinten Deutschland. In: Friedrich-Ebert-Stiftung (Hg.). S.9-29.
Thomas, Alexander (Hg.) (1993). Kulturvergleichende Psychologie. Eine Einführung. Göttingen.
Thomas, Alexander (Hg.) (1994). Psychologie und multikulturelle Gesellschaft. Problemanalysen und Problemlösungen. Göttingen.
Thomas, William I. & Znaniecki, Florian (reprint 1958). The Polish Peasant in Europe and America. New York. Zuerst Chicago 1918-1920.
Thränhardt, Dietrich (Hg.) (1984). Ethnische Minderheiten in der Bundesrepublik Deutschland und in den Niederlanden. Düsseldorf.
Thränhardt, Dietrich (1993a). Die Bundesrepublik Deutschland. Ein unerklärtes Einwanderungsland. In: Bundeszentrale für politische Bildung (Hg.). Aus Politik und Zeitgeschichte. Beilage zur Wochenzeitung Das Parlament. V 24/88. 10.Juni 1988. Bonn. S.3-13.
Thränhardt, Dietrich (1993b). Die Ursprünge von Rassismus und Fremdenfeindlichkeit in der Konkurrenzdemokratie. Ein Vergleich der Entwicklungen in England, Frankreich und Deutschland. In: Leviathan. Zeitschrift für Sozialwissenschaft. Jg.21, Heft 3, Berlin. S.336-357.
Thränhardt, Dietrich (1993c). Migration in Deutschland und Europa. Eine Textsammlung in der Reihe Interkulturelle Studien (iks), hrsg. von Krüger-Potratz, Marianne. Nr. 21, Münster.
Thränhardt, Dietrich (1995). Die Reform der Einbürgerung in Deutschland. Manuskript. Institut für Politikwissenschaft der Universität Münster.
Thürmer-Rohr, Christina (1987). Aus der Täuschung in die Ent-Täuschung. Zur Mittäterschaft von Frauen. In: Thürmer-Rohr. S.38-56.
Thürmer-Rohr, Christina (1987). Vagabundinnen. Feministische Essays, 3.Auflage. Berlin.
Timmermann, Heiner & Wessela, Eva (Hg.). (1999). Jugendforschung in Deutschland. Eine Zwischenbilanz. Opladen.
Tinnemans, Will (1993). Gissen en missen - opiniepeilingen. In: Buitenlanders bulletin. 18.Jahrgang, Nr. 10. Utrecht Dezember 1993. S.7-11.
Trettin, Käthe (1994). Braucht die feministische Wissenschaft eine 'Kategorie'? In: Wobbe & Lindemann (Hg.). S.208-235.
Trommsdorff, Gisela (1989). Kulturvergleichende Sozialisationsforschung. In: Trommsdorff (Hg.). S.6-24.
Trommsdorff, Gisela (Hg.) (1989). Sozialisation im Kulturvergleich. Stuttgart.
Tsiakalos, Georgios (1983). Ausländerfeindlichkeit - Tatsachen und Erklärungsversuche, München.
Tsiakalos, Georgios (1992). Interkulturelle Beziehungen: steht ihnen die 'Natur' entgegen? In: Foitzik & Leiprecht & Marvakis & Seid (Hg.). S.35-56.
Tweede Kamer (Hg.) (1982/1983). Minderhedennota. 16, 102, Nr. 21. 's-Gravenhage.

Utzmann-Krombholz, Hilde (1994). Rechtsextremismus und Gewalt: Affinitäten und Resistenzen von Mädchen und jungen Frauen. Düsseldorf (Ministerium für die Gleichstellung von Frau und Mann).
Uyl, R. den/Choenni, Chan/Bovenkerk, Frank: Mag het ook een buitenlander wezen? Discriminatie bij uitzendburo's. Utrecht 1986.

Van Dale - Groot woordenboek Nederlands-Duits (1986). Bearbeitet durch H.L.Cox. Utrecht.
Veenman, Justus & Roelandt, Theo (1990). Allochtonen: Achterstand en achterstelling. In: Schippers, J.J. (Hg.). Arbeidsmarkt en maatschappelijke ongelijkheid. Groningen.
Verberk, Geneviève (1995). Belangwekkend onderzoek naar denkbeelden van scholieren over allochtonen. Onderzoeksbesprekking. In: Jeugd en samenleving (Zeitschrift). S.54-61.
Vermeulen, Hans (Red.) (1997). Immigrantenbeleid voor de multiculturele samenleveing. Integratie-taal- en religiebeleid voor immigranten in vijf West-Europese landen. Voorstudie 9. IMES Amsterdam.
Verwey, Gerlof (1980). Op zoek naar het wezenlijke in de Nederlandse geschiedenis. Amsterdam.
Villar, Luis Miguel & Marcelo, Carlos (1992). Kombination qualitativer und quantitativer Methoden. In: Huber (Hg.). S.177-218.

Vluchtelingenwerk (1992/1993/1994/1995) (Hg.). Vluchtelingen in getallen. Amsterdam.
Volkskrant (Hg.). Geschiedenis zonder verleden? Over Nederlandss identiteit en geschiedschrijving. Texte zum gleichnamigen Symposium vom 2.11.98. Endredaktion Yvonne Gnirrep. Amsterdam.
Vollebergh, Wilma (1986). De politisering van seksime. In: Matthissen & Meeus & van Wel (Red.). S.68-88.
Vollebergh, Wilma (1991). The Limits of Tolerance. Utrecht.
Vollebergh, Wilma (1995). Extreem etnocentrisme en gewelddadigheid: een jongensprobleem? In: Jeugd en samenleving (Zeitschrift). S.30-42.
Vollebergh, Wilma & Raaimakers, Quinten (1989). 'De masculiene parade in de adolescentie.' In: Jeugd en samenleving (Zeitschrift). 19. Jg., Nr. 6/7. S.373-388.
Vollebergh, Wilma & Raaimakers, Quinten & Meeus, Wim (1995). Traditionele opvattingen en rechtsextremisme. Trends bij jongeren tussen 1970 en 1994. In: Jeugd en Samenleving (Zeitschrift). 25. Jg., Nr. 1/2. Amersfoort. S.3-21.
Vonderach, Gerd (Hg.) (1991). Jugendarbeitslosigkeit - Biographische Bewältigung und sozialpolitische Programme. Bamberg.
Vries, Geert de (1992/1994). Nederland verandert. Sociale problemen in de jaren tachtig en negentig. Amsterdam.
Vries, Peer (1992). Nationale mythen. Amsterdam.
Vuijsje, H. (1986). Vermoorde onschuld. Etnisch verschil als Hollands taboe. Amsterdam.

Wagner, Ulrich (1982). Soziale Schichtzugehörigkeit, formales Bildungsniveau und ethnische Vorurteile - Unterschiede in den kognitiven Fähigkeiten und der sozialen Identität als Ursachen für Differenzen im Urteil über Türken - Eine empirische Untersuchung. Berlin.
Wagner, Ulrich (1983). Eine sozialpsychologische Analyse ethnischer Vorurteile. In: Migration, Heft Nr. 4. Berlin 1983.
Wagner, Ulrich (1992). Vorurteile, Rassismus, Ausländerfeindlichkeit. In: Fremdenhass. Ursachen und Bewältigungsprobleme. Internationale Erich-Fromm-Gesellschaft Tübingen. S.51-57.
Wagner, Ulrich (1994). Eine sozialpsychologische Analyse von Intergruppenbeziehungen. Göttingen.
Wagner, Wolfgang (1994). Alltagsdiskurs - Zur Theorie sozialer Repräsentationen. Göttingen.
Wagner, Wolfgang (1996). Queries about Social Representation and Construction. In: Journal for The Theory Of Social Behaviour. 26. Jg. Heft 2. Oxford. S.95-120.
Wahl, Klaus (1993). Fremdenfeindlichkeit, Rechtsextremismus, Gewalt. Eine Synopse wissenschaftlicher Untersuchungen und Erklärungsansätze. In: DJI (Hg.). S.11-68.
Wallerstein, Immanuel (1990). Die Konstruktion von Völkern: Rassismus, Nationalismus, Ethnizität. In: Balibar & Wallerstein. S.87-106.
Weckel, Erik & Berg, Tanja & Schäuble, Barbara & Rausch, Thomas & Bürgin, Julika (Red.). Baustein zur nicht-rassistischen Bildungsarbeit. Hrsg. vom DGB-Bildungswerk Thüringen e.V. Erfurt.
Wekker, Gloria & Braidotti, Rosi (Red.) (1996). Praten in het donker. Multiculturalisme en antiracisme in feministisch perspectief. Kampen.
Weiß, Konrad (1989). Die braune Stafette. Zeitmagazin Nr. 27. Hamburg.
Wendt, Peter-Ulrich (1993). Hasst Du was, dann bist Du was. Zum gewaltförmigen Verhalten junger Menschen. In: Perik et al. (Hg.). S.13-31,
Werlhof, Claudia von & Mies, Maria & Bennholdt-Thomsen, Veronika (1983). Frauen, die letzte Kolonie. Zur Hausfrauisierung der Arbeit. Hamburg.
Wetenschappelijke Raad voor het Regeringsbeleid (WRR) (1989). Allochtonenbeleid. Rapporten aan de Regering. 's-Gravenhage.
Wetenschapswinkel (Hg.) (1992). 'De Telegraaf': onderzoek naar de berichtgeveving over vluchtelingen 1984 t/m 1988. Amsterdam.
Wichert, Frank (1994). Das Grundrecht auf Asyl. Eine diskursanalytische Untersuchung der Debatten im deutschen Bundestag. Unveröffentlichte Magisterarbeit. Duisburg.

Wielenga, Friso (1992). Sensibilität und Verwundbarkeit. Die Niederlande und die deutsche Frage. In: Fremdling & Lodder & Wagenaar & Wielenga (Hg.). S.11-35.

Wielenga, Friso (1995). Die hässlichen Deutschen? Niederländische Deutschlandbilder seit 1994. In: Müller & Wielenga (Hg.). S.103-154.

Williams, Brackette (1989). A class act: anthroplogy and the race to nation across ethnic terrain. In: Annual Review of Anthropology, vol. 11. S.401-404.

Willems, Helmut & Würtz, Stefanie & Eckert, Roland (1993). Fremdenfeindliche Gewalt: Eine Analyse von Täterstrukturen und Eskalationsprozessen, BMFJ und DFG. Bonn.

Willis, Paul (1979). Spaß am Widerstand. Gegenkultur in der Arbeiterschule. Frankfurt a.M. . Zuerst erschienen in England (1977) als: Learning to labour. How working class kids get working class jobs.

Winkler, Jürgen R. (1996). Bausteine einer allgemeinen Theorie des Rechtsextremismus. Zur Stellung und Integration von Persönlichkeits- und Umweltfaktoren. In: Falter & Jaschke & Winkler (Hg.). S.25-48.

Winkler, Jürgen R. & Jaschke, Hans-Gerd & Falter, Jürgen W. (1996). Einleitung: Stand und Perspektiven der Forschung. In: Falter & Jaschke & Winkler (Hg.). S.9-24.

Wlecklik, Petra (Hg.) (1995). Frauen und Rechtsextremismus. Göttingen.

Wobbe, Theresa & Lindemann, Gesa (1994). Denkachsen. Zur theoretischen und institutionellen Rede vom Geschlecht. Frankfurt a.M.

Yildiz, Erol (1997). Die halbierte Gesellschaft der Postmoderne. Probleme des Minderheitendiskurses unter Berücksichtigung alternativer Ansätze in den Niederlanden. Opladen.

Young, Iris Marion (1990). Justice and the politics of difference. Princetown.

Yuval-Davis, Nira und Anthias, Floya (1994). Frauen - Nation - Staat. In: Frauen in der Einen Welt. Zeitschrift für interkulturelle Frauenalltagsforschung. 5. Jg., Heft 2. Nürnberg. S.10-25.

Zahn, Ernest (zuerst 1984; hier überarbeitet 1993). Das unbekannte Holland - Regenten, Rebellen und Reformatoren. Zuerst Berlin, jetzt München.

Zick, Andreas (1997). Vorurteile und Rassismus. Eine sozialpsychologische Analyse. Münster.

Zimmer, H. & Wulfheide, E. & Sanders, K. & Fidorra. J. & Beigel, A. (1985). Neofaschistische Tendenzen unter Schülern? Ergebnisse einer Befragung von Haupt- und Berufsschülern. Dortmund.

Zinnecker, Jürgen (1985). Politik. Parteien. Nationalsozialismus. Westdeutschlands Jugend: Von einer Generation autoritärer Charaktere zur Generation toleranter Demokraten? In: Shell-Studie S.322-327.

Zwan, Arie van der & Entzinger, Han B. (1994). Beleidsopvolging minderhedendebat. Advies in opdracht van de minister van Binnenlandse Zaken. 's-Gravenhage.

Summary:

EVERYDAY RACISM.
An Inquiry about Young People in Germany and the Netherlands.

This inquiry is primarily concerned with empirical research on the perspectives of young people in the Netherlands toward everyday forms of racism, ethnicism and nationalism. The data for this research was acquired through a mixture of methodological procedures (questionnaires, group discussions, individual interviews). In addition, a smaller sample of quantitative data was collected in order to conduct a comparison between Germany and the Netherlands.

As title of the book I have chosen the term 'everyday racism' as a denominator. This term is used to signify everyday and banal processes of social exclusion and inclusion. It aims at elucidating rather subtle and inconspicuous forms than extreme and violent ones.

Before presenting and analyzing the empirical results and discussing their implications for this inquiry, a theoretical framework is developed. In the framework, the central theoretical concepts are explicated (discourse, social representation, ideology, agency) and current research on racism and nationalism is discussed. The concepts of ethnicism, racism and nationalism form the building blocks for a theoretical model which differentiates between three levels: social-structural conditions, social meanings and discourses, and subjective reasons and legitimations. The central question of the empirical research concerns how young people are oriented toward ethnicism, racism and nationalism as discourse, social representation, and ideology and how this effects their everyday practices.

Following the theoretical and conceptual chapter, some methodological considerations are provided. An elaboration is given of my choice for a variety of different methods as well as for a process-oriented way of collecting data. I also provide a more detailed description of how the various methodological procedures were implemented (along with the construction of the questionnaire and the selection of the sample). Special attention is paid to the advantages of using different methods: the combination of situational features which emerge in the course of gathering data when using a particular method allow different avenues of approach as well as providing additional insights into the object of inquiry. For example, an anonymous questionnaire has advantages in situations where socially 'unrespectable' topics can be expected. Group discussions provide the opportunity for delineating the contradictory and controversial dynamics of arguments and justifications. The individual interview allows insight into minority positions and patterns of justification which do not (or cannot) be expressed in the group or tend to be subordinated to group consensus.

In the main part of the inquiry, the negative images of Germans and Germany which are entertained by young people in the Netherlands are explored. In this context, it is shown that international comparisons are often in danger to reproduce negative images and stereotypes. This is followed by a presentation of the results of the comparative survey between Germany and the Netherlands in which these traps are avoided. The results are discussed in relation to other comparative research (regarding attitudes toward minorities) at different levels of comparison (the concrete situation in the migration country, its policy toward immigrants, migration discourses, electoral success of extreme right parties, etc.). Next comes the presentation and discussion of the results of the in-depth analysis of the Dutch sample, drawing upon the results of a standard questionnaire given to 570 young people as well as the transcripts of 34 group discussions and 29 individual interviews.

The in-depth analysis shows which models young people employ to explain racism and the effects of these models on their images, perspectives and behavior. In addition, the features and criteria which are used to define, perceive and evaluate a 'buitenlander' (foreigner, immigrants, 'others') are demonstrated. In a comprehensive analysis, I tackle the large quantity of argumentations which are oriented toward compliance with racism. Conclusions are drawn concerning how young people become involved in youth cultures which are perceived as racist or violent (skinheads, heavy metal). Of particular relevance here are the gender images employed by young people in connection with 'feminine' and 'masculine' forms of everyday racism.

Throughout the analysis and discussion of the research findings, I engage in an ongoing critical reflection of the methodology, while, at the same time, attempting to relate the quantitative and qualitative data at all levels if possible. When it seems necessary, additional levels of data analysis are drawn upon. For example, one of the discoveries of the questionnaire is that young people often make massive mistakes in estimating the number of refugees seeking asylum in their country. Moreover, in the group discussions and individual interviews, young people frequently base their opinions about refugees seeking asylum on the media. This led to my decision to conduct a media analysis on the subjects of refugees and asylum. The qualitative material was a source for understanding how young people deal with dominant messages in the media, to what extent their mistakes in judgement are related to information offered by the media, and how the media and its reception are linked to young peoples' perspective on ethnicization, racialization and nationalization.

A case in point is the quantitative part of the inquiry which indicates, on the one hand, a moderate form of compliance with a perspective of racism. On the other hand - and this is fairly surprising - a relatively large group agreed with violent attacks on immigrants (8%) or at least admitted to understanding such violent acts (14%). Subsequently, the qualitative material is analyzed for forms of both the moderate and extreme perspectives of racism. In both cases, the constellations prove, first and foremost, to be contradictory.

Taken together, the analysis elaborates the contradictory constellations in the representations, discourses and argumentations of young people. One of the theses of this inquiry is that an overly static approach toward classification and explanation - especially in the field of pedagogy - should be avoided. Young people often oscillate between contradictory extremes in their argumentations and perspectives and gravitate more toward the one extreme or the other depending on the discussion context or the particular moment. Elements of both extremes are often present in argumentations from a perspective of everyday racism just as elements of racism can be found in argumentation based on justice, tolerance, and internationalism. Moreover, perspective which are devoid of or even against ethnicism, racism and nationalism are often difficult to sustain in everyday life without showing signs of internal contradiction and ambivalence. Both elements are mobilized in different ways in politics, the media or by peer groups, parents, school, etc. In some cases, images or representations or practices serve to strengthen everyday racism, while in other cases, racism is weakened. It is essential for the field of pedagogy that such contradictions and ambivalences are clarified, using the specific cases. By this, I do not mean that young people's argumentations or behavior should be 'exposed' as a display of ethnicism, racism or nationalism, but rather that we should analyze those instances which present the opportunity for ethnocentric, racist and nationalistic argumentation. The same applies for the reverse - that is, instances which present the opportunity for non-ethnocentric, anti-racist, or anti-nationalistic argumentation. It is precisely the contradictions and ambivalences which can be found even in dominant forms of thought and action that provide important starting points for a pedagogical offensive against everyday racism.

Interkulturelle Bildungsforschung

Herausgegeben von Ingrid Gogolin
und Marianne Krüger-Potratz

Band 1

Ingrid Gogolin, Ursula Neumann (Hrsg.)

Großstadt-Grundschule

Eine Fallstudie über sprachliche und kulturelle Pluralität als Bedingung der Grundschularbeit

1997, 380 Seiten, br., ISBN 3-89325-474-9 68,00 DM

Band 2

Marianne Krüger-Potratz, Dirk Jasper, Ferdinande Knabe

»Fremdsprachige Volksteile« und deutsche Schule

Schulpolitik für die Kinder der autochthonen Minderheiten in der Weimarer Republik – ein Quellen- und Arbeitsbuch

1998, 460 Seiten, br., ISBN 3-89325-625-3 49,90 DM

Band 3

Inci Dirim

„Var mi lan Marmelade?“

Türkisch-deutscher Sprachkontakt in einer Grundschulklasse

1998, 188 Seiten, br., ISBN 3-89325-617-2 38,00 DM

Band 4

Clemens Dannenbeck, Felicitas Eßer, Hans Lösch

Herkunft (er)zählt

Befunde über Zugehörigkeiten Jugendlicher

1999, 250 Seiten, br., ISBN 3-89325-727-6 49,90 DM

BAND 5

Heike Niedrig

Sprache – Macht – Kultur

Multilinguale Erziehung im Post-Apartheid-Südafrika

2000, 422 Seiten, br., ISBN 3-89325-841-8 49,90 DM

BAND 6

Meike Heckt

Guatemala – Interkulturelle Bildung in einer ethnisch gespaltenen Gesellschaft

2000, 278 Seiten, br., ISBN 3-89325-846-9 49,90 DM

BAND 7

Ingrid Gogolin und Sjaak Kroon (Hrsg.)

„Man schreibt, wie man spricht"

Ergebnisse einer international vergleichenden Fallstudie über Unterricht in vielsprachigen Klassen

2000, 210 Seiten, br., ISBN 3-89325-927-9 38,00 DM

BAND 8

Ingrid Gogolin, Ursula Neumann, Lutz Reuter (Hrsg.)

Schulbildung für Kinder aus Minderheiten in Deutschland (1989–1999)

Schulrecht, Schulorganisation, curriculare Fragen, sprachliche Bildung

2001, 474 Seiten, br., ISBN 3-89325-993-7 89,00 DM

Waxmann Verlag GmbH
Münster · New York · München · Berlin
http://www.waxmann.com